镇江市京口区志

（1983～2007）

镇江市京口区地方志编纂委员会 编

JING KOU QU ZHI

方志出版社

图书在版编目（CIP）数据

镇江市京口区志．1983～2007 / 镇江市京口区地方志编纂委员会编．— 北京：方志出版社，2016.11
ISBN 978-7-5144-2192-7

Ⅰ．①镇　Ⅱ．①镇…　Ⅲ．①区（城市）— 地方志 —镇江— 1983-2007 Ⅳ．① K295.34

中国版本图书馆 CIP 数据核字（2016）第 282049 号

镇江市京口区志（1983～2007）

编　　者：镇江市京口区地方志编纂委员会
责任编辑：罗　滔
出 版 人：翼祥德
出 版 者：方 志 出 版 社
　　　　　地址　北京市朝阳区潘家园东里 9 号（国家方志馆 4 层）
　　　　　邮编　100021
　　　　　网址　http : / / www.fzph.org
发　　行：方志出版社发行中心
　　　　　电话（010）67110500
经　　销：各地新华书店
印　　刷：南京顺和印刷有限责任公司
开　　本：889×1194　　1/16
印　　张：23
字　　数：1731 千字
版　　次：2016 年 11 月第 1 版　　2018 年 11 月第 1 次印刷
印　　数：0001~2000 册

ISBN 978-7-5144-2192-7　　定价：400.00 元

序

首轮《京口区志》于1992年出版发行后，根据省、市史志部门要求和部署，区史志档案办从1993年起编纂《京口年鉴》，这两本京口区地情工具书对于记录全区政治、经济和各项社会事业发展历程，“存史、育人、资政”都有着积极的现实意义和深远的历史意义。

2006年5月，国务院《地方志工作条例》颁布实施。2007年，区委、区政府把《京口区志》《京口年鉴》编纂工作纳入法治化轨道。5月，由京口区地方志编纂委会主持，区史志档案办公室承编的第二轮《镇江市京口区志（1983 ~ 2007）》正式启动。十经寒暑，数易其稿，经过3000个日日夜夜辛勤耕耘，又一部100余万字的《镇江市京口区志（1983 ~ 2007）》得以出版发行。这一丰硕成果背后，凝聚着一批不计名利、陪伴青灯、默默奉献编纂人员的汗水。

京口修志历史源远流长，自南朝宋编纂《京口记》《南徐州记》（二书均轶）始，至今已有1500年。唐宋元明清的1000多年间，以京口冠名编修的《京口三山志》《京口山水志》《京口旗志》《焦山志》《北固山志》《开沙志》等各类志书数十种，不少志书享誉全国。中共十一届三中全会后，为传承优秀历史文化，组织编修区志及乡镇志、军事志、年鉴、党史、文史5类共100多种地情资料工具书，全面、系统、准确地记述区域内经济与社会的历史和现状，为地方党、政领导提供决策依据。同时，在彰显现代文明建设成果，构建和谐社会进程中，也突出了区情、地情和时代特色。为确保“存史、育人、资政”功能进一步发挥，除忠实记述各方面所取得的辉煌业绩外，也对某个时期、某些人或某个方面的失误、教训等作了警示性提示。

盛世修志，志载盛世。新一轮编纂的《镇江市京口区志（1983 ~ 2007）》，从时间和空间上，忠实地记述跨越城区区域和城乡一体化区域两个阶段发展历史轨迹。1993年始，京口区全面实施“城乡一体大推进，共建镇江新城区”发展战略。1994 ~ 2007年，全区经济和社会事业连续14年稳定、持续发展，尤其是经济快速增长，各项社会事业繁荣发展，城乡人民生活水平逐年提高。我们欣喜全区经济、社会、文化大发展、大繁荣时，特别感谢全区各级组织、各个部门对文化建设的大力支持，感谢区志编委会全体同志共同关心，感谢区史志档案办公室全体人员及参加编纂工作同志所付出的辛勤劳动。

昨天的辉煌已载入史册，如今的京口阔步迈进了建设现代化山水花园城市的新征程。我们坚信，智慧自强的京口人民矢志不渝地坚定“打造宜居宜业魅力区、打造创新创业活力区、打造校地合作示范区，打造现代服务业高地、打造科技创新高地、打造文化旅游高地”发展战略，满怀豪情，励精图治，开拓奋进，就一定能在充满生机的京口大地上，再谱写新的壮丽篇章。

值此《镇江市京口区志（1983 ~ 2007）》出版发行之际，幸以为序。

中共镇江市京口区委书记 商玉乾
镇江市京口区人民政府区长 黄万荣
二零一六年三月

《镇江市京口区志（1983～2007）》编审机构与人员

一、编审机构

镇江市京口区地方志编纂委员会
2005 年 5 月

主　任	童国祥				
副主任	胡云霞	姚敬源	孙　辉	沈成钧	
委　员	何广林	朱定明	吴秋平	谭雪峰	薛安明
	严柳生	马国进	李　军	蒋依民	纪　莹
	赵兴根	高月琴	廖伟根	陈洪生	史俊生
	戎国平	郎德虎	姚　峰	谢根龙	林黎明
	赵国华	李　静	汤　际	吴生银	

镇江市京口区地方志编纂委员会
2010 年 8 月

主　任	郭　建				
副主任	徐建峰	何光荣	严柳生	沈成钧	
委　员	何广林	陈德福	蒋依民	吴秋平	谭雪峰
	薛安明	黄少青	柏　经	李　军	陶耀进
	陈军越	王　忠	顾明华	马荣虎	房林虹
	戎国平	郎德虎	姚　峰	谢根龙	林黎明

镇江市京口区地方志编纂委员会
2011 年 11 月

主　任	郭　建				
副主任	张德军	郑苏真	沈成钧		
委　员	何广林	杨国平	吴秋平	谭雪峰	廖伟根
	黄少青	柏　经	李　军	黄建同	满子琴
	戎国平	吕小康	林黎明	陈军越	郎德虎
	谢根龙	房林虹	王　忠	顾明华	马荣虎

镇江市京口区地方志编纂委员会
2013 年 10 月

主　任	黄万荣				
副主任	马国进	郑苏真	谢志荣		
委　员	顾明华	杨国平	崔小立	谭雪峰	廖伟根
	黄少青	仇　洋	谢根龙	满子琴	黄建同
	陈军越	程　鹏	戎国平	吕小康	王荣兵
	陈　莹	刘远遥	李莉珺	陈　峰	

镇江市京口区地方志编纂委员会
2015 年 8 月

主　任	黄万荣				
副主任	夏卫军	郑苏真	谢志荣		
委　员	顾明华	顾洪涛	虞　军	谭雪峰	廖伟根
	王志斌	戎国平	谢根龙	满子琴	龚明生
	陈军越	刘远遥	郭先武	吕小康	曹　蕾
	朱伟广	严　波	李莉珺	杨　帆	

二、编纂人员

主　　编　蒋依民
满子琴
执行主编　许　进
副 主 编　殷　红
耿纪明
总纂统稿　许　进
总纂成员　（按姓氏笔画为序）马阿林　许　进　郑继棠　段广凤
郭　韵　徐海龙　殷长庚　殷　红　殷耀祖
聘用编辑　（按姓氏笔画为序）吴明宝　张兴淮　熊兴邦
总　　校　殷　红　耿纪明
英文翻译　郭晓雯

三、分志供稿人员（按姓氏笔画为序）

丁　泰	丁永忠	马伟民	马志良	孔　鑫	孔雪莲
王　希	王　勖	王　毅	王忠建	王志斌	王彩余
王彩琴	王春兰	韦志明	包文明	孙　琴	孙健鑫
孙雪明	史友兴	史哲峰	叶凯林	刘　宁	刘　萍
刘卫红	刘江磊	刘君慧	刘爱兰	吉　梅	杨　松
杨　凯	杨晓萍	邵顺金	张　军	张小蓓	张仁东
张建栋	张继芬	苏　林	朱　庆	朱　鸥	仲智华
宋冬生	闫学军	李　鲁	李学军	李绍华	李闻华
李国军	李燕敏	吴明宝	吴信苓	吴建萍	吴鹏飞
陈　宏	陈　涛	陈文琳	陈志慧	陈娴敏	陆　涛
陆家新	范冬云	金　萍	姚奇峰	房　元	奚俊燕
殷　红	周文娟	赵晓云	徐振平	钟龙达	钟程发
胡　涛	俞　晨	顾红云	荆　钟	黄俊成	贡联辉
耿纪明	黄文宝	韩　飞	韩　江	谢梅英	缪静敏
熊兴邦					

四、分志审稿人员（按姓氏笔画为序）

丁　宪	丁浩北	马荣虎	王　忠	王壮保	王征宇
仇　洋	孙长康	孙光明	纪　莹	吕小康	乔引玉
沈成钧	朱裕根	仲从扬	何广林	何光荣	邵　云
邵晓清	张　健	张小龙	张永生	李　牧	李　军
严志平	严柳生	杜承华	陈国兴	陈德福	陆炳西
陆艳华	冷小惠	吴大明	吴秋平	周绍林	季　冰
房林虹	郎德虎	金　华	金德荣	钟程发	胡云霞
赵　慧	赵反修	赵晓文	柏　经	姚　峰	姚敬源
姜厚荣	姜春虎	柳建华	郭祥堂	倪兆顺	倪晓普
顾永赋	顾成权	高晓明	黄少青	崔小立	曾　强
蒋依民	蒋国林	尉利亚	谢根龙	谢铭柏	韩铜民
廖伟根	谭雪峰	潘朝中	薛安明	戴红照	魏永大
魏春林					

五、复审、终审人员

复　　审　裴　伟　张昌龄　王雪松　朱延生

终　　审　吴海平　胡　振　张国平　傅雪元　沈红亮　翁红霞　李学峙
杨国祥　刘爱玲　戴　芸　孙燕宾　陈正群　倪定胜　笪远毅

六、验收、审核和批准出版单位

验 收 单 位　镇江市史志办公室

审 核 单 位　江苏省地方志编纂委员会办公室

批准出版单位　中共镇江市京口区委员会　　镇江市京口区人民政府

京口风貌

京口风光

城市新貌

山水江城

长江风貌

学府路拓宽改造首开区级政府参与市城建工程建设之先例

竣工通车的禹山路

阳光世纪花园

花山湾广场——旧楼变花园

镇江二十一世纪乐园系集旅游、度假、美食、购物等于一体的综合性现代化大型娱乐场所

大市口新貌——“城市客厅”

2004 年，谷阳北路建成通车

滨江风光带

京口区政府大楼

风景如画的北固湾广场

重建后的谏壁燕舞桥

焦山

1984 年 8 月，中国共产党镇江市城区第一次代表大会召开

1991 年 3 月，区第三次党代会提出“贸易兴区”发展战略

1993 年 2 月，区划调整后的京口区确立并实施“城乡一体化”发展战略

区委六届四次全会确立“跨越发展 快速提升”总基调

区委六届五次全会号召全区上下深化“三大建设”，决战“一十百亿”

加铝项目正式签约

全国最大危化品现代物流企业——宝华物流

国际饭店

太和广场

商业城

红豆广场

1995 年 12 月 18 日镇（江）大（港）铁路通车，此系省内第一条地方铁路

全市最大的三产投资项目——第一楼街步行街建成开业

1998 年，甘露商城小商品市场开业

归国博士创业园建成投入使用

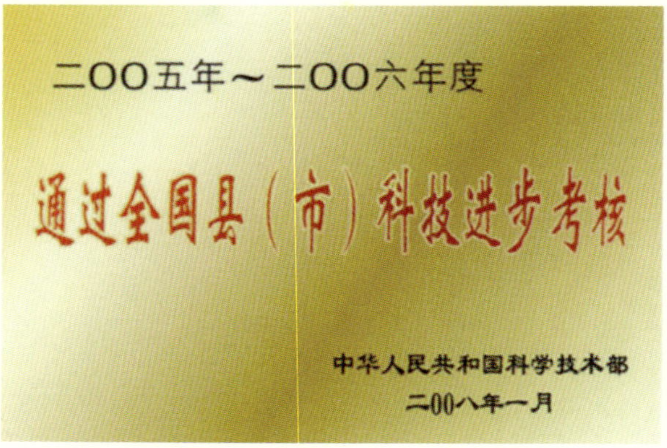

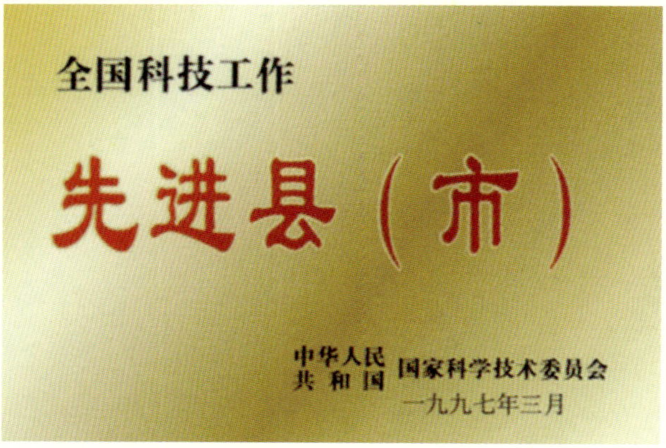

国家级科技孵化基地——京口高创中心揭牌

雅俗共赏——连续举办三届街头文化节

“活力京口”系列广场文化活动

2002 年 9 月荣膺全国社区建设示范区

计划生育宣传技术指导站落成

润阳实验小学落成庆典

“康复集团”象山社区卫生服务中心挂牌

免费优生启动仪式揭牌

2004 年，京口社区服务中心、京口区残疾人康复中心、京口区社区图书馆落成

新落成的润阳实验小学

江滨新村社区体育公园

江滨新村社区图书馆

镇江市京口区行政区划图

（1992年）

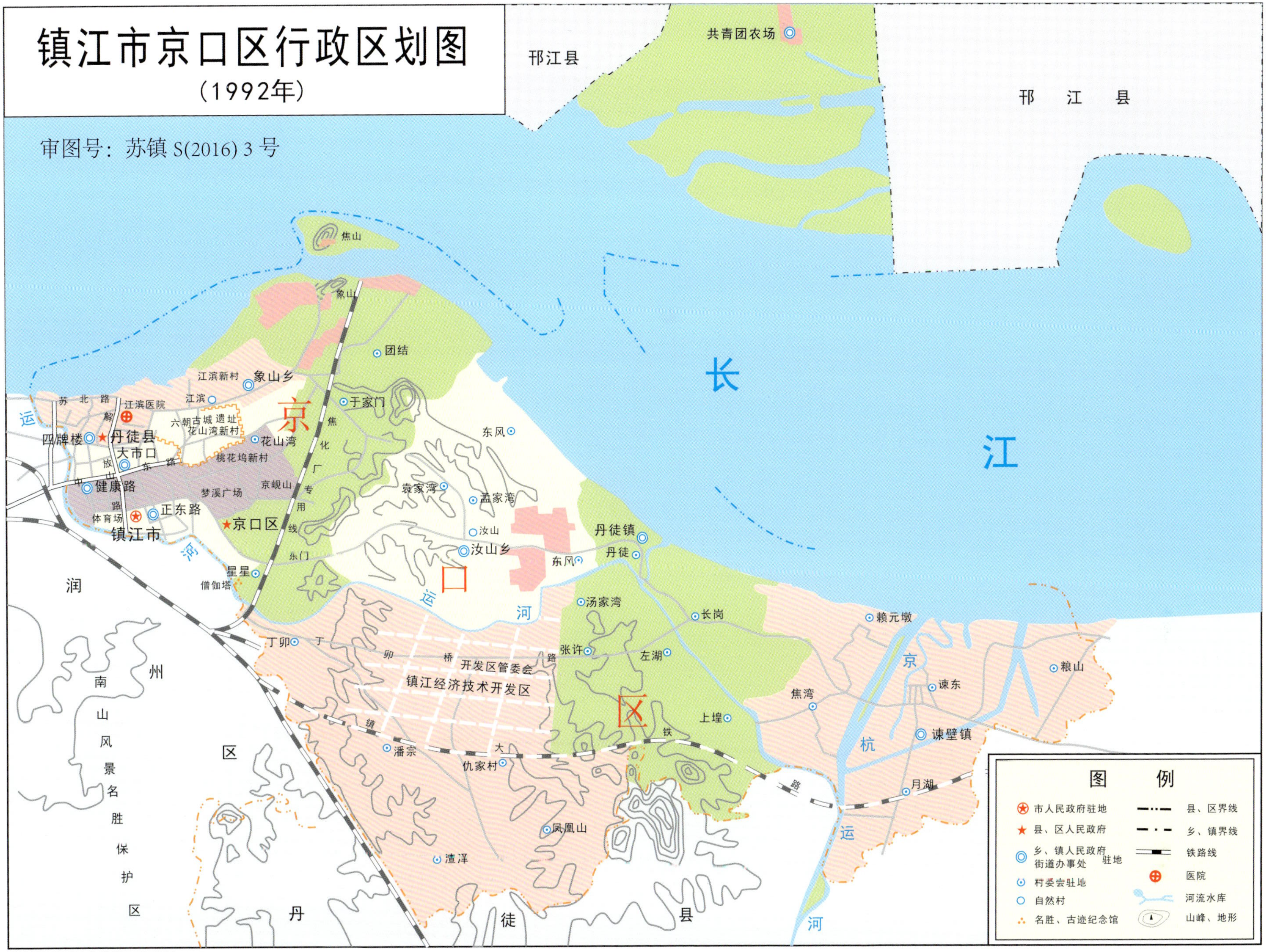

镇江市京口区行政区划图(2007年)

审图号：苏镇 S(2016) 3 号

镇江市京口区行政区划图

（2016年）

审图号：苏镇 S(2016) 3 号

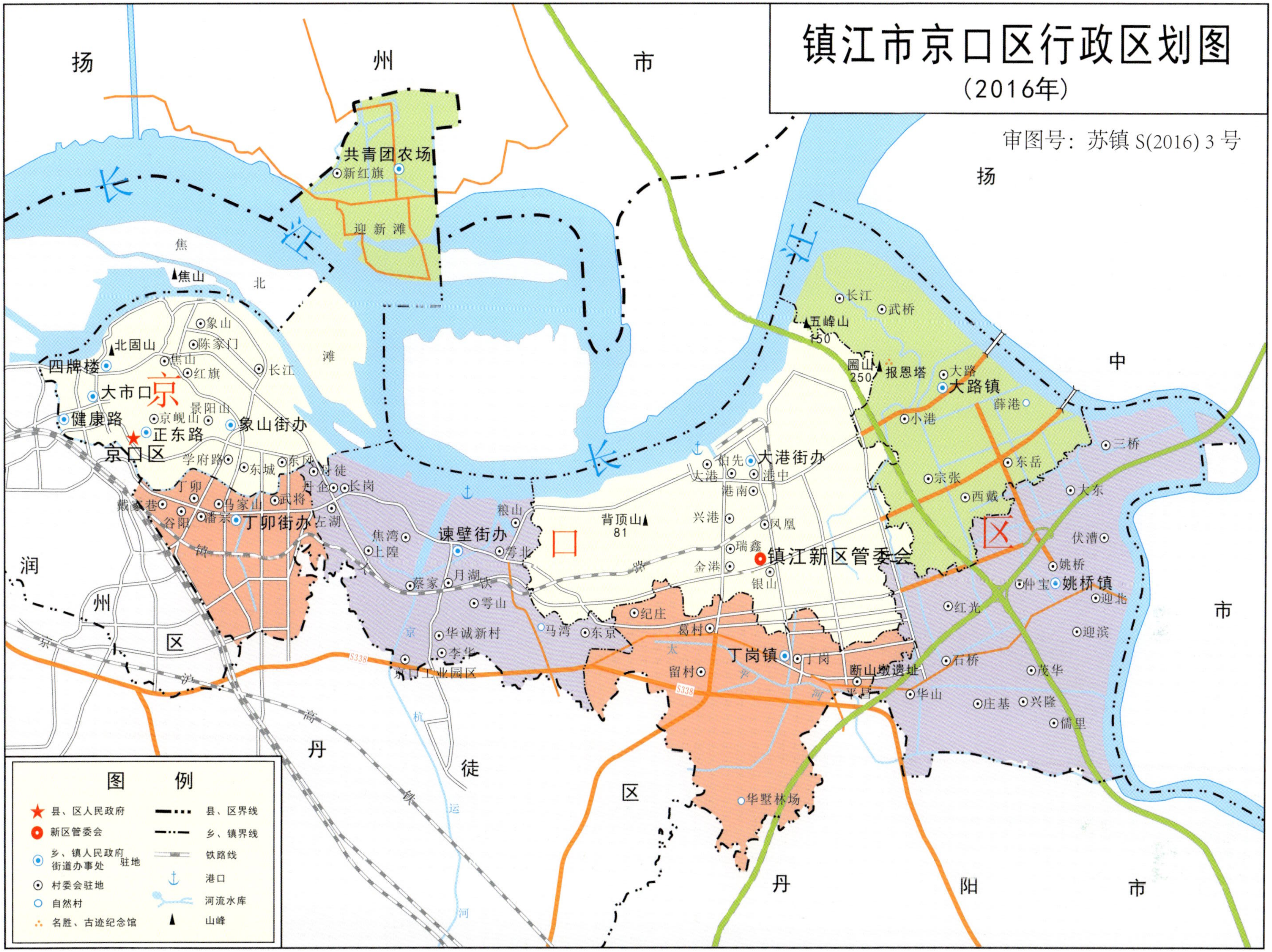

凡　例

一、本志以马克思列宁主义、毛泽东思想、邓小平理论、“三个代表”重要思想、科学发展观、习近平新时代中国特色社会主义思想为指导，坚持实事求是原则，全面系统记述京口区 1983 ~ 2007 年的发展历程，力求做到思想性、科学性和资料性的统一，彰显时代特色、地方特色。

二、本志上限为 1983 年，首轮区志已有记述的用参见提示。下限为 2007 年。部分追述和文化遗址概况除外。

三、本志记述地域范围为 2007 年京口区行政区划。

四、本志根据科学分类的一般原则，结合现行社会分工，合理划分门类。全志设 29 篇，由篇首、概述、大事记、各门类分志、附录、图照、表格等组成。分篇设章、节、目三个基本层次。目以“一、二、三……”编排，子目以“1.2.3……”编排，子目以下“细目”用黑体字表示。

五、本志体裁含述、记、志、传、图、表、录，以志为主。采用语体文，记述体，只记事实，不作评论。大事记以编年体为主，辅以纪事本末体。

六、本志人物篇设人物传略、人物简介和人物表三个层次。其中，“人物传略”坚持“生不立传”原则。

七、本志纪年，中华人民共和国成立前使用历史纪年，年号相同的，在同一自然段首次出现时使用历史纪年括注公元纪年，其后直接使用历史纪年；中华人民共和国成立后，使用公元纪年。事件、人物生卒年份等不适宜用历史纪年的用公元纪年。

八、因体制改革，较多单位称谓有所变更，记述时按本志下限时称谓或以事实发生时称谓记述。称谓首次出现时用全称，并括注简称。

九、本志行文中“全区”指 2007 年行政区划范围。运用“京口”这一名称时，系泛指不同时期的行政实体。

十、本志行文用字，以国家语言文字工作委员会 1986 年公布的《简化字总表》为准。标点符号按 2012 年实施的国家标准《标点符号用法》执行。数字用法以 1995 年发布的国家标准《出版物上数字用法的规定》执行。计量单位按 1984 年国务院公布的《关于在我国统一实行法定计量单位的命令》规定执行。

十一、本志数据以统计部门的数据为准，统计部门没有的以主管部门的数据为准。

十二、本志所收录图片资料时间截至 2015 年 12 月。

十三、本志资料取自文献、档案、报刊、正史、旧志、专著及口述资料、实地采访资料等，经鉴别核实后入志，除重要资料外，一般不注明出处。

目　录

第一篇　政　区

第二篇　自然环境

第三篇　人　口

第四篇　城乡建设管理　环境保护

第五篇　经济综情

第六篇　农林　水利

第七篇　工　业

第八篇　商贸交通通信

第九篇　综合经济管理

第十篇　财政　税务　金融

第十一篇　对外及对港澳台经济贸易

第十二篇　民营经济

第十三篇　中共京口区委员会

第十四篇　京口区人民代表大会

第十五篇　京口区人民政府

第十六篇　政协镇江市京口区委员会

第十七篇　民主党派　工商联　群众团体

第十八篇　政　法

第十九篇　军　事

第二十篇　科　技

第二十一篇　教　育

第二十二篇　文化　体育

第二十三篇　大众传媒

第二十四篇　卫　生

第二十五篇　人事劳动和社会保障

第二十六篇　精神文明建设

第二十七篇　民政与社会生活

第二十八篇　乡镇街道　园区　场圃

第二十九篇　人　物

CONTENTS

ROLL 5 GENERAL ECONOMY

ROLL 6 AGRICULTURE·FORREST·WATER CONSERVANCY

ROLL 7 INDUSETRY

ROLL 8 BUSSINESS áTRANSPORTATION áTELECOMMUNICATION

ROLL 9 INTEGRATED ECONOMIC MANAGEMENT

ROLL 10 PUBLIC ECONOMY·TAXATION·FINANCE

ROLL 11 TRADE EXTERNAL IN HONG KONG, MACAO AND TAIWAN

ROLL 12 INDIVIDUAL AND PRIVATE ECONOMY

ROLL 13 JINGKOU COMMITTEE OF THE COMMUNIST PARTY OF CHINA

ROLL 14 THE PEOPLE'S CONGRESS OF JINGKOU

ROLL 15 THE PEOPLE'S GOVERNMENT OF JINGKOU

ROLL 16 JINGKOU COMMITTEE OF THE PEOPLE'S POLITICAL CONSULTATIVE CONFERENCE

ROLL 17 DEMOCRATIC PARTIES á ASSOCIATION OF INDUSTRY AND COMMERCE á SOCIAL ORGANIZATIONS

ROLL 18 POLITICS AND LAW

ROLL 19 MILITARY

ROLL 29 FIGURES

概　述

京口区地处宁镇丘陵地区和长江冲积平原区，地势东南高、西北低，形成“连岗三面，一水横陈”之势。海拔 20 ~ 140 米之间。位于北纬 32° 10′ ~ 32° 15′，东经 119° 26′ ~ 119° 38′。气候属北亚热带季风区，四季分明，日照充沛，气候湿润，年均气温 15.4℃，年日照时数 2152 小时，年均降水日数 119 天。东滨长江与扬中市隔江相望，南沿 338 省道与丹阳市新桥、埤城及丹徒区辛丰镇毗邻，西依古运河与润州区相接，北濒长江，与扬州市邗江区交界。区境东西长约 21 公里，南北宽约 18 公里。全区总面积 118.69 平方公里（不含镇江新区）。2007 年，总人口 34.29 万人。

1983 年 8 月，镇江市实行市管县体制，合并北固、金山两区，建立镇江市城区人民政府，次年 12 月更名为镇江市京口区人民政府，辖正东路、健康路、大市口、四牌楼、宝塔路、中华路、京畿路、和平路 8 个街道办事处。1992 年 10 月，市区区划调整，以古运河为界，古运河以东至谏壁镇为京口区，运河以西为润州区。2007 年，京口区辖 2 个镇、4 个街道、3 个场圃(园区)，65 个社区居委会、10 个村委会。

一

京口为镇江古称之一，古人把北固山前峰的高平之地称之“京”，“口”则指北固山下的长江口，有三千多年的文明史。西周属宜，战国称朱方，楚灭越，改朱方为谷阳，秦置郡县属会稽。汉代京口属吴，为孙氏霸业江东主要基地之一。建安二年（197 年）孙策使将屯京地。建安九年（204 年）“缮治京城”，京口始城。建安十三年(208 年)，孙权由吴（今苏州）治京口，筑铁瓮城，“命曰京城，又曰京口（城）”。东晋初，晋陵郡治由丹徒迁京口，称“北府”。咸和二年（327 年），郗鉴坐镇京口平叛，筑晋陵郡城。隋开皇十五年（595 年），县治由丹徒迁京口（城），唐代至民国一千多年间，京口一直为道（州、郡）府、县治所。

京口，江河交汇，孕育出千古佳传；人杰地灵，创造出世间胜迹。京口人文底蕴深厚，是吴文化的重要发源地之一。人文荟萃，名人辈出。东吴奠基人孙策，抓住机遇，创造东汉吴国第一古都；孙权承父兄拓展基业，沿江扩张，终成三足鼎立之势；武帝刘裕起兵京口；梁红玉击鼓战金山；海龄浴血抗英军，在中国人民反帝斗争史上写下光辉的一页，受到恩格斯的高度评价；焦光淡泊名利，隐居焦山，为民诊治，普济众生；名臣良相李德裕为官京口时，非常注重减轻人民负担，发展生产，多次奏请朝廷，免赊国家常赋以外摊派；戴颙于南郊招隐寺，留下“斗酒双柑听鹂声”的美谈佳话。祖冲之在京口发明《大明历》和圆周率；刘勰著书《文心雕龙》；萧统编撰《昭明文选》；沈括居京口编著《梦溪笔谈》；马建忠撰写《马氏文通》；京口才子张玉书主编《康熙字典》；“大宋频危撑一柱，英雄垂死尚三呼”的宗泽长眠于京岘山下；中国桥梁之父茅以升、闻名中外的爱国高僧茗山……一批批无愧于时代的名人脱颖而出。这是一块充满神话和传说的土地，《白蛇传》中的白娘子在京口“水漫金山”，现在金山寺中还有法海、白龙两洞，向世人讲述着这段动人的传说。

京口，山水风光秀丽，既有大江东去的雄浑，又有小桥流水的雅致，金山、焦山、北固山鼎足相望，沿长江之滨，点缀出一幅迷人的城市山水画。放眼望去，整个京口真山真水，山水交融，有“城市山林，大江风貌”及“天下第一江山”的美誉。

二

京口建区的25年是改革开放、经济快速增长、人民生活显著提高、社会事业健康发展和社会保障体系日趋完善的25年，更是京口人民喜获改革开放成果的25年，国民经济保持持续发展，城乡人民生活大力改善。

经济实力快速增长。1990年，京口区实现社会总产值1.89亿元，地区生产总值1.02亿元，工业总产值7205万元，财政收入1161.68万元。2004年，全区地区生产总值30.42亿元，其中一产0.65亿元，二产14.83亿元，三产14.94亿元；工农业总产值63.29亿元，其中工业总产值62.06亿元，农业总产值（现价）1.23亿元。2007年，地区生产总值50.36亿元，其中一、二、三产分别为0.83、25.20、24.33亿元，财政总收入14.20亿元，社会消费品零售总额79.63亿元，实际利用外资7429万美元，出口总额46716万美元。

三

围绕“服务城市、富裕农村”思想，农业生产坚持确保市民“菜篮子”、富有农民“钱袋子”的惠民、富民方针，以“菜篮子”工程为龙头，提高农民收入为目标，发展有京口特色农业，全区农业经济健康发展。根据城郊型农业特点，把服务城市作为中心任务，保障城市蔬菜、副食品和名优特产品供应，重点发展无公害蔬菜、应时鲜果、优质茶叶等特色产业。调整农业产业结构，走农林牧副渔全面发展和产业化道路。实施“科技兴农”战略，农业生产获得“双赢”。大力发展乡镇（村）工业，“以工哺农”。合理调整农业种植结构，推进农业发展。粮食作物主要是水稻和小麦种植，粳稻是区内水稻主要类型。油料作物主要是油菜，此外还有大豆、玉米、薯类种植。2007年，全区水稻种植面积800公顷，总产6308吨；小麦面积610公顷，总产量2933吨。全区菜田312公顷，年上市蔬菜2.9万吨。食用菌生产年上市量300吨。年末生猪出栏1.89万头，家禽出栏70万羽，禽蛋1.39万吨。全区拥有农机动力5.82万千瓦，有大中型拖拉机和各类农业机械2261台套。全区农业人口6.65万人，人均耕地0.033公顷。农业总产值1.52亿元。

全区林业总面积1859.5公顷，森林覆盖率21.29%。区内茶叶主要品种是碧螺春、龙井43、诸叶、宜兴农家、福井大白毫等，茶园面积8公顷，年产茶叶1.1吨。区内形成以油桃、葡萄、梨、草莓为主，杏、李等应时鲜果生产格局。全区有油桃、水蜜桃12公顷，葡萄5.8公顷，梨4公顷，柑橘4公顷，草莓、枇杷、李、杏等水果10.7公顷，年产鲜果281吨。

四

京口工业经济发展突飞猛进，成为经济发展支撑点。从建区时区属工业以轻工、手工和街道加工业为主，经过25年的发展，形成乡镇街居企业、区属企业、“三资”企业、民营企业及外向型经济“五轮驱动”发展格局。1983年，北固、金山两区所属工厂及街道、居委会所属36个工厂归属城区政府，其时全区工业有塑料、电线、印刷、纸制品、日用化工、制鞋、服装等7个门类，10多个产品系列。1992年区划调整时，划进一批乡镇工业，全区各类工业企业400多家，产值超1000万元规模企业18家，“三资”企业17家。形成冶金、化工、机械等十大行业，工业产品逾千种，职工2万多名，有一批高中级专业技术人员。固定资产1亿多元，实现社会生产总值6亿元，是建区初1984年（2842.9万元）的21倍，一大批产品打进国际市场。2007 年，深化“工业强区”战略，突出招商引资和项目建设，开展“大项目建设绩效年”和“全面小康决胜年”活动。全区工业增加值 41.85 亿元，新增省、市级高新技术企业 14 家，镇江鼎胜铝业有限公司、江苏鸿泰钢铁有限公司、镇江市宝华半挂车配件有限公司、中盛粮油工业（镇江）有限公司、元鼎饰材实业（镇江）有限公司进入全市工业企业 50 强。全区工业企业 816 家，其中规模工业企业 118 家，轻、重工业产值 156.86 亿元，规模工业企业门类 21 个，高新技术产业总产值 56.08 亿元，销售 55.56 亿元，工业增加值 17.11 亿元，利税总额 9.51 亿元。全区工业企业通过承包制、负责制、租赁经营，对外实行横向联合，对内进行分配制度改革，推进企业发展。推行股份合作制、破产重组等产权制度改革，工业企业改制面 96.37%，基本确立现代企业制度。产品结构档次进一步提高，鼎胜铝业的金属压延产品形成产业化。中储粮镇江粮油有限公司与中盛粮油工业（镇江）有限公司重组后，精炼色拉油等产品产量稳步提高。港盛重工项目推进，船舶制造业在区内发展，电子产品、造纸工业等行业成为支柱行业。

乡镇工业发展迅速。1992 年，区划调整后，京口区始有乡镇工业。2007 年，全区乡镇工业产值 130.46 亿元，工业销售 131.58 亿元。街道工业发展迅猛。街道办事处和居委会广开就业门路，安排闲散人员，因地制宜、因陋就简，兴办小工厂，街道工业稳步发展。1990 年，全区 49 家街道工业，企业税利 236.99 万元，万元利润居委会 35 个。1992 年区划调整，全区 4 个街道工业产值 587.34 万元。2007 年，全区街道工业总产值 20.6312 亿元，工业销售 18.9996 亿元。

建筑、房地产业稳步发展。1992 年，全区有建筑施工企业 25 家，承揽土木建筑、建筑装潢、屋面防水、水电安装、土石方施工等，职工 3500 多名，施工机械 94 台，固定资产 100 多万元。年施工产值 1.37 亿元。2007 年，立足城区，内联特区，带动全区商贸、流通、物资和餐饮服务业快速发展。全区有 24 家建筑装饰单位，区域内有市、区级及北京、上海、浙江、福建、香港、台湾等 18 个省、市、区房地产开发商 200 多家。先后开发江滨新村、恒美嘉园、方家湾新村、香江花城等商住楼，促进京口区经济和社会事业发展。

五

发挥区位优势，实施“贸易兴区”发展战略，第三产业快速发展。建区后，先后成立第二饮食服务公司、第二糖烟酒公司和物资公司等商贸服务、物资流通、交通运输三产企业。实施“城乡一体化”战略后，坚持三产兴区，确立乡镇向城市化过渡战略目标，创立经济技术开发区，兴建大型旅游项目，发展城镇及周边地区房地产开发，加强各类市场和物流企业建设。利用区位优势，加强专业市场、大型卖场、连锁超市和特色街巷建设，全力推进服务业规模化、专业化、特色化，形成“小区域大服务”格局。截至 2005 年，投资 100 万元以上竣（开）工第三产业项目 300 多个，新增网点 800 多处。建设京润国际花园、怡海家园住宅区，江大东风村、谏壁燕舞桥农贸市场、谷阳路汽车销售和小米山商业街等大型服务网点。2007 年，全区第三产业生产总值 24.33 亿元，占全区地区生产总值的 48.31%，成为京口区经济总量的“半壁江山”。优化市场结构，促进市场发展，区域范围内各类商业网点实行多样化、立体式发展。京口区城乡随着建成区面积和市场经济逐步形成迅速发展，区域内个体饮食业历经摆摊设点、小门市发展到酒楼、大酒店规模性个体餐饮业过程，区域内个私餐饮 5000 多户。

六

大力推进城乡一体化工程，加强城市基础设施建设和城市管理，城乡面貌发生翻天覆地变化。京口区制定“一体两翼，交叉推进，中间突破，东西呼应”总体思路，加快城市道路改造和城市建设步伐。先后拓宽改造中山东路、中山西路、电力路、迎江路、黄山南路、桃花坞路、塔山路、解放路、南门大街、斜桥街、长江路、正东路等城市主干道及宗泽路、湖西路、焦西路、丹徒路（镇澄路）、上隍路、江滨路等50多条城乡道路。京口区首开市场化运作建设城市道路先河，投资50多亿元，相继建成禹山路、学府路、经十二路、纬七路、谷阳路、京口路、滨水路、小米山路、新民大道等20多条。2007年，全面推进“无村区”建设，在东风村、京岘山、谏（壁）辛（丰）公路等处，兴建安置房50多万平方米，对10多万名拆迁村民进行安置。结合旧城改造，兴建以大市口为中心的商贸区、以“京口三山”和江河为特色的“一湾”（北固湾）“两带”（滨江旅游风光带、古运河风光带）风景名胜区及颐和家园、中南世纪城、梦溪嘉苑、华诚新村等40多处宜居新社区。

加强城市管理。城管工作坚持以长效管理为主线，依法管理为手段，以开展清洁城市、清洁家园为载体，全面推行“三位一体”保洁工作运行模式，建立全天候、长效管理机制。完成市委、市政府“争创沪宁线城市管理上水平，打造365天卫生保洁最好的城市”目标，为镇江市创建国家卫生城市做出重要贡献。

七

城乡居民生活水平显著提高。1990年，京口区职工年均工资收入2116元，城市居民家庭人均生活费1588.56元。2007年，在岗职工年均工资26662元，城镇居民人均可支配收入17278元。农村居民收入不断提高。1992年，农村居民人均纯收入1125元。1998年，农村人均纯收入3886元。2007年，农村人均纯收入8213元。

居住条件大力改善。1983年，人均居住面积7.54平方米。1993年，城区人均居住面积12.82平方米，农村人均住房面积29.20平方米。2005年，城区人均住房面积26.50平方米，农村人均住房49.90平方米。2007年，城区人均住房面积33.20平方米，农村人均住房面积49.50平方米。全区居民居住面积逐年增加，居住环境较大改善。

社会保障体系逐步建立。京口区对无生活来源的老弱病残和困难居民实施定期或临时救（补）助并安置就业，给予社会保障。1992～1995年，全区有17家福利企业，先后安置423名“四残”人员。1997年，率先在全市实行城乡居民社会养老保险（企业职工基本保险、事业单位和新型农村社会养老保险）制度，建立老年居民生活补贴和被征地农民基本生活保障社会养老保障体系。2007年，全区养老保险覆盖率98.3%，事业单位100%参保。工伤、生育、失业、居民养老保险及征地农民保险全覆盖。享受老年居民补贴3982人，发放金额27万元。城镇最低生活保障1428户、3074人，支出484.82万元，人均每月250.28元。生活困难临时救助115人次。农村最低生活保障117户、242人，支出21.94万元，人均每月228.1元。修订社会医疗保险和救助办法，805家单位、24361人参加统账结合基本医疗保险，覆盖率98.08%。区、乡两级居民住院费用政策补偿比例为71.18%，合作医疗累计报销1496.21万元，个人最高补偿额14.65万元。

八

教育事业全面发展。1989年，全区有幼儿园21所，124个班，在园幼儿4920名，教师276名。有10所小学办学前班12个，招收幼儿460名。全区有小学38所。1992年，区划调整后，京口区管理8所中学，另有3所地处京口区区域内的厂企办九年一贯制学校，由京口区教育局代管教学业务。教育事业通过加大投入，改革创新，获得很大发展。1994年，京口区被评为江苏省特殊教育先进县（市、区）；1995年，被评为全国特殊教育先进县（市、区）；1997年，被省政府评定为“两基”（基本实施九年义务教育、基本扫除青壮年文盲）合格县（市、区）；2005年，全区所有乡镇全部成为省教育现代化先进乡镇。2007年，被评为江苏省幼儿教育先进县（市、区）。全区有2所中学被评为省教育现代化示范初中，8所省实验小学，11所省示范性实验幼儿园。全区有幼儿园34所，中小学22所，其中高中2所（普高、职高各1所，各附设1个初中部），独立初中1所，九年一贯制学校1所，小学17所，特殊教育学校1所。高中阶段在校学生2278人，义务教育阶段在校学生23273人（初中3071人、小学20122人、特殊教育学校80人），在园幼儿8648人，在岗教师2277人。

科技工作不断进步。实施科技兴区战略，牢固树立“科学技术是第一生产力”观念，大力培养和引进懂科技、懂管理现代化人才。加大科技投入，加快高新技术产业发展，不断提高科技进步在国民经济中贡献份额。1989年，全区有各类专业人员2000多人，其中有技术职称1914人，占干部职工总数16.3%。1993年，配备科技副区长，4个乡镇及科技工业区成立科委，配备科技副乡（镇）长。市政府分别与区政府、乡镇（街道）及有关部门签订科技管理目标责任状。京口区首次通过国家科技部两年一轮的“科技进步达标考核”。2007年，有省级高新技术企业7家，高新技术产品销售收入70.60亿元，通过科技部“科技进步达标考核”，连续5次被评为“江苏省科技进步先进区”。

卫生事业进一步加强。1984年，有区属医院3所、8个街道卫生所和卫生防疫站。有医技人员257名，其中具有副主任医师以上职称5名，病床246张。1992年，区划调整后，划出2个门诊部和4个街道卫生所给润州区，同时划进5个乡镇（场圃）卫生院（所）。2004年，有区人民医院、区卫生防疫站、区妇幼保健所3家和9个乡镇（场圃）街道卫生院、卫生所。2005年，适应医疗卫生改革，将区人民医院、区妇幼保健所和乡镇卫生院分别改为社区卫生服务中心，承担社区居民疾病预防和治疗、卫生保健、健康教育、残疾人康复和计划生育咨询、指导服务等。2007年，区域内有医疗卫生机构10余家、社区卫生服务中心6家。各级医疗卫生机构坚持医疗卫生制度改革，进一步建立价格低廉、服务优质、群众方便的“分级诊疗，双向转诊一体化”新型医疗卫生体系。

文化、艺术、体育事业蓬勃发展。文化场馆建设加快发展。1984年，区文化馆成立。1993年，在谏壁公园兴建区文化馆并对外开放。2002 ~ 2007年，全区投资3500万元，启动文化馆、文化市场、美术馆等10大文化项目建设。2007年，在学府路和谷阳路交汇处，兴建京口文化广场，占地3.5万平方米。全区有中学图书馆3家，藏书总量10万多册。继1993年在江滨新村兴建社区图书馆（建筑面积406平方米，藏书3万多册）后，2007年12月，京口图书馆在禹山路西端与镇江第九中学图书馆联合挂牌对外开放。文学艺术硕果累累。京口区有作家、书画家、摄影家、戏曲艺术家、音乐舞蹈家5个协会和镇江“八坤”艺术沙龙。先后创作出版一批优秀文学作品，王海燕《绿色回眸》散文集获全国女青年创作奖。体育事业成绩喜人，全民健身运动全面开展。京口区学校体育、职工体育、社区体育的球类、棋类、田径、体操及老年人健步、舞蹈、登山、钓鱼等活动丰富多彩，乒乓球、体操、棋类、排球、足球等竞赛项目取得世界和国家、省、市级好成绩。八叉巷小学被国家体育局定为少儿乒乓球训练基地，被国家体育总局乒羽管理中心确定为14家地方体校（乒校）和基层小学之一，为全国重点乒乓单位，并被授予“国家级乒乓球传统项目学校”称号。全区有国家级传统项目学校1所、省级4所、市级6所、区级2所。京口区传统项目学校为国家和省市输送一批乒乓球、田径、武术、排球、足球、棋类等项运动优秀苗子，涌现出如邬娜、秦志戬、陈晴等国家级运动员。中山路小学的张国凤多次取得象棋国家级比赛冠亚军。残疾人运动员赵斌参加世界游泳比赛，多次获得冠军。全区每年举行“全民健身月”和“全民健身周”活动。

九

中共十一届三中全会以来，京口人解放思想，大胆改革，抢抓机遇，跨越发展，各项社会事业显著进步，社会主义精神文明建设和民主法制建设持续加强，党的思想组织建设、党风廉政建设进一步提升，安定团结政治局面得到巩固和发展，三个文明建设取得丰硕成果。

加快社会主义民主与法制进程，人民代表大会、政治协商会议职能作用得到充分发挥。各级党组织，各行各业锐意进取，创新克难，大担实践，经济和社会事业呈现新气象。组织工作贯彻执行党的基本路线，加强各级领导班子、基层党组织、党员队伍和人才队伍建设，坚持为科学发展配干部，推进干部人事制度改革，为全区改革开放和现代化建设及各项事业发展提供组织保证。宣传工作结合区情实际，在服务大局、服务群众上下功夫，为改革与发展提供有力思想保证、舆论支持和精神动力。纪检、监察工作积极探索和建立教育、制度、监督并重的惩治和预防腐败体系，党风廉政建设和反腐败斗争取得显著成效，为经济、政治、文化、社会建设营造风清气正优良环境。各级统战部门在为全区中心工作服务过程中，努力发挥优势，全面落实统战政策，认真开展党外干部工作、党派工作、对台工作等，为增强团结、维护稳定、促进和谐、推动全区经济和社会事业发展做出积极努力。信访、老干部、史志档案和党校、保密、信息等工作不断创新。全区人民的精神面貌昂扬向上，京口大地一派祥和生机。

大事记

1983 年

3 月 5 日 镇江博物馆在象山合山顶发现 1 组 4 座清代洋务运动时快炮台。

5 月 象山、汝山等人民公社均改称乡（镇）建置。

同年 各乡镇开展革命烈士调查核实。

1984 年

5 月 26 日至 6 月 1 日 区一届人大一次会议，在河滨会堂举行。会议选举孙国柱为京口区第一届人民代表大会常务委员会主任，蒋震、范振和、孙延祥、蔡元标为副主任，委员 14 名。选举戚中立为区人民政府区长，曹九龄、吕祖义、陈启源为副区长，周英为区人民法院院长，宁昭为区人民检察院检察长。

8 月 13 日 中共镇江市城区一届一次委员会召开。孙国柱当选为书记。

10 月 共青团中央、文化部、教育部嘉奖丹徒镇中心小学少先队读报活动。

11 月 象山茶场生产的一级炒青绿茶经省茶叶评审委员会审定为省优产品。

同年 谏壁派出所被评为江苏省公安战线先进集体，所长龚祥生出席省公安战线“先进集体先进个人表彰会”。

1985 年

1 月 跨越苏南大运河的越河大桥建成通车。

9 月 谏壁镇获省 1985 年度社会治安综合治理先进单位。

1986 年

3 月 谏壁镇被评为全国计划生育先进集体，党委副书记吴腊林出席“全国计划生育工作先进集体先进个人表彰会”。

5 月 17 日 谏壁入伍的解放军某部班长戴振平在中越边境自卫反击战中英勇牺牲，被确定为革命烈士。生前曾立二等功 1 次。

6 月 跨京杭古运河的上隍桥建成通车，桥长 56.5 米，宽 5.5 米，为水泥桁架拱形桥。

1987 年

4 ~ 9 月 南京博物馆和镇江博物馆联合在谏壁王相村北磨子顶发掘春秋墓葬一座，出土一批珍贵文物，对研究吴国历史、军事、文化和墓葬制度有很高价值。

4 月 因江滨新村小区扩建，象山乡镇焦路小学生源增加，学校扩建后，更名为镇江师范附属小学。

5 月 12 ~ 16 日 区二届人大一次会议在区机关八楼会议厅举行。会议选举毛善复为区第二届人大常委会主任，孙延祥、王东才、蔡元标为副主任，委员 13 名，戚中立为区人民政府区长，王一民、吕祖义、陈启源、赵兴根为副区长，周英为区人民法院院长，宁昭为区人民检察院检察长。

9 月 陈家门和谏壁两中心小学分别设置培智班，招收低智商儿童入学，实施义务教育。

同月 镇江市第十中学学生方秋玲参加全国中学生作文竞赛，获一等奖。

1988 年

3月 国家体委批准镇江市为全国乒乓球重点城市。10月，国家乒乓队4名教练到八叉巷小学进行技术辅导。国家体委副主任、中国乒乓球协会主席徐寅生考察八叉巷小学，并题词“中国乒坛的希望”。

4月9日 中共镇江市京口区二届一次全委会召开。毛善复当选为书记。

11月 谏壁至江心洲汽渡码头由西街迁址孩溪，当日竣工通航。

同年 象山乡星星村百亩葡萄种植被列入国家“星火计划”。

1989年

9月18日 京口区成立人口普查领导小组，区委常委和副区长任组长。全区三级人普办配备工作人员925名，建立普查区150个，设立调查小组1641个。

1990年

1月1日 由京口房屋开发公司和区工商行政管理局共同集资兴建的牌湾农贸市场开业，营业面积有2000多平方米，为全市最大农贸市场。

2月13日 市佛教协会举行赠房仪式，将地处贾家巷的13.5间房产、315平方米庙产无偿捐赠给区第三幼儿园。

3月18日 京口区举办首届运动会。开幕式在镇江船舶学院举行，36个代表队，1000多名教练员、运动员参加。

3月 各乡镇根据《中华人民共和国村民组织法》（以下简称《村民组织法》）规定，改生产大队为村民委员会（以下简称村委会）。

4月1～3日 京口区参加市1990年商品交易会，3天成交总额达1420万元。

同月 中共中央政治局常委、国务院总理李鹏考察京口区。

同月 国家和省计生委派员考察区计划生育信息点。

5月2日 全国人大常委会副委员长费孝通到京口调研长江三角洲经济开发问题。

5月7～12日 区三届人大一次会议在区机关八楼会议厅举行。会议选举戚中立为区第三届人大常委会主任，陈启源、蔡元标、朱茂莲、陆国初为副主任，14名委员。选举江里程为区人民政府区长，瞿洪约、王凌云、俞力平、汤翔为副区长，蔡盛明为区人民法院院长，朱晓法为区人民检察院检察长。

7月1日 开展第四次全国人口普查，至10日24时结束。3815名普查人员参加，全区总人口为294221人。区人普办被省政府评为第四次全国人口普查先进单位，并获“金山杯”银奖。

8月7日 全区组织1500余人参加系列体育竞赛活动，迎接第十一届北京亚运会。

8月29日 中国红十字会带领《健康报》等8家全国媒体，考察区卫生救护培训教学活动，100多名驾驶员作自救互救表演。

9月10日 第十一届亚运会“亚运之光”主火炬传到区内。当晚7时30分，交接仪式在镇江一中校园举行。

10月3～6日 苏中片计划生育研讨会在京口区召开。扬州、南通等地20多名代表就城区计划生育工作突出的10个问题展开研讨，并就加强流动人口计划生育管理进行交流。

10月6日 金山江天禅寺举行大雄宝殿落成、藏经楼点击和佛像开光仪式。10日，焦山定慧寺举行天王殿落成、藏经楼奠基和佛像开光仪式。中国佛教协会副秘书长周绍良为仪式剪彩。

12月2日 北固山公园《望月望乡》诗碑新景点落成，日本书道院院长田中冻云一行120人参加揭碑仪式。

12月21日 区首届残疾人联合会大会召开，省残联副理事长陈生进、市民政局局长朱国昌，市残联理事张德生及兄弟县（市）区民政局代表69人参加，选举俞力平为第一届区残联主席。

1991年

1月4 ~ 9日 举办京口区民兵国防知识竞赛，市属单位19个代表队75名民兵参赛。

1月5日 茅以升科技教育基金会在京口区设立“茅以升家乡教育奖”“茅以升家乡交通、工程奖”两项专奖。

3月5日 中共京口区委召开三届一次全委会。选举张克敏为区委书记。

4月14日 荷兰前外交大臣施梅尔策夫妇到金山、焦山游览。

4月17日 中共中央政治局常委、书记处书记李瑞环考察镇江城区。

5月22日 中宣部副部长、文化部代部长贺敬之参观焦山碑林、金山江天禅寺和市博物馆。

9月20日 区委、区政府表彰在抗洪救灾工作中做出突出贡献94个先进单位和235名先进个人。

同月 省政府、省军区表彰区人武部为抗洪救灾先进单位，区人武部部长毕于清被授予三等功。

12月23日 南门大街北段拓宽工程竣工通车。

1992年

1月27日 市长钱永波、副市长方之焯及区四套班子领导参加由区房屋开发总公司承建安置灾民的“广厦村”落成典礼。

3月1日 京口区驻海南省海口办事处成立。

4月2日 区长江里程一行5人赴海南省海口市为区驻海口办事处挂牌，并就房地产开发等项目进行考察。

4月18日 ~ 5月5日 区内举办首届青年文化艺术节，设16个项目，有3000多名青年参加，160余人次获奖。

4月28日 区领导分别带队赴常熟、昆山、张家港、无锡北塘区等地进行为期3天发展经济考察。

5月11日 陕西省铜川市城区一行4人到区考察经济工作，并结为友好城区，还就加强横向经济联系、互派干部挂职学习等达成协议。

7月24日 区政府制定《加快发展第三产业的意见》。

8月6日 日本津市第七次市民团一行45人到江滨幼儿园参观。

8月14日 京口区副区长孙金林一行5人赴黑龙江省黑河市考察边境贸易，并经黑河市政府批准在该市设立办事处。

8月19日 哈尔滨市政府批准京口区在该市香坊区设立办事处。

9月8日 全国人大和省人大代表一行13人视察区档案工作。

10月9日 《解放日报》顾问陈迟、记者胡志刚专程到区采访机构改革工作。

10月22日 国务院台办、省台办一行3人到区考察对台工作。

10月27日 全国少儿第七届《学与玩》作文大赛，京口区4所学校获优秀组织奖，19名少先队员分获一、二、三等奖。

10月28日 市委、市政府决定对市区行政区划作部分调整。京口区与润州区以古运河为界，即河东为京口区，河西为润州区。京口区划出宝塔路、中华路、和平路、京畿路4个街道及在上述街道范围内小学、幼儿园、医疗卫生单位等；划入谏壁、丹徒、汝山、象山4乡镇和象山茶场、共青团农场（代管）以及上述乡镇、场圃范围内小学、幼儿园和卫生医疗单位等。

11月7日 国家教委副主任邹时炎，省教委副主任周德藩一行考察中山路小学和幼儿园。

11 月 12 日 上海市 12 个区信访办主任由省信访局副局长唐本全、市政府副秘书长顾遗珍陪同考察象山乡信访工作。

12 月 22 日 陕西省宝鸡市渭溪区与京口区结为友好区。

1993 年

1 月 6 日 区委、区政府首次召开农业及农村工作会议。

2 月 8 ~ 13 日 区四届人大一次会议在丹徒县水陆寺巷招待所会堂举行。会议选举江里程为区第四届人大常委会主任，顾明锁、蔡元标、朱茂莲、毕于清为副主任，委员 14 人。选举贺华平为区人民政府区长，郭朝书、汤翔、郑清、贾国祥为副区长，蔡盛明为区人民法院院长，仲陆生为区人民检察院检察长。

2 月 27 日 区自营出口货物装箱运抵港口，出口至法国 LCGMA 有限公司。属区内直接签订成交首批涉外业务。

4 月 1 日 全区实行粮价放开。

6 月 17 日 区委、区政府召开全区股份合作制动员大会，确定 50 家企业为试点，并与 23 个企业负责人签订责任状。

同月 谏壁镇中心小学四年级学生孙恬恬成绩优秀，德、智、体全面发展，被团中央授予“好儿童”称号。

7 月 1 日 区级机关新办公大楼建设工程奠基，占地 1.5 公顷，建筑面积 1.5 万平方米，主体 10 层，局部 11 层。1995 年 5 月 15 日大楼竣工启用，各部门搬入新大楼办公。

8 月 18 日 区商业系统 6 家小型企业首次拍卖，3 家成交额 210.1 万元。

9 月 21 日 举行“京口十年”新闻发布会。25 日，举行京口区建区十周年庆祝活动。

9 月 23 日 副省长张怀西率出席全省教育、卫生工作会议省辖市分管副市长考察中山路小学。

9 月 25 日 京口区社会康复福利中心（区人民医院）大楼封顶，主体 9 层，局部 10 层，建筑面积 4200 平方米。

同月 谏壁马湾小学校长戴来生被评为全国教育系统劳动模范，国家教委、人事部授予其人民教师奖章。11 月 22 日，该校获省级“模范学校”称号。

10 月 9 日 区委、区政府召开“镇江二十一世纪乐园”新闻发布会，该园位于汝山乡京岘山，水面、陆地总面积 25 公顷，总投资 1.5 亿元。

10 月 29 日 区信用联社成立，下辖 3 个农村信用社、13 个信用分社。

11 月 6 日 区政府组织检查验收全区 7.33 公顷高标准蔬菜基地（1993 年为民办实事工程之一）。

12 月 6 日 省教委授予中山路小学“江苏省模范学校”称号。

12 月 8 日 区商业局所属银都大酒楼开业（区政府 1993 年为民办实事工程之一）。

12 月 11 日 镇江海军士官学校派出 300 多名官兵，支援京口科技工业区建设，平整荒山荒坡，清理宗泽路一期工程水泥路面。

1994 年

1 月 7 日 省残疾人事业领导小组、省教委、省民政厅、省残联联合授予京口区为“特殊教育先进区”称号。

1 月 22 日 全区召开“双拥”工作理论研讨会暨春节军政座谈会，系全省首次召开县、区级“双拥”理论研讨会，有 18 篇论文参加大会交流。

2 月 3 日 宗泽路二期工程启动，投入资金 168 万元，6 月全线通车。

2 月 21 日 中共中央政治局委员、国务委员、国家体改委主任李铁映在江苏省副省长杨晓堂陪同下考察华联商厦。

3 月 1 日 京口公安分局成立巡警大队，80 多名巡警对中山路、大西路、长江路、解放路、环城路、正东路、双井路等主要道路进行巡逻。

3 月 9 日 镇江羽绒衫厂租赁给私营业主戴康生经营，为区属企业经营机制转变首例。

3 月 10 日 中国乒乓球队“1994 新药杯”单打精英赛在体育馆举行，国家乒乓球队教练张燮林前往八叉巷小学指导。

同日 市考古研究所在鼓楼岗、青云门、大市口等处，发现铁瓮城南垣、唐代作坊和南北朝坊墙遗址。

3 月 16 日 市委、市政府钱永波、方之焯先后考察“镇江二十一世纪乐园”。4 月 6 日，全国政协副主席、中国科学院院长胡绳，全国人大常委、民革中央副主席胡敏，省政协秘书长吴鎔及市、区领导、兄弟县（市）区 500 多人参加“镇江二十一世纪乐园”建成仪式并剪彩。

3 月 25 日 区检察院被省检察机关授予全省检察系统“思想政治工作、纪检工作先进集体”称号。

同月 首版《京口年鉴》由上海社科院出版社出版发行，同年 12 月被中国年鉴研究会评为框架设计、条目编写、美术装帧 3 个二等奖。《京口区志》被省地方志编委会评为优秀成果二等奖。

4 月 26 日 经省体改委批准，省工商局核准，京口置业（集团）公司升格为江苏置业集团，并举行挂牌仪式。

5 月 5 日 全区举办第二届青年职工文化节，历时 15 天，4500 人次参加表演。

5 月 8 日 省体改委批准，成立江苏省金象企业集团，系全区首家省级乡镇集团企业。

5 月 18 日 区政府与江苏理工大学共建“1138 工程”举行签约仪式，市领导余耀中、滕子明、沙荣盛及乡镇、街道经济负责人、江苏理工大学领导和教职工代表 200 余人参加。

5 月 22 日 ~ 6 月 4 日 区长贺华平一行 16 人赴新加坡及中国香港地区招商引资，谈成合作项目 19 个，协议利用外资 1100 余万美元。

5 月 31 日 京口区人民广播电台开始试播，1996 年 12 月 26 日正式开播。

6 月 14 日 民政部部长多吉才让在省、市、区领导陪同下考察江滨新村社区服务设施建设。

6 月 21 日 区工商业联合会成立，市领导及市工商联领导参加成立大会。

6 月 22 日 省政府公布镇江烈士陵园为省级重点烈士纪念建筑物保护单位。

7 月 9 日 江苏置业集团下属企业皮鹿丹时装有限公司（中外合资企业）开业。市、区领导参加庆典。

7 月 18 日 区委、区政府决定整治虹桥港大堤。8 月 20 日区防洪指挥部、区公安分局以及市纺工局 100 多人联合执法，清除 20 多户违章搭建，整治多年防洪隐患。

8 月 17 日 日本奈良幼儿教育考察团一行 17 人到镇师附小幼儿园和中山路幼儿园参观访问。

9 月 14 ~ 22 日 区长贺华平、副区长贾国祥等应法国和意大利两家公司邀请赴法、意洽谈业务，参加巴黎皮革交易会。

10 月 1 日 谏壁镇经国务院抽中 1994 年度千分之一人口调查单位，无差错，被省统计局评为先进单位。

10 月 13 日 全国人大常委会原副委员长彭冲考察京口科技开发区。

11 月 4 日 区政府决定：命名解放路为京口区区级文明路。

11 月 10 日 区人武部和区保险办事处在新兵入伍前，办理义务兵养老保险，属全市首创。

12 月 28 日 京口区蔬菜研究所成立。

1995 年

1 月 18 日 京口区供销社集团公司挂牌运行。

2月9日 省委书记陈焕友考察皮鹿丹时装有限公司、镇江二十一世纪乐园。

2月12日 镇江二十一世纪乐园对外开放，设6大景观、57个景点。

3月27日 省特殊教育检查组到区检查工作。全区聋哑儿童、盲童入学率达100%，弱智儿童入学率98.3%，“特教”普及率98.5%，居全省领先水平。

5月17日 京口区开展全国第三次工业普查工作。

5月22日 江里程、贾国祥率团赴新加坡招商引资。

6月21～23日 全区遭遇特大暴雨袭击，多处山体出现滑坡。市、区领导等亲临现场，组织抢险。

6月29日 举行纪念中国人民抗日战争胜利暨世界反法西斯战争胜利50周年歌咏比赛，各乡镇、街道16支代表队参加，区文教局、大市口街道等4个代表队获一等奖。

7月10日 全区基本农田保护区划定一级基本农田保护区1633.4公顷、二级基本农田保护区1026.66公顷，保护面积占全区耕地的97%。

7月23～25日 北京东城区区长刘晓晨、副区长于大利到京口区商务考察。

8月30日 京口茶叶试验场“润露春”经国际环保技术与环保消费博览会评委会评定获茶叶金奖。

9月26日 江苏省西藏民族干部培训班25名干部由西藏自治区统战部副部长克珠和区纪委副书记张跃平带队，专程考察皮鹿丹时装有限公司。

10月10～13日 江里程，贾国祥等率团赴北京招商。在人民大会堂宴会大厅举行“1995年中国镇江京口经贸洽谈会”“皮鹿丹时装风采展示会”。全国人大常委会副委员长王光英、原中顾委常委陈锡联将军出席洽谈会，并观看时装展示。

10月11日 省辖市城区工会研讨会第九次年会在京口区举行，23个城区工会、38位代表参加。

11月21日 以色列驻华大使农业科技参赞萨睿葛就京口科技工业园与以色列合作筹建“中国—以色列农业科技园”进行考察。

12月8日 全市第一家少年刑事审判庭在区法院成立。

12月18日 镇（江）大（港）铁路建成通车，中国地方铁路局协会常务理事冷庆和市长周大平为镇大铁路通车剪彩。

12月25日 区法院首次审结国有企业破产，裁定镇江化工机械厂及食品机械厂破产清算分配方案。

12月28日 焦山游览索道开通，是长江中下游及省内第一条吊厢式跨江索道。2007年撤除。

1996年

3月15日 京口区第四届人民代表大会四次会议选举孙纪英为京口区区长。

3月22日 中共京口区召开四届一次全委会。会议选举江里程为书记。

4月8日 省长郑斯林考察皮鹿丹时装有限公司。

4月16日 省“巾帼英雄”现场会在京口区召开，各市妇联60余人出席。

7月9日 民政部副部长李宝库考察江滨社区文明建设。

8月2日 共青团农场2500米江堤漫水，区委常委曹锁金率队赴共青团农场指挥抢险。

同日 召开古运河沿岸违建拆迁动员大会，确保古运河风光带工程顺利进行。

10月9日 在镇江二十一世纪乐园举行“1996年经贸恳谈会”。

12月10日 京口区举行教师分房大会，为全区教师解决住房48套。

1997年

1月4日 区蔬菜研究所综合楼建成，投资105万元，占地1058平方米，有实验室、教室、会议室等。

1 月 8 日 京口区通过全国科技工作先进区检查验收。

4 月 4 日 谏壁镇填埋铁锚港工程，总投资 800 万元，增加复垦面积 6.7 公顷。

4 月 14 日 省政协副主席、省委统战部长林玉英考察京口区统战工作。

5 月 17 日 京口区获全市首家电话小康区称号。

6 月 17 日 京口区举行预备役军官授衔仪式，433 名预备役军官被授予军衔。

8 月 11 日 全市首家市民学校在江滨新村成立。

10 月 5 日 召开乡镇、街道机构改革动员大会，部署改革方案。

1998 年

1 月 1 ~ 6 日 召开区五届人大一次会议暨政协五届一次全委会，区人大、区政府、区政协进行换届选举。

1 月 2 ~ 7 日 区五届人大一次会议在区机关 10 楼会议厅举行。会议选举陈怀定为区第五届人大常委会主任，顾明锁、朱茂莲、毕于清、赵振祥、华梅芬为副主任，选举产生 13 名委员。选举孙纪英为区人民政府区长，贾国祥、吕振亚、陈浩、王华、王协祖、厉建林为副区长，蔡盛明为区人民法院院长，殷建兵为区人民检察院检察长。选举出席镇江市第四届人大代表 73 名。

2 月 6 日 汝山乡获“江苏省县乡传真（机要）工作标兵达标乡镇”称号，为全市唯一获此殊荣乡镇。

3 月 17 日 旅日华侨访问京口区并捐资助学。省委领导徐鸣、金建治，市领导陈耀南、邵振羽、江里程等会见。

同日 象山果树研究所被省农林厅确定为全省名优小水果良种繁育中心。

4 月 13 日 四牌楼街道江滨新村管委会被评为省实施再就业工程先进集体。

5 月 29 日 市举行联合勘界实施方案签字仪式，2 区 7 个乡、镇 16 个村委会，陆地总长约 30 千米。

6 月 18 日 市委、市政府领导调研京口区乡镇工业，并考察米山路一条街、元鼎饰材、东海油脂、三森电器企业等。

9 月 30 日 京口区首部乡镇志《象山乡志》通过审定出版。

10 月 13 日 京口区在二十一世纪乐园举行“1998 年京口区对外经贸洽谈会”，来自美国、德国、日本、南非等 10 多个国家和中国台湾、香港地区客商应邀到会。

10 月 27 日 京口区老年公寓在象山镇医院揭牌。

12 月 12 日 华联商厦二期扩建开业，区四套班子领导参加典礼。

1999 年

2 月 8 日 区委、区政府确定 1999 年为全区“项目推进年”，召开部署项目推进会议。

3 月 5 日 区四套班子领导在江滨新村举行文明社区共建活动签约仪式。

4 月 8 日 省妇女儿童工作检查组到京口区检查工作。

4 月 23 日 举行镇江解放 50 周年暨国防园落成大会。

6 月 26 日 农工民主党上海市委医卫专家京口服务基地揭牌。中国农工民主党副主委、上海市主委陈灏珠题词，常务副主委李根渊、驻会副主委郭天玲、上海市委统战部张立军处长和镇江副市长江里程参加。

10 月 19 日 省依法治理“环省行”采访团到区采访。孙纪英、戴锦美、毕于清等陪同。

10 月 21 日 美国 TTT 公司来镇考察置业集团绿宝公司。市、区领导江里程、孙纪英等接待。

12 月 31 日 二十一世纪乐园作为镇江“神州世纪游”庆典活动分会场，于 21 时至次日零时 15 分以“巨蛋”为背景进行大型文艺演出。

2000 年

1 月 7 日 区政府召开长江堤岸达标工程暨虹桥港河道整治工程建设表彰大会。

4 月 3 日 新西兰国家教育考察团到京口区考察。

8 月 24 日 区政府召开“浙商”座谈会，并于 10 月 20 日组团赴浙招商。

10 月 15 日 区委、区政府领导率乡镇、开发区和区有关部门负责人赴上海开展农业招商。

11 月 17 日 中山路小学举行建校 50 周年校庆。

12 月 16 日 京口区举办首届美食节。

2001 年

2 月 10 日 区委召开五届一次全委会。选举秦光华为书记。

2 月 23 日 区委、区政府召开农村税费改革工作会议。

3 月 10 日 汝山乡、丹徒镇合并，称丹徒镇。

5 月 16 日 区非公有制经济人士与优抚对象举行“一助一”结对仪式。

6 月 26 日 区委、区政府开展农村学校布局调整调研工作。

8 月 20 日 区委、区政府召开全区村组合并工作会议。

9 月 14 日 区委、区政府召开华商座谈会，区四套班子领导参加。

10 月 9 日 区委、区政府召开对外经贸洽谈会签字仪式和招待酒会，签约 11 个项目。

12 月 21 日 京口区与连云港市连云区缔结友好区，京口区区长刘国荣与连云区区长陈良签字。

2002 年

1 月 7 日 在五条街小学增设区民族学校，社区民族工作服务中心挂牌，后因旧城改造拆除。

2 月 28 日 国务院侨办国内司侨政处处长赵昆、信访处处长王萍到健康路街道考察侨政基础工作。

3 月 29 日 区成立示范少年军校。

5 月 19 日 市委书记张卫国到区进行富民专题调研，听取区委、区政府富民专题汇报。

5 月 26 日 太和广场举行开工仪式。2003 年 9 月 29 日太和广场正式开业。

6 月 27 日 在大市口城市客厅举行“党的颂歌——‘七一’广场文艺演出”。

7 月 29 日 学府路拓宽改造工程开工，市领导张卫国、江里程及区四套班子领导出席。次年 6 月 29 日竣工，并举行通车典礼。

9 月 8 日 京口区获“全国社区建设示范区”称号。

10 月 8 日 京口区驻东莞办事处挂牌，贾国祥、王华参加揭牌仪式。

同日 区作家协会成立。

10 月 29 日 江苏省市辖区档案工作研究会在京口区召开，苏州、无锡、常州、南京、镇江、南通等市 14 区交流经验。

10 月 30 日 京口区第二届民族联谊会在市民族学校举行。

12 月 25 日 瑞京农业科技园落成。

2003 年

1 月 6 ~ 10 日 区六届人大一次会议在区机关举行。选举戴锦美为区第六届人大常委会主任，秦荣凯、张兆才、孙辉、徐军为副主任，委员 18 名。选举童国祥为区政府区长，王华、徐建锋、蒋嵩峰、唐锡年、余国根、曹丽虹为副区长，尉利亚为区人民法院院长，殷建兵为区人民检察院检察长。同时选举出席镇江市第五届人大代表 73 名。

1月14日 区委开展文化、科技、卫生“三下乡”活动，市、区领导孙燕丽、冯士超等赴现场考察。

2月20日 京口科技工业园举行开工庆典仪式。

2月26日 江苏置业集团投资兴建的王家巷农贸市场开业。

3月6日 江苏置业集团在谷阳路投资兴建的江苏索普国际学校举行揭牌仪式。

3月10日 副省长黄莉新考察区瑞京农科园，市、区领导张庆生、张学东、童国祥、孙国平陪同。

同日 南京市建邺区考察京口区滨江风光带建设。

3月17日 区工商联与浙江义乌市工商联结为友好商会。

3月25日 京口区文联成立。

3月27日 省民政厅厅长顾汉萍对江滨新村进行调研。

5月14日 代市长许津荣到区调研，参观中盛粮油、鸿泰金属企业后，听取区委、区政府工作汇报。

5月20日 京口区文化馆在谏壁公园奠基。

6月24日 “京口接轨上海，主动承接上海制造业转移”研讨会在沪举行，区领导童国祥、唐锡年与上海市委、市政府领导、专家及上海知名企业家座谈。

同日 由无锡红豆置业公司投资开发的“红豆香江花城”开工。

7月9日 市领导史和平、江里程、李国忠考察京口区防汛工作，听取斜坡地质灾害防治专题汇报。

7月20日 在省第三届园艺博览会上，象山果树研究所七彩油桃获精品一等奖；区蔬菜研究所蝶瓜、贡瓜、水果黄瓜和瑞京绿色工程有限公司三维艺景花卉分别获三等奖。

8月25日 连云港市新浦区党政代表团到区交流考察。

9月2日 美国 MDD 公司总裁杜力克到区投资考察，区领导冯士超、童国祥、贾国祥会见。

9月25日 义乌小商品大型直销中心落户区内新时代广场。

10月13日 京口区首届文化艺术节开幕，于10月20日闭幕。

10月18日 2003年京口金秋经贸洽谈会隆重举行，市委领导吴树南，区领导冯士超、童国祥等参加签约。

同日 京口区举行“秋的和谐”街头文化艺术节。

10月30日 市委书记史和平、副市长徐郭平考察太和广场。

11月3日 安徽黄山市徽州区党政代表团到区考察。

11月21日 区委、区政府召开处理突发性事件动员暨“平安小区”创建推进会，提出创建“平安京口”，提前进入全国先进目标行列。

12月25日 区人大常委会成立街道工作委员会（以下简称“区人大街道工委”）。

12月29日 京口区社区服务中心、残疾人健康中心、江滨新村社区图书馆落成。

2004年

1月7日 副省长张桃林在许津荣等市领导陪同下慰问京口区特困家庭。

2月3日 市领导史和平、李茂川一行调研鼎盛铝业10万吨铝加工项目进展情况。

2月24日 省委统战部理论研究室到区调研社区统战工作。

3月3日 市、区领导史和平、冯士超等到谏壁镇林木科技示范区参加植树活动。

3月18日 全市安全防范工作调研会议在京口区召开，市领导郭礼荣出席并讲话。

3月21日 区委书记冯士超率京口区经贸代表团一行7人赴台湾考察。

4月9日 金特福工程机械有限公司落户京口科技工业园。

4 月 20 日 “创业京口”大型文艺演出在大市口市民广场举行。

5 月 10 日 省人大视察组到区视察“平安京口”创建活动。

5 月 23 日 京口康盛折子戏剧场挂牌，属全省首家折子戏剧场。

6 月 22 日 省委巡视组到区视察 3 个文明建设情况。

8 月 17 日 京口区编制“十一五”国民经济与社会发展规划。

8 月 23 日 商务部检查组到区检查生猪定点屠宰。

9 月 8 日 京口区举行项目集中开工、竣工典礼（开工 13 个、竣工 17 个），总投资 9.08 亿元。

10 月 9 日 《人民政协报》采编组到区采访，区领导冯士超等接待。

10 月 14 日 中央文明办领导到京口区调研区法院青少年维权活动。

10 月 18 日 京口区慈善总会成立。

10 月 27 日 省委常委、政法委书记孙安华考察桃八小区平安创建工作。

11 月 18 日 省纪委副书记陈绍泽考察京口区党务公开情况。

12 月 22 日 省检查组到区考察验收“省社会治安安全区”创建工作。

2005 年

1 月 21 日 第一楼街步行街举行开工典礼。2007 年竣工开业。

3 月 6 日 京口区为纪念东吴名将孙策逝世 1800 周年，决定在其殉难处修建“桓王亭”。

4 月 14 日 《中国纪检监察报》社长张雷克、省纪委副书记葛邵林、宣教室主任孙智林一行参观象山乡党务公开栏。

4 月 18 日 启动“当代新毛遂创新业”活动，区、乡（镇）20 名青年志愿者分赴乡镇、园区，村（居）委会挂职创业。

6 月 11 日 省纪委书记王寿亭考察京口区廉政文化建设，称赞京口区廉政文化走在全省前列。

7 月 18 日 古润礼拜寺在鼎石山东北麓、学府路举行迁建开工典礼。

7 月 19 日 全市“平安京口”工作现场促进会在京口区召开。

7 月 22 日 省民政厅派员调研廉政文化进社区活动。

7 月 23 日 中纪委派员调研区党务公开工作。

9 月 24 日 京口区“共和之美”第三届文化节开幕。

10 月 14 日 国家民委副主任周明甫到区考察社区民族工作。

11 月 8 日 镇江市实验小学举行 70 周年校庆。

12 月 8 日 汝山医院暨疾控中心大楼举行开工仪式。

2006 年

2 月 5 日 全区召开“大项目建设推进年”动员大会。

2 月 8 日 加拿大铝业集团到区考察，市、区领导史和平、陈建设、童国祥、贾国祥等参加。

2 月 14 日 副省长张卫国考察京口工业园区。

3 月 4 日 召开全区项目建设第五次督查大会。

6 月 1 日 镇江新民洲港口产业园开发建设指挥部成立。

6 月 8 日 京口工业园区开发建设指挥部成立。

6 月 13 日 全区举行千人火炬长跑活动。

6 月 16 日 京口区与奥地利萨尔茨堡州渥汾市缔结为友好城区。

6 月 25 日 中共京口区委召开六届一次全委会。会议选举童国祥为书记。

8 月 1 日 召开党政联席会，讨论市规划院编制的《京口区服务业发展规划》。

9 月 1 日 市、区领导史和平、许津荣、童国祥、郭建等接待考察的加拿大铝业高层人士，就与“鼎胜铝业”合作热轧中厚铝板项目进行洽谈。

10 月 21 日 京口区第四届农民艺术节开幕。

11 月 1 日 举办“扬和煦清风，建和谐京口”廉政文化广场文艺演出。

12 月 30 日 区委书记胡宗元主持召开区四套班子领导（扩大）会议，提出“坚持更好更快，决胜全面小康”目标。

2007 年

1 月 5 日 市领导史和平、江里程、李国忠考察京口区加拿大铝业项目拆迁现场。

3 月 10 日 央视记者来区采访京口区社区卫生服务中心工作。

3 月 23 日 全区召开科技创新工作会议。

4 月 13 日 区领导胡宗元、郭建、唐锡年会见以色列来访客商。

5 月 24 日 郭建率区经贸考察团一行 7 人赴美国、加拿大开展经贸洽谈活动。

5 月 31 日 市、区领导许津荣、胡宗元、郭建等会见美国知识产权战略顾问、专利代理薛维珂博士。

6 月 8 日 市领导史和平、陈杰考察京岘山 12 号老小区整治工作。

7 月 22 日 青海西宁市城西区党政代表团到区考察交流。

8 月 1 日 区举行“省工会工作模范区”授牌仪式，省总工会副主席张鸿生颁发奖牌。

8 月 23 日 省纪委副书记、监察厅长谢秀兰由市领导杨建陪同，检查指导京口区廉政文化建设工作。

9 月 11 日 “加拿大铝业—鼎铝航空航天用高强度铝合金板项目”签约，市、区领导史和平、许津荣、胡宗元、郭建及“加铝”和“鼎铝”高层出席仪式。

9 月 18 日 京口区在一泉宾馆举行 2007 年金秋经贸洽谈会，200 多名中外客商参会，签订 30 多个经贸项目。

12 月 21 日 全区举办文化馆、文物市场、美术馆、社区图书馆等 10 个文化项目集中开工、竣工仪式。

12 月 25 ~ 27 日 区七届人大一次会议在区级机关办公楼十楼会议厅举行。选举胡宗元为区第七届人大常委会主任，戴善民、徐军、严柳生、郑苏真为副主任，委员 20 人。郭建为区人民政府区长，胡云霞、徐建锋、蒋嵩峰、余国根、曹丽虹、马国进为副区长。尉利亚为区人民法院院长，柳建华为区人民检察院检察长。

第一篇　政　区

京口，历史悠久，汉代以来，以“京口”作为丹徒、镇江的代称，但作为行政区划名称较迟。2000多年来，隶属关系多变，属丹徒、镇江时间较长。

新中国成立后，1952年1月，镇江市城区始设置北固、金山、迎江3个市辖区。1956～1982年，历经撤销、恢复、合并过程。1983年3月，国家实行行政体制改革，镇江升格为省辖市，实行市管县新体制。8月，合并金山、北固2区，建立镇江市城区（次年改现称），成为镇江城区历史上第一个政区。1992年10月，市区部分区划调整，成为“城乡一体化”政区。2002年1月，根据江苏省《关于开展勘定省内区际行政区域界线工作的紧急通知》，1月20日，京口、润州两区签署《镇江市京口区人民政府与润州区人民政府联合勘定界线协议书》省政府“苏政复1号”文件：“京口区与润州区的城区以运河为界，北起平政桥，南至周家河桥止，边界线的总体走向为由西北向东南，全长5.69千米。”

1993～2007年，京口区行政区域逐步扩大到100多平方千米，成为城乡结合的政区格局。经过10多年的运行，事实证明，这种行政区域的划定给京口区经济和各项社会事业腾飞带来无限生机。

第一章　建置沿革

第一节　建区前沿革

镇江古称很多，京口系镇江古称之一。古代，常以京口代称镇江。

京口，汉代北固山附近长江口，因“京口里”得名（“京口由来”详见1992年11月出版的新编首轮《京口区志》）。

汉末，京口为孙氏霸业江东基地之一。建安二年（197年），孙策使将屯京（口）地。建安九年（204年），孙韶在京口里北固山“缮治京（口）城”，建安十三年（208年），孙权由吴（今苏州）迁治京口，并筑铁瓮城，一作子城。“命曰京城，又曰京口（城）”。

隋开皇九年（589年），丹徒县迁治京口（城）。宋设京口左、右厢，“厢官以任郡事”，元设京口录事司、隅、坊及江口镇。明清及至辛亥革命后，京口属镇江府（路、郡）、丹徒县治所在地。民国18年（1929年）国民党江苏省政府迁治镇江城区。划城、乡为第一自治区，下辖乡镇领闾邻。后编制保甲，镇江解放后废止。

1952年，镇江市城区始建市辖区。1956～1980年，城区建置先后历经街道办事处、城市人民公社、城区革委会等形式，行使管理城市、服务城市职能。1981年，省政府批准恢复镇江市市辖区建置（但功能不全）。

第二节　建区后沿革

1983年，镇江市升格省辖市后，批准建立城区政府，为县（区）级政区建置，下辖8个街道办事处、

156个居委会。1984年10月，改称京口区。1992年10月，市委、市政府决定调整2个市辖区为有城有郊的政区建置。

1990年1月 ~ 1992年10月，京口区属镇江市城区，下辖正东路、健康路、大市口、四牌楼、宝塔路、中华路、京畿路、和平路8个街道办事处，156个居委会。

1992年10月，市区区划调整，以古运河为界，北起平政桥（2002年1月新民洲农场划归京口区，北与扬州市邗江区接壤），南至周家河桥，古运河以东至谏壁镇为京口区，运河以西为润州区。京口区辖正东路、健康路、大市口、四牌楼4个街道办事处，由润州区划进象山、汝山2乡，丹徒、谏壁2镇及京露茶场、共青团农场（代管）6个乡镇场圃。1993年5月，区委、区政府决定在京岘山东南麓划出汝山乡新民、新生2个村及袁湾、象山乡部分村组，建立京口区经济技术开发区（乡镇级，不久改称镇江市旅游经济开发区，级别不变）。1997年，市政府决定撤销丹徒县谏壁乡建置，以镇澄公路为界，路南东京、北吕、雩北、雩山、李华、黄丝湾、马湾、东陶、蔡家9个村划归京口区谏壁镇，路北甸上、孩溪、新竹3村划归镇江新区大港镇。2001年，撤销汝山乡，全境并入丹徒镇。2002年5月，成立京口区科技工业园区（乡镇级）。2005年，共青团农场改称镇江新民洲生态工业园区（乡镇级）。

2005年12月，丹徒镇被撤销，全境与象山乡合并。2006年2月，设置象山镇。同年，省政府批准京口工业园区更名为江苏镇江京口工业园区、镇江新民洲生态工业园区更名为镇江新民洲港口产业园区。

2007年12月，京口区辖2个镇、4个街道、3个场圃园区，65个社区居委会、10个村委会。总面积118.69平方公里，人口34.3万人。

京口历代建置表

表1-1

朝代（时期）	简　况	隶　属	区境所在	备　注
商代（公元前11世纪）以前	周太王（古公亶父）让位于季历，太伯、仲雍“奔荆蛮”，首先到达京口、丹徒一带			
西周（公元前10世纪）	周康王改封虞侯夨为宜侯。据考证，“宜”即今京口、丹徒、谏壁、大港一带，已有3000多年历史	宜侯的封地		1954年6月，大港烟墩山出土“宜侯夨簋”证实
春秋时期（公元前545年）	齐相庆封率族奔吴，吴予之朱方地（即今京口、丹徒一带）	吴国	朱方	今存“庆封井”遗址
战国时期周显王三十五年（前334年）	楚灭越，尽取越占吴故地，朱方属楚，更名谷阳	楚郡	谷阳	
秦始皇二十四年（前223年）	秦始皇伐楚，掳楚王负刍，楚亡	会稽郡	谷阳	
秦始皇三十七年（前210年）	始皇东巡会稽，以谷阳京岘山有王气为由，遣赭衣徒三千凿京岘山脉（一说筑驰道），改谷阳为丹徒	会稽郡	丹徒县治丹徒镇	

续表 1-1

朝代（时期）	简 况	隶 属	区境所在	备 注
西汉高祖六年（前 201 年）	封从兄刘贾为荆王，有淮东五十二城，荆国都吴（今京口）	荆国·吴	丹徒县	汉初，丹徒县为十万以上大县，设左右二尉
景帝三年（前 154 年）	吴王刘濞发动“七国之乱”失败被诛，吴地并入江都国	江都国	丹徒县	
武帝元狩二年（前 121 年）	江都国除	会稽郡	丹徒县	
东汉顺帝（126 ～ 144 年）	析会稽郡置吴郡	吴郡	丹徒县	
兴平二年（195 年）	东吴孙策使将孙河领兵屯京（口）地	东吴	丹徒县京口里	京口一名始见于史籍
建安九年（204 年）	孙韶屯京口时“缮治京城”，为京口有城之始	东吴	京口城	
建安十三年（208 年）	孙权自吴（苏州）迁治京口，筑铁瓮城	三国·吴	三国·吴都城	十五年十二月，刘备来京口见孙权，共商破曹大计
三国·吴嘉禾三年（234 年）	改丹徒县为武进县。属毗陵典农校尉	吴郡	武进县	
西晋太康二年（281 年）	析吴郡置毗陵郡，复为丹徒	毗陵郡	丹徒县	
永嘉五年（311 年）	东晋南渡后，改毗陵郡为晋陵郡。于京口侨置徐、兖二州安置侨民。徐州刺史领扬州之晋陵诸军事。分丹徒、曲阿置武进	晋陵郡，治丹徒镇，侨郡 18	丹徒县	领无锡、毗陵、暨阳、曲阿、武进、延陵、南沙
东晋大兴初（约 319 年）	丹徒县迁治京口	晋陵郡	丹徒县	京口城治县已 1700 多年
咸和年间（326 ～ 334 年）	徐州刺史郗鉴坐镇京口平叛，于京口城东筑晋陵郡城。郗鉴迁县治于丹徒	晋陵郡	丹徒县	县境寄治剡、朐、利城 3 县
南宋永初二年（421 年）	改徐州为南徐州。侨郡十七，名略	南徐州，治京口	丹徒县	领晋陵、延陵、无锡等八县
元嘉八年（431 年）	割江南及扬州之晋陵属南徐；丹徒县属南东海郡	晋陵郡	丹徒县	寄治 3 县有实土：剡在岘西、朐在剡西、利城不详
大明七年（463 年）	吴郡割属南徐州	晋陵郡	丹徒县	吴郡
泰始四年（468 年）	割扬州义兴郡属南徐州	南徐州	丹徒县	义兴郡
南齐建元元年（479 年）始	南徐州，侨郡十四，名略。沿宋制，属南东海郡。朐县废	南东海郡	丹徒县	领九县
南梁天监元年（502 年）	改南东海郡为南兰陵郡	南兰陵郡	丹徒县	领县无考
南陈永定二年（558 年）	南兰陵郡复名南东海郡	南东海郡	丹徒县	领县无考
隋开皇九年（589 年）	废南徐州，设置蒋州。丹徒县与延陵县合并，移延陵县治于京口	蒋州	延陵县	此后县治一直在京口
隋开皇十五年（595 年）	置润州，以京口城东润浦为名	润州	延陵县	州治京口
大业三年（607 年）	废润州为江都郡	延陵县属江都郡	延陵县	
唐武德三年（620 年）	置润州。延陵县析置丹徒县	润州	丹徒县	州、县同治京口
天宝元年（742 年）	改润州为丹阳郡	丹阳郡	丹徒县	郡、县同治京口

续表 1-1

朝代（时期）	简　况	隶　属	区境所在	备　注
乾元元年（758 年）	置浙江西道。废丹阳郡复置润州，属浙江西道	浙西道、润州	丹徒县	道、州、县同治京口
建中元年（780 年）	合浙江东西道称西道，并置镇海军	浙西道、镇海军	丹徒县	道、军、州、县同治京口
宋开宝元年（968 年）	置浙西路，改镇海军为镇江军，郡守知润州军州事	润州、镇江军	丹徒县	镇江名始于此。州、军、县治京口
政和三年（1113 年）	升润州为镇江府	镇江府	丹徒县	府、县同治京口
元至元十三年（1276 年）	升镇江府为镇江路，路设京口录事司，管辖城区	镇江路	丹徒县	路、县、录事司同治京口
至正十六年（1356 年）	朱元璋占领京口后，改镇江路为江淮府；十二月，复改镇江府	江淮府、镇江府	丹徒县	府、县同治京口
明洪武元年（1368 年）至清咸丰三年（1853 年）	沿设镇江府；清咸丰三年二月二十二日（1853 年 3 月 31 日），太平军攻占京口，太平天国改府为郡。咸丰七年十一月十二日（1857 年 11 月 8 日），清军反攻入城，复改镇江府	镇江府、镇江郡、镇江府	丹徒县	府、郡、县同治京口
中华民国元年元旦（1912 年 1 月）	废镇江府，县属江苏省	江苏省	丹徒县	府、县同治京口
民国 3 年 5 月（1914 年 5 月）	江苏省设金陵道，民国 16 年（1927 年）撤	金陵道	丹徒县	道、县治京口
民国 17 年 7 月 25 日（1928 年 7 月 25 日）决定省会迁始镇江城区(民国18年1月始迁)	国民党江苏省政府迁治镇江城区后，改丹徒县为镇江县	江苏省	镇江县	省、县治京口
民国 38 年 4 月 23 日（1949 年 4 月 23 日）	镇江解放，原镇江县分设镇江市和丹徒县，同属苏南行署镇江专区	苏南行署镇江专区	镇江市	专区、市治同城；丹徒县治辛丰镇
1952 年 12 月	苏南、苏北两行署合并称江苏省，镇江专区及镇江市、丹徒县属江苏省	江苏省镇江专区	镇江市	专区、市同治京口
1958 年 7 月	镇江市、丹徒县合并，称镇江市。9 月，镇江专区改称常州专区，迁治常州	江苏省常州专区	镇江市	专区迁治常州，市治京口
1959 年 9 月	改常州专区为镇江专区	江苏省镇江专区	镇江市	专区迁治京口
1962 年 3 月	镇江市与丹徒县分设，复称丹徒县	镇江专区	镇江市	市、县治同城
1971 年 2 月	镇江专区改称镇江地区，镇江市属镇江地区	江苏省镇江地区	镇江市	地区、市、县治同城
1983 年 3 月	镇江地区撤销建置，镇江市升格为省辖市，下设两个市辖区	江苏省镇江市	镇江市	市、区及丹徒县治京口
1981 年 1 月	省政府批准镇江市建置金山、北固、郊区和谏壁 4 个市辖区			
1983 年 8 月 31 日	合并镇江市金山、北固两区称镇江市城区。1984 年 10 月改称京口区	镇江市	城区、京口区	市、区、县治同城
1992 年 10 月	市区部分区划调整，以市区古运河为界，东为京口区、西为润州区			

2007 年京口区镇、街道所辖社区（村、居）情况表

表 1-2　　　　单位：个

单位	数量	村委会（社区）名称	居委会（社区）名称
象山镇	19	上隍 左湖 象山 长江	长岗 丹徒 东风 东城 孟诚 学府路 汝山 宗泽路 景阳山 焦山 红旗 陈家门 江苏大学 九里街 林机厂
谏壁镇	12	雩山 雩北 蔡家 东京	粮山 焦湾 月湖 东街 西街 越河 谏壁电厂 索普集团
京露茶场	—	—	—
共青团农场	1	红旗村	—
京口工业园区	1	李华村	—
正东路街道	8	—	京口路 京岘山 恒美嘉园 宝塔山 江苏科大 酒海街 棒槌营 贺家弄
健康路街道	12	—	健康 山门口 尚友 寿丘街 梦溪园 气象里 桃花坞 石马湾 东桃花坞 大学山 田家门 花山湾南
大市口街道	12	—	双井路 弥陀寺巷 千秋桥 高桥北 鼓楼岗 茶山 老北门 东吴新村 蔡家山 华润新村 米山 古城
四牌楼街道	10	—	江滨新村一 江滨新村二 阳光世纪花园 江东 民主新村 香江花城 道署街 虹桥 荷花塘 江山名洲
合计	75	—	—

第二章　行政区划

1983 ~ 1992 年，京口区为镇江市市辖区行政区划（纯城区）之一，管辖 8 个街道，总面积 23.4 平方公里。1992 年 10 月，市区部分区划调整，划进 6 个乡镇场圃、划出 4 个街道，成为城乡一体的行政区划。2005 年 12 月 29 日，省政府决定丹徒区丁岗、大路、姚桥 3 镇划归京口区行政区划，由镇江新区管理。2007 年 12 月，京口区下辖 9 个镇、街道、园区和场圃，总面积 118.69 平方公里（不含丁岗、大路、姚桥 3 镇）。

第一节　城区行政区划

1990 年 1 月 ~ 1992 年 10 月，京口区仍为纯城区。下辖正东路等 8 个街道办事处、156 个居委会，总户数 113690 户，人口 326970 人，区划总面积 23.4 平方公里。

1992 年 10 月，市委、市政府为加快京口、润州两个市辖区经济和各项社会事业发展步伐，报请省委、省政府批准，对两区部分区划进行调整。即以城区古运河和周家河桥为界，东部街道、乡镇属京口区；西部街道、乡镇属润州区，从 1992 年 11 月 1 日零时开始运行。京口区划进润州区汝山、丹徒等 6 个乡镇场圃；同时划出宝塔路、中华路、京畿路、和平路 4 个街道及正东路街道南门外大街、天桥路、矿机路、六普、运河新村、周家桥和健康路街道南站、林隐路 8 个居委会给润州区。

第二节 城乡一体化行政区划

1992 年 10 月区划调整后，京口区地理位置为北纬 32° 10' ~ 32° 15'（新民洲北）、东经 119° 26' ~ 119° 38'（谏壁镇大严庄东）。东距上海陆程（下同）313 千米，西达南京 53 千米，南至常州 73 千米，北抵扬州 28 千米。具体区划东至谏壁镇上元村大严庄组，与丹徒县丁岗乡纪庄村毗邻，西以古运河为界，与润州区隔河相邻，北起平政桥滨长江，与邗江县隔水相望，南至周家河桥，与丁卯开发区丁卯村相依。1993 年，京口区下辖正东路、健康路、大市口、四牌楼 4 个街道，象山、汝山 2 乡，丹徒、谏壁 2 镇，润州（不久改称京口）茶叶试验场、共青团农场（代管，2002 年划归京口区）。1995 年，全区总户数 78673 户（含大港镇），总人口 229710 人（含大港镇），其中农业人口 26476 人。2007 年，全区行政区划面积为 142.98 平方公里（含大港、丁卯开发区），其中耕地面积 1174 公顷（不含大港）。1997 年 7 月，市委、市政府决定撤销丹徒县谏壁乡，将东京、马湾、雩北、李华、蔡家等村委会划归谏壁镇，孩溪、甸上、新竹等村划归大港镇（1998 年改称镇江新区）。至此，谏壁镇总面积扩大至 31.89 平方公里。

1993 ~ 2007 年部分年份京口区乡镇街道（场圃、园区）面积情况表

表 1-3　　单位：平方公里 / 公顷

单位 年份	象山镇（乡）	汝山乡	丹徒镇	谏壁镇	共青团农场	京露茶场	大港镇	丁卯开发区	正东路街道	健康路街道	大市口街道	四牌楼街道	镇江市旅游经济开发区	京口区工业园区
1993	—	—	16.60	—	—	11.70 公顷	41.68	8.73	3	—	—	—	—	—
1995	13.50	12	—	10.70	22.50	—	—	—	—	—	—	—	—	—
2000	—	8.5	—	—	—	—	—	—	—	—	—	—	—	—
2001	—	—	—	—	—	—	—	—	—	3.80	4	3.50	12	—
2005	—	—	14.60	—	—	—	—	—	—	—	—	—	—	—
2007	40	—	—	31.89	22.50	0.2 公顷	—	—	4	4.50	4	3.50	—	13.30

说明：1992 年，市委、市政府决定建立大港、丁卯开发区时，行政区划归京口区（以上见 1996 年《京口年鉴·统计资料》）。2005 年丹徒区大路、姚桥、丁岗 3 镇划归京口区行政区划，由镇江新区管理。

第三节 区划调整

1992 ~ 2007 年，京口区区划调整 8 次，其中市级范围内 4 次，区内 4 次。1992 年 5 月，市委、市政府决定划出丹徒镇丁卯、马家山、潘宗、润南、张许 5 个村委会，建立丁卯经济开发区（市级）。10 月，市政府决定调整京口、润州两个市辖区部分区划。1993 年 4 月，京口区决定划出汝山乡新生、新民 2 个行政村及孟家湾村仇家湾、吴家湾 2 个村民小组、象山乡陈家湾、汤家湾 2 个村民小组，建立京口区经济技术开发区（后改镇江市旅游经济开发区）。

1997 年，市政府决定撤销丹徒县谏壁乡建置，镇澄公路以北孩溪、新竹、甸上等行政村划归大港镇。路南东京、马湾、雩北、李华、蔡家等村划归谏壁镇。1999 年，市政府决定，划出丹徒镇凤凰山、润南、渣泽 3 村归镇江新区（丁卯片区）。

2001 年，区委、区政府决定，并报市政府批准，撤销汝山乡建置。2002 年 5 月，区委、区政府决定，并经市政府批准，设立镇江京口工业园区（原称京口科技工业园）。规划面积7平方公里，首期启动控制3平方公里，由谏壁镇负责实施开发管理。同年12月，区委、区政府决定由旅游经济开发区管理。2003年12月，区委、区政府为加强京口科技工业园区建设，撤销旅游经济开发区，将其所属东风、新华、新生、新民、袁村、孟村、长江和汝山居委会、宗泽路第一、第二居委会划归科技工业园区。不久，将东风、新华村划归象山乡。新生、新民、袁村、孟村、长江和汝山居委会、宗泽路第一、第二居委会划归丹徒镇。2005年12月，京口区区划再次调整，撤销丹徒镇，全境划归象山乡。2006年2月，象山撤乡建镇。

第四节 大港等镇划归后的行政区划

1992年5月和10月，市委、市政府决定并经省委、省政府批准，将丹徒镇5个村和丹徒县大港镇所辖政区范围，先后升格建立镇江市丁卯开发区和镇江经济技术开发区。1998年2月合称镇江新区，同年5月，设立新区管委会，为镇江市人民政府的派出机构。开发区管委会分别管辖丁卯、马家山等8个村和大港镇下辖20个村、1个居委会，总户数12925户，总人口35021人，总面积41.68平方公里。由于丁卯、大港开发区管委会非一级政权机构，市政府决定丁卯、大港开发区行政区划归京口区。2005年12月29日，江苏省政府决定，丹徒区丁岗、大路、姚桥3镇划归京口区行政区划，由镇江新区管理。

第二篇　自然环境

京口区系镇江市主城区之一，位于市区中心偏东北部。地处宁镇山脉东段，属宁镇扬丘陵地区和长江冲积平原区，地势中部高，东、西及沿江地带地势平坦，岗坡丘陵穿插其间，区内除新民洲为江中地洲外，以滨江平原和低山岗地为主。低山岗地是区域内分布最广的一种地形（占总面积 85% 以上），其中城区有唐颓山、寿邱山、大学山等，东北部有北固山、焦山、象山、禹山等；东部有雩山、宋陵山、青龙山等，南部有白兔山（又名横山凹）等。

京口区属亚热带季风气候区，一年中寒暑干湿变化显著，冷暖交错，四季分明。区域内暴雨大多发生在每年 6 ~ 8 月，7 月最多。6 月、7 月暴雨主要是梅季暴雨，8 月、9 月主要是台风暴雨。境内山川秀丽，土地肥沃，资源丰富。

第一章　地貌　水文

京口区地理坐标为北纬 32°　10' ~ 32°　15'（新民洲北）、东经 119°　26' ~ 119°　38'（谏壁镇东京村大严庄），东含宋陵山、雩山，与丁岗镇为邻，南含白兔山（又名大山、横山凹），与丹徒区辛丰镇相接，西以古运河与润州区相望，北含新民洲滨长江，与扬州市邗江区新坝、红桥、六圩镇毗连。东至谏壁镇东京村，西至平政桥，长约 21 千米；南自 338 省道（沿江公路），北至新民洲，宽约 12 千米，全区总面积为 118.69 平方公里（不含镇江新区）。

第一节　地貌概况

3000 多年前，西周时泰伯、仲雍“奔荆蛮”首先到达京口、丹徒一带，后随着人类生产、生活和自然环境影响，对京口地形改造十分明显。辛亥革命后，青龙山白云石、雩山石灰石，宋陵山、京岘山建筑石料开采，山体加快剥蚀，岗地分割，从而形成局部地区新的侵蚀基面。新中国成立后，尤其是 1983 年以来，辖区内山体周围因施工改变地下水动力条件，加快地下水流动，曾造成 20 多处山体滑坡。从 2000 年始，镇江市委、市政府实施“显山露水、透绿现蓝”战略，保护生态环境和避免人为灾害发生，禁止对京岘山、汝山、雩山等山区石料开采，关闭采石宕口，并进行绿化造林和商住楼开发。

区内滨江低地、沙滩和边洲是由长江全新世以后沉积物淤积而成。如谏壁镇月湖、李华、东陶庄；丹徒镇左湖、新华村；象山乡民主、团结、江滨（已开发为住宅区）、长江村等边滩（焦山滩）、洲滩（新民洲）等，都是由古沙洲与江岸连接形成。这些沙洲表面呈垄状，一般高程为 2.52 ~ 4.0 米（青岛零点，下同），相对高差 0.5 ~ 1.2 米。

区内宁镇低山丘陵地形，呈阶梯状结构：最低一级为黄土堆积阶地，高 20 ~ 30 米；第二级为 50 ~ 60 米基座阶地；第三级为 120 ~ 140 米的剥蚀面。

宁镇丘陵余支从西南角南山，折向东西方向至禹（汝）山，地质时期断续分布着一系列东北—西南走向侵蚀残丘，高程在 80 ~ 349 米之间。因地壳运动褶皱隆起而成，后经新构造运动，褶皱断裂和长期外力风化、侵蚀使山体不断受到破坏，绝对高度和相对高度逐渐变小，出现许多山前侵蚀平坡、次生谷形等，这些断续分布以 110 米以上至 200 米南郊诸山、象山、禹（汝）山、凤凰山、白兔山、雩山、王龙山、青龙山以及属于长江第二阶地 100 米以内的宋陵山、京岘山、鼎石山、北固山、象山（石公山）、焦山等。地表分布以岩石、黄黏土为主。山坡植被主要有马尾松、杉木、杂树等乔、灌木。

京口区主要山脉情况表

表 2-1　　单位：米

山系	山名	主峰海拔	位　置	地质结构	主要植被
宁镇山脉	青龙山	163	谏壁镇粮山村与镇江新区新竹村交界	石	灌木
	雩山（侯山）	125.90	谏壁镇雩山村	石	灌木
	二雩山	102.50	谏壁镇雩山村	石	灌木
	三雩山	106.50	谏壁镇雩山村	石	灌木
	四雩山	73.80	谏壁镇雩山村	石	灌木
	五雩山	—	谏壁镇雩山村	石	灌木
	癞痢婆山	—	谏壁镇禾家庄东	石	灌木
	宋陵山	134.30	谏壁镇北吕村东	石	灌木
	龙王山	124.60	谏壁镇东京村邓家缺东	石	灌木
	卧龙山	—	谏壁镇雩北村上虞家东	石	灌木
	大朱山	—	谏壁镇东京村邓家缺北	石	灌木
	小朱山	—	谏壁镇东京村马湾东	石	灌木
	大、小粮山	—	谏壁镇粮山村殷巷西	石	灌木
	老鼠山	—	京口工业园区小李村北	石	灌木
	白兔山（又名横山凹）	139.80	谏壁镇蔡家村与丹徒区西石城村	石	马尾松
	京岘山	81	象山镇京岘山村	石	灌木
	汝（禹）山	114.20	象山镇、汝山乡境内	石	灌木
	象山（石公山）	49	象山镇九里街滨江	石	灌木
	焦山	70.70	长江支流与象山对峙	石	灌木
	北固山	52	四牌楼街道，滨江	石	灌木
	鼎石山	—	正东路街道，滨古运河	石	灌木
	合山	—	象山镇	石	马尾松

说明：主峰高度据中国人民解放军测绘队 1973 年测绘，以黄海为基面

第二节　沙洲边滩

一、新民洲

位于“京口三山”之一的焦山东北扬子江中的新民洲（旧称“难民洲”），其坐标为北纬 32°　15'、东经 119°　38'。该洲于清光绪年间（1875 ~ 1908 年）由枣核钉洲、六壕、七壕、八壕套洲、功全洲等小洲几经分合，于民国 17 年（1928 年）形成大洲。民国 25 年（1936 年）前后始有破产农民驻足开荒，称

之为“难民洲”，后沙洲逐步扩大。

二、焦山边滩

源于征润洲。清康熙五十五年（1716 年）以后，长江主泓道转向世业洲南汊，主流受江岸顶托并折向东北，由于瓜洲崩塌和长江水下横流作用，将北岸崩塌的泥沙带往南岸，镇江西岸开始淤涨，先后出现征润洲等 7 个江心沙洲和边滩。

清咸丰四年（1854 年）征润洲淤沙范围扩大到金山一带。民国元年（1912 年）、民国 10 年（1921 年）、民国 20 年（1931 年）和 1954 年 4 次长江大水，河流淤沙大增，横向环流作用的加强，每次大水都在征润洲上形成一个大沙嘴，并逐渐形成羽状复式沙嘴。1965 年后，征润洲与焦西、焦北河流连接，封闭镇江老港区。1971 年，征润洲扩展至焦山尾。2007 年，由于逐年淤涨形成数百公顷沙滩，延伸至丹徒镇附近。同时焦山北及西北岸，枯水期一条沙带与金山相连，滩涂湿地近 5 平方公里。

第三节　水资源

1983 ~ 1989 年，区域内未作过水资源调查，有关区域内水资源参照《镇江市水利志》（1997 年出版）有关资料。1990 年（正常偏旱年），全市（含京口区）平均降雨量 1089 毫米（水文年统计资料，即当年 10 月至次年 9 月），相应产生径流量为 10.16 亿立方米，人均占有水量 393 立方米。过境水主要是长江过境水资源，全区长江水面 2000.6 公顷，河流水面 1415.9 公顷。根据长江干流安徽大通水文站资料，多年平均年径流量为 9730 亿立方米，相当年平均每秒流量 3.09 万立方米。利用长江过境水资源的多少，与当年降水、潮位和工农业生产、生活用水等有关。能引提长江水的多少，则取决于沿江引提设施能力和效率。

1983 ~ 2007 年，区内地下水利用不多。根据江苏省水文地质部门普查探测资料，全区沿江一带地下水资源丰富，沿江地区潜水层深 1 ~ 2 米，单井涌水量日产 10 ~ 100 吨。平原和丘陵则次之，象山、谏壁少数宁镇岗坡地区，潜水含水层水资源较贫乏。区域内的回归水，是指工农业生产和生活用水中，有一部分水量是可以循环利用（回归水）的水资源。1990 年，全区沿江和湖西地区利用回归水 5.38 亿立方米。

一、沿江地表水情况

长江自世业洲泗源沟东流经京口区域，由于地处下游，承受川、鄂、湘、赣、皖等省上中游地表来水，水量丰富，最大流量曾达 9.26 万立方米 / 秒。1983 ~ 2007 年，每年 7 ~ 8 月都有多次洪峰穿越区境；最小流量是 2.01 万立方米 / 秒。南京至镇江市城区间的平均比降是 1:58700，江水平均流速每秒 1 米左右，洪水期间江面比降显著增加，枯水期间江面平均比降平缓，并有潮汐现象。

二、沿河地表水情况

1. *古运河*　京杭古运河从平政桥至越河口，为秦代徒阳运河一段，隋代加以拓宽。两千多年来，古运河曾为长江贯通太湖流域主要支流之一，汇集江浙两省 40 多县地表水排泄，区域内有大京口、小京口、甘露口、虹桥口、丹徒口、越河口（通江河，即铁锚港）6 处，并有跨越运河的平政桥、京口（闸）桥、迎江桥、西门桥、新西门桥、中山桥、珍珠桥、解放桥、虎踞（南门）桥、南水桥、塔山桥、风林湾桥、谷阳路桥、丹徒桥、丹徒闸桥、镇大公路桥、镇大铁路桥、上隍桥 18 座。2007 年 12 月，存小京口（今京口闸）、虹桥口（今虹桥港）、丹徒口（今丹徒闸）3 处，但入江口均不通航。

2. *苏南运河*　1958 年冬，开拓苏南运河。1960 年，运河与长江交汇口由平政桥迁址谏壁镇瘌鼋墩，替代古运河排泄上述地表水的功能。1966 ~ 1978 年，对苏南运河疏浚的同时，兴建节制闸、船闸和翻水站，形成苏南水利枢纽。1992 ~ 1997 年，对京杭运河苏南段再次拓宽并用石块护坡，不仅使运河能通行 4000 吨级船只，同时提高太湖流域地表水的排泄能力。谏壁节制闸溢洪能力 980 立方米 / 秒。跨越苏南运河桥梁 8 座，即节制闸桥、船闸桥、越河桥、燕舞桥、雪沟桥、莺歌桥、沿江路桥、镇大铁路桥。

三、其他河流地表水情况

1. 虹桥港河　源于京岘山、禹（汝）山余脉来水，汇入长江，全长约5千米，宽5～50米，为南狭北宽。原为汇集象山、汝山山丘田野地表水溪流，20世纪80年代以来，工业经济迅速发展，河床污染严重，一度成为“臭水河”。2000～2007年，市、区、镇3级政府投资数千万元，对河床多次进行清污、拓宽、护坡，并结合滨江旅游风光带建设，将入江口向北延伸700多米，喇叭口拓展至200多米，提高城东地区的溢洪能力。跨虹桥港河桥，自南向北有宗泽路桥、禹山路桥、象山桥、虹桥港闸桥、沧浪桥、聆江桥6座。聆江桥2006年10月1日始建，2007年竣工。全长234.78米，宽80米，共9跨，滨长江。东瞻焦山万佛塔，西观土山（即北固山）北固亭。

2. 通江河　位于谏壁镇北街江口村，宋代开凿，始称谏（涧）壁港。金兵南侵时，韩世忠在江口以铁锚封江，改名铁锚港。河道由北向南流经谏壁镇西街、南街、龙嘴村，转西南至越河闸汇入大运河，全长3903米，宽30米，深2.5米。跨铁锚港河桥3座，即观音桥、阳桥和龙嘴闸（桥）。宋代至新中国成立后的一千多年间，为长江与大运河之间南北舟楫来往之所。1958年开凿大运河时拆除越河闸后，成为“盲河”，逐渐淤塞，变成污染环境的“臭水河”。21世纪初逐段填埋河床，修建农贸市场等，至2005年全线湮没。

3. 抽水站引水河　1974年，谏壁始建翻水站，为改善湖西地区排洪入江及引水抗旱。1975年12月，镇江地区组织丹徒、丹阳、金坛3县2万名民工，从谏壁镇雪沟村与谏壁公社仲家村交汇处江边，至老越河口开凿长3.7千米，其中江口至翻水站长1千米，河底高程（吴淞零点，下同）-1米，底宽35米，边坡1∶4；翻水站出入口至苏南运河汇入口长2.7千米，河底高程0米，底宽25米，边坡1∶3。上、下游两岸堤顶分别为3.5米和10米。跨引水河桥3座，即雪沟桥、莺歌桥、燕彝桥。

4. 玉带河　源于京岘山东南麓（1960年孟家湾水库建成后，为其源头），由孟家湾北流，汇各山来水沿今江苏大学北，转东向南汇入丹徒镇西古运河。全长约3千米，宽3～10米，深约1米，系泄水沟，不通航。丹徒路跨玉带河有王龙桥1座。

5. 粮山河　原名雪沟港，汇雩山北麓余支、粮山来水。河道狭窄，宽5～10米，实为排泄洪水溪沟。1974年、1977年，分别对河道进行开拓，成为沿江排灌河道之一。南与6904油库新建粮山电灌站蓄水池沟通，北接翻水站引水河下游，水汇长江。全长1.1千米，河底高程0米，底宽3～4米，坡比1∶3。跨河农桥1座，110米隧道1处。

1983～2007年，京口区域内积蓄地表水河流，还有老鼠山河、团结河、一夜河、汝山河、周家河、四明河、新民洲河及正（支）沟、渠、塘坝等6000多（道）处。正（支）沟大多在谏壁、象山两镇的月湖、左湖及新民洲沿江、沿河地区。沟、渠、塘坝分别在丘陵岗坡地区。

四、地下水

1. 地下水分布　京口区域内地下水蕴藏，第四系冲积层孔隙水，按地下水蕴藏状况分为3个特征带。即山前残坡积层贫水带，主要在城东老山、汝山、横山、雩山等处，岩性为各种基岩风化残坡积物——含角砾、砂黏土和碎石层，厚度一般为1～2米。由于其分布多在山顶和山麓，接受大气降水补给为主，下渗补给基岩地下水和山前丘陵谷地地下水，故此带为透水含水带。丘陵谷地地下水弱富水带，岩性为黏土、砂黏土，厚度25～45米，下伏地层为前四系基岩，地下水由大气降水补给。此外山区经基岩裂隙和残坡积层下渗的水流也顺层间补给，形成弱富水带。此带地下水一般具承压性，水位埋深1～3米，自流水量0.1～0.5升/秒，水质属碳酸氢钙型，适宜饮用。北部平原地带为漫滩河谷地下富水带，含水层为粉砂、细砂层，埋深1～10米，最深达39.22米，厚度1～5米，最大厚度可达21.93米，地下水埋深在0.5～35米之间，经人工抽取涌水量0.02～0.15升/秒·米，水质为碳酸氢钙镁型，矿化度0.3～0.7克/升，适宜饮用，全区域内水井多属此带含水层中取水。地下水由长江水、大气降水和丘陵谷地地下水补给。20世纪80年代以来，此层富水带遭受污染，2007年，全区统一饮用自来水。

2. 前第四系基岩裂隙水　京口区域内基岩地下水主要赋存于裂隙及构造断裂带中，补给主要来源为大气水。

古运河东西两岸的鼎石山—虎头山一带南门富水带，此带内有 3 条张扭性断裂通过，而且地势低平，地层主要为青龙组灰岩，裂隙溶洞发育。在原镇江机床厂西侧 150 米天桥路中心有小量泉水涌出。据 4 个钻孔抽样显示，单位涌水量为 0.5 ~ 2 升 / 秒 · 米，水质属碳酸氢钙型，矿化度自 0.3 ~ 4.2 克 / 升不等。

汝山—凌家湾—缪家甸一带富水带，此带由有 3 条断裂通过，是主要的富水构造，赋水地层为石炭系船山—黄龙组灰岩及二叠系下统栖霞组灰岩。灰岩中裂隙溶洞发育，水量丰富，单位涌水量均在 1 ~ 2 升 / 秒·米，水质属碳酸氢钙型，矿化度小于 1 克 / 升，是全区最好的饮用水源。

谏壁镇以东粮山一带为谏壁—粮山富水带，主要地层为震旦系上统白云岩、白云质灰岩。此带西侧为一大断裂，地下水位一般标高 8 ~ 9 米，水力坡度较小，径流条件差。据钻孔抽水试验资料表明，单位涌水量在 0.8 ~ 1.5 升 / 秒 · 米左右，水质良好，属碳酸氢钙型水，矿化度均小于 1 克 / 升，是良好的供水水源。

五、地下水资源

京口区域内有开采价值的地下水主要在基岩中。由于分布不连续，缺少长期观测资料，只能对地下水资源根据探测的 32 个钻孔和深水井抽水量资料推算开采总量。降深 30 米其孔井最大可能出水量为 4.43 万吨 / 日，在计算最大出水量时应乘以 90% 的系数，得出日出水总量。

第四节　水文　水系

一、水文

清光绪六年（1880 年），始在北固山设立镇江水文站观测雨量。光绪三十年（1904 年），开始人工观测长江潮位。20 世纪 30 年代初，国民党江苏省政府迁址镇江城区后，北固山水文站始用直立式仪器观读长江潮位。

新中国成立后，1959 年始，测量长江京口段流速、流量和输沙率等数据。1982 年，始对区域内通江干河进行引排量测量和水质分析等。

长江京口段　1. 潮位　京口区离上游感潮界点（安徽大通）316 千米，处于受潮汐影响的中段。长江京口段潮位除受洪水、潮汐影响外，还受台风、区间洪峰、气压等自然因素干扰，界于潮流界和潮区界之间，但仍以江流为主。一般情况下，潮位在汛期影响较小，枯水期影响较大。由于潮位为不规范的半日期混合型，因此感潮较强，涨潮约 3 小时，落潮约 9 小时，每月两次大潮出现在农历初三前、十八后。汛期最高潮位达 8.59 米（1996 年 8 月 1 日），最低潮位 1.24 米（1959 年 1 月 22 日）。江堤虽历次修建，但受水流冲刷侵蚀和上中游带来淤泥堆积，时有变迁。民国 35 年（1946 年）至 1981 年的 36 年资料统计，平均潮位为 4.56 米，平均高潮位为 7 米，平均潮差 0.96 米。大通段长江水位传递至京口段的时间，一般为 35 小时。京口段水位在 5.5 米时，为农灌最惠时机。2004 年以前防汛警戒水位为 6.8 米，2004 年 7 月起调整为 7.0 米。

2. 水位　1983 ~ 2007 年，长江京口段潮水位的高低对区域内城乡沿江和新民洲等地水情影响极大。长江潮水位主要受上游洪水、天文潮汐影响，全年最高潮水位出现在主汛期 5 ~ 9 月，最低潮位出现在每年的 1 月。镇江潮位站经多年观测，年平均潮水位为 4.40 米。镇江解放后至 2007 年，最高潮位出现 1996 年 8 月 1 日，为 8.59 米，最低潮位出现在 1959 年 1 月 22 日，为 1.24 米。镇江潮位在 5.5 米时，为农田灌溉最佳水位，沿江水闸引水不感困难。谏壁闸外（长江侧）最高水位出现在 1967 年 2 月 5 日，为 1.52 米。闸内（内河侧）最高水位出现在 1969 年 7 月 17 日，为 7.08 米；最低水位出现在 1957 年 2 月 5 日，为 1.52 米。

3. 流量与流速　流量　新中国成立后，长江京口段流量采用大通站实测为代表。据 1959 ~ 1980 年观测，长江京口段出现的最大流量为 51900 米 / 秒（1962 年 9 月 13 日），最小流量为 12300 米 / 秒（1984 年 4 月 10 日）。

流速　长江京口段江水流速，平均最大流速为 1.33 米 / 秒，最小流速为 0.51 米 / 秒。但河床弯曲、凹凸对流速亦有影响。1980 年 6 月 30 日，在下游孟家港实测，江面最大流量为 3 米 / 秒；江底为 1.61 米 / 秒。

4. 含沙量　长江京口段属感海段，高潮时含沙量少，落潮时含沙量多。安徽大通年输沙量为 4.83 亿吨，含沙量平均 0.55 千克 / 立方米，汛期 4.21 亿吨，非汛期 0.62 亿吨，长江京口段断面上含沙量很不平衡。

1959 ~ 1980 年间，在测点上测定最大含沙量为 4.24 千克 / 立方米（1971 年 9 月 2 日），平均含沙量为 1.41 千克 / 立方米（1980 年 7 月 4 日）。

5. *河床*　长江京口段属江心洲河型，由汊道和弯道组成。主流河线呈"S"形，全区江段长约 26 千米（城区平政桥至谏壁镇粮山河口约 15 千米，新民洲约 11 千米）。河床主流水深，据 1981 年水道地形资料显示：世业洲汊道平均 11 米左右，六圩弯道平均深度 14 米多，大港水道 23 米，河床普遍刷深。和畅洲（今称江心洲）1981 年 11 月河床高程 –22 米，到 1983 年 8 月已刷深到 –25 米，个别地段达 –30 米。主航道河面平均宽度世业洲南汊 1.65 千米、北汊 0.4 千米；六圩弯道 2.22 千米，和畅洲南汊 1.45 千米、北汊 1.31 千米；大港水道 1.48 千米。六圩弯道河床断面 3.23 万平方米。新民洲长江水道位于龙门口至丹徒河口焦山水道左侧，长约 20 千米。其中新民洲长江岸线 11.4 千米，有 5.38 千米长的深水岸线，具有广阔的航运发展前景。

6. *江岸*　长江京口段一线江岸，沿宁镇山脉北麓分布着下蜀黄土阶地，土质坚硬并有基岩露头，不易冲刷。金山至焦山一线为山崖基岩；丹徒镇至谏壁镇一线是礁板矶床；大港镇为马鞍矶及五峰小矶头，古代对水流起过导流和挑流作用，后因主流北移而失去其功能。京口段江水主流历史上曾发生过几次大的南北往复摆动。两千多年前的秦汉时代，江流由北向南移；三国时，又由南向北徙；隋唐时代后期向南迁，并逐渐稳定；宋元期间，蒜山曾沦于江中；清康熙以后（约 1723 年），高资附近受潮水冲刷，瓜洲开始坍江，江流又向北去，时征润洲开始淤涨，且速度很快，金山与焦山沙洲连接。2007 年焦山东滩沙尾已伸延至丹徒镇附近、焦山与崧寥之间江峡（古海门）已陆体相连。2002 ~ 2007 年，市、区两级政府决定，结合整治江堤工程和滨江风光旅游带，耗巨资将金山至焦山沙尾，兴建占地面积 10 多平方公里滨江湿地，定名"北湖公园"，从焦山至金山 10 多千米江岸，拓建滨江旅游风光带。

大运河京口段　1. *京杭古运河*　由平政桥始，流经城区及四牌楼、大市口、健康路、正东路、象山、丹徒、谏壁 7 乡镇（街道），至谏壁镇蔡家村江東纪自然村与苏南运河交汇，全长 15 千米。其中平政桥至塔山桥 5.12 千米、塔山桥至老越河口（今谏壁镇蔡家村江東纪）9.88 千米，宽 30 米。新中国成立后至 1958 年，有潮汐影响，并可通行小型船只。1958 年从谏壁镇西街癞鼋墩开拓苏南运河入江口，将原从平政桥入江口迁址谏壁镇后，大运河京口段的塔山桥至老越河口，常年失修，已不通航。1992 ~ 2007 年，市、区两级政府对京杭古运河平政桥至周家河桥段进行植树绿化，兴建景点和文化、体育设施，打造运河旅游风光带。

2. *苏南运河节制闸*　苏南运河节制闸（位于谏壁镇）溢洪能力为 980 立方米 / 秒。据 1961 年 7 月 15 ~ 16 日测量，平均含沙量为 0.15 千克 / 每立方米。洪水期间河床宽平均 80 米，平均流速 1.5 米 / 秒，平均水深 5.5 米。常年通航。1992 ~ 2007 年，市、区两级政府对大运河多次疏浚、修整、护坡，投资数亿元。

1990 ~ 2007 年长江京口段水文情况表

表 2–2　　单位：米、立方米 / 秒

年份	长江水位（北固山站）					长江流量（大通站）			
	最高水位		最低水位		超警戒水位（天数）	最大流量		最小流量	
	日期	水位	日期	水位		日期	流量	日期	流量
1990	7.11	7.35	12.28	2.12	—	—	—	—	—
1991	7.14	8.22	12.29	1.82	—	—	—	—	—
1992	7.16	7.47	12.24	1.95	—	—	—	—	—
1993	8.20	7.77	—	—	—	—	—	—	—
1994	6.27	7.31	—	—	8	—	—	—	—
1995	—	—	—	—	5	—	—	—	—
1996	8.1	8.59	—	—	4	—	—	—	—
1997	8.19	8.15	—	—	—	—	—	—	—

续表 2-2

年份	长江水位（北固山站）					长江流量（大通站）			
	最高水位		最低水位		超警戒水位（天数）	最大流量		最小流量	
	日期	水位	日期	水位		日期	流量	日期	流量
1998	8.24	8.37	—	—	95	—	—	—	—
1999	7.15	8.17	—	—	—	—	82900	—	—
2000	8.31	7.35	5.28	3.06	7	—	—	—	—
2001	6.24	6.64	6.30	3.73	—	—	—	—	—
2002	9.8	7.79	9.30	4.41	53	8.28	67200	—	—
2003	7.17	7.87	5.10	4.21	34	7.16	61300	—	—
2004	7.5	6.93	5.10	2.95	—	—	—	—	—
2005	8.7	7.61	5.20	3.19	—	—	—	—	—
2006	7.13	7.13	9.30	3.25	—	—	—	—	—
2007	8.12	7.25	5.27	2.90	16	—	—	—	—

1991 ~ 2007 年京口区梅期和汛期水文情况表

表 2-3

年份	入梅时间	梅期（天）	梅雨量（毫米）	汛期雨量（毫米）	最高水位（米）	超警戒日（天）	最低水位（米）	最大流量（立方米/秒）
1991	5.12	56	963.60	1385	8.22	59	1.82	63600
1992	6.25	20	36.20	—	7.47	1	1.95	—
1993	6.21	19	151	583.20	7.77	2	—	64300
1994	6.21	7	31.40	291.80	7.31	8	—	—
1995	6.20	19	202	602.60	8.02	45	—	—
1996	6.3	48	559.30	671.60	8.59	58	—	75200
1997	6.30	20	143.90	546.90	8.15	28	—	65700
1998	6.24	12	274.20	925.90	8.37	95	—	82100
1999	6.7	43	332.10	831.70	8.17	83	—	82900
2000	6.20	15	154.30	651.80	7.35	7	3.06	—
2001	6.7	19	24.50	434.40	6.64	0	3.73	—
2002	6.19	11	156.60	587	7.79	51	4.41	67200
2003	6.21	22	536.60	941.10	7.87	33	4.21	61300
2004	6.14	33	336.60	590.90	6.93	0	2.95	43100
2005	6.26	4	80.10	569.70	7.61	15	3.19	59200
2006	6.21	21	195.80	667.10	7.13	1	3.25	42900
2007	6.19	35	416.90	725.10	7.25	16	2.90	55900

二、水系

1983 ~ 2007 年，全区有沿江、湖西两大水系。大体以镇澄公路为分水岭，公路以北属沿江水系，约占全区总面积 70%，境内一夜河、友谊港、胜利港等河港，均分别流注入江；镇澄公路以南，丹徒闸以东属湖西水系，约占总面积 30%，境内华村（沟）河、老鼠山河、月湖中心沟和西山水库下游河道，均流注苏南运河，联通太湖。区内谏壁镇是长江、苏南运河交汇口，苏南运河谏壁河段，既是沟通长江，担负引排、航运的通道，也是为湖西地区提供抗旱水源和“牵引”湖西洪水入江的通道。2006 年 11 月，区水利局按照水系调查技术要求，进行水系调查，重点对区内主要河道长度、起讫地点、平均底宽、平均水深进行调查。

第二章　气候　物候　土壤　生物

京口区属亚热带季风气候区，具有明显的季风特点。一年中寒暑干湿变化显著，冷暖交错，四季分明。冬季多受极地大陆气团控制，盛行来自高纬内陆寒冷干燥的偏北风，夏季多受热带海洋气团控制，盛行来自海洋温暖湿润的偏南风，春季和秋季气候温和。

全区气候特点为：春季天气多变，夏季高温多雨，秋季干湿不匀，冬季微寒少雨。

京口区域内的土壤，根据地形部位、成土母质、主导成土过程及土体层次排列不同，分为水稻土、黄棕壤等四大土类，其中水稻土所占总面积近 50%、黄棕土壤次之，余类比例较小。区内典型地带性植被为落叶、常绿阔叶混交林，一般分为自然植被和人工植被两大种类。

第一节　气候　物候

一、气候

京口区热量丰富，无霜期长，常年为 229 天。光照充足，据 1949 年以来资料显示，区内年日照时数 2152 小时。每年夏至日可照 14.22 小时，冬至日可照 9.98 小时，年日照率为 46%。8 月最高，为 56%，2 ~ 4 月最低为 40% ~ 42%。年太阳辐射为 111.3 千卡 / 平方厘米。

全区常年平均气温为 15.4℃，7 月平均气温为 28℃以上。气温年较差 25.5℃，日较差 8.2℃。全区极端最高气温为 41.1℃（1934 年 7 月 13 日）；极端最低气温为 –12.9℃（1933 年 1 月 27 日）。

区内历年月逐旬、日最高气温≥ 30℃，日数 67.5 天。1 月平均气温 3℃左右，最低气温 –12℃（1955 年 1 月 6 日）。1993 ~ 2007 年，全区气候冬季偏暖，但有时又有短暂的奇冷；盛夏一般不太热，日照时间长，梅期少雨。

京口区四季始日、终日和持续日数划分情况表

表 2–4

项目	春季	夏季	秋季	冬季
始日	4 月 2 日	6 月 6 日	9 月 17 日	11 月 15 日
终日	6 月 5 日	9 月 16 日	11 月 14 日	4 月 1 日
日数	65 天	103 天	59 天	138 天

京口区属于湿润型气候。据近50年资料统计，降水季节的分配比较适宜，春季占23%、夏季占45%、秋季占21%、冬季占11%；4 ~ 10月份降水量占全年的80%。全区年降水量最多为1601毫米（1954年），最少为457.6毫米（1978年）。常年平均降水日数119天。降水量：小雨（日雨小于5毫米）占57%，中雨（5 ~ 25毫米）占34%，大雨（25 ~ 50毫米）占6%，暴雨（大于50毫米）不足3%。暴雨发生的时间以7月最多，占36%，6月为次，占24%，6月、7月两月的暴雨主要是梅雨暴雨；8月、9月两月合计占26%，主要是台风暴雨。

区内常年降雪期为当年11月中旬至次年4月上旬，平均年降雪日8.5天，最多的年份20天。一般积雪深度在10厘米以下，最大雪深度35厘米（1984年1月19日）。平均年积雪时间8.1天，最长30天（1976 ~ 1977年冬季）。

京口区盛行风为东北到东南偏南向风，平均风速偏大，受海向风影响的时间、深度比陆向风大而强。在大多数降水过程中，雨前东南风，雨中东北风，雨后转偏西向风。全区属于季风气候，冬季盛行东北及西北偏西风，春季盛行东南偏东—东南偏南向风，秋季盛行东北偏东—东南偏东向风，夏季盛行东南风，西南风增多。常年平均风速3.4米/秒，上半年风速比下半年大，冬末春初（2 ~ 4月）为全年最大，东北至东南偏东向风比其他风速大。据新中国建立后测量资料，最大风速27.5米/秒（10级，1953年8月17日，台风影响），瞬间最大风速30米/秒（11级，1985年8月13日）。

二、物候

1964 ~ 1989年，镇江市城区植物、动物、气象、水文等50多种物候，1992年出版发行的《京口区志》已有记载。根据1990 ~ 2007年区域内观测的物候资料整理，进行综合分析。按国家统一要求，划分京口区物候季。春、夏、秋为初、仲、季9个段和冬季分初冬、隆冬2个季段，列表记载。

1990 ~ 2007年京口区物候季节划分情况表

表2-5

季别	季段	物候指标	日平均温度(℃)	平均起止日期	经历天数	
	初春	悬铃木芽膨大，野草返春	>3 ~ 5	2.10 ~ 3.6	25	
春季	仲春	紫藤花开放，垂柳始花	>5 ~ 10	3.7 ~ 3.31	25	90
	季春	毛桃开花盛期	>10 ~ 19	4.1 ~ 5.10	40	
	初夏	苦楝花盛期，刺槐开花末期	>19 ~ 24	5.11 ~ 6.16	37	
夏季	仲夏	女贞、紫薇始花	>24 ~ 27	6.17 ~ 7.12	26	145
	季夏	乌柏、紫薇开花末期	>27 ~ 19	7.13 ~ 10.2	82	
	初秋	绿藤叶始变色，合欢果熟	<19 ~ 16	10.3 ~ 10.22	20	
秋季	仲秋	野菊始花	<16 ~ 13	10.23 ~ 11.5	14	44
	季秋	枣树叶全变色	<13 ~ 10	11.6 ~ 11.15	10	
冬季	初冬	紫藤叶全变色	<10 ~ 5	11.16 ~ 12.3	18	
	隆冬	枫叶落尽	<5 ~ 3	12.4 ~ 2.9	68	86

第二节　土　壤

一、土壤种类

全区沿江圩区和丘陵岗坡土壤类型、质量差异明显。丘陵地区土壤质地比较粘重，通透性差，酸性至微酸性，肥力较低。象山、汝山、丹徒、谏壁各乡镇沿江河圩区及新民洲沿江沙洲地，土壤质地为中壤至重壤，微碱性，肥力较高。低山丘陵区随着山坡由陡到缓，砾石含量渐少，土层渐厚，土壤属地带性的黄棕壤，主要土种有香灰土、粗骨土和黄砂土。比较平缓的岗坡地，分布着经旱耕熟化的黄刚土，亦称耕作黄棕壤，在丘陵塝冲田和平田、洲地、圩区分布大面积水稻土，沿江冲积平原分布灰潮土，城区及谏壁、丹徒镇区附近有菜田土。此外，在石灰岩的山坡和山脚有棕色石灰土以及零星分布的紫色砂页岩发育而成的紫色岩土。通过土壤普查，全区水稻土占65.26%。

京口区土壤分类情况表

表2-6

土类	亚类	土属	土种名称	分布区域	面积比重
水稻土	淹育型	黄白土	黄白土、黄土、小粉土	丘陵、塝田	—
	渗育型	淤泥土	黄沙土、沙底黄沙土、漏沙土、夹沙土、黄夹沙	沿江圩田、沙洲地	占总面积的65.26%
	潴育型	马肝土	马肝土、黄、灰马肝土	丘陵冲田、上、下冲田	—
	潜育型	青泥土	青泥土	丘陵低洼田	—
潮土	灰潮土	江淤土	淤黏土、淤沙土、堆填土、江淤土	沿江高田、沿江滩田、沙洲田	占2.86%
黄棕壤	普通黄棕壤	香灰土	香灰土	丘陵低山山顶平缓处	—
		粗骨土	粗骨土	丘陵山坡	—
		黄砂土	黄砂土	丘陵低山山坡	—
	粘盘黄棕壤	黄刚土	死黄土、黄刚土	丘陵岗地、岗塝地	占29.70%
石灰(岩)土	石灰土	棕色石灰土	棕色石灰土	丘菱山腰、麓	占1.89%

二、土地资源等级

京口区土地资源分为8个等级。其中Ⅰ、Ⅱ级相当全国一级地。Ⅰ级地占全区土地总面积2.54%，主要土壤为黄沙土、黄夹沙、黄泥土等水稻土；Ⅱ级地占总面积的24.14%，主要土壤为黄沙土、马肝土、黄泥土、灰沙土、黄夹沙、沙底黄沙土等水稻土；Ⅲ级地面积大，分布广，占总面积的39.65%。主要土壤为马肝土、粉泥土、黄泥白土、灰沙土、黄马肝、灰马肝、黄土、黄白土、刚黄泥土等水稻土；Ⅳ级地占总面积的23.81%。主要为黄白土、马肝土、狗头沙、河白土、乌泥土、小粉土、黄泥白土等水稻土。还有部分死黄土、黄刚土、淤沙土等旱地土壤；Ⅴ级地占总面积的9.3%。主要土壤为丘陵地区黄刚土、死黄土及水稻土中的黄白土、小粉土、黄土、狗头土等；Ⅵ级地多为非耕地，一部分为沿江滩地的江淤土芦苇地。另一部分为丘陵岗地死黄土、黄刚土等，不宜耕种的林地；Ⅶ级、Ⅷ级地所占总面积比例很少，多分布在150米以上的低山山顶或山坡处，土壤为粗骨土、黄砂土、棕色石灰土、香灰土等，土层薄，有岩石裸露，主要用于林业。

第三节　植　被

一、概况

京口区域内低山丘陵自然植被，经过人类长期垦植，后经自然恢复成为次生林。1983 ~ 2007 年，全区自然植被外貌和结构特征，落叶阔叶林在乔木中占优势，并占据最高层片，乔木层中常绿阔叶树占次要地位，位于落叶阔叶下面，呈亚乔木层状态。在石灰岩丘陵中，常绿阔叶树成为灌木丛。次生林主要分布于宁镇丘陵的长山余脉地区。乔木层由落叶栎树种组成，以栓皮栎、麻栎和白栎占优势。其他落叶树种有枹树、黄连木、枫香、枫杨、黄檀、山槐等。常绿阔叶树主要有苦楮、青冈栎、冬青、石楠、石栎、紫楠等。

二、人工植被

区内人工植被历史悠久，栽培用材林、薪炭林、经济林和农作物。新中国成立初期，驻军在低山丘陵建造国防林 1000 多公顷。50 多年来的植树造林活动，在荒山岗地上营造成片人工用材林和薪炭林，在青龙山、雩山、龙王山、宋陵山、白兔山、汝（禹）山、京岘山、象山、釜鼎山（宝塔山）等处种植马尾松、湿地松、火炬松、侧柏、桧柏、杉木、水杉、池杉、柳杉、槐、栎、榆、杨、毛竹等，均已成林。

20 世纪 50 年代初，谏壁镇、丹徒镇、象山乡、汝山乡等乡镇为发展蚕桑业，引进湖桑在白兔山、京岘山等低山余脉种植。1958 年，在小米山、马迹山等处种植毛竹、茶树。1992 年始，房地产开发商在小米山、京岘山余支开发商住楼，茶园、竹林全部铲除，至 2007 年仅存丹徒镇横山村和谏壁镇蔡家村有茶园 6.5 公顷。

1993 ~ 2004 年，区内每年广泛植树造林。各乡镇场圃发展经济林，主要以桃、油桃、梨、葡萄、银杏、板栗、杏、枇杷、梅、柿等，一般产量不高。

2005 ~ 2007 年，全区在谏壁镇雩山山脉完成 200 公顷森林植被恢复工程，种植蜀桧 1.7 万多株。在谏壁、丹徒、象山等镇、场圃兴建向日葵、玉米种植示范工程 30 多公顷，粮改菜 60 多公顷。

三、野生植被

辖区内药用、饲料植被和野生植被丰富多彩。据 20 世纪 80 年代普查，京口区有药用植物 158 科 466 属 701 种。其中隙地路旁及丘陵常见的有寄奴草、牛膝、马齿苋、铁苋菜、花点草等。木本有柘树、石南、枸骨、野鸭椿、三角枫、丝棉木等；低山丘陵有苍术、桔梗、沙参、明党参、丹参等。水塘有芡实、四叶草、浮萍、香蒲、菖蒲、窄叶泽泻等；水边湿地有三白草、羊蹄、空心莲子草、粟米草、碎米荠、扯根草、梗通、千屈菜、蛇床、半枝莲、水苏、薄荷、水蓼、水荭花、水苦荬、仙桃草、水蓑衣、半边莲、墨旱莲、狼把草、水蜈蚣、芦根等。饲料植物有 100 多种，有马来眼子菜、光叶眼子菜、菹草、满江红、槐叶菜、小旋花、四籽野豌豆、滇苦菜、婆婆纳、佛庙、苦莴苣、苦菜、矮茨菇、牛筋草、马唐、狗尾草、结缕草、狗牙根、雀麦、野燕麦、早熟禾、画眉草、知风草、鹅观草、拂子芽、看麦娘、显子草、雀稗、白茅、鸭嘴草、白羊草、细柄草等。广泛分布在丘陵坡地的野生植物有麻楝、栓皮栎、白栎、青冈栎、槲树、短柄抱树、花香树、黄檀、松、山槐、野鸦椿、黄莲木、重阳木、野漆树等。

江、河、沟、渠、池边、滩地和部分低洼地区大量生长芦、苇、荻、蒌蒿、菊花脑、荠菜、苜蓿、马兰头、诸葛菜，其茎叶可食用；野生花木植物有雀梅、黄杨、柳榆、映山红、紫藤等，可移植美化社区、院落，绿化环境。豚草近 30 年来繁殖很快，其花粉伤害人体健康，是有害植物。

第四节　动　物

一、饲养动物

京口区依山滨江，受山林川泽之利，饲养牛、马、驴、骡、羊、猪、犬、猫、鸡、鸭、鹅家畜家禽等动物历史悠久。唐许浑于会昌三年（843年）秋自京都返京口时，作《夜归丁卯桥村舍》诗："月凉风静夜，归家泊岩前。桥响犬遥吠，庭空人散眠。"至今已1100多年历史。

1983～1992年，京口区为镇江城区时，禁止居民户饲养家畜家禽。1992年10月，区划调整后，乡镇场圃部分农户及共青团农场红旗村有饲养牛、羊、猪、家禽、水产类动物。

1993～2003年，各乡镇场圃分别建有万头猪场、10万羽禽场及特种水产养殖基地。2004～2007年，京口区实施"无村区"发展战略，拆村转居，土地锐减，除共青团农场有饲养畜禽水产外，其他镇（区）村（社区）饲养户甚少。然而这一时期居民饲养宠物犬，从21世纪初兴起，养犬户从占居民户的3%～5%，近6年来发展极为迅速，约占居民户的20%以上，1户2～3犬，甚至4～5犬者，不乏其人，散养犬伤人屡有发生、随地便溺影响城市文明。

二、野生动物

根据动物地理区划，京口区属华中动物区北缘，亚热带草地——农田动物群，主要分无脊椎和脊椎动物两大类，包括原生动物、多孔动物、腔肠动物、扁形动物、原腔动物、环节动物、软体动物和节肢动物及鱼类、两栖类、爬行类、鸟类和哺乳类，分别归属5纲。

三、无脊椎动物

1. 扁形动物门　有吸虫纲—血吸虫；绦虫纲—绦虫等。

2. 环节动物门　有毛足纲—蚯蚓；水蛭纲—蚂蟥等。

3. 软体动物门　有瓣鳃纲—河蚬、蚌；腹足纲—螺蛳、椎实螺、钉螺、蜗牛、蛞蝓（鼻涕虫）等。

4. 节肢动物门　有昆虫纲—蜻蜓、蚊、蝇、蝉、螳螂、蟋蟀、蜚蠊（蟑螂）、地鳖虫、蚂蚁、白蚁、天牛、萤火虫、金龟子、蜣螂、蝼蛄、斑蝥、蚱蜢、蝗、蜉蝣、桑尺蠖、叩头虫、蚤、虱、臭虫、虻、稻飞虱、螟、胡蜂、蜜蜂、蚕、蛾、蝶、瓢虫、蚜虫、棉铃虫；甲壳纲—虾、蟹、剑水蚤；

5. 蛛形纲　有蜘蛛、红蜘蛛、蝇形螨；多足纲—蚰蜒、蜈蚣、马陆等。

四、脊椎动物

1. 鱼纲　有鲟科—中华鲟；白鲟科—白鲟；鲱科—鲥、鲥里白：鳀科—长颌鲚（刀鱼）；鮠科—（鮰鱼）；鲀科—河豚；鳢科—鳢（黑鱼）；鲶科—鲶（鲇鱼）；鮨科—鳜（季花鱼）、鲈；鳅科—泥鳅；鲤科—鳊、团头鲂、青鱼、草鱼、鲢、鳙、鲫、鲤；合鳃科—黄鳝；鳗鲡科—鳗等。

2. 两栖纲　有蟾蜍科—蟾蜍；蛙科—青蛙、黑斑蛙；蝾螈科—蝾螈等。

3. 爬行纲　有蝮蛇科—蝮蛇；游蛇科—赤练蛇、乌风蛇、水蛇、锦蛇；龟科—龟；鳖科—鳖（甲鱼）；壁虎科—守宫（壁虎）、蜥蜴；石龙子科—石龙子等。

4. 鸟纲　雉科—野鸡、鹌鹑、鹧鸪；鸭科—野鸭、雁；鸦科—乌鸦、喜鹊；文鸟科—麻雀；燕科—燕；雀科—蜡嘴雀；鸬鹚科—鸬鹚；鹎科—白头翁；百灵科—百灵；啄木鸟科—啄木鸟；杜鹃科—大杜鹃（布谷鸟）；椋鸟科—八哥；鹰科—鹰、苍鹰、雀鹰（鹞）；鹟科—画眉；翠鸟科—翠鸟；黄鹂科—黄鹂；鹭科—鹭；鸠鸽科—斑鸠、鸽；鸱科—鸮（猫头鹰）等。

5. 哺乳纲　有兔科—野兔；猬科—刺猬；中鼬科—黄鼬、獾、水獭、貉；犬科—狼、豺、狐；松鼠科—松鼠；仓鼠科—田鼠；鼠科—巢鼠、黄胸鼠、家鼠；鹿科—獐；蝙蝠科—蝙蝠；鼠海豚科—江豚；白鱀豚科—白鱀豚；猪科—野猪；豪猪科—豪猪等。

在上述主要动物中，中华鲟、白鲟是珍稀动物，均为国家一级保护动物，白鱀豚是濒危的珍稀动物，亦为国家一级保护动物，江豚是国家二级保护动物。

第三章　自然灾害

第一节　地质灾害

1985年7月14日，暴风雨袭击京口区，长江京口段沉船14艘。云台山发生地质灾害，东及北麓山体滑坡。由于动态管理及时到位，提前在山体滑坡来临之前，对涉险地区居民动迁95户、287人，未发生人身及财产损失。1990年4月9日下午2时45分，云台山北坡面积约4万平方米山土下滑，危及34户居民安全，区及和平路街道领导冒雨视察险情，对34户居民作妥善安置，并于4月13日成立云台山滑坡抢险办公室。9月15日，大市口街道地区内的铁瓮山公房区3 ~ 5幢出现大面积险情。到9月26日，18户居民全部安全撤离险区。

1991年5月18日 ~ 7月14日，出现百年未遇的大暴雨。86天中，全区降水就达927毫米，接近全年降水量，造成全区21处山体滑坡和大面积的洪涝灾害。1999年6月27日暴雨。6月28日，城区跑马山、云台山南侧、狮子山电磁厂内和北固山气象台一侧受其影响发生滑坡、坍塌。

2003年7月4 ~ 11日，区域内连续8天降暴雨，强度是新中国成立以来所罕见。总雨量达404.1毫米，全区发生山体滑坡38处。

2004年6月24 ~ 25日，区域内降雨163毫米，造成多方面险情和灾情。丹徒镇古运河西侧凹湾出现长约30米、宽约2米、深约4米局部坍塌，危及7户居民安全，撤离19人。2005年7月10日夜至11日上午，区域内出现强降雨，使部分山体出现滑坡。

2006年7月20 ~ 23日，连续降雨130.8毫米，城区多处内涝，驻东吴路的武警镇江边防检查站受灾严重，市、区政府一面组织力量抢险救灾，一面多方协调，从根本上解决问题。2007年7月8 ~ 10日，连降4天暴雨，降雨量258.8毫米，造成区域内涝和地质两大灾害。其中城镇内涝和受灾面积达25平方公里，36户、137人因地质灾害撤离。滑坡8处，毁房4间，经济损失300余万元。

2003年7月4 ~ 11日京口区受灾情况表（部分）

表2-7　　单位：人、户、万元

地址	险情	危害	户数	人数	撤离	损失	备　注
京露茶场	山体滑坡	墙塌树倒	30	150	—	—	—
九里街合山	山体滑坡	—	—	1	—	—	被埋没
花园新村1幢 ~ 松盛花苑36幢	山体滑坡	两幢楼宇下沉、开裂	96	360	264	—	—
学府路嘉惠苑3号楼	护坡下沉	新增危房	85	255	519	369.20	倒房28间
古运河丹徒段	凹湾处塌方	长50米、深3 ~ 5米	7	—	38	153.30	驻地部队官兵及民兵干群300多人抢险
共青团农场江堤裂缝	跨夹江段	长300米、宽2.5 ~ 3.5米、深19米	—	—	—	—	干部、职工突击抢险

第二节　洪涝旱灾

1989 ~ 2007年，京口区域内每年7 ~ 9月，伴随狂风暴雨和连续多天的阴雨，江河倒灌或排水不畅，造成城乡内涝和受淹等水患灾害。其中 1989 年 8 月 13 日下午 3 时许，突发飑风、雷暴大雨袭击全区，造成树倒路塞、交通中断；电路故障，断电断水；雨大水涌、排泄不畅；风大浪急，长江行船躲避不及，沉船 10 多艘，使城乡数万户、10 多万居民遭受水患，顷刻间损失财物数亿元。1991 年 5 月 18 日 ~ 7 月 14 日，出现百年未遇的大暴雨，86 天中全区降水达 927 毫米，接近全年降水量。1998 年 6 ~ 7 月，降水量 755.6 毫米，仅 7 月下旬降水量超过 400 毫米。6 月 23 日始，长江水位全线超过警戒线，历时 95 天。

2003 年 7 月 4 ~ 11 日，全区连续 7 天降雨 404.1 毫米。全区涝灾面积 60 余平方公里。老城区 10 余条主干道积水交通受阻，20 余片区约 15 万余人受洪水围困，水深普遍 50 ~ 100 厘米，最深处达 150 厘米。3861 户居民家中进水。受淹耕地 1000 公顷，其中 498.18 公顷农田绝收，119.39 公顷渔池鱼群流失，造成损失 1452.97 万元。

2004 年 6 月 24 ~ 25 日，两天降雨 163 毫米，造成多方灾情。谏壁镇东街、丹徒教工宿舍、丹徒农机厂、雩北村陈二组和象山乡孟村七组 70 余户居民受淹。农业设施遭受水毁，受淹良田 97.3 公顷，菜地 146 公顷，死亡家禽 8000 多羽，累计损失 117 万元。2005 年 7 月 10 日夜里至 11 日上午，市区出现当年最强区域性暴雨，造成市区多处积水。

2006 年 5 月，全区降水量明显偏少，加上 6 月入梅迟，出梅早，梅雨量偏少，全区遭遇 1978 年以来最严重的旱情。蓄水量与上年同期相比减少一半。造成 966.6 公顷水稻减产、194 公顷旱作物绝收，累计损失 45 万元。

2007 年，区域内发生洪涝旱灾。其中 7 月 8 日至 10 日暴雨期间，连续 4 天降雨 258.8 毫米，造成内涝和地质灾害。城区约 5 平方公里、农村约 20 平方公里面积受淹。全区有 36 户 137 人因地质灾害和危房撤离，造成经济损失近 300 万元。较严重干旱发生在 8 月中旬，丘陵山区因缺少水源，旱灾情况严重。圩区水稻、菜田受旱面积 213 公顷；丘陵地区大多受旱，面积 300 公顷，经济损失 65 万元。

第三节　风、雪、雾灾害

1. 飓风　1989 年 8 月 13 日，京口区城乡突发飓风（最大风速超过 30 米 / 秒），给人民生命财产造成损失。

2. 暴雪　1998 年 3 月 19 日 20 时 ~ 3 月 20 日 16 时，京口区出现新中国成立以来罕见暴雪。20 小时雨雪量 30 多毫米，局部地区 41.8 毫米，最大积雪深度 19 厘米，气温骤降。

3. 大雾　1999 年 11 月 22 ~ 24 日，市区连续大雾 3 天。市长途旅客运输受到影响，汽车客运每天停开 55 个班次；沪宁高速公路每天 11 时前全线封闭，影响 70 班次；镇扬汽渡每天 11 时开航，影响客运 120 多班次。12 月 1 日 20 时，大雾再次弥漫，22 时能见度 50 米左右。2000 年 11 月 22 ~ 24 日，连续 3 天大雾，汽车每天停开 55 班次，沪宁高速公路每天 11 时前全线封闭，影响 70 个班次；汽渡每天 11 时开航，影响 120 个班次。12 月 21 日大雾再次笼罩全区，22 时能见度约为 50 米，高速公路全线关闭。

2001 年 2 月 10 日 5 时许，因浓雾沪宁高速公路发生数十辆汽车追尾，死亡 4 人，伤 40 人，30 多辆汽车受损。2003 年 1 月 13 ~ 15 日，连续 3 天大雾，高速公路镇江段每天上午封路；汽渡停航，滞留汽车 700 多辆。

2006 ~ 2007 年，区域内春秋季节均出现不同程度雾天。

4. 台风　2005 年，辖区先后遭受 5 号台风（海棠）、9 号台风（麦莎）、13 号台风（泰利）和 15 号台风（卡努）过境破坏。9 月 11 日至 12 日全区受 15 号台风正面袭击，出现大到暴雨，并伴有 8 到 11 级大风，为历史罕见。

5. 寒潮　2005 年，全区出现两次寒潮（3 月 10 ~ 11 日，12 月 4 ~ 5 日）天气，使蔬菜遭受不同程度的冻害。

第三篇　人　口

20 世纪 70 年代初期，国家实行计划生育，实行有计划地控制人口增长。1990 ~ 2007 年，全区人口工作由市公安局京口分局管理，区域内计划生育工作由区计划生育委员会管理，专司全区城乡人口控制、增长和服务。区域性的人口核对、统计及 4 项变动情况，每年年终由公安派出所进行户籍核对、汇总后，以乡镇、街道为单位由分局户政部门报送区统计局，作为全区年度人口总数依据。

第一章　人口状况

1990 ~ 2007 年，京口区人口规模情况可划分两阶段进行记述。1990 ~ 1992 年，为纯城区阶段人口规模，总数为 294221 人（第四次全国人口普查统计数），分布在 8 个街道。1993 ~ 2007 年，为“城乡一体化”区划人口规模，分布在城乡 4 个街道和 6 个乡镇场圃。1993 年，全区城乡总人口 255316 人。至 2007 年，增加 87571 人。主要原因是建成区范围扩大、宜居环境改善，吸引周边地区居民和经商人口购房；迁入人口大于迁出人口；死亡率低。

第一节　人口总量

1990 ~ 2007 年，京口区人口总数保持在 30 万人左右。1990 年，全区总人口为 294221 人。1992 年 10 月，区划调整划出 4 个街道、8 个居委会；划进 6 个乡镇场圃，由于城乡人口密度不均，地域面积虽有扩大，但全区总人口减少。1993 年，全区总人口 255316 人，总数减少 3 万多人。1997 年，撤销丹徒县谏壁乡后，9 个村委会人口并入谏壁镇，以及其他人口增长因素，全区总人口恢复到 297534 人，其中非农业人口 258891 人，占总人口 87%。

1993 ~ 2006 年，全区总人口逐年增加，至 2007 年，京口区总人口 342887 人。

第二节　人口分布

1990 ~ 1992 年，京口区人口分布在 8 个街道。1992 年 10 月，区划调整后，全区人口分布在 4 个街道和 6 个乡镇场圃。1993 ~ 2007 年，京口区行政区划多次变更调整，2007 年全区人口分布情况详见下表。

2007 年京口区人口分布情况表

表 3-1　　单位：户、人

街道乡镇（场圃）	总户数	总人口	男	女	其中非农人口
正东路街道	17113	76378	43380	32998	76378

续表 3-1

街道乡镇（场圃）	总户数	总人口	男	女	其中非农人口
健康路街道	29518	82322	42183	40139	82322
大市口街道	22693	61471	30452	31019	61471
四牌楼街道	20041	55018	28231	26787	55018
象山镇	13793	31026	15002	16024	—
谏壁镇	14271	33840	17360	16480	—
共青团农场	427	1334	718	616	1242
京口工业园区	426	1498	837	661	—

第二章　人口变动

1990 ~ 1999 年，京口区域内人口变动主要有四项：迁入、迁出、出生、死亡。2000 年，根据第五次全国人口普查《长表资料》统计，10 多年来，京口区迁移人口中，务工、经商人口占 27.64%、学习培训人口占 15.71%、拆迁搬家占 14.56%、婚姻迁入占 11.85%、随迁家属占 9.79%、投亲靠友占 6.74%、分配录用占 3.94%、工作调动占 3.63%、其他占 6.14%。2004 年，京口区实施“无村区”战略目标。2005 ~ 2007 年，全区城乡加大拆迁力度，人口迁移量亦随之加大。

第一节　户籍人口变动

一、迁入

1990 年，京口区迁入 1.2 万多人，主要是驻区高校新生入学和机关企事业单位干部、职工调入户籍。1993 ~ 1995 年，京口区 3 年迁入 36791 人。其中，1993 年 17746 人、1994 年 9771 人、1995 年 9274 人。1997 年，谏壁乡东京、李华、蔡家等 9 个村委会并入谏壁镇，迁入人口 8000 多人。

1996 ~ 2006 年，全区 11 年迁入人口 12 万多人。2007 年，迁入人口为 36501 人。

二、迁出

1990 年，全区迁出人口主要是京口籍学生录取外省、市高校及中等专业技术学校学生及分配、调动人员户籍迁移等。

1993 ~ 1995 年，全区 3 年迁出 16340 人。其中 1993 年迁出 5464 人、1994 年迁出 5224 人、1995 年迁出 5652 人。

1996 ~ 2006 年，京口区 11 年迁出人口 8 万多人。2007 年，迁出 4160 人。

第二节　自然变动

一、出生

1990 ~ 1992 年，京口区正值人口生育高峰期，总人口数逐年增长。但由于各乡镇、街道人口控制（计划生育）工作扎实有效，节育措施有力，仍然取得人口控制好成绩。但由于区域内经济和各项社会事业迅速发展，人民生活水平和人居环境不断提高和改善，从而全区呈现出生多、死亡少的变动趋势。

1990 年，全区出生婴儿 3163 名，人口出生率为 9.74‰。1991 年，出生婴儿 2818 名，出生率 8.54‰。1993 年，区划调整后，京口区城乡出生婴儿 2519 名，人口出生率为 7.55‰，自然增长率为 5.54‰。

2000 年，全区出生人口 2768 名，增长率为 8.4‰；2001 年，出生婴儿 2215 名，增长率为 6.6‰。

2006 年，全区出生婴儿 2151 名，出生率 6.2‰；2007 年，出生婴儿 2574 名，出生率为 7.5‰。

二、死亡

1990 年，京口区死亡人口 1393 人。1992 年 11 月，全区城乡死亡人口为 1028 人。

1993 ~ 1995 年，全区城乡死亡 2977 人。其中男 1652 人，女 1325 人。

1996 ~ 2006 年，全区城乡 11 年死亡 2.2 万人，因交通和工伤事故等非正常死亡占 35%，因病及老年性死亡占 65%。

2007 年，全区死亡人口 1315 人，其中男 758 人、女 557 人。大市口等 4 个街道死亡人口 974 人，谏壁、象山两镇及工业园区、共青团农场死亡 341 人。

第三节　流动（暂住）人口

中共十一届三中全会以来，随着改革开放不断深化，区域内经济和各项社会事业迅速发展。1983 ~ 1992 年，外省市来京口区城乡务工、经商人口成为流动人口主流，常年超 10 万人。区公安机关在加强人口管理工作中，把流动（暂住）人口管理作为公安机关重要的基础工作之一。

1993 ~ 1994 年，全区城乡居委会（村区）设立 130 个暂住人口登记站，聘用 100 多名离退休人员协助管理，形成人口管理网络，涌现出一批全国、省和市级流动人口管理先进集体和先进个人。1995 年 11 月 ~ 2000 年 10 月，京口区流动人口中务工、经商人口居首位，占全区总人口的 11.06%，比 1990 年上升 7.54%。

2001 ~ 2007 年，随着全区城乡市政建设规模不断扩大和经济发展快速增长，外省市来区域内务工、经商、交通运输、房地产开发行业流动人口逾百万人，年均流动人口占全区总人口 14% 左右。

第三章　人口构成

第一节　性别构成

1990 ~ 2007 年，全区人口性别比逐年下降。1990 年，第四次全国人口普查资料表明，全区 294221 人总人口中，男性 156897 人、占总人口数 53.33%，女性 137324 人、占总人口数 46.67%，性别比为 114.25 ∶ 85.75，比 1989 年下降 30.74 个百分点。

2000 年，第五次全国人口普查资料显示，全区 427272 人总人口中，男 227256 人，女 200016 人。性别比为 113.62 ∶ 100，高于全市平均数 5.51 个百分点。

2001 ~ 2006 年，京口区城乡性别比持续呈现男高女低特点。2007 年，全区总人口 342887 人，其中男性 178163 人、女性 164724 人，性别比为 108.16 ∶ 100。

第二节　年龄构成

1990 ~ 1992 年，京口区城乡人民生活水平逐步提高，卫生环境大为改善，文化娱乐和体育活动丰富多彩，促进市民体质增强。1993 ~ 2007 年，全区城乡居民人口年龄普遍提高。

2000年11月1日，第五次全国人口普查资料表明，京口区城乡总人口中，0～14岁为59635人，占总人口13.96%;15～64岁人口为337785人，占总人口79.06%；65岁以上29852人，占总人口6.99%。

2001～2005年，全区年龄构成中总抚养比26.49%，少儿抚养比19.65%，老年抚养比8.84%。

21世纪初，京口区已进入全国老年化行列。2002～2007年，全区人口年龄构成仍为儿童年龄段下降，老年人口有继续上升趋势，2007年，全区有百岁老人6名。

图3-1　1990～2007年，市区二级领导每年为百岁老人上门祝寿（京口公安分局供稿）

2007年京口区百岁老人情况表

表3-2

序号	姓名	性别	出生年月	所在街道（社区）
1	王吴氏	女	1905.5	健康路街道花山湾南社区
2	高景荣	男	1906.6	大市口街道弥陀寺巷社区
3	葛香英	女	1907.12	四牌楼街道江滨新村第二社区
4	支育才	男	1908.1	大市口街道蔡家山社区
5	罗青云	男	1908.6	健康路街道山门口社区
6	朱月娥	女	1908.9	健康路街道尚友社区

第三节　文化构成

1990～1999年，京口区人口文化素质不断提高。第四次全国人口普查资料表明，全区小学以上文化程度人口28万人，比1982年增加18.99%；与第三次全国人口普查相比，每千人中有大学文化68.48人、增加96.84%，高中文化194.5人、增加30.18%，初中文化347.15人、增加69.16%，小学文化217.89人、下降28.01%，成人识字率90.43%，初中以上文化程度占总人口的60.75%，文盲大幅下降，低于全市平均水平。

2000年，第五次全国人口普查资料表明，全区人口文化高于1990年第四次全国人口普查水平。全区总户数136097户，总人口427272人。其中6岁及6岁以上人口406551人（男216484人、女190067人）、未上过学17325人（男3570人、女13755人）、扫盲班3097人（男726人、女2371人）、小学74552人（男36658人、女37894人）、初中136253人（男74123人、女62130人）、高中71453人（男38853人、女32600人）、中专32025人（男15845人、女16180人）、大学专科36622人（男21836人、女14786人）、大学本科学历33513人（男23542人、女9971人）、研究生学历1711人（男1331人、女380人）。

2000年，京口区人口文化结构层次逐年提高，获博士、硕士学位的人口1500多人，其中博士400多人，硕士1100多人。在各类受教育人口中，男性多于女性，总体为10 ∶ 8。每10万受大学和高中教育的人口中，女性比男性低15.21%和4.17%。

第四节　家庭构成

1. 家庭规模　1983 ~ 2004 年，京口区城乡家庭多为 3 口之家。2000 年，全国第五次人口普查资料表明：有 0 ~ 19 岁青少年人口家庭户 72037 户。其中 0 ~ 4 岁人口家庭户为 15972 户，5 ~ 9 岁人口家庭户为 18873 户，10 ~ 14 岁人口家庭户为 22040 户，15 ~ 19 岁人口家庭户为 15152 户。有 60 岁至 64 岁以上老年人口家庭户为 30148 户，其中有一个 60 岁至 64 岁老年人口户为 18369 户，单身老年人口户为 6082 户，一个老年人口与未成年人口的亲属户为 212 户，其他为 12075 户。有二个 60 岁至 64 岁老年家庭人口户为 11779 户，只有一对老夫妇家庭人口户为 5709 户，一对老夫妇与未成年人口亲属户为 394 户，其他为 5676 户。65 岁及 65 岁以上老年人口家庭户为 22147 户。有一个 65 岁以上老年人口户为 15479 户，其中单身老年人口户 3328 户，一个老年人口与未成年的亲属户为 145 户，其他为 12006 户。有二个 65 岁以上老年人口户为 6668 户，只有一对老年夫妇与未成年人口户为 3495 户，其他为 3173 户。

2006 ~ 2007 年，京口区实施“无村区”战略及旧城改造，城乡拆迁过程中出现“小型家庭规模户”倾向，2 人家庭规模及 1 人家庭规模为数较多。2007 年，全区总人口为 342887 人，总户数为 121400 户，平均每一家庭户（含集体户）为 2.82 人。

2. 家庭成员地位　新中国成立后，京口城乡废除家长制，家庭成员之间为公民平等关系，依法享有公民权，尊老爱幼、男女平等、互相关心、共同协商构成社会主义制度下新家庭成员关系。1950 年，新户籍制度实施后，1951 ~ 2006 年，城乡家庭成员间虽有“户主”与“成员”之别，但权利与义务平等，不是“主”“从”地位，至 2007 年其制无变。

第五节　劳动人口及职业构成

一、劳动人口

1990 年，第四次全国人口普查时，京口区劳动人口为 180187 人。其中男 103736 人，女 76451 人。15 岁及以上占劳动人口百分比为 73.83%。

2000 年，第五次全国人口普查资料显示，京口区总人口中劳动力资源丰裕，抚养系数下降。劳动适龄（男 16 ~ 59 岁，女 16 ~ 54 岁）人口 195787 人，男 107992 人，女 87795 人。占总人口 68%，比 1990 年增加 2.57%; 总抚养比例为 47.05%，比 1990 年下降 5.8%。

2000 年，京口区少年抚养比例为 25.91%，下降 7.76%; 老年抚养比例为 21.13%，比 1990 年上升 1.96%。

二、职业构成

1990 年，第四次全国人口普查时，京口区有第一、二、三产业职业 15 个，职工 175636 人。第一产业劳动人口 944 人（林、牧、渔、水利业）；第二产业工业及地质勘探劳动人口 94823 人（其中工业 93731 人、地质勘探 1092 人）；第三产业劳动人口 58030 人（其中建筑及房地产管理、居民服务业 18849 人、交通邮电通讯业 14475 人、商业服务、物资供销及仓储业 24706 人）；文化、教育、广电及科研技术服务业 9299 人（其中文教广电业 8377 人、科技服务业 922 人）；金融保险业 1954 人；党政机关及社会团体 10570 人；其他行业 16 人。职业人口中男性多于女性，高 26.4%; 城区 4 街道比较平均，在 2 万人以上，大市口街道达 28518 人；城外 4 街道悬殊较大，和平路、宝塔路 2 街道分别为 30469 人和 29909 人，而中华路、京畿路 2 街道分别为 11465 人和 9954 人。全区不在业人口 63854 人，其中在校学生及待升学人口 18343 人；料理家务 9389 人；待业 3387 人；离退休、退职人口 31353 人；丧失劳动力及其他 2282 人。1992 年 10 月，区划调整后，1993 ~ 1999 年，全区有 16 个行业，劳动职工 20 多万人。

2000年，第五次全国人口普查资料显示，京口区有从事第一、二、三产业职业人口194540人。分布在农、林、牧、副、渔，采掘、制造、电煤水、建筑业、交通、仓储、邮电、商贸餐饮、金融保险、房地产、文卫教体、科技和国家党政机关、社会团体等16个行业。其中第一产业在业人口11196人、第二、第三产业在业人口183344人。

2001～2007年，区域内从事经济活动人口中，第二、三产业在业人口比重上升，第一产业在业人口比重下降，占37.3%;第二产业在业人员占38.17%;第三产业在业人口占24.53%。第一产业在业人口下降13.43%;第二、第三产业分别上升3.93%、9.51%。而第三产业在业人口上升幅度最大的是商业、服务业在业人口比重;第一产业在业人口下降比重幅度是农、林、牧、副、渔、水利业生产人员最多。

第四章　人口普查

1982～2007年，镇江市城(京口)区经历第三至第五次全国人口普查和1%人口调查。1989年9月18日，京口区根据国务院《第四次人口普查办法》规定，成立区人口普查领导小组，各街道设立人口普查办公室（以下简称人普办），居委会分别设立人口普查小组，形成3级人口普查网络。从驻区各机关、学校、团体和企事业单位抽调2000多人编成普查小组，进行专门业务培训。1990年3月，对辖区单位名称、生产和经营主要产品及划进人口等方面调查摸底。1990年7月1日零时起，正式普查登记。全区总人口29万多人。由于全区按时按质完成人口普查任务，被省政府评为第四次全国人口普查先进县（区）。2000年，第五次全国人口普查期间，京口区按时按质地完成人口普查任务，受到省、市政府表彰奖励。

第一节　人口抽样调查

1990～2007年，国家和省人口普查办公室为获取人口变动情况，每年对城乡人口进行抽样调查。其中1994年，省人口普查办公室抽中谏壁镇为千分之一人口抽样调查单位，样本量为550人。同年5月，区政府成立领导机构，组织工作班子，由区统计局负责制定抽样调查方案，先后进行三级样本框编制、实施调查摸底。10月1日开始入户登记。两个调查小组分别对谏壁中学、江口村进行出生、死亡人口为主要内容的调查登记;在复查阶段，采用自查、互查、终查方法，对登记表进行全面复审核查。10月18日，省人普办质量检查组对谏壁中学千分之一人口抽样调查小区，逐户上门逐人核查，准确率100%。区人口抽样调查办公室被省评为先进集体，区统计局获省三等奖。

1995年10月1日，全国开展1%人口抽样调查。京口区大市口、四牌楼、健康路街道和象山乡4个街道、乡，被省人口普查办公室抽中为抽样调查单位，计23个调查小组，样本量4686人。区政府成立抽样调查小组，由区统计局负责实施。各抽中乡及街道分别建立抽样调查机构，制定计划、组织调查人员，参加省、市人普办举办专业培训。同时开展宣传和调查摸底工作。同月1～8日入户，开始逐户逐人按36项内容进行调查登记。复查阶段采用自查、对查、推磨式查、实地议事等综合性复查。10月16日和11月2日，分别通过省和国家人口普查办公室质量检查组检查验收。

2004～2007年，京口区4年中分别完成国家、省人普办赋予的人口抽样调查任务。其中2005年，区人普办组织30名指导员、30名普查员，按时按质完成4500户、12300人的1%人口抽样调查任务。

第二节　第四次全国人口普查

1989年9月，京口区根据《第四次全国人口普查办法》，成立区人口普查领导小组，下设办公室（以下简称区人普办），由行政秘书、宣传、普查、统计编码 4 个组。8 个街道及 156 个居委会分别建立人普办和人口普查小组。区、街道、居委会三级人口普查办公室和小组配备工作人员 925 名，建立 150 个普查区，1641 个普查小组。1989 年 10 月 ~ 1990 年 6 月，区人普办根据上级要求，结合区情实际，进行宣传发动，召开各类会议 840 多场次，编写宣传资料 815 份、宣传橱窗 98 处，出墙报、板报 1024 期、张贴标语、宣传画 1.3 万多张，设立宣传站、宣传队 52 个，并创作人口普查小品、相声、《普查员之歌》等文艺作品 10 多个。其中《普查员之歌》被市广播电台选录，作为《每周一歌》特别节目，获市创作二等奖、《老师长》剧本获省创作优秀奖。向省、市电视台、广播电台、报社投稿 166 篇，编写《人普简报》52 期。

1990 年 3 月，区人普办组织人员对辖区内企事业单位名称、生产和经营主要产品、工种、职业种类及划出、划入普查区范围人口状况进行调查摸底，发放《人口普查底册》32.8 万份，处理各类信函 3 万多件次。7 月 1 日零时正式普查登记，至 10 日 24 时结束。全区总人口 294221 人，其中男性 156897 人，占人口总数 53.33%；女性 137324 人，占人口总数 46.67%，人口性别比 114.25 ∶ 100。常住区域内人口 266784 人，暂住人口 25210 人。原住区内，现在国（境）外 115 人。区人普办在规定时间内按时按质完成人口普查任务，获市举办的“金山杯”银奖，被省政府评为第四次全国人口普查先进单位。

第三节　第五次全国人口普查

1999 年 6 月，京口区根据市政府《关于切实做好第五次全国人口普查工作的通知》精神，成立由副区长为组长的京口区人口普查领导小组，区委宣传部、区政府办公室、区统计、公安、计划生育、民政、卫生、教育、劳动人事、工商、计经委、城建环保、人武部等 10 多个部门负责人为组成人员，下设办公室。2000 年 3 月，5 个乡镇场圃、4 个街道分别建立各自人口普查机构。5 月，全区各村（居）委会先后建立人口普查机构，形成区、乡镇（街道）、村（居）3 级人口普查网络。区政府及时抽调 1000 多名人口普查员、安排 40 多万元普查经费，设置专门办公室，提前做好“三落实”工作。8 月，区人普办在象山乡星星村开展人口普查试点工作，在取得经验基础上，先后又对居委会和城郊接合部反复试点，以便发现问题，及时解决。

2000 年 11 月 1 日零点，全区正式开始第五次全国人口普查，1000 多名人口普查员、普查指导员分赴城乡各户，按规定的时间，完成 22 大项、113 小项普查登记，特别瞄准总人口、出生人口和死亡人口总量数据，做到一个不漏、一项不缺、准确无误、保质保量。通过第五次全国人口普查统计，全区总人口 427272 人，总人口增长率比 1990 年下降 2.11 个百分点；自然增长率大幅度下降，与 1990 年相比，出生率下降 9.78 个千分点、死亡率下降 0.46 个千分点、自然增长率下降 10.48 个千分点。

人口性别比例下降。男女性别比 113.62 ∶ 100，比 1990 年下降 0.63%；人口类型已转变为老年型。总人口中，0 ~ 14 岁人口占 16.68%，比 1990 年下降 3.86%；15 ~ 59 岁人口占 71.06%；60 岁以上人口占 12.26%，比 1990 年上升 1.78%。全区人口平均年龄 36.07 岁，比 1990 年上升 4.57 岁。年龄中位数为 35 岁，上升 5.6 岁。百岁老人 1 名，为女性。

第五章　人口控制

1983 年 9 月，京口区成立人口控制机构，即区计划生育委员会，其主要职能是控制区域内人口有计划、有步骤、协调地增长。1985 ~ 1991 年，实施市政府“单位负责、条包块管、以条为主、条块结合”计划生育管理机制。1993 年年初，区计生委将派往各乡镇、街道计划生育专职干部管理权、人事权和计划生育经费划归乡镇、街道管理，由乡镇、街道负责辖区内计划生育工作。1994 ~ 2007 年，全区人口控制和计划生育指标调查任务，指标下达和布置、检查、监督和管理等统由乡镇、街道扎口管理，按时上报。

第一节 计划生育协会

1987 年 7 月 9 日，京口区建立计划生育协会（以下简称“区计生协会”），为区计划生育自治机构，设理事会为常务机构。成员 44 名，其中常务理事 12 名。

1990 年 5 月，区计生协会开展中国计生协会成立十周年宣传周活动。1992 年，区划调整后，京口区城乡成立基层计生协会 448 个，占应建数 96.8%，有理事 6299 人，会员 57593 人，占总人口 17.1%，团体会员 14 个，会员之家 231 个，会员小组 1918 个，小组活动室 698 个，联系户 8456 个。1996 年元月，区计生协会受到第四次全国计生协会会员代表大会暨先进表彰会表彰。

1997 ~ 2005 年，区计生协会健全志愿者队伍，为群众提供生产、生育、生活服务，开展计生志愿者“零距离”服务活动。

2006 年 5 月，开展庆祝中国计生协会成立 26 周年暨“真情服务惠万家”活动。全区城乡开展青少年“健康、快乐、成长”活动。“10 · 28”第五个“男性健康日”，计生志愿者宣传心理健康、生殖健康、更年期保健知识。11 月，区计生协召开第六次会员代表大会，选举产生理事会理事 41 人和常务理事 17 人。

2007 年，全区有基层计生协会 122 个，会员小组 2602 个，会员 28633 人。12 月 1 日，区计生协开展“世界艾滋病日”系列宣传教育活动。

第二节 计划生育

一、人口政策 生育状况

1. 人口政策 1983 ~ 1988 年，全区计划生育实行晚婚、晚育，除按原规定享受 3 天婚假外，还可享受晚婚优待假 12 天。初婚女青年，婚后符合晚育者凭一胎计划生育证，除享受产假外，还可享受优待产假 14 天；产假期间自愿领取独生子女证者可再享受保健假 20 天。初婚女青年在优待婚假和优待产假、保健假期间工资照发，不影响调资、晋级和全勤评奖。凡领独生子女证者每年发给儿童保健费 40 元，直至满 14 周岁。凭独生子女证，可享受“三免”［入托儿所、幼儿园免费（含保育费和学杂费）优待；免收小学至初中毕业学杂费；免费医疗］至 16 周岁。1989 年 8 月，全区实行独生子女平安保险、平安两全保险、独生子女父母养老保险等。

1992 年，《镇江市计划生育管理实施办法》（以下简称 5 号令）颁布后，区域内对达到法定婚龄、未依法结婚同居怀孕、坚持妊娠给予处罚。1997 年，根据苏计生委《关于清理党员干部违反计划生育问题的通知》，全区对 1991 年 1 月 1 日 ~ 1996 年 10 月 31 日期间，党员干部违反计划生育政策，按规定进行清理。

2003 ~ 2004 年，全区按《江苏省人口与计划生育条例》（以下简称《省计生条例》）规定，对晚婚、晚育者延长婚假，享受工资、奖金及福利待遇。持“独生子女父母光荣证”者每年享受独生子女父母奖励金，在办理退休时，可 5% 增发退休金。对不符合“省计生条例”规定的，依照国务院《社会抚养费征收管理办法》和“省计生条例”，双方分别征收社会抚养费。其间，全区建立计划生育免费基本技术服务制度，为 39621 名育龄妇女提供免费服务，经费达 84 万元。

2005 年，京口区《农村部分计划生育家庭奖励扶助制度的实施意见》实施，对奖励扶助对象按每人每月 50 元标准，发放奖励扶助金 21 万元，受益 356 人。为 347 户特困计划生育家庭发放 20.82 万元公益金救助。

2006 ~ 2007 年，全区为 34540 人发放独生子女父母奖励金 69.08 万元。2007 年，实施独生子女伤残死亡家庭扶助，为 282 名独生子女伤、病、残（三级以上）或死亡后未再生育或合法收养子女的夫妻，发放扶助金 41 万元。

图 3-2 2006 年，省计生委领导考察“生育文苑”——四牌楼街道阳光世纪花园社区（区计生委供稿）

2. 生育状况 1990 ~ 1999 年，全区计划生育状况总趋向“三高一低”（计划生育率、节育率、晚婚率高，人口出生率低）。

2000 年，第五次全国人口普查《长表抽样资料》统计，京口区城乡育龄妇女总和生育率为 0.87%，比 1990 年下降 0.61%。两个孩子、多个孩子比重稳定下降。1999 年 11 月 ~ 2000 年 10 月，全区育龄妇女中，生育一个孩子占 91%，比 1990 年上升 12.26%; 生育两个孩子的占 8.28%，下降 10.99%; 生多个孩子占 0.72%，下降 1.27%。

2001 ~ 2007 年，区计生委贯彻中共中央、国务院《关于加强人口与计划生育工作稳定低生育水平的决定》，调整管理和服务机制，8 年的人口出生率保持 6.22% ~ 7‰之间，人口自然增长率稳定在 3‰左右，计划生育率、出生率、节育率和晚婚率控制在 99.9% 以上，圆满完成国家和省、市规定的各项指标。

二、人口宣传

1990 ~ 1997 年，区计生委每年召开计划生育工作座谈会、专题讲座、理论讲座进行宣传。2000 ~ 2003 年，区委党校开展人口理论教育，将人口政策法规纳入党校培训各级干部的教学内容。

2005 年，区计生委开展计划生育知识竞赛、广场文艺演出、“世纪健美儿童宝宝”比赛、计划生育知识答卷等宣传活动。

2006 年，区人口计生局宣传中共中央、国务院《关于全面加强人口和计划生育工作统筹解决人口问题的决定》（以下简称“人口问题决定”），制定学习宣传计划和文件，利用报刊、广播等媒体以及办培训班等形式，掀起学习宣传热潮。区、镇（街道）党委、政府人手一册“人口问题决定”，采取座谈讨论等专题学习。

2007 年 5 月，区计生委牵头举办以“生育传承希望，关怀相伴和谐”为主题的“生育关怀行动”启动仪式，进行广场文艺汇报演出。组织独生子女、外来务工子女、孤儿和父母在外打工的留守独生子女，听“关注身心、关注未来”青少年生理、心理健康知识系列讲座。开展青少年“健康、快乐、成长”亲情活动。计划生育协会在镇、街道、村、社区组建率达 100%。200 人以上企业建立计生协会率达到 90%，200 人以下、50 人以上企业建立会员小组达 80% 以上，组建流动人口计生协会 5 家。

三、人口和计划生育管理

1. 辖区人口计划生育管理 1988 ~ 1990 年，辖区内大多单位分别签订计划生育承包合同，为计划生育指标、工作要求、考核办法三项内容。1990 ~ 1994 年，区计生委根据《镇江市农村计划生育工作目标要求和管理办法的通知》精神，层层签订责任状，对乡镇、街道提出不同指标，根据要求组织自查、抽查，次年年初总评。1995 ~ 2001 年，区计生委为各基层单位开展计划生育保险业务，增加经费投入，确保独生子女奖金兑现和独生子女“三免”待遇落实。建立实施现住地管理，落实企业法定代表人负责制，因地制宜开展社区育龄人群知识普及、知情选择等项服务，积极探索社区计生管理服务新途径。市委、市政府在蔡家山社区召开全市社区人口与计生工作现场会，推广试点单位的做法。区政府开展 2003 年度人口与计划生育工作示范社区争创活动，在正东路街道石马湾社区召开人口与计划生育优质服务进社区现场会。2004 年，27 个社区获市命名的人口和计划生育示范村（居）称号，26 个社区获市命名的人口和计划生育优秀村（居）称号。2005 年，落实农村计划生育奖励扶助制度。通过宣传、调查摸底、本人申请、镇级审议并张榜公示、区级审核和确认等，为 96 名奖励扶助目标人员发放奖励金 5.43 万元。2006 ~ 2007 年，全区开展星级示范村（居）创建活动．有 16 个社区获得市命名的人口和计划生育星级示范村（居）称号。

2. 流动人口计划生育管理　1983 ~ 1990 年，京口区根据上级业务部门要求，对区域性流动人口实施计划生育管理。1991 年 1 月 1 日起，按照《流动人口计划生育管理办法》，坚持“单位负责、条块保证、以块为主、条块结合”原则，将流动人口计划生育纳入计划生育管理范畴。

1993 ~ 1995 年，全区以《镇江市流动人口计划生育管理办法》为目标，四牌楼等街道和乡镇场圃先后建立由党政、驻地单位领导、计生干部组成流动人口计划生育领导小组，进行调查、登记，建立台账，实行“五个一”（一同设置、检查、考核、评比，一票否决），坚持“谁用工谁负责，谁受益谁管理，谁的地盘谁清理”，发现一个，解决一个。1994 年，市人大、市政协领导视察四牌楼街道流动人口计划生育工作，对其经验表示肯定。

1996 ~ 2003 年，区计生委推广“六结合管理”（与属地、单位达标、人员归口、个体验证、下岗职工由企业和街道、组织网络结合管理）。2004 年，按照《流动人口计划生育管理和服务工作若干规定》，建立以人为本、依法维权、管理与服务和强化居住地管理的原则，建立综合管理服务机制和目标管理责任制，各镇、街道“流动人口”计划生育纳入经常性管理和服务，实行户籍人口同宣传、服务、管理相结合。

2005 ~ 2007 年，全区对流动人口计划生育“送法进市场”，发放《江苏省人口与计划生育条例》。针对市场 80% 以上外来人员的实际，成立市场计划生育协会，免费为 140 名育龄妇女健康检查 150 多人次，发放药具等。

四、优生优育服务

1. 节育技术　20 世纪 80 年代，凡生育后育龄夫妇落实避孕、节育措施。1990 ~ 2005 年，育龄妇女进行避孕、节育知情权选择。1992 年按照《关于进一步加强计划生育手术质量的意见》，全区对从事计划生育技术人员登记、考核、发证。

1993 ~ 2003 年，区计生委根据《计划生育技术服务管理条例》《关于加强计划生育技术管理工作的通知》《计划生育技术服务管理条例实施细则》等，对服务工作人员、基本设施、技术质量、工作质量制定规章制度，加强计划生育技术管理。2004 ~ 2007 年，根据国家人口计生委创建优质服务县要求，在全区深入开展计划生育优质服务先进区创建活动。

2. 出生缺陷干预工程　2002 年始，京口区被省计生委确定为出生缺陷二级干预工程项目试点单位，开展调查摸底、制定方案、宣传发动。11 月，启动出生缺陷二级干预工程。2004 年 8 月，完成现场采血怀孕标本 814 份。参加检测实际出生婴儿 814 名，存活 809 名，死亡 5 名。分别为先天性心脏病，出生后 3 天死亡 1 例、死产 1 例、出生 1 天后因“宫内缺氧”死亡 1 例、出生后半月死亡 1 例（非唐氏综合症，具体原因不明）、早产死亡 1 例、怀孕终止妊娠 6 例。2005 年，全区一级出生缺陷干预措施覆盖率 85% 以上，二、三级出生缺陷干预措施落实率达 60% 以上，对高危孕妇专案管理达 95%。2007 年，区政府把“免费开展优生筛查，降低出生缺陷发生率”列为“为民办实事”项目，降低缺陷婴儿发生。

3. 计划生育服务站　1984 ~ 1986 年，京口区计划生育面临人口出生第三个高峰期，成立区计生技术服务站。1993 ~ 2002 年，先后设立计生服务站和乡、镇计生服务站。2003 年，区计划生育服务站获市计生委核发的“计划生育技术服务机构执业许可证”。

2005 ~ 2007 年，按照省人口计生委提出“优质服务和可持续发展生殖健康服务项目”目标，以群众需求开展计划生育、生殖健康、家庭保健服务，确保人口和计划生育工作任务落实，创建区世代计划生育优质服务中心。

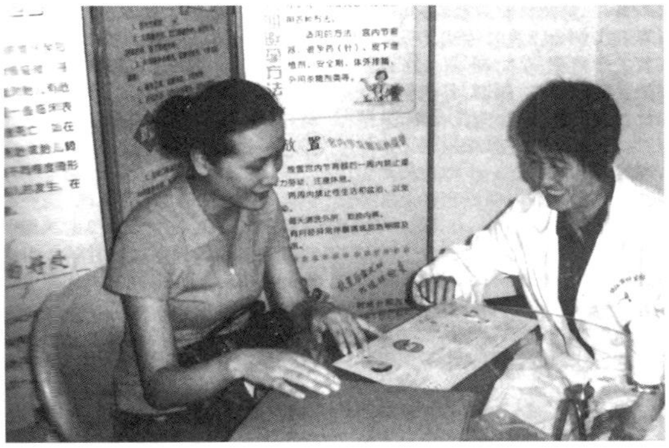

图 5–3　2003 年，京口区优生优育咨询中心为孕妇进行计生指导　（区计生委供稿）

第四篇　城乡建设管理　环境保护

中共十一届三中全会以来，镇江城区市政建设步入法制化轨道。1983 年 9 月，建立城区城市建设环境保护局（以下简称区城建环保局）。按照市、区分工，市政建设由市统一管理，区承担街巷道路保洁和环境卫生清扫（运）和市容市貌管理。1992 年 10 月区划调整后，区城建环保局改称城乡建设局，2007 年改称区住房建设局（以下简称区住建局），管辖范围为京杭古运河以东 4 个街道和象山、汝山、丹徒、谏壁 4 个乡镇及村级市政道路、住房建设、民房报勘、拆迁事务等。

第一章　规划管理

1978 ~ 1980 年，镇江市编制完成城市建设十年规划（1981 ~ 1990 年）。1984 年 6 月，市八届人大常委会第八次会议审议通过。1985 年，省政府批准实施。1986 ~ 1992 年，京口区是镇江的主城区。1993 ~ 2007 年，京口区系镇江市主城区之一。市政建设规划编制和执行，统一按市政府规定办理。

第一节　城市测绘

中华人民共和国成立后，城区测绘 1 ∶ 500 房产现状分布图及局部地区测绘的零星市政工程、工厂选址等资料，未采用统一规范标准。此外，解放军总参谋部测绘局在镇江城乡布设Ⅰ、Ⅱ、Ⅲ、Ⅳ等三角点及军控点测量。1958 年 1 ~ 4 月，建筑工程部第四测量大队在城区东至谏壁，西达四摆渡，南抵九华山，北临长江边 100 平方公里测区内布设Ⅱ、Ⅲ等三角控制网。1966 年，镇江市土地办公室组建测量队，分区测绘城区地籍图，完成 1 ∶ 1000 地籍图 160 幅。“文化大革命”开始后，测量队解体。1982 年 9 月，应用矿产地质部遥感技术空摄宁镇地区地形图资料，1984 年年底结束。1989 年，镇江市首次采用航空摄影测量。航测采用 1954 年北京坐标系，1956 年黄海高程系，测量范围东到谏壁镇雩山北麓江苏省 6904 油库，西至五洲山茶场，南达缪家甸，北止征润洲边。面积 160 平方公里，完成 1 ∶ 2000 地形图 214 幅。

1983 年 9 月，京口区城市建设环境保护局成立后，未设测绘组织。1984 ~ 2007 年，全区所用地形、地貌及行政区划图，均由市规划部门提供，或用镇江市区有关城区和城乡部分图籍复制。

1996 年 6 月，市人大、市政府决定市区规划管理体制，按照“审批权相对集中，管理分级负责”原则进行改革。确定市规划局统一管理中心城规划区内各项建设工程的选址、定点和所有公房审批报建，审核发放“一书两证”（申请书、报勘及产权证）；设立京口区规划管理办公室，属区政府、市规划局双重领导，负责建成区范围内私房定点和审批报建；在区建设局设立村镇规划建设科（室），负责辖区内村镇规划建设，至 2007 年城区规划等职能无改。

第二节　城乡规划管理

一、编制京口区城乡一体化发展规划

1983 ~ 1992 年，京口区为镇江市纯城区，城市发展规划由市统一管理。

1992 年 10 月，市区部分区划调整后，京口区始成为城乡一体的行政区划。1993 年，京口区明确“一体两翼，交叉推进，中间突破，东西呼应”的城乡一体发展总体思路。3 月，成立规划领导小组和办公室，编制《京口区城乡一体化发展规划》（以下简称《区发展规划》）。在中科院南京地理湖泊研究所专家指导下，抽调 10 人组成规划课题组。10 月，初稿审定。1995 年 10 月，《区发展规划》由中国科学技术大学出版社出版发行。该书为章节结构，计 11 章、35 节，横排门类，以时序进行记述，总字数为 15 万字。规划 18 年（1992 ~ 2010 年）全区经济和社会事业发展战略目标。

2003 ~ 2007 年，京口区规划管理工作，坚持科学发展，加大城乡规划管理力度。2004 年，对谏壁镇雩北中心村、丹徒镇新生村潘家湾小区、长江农民新社区等建设规划实施跟踪管理，规划共青团农场新民洲村（原红旗村）布局。5 年共发放集体土地民房建筑报勘 57 份，总面积 7267 平方米。

二、编制乡镇规划

1992 年 10 月，区划调整后始有乡镇。1993 年始，编制《区发展规划》。1994 年，象山、谏壁等 4 个乡镇及 20 多个村委会根据各自发展重点和地情特色，在《区发展规划》指导下，先后开展乡镇规划编制工作。1995 年，《象山乡总体规划》（方案）、《汝山乡总体规划》（方案）、《丹徒镇总体规划》（方案）、《谏壁镇总体规划》（方案）和 14 个村民委员会总体规划方案编制完成；同时完成象山乡团结村、象山村新居民点和汝山乡花苑新村、丹徒镇上隍村、谏壁镇月湖新村住宅小区控制性规划；编制完成 28 个旧居民点（自然村）控制性规划。同年 10 月，市政府正式批准象山、汝山、丹徒、谏壁 4 乡镇总体规划。

1999 年 4 ~ 5 月，区城乡建设局邀请市规划设计院技术人员，根据《区发展规划》要求，分赴各乡镇调查研究，搜集资料，编制《京口区乡镇规划（1999 ~ 2013 年）》（以下简称《区乡镇规划》）。12 月，《区乡镇规划》文本、图纸和附件编制完成。

2002 ~ 2004 年，区建设局把禹山路建设工程和拆迁工作紧密结合，编制建设长江村农民新社区规划。2003 年，区政府在禹山路（原象山乡团结村和原汝山乡长江村）结合部，兴建农民公寓片区，建筑总面积 2 万多平方米。

2005 ~ 2007 年，区委、区政府为推进“无村区”规划实施，先后在象山、谏壁两镇选址，在禹山路中段（禹山北麓，原团结村和长江村交汇处）、学府路东段（江苏大学东大门）、东风村、京岘山西麓、雩山西麓谏辛路中段等处规划建设统建房 50 多万平方米，对象山乡（镇）原象山、团结、民主、袁村、京岘山等村和谏壁镇粮山、东京、蔡家、马湾等村 4 万多户拆迁户、10 多万人进行安置。

三、“无村区”规划及实施

2002 年年底，京口区提出‘无村区”发展战略，为与全市城市化发展进程同步，使京口区城市化健康、快速推进。2004 年 11 月，编制完成《京口区“无村区”发展规划》。2005 ~ 2007 年，结合引进投资项目，推行并实施“无村区”规划。象山、谏壁两镇先后拆迁象山、民主、团结、花山湾、京岘山、新生、新民、东风、孟村、粮山村及月湖、李华、蔡家村部分自然村，总面积 2000 多万平方米。为鼎胜铝业、江苏索普集团、中储粮公司、江苏大学、镇江第一中学及禹山路、谷阳路、镇大公路、江滨大道等市政建设和房地产开发，提供土地资源，加快城乡一体化发展进程。

四、查处违法建设

1983 ~ 1991 年，京口区把查处违法建设作为城乡规划管理的一项重要内容。1992 ~ 1995 年，区规划管理部门，按照市、区两级政府部署，在公安、城管、法院等部门配合下，宣传《城市规划法》，特别是历年创建全国卫生城市，集中整治新建小区、城郊接合部和违建集中地区及主干道两侧。1994 年 5 月，丹徒镇对西自王龙桥，东至谏壁砖瓦厂镇澄公路沿线 142 户临时建筑进行查处，为 107 户补办报勘手续，对 5 户违法建设实施处罚。1995 年 7 月，区建设局组织力量，集中整治江滨新村住宅小区违法建设，清理 507 户违法建设。在整治活动中调查摸底，绘制《违法建设分布示意图》，逐户送达《违法建设处罚通知书》，限期自纠。并在《镇江日报》刊登整治违法建设公告，将违法建设户姓名（或单位）、地址、违建内容和自纠期限刊登公告。配合法院强制执行拆除违法建设，有效遏制违法建设蔓延。

图 4-1　2003 年，京口区城管执法大队依法拆除“违建”现场　　（区规划分局供稿）

2002 ~ 2003 年，根据市政府“一年一个样，三年大变样”要求，以建设清新秀丽、充满灵气和活力江南名城为目标，两年查处城乡违法建设 1142 处、1 万多平方米。2003 年 2 月，镇江市旅游经济开发区孟村 6、7、8 村民小组违法搭建房屋。区村建办公室联合规划监察大队、公安分局等执法部门强行拆除 59 户、3100 多平方米违法建设。

2004 年 8 月 ~ 12 月 19 日，全区开展“百日拆违”行动，拆除重点地区、上市地块上违法建设，并建设停车设施，解决“停车难”问题。对列入强拆对象，通过工作，尽量“助拆”解决，位于市区主次干道两侧、严重影响市容市貌违法建设全部拆除。达到拆、建、管并重，创建“平安社区”与整治出新相结合。全年共拆违面积 6.47 万平方米。2005 年 4 月，根据市政府 130 号文件精神，由市规划局授权，区建设局设立集中整治违法建设办公室，对 4 个街道违法建设查处，原 3 个乡镇和京口科技工业园区违法建设查处范围不变。9 月，区拆迁办会同健康路街道参加由市规划局、行政执法局推进的桃花坞七区无违法建设小区整治。全年共拆违面积 7.51 万平方米。2006 ~ 2007 年，区、街道（乡镇）两级执法网络建立，对违法建设各街道（乡镇）先行发现、先行查处并及时上报区拆违办。需要强拆时，由区拆违办联合市规划局、行政执法局等部门统一处理。两年共拆违面积 13.82 万平方米。

第二章　基础设施管理

1983 年 8 月，京口区区域内的城市公用基础设施建设与管理由市政公用管理局承担。“七五”期间，市区加快城市道路、排水、路灯等市政设施建设步伐，逐步对街巷设施积水区进行改造。1987 年，建成江滨排涝泵站，1991 年底，市区对 323 条街巷中的 246 条街巷道路实施改造，总面积 12.2 万平方米。改造后的道路分别为水泥路、道板路、沥青路，状况有较大改善。同年，市区有排涝泵站 21 座，排涝能力达到 16.02 立方米 / 秒。1993 ~ 2007 年，根据市、区分工的原则，区城建局行使城乡基础设施管理职能。

第一节　市政管理

1983 ~ 1985 年，区域内路灯设施建设发展较快。1986 年，全区有路灯 5874 盏。1992 年 12 月，增加 1558 盏，总计 7432 盏，道路交通岔口架设多处组合灯。

1993 ~ 1995 年，谏壁镇建成 2.5 万吨 / 日水厂，改善镇区缺水状况，丹徒镇建设集镇自来水“增压站”1 座，并铺设自来水管网，使镇内 90% 以上人口饮用自来水。汝山乡自筹资金进行农改水工程，解决长江村、下仇家湾村居民用水困难。

1996 ~ 1997 年，市区加大街巷和乡镇道路建设，兴建谷阳路、上隍路、江滨路，拓宽改造宗泽路、镇澄公路交叉路口、长江路，整修城隍庙街、京岘山路等街巷道路。城市污水截流工程东部系统投入运行，市区下水道及防汛排涝设施得到全面维修，新建虹桥港泵站。象山乡建成全市第一个电话小康乡，京口区率先在全市建成电话小康区，开通乡镇有线电视。

1998 ~ 1999 年，全区维修 20 多条街巷道路，虹桥港污水截流工程东部系统建成。市区主干道实施市容绿化、亮化、美化工程。

2000 ~ 2001 年，完成解放路、中山路出新工程、长江路风光带二期建设，建成大市口市民广场等民心工程，投资维修拓宽改造青云门路、绿竹巷、混凝土检测中心等巷道。

2002 ~ 2005 年，京口区市政公用基础设施日趋完善，建成花山湾广场，对铁城路（今古城路）、东门坡、中营 73 号、腰刀巷、古更楼巷、弥陀寺巷、花山湾、山门口等街巷进行改造，并完善部分路段路灯和排水设施。先后完成东吴路、江苏大学道路整治出新，香江花城、阳光世纪花园等多处小区道路配套，合格率达 100%。2006 ~ 2007 年，全区加强对老住宅小区和街巷道路改造、整治低洼积水区等。2007 年，对江滨新村一期、京岘山 12 号片区、桃花坞 6 区、花巷社区进行设施配套，开展小区物业管理配套等。

贯彻“公交优先、率先发展”战略，新开和优化公交线路。2007 年，区域内公共交通汽车有 1、2、3、K3、4、5、6、8、9、10、K10、11、12、14、15、16、17、18、19、20、21（有人售票）21、K22、22、22（有人售票）、23、24、K24、25、28、29、31（夜）、32（夜）、33（夜）、34（夜）、35（夜）、39、40、50、51、101、102、104、105、106、113、115、116、118、123、130、132、133（双层）、K201、208、K208、K219、K221、车管所专线、谏（壁）龙（山）专线、D1、D2、D3、D4、D5 等共 65 路。此外，还有焦山开扬州平山堂及南京、常州等地市际公交。

加强对城市道路日常维护，引导城市公交向农村延伸服务。2006 年 10 月 23 日，实施 70 周岁以上老年人免费乘坐市区公交车新办法、办理老年人免费乘车 IC 卡。2006 年 11 月 1 日，盲人凭证免费乘坐所有公交车。2006年，市政部门在市区出租汽车中统一推广使用白色坐垫套，出台《出租汽车车容车貌管理规定》，同时结合出租汽车专项治理活动，加大行业管理力度。

2007 年京口区主要公共交通线路情况表

表 4-1

线　路	起点站	沿途主要站点	终点站
1	丁卯开发区	公交总公司、青年广场、市政府、大市口北站	迎江桥
2	火车站	中山桥、大市口北站、人民街、和平路	金山公园
3	火车站	大市口东站、青年广场、丹徒镇、长岗	谏壁
4	火车站	中山桥、江滨医院、东吴路、香江花城	焦山公园
5	京谷大厦	中山桥、火车站、三茅宫、润州中学	乔家门
6	迎江桥	江滨医院、市政府、青年广场、人民广场	瑞丹花园
8	吉贝尔药业	消防大队、公交总公司、花山路、长江路	金山公园
9	江滨公园	大市口东站、京口区政府、长岗、月湖街	谏壁

续表 4-1

线　路	起点站	沿途主要站点	终点站
10	市委党校	船艇学院、市政府、火车站、三茅宫	渡口
11	李家山新村	黄山支路、大市口东站、东吴路、江滨中学	我家山水
12	宝塔山公园	解放桥、大市口北站、宝盖路、朱方路	三茅宫小区
14	宗泽路停车场	宗泽路、禹山北路、古城路、大市口东站	江滨公园
15	金江乡	新河路、西站、青云门、天桥路	南山风景区
16	象山油库	陈家门、党校、京口区政府、中山桥	黄山南路
18	松盛园	花山路、青年广场、跑马山路、七里甸	江科大西校区
19	火车站	大市口南站、京口区政府、汝山、丹徒镇	长岗
20	松盛园	东吴路、解放桥、月湖街、赵声路南站	新区小学
21	迎江桥	青云门、青年广场、公交总公司、西麓	上党
22	我家山水	东吴路、青云门、七里甸、韦岗	韦岗温泉
23	中医院	中山桥、朱方路、三人医、高资	高资中学
24	火车站	江滨医院、市政府、谏壁、大港镇	大港港务总公司
25	我家山水	花山路、中山桥、南徐路、米芾广场	彩虹城
28	江滨公园	市政府、丹徒镇、谏壁、谏辛公路	鼎胜铝业
29	江滨公园	京口区政府、王龙桥、江心汽渡、金东纸业	大港东方村

第二节　道路建设

一、城市道路

1983 ~ 1989 年，区域内拓宽改造中山东路、中山西路、电力路、迎江路等主干道。1990 ~ 1992 年，拓宽和新建黄山南路、桃花坞路、塔山路、解放路南段，翻（新）建苏北路（今长江路）、镇焦路（今东吴路）。

图 4-2　2003 年，横跨主城区的经十二路竣工通车（区建设局供稿）

1993 ~ 1997 年，先后完成解放路北段、南门大街南段、斜桥街、宗泽路、湖西路、焦西路修建，丹徒路（原镇澄路）拓宽改造。建成谷阳北路、上隍路、江滨路，并拓宽改造宗泽路、镇澄路交叉口、长江路等。

1998 ~ 2001 年，拓宽改造正东路、大东新路、长江路二期、东吴路，建设禹山路。2002 年 7 月，拓宽改造学府路，首开全市区级政府建设城市主干道市场化运作先河。学府路（镇澄路、镇常路），西起梦溪广场，东至丹徒镇西王龙桥，全长 6.45 千米。学府路改造第一段西起原二十一世纪乐园，东至江苏大学东大门，全长 2.148 千米，2000 年年初开工，10 月底竣工；第二段西起梦溪广场，东至二十一世纪乐园，全长 4.3 千米，按城市主干道Ⅱ级标准建设，2003 年 6 月 28 日竣工。区委、区政府决定设立区城乡建设投资中心，专司“两路一街”（学府路、京口路、第一楼街步行街）建设。2003 年后，负责区域内城市道路和街巷建设。

2003 ~ 2004 年，先后完成经十二路京口段、谷阳路北段、京口路、江滨大道东段。并对松村路（今称小米山路）、象山大道、宗泽路进行改造；东吴路、解放北路、健康路、桃花坞路、铁城路（今古城路）、江苏大学路等 20 多条道路出新改造。2005 ~ 2007 年，区域内先后完成第一楼街、万古一人路、滨江路、聆江桥、北固湾、滨江风光带等一批重点建设工程。

二、街巷道路改造

1983 ~ 1990 年，全区改造、翻修街巷道路 200 多条，计长 1300 多千米。

1984 ~ 1991 年，桃花坞六区随城乡房地产开发兴起，在馒头山北麓建设 60 多幢住宅楼，形成居民小区，依次编为“六区”。但部分住宅楼地势低洼，每逢下雨，形成积水，影响居民出行。1992 ~ 1999 年，市政建设部门曾多次修整，终未根治。2000 年，经市排水管理处查明排水“瓶颈”。2001 年，市政建设部门投资 50 万元，废弃老涵管，改变排水方向，重新铺设全小区管道，增设雨水井，接入道路排水管网，使雨、污分流，根治该小区“水患”。

2002 ~ 2003 年，全区根据市、区两级人民代表议案、政协委员提案和市民要求，对街巷道路翻建改造工程分 5 批进行施工。2002 年，先后对铁城路、东门坡、中营 73 号、腰刀巷等 10 多条街巷道路进行改造。2003 年，分别对网巾桥、中营街、仙鹤巷、山门口街、斜桥街、弥陀寺巷、花山湾、古楼岗二村、府学新村、万古一人街、运河路、钱家山巷等 24 条街巷道路进行改造，完善路灯和排水设施。2004 ~ 2005 年，街巷道路改造为太平寺巷、花山湾 4、5 区、桃花坞 4 区、五条街菜场南巷、绿竹巷、府学新村、花山支路、小圩子路、象山村、西府街等 60 多条，总长 5000 多米，面积达 5.4 万平方米，铺设排水管线 2000 多米，其中污水管道 1000 多米，增设窨井 38 座、雨水井 52 座，包括道路、排水、路灯、绿化 4 部分，总投资 152.56 万元。

2005 ~ 2007 年，正东路健康广场兴建并竣工，占地总面积 3 万多平方米，其中绿化面积 5800 平方米，设有可停放 110 辆小轿车的地下停车场。

2002 ~ 2007 年道路工程建设情况表

表 4-2

项目名称	项目情况	总投资（万元）	开工、竣工时间
学府路	西起梦溪广场，东至谷阳路，全长 4250 米，道路宽幅 40 米	15000	2002 年 7 月开工，2003 年 6 月建成
东吴路北段、桃花坞路整治出新	东吴路南自象山桥，北至焦山公园，全长 1500 米，桃花坞路西至梦溪路，东至小米山路，全长 1700 米。道路供电低压杆线、通信、煤气、路灯、广告管线下地，新建雨、污水管道，两侧建筑粉刷，路灯及灯光改造	6780	2003 年 3 月开工，9 月 30 日竣工
经十二路（京口段）	北起学府路，南至古运河，全长 1.2 千米，路宽 80 米，路幅 50 米，双向 6 车道，8 种 22 道管线全线入地，按城市主干道一级标准设计。建设运河桥梁 1 座	8800	2003 年 5 月开工，2003 年年底竣工
谷阳路北段	南起宗泽路交叉口，北至禹山路，全长 1200 米，道路红线宽 60 米，按城市主干道一级标准设计，横断面采用四块板，双向 6 车道，设非机动车、人行道。绿化率 42%	7500	2003 年 6 月 4 日开工，2003 年年底竣工
江滨大道东段	西起虹桥港，东至东吴路，按照城市干道二级标准设计，全长 1.03 千米，路幅 33 米。建设桥梁 1 座，长 60 米，宽 33.6 米。连接甘露寺和焦山文化旅游景点重要通道	7000	2003 年 11 月开工，2004 年 10 月竣工

续表 4-2

项目名称	项目情况	总投资（万元）	开、竣工时间
京口路（原京岘山路）	东起老山路（今米山路）、西至学府路，全长 1890 米，宽幅 30 米。2003 年列入政府道路建设计划，建成后改观东部交通拥堵状况	9000	2003 年 7 月 15 日开工，2004 年年底竣工
宗泽路 (20 世纪 70 年代初，开辟农村拖拉机道路，泥沙结构）	1993 年，区交通局协调相关乡翻建。由于标准低，排水、供水系统陈旧，路灯、通信配套设施不完善。2003 年，对宗泽路改造。东起谷阳路，西至象山土管所，全长 1640 米，宽 30 米，双向 4 车道 (19 米混合车道)，绿化带各 2.5 米，人行道各 3 米。综合管线地下敷设，行车道为沥青路面，人行道 SP 面砖铺设。为城市干道二级标准	7500	2004 年 9 月 8 日开工，2005 年年底竣工
京岘山南路	北起学府路，南至古运河，全长 1.02 千米。规划红线 30 米，第一期施工为 480 米。行车道宽 14 米，双向 4 车道，两边各 2.5 米人行道。总投资约 1000 万元	1000	2006 年 10 月 18 日开工，2007 年 9 月竣工
第一楼街道路、千秋桥街	改造工程分两期进行：第一期为第一楼街、千秋桥街。第一楼街南自中山东路，北至千秋桥街，全长 337 米，宽 16 米；千秋桥街东自第一楼街，西至解放路，全长 390 米，宽 10 米。第二期工程从千秋桥街至万古一人路，全长 90 米，行车道 6 米，人行道 2 米，全线按城市次干道二级标准设计	12000	2006 年 5 月底开工，2007 年年底竣工
学府路东延	西自谷阳路与学府路交叉口，东至经十四路，全长 1940 米，宽 33 米，主干道 14 米，两侧为慢车道，分别 4 米，人行道 3 . 5 米，绿岛 2 米。路灯照明露天杆线	6500	2007 年 4 月动工，10 月底竣工
江滨路	位区域北部，南起东吴路、北至长江边，全长 1.17 千米，宽 7 ～ 30 米。浇筑水泥砼路面 0.74 万平方米。摊铺沥青路面 1.2 万平方米，铺设污水截流干道 1.16 千米及其他管线 4.2 千米，安装路灯 32 组，同时改建与东吴路交叉口中心广场	1900	1996 年 10 月动工，1997 年 6 月 28 日竣工

三、第一楼街步行街建设

清《丹徒县志》记载，南宋嘉定年间（1208 ～ 1224 年）郡守史弥坚在五条街附近建楼，名“喜雨楼”。邑人戴石屏赠诗：“京口画楼三百所，第一新楼名喜雨……”。“第一楼街”名始于此。

2004 年，市、区两级政府结合旧城改造和中心城市建设，提升现代化城市品位，决定在位于大市口中心区，建设总长 700 多米、呈“L”形第一楼街商业步行街。东含第一楼街，西至解放路，南接中山东路，北临千秋桥街，占地 4.46 公顷。包括第一楼街、千秋桥街道路建设和商业步行街建设两部分，营业面积达 5.6 万平方米。同年 8 月立项，2005 年 1 月开工，2007 年 12 月建成。由澳门利通集团有限公司、澳门利通实业投资有限公司、上海东邦投资有限公司等投资，总投资 8.3 亿元人民币。由 AECOM 茂尔咨询（上海）有限公司按欧式风格整体规划设计。拆迁 857 户、5.2 万平方米。建设建筑面积 7 万平方米，集购物、休闲、娱乐、餐饮于一体的中心街区。

四、乡镇道路建设

1992 年 10 月区划调整后，京口区始有乡镇道路建设任务。1996 ～ 2005 年，区域性交通运输线路，不仅使城区与乡镇、乡镇与各村相通，而且客车、货车通行率达 100%。至 2007 年 12 月，共新建农村道路 26 条，总路程达 53.42 千米，构成村与村、村与村民小组（自然村）间水泥路面网络。

第三节　区城乡建设投资中心

一、机构

2002年7月13日，京口区政府113号文发出《关于成立镇江市京口区城乡建设投资中心的通知》，决定成立京口区城乡建设投资中心（以下简称区城投中心），负责学府路拓宽改造工程。该中心投资主体为区政府，企业性质为国有独资企业，注册资本50万元（2006年5月，区政府批文注册资本为5000万元），法人代表孙忠建。同年11月18日，“镇京编”30号《通知》规定：“区城乡建设投资中心由原企业单位改为区政府直属正科级全民事业单位，实行企业化管理。”编制5名，设正副主任各1名，会计和专业人员3名，经费自收自支。

二、职能

2002～2007年，区城投中心是区政府出资的全资公司，主要职能是以城市建设投、融资为主业，实施项目化运作，保证重点工程建设资金需求。强化银企合作，扩大融资渠道。依托政府注入土地资产为基础和信用，通过市场化运作，6年共融资50余亿元，实施城市重点基础设施建设、改造工程，实现“经营城市”目标。

三、主要工程

2002～2007年，区城投中心先后组织3批、30公顷土地上市，通过划转股权、合作开发等形式，筹集资金投资兴建、拓宽改造学府路、经十二路、江滨大道、京口路、谷阳北路、桃花坞路、东吴路、宗泽路、第一楼街步行街、万古一人路、纬七路、临江路、石马路、谏辛路（含燕舞桥）等20多条城市一、二级主干道工程，总长30多千米，总投资30余亿元。同时与福建、浙江、上海等省、市开发商，联合开发房地产及商居楼工程20多万平方米。

第三章　建筑工程及管理

1983年建区初期，全区建筑工程管理工作，保持原属区管理模式。次年8月，将原区属建筑工程处及所辖工程队合并，建立镇江市第五建筑工程公司，同时设立京口区建筑工程管理处，与市建筑工程管理机构相对应，由区城建环保局统一领导，归口管理。1986年11月，京口房屋建设开发公司成立，属镇江市房屋建设开发总公司子公司。1991年6月，更名为镇江市京口房屋建设开发总公司（以下简称京口总公司），为独立法人建筑企业，与市总公司脱钩，直属区政府领导。1993年4月，区委、区政府决定，以京口总公司为基础，组建镇江市置业集团总公司（次年升格为江苏置业集团，以下简称置业集团），专司建筑工程和房地产开发。行政关系属区政府，建筑工程和房地产开发业务由区建设环保局扎口管理。

1994～1999年，全区建筑工程及房地产开发，涉足粤、沪、京、港等省、市、区，合资及下辖子公司多达20多家。客观方面虽受大气候影响和宏观调控，但主观上对市场经济缺乏经验，没能把握市场化运作中发展“势头”太猛的脉搏，又加上资金短缺和企业自身素质、管理水平跟不上等因素，2000～2003年，置业集团偿还数亿元社会“集资”，从而使曾经蒸蒸日上的置业集团一蹶不振。2005～2007年，所属分支机构先后歇业。置业集团虽有成功之举，更有诸多教训可供吸取和反思。

第一节　建筑企业与建筑工程

一、建筑企业

1984年8月，京口区批准将原北固、金山2个建筑工程处及9个工程队合并成立镇江市第五建筑工程公司，三级资质，隶属区城建环保局。1985年后，由于种种原因，第五建筑工程公司亏损严重，资不抵债。1986年年底，区政府批准保留第五建筑公司名称，划小核算单位，分别建立京口建筑工程公司，京口建筑二公司，京口建筑工程处3家建筑企业。1987 ~ 1988年，整顿建筑市场。1989年，全区有各类建筑企业25家，职工1500多人。1992年，成立镇江市京口区建筑安装总公司，下设第一、二、六、七、八、直属、京江、盛达8家分公司。1990 ~ 1992年，根据《京口区建筑市场暂行管理办法》，根据建设部224号文件对全区建筑施工企业进行资质审查，审批建安企业17家。1992年年底，全区有建筑施工企业25家，承揽土木建筑、建筑装潢、屋面防水、水电安装、土石方施工等工程，职工3500多名，施工机械94台，价值100余万元。1995年年底，发展到39家建安企业，其中3级资质9家、4级4家、等外级17家、无级别9家。1993 ~ 1995年，完成施工产值1.37亿元，竣工工程59个，面积11.89万平方米。1997年，全区建安企业调整，由39家减少为12家。2003年后，各建安单位逐步改制为有限责任公司，走市场化发展道路。2005年年底，全区有22家建筑装饰单位，其中施工总承包3家、专业承包及装饰单位19家。2006年，市明兴建筑安装工程有限公司晋升为房屋建筑工程总承包二级企业。2007年1月1日起，按照市地税局和市建设局文件精神，镇江市实行建筑税收体制改革，从原由京口、润州、新区各自开票，改为统一到镇江市建管处开票纳税，地域范围以运河为界，河东属于京口区范围。12月，全区有24家建筑装饰单位。

二、建筑业改制

1992年11月，京口建安总公司成立。1993 ~ 2002年，该公司承建省内外厂房、商场、教学楼、病房、宿舍等200多幢，总面积40多万平方米，并取得省、市优质工程。2005年年底，为土木工程建筑施工三级资质，注册资金600万元，在册职工36人，退休职工45人。由于该公司系计划经济产物，进入市场经济运行后，竞争激烈，原机制运转不灵。经江苏恒信会计师事务所审计，净资产为负数。职工因生活费、养老、医保等问题不断上访，一度成为不稳定因素。2006年，建设局拓展思路，分别不同情况，改变职工“等、靠、要”思想，采取终止合同、协保、退养等，逐步清理遗留问题。对职工养老、医疗保险补缴后，进入市场机制，使企业走上自我发展，自我完善轨道。8月25日，市江南拍卖有限公司公开挂牌竞标，最终以70万元价格拍卖，完成企业改制。

2002年，镇江市成立明兴建筑安装工程有限公司（区属），资质为工程总承包三级，注册资金600万元。2003 ~ 2006年，企业资产不断增加，施工项目遍及城乡。其中承建丹徒新区永安新城家园，获2004年镇江市优质结构工程奖。2006年，晋升为房屋建筑工程总承包二级企业（京口区唯一二级建筑企业），注册资金2000万元，业务涉及土建、房地产、市政工程、钢模租赁多个领域，下属金茂房地产开发公司与扬州阳光置业有限公司合作，进行房地产开发，以1.19亿元拍得原发动机厂地块，开发建设商住楼，同时承建市重点工程——北部滨水区项目及回迁安置的金泉花苑部分工程、丁卯桥金茂苑小区房地产项目。

1984 ~ 2007 年京口区城建环保局直属企业情况表

表 4-3

序号	企业名称	成立时间
1	镇江市第五建筑工程公司	1984.8
2	镇江市客车服务公司	1985.4
3	镇江市京口建筑材料公司	1987.2
4	镇江市京口区装饰工程公司	1990.3
5	镇江市京口宇环珠宝工艺厂	1990.9
6	镇江市京口环保设备工程服务公司	1991.5
7	镇江市京口区花岗岩厂	1992.11
8	镇江市京口区建筑安装总公司	1992.11
9	镇江市京口房屋建筑开发总公司城建分公司	1992.7
10	镇江市明兴建筑安装工程有限公司	2002（2007 年仍运转）

1994 ~ 2007 年京口区建安企业获市级优良工程情况表

表 4-4　　单位：平方米

名称	层次结构	面积	施工单位	竣工年份
镇大铁路住宅楼	砖混 5 层	3260	京口建安总公司	1994
东风水泥厂烘干圆筒库	框架 2 层	1000	京口建安总公司	1994
第一楼街住宅楼	砖混 6 层	3196	京口建安一分公司	1994
华东铝加工厂板延车间	装配式厂房	—	京口建安总公司	1996
京河路 20 号住宅楼	砖混 6 层	3500	京口建安一分公司	1996
市军转办 3 号住宅楼	砖混 6 层	4100	京口建安四分公司	1998
市军转办 4 号住宅楼	砖混 6 层	4100	京口建安四分公司	1999
市人事局 4 号楼	砖混 6 层	4034	京口建安总公司	1999
镇江东联仓储设备有限公司	框架 2 层	3650	京口建安总公司	1999
康居苑 A 组 2 号住宅楼	砖混 6 层	4600	京口建安总公司	2000
第十中学教学实验楼	砖混 5 层	6900	京口建安总公司	2003
丹徒新区永安新城	砖混 6 层	5500	镇江市明兴建安有限公司	2004
丁卯金茂小区	砖混 6 层	10000	镇江市明兴建安有限公司	2007

第二节　建筑管理

一、市场管理

1984 年 6 月，京口区成立建筑工程管理处（以下简称区建管处）。1985 ~ 1994 年，区建管处根据《中华人民共和国建筑法》《镇江市建筑市场管理规定》，加强对区域内建筑市场和区属建筑企业进行资质管理。

1995年，全区城乡有土木建筑、装饰装潢、水电设备安装、预制构件生产企业39家，为依法对建筑市场管理，制定《镇江市京口区建筑市场管理暂行规定》（以下简称《区建筑市场管理规定》），成立以分管区长为主的工程建设专项治理领导小组，每年组织2 ~ 3次对50万元以下项目专项检查。1996年，区建管处按照《区建筑市场管理规定》，对工程发包、承包、合同、施工和竣工结算等进行检查，内容涉及实施开发单位、开工报告和建设单位“施工许可证”发放、统一使用建设工程发票等。同时，加强对建安企业资质验审工作。1997年，全区有3级资质企业9家、4级4家、等外级17家、无级别企业9家。

2002 ~ 2003年，全区建筑安装企业加大改革步伐，抓住房地产开发市场商机，参加各项工程招、投标活动，提高标书制作水平，先后在丹阳、淮安等地中标10多项承建工程，区建管处跟踪建筑企业做好服务。京口区建筑安装工程总公司承建、第4分公司施工的镇江第十中学办公及实验大楼6900平方米工程，采用建设部提倡的十项新技术（含粗钢筋连接、新型模板应用、粉煤灰应用、节能新型墙体应用、新型防水应用、计算机管理应用技术等），获2003年市“建筑业新技术应用示范工程”称号。

2004 ~ 2007年，全区建筑业受宏观调控影响，建筑工程量有所减少，4年建筑工程总面积45万多平方米，总造价4000多万元。

二、质量、安全管理

1984 ~ 1991年，区建管处依法对区域内建筑安装企业实施安全管理。1993年始，每年组织“安全月”“安全周”“夏季百日安全生产竞赛”活动，组织各类质量安全检查，发现隐患，发出整改通知书，限时定人负责整改，增强员工安全意识。1994年年初，京口区成立建筑工程质量安全监督站，健全安全生产责任制、特殊工种持证上岗等制度。

1995 ~ 2003年，京口区建立质量安全法人代表负责制，确立各单位法人代表为质量安全第一责任人，健全各级安全生产和工程质量责任制。每年举办3 ~ 4期建筑行业施工、人身安全教育管理培训班，健全安全员制度。2004 ~ 2007年，全区建筑工程量有所减少，但工程质量和安全工作大幅提高，获市优质工程奖8个、市文明工程2个，未发生质量和人身伤害案例。

2007年京口区建筑施工（装饰）企业资质情况表

表4-5

序号	企业名称	企业资质
1	镇江市京口区建筑安装工程总公司	施工总承包3级
2	京口区华强建筑安装工程有限公司	施工总承包3级
3	镇江市明兴建筑安装工程有限公司	施工总承包2级
4	镇江市京九建筑安装有限公司	施工总承包3级
5	镇江苏宁建工有限公司	施工总承包3级
6	京口区谏壁水电设备安装工程处	专业承包3级
7	京口区劳动建筑安装工程处	专业承包3级
8	镇江市金禾广告装饰有限公司	建筑装饰3级
9	镇江市良文装饰工程有限公司	建筑装饰3级
10	镇江市四方装饰工程有限公司	建筑装饰3级
11	镇江市芙蓉装饰工程有限公司	建筑装饰3级

续表 4-5

序号	企业名称	企业资质
12	镇江市京口区盛达铝塑钢门窗厂	建筑装饰 3 级
13	镇江景美装饰工程有限公司	建筑装饰 3 级
14	镇江市南徐环境艺术设计有限公司	建筑装饰 3 级
15	镇江市金海岸装饰工程有限公司	建筑装饰 3 级
16	镇江市新居环境艺术工程有限公司	建筑装饰 3 级
17	镇江市舒沁装饰工程有限公司	建筑装饰 3 级
18	镇江市金宇装饰工程有限公司	建筑装饰 3 级
19	镇江市天翔装饰工程有限公司	建筑装饰 3 级
20	镇江市丹徒万家装饰工程有限公司	建筑装饰 3 级
21	镇江市卓艺装饰工程有限公司	建筑装饰 3 级
22	镇江市美苑装饰工程有限公司	建筑装饰 3 级
23	镇江市荣欣装饰工程有限公司	建筑装饰 3 级
24	镇江市洪洲建筑装饰有限公司	建筑装饰 3 级

第四章　房地产开发与管理

20 世纪 80 年代中期，京口区始行房地产开发。时属纯城区，除部分旧城改造有少量开发项目外，发展空间不大。1992 年 10 月，市区部分区划调整后，京口房地产开发总公司响应“大力发展第三产业”，提出“立足市区，挤进特区、打入开发区”房地产发展战略，以“艰苦创业、开拓进取、团结务实、自强不息”的企业精神，立足城区，内联特区，带动全区商贸、流通、物资和餐饮、服务业的快速发展。

1987 ~ 2007 年，京口区域内有市、区级及北京、上海、浙江、福建、香港、台湾等 18 个省、市、区房地产开发商 200 多家。先后开发江滨新村、徐家门、花山湾、桃花坞、恒美嘉苑、方家湾新村、香江花城等商住楼数千万平方米。

区划调整后，京口区为加强乡镇民房报勘、兴建、发证和房屋租赁、买卖方面的管理，成立京口区房产管理所。2005 ~ 2007 年，区级房地产机构为与市管理机构对应，改称京口区房产管理处，机构等级和管理职能不变。

第一节　房地产开发单位与征地拆迁

一、开发单位

1986 年 11 月 26 日，市房屋建设开发公司京口公司成立，为该公司下属子公司。1990 年 8 月 30 日，与市房屋建设开发公司脱钩，更名为镇江市京口区房屋建设开发公司，属全民事业单位，隶属区政府，由区城建环保局代管，为 4 级资质。下设综合、财务、工程、动迁 4 个职能科室。1991 年，经市计经委批准，分别建立建筑安装服务部和京口区房屋建设开发总公司建筑材料经理部。1992 年 6 月晋升为 2 级资质，下设办公室、财务、计划经营、工程、材料、动迁、房管科室。10 月 6 日，京口房屋建设开发公司与中国人民银行江苏信托投资公司、香港世润投资有限公司合资，注册 500 万美元开发资金；11 月 18 日，与香港永利贸易公司、海口京山实业公司 3 家合资，成立镇江永利房地产开发有限公司，注册资金 210 万美元。1993 年 12 月，桃花山庄（今桃花坞七区）大部建成后，将少部分土地出让后抽资撤出。1994 年，省政府批准以京口区房屋建设开发公司为基础，组建江苏置业集团，下辖盛达、宏兴、京润等子公司。

1995 ~ 2007 年，区域内房地产开发机构先后有江苏置业集团及省内外的中房鸿都、红豆置业、浙江荣信、瓯龙等 200 多家房地产开发机构。

二、开发项目

1986 ~ 1992 年，京口房屋建设开发总公司先后开发京贸大厦、三官塘宿舍楼、徐家门社区、桃花山庄（今桃花坞七区）计 5 万多平方米。1993 ~ 2003 年，全区房地产开发开工面积 200 多万平方米，竣工 180 多万平方米，累计投入 150 多亿元。先后建成江滨新村、花山湾、桃花坞、桃花山庄、世纪花园、米山人家、梦溪嘉苑、京岘山庄、竹林山庄等一批重点工程。

2004 ~ 2007 年，京口区提升城乡建设投资环境，吸引 10 多个省内外开发商投资兴业。开发江南·颐和家园、恒美嘉园、恒顺翠谷、怡海家园、香江花城、竹林山庄、枫林湾、庄家湾新社区等一批精品楼盘。浙江瓯龙房地产开发建设的梦溪嘉苑小区被全国总工会、团中央、建设部定为全国砌建业示范工程基地；浙江荣信房地产开发公司建设的米山人家片区被省建设厅列为创建节能示范小区；恒美嘉园、香江花城、江南·颐和家园等 6 个项目获江苏省优秀住宅奖；香江花城被评为全市“十佳科技创安小区”。

三、征地拆迁

1993 年，京口科技工业园区建立后，为发展需要拆迁汝山乡孟家湾、新生等村，征用土地 500 多公顷。1994 ~ 2003 年，江苏大学扩建，拆除周边村组，先后征地 1000 多公顷。2004 ~ 2005 年，全区房屋拆迁供学府路焦顶山“市场化运作”地块、新华村第一中学新址、京岘山恒顺翠谷、第一楼街步行街、镇江高专教学楼、禹山路西段第九中学、“集资”款及东风村、袁村等地块，拆迁总户数 1113 户，共 12.3 万平方米。2005 年，为保障鼎胜铝业扩产征地，区城建局许江负责拆迁谏壁镇蔡家村西陶庄自然村及土地征用，从进场至拆迁程序全部完成，80 多户、8000 多平方米，仅以 30 个工作日结束，创全区拆迁历史速度之最，被区委、区政府誉为“西陶庄速度”。

图 4-3　2005 年，“拆村转居”的东风新家园施工现场　（区建设局供稿）

2006 ~ 2007 年，区域性市政建设、商品房开发等拆迁逾万户，先后征地 2000 多公顷。详见第七篇国土管理相关章节。

第二节　房地产权属管理

1992 年，京口区成立房产管理所、房产交易所。1993 年，成立房屋租赁办公室，对外三块牌子，对内一套班子。行政上属区城建局，业务上受市房管局指导，对集体土地房地产权属进行管理。

2001 ~ 2007 年，区房管所为与各市区房管部门名称一致，更名为区房产管理处，权属不变。为强化办公自动化，投入 6 万元，购买微机，打印机，扫描仪，复印机等办公设备，组织人员学习 AutoCAD 制图等技能，进入现代化制证程序。

一、集体土地房地产管理

1993 年，区房地产管理部门职能为加强辖区内房屋产权产籍、租赁、交易管理。1994 ~ 2007 年，为城乡居民核发产权证 3852 户，建筑面积 35.17 万平方米。

二、房地产租赁、中介管理

1996 ~ 1999 年，区房产管理部门为居民上门服务 500 多人次，集中为村民住宅办理产权证及相关手续。2000 年 7 月，成立京口区房屋置换中心。2001 ~ 2007 年，该中心为市民提供房屋置换、买卖、租赁等服务 3000 多人次，为村镇公有住房、经济适用房和私房交易提供服务 1000 多人次。

第三节　江苏置业集团

一、机构沿革

1986 年 11 月，镇江市房屋建设开发公司京口公司成立，1990 年 8 月 30 日，更名为京口房屋建设开发公司，系独立法人单位，隶属区城建环保局，内设综合、财务、工程、动迁 4 科。1991 年，先后成立京口房屋建设开发公司建筑安装服务部和材料经理部 2 个经营单位。6 月，区计经委批复，同意建立京口房屋建设开发总公司及 2 个分公司。其中总公司为全民事业单位，隶属区政府，资质等级为城市建设开发四级。总公司内设 1 室 6 科：即办公室、财务、计划经营、工程、材料、动迁、房管科。将原京口房屋建设开发公司建筑安装服务部、材料经理部等下属企业隶属总公司，并增设京口区工贸总公司。1992 年 6 月，京口房屋建设总公司晋升为二级城市建设开发资质。11 月，先后与港商合资，成立镇江市中基、永利房地产开发有限公司。

1993 年 4 月 18 日，区体改委批准，并经工商部门登记，以京口房屋建设开发公司为主体，组建镇江市京口置业（集团）公司。1994 年 4 月 26 日，经省体改委批准、省工商局核准登记，升格为江苏置业集团总公司。内设总经理办公室、总工程师办公室、政工室、财务部及审计部。下辖子公司和分支机构 8 家：即上海京润实业总公司、招商发展公司、京口经济发展总公司、皮鹿丹时装有限公司、深圳置业实业公司、信达财务咨询公司、永利房地产开发公司和宝塔路幼儿园。1995 ~ 1997 年，江苏置业集团总公司辖有子公司及分支机构 19 家。1999 年，辖有 24 家子公司和参股、控股公司。2001 年，江苏置业集团总公司对内设机构进行调整：设置党委办、总经理办、法制办、监察室及企管一、二部、财务部、审计部，并辖 21 家子公司和控股公司。同年，区委、区政府决定，将镇江华联商厦股份有限公司的国有股份 1415.34 万股金额划转给江苏置业集团总公司，实施江苏置业集团总公司与华联商厦的资金重组。为稳定金融市场和社会秩序，将“集资”兑付工作作为集团总公司一个时期内工作的重中之重。通过清债清资、盘活存量资产等措施，完成“集资”兑付。由于外部受经济宏观调控大气候影响，内部缺乏经营管理经验和“应变”措施，江苏置业集团总公司经营状况陷入困境。2005 年，区委、区政府当机立断，采取改制措施。经多轮协调，2007 年 1 月在市产权交易中心公开拍卖转让。自此，江苏置业集团总公司由国有企业转制成为民营企业。

二、房地产开发

1986 ~ 1989 年，京口房屋建设开发总公司创建初期，受市、区两级政府委托，承建李家山 2.8 万平方米灾民安置房——广厦新村，安置因山体滑坡和水灾造成的居民回迁。

1990 ~ 1991 年，京口房屋建设开发总公司以“艰苦创业、开拓进取、团结务实、自强不息”的奋斗精神，以房地产开发为主体，内联特区，带动商贸、物流、饮食服务等行业，逐步建立分公司和参股公司。先后在二道巷、太古山、新河桥、三官塘、徐家门、将军巷、电力路、甘露片区等地拆迁 639 户，民房总面积 3.29 万平方米，回迁 27 户；建成徐家门、新河桥等住宅小区，并在正东路、象山等地进行片区房地产开发，竣工面积 3 万多平方米，商品房销售 2.5 万平方米，销售额 1482.1 万元，实现利润 334.32 万元。

1992 年 6 月，与广东省华闻实业公司联合，在惠州开发建设 5 万平方米的大湖花园小区。同时引进资金，成立两家中外合资房屋建设开发公司，兴建桃花山庄（占地 2.5 万平方米，2005 年改称桃花坞七区）小区和 8 万平方米的高层高档商住楼。1992 年各业营收 2100 万元，利润 312 万元。

1993 年 4 月，区委、区政府决定，以京口房屋建设开发总公司为主体组建镇江市京口置业（集团）公司。

三、房地产经营

1993 年 4 月，京口置业集团总公司以京口房屋建设开发总公司为基础组建后，经营规模扩大，综合实力不断增强。至 12 月，完成营业额 1.5 亿元，实现利税 1071.6 万元，跨入全市 1000 万元利税大户行列。1994 年，升格为江苏置业集团总公司（以下简称集团总公司）。

图 4-4　1994 年，省级下岗再就业基地——江苏置业集团投资兴建的甘露商城开业（区政府办公室供稿）

1994 ~ 1995 年，集团总公司发展成为集房地产、工业商贸、饮食服务、船务、物业、招商、服装、不锈钢管生产为一体的综合性经济实体，先后在香港和深圳、海口、惠州、上海、北京、新疆伊犁等省、市、区建立 32 家子公司，在重点开发房地产业基础上，注重科技、工贸协调发展，成立物业管理配套、财务咨询服务、招商引资发展和综合服务等公司，同时，引资开办皮鹿丹时装有限公司、双龙不锈钢有限公司和田力宝实业有限责任公司，形成二、三产互相促进，多元化、全方位、综合经营滚动的新型企业。1995 年，集团总公司净资产 3.8 亿元，有各类管理人员 135 人，其中 85% 以上具有大、中专文凭和工程、经济、财务、法律及行政管理专业类职称。

1996 ~ 1999 年，集团总公司克服宏观调控带来的不利因素，适应“两个转变”（由计划经济体制向市场经济体制、经济增长方式从粗放型向集约型转变），深化企业改革，探索“调整机制，以人为本，盘活资产，提高效益”发展思路，逐步形成以房地产业为“龙头”的开发板块，继甘露商城建成开业后，先后建成谏壁镇甘露商场，永安路、王家巷及大港、高桥农贸市场等一批有影响的大型商（市）场，同时利用“黄金”地段，开发以服装、小商品和餐饮为主体的经营面积达 2.28 万平方米的置业城。与此同时，置业集团总公司率先在全市实施房地产开发、销售、管理相分离，分别成立销售公司、工程监理公司、物业管理公司。置业招商发展总公司在加强对甘露商城、置业城等处物业管理的同时，投资 1000 万元，扩大市场建设，并完成外贸供货额 9357 万元，协议利用外资 1000 万美元。

四、兑付社会“集资”

2000 年 3 月始，集团总公司根据省、市要求，全面停止社会“集资”，制订并实施 5 年分 5 期兑付“集资”方案。按照区委、区政府“四不”（不埋怨、不推诿、不消极应付、不把矛盾上交）原则，以“保稳定”为大局，挖潜节支，清债清资，盘活资产，按时兑付。

2000 ~ 2003 年，集团总公司完成 2.53 亿元“集资”款兑付，同时兼并镇江建材厂，2001 年 9 月，通过市土地交易市场取得该厂国有土地房地产开发许可，与镇江恒顺集团联合开发恒美嘉苑片区。同年，置业城通过项目改造，与香港日业兴业有限公司协议，该项目由港商出资 1.5 亿元人民币，取得太和广场占地 5 万平方米土地开发权。其间，竹林山庄首期 3.5 万平方米开发建设，并开盘出售。置业新村二期与镇江蓄电池厂协议，占地面积 8000 平方米房地产开发，竣工面积近 11827 平方米。2001 年，区委、区政府为使江苏置业集团总公司走出困境，采取与镇江华联商厦股份有限公司资产重组，将属于区政府投资华联商厦的国有资产（股份）1415.34 万股资金划转给江苏置业集团总公司，为总公司“输血”。其间，皮鹿丹时装有限公司和绿宝新型肥料有限公司，由于资金不足，历史遗留问题较多，亏损严重，先后倒闭歇业。集团总公司下属招商公司调整经营思路，开辟甘露商城服装精品屋，并对谏壁镇甘露商场整体租赁经营，为“集资”兑付筹措部分资金。4 年中，集团总公司完成营销收入 14.66 亿元，上缴税收 4000 万元。

2004 年，集团总公司兑付“集资”款后，下属子公司绝大多数陷入停产或半停产状态，债务缠身，经济纠纷应诉不暇。2005 年，区委、区政府决定，对置业集团总公司推进体制改革。经过设计改革方案、资产评估、产权界定、职工分流安置等，由职工代表大会审议通过。经区深化企业改革领导小组审核，经市政府批准，2006 年 12 月 22 日，分别在《新华日报》《镇江日报》发布《公告》，由镇江市产权交易中心公开拍卖，以 1000 万元底价，将集团总公司转让给朱明华为代表的投资团队，由国有企业转制成民营企业。

第五章　城市管理

1984 年，成立市、区合一的镇江市城管委员会，下设办公室（以下简称城管办），为城管委员会常设办事机构。城管办根据“人民城市人民建，人民城市人民管”方针，综合城区具体情况，参与城市规划，实施对市容卫生、市政设施、园林绿化、生活小区、街巷保洁、集市贸易、摊位摊贩、城市交通秩序、施工现场、公共场所等方面管理。在管理实践中，创造“条包块管”“门前三包”（包卫生、包绿化、包秩序）等管理办法，着重抓卫生“死角”和防止“抛、洒、滴、漏”，从根本上消灭困扰城区“脏、乱、差”的老大难问题。

1987 年 6 月 22 日，市编委同意成立京口区城市管理办公室，定编 70 人，其中城管办 40 人、监察队 30 人。下辖 1 办 4 科职能机构。

1990 ~ 1999 年，全区城管工作紧紧围绕创建国家卫生城目标，坚持“统一领导、分级负责、条块结合、以块为主”原则，贯彻《镇江市城市管理暂行规定》，重点整治占道经营、违法建筑，加强“门前三包，门内达标”责任制建设，积极开展创建文明路、卫生路和“文明窗口”“文明单位”活动，切实履行市政府赋予的城管工作任务。

2000 ~ 2007 年，京口区城管工作坚持以长效管理为主线、依法管理为手段，以开展“双清双洁”（清洁城市、清洁家园）为载体，全面推行“三位一体”保洁工作运行模式，完成市委、市政府“争创沪宁线城市管理上水平，打造 365 天卫生保洁最好的城市”目标，为获得全国卫生城市五连冠做出重要贡献。

第一节　职　能

一、管理服务

1984 ~ 2007 年，区城管办（局）受理城管管辖权问题（即新闻媒介曝光，上级通报、限时交办省、市、区领导重要批件，群众来信来访，局长接待日承办事项，人大代表建议、政协委员提案建议等），接待来电、来信、来访，做好记录或填写《来访登记表》，批示后，交办、转办或自办、催办和督办、查办，限时办结。

二、占道经营管理

1984 ~ 1996 年，市、区两级城管监察队对京口区域内集市贸易摊点、摊贩实施管理。1997 年，区城管执法大队坚持“疏堵结合、合理安置”，组织工商、城建、公安、卫生、交通等部门联合执法队，对 6 条支干道占道经营、违章搭建、食品卫生进行综合整治。2002 年始，全区实现由突击式、运动式管理向长效管理转变。

2003 ~ 2007 年，对南门大街、永安路、桃花坞路、米山路、花山湾路、东吴路、市政路实行“四定”（定路段、定人员、定目标、定标准）管理，与市城管、公安、工商等部门配合，实行联合执法。

三、行政执法

2001 年 7 月，根据市政府《关于开展环境综合整治》和京口区“双清”工作实施意见，组建综合执法监察大队，由区环卫市容执法中队、工商、公安分局和机关干部 130 人组成。主要对街巷及生活小区，占道经营和市容环境卫生行政执法 20 多次。2003 年 4 月，市成立城管行政执法局，下设京口分局，由区委、区政府和市执法局双重领导。

2004 ~ 2007 年，京口行政执法着重对公民和公众组织行政违法行为进行劝止、纠正、控制和约束，有 1500 多人（批）次。

四、创建文明（示范）路

1986 年 7 月 12 日，京口区成立创文明路领导小组，创建大西路、解放路、中山路 3 条文明路，制定并公布《镇江市文明路标准》：落实门前“三包”，门内卫生达标；路平灯明，阴沟畅通，路标醒目，站牌美观，环境绿化；人车各行其道，车辆停放整齐，秩序井然；无乱贴乱画，无乱吐乱扔，无乱堆乱放，无乱搭乱建；讲究职业道德，搞好优质服务，遵纪守法，秩序良好。1987 年 8 月，区委、区政府命名大西路、解放路、中山路为文明路；命名双井路、健康路、新河路、镇焦路为卫生路。

1992 年 1 月 1 日起，全区按照《镇江市城市管理暂行规定》，实行城市道路综合治理目标管理和条包块管，积极开展军民、警民、厂街共建文明路、卫生路活动。1994 年 9 月 5 日，区委、区政府决定创建解放路为市级文明路，以点带线，以线促面，提高全区市容卫生管理水平。1995 年 7 月 21 日，区委、区政府召开创建解放路市级文明示范路新闻发布会。同年 11 月，市爱国卫生运动委员会、市城市社会管理委员会联合检查验收，市政府命名解放路为市级文明示范路。2005 年，斜桥街和南门大街南段创建城管文明示范路。成立以沿街主要单位为成员的路段管理委员会。2006 ~ 2007 年，学府路、桃花坞路建成城管文明示范路，解放路、正东路建成环卫清扫保洁示范路。

五、渣土管理

1990 ~ 2004 年，区域内随着商住楼开发建设和市民迁居，二次装潢渣土呈逐渐上升趋势。2005 年，城管局牵头，实行街巷二次建筑装潢渣土由各街道、乡镇专兼职人员集中管理、清运。二次建筑装潢渣土、工程渣土（含修缮、装潢、养护、开挖、平整、回填）和固体废弃物等，实施统一收费、集中管理、限时清运。

2006 ~ 2007 年，全区建筑渣土管理工作，由城管局建筑渣土科和街道专兼职管理人员，带领城管科、“黄帽子”（街巷保洁人员），深入社区居户，强化《城市建筑垃圾管理规定》宣传，凡属居民装潢，按照“谁产生、谁承担处置责任”原则，动员居民承担清运费用，实行有偿清运，提高居民二次装潢有偿清运率。对少数建筑垃圾乱堆放、偷倒行为由街道、社区干部和行政执法人员查处，根据情节报请有关部门实施处罚。

第二节　开展“双清双美”

1997 年 6 月，市政府发布《关于清理整顿城郊接合部露天粪缸（坑）的通告》（以下简称《整顿通告》）后，京口区在宣传贯彻《整顿通告》基础上，针对不同情况，制订治理方案。通过调查统计，全区清理整顿范围内有 2012 个露天粪缸（坑）。1998 年，填埋 714 个，移位 399 个，改造新建 899 个。同时，根据市创建国家卫生城指挥部统一部署，全面整治虹桥港、小米山沟、古运河等 4 条河沟。1999 年，城郊接合部加大硬件改造工程力度，对山坡河道进行改造，各乡镇、村组相继建立专职清扫保洁队伍，加强城郊接合部的清扫保洁工作。

2000 ~ 2003 年，全区开展创建卫生村活动。通过发动和重点指导，按照创建卫生村标准，建立组织，制定规划，改善硬件设施，努力改善农村卫生面貌。2003 年 4 月，京口区在全市率先成立清扫保洁中心，并在象山乡开展试点，将城郊接合部清扫保洁，纳入街巷清扫保洁考核范围，先后招聘象山乡范围内无业人员担任清扫保洁工作，做到“六统一”（统一标牌、着装、工具、考核标准、工作待遇、作息时间）。2004年，全区按照“布局科学、经济实用、全面覆盖”要求，开展“双清双美”（清洁城镇、清洁村庄、美化环境、美化家园）活动。

2005～2007年，全区农村范围内新建封闭式垃圾箱52个，改建封闭式43个，新建半封闭式垃圾箱106个，新配备清扫保洁人员175名。在重点村整治工作中，从农村环境普遍存在突出问题入手，着力在“清”和“改”上扩大范围，在“美”和“亮”上提升层次，清除露天粪坑6938个，新建“三格式”无害化厕和卫生户厕898户，围绕整治标准，逐步对学府路社区、粮山村和左湖村等7个行政村实施综合整治，有效改善农村群众生产生活环境。

第三节　环境卫生

一、管理体制

1983年9月，京口区城建环保局成立后，原属市城建局管理的环境卫生管理处整建制划归城区，负责8个街道范围内环境卫生管理工作。1988年8月，环境卫生管理处由市收回，归市政公用事业局管辖，镇江市城区（即京口区）范围内环境卫生仍由其负责。

1996年12月，京口环卫所有职工368人，在编人员中，具有中专学历3人、高中19人、初中66人，党员7人，当年环卫经费280.6万元。2000年，城市主干道兴建和社区不断增加，环境卫生管理范围随之扩大。环卫所职工增加到484人，比1996年净增116人。当年市拨环卫经费272.9万元。2004年，全区环境卫生管理体制改革，按照人、财、物随工作任务和管理权限走的原则，以行政区划实施属地管理。市环境卫生管理部门将城市主、次干道，城镇街巷卫生保洁、垃圾中转站、垃圾一、二级运输车辆、公厕、果壳箱和环境卫生作业经费、作业人员全部“下移”给京口区。“事随钱走”，参照国家环卫运作费标准和市环卫费用、作业量，以及街巷清扫保洁费、人行道管理费，“按实核定，切块分割，以事定费，以费定人”，市财政直接核定拨给区财政。“人随事走”，原市管环卫职工，管理重心下移后，原工作岗位移交给区环卫所，其工资待遇和人员性质不变，工资、人事关系转到区环卫所。环卫基础设施、设备及维修、更新费用按属地交由区环卫所，范围包括垃圾中转站、公共厕所、果壳箱、运输车辆，其产权由国资局直接划拨给区属。“三位一体”街巷保洁工作移交给区城管局，其人员渠道、经费拨付、管理方式不变。2007年，京口环卫所有职工533人，在编人员中大专以上学历12人，中专学历2人，高中28人，初中以下163人。一线作业人员497人，当年环卫经费771万元。

图4-5　1998年，京口区实施机械化道路清扫保洁（区城管局供稿）

二、道路保洁

1983～1984年，京口区域内22条主干道由专业清扫员和232名“民办”清扫员负责。1985年始，先后购置3辆洒水车和马路清扫车，对城区主干道进行洒水和巡回降尘保洁。清扫员（民办）负责街巷保洁。1989～1992年，全区日均清扫保洁面积达90多万平方米。1992年10月，区划调整后，京口区始有乡镇环境卫生清扫保洁工作。1996年6月，镇江市区环卫管理工作，实行“两级政府、三级管理”体制改革，京口环卫所负责辖区主次干道清扫、保洁、洒水降尘。同年，全区道路清扫面积57.4万平方米。2002年，全区清扫保洁道路31条，面积108万平方米。9月，京口环卫所实施18小时保洁制。2003年3月，市政府要求实施20小时保洁制。2005～2007年，全区清扫道路36条，面积120万平方米，道路洒水降尘面积65万平方米。

三、垃圾清运

1983 ~ 1995 年，京口区域内有五条街、京口闸、酒海街等处垃圾中转站，由清扫员沿街巷、摇铃收集居民生活垃圾，用板车清运至各中转站，再由汽车运送至大东造纸厂附近垃圾填埋场。1996 ~ 2001 年，京口环卫所有各种机动车辆 11 部，负责收集清运辖区居民生活垃圾及垃圾箱、果壳箱的设置、管护、清洗。清运辖区内新建住宅小区垃圾等。当时辖区内有垃圾箱、果壳箱 589 只，日清运垃圾 140 多吨。2002 ~ 2003 年，全区日清理运送居民生活垃圾 180 多吨。2004 年 1 月，市区环卫管理重心下移后，由市环卫处划转京口区垃圾中转站 4 座，各种机动车 11 辆及部分人员归京口环卫所管理，将城市垃圾转运及汽车运输作业交由区环卫所承担，实施居民生活垃圾一、二级清运工作，日清运垃圾 200 多吨。2005 ~ 2007 年，京口环卫所有机动车辆 31 部、垃圾箱（房）和果壳箱 1050 个，日清运垃圾 216 吨。

四、公共厕所

1983 ~ 1995 年，京口区域内有公共厕所 200 多座， 其中水冲式厕所占 30%，1000 多个蹲位，每万人拥有公厕 6.9 座。1996 ~ 2003 年，京口区城镇计有公厕 285 座，其中收费公厕 18 座，产权属市环卫处，京口环卫所负责公厕打扫、冲洗、保洁、消杀管护、化粪池清掏和粪便清运。2004 年 1 月，市区环卫管理体制改革，按照人、财、物随事、权走的原则，由市环卫处将 285 座（含镇及乡村）公厕产权划归京口环卫所管理。2005 年市、区两级政府投入 93.6 万元，拆除并重建象山桥公厕，出新改造镇江第四中学、镇江市实验小学、双井路、寿邱街等 14 座公厕。2006 ~ 2007 年，全区结合创建全国卫生城，将 86 座公共厕所改成水冲式，并配备专职保洁工，每天早、中、晚负责清扫保洁。

五、粪便管理

1983 ~ 1995 年，京口区域内有解放桥、京口闸、酒海街等 5 处粪便中转站，2 处粪便装运码头、自动化吸粪车 5 辆，总吨位 12.5 吨。城区粪便清运工作，由人力运粪车、吸粪车，从公厕运送至各中转站转运。嗣后，各粪便中转站改、扩建成无害化粪池，并添置电动潜水泵，由吸粪车中转，实现粪便出城机械化。1996 ~ 2000 年，辖区内公厕粪便处理和化粪池清淤，依靠人力板车和吸粪车将粪便清运至垃圾填埋场集中处理，日均清运 152.7 吨。2000 ~ 2007 年，区域内随着城市污水管网建成，新建居民住宅小区化粪池直接并入污水管网，粪便清运量减少。

六、街巷保洁

1983 ~ 1990 年，全区有 200 多条街巷，聘请 312 名人员清扫保洁，424 名人员管护公厕、垃圾箱。先后制定《清扫保洁员工作职责》《公厕、垃圾箱管护暂行办法》《街巷保洁百分制检查考核评比制度》等，对清扫、管护人员实行分片、分段、定岗、定时（全日制）保洁制度。1993 ~ 1997 年，城区保洁制度无改，乡镇和村组保洁工作由乡镇和村组实施。1998 年，京口区在健康路街道尚友片区进行街巷清扫保洁机制改革试点，打破原来以居委会为地域，解决街巷全天候清扫保洁的难题，形成全覆盖、全天候、长效性的街巷保洁。1999 ~ 2000 年，区环卫工作先后在正东路、大市口街道所辖片区推行街巷保洁机制。2001 年，区城管局对大市口街道辖区内原民办清扫员全部清退，通过市劳动就业中心，招聘 89 名下岗职工 清扫保洁“三位一体”（清扫、清运、上门收集为一体）。2002 ~ 2007 年，全区 4 个街道全面推行“三位一体”运作模式，268 名街巷清扫保洁员通过统一招聘、统一培训、统一服装标志、统一工资待遇、统一工作要求、统一考核管理上岗作业，改变街巷清扫保洁由民办清扫人员承担的历史，使街巷、小区清扫保洁工作实现专业化、长效化、规范化运作。1996 年，市政府组织开展村镇“双清双洁”活动。2005 年 6 月，区城管局为适应新社区保洁形势，对江滨新村小区公共卫生保洁试行对外公开招标，由威霸清洁器材有限公司中标。区城管局实施业务指导，指定专人考核，对江滨新村菜场等重点、敏感区域协调整治，延长菜场周边保洁时间，确保江滨新村小区环境卫生水平稳定、提升。1997 ~ 2007 年，全区各村镇分别制定措施，聘用专人对村组环境卫生实行全天候保洁。2006 ~ 2007 年，区城管部门将置换后的保洁员分配到全区 19 处空白点，清除辖区内卫生“盲区”和“死角”，提升区保洁水平。

第六章　环境保护

1983年9月，根据市政府文件，城区成立城建环保局。12月，京口区成立环境监测站，为全民事业单位，隶属城建环保局。2004年12月26日更名为镇江市环境保护局京口分局。1983年前，镇江市区环境保护、环境监测和空气质量、噪音、水资源等方面管理由市环保局统一实施。1984～1995年，京口区根据《中华人民共和国环境保护法》（以下简称《环境保护法》）和省《环保实施条例》、《镇江市排污收费和罚款实施细则》、《镇江市水源保护试行条例》、《镇江市大气环境质量区划》等法律法规，对区域内烟尘、噪声等划定保护区。市政府将城区环境保护工作列为为市民办的实事之一，治理正东路片区烟尘控制区，限期整治煤炉窑，更新餐饮、浴室业锅炉，推广行业节煤炉。对噪声企业实施定点测试。区属各中、小学组织环卫小卫士、环境保护小分队广泛开展环境保护宣传活动。1996～2000年，中山路小学创办《环境与主人》《大运河的昨天、今天和明天》刊物，其保护《大运河小卫士活动方案》被江苏省教育出版社列入《小学德育教育指导》一书。2001～2007年，京口区全面完成烟尘控制区建设，通过省、市、区3级验收。

第一节　环境质量

一、长江、古运河水环境管理

1992～1997年，京口区水环境管理主要是地表水环境包括长江（焦山段）、古运河（南水桥—谏壁）等地表水管理工作。1998年，长江京口段水域功能类别为内江Ⅲ，综合污染指数0.32，高锰酸盐污染指数0.49，水质总体达到地面水环境质量标准。主要污染指标为溶解氧及石油类，水质比上年有所改善。古运河京口段水域功能类别Ⅳ，综合污染指数0.56，高锰酸盐污染指数1.2，水质总体达到地面水环境质量标准，主要污染指标为高锰酸盐、生化需氧量及溶解氧。2002年，京口境内长江干流水质良好，符合国家地表水环境质量Ⅱ类水质标准。内江水质总体达到Ⅲ类水质标准。古运河（南水桥—谏壁）段水质总体达到Ⅳ类水标准，水质随季节变化较大，夏、秋季水位较高时，水质较好，冬春季水位较低时水质较差，表现为一定程度有机污染，主要污染指标为氨氮、溶解氧、高锰酸钾、生化需氧量。工业废水和生活污水经处理后接入市政污水管网，由市污水处理厂统一处理后排放。2007年，京口区水环境质量与2002年相比，变化不大，长江内江水质达到Ⅳ类水质标准。古运河水质总体上达到Ⅳ类水质标准，城镇主要河流水质均满足功能要求。

二、大气环境管理

1983～2000年，区域内大气环境由市统一管理。

2001年，区域内大气环境二氧化硫污染指数0.024，氮氧化物污染指数0.038，总悬浮颗粒物污染指数0.109，降尘污染指数12.77，酸雨出现频率15.67％。2005年，区域性大气环境二氧化硫，年平均浓度0.033毫克/标立方米，二氧化氮年平均浓度0.02毫克/标立方米，均优于国家标准。可吸入颗粒物年平均浓度0.09毫克/标立方米，空气自然降尘量优于地方标准。环境空气质量优良级天数占全年的80.3%。

2007年，京口城区二氧化硫年平均浓度为0.034毫克/标立方米，二氧化氮年平均浓度为0.038毫克/标立方米，可吸入颗粒物年平均浓度为0.089毫克/标立方米，均优于国家二级标准。硫酸盐化速率年均值0.14平方厘米碱片·日。空气自然降尘量为5.79吨/平方千米·月，优于地方标准。降水中酸雨发生频率为12.5％，降水pH值范围为5.36～7.85。

三、声环境管理

1998年，京口区域内环境噪声平均等效声级，昼55.5分贝，夜49.4分贝，干道噪声67.8分贝，均达标。

2002 年，京口城区区域环境噪声平均等效声级，昼间为 52.5，功能区声环境质量较上年有所改善。1 类区，昼间平均等效声级为 48.7，夜间为 47.7，优于国家 1 类区标准 ;2 类区，昼间平均等效声级为 52.3，夜间为 48.9，优于国家 2 类区标准 ;3 类区，昼间平均等效声级为 53.7，夜间为 49.8，优于国家 3 类区标准 ;4 类区，昼间平均等效声级为 70.8，优于国家 4 类区标准，夜间为 64.1，超国家 4 类区标准。交通干线噪声，平均等效声级为 67.5，优于交通干线噪声标准。

2007 年，区域内环境噪声平均等效声级，昼为 52.5 分贝，环境质量有所改善。交通干线平均等效声级为 66.9 分贝，比上年有所下降。

四、固体废物管理

1983 ~ 2007 年，京口区域内固体废物主要为尾矿、炉渣、医疗废物和其他工业废弃物等，均严格按照规定进行综合利用和无害化处理，危险废物无害化处理率 100%。20 多年来，未发生重大事故。

第二节　污染防治

一、概况

1983 ~ 1995 年，京口区多数单位没有污染防治设施。1996 年 12 月，区委、区政府重视环境保护和污染控制工作，提出发展京口区域优势，重点发展饮食服务业等轻污染行业，淘汰化工、电镀等重污染企业，全面开展污染治理，保护生态环境。各企业先后按照《环境保护法》要求，安装污染防治设施。区环保部门加大检查力度，重点查处非法停运污染治理设施、偷排污染物等行为，使全区污染设施运行始终处于良好状态。

1997 ~ 2007 年，区环保（分）局在市普查办指导下，开展污染源普查工作，组织力量对辖区排污企业和单位污染源进行普查，完成普查表填报、数据审核、录入工作，建立健全污染源普查档案。

二、工业污染防治

1993 年后，全区环境保护工作贯彻国家《环境保护法》等法规，围绕环境综合整治和工业污染防治重点，切实加强整治力度。

1998 ~ 1999 年，区域性开展长江流域工业企业污染源达标排放整治工作。在省政府下达 2 家企业达标排放基础上，区政府对 16 家长江、运河流域企业下达限期治理任务书。经过治理，达标排放 14 家，搬迁 1 家，停产 1 家。

2004 年后，京口环保分局加强新建项目环境管理，从审批环节入手，提前介入，严把污染防治入口关。2007 年，有 19 个项目因不符合环境保护要求而被否决。同时，建立“管理、监理、监测”三位一体管理机制，采取日常检查与突击检查相结合、白天监理与夜间监理相结合、随机瞬时监测与周期连续监测相结合，对重点污染源适时监控，检查污染治理设施运行情况和新改建项目“三同时”落实情况，提高治理设施正常运转率和建设项目“三同时”执行率。

2006 ~ 2007 年，京口环保分局全面落实污染减排，坚持贯彻环保优先方针，强调在经济社会发展和各类项目建设中，实行最严格环境保护制度，把环保先行理念贯穿经济与社会发展全过程，落实到各项工作。同时，着重把推进污染减排工作作为落实环保优先重中之重，认真履行环保职能，全面落实市政府确定的单位生产总值能耗下降、主要污染物排放总量削减等节能减排任务，编制下达全区削减计划及确定 COD、SO_2 削减重点企业名单。超额完成市下达全区 COD 减排目标，完成 COD 减排 39.6 吨（市下达指标 18 吨）。根据市政府开展对东部地区大气污染化工企业专项整治部署，各方联动，改善区域环境质量。对谏壁地区 12 家化工企业按照“一厂一策、一污一治”要求，在自查基础上，拟定整治意见，下达整治任务书。根据国务院《关于开展清理高耗能高污染行业专项大检查的通知》及省、市检查部署要求，开展清理高耗能、高污染行业专项检查，对钢铁、铜、铝、铝锌、水泥、电力、电石、焦炭、铁合金等 9 大行业进行清查。并根据开展电镀专项整治要求，拟定电镀行业专项整治工作方案，开展对行政区域范围内电镀（包括生产车间、生产线、加工点等）及酸洗表面处理企业拉网式排查，确立 5 家整治单位，建立“一户一档”。经过整治，两家企业关闭、两家安装远程监控设施、1 家新上治理设施。2007 年，落实谏壁地区大气环境综合整治工作动员大会要求，取缔 29 户轧石企业，拆除 47 台轧石机械设备。为防止轧石生产死灰复燃，区政府与相关职能部门签订《轧石企业管理责任状》，制定《关于严厉打击非法从事轧石生产的应急预案》，印发《关于巩固京口谏壁地区轧石企业整治成果的意见》，落实长效管理措施。此外，开展噪声环境综合整治，取缔非法铝合金加工点，治理高噪声点源，规范商业宣传活动，改善市区声环境质量。

三、农业污染源普查，污染防治

2007 年 9 月，全区开展第一次农业污染源普查工作。农业污染源普查是摸清农业污染指数最直接、最有效途径，也是做好农业环境管理的重要基础。区政府成立农业污染源普查领导小组，由分管区长任组长，区农经局、环保局等有关部门负责人为成员。同年 10 ~ 11 月进行组织发动，广泛宣传，制定普查方案，经费预算。12 月，选派 18 名普查员参加全市农业污染普查培训班，实行持证上岗，确保普查工作高效进行。全区农业污染源普查计划三年完成，全面了解和掌握不同农业污染的区域分布、污染类型、产生量、排放量及其去向，为农业环境污染防治提供决策依据。

1992 年 10 月，京口区始对乡镇和农村进行农药、化肥污染管理工作。1993 ~ 2007 年，区政府为防止农业污染，采取措施，在农业中普遍推广配方施肥技术，使用化肥增加剂，推广秸秆还田，减少秸秆焚烧污染，大量使用有机肥，实行科学施肥，减轻农业污染。调整农业生产结构，推广生态农业技术，建成一批无公害生产基地，无公害畜禽养殖基地。全区菜农和各蔬菜基地普遍使用大棚种菜，防虫网遮盖，不使用或少使用农药、化肥，严防农业和农产品污染。

四、水污染防治

1984 ~ 2004 年，京口区环保部门加强集中式饮用水水源地保护工作，加大区域供水推进力度，确保饮用水源地水质达标率为 100%，确保小康环境质量指数在 80 分以上。同时加快工业园区基础设施建设。

2005 ~ 2006 年，京口区根据市政府在全市开展集中式饮用水源地专项整治统一行动，围绕黄岗饮用水源地保护重点，明确责任，强化管理，坚持环保第一审批权，对黄岗取水口上游 3000 米内坚决不准新建、扩建向水体排放污染物建设项目。积极推进产业结构调整，对 2 家化工企业通过技改，工业污水达到零排放。同时组织对谏壁地区化学品运输车辆专项调查，督促运输车辆集中清洗，实行集中管理，确保清洗液不影响饮用水水源水质。

图 4-6　2001 年，区环保局深入现场调查处理群众信访污染环境急难问题（京口环保分局供稿）

2007 年，京口区围绕“全面达小康，建设新京口”总体目标，开展一系列专项行动，切实制定目标，落实措施，确保京口区小康环保目标实现。2007 年，京口区小康环境质量综合指数情况为：环境空气质量良好以上天数达标率为 87.05%，集中式饮用水源地水质达标率为 100%、城市水域功能区水质达标率 66.7%，噪声达标区覆盖率为 80%，环境质量综合指数为 80.8 分。2007 年，京口区根据市太湖流域水污染治理工作会议精神，整治 8 个河道排污口，对省控企业安装在线自动监测仪，所有企业都做到达标排放。同时强化监督性监测和现场监管，使各工业企业排放各类污染物符合国家和省规定排放标准，确保运河断面水质达到《地表水环境质量标准（GB3838-2000）》中Ⅲ类水功能区标准。

五、“三产”污染防治

1984 ~ 1990 年，京口区环保部门重点从噪声和油烟方面入手，解决“三产”污染扰民问题。在饭店选址上要求尽可能避开居民楼，在设施上采取隔音设备、加装油烟净化器等措施降低污染影响，同时加强行业督促检查，将餐饮服务业污染控制在最低程度。1991 ~ 1992 年，根据国家、省、市关于建设城市烟尘控制区规定，在城区烟控区创建成果基础上，1993 年创建九里街—焦山烟控区，面积为 2 平方公里，涉及 10 家单位、34 个项目。经过限期治理，1994 年通过市级验收。1995 年 5 月，通过省级验收。1995 年，开展汝山、丁卯开发区烟控区（面积 2.2 平方公里）创建活动，1996 年 12 月 28 日，通过市级验收。2000 ~ 2001 年，建成阳光世纪花园烟控区，通过区、市两级验收。2005 年，完成对谏壁镇粮山村 0.8 平方公里、象山乡 0.4 平方公里烟控区建设。

1993 年，区环境监测站开展噪声达标区建设，其中四牌楼噪声达标区面积 3.4 平方公里，辖区内有固定噪声源单位 200 余家，限期治理 12 家，1993 年 12 月 25 日，通过市级验收。健康路噪声达标区面积 3.5 平方公里，限期治理 28 家，1995 年 2 月 22 日，通过市级验收。1995 年 7 月，四牌楼和健康路环境噪声达标区通过省级验收。在此基础上，建成大市口噪声达标区（面积 3.8 平方公里），1996 年 2 月 18 日，通过市级验收。建成正东路噪声达标区（面积 2.03 平方公里），1996 年 12 月 28 日，通过市级验收。建成谏壁镇噪声达标区（面积 2.8 平方公里），1997 年 12 月 23 日，通过市级验收。2007 年，京口区建成 35 平方公里环境噪声达标区，覆盖率达 100%。

1998 年以来，开展清洁能源区建设。按照《镇江市商业、饮食、娱乐、服务业环境保护管理办法》和《镇江市清洁能源区商业和饮食、娱乐、服务业燃烧设施废气防治办法》规定，京口区区域清洁能源区范围内，要求饮食、娱乐、服务业通过使用气、油、电、太阳能或固硫型煤等无污染或少污染的清洁能源取代原煤散烧。1998 ~ 1999 年，完成改造单位 14 家。2000 年，根据区政府将南门大街建为清洁能源一条街要求，区环保局对 8 家使用原煤散烧单位下达改造任务，经过治理，6 家完成改造任务，1 家关停，1 家转产。

2006 年 5 月，区政府成立整治禁燃区 4 蒸吨以下燃煤锅炉工作领导小组，区政府主要领导为组长，各部门、街道、乡镇主要负责人参加，制定《镇江市京口区高污染禁燃区专项整治工作方案》，京口环保分局精心组织，狠抓落实，强力推进。在不到两年的时间里，对 105 台（其中 2006 年 51 台、2007 年 54 台）燃煤锅炉淘汰改造，超额完成市政府下达整治任务。

第三节　生态保护

1983 ~ 2000 年，京口区生态保护工作由市环保部门统一管理。区政府根据市关于开展“清洁家园、清洁城市”活动通知，2002 年始，全面治理城乡主干道周边环境，对道路两侧进行美化、亮化、绿化。采取清淤、换水措施，加强对江、河沿岸企业监督管理，对污染企业限期治理。

2003 ~ 2005 年，京口区为保护焦山、北固山等全国著名名胜古迹和优秀自然风景区，加强周边环境整治。搬迁工厂，停建、拆除与景区不协调的建筑物，因地制宜进行绿化，扩大重点风景区范围，把滨水区建设作为全区重点工程之一，对区域内污染企业实行搬迁、停止房地产开发、限制渔业生产，保证滨水区建设。

2006 ~ 2007 年，区委、区政府把加强生态保护建设作为实现小康社会一项重要内容，使生态保护工作有序开展。全区自然保护区面积进一步扩大，绿化面积不断提升，受保护动、植物种类逐年增加。森林覆盖率上升，野生动物数量、品种有较大幅度增加，野猪、獐等面临绝迹野生动物又在区域内山林里活动。重视生态市创建，成立由区政府 28 个职能部门、街道、乡镇、农场、工业园区主要负责人为成员的生态市创建领导小组，印发《京口区创建生态市任务分解表》。象山镇、谏壁镇作为全市第一批创建省级环境优美乡镇，完成编制创建全国优美乡镇规划。

第四节　环境管理

一、管理制度

1984 ~ 1992 年，区城建环保局在环保管理工作方面先后制定建筑工程项目预审制度、干部职工教育培训制度、资金保障制度等，将环保目标分解到各基层单位，逐层逐级签订环保责任书，定期进行考核验收。

1993 ~ 2006 年，区政府在引进项目、主要基础设施建设、重要工业项目建设等重大经济决策过程中，充分听取环保部门意见，把环保审批纳入政府投资项目审批“窗口”，实行环保“一票否决”。加强区域性建设项目跟踪管理，建立项目“一项一档”制，实行环境影响评价、项目设计、建设进度全过程管理。对投入试生产项目、已投产未办理环保竣工验收项目，下达环保限期竣工验收通知，规范验收行为，提高建设项目环保竣工率。

2007 年，全区审批 237 个建设项目，坚持招商，选商，不符合京口企业定位项目不审批，不符合环境要求项目不批。环保部门严格把关在建项目，避免新污染源产生。尤其对污染大，居民集中，容易引发纠纷大型饮食服务项目，采取慎重态度，适时公布，依法保护居民健康权和环境知情权。

二、和谐执法

1984 ~ 1995 年，区城建环保局每年与市环保局签订行政执法目标责任书。同时，区环保部门也分别与有关部门签订行政目标责任书，明确执法责任，统一环保执法文书，定期公布执法情况和结果。1996 年始，全区围绕建设项目管理、工业企业达标排放长效管理等重点进行专项执法检查，查处环境违法行为。每月定期召开行政责任制领导小组会议，对检查、投诉、举报等途径发现案源逐一过堂。凡够行政处罚的，一律按有关法规进行处罚。在执法的同时，注重教育，全面推进“说理式”法律文书，将被处罚单位违法事实、被处罚人的权利、义务等书面说明，一并告知。

1997 ~ 2006 年，市环保局京口分局主动出击，加大监察频率。每月集中行政执法检查 1 次，分产业类型、片区进行巡回检查，对重点排污企业盯住不放。通过检查，增强对环境违法者威慑力。同时加强环境信访查处。按照“有诉必接，有接必查，有查必果，有果必复”要求，区环境监察大队深入一线，逐件落实，及时反馈。2007 年，全区接访 440 件（次），处理 440 件，处理率为 100%；结案 417 件，结案率 95%。

2004 ~ 2007 年，京口环保分局全面落实国家六部委有关文件精神，每年联合区相关部门，拟定保障群众健康环保专项行动工作方案，确定挂牌督办企业名单。2007 年，根据《京口区突发环境污染事故应急预案》规定，深入开展涉铅行业、蓄电池专项检查，造纸行业专项检查，集中式水源地专项检查等。并组织环保、安监、卫生等部门联合救援演习，增强处置突发环境污染事故能力。同时，加强对区属企业监督监察力度，严厉查处环保违法行为。有效控制污染，遏制污染反弹。根据国务院《关于开展清理高耗能高污染行业专项大检查的通知》及省、市检查部署要求，京口环保分局对区域性钢铁、铜、铝、铅锌、水泥、电力、电石、焦炭、铁合金 9 大行业开展清理高耗能、高污染行业专项检查，整治违法排污企业专项行动。

2005 ~ 2007 年京口区环境保护行政处罚情况表

表 4-6　　单位：件

年份	一般程序	简易程序	合计
2005	16	8	24
2006	15	16	31
2007	21	7	28
合计	52	31	83

三、环保队伍

1992 年 11 月，区环保部门引进和培养环保专业人才，提高环保人员素质。1996 年，区环保局与区城建局析置后，有环保工作人员 22 名。其中，中级技术职称 12 名，大学本科和大专文化 19 名。2004 年，市区环保管理机构改革，区环保局调整为市环保局京口分局，有工作人员 24 名，理顺管理体制，环境管理整体水平和监测能力有明显提高。2007 年，工作人员仍为 24 名。

2005 ~ 2007 年，京口环保分局重点在提高人员政治、业务水平上下功夫，定期组织轮训和培训，请环保专家、学者授课，增强环保工作人员业务水平和管理能力。积极开展创建文明行业活动，实行政务公开制度，工作人员佩证上岗，聘请行风监督员，定期公布环境建设项目管理情况，公开接受人民群众批评监督。信访工作实行局长责任制和接待日制度，完善环保“110”运行机制，开通“12369”环保举报电话，杜绝因环保部门不作为或疏忽导致投诉、上访事件发生。

第五节　环保宣传

1984 ~ 1992 年，京口区围绕主题，突出重点，贴近生活，提高决策和公众环境意识，注重绿色理念、绿色知识宣传与普及，开展形式多样、内容丰富的环保宣传活动。

1993 ~ 1996 年，京口区广播电视台开设环保专栏。1997 年始，在京口区广播电视台开设“谈天说地话环保”专栏，宣传环保法规、环保知识，反馈信访处理结果。2000 年，该栏目被区广播电视台评为最佳栏目，获市台“好节目”专栏称号。

图 4-7　2006 年，京口区在大市口广场举办纪念“6・5”世界环境日文艺宣传活动　（京口环保分局供稿）

2001 ~ 2005 年，全区开展环保系列宣传活动。电台、电视台和报刊多形式、多渠道宣传环境保护工作。每年“6・5”世界环境日，在大市口城市客厅、梦溪广场、春江潮广场和谏壁镇等地，组织人员进行环保咨询，接受投诉，向广大市民发放宣传材料；制作展牌轮流在全区醒目位置展出；在乡镇、社区宣传橱窗张贴环保宣传图片；开展环境知识竞赛、培训及“爱我绿色家园”书画竞赛等活动。同时，把宣教工作渗透到环境保护工作全过程，围绕削减排污总量、巩固创模成果，重点深入宣传“绿色社区创建”“小锅炉整治”等。组织社区居民编演环保文艺节目。开展创建业务培训。开展“军民共建”“校民共建”“辖区共创”活动，通过“环保小卫士”“环保志愿者”活动、“绿色家庭”评比、“环保之星”评选等增强居民环保意识。创建绿色社区、绿色学校、环境优美乡镇、生态示范村，优化人民生活环境。至 2007 年，全区建成国家级绿色社区 1 家、省级 11 家、市级 4 家、区级 4 家；建成市级绿色学校 4 所、省级 7 所；建成省级生态示范村 6 个、创建省级环境优美乡镇 1 个、市级绿色宾馆 1 家。

2007 年，京口区率先推出社区“圆桌对话会议”，零距离协调烟尘、噪音等环境污染问题。该活动是环保部宣教中心于 2006 年始在全国开展绿色社区创建活动的新内容，围绕社区环境问题，邀请相关单位及居民代表，通过召开平等协商“社区环境圆桌对话会议”，面对面解决问题。区环保部门为解决社区环境问题，增进政府、企事业单位、公众三方相互理解，率先在华润新村社区召开环境“圆桌对话会议”，通过两次“圆桌对话”，成功协调解决餐饮店油烟、噪声污染、扰民问题，还社区清新、安静、舒适人居环境，推动和谐社区创建。华润新村社区“圆桌对话会议”模式开创环保协调机制新模式。京口环保分局受邀，在环保部“公众参与环境保护国际研讨会”上作典型发言，该范例被收入环保部宣教中心教材。

第七章　园　林

新中国成立后，1954 年成立园林管理所，专司园林管理工作。不久，陆续建立焦山、北固山公园。1983 年，镇江城区建立后，区域内有河滨、宝塔山、北固山和焦山 4 个公园，统归市园林管理处管理。“京口三山”名闻海内外，以其秀丽山水、特色景观和传神故事，千百年来吸引着文人墨客和中外游人留下千古绝唱，被省政府列为江苏省风景名胜区。

1983 年 9 月，区城建环保局建立，区级园林、绿化工作由该局管理。1989 年，六朝古城遗址列为市级文物保护单位，并经市政府批准筹建古城公园，京口区成立园林管理所，规划、实施筹建工作。1992 年 10 月，区划调整后，谏壁公园划归京口区。1995 ~ 2002 年，京口区域内市政建设和房地产开发迅速发展，结合旧城改造、开辟和拓宽城区主次干道建设，先后兴建城市客厅（大市口广场）、恢复江滨公园、修建古运河风光带、滨江风光带、花山湾广场（俗称“小公园”）、健康广场、京口广场、桓王亭等 20 多处园林设施。2003 ~ 2007 年，“京口三山”风景名胜区结合沿江风光带、市政设施建设，京口区实现“无村区”规划，着力挖掘、打造历史文化名城的旅游资源。2003 年，焦山风景区被评为国家 AAAA 级旅游景区（点），并以“滨江旅游风光带”将“京口三山”建设成 50 多平方公里范围山水一体、新的风景名胜区。

第一节　园林名胜

一、焦山风景名胜区

焦山为“京口三山”之一。位于城区东北、距大市口 4.5 千米的长江中，海拔 70.7 米，周长 2000 多米（20 世纪 90 年代以来，原焦山水隔的象寥山，与焦山陆地连体，枯水期周围达 3 平方公里）。山分东、西二峰，状如雄狮盘踞，又名双峰山、狮岩。犹如漂泊江中浮玉，南朝宋（420 ~ 479 年）曾更名“浮玉山”。传说宋真宗（998 ~ 1022 年在位）为纪念东汉处士焦光（一作先）隐居于此，改名焦山，沿用至今。

焦山山水天然，历来以古树名碑而闻名天下。寺庙建筑掩映于古木葱茏之中，历有“焦山山裹寺”之说。

焦山历为长江下游重要的军事要地之一，南宋至民国期间，在焦山曾发生宋将韩世忠驻扎焦山，率 8000 名军士，抗击金兵南侵；南宋德佑元年（1275 年），宋、元两军在焦山江面大战，由于宋将指挥失当，此战决定南宋灭亡。清道光二十年（1840 年），清廷为加强海防，在焦山兴建炮台。道光二十二年（1842 年），英军入侵长江，受到清军焦山炮台英勇抗击。民国 26 年（1937 年）12 月 9 日，日军侵占焦山时，受到焦山炮台守军顽强抵抗，失守后，炮台、焦山书藏、诗征阁被毁，周代青铜器无专鼎等珍贵文物被日军盗窃。

2000 ~ 2007 年，市、区两级政府先后投资数千万元，修葺、整理、兴建定慧寺、山门、焦山碑林、万佛塔、乾隆行宫史迹馆、焦山抗英古炮台、枫杨文化广场、怡绿园、桂花园、芍药园、祖冲之圆周率浮雕文化墙等，维修郑板桥书屋、吸江楼、观澜阁等老景点。

二、北固山风景名胜区

北固山为“京口三山”之一。位于京口区城区北，滨江。距市中心大市口约2千米，海拔58.5米。由前、中、后三峰组成，因其形势险峻，汉时便有“北固山”之名。“刘备招亲”故事中的甘露寺，高踞滨江峭壁后峰之巅，与金山（寺裹山）、焦山（山裹寺）不同，形成“寺冠山”特色。三国时期的东吴，在北固山下江面建水军基地，训练水军。南梁时，称“北顾山”，唐称“金陵山”，俗称“土山”。

北固山前峰，古称正峰。三国东吴孙权曾建京（口）城（又名“铁瓮城”），吴都由吴（今苏州）迁至京口后，曾建廷殿，后为大都督府。1966年秋冬，市委、市政府在此建烈士陵园。

2000 ~ 2007年，市、区两级政府投资10多亿元，结合长江（原苏北）路、东吴（原镇焦）路拓宽改造和江滨路、滨水路的兴建、长江防洪堤的改造，拆迁江苏省镇江船厂、镇江焦化厂、合成纤维厂、大东造纸厂等10多家大中型企业，重新安排“京口三山”风景区内的山水、透绿现蓝的原生态，极为丰富、独具特色的真山真水旅游资源。同时打造“北固湾”滨水新景区，兴建京口宝鼎、栈桥、广场和亭台楼阁、突出刘备甘露寺招亲历史故事的文化长廊。

中峰，古称北固峰。明弘治年初（约1488年）于此建玄武殿。后称“北固山房”。清咸丰年初（约1851年）毁。光绪八年（1882年）重建。民国18年（1929年），国民党江苏省政府迁镇江城区后，拆除并兴建江苏省气象台。1982年，改设为镇江中国画院。

后峰，即北峰，又名别岭，为北固山主峰。后峰下的北固水文站为省级文保单位。卧枕大江，峭壁如削，形势险要。景点名胜均集中于此，古甘露禅寺、多景楼等耸立峰顶。

前、中、后峰由甘露岭（亦称龙埂）连接。明嘉靖年间（1522 ~ 1566年），因倭寇侵犯，仓促间凿断通中、前峰“龙埂”，现仅中、后峰连接。

名胜古迹

1. 僧伽塔　明万历年间（1593年前后），常州儒生张凤翼，将城内寿邱山宋代僧伽塔，移建于此。塔高32.5米，八面七层砖塔，内有旋式楼梯，置僧伽像。清嘉庆年间（约1796年）塔圮，后修复。光绪中（1891年前后），火起塔内，毁楼板、塔顶，久未修葺。新中国成立后，1952年，发掘塔基地宫，得鎏金小塔等文物。塔呈黄墙、葫芦顶。1981年，市政府拨专款修复，立“古僧伽塔”石勒。清《京口山水志》载：报恩寺（旧名善禧寺）。在鼎石山，隋开皇间（581 ~ 600年）建，位武烈庙侧。

2. 楠香斋　系明代楠木结构民宅，原建于大西路98号，仓巷片区改造开发时，难以原地保护。专家论证后，经市政府批准，迁建于宝塔山公园。

3. 都天庙　在鼎石山（南麓）下，创始未详。据传，为纪念唐代睢阳（今河南商丘南）守将张巡而建。清咸丰间毁于战火，后重建。20世纪60年代因年久失修圮。90年代，信徒自愿募捐在原址修复（瓦平房3间及院墙），因未经登记，捐款者推荐管理人员自治。21世以来纳入区宗教团体管理后，2004年始，在鼎石山东南隅重新修建都天庙。

4. 上方寺　在鼎石山西，创始未详。明万历三十二年（1553年）重建。久圮，现民间指江苏省镇江监狱院内北坡处为上方寺遗址。

5. 武烈帝庙　（在鼎石山西，久圮）。

第二节　公　园

一、焦山公园

1953年，焦山被批准辟为公园，面积21.1公顷（1998年后，陆续将崧寥山等东、北、西三面新生陆地，拓展为景区，2007年，公园总面积约3平方公里）。因位处江中，四面环水，历以渡船为交通工具。新中国成立初，焦山摆渡8条私人木船来往渡客。1954年，市政府从三江营调“义渡”船于焦山渡口。1968年，增添两条机动船。1979年，为迎接鉴真和尚干漆像回国“探亲”，省政府拨款30万元，重新修建定慧寺，修缮面积2500平方米，添置法器陈设400件。20世纪80年代中期，更新“浮玉”一、二号宽体游览船，并投资建造大型龙船，以开展长江游览项目和节假日渡客。1993～1995年，增设焦山新景点，从象山北麓至焦山西峰架设过江索道，时为长江下游第一条过江索道。2007年，因乘客少，常年亏损而撤除。

2001～2003年，焦山公园兴建“鹤园”（即：瘗鹤铭）入口工程。包括广场、垂花门廊、曲桥3部分。其中门廊总长21米、宽6米，层高3.1米，面积70.75平方米；曲桥长22.5米、宽1.8米，面积40.5平方米，投资25万元。

2006～2007年，焦山公园增设多个园中园：盆景园、牡丹园、芍药园、桂花园，占地总面积3万多平方米。

1985～2007年，焦山景区年均接待中外外游客150万～400万人次，节假日高峰期日达20万人次。焦山公园景点：有古定慧禅寺、华严阁、三诏洞、六朝柏、碑林、焦山抗英古炮台遗址、新建万佛塔等30多处（详见“焦山名胜古迹”）。

万佛塔，位于焦山顶。原有塔，后拆毁。现塔于1996年5月立项，同月成立焦山万佛塔筹建小组，由市政协主席黄选能任组长，并主持万佛塔的重建工作。1998年3月动工，次年9月竣工。9月11日举行落成暨佛像“开光”庆典。新建的焦山万佛塔，系明清江南建筑风格的钢筋混凝土结构仿古佛塔，为国内首创。总高度42米，七级八面，工程总造价1500万元。万佛塔上有天宫，下有地宫，朱栏碧瓦，飞檐彩绘。塔廊内外，供奉玉、石、木、陶质大小佛像一万余尊，外廊塔壁为唐三彩瓷砖壁画。“万佛塔”匾额为中国佛教协会会长赵朴初题写。1999年12月8日，正式对外开放。

二、北固山公园

1959年，市政府批准将北固山中、后峰辟为公园，称北固山公园。“文化大革命”时，北固山公园遭受破坏，东麓1.1万平方米绿地被江苏省交通工程公司占用。北固山后峰南麓和龙埂西至解放路约5万平方米景区、绿地，被江苏省镇江船厂占用，时公园总面积仅6.5公顷。

北固山历来滨江险峻，“一水横陈”“金、焦在望”，紧贴城区，名胜古迹众多，尤以“刘备招亲”故事，让游人流连忘返。1990年始，市政府拨专款对公园道路、景点进行修整，增设服务设施。1993～1995年为迎接镇江“三国旅游节”，北固山公园先后在后峰修建375米仿古城墙、恢复“溜马涧”登山坡道，同时依山建造165级登山阶梯，险要处以铁链护围。临江恢复“连沧观”“秋月潭”等景点。为保存名胜古迹，将大学山第一中学校园内的东汉名将鲁肃墓（衣冠冢，其墓葬在谏壁东3千米处苦竹王村小渎山）迁至中峰南麓，邻近汉太史慈墓。2000年，市委、市政府作出“显山露水、透绿现蓝”城市发展战略后，扩建苏北路（今长江路）、镇焦路（今东吴路）为中心的长江风光带，将焦山至金山串以“珍珠项链”工程，搬迁镇江船厂，归还所占北固山公园土地，园区总面积约2平方公里。2005年，北固山公园治理两处山体塌方生态修复工程、开辟孙（权）刘（备）“试剑石”和海棠王广场，修整凤凰池。2006年，市园林局投资65万元，对甘露寺、多景楼、临江亭、石帆亭、三国古城墙等景点实施“亮化”。2007年，北固山公园投资500多万元，对园区景点进行修缮、改造，先后出新北固胜境多景楼、杨公祠、彭公祠、戴公祠、长廊、晴晖亭景点，调整室内陈列，塑造3组以刘备北固山甘露寺招亲故事为背景人物塑像。中外游客逐年增加，从1986年年游客30多万人次，增加到200多万人次。

1983年，北固山曾更名甘露寺公园。1987年，恢复北固山公园。

北固山景点：古甘露寺、铁塔、凌云亭、“天下第一江山”石刻、“南徐净域”匾额、狠石、试剑石、凤凰池等20多处。

三、宝塔山公园

1983年7月，鼎石山（俗称宝塔山）公园始建，位于京口区古运河东岸鼎石山，占地3.8公顷。主要景点，明代僧伽塔、龚自珍诗碑、中日友谊梅樱园等。

2001年，古运河管理处对宝塔山公园扩建7公顷用地，实施垃圾清运、土地平整，栽种3000余株花卉，新增公共绿地1万平方米。

1984 ~ 1999年，区域内厂矿企事业单位职工宿舍多建鼎石山附近，每天有晨练100多人外，游客甚少。

2005 ~ 2007年，宝塔山公园再次修缮，并添置景点，每当梅、樱花盛开季节，吸引众多中外游客，日平均接待300 ~ 500人次。春秋季节和节假日，游客日逾千人次。

宝培山公园景点有梅樱园（1993年日本仓敷市友好人士设计并捐资兴建。4月7日，市政府在鼎石山举行开园仪式，300多中日友人出席，在园内种植樱、梅花。决定每年4月7日，在梅樱园植树）、三友学轩（1996年，宝塔山公园新建三友学轩、学子亭、樱花小筑、迁建楠香斋，改建祈天池、落水涧、喜雨潭等景点）、学子亭（20世纪90年代中期，由江苏工学院今江苏大学、华东船舶学院今江苏科技大学等6所高校集资共建，位于鼎石山东侧峰巅，亭立六层花岗岩基础上，造型为六面式建筑，六柱撑顶，六角翘檐，亭覆筒式琉璃瓦，顶尖圆球，亭脊饰腾云金龙，谓"六龙戏球"之意，拾级而上，谓"书山有路勤为径"。亭刻镇江京口历代12位著名学者祖冲之、刘勰、许浑、苏颂、沈括、米芾、计成、马相伯、刘鹗、柳诒徵、巴玉藻、茅以升的生平简介及建亭碑记。匾额由原全国人大常委会副委员长费孝通题写）、睡莲池（2002年，宝塔山公园投资330万元进行扩建时，新建750平方米睡莲池、620平方米友好广场，种植乔木、花卉、草坪等，面积扩大到5公顷）、龚自珍诗碑（2005年再次修葺扩建宝塔山公园时，为纪念清代思想家、文学家龚自珍，市政府决定兴建诗碑）。

四、江滨公园

民国36年（1947年）9月建，位于北固山下西侧滨江，面积0.8公顷，有挹江台、码头、园丁室、凉凳、栏杆：植黄杨、珊瑚等树木1500株，莳蜡梅、紫藤等500株。新中国成立后，先后建江滨浴场、水上俱乐部。1958年改作货场、沙库等，公园遂毁。

2000年始，为拓宽苏北路（今长江路），整治滨江环境，搬迁沙库、煤炭集散场、片石转运场等，从平政桥至解放路，全长约2000米，南沿长江路人行道、北至沿江汉白玉栏杆，宽20 ~ 60米，总面积1.8万平方米范围，恢复公园设施。兴建"春江潮广场"和园林小品、亭榭、茶社、餐厅、游轮及20多处景点，种植2万多平方米草坪，香樟、广玉兰等乔木10万株，成为滨江风光带主景区。至2007年，该公园成为古运河风光带景区之一。

五、河滨公园

河滨公园位于中山桥与新西门桥之间的运河东岸，始建于1928年，1935年建成，面积0.9公顷。新中国成立后，市政府多次拨款修缮，1983年再次拨款改建，设有茶社和剧场等，是免费向市民开放的公园。

六、谏壁公园

1991年3月6日，谏壁公园动工建设，投入115万元，建设公共绿地2.4万平方米，完成门楼、龙桥、鱼桥、连理桥、杜鹃亭等10多处景点，配置儿童游乐场、碰碰车、观览车、脚踏船等设施。1997年9月29日竣工，正式对外开放。1998 ~ 1999年，投入资金50万元，完成围墙、园内道路、烧烤园、仿古木屋、花房等项目建设，新增公共绿地3万平方米。

谏壁公园位于谏壁镇南，谏壁翻水站引水河两岸，占地5.07公顷。主要为谏壁镇工矿企事业单位干部职工、社区居民、外地游客和中小学生，提供休息、娱乐、晨（晚）练活动场所。1999年，谏壁公园每天免费接待游客和前来活动人员1万多人次。2000 ~ 2007年，谏壁公园共接待游客和活动人数700多万人次。

七、古城公园

1983 ~ 1988年，京口区对位于花山湾路两侧六朝古城墙遗址进行保护，成为华东地区唯一保存完好的六朝古城墙遗址。1989年，被列为市级文物保护单位。次年，被列为省级文保单位。1994年年底，市政府批准京口区建设古城公园。1995 年，市政府确定由市建委牵头，区城建环保局组织实施。古城公园规划面积 11.9 公顷，分南北两片区。第一期工程，建设南片区 4.4 公顷，1995 年动工，1997 年 9 月 29 日竣工。第二期工程北片区建设开放式园林，面积 7.5 公顷，1998 年 3 月动工，11 月建成，并对外开放。古城公园建设以绿色为主，景点为辅；以保护古迹为主，开发建设为辅；以古建筑为主，现代设施为辅。

1995 ~ 1996 年，一期工程以绿化为主，建筑与之相适应的主要景点，有古城墙遗址、大门、围墙、榭堂等附属设施，迁坟 1000 余座，先期在南、北片区种植广玉兰、杜鹃、国槐、桂花、女贞、栀子花等树种，铺设草坪；1997 年，二期南片区主要景点由仿古门楼、假山瀑布、纪念林、烽火台、向吴亭、击楫亭；1998 年，三期北片区迁移 800 余座坟墓，调整绿化布局，新增公共绿地 4 万平方米，修建上山道路、中心广场、花架长廊、四角亭、圆亭和园内道路等。

2000 ~ 2007 年，古城公园部分景区建成后，由区建设局负责管理和维护，每年接待晨、晚练人员和外地游客 120 余万人次。南片设门球场，为门球爱好者交流球艺，每年有多场全国及省、市级比赛在此举行。2000 年 10 月 17 ~ 20 日，“恒顺杯”全国沿海部分城市第七届门球联谊赛在古城公园举行，280 名选手参赛，年龄都在 50 岁以上。北片区设舞池和健身器械，并建有 184 级石阶，供游人健走、攀登。

八、二十一世纪乐园

位于京口区东郊汝山乡，是新中国成立以后镇江市新建的最大乐园，由中国光大集团、镇江旅游经济开发区等 1 6 家单位投资兴建，占地 52 公顷。1994 年 4 月 6 日奠基，6 月 26 日正式施工，是一座集娱乐、观光、度假、餐饮为一体的综合性、现代化大型游乐场。园内栽植乔灌木、花卉 18.31 万株，有 40 个品种，绿化面积 22.5 万平方米，铺草坪 17.85 万平方米。1995 年 2 月 12 日，二十一世纪乐园部分开放。一期工程建成欧式花园、世纪城堡、世界景观、热带森林、沙滩浴场等十大景区、１００多个景点，投入资金 1.6 亿元。1996 年 10 月 1 日，乐园正式开园迎宾。1999 年，二十一世纪乐园新增激流勇进、泰式观光长廊等景点 10 余处，铺植草坪 1.2 万平方米。位于镇江二十一世纪乐园的巨蛋于 1999 年 12 月建成，总建筑面积 7600 平方米，外网架高 48 米，圆周最大直径 37 米，重达 417 吨，蛋壳没有一根支柱和横梁，全凭自身力量达到平衡而支撑。2004 年 11 月 6 日，镇江“巨蛋”及二十一世纪乐园建筑物分别以 405 万元和 249.3 万元拍卖成功。

第三节　广　场

一、大市口广场（城市客厅）

2000 ~ 2002 年，市、区两级政府结合大市口市政改造，建设大市口广场——城市客厅建设工程。该工程总面积 1.7 万平方米，投资 9000 万元，按一流标准设计，市建设局负责工程实施。主景为 48 米长浮雕墙，主题浮雕为历史文化名城的过去、现在、未来，浮雕墙前为 4000 平方米的中心广场和地下音乐喷泉，地面由 1.1 万平方米花岗岩铺就；后商业街为 1.93 万平方米的紫金大厦，与大市口广场融为一体的现代建筑群，中央置一幅 108 平方米高科技电子显示屏，时为沪宁线各大中城市最大的室外电子显示屏。

2003 ~ 2007 年，大市口城市客厅，每年接待作客市民和中外游客 30 多万人次。

二、花山湾广场

2003 年，花山湾广场建成，占地总面积 5000 平方米，为花山湾路与环城路（今梦溪路）交汇处扇形街心花园（俗称“小公园”）。广场设计采用不均衡对称手法，由西南向东北方向引一条主通道，贯穿绿地景观轴线。绿地分主入口、中心广场、体育活动 3 个区域。中心广场由两个同轴偏心圆组成，内圆中心置一大型“水动石球”，周围环绕 12 只小石球。“水动石球”运用水磨擦原理，使球在水动力作用下旋转，产生动感效应。广场内圆与外圆之间设置雕刻十二生肖图案放射性装饰道板，与外圆两侧弧形长廊上部 10

个四棱锥顶，交相辉映，寓意中国传统文化“天干地支”。入口和体育活动区设计各具特色。广场绿化按区位分高、中、低 3 个层次分布。同年国庆节对外开放。

三、正东路健康广场

2004 年 10 月，正东路健康广场由市建设局负责实施。占地面积 1 万平方米，总投资 9500 万元。拆迁商业用房及附近民房 1.3 万平方米。由地下人防、广场绿化、商办楼建设和张云鹏故居维修 4 部分工程组成。2005 年 12 月竣工，并对外开放。广场绿化工程紧扣“健康”为主题，充分体现“温馨、方便、恬静、安全”创意，为市民提供优雅、舒适的人文环境。

四、梦溪（东门）广场

1984 年，市、区两级政府为改善环城（今梦溪）路、正东路、镇澄路交汇处的交通环境，决定在四岔路口开拓 1.75 公顷广场（“转盘”），中心岛直径 80 米，四周路宽各 20 米，称东门广场。1992 年，市规划局朱乃罡等人创作的大型花岗岩沈括雕像及浑仪、浮漏两座石雕在广场落成。沈括雕像总高 11 米（沈括雕像 8 米，基座 3 米）；浮漏石雕均高 2.5 米，宽 3 米。

1998 ~ 1999 年，京口区结合正东路拓宽改造和人防工程，按照市政府“拆房还绿”决策，兴建梦溪广场。梦溪广场分两部分：其一撤销原中心环岛活动场地，重新规划景点、绿化；其二在原广场西南隅“拆房还绿”，重新设立占地面积 3500 平方米的广场。经两年施工建成后，成为城东新的街心花园和晨、晚练活动中心。2003 年，市、区两级政府投资 1.2 亿元，对环城路南至青年广场，北至东吴路，进行拓宽改造为双向 4 车道，路面总宽 33 米（含两侧人行道、非机动车道、绿岛），9 月竣工后，将环城路改称梦溪路，同时改东门广场为梦溪广场。

五、春江潮广场

2000 ~ 2001 年，长江路第一期工程中，建成 1.8 万平方米的春江潮广场。位于电力路与长江路交汇处、平政桥东堍，既是长江路精品工程，又是京口区域内一处新滨江风景广场。设有园林小品、石雕、阁、台等 100 多处景点。主景点是伸入长江水域 100 多米春江潮承天台（又名观澜台），东、北、西 3 面设有凭水栏，南为栈桥，与 3000 平方米的主广场链接，成为长江路风光带“珍珠项链”的总枢。每年春夏之交，潮涨潮落，波涛泛白，浪花四溅，凭栏尽览，叹为观止。2002 ~ 2007 年，春江潮广场四季游人如织。

六、京口广场

2002 ~ 2003 年，京口区在拓宽学府路和谷阳路时，结合市政建设和文化、体育设施建设，在学府路中段，开辟京口文化广场。占地总面积 3.5 万平方米，其中绿地面积 1.5 万平方米，北滨原孟家湾水库 2 万平方米水面，成为山水景观的特色广场之一。广场分中心区、文体活动区、儿童游乐区、广场管理区。总投资 3000 多万元。2006 年 2 月，京口区“两路一街”（学府路、经十二路、第一楼街步行街）建设工程指挥部将京口文化广场移交由区城建局管理，为“全天候”开放式广场，是恒美嘉苑、颐和家园及周边社区居民晨、晚练活动的主要场所。

七、珍珠广场

2005 年，市、区两级政府为纪念美国友好人士、女作家、诺贝尔文学奖获得者、视镇江为“第二故乡”的赛珍珠（PEARL BUCK，1892 ~ 1973），决定将位于京杭古运河解放桥西北堍的市民健身点，拓宽改造成“赛珍珠”广场。5 月 1 日动工，6 月 27 日竣工，并举行纪念赛珍珠的雕塑揭碑仪式。为扩大游憩活动面积，拆除部分平房，新建主景“大地”门型书状景点，配置音乐灯光旱喷泉、木质景观廊架和照明设施等。配合运河风光带建设，绿化品种多为名贵花卉树木。

八、东吴路广场

2000 ~ 2003 年，京口区结合长江路、东吴路拓宽改造工程建设，占地面积约 1.05 万平方米、投资 2000 多万元，2003 年 9 月建成，由中心广场、健身广场和步行街组成。广场以“绿”为主体，绿化面积 6000 平方米。以乔木、灌木、花草相结合，主要有桂花、香樟、海棠、樱花等，并设置运动器械，供居民晨、晚练活动。

第四节　旅游风光带

一、古运河风光带

1983 ~ 1992 年，城区古运河两岸中山桥至解放桥段，兴修滨河便道，便利行人，不通车辆，称滨河路。不久，花鸟爱好者，自发进行花鸟买卖，逐步发展为“市场”，每逢周末，人声鼎沸。滨河路上，每晚情侣漫步，一时被称为“情人路”。

1993 ~ 2002 年，市政府把古运河风光带建设列为重点工程之一。续建工程有 3 个项目段：塔山桥至都天庙村、解放桥至河滨公园、新西门桥至西门桥河床及两岸部分，实施清淤、疏通河道、修建石驳、植树种草、修筑道路、设置景点，安装鏨假石栏杆 922 米、大理石栏杆 668 米、砌筑护墙 500 立方米、铺卵石路 1800 平方米、蘑菇石花坛 140 多处，修建道路 650 米。拆除运河沿岸房屋 500 多平方米；新建一批亭台、假山等景点小品。古运河风光带从塔山桥至西门桥，先后建成京河路绿地、虎踞桥古城墙、解放桥绿地等项目，新增绿地 12 万多平方米。1999 年 4 月，市政府颁发《古运河风光带管理规定》。

2003 ~ 2007 年，解放桥至南水桥续建 0.98 千米绿化工程，国庆节前竣工。建设 5 块公共绿地，适地栽植乔、灌木、花草与假山凉亭相映成趣，花架、花坛等园林小品艺术配置。同时，对塔山桥至周家河口段古运河进行整治，提高城市防洪能力，改善宝塔山公园景观环境。

二、滨江风光带

2000 ~ 2003 年，市委、市政府对旧城改造，提出“显山露水，透绿现蓝”的发展战略。结合长江路、东吴路、西津渡古街等拓宽改造、在“京口三山”风景名胜区规划时，决定建设东起焦山南坝，西至滨湖路，南自长江路、东吴路、第一楼街、万古一人路、滨江旅游专线（焦山、北固山、金山滨江风光带）、滨江大道及和平路、云台山路、京畿路、迎江路，北至内江岸线北侧 300 ~ 400 米进深的陆域范围、总面积 67.23 平方公里（其中滨江风光带 17.23 平方公里、外围保护湿地约 50 平方公里）的滨江风光带。

2004 ~ 2007 年，市及辖区两级政府投资 10 多亿元，严格按照《京口三山风景名胜区规划》，依据“三山”风景名胜资源特质，先后兴建焦山原生态自然景区、北固湾山水一体景区和金山湖美丽景区，成为自然景观、人文景观、城市景观糅合而成的国家重点风景名胜区。

第五节　亭　园

一、忠烈亭

清道光二十二年六月十四日（1842 年 7 月 21 日），英军侵犯京口时，以 1.2 万多名侵略军、72 艘舰、400 多门大炮，攻破十三门后，从东、北、西三路侵入京口城。以 400 名青州兵为主力的清军，在京口副都统海龄力主下，坚守城池，殊死拼杀，终因兵力、武器装备悬殊，京口城被英军攻破，海龄及清军将士壮烈殉国。

道光二十三年（1843 年），清镇江知府崔光笏及邑人于西门内建忠烈祠，并立碑。后祠、碑俱毁。

2002 年 7 月 21 日，市委、市政府为缅怀抗英忠烈，警示后人，弘扬爱国精神，激励卫国斗志，在纪念京口保卫战 160 周年之际，在现烈士陵园后峰、原京口城十三门遗址，按原状重建忠烈祠碑，并新建忠烈亭。

二、王龙纪念亭

王龙，原名王恩隆，扬中人。清宣统元年（1909 年）生。民国 28 年（1939 年）参加新四军。抗战胜利后，被中共任命为镇江市首任市长。民国 36 年（1947 年）9 月 7 日，赴和畅（尚）洲接受伪军投诚时，在丹徒镇附近江边与顽伪军遭遇时被杀害。1985 年 9 月，市委、市政府决定，在王龙烈士牺牲处（今江苏大学校园内，戴家山顶）兴建王龙亭，并立碑，以昭彰王龙烈士革命业绩，教育后人。王龙亭为四角形，以 4 根圆形水泥柱支撑屋顶，上盖琉璃瓦。占地面积约 100 平方米。

三、桓王亭

汉建安五年（200 年），孙策领兵武力北进，行至丹徒等待粮草渡江。因策喜爱狩猎，遂带侍卫骑马至汝（禹）山打猎。策疾马进山，侍卫追随不及，单骑至丛林中，被许贡家客射中面颊，临终前，将印绶、兵马交与其弟孙权。墓葬丹阳与丹徒交界处的“高陵”。三国吴黄龙元年（229 年），权称帝后，追封孙策为“长沙桓王”。2004 年，区委、区政府决定，在汉末孙策北进征讨途中，在丹徒西汝（禹）山狩猎时被刺地附近兴建“桓王亭”。位于经十二路与学府路交汇处，占地 0.67 公顷。桓王亭主体工程为仿东汉石亭，重檐，采用 330 立方米天然石材建造。亭外建公用绿地和休闲广场。石亭前道路两侧置石刻东吴六郡地图。原镇江市委书记钱永波撰《桓王亭记》。2005 ~ 2007 年，桓王亭成为附近社区居民晨、晚练活动场所之一。

四、烈士陵园

1966 年 8 月，市政府拨专款在北固山前峰修建烈士陵园，为昭彰土地革命战争、抗日战争、解放战争和社会主义革命时期牺牲的革命烈士丰功伟绩，将分散埋葬在南山、九华山、宝盖山和桃花坞 138 位烈士遗骸，集中安放在烈士陵园。陵园主体建筑为烈士纪念碑，位于陵园中轴线北端。1993 年 4 月，用花岗岩重建烈士纪念碑，碑体由 3 片组成，高 30 米，似 3 把利剑直刺苍穹。广场占地面积 3000 多平方米。

2002 ~ 2007 年，烈士陵园不断扩大，园区总面积约 3.5 公顷。成为国家、省、市国防教育基地之一，是国务院命名的全国重点烈士纪念陵园。

第八章　绿　化

镇江市城区范围内绿化树种资源丰富，在全省仅次于南京，有 74 科、183 属、384 种。1983 ~ 1989 年，京口区把城市绿化工作作为改善生态环境、提高居民生活质量的重要环节。每年 3 月，分别组织干部、职工和街道居民，在沿长江、古运河堤、岸滩和辖区内山丘、四旁空地进行义务植树。7 年出动 12 万多人次，植树 100 多万株。1992 年 10 月，区划调整后，及时编制乡镇、场圃及农村、田园绿化规划。1993 ~ 1995 年，按城乡绿化规划有组织地逐年实施。其间，全区人均公共绿地为 2 平方米。

1996 ~ 2001 年，京口区实施区长绿化目标责任状，区委、区政府每年 3 月 12 日“植树节”前，召开全区绿化造林动员大会，与各乡镇、街道、场圃及有关部门签订绿化目标责任状。区四套班子和乡、镇、街道党政领导，分片包干绿化责任工程，各部门、各单位组织人力、物力包干义务植树任务，并确保成活率 85% 以上。

2002 ~ 2006 年，市、区两级政府结合整治江堤、兴建北湖（湿地）公园、打造“京口三山”珍珠项链和滨江风光带，疏浚沿江水系，加强排灌功能，投资 10 多亿元，对焦山至平政桥及虹桥港河两侧，总面积约 8 平方公里范围，广植名贵树种，种植草坪，提供观赏旅游和健身活动场地。

至 2003 年，全区人均公共绿地增加 1.5 平方米，达到省政府规定的目标。

2007 年，全区开展创建园林式单位（居住区）、绿化达标单位（居住区）活动。全区 20 多年来，绿化总面积达 20 多平方公里，人均拥有公共绿地面积 2.5 平方米。有效营造绿化、美化、和谐、温馨的人居环境，为推进市、区两级政府创建国家级园林城市尽责尽力。

第一节　道路绿化

图 4-8　1984 ~ 2007 年每年“植树节”期间，市、区领导开展植树造林（区建设局供稿）

1984 ~ 1992 年，京口区域内中山东路、镇焦路（今东吴路）、金山西路、运河东路等 10 多条市区主干道进行以悬铃木、冬青、槐树、榆树等为主要树种的种植。

1994 年 3 月 14 日，区政府机关与中国人民解放军海军镇江船艇士官学校（今镇江船艇学院）开展军民共建双拥路——宗泽路揭牌仪式活动，500 多名机关干部和官兵（学员），在宗泽路两侧植行道树 2000 多株。

1995 年 3 月 ~ 1997 年 3 月，全区机关、街道、乡镇及厂矿企事业单位、驻区部队官兵 1.4 万多人次，分别在中山路、解放路、环城路（今梦溪路）、桃花坞路等 10 多条主干道参加植树活动，栽植广玉兰、悬铃木及黄杨等乔灌木 2 万多株，种植草坪 5500 多平方米。

1998 ~ 2001 年，区政府结合全市创建国家卫生城市和全国优秀旅游城市活动，对 20 多条城市主干道进行绿化改造。东吴路、解放路、中山东路、长江路、禹山路、谷阳路、学府路等绿地建设，使绿岛和分隔绿化带各自形成特色，行道树改用香樟、银杏、冬青及市树白玉兰等。正东路结合拓宽改造，沿线增加街头绿地 100 多平方米，市委、市政府、镇江军分区等党、政、军机关及各主干道沿线学校、医院等单位，拆墙透绿，使各主干道沿线绿化工程，成为美化城市的新景点。1998 年 2 月，市政府表彰京口区域内江奎集团、索普集团、市级机关大院、市委党校、东郊宾馆、镇宝开关厂、谏壁镇粮山村、解放路小学等 11 个单位为绿化达标单位；江苏大学、江苏科技大学、江苏省司法厅镇江警官学校等 5 个单位被市政府命名为市级园林式单位；江苏药科大学镇江校区、长航镇江港监、谷阳新村、华润新村被市政府命名为 1999 年度绿化达标单位。

2002 ~ 2004 年，全区结合市政建设和长江路、东吴路、桃花坞路、梦溪路、谷阳路、宗泽路等城市主干道拓宽改造，加强道路绿化工程建设，行道两侧新植银杏、香樟、冬青 1.4 万多株，绿岛和行道两侧绿地，种植球类植物 15 万多株，月季、杜鹃、黄杨、桂花及各类灌木 150 多万株，铺植草坪 118 万多平方米。其中 2002 年 11 月将 5 株大型银杏、香樟、朴树成功移运至大市口广场栽植。

1993 ~ 2007 年，区城建部门每年在抓好植树绿化工程同时，加强对道路、社区、公园、乡村病枯倒树朽木及危枝进行检查、处理。1998 年，区绿化管理部门清除棒槌营社区一倾斜危及行人安全的病树。2004 年 7 月 6 日，花山湾五区一棵高 16 米、冠径 9 米的 20 年树龄泡桐被大风刮倒在民房上，区绿化部门派 5 名职工，冒雨奋战 4 小时，清除安全隐患。20 多年来，先后排除公园、城区街巷及乡镇社区病、枯、倾、倒、危树（枝）200 多起。

第二节　公园绿化

1983 ~ 1991 年，京口区内市级公园绿化工作由市园林管理处负责。1992 年区划调整后，范围和职能相应扩大。1993 ~ 1997 年，古运河京口段部分绿化完成，全区园林新增绿地 1 万多平方米。

1993 ~ 1997 年，区政府确定古城公园、谏壁公园 2 个义务植树基地。1994 年，兴建镇江二十一世纪乐园，种植树木 1 万多株，营造绿地 2 公顷。

1998 ~ 2003 年，宝塔山公园投资 300 多万元，除设置新景点外，着重对园区进行绿化。栽植乔灌木 4600 多株、花卉 1242 平方米、草坪 6900 平方米。2001 年 11 月，丹徒镇居民蒋克绍自愿将其祖父清光绪年间栽植的百年牡丹捐赠给南山风景区“文苑”，并移植成功。作《百年牡丹迁移记》勒石。

2004 ~ 2007 年，焦山、北固山、宝塔山、河滨、古城、谏壁公园及街心花园（广场）、烈士陵园等 20 多处园林，植树逾 90 多万株，新增绿地 30 多公顷。其中焦山、北固山等市级主体公园绿化提档升级。焦山公园兴建盆景园、牡丹园、芍药园、桂花园等 10 多个“园中园”；北固山公园改造绿地 12 万多平方米，栽植木瓜、西府、垂丝、贴梗等名贵海棠 2200 株，设置四季海棠、秋海棠 1.5 万多盆，营造北固山“海棠春坞”绿化特色景观，改建北固山绿化广场硬质围墙为 500 米绿色隔离带。

第三节　社区绿化

1983 ~ 1992 年，京口区完成桃园、李家山、江滨新村、桃花坞新村等 20 多个居民小区绿化，植树 30 多万株，草坪 15 万多平方米，成活率 90% 以上。并建成李家山李苑绿地面积 1.1 公顷、谏壁公园绿地 3.5 公顷、宝塔山公园绿地 1.65 公顷重点绿化工程。1991 年，江滨新村、李家山新村绿化工程受到市政府表彰。

1993 ~ 1995 年，全区完成 5 个重点绿化工程，即镇江二十一世纪乐园园林景点建设、弥陀寺巷小游园、谏壁公园、古城公园绿地建设、江滨新村，其中社区绿化面积计 5300 多平方米。

1996 ~ 2004 年，区政府为强化区域内绿化工作，制定社区绿化工作目标，凡在京口区城乡的房地产开发企业，每新开发一个住宅小区，都要把绿化作为一项重要工程同时规划、同时实施，继江滨新村、弥陀寺巷社区后，环球花苑（斜桥街）、东吴新村、桃花山庄分别把绿化纳入社区规划、同步建设，并合理配置雕塑小品、喷泉、绿篱花架。东吴新村绿化覆盖率达到 35.8%，桃花山庄二期绿化覆盖率达 35% 以上。

2005 ~ 2007 年，区绿化管理部门加强对斜桥街、山门口街等老城区 9 条街巷绿化工程改造。山门口街砌建 40 个方形池，种植桂花树 40 株；医政路种植悬铃木、水杉 156 株；水陆寺巷、仙鹤巷、梦溪园巷、正东路等种植冬青、香樟、桂花、海棠、茶花、紫薇、木槿、云南黄馨等 30 多种，3500 多株，铺设草坪 5 公顷，新增绿地 5 万多平方米。其中梦溪嘉苑、香江花园、恒美家园、恒顺翠谷、颐和家园、我家山水等 40 多个新小区，绿化面积均达到建筑面积配套规定的相应标准，成为各具特色的景观式、园林式小区。

1990 ~ 1995 年京口区城区绿化情况表

表 4-7

项目／年份	乔木（株）	花灌木（株）	绿篱（米）	草坪（平方米）	资金（万元）	面积（万平方米）
1990	1850	3750	3200	7700	14.30	1.15
1991	1300	5400	4650	1550	25	2.25
1992	670	1188	2071	3927	21	1.72
1993	1280	7860	2780	3050	26	1.23
1994	4150	2870	850	4370	32	1.34
1995	11500	8500	1750	77000	136	8.59

第四节　乡村、田园绿化及管理

1993 年，京口区始有乡镇及农村、田园绿化。1993 ~ 1995 年，区政府制定“全面发动，整体推进，突出管护，讲究实效”城乡田园绿化指导思想，确立“建一片、成一片、管一片、绿一片”造林目标。1996 ~ 1999 年，全区各乡镇完成成片造林 68 公顷，田园林网 13.4 公顷。建成横山、西山水库 2 个义务植树基地，总面积 100 多公顷。其中 1998 年 4 个乡镇成片造林 48.7 公顷。乡村及田园四旁植树 8.5 万株。

图 4-9　1995 年，京口区绿树成荫的农村道路

（区建设局供稿）

2000 ~ 2005 年，全区城乡新增绿地 11 万平方米，其中城区新增绿地 10.1 万平方米、乡村 0.9 万平方米。种植各树木 5.96 万株，花卉 9.72 万株，绿篱 1.25 万平方米，铺设草坪 2.97 万平方米。1999 年，实施禹山生态林工程，此项目被列为江苏省生态林示范基地建设项目，军民联手共植树造林 13.33 公顷。林业结构进一步优化，经济林面积达到 64%。其中，发展油桃 3 公顷、银杏 2.03 公顷，其他果树 6 公顷，花卉 2.2 公顷、茶叶 0.5 公顷、意杨 58.2 公顷。2001 年 4 月，对全区 20 个林业亖点村、96 块林地进行调查分类、界定，有林地 1000 公顷，划定为国家公益林 520 公顷。2003 年，对辖区内不包括各大公园内的古树名木进行调查，有各类古树名木 22 株，其中银杏 16 株，树龄最长的 400 年。

1993 ~ 1997 年京口区乡镇绿化情况表

表 4-8　　单位：公顷

年份＼项目	成片造林面积	农田林网面积
1993	365	9650
1994	990	9650
1995	3350	1350
1996	48.70	5.50
1997	68	13.40

第五篇　经济综情

1983年8月，京口区贯彻落实改革开放发展经济方针政策，制定全区各项经济发展计划。1990年1月至1992年10月，京口区经济组织主要有区属集体企业、街道及居委会办小型服务企业和原市属商贸部门下放小微国有企业。全区从1983年开始试行并逐步推进企业承包制、厂长负责制、租赁经营制、承包经营责任制等经济体制改革。1992年11月，京口区始有农业经济及乡镇（村）工业经济。1993年3月，区供销合作总社成立，区域内基层供销社及部分商企网点划归区供销合作总社。1995年，城乡一体化发展战略给京口区经济发展带来机遇，全区地区生产总值达9.53亿元。其中第一产业0.41亿元，第二产业3.2亿元，第三产业5.92亿元，人均地区生产总值15779元。1998年，全区推进产权制度改革，改制企业373家。民营企业发展加快，全社会固定资产投资呈现规模化。“十五”期间，全区固定资产投资54.26亿元，全区社会从业人员5.72万人。2007年，全区有工业企业816家（其中规模企业118家），实现工业总产值179.94亿元，地区生产总值50.36亿元，社会固定资产投资74.15亿元。先后与27个区（县、市）签订友好区（县、市）经济发展协议。

第一章　经济与社会发展

1983年9月，区计经委负责编制和实施全区国民经济和社会事业发展规划，管理区属工业企业，负责市拨计划物资调配和统计、管理和物价检查等。1984 ~ 1992年，先后成立京口区工业公司、京口区地方工业公司，管理区属工业和街道工业。其间，区文教局、商业局分别成立京口区校办工业公司和京口区商业工业公司，对校办、商办工业进行管理。1993年成立区农业经济委员会，管理农业经济。

2007年，全区以科学发展观为统领，坚持现代服务业与先进制造业“双轮”驱动，积极转变发展方式，改善和提高民生水平，促进社会经济和社会事业发展。全区财政总收入14.2亿元，比1983年建区初增长550倍。城镇居民年人均可支配收入17278元，农村居民年人均纯收入8213元。

第一节　经济发展情况

一、建区初期（1983 ~ 1985年）

1983年，全区工业总产值2667万元，交通运输营收174万元，建筑安装总产值294万元，商业营收1657.38万元，利润315万元。全区财政收入257.7万元，财政支出351.4万元，负93.7万元。

1984年1月，市二轻局下属7家企业划归京口区，区属工业企业增加到43家。当年，完成工业总产值3295.22万元，比上年增长23.56%，商业营收1802.3万元。街道企业和商业网点371个，产值155.58万元，营收766.8万元。街道经济初步成为区属经济重要成分。个体网点2446户，从业人员增加到2841人。

1985年，推广和完善经济承包责任制，放宽经济政策，扩大企业自主权。全区完成工业总产值

4166.79 万元，商业和其他经营收入 5545 万元，比上年增长 50.84%，实现利润 32.29 万元，上缴税收 385 万元。区属工业首次实现无一亏损单位。街道营收 1592.75 万元，增长 72.68%；利润 82.88 万元，增长 49.52%。其中，大市口和正东路街道营收超 300 万元。

二、“七五”期间（1986 ~ 1990 年）

“七五”期间，全区围绕“以改革为动力，发展经济为中心”的指导思想，坚持改革、开放，不断探索发展经济新途径。5 年完成地区生产总值 3.47 亿元，社会生产总值 6.39 亿元，工业总产值 3.11 亿元，外贸收购额 2785.7 万元，财政总收入 4610 万元，总支出 4038 万元。

1986 年，全区完成建筑安装总产值 786 万元，竣工面积 11800 平方米，创 4 项全优工程。商业系统实现营收 2091.23 万元。对外贸易额 112 万元。街道 35 个居委会产值营收、利润分别超 10 万元；和平路街道工艺品厂出口贸易额 28 万元。全区个体工商户 2018 户，上缴税收 130 万元。

1987 年，全区出口创汇企业 7 家，其中和平路街道工艺品厂外贸收购额 111 万元，被市评为出口创汇先进单位。街道（居委会）工业总产值 627.07 万元，营收额 3129.53 万元，利润 130.53 万元，分别比上年增长 90.37%、68.5%、46.86%。个体经济经营规模和水平有新的提高，上缴税收占全区 11.5%。财政收入的 67.66% 用于文教、卫生、民政三项社会事业。6 家企业通过三级计量定级，开发新产品 14 项。自动关闭式气动螺丝刀等 6 个产品获“镇江市优质产品”称号。

1988 年，全区创汇企业增加到 11 家。固定资产和技术改造投资 641 万元。房屋开发 2.23 万平方米，并交付使用。街道（居委会）新增企业网点 192 个，增长 35.9%．利润增长 21.5%，营收增长 48%。校办工业产值增长 61.9%，利润增长 25%。个体营业额增长 37.8%，商品零售额增长 42%。农贸市场成交额突破亿元大关。

1989 年，出口产值比重占区属工业产值 11.2%。商业系统在市场疲软的情况下，营业额同比增长 10.2%，利税增长 28.2%。街道经济协调发展，工业产值 839.64 万元，营收 4837.66 万元，利税 303.88 万元，利润超万元居委会 40 个，占总数 25.64%。校办工业产值 961.7 万元，利润 364 万元。个体工商户 3450 户，从业人员 4400 余人。

1990 年，全区工业经济销售不畅、资金短缺，跌入历史低点，通过学“两厂”（线材厂、机针厂），赶“和平”（街道）活动，工业生产逐月回升，15 个技改项目完成投资 168 万元，签订区第一个合资企业项目。镇江通茂鞋业有限公司，签订“三来一补”（来料加工、来样加工、来件装配和补偿贸易）协议，外贸收购额首次达到千万元，增长 47.36%。物资完成销售 5284 万元，商业营业额 3511.61 万元，增长 4.81%。街道实现利税 236.99 万元。体制改革中撤销 21 家公司，保留 36 家经营型公司，全面推行承包经营责任制。

1986 ~ 1990 年京口区经济情况表

表 5-1　　单位：亿元

年份	地区生产总值	社会生产总值	工业总产值	工业销售额	营业收入	外贸收购额	利润	税收	财政总收入	财政总支出
1986	0.45	0.80	0.49	0.39	1.12	0.01	0.05	0.06	0.06	0.06
1987	0.53	0.96	0.56	0.46	2	0.04	0.08	0.07	0.07	0.06
1988	0.65	1.13	0.64	0.56	—	0.06	—	—	0.10	0.07
1989	0.82	1.61	0.70	—	—	0.07	—	—	0.11	0.09
1990	1.02	1.89	0.72	0.57	2.40	0.10	—	—	0.12	0.12

三、“八五”期间（1991 ~ 1995 年）

“八五”期间，全区完成地区生产总值26.41亿元，工业总产值42.87亿元，销售27.29亿元，营业收入69.72亿元，外贸收购额6.04亿元。

1991年，实施“贸易兴区”发展战略，华联商厦当年立项、当年施工、当年竣工、当年营业。同时加大技改投资，开发新品13个其中省级2个。商业、物资、运输业营收均增长40%以上。新建合资企业镇江奇而特化工有限公司等。街道产值增长35.09%，高桥北等居委会利润超5万余元。1992年，全区外贸收购额4133万元，新增“三资”企业15家，合同利用外资753.4万美元。华联商厦营业额7000万元，成为全市10大商场之首。10个农贸市场上市量15万吨，成交额3.7亿元。个体工商户2712户，从业3546人。城区信用社3年吸收存款17.92亿元，发放贷款2.58亿元。1993年，自营出口创汇实现零的突破。新办外资企业35家，合同利用外资1638.4万美元。区生产资料服务总公司营业收入9100万元，个体工商户3854户，私营企业58家。

图5-1　1993年，区政府召开扩大会议，布置城乡一体化发展战略　（区发改委供稿）

1994年，乡镇工业产值11.3亿元，高附加值产品比重达26.4%，规模企业12家，其中江苏金象集团工业产值2.4亿元。投入3.32亿元改造167个项目，开发新产品30个，其中10个通过省级鉴定，2个列入国家成果推广计划和国家级重点新产品计划。三产投入1.57亿元，增长49.42%。营业收入超1.5亿元的企业3家。投资1亿多元兴建镇江二十一世纪乐园。1995年，全区“三资”企业出口创汇和自营出口创汇1302万美元，新增“三资”企业7家，协议利用外资332万美元。镇江旅游经济开发区投入9000万元，新增世纪雨具公司、世纪旅行社等网点，完成营业收入1.1亿元，上缴利税105万元。供销社营业收入5492万元，利润60万元。个体工商户4395家，私营企业90家，其中金聚德烤鸭大酒楼跻身全省50强私营企业，区生产资料服务总公司组建天生集团有限责任公司。

1991 ~ 1995年京口区经济情况统计表

表5-2　　单位：亿元

年份	地区生产总值	社会总产值	农业总产值	工业总产值	工业销售	营业收入	外贸收购额	财政总收入	财政总支出
1991	1.29	4.93	—	1.03	0.68	3.53	0.20	0.10	0.14
1992	1.87	6	—	1.16	0.70	4.49	0.41	0.12	0.16
1993	5.54	—	0.42	10.60	6.46	14.50	1.12	0.33	0.23
1994	8.18	—	0.43	15.98	8.95	20.20	1.51	0.41	0.26
1995	9.53	—	0.51	14.10	10.50	27	2.80	0.57	0.36

四、“九五”期间（1996 ~ 2000 年）

“九五”期间，全区实现地区生产总值66.41亿元。其中第一产业增加值2.52亿元，第二产业增加值25.33亿元，第三产业增加值38.56亿元。工农业总产值114.77亿元。

1996年，实现农业总产值9150万元（现价）。乡镇（开发区）工业销售7.8亿元，营业收入8.9亿元；街道工业销售收入1.31亿元，营业收入11.47亿元。个私经济营收7.57亿元。1997年，固定资产投资2.87亿元，其中国有单位投入3822万元，增长12.08%；城镇集体投资1.53亿元，下降4.78%；农村集体投资

8231万元，增长65.5%。市场建设投入260万元，新建谏壁木材市场、京岘山生猪屠宰场、包家湾农贸市场。个体工商户5658户，私营企业98家。1998年，先后组团赴上海、深圳、厦门等地开展招商活动，举办1998京口对外经贸洽谈会，签约13个外资项目，总投资3245万美元，实际利用外资983万美元。乡镇工业销售收入12.05亿元，增长28.1%;街道工业销售收入2.23亿元，增长29.1%，利润1856.8万元，增长20.6%。1999年，32家规模企业完成工业总产值9.75亿元，增长8.7%;销售收入8.21亿元，增长5.9%;利税总额3860万元，增长17.7%。房地产开发投入8620万元，增长168.7%;开工11.7万平方米。新办三资企业7家。对外劳务合同额95万美元，派出海外务工96人，是建区以来完成“三外”（外贸、外经、外资）任务最好的一年。2000年，实施“三产兴区，双轮驱动、科技强区、城市推动”战略。全区规模企业对经济支撑作用明显。个私企业技改投入占全区总投入的42.8%。实现三产增加值9.02亿元，增长13.46%，占地区生产总值55.92%。

1996 ~ 2000年京口区经济情况统计表

表5-3　　单位：亿元

年份	地区生产总值	第一产业增加值	第二产业增加值	第三产业增加值	工农业总产值	工业总产值	工业销售总额	社会消费品零售额	出口创汇（万美元）	财政总收入	财政总支出
1996	11.16	0.47	3.89	6.80	19.78	18.87	12.44	2.07	2361.43	0.63	0.42
1997	12.14	0.48	4.56	7.10	21.94	20.96	13.80	1.43	2826.67	0.66	0.43
1998	13.15	0.51	4.95	7.69	24.50	23.48	16.27	14.01	1607.11	0.73	0.56
1999	13.83	0.52	5.36	7.95	25.92	24.88	17.50	15.59	924.24	0.88	0.51
2000	16.13	0.54	6.57	9.02	22.63	21.57	17.62	16.03	1332	1.02	0.76

说明：1.1996 ~ 1997年社会消费品零售额不含个私经济。2.工农业生产总值为现价

五、“十五”期间（2001 ~ 2005年）

“十五”期间，全区按照“千方百计保稳定，凝心聚力求发展”和“两率先、两步走”要求，完成地区生产总值133.4亿元，其中第一产业增加值3.12亿元，第三产业增加值67.04亿元。工农业总产值238.2亿元。工业销售收入237.64亿元，工业增加值60.32亿元。其中规模工业增加值40.57亿元，社会消费品零售总额133.73亿元。出口创汇30376万美元。财政总收入230649万元，财政总支出97247万元。

2001年，全区完成农业总产值10610万元。多种经营产值占农业总产值的比重达80%，粮食与经济作物比例为38 ：62，经济作物比重提高5个百分点，工业经济持续增长，42家规模企业完成销售9.79亿元，规模企业增加值、销售额分别占全区工业经济总量的38.77%和48.87%。全年在建技改项目93个，总投资11亿多元，其中总投资1000万元以上3个，500万元~1000万元6个。总投资额7亿元的“江南·颐和家园”住宅区项目，建筑面积62万平方米。由香港中盛粮油集团公司，投资850万美元的植物油深加工项目，一期当年投产。镇江陶瓷城、镇江甘露商城、镇江置业城等第三产业年营收12亿元，税费1200万元。坚持“外向带动”，新办合资企业5家、独资企业4家，实际利用外资1350万美元，完成出口创汇1373万美元。新增个体工商户2287户、私营企业244家，个私经济占全区经济总量比重达47%。2002年，固定资产投资6.01亿元，增长46.6%。完成技改投入2.91亿元，增长38.57%。全年实际利用外资2441万美元。新增个体工商户2100户，私营企业425个，从业人员3400余人。赴浙江台州招商共签约项目19个，协议民资4.1亿元。2003年，调减粮田66.67公顷，重点发展果树、花木种苗等经济林木，粮经比调整为22 ：78，果木、种苗、精品蔬菜种植初步形成特色。新时代公司被评为市级农业龙头企业，实现区龙头企业零的突破；瑞京农科园升格为市级示范园；世农公司升格为省级农业示范园。房地产开发总投资20.2亿元，恒美嘉园、香江花城等住宅区开发面积180万平方米。引进民间资本18.1亿元。镇江鸿泰钢铁、镇江宝华半挂、镇江正恺电子等一批私营企业不断增资扩股。

2004 ~ 2005 年，京口区规模工业企业完成增加值 26.7 亿元，销售收入 113.43 亿元，利税 2.14 亿元。完成工业投入 19.86 亿元，乡镇工业总产值 132.27 亿元，销售收入 130.25 亿元，营收 58.98 亿元，利润总额 1.7 亿元。街道工业总产值 7.52 亿元、销售 7.07 亿元、营收 54.18 亿元、利润总额 8260 万元。私个企业引进民资 31.5 亿元，新增企业 95 个、个体工商户 2600 户，新增注册资本 6.92 亿元。培育市、区两级农业龙头企业 6 家，其中市级 4 家。涌现出“五龙神”有机大米、“康颜”蜂制品、“瑞京”蔬菜等一批名优产品。规模工业企业销售超亿元企业 10 家，其中中盛粮油、鼎胜铝业、鸿泰钢铁进入全市 50 强。实施“丁香花”（百千万）工程，开展“项目进园区”活动，组织实施总投资 1000 万元以上项目 70 个，总投资 75 亿元。2005 年，民营规模工业销售收入 33.5 亿元，占全区规模工业销售 53.13%，成为全区工业经济发展的重要力量。

2001 ~ 2005 年京口区经济情况统计表

表 5-4　　　　单位：亿元

年份	地区生产总值	第一产业增加值	第三产业增加值	工农业总产值	工业销售	工业增加值	规模工业增加值	社会消费品零售额	出口创汇（万美元）	财政总收入	财政总支出
2001	18.84	0.55	10.24	25.09	20.03	7.66	2.97	17.31	1373	1.22	0.92
2002	22.07	0.59	11.61	31.18	26.70	9.40	4.17	18.53	2452	1.71	1.40
2003	25.90	0.63	13.17	37.62	34	11.52	6.73	20.09	3823	2.65	2.01
2004	30.42	0.65	14.94	63.29	78.71	14.12	12.68	35.78	9981	7.35	2.53
2005	36.17	0.70	17.08	81.02	78.20	17.62	14.02	41.21	12747	10.14	2.88

六、“十一五”前两年（2006 ~ 2007 年）

2006 ~ 2007 年，全区完成地区生产总值 92.66 亿元，其中第一产业增加值 1.57 亿元、第三产业增加值 44.59 亿元。工农业总产值 334.5 亿元，工业销售收入 321.77 亿元，工业增加值 44.63 亿元。规模工业增加值 78.11 亿元，社会消费品零售额（按在地统计数）146.63 亿元，出口创汇 7.94 亿美元。财政总收入 23.94 亿元，财政总支出 6.89 亿元。

2006 年，全区开展“大项目建设绩效年”活动。完成农业总产值 13290 万元，新增市级农业龙头企业 1 家。实现工业税收 4.2 亿元，增长 16.5%。规模工业占全区工业销售的 89%，税收占全区财政收入的 43.12%。销售超亿元企业 16 家，其中索普集团、鼎胜铝业、中盛粮油等 8 家企业进入全市工业 50 强。完成固定资产投资 55.8 亿元。其中规模以上企业投资 51.9 亿元，民营企业投资 29.88 亿元。总投资 1000 万元以上项目 52 个，投资总量达 199.99 亿元。鼎胜铝业二期、永丰电光源、格兰春普 3 个项目成为京口区年产值 10 亿元以上新的经济增长点。投资 2.8 亿元的宝华物流一期（100 辆槽罐车）投入运营；投资 2.34 亿元的红豆广场和世纪联华超市相继开业。京口工业园区升格为省级开发区。房地产业对区财政贡献率达 25% 以上。2007 年，农业总产值 15187 万元。瑞京农科园成为江苏省第一批省级观光示范园，年接待 4 万人次。销售超亿元企业 17 家，其中超 10 亿元企业 3 家。全社会固定资产投资 74.15 亿元；增长 32.9%；规模企业固定资产投资 66.46 亿元，增长 28.05%；规模工业投入 21.94 亿元，增长 32.9%。全区推进和实施单体规模超 5000 万元的项目 59 个，涉及总投资 286.58 亿元。全区服务业着力推进“10555”（建设 10 家特色街区，5 大市场、5 大精品酒店、5 大物流研发中心）工程。12 月，宝华化工物流全面营运；华地国际购物中心动工兴建；镇江皇冠假日酒店加快建设速度，第一楼街步行街、欧尚超市等大项目开业。新批外资项目 13 个，增资项目 3 个。出口创汇 4.67 亿美元，增长 42.86%；外经营业额 600 万元。乡镇工业总产值 130.46 亿元，销售收入 131.58 亿元。街道工业 20.63 亿元，销售收入 19 亿元。个体工商户 8934 户，内资、独资、合伙企业、有限责任公司 1500 多家。新增注册资本 7 亿元。118 家规模工业中民营（含股份制）企业 74 家，占总数的 62.7%。

2006 ~ 2007 年京口区经济情况统计表

表 5-5　　　　　　　　　　　　　　　　　　　　　　　　单位：亿元

年份	地区生产总值	第一产业增加值	第三产业增加值	工农业总产值	工业销售	工业增加值	规模工业增加值	社会消费品零售额	出口创汇（万美元）	财　政总收入	财　政总支出
2006	42.30	0.74	20.26	153.72	148.41	20.43	38.08	67	3.27	9.74	2.93
2007	50.36	0.83	24.33	180.78	173.36	24.20	40.03	79.63	4.67	14.20	3.96

1993 ~ 2007 年京口区经济发展主要指标完成情况表（一）

表 5-6　　　　　　　　　　　　　　　　　　　　　　　　单位：亿元

年份	国内生产总值	工业总产值	农业总产值	全社会固定资产投资完成额	财政总收入
1993	5.54	10.76	0.42	1.64	0.34
1994	8.18	16.09	0.62	3.32	0.41
1995	9.53	15.10	0.77	2.47	0.58
1996	11.16	18.87	0.92	2.54	0.63
1997	12.14	20.96	0.98	2.87	0.66
1998	13.15	23.48	1.02	2.95	0.73
1999	13.83	24.88	1.03	3.25	0.88
2000	16.13	21.32	1.06	3.67	1.02
2001	18.84	24.03	1.10	4.10	1.22
2002	22.07	30.06	1.12	6.01	1.71
2003	25.90	36.46	1.15	11.02	2.65
2004	30.42	62.06	1.23	13.82	7.35
2005	36.17	79.67	1.35	19.30	10.14
2006	42.30	152.25	1.33	55.80	9.74
2007	50.36	179.94	1.52	74.15	14.20

1993 ~ 2007 年京口区经济发展主要指标完成情况表（二）

表 5-7

年份	社会消费品零售总额（亿元）	合同利用外资（万美元）	实际利用外资（万美元）	进出口总额（万美元）	在岗职工平均工资（元）	城镇居民人均可支配收入（元）	农村居民人均纯收入（元）
1993	17.22	1638	782	—	4112	3383	1682
1994	18.68	509	759	—	5023	4348	2102
1995	20.38	332	256	—	5080	5232	2647
1996	22.46	640	509	—	5770	5665	3318
1997	24.25	1460	628	—	6304	6105	3700
1998	26.85	4467	983	—	6493	6200	3886
1999	30.08	2780	1045	—	6832	6767	3953
2000	33.47	1813	1001	2073	8580	7385	4032
2001	36.15	4312	1350	2230	9409	7929	4234
2002	38.68	4266	2441	4949	11058	8448	4470
2003	43.63	8724	4439	7461	12953	9735	5080
2004	49.87	12221	5046	17997	15318	11184	5705
2005	57.45	22309	3847	17355	17708	12766	6372

续表 5-7

年份	社会消费品零售总额（亿元）	合同利用外资（万美元）	实际利用外资（万美元）	进出口总额（万美元）	在岗职工平均工资（元）	城镇居民人均可支配收入（元）	农村居民人均纯收入（元）
2006	67	18815	5167	41660	22226	14719	7245
2007	79.63	10935	7429	50055	26662	17278	8213

1993 ~ 2007 年京口区地区生产总值情况表

表 5-8　（当年价）

年份	地区生产总值（亿元）	第一产业（亿元）	第二产业（亿元）	第三产业（亿元）	人均地区生产总值（元）
1993	5.54	0.21	2.16	3.17	10700
1994	8.18	0.32	3.52	4.34	15003
1995	9.53	0.41	3.20	5.92	15779
1996	11.16	0.47	3.89	6.80	17390
1997	12.14	0.48	4.56	7.10	17319
1998	13.15	0.51	4.95	7.69	17944
1999	13.83	0.52	5.36	7.95	18439
2000	16.13	0.54	6.57	9.02	21139
2001	18.84	0.55	8.05	10.24	24590
2002	22.07	0.59	9.87	11.61	27010
2003	25.90	0.63	12.10	13.17	30755
2004	30.42	0.65	14.83	14.94	32396
2005	36.17	0.70	18.39	17.08	38194
2006	42.30	0.74	21.30	20.26	45089
2007	50.36	0.83	25.20	24.33	52868

第二节　社会事业发展

一、建区初期（1983 ~ 1985 年）

1983 年 9 月，京口区先后建立区文教、卫生、民政、城市建设环保等委、办、局，管理文教体卫、市政城建等社会事业。

1984 ~ 1985 年，区属小学教育质量明显提高，“四率”（普及率达 100%，巩固率达 99.9%，毕业率达 98.7%，升学率 98.4%）进入全省小学教育先进行列。开办弱智低能儿童班。市下达京口区教育基建经费 206.7 万元，市教育局校舍维修费 16.5 万元，先后翻建区小学、幼儿园校舍 1.2 万平方米，拆除危房 5000 多平方米，维修 3800 多平方米，添置课桌 2028 套，使各学校、幼儿园校容校貌有所改观。区人民医院发挥区位优势，设立特色专科，提高医疗服务质量，开办门诊分部和医疗点。

二、“七五”期间（1986 ~ 1990 年）

“七五”期间，小学生体育达标率 95%，优秀率 92%，居全市第一。中山路小学和镇江聋哑学校被命名为江苏省德育工作先进学校。全区 20 所小学实行校长选任负责制、教师定编聘任制、教师岗位责任制，三分之一小学达到《江苏省中小学常规管理》要求。新建和扩建市实验小学、红旗小学、八叉巷小学和草巷、中华路、新河街幼儿园等教学楼，总投资211.5万元，面积6345平方米。贯彻落实《中华人民共和国义务教育法》，13所小学达省、市义务教育标准。幼儿园增加到21所，幼儿入园率80%以上；创办第二所弱智儿童辅读学校。初级技工和初中文化补课合格率74.5%，中技学习和培训580多人，进修各类大专460人，占职工总数38%，被评为市教育职工先进单位。区财政对教育经费逐年增加，先后新建教学楼1.5万多平方米，其中修缮校舍3200平方米，添置100多万元教学设施。

区医疗卫生事业坚持走“小”而“专”道路，形成特色综合性与专科性相结合的医疗卫生体制。新建医院门诊楼，医院总床位增加到246张。各医院加强专科建设，如康复医院中医妇科、痔科医院美容科，区医院五官科独具特色。区卫生防疫站增设结核病防治所，建立一、二级预防网络，配备防疫车辆。计划免疫门诊人次增长78%，“四苗”（脊灰糖丸、卡介苗、麻疹疫苗和百日破疫苗）覆盖率达95.26%，家庭病床日平均数达305张。1988年，京口区康复医院再次被命名为省级文明单位，京口区人民医院被省政府审定为省级“儿麻”（小儿麻痹）矫形培训基地。8个街道和区级机关分别成立卫生所。

安置53名残疾人就业，残疾人就业率98.42%。同时组织包户小组102个，照顾120名生活不能自理的孤寡老人。积极开展创文明、树新风和卫生先进活动，15个居委会被省、市、区命名为文明单位；105个单位评为卫生先进单位，其中5个省级卫生先进单位，28个市级卫生先进单位。山门口居委会被民政部、解放军总政治部授予拥军优属先进单位称号。开展“普法”教育和法制宣传，各街道分别建立法律服务所，司法机关和广大干警为市民提供法制服务。各街道、机关、部分企事业单位设有图书馆、文化站。

三、“八五”期间（1991 ~ 1995年）

“八五”期间，普及初等教育，“四率”（入学率、巩固率、合格率、升学率）100%，列全省之首。52所中小学全面推行校长选任制和教师聘任制，职工教育连续6年被评为市先进集体。第一辅读学校在全国第二届特殊奥运会上获金牌2枚。“八五”期间后三年，在保持小学“四率”100%基础上，着力提高初中的教育质量。创办京口职业技术学校（与汝山中学两块牌子一套班子）。各乡镇健全成人教育机构，筹建“成教”中心校，抓紧“扫盲”工作。培训机关事业、企业职工23143人次，全员培训率年均60%以上，岗位培训14575人次。年均高等教育519人次，中等教育450人次，文化基础教育96人次。实施“科教兴区”战略，坚持教育优先，启动教育现代化工程，率先在1所幼儿园、4所小学、1所中学和1个乡镇施行。职业中学发展至6个班。凡具备学习能力的7 ~ 15岁残疾儿童、少年进入辅读学校、聋哑学校接受九年义务教育，1994年，京口区被评为省“特殊教育先进县（区）”。象山乡、丹徒镇和2所中学、10所小学、2所幼儿园通过省“双基”（基本普及九年义务教学、基本扫除青壮年文盲）检查验收。在城区范围内小学生源剧增的情况下，妥善安排，确保适龄儿童入学率100%、幼儿入园率街道96%，乡镇85.9%。全区59所幼儿园达到注册标准，市一类幼儿园上升到21所，市二类园上升到34所。京口区被评为“全国特殊教育先进县（区）”。新建贺家弄幼儿园、实验小学室内游泳馆、桃花坞小学运动场，完成红旗小学、实验小学等10所小学和幼儿园扩建、改建工程，添置教学设备。投入531万元新建和扩建中山路小学、小码头小学、丹徒中学等教学楼和教工宿舍楼，建筑面积3935平方米。抢修危房（校舍）1665平方米。

“八五”期间，全区医疗卫生工作坚持“预防为主、防治结合”的方针，实现规范化管理，强化二级考核。区及乡镇医疗卫生机构12个，医技人员394名。谏壁镇卫生院被市卫生局评定为首批一级甲等医院。医疗系统走“专科兴院”道路，发展小、专、特色专科业务，新增眼科、口腔科等。在全面完成本职业务外，先后完成全国第三次高血压抽样调查、京口区小儿麻痹后遗症患者社会调查。区人民医院为全省培训“儿麻”矫治技术人员100多名，收治“儿麻”患者2632例，有效率92.54%。澳大利亚、美国、挪威及爱德华基金会等国际卫生组织多次派专家到区人民医院考察访问。1992年6月，成立京口区妇幼保健所。区红十字会、区医学会分别进行换届选举。1995年，镇江市被国务院确定为职工医疗保险制度改革试点城市，全区定点医院5所，工矿企事业单位253家参保，人数16162人，参保率分别达98%和99%，资金到位率99%。推行公费医疗改革，公费医疗门诊费同比下降29%。

举办京口区首届运动会，并多次组织职工、中小学生、老年人、残疾人参加市及省各类运动会，并承办江苏省第七届老年人乒乓球比赛。

城乡人民生活水平不断提高。据1991 ~ 1994年街道和乡镇人均年抽样调查，1991年，职工人均收入3383元，比上年增长41%。1993年，职工人均年收入为3942元，比上年增长16.52%；农民人均年收入2102元，比上年增长24.97%。1994年，职工人均年收入4764.68元，比上年增长20.87%；农民人均年收入2620元，比上年增长24.64%。

四、“九五”期间（1996 ~ 2000年）

1996 ~ 2000年，京口区实施“科教兴区”战略，将教育工作重点转移到农村，促进城乡教育一体化发展。坚持高标准、高质量实施九年义务教育，基本普及学前三年教育和高中阶段教育。全区6所中学，初中71个班，高中16个班，职业高中9个班。初中入学率100%，巩固率98.8%。一次性毕业率98.67%，升学率97.2%。小学34所，498个班级。全面启动教育现代化工程，中山路小学率先进行课程改革试点。1997年秋季，所有小学高年级均开设英语课。全区教师通过学历进修，初中教师学历合格率79.2%，本科学历（含双大专）占11.8%，小学教师学历合格率96.28%，公办幼儿园教师学历合格率98%。特级教师3名，高级教师48名，中级教师599名。中高级职称占教师总数44%。同时，加强教育督导队伍建设，聘请区人大、区政协领导等12人为区教育特约督导员，重点对区属中、小学素质教育督导评估，抓好象山乡教育现代化工程督查、指导，象山乡教育硬件和软件建设，通过省级教育现代化先进乡镇验收。评选5所区级模范学校，2所市级模范学校、2所省级模范学校。加快教育现代化步伐，八叉巷小学实施改扩建工程，一批小学、幼儿园通过省级验收。深化教育体制改革，推进合作办学、公办民助等办学形式，成立市区首家股份制小学——索普小学。市第九中学与新西兰惠灵顿中学缔结为友好学校，被南京师范大学列为教育科研基地。全区2669名专业技术干部，有83.66%参加继续教育培训。500人取得计算机应用等级证书，190人获外语等级证书。全区共培训机关事业、企业职工及农民39502人次，年均7900人次。1997年，农副业班21个，培训3515人次。1996年，高等教育599人次，1997年，高等教育857人次，2000年，学历培训3835人次。

1996年12月，区人民广播电台试播。按照无线广播、有线电视录音制作及播控要求，装修完成120平方米播控制作中心。全区各乡镇有线电视网达到联网技术要求，有线电视入网8228户。1997年，全区有线电视光缆信号一次性成功开通，各乡镇与镇江市有线电视联网率达100%。谏壁镇、丹徒镇、汝山乡、开发区等乡镇，从原来收看13套，增加到26套电视节目。

全区医疗卫生开展以“病人为中心”活动，采取综合措施，做好传染病防治和计划免疫工作。全区传染病发病率比1995年下降15.7%。1999年，7所卫生医疗单位，385名职工中有卫生医技人员310名，占80.5%。其中高级医技人员4名，占1.3%;中级62名，占20%;初级244名，占78.7%。区人民医院与中国农工民主党上海市委员会签订协议，建立中国农工民主党上海市委医卫专家镇江京口服务基地，开设心内、神经内、小儿、皮肤、整容美容等专科。江滨新村、花山湾、桃花坞三个社区健康服务中心成立，方便社区居民医疗保健。切实加强计划生育合格村创建，创建率达90%，计划生育率99.8%。

1996 ~ 2000年，城乡居民收入稳定增长。1996年职工收入5770元，农民人均纯收入3318元。2000年，职工平均工资8580元，5年净增2810元；农民人均纯收入4032元，5年净增714元。

2000年，文化体育事业蓬勃发展。10月，举办京口区文化艺术节，5000余人参加。建成谏壁公园全民健身配套工程及健康路街道、象山乡等3处全民健身点。

五、“十五”期间（2001 ~ 2005年）

2001~2005年，全区科教、文体、卫生等各项事业协调发展。科技事业蓬勃发展，通过全国科技先进区达标考核。实施各类科技项目41个。其中，省级重点攻关项目1个，省级“星火”项目1个，省级高新技术产品4个。在全市率先通过“省科普示范区”考核验收。

八叉巷小学乒乓馆竣工使用、创建省级模范学校2所、省教育现代化示范初中1所、省示范性实验小学7所。加强创建品牌学校，区实验小学被评为省级实验小学，第九中学被评为省级示范初中。教育投入3000万元，建设“数字校园”，新建、改建校舍4.5万平方米，镇江第九中学扩建成为“省三星级高中”，镇江第十中学完成易地重建。

京口文化广场、区图书馆投入使用。举办“情满京口”大型晚会和“秋的和谐”街头文化节。推进建设文化项目13个，总投资3500万元、总建筑面积1.3万平方米，桓王亭等7个项目相继建成，新建全民健身点8个，健全区、乡、村三级卫生保健组织网络。全区建成7个社区卫生服务中心，同时启动汝山医院和区疾病控制中心建设；大力开展艾滋病、血吸虫等传染病防治和禽流感等重大动植物防疫工作。农村合作医疗保险覆盖率92.4%。计划生育达标率99%以上，人口出生率控制在4.2‰以下。市容卫生取得明显成效，创建省级文明单位、文明小区12个，市级36个。京口区被民政部命名为“全国社区建设示范区”。

2002年，城镇职工年均收入9409元，农民人均纯收入4470元。2003年，在岗职工年均工资收入11058元，农民人均纯收入4472元。2004年，城镇居民人均可支配收入11184元，农民人均纯收入5705元。2005年，城镇居民人均可支配收入12766元，农民人均纯收入6372元。城镇养老保险参保率95%以上。推进最低生活保障制度，同年，全区享受低保待遇2710人，发放低保资金318.9万元。

六、“十一五”前两年（2006～2007年）

2006～2007年，全区投入2734万元，新建市教育信息化先进学校4所，市十大优秀教育网站2家。实施农村义务教育、低保家庭子女入学减免152.31万元。优化教育资源，义务教育入学率、巩固率分别达100%、99.5%以上，初中毕业升学率100%。不断加大科技投入，科技项目立项达80多项，其中，省、市高新技术产品6项，有1项获国家中小企业创新基金。

2007年，区委、区政府以“全面小康决胜年”为抓手，全面小康社会4大类18项25个指标，京口区有24个指标达到省定目标值。开展省级社区卫生服务先进区创建活动，健全社区卫生服务“六位一体”功能。全面启动社区卫生药品零差价供应，社区卫生服务网络覆盖面100%。区疾控中心和象山镇卫生服务中心大楼投入使用。被评为省级社区卫生服务先进区。加快基层文体设施建设，建成象山镇、谏壁镇、四牌楼街道文体活动中心。全区建成6个全民健身点，53个社区文化活动室达标。成功打造京口路、米山人家等8个文体示范社区。全面推进最低生活保障制度，累计为1545户3316人发放“低保”资金903.6万元。“社保”扩面征缴工作取得新进展，净增参保人数5794人。开展“充分就业”主题活动，新增城镇就业7084人，农村劳动力转移4462人。城乡居民生活水平继续提高。2006年，城镇居民人均可支配收入14719元，比上年增加15.3%。农民年人均纯收入7245元，比上年增加13.7%。2007年，城镇居民年人均可支配收入为17278元，比上年增长17.39%；农民年人均纯收入8213元，比上年增长13.36%。农村合作医疗保险参保率达99.6%，覆盖率100%。

第二章　经济体制改革

1983～1987年，京口区试行企业承包责任制，逐步推行厂长（经理）聘用制、浮动工资制、任期目标责任制及租赁经营等多种形式的经济体制改革。1988年，区委、区政府设立体制改革委员会（以下简称区体改委），先后对12家工业企业推行竞标（认标）承包经营。1989年，区工业公司分别成立6个行业办公室管理相关企业。1991年，设立区经济发展咨询办公室。1992～1995年，全区进一步推进机关和企事业单位体制改革，同时对街道经济体制进行改革试点。对商业系统小型国有企业实施租赁经营、出售产权、破产等改革措施，先后组建镇江华联商厦股份有限公司和江苏置业集团、江苏金象集团两个省级集团公司，新建、改制有限责任公司和股份合作制企业56家，股本总额1.87亿元；实行公有民营企业118家。

1996年，京口区成立产权制度改革领导小组，确定镇江市耐磨材料厂、京口制帽厂为首批乡镇企业股份合作制试点单位。1997 ~ 1998年，江苏金象集团实施分段突围，组建镇江金宇轧辊有限责任公司；全区389家区及乡镇（园区）企业改制373家，占95.89%。2000 ~ 2006年，全区继续深化改革，完善法人治理结构，推进现代企业制度建设，新改制企业45家（含原改制为租赁企业），江苏置业集团在市产权交易中心公开上市转让。2007年，全区企业改制基本结束。

第一节　机构沿革

1988年5月，京口区设立区体改委，从区委、区政府办公室、区委宣传部、区计经委、财政局、劳动人事局、税务分局及工业企业抽调人员组成。区委常委、副区长赵兴根兼主任。8月，市“政办”32号批复，区体改委列为区政府工作部门。1991年，京口区经济发展咨询办公室成立（设在体改委）。1993年，区体改委内设综合体制科，并设立京口区资产交易所，为自收自支全民事业单位。1996年7月，京口区党政机构改革，区体改委更名为区经济体制改革办公室（以下简称区体改办），不再列为政府工作部门，由区政府办公室管理，内设综合体制科。2001年10月，区体改办并入区发展计划与经济贸易局，全区经济体制改革工作由区发展计划与经济贸易局实施。2002 ~ 2007年，体改机构无变。

第二节　企业承包责任制

一、试行企业承包

1983年3月，镇江市无线电线器材厂与原金山区政府签订承包合同，开辟市区企业经济体制改革试行先河。1984 ~ 1985年，区委、区政府大力推广无锡县堰桥乡“一包三改”经验，制定落实对企业简政放权的若干规定和措施。区属43家工业企业中，28家企业实行经济承包责任制，占65%。16家企业实行厂长聘用制。无线电线器材厂在设备人员相同的情况下，1984年完成产值222万元，比上年增长47.6%，人均产值2万元；实现利润35.85万元，人均3064元。在总结承包经验的基础上，重点搞好内部承包及配套。确定承包基础要坚持先进合理的原则，既挖掘企业潜力，又使承包人经过努力有额可超。奖金分配上要求注意干部与职工比例得当。国家要保证，集体要留足。在发展生产，增长效益基础上，做到国家得利、企业发展、职工受益。以搞活企业为中心环节，进一步简政放权，把产、供、销、人、财、物方面自主权积极稳妥地放到企业，进一步完善厂长（经理）负责制和任期目标责任制，完善经济承包责任制。

二、浮动工资和厂长负责制

1986年9月，全区工业企业开始实行浮动工资制，将职工基本工资的一部分和奖金捆在一起，与各项指标完成情况挂钩，实行奖勤罚懒，由各主管部门成立浮动工资制领导小组重点指导。1987年年末，区属37家工业企业中，实行浮动工资制的企业34家，占企业总数的91.9%。

1987 ~ 1995年，全区推行企业承包制、厂长负责制、租赁经营制、承包经营责任制等改革。1988 ~ 1992年，先后在镇江市工业缝纫机厂等12家企业实行厂长负责制，区经济技术开发公司（后改称区化学工业公司）与市有机化工厂签订租赁经营合同，为首家区属租赁企业。推行镇江鞋厂销售大包干，无线电线器材厂承包经营、浮动工资等不同形式的体制改革。区体改委先后制定《关于企业公开招标有关问题的暂行规定》等政策性文件。1996 ~ 2007年，全区经济体制改革向产权制度改革深化。

第三节　产权制度改革

1992年10月，京口区成立镇江华联商厦股份有限公司，属首批省规范化股份制试点单位之一。1994年，组建江苏置业集团和江苏金象集团2家省级集团。至1995年，组建或改制有限责任公司和股份合作制企业56家，股本总额1.87亿元。实行公有民营企业118家。

1996年7月，区委、区政府成立产权制度改革领导小组，下设办公室，启动新一轮产权制度改革。镇江市耐磨材料厂、京口制帽厂被列为全区首批乡镇企业股份合作制试点单位。成立区改制指导小组分驻试点企业，进行清产核资、资产评估、产权界定、资产剥离、募集股份、建立法人治理结构等。其中，耐磨材料厂126名职工有100名职工入股，参股率80%，吸纳职工股本42.4万元；京口制帽厂探索"厂村合一"改制形式，吸纳职工增量股18.6万元。实行经营层控大股，经营骨干认股额15.5万元，占职工认股总额的83.3%。1997年10月，区成立产权制度改革调研小组，召开座谈会12场（次），为全区乡镇企业深化改革，做好前期准备工作。同年，全区在股份合作制试点基础上，推进企业股份制改造。组织力量指导江苏金象集团的企业改制。通过深入调查研究，对企业内部实施分块突围。将局部尚存优势的轧辊分厂，先期进行股份制改造，组建镇江金宇轧辊有限责任公司，注册资本2000万元，其中乡镇集体拥有股本1000万元，占总额的50%；金象集团公司拥有股本600万元，占企业股本总额的30%；原轧辊厂职工集体拥有股本400万元，占总额的20%。同时，对镇江市工业缝纫机针厂、镇江市低压电器厂等企业进行股份合作制改造。

1998～1999年，区及乡镇、开发区、场圃、经济主管部门所属企业389家，改制373家，占95.89%。其中：出售35家，占9.38%；股份制65家，占17.43%；租赁177家，占47.45%；其他形式改制的96家，占25.74%。出售企业应回收资金2443.7万元，回收率78.8%。累计盘活存量资产1.8亿元，带动增量1.95亿元，资产评估值比账面值平均上升31.75%。

2000～2002年，区经济体制改革办公室（2001年10月并入区发展计划与经济贸易局）研究并提出经济体制改革实施意见，经区委、区政府批转下发，同时参与制定企业改革规划和方案，指导企业改革工作、完善法人治理结构，推进现代企业制度建设。具体由乡镇、开发区、场圃及经济主管部门实施具体操作。2003～2004年，区委、区政府提出"四到位一基本"（企业整体改制到位、公有资本退出到位、职工身份置换到位、债权债务处理到位和基本建立现代企业制度）新一轮产权制度改革。

2006～2007年，全区推进企业改革。重点处理企业改制后遗留事项，完善法人治理结构；对所未改制企业加快改制步伐，其中校办工业通过改制、脱钩、清算将公有资产退出。同时，区委、区政府成立江苏置业集团改革领导小组，下派指导小组，对其进行改制。2007年1月，江苏置业集团通过市产权交易中心公开上市。2007年12月，全区各乡镇、经济主管部门工业企业改制结束。

第三章　经济结构

1983年8月，区属经济由工业、商贸服务业、交通业、建筑业组成。1985年，区属工业企业43家，商业服务网点475家，建筑、交通企业6家，物资所属企业5家。同年，换发全国统一个体工商户营业执照2446户，从业人员2841人，注册资金576.2万元。按所有制结构划分，有全民、集体、个体私营构成。按产业结构划分，有第二产业和第三产业。1992年10月，区划调整后，区属经济由第一、第二、第三产业构成。

1993 年，乡镇工业划入后，经济结构形成冶金、化工、机械、五金工具、机电、电子、仪表、食品、服装、鞋帽等十大行业，产品品种达 400 多种。

1993 ~ 2007 年，农业方面有粮食、油料、蔬菜、农副产品及养殖业水产品等经济种类。其中粮食和油料 2007 年比 1993 年分别增长 109.28%、51.72%。蔬菜占全区耕地面积约 26%，品种 130 多种。全区农业以“稳农、保供、富民”为目标，实行区域化布局、专业化生产、项目化管理、一体化经营、社会化服务，创建特色农业和观光农业，抓好“致富工程”“育龙工程”和“科技兴农”等，先后培育农业龙头企业 5 家，瑞京农科园为江苏省首批省级观光示范园。农业、工业、服务业经济结构协调发展。1993 年，三产比重为 3.8 ∶ 38.9 ∶ 57.3；2003 年，三产比重为 2.7 ∶ 46.72 ∶ 50.58；2007 年，第一产业比例继续下降，三产比例为 1.65 ∶ 50.04 ∶ 48.31。从业人员比例不断变化，2000 年，三产从业人员比例为 13.44 ∶ 35.54 ∶ 51.02。2005 年，三产从业人员比为 7.52 ∶ 31.29 ∶ 61.19。2006 ~ 2007 年，由于实施“无村区”发展战略，第一产业从业人员逐年下降，第三产业从业人员渐增。

第一节　所有制结构

一、全民所有制经济

1984 年，区商业局先后成立镇江市第二饮食服务公司、镇江市第二糖烟酒公司，区属全民所有制企业 54 家，占城区商业网点（475 家）11.37%。其中饮食业 16 家，旅馆业 23 家，理发业 6 家。

1991 年 12 月，华联商厦开业，组建成华联商厦股份有限公司，成为全区最大的国有控股公司，1993 ~ 1995 年销售总额 3.78 亿元，利税 2849 万元。

1993 年，全区有全民所有制工业企业 3 家。是年，京口房屋建设开发总公司组建镇江京口置业（集团）公司，1994 年经江苏省工商行政管理局核准登记，镇江市京口置业（集团）公司升格江苏置业集团总公司。置业集团（与香港合资）投资建立镇江皮鹿丹时装有限公司，1995 年皮鹿丹时装有限公司完成工业产值 1.56 亿元，销售 1.42 亿元，外贸出口 1000 万美元，实现利税 1560 万元。1998 年，全民所有制经济工业企业社会商品零售总额 1162 万元，占全区工业总产值的 0.91%。2007 年，京口区规模国有及国有控股企业 10 家，全年工业总产值 52.97 亿元，占全区规模企业工业总产值（156.86 亿元）的 33.77%；工业增加值 16.64 亿元，占规模企业工业增加值（40.03 亿元）的 41.57%；利税总额 9.64 亿元，占规模企业利税总额（13.31 亿元）的 72.43%。

二、区属集体所有制经济

1983 ~ 2007 年，全区工业、商贸、建筑、交通、物资、供销社等下属企业，从集体所有制为主体逐步过渡到各种经济成分并存，集体企业不再占主体地位。

1984 年，区属工业集体所有制企业 43 家；区属集体所有制商业网点 192 家，其他集体所有制商业网点 229 家；建筑企业 1 家，街道办事处和部分企业单位建筑企业 46 家；交通运输企业 5 家，物资企业 3 家。1985 年，全区工业总产值 4296 万元，其中集体所有制企业 4167 万元，占总产值的 97%。

1995 年，全区工业总产值 146111 万元，集体经济占总产值的 73.74%。

1998 年，京口区全面推进企业改制，90% 以上企业改制为股份制企业和民营企业。2001 年，全区工业总产值 240316 万元，其中集体企业工业总产值 39479 万元，占 16.43%。2006 年，实行经济统计工作属地管理，规模企业中集体企业 9 家。2007 年，规模集体企业工业总产值 2.46 亿元，占规模工业总产值 1.57%；工业增加值 0.74 亿元，占规模工业增加值 1.65%；利税 700 万元，占规模工业利润总额 0.05‰。

三、乡镇、街道、村（居）集体所有制经济

1993 ~ 2007 年，全区农村实行“统分结合、双层经营”的集体经济体制。乡镇工业、商贸流通以集

体所有制为主、个体经济为辅，逐步发展为集体经济、个私经济、股份制经济、中外（港、澳、台）合资经济等所有制结构。1993 ~ 1995 年，乡镇工业总产值增加较快，3 年完成工业总产值 287259.3 万元。其中村办工业产值逐年增加（1993 年 31535 万元、1994 年 48609 万元、1995 年 56057.8 万元）。1998 年，乡镇（村）工业销售 120480 万元，占全区工业销售 74.04%。乡镇（村）工业总产值 331400 万元，占全区工业总产值 90.88%。2007 年，乡镇（村）工业总产值 1304614 万元，占全区工业总产值（1791773 万元的）72.57%; 工业销售 1315769 万元，占全区工业销售 75.9%。

1983 年，街道（居委会）以集体经济为主体，少量个私经济。1984 年，街道（居委会）工业总产值 155.58 万元，占全区（3295 万元）的 4.72%。1995 年，工业总产值 10081 万元，占全区（14.61 亿元）的 6.9%。其中居委会工业完成 9801.4 万元，占全区总产值 6.7%。1998 年，街道（居委会）工业销售 22323.5 万元，占全区 13.7%; 营业收入 183133 万元，占全区 36.57%。社会消费品零售总额 37665 万元，占全区 18.02%。2007 年，街道（居委会）工业总产值 206312 万元，占全区 11.51%; 消费品零售总额 702813 万元，占全区 88.26%。

四、非公有制经济

1983 年，京口区工商局设立区个体经济管理科。1984 年，换发全国统一个体工商户营业执照 2446 户，从业人员 2841 人，注册资金 576.2 万元。1989 年，办理个体工商户 3155 户，从业人员 4790 人，注册资金总额 534 万元。1990 ~ 1995 年，个体、私营企业加速发展，全区个体工商户 4395 户，私营企业 90 家。

1991 年，京口区组建首家中外合资企业。1993 年，全区开展股份制试点工作，新建、改制股份制企业 29 家，其中股份合作制企业 22 家、有限责任公司 7 家，股本总额 3118.05 万元，增量股本 1447.87 万元。1995 年，累计组建有限责任公司和股份制企业 56 家，股本总额 1.87 亿元，三年新建“三资”企业 55 家。实现外贸供货额 2.8 亿元。出口创汇和自营出口 1446.02 万美元。1993 ~ 1995 年农村个体经济高速度增长。1993 年完成营业额 2699 万元 ;1994 年，完成营业额 13359 万元，同比增长 3.95 倍 ;1995 年，完成营业额 13934 万元。2000 ~ 2001 年，区个体私营发展局协调和配合乡镇、街道，采取逐街逐巷、逐村逐组、一产一表登记，对辖区内工商企业及个私企业数量、分布、结构、规模等开展普查。2001 年，全区有个体工商户 5710 户，其中工业企业 284 家，餐饮业 892 家，美容美发业 170 家，商贸流通业 3419 家，建筑、装潢维修服务 520 家，社区服务、信息中介 425 家，私营个体经济结构占全区经济总量比重 47%，实现利税占全区 43%。2007 年，全区规模私营企业（含股份制企业）74 家，占全区企业总数 62.71%; 工业总产值 75.04 亿元，占全区企业总数 47.83%。“三资”企业 25 家，占全区企业总数 21.19%; 工业总产值 26.39 亿元，占全区企业总数 16.83%。非公有制企业占规模企业 83.9%，工业总产值占 64.66%。

第二节　产业结构

一、第一产业

1992 年 11 月，区划调整始有第一产业。1993 ~ 2007 年，第一产业随着国家经济结构不断调整，以稳定粮、油生产，积极发展多种经营为重点。2000 年后，全区经济和社会事业逐年发展，耕地逐年减少。为充分利用有限土地资源，实施“科教兴农”，在提高单位面积产量和质量的基础上，加快发展新品种，建成一批名特优产品基地，增加一产比重，提高农村生活水平。

1993 ~ 1995 年，全区扩建 4 个万羽禽场，新建 3 个千头猪场，建成“1555”综合基地 2 个（100 亩菜地、500 头猪、5000 只鸡、5000 千克鱼），2 个特色基地（特种水果、特种水产）。新建高标准菜地 14 公顷，钢管大棚 16.13 公顷。1998 年，将农业产业结构调整与市场机制、区域优势、科技创新、农业产业化相结合。

贯彻“稳稻缩麦扩油扩经”方针，小麦调减 66.67 公顷，水稻保持在 906.67 公顷，油菜增加至 126.67 公顷，经济作物 606.67 公顷，畜禽、园艺等高效农业比重不断增加，多种经营产值 7900 万元。1999 年，多种经营产值 8080 万元，占农业总产值 80% 以上。2003 年，建设特色农业区、调减粮田 66.7 公顷，发展花木 13.3 公顷，果树 6.6 公顷，意杨 20 公顷，粮改菜 13.3 公顷，实现粮经产值比 22 ： 78。

2007 年，全区有谏壁镇玉龙养猪合作社、京三园葡萄合作社和京园果品合作社等各类农业合作社 6 家。共有菜田面积 353 公顷，其中设施农业面积 73 公顷，无公害蔬菜基地 220 公顷，高效农业占 40%。

二、第二产业

1984 年，区属工业有五金、机械、工具、电信器材、制鞋、服装、化工、塑料、工艺、食品等 10 多个门类，其中轻工产业比重占 92% 以上。1993 年，产业结构变化较大，重工业总产值 6.46 亿元，占比 61.71%。轻工业总产值 4.01 亿元，占比 38.29%。2003 年金属压延业兴起，重工业占比超过轻工业。（详见第十章工业第一节）

1984 ~ 2007 年，全区建筑业不断进行产业结构调整。1989 年，46 家建安企业调整为 25 家。1992 年，区划调整后，有建安企业 14 家。通过企业改制和培植民营企业发展，全区建筑业所有制结构已形成民营和股份制结构主体格局。2007 年，24 家建安企业中，建筑施工总承包二级企业 1 家，三级企业 4 家，专业承包企业 2 家，建筑装饰企业 17 家。

1993 ~ 2007 年京口区第二产业占比情况表

表 5-9　　单位：亿元

年份	地区生产总值	第二产业产值	占比（%）	年份	地区生产总值	第二产业产值	占比（%）
1993	5.54	2.16	38.99	2001	18.84	8.05	42.72
1994	8.18	3.52	43.03	2002	22.07	9.87	44.72
1995	9.53	3.20	33.58	2003	25.90	12.10	46.72
1996	11.16	3.89	34.86	2004	30.42	14.83	48.75
1997	12.14	4.56	37.56	2005	36.17	18.39	50.84
1998	13.15	4.95	37.64	2006	42.30	21.30	50.35
1999	13.83	5.36	38.76	2007	50.36	25.20	50.04
2000	16.13	6.57	40.73	—	—	—	—

说明：1. 1993 年京口区始有三产统计。2. 2007 年第二产业超第三产业 1.73 个百分点

三、第三产业

1984 年，区商业局先后成立“市二饮服”和“市二糖”公司，下属网点 246 个，占城区商业网点 51.78%。商业网点中，餐饮业 70 家，占 28.45%; 理发业 29 家，占 11.79%; 浴室业 10 家，占 4.07%; 旅馆业 27 家，占 10.98%; 水炉业 28 家，占 11.38%; 食品杂货零售业 82 家（含煤供应点 7 家），占 33.33%。同年，换发全国统一个体工商户营业执照 643 户。有集市贸易市场 16 个，年上市量 17971.6 万千克，成交额 4319.82 万元；交通局 4 个土方运输队，更名为装卸运输公司及物资行业 3 个公司经营部。1991 年，实施“贸易兴区”，三产服务业发展迅速。商业、物资营业额 3.53 亿元，比上年增长 47.1%。1994 年，第三产业结构按增加值比重，排列前 3 位的分别是批发零售、贸易、餐饮业类，占全区三产总增加值比重为 70%。房地产类和金融保险类各占全区三产总增加值比重分别 11.1% 和 6.9%。

1998 ~ 1999 年，全区新建 7 个市场。两年市场成交额 23.4 亿元。2000 ~ 2001 年，全区三产完成地区生产总值 19.26 亿元，占全区地区生产总值 55.08%。房地产业、社区服务业、旅游业，市场建设产业逐

步壮大。2002~2003 年，分别完成新时代广场、太和广场建设；新建王家巷、谏壁镇、丹徒和包家湾农贸市场；形成斜桥街、南门大街、健康路等特色街。2004 ~ 2005 年，紫金大厦、金泰源大厦和嘉源大厦等服务业载体工程相继竣工；总投资 2.8 亿元的宝华化工物流、1850 万美元的中盛现代仓储、1 亿元水木阳光江大服务园商业街、2.34 亿元红豆购物广场等项目开工建设，其间房地产业对财政贡献率达 30% 以上。

2006 年、2007 年，全区三产分别完成地区生产总值 20.26 亿元和 24.33 亿元，占全区地区生产总值 47.9% 和 48.31%。2007 年，宝华化工物流、第一楼街步行街、红豆广场世纪联华超市、中盛现代储运首座码头分别运营或竣工。华地百货、蓝舶科技防腐研发中心等 82 个三产项目，总投资均在 1000 万元以上。

四、服务业劳动力结构

1984 年，区属商业网点 246 家，职工 2157 人。其中旅馆业 27 家，从业人员 211 人；浴室业 10 家，从业人员 323 人；理发业 29 家，从业人员 275 人。个体商户 2285 户，从业人员 2641 人。1989 年，区属商业职工 1687 人（其中第二饮服公司下属饮食业 498 人，旅馆业 165 人，浴室业 488 人，理发业 178 人，水炉业 53 人；第二糖业烟酒公司 404 人；商业总公司 29 人），物资系统 193 人。街道商业从业人员 2765 人，校办商业从业人员 200 人，个体商业从业人员 3690 人，环卫系统职工 855 人，交通系统职工 422 人。是年，全区服务业从业人员 9812 人（不含全市 24 处市场摊贩从业人员）。1991 年，华联商厦建成开业，区服务业向大型商业企业发展，房地产开发相应发展。1992 年年末，交通系统从业人员 1004 人。同年 11 月，区划调整，筹建京口区供销合作总社。1995 年，区物资系统从业人员 346 人，华联商厦 750 人，区供销社 628 人。全区各类市场 19 个，摊位 5000 多个，建筑面积 3 万平方米，从业人员 2 万人。全区形成房地产业、商业、供销、物资流通、旅游服务、交通运输、信息咨询等多业并举的三产结构。1996 ~ 1997 年，以甘露商城为基地，发展街居社区服务，安置下岗、失业职工 1835 人。1998 年，服务业从业人员 2.97 万人，2000 年服务业从业人员 2.24 万人。自 2000 年起，服务业从业人员逐年增加。2005 年，服务业从业人员 3.5 万人。2007 年，全区服务业从业人员 4.3 万人，占全社会从业人数 50.18%。

第三节　技术结构

一、工业

1984 ~ 1992 年，区属工业、街办工业和校办工业，技术结构主体为手工，机械化程度较低。钟表修理、刻字、刻纸及黑白铁制品、自行车修理、服装、食品、工艺厂等企业，基本以手工操作，辅助少量半机械化生产。制鞋、机针、化工、印刷、塑料、制刷、电器等企业基本半机械化，辅以少量机械化生产，许多工艺仍需手工操作。异型轧钢、揿扣、多元合金铸造、电线电缆、油毡原纸等产品具有机械化生产线，但多数生产线技术含量不高。

1993 ~ 1997 年，规模工业企业着力调整技术结构和产品技术含量，东海油脂引进德国精炼油设备、颜料厂新建自动烘干粉碎生产线，采用国家标准生产颜料。1993 ~ 2001 年，镇江灯头厂添置系列自动化生产设备，新增灯泡生产线 6 条。元鼎饰材厂先后投入 550 万美元引进生产流水线，生产仿木新型装饰材料。京口纸业增添 4 条玻璃卡纸生产线。2002~2007 年，全区规模工业企业自动化生产线逐年增加，中盛粮油拥有 3 条日处理量 1800 吨植物油的全电脑自动化控制色拉油精炼线和 1 条日处理 600 吨植物油分提线。镇江市宝华半挂车配件有限公司拥有大型数控切割机、焊接专用机器人、车桥装配专用流水线、数控车床等各类通用专用机床等先进加工设备 400 余台（套）。鼎盛铝业分别引进冷轧机和铝箔中轧机所用的板形仪、测厚仪及控制系统。

2007 年，全区省级高新技术企业 24 家，产品销售收入 70.6 亿元，占工业产品销售收入比重 45.4%；利税 11.48 亿元，占 86.2%。

二、建筑业

1985 ~ 1988年，全区有建筑企业46家，总体上技术结构层次不高，技术力量薄弱、施工机械匮乏，管理不善等。1989年，全区有建筑企业25家，技术结构和机械化程度明显上升。职工1506人，其中有工程师3人，助理工程师13人，职称技术人员60人；拥有建筑机械设备57台（套），总功率1082.43千瓦。施工范围扩大到土木建筑、专业防水、基础施工及装潢装饰等。1992年，区划调整，有建安企业14家，职工3500人。技术结构和机械化程度提高，有专业技术人员113人，施工机械94台（套）。

1996 ~ 2001年，京口建安总公司承建的京河路住宅楼工程和市铝加工厂等10多个工程，被评为市优良工程。2002 ~ 2003年，竣工面积14.4万平方米，创文明工地1个。市十中办公实验楼工程建设中采用建设部提倡的10项新技术，主要有粗直径钢筋连接技术、新型模板应用技术、建筑节能新型墙体应用技术、新型建筑防水应用技术、计算机应用和管理技术等，该工程被评为市建筑新技术应用示范工程。2004 ~ 2005年，全区建筑项目竣工面积15.5万平方米，获市文明工地和4项市优质结构奖。

2006 ~ 2007年，全区有建筑施工（装饰）企业24家，其中建筑施工总承包二级企业1家、三级企业4家、专业承包企业2家、建筑装饰三级企业17家。镇江明兴建筑有限公司承建金茂苑小区获省级文明工地。

三、交通运输业

1983年9月，区交通局运输业由红旗等4个装卸运输公司和运输管理所组成，从事土方开挖、运输和驻货栈、码头、大型企业仓库蹲点装卸和管理。是年，全区板车登记发照6520辆。1984 ~ 1989年，新办、合办运输企业14家，区属厂矿企业有货车83辆，227吨位。区域内有板车2400辆，水运个体1户。镇江市客车服务公司（原名三轮车服务站），始以三轮客车营运，因噪声污染，逐步淘汰，改用微型客车、小客车、大客车营运。1989年，开通往返镇江—扬州、江都班车，后增加出租汽车。有北固等3家装卸运输公司，陆续发展三轮车客运业务。

1991 ~ 1992年，北固装运公司投资56万元添置挖掘机、装载机各1台。全区水运经营户2户，有机帆船8艘，计200吨位；机动车运输户172户，汽车298辆，1278吨位；装卸运输企业20家，区属4家，乡镇装运站11家，村办5家，计1004人，区交通局颁发装卸专业证书309人。红旗、云台等装运公司相继添置汽车，开展货运，板车逐步淘汰。1993年，市综合治理委员会对三轮车行业进行整顿，将1500余辆三轮车缩减至750辆以内。1996年，红旗装卸运输公司调整产业结构，与上海巨龙房地产公司合作，吸引资金110万元，成立巨龙出租汽车公司。客车服务公司投资70多万元，将180余辆老式人力三轮车更新为旅游观光三轮车。2000年，乡镇及村办装运企业先后改制为个私运营企业。客车服务公司随客运资源结构优化配置，并入江天客运集团。2005年，全市实施“三小车”（残疾车、三轮摩托车、人力三轮车）整治，人力客运三轮车实行新旧置换。2006 ~ 2007年，北固等3家公司共有378辆旅游三轮车。

第四节　劳动力结构

一、三产劳动力结构

1984年，京口区人口总数277136人，劳动力16923人，属于第二产业职工7411人。第二产业与第三产业劳动力比例为43.79 : 56.21。1993年，农业人口3.7万人，农村劳动力19500人。1998年，全区社会从业人员5.17万人，2000年下降为4.39万人，后逐年上升。2005年，全区从业人员5.72万人，第一产业占比7.52%，呈下降趋势。第三产业占比61.19%，呈上升趋势。2007年，第一产业从业人员与第二、三产业从业人员所占比重为4.08%和45.7%、50.18%。

1998 ~ 2007 年京口区三次产业从业人员情况表

表 5-10　　单位：万人

项目＼年份	1998	1999	2000	2001	2002	2003	2004	2005	2006	2007
社会从业人员	5.17	5.16	4.39	4.40	4.88	5.29	5.49	5.72	—	8.57
第一产业	0.59	0.55	0.59	0.50	0.51	0.48	0.43	0.43	0.40	0.35
第二产业	1.61	1.85	1.56	1.44	1.49	1.65	1.72	1.79	—	3.92
第三产业	2.97	2.76	2.24	2.46	2.88	3.16	3.34	3.50	—	4.30

二、农村劳动力结构

1992 年 11 月，全区农村人口 7.5 万人，其中农业人口 3.7 万人，有 1.95 万名劳动力。1995 年，农业人口下降至 27882 人。1996 年，农村劳动力人数 1.76 万人，比 1992 年年末减少 1885 人。1997 年 7 月，丹徒县谏壁乡被撤销，原谏壁乡部分村委会划归谏壁镇，农业人口增至 3.88 万人，农村劳动力上升为 2.16 万人。农村劳动力分布在第一产业、第二产业和第三产业。2007 年，农村劳动力第一产业占比 23.33%，第二产业占比 46%，第三产业占比 30.67%。

1998 ~ 2007 年京口区农村劳动力三次产业从业情况表

表 5-11　　单位：万人

项目＼年份	1998	1999	2000	2001	2002	2003	2004	2005	2006	2007
乡村人口	3.64	3.38	3.31	2.97	2.89	2.87	2.52	2.48	2.47	2.37
劳动力年龄内人口	2.09	1.90	1,92	1.80	1.82	1.77	1.62	1.59	1.45	1.50
乡村实有劳动人员	2.90	1.90	1.87	1.75	1.78	1.74	1.60	1.58	1.45	1.50
其中：男	—	—	0.95	1.74	0.85	0.85	0.77	0.76	0.72	0.75
女	—	—	0.92	1.74	0.93	0.89	0.83	0.82	0.73	0.75
其中：第一产业人数	2.08	0.55	0.58	0.49	0.51	0.48	0.43	0.43	0.40	0.35
占比%	27.40	28.95	30	28	28.65	28	26.88	27.22	27.58	23.33
第二产业人数	2.08	0.77	0.72	0.63	0.69	0.71	0.63	0.62	0.62	0.69
占比%	40.39	40	28.50	36	38.76	40.80	39.38	39.24	42.76	46
第三产业人数	2.08	0.59	0.56	0.63	0.58	0.54	0.54	0.53	0.43	0.46
占比%	32.21	31.05	29.95	36	32.59	31.20	33.74	33.54	29.66	30.67

三、工业企业劳动力结构

1983 年 8 月，北固、金山两区所属企业及街道居委会所辖 36 家企业归属城区。1984 年，原属市二轻局管辖 7 家企业划归城区领导。是年，全区区属工业企业 43 家，职工 4838 人。1989 年，区属工业企业 33 家，职工人数 4257 人，其中规模企业 28 家，街道工业企业 49 家，其中和平工艺厂、宝塔纺织机械厂、京畿印刷厂等 10 家企业略具规模，职工人数 297 人，街道职工总人数 605 人。校办工业企业 37 家，职工 511 人。商办企业 2 家，职工 43 人。个体工商户中 336 户手工业职工 495 人。是年，全区工业职工 5911 人。1995 年，全区工业企业由 1992 年年底 400 家增加到 664 家，全区工业系统职工 13127 人。1998 年，全区规模工业企业 28 家，企业从业人员 0.52 万人。1999 年，规模工业企业 32 家，企业从业人员 0.55 万人。2000 年，全区工业企业从业人员 1.47 万人。其中规模企业 0.54 万人、非规模企业 0.93 万人。按投资主体划分：国有企业 0.03 万人，集体企业 0.21 万人，股份制企业 0.7 万人，外商及港澳台商投资企业 0.12 万人，私营个体工业企业0.28万人，其他企业0.76万人。2001年，全区工业企业从业人员1.34万人，比2000年减少0.13万人。其中规模企业0.6万人，非规模企业0.74万人。按投资主体划分：国有企业0.02万人，集体企业0.18万人，股份制企业0.13万人，外商及港澳台投资企业0.2万人，私营个体工业企业0.27万人，其他企业0.53万人。国有企业、集体企业、私个及其他企业从业人员均有所下降；股份制及外商投资企业从业人员有所上升。规模工业企业不断增加，2007年，全区规模工业企业118家，从业人员2.38万人。

1998 ~ 2007年京口区规模工业企业从业人员情况统计表

表5-12　　单位：家、万人

年份 类别	1998	1999	2000	2001	2002	2003	2004	2005	2006	2007
规模企业数	28	32	33	42	42	50	50	58	115	118
从业人员	0.52	0.55	0.54	0.60	0.60	0.68	0.81	0.82	2.42	2.38

第四章　固定资产投资

1983年，区计经委在清理基本建设投资项目的同时，对全区固定资产投资，本着“先吃饭、后建设”方针，鼓励工业企业加快技术改造，扩大生产能力，走内涵发展道路。1985年，区固定资产投资，根据规模及方向分别由市、区审核批准。“七五”期间，坚持以工业为主体，大力发展第三产业，注重教育及卫生等部门的投入。“八五”期间，按照发展经济，实施“贸易兴区”，调整产业结构，开发新品，走提高档次，低消耗、少投入、多产出、高效益的科技振兴道路。其间建成华联商厦，加大房地产开发。中期区计划调整后，按照“农村城市化，城乡一体化，接轨开发区，共建新城区”发展战略，加快旅游经济开发建设，实施村镇现代化建设规划。“九五”期间，农业投入注重抓好“菜篮子”工程，加强农业综合开发；工业重点发展冶金、鞋服、化工、食品、生物工程等支柱产业。培植规模经济和名牌产品；第三产业注重建设和培育各类特色专业市场，组建专业市场20多个。建成镇江二十一世纪乐园、谏壁公园、古城公园等，启动旅游经济，房地产投入比“八五”期间增长5.4倍。“十五”期间，完成固定资产投资54亿元，年均增长38.9%。农业投入重点发展经济作物，农产品结构向名、特、优发展，建成和发展10个农业生产基地，抓好5个科技攻关示范推广项目，以项目带动结构调整，加快农田水利标准化建设。工业投入根据国家产业政策和区域生产力布局，优先发展建材、机械电子、食品、服饰等主导行业，鼓励民营企业加大投资力度，加快发展速度，民营企业增至1250家。中盛粮油等5家企业跻身全市工业50强。拓宽改造或新建学府路等一批城市干道，新建改造农村公路50.4千米。竣工房地产面积91.2万平方米。社区服务成为发展第三产业新增长点。

2006 ~ 2007年，全区三次产业固定资产投入进一步加大，通过规模企业培植和大项目建设，形成金属压延、粮油加工、机械制造、新型饰材、电子电讯等特色产业和支柱产业。加快京口科技工业园和新民洲生态工业园建设步伐。着力提升服务业发展水平，加快建设中盛现代储运、金海岸重油仓储、丹凤仓储以及新民洲港口物流仓储基地，发展壮大宝华物流。培育规范市场，发展中介行业，加大房地产投入，改造提升传统服务业。

第一节　投资概况

一、投资总量

1984 ~ 1986年，全区工业投入完成技改项目30项，总投资458万元，开发新产品25个，100多个品种。

投入 400 万元兴建区办公楼和职工宿舍。1987 ~ 1989 年，工业固定资产投入 427 万元，开发新产品 28 个。市场建设总投资 239 万元，扩建、新建农贸市场 5 个、面积 2.2 万平方米，农贸市场上市量和成交额连续 2 年突破亿斤和亿元大关。1990 年，全区完成技改投资 168 万元。1991 年，完成技改投资 437 万元，比上年增长 160.12%，超市下达计划 19%，开发新品种 13 个，其中省级新品立项 2 个。1992 年，全区固定资产投入 5201 万元，其中区直属企业投入 459 万元。1993 ~ 1995 年，3 年投资总额 74337 万元。"九五"期间，投资总额 152767 万元。"十五"期间，投资总额 542588 万元。

2006 ~ 2007 年，全区社会固定资产投入 1299458 万元，其中第一产业投入 17407 万元、第二产业投入 571555 万元、第三产业投入 710496 万元。

二、投资特点

1983 年，区计经委根据省、市关于加强基本建设投资计划管理要求，固定资产投资重点为技术改造、扩大企业生产能力。1985 年，根据国家关于对宏观经济实行控制精神，区政府从严控制楼堂馆所和高标准住宅建设，基本建设要保证重点，技术改造要搞活，严格审批权限。

1984 ~ 1989 年，全区投入资金 471.52 万元，修缮和翻建小学、幼儿园（不含民办）校舍，新建教学楼 2031 万平方米，维修 0.99 万平方米。1987 年，由上级财政拨款和自筹资金 110 万元，兴建区人民医院医技楼。1989 年，按照国务院治理经济环境、整顿经济秩序精神，全区停、缓建 10 个基建和技改项目。2000 年，继续清理投资项目，全区压缩基建投资 51 万元。

"八五"期间，注重发展第三产业，利用黄金地段投资 650 万元新建华联商厦，加大房地产开发投资力度。1993 ~ 1995 年，区属工业企业投入 2.83 亿元。工业技改重点工程工频炉技改等 5 个项目，总投资 1800 万元，颜料厂、灯头厂等 7 个乡镇企业技改项目实施后，成为工业生产新的经济增长点。

"九五"期间，固定资产投资注重发展重点项目，第一产业世纪农业发展公司；第二产业元鼎饰材公司、东海油脂等重点项目建成；第三产业投入占全区总投入 59.74%，建成镇江二十一世纪乐园和甘露商城、陶瓷城等 10 多个专业市场；房地产投入 28420 万元。

"十五"期间，第一产业投入注重农业产业结构调整，发展品牌产品和生态农业，推进农业产业化和机械化。第二产业规模企业鼎盛铝业，鸿泰钢铁，宝华配件等加大投资力度，跻身全市工业企业 50 强。第三产业投资重点项目学府路、经十二路、谷阳北路延伸段、京口路、江滨大道等工程竣工；太和广场、竹林山庄、紫金花苑、香江花城等项目实施。

2006 ~ 2007 年，全区社会固定资产投资进一步加大。第一产业投入，培养市区农业龙头企业 5 家。第二产业投入重点金属压延、粮油加工和船舶制造业，鸿泰不锈钢一期和鼎盛铝业二、三期技改顺利完成。第三产业投资层次提升，宝华化工物流、中盛现代仓储、水木阳光江大服务园商业街、红豆正大广场一期、第一楼街步行街等重大项目实施完成。首家五星级酒店镇江皇冠假日酒店奠基，华地国际购物中心破土动工。

三、投资贡献

1984 ~ 1986 年，全区加快产业结构调整，固定资产投入重点是技术改造和新产品开发，技改总投资 458 万元，开发新产品 25 个。增加产值 1551 万元，利税 210 万元。镇江开关厂研制 GGA 高压开关柜 1 次通过水电部型式实验，被省电力局定为省内生产厂之一。镇江市粉末冶金厂和北京粉末冶金研究所共同研制成功 78-2 型金属粉末测氧仪，被 ISO 国际标准组织宣布为国际测试标准，是中国首次被国际标准组织采纳标准之一。新研制和开发浸润角测试仪等 6 种新产品，填补国内或省内空白。1987 ~ 1989 年，通过投入，依靠科技进步，调整产品结构。1989 年，全区工业产值 6985 万元，利润 678 万元，分别比 1986 年增长 43.9% 和 66.2%；固定资产原值由 1986 年年末的 1179 万元增加到 1989 年年末的 1606 万元，年均增长 10.85%。开发新产品 28 个，LSN6Z07 气动螺刀和 WJK 微机电力监控仪分别获国家星火科技三等奖和成果奖；漫步鞋被省评为一类轻工产品；多元合金磨球获市科技进步三等奖；1 个产品获部优，7 个产品创市优；工业缝纫机针厂被评为市级先进企业。扩建后的京口闸农贸市场被命名省级文明市场。

1990 ~ 1992 年，京口区在经济治理整顿环境中，工业技改继续注重 40 个新产品开发，其中省级新品立项 4 个。实施贸易兴区经济发展战略，发挥城区优势，内联外拓，大力发展第三产业。重点项目华联商厦投资 650 万元，5 个多月时间建成开业。1992 年，计划营业额 3000 万元，实际完成 6600 万元，增幅 120%; 实现税利 316.8 万元。1993 ~ 1995 年，全区重点工程和大项目 21 个。其中 1993 年冶金机械厂、市碳素厂、市颜料厂 9 个技改项目总投入 2136 万元。当年生产总值 3.28 亿元，与 1992 年相比，净增 1.45 亿元，利税净增 630 万元。开发国家级新产品 2 项，省级新产品 16 项。复铜导线等 5 个产品进入江苏省星火计划。

“九五”期间，全区固定资产投资总额 152767 万元，第一产业投入 13303 万元，其间增加值年均增长 4.6%，投入 1440 万元加强水利建设，完成全区江堤达标和江堤加固工程任务，改造塘坝 50 多座。京口农科园被认定为省级高科技示范园。投资实施科技项目 274 项，其中国家星火计划 2 项，国家新品种 1 项，省级星火计划 1 项，省级新产品计划 28 项，省级重点农业项目 2 项。KJ-101 型矿井监控系统被确认为国家级新品。智能植物工厂、惠满丰精制有机复合肥列入国家星火计划，甲烷传感器等 19 个项目通过省级鉴定。甘露商城、陶瓷城等 20 多个专业市场，营业面积 8 万多平方米，年营业收入 12 亿元，年税收 1200 万元。京口教育大厦和 6 万平方米校舍建设，进一步完善区级教育设施。

“十五”期间，全区固定资产投入 542588 万元。第一产业投入 37155 万元，形成特色花木、果树，种苗产业，精品设施蔬菜产业和生态农业 4 大产业。投入 1100 万元建成集农业科研、示范、培训与旅游观光，休闲为一体的瑞京农业科技示范园。2003 年升级为市级农科园。2004 年，工业园区投入 5.7 亿元，占全区工业投入 69.4%，实现工业销售 32 亿元，占全区工业销售 58%。地区生产总值增长速度超全市平均增幅 8 个百分点，增幅位居全市第一。鸿泰钢铁、鼎盛铝业、宝华配件进入全市民营工业企业 30 强。期末工业税收占全区财政收入 31%。第三产业投入 113667 万元，城建工程有效改善投资环境，拓展经济发展空间，期末房地产对财政贡献率 30% 以上。

2006 ~ 2007 年，全区固定资产投入 129.95 亿元，规模以上企业固定资产投入 118.36 亿元，规模工业投入 39.14 亿元。第一产业培育市级龙头企业 1 家，全区市级农业龙头企业 5 家。瑞京农科园成为江苏省第一批省级观光示范园，年接待游客 4 万人次。2001 年，全区推进和实施单体规模超 5000 万元项目 59 个，涉及总投资 286.58 亿元。第三产业投入推进“10555”倍增工程，即打造 10 家特色街区，建设 5 个市场，建成 5 家精品酒店，做强 5 大物流研发中心。

第二节　投资结构

一、投资方向与重点

1983 年，城区各项基础薄弱，工业企业多属作坊式，亟待更新改造，产品更新换代。区属小学和幼儿园校舍普遍破旧，存在部分危房。1984 年 10 月 27 日，八叉巷小学音乐教室发生倒塌，部分师生受伤。医疗卫生事业需要发展、区政府办公场所和职工宿舍也属当务之急。1984 ~ 1989 年，全区固定资产投入 2000 万元，其中工业固定资产投入 885 万元，占 44.25%。校舍修缮和翻建投入 471.52 万元，占 23.58%。1990 ~ 1992 年，全区工业企业固定资产投入（不含 1992 年乡镇数）1134 万元。1993 ~ 1995 年，全区社会固定资产投资 7.43 亿元，其中工业投入 2.83 亿元，占比 38.02%; 农业投入 2504 万元，占比 3.37%。1988 年 2 月，国务院印发《关于在全国城镇分批推行住房制度改革的实施方案》后，京口区房地产开发工作随之启动，至 1989 年房地产开发投资 1.04 亿元，占比 14.01%。“九五”期间，工业投入 4.2 亿元，占比 27.5%，比前期下降 10.49 个百分点。农业投入 1.33 亿元，占比 8.7%，比前期上升 5.33 个百分点，房地产开发投入 2.84 亿元，占比 18.6%，比前期上升 4.59 个百分点。总投资中城镇固定资产投资 8.93 亿元，占比 58.49%。“十五”期间，工业投入 30.09 亿元，占比 55.45%，占比幅度大幅上升，超过三产投入

23.44 个百分点。农业投入 1.74 亿元，占比 3.21%，比“九五”期间下降 1.85 个百分点。房地产投入 11.52 亿元，占比 21.23%。2006 ~ 2007 年，工业投入 50.66 亿元，占比 38 93%。农业投入 1.74 亿元，占比 1.34%。由于属地管理，工业及三产固定资产投入占比幅度增加，农业投入占比下降。房地产投入 32.41 亿元，占比 24.94%，房地产投入占比超过历史水平。

二、投资产业结构

1984 ~ 1990 年，全区固定资产投资重点在第二产业，占投资总额的 80% 以上。1991 年，京口区提出“贸易兴区”，投资 650 万元兴建华联商厦。京口房屋建设开发总公司向广东、海南、上海等地投资开发房地产，区内第三产业快速增长，投资约占总额的 70%，投入工业技改 437 万元。

1993 ~ 1995 年，全区社会固定资产投资 7.43 亿元。其中：第一产业 2504 万元；第二产业 2.99 亿元，占比 40.23%；第三产业 4.2 亿元，占比 56.4%，第三产业占比超过第二产业 16.17 个百分点。“九五”期间，全社会固定资产投资 15.28 亿元。其中：第一产业投资 1.33 亿元，占比 8.7%；第二产业投资 4.82 亿元，占比 31.55%，第三产业投资 9.13 亿元，占比 59.74%，第三产业投资超过第二产业 28.2 个百分点。“十五”期间，全区社会固定资产投资 54.26 亿元。其中：第一产业投资 3.72 亿元，占比 6.85%；第二产业投资 33.18 亿元，占比 61.15%；第三产业投资 17.37 亿元，占比 32.01%；第二产业占比超第三产业 29.14 个百分点，工业占比超第二产业 23.44 个百分点。2006 ~ 2007 年，全区社会固定资产投资 129.95 亿元。其中：第一产业投资 1.74 亿元，占比 1.34%；第二产业投资 57.16 亿元，占比 43.98%；第三产业投入 71.05 亿元，占比 54.67%，第三产业投资幅增大，超第二产业 10.69 个百分点。

三、投资主体结构

1983 年 8 月，固定资产投资主体主要由全民单位（包括政府预算内，政府预算外资金投资，大多由全民单位实施完成）和集体单位构成。其时，城区范围内已有少量个人固定资产投资，包括个体工商户生产场地及机械设备等固定资产投入。1984 ~ 1992 年，京口区全民固定资产投入和城镇集体固定资产投入大体相等。“八五”期间，随着改革开放深入发展，京口区开始利用外资及港澳台资金。1991 年 11 月，京口区城乡固定资产投资主体增加农村集体、城镇及农村个人。外商、港澳台商及私营企业投资逐年增加，投资资金来源呈多元化格局。1994 ~ 2000 年，京口区外商及港澳台商及私营企业投资投向，从工业向农业和房地产业延伸。2000 年，私营企业固定资产技改投入 8800 万元，占全区固定资产技改投入 60%；2001 年，私营企业固定资产技改投入 7800 万元，占全区固定资产技改投入 33%。2002 ~ 2007 年，全区投资资金来源包括国有、集体、外商及港澳台商、私营企业，投资主体的多元化，使区政府投资能更好地投向公益性事业和城市化建设。

四、区域投资结构

1992 年 11 月前，京口区域内有大量驻区部省市属工商业及文化卫生、教育等单位。同时，相邻的润州区、丹徒县在区域内也有相应投资实体。1989 年，区域内市属以上工业企业 200 余家，镇江市商业系统第一饮服公司保留饭店 11 家，浴室 1 家，理发业 2 家。市属企业投资及发展速度高于区属企业发展。丹徒县、润州区在京口区域内主要投资第三产业，丹徒商厦及丹徒长城大酒店和润州区红光饭店、西郊宾馆等。市属工业企业及商业、文化、卫生、教育等长期投资对区域内经济发展、人民生活、社会就业、健康保障、青少年教育等起到积极作用。1992 年 10 月，区域范围从纯城区改变为有城有乡，在发展城乡一体化的道路上，对区域内投资的重要性更为明显。区委、区政府及区交通局通过向上争取投资。1999 年，实现全区行政村、村组通公路，确保通达工程顺利实施。学府路、谷阳路等主干道的投资新建扩建，城区范围日益扩大；中山西路扩建，商业区域更趋繁荣，大市口商贸圈成为镇江市商贸中心。华地百货破土动工、第一楼街步行街使大市口商贸圈进一步扩展。京口工业园区建设，京鼎大道一、二期工程，总投资 4000 万元，220 千伏雩横变电所由镇江供电局投资 1.9 亿元。2007 年，全区固定资产投资 74.15 亿万元，多元化投资促进区域更快发展。

第三节 投资计划管理

1984 年，京口区根据省、市固定资产投资要求，基本建设和技术改造的重点在轻纺、节能和住宅、城市公用设施方面，在大力发展消费品生产和保证重点建设项目的前提下，鼓励工业战线立足现有企业，以技术改造为主，走内涵发展的道路。区计经委针对区属工业规模小、设备旧、技术落后的状况，加快推进区属工业企业技术改造，提高企业产品在市场上的竞争力。全区 14 个技改项目，总投资计划 198.2 万元。1985 年始，区计经委审批全民所有制企业投资 5 万元以下自筹基建、30 万元以下以自有资金技改项目，集体所有制企业 30 万元以下自筹基本建设项目、50 万元以下以自有资金技改项目的计划管理。区计经委成立新产品开发技术改造办公室，负责技改和新产品开发的领导、审定、实施和协调。制定投资计划，首先向各乡镇、开发区、经济主管部门下达年度计划编制内容，包括产业、产品结构调整、市场开拓和技术创新、技术改造等。根据固定资产投资项目，组织项目论证会，成熟一个，审批一个。区计经委编制中长期计划社会发展主要指标："九五"期间计划固定资产投资 20 亿元，实际投入 15.28 亿元。"十五"规划编制中，组织相关部门深入基层调研，从第一产业结构调整，第二产业优先发展的建（饰）材、机械电子、食品、服饰 4 大主导行业，第三产业房地产开发、市场建设、旅游业等，确定"十五"规划固定资产投资投入 20 亿元。"十五"期间，实际完成固定资产投资 54.26 亿元，超计划 170%。"十一五"规划编制确定固定资产投入 170 亿元。2006 年 9 月，按属地管理原则，总投资 3000 万元以下的工商技术改造，由区投资主管部门负责备案，其他工商技术改造项目，由市经委负责备案。2006 ~ 2007 年，全区完成固定资产投资 129.95 亿元。

第四节 重大项目投资

1986 年，市政府拨专款 120 万元，选址中山路兴建京口区机关办公楼，实际使用 320 万元。

1987 ~ 2007 年，全区各级机关、学校、文化、医卫、厂矿企事业单位兴建、改造重大项目 100 多项，投资 100 余亿元。

1986 ~ 2007 年京口区重大项目投资情况表

表 5-13　　单位：万元

<table>
<tr><th>时期</th><th colspan="2">项目名称</th><th>投资额</th><th>建设时间（年）</th></tr>
<tr><td rowspan="9">【七·五】期间</td><td colspan="2">区政府办公楼</td><td>320</td><td>1986 ~ 1987</td></tr>
<tr><td colspan="2">京口区人民医院医疗楼</td><td>110</td><td>1987</td></tr>
<tr><td colspan="2">金属制品厂增添压机、拉伸机等设备</td><td>30</td><td>1987 ~ 1988</td></tr>
<tr><td rowspan="2">羽绒厂</td><td rowspan="2">添置设备、增加仪器、更新分绒设备</td><td>43</td><td>1987</td></tr>
<tr><td>22</td><td>1990</td></tr>
<tr><td rowspan="2">工业机针厂</td><td rowspan="2">电镀车间改造、增加设备、质检仪器及电镀工艺改造</td><td>45</td><td>1987 ~ 1988</td></tr>
<tr><td>45</td><td>1990</td></tr>
<tr><td colspan="2">低压电器厂增添检测仪器、翻建厂房</td><td>30</td><td>1987 ~ 1988</td></tr>
<tr><td colspan="2">唱片厂增加测验仪器、唱片压机</td><td>42</td><td>1987 ~ 1988</td></tr>
</table>

续表 5-13

时期	项目名称		投资额	建设时间（年）
	钢锉厂增加设备、厂房改造		40	1988 ~ 1989
	马铁厂增添多元合金铸造球设备及测试仪器		25	1988
	开关厂开关柜设备及测试仪器		29	1988
	镇江鞋厂增加设备、厂房改造		40	1988
【八·五】期间	华联商厦	一期工程 二期工程	650	1991 1993
	宗泽路拓宽	一期工程 二期工程	230	1993.8 ~ 1993.11 1994.10 ~ 1995.7
	区政府新办公大楼		1000	1993 ~ 1995
	皮鹿丹时装有限公司皮装生产线		1100	1995
	镇江二十一世纪乐园一期工程		–	1994 ~ 1995
	镇澄路 A 段拓宽工程		370	1994.11 ~ 1995.8
	甘露片区（含置业大厦、甘露商城）		6500	1993 ~ 1995
	东海脂油有限公司精炼色拉油生产线		2200	1993 ~ 1995
	镇江颜料厂酞靛蓝扩产		650	1994
	镇江碳素厂 6 罐、12 罐、8 罐烧结炉		600	1993 ~ 1994
	镇江市第三化工厂鞋用黏接剂		730	–
	金象集团 10 吨电炉 2 座、3 吨电炉 1 座、变电站制氧车间、500 轧机中型材生产线、污水处理站		8000	–
【九·五】期间	古城公园		400	1996 ~ 1997
	谏壁公园一期		115	1996 ~ 1997
	东海油脂德国精炼色拉油生产线		1050	1996 ~ 1997
	万吨储油罐、500 吨级浮动码头		1500	1997 ~ 1998
	三森电器图文电视接收器生产线		200（万美元）	1996 ~ 1998
	中龙公司烤鳗生产线		1600	1996 ~ 1998
	东方碳素公司碳素制品项目		695	1996 ~ 1997
	谏壁甘露商城项目		1000	1997
	置业新村项目		5000	1996 ~ 1998
	元鼎饰材一、二期工程		930.13（万美元）	1998 ~ 2001
	智能温室大棚项目		2211	1998 ~ 2001
	福安好防火门、珍珠研发泡系列产品		8300	1998 ~ 2002

续表 5-13

时期	项目名称		投资额	建设时间（年）
	造漆化工厂染料中间体项目		900	1997 ~ 1999
	正恺电子生产线		1000	1999
	镇江市京口电缆厂电线电缆设备改造		950	1999
	京口科技开发公司、国防园配套工程		844	1999
	长源行矿产实业公司项目		238（万美元）	1997 ~ 1998
	镇江陶瓷城		510	2000
	鸿泰钢铁项目		2400	2000 ~ 2001
	江苏四方油脂公司初榨植物油项目		2750	2000 ~ 2001
	镇江市灯头厂 H4 灯泡生产线		500	2000
	杉杉服装生产设施项目		1087	2000 ~ 2001
	台商合资生产麦片项目		1641	2000
【十·五】期间	镇江市宝华半挂车配件公司	汽车悬挂装置项目	1020	2001
		三期扩产项目	2500	2003
	中盛粮油	贮油罐、仓库精炼油项目	1180	2002 ~ 2003
		二期扩产工程	540（万美元）	
	京口纸业铸涂纸生产线		1600	2001 ~ 2002
	康乐农副业公司花卉基地、垂钓中心、大棚温室项目		886	2000 ~ 2001
	学府路拓宽改造工程		15000	2002.7 ~ 2003.6
	科技工业园区基础设施建设		2000	2003 ~ 2004
	鸿泰钢铁	一期工程	12000	2002 ~ 2003
		二期工程	35000	2003 ~ 2005
	正恺电子扩产工程		2000	2003
	震东铜业生产设施项目		总 600（万美元）	2002 ~ 2005
【十一·五】前两年	鼎胜铝业公司一期工程		总 102000	2003 ~ 2005
	宝华物流公司汽车运输设施		18000	2005 ~ 2006
	永丰电光源公司电光源产品项目		总 1500（万美元）	2005 ~ 2006
	金特福工程机械公司生产设施		总 7800	2004 ~ 2006
	亨通电器公司高压电器生产设施		总 2800	2004 ~ 2006

续表 5-13

时期	项目名称		投资额	建设时间（年）
2006 年、2007 年	鼎胜铝业有限公司	二期工程 三期工程	总 2000	2006
	鸿泰不锈钢项目		8000	2007 ~ 2009
	索普集团	60 吨醋酸技改项目 配套空气分离项目	–	2006 ~ 2008
	皇冠假日酒店		–	2007 ~ 2010
	江苏汇川船舶制造项目		8000	2007 ~ 2009
	鼎盛港机项目		1.1（亿美元）	2007 ~ 2010

第五章　经济协作与区域联合

1986 年 7 月，京口区政府根据全区经济发展及改革、开放、搞活的需要，决定成立京口区经济联合协作办公室（以下简称“经协办”），为区政府综合管理部门。1997 年，区经协办为区政府直属全民事业单位。2001 年 10 月，区经协办并入发展计划与经济贸易局，其职能由区发展计划与经济贸易局负责办理。

第一节　经济协作

1986 年 9 月，区经协办设立区经济技术协作公司，开展技术信息及技术咨询服务。10 月，经市主管部门同意，成立镇江经济技术协作公司京口分公司，业务上受市公司指导。先后接待哈尔滨市、福建省长泰县、上海市协办、甘肃省定西县等经济洽谈代表团，为区域经济合作牵线搭桥。并接待国家物资总局、京、粤、皖、苏等省市经济界人士 150 多人次，洽谈经济联合项目 23 个，营业收入 1715 万元，利润 69 万元。1986 年，与上钢三厂、安徽马鞍山钢铁公司、北京焦化厂及哈尔滨市等有关部门，达成物资交易总值 100 万元，为区计经委协助购进钢材 700 吨、生铁 150 吨、木材 400 立方米、有色金属 400 吨。1987 年，区物资经营部通过经济协作，建立中国有色金属总公司华东供销公司镇江经销部硫酸供应站，当年由江西省贵溪冶炼厂供应国家计划硫酸 4 万吨。同年，在市焦化厂江边建成 2000 吨硫酸贮罐，设有与其配套的铁路专用线和装卸码头，年销售额达 1080 余万元。

1988 ~ 1994 年，全区发展经济联合项目 55 个，协作物资 190 万元，加速技改和新产品开发，研制 17 个新产品。参与市经协委组团出访贵州安顺、遵义和贵阳市，推进区域经济联合；与河北枣强县协委、山西太原钢厂建立联销关系。1995 年，全区 90% 以上企业与科研院所、高等院校、大型企业建立长期、全面科技协作关系。1996 年，引进以色列农科园落户镇江旅游经济开发区。

1997 ~ 2007 年，全区经济协作涵盖第一、第二、第三产业，招商引资注重优化产业结构和规模化，科技含量不断提高，主导产业做大做强，新材料、新能源、新兴产业不断增加，新兴服务业和高效现代农业等均成为经济协作关注的重点项目。

第二节　对口支援

1987 年，甘肃省定西县委书记、县长率经济洽谈代表团到区访问，京口区常务副区长与定西县县长签订京口区与甘肃省定西县结为友好区（县）协议，确定京口区对定西县老、少、边、穷地区进行资金及技术援助和对口支援项目。

1997 年，区经协办落实市政府对口支援计划，多次组团赴陕西渭南地区实地考察，无偿援助 20 万元，帮助建立希望小学 1 所；区少先队与湖北省秭归县 30 名特困生建立“手拉手”互助关系，通过节省个人零花钱，出售旧书、旧报纸等活动，建立爱心基金，帮助他们完成义务教育阶段学习任务。1998 年，京口区对口支持、扶贫湖北省秭归沙溪镇，以区教育局和区团委为牵头单位，发动在校中小学生和团员、青年开展“三个一”（一元钱、一本书、一套冬衣）送温暖活动。1999 年，区经协办先后组织 50 人次，赴湖北省秭归县参加对口支援和招商引资活动。区旅游经济开发区与秭归县茅坪开发区结成友好区，签订多项合作协议。其中包括利用秭归县自然旅游资源，合作新建秭归县街心公园；在秭归县建立镇江世纪旅游总公司秭归分公司；筹建秭归县高科技农科园等项目，援助秭归县第一希望小学 12 万元。

第三节　区域经济联合

1986 年，区委书记毛善复率京口区党政经济考察团首访湖北武汉江汉区。双方签订区域经济联合和友好区协议。此后，分别与浙江宁波海曙区、黑龙江哈尔滨香坊区、福建长泰县等全国 17 个省、市、自治区（地区）及 4 所大专院校和 6 个国家科研单位结成友好区（县）。建立广泛联系。

图 5-2　2006 年，京口区与奥地利渥汾市建立友好城区签字仪式　　（区政府办公室供稿）

1987 ~ 2005 年，京口区先后与江西永丰县、甘肃定西县、江苏扬州广陵区、盐城市城区、海南省海口新华区等 20 多个区（县、市）缔结友好区（县、市）。

2006 年 6 月 16 日，奥地利渥汾市经贸文化代表团考察京口区投资环境，探讨双方经贸、科研、文化交流与合作。代区长郭建与渥汾市市长弗郎茨·迈斯尔·韦尔克签署《友好城区交流与合作关系备忘录》。2007 年，京口区与国内外 27 个区（县、市）签订友好区（县、市）协议（第十六篇详见《区政府》有关章节）。

第六篇　农林　水利

1992 年 10 月区划调整后，京口始有郊区农村（1992 年前，现区辖农业和农村经济情况详见 1995 年 3 月出版的《润州区志》）。1993 年，区委、区政府分别成立农工部、农经委，为区委、区政府农村工作和农业经济工作职能部门，两块牌子，一套班子。1996 年 10 月，区农经委更名农经局后，对外增挂区水利局和区委农工部牌子。1993 ~ 2007 年，区农村和农经部门针对全区城郊型特点，以稳农、保供、增效、富农为目标，不断调整农业结构，深化农村经济体制改革，推进农业产业化经营，实行“科技兴农”“科教兴农”，建设具有城郊特色现代化生态农业和观光农业。同时抓好水利工程建设，提高抗灾保障能力，逐步实现农业经济新发展。2005 年，市委授予京口区“市 2004 年度农业和农村工作先进集体”称号。2007 年，全区农业人口 6.65 万人，耕地面积 2195 公顷。全区实现农、林、牧、渔业总产值 15187 万元，是 1993 年的 3.6 倍。农民人均年收入 8213 元，是 1993 年的 4.9 倍。蔬菜上市 2.83 万吨，粮食总产 10014 吨，油料总产 575 吨，出栏生猪 1.9 万头，家禽 70 万羽，森林覆盖率由 1985 年 18.1% 提高到 21.29%。

第一章　体制改革和财务管理

1983 年，镇江市郊区农村进行经济体制改革，土地实行家庭联产承包责任制。1998 年，京口区根据中央有关文件，实施第二轮土地承包责任制，将承包期再延长 30 年。2003 年，各乡镇继续做好土地承包完善工作，切实维护农民土地承包经营权。适应规模经营，开展土地流转工作。2004 ~ 2007 年，全区农村通过税费改革和规范涉农收费标准，减轻农民负担，基本实现“保减员、保运转、保稳定”目标。农村财务管理全面推行村账镇管，开展自主理财和创建集体财务管理规范化合格镇村活动。结合区域优势、产业特色，成立 14 个农民专业合作经济组织，以应对市场变化和提高综合效益。为发展农业生产，全面落实惠农政策，调动农民生产积极性做好服务工作。

第一节　家庭联产承包责任制

一、土地二轮承包

1983 年，镇江市郊区农村推行土地家庭联产承包责任制，实行“联产到户，包干分配”，建立统分结合的双层经营体制，至 1995 年，各乡镇场圃沿用这种经营体制。1997 年，京口区根据中共中央办公厅有关文件，对农村集体土地承包期再延长 30 年（即二轮土地承包责任制）。自 1998 年起，全区开展农村土地二轮承包工作，区委办公室下发《关于延长农村土地承包期工作中若干问题的处理意见》，根据“人人有田种，户户有证书”指导意见，坚持土地所有权不变，农民享有土地承包经营权，“大稳定、小调整”，因地制宜，群众自愿，按照“三权”（所有权、承包权、使用权）分离等 5 项原则，落实京口区农村土地二轮承包实施细则。各乡镇根据具体情况，全面实施农村二轮土地承包。由各村民委员会（以下简称村委会）、村民小组召开村民代表大会，有 2/3 以上代表同意才能兑现承包经营合同、村组承包经营情况登记名册等，作为档案资料归档，以维护当事人权益。并规定村组原则上不留机动田，因为建设和非农发展需要留出机动田的，面积不得超过承包总面积的 5%。根据规定，土地二轮承包可享受经营权的对象是辖区内在册符合户籍农业人口和合法迁入的户口，截止时间为 1998 年 6 月 30 日。有下列情况之一人员不分配承包田：死亡、迁出和户口注销人员（现役义务兵、农村户口在校大、中专学生除外）；义务兵转为志愿兵，现役军人已提干人员；已“农转非”人员，全家户口迁出，并不在所在地居住，其原承包土地收为集体；判无期徒刑或死刑人员。对集镇所在地或城郊接合部农业挂靠户人员是否承包土地由当地群众和村干部商定。

1998 年 12 月，全区完成土地二轮承包面积 1025.8 公顷。2003 年 3 月 1 日，《中华人民共和国农村土地承包法》（以下简称《土地承包法》）实施后，京口区认真做好土地二轮承包完善工作，以“缺什么、补什么”原则，按照“一证书、二合同、三登记造册”要求，对各村、组承包方案进行公示，召开村民代表大会讨论，现场核实发包等程序，进行合同签订和证书发放。在完善承包工作中，规定村组不得预留机动田。2005 年，京口区为维护农民土地承包经营权，促进农村经济发展和社会和谐稳定，根据《江苏省农村土地承包经营权保护条例》（以下简称《省经营权保护条例》）及市政府《关于进一步完善农村土地承包工作的意见》，本着“核实、完善、规范”及“缺什么、补什么”原则，将完善工作人口、土地确认时间确定为 2005 年 3 月 31 日至年底。全区 26 个村委会，214 个村民小组，10558 户农户，农村土地面积 1829.5 公顷，农户承包面积 753.47 公顷，其中耕地面积 727.6 公顷，家庭承包经营农户 6768 户，占农户总数 64%，签订二轮承包合同 5117 份，发放土地承包经营权证书 4427 份，合同发放率 87%。

2007 年，全区二轮土地承包完善原证地不符 4200 份，新发证书 190 份，做到承包合同、经营权证、承包地块、承包面积到户。有 21 个村委会、152 个村民小组健全二轮土地承包档案资料，建章立制，妥善保管。

二、土地流转

1998 ~ 2003 年，京口区为有利农村综合生产力提高，推进社会主义新农村建设，开展农村土地流转，以优化资源配置、适度规模经营，全区土地流转面积 65.8 公顷，占农户承包面积 8.7%；涉及农户 366 户。土地流转形式主要以出租为主，出租土地面积 64.67 公顷，平均年土地流转租金 452 元 / 亩。2004 ~ 2007 年，全区土地流转面积 640 公顷，占耕地面积 44%。其中转包形式流转 352.6 公顷，出租形式流转 287.4 公顷。当地农民流转 262.93 公顷，外地农户流转 160 公顷，工商企业流转 298.73 公顷。农业适度规模经营 429.26 公顷，工商企业原料生产基地流转 210.73 公顷，其中 86% 以下为 5 年流转期。

第二节　减轻农民负担

一、规范收费标准

1992 ~ 1996 年，京口区根据国务院关于《农民负担费用和劳务管理条例》规定，以乡为单位，农民直接向集体经济组织缴纳，乡镇统筹不得超过人均年纯收入的 5%，村提统筹占乡统筹总额的 60%，乡镇统筹占总额的 40%。1997 ~ 1999 年，区委、区政府进一步做好减轻农民负担工作，建立减员工作责任制，检查、监督、查处涉及负担重大事宜。全面实施农民负担监督卡制度，推行合理负担政策。1998 年，农民负担占人均收入的 3.2%。1999 年，区委农工部和区物价局联合推行涉农收费公示制，统一在各乡镇、村委会设立收费公示牌，规范涉农收费标准，严格控制合同外收费。明确教育、民政、计划生育、土地管理、村镇建设等涉农收费项目和标准，聘请 25 名村级收费监督员进行监督。公示制推行当年，全区减轻农民负担 21 万元。

2000 年，全区实行“双控”（农民负担控制在上年人均纯收入 5% 以内，绝对额控制在 1997 年预算内）

规定，进一步减轻农民负担。2001 年，全区农村推行税费改革，规范税费征管，杜绝向农户摊派，使农民人均负担由原 123.17 元减至 53.82 元，减轻负担 69.35 元，减负率 56.3%。同年，进行农村教育体制改革和镇村管理机构改革。取消农村教育附加费，区财政转移支付每年 200 多万元，增加农村教育投入，保障农村义务教育实施。在农村管理机构改革中，当年合并乡镇 1 个、村委会 6 个、村民小组 24 个，减少乡镇和村组干部 50 余人，每年减少管理费用 50 多万元。2004 年，区政府出台《关于 2004 年农村税费政策工作意见》，2004 年，京口区免征农业税，实现农民零负担，比全国免征农业税提前两年。

二、推行税费改革

2000 年，京口区始行农村税费改革，具体操作分为两步。2001 ~ 2002 年，第一步从规范农村税费制度，减轻农民负担出发，实行以农业税为主税收方式，将农民负担纳入规范化管理。主要有 9 项措施：完善税费改革配套；撤销乡级建置、精减人员；调整教育布局，撤并 9 所中小学，形成每个乡镇 1 所中学、1 所中心小学、1 ~ 2 所“完小”新格局。中小学教师工资由区财政统一发放，乡村两级九年制义务教育改由政府通过财政预算解决；取消原由乡统筹开支计划生育、优抚等支出，改由政府通过财政预算解决；取消屠宰税；取消统一规定劳动积累工和义务工（以下简称“两工”）；调整农业税政策（计税面积以二轮土地承包面积为依据，常年产量为每亩 600 千克，高标准菜地为 780 千克，税率按 7% 执行；调整农业特产税政策。按照农业税和农业特产税不重复征收原则，对非农业税计税土地上生产农业特产品征收农业特产税，特产税率按 8% 执行）；改革村级提留使用办法。原规定村级提留费一律取消，村干部报酬、“五保户”供养、办公经费，除集体经营收入开支外，采用新的农业税附加、农业特产税附加方式统一征收。附加比例按农业税、农业特产税正税 20% 执行；村“一事一议”筹资酬劳，以村为单位，人均第一年筹资不得超过 25 元。“两工”取消后，每个劳力第一年不得超过 8 个工作日，并不得强行以资代劳。2001 年起，税改部门按照“减轻、规范、稳定”原则，深入调查研究，广泛听取意见，将农村税费改革实施方案公示，确保政策落实，配套改革逐步到位后，全区农民负担比改革前减负 56%。2002 ~ 2003 年，为农税改革第二步，逐步取消农业税。2007 年，通过农村税费改革，全区农民负担显著减轻，乡镇、村组工作运转正常，推动“三减”（减人、减事、减员）配套改革形成共识，农村干群关系改善，社会全面稳定，经济持续发展。

第三节 农村财经管理

一、推行村账乡（镇）管理

1993 ~ 1997 年，京口区农村村级财务是乡镇辅导，自行管理。1998 年，区政府出台《关于村级财务管理的规定》，全面推行村务公开，对村级财务加强规范管理。全区 32 个村委会普遍开展民主理财，实行村务公开，推进村民自治、民主法治的进程，并加强对农村集体资产管理，率先在全市完成清产核资工作。2002 年 5 月，区政府下发《关于村账乡（镇）管理的实施意见》，经过组织发动，结账、清账、全面封账，移交账簿资料，推行村账镇管。2003 年 7 月，组织村账镇管大检查，重新制定《京口区村合作经济组织的财务管理规定》，明确职责，继续推行村账镇管，并对村级财务进行数据化处理。2007 年，全区 2 镇财务管理实行电脑化，使会计核算完整，档案资料齐全，账户开设规范，未出现资产流失现象。各镇针对村干部交通、通讯补贴等明确具体标准，乡镇农经部门加强村级日常管理，建立相关配套制度和廉政规定，招待费与往年相比下降 10%，村级经济收入明显增长。通过开展村账乡（镇）管，建立农村财务双层监督机制，提高全区村级财务管理水平。

二、村民民主理财

1998 年起，京口区农村全面推行村务公开民主理财活动。2000 ~ 2007 年，各村委会先后成立村务理财、议事、监督小组和村民代表会议，监制村民理财小组印章，对日常相关支出进行审核盖章，每季按照统一格式、程序、时间、内容进行公示，理财小组参与日常经济活动，使村、组资产管理水平得到整体提高。

三、化解村级债务和创建财务管理规范化合格镇村

2001 年 12 月，全区村级债务总额 2614.67 万元，其中涉农债务 599.72 万元。村级债权总额 2469.2 万元，其中农民税费尾欠 17.68 万元。2002 年 7 月，开展化解村级债务工作，核准村、组两级资产，核减报废固定资产 45 万元，盘盈增加固定资产 150 万元，重点是处理好与农民的债权关系。同年 12 月，全区化解村级债务 2288.91 万元，化解率 87.54%，其中涉农债务 560.19 万元，化解率 93.4%，清收债权 2119.92 万元，清收率 85.85%，其中核减农民税费尾欠 15.1 万元，化解、清收率位居全市首位。2003 ~ 2007 年，全区无村级债务，确保村级经济正常运转。

1998 年起，全区每年由区农经局、财政局、纪委联合开展村务公开、村组财务大检查，针对存在问题，提出改进措施，开展创建集体财务管理规范化合格镇、村建设。2000 ~ 2007 年，京口区各镇村全部通过创建市级农村集体财务管理规范化合格镇、村，其中获省级农村集体财务管理示范村 3 个，省级农村集体财务管理先进个人 4 名。谏壁镇雩北村茅荣根获全国农村集体财务先进个人。

四、农村合作经济组织和惠农政策

1. *农村合作经济组织*　农村合作经济组织主要形式：农户为应对市场变化自发成立的组织；由龙头企业牵头，行业参与的合作经济组织，有一定技术力量和经济实力，生产形式上规模，市场应变能力较强。其共同特点具有区域优势和产业特色。2001 年 3 月 9 日，全区成立第一家农业专业协会——京口区生猪养殖协会，首批会员 35 人，注册资金 3 万元。通过规模经营，进一步增强适应市场经济能力。2002 ~ 2007 年，全区有农村合作经济组织、专业合作经济组织 14 家，其中专业协会和专业合作社各 7 家，各合作社组织均在工商部门注册登记。合作经济行业有种植业 10 家、养殖业 4 家。服务内容有技术信息、产加销、仓储、资金等。组织人身份 10 家为农民经纪人，2 家为龙头企业，具有注册商标的 3 家，有社（会）员 3818 人，带动农户 9818 户，带动农户增收 1373 万元。经济盈余实行二次返利 11 家，金额 353 万元，每年培训 3500 余人次。

2. *惠农政策*　2004 年，全区农村实行免征农业税。同年，对农民种粮和良种、农机推广实施补贴政策。为促进农民增收，对农业种植结构调整和畜牧业发展，制定奖励政策。明确每调整 1 亩粮田发展经济作物，补贴 200 元。农民养殖户凡当年出栏肉鸡 5 万羽以上，给予每羽补贴 0.1 元；蛋鸡年存栏 3000 羽以上，给予每羽补贴 0.3 元。年出栏生猪 300 头以上，给予每头补贴 3 元。对新发展食草畜禽大户，给予一次性 500 元扶持资金。2006 年，对农业生产资料增加支出进行综合补贴。2007 年 8 月，区农经局、财经局联合人寿保险公司，全面实施能繁母猪补贴、保险工作。对象为辖区范围内养殖企业和养殖户饲养 8 月龄以上、3 岁龄以下能繁母猪。为落实保险政策，各镇场畜牧兽医站人员深入各养殖企业（户）调查核实，更新目标，并将核实情况按村汇总，开设专户，落实资金。全区能繁母猪 800 头，有 188 户养殖户享受补贴和保险待遇。10 月，为推动全区岗坡地综合开发，区财政每年设立专项资金 30 万元，用于奖励发展茶、果生产。奖励标准为：连片新发展果树区，应用新品种 0.13 公顷以上，连续两年给予奖励，第一年每亩补贴 500 元，第二年每亩补贴 300 元。鼓励发展设施栽培，对新增钢管大棚设施种植果树，每亩另外补贴 1000 元。鼓励发展冷藏保鲜，新建一座冷藏保鲜库，奖励 5000 元。连片新发展茶叶区，推广应用新品种 0.13 公顷以上，给予每亩一次补贴 700 元。鼓励品牌建设，新通过一项国家无公害农产品认证，奖励 2000 元。绿色食品认证奖励 3000 元。有机食品认证奖励 5000 元。为把惠农政策补贴落到实处，遵照省、市统一部署，区农经部门严把“三关”：公示关。将补贴面积、数量、金额上墙公示，做到公开、公平；申报关。对于申报面积采用“五三三”抽查法，即每镇抽查 5% 村委会，每个村委会抽查 3% 村民小组，每个村民小组抽查 3 户种植户，核实申报面积。跟踪督查关。由区农经局纪检组牵头成立监督组，设立公开举报电话，防止违规违纪，由于措施扎实，各项合格率达 100%。2007 年，全区贯彻落实市财政设立扶持奖励专项资金，给农村发展高效规模化农业提供政策支持和服务，落实各项惠农政策补贴 216.07 万元。

2005 ~ 2007 年京口区落实惠农政策情况表

表 6-1　　单位：公顷、万元

年份	粮食直补		推广良种补贴			农资增支综合补贴	农机补贴			市扶持资金	区扶持资金
	面积	金额	面积	供种（万千克）	金额		购机（台）	保鲜库（座）	金额		
合计	2084.40	62.55	—	—	17.24	87.20	13	5	16.08	9	24
2005	716.40	21.50	246.70	1.79	2.96	—	1	3	7	3	4
2006	693	20.80	269	1.66	3.20	24.40	3	2	5.20	3	10
2007	675	20.25	—	—	11.08	—	9	—	3.88	3	10

第二章　农　业

1992 年 11 月 ~ 1996 年 12 月，京口区农业生产紧紧围绕服务城市、农业增效、农民增收目标，合理调整农业种植结构，推进农业发展。在农业种植上，主要是粮油作物、蔬菜和食用菌栽培。粮食作物主要是水稻，粳稻是区内水稻主要类型。1997 ~ 2007 年，水稻常年种植面积在 800 公顷，总产 6000 ~ 8000 吨。小麦常年种植面积 550 公顷，总产 2500 ~ 3000 吨。油料作物主要是油菜，常年种植面积 400 公顷左右，总产 650 ~ 850 吨。此外还有大豆、玉米、薯类种植，蔬菜和食用菌栽培供应城市。常年有菜田 350 公顷，年上市蔬菜 3 万吨左右，主要品种有白菜、根菜、茄果、瓜类、豆类、绿叶菜、薯芋、葱蒜，多年生蔬菜、野生、水生菜等 12 大类。推广“放心菜”产销，进行蔬菜安全检测，确保市民吃上“放心菜”。全区食用菌生产除常规品种外，已逐步向栽培基地化、品种珍稀化发展，年上市量 250 ~ 300 吨。2007 年，拥有农机动力 5.82 万千瓦，有大中型拖拉机和各类农业机械 2261 台套。同年，全区开展农业污染源调查。

第一节　粮油作物

一、水稻

1. *主要品种*　1993 ~ 1994 年，全区粳稻是水稻主要类型，糯稻有少量种植。主要品种是武粳 3 号，试种 9-92 品种。1995 ~ 1999 年，重点推广 95 系列 9-92、9-108 等高产晚熟新品种，普及率 90% 以上。2000 ~ 2004 年，晚粳品种推广以优质、高产、高效为重点，先后引进一批高产优质武运粳 7 号、武香粳 14、武粳 15、常农粳 3 号、宁粳 1 号、南粳 42 号、扬粳 4038 等品种。2005 年，武粳 15、武粳 13、华粳 3 号等优质粳稻栽培面积占全区总面积的 84.2%。1995 ~ 2006 年，全区水稻栽培“武粳”类是常州武进（县）区稻麦育种场培育成功的优良品种，特点是株高近 100 厘米，株型紧凑，叶色较浅，分蘖力较强，成穗率较高，穗粒结构协调，抗倒性强，后期熟相好。一般每亩有效穗数 19 万左右，每穗 140 ~ 145 粒，结实率 91% 左右，千粒重 26 克左右。米质优，落粒性中等，稳产性好，抗稻瘟病、白叶枯病、中感纹枯病、不抗条纹叶枯病，全生育期 156 天左右，适宜在江苏省沿江及苏南地区中上等肥力条件下种植。2007 年，全区仍以粳稻品种当家。搭配品种有扬粳 201/8203/8110、镇稻 1 号、9308、南粳 34/9 ~ 108、镇稻 524、镇稻 88、柔小町、W3659、水晶 3 号、广陵香粳、旱丰 9 号、华粳 3 号、常农粳 4 号等品种。糯稻有镇稻 2 号和 8333 两个品种。

2. *面积及产量*　1996 年，全区水稻生产处于平稳发展阶段，年种植面积 466.67 公顷，亩产 513 千克，总产量 3591 吨。主要在象山、汝山、丹徒、谏壁 4 乡（镇）和共青团农场种植。1997 年，丹徒县谏壁乡撤销建置，9 个村委会划归谏壁镇，全区水稻种植面积增加到 1068.33 公顷。1998 年，水稻单产 587 千克，总产 8393 吨，单产和总产均创全区历史新高。2000 ~ 2004 年，全区调整种植结构，扩大经济作物，压缩粮食作物，水稻面积逐年减少。2004 年，水稻年种植 660 公顷，总产 5005 吨，亩产 506 千克。2005 年起，国家为稳定粮食生产，先后出台水稻良种补贴、粮食直补、农资综合补贴等惠农政策，全区水稻生产得到调整和恢复。2005 ~ 2007 年，水稻单产和总产量连续 3 年增长。2007 年，全区水稻种植面积 800 公顷，单产 526 千克，总产 6308 吨。

3. 栽培方式　1993 ~ 2000 年，全区水稻栽培以传统育秧和大田人工移栽（包括“抛秧”）为主，直播、机插秧栽培为辅，人工移栽面积 90% 左右。1996 年，共青团农场引进稻鸭共作新技术，当年试种 33.33 公顷喜获成功。同年，全区水稻推广应用群体质量栽培新技术，当年旱育稀植面积 333.33 公顷，占水稻面积的 41.7%。实施“壮秧、扩行、减苗、调肥、控水”调控技术，适当稀植、控制高峰苗，注重烤田和增施穗肥，每穗总粒比上年增加 8.1 粒。1997 年，稻鸭共作扩大示范面积 66.67 公顷。方法是水稻栽培 10 天后，在稻田四周设置电围栏（脉冲电网 + 塑料网），每亩放鸭 20 ~ 25 只，至抽穗前饲养鸭子于稻田间，使其捕食害虫、踩杂草，既减轻病、虫、草危害，又省工、省药、省肥，达到节本增收和保护环境的功效，亩均纯受益 2000 元。2001 ~ 2006 年，随着稻田新型除草剂推广和化学除草技术进步，水稻直播面积逐步扩大。2007 年，全区水稻直播面积 383.33 公顷，占总面积的 47.9%，主要分布在谏壁、象山 2 镇和共青团农场。水稻人工栽培面积为 324.66 公顷，占 40.6%。共青团农场机插栽培面积 100 公顷，占全区水稻栽培总面积的 12.5%。全区应用群体质量栽培面积 732 公顷，占水稻总面积的 91.5%。

4. 病虫草害防治　病害　1993 ~ 1996 年，区内水稻主要病害有纹枯病、稻瘟病和与害虫灰飞虱发生密切相关的条纹叶枯病。多数年份为中等发病率。1993 年，各乡镇场圃每年在水稻破口期，使用“三环唑”农药喷雾防治稻瘟病，预防穗颈稻瘟病，收到良好效果。1997 年，用生物制剂“井岗霉素”喷雾防治，用药面积 3153 公顷次，亩均防治 2.95 次。1993 ~ 2000 年，全区灰稻飞虱发生量少，条纹叶枯病发病率较低。2001 ~ 2003 年，灰稻飞虱虫量增加，病害上升。2004 ~ 2005 年，病虫害连续暴发，重病田病穴率达 60%。2005 年，为水稻病害大发生年，平均发病率 21.4%，重病田占 84%，药治面积 3000 多公顷次，亩均防治 4 次。使用“水控药治”综合防治措施，有效率达 70%。2006 ~ 2007 年，采取“源头防治”，即“治小田，保大田”，在秧田期使用“氟虫腈”药防治 2 次，把虫害消灭在秧田期，减轻大田危害，收到良好效果。2007 年，全区农药防治面积 150 公顷次，亩均防治 1.5 次。

虫害　1993 ~ 2001 年，京口区水稻虫害主要有三化螟、二化螟、纵卷叶虫和褐飞虱等。1993 年，三化螟虫害量猛增，属偏重发生年。1994 ~ 2001 年，全区药治三化螟虫害面积 220 公顷次，亩均防治 2.5 次，效果显著。2003 ~ 2007 年，适当推迟播栽期、推广使用新型农药“三唑磷”等综合防治措施，虫害逐年回落。

1993 ~ 1999 年，全区二化螟虫害逐年加重。2000 ~ 2001 年，连续两年有较大发生，严重田块最高虫量每亩 11.5 万头，枯穗率达 10%。用“三唑磷”“锐劲特”防治，药治面积 2700 公顷次，亩均防治 1.7 次，防治效果 80% 以上。2003 ~ 2007 年，发生量少，危害偏轻。

1993 ~ 1994 年、1998 ~ 1999 年、2002 ~ 2005 年，全区水稻纵卷叶虫害发生较重。2003 年为特大发生年，田间最大虫量每亩在 2500 ~ 5000 头之间。2005 年，田间束叶率达 60%，用高效杀虫剂“32% 丙溴磷”“氟铃脲”等，药治面积 3500 公顷次，亩均防治 4.9 次。2006 ~ 2007 年，为一般发生，危害较轻。

1997 年和 2005 年，全区褐飞虱为大发生年，局部地区四代百穴虫量达 2494 头，部分受害田块出现“冒穿透天”现象，导致水稻减产，分别用“扑虱灵”，药治面积 2430 公顷次，亩均防治 3.4 次。2006 ~ 2007 年为一般发生率，危害较轻。

草害　1993 ~ 1994 年，全区稻田杂草有牛毛草、稗草、莎草、千金子、鸭舌草等，以新型药剂丁草胺替代除草醚，并逐步推广丁草胺 + 苄黄隆。1995 年，全区稻田化学除草面积 568.4 公顷次，亩均防除 1.16 次。1999 年起，各乡镇场应用化学除草药剂——有丙草胺（扫弗特）、苯噻草胺、苯噻草胺 + 苄黄隆等，防除阔叶型杂草。2005 ~ 2007 年，全区水稻化学除草面积年均 800 ~ 870 公顷次，亩均防除 1.2 次，用药田块，草害明显减轻。

二、小麦

1. *主要品种* 1993～1997年，全区小麦以扬麦158品种为主，搭配种植宁9312、9536.97P28、宁麦7号、宁91-44等。1998～2000年，小麦以扬麦158、扬麦10号为主，搭配种植宁麦8、宁麦9号、扬麦11号和宁941。2001年以后，小麦品种向优质专用、区域化种植方向发展。根据京口区生态和气候条件适合种植优质弱筋类小麦。在沿江麦区是优质弱筋小麦种植区，品种有宁麦9、13号，扬麦9、13、15号和扬辐麦2号等。中筋类小麦品种以扬麦11、12、16号取代扬麦158，镇麦4、5、6号也有部分种植。2002年，以扬麦11为主，搭配扬麦10号、扬麦12号和扬麦158。2003年秋，倡导优质专用小麦区域化种植，淘汰扬麦158，扩大种植弱筋小麦扬辐麦2号、扬麦13、15号、9号。2007年，全区小麦品种仍以优质专用新品种扬麦11、12为主。

2. *面积与产量* 1993年，全区小麦种植面积493.33公顷，分布在象山、谏壁、丹徒、汝山等乡镇和共青团农场，年单产193千克，总产量1426吨。1994年，国家提高粮食统销价格，在国家政策激励下，全区农村大搞吨粮田建设，开展丰产方竞赛活动，小麦生产迈上新台阶。1996年，全区小麦平均亩产突破250千克大关，达259.5千克。1997年，小麦面积增加到900公顷，年总量达2531吨。1998年，受洪涝灾害影响，夏粮大幅减产，单产为180.7千克，比1997年减产33%。1999年始，全区在结构布局上调整为"稳稻缩麦扩油扩经"发展思路，夏粮面积逐年减少。2004年，全区小麦种植面积290公顷，总产1414吨，比1999年下降64%，总产下降55%。为保障粮食生产安全，国家出台一系列激励粮食生产和支农惠农政策。2004年起，对小麦实行保护价收购。2006年，因生产资料涨价因素，实行对小麦每亩补贴10元等措施，全区夏粮生产重现3年增产局面。加之推广高产、抗逆、优质专用新品种（系），推广多种高产栽培技术和省工节本、高产、高效免（少）耕等轻型栽培方法，对提高和稳定小麦产量起到推动作用。2007年，全区小麦面积达610公顷，亩产突破300千克，创历史最高水平，总产量达2933吨。同年，共青团农场参加全省小麦高产竞赛活动，通过精心栽培，落实管理措施，经省农业科学院和南京农业大学组成专家组实产验收，共青团农场种植的扬麦16号攻关田平均亩产达525.4千克，开创全市小麦高产新纪录，获全省小麦高产三等奖，为镇江市唯一获奖单位。

3. *栽培方式* 1993年，全区对小麦栽培推广机械条播，免、少耕种植方式，可一次性完成灭茬、碎土、开槽、条播和复土等多道工序。全区机械条播面积达196.33公顷，占小麦面积的39.8%。随着免、少耕播种技术成熟，结合化学除草效果，免、少耕栽培面积迅速扩大，1995年达240公顷，占总面积89%以上。全区免、少耕播种形式有板田全免耕播种、人工浅锄灭茬播种、拖拉机旋耕灭茬播种等。为实现小麦高产、稳产、低耗目标，还在区内推广模式化栽培方式。根据扬州大学农学院研究的小麦高产群体质量栽培技术原理，通过适当降低基本苗，推广平衡施肥技术，降氮增磷补钾，前期促进早发壮苗，中期控制无效生长，提高成穗率，后期保花增粒增粒重，建立个体与群体协调高光效群体。1997年，全区推广应用面积177.6公顷，占小麦面积59.2%。2007年，全区推广小麦高产群体质量栽培面积526.4公顷，占小麦面积86.3%，对提高小麦单产水平收到显著效果。

4. *病虫害防治* 病害 1993～1997年，区内小麦生长期主要病害有赤霉病、纹枯病和白粉病。赤霉病年药治面积239.33公顷次，亩均防治0.87次。1998年、2002年、2004年，为中等发生年，平均2～3年流行一次，主要用农药"多菌灵"进行喷雾防治。大流行的2003年，全区药治面积229.53公顷，亩均防治0.45次。2005～2007年，为一般发生年，全区每年药治面积200公顷，对控制病害发生起到一定作用。

1993～1995年、1997～1998年和2002年，全区小麦纹枯病为偏重发生年。病株率一般田块40%～50%，重病田达到80%。年药治面积153.33公顷以上。2003～2007年，是小麦纹枯病轻发生年，每年药治面积93.33公顷左右，对挽回损失起到一定作用。

1993～2001年，全区小麦白粉病经常发生。2002年为中发生年。2003～2007年，为轻发生年。各乡镇每年用农药“粉锈宁”防治 6.67 公顷，基本控制病害。

虫害　1993 ~ 1999 年，全区小麦虫害主要是蚜虫。由于推广晚熟高产品种后，麦蚜虫由苗期发生转向小麦穗蚜为主，多数年份发生达到中等以上。2000 年，为二化螟等虫害大发生年，用“吡虫啉”药剂防治 516.5 公顷，亩均防治 0.82 次。2005 ~ 2007 年，全区年防治面积 210 公顷，亩均防治 0.7 次。

草害　20 世纪 90 年代初期，区内麦田杂草以看麦娘、猪殃殃、大巢菜为主，沿江地区还有繁缕杂草，以看麦娘杂草发生面积最大，猪殃殃危害最重。随着免（少）耕种麦推广，使用除草剂“绿甲磺隆”多年防治，麦田杂草相应发生变化，特别是网草、早熟禾、硬草、稻搓菜、泥糊菜等杂草逐年上升，成为麦田杂草的主要种群。各乡、镇、场以传统方式，用人工对草害进行防除。药剂除草新技术问世后，逐步被村民认同，用绿黄隆等药剂除草面积不断上升。后逐步推广骠马及其复配剂。1995 年，全区药剂防除面积 269.4 公顷，亩均防治 0.98 次。2005 ~ 2007 年，全区药剂防治面积 553.33 公顷，亩均防治 1.80 次，基本控制草害。

三、杂粮

1. 玉米　1993 ~ 2000 年，全区玉米年种植面积为 100 公顷，主要分布在谏壁、丹徒、汝山、象山和共青团农场等乡镇场圃。平均单产 362 千克，总产 543 吨。2000 年，全区玉米种植面积 240 公顷，单产 167 千克，总产 602 吨，总产创历史最高值。2001 年，种植面积有所扩大。2002 年，全区玉米种植面积 133.33 公顷，亩产 460.5 千克，总产 921 吨，面积、单产、总产均为历史最高年。2003 ~ 2006 年，玉米种植面积逐年减少。2007 年，全区玉米面积 86.67 公顷，亩产 420 千克，总产 546 吨。

1993 ~ 1994 年，区内玉米栽培比较粗放，密度稀，每亩仅 3600 株左右，施肥量少。每亩施氮肥（纯量）7 ~ 8 千克，磷肥 2.2 千克，钾肥 3.1 千克。1995 年，推广应用“足、壮、高”栽培途径，通过精选种子、灭茬免耕、增加播量、足苗匀苗等措施以提高植株整齐度，种植密度每亩增加到 4900 ~ 5000 株。增加施肥量，规范肥料运筹技术，按 3 ∶ 7 比例施好基苗肥、穗粒肥，钾肥增加到亩施 3.5 ~ 5.6 千克，氮肥亩施 20 ~ 25 千克（纯量）。特别是玉米进入喇叭口期采取肥（重施穗肥）、水（天旱沟灌窨墒）、药（毒土灌心，防治玉米螟）、调（叶面喷施维他灵）四项措施，主攻大穗，提高玉米产量。此外，推广玉米间作、套种，主要模式有麦（油菜）—甘薯 + 玉米；马铃薯—玉米 + 甘薯；小麦—玉米 + 大豆，以充分利用地力，增加产量。1995 ~ 2003 年，全区玉米品种以掖单 4 号为主。其中 1997 年掖单 4 号面积 100 公顷，占玉米面积 75.9%。其次有苏玉 9 号、掖单 2 号，郑单 14 号和登海 1 号等。2004 ~ 2005 年，引进省农科院选育优质高产玉米“江南白糯”。2007 年，全区玉米种植品种以掖单 4 号、郑单 958 号为主，登海 11 号、9 号等品种为辅。

2. 大豆　1993 ~ 2006 年，区内大豆种植先后有“六月白”“丹阳青”“八月白”“苏豆 4 号”“豫豆 23”“科丰 34 号”等品种，常年种植面积为 160 公顷，单产为 115 千克，总产 276 吨。以夏大豆为主，一般栽培是麦（油菜）—豆—玉米轮作，或甘薯、果园间作。1999 年，大豆单产首次达 179 千克，为历史最高。2001 年，全区大豆种植面积为 270 公顷，为种植面积最多一年。2002 年后，随着粮食结构调整，大豆种植面积逐年减少。2007 年，全区大豆种植面积 40 公顷，亩产 160 千克，总产 96 吨。至 2007 年的 10 多年来，全区大豆栽培技术从传统方式逐步过渡免（少）耕栽培法，用点、条播，改小个体、大群体为小群体、壮个体。每亩密度由 2.5 万 ~ 3 万株降至 1.2 万 ~ 1.5 万株，促进分枝。改不施肥或少施肥为增施肥料，每亩纯氮不少于 10 千克，推广使用氮、磷、钾复合肥作基肥，花荚肥占施肥总量的 60%。在初花期用“维他灵”或助壮素叶面喷施，促壮、增粗、防倒和增加豆荚，提高坐果，增加产量。

3. 甘薯（山芋）　1993 ~ 1999 年，区内甘薯种植先后引进“宁薯 1、2 号”“徐薯 18”“北京 553”“苏渝 303”“苏薯 8 号”等品种。2000 年，根据市场消费需求，改种以高淀粉型、烘烤型、蒸煮型为主体，搭配水果型、保健型品种。主要有“苏薯 1 号”“北京 553”“徐薯 34”“苏薯 8 号”“苏渝 303”等。全区甘薯生产规模不大，主要在谏壁、象山两镇丘陵地区种植。2000 ~ 2004 年，甘薯种植面积逐年减少。2005 年，全区种植面积为 10 公顷，产量 15 吨。2006 ~ 2007 年，谏壁、象山两镇加快推行“无村区”进度，土地大多流转，薯类种植锐减，面积、产量无法统计。

1993 ~ 2005 年，全区推广薄膜温床培育薯苗，温床内垫铺秸秆并掺和优质粪土等酿热物，结合覆盖薄膜，利用太阳能来提高床温，每平方米排种 22 ~ 35 千克，并结合二次育苗，每千克薯种采苗 300 株左右，比传统温床育苗省种 80%。大田移栽推广改斜插为水平插、单行栽为高垄双行栽。每亩栽插密度由 2000 株增加到 3000 ~ 4500 株。至 2007 年，在用肥上以有机肥作基肥，推广使用复合肥，以提高单产。

四、油菜

1993 ~ 1995 年，全区种植油菜为主要油料作物。随着市场经济发展，不断调整作物结构，为油菜生产提供发展机遇。油菜生产重点是改良品种，提高产量。1996 ~ 2000 年，改甘蓝型品种为杂交品种。其中 1998 年，全区油菜种植基本是杂交秦油 2 号品种。2001 ~ 2005 年，实现优质油菜“双低”（即低芥酸、低硫。油菜籽芥酸含量低于 3%，菜籽饼中硫代葡萄糖含量每克低于 30 微摩尔的油菜品种）化，促进油菜生产由数量型向质量型转变。2001 年始，全区推广种植油菜品种有苏油 1 号、宁油 10 号、宁杂 1 号、宁杂 3 号、秦油 7 号、华杂 4 号、油研 8 号、汇油 50、沪油 9 号等。其中“双低”油菜面积 446 公顷，占总面积 87.4%。2005 年，秦油 7 号上升为油菜当家品种，占 43.9%，搭配品种沪油 16，史力丰、镇油 3 号、苏油 1 号等品种，“双低”油菜面积 409 公顷，占总面积 97.4%。2007 年，全部种植“双低”油菜品种。

1993 ~ 1999 年，全区油菜种植主要分布在象山、汝山、丹徒、谏壁 4 乡镇和共青团农场。1999 年，年种植面积 273 公顷，年总产 550 吨，亩均单产 129 千克。2000 ~ 2004 年，调整农业生产布局，扩大油菜种植，全区年平均油菜面积 442 公顷，平均总产 813 吨。2005 年以来，由于国家稳定粮食生产，相继出台一批惠农政策，小麦面积增加，油菜面积压缩。2007 年，全区油菜面积为 290 公顷，单产 132 千克，总产 575 吨。

区内油菜主要病虫害为菌核病和蚜虫。菌核病发生在多数年份达到中等以上。1993 年和 1995 年，发病较重。1998 年为大流行年，全区药防面积 200 多公顷。2005 年为中等偏重年，用“多菌灵”防治面积 346 公顷，占油菜总面积 81%。油菜蚜虫主要在秋、春苗期危害，并引起病毒病发生，采用农药“乐果”稀释喷雾防治，控制为害。油菜田杂草主要有看麦娘、早熟乐、野老鹳、婆婆纳等。1993 ~ 1999 年，采用农药稳杀得、禾草克、盖草能防治，取得好的效果。2000 ~ 2004 年，全区用乙草胺和稳杀得复配剂进行封杀虫害，春季用高效盖草能、盖草灵防除，年药剂防除面积 760 公顷次，亩均防治 1.25 次。2003 年，全区大面积推广使用“快捕净”“早熟乐”农药防除杂草。2005 ~ 2007 年，全区药剂防除 710 公顷，年药治面积 240 公顷，占油菜面积 80%。

第二节 蔬菜 食用菌

一、蔬菜

1. 种类 1993 ~ 2007 年，京口区蔬菜种类有白菜、根菜、瓜果、豆等 11 类，156 种，常年供应市场。白菜类有改良青，杂 3 号大白菜、塌棵菜、三月曼、四月曼、苏州青、上海青、大小花叶大菜、雪里蕻、九头乌、热抗王耐热大白菜、夏阳等 11 个品种。根菜类有扬花萝卜、元白萝卜、埋头红、埋头白、穿心红、心里美、胡萝卜、大萝卜、短叶 13 萝卜、元红萝卜、四季大根、白玉大根、五寸参胡萝卜等 13 个品种。茄果类主要有羊角椒、牛角椒、苏 × 长茄、苏 × 奇茄、苏椒 5 号、湘椒、卞椒 1 号、金鹏 1 号番茄、金鹏 5 号番茄、合作 906 番茄、超级 918 番茄、908 番茄、海粉 962 番茄、杨茄 1 号、日本长一郎、紫金长茄、韩国黑马长茄、黑龙长茄等 18 个品种。瓜类主要有津研 4 号黄瓜、瓢瓜、癞葡萄、癞猴子南瓜、津优 1 号黄瓜、津优 40 黄瓜、碧玉水果黄瓜、江苏 1 号丝瓜、棒槌丝瓜、长春冬瓜、广东青皮冬瓜、黄皮笋瓜、青皮菜瓜、西葫芦、长白苦瓜、日本南瓜、韩国甜栗南瓜、孝感瓠子等 18 个品种。甘蓝类主要有圆心包、京丰包、上海争春甘蓝、上海延春甘蓝、50 天花菜、60 天花菜、80 天花菜、100 天花菜、120 天花菜、180天花菜、白马王子花菜、球茎甘蓝、绿里青花菜、碧云杉青花菜等14个品种。豆类主要有扁地刀、白花架刀、紫花架刀、之豇28–2、一点红豇豆、太仓大青豆、白扁豆、紫扁豆、无架扁豆、地豇81–6、高优22号豇豆、台湾8号豇豆、扬豇、春秋红豇豆、日本青毛豆、辽青毛豆、台湾292毛豆、四季豆、白皮蚕豆、紫皮豌豆、黄秋葵、四棱豆、泰国架豆王、金龙架豆王（刀豆）等24个品种。绿叶菜类主要有圆叶菠菜、尖叶菠菜、尖叶青苋菜、圆叶青苋菜、圆叶红苋菜、圆叶花苋菜、狮子茼蒿、杆子茼蒿、鸡脚茼蒿、圆叶白皮莴苣、圆叶紫皮莴苣、尖叶白皮莴苣、尖叶紫皮莴苣、振兴2号莴苣、振兴3号莴苣、振兴5号莴苣、蒲芹（药芹）、蕹菜（空心菜）、泰国小叶空心菜、白梗空心菜、泰国耐热香菜、美国西芹、泰国黄苗芹、意大利耐热生菜、大叶落葵、小叶落葵等26个品种。薯芋类主要有红芽芋、菊芋（洋生姜）、早大白土豆、克新4号土豆、紫皮山芋、868山芋等6个品种。葱蒜类主要有米葱、青葱、紫皮洋葱、紫头香韭、二水早大蒜、平韭2号等6个品种。多年生蔬菜类主要有金针菜、竹笋、香椿头等3个品种。野生类主要有荠菜、黄花苜蓿（金花菜，俗称秧草）、枸杞头、马兰头、马齿苋、菊花脑、石蒜、诸葛菜、蒌蒿苔、野芹、蒿瓜菜、葵（落葵）等12个品种。水生菜类主要有水芹、莲藕、慈姑、单季茭白（八月茭）、双季茭白等5个品种。

2. 结构和分布　1993 ~ 2007年，全区蔬菜种植主要分布在象山、汝山、丹徒、谏壁4个乡镇和共青团农场。其中叶菜类蔬菜主要分布在象山乡红星、红旗、星星、民主、红旗村，汝山乡新民村，丹徒镇东风、丹徒村，谏壁镇东方红、红星、月湖村均为过渡性菜区。果菜类主要分布在象山乡团结、跃进、象山、七一、民主、红旗村，汝山乡东风、长江、新华、前进村为常年性菜区。汝山乡新生村、谏壁镇跃进村为季节性菜区。水生蔬菜主要分布在象山乡民主、团结和象山村沿江一带。20世纪90年代以来，随着城市建设不断扩大，近郊菜田逐年减少。为保障城市蔬菜供应，2002年后，京口区调整菜地布局，逐步扩大种植面积。叶菜类蔬菜主要分布在象山乡团结、象山村，丹徒镇左湖村、丹徒、东风社区，谏壁镇月湖村。果菜类主要分布在象山乡七一园艺场、长江村，谏壁镇蔡家、雩北、东京、焦湾村。

3. 面积和产量　1993年，全区有蔬菜面积400公顷，其中季节性菜田70公顷。建成蔬菜副食品生产基地29个，其中蔬菜生产基地17个，面积26公顷。高标准菜地基地8个，面积22公顷。配套大棚20公顷，其他副食品生产基地12个。全年播种面积1060公顷次，年蔬菜产量2.35万吨。平均复种指数2.9，保护地栽培86.67公顷次。1994年始，按照"城郊为城市服务""近郊以蔬菜为主"方针，通过政策驱动、项目推动、典型带动、服务促动等措施，加强"菜篮子"工程建设，合理安排茬口布局，蔬菜产量逐年提高。2002年，累计新建高标准菜地10.6公顷，改造老菜地162公顷，建成蔬菜丰产方85.33公顷，实施粮改菜20公顷，兴建钢管大棚37.73公顷，遮阳网及防虫网42万平方米，高架防虫网4.8公顷，玻璃温室1300平方米。菜地面积达433公顷，蔬菜全年生产达3.28万吨，平均复种指数提高到3.2，播种面积1260公顷次，全区设施农业面积达到60公顷，高标准蔬菜基地86.7公顷，全区防虫网面积达到16公顷。随着城乡一体化进程加快，近郊主要蔬菜生产基地面积逐年减少。为稳定全区蔬菜供应城市，2004年开始，按照市蔬菜及副食品办公室提出"发展远郊，提高近郊"发展规划，实施"菜篮子"东移计划。扩大蔬菜栽培面积，不断提高蔬菜复种指数，市、区两级累计投入100多万元，先后在谏壁镇雩北、蔡家、东京村实施粮改菜工程40公顷，新建栽培面积13.3公顷。2005年9月，区农经局在全区范围内进行菜田普查，全区有常年菜田333.3公顷，其中高标准菜田80公顷，单体钢管大棚96公顷，无公害蔬菜基地160公顷。当年上市放心菜2.7万吨。2007年，全区蔬菜面积缩减到312公顷，其中栽培面积102公顷，蔬菜复种指数达到3.5。全年上市蔬菜2.9万吨。

4. 栽培技术　露地栽培　20世纪90年代，区内蔬菜以传统露地栽培形式为主。在栽培前进行耕、耙、耧、耱和开沟、作畦等技术操作，并结合施用基肥。采用露地育苗、直播、移栽、中耕除草、追肥等栽培管理。随着城郊居民住房改善，无公害化粪池全面应用，城镇居民粪便排入下水道，菜地施肥由原以人畜粪为主，改为追施单元素化学肥料和氮、磷、钾三元复合肥。1993 ~ 1999年，推广使用叶面宝、喷施宝、惠满丰、金邦一号、绿丰素等叶面喷施肥料，促进早熟增产。2000 ~ 2007 年，推广绿增灵，丰宝和老乡牌叶面肥等。

塑料薄膜覆盖栽培　1993 ~ 1996 年，全区逐步利用塑料大、小棚栽培蔬菜，春季生产可提前 1 个月上市，夏季缩短伏缺 10 多天。塑料小棚，用竹片或钢筋制成拱形骨架，上面覆盖塑料薄膜，一般高 0.5 ~ 0.9 米，宽 1.7 ~ 2.0 米，根据畦长定长度。常年为韭菜、番茄、辣椒、茄子等喜温果菜类蔬菜，早期覆盖作育苗、假植之用。塑料大棚由塑料薄膜和棚架组成，分为竹木、钢筋、水泥、镀锌钢管 4 种，棚架成拱形，顶部四周覆盖塑料薄膜，跨度一般为 6 ~ 12 米，高 2.5 ~ 3 米，主要用于春季提前和秋季延后蔬菜栽培，宜栽培瓜、茄果、豆类。春季比露地栽培早 1 个月上市，秋季可廷后上市 1 个月以上。1993 年，全区建成大棚面积 16.1 公顷。1997 年，全区大棚蔬菜 56.9 公顷，占全区菜地面积 15.6%。1998 ~ 2001 年，随着种植业结构调整，大棚栽培迅速向远郊农村扩展。2002 年，全区大棚面积发展到 84.4 公顷，占菜田面积的 26.3%，并发展一批连栋大棚。为市场提供非季节露地栽培新鲜蔬菜，增加蔬菜品种。早春大棚主要直播扬花萝卜、苋菜、小毛菜、茼蒿等，从 11 月下旬开始播种，春节前后上市。春季可提早栽培茄果、瓜豆类等，当年 10 月份播种冷床育苗，棚内覆盖地膜或加小拱棚，次年 2 月定植，4 月中下旬采收。夏季大棚栽培晚熟品种和抗热品种，配套覆盖遮阳网。如晚熟番茄、伏大椒、伏黄瓜、伏莴苣、伏包菜、伏大白菜等。其中番茄、大椒 4 月上中旬开始播种，7 ~ 8 月上市。莴苣、包菜、大白菜于 5 月上旬播种，7 ~ 8 月采收供伏缺。秋冬大棚主要栽培秋延辣椒、秋延莴苣及秋冬季番茄、黄瓜等。

遮阳网栽培　1995 年，区内始以遮阳网栽培蔬菜。遮阳网是轻量化、高强度、耐老化网状蔬菜覆盖材料，具有遮强光、防暑降温、防飓风和暴雨，减少蒸发、保墒和忌避病虫害作用，替代芦帘、秸秆等覆盖材料，主要在夏秋高温季节栽培蔬菜和育苗。2007 年，全区应用面积 3.56 万平方米。

无土栽培　1996 年，镇江市旅游经济开发区引进以色列智能温室，在大棚内用基质（有机、无机）代替土壤，加用营养液浇灌栽培蔬菜，减轻或避免土壤障碍因素，生产无污染优质蔬菜，为全市首创。2007 年，京口区蔬菜研究所和江苏大学等单位应用该技术，无土栽培面积 2.6 万平方米。主要在春、秋、冬季生产番茄、黄瓜、生菜、西芹、豆瓣等。

5. 病虫害防治　1995 年，京口区成立蔬菜病虫测报站后，对区内蔬菜病虫种类开始调查和测报、防治工作。1996 ~ 2007 年，为掌握区内蔬菜病虫害发生及发展规律，经过 10 多年开展病虫害调查和预测预报工作，有效防治危害京口区蔬菜常见病虫害 100 多种。十字花科蔬菜病害有软腐病、霜霉病、病毒病等。虫害有蚜虫、菜粉蝶、小菜蛾、菜螟、菜蝽、猿叶虫等 10 多种。茄科蔬菜有番茄早疫病、晚疫病等，茄子有黄萎病、褐纹病、绵疫病等，辣椒有立枯病、猝倒病、疫病等。虫害有蚜虫、二十八星瓢虫、红蜘蛛、斜纹夜蛾、美洲斑潜蝇等 30 多种。葫芦科蔬菜有黄瓜立枯病、猝倒病、霜霉病等，冬瓜有枯萎病，西葫芦、南瓜有灰霉病、白粉病、病毒病。虫害有瓜蚜、黄守瓜、瓜绢螟、美洲斑潜蝇等 20 多种。豆科蔬菜有豇豆疫病、煤霉病、炭疽病等，虫害有蚜虫、斜纹夜蛾、美洲斑潜蝇、豆荚螟、豆天蛾、叶螨等 10 多种。水生蔬菜有莲藕褐斑病，茭白胡麻斑病、白绞病，慈姑黑粉病、长缘飞虱、大螟、钻心虫、叶蝉等 10 多种。20 多年来，对病虫害防治：农业防治法，采用合理轮作、耕翻冻垡、清洁田园、培育壮苗等措施，减轻病虫害发生。药剂防治，蔬菜因复种指数高，连作较多，病虫害防治难度较大，长期习惯于见虫治虫，见病防病。1993 ~ 1995 年，推广应用高效低毒、低残留农药　治虫农药选用溴氰菊酯、氰戎菊酯、除虫精、抗蚜威、克满特等杀虫剂，防病农药选用多菌灵、乙磷铝、甲霜灵。1999 年，根据镇江市蔬菜副食品办公室规定，菜区禁止使用甲氨磷、氧化乐果、呋喃丹、甲拌磷、久效磷、“1605”、杀虫醚、灭平威、三氯甲满醇等高毒、高残留农药，推广使用高效、低毒、低残留农药，尤其大力推广使用生物农药，实行“放心菜”生产。物理防治，物理机械进行病虫防治，包括种子处理、频振式杀虫灯、防虫网等。种子处理是用 55℃的温汤浸种，用来杀灭一部分病菌的方法。频振式杀虫灯是一种利用害虫趋光性进行诱杀的防治方法。

6. 放心菜产销　防虫网覆盖　防虫网是 1995 年由镇江市从台湾引进的一种设施栽培方式，选用高密度聚乙烯、添加抗紫外线、抗老化助剂，经拉丝而织成18目~50目的网纱，具有耐拉、抗热、耐腐蚀、耐老化、无毒、无味的特点。通过对大棚（中、小棚）覆盖防虫网，可防治鳞翅目害虫为害，既堵伏缺，又满足市民在高温季节吃上放心小青菜。1996年，全区为确保上市蔬菜安全，推广新型蔬菜防虫网覆盖栽培，使用防虫网无虫害、病害轻、产量高、品质好，当年推广应用2.8公顷。1997年，发展到6公顷，并配套滴灌、微喷技术，对蔬菜进行全封闭管理。同时，从改进药、肥入手，推广使用生物药、肥“一滴净”“田力宝”，普遍使用碳胺和尿素肥料，减少残苗CI、S离子毒害。1998年，京口区“菜篮子”工程工作思路从保供型向保质型转变，采取有效措施，大力发展无公害蔬菜生产。2001年，全区防虫网使用面积达16公顷，同时，不断改进防虫网覆盖方式，推广高架网棚1.2公顷，改善棚内小气候，提高放心菜质量。2002年，象山乡团结村建成高架防虫网连片栽培3.3公顷。2004年，全区防虫网使用面积达到22.7公顷，高架防虫网6.8公顷，新建电控玻璃温室1400平方米，年上市放心菜2.5万吨。2005年起菜地被征用，蔬菜面积锐减。2007年，全区防虫网面积只有0.7公顷。全区防虫网毛菜栽培达53.3公顷次。

图6−1　1993年，京口区各乡镇场圃为发展副业，先后建设大棚发展果蔬生产图为西瓜大棚（区农经局供稿）

蔬菜安全检测　2000年始，京口区在全市率先建立放心菜宣传栏，推广放心菜技术。同时，严格执法，严禁使用剧毒农药，不断加强检测点建设。2001年，全区在主要蔬菜生产基地，建立6个放心菜速测点，加强对蔬菜有毒有害物质残留检测。2002年，建立反季节蔬菜、无公害蔬菜基地80公顷，设立10个放心菜检测站。2005年，购置3台蔬菜速测仪，在象山乡团结村、蔬菜研究所、谏壁镇雩北村建立上市蔬菜检测点，确保上市蔬菜安全。

蔬菜直销　1993年8月26日，象山乡京口蔬菜直销股份合作公司在京口闸农贸市场挂牌营业，标志蔬菜生产、供销一条龙模式。同年，食用菌生产、加工、销售一条龙开始起步。1997年，按照“贸工农一体化”经营原则，着力开拓“公司＋农户”模式，大力发展净菜配送中心建设，以开发区农业科技园和象山、汝山、丹徒、谏壁等乡镇高标准生产基地为基础，在五条街、花山湾、四牌楼、江滨新村等主要市场设立销售窗口，形成生产、加工、销售一条龙。在各大农贸市场，为农户办理产销证350多份。1999年，象山乡红旗、民主，汝山乡新华、东风等7个村委会与市区5个菜场，签订无公害蔬菜销售合同，实施持证直销，在象山、汝山两乡发放无公害毛菜直销证200多份。2002年始，大力发展订单农业，组织象山和开发区蔬菜基地与万方、华联超市签订购销合同，形成“企业＋基地＋超市”的产销模式。2007年，谏壁镇成立无公害蔬菜专卖超市。

二、食用菌

1993年，象山乡红旗村从扬中聘请育菇能手朱忠贵，合作创办食用菌生产基地，租用4个钢管大棚和3间平房，成立京口区红旗食用菌研究所，研究开发食用菌新技术、新产品、新原料。1995年，朱忠贵与镇江金河纸业公司合作，利用造纸厂下脚料芦苇末代替棉籽壳，进行食用菌栽培试验，组织技术人员成立“苇末育菇”课题组。由于芦苇末长期露天堆放，有害微生物含量高，菌袋污染，在1年多时间里，进行3次试验，均未成功。后在南京农业大学教授樊庆笙支持下，引进日本EM生物技术，利用有益微生物控制有害微生物成长，解决了菌袋成品率问题。1997年，经过5次试验，终于取得成功。不仅解决长期困扰造纸工业苇末污染，而且为食用菌生产开辟新原料。同年，红旗食用菌研究所更名为镇江食用菌研究所。1998年，食用菌研究所“菇瓜豆立体栽培技术”取得成功，为四季育菇开辟新途径，当年生产的主要品种有平菇、香菇、金针菇等。2000 年，全区食用菌生产逐步向栽培基地化、品种珍稀化方向发展，先后从外地引进鸡腿菇、杏鲍菇、茶树菇、金福菇、猴头菇、台湾木耳等珍稀食用菌新品种，上市量和经济效益逐年增加。2001 ~ 2005 年，年上市量达 150 ~ 250 吨。2006 ~ 2007 年，全区食用菌年上市量达 300 多吨，珍稀食用菌净利润每亩可达 2 万元以上，是常规品种的 1 倍。食用菌研究所已成为京口区食用菌生产基地，产品主要供应各大超市和菜场。

第三节　农业机械化

一、农机推广使用

1992 年，全区农村人均耕地不足 0.5 亩，只有丹徒镇和共青团农场以一定程度机械化农作物栽培。近郊和集镇周围农村以菜地为主，基本上是人工和畜力耕种，农业机械化程度较低。共青团农场农业生产则以机械化为主。同年，全区拥有农业机械总动力 2141 千瓦，其中，大中型拖拉机 9 个混合台，机引农具 16 台，机动插秧机和大型联合收割机各 4 台。由区农委农机管理所对乡镇和场圃农业机械制度化、规范化管理与指导，各乡镇、场圃农机人员实行持证上岗，健全并推行目标责任制。1993 ~ 1996 年，农机装备水平有所提高。1997 年，全区农机总动力达 5.02 万千瓦，每百亩拥有农机总动力为 41.9 千瓦，机械作业面积达 1866.7 公顷次，其中机耕 766.7 公顷次、机收 833.3 公顷次。1998 ~ 1999 年，全区农机在稳步发展基础上，提高蔬菜地机械化水平，新增多功能农田管理机 2 台，主要用于蔬菜大棚生产。同年，全区机械作业面积达 2266.7 公顷次，农机田间综合作业水平达 74%。2000 ~ 2001 年，全区继续推广蔬菜大棚机械和收割机械，农机总动力达 5.62 万千瓦，每百亩拥有农机动力 48 千瓦。2004 ~ 2005 年，全区农业机械在生产上得到广泛应用。2005 年，机收水稻和小麦分别达 95% 以上，综合机械化作业水平达到 81%。同年，新增低温保鲜库 3 座，油菜收割机 1 台，变型运输拖拉机 3 台。并有 8 台联合收割机，参加跨区作业，总收入达 26.5 万元。全区拥有农机总动力 5.78 万千瓦。2006 ~ 2007 年，京口区利用财政购机补贴新添置麦秸还田机、步进式插秧机、条播机、低温保鲜库、联合收割机等农机具 45 台套。全区有联合收割机 32 台，大中型拖拉机 188 台套，小型拖拉机 204 台套，有农机机械总动力 5.82 万千瓦，每百亩有农机总动力 55.8 千瓦，超全市平均水平，综合机械化作业水平达 82%。并积极引导有一定经济实力和技术基础的农机手购买新型农机具，推广先进农机新技术，切实减轻农民劳动强度，提高生产效率，促进农业增产增收。

图 6-2　2005 年，共青团农场购置的联合收割机、烘干设备　（区农经局供稿）

1992 ~ 2007 年京口区农业机械化情况表

表 6-2

年份	农机总动力（千瓦）	大中型拖拉机（台）	小型拖拉机（台）	联合收割机（台）	农业排灌动力（千瓦）	其他各类机械（套）	机械作业面积（公顷）	综合机械化作业水平（%）
1992	2141	9	189	4	—	—	—	—
1993	39785	10	204	4	985	345	1000	—
1994	40521	10	208	4	1003	396	1000	—
1995	41455	11	229	4	1060	483	1000	—
1996	48592	15	324	16	1225	521	1850	—

1992 ~ 2007 年京口区农业机械化情况表

续表 6-2

年份	农机总动力（千瓦）	大中型拖拉机（台）	小型拖拉机（台）	联合收割机（台）	农业排灌动力（千瓦）	其他各类机械（套）	机械作业面积（公顷）	综合机械化作业水平（%）
1997	50230	26	396	21	1306	645	1866	—
1998 ~ 1999	52000	30	480	25	1387	648	2267	78
2000 ~ 2001	56269	162	200	34	1313	654	1787	78
2002	56600	169	201	35	1318	651	2066	70
2003 ~ 2004	57652	178	201	38	1323	536	2400	80
2005	57800	182	204	41	1331	493	2266	81
2006 ~ 2007	58226	188	204	32	1339	498	2213	82

二、农机服务

1. 农机培训　1993 ~ 2007 年，全区把农机培训作为农机化工作重要内容，把新机具、新技术推广作为农机部门重点工作。随着农机购置补贴力度加大，新型适用农业机械被越来越多农民所接受。为使农业机械发挥最大效益，成为农民增收致富工具，由农机管理部门牵头，适时举办各类农业机械操作培训班，每年在夏收夏种前举办收割机、育秧、插秧机等操作培训。秋收秋种前进行收割机、免耕机操作和培训，均按农时进行培训，15 年共培训农机操作手 1796 人次。

2. 农机宣传　1993 ~ 2007 年，全区农机知识宣传重点为，侧重围绕粮食安全生产、建设现代化农业、发展农村经济、增加农民收入、建设社会主义新农村重点任务，宣传发展生态农业、保障农产品安全、无公害生产技术等内容，宣传中央和省、市、县各级农机购置补贴政策，推广经济适用新型农业机械，推动农业机械标准化和科技水平提升，增强发展后劲。面向农机手和农民，宣传农业机械在农村劳动力转移中重要作用，推广新型适用农机具，积极开展各类农机具操作手技术培训，提高技能水平，增强法律意识和自我保护意识。区农机管理部门利用媒体、宣传橱窗、农机培训的契机进行宣传。

3. 农机维修　区农机部门把维修服务作为农业机械化一个重要组成部分。各级农机管理部门履行职责，组织对手扶拖拉机普查和技术检测服务，开展常规性农机具维修保养工作，加强农机维修网点建设。1998 年，对全区农机配件供应点和维修点进行整顿，核发合格证。为提高维修人员技术水平，还对各农机维修人员进行专业技术培训，经考试合格，发给合格证书。1999 年，颁发合格证 12 本。2005 ~ 2007 年，全区建立农机维修网点及农机配件网点 8 处，开展农机维修服务。1993 ~ 2007 年，全区各维修点维修各类农机 6300 台次。

1993 ~ 2007 年京口区农技培训和农机维修情况表

表 6-3

年 份	农技培训（人次）	农机维修（台次）	年 份	农技培训（人次）	农机维修（台次）
1993	143	152	2001	93	453
1994	151	160	2002	78	493
1995	224	158	2003	80	502
1996	142	181	2004	106	514
1997	97	522	2005	106	558
1998	103	478	2006	115	581
1999	105	485	2007	87	565
2000	166	498	合计	1796	6300

三、农机监理

1993 年，京口区农机监理部门依据《中华人民共和国道路交通安全法》（以下简称《道路交通安全法》）及《江苏省农业机械管理条例》，配备专人对农机安全进行监理。1995 年，开展机动车辆安全执法检查，实行每月一次安全例会学习和年检制度，防止重大农机事故发生。对拖拉机、联合收割机及驾驶操作人员进行安全知识宣传教育，提高安全意识。1999 ~ 2001 年，组织全区机驾人员参加省市农机技术培训，机驾人员参加培训 400 余人。2002 年后，主要是协助镇江市农机监理所开展以技术培训、牌证管理和交通安全治理为主的农机监理工作。2007 年，全区农业机械运行良好，未发生重大伤亡事故。

第三章 林业 园艺

2001 ~ 2006 年，京口区按国家林业局要求，先后 3 次进行林业资源调查，全区林业总面积为 1859.5 公顷，森林覆盖率达 21.29%，并加强林政管理。2000 ~ 2007 年，全区申报批准征占用林地 54.21 公顷。2003 ~ 2007 年，全区造林面积达 296.8 公顷。2004 年，京口区被市政府评为国土绿化先进单位。2007 年，全区有林业种苗基地 93.33 公顷，存苗 70 余万株，品种 60 个。为保护森林，全区认真做好病虫害防治和森林防火工作。2007 年，全区园艺植物主要是花卉、茶、果。有花卉企业 3 家，年供应市场 10 万余盆。区内茶园面积因城市建设需要逐年减少，全区茶园面积由 1993 年 32 公顷减至 2007 年 8 公顷，年产干茶由 70.25 吨减至 1.10 吨。全区果树面积由 1993 年 25.67 公顷发展至 2007 年 36.5 公顷，产量由 1993 年 240 吨增至 2007 年 281 吨。主要品种有葡萄、油桃、草莓、梨、杏、李、柑橘、枇杷等，已建成一批特色果品基地，其中“瑶池”牌果品商标已由国家商标局注册。

第一节 林 业

一、林业资源调查

1. 森林分类区划界定调查 2001 年，区农林管理部门按照国务院《关于开展全国森林分类区划界定工作的通知》和《江苏省政府办公厅转发省农林厅关于认真做好森林分类区划界定工作的意见》，根据《关于发布〈国家公益林认定办法〉（暂行）的通知》要求，在全区范围内开展森林分类区划界定工作。同年 4 月 6 日起，对区内 20 个林业重点村、96 块林地进行调查，8 月结束。通过界定，全区林业用地 661.8 公顷

（不含小四旁林地），其中公益林 599.8 公顷，占 79.1%; 商品林 62 公顷，占 20.9%。公益林中，重点公益林 523.6 公顷，占公益林的 87.2%, 占林业用地 79.1%; 一般公益林 76.2 公顷，占公益林 12.7%, 占林业用地 11.5%。重点公益林中按地类划分：有林地 440.5 公顷，疏林地 49.8 公顷，未成林地 6 公顷，宜林地 27.3 公顷，分别占重点公益林总面积 84.13%、9.51%、1.15%、5.21%。按权属划分：国有林地 144.2 公顷，集体林地 379.4 公顷，分别占公益林总面积 27.54% 和 72.46%。按行政地域划分：城区 44.2 公顷，象山镇 72.5 公顷，丹徒镇 28 公顷，开发区 14 公顷，谏壁镇 264.9 公顷，共青团农场 100 公顷。森林分类区划界定后，与公益林主签订 38 份国家公益林现场界定书，明确责权利关系，绘制全区公益林分布图和林种分布图。通过森林分类区划界定，查清全区林业生产和林种布局，为生态林建设提供保障，为林业分类经营奠定基础，为全区林业发展注入活力。

根据江苏省农林厅、财政厅 2005 年《关于印发〈江苏省重点公益林区划界定办法〉的通知》要求,2006 ~ 2007 年，全区森林分类重新区划界定，划定省级重点公益林 288.65 公顷，占全区林业面积的 35%, 其余为商品林。

2. *森林资源清查*　2005 年，全区开展国家森林资源清查（又称一类清查）。京口区清查样地 28 个，其中复位检查国家级样地 10 个，新增设省级样地 18 个。2006 ~ 2007 年，全区有国家样地设定、测量 10 个，按有关技术规定要求，对一定范围内树木进行调查。在 10 个样地中，象山镇宗泽社区大朱家湾点是有林地，共青团农场滩涂 1 个点为四旁林地，因树木直径未达 6 厘米不够检测外，其余为花山湾居民住宅区与谏壁镇纸浆厂各 1 个、共青团农场农田中 2 个、长江水面有 4 个，均无树木。省级样地的设定、测量时按同样有关技术规定要求，全区新增 18 个省级样地中，有林地 5 个，分别是象山镇红旗村王家湾、左湖村赵家湖与谏壁镇粮山社区、焦湾社区老渡口以及市实验高中校园，其余 13 个点为长江水面，无树木。

3. *森林资源规划设计调查*　2006 年 11 月，全区进行森林资源规划设计调查（又称二类调查）。经调查全区 2 镇、1 农场、4 街道有 7 个林班和 1744 个小班，经过 3 个月调查和 6 个月整理，计算出京口区林地总面积为 1859.47 公顷。其中城镇、院校、工厂、道路等建设用地绿化 645.60 公顷，农村林地 1213.88 公顷，四旁植树 110.4 万株。按林种划分，水土保持林 151 公顷，防护林 678.65 公顷，用材林 754.38 公顷，经济林 76.99 公顷，其他林地 198.43 公顷。2007 年，全区森林覆盖率为 21.29%。

二、林政管理

1993 ~ 2000 年，区林业主管部门根据《中华人民共和国森林法》和《中华人民共和国野生动物保护法》规定，行使行政许可职能“八许可”（林地征占用、林木采伐、林木种子生产、木材经营加工、水生野生动物利用、野生植物采集经营、陆生野生动物及产品经营、野生动物驯养繁殖）。与区国土资源及规划等部门联系协调，收集信息，提前介入。在行政许可时向用地单位宣传法律和法规，按程序办理手续，审验有关资料和手续。2002 ~ 2007 年，全区申报批准征占用林地 21 起，计 54.2 公顷，发放砍伐许可证 130 张。

三、育苗造林

1. *种苗繁育*　2000 年以来，全区通过农业产业结构调整，引进一批优良林业种苗进行繁育示范，全区林业育苗面积由 10 公顷增加到 2007 年 933.33 公顷。采用搭荫棚育苗、容器育苗、芽苗移栽进行有性繁育和利用插条育苗、埋根育苗、压条育苗、全光照喷雾扦插育苗等进行无性繁育，并建立 3 处繁育基地。2003 年，谏壁镇东京村建成种苗基地 20 公顷，育有桂花、杜英、雪松等绿化树种。

2004 年，共青团农场建立扬子江林业种苗示范基地，引进并应用先进的“全光照扦插育苗自动喷雾装置”育苗技术，苗木成活率高，生长旺盛，有效提高苗木产量和质量。2006 年，建立苗圃地 46.7 公顷，并建成自动间歇喷雾扦插池 1000 平方米和培养室、温室大棚等。2006 年，象山镇左湖村建立森林园艺景观园，占地面积 3.5 公顷，其中苗木基地 2 公顷，以培植美国秋焰槭、复叶槭、红栎以及欧洲多花兰果、北美枫香、桂花、马褂树、日本女贞等花卉苗木为主。2007 年，全区有研发与引进的苗木新品种近 50 个。苗木圃存 70 余万株，其中共青团农场 30 万株、左湖村 30 万株、京东村 10 多万株。

2. 人工造林　滩涂造林　1993 ~ 1996 年，象山镇长江村滩涂连续 3 年造林 45.2 公顷，造林树种杨树，林种为防护林。1997 ~ 2007 年，共青团农场滩涂植树 12 余万株，154.35 公顷。

荒山造林　1998 年，象山镇在禹山进行荒山造林 13.33 公顷，树种为女贞、侧柏。2005 ~ 2007 年，谏壁镇在雩山村荒山造林 46.67 公顷，树种为蜀桧、意扬等。

经济林　1993 ~ 2007 年，全区通过林业二类资源调查，在象山镇、谏壁镇以及共青团农场等地种植茶叶、银杏、桃、梨、橘等经济林 23.38 公顷。

图 6–3　1992 ~ 2007 年，共青团农场结合修造圩堤，植树造林这是新民洲的意杨林带　（区农经局供稿）

义务植树　1993 ~ 2007 年，全区每年组织义务植树活动。形式日趋多样化，有共青团员参加的“青年林”、市民参加的“创业林”、中小学生参加的“希望林”。同时开展公共绿化地、林木认养与冠名，每年全区义务植树 20 多万株。2007 年，全区造林总面积 296.8 公顷，其中防护林 62.78 公顷、用材林 207.35 公顷、经济林 26.67 公顷、封山育林 205.1 公顷、田边路旁植树 57.79 万株。

四、林业保护

1. 病虫害防治　1992 ~ 1996 年，区内森林病虫害种类有：松材线虫病、黑翅土白蚁、松毛虫、杨舟蛾、松梢螟、松实小卷蛾、榆掌舟蛾、大袋蛾、黄刺蛾、缀叶野螟、松褐天牛、双条杉天牛、桑天牛、光肩星天牛、云斑天牛、杨木蠹蛾、笋夜蛾、竹螟、黄脊竹蝗、叶枯病、丛枝病、叶锈病、溃疡病、松树枯梢病等。1997 年 9 月，象山、汝山两乡及江苏大学校园内发现因松材线虫病危害所致病死树面积 5.33 公顷，病死树 3000 多株。经调查发现疫病由句容林场宝华工区、下蜀茶场、桥头镇等地传入。1998 年 3 月 7 日，京口区四套班子领导与机关干部、旅游局、农经局、驻区部队官兵及汝山职业中学师生 1250 余人冒雨进行松材线虫防治军民大会战，当天将 3000 余株病死树全部清理、烧毁枝材 500 余千克，清运病材 25 吨。经省农林厅专家组复查通过验收。2000 年 9 月，谏壁镇雩山林区发现零星松材线虫病树，划入疫区管理范围，及时进行清理防除。2001 ~ 2007 年，全区森林未出现大面积病虫危害。仅在象山镇西山水库周围的杂阔林中发现白蚁，并及时作出有效防治。

2. 森林防火管理机构　1993 年，京口区成立护林防火、防治松材线虫病指挥部，由分管副区长陆顺根任指挥，农经局局长与政府办分管农业副主任任副指挥，各乡镇、场圃、开发区分管领导以及农经局分管副局长为成员。2005 年，增加区教育、民政、交通局等为成员单位。下设办公室，主任、副主任分别由农经局分管副局长、林业部门负责人担任，并处理具体日常事务。明确从每年 11 月 1 日起至翌年 4 月 30 日止为全区森林防火期。指挥部成立后，抓好制度落实，建立健全《防火值班制度》《火灾报告制度》《防火设施设备管理制度》《火灾处置制度》《护林防火员管理制度》《野外用火管理规定》《护林防火员考核细则》等。2005 年，制定《京口区森林火灾预防和扑救处置方案》。2006 ~ 2007 年，在每年防火期到来前，开展森林防火宣传、检查设备完好率、编制防火通信网络与值班表、聘任护林员并签订责任状、开办防火培训班等。

3. 基础设施建设与物资储备　1993 ~ 2005 年，全区森林防火工作坚持“预防为主，积极消灭”方针。2006 年，在谏壁一雩山、二雩山等地修建防火隔离带 6 千米。2007 年，在谏壁四雩山、马湾宕口等地修建防火通道 3 千米、完善一雩山防火隔离带 2 千米，并备有防火专用消防车 1 辆，防火储备库 2 座，总面积 30 平方米，灭火弹 1000 只，扑火器具 90 件，风力灭火机 26 台，水枪 30 支，油锯 3 台，割灌机 1 台，1、2 号灭火工具 30 把等，达到镇江市森林防火指挥部灭火物资储备规定。

4. 森林防火体系　1993 ~ 2007 年，全区森林防火工作抓紧抓实，从区到村，层层建立健全防火网络体系。境内面积 3.33 公顷以上森林未发生火灾，10 多年来实现“零火情，零火警”目标。

2005 ~ 2007 年京口区森林火灾情况表

表 6-4

年份	森林火灾（次）			火场总面积（亩）	受害森林面积（亩）		损失林木（亩）		其他损失折款	出动扑火人工	出动车辆（台）		扑火经费（万元）
	计	森林火警	一般火灾		计	其中人工林	成林蓄积	幼林株数			计	其中汽车	
2005	3	2	1	60	30	30	75.60	0	0	30	3	3	0.48
2006	0	0	0	0	0	0	0	0	0	0	0	0	0
2007	2	1	1	35	35	18	37.79	0	0	20	2	2	0.39

第二节　园　艺

一、花卉

1. *盆栽花卉*　1990 ~ 2007 年，区域内草本类盆花有瓜叶菊、菊花、文竹、一串红等；木本类盆花有梅花、茶花、海棠、扶桑、茉莉、米兰、迎春、金橘等；多肉类有仙人掌、三角柱、仙人球、仙人山等。

图 6-4　2002 年，丹徒镇康乐农场花卉基地（区农经局供稿）

2. *露地花卉*　1990 ~ 2007 年，区域内有凤仙花、牵牛花、鸡冠花、百日草、半支莲、万寿菊、紫罗兰、羽衣甘蓝、瓜叶菊、菊花、文竹、一串红、芍药、玉簪、萱草、唐菖蒲、香雪兰、美人蕉、荷花、睡莲、马蹄莲、晚香玉、大理花、梅花、茶花、迎春、白兰、白玉兰、紫玉兰、贴梗海棠、木瓜海棠、垂丝海棠等。

3. 温室花卉　1990 ~ 2007 年，区域内有蝴蝶兰、仙客来、水塔花、凤梨、绿箩、发财树、巴西木、绿巨人等。

二、茶叶

1993 ~ 1995 年，京口区有象山、小米山、丹徒 3 家茶场，茶园面积 22.67 公顷，主要分布在京岘山、小米山和丹徒镇。另外丹徒镇左湖村、谏壁镇蔡家村、北吕村有成片茶园。全区有茶园面积 32 公顷，产干茶 70.25 吨。1994 年，京露茶场生产的“甘露春”绿茶送广州交易会参展获金奖。1996 年后，因城市建设需要，茶园面积逐渐减少。至 1999 年，全区茶园面积减至 14 公顷，年产干茶 18.6 吨。2006 年，茶园面积为 7.53 公顷，年产干茶 1.08 吨。2007 年，全区茶园面积为 8 公顷，其中京露茶场 2.23 公顷、丹徒茶场 1.33 公顷、象山镇 1.33 公顷、谏壁镇 3 公顷，年产干茶 1.10 吨。区内茶叶主要品种是碧螺春、龙井 43、诸叶、宜兴农家、福井大白毫等。引进浙农 113/117 和白茶等新品种。

三、果品

1993 年，全区有果树面积 25.67 公顷，年产鲜果 240 吨，主要品种是葡萄和油桃。1995 年，果树面积有 50.33 公顷，年产鲜果 960 吨。2000 年，全区已建成象山果树研究所、瑞京农科园、华雨果园、长江葡萄园等一批特色果品基地，先后注册“瑶池”“瑞京”等果品商标，其中“瑶池”牌油桃享誉省内外。

图 6-5　2000 年，象山乡星星村生产的无核葡萄（区农经局供稿）

区内已初步形成以油桃、葡萄、梨、草莓为主，杏、李等为辅的应时鲜果生产格局。由于城市建设需要，果树面积逐年减少。至 2002 年，全区果树面积为 22.1 公顷，年产鲜果 350 吨。2003 ～ 2007 年，为推进高效农业发展步伐，扶持全区园艺产业发展，区政府出台《京口区丘陵岗坡地综合开发持续奖励办法》，大力发展果品生产，奖励标准为新植连片果实给予 800 元 / 亩奖励，对采用设施栽培的给予 1000 元 / 亩的奖励。2007 年，全区有油桃（包括水蜜桃）12 公顷，葡萄 5.8 公顷，梨 4 公顷，柑橘 4 公顷，草莓、枇杷、李、杏等水果面积 10.7 公顷。主要分布在共青团农场、象山镇长江村、左湖村、谏壁镇雩山村、粮山村、东京村、正东路街道星星村等，产果面积 29.9 公顷，年产鲜果 281 吨。

第四章　养殖业

1992 年 10 月，区划调整后，京口区始有养殖业，主要是畜禽饲养和水产养殖。畜牧业以生猪和家禽养殖为主，水产以渔业养殖为主。1993 ～ 1997 年，全区常年生猪年末存栏在 1 万头左右，肉猪年出栏在 1.8 万 ～ 2.2 万头，养殖品种以三元杂交瘦肉型猪为主，不仅品种有明显改良，饲养规模亦不断扩大。此外，牛、羊、兔也有少量养殖。家禽以鸡、鸭、鹅养殖为主。1993 ～ 2007 年，全区常年出栏家禽 50 万羽左右，年末存栏 12 万 ～ 15 万羽。为保证食品安全，全区重视肉品检测和动物疫病防治。为能让市民吃到“放心肉”，区政府专门成立防治重大动物疫病指挥部，指挥全区重大动物疫病防治工作。水产养殖主要是鱼、虾、蟹、甲鱼和蚌珠养殖。由于城区面积扩大，全区养殖水面由 1993 年 218.4 公顷锐减至 2007 年 161 公顷，水产品产量由 1995 年最高年产量 2630 吨减至 2007 年 1210 吨。2003 年以来，远郊逐步发展一批特色休闲式渔业生产。1993 ～ 2007 年，根据国家有关规定加强渔政管理，规范长江捕捞和水面定权、发证工作，使水产资源得到有效保护和合理利用。

第一节　畜禽饲养

一、家畜

1. 生猪　区内农户素有养殖生猪传统，养殖品种主要以太湖猪二花脸和米猪为主，约占养殖量的 80%，且以户养为主，农村有 70% 左右农户每户养殖 1 ～ 10 头不等。1993 年，引进一批新淮猪养殖，同时推广人工授精技术，生猪品种改良步伐加快。1998 年，推广苏太猪、约克夏、苏大白及兰德瑞斯猪（长白猪）等品种，开始饲养杂交改良生猪品种。全区各乡镇养殖生猪良种率近 30%。同年，由于城市建设外延，近郊农户房屋拆迁，户养生猪逐渐减少，随之规模养殖日趋扩大。当年出栏 50 头以上肉猪的养殖户有 80 户，最多的养殖户年出栏 1500 头。2002 年 4 月，京口区政府出台《关于加快京口区畜牧业发展的工作意见》，规定对引进良种二元母猪，每头补贴 300 元，全区当年就引进 50 多头，次年又引进 100 多头，主要是长白 × 大约和大约 × 长白杂交二元母猪。后又引进杜洛克、长白等纯种猪进行品种改良。2003 ～ 2005 年，全区推广三元杂交瘦肉型猪技术

图 6-6　2001 年，汝山乡养猪大户庄大楼养猪场　（区农经局供稿）

和“土著菌”养殖技术。生猪规模化养殖也不断扩大，生猪年出栏 100 头以上养殖户有 25 户，300 头以上养殖户有 10 户，1000 头以上养殖户有 1 户。谏壁镇雩北村伟峰猪场当年存栏母猪达 125 头，年出栏仔猪 3000 余头，其中三元杂交瘦肉型猪就有 500 余头。至 2007 年年底，全区三元杂交瘦肉型猪已占 58%，养殖品种有明显改良。区内有 10 户养殖大户使用“土著菌”养殖新技术，起到很好示范推广作用。同年，伟峰猪场还新建容量 100 立方米沼气池 1 只，对生猪养殖粪便进行无害化处理。

1997 年始，京口区开展“放心肉”工程承诺制服务。1998 ~ 2007 年，为加强屠宰点管理工作，制定 4 条措施：明确专人负责进点检查；联合审照、发照，把好资格关；在屠宰点边宰边检，对点外资源到位即行检验，严格发证、滚印；专人负责市场验证、验印。继续完善“放心肉”承诺制服务工程，严格防疫检疫，实行定点屠宰地猪检疫率 85%，对检出的病害畜禽及时捕杀销毁，确保市民吃上“放心肉”。

1992 ~ 2007 年京口区生猪养殖情况表

表 6-5　　　　单位：万头

年份	生猪年末存量	肉猪全年出栏	年份	生猪年末存量	肉猪全年出栏
1992	0.75	1.50	2000	1.16	2.23
1993	0.80	1.60	2001	1.27	2.10
1994	1.02	1.90	2002	1.01	2.00
1995	0.99	1.97	2003	0.70	1.90
1996	1.18	2.23	2004	0.86	1.65
1997	1.15	2.20	2005	0.98	1.80
1998	1.30	2.40	2006	1.00	1.75
1999	1.02	2.20	2007	1.09	1.89

2. 牛　1993 ~ 1998 年，全区有水牛和奶牛养殖。水牛各乡镇历年饲养有 100 ~ 150 头。1999 年以来，由于自然淘汰和血吸虫重点村强制淘汰，养牛户逐年减少，至 2007 年，全区只有水牛 26 头，其中谏壁镇 17 头，象山镇 9 头。1993 ~ 2000 年，全区有 2 户养殖奶牛，年饲养量 30 ~ 35 头。2001 ~ 2006 年，全区有 1 户奶牛养殖，年饲养量 7 ~ 13 头。2005 年，谏壁镇粮山村引进 28 头鲁西莱（黄）牛进行养殖，当年全部出栏，出栏后未再进行饲养。2007 年，仍为 1 户养殖 7 头，年产鲜奶 24 吨。

3. 羊　1993 ~ 2003 年，京口区少数农户养殖山羊，常年存栏 1000 头左右，后因城区扩展，年饲养逐年减少。2004 ~ 2006 年，年存栏为 200 头，丹徒镇上隍村和共青团农场有 2 ~ 3 户规模养殖，户养 30 头，其余均为散养户。2007 年，全区山羊存栏只有 209 头。

4. 兔　1993 ~ 1996 年，全区家兔养殖很少。1997 ~ 2000 年，象山乡和共青团农场各有 1 户养殖，年存栏 2000 只，品种为獭兔。2001 年后，全区不再养殖家兔。

二、家禽

1992 ~ 1995 年，京口区家禽养殖主要是鸡、鸭、鹅，其次有鸽、七彩鸡、鹌鹑等。鸡的品种有草鸡、溧阳鸡、三黄鸡、白洛克鸡、罗斯鸡、AA 鸡、乌首鸡、青脚草鸡和黄脚草鸡等。鸭的品种有高邮鸭、鹦鹉鸭等。鹅的品种有太湖鹅、四季鹅等。

1996 ~ 2001 年，全区家禽养殖处于稳定增长期，年出栏家禽 45 万羽，年末栏存家禽 12 万 ~ 17 万羽。有养鸡专业户 3 ~ 4 户，常年存栏 5 万 ~ 10 万羽。共青团农场种鹅常年存栏 2000 羽。其余都是农家散养。2002 年起，由于近郊农房逐步拆迁，鸡场同时拆除，专业养殖户和散养户随之减少。2003 年，全区家禽年末存栏 5.88 万羽，全年出栏 35 万羽。同年，区内有 25 户专业家禽养殖户与温氏集团挂钩，进行肉鸡养殖。2004 年，发展到 30 多户，年末存栏 8.02 万羽，年出栏 50 万羽，全区家禽养殖开始回升。2005 年，全区有万羽绿壳蛋鸡场 1 个，发展肉鸡养殖户 40 户，年出栏家禽 60 万羽。2007 年，全区家禽出栏 1 万羽以上有 10 户，3 万羽以上 9 户，5 万羽以上 3 户，规模养殖初步形成。

1992 ~ 2007 年京口区家禽养殖情况表

表 6-6　　单位：万羽

年份	家禽年末存栏	家禽年出栏	年份	家禽年末存栏	家禽年出栏
1992	1.10	1.80	2000	11.80	46.50
1993	1.20	2.00	2001	17.40	40.00
1994	1.30	2.40	2002	5.11	44.00
1995	1.80	3.35	2003	5.88	35.00
1996	12.50	4.31	2004	8.02	50.00
1997	14.00	50	2005	14.80	60.00
1998	12.30	46	2006	14.50	72.00
1999	12.00	45	2007	15.60	70.00

三、特种畜禽养殖

1. 七彩山鸡、肉鸽　1994 ~ 1995 年，象山乡建有七彩山鸡养殖场，最多存栏 9000 羽。1995 年年底，因市场销售不畅，转产肉鸽。

1996 ~ 2002 年，象山乡养殖肉鸽 4000 羽，品种为白羽王肉鸽。2003 年后，因经营不善停业。

2. 肉狗　2000 ~ 2002 年，旅游经济开发区开办养狗场，年存栏 100 头，以肉狗为主，有少量宠物犬。2003 年后，因经营不善关闭。

四、动物疫病防治

1992 年 12 月，京口区成立畜牧兽医站和京口区兽医卫生监督所，为京口区农经委下属事业单位。1993 年 11 月，区属各乡（镇）成立畜牧兽医站，同年京口区政府成立防治牲畜"五号病"指挥部，由区农经、公安、工商、卫生、交通、财政等部门负责人为成员。各乡镇也同时成立防治牲畜五号病领导小组。2001 年，区政府撤销防治牲畜"五号病"指挥部，组建区防治重大动物疫病指挥部。同年，各乡镇亦作相应调整，撤销乡镇防治牲畜五号病领导小组，分别组建防治重大动物疫病领导小组，并根据区、镇两级人事变动及时调整。1993 ~ 2007 年，全区动物疫病防治管理以区防治重大动物疫病指挥部作为总协调，指挥全区重大动物疫病防疫、检疫工作，建立疫病上报制度。区畜牧兽医站和区兽医卫生监督所为动物防疫活动技术支持与保障，负责动物防疫工作组织、执行、督查，确保动物防疫活动按时按质完成，有效防控动物疫情。乡镇畜牧兽医站的人、财、物由乡镇管理，业务上受区畜牧兽医站指导与协调。

2003 年年初，部分地区流传非典型性肺炎（以下简称"非典"）。全区开展防"非典"活动。5 月，制定《京口区防冠状病毒预案》。11 月，制定《京口区高致病性禽流感应急预案》。2006 年 10 月，修订为《京口区重大动物疫病应急预案》。根据预案，区、镇两级储备动物防疫应急物资，有消毒药物、防护服、喷雾器、应急灯、雨靴、口罩、手套等，并根据药物有效期，定期进行补充，更新。2006 ~ 2007 年，全区储备 5 吨生石灰作为消毒物资。

第二节　水产养殖

一、水产品生产

1992 ~ 2007 年，京口区养殖水域有内陆水域和江滩水域两类。内陆水域主要是池塘和水库，池堪有农村家前屋后生产、生活储水水塘和养鱼塘两种。池塘大小深浅不一，一般池塘面积 0.13 ~ 0.67 公顷，深 1.5 ~ 2 米。养鱼塘相对连片集中，有一部分是精养鱼池，主要在共青团农场和象山镇长江村，丹徒镇上隍村，谏壁镇粮山村、李华村。1993 年，全区有养殖面积 218.4 公顷，其中长江村、象山乡农科站成为全区主要水产基地。各地利用自身优势发展鱼类、蚌珠、甲鱼、蟹、虾生产。1997 年，池塘面积增至 297.5 公顷，其中精养水面 146.7 公顷。随着城区建设和乡镇工业迅速发展，加之农业生产大量使用农药、化肥，水域污染逐年加重，污染面积不断扩大，死鱼、死蚌现象时有发生，河道、河沟、池塘养殖面积不断缩减。2001 年，谏壁镇放养江鳗 4 公顷，青虾 6.66 公顷。2003 年，象山、谏壁两镇部分养殖户推出以垂钓为主的渔家乐休闲渔业。2004 年，象山乡聂家渔业队朱宝根创办江滩围养、江上垂钓、船中餐饮等特色休闲渔业，取得较好经济效益。2006 年，谏壁镇和共青团农场虾、蟹、鱼混养面积 86.7 公顷，亩产达 0.38 吨，每亩效益 6000 多元。2007 年，全区池塘养殖面积减为 161 公顷，主要养殖青、草、鲢、鳙、鲤、鲫、鳊鱼、胡子鲶等鱼类。水库养鱼主要是象山镇西山水库，养殖水面 7 公顷，主要生产青、草、鲢、鳙四大家鱼。江滩水域在共青团农场，养殖水面达 45 公顷，主要养殖长江河蟹、长江青虾、鳜鱼、甲鱼、湘云鲫鱼、青、草、鲢、鳙、鲤、鲫、鳊鱼等品种。

图 6-7　2001 年，汝山乡长江村的养鱼专业户
（区农经局供稿）

1992 ~ 2007 年京口区水产品产量情况表

表 6-7　　　　单位：吨

年份	产量	年份	产量	年份	产量	年份	产量
1992	850	1996	2400	2000	1980	2004	1200
1993	1800	1997	2005	2001	1200	2005	1155
1994	2300	1998	2350	2002	1180	2006	1250
1995	2630	1999	2620	2003	1150	2007	1210

二、渔政管理

1. 管理机构　1992 ~ 2007 年，京口区渔政管理主要向区域内渔民和城乡市民，对长江京口段渔业禁捕期进行宣传教育，制定并发布“禁渔”通告及发证等。1993 年，区农经委在多种经营科设渔政检查员 2 人，指导全区渔政管理工作。组建乡镇渔政管理队伍，每乡（镇）配备 1 名兼职渔政员。1994 ~ 2007 年，全区渔政执法人员和兼职渔政员各 2 人。渔政检查员持有中华人民共和国渔政渔港监督管理局统一发给的“中华人民共和国渔业行政执法证”（统称“中国渔政”），职责是监督检查渔业法律法规贯彻执行；负责全区范围内长江及河道渔业资源保护和合理利用；长江珍稀濒危水生野生动物保护管理与江苏境内白鳍豚保护和管理工作；保护渔业生态环境，调处渔业污染事故，维护长江和内河渔业生产秩序，协助调处渔业生产纠纷，并负责全区范围内机动和非机动渔船检验登记及渔业船舶职务船员培训、考核发证工作；协助市渔政部门调处渔业交通事故、查处渔业生产中违反渔政管理行为等。

2. 长江捕捞管理　1993 年始，渔政区从六圩—中和纪、虹桥港—七岸口焦北滩周围的长江京口段为京口渔政管理范围。在此范围内，既有定居性鱼类，又有洄游性和半洄游性鱼类。1993 ~ 2001 年，因水质污染，影响长江捕捞水口，鱼类日益减少，但滥捕幼鱼情况日渐严重。长江京口段江面河豚、鲥鱼基本绝迹，刀鱼捕捞量日趋下降。2002 年始，根据农业部统一部署，每年 4 月 1 日 ~ 6 月 30 日，对长江京口段实施禁渔期制度，使水资源的保护和合理利用得到发展，并严禁电鱼、炸鱼、毒鱼，禁止“水老鸦”“冲白水”“猛狩”等渔具捕鱼，限制鱼簖和水面围垦。2003 ~ 2007 年与环保部门配合，对水质污染进行管理和处理。

3. 水面定权发证　1993 年，全区办理核放渔业捕捞许可证，当年发放专业捕捞证 24 户，临时捕捞许可证 19 户，专项特许证 2 户。1997 年，整顿幼蟹收购市场，对长江中华绒螯蟹实行特许捕捞制度，全区核发专项捕捞特许可证 2 户。2002 年，全区核发刀鱼专项捕捞特别许可证 2 户。2005 年，根据农业部统一部署，重新核发水域滩涂养殖使用证 11 本，水面范围 278 公顷。发放 10 本池塘养殖使用证，面积 156 公顷，发放滩涂养殖使用证 1 本，面积 121.8 公顷。全区核发专业捕捞证照 24 户，临时捕捞证 58 户。2006 年始，渔业水域使用权由市收回，区渔政管理部门不再发放证件。

4. 禁止捕鱼管理　2002 年 4 月 1 日，京口区根据农业部要求，实行长江京口段春季禁止捕鱼（以下简称“禁渔”）。2003 ~ 2007 年，在“禁渔”期间，除刀鱼专项生产外，禁止一切捕捞作业活动。在“禁渔”期前，制定春季“禁渔”方案，职责落实到镇、村、组、人，并签订责任状。广泛宣传“禁渔”通告，向专业户和渔民发放《撤除长江网具通知书》，对 24 户专业渔民发放生活补助。“禁渔”期间，区渔政站配合市渔政站执法检查，对无证捕捞、非法捕鱼船、非法交易长江鱼品进行打击，对非法偷捕行为严厉处罚，做到“船进港、网入库、人上岸”。长江开禁后，对京口段渔业生产有计划安排，取缔“三无”（无捕捞许可证、无渔业船舶检验证、无渔业船舶登记证），杜绝无证捕捞。2002 ~ 2006 年“禁渔”期间，长江京口段做到“三无”（江中无渔船，岸边无插网，管理无盲区）。2006 年 10 月，因镇江市城区北部滨水区建设需要，市政府收回北部滨水区国有渔业水域使用权，对区内专业渔民进行转产安置，当年安置专业渔民 24 户、副业渔民 58 户，安置渔业人口 288 人，其中渔业劳动力 164 人。

第五章　科技兴农

1993 年以来，京口区实施科技兴农工程，先后成立蔬菜、食用菌、果树研究机构，加强科研开发，注重成果应用。历年进行农技培训，开展科技创新及示范推广活动，促进科技应用和生产水平提高，积极引进新品种，不仅丰富市民“菜篮子”，还增加农民收入，并以高产、高效为目标，加快新技术推广和优化农业种植结构，发展名特优产品，重质量，创品牌，提高资源利用率和土地产出率，建成全省一流农业科技园。2004 年，区农经局被市政府授予“市科技兴农先进集体”。2006 年 5 月 15 日，江苏电视台专题采访报道京口区“科技兴农”工作，对农业科技示范园引进新品种、推广新技术和开展农业科技进大户，提高农业科技水平和农产品质量；信息进农村，提高信息覆盖率和农民上网水平；科技服务进农业，提高市场竞争力和辐射带动力“三进三提高”活动作全方位展示。2007 年，京口区被评为“市‘放心菜’‘放心肉’工作先进单位”。

第一节　农技培训　科技入户

一、农技培训

1992 年 12 月，京口区成立中央农业广播学校分校，承担全区农业教育培训任务。分校有 1000 平方米教学楼，专职教师 6 人，其中高级职称 2 人、中级职称 4 人。1993 ~ 2007 年，围绕新品种引进、新技术推广、农业综合开发、农业综合执法、农村经营管理等课程，更新知识，培训农技人员 1.2 万余人次。同时，建立扬子江生态产业有限公司、镇江瑞京农业科技示范园等特色农业示范培训基地。通过课堂教学、现场观摩、送科技下乡、以会代训，开展农技培训。2004 年 3 月，邀请省农科院专家为乡镇农技员、种植户和农村创业者讲授“江南花糯”“白糯”“超甜玉米”3 个特色玉米品种栽培技术和市场信息，50 多名农技员和农民参加。区农经局还将 13.3 千克玉米种子，免费发给受训人员培植、试种。2006 年，区农经局和人事劳动局联合制定《京口区农村科技教育培训工程实施方案》，区财政每年安排专项培训经费，提供经费和物质保证。

2007 年 4 月，区农经部门举办农民专业合作社培训班，邀请扬州大学管理学院教授，就新时期农民专业合作经济组织运行、经营以及相关市场运作等作专题讲座，到句容实地考察，参观学习合作社组织建设和运行情况。6 月，特邀荷兰农业专家——费茨·瑞朴教授，讲授蔬菜病虫害防治专业知识，现场播放蔬菜病虫防治技术教学光盘。10 月，举办丘陵岗坡地综合开发培训班，特邀省丘陵地区农科所原所长、农业专家赵亚夫讲课，针对京口区丘陵岗坡地资源优势，围绕农业结构调整，立足发展鲜果，选用适合京口区发展葡萄、油桃、梨等品种，讲授栽培技术和经营特点，100 多名农民和农技员参加。其间，组织参观谏壁镇雩北村沙梨（日本引进）生产基地。

二、科技入户

1993 ~ 2004 年，京口区开展“科技入户”工程，作为推进农技工作新举措。2005 年，根据市《关于强化农民培训推进农业科技入户工作的意见》，下发《京口区 2005 年科技入户工作方案》。通过“三送一帮”（送技术、送政策、送信息、帮助农民增收），开展送科技下乡活动，并为专业大户赠送《农家致富》刊物。2006 年实施“五十百千”（即：提升 5 个农业科技示范园，扶持 10 家农业龙头企业，培育 100 户科技示范户，辐射带动 1000 户农户）工程，并将优质水稻品种送到共青团农场种粮大户手中。农技员深入象山镇长江村葡萄园，向村民传授葡萄栽培技术，培养葡萄种植能手。为做好缺伏期蔬菜生产，提高蔬菜安全质量，农技员还引导菜农做好防虫网毛菜生产，向谏壁镇雩北、蔡家两村粮改菜基地免费各送 1 万平方米防虫网、遮虫网。区农经局和区、镇农技员、经纪人、种养大户进行结对挂钩（即领导挂钩蹲点 1 个村；农技员联系 3 ~ 5 个专业大户；镇农技员每人挂钩 1 个特色村，联系 5 个农户）活动，将农技推广落到实处。

2007 年 4 月，京口区表彰 2006 年度农业科技入户工作 10 名示范大户和两个“龙头”企业——扬子江生态农业有限公司、皇中皇生态科技蜜蜂园。同年，全区有 250 多户各类科技示范户。

第二节　机构、项目及成果应用

一、科研机构

1. 京口区蔬菜研究所　1994 年 12 月 28 日，京口区蔬菜研究所挂牌成立，为农经局全民事业单位，有中高级技术人员 6 人。地址象山乡园艺场，占地 3 公顷，主要从事蔬菜、食用菌新技术、新品种、新设备引进、试验、示范、推广和应用，同时承担全区农村干部和农技员培训辅导。2002 年，迁址丹徒镇，与瑞京农业科技示范园合署。2002 ~ 2003 年，引进国内外水果黄瓜、迷你番茄、杏鲍菇、秀珍菇、鸡腿菇、茶树菇、猴头菇等新品种，研究并推广无土栽培、活性磁化水、苇末育菇、菇及瓜、豆立体栽培等 6 项新技术，其中 5 项研究成果获镇江市科技进步奖。区蔬菜研究所向国家商标局注册“瑞京牌”“瑞京”商标特色水果、蔬菜及礼品蔬菜，创京口农业品牌零突破。2004 年，瑞京农业科技园被镇江市确定为农业龙头企业和镇江市农业科技示范园，同年，被省农林厅确定为省级无公害蔬菜生产基地。2006 年，被确定为江苏省农业观光园。至此，区蔬菜研究所和瑞京农业科技示范园已发展成为京口农业对外“窗口”，不仅承担市、区农业科技项目，引进新品种、新技术，研究新课题，而且成为全区无公害蔬菜检测，农村干部、农民技术员培训，现代农业技术咨询服务、农业观光接待于一身的科研、培训、检测、咨询、接待窗口单位。2007 年，区蔬菜研究所有农业科技人员 4 人，其中高级农艺师、市学术技术带头人、市有突出贡献青年专家 1 人，农艺师 2 人，助理农艺师 1 人。

2. 镇江市食用菌研究所　1998 年，镇江市食用菌研究所（属京口区）成立，注册地址在宗泽路 118 号，是集科研、生产、开发、加工、营销为一体的食用菌科研单位，有中、高级专业技术人员5名。1998～2006年，先后承担和实施江苏省“九五”农业科技重点攻关项目2项，省、市重点农业项目12项。先后有1项成果被科技部评为国家级“星火”优秀项目，2项成果获部省级科技进步奖，6项成果获厅级科技进步奖。1998年，该所被国际食用菌科学大会作为参观现场，接待来自世界25个国家和地区300多位国际食用菌专家。至2007年，食用菌研究所先后有15个项目为自主创新成果，申请到国家发明专利。《优质珍稀食用菌周年生产技术与装备》项目获市科技进步二等奖，其发明独创的菇、瓜、豆立体栽培新技术为国内四季育菇开辟了新途径，被拍摄成科教电影和新闻记录影片，在国内外发行、放映。编著的《菇、瓜、豆立体栽培新技术》一书由江苏科技出版社出版发行。

3. 京口区象山果树研究所 1994年，京口区象山果树研究所经工商部门批准成立。它位于象山镇昙星村焦顶山西麓，面积9.3公顷，其中资源圃3.3公顷，有树种14类，品种300多个。研究所有中级、初级技术职称专业人员4人，6人从事果树业30年以上。1997年，被省农林厅授予江苏省名优小水果良种繁育中心。1994～2007年，果树研究所主要从事苏南多雨地区和宁镇丘陵地区名优小水果新品种引进、区域试验、新品种选育、示范、推广应用。重点进行油桃栽培、加工技术、保鲜等方面研究。1999年，注册的“瑶池”果品商标享誉国内市场。同年被江苏省农林厅授予“省级科技示范园”称号。

2000～2007年，象山果树研究所先后在省、国家级专业会议和杂志发表论文5篇。

二、科技项目及成果应用

1. 蔬菜科技项目 1994～2004年，京口区对蔬菜、果树、食用菌等进行品种、质量、加工、保鲜等方面研究，成果显著，先后获国家和省、市多项大奖。2005年，《蔬菜全程质量控制体系建设研究》获市科技项目，成功解决蔬菜无公害质量监控、质量保障等一系列问题，通过应用使蔬菜无公害质量控制与监管、建设无公害蔬菜保障、建立无公害蔬菜市场信息和推广体系得到验证。至2007年，先后引进蔬菜新品种56个，引进推广新优品种12个，引进、示范、推广新技术8项。培训人员1000多人次，发放技术资料4000多份，并制定无公害农产品技术规程（市级）5项，申报无公害蔬菜品种3个，申报无公害蔬菜产地66.67公顷。建立农药残留检测网络和无公害蔬菜市场信息体系和技术推广体系，形成“企业＋农户＋超市”产销模式，成为镇江市蔬菜全程质量控制体系，每年上市无公害蔬菜1.2万多吨，增加经济效益318万元，增收18%。

2005年，区蔬菜研究所引进与栽培的温室特色番茄为镇江市科技项目。通过引进国内外多个特色番茄品种，进行不同季节栽培模式，无土栽培技术、病虫害防治技术等方面研究，比较上市期、货架期，测定营养成分，最终筛选2～3个适合镇江地区气候特点，品质好，产量高，抗逆性强，营养价值高，货架期长等特色番茄品种。同时，总结一套温室栽培管理模式及配套无公害栽培技术。

2006年，该所研究成功的可降解地膜获市级科技项目。通过引进数种可降解地膜，在钢管大棚和露地，分别进行茄果类蔬菜栽培试验，测量不同地膜覆盖下的土壤温度、湿度变化，观察不同地膜覆盖下杂草生长状况及地膜分解情况，调查作物生育期和产量变化情况，比较分析可降解地膜的应用效果，总结可降解地膜在蔬菜栽培中的适用规格、配套应用技术。2006～2007年，对温室栽培比较试验研究表明，荷兰樱桃番茄品种62–78品质优，产量高，抗逆性强且货架期长，可作为主要栽培品种。西班牙埃克索塔、北京绿亨种子公司的小圣桃、小天使为特色品种，各具特色，品质好，抗逆性强，埃克索塔为橙色，营养价值高。小圣桃为粉红色，货架期长。小天使为绿色，有晶莹剔透特色。2007年，通过栽培比较试验研究，麻地膜1号、麻地膜RC和麻地膜JCP3种麻地膜，具有防除杂草效果，同时具有透气性、透水性、保湿性、可分解性的特点，降低成本，提高效益，提高抗病性，每亩节省成本120元。引进与开发研究的观赏蔬菜被镇江市列为科技项目。

2. 农业三项工程 1999年，京口区实施江苏省委、省政府关于实施农业品种、技术、知识更新三项工程。

2002～2007年，全区自农业三项工程实施以来，立4个项目，省级财政补助100万元。

2002 ~ 2007 年京口区农业三项工程项目完成情况表

表 6-8　　　　单位：万元

年　份	项目名称	承担单位	省财政补贴
2002	夏季特色蔬菜新品种引种、开发与推广	京口区京丰农业科技研究所	30
2005	常绿白蜡和色叶榉树的选育及工厂化生产	江苏扬子江林业科技有限公司	30
2006	高效林农复合经营型技术推广	江苏共青团农场	20
2007	蔬菜工厂化穴盘育苗技术推广	镇江瑞京农业科技示范园	20

3. 食用菌科技项目　1995 年，区食用菌研究所苇末育菇综合技术研究为镇江市科技项目。利用镇江纸浆厂生产的下脚料（芦苇末），代替棉籽壳进行食用菌栽培试验，经过 1995 ~ 1996 年 5 次试验，在南京农业大学微生物专家樊庆笙教授支持下，引进日本 EM 生物技术，解决基质发酵有害微生物污染问题，试验成功。1997 年 10 月 26 日，通过市级成果鉴定。1998 年 12 月，通过省级验收。这一科技成果，解决困扰造纸工业苇末污染，为食用菌生产开辟新原料途径，技术处于国内领先水平。1999 年 8 月，获江苏省农业科技进步二等奖。2000 年 12 月，获镇江市 2000 年度科技进步二等奖。

2000 年，该所引进鸡腿菇等珍稀食用菌新品种，利用芦苇末作基质栽培成功，取得良好成果。12 月，通过江苏省科技技术成果鉴定。专家认定，"该项目利用芦苇末为原料，将治理污染与栽培优质珍稀食用菌科学结合，产生显著经济效益、社会效益和生态效益，具有推广应用前景，总体上达到国内领先水平"，被确定为江苏省科技项目，获镇江市 2003 年度科技进步三等奖。

2001 年，该所引进台湾白背木耳栽培技术并试验研究成功栽培，被定为镇江市科技项目，并列为江苏省农业三项工程——夏季蔬菜品种更新工程。2001 ~ 2003 年，制成干木耳 5 万袋，效益 20 多万元。同年，食用菌研究所在禹山、南山等地考察野生食用菌资源时，发现野生秀珍菇株，经分离、驯化，培育成功纯真秀珍菇菌种。2002 ~ 2003 年，继续对野生秀珍菇驯化、试验过程中，不断取得研究新成果。2002 年，获市"169 工程项目基金"资助。2003 年春节前后，秀珍菇产品在市区各大超市上市，供不应求。2005 年 12 月，经 3 年多反复试验和研究，秀珍菇周年生产、装备、栽培设施、生产工艺通过市科技成果鉴定，专家评论。"芦苇末栽培秀珍菇"、夏季"泡沫板大棚周年栽培秀珍菇"、冬季"简易柴油桶木屑加温栽培秀珍菇""野生秀珍菇品种的分离驯化""液体菌种栽培秀珍菇"等成果为国内首创。

2005 年 4 月，食用菌研究所与江苏大学合作，向市科技局申请《利用人防设施周年栽培鸡腿菇技术研究》课题。2006 年，探索利用人防工程设施栽培鸡腿菇低成本、低能耗、经济实用的周年生产配套技术与工艺，研制出"大棚发菌、人防出菇"生产鸡腿菇新模式，为国内首创，总体技术达国内领先水平。

附 :EM 生物技术

EM 是有益微生物的总称，日本科学家首先利用。1995 年，由南京农业大学微生物学家樊庆笙教授从日本引进。1996 年，开始在京口区食用菌研究所示范应用苇末育菇，获得成功。同年，被江苏省科技厅列为省"九五"农业科技重点攻关项目，主要解决苇末基质发酵中有害微生物污染问题，从而在苇末育菇项目中取得成功。

第三节　良种引进和新技术推广

一、引进良种

1993 ~ 1995 年，全区根据市场和现代化农业需求，大力发展名、特、优新品种。在蔬菜生产上主要是引进高档化、反季节的精、细好品种，先后引进绿花菜、长白苦瓜、荷兰豆、日本甜椒、微型土豆、短叶13白萝卜、水生空心菜、广东红菜头等，3年上市特种蔬菜1750吨，增加收入350万元。果林生产上引进甜油桃、蟠桃、美国杏、日本李、银杏、甜柿、藤稔葡萄等果品。家禽养殖引进美国七彩山鸡、落地王鸽、法国鹌鹑等珍禽10万羽。1997～1998年，蔬菜方面推广水生空心菜，引进宁豇1号、以色列大椒、番茄、日本南瓜等。果品方面拓植早红宝石甜油桃、大佛手银杏等特种果品13.33公顷。养殖方面推广二元杂交母猪，引进蓝狐、白羽王鸽、贵妃鸡、樱桃谷鸭等10万羽珍禽，向早熟化、特色化、保健化、野味化发展。粮油生产推广武粳三号、扬麦158、秦油2号等良种，覆盖率100%。

1998～2001年，全区向名特优精品方向发展，蔬菜相继引进金瓜、香炉南瓜、芥蓝、大芸豆、宝粉番茄、彩色樱桃番茄、日本甜瓜、红梗香黍叶菜、食用仙人掌等，推广优质抗病耐热品种，良种覆盖率达98%。华光、理想、晴朗、脆香玉甜油桃、高妻、奥古斯特葡萄、凯特杏、京东巨油桃、千年红油桃，金太阳杏、新雪梨等名优品种。茶叶引进白茶，重点推广龙井系列良种。畜禽推广“苏太”等二元母猪，家禽品种趋向多样化，有肉犬、獭兔、鹌鹑、太湖鹅等。粮油作物普及扬麦158和99系列晚稻品种及苏油1号、宁油10号等“双低”化油菜。2002～2007年为增强农产品市场竞争力，蔬菜以鲜、细、小品种为主，充分发挥叶菜，水生蔬菜优势。果品发展名优应时鲜果经济作物，不断扩大花糯、甜玉米等栽培规模。

图6-8 2001年，京口区引进的番茄（蔬菜）优良胎种 （区农经局供稿）

二、推广新技术

1.水稻 1993～1995年，全区推广水稻轻型栽培（直播、抛秧、免耕）313公顷，省种1.4万千克，节省秧田31.3公顷，省工21.2万个劳力，增产10%。推广使用新药肥，实施无草害和补钾工程。1996年，推广群体质量栽培技术，实施“壮苗、扩行、减苗、调肥、控水”调控措施，达到增穗，增粒，增产。2006～2007年，推广稻套麦新型栽培技术和配方施肥新技术。

2.蔬菜 1995年，全区推广条菜前延栽培10公顷次，实现条菜常年供应。汝山乡农科站运用“四早”（即秋季良种早育苗、冬季隔年早定植、越冬覆盖早护苗、早春精管早促花）技术，加快茄子生长，使特早熟茄子提前两个月上市。1997年，推广滴灌技术、蔬菜无土栽培、遮阳网覆盖栽培、防虫网无公害蔬菜栽培技术，应用“田力宝”生物肥料、EM生物剂等药肥，使科技进步在农业生产贡献率达51%，蔬菜生产由保供型向保质型转变。2C02年实施农业新栽培，推广应用新型系列苇末基质生产、基质穴盘育苗。2004年6月，瑞京农业科技示范园首先试验蔬菜移栽机，进行穴盘蔬菜苗移栽。2006～2007年，大力发展蔬菜反季节栽培大棚保护地生产，增强蔬菜市场竞争力。

图6-9 2007年，京口区农技人员深入田间对菜农进行技术指导（区农经局供稿）

3.生猪 2007年，全区农村积极推广土著菌养猪法。为确保引进“发酵床”清洁化养猪向各养猪大户推广，区农经局采取统一供应菌种，统一技术指导，统一提供发酵床专用木屑。为鼓励农户改造猪圈，进行改建补贴，发展发酵床养猪，全面提高生猪养殖生态条件和经济效益。同年底，有10户规模养猪户采用“发酵床”新技术。

第四节　农业结构调整和农产品标准化生产

一、农业结构调整

1993 ~ 1996 年，京口区农业以市场为导向，以稳农、保供、富农为目标，以农业区域化、集约化、产业化、外向化和社会化为方向，不断调优结构、调活布局、调高效益、调富农民，逐步建设有城郊特色现代化农业。1997 年，全区多种经营产值达 7525 万元，占农业总产值 86.71%，基本形成蔬菜、水产、畜禽、茶果、食用菌 5 大生产基地。1998 年，实施“稳稻、缩麦、扩油、扩经”工程，水稻面积保持 906.67 公顷，小麦调减 66.67 公顷，油菜增加 606.67 公顷。同年，多种经营产值达 7900 万元，农民人均收入 3886 元，均比上年有明显增长，缩麦扩油初见成效。1999 ~ 2005 年，继续优化品种布局，粮经作物比例逐年调整，由 1999 年 50 ∶ 50 调整到 2000 年 43 ∶ 57，2001 年再次调整为 38 ∶ 62，经济作物比重逐年上升。2003 年，继续调减粮田 67 公顷，重点发展意杨、果树、花卉等经济林木，粮经比例调整为 22 ∶ 78。发展特色花卉、果树、种苗、精品设施蔬菜和生态农业 4 大产业，逐步实现“无粮区”。2005 年，调优种植结构增加设施蔬菜面积 13.3 公顷，引进推广美国籽葵、鲜食玉米等高效经济作物 133 公顷，扩大有机大米基地 100 公顷，实现粮、经比例为 15 ∶ 85。2006 ~ 2007 年，全区扩大高效农业规模，重点建设谏壁千亩高效蔬菜、横山凹和西山水库都市农业观光、扬子江生态产业公司千亩精品苗木 3 个高效农业规模示范区，使基地林标准化、栽培设施化、耕作集约化。2007 年 12 月，全区高效农业已占 40%。

二、农产品标准化生产

1992 年，京口区根据《中华人民共和国产品质量认证管理条例》（以下简称《认证管理条例》），遵循农业标准化，以提高农产品质量安全水平为重点，狠抓农业标准制定与实施，开展农业龙头企业、农产品产地认证。2003 年，根据市政府《关于加快推进农业标准化工作的意见》和《镇江市农业标准化示范区管理办法》，大力推进无公害农产品基地整体建设。

2003 ~ 2004 年，京口区分别建立瑞京农业科技示范园、象山无公害油桃基地等一批省、市农业标准化示范区。瑞京科技园编制 3 个无公害农产品企业标准，7 个无公害农产品生产技术规程地方标准，创建“瑞京”商标，每年举办无公害生产技术培训，组织乡镇农技员和农户 1000 余人次，进行现场观摩，学习标准化生产技术，推广蔬菜标准化生产面积 133.3 公顷。2004 年 10 月，瑞京科技园被指定参加全省标准化示范区成果展，获全省优秀成果奖。同年，全区在贯彻国家、行业、地方标准基础上，按照无公害农产品产地环境标准要求，围绕蔬菜园艺、规模畜牧业和特色水产业等，推广优质高效、增产节能技术，组织龙头企业制订农业生产技术规程及农产品质量标准，先后制订油桃、鸡腿菇、秀珍菇、番茄、碟瓜、四倍体小白菜、鸡腿菇、黄瓜、粉质小南瓜、胡椒、花菜、蒲芹、茄子、大白菜、西葫芦等 15 个农业生产技术规程及瑞京番茄和水果黄瓜等两个产品标准，同时制订迷你番茄和水果黄瓜两个无土栽培技术规程。2007 年，全区无公害农产品地，认定面积 173 公顷，占耕地总面积的 11.7%。先后有黄瓜、番茄、油桃、四倍体小白菜、南瓜、鸡腿菇、辣椒、茄子、西葫芦、豇豆、扁豆、丝瓜、蒲芹等 13 个农产品获无公害认证，共青团农场生产的扬子江大米获有机认证。

第五节　品牌　特色农业建设

一、品牌建设

1993 ~ 1995 年，全区围绕“高效、优质、创汇”发展农业要求，不断推进农业品牌建设。1996 年，象山果树研究所培育的特早熟甜油桃“早红宝石”品种通过市科学技术委员会（以下简称市科委）验收鉴定。专家认为"早红宝石"甜油桃树势健壮，具有适应性广、生产性能稳定、果肉浓甜、富含维生素、耐运等多种性能。1999 年，农业科技人员重质量、创名牌意识增强，品牌产品增多。象山果树研究所新创注册"瑶池"牌商标水果"早红宝石""曙光"甜油桃和白玉蟠桃，获省优质水果奖。区蔬菜研究所研制的香炉南瓜获 1999 年昆明世博会铜奖。"瑶池"品牌水果，获国家注册商标。2000 ~ 2001 年，果树研究所有 7 个品种获省优质水果奖。京口茶叶试验场生产的"香茗"绿茶在市"三山杯"名特优茶评比中获一等奖。2001 年，在北京、上海、南京举办的招商展示会上，区蔬菜研究所送展的碗瓜、碟瓜，果树研究所送展的葡萄、油桃，世农公司送展的玫瑰、基质，东海油脂公司送展的"刀鱼"牌色拉油均受到好评。2002 年 5 月，象山果树研究所培育的大石牌早生李、白蜜蟠桃和金山早红油桃 3 个品种，再次获省优质水果奖。2003 年 7 月，江苏省举办第三届园艺博览会，京口区送展的有象山果树研究所生产的七彩油桃，区蔬菜研究所生产的碟瓜、贡瓜、迷你南瓜、水果黄瓜、迷你番茄和瑞京绿色有限公司生产的三维艺景花卉等，其中七彩油桃获省艺博会精品一等奖，碟瓜、迷你南瓜和三维艺景花卉获三等奖。2005 年，全区实施"以良种保质量、以标准化生产育品牌、以质量创名牌"策略，加强示范园区建设，构筑品牌农业发展平台。制定瑞京蔬菜、瑶池水果、食用菌生产等 10 个地方标准化生产技术规程，确保产品质量。同年，京口区"五龙神"大米、瑞京牌水果黄瓜、迷你番茄、瑶池油桃等 10 个品牌获国家有机食品、无公害农产品认证。一夜河和古运河蔬菜基地、象山果树研究所、瑞京农科示范园通过省无公害农产品产地认证，全区无公害产地达 174 公顷。2006 年，全区有瑞京蔬菜、"五龙神"大米、瑶池水果、康颜蜂制品、一泉香醋、天天乐道食用油、红双喜绿壳蛋等 10 个名牌为精品，提升了市场竞争力。2007 年 11 月，第五届江苏省名特优农产品交易会在上海国际农产品展览中心举行期间，京口区送展的"好食荟"食用油、康颜系列蜂产品、瑞京无公害蔬菜等名特优产品，深受上海市民欢迎，价值 15 万元的京口特色农产品销售一空。

二、特色农业观光示范园建设

1993 ~ 2001 年，京口区在"服务城市，富裕农村"发展特色农业方针指导下，利用地域和资源优势，先后在象山、汝山、丹徒镇西山水库、凤凰村，谏壁镇月湖、李华村和共青团农场，建设具有特色的农业观光示范园区。2002 年 4 月，瑞京农业科技园在丹徒镇动工建设，12 月落成时，省、市、区有关领导参加竣工仪式，为"瑞京农业科技示范园"和"江苏省园艺新品种示范基地"揭牌。该园是以农业项目化、精品化、特色化和科技化为发展方向，以种苗产业和无公害绿色食品为主导产品，集农业科技、示范、培训与旅游观光、休闲于一体的农业科技园，占地 26.7 公顷，总投资 1100 万元，由科技信息中心、园艺生产区和休闲观光区组成。2003 年 3 月，副省长黄莉新考察瑞京农科园时，充分肯定其发展目标和方向。同年 11 月，瑞京农科园通过镇江市科技局组织的专家评审组验收，升级为市级农科园。

图 6-10　2003 年，副省长黄莉新（前右二）考察京口区特色农业　（区农经局供稿）

2004 年 12 月，镇江市花卉苗木市场在谏壁镇开业，占地 16.7 公顷，有盆景、鲜花展示厅、花卉超市，露地、盆景交易区及花卉一条街，引进盆景、鲜花、盆花、树桩等 500 多类，6000 余种花卉苗木，形成批发贸易、展示观赏、租赁服务为一体的多功能花卉市场。2005 年 5 月，花卉苗木市场举办花卉盆景艺术展和"景都杯"花卉盆景知识竞赛。同年，编制京口区观赏农业发展规划，确定"一圈两区三园四带"（即新民洲有机生态圈、丘陵岗坡地特种经济作物种植区和禹山、西山、雩山生态林示范区、瑞京科普园、果品采摘园和林木博览园，沿江雨林、古运河果树、一夜河高标准蔬菜和沿江绿化风光带）为发展重点，全力推进观光农业向高级优质方向发展。2006 年，在逐步实施“一圈两区三园四带”规划同时，加强瑞京农科园农业科普设施项目建设。制作农作物品名、科属、特征、效用等知识展示牌 100 处，农业发展史及近代农业知识长廊 200 米，美化农产品生产环境，净化产地资源，进行池塘渠道清淤护砌，清除杂草，进行坡体草坪绿化和水面荷莲美化，示范展示无公害生产技术，菜地采用防虫网工艺，架设高架防虫网 0.33 公顷，实施生态杀虫灯等物理防治技术、温室示范无土栽培技术，进行农业知识及作物生长多媒体展示等。组织快乐采摘节、花卉盆景艺术展、玉米迷宫基地、梵高向日葵观光基地，接待游客 4 万多人次。同年 11 月，瑞京农科园入选全省首批省级农业观光园。同年，“我家农庄”、申林景观园艺等休闲农庄对外经营。2007 年，瑞京农科园有无公害大棚栽培区、自助农耕区、荷花塘风景垂钓区、珍稀食用菌生产区、梨园、桃园、杏枣园、柿子园、浮瑞亭、瑞京亭、孝顺竹林、珍稀花卉、瑞京广场、青少年素质教育基地等景点，成为全区重点观光农业园区。

第六节　科技开发

一、招商引资

2003 年始，京口区每年组织参加江苏省农业国际合作洽谈会（以下简称省农洽会）、镇江金秋贸易洽谈会、中国现代农业恳谈会及上海名特优农产品交易会。通过不同形式招商活动，加大项目推进和招商引资力度。2005 年，第七届江苏省农洽会在连云港召开期间，以“京口（JK）”为图案的 25 个品种农产品参展，副省长黄莉新对京口区特色农产品给予高度评价。同年，区农经局被市评为优秀组织奖。2005 ~ 2007 年，京口区利用外资、民间资本、工商资本（以下简称“三资”）开发农业项目 49 个，总投资 9.6 亿元，其中新增外商投资项目 11 个，引进外资 2521.5 万美元。2006 年，京口区参加第八届省农洽会，以沙盘模型展示全区观光农业。中盛粮油公司、扬子江生态农业公司、皇中皇生态科技蜜蜂园、一泉醋厂、瑞京农业科技示范园等农业龙头企业，有六大类 30 多个产品参展，其中“天天乐道”“好食荟”小包装食用油、“五龙神”有机米、蜂制品、吉祥南瓜等特色农产品倍受青睐。蜂制品和五龙神有机米被授予“江苏省优秀农产品畅销奖”。

二、项目开发

1. 立体农业综合开发　2003 年 6 月，共青团农场开发立体农业综合项目，总投资 1.2 亿元。2004 ~ 2006 年，在扬子江生态农业有限公司逐步实施，开发有机稻米种植、苗木基地建设和板材加工 3 个项目。2007 年，充分利用园区生态资源，立足生态农业，进行综合开发，实现生态型、生物型和生命型有机结合，以“五龙神”牌有机大米农产品，以树木新品种研制林业产业化，以生产环保多层复合板出口创汇木业加工等 3 个基地，开展立体农业开发。当年产值达 560 万元。

2005 ~ 2007 年京口区“三资”开发农业项目情况表

表 6-9　　　　单位：个、万（美）元

时间	三资开发农业		其中：新增外商投资		农产品出口额
	项目	投资额	项目数	实际到位资金	
合计	49	9.60	11	2521.50	767
2005 年	16	5.02	4	1577.50	400
2006 年	18	2.20	2	—	67
2007 年	15	2.38	5	944	300

2. 生态科技蜜蜂园产品开发　2003年，皇中皇生态科技蜜蜂园开发蜂产品项目，地址在丹徒镇西山水库，总投资500万元，属民间资本。引进蜂产品加工设备，聘请蜂产品研究人员，开展蜂产品研究开发。4月动工，10月建成。2004～2006年，先后开发蜂产新品40余种，尤以自行研制的破壁花粉为主，它使人体对营养成分得到充分吸收。2007年，销售收入达2000多万元，利润100多万元。

3. 米醋生产开发　2004年10月，镇江一泉调味品有限公司，投入600万元，在原新民洲一泉醋厂基础上扩建改造，占地3.3公顷，以纯糯米为原料，运用传统工艺开发生产镇江香醋项目。2006年12月投产。2005～2006年，年产量均达3000吨。2007年，销售额1050万元。

4. 食用油系列开发　2005年5月，中盛粮油工业（镇江）有限公司在谏壁镇粮山村投资兴建中盛食用油项目，总投资500万美元，12月建成。拥有包装车间1座2层，占地面积6700平方米，配套设施200平方米，主要从事食用植物油生产、加工、中转储存、分拨、配送和国际贸易等业务。生产系列食用油通过ISO 22000食品安全体系认证。2006年，完成销售1.9亿元。2007年，中盛食用油项目增资852万美元，扩大生产规模。

5. 特种水产养殖开发　2005年下半年，共青团农场筹建特种水产养殖项目，由新民洲生态养殖有限公司实施，投入1800万元，在东滩进行综合养殖开发，面积100公顷，其中河豚、蚌、蟹等特种水产品养殖占地30.3公顷，家禽养殖占地13公顷，配套种植占地64公顷。2006～2007年，采用边开发、边建设、边生产，部分特种水产品和养鸡场已建成投产。2007年，销售收入300多万元。

6. 精制绿色米面加工开发　2007年，镇江金农有限公司投入1000万元，在共青团农场建设开发精制面粉、绿色大米加工项目，新（扩）建标准化厂房5000平方米，引进粮食加工生产线，年生产能力1.1万吨绿色大米，3700吨饲料。

7. "我家""紫玉""康乐"生态农庄开发　2006年，象山镇分别在湖西路、左湖村赵家组、镇六公路北侧（陶瓷城后康乐农科园内），兴建"我家""紫玉""康乐"生态农庄。"我家"农庄占地面积2.8公顷，投资500万元，2006年动工，2007年4月竣工，当年接待游客1000人次，收入300万元。"紫玉"生态农庄由镇江申林园艺景观有限公司投资1000万元，占地6.67公顷，2006年6月，开挖鱼池，种植树木，兴建农科示范，休闲娱乐等设施，2007年竣工并对外开放。"康乐"生态农庄占地面积13公顷，民间投资3000万元，2007年竣工投产。开发康乐项目有室内羽毛球、乒乓球、健身房、网球场、棋牌室等2300平方米休闲区，2500平方米餐厅，1200平方米客房及3.3公顷水面垂钓场所，是具有特色农业、生态环境、娱乐健身、餐饮度假综合新型农庄。

三、外向型农业

2005年，京口区为贯彻落实中央和全省农村工作会议精神，加快发展外向型农业。2007年，立项3个，省财政补贴140万元，增强区级外向性农业竞争能力。

2005～2007年京口区外向型农业项目情况表

表6-10　　单位：万元

年　份	项目名称	承担单位	省财政补贴
2005	新民洲有机功能稻米出口生产基地建设	扬子江生态产业有限公司	40
2006	出口优质芝麻油生产基地建设	镇江京友调味品有限公司	45
2007	玉米奶精出口生产基地建设	镇江华鑫进口有限公司	55

四、主要农业企业简介

1. 镇江市瑞京农业科技示范园　2002年4月，瑞京农业科技示范园始建，占地面积30公顷，由科技信息中心、园艺生产区、休闲观光区组成。2004年，通过江苏省无公害蔬菜基地认定。2006年，被江苏省认定为农业观光园。2007 年，有 93 公顷无公害蔬菜基地、13 公顷果园、3000 平方米电控温室、100 立方米保鲜库 1 座、60 座单体钢架大棚、200 平方米加工包装车间和 1000 平方米科技信息培训大楼。2003 ~ 2007 年，以江苏大学、上海农科院、省农科院等院校为依托，创建“瑞京”牌无公害蔬菜上市，销往镇江市区各大超市，并在常州、无锡、上海等地开辟销售网点。水果黄瓜、迷你番茄等 7 个产品通过国家无公害农产品地认证。

2. 镇江皇中皇生态科技蜜蜂园　20 世纪 70 年代，汝山始建蜜蜂园。2004 年，改称镇江市皇中皇生态科技蜜蜂园，是集养蜂、蜂产品科研加工、经营于一体的大型蜂制品生产企业，在全国有蜂场 40 余组、5000 多蜂群及加盟蜂场 1 万余群，年培育种蜂 500 余只。研制开发各类蜂蜜、蜂胶、蜂王浆、蜂花粉等 30 多个品种，年产蜂蜜 1000 余吨，蜂王浆 80 余吨。注册“康颜”“胡老三”商标产品，晓喻省内外。其生物和物理破壁花粉工艺，破壁率达 97.3%，提高花粉核酸、SOD、花粉磷脂维生素 E 吸收，系列产品在行业内盛载美誉，属省内独有。2004 ~ 2005 年，皇中皇系列蜂产品被省消费者协会评为推荐商品和消费者满意商品称号。2007 年，获中国产品质量保障中心“全国蜂产品加工行业质量放心、国家标准合格”产品。

3. 江苏扬子江生态产业有限公司　2003 年 6 月，江苏扬子江生态产业有限公司成立，主要从事有机农副产品种植、养殖、精深加工、林木新品种研发、培育、木业加工以及农业高新技术产品开发等。该公司以中国农科院、南京农业大学、南京林业大学等科研院校为依托，是集科研、生产、销售为一体农林生态产业实体。研制生产的“五龙神”有机米属镇江市首家通过“中绿华夏有机食品认证中心”认证有机米品牌，是江苏省唯一通过日本权威检测机构，未测出 72 项农药残留有机米。2005 年被市委授予“农业产业化经营优胜龙头企业”称号。

4. 镇江一泉调味品有限公司　1985 年，镇江一泉调味品有限公司创立，位于镇江新民洲生态工业园，是以生产镇江香醋为主企业，产品畅销全国各地。该产品选用纯糯米为主要原料，沿用百年镇江香醋传统工艺，固态分层发酵，精心酿造，具有“酸而不涩，香而微甜”特点和“色、香、酸、浓”优点。1994 年，获中国食品博览会金奖。1998 年，获中国食品博览会优新产品奖。

5. 中盛粮油工业（镇江）有限公司　2001 年 12 月 31 日，中盛粮油工业（镇江）有限公司成立，是香港上市公司——中盛粮油工业控股有限公司在内地独资企业之一。主要从事食用植物油生产、加工、中转储存、分拨、配送和国际贸易等。总投资 1850 万美元，占地 3 万多平方米，拥有现代化厂房建设、国内领先水平自动化生产设备和物流设备，以及三条日处理总量 1800 吨植物油全电脑自动化控制色拉油精炼、一条日处理总量 600 吨植物油分提线，年加工能力 80 万吨，有储罐 39 个和 3000 吨级简易浮动船码头 1 座，储油罐年仓储中转能力 88 万吨。2003 年，被京口区政府授予“招商引资先进单位”，被镇江市政府授予“有功单位”“镇江市农业产业化经营龙头企业”。2005 年，投资 1690 万元，新建植物油冻化处理车间，对一级精炼线实施改造。2005 ~ 2007 年，先后通过国家 ISO 9001 质量体系认证、ISO 14001 环境体系认证以及 ISO 22000 食品安全体系认证。

6. 京口象山酱醋厂　1984 年，京口象山酱醋厂建立，是专业生产食用醋企业，总投资 110 万元，占地面积 3600 平方米，有生产厂房 2700 平方米，成品仓容 1000 吨，生产和检验设备价值 80 万元，年生产能力 2000 吨。1985 ~ 1993 年，产品质量符合镇江香（陈）醋标准。1994 年，生产的“焦山”牌镇江香（陈）醋被评为“首届中国金榜技术与产品博览会”金奖，1995 年，获“首届中国国际食品博览会”金奖，2000 年，获市政府颁发镇江香（陈）醋生产认证。2001 年，企业在国家五大类食品专项监督抽查中被评为抽查合格企业。2003 年，国家食品准入抽查合格，被颁发全国食品生产许可证。2002 ~ 2007 年，产品销往苏南各大超市，年销售收入 50 多万元。

1993 ~ 2007 年京口区农林牧渔业总产值、粮食产量表

表 6-11　　单位：万元、万吨

年份	农林牧渔总产值	农业	林业	牧业	渔业	粮食产量
1993	4172	2067	74	1364	667	0.53
1994	6181	3299	93	2177	612	0.49
1995	7725	4289	70	2732	634	0.55
1996	9150	5135	64	3157	794	0.61
1997	9782	6988	60	1954	780	1.06
1998	10167	6934	75	2317	841	1.22
1999	10376	7136	92	2230	918	1.18
2000	10596	7467	97	2143	889	1.09
2001	10610	7546	122	1979	963	0.94
2002	10990	7963	111	1960	956	0.96
2003	11216	7903	149	2259	905	0.78
2004	11971	8216	162	2637	956	0.77
2005	13135	9066	246	2899	924	0.71
2006	12930	8596	255	3098	981	0.88
2007	14789	9659	264	3789	1077	1

第六章　水　利

京口区域内有沿江和太湖湖西（简称湖西）两大水系，水资源丰富。干旱年景，可以通过水利工程设施进行水资源调节，满足全区生产、生活用水。1993 ~ 2007 年，全区投入大量人力、物力、财力建设水利工程，沿江 16 千米（不含新民洲 11 千米江堤）长江堤岸建设和管理达标，各乡镇水库搞好除险加固，大部塘坝经过整治，主要河道全面疏浚，机电排灌设备进行增容改造，有效地提高区域内抗洪排涝和引水灌溉能力。16 年来，区内多次发生洪涝、干旱灾害，在区委、区政府领导下，军民团结奋战，取得抗灾抢险的胜利，保障人民生命和财产安全。2004 年，市政府授予区水利局为“市 2003 年度镇江市抗洪抢险先进单位”称号。2005 ~ 2007 年，京口区重视水利工程管理，加强水政监督和水费征收工作。

第一节　治江工程

一、江堤建设

1. 江堤防渗堵漏　全区沿江堤防多为逐年加高培厚，人工挑抬堆土而成，密实度不高，加之土质大都为粉沙土，当长江处在高潮位时，极易发生渗漏，严重影响防洪效果。1993 ~ 1997 年，汝山乡对 200 米江堤渗漏段实施堵漏灌浆工程，将钻孔深入堤基，用漏浆掺和水泥进行灌浆，防渗效果明显。1998 年，全区将防渗堵漏工程列为江堤建设达标重要内容。1999 ~ 2002 年，全区各乡镇完成 4736 米堤岸渗漏灌浆工程。2003 ~ 2007 年，全区无渗漏江堤。

2. 达标工程建设　1998 年，长江全流域发生大洪水后，京口区实施省、市下达江堤建设、管理“双达标”工程任务。1998 年，投入资金 960 万元，完成长度 5.27 千米江堤达标，土方量 24.6 万立方米。完成挡浪墙 5.55 千米，防浪林 5.4 千米，挡土墙 1.29 千米，绿化江堤 2 千米，接长加固建筑物 9 座，初步实现“三年任务、两年完成”目标。1999 年 2 月 ~ 2000 年 2 月，完成丹徒镇船艇训练大队至象山乡渔业队总长 6.75 千米江堤达标任务，包括新建和改造护坡 4.76 千米，新建挡浪墙 5.93 千米，挡土墙 1.02 千米，穿堤建筑物 9 座，渗漏灌浆 320 米。修建接堤路 4 条，长 1 千米，建防浪林 2.1 千米，完成土方 14.33 万立方米、石方 1.2 万立方米、混凝土方 1.23 万立方米、垫层 3845 立方米、干石 503 立方米。2001 ~ 2007 年，完成象山乡焦南坝以西，属市城市防洪管理处的长 950 米江堤达标任务，投入资金 825.94 万元。

图 6-11　2007 年，新民洲港口产业园区共青团农场的防洪大堤　（区农经局供稿）

3. 江堤加固工程　1993 ~ 2002 年，全区 4 个乡镇沿江圩区和共青团农场为提高抗洪能力，加固堤防，完成土石方 2500 立方米。2003 年，配备 2 名专职堤防管护人员。2004 年 4 月，京口区使用国债资金进行江堤加固工程。在实施工程中，严格执行基建程序和国家财政预备内资金管理办法，实现工程项目法人制、招投标制和建设监理制，建立建设单位负责、施工工程保证、监理单位控制、政府部门监督质量管理体制。成立区堤防建设管理所，实行工程项目法人制。建设范围为象山、汝山、丹徒、谏壁 4 乡镇境内（桩号 RCS31+200 ~ RCS37+430），总长 6230 米。4 月动工，7 月竣工，完成填塘固基 3035 米，堤身培厚 1175 米，建挡土墙 887 米，干砌块石护坡 1389 米，排水沟 261 米，灌浆总长 4416 米。江堤宽 10.85 米，顶宽 6 米。坡比：迎水坡 1 ： 3、北水坡 1 ： 25。投入资金 520.23 万元。2004 ~ 2005 年，共青团农场对 3.08 千米江堤进行消险加固。2006 ~ 2007 年，全区继续加强和完善防洪工程，修建堤顶水泥路面 437 米，砂石道路 988 米，并对堤顶 180 米、2 个坑洼处用碎石填平。至此，长江京口段江堤全部按国家防洪标准（50 年一遇的二类堤防类别）完成，工程质量经市水利局验收合格。

二、通江涵闸加固翻建

1. 共青团农场上海滩涵　2003 年 5 月，上海滩涵翻建完成，涵管长 22 米，直径 80 厘米，安装闸门和配套启闭机，完成土石方 4000 余立方米，投入资金 23 万元。

2. 象山吕家圩涵洞　2003 年 12 月，吕家圩涵洞开工兴建，拆除老泵房和老涵洞，进行土方回填。新建涵洞，涵管长 35 米，直径 80 厘米，安装闸门、启闭机各 1 台（套），使用混凝土护坡 316.7 平方米，坡埂 55.85 米，浆砌块石挡浪墙 17 米，巡查便道 32 米。完成土方 5881 立方米、块石方 211 立方米、混凝土方 123 立方米，投入资金 34.02 万元。

3. 丹徒涵翻建工程　2005 年 3 月，丹徒涵动工，拆除原漏水涵洞 45 米，新建直径 80 厘米预应力管涵，迎水口设铸铁闸门，配套 3 吨螺杆启闭机。翻建后，4 月竣工，涵管长 42.65 米，投入资金 29.62 万元。

4. 共青团农场东滩涵　2006 年 3 月，农场东滩洞动工翻建，长 34 米。完成土方 2600 立方米，混凝土方 82 立方米，投入资金 30.92 万元。6 月竣工，汛前投入使用。

2007 年，全区有通江涵闸 15 座，其中新建 4 座。

2007 年京口区通江涵闸基本情况表

表 6-12　　单位：亩、米

乡镇	工程名称	地点	建成年份	主要作用	工程效益		工程特征值					闸门形式
					排涝面积	灌溉面积	闸顶高程	闸底高程	涵洞长度	闸孔净宽	闸孔高度	
象山	友谊涵	友谊港入江处	1972	引排	—	3800	4	3	26	1	0.80	铸铁平板
	胜利涵	七一圩	1973	引排	—	1800	4	3	30	1	1	铸铁平板
	大寨涵	西八岸	1995	引排	—	1200	3.60	3	28	0.60	0.60	铸铁平板
	福圣庵涵	福圣庵港	1996	引排	400	100	8.20	3.50	34	0.60	—	铸铁平板
	长江村六组涵	中心港东	1997	引排	1500	1000	7.30	3	35	0.50	0.50	铸铁平板
	吕家圩涵	吕家圩	2004	引排	1500	1000	8.50	3	35	0.80	—	铸铁平板
	丹徒涵闸	革命河北	2005	引排	800	600	4.80	4	40	0.80	—	铸铁平板
谏壁	镇北站涵	江口	1986	排涝	300	—	7	2	20	1.50	2	钢闸门
	张马涵闸 1#	张马组	—	排涝	100	—	7	5	15	1	1	钢闸门
	张马涵闸 2#	张马组	—	排涝	100	—	7	5	15	1	1	钢闸门
镇江新民洲港口工业园（共青团农场）	新民站涵	新民站	1970	排涝	6500	1200	9.50	6	28	1.20	1.50	钢闸门
	东排站涵	东排站	1970	排涝	—	—	10.50	4.70	30	1.50	1.80	钢闸门
	东江边涵	东江边	1970	引排	9600	9800	9.50	2	40.69	1.20	1.50	钢闸门
	上海滩涵	上海滩东	2003	排涝	650	650	7.50	2.50	22	1	—	钢闸门
	新生涵	东滩	2007	排涝	1400	800	9.20	2.50	14	1.50	—	钢闸门

第二节 河道工程

1990 ~ 1992 年，全区市以上管理河道有长江、苏南运河和京杭古运河。20 世纪 50 ~ 90 年代，镇江地区和镇江市先后多次发动群众，整治和疏浚苏南运河和京杭古运河。1993 年，区域内有骨干河道 21 条，总长 37.83 千米。由于大多河道长期未行整治，河床淤浅，引排不畅。2001 年，清淤河道 1 条，长 900 米，完成土方 1.1 万立方米。2003 年，区水利局编制《2003 ~ 2007 年乡级河道疏浚规划》，当年始，分期进行河道整治。2003 ~ 2007 年，京口区先后完成东干河、西干河、中心港、玉带河、华村河、粮山河、延安河、一夜河、镇北河等 9 条骨干河道整治，全长 30.63 千米，完成土方 42.9 立方米，投入资金 491 万元。

2007 年京口区排涝站基本情况表

表 6-13　　　　单位：米、公里、平方公里

所在镇（场、园）	河道名称	起点	迄地	河长	平均底宽	平均水深	排灌面积
合计	21 条	—	—	37.83	—	—	—
象山镇	一夜河	象山一组	东八岸	1.30	5	2	3.50
	中心港	复圣庵	西八岸	2	5	1.80	1.50
	玉带河	孟家湾水库	古运河	2.80	4	1.50	6.40
	友谊港	象山二组	友谊桥	1.20	4	1.50	1.30
	胜利港	象山三组	七一涵	1.30	3.50	1.50	1
	前进港	何家门	吕家圩	1	5	2	1.20
	大寨港	何家门	西八岸	1	5	1	1
镇江新民洲港口产业园区（共青团农场）	朝阳河	东江边	红旗村	3.13	25	1.50	5.50
	东环河	东江边	三大队灌站	2.50	20	1.50	2.50
	延安河	一大队住宅区	上海滩	2.11	20	1.50	1
	北京河	东环河中断	七大队住宅区	2.05	20	1	1
	青春河	渔场	北排站	2.71	18	1.50	2.50
	大寨河	二大队住宅区	青春河	1.06	20	1.50	0.50
	军民河	五大队	青春河	1	18	1.20	0.50
	北环河	三大队	北排站	3.69	20	1.50	1
	环滩河	上海滩东	上海滩	3.08	20	1.20	1
京口工业园区	华村河	谏辛公路	苏南运河	1.10	4	1.80	6.50
谏壁镇	老鼠山河	雩山南	苏南运河	1.20	3	2	3.50
	镇北河	镇澄路北	镇北站	1	12	1.80	1.50
	粮山河	6904 油库桥	抽水站引河	1.10	4	2.50	1.20
	月湖中心沟	李严村	老鼠山河	1.50	3	1.50	1.50
	烧火老桥正沟	李华村与月湖村交界	西通苏南运河	0.724	24	1.50	1.50
	铁锚港	江口村	越河口	3.747	25	1 ~ 3	—

第三节　蓄水工程

一、水库

1. *龙王庙水库*　1958 年建，位于丹徒镇境内，集水面积 0.6 平方公里，库容量 24 万立方米，为小（二）型水库，灌溉面积 24 公顷。1992 年，对库堤进行加固。1998 年 8 月，划归镇江新区丁卯开发区管理。

2. 孟家湾水库　1959 年建，位于汝山乡孟家湾村境内，集水面积 0.66 平方公里，库容量 11 万立方米，为小（二）型水库，可灌溉面积 40 公顷。1987 年，建北水南调灌溉站 1 座，受益面积扩大到 80 公顷，需要时可翻引江水补充水源。1992 年，对库坝进行加固。1994 年，因城市扩建，兴建镇江二十一世纪乐园项目，水库失去灌溉作用。1999 ~ 2007 年，逐步将水库改造为城市湖泊，为居民休闲景观之一。

3. 西山水库　系京口区省在册小Ⅰ型。1975 年 12 月建成，位于丹徒镇境内。集水面积 1.14 平方公里，库容量 107 万立方米，有主、副两库组成。1985 年，在主、副两库间，实施浆砌块石墙、混凝土联通拱圈涵工程，长 42 米，断面 2 米 ×2.6 米，有效灌溉面积扩大至 265 公顷。1992 年，对库堤进行加固。1999 年，翻建副库坝南端底涵为圆涵，直径 60 厘米。2007 年，西山水库经 30 多年运行，相继出现涵闸漏水，块石护坡风化，成为病库。经省水利厅、市水利局批复，进行除险加固工程建设，当年 1 月动工，12 月竣工。完成土方 3.5 万立方米，混凝土方 1500 立方米，石方 2500 立方米，投入资金 290 万元。主要对主坝部分拆除迎水坡原干砌块石，铺设六角形预制块护坡、对背水坡进行填塘固基、翻建放水涵洞、完成溢洪道整修。新建溢洪道交通桥、新建管理房 113.18 平方米、建堤顶泥结石道路、对放涵进行消险加固、拆除北端高涵等。所世河流苏南大运河。灌溉面积 1000 公顷。管理单位为京口区西山水库管理所。

图 6-12　2007 年，西山水库风貌（区农经局供稿）

2007 年京口区西山水库情况表

表 6-14　　　　单位：公顷、米、平方公里

<table>
<tr><td rowspan="16">水库特性</td><td>集水面积</td><td>1.14 平方公里</td><td>大坝（主／副）</td><td colspan="2">坝顶宽度</td><td>5 ／ 3.5 米</td></tr>
<tr><td>设计洪水标准</td><td>30 年</td><td rowspan="7">大坝（主 / 副）</td><td colspan="2">坝基防渗形式</td><td>截渗墙</td></tr>
<tr><td>校核洪水标准</td><td>500 年</td><td colspan="2">迎水坡坡比</td><td>1 ： 3/1 ： 2 5 米</td></tr>
<tr><td>设计洪水位</td><td>28.64 米</td><td colspan="2">迎水坡平台高程</td><td>28.60/28.2 米</td></tr>
<tr><td>校核洪水位</td><td>28.98 米</td><td colspan="2">迎水坡平台宽</td><td>2/2 米</td></tr>
<tr><td>兴利水位</td><td>28 米</td><td colspan="2">背水坡坡比</td><td>1 ： 3/1 ： 3</td></tr>
<tr><td>死水位</td><td>21 米</td><td rowspan="2">护坡</td><td>起</td><td>21.0/21.0 米</td></tr>
<tr><td>汛控水位</td><td>28 米</td><td>迄</td><td>28.6/30.5 米</td></tr>
<tr><td>总库容</td><td>107.2 立方米</td><td rowspan="4">放水涵洞</td><td colspan="2">型式</td><td>圆涵</td></tr>
<tr><td>兴利库容</td><td>72.90 立方米</td><td colspan="2">洞径</td><td>直径 0.6 米</td></tr>
<tr><td>调洪库容</td><td>23.36 立方米</td><td colspan="2">进口底高程</td><td>21.0/23.85 米</td></tr>
<tr><td>死库容</td><td>5.1 立方米</td><td colspan="2">最大防水量</td><td>0.4 立方米 / 秒</td></tr>
<tr><td>坝型</td><td>均质土坝</td><td rowspan="4">溢洪道</td><td colspan="2">型式</td><td>开敞式溢洪道</td></tr>
<tr><td>坝顶高程</td><td>30.5/30.5 米</td><td colspan="2">底高程</td><td>28 米</td></tr>
<tr><td>最大坝高</td><td>10.5/8 米</td><td colspan="2">底宽</td><td>2×3.0 米</td></tr>
<tr><td>坝顶长度</td><td>420/220 米</td><td colspan="2">最大泄量</td><td>8.80 立方米／秒</td></tr>
</table>

4. 雩山水库　1974 年，原谏壁公社雩山大队在四雩山缺西南兴建，为小（三）型水库。1975 ~ 1976 年，组织雩山东片及月湖片 12 个大队扩建水库大坝，坝高 30 米（青岛零点），坝长 365 米，顶宽 4 米，集水面积 0.4 平方公里，南北各建涵洞 1 座，汇四雩山、瘌痢婆山来水，灌溉雩山部分地区农田。20 世纪 80 年代以来，原雩山水库灌溉区域先后兴建电灌站，调用苏南运河水灌溉农田，水库因年久失修而废弃。

此外，20 世纪 50 年代初期至 60 年代，象山、汝山、丹徒、谏壁丘陵地区贯彻“小型水利配套为主，社队自办为主”方针，为治理干旱、洪涝灾害，达到“百日大旱保丰产，日雨 250 毫米不受涝”目标，先后兴修小型水库 20 多座，如京岘山、汝山、凤凰山、横山、粮山水库等，一度使农业受益，产量有所提高。由于这些小型水库年久失修而干涸、废弃。

1992 ~ 2000 年，全区丘陵地区塘坝蓄水为农村重要的水源。为改善农村生产、生活环境，推动社会主义新农村建设，区内推进塘坝建设和整治。2001 ~ 2007 年，全区丘陵地区各乡镇新建塘坝 35 座，完成土方 10.3 万立方米。整治塘坝 14 座，完成土方 5.2 万立方米。2007 年，全区有塘坝 960 余座，常年蓄水量 510 余万立方米，有效补充丘陵地区农村生产、生活用水。

第四节　机、电排灌工程

1992 年 10 月区划调整后，京口区始有机、电排灌设施，全区有机电排灌站 7 处，其中单排 5 座、排灌 2 座，装机 13 台。1993 ~ 1995 年，全区新建谏壁镇月湖灌溉站，更新改造丹徒镇上隍电灌站，并完成桥头、润南、渣泽、左湖、长江、团结、蔡家湾等电力排灌站修复工程，完成谏壁镇月湖排涝站和共青团农场防洪排涝增容续建工程。

1996 ~ 1997 年，全区实施虹桥港排涝站新建工程、左湖排涝站一、二期工程、丹徒镇排涝站机泵改造工程。2003 年，新民洲新建上海滩排涝站，流量每秒 0.5 立方米。2005 年，象山乡翻建更新长江村、七一农技站、东八岸 3 座排涝站，增加动力 280 千瓦，增加流量每秒 1 立方米。2006 年，象山镇整修、更新新民、友谊两处排涝站，增加流量每秒 2.58 立方米。2007 年，扩建丹徒排涝站、东陶排涝站，增加流量每秒 1.48 立方米。至 2007 年，全区有排涝站 17 座，装机 33 台，容量 1753 千瓦。有灌溉站 13 座，装机 16 台，容量 710 千瓦。

2007 年京口区排涝站基本情况表

表 6-15　　单位：台、立方米 / 秒、千瓦

镇（场、园）	站名	地点	建成时间	装机	流量	容量	功能
合计	17 座	—	—	33	24.99	1753	—
象山镇	友谊站	友谊港北	1975.1	3	1.88	160	单排
	大寨站	大寨港北	1981.4	2	1	110	单排
	七一站	胜利港北	1992.5	1	0.50	55	单排
	长江站	前进港北	1992	3	1.88	160	单排
	丹徒站	革命河北	1984.6	4	1.49	52 + 74	单排
	左湖站	左湖运河	1998.10	1	1	55	单排
谏壁镇	镇北站	镇北河北	1986	2	1.50	110	灌排
	镇南站	镇区南	1995	1	0.50	55	单排
	月湖站	老鼠山河北	1998	2	2	110	单排

续表 6-15

镇（场、园）	站名	地点	建成时间	装机	流量	容量	功能
工业园区	李华站	华村沟北	1976	1	0.50	55	单排
	东陶站	华村沟南	1992	2	0.96	52	单排
	李华北站	李华村北	2007.4	1	0.48	30	单排
共青团农场	新民站	场东沿江	1960	2	4	190	单排
	东排站	场东沿江	1960	2	4	190	灌排
	北排站	场北夹江	1993.12	3	1.80	165	灌排
	上海滩站	上海滩	2003.5	1	0.50	30	单排
	新生活	东滩	2007.5	2	1	100	单排

2007 年京口区灌溉站（单灌）情况表

表 6-16　　单位：年、立方米／秒、千瓦

镇（场、园）	站名	地点	取水地点	建成时间	机泵特征值		
					台数	流量	容量
合计	13 座	—	—	—	16	4.54	710
象山镇	左湖站	左湖村	运河	1974	1	0.22	50
	许前站	许前村	运河	1962	1	0.22	55
谏壁镇	粮山站	粮山村	粮山河	1982	3	0.60	165
	新立站	月湖村	抽水站引河	1962	1	0.08	28
	老鼠山站	雩山村	老鼠山河	1962	1	0.20	40
	纪家二级站	雩山村	老鼠山一级	1965	1	0.12	22
	蔡家电灌站	蔡家村	苏南运河	1961	2	0.40	100
共青团农场	一大队灌溉站	一大队	北京河	1986.4	1	0.50	55
	二大队灌溉站	二大队	东环河	1996.4	1	0.50	30
	三大队灌溉站	三大队	东环河	1990.4	1	0.50	55
	四大队灌溉站	四大队	延安河	1996.4	1	0.50	30
	八大队 1# 站	八大队	朝阳河	1993.4	1	0.35	40
	八大队 2# 站	八大队	朝阳河	1997.4	1	0.35	40

第五节　农田水利

一、高标准农田建设

1992 ~ 1995 年，全区兴修农田水利，实行农水、农林、农机一体化建设，沟、渠、林、路统一布置，桥、涵、闸配套修建，进行高标准农田建设。1996 ~ 1997 年，实施丹徒镇东风村藕节沟护砌工程 1 千米，把水利建设与中低产田改造、高标准农田建设有机结合，期间新建蔬菜丰产方 21.4 公顷，市级粮油丰产方 8 公顷，改造老茶园 40 公顷，改造老鱼池 26.67 公顷。2000 ~ 2001 年，完成三沟配套 106.67 公顷、土方 2 万立方米。清理渠道 10 千米，土方 1 万立方米。新开渠道 500 米，土方 1000 立方米。2002 ~ 2003 年，建成示范型现代接水灌溉系统 2 套。新建节水渠 1 条，长 2.5 千米。整修抗旱渠 15 条，长 12.82 千米。改造中低产田 110.67 公顷。三沟配套 375.33 公顷。新建农田小型水利建筑物 20 座。完成各类水利建设土石方

59.35万立方米。2004 ~ 2005年，新建防渗渠0.6千米，改造中低产田146.67公顷，完成土方20.89万立方米。2006 ~ 2007年，先后实施谏壁镇、丹徒教工宿舍水系整改，下零中心沟、月湖中心沟整治，新建防渗渠道2千米，修建3.3公顷农田防渗沟系。新建小沟以上建筑物15座，改造中低产田100公顷。各项农田水利配套设施进一步完善。

二、水源工程建设

1996 ~ 1997年，在丹徒镇凤凰山凿井1口，深150米，解决当地居民生产、生活用水困难。1999年修复因水毁工程5处。2000年，在谏壁镇黄丝湾村建抗旱蓄水池1座，完成土方0.9万立方米。2001 ~ 2007年，先后在谏壁镇雩山、粮山、北吕等地和象山镇左湖、长岗村新建塘坝35座，改造塘坝14座，完成土方16.5万立方米，增加蓄水量18万立方米。这些工程建设有效补充丘陵地区的水源。

第六节　防汛防旱

一、组织机构

1993 ~ 1994年，镇江市城区防汛工作由京口、润州两区共同组成防汛联防指挥部，由市领导担任指挥，京口、润州两区领导分别任副指挥，办公室设镇江市水利局。1995 ~ 1996年，镇江市调整城区防汛布局，京口区负责区域范围内防汛工作。1997年，京口区成立防汛防旱指挥部，由区政府领导兼任指挥，区人武部、计经委、农经局、财政局、公安分局、交通局、物资局、国土局、供销社、建设局等部门领导为成员，下设城区和乡镇两个分指挥部，并组成4个突击抢险队，队员750名。同时建立和健全通信网络，有通讯总台，新置3部对讲机，对原有34部对讲机进行质量检查，确保通讯正常。办公室设区农经局。每年汛前，防汛办公室组织检查水利设施，检查落实防汛物资，制定防汛防旱预案，采取相应措施。汛期24小时值班，负责水情、雨情和灾情记录及人力、物资调度，必要时下派人员指导防汛工作。汛情紧张时，区主要领导现场指挥，相关部门联合办公、值班、巡视，保证抗灾物资及时调运。汛后防汛防旱指挥部办公室再组织水利设施检查，对被水毁坏的工程或抗灾中的薄弱环节，进行分析，编制计划，为安排下年水利工程决策作参考。2002年，京口区成立地质灾害防治指挥部，与防汛防旱指挥部合署办公，农村防汛防旱指挥部、城区防汛联防指挥部和地质灾害防治指挥部办公室设区农经局，工作制度不变。区防汛防旱办公室遵循“预防为主、常备不懈”方针，按照台风威胁的严重程度，将防御台风预警和应急措施分为4级，编制《京口区防御台风预案》，明确区、镇两级防台风指挥机构和成员单位职能，对台风进行监测预警，先期处置、应急响应启动和结束，保障措施以及善后工作等环节作出具体规定。2003 ~ 2007年，京口区每年组织13个抢险队，常年备有队员690人。

二、水旱灾害概况

1990年前，水旱灾害情况《镇江市水利志》有镇江市城区和郊区防汛抗旱记述。京口区域内1991 ~ 2007年17年间，发生特大洪水2年，大洪水2年，偏大洪水1年，特大旱1年，干旱3年，偏旱1年，正常7年。频繁水旱灾害不仅给全区带来灾难，也给社会生产、生活带来严重影响。大量水利工程建设使防汛抗灾能力大为提高，历次抗灾救灾都把损失减少到最低程度。

1991 ~ 2007年京口区水旱情况表

表6-17

年份	水旱类型	水旱情况
1991	特大水年	5月21日入梅，比常年早1个月，梅期达56天，是常年的2.4倍，梅雨量963.6毫米，是常年的4倍。6 ~ 8月，全区出现4次大范围强暴雨过程，全年雨量1920毫米，比常年多857毫米。7月14日长江京口段潮位8.22米，有59天超警戒水位。出现上游洪水压境，加之海潮顶托，洪、涝、潮“三害”齐袭。区内洪涝夹击，危山、危石、危房“三危”并发

续表 6-17

年份	水旱类型	水旱情况
1992	干旱年	梅雨量36.2毫米，是常年的14%，6～7月总降雨量192.3毫米，是常年的54.7%。初夏干旱，高温接伏旱，秋季又是干旱少雨，全年降水841.6毫米，比常年少231.2毫米。全年日照总时数2215小时，比常年多157.8小时
1993	偏旱年	梅季少雨，梅期短(14天)，梅雨量66.8毫米，是常年的65.3%，全年降雨量1040.7毫米，比常年偏少，且时空分布不均。5月上中旬连阴雨，7月降水46.0毫米，比常年少143.0毫米
1994	特大干旱年	全年降水仅543.6毫米，是常年的50.7%，未出现一次区域性暴雨。7月降水特少，仅28.7毫米，为常年的15.1%，秋季降水88毫米，是常年的37.2%。出现春旱接伏旱，伏旱连秋旱的特点，降雨显著偏少。而气温偏高明显，6～9月有35天最高气温在35℃以上。全区水库为死库容，塘坝干涸，大面积农田受旱，严重田块欠收
1995	偏旱年	继上年特大干旱年后，全区水库、塘坝蓄水贫缺，梅雨量比常年少47.8毫米，5～9月的降水量比常年少87.4毫米，全区降雨量837.2毫米，比常年少235.6毫米
1996	大水年	全年降水1191.0毫米，比常年多118.2毫米，梅季长雨量充沛，夏季降水580.8毫米，高于常年同期104.1毫米。长江京口段潮位自7月2日起超警戒水位，8月1日潮位达8.59米，超历史最高潮位，连续64天超警戒水位。沿江岸线长时间处于高水位、大流量的侵蚀，出现严重内涝、江水漫溢和倒灌险情，多处出现山体滑坡。7月31日晚，谏壁节制闸8号闸门被洪水冲垮，出现严重险情
1997	正常年	全年降水867.4毫米，比常年少205.4毫米。长江上游来水缓慢，7月17日超警戒水位。受11号强台风影响，6月19日潮位高达8.15米，后逐渐回落
1998	特大水年	全年降水1507.8毫米，比常年多437.8毫米。6～8月降水量755.6毫米，比常年多274毫米。长江京口段潮位自6月23日起突破警戒水位后，全年有95天超警戒水位，持续时间之长为历史最高。共青团农场东大堤中段江堤发生管涌，谏壁老鼠山河出现河堤漫顶
1999	大水年	全年降水量1221.6毫米，比常年多151.6毫米，夏季降雨量685.8毫米，比常年多204.2毫米。自6月29日长江京口段潮位超警戒水位，至9月底持续83天，长江流量出现新中国成立以来第二大流量，每秒流量达8.29万立方米，仅次于1954年。6月27日暴雨，致使北固山等局部地区发生滑坡险情
2000	正常年	全年降水1221.6毫米，比常年偏多151.6毫米，时空分布不平衡。因长江上游来水较少，水势基本稳定，引排水位基本正常
2001	干旱年	全年降水量880.9毫米，比正常年少189.1毫米。各月分布不均，冬季降水特多，为216.4毫米，是正常年日期的1.8倍；春季降水特少，为78.1毫米，是常年的30%；夏、秋季降水又偏少，出现春夏连旱接秋旱。长江上游来水少，全年未超警戒水位。全区受旱面积达1万亩，丘陵地区出现人畜饮水困难
2002	正常年	全年降水1058.1毫米，与常年持平。5～8月降水507.2毫米，天气以晴热为主，9月降水93.7毫米，较常年偏少，出现秋旱。长江水位较正常年份略高，全年基本风调雨顺
2003	偏水年	全年降水量1499.3毫米，比常年多411.1毫米，春季降水量323.7毫米，比常年多79.5毫米；夏季降水873.9毫米，比常年多357.4毫米。7月4～11日，全区7天连降暴雨404.1毫米，属历史超特大暴雨，城乡普遍受淹，38处山体滑坡，部分堤坝出现险情。灾害造成全区各类损失3352万元。7月中旬后天气转入正常
2004	干旱年	全年降水957.1毫米，比常年少131.1毫米。7～11月上旬雨量持续偏少，7月降水64.6毫米，比常年同期少123.2毫米。7月、8月份出现严重伏旱，农作物大面积缺水受旱。秋季降水104.3毫米，仅为常年的一半，伏旱接秋旱。长江潮位亦低于上年
2005	正常年	全年降水1023.8毫米，接近常年。春季降水194.8毫米，比常年偏少2成；夏季降水525.1毫米，秋季降水175.2毫米，均接近常年。长江上游来水量低于往年，潮位偏低。
2006	正常偏旱年	全年降水1017.9毫米，接近常年。春季降水200.1毫米，比常年偏少1.8成；夏季降水299.2毫米，是常年的一半。全区水稻、蔬菜受旱面积达213公顷，旱作物有300公顷受旱，秋季降水208.0毫米，接近常年。长江水情总体平稳
2007	正常年	全年降水1019.2毫米，接近常年。春季降水166.0毫米，较常年偏少3.2成；夏季降水582.6毫米，属正常年分；秋季降水179.4毫米，接近常年。长江干流水情总体比较平稳

三、物资 经费

1. 物资　1993 ~ 1996 年，区、乡（镇、场）两级防汛防旱组织每年在汛前储备一定防汛器材和物资，供应急用。1997 ~ 2006 年，全区历年储备草包、编织袋 2.7 万只，木桩 1000 根、铅丝 1400 千克、元钉 700 千克、箩筐 750 副、铁锹 550 把。2007 年，区防汛办公室储备草包、编织袋各 2 万只、树棍 620 根、木材 6.5 立方米、铅丝 900 千克、元钉 320 千克、彩条布 500 平方米。

2. 经费　1993 ~ 2007 年，区、乡（镇、场）两级财政每年按规定足额安排防汛经费，区财政每年安排防汛防旱经费 10 万元，各乡（镇、场）安排 5 万元，由各级防汛防旱指挥部统一掌握使用。防汛防旱工程经费除国家补贴外，主要由区、乡（镇、场）两级财政共同负担。

四、抗灾纪实

1. 1991 年特大洪涝灾害　1991 年入梅早、梅期长、梅雨量多而集中。5 ~ 9 月，汛期雨量 1385 毫米。由于大范围降雨，长江较早出现高水位。7 月 14 日（农历六月初三），长江京口段水位达 8.22 米，长江大通站来水量每秒达 6.36 万立方米。乡镇水库、塘坝均超蓄泄洪。在洪涝灾害夹击下，京口区有 21 座山体和京杭古运河两岸发生滑坡、崩陷、塌险、危石跌落及泥石流等地质灾害 190 多处，受灾面积有 5 万平方米，殃及范围 15 万平方米，冲垮、埋没居民房屋 222 户 555 间，53 个工厂企业停产或半停产，20 个商业网点停业或半停业。城区一些风景名胜和文物古迹遭到严重破坏，金山、焦山、北固山和南郊风景区滑坡面积 9435 平方米。镇江城区直接经济损失 7500 万元。灾害发生后，市、区抗洪救灾指挥部重点对危山、危石、危房监测，同时组织云台山滑坡区域 1097 户居民迅速撤离。谏壁抽水站奉命于 6 月 15 日上午 10 时开机，以每秒 130 立方米流量向长江排水，连续开机 66 天，累计“牵洪入江”水量达 4.92 亿立方米，有力地支援苏、锡、常及上海市的抗洪斗争。各乡镇排涝站昼夜开机抢排，并调拨各类防汛器材。在特大洪涝灾害期间，省委、省政府、南京军区、江苏省军区、民政部等领导多次到京口区考察、调查灾情，指导抗洪救灾工作。解放军驻镇部队和武警官兵战斗在最艰苦、最危险的地方，还派出医疗小分队，到重点灾区巡回医疗，免费为灾区群众查病治病，做到大灾之年无大疫。为支援灾区人民恢复生产，重建家园，社会各界纷纷捐款、捐物、捐粮，充分体现“一方有难，八方支援”的社会主义精神文明。

2. 1994 年旱灾　1994 年，梅期短，梅雨量少，春、夏、秋连续干旱，全区所有塘坝干涸，丹徒镇的渣泽、张许、左湖、长岗等村人畜饮水发生困难。有 526.67 公顷农田受旱，其中成灾 274 公顷，绝收 57.33 公顷。区水利部门合理调度水源，修复渠道 8 千米，开动机电水泵 54 台，进行昼夜开机引水，全区 1.8 万余人次投入抗旱斗争。区委、区政府提出以“抗旱保苗、抗旱保菜”为工作重点，尽力挽回旱灾损失。由于见势早、措施实，全年秋粮每亩单产比上年增收 30 千克，伏菜比 1993 年增加上市量 400 吨。

3. 1996 年、1998 年洪灾　1996 年，梅雨充沛。7 月 2 日，长江京口段潮位超警戒水位历时 64 天。8 月 10 日（农历六月十七日），受天文大潮和 8 号强台风外围影响，潮水位达 8.59 米，超历史最高水位 0.21 米。城区沿江一线严重内涝，大东纸业有限公司等厂矿企业，因受淹被迫停产或半停产。丹徒、汝山、象山、谏壁等乡镇圩区江堤，不同程度出现江水漫溢和倒灌险情。烈士墓、小东庄等多处出现山体滑坡。7 月 31 日晚 20 时，谏壁节制闸出现险情，8 号闸门被洪水冲垮，其他闸门也出现不同程度的损坏，给苏、锡、常地区及太湖流域的安全，构成严重威胁。市委、市政府立即组成抢险指挥部，组织沿江企业职工、驻镇部队官兵，采取沉船堵洞等多种措施，经 6 昼夜连续奋战，终于堵住了洪水肆虐。区内其他地区出现的险情，由于及时采取堵、排、撤应急措施，用草包、编织袋装土加高堤防，堵挡洪水漫溢，动用机泵开机排除积水并撤离危险地段居民。8 月 1 日，共青团农场有 2500 米江堤出现漫水，区委常委、组织部部长曹锁金率有关人员奔赴现场，指挥抢险。经过全区军民连续 3 个月奋力抢救，有效保护人民生命和财产安全，取得抗洪抢险的胜利。

1998 年，长江发生全流域性洪灾，汛情来势早且猛。4 月 1 日，全区进入全面防汛期，比往年提前 1 个月。为确保安全度汛，做到“六个落实”：组织落实。区成立以区长为总指挥、区委分管书记和区政府分管区长为副总指挥的抗洪抢险总指挥部，下设若干职能机构，负责全区抗洪抢险工作。责任制落实。建立各级防汛负责制，实行首长责任制，以块为主，条块结合。物资落实。备足草包、编织袋、木桩、铅丝、元钉、箩筐、铁锹。值班制度落实。实行24小时领导带班值班制，保证通讯畅通，对堤防、沿江建筑物、水库坚持24小时全天巡逻，实行拉网式检查，并及时消除隐患。抢险预案落实。制定防洪抢险预案，设想可能遇到的情况和困难，应对自如。抢险队伍落实。地方、部队、乡镇、街道成立巡逻队和突击抢险队，区人武部出动民兵5600多人次。共青团农场东大堤中段江堤发生管涌后，江苏省农垦局、镇江市水利局和京口区防汛防旱指挥部组成专家组坐镇指挥抢险，于次日成功封堵。谏壁镇老鼠山河五草圩段河堤出现洪水漫顶，象山、汝山两乡给予草包和人力支援，于当晚堵住洪水。在长达96天超警戒水位抗洪斗争中，全区上下严防死守，齐心合力，战胜了洪水灾害。

4. 2003年特大暴雨灾害　2003年7月4～11日，全区连续7天降雨404.1毫米，城乡低洼地区相继受淹，各乡镇主要河道出现没顶外溢，苏南运河连续6天水位暴涨，达6.27米（吴淞零点），涨幅1.77米。京杭古运河丹徒闸上游200米处出现2处坍塌，危及7户34间民房和34人安全，同时造成电杆倒伏。共青团农场东江堤出现裂缝长300米，宽1.5～3.5厘米，深10～19厘米，严重危及江堤安全。城区有38处出现山体滑坡。区委、区政府及时部署抗灾救灾，主要领导深入抗灾第一线，现场指挥抢险工作，有关乡镇（场）购置排涝设备20余台套，开机排涝，动员182户危房户，520人转移，及时清除塌方，固定堤脚，明确专人，把守巡逻，导流积水，降低灾情损失。2004年3月，区水利局获市政府授予的"镇江市2003年抗洪抢险先进单位"称号。

第七节　水利管理

一、管理机构

2000年7月，京口区成立堤防管理所，为区农经局下属事业单位（无编制、无经费、无办公地点）。2004年6月，根据《镇江市水利工程管理体制改革实施意见》，将原区堤防管理所、水费所、农机技术推广站合并组建京口区河道堤防管理所（挂区水费征收所和农机技术推广站牌子），核定编制4人。区农经局调剂充实4人，有工作人员8名，履行全区河道堤防管理、水费征收、农机管理等职能，隶属区农经局管理。2005年5月，区政府办公室下发《关于〈京口区水利工程管理体制改革实施意见〉的通知》，区编委下发《关于变更区农技推广站等5个全民事业单位经费渠道的批复》，明确京口区河道堤防管理所为纯公益性事业单位，经费渠道为区财政全额拨款。河道堤防管理所职能：承担全区江堤和主要河道工程管理，制止侵占、破坏或毁坏防洪工程违法行为；负责区内江堤、主要河道管理范围内工程、绿化及其他水利设施维修养护；对堤防河道工程管理范围内单位和个人涉及防洪安全活动依法进行检查；承担区水利局交办的其他事项。由于体制理顺，职责明确，人员落实，实行管养分离和合法管理，至2007年，全区水利工程管理迈向规范化轨道。

二、工程管理

1. 堤防管理　1993～2007年，京口区加强堤防管理，有效保证全区堤防工程发挥防洪减灾效益，保障社会稳定和经济发展。全区江堤总长16千米，江堤混凝土护坡14.75千米，挡浪墙16千米，通江涵闸14座，堤顶公路10千米，有多类水泵站34座。除南岸江堤5.8千米，由区河道堤防所负责管理外，北岸江堤10.2千米，由区水利局委托共青团农场管理，区河道堤防管理所进行业务检查和指导。管理内容：明确江堤有专人管理，每天巡查并及时上报有关情况；随时平整道路及堤坡，清理堤顶排水设施，检查危害堤防动物，确保防汛道路畅通，各类标牌齐全醒目；注重日常管理，常抓不懈。2007年，区堤防管理所组织4次堤面除草，面积6万平方米。1993～2007年，全区通江涵闸和各类泵站由所在乡镇管理。

2. 河道管理　1993～2007年，京口区域内乡间骨干河道由镇、村两级分别进行管理。

3. 水库管理　1993～2006年，区内有在册小（一）型水库1座，即西山水库，由西水水库管理所管理。

2007 年，全区对水库进行除险、加固工程，完成批复内各项工程内容，保障所有水库投入正常运行。

4. 机电排灌站管理　1992 ~ 2002 年，全区除部分小型机电排灌站和渠道由村级管理外，其他水利工程设施均由所在乡镇水利站管理。2003 年，进行乡级体制改革，水利站撤并，归农业服务中心，有 1 人负责水利工作。此后，有半数以上的排涝站和 2/3 的灌溉站下放到村级管理，由所在村委会派人专管。2007 年，由镇（场）级管理小型排灌站有 14 座，即：友谊、镇北、新民、镇南、老鼠山、东排、北排、上海滩等 8 座排涝站和共青团农场 6 座灌溉站。

三、水政管理

1992 ~ 2004 年，区域内水政管理由市统一负责。2005 年，由区河道堤防管理所担负水政管理职能，组织执法人员加强对江堤巡查。2006 年，查处在江堤违章建房、擅自垦种、填埋江滩等水政违法事件 20 余起，对违法人员及时作出处理，并通过媒体进行曝光，扩大宣传教育，增强保护意识，有效遏制江堤违法违章势头。同年 11 月，通过整合水利行政执法队伍，经镇江市水政监察支队同意，成立京口区水政监察大队，按照有关规定，建立健全工作职责和执法责任制、公示制，完善档案管理和执法文书规范。2007 年，全区有专职水政监察在编在岗人员 6 名，其中水利工程专业人员 3 名。当年查处违章、违法事件 8 起。

四、水费征收、管理

1992 ~ 2003 年，区域内水费征收与管理由市统一负责。2004 年，京口区对各乡镇（场）按有关规定，征收农业用水水利工程（水）费。2005 ~ 2007 年，3 年收取水费 10.2 万元，除按规定上缴外，其余用于区域内水利工程建设。

五、主要水利工程简介

1. 谏壁抽水站　1975 年 12 月，谏壁抽水站在谏壁镇东 1 千米处兴建。其引河北通粮山村长江口，南接苏南运河，担负太湖湖西地区牵洪入江和翻抽江水抗旱的双重任务。站房工程采用双向进出水流道型式，是长江下游干流上一座较为新型大型电力抽水站，装有 2.8CJ–70 型轴流泵，配 1600 千瓦同步电动机 6 台套，总装机容量 9600 千瓦，设计抽水流量每秒 120 立方米。抽水站全部工程包括站房建设、机电安装、输变电工程、上下游引河、跨引河桥梁以及管理用房和场地道路等。1978 年 7 月，竣工投运，投入资金 1542.2 万元。至 2003 年，投运 25 年来，总抽水量 26.23 亿立方米，为湖西地区经济和社会发展做出重要贡献。2003 年 10 月，经江苏省水利厅批准实施，进行增容除险改造工程。主要为：引排流量由原来每秒 120 立方米，提高到 160 立方米，电机单机动率增为 1800 千瓦，总装机容量 1.08 万千瓦。对油压启闭机、进出水闸门、变压器及大部分设备拆除更新。对厂房及水工建筑物进行除险加固。2005 年 4 月竣工，投入资金 5525 万元。至 2007 年运行正常。

2. 谏壁节制闸　谏壁节制闸在谏壁镇西，是 1958 年整治江南运河徒阳段时，新辟通江口兴建的配套工程。设计引水流量每秒 300 立方米，排水流量每秒 980 立方米。担负着太湖湖西地区引长江水灌溉和排除洪水入江任务，兼顾调节江南运河航运水位。于 1959 年 8 月竣工投产。全闸 15 孔，总净宽 57 米（每孔 3.8 米），闸底板高程 0.4 米，闸顶高程 10.7 米。1996 年，8 号闸门被洪水冲垮。1997 年，进行除险加固工程，全闸仍为 15 孔，排水流量为每秒 700 立方米，投入资金 918 万元。1998 ~ 2007 年汛期投入运行，为湖西地区抗旱引水、排涝挡洪发挥重要作用。

3. 丹徒闸　丹徒闸在丹徒镇而得名，位于京杭古运河通江河口。南宋淳熙十六年（1189 年）在丹徒长江口建有“横闸”。元天历二年（1329 年）改建为“石闸”。800 多年中，漕运由此出江北上。民国 25 年（1936 年）拆除原闸，重建新闸，为单孔，呈楔形。运行 60 多年来，虽经多次除险加固，仍出现闸墙开裂、闸门钢铁构件锈蚀，闸漕渗水等问题，经鉴定为“严重病害水闸”。2000 年，市委、市政府决定，在原址翻建丹徒闸，并在南侧的京杭古运河上配建丹徒南闸。主体工程于 2000 年 9 月动工，2003 年 9 月竣工，完成土方 10.7 万立方米，混凝土方 7700 立方米，投入资金 1900 万元。2004 ~ 2007 年，丹徒闸和新建丹徒南闸，分别按二级和三级水工建筑物设计，闸孔均为矩形断面，净宽 8 米，闸底工程 1 米（吴淞基面），闸顶高程 10.5 米，闸门为钢质平板结构，净宽 8.14 米，门顶高程 9.5 米，电动启闭控制，最大流量每秒 200 立方米。丹徒闸和丹徒南闸建成后，可与京口闸三闸联合调度运行，通过引水、换水、蓄水、保水等多种操作方式结合使用，为改善京杭古运河城区段水环境发挥重要作用。

4. 京口闸　京口闸位于京口区长江路平政桥南 350 米处，是镇江城区古运河入江口门，旧称小京口。新中国成立初，河底高程 3 米左右，河口无闸控制，江潮倒灌，每年打坝防汛，遇旱又无法引蓄。1958 年 7 月，建成京口闸，为单孔节制闸。1996 年，重新改建，工程于 10 月 18 日动工，1997 年 4 月，完成水下部分工程并投入运行。2001 年 5 月 9 日，京口闸闸站工程全面竣工投运，全工程由节制闸、排灌两用泵站、管理和辅助设施等组成。节制闸为单孔，净宽 8.4 米，最大过闸流量为每秒 200 立方米。主闸门为平面钢结构直升门，高 9.4 米，宽 8.6 米，门顶高程 10.15 米（吴淞基面）。泵站装机 2 台套（东西侧各 1 台套，分设潜水轴流泵 1 台套），装机容量各为 155 千瓦，排灌流量各为 3 立方米 / 秒。泵站进出水流道安装 8 扇钢筋混凝土闸门，节制闸闸门和流通闸门均由液压启闭机系统控制。主厂房东西长 41.76 米，南北宽 11.23 米，主体 5 层，局部 6 层，总建筑面积 1130 平方米。另公路桥宽 10 米，跨度 21 米，总投入资金 2519 万元。京口闸站工程具有防洪、排涝、通航、改善城市水环境等重要功能。2005 ~ 2007 年，京口闸站每年平均运行 1400 台时，每年平均引排水总量 5000 万立方米。

5. 虹桥港（河）　位于京岘山东北麓，沿宗泽路蜿蜒至东吴路，过象山桥流入长江。南至宗泽墓，北达长江，全长约 1500 米。原系京岘山地表水排水沟。1970 年，象山园艺场拉弯取直修建涵闸。1983 年，拓宽为江堤外引河，从镇焦铁路线至江滨路段石驳护坡。20 世纪 90 年代中期，江滩淤涨，使河道淤塞，成为“盲河”。1970 年，修建的涵闸排灌功能丧失，河水变黑发臭。2000 年，结合长江路、东吴路拓宽改造，对河道清淤。2005 ~ 2007 年，虹桥港河向北延伸 500 多米扩大入江口，新的沧浪桥和聆江桥成为滨江风光带新景点，同时对原虹桥闸进行翻建，健全排灌功能。

第七篇　工　业

1990 年，全区各部门（不含街道）所属工业企业 72 家，其中区计经委直属工业企业 44 家。1992 年 10 月区划调整后，始有乡镇、场圃（村）企业，各类工业企业 400 家，其中工业产值超千万元企业 18 家。1992 年，全区工业有五金、机械、工具、电讯器材等 13 个行业，工业企业开发新产品 56 个。1997 年，服饰、食品、机电、化工 4 大支柱产业有工业企业 870 家，占全区工业经济总量 55% 以上。2003 年，区规模工业企业中农副产品加工业行业 6 家企业，工业总产值超亿元。2007 年，全区工业企业 816 家，其中规模工业企业 118 家，轻、重工业产值 156.86 亿元，规模工业企业门类 21 个，高新技术产业总产值 56.08 亿元，销售 55.56 亿元，工业增加值 17.11 亿元，利税总额 9.51 亿元。鼎胜铝业、鸿泰钢铁、宝华半挂、中盛粮油、正恺电子等 118 家规模工业企业，万元产值能耗为 0.51 吨 / 万元，安全生产目标管理考核列全市第一。全区工业企业通过承包制、负责制、租赁经营，对外实行横向联合，对内进行分配制度改革，推进企业发展。推行股份合作制、破产重组等产权制度改革，工业企业改制面 96.37%，基本确立现代企业制度。

第一章　工业体制改革

1984 ~ 1992 年，京口区推行以领导体制、经营体制、分配制度改革和横向联合为主要内容的“三改一联”体制改革，企业实行厂长聘用制、经济承包制，改革用工制度，各经济部门与京、沪等 7 所大专院校、科研单位和 10 多个地区建立不同类型的经济协作。1992 年，区属工业重点推行破“三铁”（铁交椅、铁饭碗、铁工资）为突破口的人事、用工、分配 3 项制度改革。1994 ~ 1996 年，组建有限责任公司和股份合作制企业 73 家，其中江苏置业和金象集团 2 家，股本总额 1.87 亿元。1998 年，工业企业推行售、股、租、破等产权制度改革，193 家工业企业中，186 家进行改制，占 96.37%。1999 年，油毡厂申请破产。2000 ~ 2002 年，工业企业实施“双轮驱动”战略，外资和私营企业投资成为全区经济发展主要动力。2003 年，深化企业体制改革，实施“到位”整体改制、公有资产退出、职工身份置换、债权债务处理，基本建立现代企业制度。2004 年，企业资产出让，进入市场交易。2005 ~ 2007 年，全区工业企业改革基本结束。

第一节　经营体制改革

1991 年年初，京口区工业经营体制推行第二轮承包责任制。至年末，区属工业企业全部实行经营承包，推行浮动工资制，将职工基本工资和奖金捆在一起，与各项指标完成情况好坏挂钩浮动，实行奖勤罚懒、奖优罚劣，改变企业内部平均主义、大锅饭状况。实行浮动工资制有 34 家企业，占总数 91.89%。此外，还实行计件工资等形式改革。1992 年，工业企业重点推行“破三铁”（铁饭碗、铁工资、铁交椅）改革。第三化工厂试行以岗位基本工资、按比例形成的上浮工资、奖金和各项补贴三部分组成工资制度。合金铸造厂把职工收入分成 4 岗 12 档，按岗位定收入，通过优化组合辞退外用工，减少科室，精减人员，合并车间，减少层次。1993 ~ 2007 年，京口区部分工业企业由于市场及环境污染原因，先后关闭、歇业，不少企业通过横向联合，招商引资，引进研制新技术、新工艺、开发新产品，分别改制为“三资”企业、民营或股份制企业。

第二节　产权制度改革

一、股份制及租赁经营

1993年，区委下发《京口区扩大股份制试点的意见》《关于京口区城乡集体企业股份合作制试点意见》等文件，推行全区股份合作制试点，并向全区推广。先后新建、改制股份制企业29家，其中股份合作制企业22家，有限责任公司7家，股本总额3118.05万元，增量股本1447.87万元。1994年，全区组建和改制有限责任公司和股份合作制企业17家，股本总额2800万元。1995年，全区累计组建有限责任公司和股份合作制企业56家，其中组建股份合作制企业38家。股本总额1.87亿元。3月，区委、区政府抽调12名干部赴乡镇指导产权制度改革。各乡镇相继成立领导小组，实行统一领导，整体推进。40家乡镇企业进行包、租、卖的产权制度改革。

1996年，耐磨材料厂、京口制帽厂被列为首批乡镇企业股份合作试点单位。1997年10月，区委、区政府组织产权制度改革调研小组，赴乡镇调研。围绕加快所有制结构调整思路、目标和措施，对乡镇不同企业改制形式进行选择，并就改革中可能出现的问题及解决办法、如何理顺政府和企业关系等方面问题开展调查，先后分干部和职工4个层次，召开12个座谈会，做好前期工作。12月，乡镇153家工业企业改制为股份企业14家，占9.2%，股份合作制企业4家，租赁经营企业36家，占23.5%。

1998年3月，京口区成立企业改革指挥部和领导小组，下设办公室，内设资产评估咨询、资产界定咨询、宣传督查3个组，对企业产权制度改革具体指导、审核、服务。全区193家工业企业有186家参加各种形式改制，占96.37%，其中乡镇、开发区、场圃下属工业企业164家改制，直属工业企业24家改制22家，占91.70%。1999年，区委、区政府组织有关职能部门对改制企业“周年回访”，着重对售、股、租3种类型改制企业运行情况，特别是1998年检查验收不合格企业重点抽查，实地抽查18家，运转良好。

2003年3月，京口区成立深化企业改革领导小组，下设办公室，各乡镇、开发区、场圃、经济主管部门分别建立组织网络。核实未改制企业情况，列出改制计划。办公室派出3个组分别对部门、单位指导督查。至2005年，3年改制45家，其中工业企业32家。2006～2007年，加快改制步伐，校办工业通过改制、脱钩、清算等不同方式退出公有资产。2007年，全区工业企业产权改制工作进入扫尾阶段。

二、投资制度改革

1984～1990年，企业投资由银行贷款和企业自筹，主要投向为固定资产建设和技术改造。1991年，成立合资企业，引进外资。同年，总投资47.4万美元，实际利用外资12.88万美元。成立鞋业和化工两家有限公司，资金来源和投向有新的发展。1992年，外资法人、自然人投资的合资企业22家。

1993～1998年，投资呈现多元化，江苏置业集团投资1100万元组建合资皮鹿丹时装公司。民资组建宝华半挂配件公司、京口纸业等民营企业，35家集体企业改制为民营企业。

2003年，制定下发《关于进一步加快发展开放型经济的若干意见》和《关于进一步加快发展私营个体经济的意见》文件，对投资兴办企业、收购国营、集体企业的投资者给予土地租金、税收减免，超过部分财政返还、退税补贴等优惠政策。给予1000万元投资企业任董事长、总经理等主要负责人行政职务、医疗待遇、居留及子女入学等多项优惠。2007年，鸿泰钢铁、鼎胜铝业、宝华半挂等私营企业通过投资扩产成为区域工业经济龙头企业，全区经济发展重要增长点。

三、资产重组优化

1984～1993年，区属企业重组，将经营不善、产品老化、缺乏活力的东风塑料厂、红旗胶木厂、云台鞋厂、北固木材加工厂等企业撤并。1994年，京口房屋建设开发总公司组建京口置业集团，不久升格江苏置业集团（公司）。1994年5月，以冶金机械厂为核心层，组建江苏金象集团公司，注册资本5600万元。1997年9月，区工业发展总公司将京口日用化工厂优化重组为区直企业，同时将北固化工厂、京口软木制品厂、第三化工厂等5家交为托管，将人员、设备、厂房等统筹兼顾、优势互补，被市政府授予“销售先进集体”“工业生产先进集体”等称号。1999年，日用化工厂和江申机构配件公司等5家企业组合成镇江市枪神日用化工有限公司，通过资产优化，组合为规模工业企业。谏壁镇引进浙江私营企业主，承包经营京口电缆厂，重新启动电缆生产，使企业重获新生。至2007年，通过资产重组优化，市场化运作，京口区国有、集体工业企业改制基本结束。

第三节　管理制度改革

一、浮动工资制

1983年9月 ~ 1984年9月，区属企业工资调整、职工升级定级、资金计提发放、加班工资等均由企业申报，劳动部门审批。1984年10月，实行简政放权，工资管理下放部分审批权。1986年9月，始推行浮动工资制，将部分职工基本工资和奖金捆在一起，与指标完成情况挂钩，实行浮动。通过分配制度改革，改变平均主义、吃“大锅饭”状况，调动企业干部职工积极性。1987年12月，区属37个工业企业实行浮动工资制34家，占91.89%。此外，实行计件工资、定额超产加奖励、销售工资包干、集体计件，与责任制挂钩等形式。1992年4月，第三化工厂试行按岗位基本工资比例形式上浮工资、奖金和各项补贴3部分组成的工资制度。合金铸造厂实行岗位技能工资，把全厂职工收入分成4岗12档，按岗位定收入。1994年3月，实行公有民营、企业人事、用工及分配制度改革。区劳动人事局会同税务部门制定《关于区属企业工效挂钩基数比例的核定》，批准工效挂钩企业76家，职工6600人，占90%。1995年，核定工资总额基数2386万元，利润基数73.95万元。1998年，企业工资对内实行多种形式浮动制度，对外坚持落实企业工资指导申报制度。翌年，实行工资指导线企业118家，覆盖面90%以上。2002 ~ 2007年，在岗人员继续推行以岗位为主的工资制度，保留档案工资。2007年，全区100人以上企业全部建立工资集体协商制度。

二、劳动用工制度改革

1984年5月，根据劳动人事部《关于积极试行劳动合同制的通知》精神，对企事业单位招收新工人实行劳动合同制，确立劳动者与用人单位之间的劳动关系，明确双方的责任、权利和义务，合同由劳动服务公司鉴证。1986年7月，国务院发布《国营企业实行劳动合作制暂行规定》后，区属企事业单位招收新工人，普遍实行劳动合同制。1989年12月，全区劳动合同制工人881名，占职工总数7.53%。1992年，企业放开劳动用工制度，根据需要，择优录用，自主决定招工指标、条件、工种、时间和方式。劳动行政部门负责审核招工简章，确定招工范围，男女比例等方面的协调、配合、督促、检查和落实，全年招收劳动合同制工人403名。1994 ~ 1995年，全区66家企业实行全员劳动合同制职工4671名。

1996 ~ 1997年，企业劳动用工年检中，区劳动人事局会同区工商部门联合检查企业293家，职工12243名，清退外来用工420名，补办就业证86名，补签劳动合同439名，补办签证543名。1998 ~ 1999年，按照《中华人民共和国劳动法》规定，规范企业用工行为，对新招工人和新调入人员及时办理合同的签订，签证手续。检查用工单位285家（次），清退118人，补办流动就业证、卡801人，补签劳动合同1620份，终止合同26份。2001 ~ 2007年，区人事劳动和社会保障局依照《中华人民共和国劳动法》有关规定抓好劳动力管理，100人以上企业均签订集体合同，规范企业用工行为。

三、干部聘用制

1984年，京口区为提高企业素质，以整顿领导班子为核心，启用有文化、懂生产、会管理、善经营和有胆识、年富力强、能开创局面的新人才。从区属企业和向外引进、聘任一批厂长、经理，改任命制为干部聘用制。1987 年，推行企业领导体制改革，先后在工业缝纫机针厂、钢锉厂、雕刻厂、低压电器厂、金属制品厂、二轻修理服务部等 12 家企业实行招标（认标）承包经营。中标的承包经营者，由主管部门办理确认手续，不沿用组织任命形式。承包经营企业的副职由承包经营者聘用或招标录用，报主管部门备案。企业中层管理干部由承包经营者招聘。1990 ~ 1991 年，区属工业企业进行第二轮承包，实行承包经营企业全部实行干部聘用制。1992 ~ 2007 年，国有、集体企业陆续转制为私营、股份制企业，企业干部聘用纳入市场化运作机制。

第四节　产权市场

1993 年 6 月，经区编委批准，成立京口区资产交易所，隶属区体改委领导，主要职能为区内企业资产交易进行鉴证、监督，对股份合作制企业办理股权证等。但由于职能配置不到位，未能发挥产权交易运作功能。1994 年，镇江市成立产权交易中心，京口区企业产权和闲置设备开始进入市场交易，产权交易中心加入全国资产交易网络，并在全省成为首家山东淄博自动报价系统联网单位，使产权交易由实物形态交易拓宽到职工股权证交易。

1995 ~ 2003 年，京口区企业改制未进入市产权交易市场。2004 年，根据市有关部门规定，凡镇江市国有、集体和其他各类占有公有资产企业，公有资产产（股）权转让必须在市产权交易中心进行。市第二饮食服务公司《企业改制和职工安置方案》于 2004 年 9 月在职工代表大会通过，12 月 8 日在市产权交易中心公开竞价出让，底价 158 万元，最终以 1130 万元价格成交，溢出起拍价 972 万元。2004 ~ 2006 年，区内合资企业光耀金属制品有限公司的中方股权、丹徒纸箱厂等 5 家企业在产权交易中心竞价或评标转让。2007 年 1 月，江苏置业集团集体在市产权交易中心以 1000 万元底价挂牌，转让成功。

第二章　工业经济结构

1984 ~ 1992 年，区属工业结构以轻工、手工和街道工业结构为主。1992 年，全区完成工业总产值 1.17 亿元，轻工业占比 59.75%，重工业占比 40.25%。其时工业企业规模小型，生产的多为低档产品。通过历年对产品结构调整，开发省级新产品 4 个。1993 年，全区有工业企业 400 家，主要是乡镇及以上工业企业 141 家，其中中型企业 2 家，小型企业 139 家。1997 年，各类结构工业企业 870 家。其中，乡镇及以上工业企业 122 家。原有冶金、机械等十大行业，以皮鹿丹公司、东海油脂公司、三森电器公司、市颜料厂为核心的服饰、食品、机电、化工四大支柱行业占全区总量 55% 以上，工业产品发展到 300 多种。2001 ~ 2005 年，规模企业发展到 58 家。其中鼎胜铝业、鸿泰钢铁、宝华半挂及中盛粮油、元鼎饰材、京口纸业等工业产值、销售名列全市前茅。年销售亿元以上企业 11 家，其中销售 10 亿元企业 3 家。2007 年，全区工业企业 816 家中规模工业企业 118 家、轻工企业 50 家，完成工业产值 35.62 亿元，重工企业 68 家，完成工业产值 121.24 亿元。

第一节　产业结构

1984 ~ 1992 年，区属工业和街居产业结构以轻工业为主体，包括五金、工具、电讯器材、制鞋、服装、日用化工、塑料、制刷、工艺品、印刷、纸制品、食品等 12 个行业。重工业有异型轧钢、铸件、冶炼等行业。1993 年，乡镇工业加入区属工业结构，乡及乡以上工业企业轻工业完成产值 19676 万元，占比

28.79%，重工业完成产值 48665 万元，占比 71.21%。1994 年，乡以上工业企业 141 家，其中轻工业 67 家、重工业 74 家，轻重工业比为 47.5 ： 52.5。轻工企业中农产品加工企业 39 家，非农产品加工企业 28 家。重工业中采掘业 2 家，原料业 9 家，加工业 63 家。乡以上轻工业完成产值 31354 万元，重工业完成产值 61574 万元。

1995 ~ 2003 年，轻工业占比基本高于重工业。2004 年，全区重工企业快速发展。2006 ~ 2007 年，以鼎胜铝业、鸿泰钢铁、震东铜业金属压延产业进入全省重点产业集群。2007 年，金属压延特色产业群实现工业销售 43.39 亿元，占全区规模工业经济销售 27.90%。

1992 ~ 1999 年京口区轻、重工业完成产值情况表

表 7-1　　单位：万元、%

项目 年份	轻工业		重工业	
	工业总产值	占　比	工业总产值	占　比
1992	7002	59.75	4717	40.25
1993	40049	38.29	64554	61.71
1994	74378	46.56	85374	53.44
1995	68529	53.45	59693	46.55
1996	89527	54.25	75485	45.75
1997	105604	57.35	78520	42.65
1998	104047	49.38	106680	50.62
1999	168773	63.62	96469	36.38

1998 ~ 2007 年京口区规模轻、重工业完成产值情况表

表 7-2　　单位：亿元、%

项目 年份	规模工业总产值	轻工业		重工业	
		工业总产值	占　比	工业总产值	占　比
1998	9.18	5.14	56	4.04	44
1999	9.69	6.01	62.02	3.68	37.98
2000	10.31	6.40	62.08	3.91	37.92
2001	11.85	5.85	49.37	6	50.63
2002	17.61	9.90	56.22	7.71	43.78
2003	25.15	11.03	43.86	14.12	56.14
2004	52	22.32	42.92	29.68	57.08
2005	61.73	21.67	35.10	40.06	64.90
2006	131.25	31.98	24.35	99.37	75.65
2007	156.86	35.62	22.71	121.24	77.29

第二节 产品结构

1983 ~ 1992年，区属工业及街（居）工业企业产品结构中，重工业产品有异型件轧钢、有色金属冶炼、铜铝翻砂、水暖管件、多元耐磨合金铸球等低档产品，轻工产品包括五金、塑料、工艺品、工具、服装、制鞋等低档产品。其间1个产品获部优，7个产品创市优。1993 ~ 1995年，按照“调优、调大、调高、调外”工作思路，围绕国家产业结构调整政策、国家5大体制改革措施出台，镇江市工业发展整体规划和区内产品优势，加大产品结构调整，增长经济总量。围绕市场适销产品，加大技改投入，优化资产存量，对市场需求量大产品加大投入，皮装、酞菁蓝、酞菁绿、复铜导线、阳极糊等产品扩大生产能力，同时对异型轧钢产品、皮革制品、箱包等企业产品结构进行调整。1996 ~ 1997年，京口区从实际出发，以市场为导向，科技进步为手段，骨干企业和优势产品为依托，加快产品结构调整。经过发展变化，冶金、机械、五金工具、仪表等行业产品逐渐弱化，而服饰、食品、机电、化工4大支柱行业发展较快，占全区工业总量55%以上，工业产品发展到300多种。1998 ~ 2003年，加大产品结构调整力度，适销对路低档产品继续保持。中盛粮油精炼油、元鼎饰材仿木窗饰、鸿泰钢铁热轧带肋钢筋、宝华半挂鞍座、车桥和悬架支撑产品产量逐年增加。产品科技含量高的中煤电子、科达电气、正恺电子分别被评定为省、市高新技术企业。2007年，产品结构档次进一步提高，鼎胜铝业、震东铜业的金属压延产品形成产业化。中储粮与中盛粮油重组后，精炼色拉油等产品产量稳步提高。港盛重工项目推进，船舶制造业在区内发展，电子产品、造纸工业等行业成为支柱产品。

第三节 企业规模结构

1984年，区属工业企业43家。1985 ~ 1988年，全区先后撤并东风塑料厂等11家工业企业，转让给市属单位2家工业企业。1989年，区属工业企业33家，企业规模均属小型企业。1992年10月区划调整，划进1批乡镇企业，形成区属企业、乡镇（村）企业、街道（居）企业、商办企业、校办企业、“三资”企业和个体企业7个层次。1993年，全区各类工业企业400家，其中产值超千万元企业18家。区内工业企业中型规模1家，其余均为小型企业。

1993 ~ 1995年，全区乡（镇）及乡（镇）以上工业企业141家，其中中型规模企业2家，小型企业139家。1996 ~ 1997年，乡（镇）及乡（镇）以上工业企业128家，其中中型2家，小型126家，年销售收入500万元以上24家，年销售收入千万元以上的规模企业19家，销售收入亿元以上1家。

1998 ~ 2001年，全区规模企业发展至42家。2002年，年销售亿元以上规模企业5家。2007年，规模工业企业118家，其中大型企业2家，中型企业12家、小型企业104家。全年完成销售155.41亿元，利润8.36亿元。

1993 ~ 1997年京口区乡（镇）以上中小型企业完成产值情况表

表7-3 单位：家、万元

年 份	乡及乡以上企业数	中型企业数	小型企业数	中型企业工业总产值（不变价）	小型企业工业总产值（不变价）
1993	141	2	139	21105	47236
1994	141	2	139	2400.60	68921
1995	141	2	139	20534.10	38488.70
1996	128	2	126	19304	64367
1997	121	2	119	16322	68331

1996 ~ 2007 年京口区规模工业企业主要经济指标情况表

表 7-4　　　　单位：万元、人

年　份	工业总产值	工业增加值	产品销售收入	利税总额	利润总额	资产合计	职工人数
1996	61407	—	55455	3053	—	25008	—
1997	74327	—	657586	3330	—	26361	—
1998	90316	20199	74144	3267	846	76580	4920
1999	97473	23567	82170	3860	1309	71082	5531
2000	103058	26389	84643	3551	812	81486	5368
2001	118535	29682	97913	4321	1178	93076	6019
2002	1760845	416475	1615205	72300	42111	1136266	5988
2003	2514941	672126	2406510	114393	70946	1557544	6764
2004	509967	103173	503842	19169	12491	231633	8124
2005	660005	164200	660577	2153	-5535	305307	8155
2006	1358473	360465	1323187	107359	56771	1225666	24210
2007	1618646	418476	1554155	133059	83622	1189072	23841

2007 年京口区乡镇、街道、工业园区规模工业企业主要经济指标完成情况表

表 7-5　　　　单位：万元、人

	工业总产值	工业增加值	产品销售收入	利税总额	利润总额	资产合计	职工人数
全区合计	1618646	418476	1554155	133059	83622	1189072	23841
象山镇	836557	237000	836788	103903	72735	636650	10711
谏壁镇	330164	80000	331707	12702	2245	168469	4740
京口工业园区	274321	70000	223799	7073	5606	181136	1535
正东路街道	34604	7000	30295	1002	338	41911	1725
健康路街道	50774	12000	47751	1965	12	82234	2329
大市口街道	3296	870	3296	837	661	1443	126
四牌楼街道	88930	19150	80519	5577	2025	77229	2675

第三章　经营结构

1990 ~ 1995 年，全区各部门兴办经济实体，10 多个部门办成工业企业。江苏置业集团合资兴办皮鹿丹皮装有限公司、田力宝实业有限公司，区供销社兴办无纺布厂，区政府将京口羽绒厂等 6 家工业企业划归区劳动人事局、外经局和华联商厦分别管理。1996 ~ 2005 年，部门企业完成工业产值 15.7 亿元。2006 ~ 2007 年，实行在地统计，部门所属工业企业按区域上报。

1984 年 2 月，经市计划经济委员会批复，成立城区综合服务公司，负责管理全区街道经济。1986 年，街道和居委会工业企业 68 家。1988 年，区综合服务公司更名为镇江市京口区地方工业公司。1989 年，街道居委会办工业企业 49 家。同年，全区街道工业完成工业产值 839.6 万元，销售 774.6 万元，和平路街道和平工艺品厂出口商品 142.2 万元。1991 年，街道完成工业产值 1145 万元。1992 年，区划调整后，京口区始有乡镇工业。1993 ~ 1995 年，乡镇工业完成工业产值 28.73 万元，乡镇工业经济占全区工业经济总量 90% 以上，乡镇（场圃）累计投入 2.36 亿元。1995 年，乡镇工业超亿元工业产值企业 2 家，工业产值 5000 万元以上企业 2 个，3000 万元以上企业 6 个，1000 万元以上企业 13 个，形成冶金、化工、机械、五金工具、机电、电子仪表、食品、服装等十大行业。

1993 ~ 1999 年，全区街道工业完成工业产值 10.15 亿元，乡镇工业完成工业产值 90.35 亿元。2000 ~ 2005 年，全区街道完成工业产值 15 亿元，完成产品销售 14.60 亿元，全区乡镇完成工业产值 232.90 亿元，完成产品销售 217.93 亿元。

2006 ~ 2007 年，镇江市实行以块为主统计管理制度后，两年全区完成工业产值 331.44 亿元，销售 321.77 亿元，其中正东路、健康路、大市口、四牌楼街道完成工业产值 47.01 亿元，完成产品销售 44.25 亿元。象山镇、谏壁镇完成工业产值 237.78 亿元，完成产品销售 238.41 亿元。

第一节　部门工业

一、发展概况

1984 ~ 1989 年，全区部门工业企业发展缓慢，成为经济发展的“短腿”。1988 年，年产值超 100 万元以上部门工业企业 15 家，其中镇江无线电线材厂完成工业产值 400.31 万元，钢锉工具厂完成 350.97 万元，镇江鞋厂完成 326.11 万元。1989 年，全区部门工业完成工业产值 5554 万元。1990 ~ 1992 年，通过多种措施，推进部门工业企业发展。镇江无线电线材厂成为全区首家工业产值突破千万元企业。1994 年，区计经委直属企业完成工业产值 10258.1 万元，首次突破亿元大关，比 1993 年增长 21.5%，产值超千万元企业 4 家，同比增长 1 倍，产值超 500 万元工业企业 8 家，同比增长 33.3%。镇江鞋厂、镇江开关厂、钢锉工具厂、金宝粘合剂有限公司 4 家工业企业实现工业产值 5294.5 万元。1996 年，全区部门工业企业完成工业产值 36635 万元。1997 年，区工业发展总公司管理的 23 家工业企业（原计经委直属企业）有 16 家停产、半停产，部门工业完成工业产值 27350 万元，同比下降 25.34%。部门所属皮鹿丹时装公司、金宝粘合剂有限公司、枪神日用化工有限公司、工业缝纫机针厂进入规模企业行列。1998 年始，全区推进产权制度改革。2003 年，教育局、置业集团等部门所属工业企业分别改制为私营、股份制企业。2003 ~ 2005 年，部门工业镇江鞋厂、金宝粘合剂有限公司两家企业进入规模工业企业。2006 ~ 2007 年，按属地管理，部门工业企业不再汇总上报。

二、工业发展总公司

1996 年 8 月，成立京口区工业发展总公司，负责管理原计经委下属 23 家工业企业和 6 家流通企业，同年，完成工业总产值 4966 万元，企业亏损额达 1198.4 万元，23 家工业企业有 16 家停产。1997 ~ 2007 年，总公司以维护稳定为中心，深化企业改革，根据实际情况，采取产权转让、破产、歇业关闭、资产拍卖、职工分流等措施，整体改制 8 家，部分改制 3 家，歇业关闭 9 家，破产 1 家。总公司成立会计站和资产经营公司，对关闭歇业企业闲置资产统一管理。2007 年，总公司生产经营企业有 2 家，为金宝粘合剂有限公司和镇江鞋厂。

图 7-1　2007 年，金宝粘合剂有限公司产品
（区工业发展总公司供稿）

三、企业选介

1. 镇江风动工具厂　1991 年，进行第二轮承包经营。1993 年，兼并金属制品厂，9 月，研制成功 LSN5208 型及 LSC35Z20 型气螺刀通过省轻工鉴定委员会鉴定，获省轻工厅省级新产品鉴定验收，

填补国内空白。ISN5208 型气动螺刀还荣获省轻工厅优秀新产品金奖。1995 年，气动螺刀系列产品参加“1995 年中国高新技术博览会”获银质奖。1996 年，获市政府科技进步先进企业。1999 年 2 月，风动工具厂利用原有商标、技术和市场优势，结合土地盘活改制，改称为镇江市气动有限责任公司。

2. 市工业缝纫机针厂　1991 年连续被省、市政府授予文明单位和先进集体。24KS 微型机针系列获市优产品，生产销售一直稳步向好。1996 ~ 1997 年，开拓自销市场，开发 GK8 × 300、45 × 300、GK13 × 250 等新品种、新规格机针市场，参与竞争。两年中多次获省、市政府、市总工会授予的“文明单位”“营销先进集体”“重合同守信用单位”称号。1998 年 10 月，与上海上工针业有限公司合资成立上工针业（镇江）有限公司，上工针业控股 60%，负责镇江公司经营管理。1999 ~ 2001 年，年工业销售均 400 万元以上。2002 ~ 2007 年，企业生产经营处于停产状态，因属股份制企业，多次与上工针业商谈未统一，2007 年企业遗留问题尚未解决。

3. 镇江钢锉工具厂　1990 ~ 1994 年，实施二轮经营承包责任制。1994 年 9 月，与北京长城铸造集团公司联合，成立镇江市长城造型材料厂（隶属镇江钢锉工具厂），引进北京长城铸造新技术开发公司高强度、低发气、耐高温铸造用覆膜砂生产线。钢锉工具厂迁至汝山乡，原厂区转让由房地产开发。1995 年，新建覆膜砂第二条生产线，通过机械厅省级新产品鉴定。不久，钢锉、工具生产经营陷入停产状态。1998 年 7 月，半圆锉等产品停产，由镇江长城造型材料厂资产租赁，维持覆膜砂生产，分流、清退部分职工。2003 年 6 月，镇江市钢锉工具厂（原丹徒路 7 号）地块土地使用转让，所得资金用于职工分流，企业关闭。

4. 镇江市金山工具厂　1990 ~ 1994 年，实行经营承包责任制。1994 年迁址汝山乡新生村。1999 年 4 月，金山工具厂企业改制为镇江市机械刃具有限公司。

5. 镇江市粉末冶金厂　1986 年，该厂与北京粉末冶金研究所共同研制成功 78-2 型金属粉末测氧仪，被 ISO 国际标准组织宣布为国际测试标准，为国内首次被国际标准组织采纳的标准之一。新研制开发的浸润角测试仪等 6 种新产品，填补国内和省内空白。1990 ~ 1994 年实施承包经营责任制。1996 年全面停产。同年 10 月，引进人才，实行租赁承包。1997 年，完成工业产值 200 万元，销售 150 万元。同年，粉末冶金厂加入中国钢协粉末冶金协会，添置和改造生产设备，精简机构，竞争上岗，被市政府评为“企业改革与管理工作先进集体”“节能降耗先进单位”“1997 年度重合同守信用企业”，2001 年停产，由工业发展总公司派工作组处理善后。2006 年 6 月，以资产转让完成企业改制，企业产权和职工身份双置换。

6. 镇江市合金铸造厂　1990 ~ 1994 年，实行二轮承包经营责任制。1992 年，成为区属工业“人事、用工、分配”三项制度改革试点单位，推行岗位技能工资，把职工收入分成 4 岗 12 档，按岗位定收入，通过优化重组和“精兵简政”合并车间，提高运营效益。1996 ~ 1998 年，企业再度陷入困境，停产，部分职工通过补偿清退。至 2003 年，企业资产出让，职工分流清退结束。

7. 镇江无线电线材厂　1991 年，进行第二轮经营承包，成为京口区工业骨干企业，年产值超千万元。1998 年，企业陷入困境，将部分厂房出租给镇江鞋厂。2003 年 6 月，因修建跑马山路被拆迁，职工清退、分流，企业关闭。

8. 镇江市低压电器厂　1991 年，续签二轮承包经营合同。1992 ~ 1995 年，由于产品老化、市场竞争等因素，企业半停产。1998 年，低压电器厂实行租赁经营。2000 年，因拆迁，企业停业，职工补偿清退。

9. 镇江开关厂　1990 年实行承包经营。1994 ~ 1995 年，开关厂以商标、生产许可证等软件作为投入，先后与铁道部十六工程局和山东省石横电力公司联营成立分厂，合作生产高低压开关柜。1996 年生产经营滑坡，陷入停产状态。1998 年，实施局部突围，利用闲置资产出租，补偿清退部分职工。

图 7-2　2005 年，镇江鞋厂部分产品陈列柜
（区工业发展总公司供稿）

2000 ~ 2001 年职工全部清退，企业歇业。

10. 镇江鞋厂　1991 年，与香港千水实业有限公司合资成立镇江通茂鞋业有限公司。1992 年，完成工业产值 848 万元，后因其他因素，工厂停产。1998 年，迁址镇江牌湾二道巷 87 号，恢复生产。2000 ~ 2001 年，企业实现利税 82 万元，出口外贸产品 1400 万元。2003 年迁至黄山南路马槽工业园区 2 号，产品远销欧洲、日本、美国等国家和地区。2004 ~ 2005 年，工业销售分别达 997.8 万元和 1890.5 万元。2006 ~ 2007 年，改属地管理。

1996 ~ 2005 年部门工业企业产值、销售情况表

表 7-6　　单位：万元

部门／年份	工业发展总公司		教育局		置业集团		其他部门	
	产值	销售	产值	销售	产值	销售	产值	销售
1996	4966	—	5376	—	17544	—	8749	—
1997	4752	—	3080	—	14621	—	4897	—
1998	3598	4100	4061	4565	9515	10992	498	250
1999	4089	3744	4615	3448	10966	5791	426	16
2000	4526	4350	3912	3317	1353	2282	—	—
2001	4342	4023	3708	3454	2186	1167	—	—
2002	4155	4008	3909	3487	2527	1212	—	—
2003	5554	4727	3601	3601	276	276	—	—
2004	6476	5704	—	—	—	—	—	—
2005	8918	6870	—	—	—	—	—	—

第二节　乡镇工业

1992 年 10 月区划调整后，京口区始有乡镇工业。同年，象山乡乡镇工业发展居各乡镇、场圃之首。完成工业产值近 2.4 亿元，工业销售 1.12 亿元，税利 474.86 万元。1996 ~ 1997 年，全区乡镇工业 8 项主要指标，除生产性投入有陡降（1996 年比 1995 年）、陡升（1997 年比 1996 年）现象，其他工业销售、营收、利润总额、工业产值、外贸供货额、实际利用外资、自营出口创汇等各项指标逐年上升。乡镇工业经济比重提高，工业销售占全区 62.7%，实现利润占全区 44.7%。1997 年，设立乡镇企业管理服务站（全民事业单位），其职能为规划、指导、监督、服务。同时设立乡镇企业集体资产管理办公室，统一管理乡镇企业集体资产，并规定各乡镇工贸公司行使乡镇企业集体资产经营职能，保证乡镇企业集体资产保值、增值。1997 年 1 月 1 日，《中华人民共和国乡镇企业法》（以下简称《乡镇企业法》）实施后，举办《乡镇企业法》培训班，组织乡镇企管站长、厂长学习、考试和发证。同年 10 月，区人大常委会对贯彻《乡镇企业法》情况执法检查。1998 年，乡镇工业实现销售 12.05 亿元，同比增长 28.6%，利润 2212 万元，增长 31.2%，完成工业产值 17.26 亿元。2000 年，乡镇企业年销售额 500 万元以上规模企业 28 家。2001 年，规模企业销售占全区 88%，工业产值占 89.01%。象山、谏壁两镇完成销售 106.83 亿元，工业产值 107.32 亿元。2007 年，全区乡镇工业完成工业产值 130.46 亿元，完成工业销售 131.58 亿元。

1993 ~ 2007 年京口区乡镇工业主要经济指标情况表

表 7-7　　单位：万元

年　份	工业总产值	工业增加值	产品销售收入	利润总额	利润总额
1993	86641	—	—	—	—
1994	112998	—	—	—	—
1995	87620.30	—	—	—	—
1996	111026	—	78024.60	—	1440.30
1997	138464	—	91706	—	1685
1998	172569	—	120488	—	2212
1999	194221	—	137502	—	2529
2000	190787	—	151668	—	3179
2001	214097	—	176320	—	3866
2002	270052	—	238979	—	5389
2003	331400	66600	309865	16800	9902
2004	573720	—	564434	—	—
2005	748998	—	738065	—	—
2006	1073174	—	1068283	—	—
2007	1304614	—	1315769	—	—

说明：按统计口径，主要经济指标中含旅游经济开发区。2006 ~ 2007 年，经济指标中不包括京口工业园

第三节　街道工业

1990 年，全区 49 家街道工业企业实现税利 236.99 万元，万元利润居委会 35 个。1991 年，街道工业产值 1145 万元，同比增长 35.09%，实现总利润 189.72 万元，同比增长 24.3%。高桥北、大市口、双井路等居委会利润超过 5 万元。

1992 年区划调整，全区 4 个街道完成工业产值 587.34 万元。1994 年，围绕争创“亿元街道”目标，以发展直属规模企业为重点，培植新增长点，促进经济快速发展。1 ~ 7 月 4 个街道投入 960 万元新办企业、网点 128 个，突破区域界限，挂钩乡镇、大中型企业、高等院校合作兴办工业。同年完成工业总产值 5000.2 万元，工业销售 3166 万元（不含正东路街道）。1995 年 3 月，召开街道经济分析会，要求街道以财税体制改革为契机，增强街道经济实力，夯实基础，在发展居委会经济上做文章，加强对居办经济管理，有重点地培植街道规模企业，发展规模经济。同年，街道工业总产值突破 1 亿元，工业销售 7421.5 万元。1996 年，技改投入 1488 万元，其中大市口街道投入 549 万元。1996 ~ 1997 年，街道坚持“三外齐抓，三外联动”方针，采取多种形式，开展多层次、多渠道招商引资，先后参加区委、区政府组织的“攀高亲”活动，赴新加坡及中国香港地区等地招商引资。同时参加国内各类经贸洽谈会，到上海、广州、天津等地引进资金、洽谈项目、签订协议。1997 年，街道有“三资”企业 5 家，实际利用外资 170 万美元。

1999 年，街道协议利用外资 13 万美元，实际利用外资 9 万美元。2003 年，各街道以开展招商引资创新年活动为契机，把招商引资、培植税源经济增长点作为重中之重。正东路街道优化项目，成功

引进 2 个外资项目，实现利用外资零的突破，全年引进民资 8171 万元，新增企业 35 家。大市口街道引进 50 万项目 16 个，实际利用外资 176.97 万元，新增私营企业 69 家。四牌楼街道签约 6 个项目，办成 4 个，总投资 500 万元的协和机械项目投产。10 月，引进台资电子项目总投资 100 万美元，合同利用外资 70 万美元。

2006 年，镇江市实行“以块为主”统计管理制度改革。街道统计办作为区统计局派出机构，行使统计职能。工业、国民经济核算、固定资产投资等 9 个专业统计以在地管理为主。2007 年，全区街道完成工业总产值 206312 万元，工业销售 189996 万元。

1990 ~ 2007 年京口区街道工业主要经济指标完成情况表

表 7-8　　单位：万元

年　份	产值销售	工东路街道	健康路街道	大市口街道	四牌楼街道	合　计
1990	产值	66.07	56.67	120.14	53.10	295.98
	销售	—	56	—	27.81	—
1991	产值	86.10	76.50	165.80	75.10	403.50
	销售	—	70.50	—	69.58	—
1992	产值	141.54	105	237.80	103	587.34
	销售	—	91	—	87.21	—
1993	产值	600	401.90	403.50	503.60	1909
	销售	500	365.60	250.08	493.80	1609.48
1994	产值	1203	1328	1520	949.20	5000.20
	销售	—	1086	1310	770	—
1995	产值	1380	2800	3400	2501	10081
	销售	1400	2000	2400	1621.50	7421.50
1996	产值	4255	4234	5496	3366	17351
	销售	2646.73	3780.40	4174.71	2510.60	13112.44
1997	产值	4314	3922	6036	4035	18037
	销售	3100	4632	5575	3986	17293
1998	产值	4750	6000	7051	5200	23001
	销售	3780	6285	6884.50	5374	22323.50
1999	产值	5494	6772	7678	5914	25857
	销售	4200	6740	7542	5900	24382
2000	产值	3642	3915	4024	3500	15081
	销售	3364	3845	3949	3430	14588
2001	产值	3860	4150	4266	3707	15983
	销售	3392	4076	4186	3632	15286

续表 7-8

年份	产值销售	正东路街道	健康路街道	大市口街道	四牌楼街道	合　计
2002	产值	4088	5450	5409	4942	19889
	销售	4320	5360	5211	4894	19685
2003	产值	5649	7585	5473	5103	23811
	销售	4551	7500	5359	4950	22360
2004	产值	4625	18765	5395	9963	38748
	销售	4625	16854	5396	8802	35677
2005	产值	3724	20755	4987	7000	36466
	销售	3724	19463	4810	7000	34997
2006	产值	24318	71760	9899	157814	263791
	销售	23557	63839	9899	155235	252530
2007	产值	38689	62477	10544	94602	206312
	销售	35164	58702	10544	85586	189996

第四节　规模工业企业选介

一、镇江鼎胜铝业有限公司

2003 年 8 月，浙江杭州鼎胜实业有限公司参与镇江华东铝加工厂改制重组，在京口科技工业园区注册成立，总投资 10.2 亿元。2004 年年底一期工程结束，建成 8 万平方米标准厂房和 6 条冷轧生产线、7 条连铸轧生产线、3 条涂层生产线和 7 台退火炉，引进生产、检测设备。2004 年，企业通过 ISO 9001 认证。当年实现工业销售 4.27 亿元，居全市工业“50 强”第 30 位。2004 年，技术中心自行研发的“空调器高精度铝箔”通过省科技项目鉴定，荣获镇江市科技进步奖，先后荣获江苏省、镇江市“高新技术产品”称号，居全市“50 强”第 17 位。2004 年、2005 年连续两次被世界 500 强 LG 集团评为“全球优秀供应商”。与韩国三星、LG、美国飞达仕及国内美的、大亚、海尔、志高、格兰仕等知名企业结成合作关系，产品出口韩国、土耳其、美国、巴西、泰国、印度、以色列等国家。2006 年 4 月，总投资 2 亿元的二期工程建设，新建 1.5 万平方米厂房，购进多种先进设备。2007 年，工业销售达 22.2 亿元。

图 7-3　2007 年 9 月，镇江鼎胜铝业与加拿大铝业签订航空航天高强度铝合金板项目签约仪式　（区发展改革委供稿）

二、江苏鸿泰钢铁有限公司

2000 年，福建富源不锈钢有限公司投资兴办鸿泰钢铁有限公司，下辖象山和谏壁 2 个分公司。2003 年，配合城市规划，象山分公司搬迁谏壁扩产，总投资 1.2 亿元，新上年产 45 万吨带肋钢筋项目。谏壁分公司占地 143190 平方米，两条生产线竣工投产，具有年产 60 万吨热轧带肋钢筋能力。完成销售 1 亿元，利税 304 万元，利润 33 万元。同年 6 月，该公司与谏壁镇在宁波投资洽谈会上签约，投资3.5亿元，扩建二期工程。2004年，跻身全市工业企业50强。2006年6月，总投资8.2亿元，年产10万吨的“鸿泰不锈钢”建设项目开工。2007年，该公司固定资产3.8亿元，拥有超高功率电弧炉、AOD、LF精炼等主要设备42台（套），3条直径520半连铸轧机生产线，4条直径400轧机生产线，年产钢80万吨，轧材100万吨，具有冶炼、连铸轧材等综合性生产能力。2007年，实现工业销售19亿元，先后获“江苏省名牌产品”和“江苏省用户满意产品”称号。

三、镇江宝华半挂车配件公司

1995年成立，位于象山镇境内，占地面积8公顷，员工518人，其中专业技术人员46人。生产8个品种100多个规格产品，主要为鞍式牵引座、悬架系统、支承装置和挂车车桥等半挂车配件。拥有大型数控切割机、焊接专用机器人、车桥装配专用流水线、数控车床、数控加工中心及各类通用专用机床等设备400余台（套）。2002年，被命名为“江苏省高新技术企业”。2004年，被评为“市民营企业30强”。2006年，自筹资金3000万元，新建厂房、支承装置、清洗线和油漆涂喷线各1条。2007年，有年产鞍式牵引座7.5万台、悬架系统2.5万套、支承装置7万副、挂车车桥9万根的生产能力。实现工业销售3.8亿元，先后获“镇江市知名商标”“江苏省著名商标”“2006～2007年度镇江市出口名牌”等称号。

四、中盛粮油工业（镇江）有限公司

中盛粮油工业（镇江）有限公司是香港上市公司——中盛粮油工业控股有限公司在内地独资企业之一。主要从事食用植物油生产、加工、中转储存、分拨、配送和国际贸易等业务。公司于2001年年初投资1140万美元兴建，2001年12月正式开业，实现当年投资、当年建设、当年投产，占地3万多平方米，建筑面积2万平方米。拥有国内领先水平自动化生产设备和物流设备，3条日处理总量达1800吨植物油全电脑自动化控制色拉油精炼线，1条日处理600吨植物油分提线，年加工能力88万吨，拥有储罐39个、3000吨级简易浮动泵船码头1座。2005年，投资1450万元新建植物油冬化处理车间，投资240万元对一级精炼线实施改造，通过ISO 9001质量体系论证、ISO 14001环境体系论证以及ISO 22000食品安全体系论证。2004年度被镇江市政府授予“镇江市农业产业化经营龙头企业”称号。同年，工业销售16.92亿元。2007年，工业销售3.5亿元。2003～2007年连续5年进入镇江市工业企业50强。

五、京口纸业有限公司

1993年9月公司创办，位于象山镇九里街宗泽路3号，占地面积1.9公顷，专业生产各种规格彩色喷墨打印机、彩色玻璃卡纸、烟包专用玻璃卡纸、高光镜面铜版纸、金银卡底纸等产品。2005年，彩色喷墨打印纸和烟包专用玻璃卡纸获省级高新技术产品，达到年产1.3万吨高档包装生产装潢用纸生产规模。2007年，工业销售达2.25亿元。

六、元鼎饰材实业（镇江）有限公司

1998年始建的台商独资企业，总投资2100万元，注册资本1000万美元，主要生产新型装饰材料及其延伸产品，90%销往欧美地区。2001年，追加投入180万美元进行2期建设。2002～2003年，在原有产品百叶窗基础上，陆续开发出百叶门、罗马帘、腈纶毛毯3个新产品，全部远销欧美及亚洲各国，与世界零售业巨头沃尔玛签订为期5年的腈纶毛毯供货合同。2005年，工业销售达4.12亿元。2003～2007年，连续5年进入镇江市工业企业50强。

七、镇江震东电光源有限公司

1976年，创建时系丹徒镇村办企业——镇江灯头厂。1992年与香港公司合作成立震东电光源有限公司。1998年改制为民营企业，占地面积5.3万平方米，职工1000余人，其中专业技术人员150名，主要生产各类汽车灯头、特种灯泡、芯柱和节能灯芯柱、导丝等。

图7-4 2006年，镇江震东电光源有限公司（区发展改革委供稿）

拥有全自动 H4 生产流水线和完善的检测设备，主要产品通过 E-MARK 认证。先后引进中国台湾地区和韩国先进设备，年产量灯头 18 亿只，市场占有率全国第一。灯泡年产 4 亿只，年产量居全国第二，产品畅销全国各地及香港、台湾地区，并外销印尼、日本、东南亚、南美、北美、欧洲等地。2003 年，与香港柏裕发展公司共同投资创办江苏震东铜业有限公司，总投资 3000 万元，新建厂房 1 万平方米，主要生产、销售各种规格铜材制品，形成以灯头、灯泡为主导产品，集贸易、汽车运输、光源配套材料生产销售为一体的经营实体。2007 年，工业销售 2.13 亿元。

八、镇江市金阳颜料化工有限公司

1970 年，镇江颜料厂始建，原属象山乡办企业，被化工部定点生产有机颜料厂家之一，专一生产“双帆”牌酞菁系列颜料及 57 种涂料及涂料印花浆，酞菁蓝、酞菁绿系列产品，多次获部、省、市科技进步奖和省“金牛奖”。产品广泛应用于塑料、橡胶、油漆、油墨涂料、印花建筑等行业。产品销售国内 20 多个省（市）并出口东南亚、非洲、北美及欧洲等国家和地区。1998 年，经外经贸部批准，获产品进出口自营权。2004 年，改制为金阳颜料化工有限公司。同年 4 月，从东吴路三八支路搬迁至城东长江边，新厂区占地 5 万平方米，建筑面积 1.6 万平方米，年生产规模 5500 吨，产品通过 ISO 9001 ：2000 质量管理体系认证，ISO14000 环境体系认证。2007 年，工业销售达 5086 万元。

九、镇江正恺电子有限公司

1999 年始建，2003 年迁至京口科技工业园区，总投资 3000 万元。占地面积 1.4 公顷，建筑面积 6000 平方米，员工 168 人，其中各类高级专业技术人员 20 余人，有国家专利 3 项。数控车床等各类生产设备 75 台（套），引进美国惠普公司 HP8753E 矢量网络分析仪、三级互调测试仪等测试仪器 7 台（套）。主要产品有 SMA 等避雷器等国际通用型号系列，各种整机内外电缆组件，无源微波器件及型号的定向耦合器、功率分配器等。2005 年，工业销售 3329.8 万元。2007 年，被认定为省高新技术企业。

1993 ~ 2007 年京口区工业总产值、产品销售、三产营业收入情况统计表

表 7-9　　单位：万元

年份	工业总产值	比上年增长%	产品销售收入	比上年增长%	三产营业收入	比上年增长%
1993	107580	96.40	64600	80	145000	179.60
1994	160861	49.50	89500	38.50	202100	39.30
1995	163366	1.60	105000	17.30	270000	33.70
1996	188679	15.50	124420	18.50	—	—
1997	209632	11.10	138000	10.90	442758	—
1998	234822	12	162718	17.90	500759	13.10
1999	248809	5.90	174883	7.50	530188	5.90
2000	215659	-13.30	176205	0.80	—	—
2001	240316	11.40	200250	13.60	—	—
2002	300577	25.10	267371	33.50	601295	—
2003	364642	21.30	340829	27.50	650000	8.10
2004	620574	70.20	607615	78.30	685660	5.50
2005	796723	28.40	782052	28.70	800293	16.70
2006	1522661	91.10	1484107	89.80	—	—
2007	1791773	17.70	1733625	16.80	—	—

第四章　工业门类

1993 年，全区工业行业有 23 个门类，其中 7 个为主要门类。另外 16 个为其他工业门类，分别为非金属矿业采选业、食品制造业、服装及其他纤维制品制造业、木材加工及藤、棕、草制品业、家具制造业、印刷业和记录媒介复制、文教体育用品制造业、石油加工及炼焦业、橡胶制品业、塑料制品业、专用机械制造业、电子及通信设备制造业等。2007 年，京口区 118 个规模工业企业，工业行业分为 21 类，其中 9 个为主要门类、12 个为其他门类工业，分别为纺织服装、鞋帽制品业、皮革、毛皮、羽毛（绒）及其制造业、家具制造业、印刷业和记录媒介复制、橡胶制品业、塑料制品业、非金属矿物制品业、通用设备制品业、专用设备制品业、计算机及其他电子设备制造业、仪器仪表及文化、办公用机械制造、水的生产和供应业。规模工业企业中 44 家其他制造业，完成工业总产值 180349.8 万元，工业销售 174054.8 万元，工业增加值 45103.2 万元，利税总额 5317.4 万元。

第一节　化学原料及化学品制造

1996 年，区内规模工业企业属化学原料及化学品制造业，有镇江市金宝粘合剂有限公司、镇江市颜料厂等多家企业。生产塑料树脂及其聚合物 554 吨，颜料 999 吨。工业总产值 6845 万元，工业销售 6409 万元。2004 年，镇江市颜料厂完成工业总产值 3264 万元。2007 年，全区规模企业化学原料及化学品制造完成工业总产值 542786 万元，销售 538985 万元，工业增加值 169419 万元，利税 98372 万元。

2007 年京口区规模企业化学原料及化学品制造业经济指标情况表

表 7-10　　单位：家、万元

项　目	企业数	工业总产值（现价）	工业销售	工业增加值	利　税
无机酸制造	1	19335	19190	6426	5520
无机盐制造	1	2500	2300	1439	23
有机化学制造	2	490725	487099	154095	92302
涂料制造	1	1001	1001	284	26
颜料制造	2	12868	13046	3261	288
初级形态的塑料及合成树脂制造	1	1695	1669	373	-43
其他专用化学商品制造	1	2466	2485	371	79
肥皂及合成洗涤制造	1	12196	12196	3712	177

第二节　有色金属冶炼及压延加工

2003 年，镇江鼎胜铝业筹建并投产。2004 年，完成工业总产值 40957 万元，工业销售 42650 万元，工业增加值 9597 万元，利税总额 3223 万元。2005 年，鼎胜铝业完成工业总产值 102633 万元，工业销售 105356 万元，工业增加值 31885 万元，利税总额 4134 万元。2007 年，全区规模工业企业有色金属冶炼及压延加工业有鼎胜铝业、镇江震东铜业有限公司等 4 家企业。同年，完成工业总产值 234839 万元，工业销售 202486 万元，工业增加值 51681 万元，利税总额 7968 万元。其中有色金属合金制造业 1 家，完成工业总产值 4123 万元，工业销售 4123 万元，工业增加值 1668 万元，利税总额 670 万元。有色金属压延加工业 3 家，完成工业总产值 230716 万元，工业销售 198363 万元，工业增加值 50014 万元，利税总额 7299 万元。

第三节　黑色金属冶炼及压延加工

1985 年，镇江市异型轧钢厂生产热轧钢材 3570 吨，完成工业总产值 212 万元。1989 年，生产 12 ~ 16 毫米螺纹钢、方钢和各种扁铁，完成工业总产值 240 万元。1993 ~ 1995 年，黑色金属冶炼及完成工业总产值 108605 万元，工业销售 101731 万元，工业增加值 12733.5 万元，利税总额 4991 万元。其中，纸浆制造工业总产值 17929 万元，工业销售 18762 万元，工业增加值 –528.9 万元，利税总额 120.1 万元。机制纸及纸板制造，完成工业总产值 90676.2 万元，工业销售 82969.5 万元，工业增加值 56848.3 万元，利税总额 4871 万元。

第四节　电气机械及器材制造业

1990 ~ 2006 年，京口区有电气机械及器材制造业镇江开关厂、长江自动化仪表厂等 20 多家，其中电器机械制造业 13 家，配电开关及控制设备制造 5 家，电池及制冷电器具制造业 4 家。产品有高压开关、触电断路器、蓄电池系列、灯头、灯泡系列、汽车灯等上万个品种，产品 200 多万件次。1998 ~ 2005 年，该行业规模企业完成工业总产值 75681 万元，销售 71173.6 万元，工业增加值 21008.3 万元，实现利税 3954.6 万元。

2007 年，电气机械及器材制造规模企业 13 家，工业总产值 9333.26 万元，销售 91981.1 万元，工业增加值 19525.9 万元，利税总额 3889 万元。其中电光源制造企业 4 家，完成工业总产值 62175.3 万元，销售 61912.8 万元，创利税 1981.7 万元。其中汽车部件及配件制造业 4 家，船舶配套设备制造业 3 家，非金属船的及有轨专用车辆制造业 3 家。

第五节　交通运输设备制造

1993 年，京口区有乡级以上交通运输设备制造企业 40 家。1995 年，镇江宝华半挂车配件有限公司在象山乡筹建。1998 ~ 2005 年，完成工业产值 94656 万元，销售 93396.3 万元，工业增加值 24345.4 万元，利税 2212.3 万元。2007 年，全区规模企业中交通运输设备制造企业 10 家，完成工业总产值 69700.6 万元，工业销售 68517.2 万元，工业增加值 16343.6 万元，利税总额 2511.5 万元。其中改装汽车制造企业 1 家，完成工业总产值 11672.8 万元，工业销售 11410.2 万元，工业增加值 144.9 万元，利税总额 –438.2 万元。汽车零部件及配件制造企业 4 家，完成工业总产值 37508.4 万元，工业销售 36995.2 万元，工业增加值 11285.4 万元，利税总额 814 万元。非金属船舶制造企业 1 家，完成工业总产值 886 万元，工业销售 886 万元，工业增加值 212 万元，利税总额 71.6 万元。船舶配套设备制造企业 3 家，完成工业总产值 18670.4 万元，工业销售 18356.8 万元，工业增加值 4311.1 万元，利税总额 1921.2 万元。工矿有轨专用车辆制造企业 1 家，完成工业总产值 963 万元，工业销售 869 万元，工业增加值 390.2 万元，利税总额 142.9 万元。

第六节　纺　织

1993 年，京口区有纺织企业 3 家。1994 ~ 2006 年，先后组建镇江市罗尔特商贸有限公司、镇江福瑞纺织服饰有限公司等企业。2007年，全区规模企业中纺织企业10家，完成工业总产值47427.8万元，工业销售47367.5万元，工业增加值14547.3万元，利税总额715.3万元。其中棉、化纤纺织加工企业1家，完成工业总产值1026.8万元，工业销售1026.8万元，工业增加值110万元，利税总额-315万元。棉、化纤印染精加工企业1家，完成工业总产值4027.1万元，工业销售3882.8万元，工业增加值703万元，利税总额6.4万元。棉及化纤制品制造企业3家，完成工业总产值28232.9万元，工业销售28222.7万元，工业增加值10704.5万元，利税总额520.8万元。毛制品制造企业1家，完成工业总产值4407.1万元，压延业完成工业总产值2053.4万元。1996～1997年，生产成品钢材13408吨。2001年，镇江京口大宝轧钢厂完成工业总产值838.9万元，销售797.7万元，工业增加值110万元。2002～2005年，镇江鸿泰金属制品有限公司完成工业总产值313315万元，工业销售311011万元，工业增加值61874万元，利税总额3800万元。2007年，全区规模企业中，钢压延加工企业3家，完成工业总产值199992万元，工业销售201678万元，工业增加值50771万元，利税总额8347万元。

第七节　造纸及纸制品业

1984～1987年，镇江市油毡厂生产油毡原纸，1988年更名为镇江市京口造纸厂。1989年，生产油毡原纸2271.5吨，工业产值159万元。1993年，全区造纸及纸制品业完成工业产值2503.8万元。1998～2005年，镇江市京口纸业有限公司完成工业总产值44573.4万元，销售42665.4万元，工业增加值11869.1万元。2007年，全区造纸及纸制品业3家，其中纸浆制造1家，机械纸及纸板制造2家，工业销售4381.1万元，工业增加值1403.7万元，利税总额218.6万元。棉、化纤针织品及编织品制造1家，完成工业总产值4341万元，工业销售4461.2万元，工业增加值71.4万元，利税总额145.9万元。丝针织品及编织品制造企业3家，完成工业总产值5392.9万元，工业销售5392.9万元，工业增加值1554.7万元，利税总额138.6万元。

第八节　农副产品加工

1994～2007年，京口区生产精炼食用植物油、谷朊粉、配（混）合饲料、肉制品等农副产品加工企业10家。1995年，生产食用植物油95吨，精炼食用植物油18700吨，谷朊粉364吨，配合饲料1355吨。1998年，江苏东海油脂有限公司投入1500万元，完成工业总产值11339万元，工业销售7738.9万元，工业增加值2633万元，利税总额627.1万元。2007年，规模企业中农副产品加工企业5家，完成工业总产值46036.5万元，工业销售43417.9万元，工业增加值12004.9万元，利税总额1449万元。其中，食用植物油加工企业3家，完成工业总产值45734.4万元，工业销售430700万元，工业增加值11938.8万元，利税总额1461万元。肉制品及副产品加工企业完成工业总产值228.4万元，工业销售55.2万元，利税总额2.3万元。淀粉及淀粉制品制造企业完成工业总产值73.7万元，工业销售119.5万元，工业增加值10.9万元，利税-14.3万元。

第九节　金属制品

1984～1992年，全区有金属制品厂、工业缝纫机针厂、金属工艺厂、钢锉工具厂、金山工具厂等金属制品业，主要产品为钢锉、钻头、丝锥、板牙、铝制品等。1993年，象山钢窗厂、镇江焦化厂金属设备制造分厂、镇江市星星电热炊具厂等，生产钢窗、防盗门、钢拉门等产品。同年，京口区乡级以上工业企业中金属制品企业10家。规模企业中，工业缝纫机针厂、镇江焦化厂金属设备制造联营厂、大捷金属制品有限公司、光耀金属制品有限公司4家金属制品企业，1996年，完成工业总产值3422万元，工业销售1540万元，利税总额114万元。2007年，规模企业中金属制品企业16家，完成工业总产值45576.5万元，工业销售44497.7万元，工业增加值8157.7万元，利税总额–1001.6万元。其中金属结构制造企业8家，金属门窗制造企业1家，切削工具制造企业2家，刀剪及类似日用金属工具制造企业1家，金属包装容器制造企业1家，金属制厨用器皿及餐具制造企业3家。

第十节　商办工业

一、糕点厂

1986年，镇江市第二糖业烟酒公司在上河边40号糕点车间基础上，投资2万元兴建糕点厂，分设山巷123号、上河边（北固炒货坊和黄花亭商店营业用房）两个车间，厂房总面积120平方米，管理人员和职工13人。主要生产设备远红外线烘干机、改制蛋糕机、25千克和面机各1台。生产原料除素油每月计划供应150千克外，其余原材料自行组织，依靠市场调剂。

1986 ~ 1988年，糕点厂随着规模、品种、销路扩大，先后增加投资4.5万元，购置切糕、京果、上麻、打蛋机等生产设备，机械化生产程度逐步提高，产品品种增加，质量提高。其中传统优质产品云片糕、小蛋糕、小麻饼、大京果、上素五仁月饼等畅销省内外市场。1989年，糕点厂有厂房420平方米，职工增加至26人，年生产各式糕点100多吨，完成产值45.33万元，利润2.4万元。1989 ~ 1993年，糕点厂为减轻职工劳动强度，提高产品质量和生产效率，加大投入改进设备。1992年，糕点厂生产的特色素月饼、清真糕点等远销甘肃省兰州、武威、张掖等市场。1990 ~ 1992年，糕点厂固定资产31.6万元，完成生产总值130.38万元，利润2.32万元。其中1992年出现亏损，利润–1.4万元。1994 ~ 1997年，糕点厂面临市场竞争，成本增大，品种老化，销售乏力，未能扭亏为盈。1998年，区贸易局决定糕点厂歇业。职工由市二糖公司内部平衡，部分职工买断工龄等办法实施分流。

二、京口新型涂料厂

1989年，区商业局为加强商办工业经济发展，经市计经委批准，与浙江湖州化工厂开展横向联合，引进WZ–873新型聚氯脂类涂料，兴建镇江市京口新型涂料厂（以下简称“涂料厂”）。由于该新型涂料为国内科研最新研制高分子聚合物树脂涂料，具有附着力强，耐酸耐碱、耐高温等特色，属20世纪90年代高科技新产品，《新民晚报》称其为“异军突起的仿瓷材料”。区商业局投资20万元（其中技术转让费7万元），厂址在黄山南路3号，占地总面积500平方米。当时设计年生产能力50吨，年产值可达100万元 ~ 120万元。1990年4月投产。1991年，涂料厂有固定资产原值6.69万元，企业自有资金20.3万元，借贷6.25万元。职工14人，为商业系统转入。由于涂料厂生产系列化工产品，对配料、工艺、操作规程有专业性、技术性要求，而转岗职工对化工知识不精通，企业技术骨干缺乏，产品质量不稳定，达不到应有标准，同时，缺乏训练有素的供销队伍，未能形成稳定的销售渠道，产品市场占有率不高，加之经营管理不善，规章制度不健全，当年仅销售9.49万元，亏损15.92万元。1992年1月，区商业局调整涂料厂领导，加强供销队伍建设，修订规章制度，强化各方面管理。当年实现产品销售额13.85万元，比1991年有所好转，但与设计要求相差甚远。1993年，涂料厂生产不稳定，质量不过关，销售渠道打不开，不能扭亏为盈，区商业局决定歇业，职工在区商业系统内部消化。

第五章　企业管理

1983年12月，区计经委增设工业局，直管区属工业企业，此后成立机电工业、轻工业、经济技术开

图 7-5 2003 年，区政府与经济部门和乡镇、街道签订目标责任状（区发展改革委供稿）

发公司。1984 ~ 1990 年，区计经委对工业企业节能降耗、增产节支工作监督管理。1991 年成立能源管理办公室，负责工业企业电力分配及用电协调等管理工作。1990 ~ 1991 年，先后撤并 5 个管理公司。1996 年，成立区工业发展总公司，管理区属工业。区计经委对区属工业、乡镇工业、街道工业实行宏观指导，由各主管部门管理。1990 ~ 1997 年，加强产品质量管理，争创品牌，涌现一批省市名牌产品。2000 ~ 2006 年，通过引进环境保护设备，降低煤、电、水能耗。2007 年，118 家规模工业企业万元产值能耗同比下降 25.08%。宝华半挂、中盛粮油、正恺电子、鸿泰钢铁、鼎胜铝业等规模企业先后通过 ISO 9001 质量管理体系认证。

1984 ~ 2007 年，全区职工教育、普法教育，分别由有关职能部门管理。

第一节 管理机构

1990 年前，工业管理机构详见 1992 年出版的《京口区志》。1990 年，撤销化学工业公司，下辖企业划归地方工业公司管理。1991 年，区计经委管理区属工业。1992 年，区劳动人事局、外经委和华联商厦分别接收管理羽绒服装厂等 6 家企业。12 月，工业管理以计经委为主体（即区属工业由计经委直接管理，街道工业、乡镇工业分别由街道、乡镇管理，计经委宏观指导，商、校办工业和个体工业由主管部门管理），计划、报表由计经委统一汇总。1996 ~ 2007 年，全区工业管理机构，随机构改革多次变更。

第二节 质量管理

1984 ~ 1992 年，全区根据国务院和省政府企业整顿领导小组要求，以加强企业管理为重点，向标准化、系列化方向发展。围绕经济效益，保持适当发展速度，把上质量、上品种、上水平作为经济工作主要目标，在提高产品质量、调整产品结构、加强内部挖潜上下功夫。1985 年，金属制品厂、金属工艺厂、钢锉工具厂被定为三级计量企业。1990 年 3 月，工业缝纫机针厂通过省级采用国际标准的验收，镀铬直钩针批量出口西德等国家。风动工具厂的“板轴双身冲裁”新工艺达国内先进水平，质量提高 100%。

1993 ~ 1997 年，工业企业不断提高产品质量水平，形成“金象”牌轧辊、“双帆”牌颜料、“丹灯”牌灯头、“镇风”牌风动工具、“金宝”牌不粘胶等富有竞争力品牌。颜料厂坚持“质量立业”方针，以质量赢得市场。

1998 ~ 2007 年，吉联时装有限公司和有机氟材料厂经市乡镇企业管理局评审，报经农业部批准，获“1998 年农业部全面质量管理达标”称号。中煤电子生产的 KJ101 型矿井监控系统，1999 年被国家经贸委认定为国家级新品，2001 年，经国家劳动保护学会监控委员会专家组评审定为优选产品。中盛粮油通过 ISO 9001 质量体系认证。正恺电子有限公司产品质量稳定可靠，2004 年通过 ISO 9001 ：2000 质量管理体系认证。鸿泰钢铁拥有一批高素质的冶炼、轧钢专业人才，通过环境影响评价测评，取得国家工业生产许可证，通过 ISO 9001 ：2000 标准质量管理体系认证。鼎胜铝业产品质量达到国际同类先进水平。

第三节　节能管理

1991 年，京口区成立能源管理办公室，二级局建制，负责街道及工业企业用电分配、管理等项工作。1992 年 11 月，能源办负责 4 个乡镇电管站的电力分配管理及全区工业企业用电协调等能源管理工作。1993 年，开展节能降耗活动，排出超耗户，实施“两定一管理”（即定降耗指标，定责任人，实行目标管理），全区超耗企业数、产品数、价值量三项指标比上半年下降 80%，取得直接经济效益 10 万元，其中镇江冶金机械厂轧辊电耗、油毡厂原纸电耗降到历史最低限度。1996 年，粉末冶金厂更新产品结构，提高生产效率，节约能源，1997 年，被市政府评为“市节能降耗先进单位”。

2000 年以来，工业企业围绕发展新技术为中心，节能为重点，淘汰落后工艺设备，推广节能降耗和环境保护新技术。2003 年，镇江颜料厂投入 128 万元，购进 10T/H 锅炉，选购可循环使用高性能、低能耗烘箱等，对司炉工实行节煤奖惩制度，从原生产 1 吨颜料耗煤 12.2 吨，降为生产 1 吨颜料耗煤 3 吨，下降 75%。鼎胜铝业、鸿泰钢铁通过增加月用水量达上千万吨以上的循环用水系统，有效节约水资源。

2007 年，全区 118 家规模工业企业综合能源消耗量为 820666.09 吨，万元产值能耗为 0.51 吨 / 万元，同比下降 25.08%。

第四节　职工教育与普法教育

一、职工教育

1983 年，京口区企业职工教育先后由区工会和区计经委代管。1984 年 11 月，建立由区计经委、宣传部、工会、文教局、劳动人事局、财政局等单位组成的职工教育委员会，由副区长吕祖义任主任，下设办公室。计经委（包括所属公司）、商业局、物资局、城建环保局等单位分别建立职工教育分支机构。1985 年，建立风动工具厂学校和市第二饮食服务公司技术培训部等，厂长、经理兼校长（主任）形成京口区职工教育网络，专职人员 21 名。1988 年 2 月，建立区成人教育培训中心。1993 年，各乡镇建立成人教育中心（以下简称“成教中心”）。1984 ~ 1989 年，区职教办举办文化补习班，参加语文、数学学习的职工 2291 人次，举办中、初级技术培训班和班组长培训班 9 期，5805 人次参加现代化管理班、仓库保管员培训班、法律常识培训班等，学员及格率 90% 以上。风动工具厂职工学校举办班、组长培训班 3 期。1990 ~ 1992 年，区成人教育重点以扫盲、半文盲和以工人中级技术培训、岗位培训为中心，同时开展工业生产技能培训和政治文化、社会道德、计划生育教育培训活动，全区有 2000 余人次参加。1996 年 2 月，机构改革，撤销区职教办，职能转移到区教育局。

至 2007 年各企事业单位职工参加岗位培训 5 万多次，其中参加高等教育职工 857 人，中专（高中）学习的 2072 人次，培训下岗再就业 2819 人次，3835 名职工参加学历教育。

二、普法教育

1985 年 10 月，区司法局与有关部门制订和组织实施五年普法规划。1990 年在职工中普及《中华人民共和国宪法》《中华人民共和国经济合同法》等“九法一例”教育，75% 职工参加职工普法。

1995 ~ 2007 年，全区职工开展京口区完成“二五”至“五五”普法教育，参学率均达 95% 以上。期间先后举办《中华人民共和国婚姻法》培训班 10 期，发放 3000 余份《中华人民共和国传染病防治法》，举办法制讲座 270 期，编印法律手册 9 万余册（份），有效地促进企业经营管理人员、全体职工和外来务工人员学法、懂法、用法，自觉地用法律法规规范自己行为。

第六章　技改投资　科技创新

1983年10月，区计经委设立技术科，负责全区工业企业技术改造和新产品开发工作，指导各职能公司（局）下辖企业加快技术进步和科技创新，对企业技改投资和新产品开发项目进行审查，区计经委按规定进行审批或报市经济委员会批准。1984～1987年，完成工业技改项目43项，旅游鞋、羽绒制品、风动系列产品、缝纫机针产品技改等为重点项目。1990～1992年，全区开发新产品56个，其中省级新产品8个、市级新产品20个。1993～1997年，开发投产新产品69个，19个新产品通过省部级鉴定，“金象”牌轧辊、“双帆”牌颜料、“丹灯”牌系列灯头、“三森”牌电器等产品分别列为全国、省、市名牌产品。中煤电子研究所和镇宝开关厂被认定为市级高新技术民营企业。1998～2001年，实施“科技强区”战略，技改投入7.1亿元，实施项目373项，其中科技项目200项，2个项目列为国家级“星火”计划，省级高新技术产品6个，市级高新技术产品5个。其间，区政府出台高新技术产品群发展计划，确定5个高新技术发展群。2002～2005年，宝华半挂等7家企业被认定为省级高新技术企业。2006～2007年开展“自主创新促进年”活动，设立科技成果转化基金。金舟软件、中煤电子、鼎胜铝业、宝华半挂先后获省、市科技成果转化资金无偿资助820万元。2006年，技改投入20.69亿元。2007年，规模企业技改投入21.94亿元。

第一节　技改投资

一、投资管理

1984年，区计经委按照“服从宏观控制，积极搞活微观，量力而行，尽力而为”发展区属企业精神，大力推进技术进步，抓好技术改造。根据“投入少、产出多、周期短、效益高”原则，在企业整顿基础上，对技术改造项目摸底排队、合理规划、反复认证、认真审核，对技改投资项目实行项目责任制。1985年，区计经委审批全民所有制企业30万元以下自有资金投资技改项目，集体所有制企业50万以下自有资金投资技改项目，超过规定的技改项目报市计经委审批。同年，区计经委牵头，成立新产品开发技术改造办公室，负责技改和新产品开发审定、实施、协调工作，并把科研、设计、推广、生产、标准、计量、专利、情报、咨询等“一条龙”组织起来，分成技改与生产2条线，专人负责技术改造与新产品开发。1992年，加强新品开发办公室力量，规定企业按销售额2%提取新品开发费，由区统一使用，每厂至少开发1个新品，对有功人员，按纯利润10%给予奖励。2007年，全区总投资3000万元以下技术改造项目由区发改委负责备案，其他技术改造项目由市经济贸易委员会负责备案。

二、投资项目

1984年，区计经委按报批程序、技改项目内容和范围报市计经委批准，对油毡厂、冶炼厂、唱片厂、马铁厂、橡塑制品厂等14个技改项目确定9个，投资198万元，提高产品质量和生产能力，引进技术开发新产品。1987～1992年，依靠科技进步，调整产品结构，加大技改投入，加大铝制品、不锈钢量具、机针、羽绒制品、工具、钢锉、旅游鞋、漂棉制品等产品的生产能力。

1993～1999年，技改投入2.83亿元。其中碳素总厂投入600万元，建成3座烧结炉，阳极糊产量逐年增长。镇江颜料厂先后投入1000多万元，对设备、工艺改造，扩建酞菁绿车间，新建自动烘干粉碎生产线，扩大颜料产量。金象集团建成500轧机中型生产线等项目，产生较好经济效益。

2000～2003年，全区技改投入11.34亿元，在建项目（含上年结转）346个。江苏元鼎饰材有限公司建成第2条生产线。金象集团二分厂进行改制，盘活存量资产，引进浙江客商，投资1200万元，建成鸿泰金属有限公司，恢复建筑钢材生产。宝华半挂车有限公司增添设备、改造厂房及悬挂装置项目，杉杉服装厂增资改造项目，京口纸业有限公司改造厂房，增添 4 条玻璃卡纸生产线项目。2004 年，完成固定资产投资 13.82 亿元，全年完成工业投入 8.21 亿元，增长 68.6%。组织实施 100 万元以上工业项目 79 个，竣工 61 个，完成投资 6.94 亿元。鼎铝一期、鸿泰二期、宝华四期等一批重点项目投产。2007 年，固定资产投资 74.15 亿元，规模企业投资 66.46 亿元，分别增长 28.05% 和 90.3%。全区推进和实施单体规模超 5000 万元项目 59 个，涉及总投资 286.58 亿元。鼎铝二、三期、鸿泰不锈钢等项目竣工投产，索普化工集团 60 万吨醋酸技改项目及配套空气分离重大项目推进。

第二节　科技创新

1984 年，京口区工业企业开展科技攻关，加强同科研部门和大专院校协作，吸收科研成果，在生产中推广运用。1986 年，成立京口区新产品开发技术改造办公室，加强全区新产品开发和技术改造审批、实施、协调工作。翌年，粉末冶金厂生产的 78-2 型测氧仪填补国内空白，其测试方法符合国际标准（ISO）、“镇工牌”半圆锉获轻工业部优质产品。镇江鞋厂运动鞋被评为江苏省一类产品。1990 年，制定《京口区科技进步年活动实施意见》，加强科技创新管理网络建设和科技进步目标考核。

1991 年，成立区科技新产品开发办公室，筹集 10 万元基金，开发新产品 4 个，与上海冶金研究所、江苏工学院、镇江船舶学院、苏州大学等建立了科技协作关系。1992 年 11 月，区委、区政府提出“科技兴区”等经济发展战略目标。1993 年，区政府配备科技副区长，各乡镇配备科技副乡（镇）长，乡镇、街道陆续成立科协。1998 ~ 1999 年，区政府编制高新技术产品群发展规划，确立 5 个高新技术产品群，进一步强化“科技强区”，以“创新、产业化”为主题，培育和发展高新技术产业，重点扶持、培育一批民营科技企业做大做强，努力推进传统产业高科技化进程。召开科技创新大会，制定《京口区科技创新工程实施意见》《关于加强技术创新、发展高新技术的若干意见》等系列政策和措施，重点扶持科技型、外向型、就业型和大型民营企业。

1996 年，参加镇江市第四届科技协作恳谈会，签订科技项目 15 个。2001 年，召开技术创新大会，分别与 16 家科技责任单位签订目标责任状，奖励一批科技工作先进集体和个人。2003 年，“中国·镇江高新技术洽谈会”期间，组织市金香醋胶囊有限公司与清华紫光科技开发有限公司联合开发“卵磷脂醋胶囊”项目、京口科源电器厂与江苏大学联合开发的水库恒温器等 8 个项目落户京口。

2006 ~ 2007 年，科技部门发挥高校人才和研发优势，与企业共建创新平台，签订“京口区、江苏科技大学全面合作”协议，推进蓝舶防腐、鼎胜铝业、惠通集团、宝华半挂车等企业与江苏大学、江苏科技大共建研发中心，开展“校企专家、企业家互访”“高校专家企业行”“企业家高校行”“江大、京口区科技项目对接”等活动，促成星星阻燃剂厂与南航，大元生物科技有限公司和清华大学、金舟软件科技股份有限公司等合作，组织企业赴沪、浙推动产、学、研合作。组织企业参加中俄高新技术洽谈会，鼎胜铝业与俄罗斯两年签订各类科技合作项目 31 个。

第三节　产品科技进步

一、新品开发

1990 ~ 1992 年，着重对风动工具、小分子几丁、合金衬板等 10 余类新产品开发。计划开发的 27 个新产品中，批量生产 11 个，小批量试产 3 个，试制出样品 8 个。开发的新产品中，汽车防冻液、卧式玻璃制瓶机等 4 个列入省级新品计划。电焊机电缆、调频无线话筒等 5 个产品列入市新产品计划。

1993 ~ 1997 年，焦炭添加剂、气功螺刀、强磁造机、轧辊、复铽导线、金属防护浸涂剂等 19 个新产品通过省级鉴定。

1998 ~ 2005 年，实施科技弨区战略，科技项目在新品开发比例增加，省、市级高新技术逐年增多。省级新品 20 个，省高新技术产品 6 个，市高新技术产品 5 个。镇宝开关厂 ZW11-10/630-16 户外高压真空断路器，宝华半挂车配件有限公司与江苏大学联手开发 50.90 系列鞍式牵引座、大型半挂车桥、无磷洗涤剂。2007 年，开发省级高新技术产品 15 个。

二、高新技术产业

1990 ~ 1992 年，粉末冶金厂、风动工具厂、唱片厂、低压电器厂、合金铸造厂、京口炉具厂生产的粉末测氧仪、206 型拾音器、节电器、多元合金磨球、煤炉具等 10 多个高新技术产品分别通过国家、省、市级鉴定。1996 年，镇宝开关厂“ZN28B-10C/1250-30”高压真空断路器被省科委列为省“火炬”项目，10 千伏、16 千安户外柱上真空断路器被列为省级“星火”计划。镇宝开关厂、中煤电子研究所被认定为市级高新技术民营企业。

1998 ~ 2007 年，出台高新技术产品群发展计划，确定 5 个高新技术发展群，14 个产品列为省级高新产品。“惠满丰”精制有机肥、“智能”植物工厂等被列为国家级“星火”计划省级高新技术产品。

2004 ~ 2006 年，蓝舶金属防腐公司、星星阻燃剂厂、鼎胜铝业被认定为省级高新技术企业，金宝粘合剂等 6 家企业被认定市级高新技术企业。2005 年，高新技术产品销售收入 11 亿元。全区工业科技进步对经济增长贡献率达 60%。2007 年，全区有省高新技术企业 24 家。

第八篇　商贸 交通 通信

1990 年，区委、区政府根据区情实际，设立商业、交通、物资等职能机构，加强对第三产业经营管理。1991 年，针对区位优势，实施“贸易兴区”发展战略。1992 年 10 月，区划调整后，建立区供销合作总社，管辖谏壁、丹徒、汝山、象山、新民洲 5 个乡镇（场）供销社。1994 年 12 月，区政府设立第三产业发展办公室（以下简称“三产办”）。1996 年，国家行政机构改革，区级商贸流通为与上级相对应，改称京口区贸易局。1998 年，成立区百货、洗化两有限公司。2001 年，“三产办”并入区发展计划经济贸易局。贸易局由政府序列改制为直属事业单位，更名为商业贸易总公司。2003 年，汝山，丹徒供销社相继破产。同年 12 月，市二糖公司整体改制，更名为镇江苏恒糖业烟酒有限公司。2004 年 12 月，市二饮服务公司整体改制，更名为镇江市兰阳饮食服务有限公司。2005 年，设立第三产业指导办公室。2007, 区属第三产业增加值为 24.33 亿元，成为京口区经济总量的“半壁江山”。有关区内金融保险、房地产开发等属三产范畴，为科学分类和便于记述，分别在业务相近的部类设章详述。

第一章　机构和发展

第一节　管理体制

1990 年，区委、区政府根据区情实际，设立商业、交通、物资等职能机构，加强对第三产业经营管理。1991 年，针对区位优势，实施“贸易兴区”发展战略。1992 年 10 月，区划调整后，建立区供销合作总社，管辖谏壁、丹徒、汝山、象山、新民洲 5 个乡镇（场）供销社。1994 年 12 月，区政府设立第三产业发展办公室（以下简称“三产办”）。1996 年，国家行政机构改革，区级商贸流通为与上级相对应，改称京口区贸易局。1998 年，成立区百货、洗化两个有限公司。2001 年，“三产办”并入区发展计划经济贸易局，贸易局由政府序列改制为直属事业单位，更名商业贸易总公司。2003 年，汝山、丹徒供销社相继破产。12 月，镇江市第二糖业烟酒公司（以下简称“市二糖公司”）整体改制，更名镇江苏恒糖业烟酒有限公司。2004 年 12 月，市第二饮食服务公司（以下简称“市二饮服”）整体改制，更名为镇江市兰阳饮食服务有限公司。2005 年设立第三产业指导办公室。

图 8-1　1996 年，位于丁卯桥路的镇江陶瓷城开业
（象山镇镇政府供稿）

第二节　产业发展

1984 ~ 1990 年，京口区为镇江市主城区，区域内除区属商业、物资流通、区属交通等行业，以及街道和居委会规模小、微利服务行业外，其他第三产业属市各职能部门。京口区先后成立市二饮服、市二糖公司、物资公司等商贸服务、物资流通、交通运输等三产企业。1991 年，区委、区政府决定利用区位优势让出机关办公楼，兴建华联商厦，兴办城区大型商贸市场，凸显区属三产效益。1993 年，实施城乡一体化后，区域性一、二、三产功能齐全。1994 年，确立乡镇向城市化过渡战略目标，促进全区第三产业加快发展，并制定计划和措施，协调推进三产项目。同年，全区完成三产增加值 4.35 亿元。1995 年，在注重传统行业发展同时，重视三产新兴行业，开拓新型市场，同时立足镇江，瞄准上海、深圳、海南等地拓展房地产业。先后组建京口保险办事处、城东信用社和京口农行。创办镇江二十一世纪乐园，开创旅游新领域，发展信息咨询、娱乐服务等行业。1996 年，区委、区政府确定三、二、一产业发展思路，进一步强化三产措施，保持增长势头。1999 年，完成三产增加值 7.95 亿元，比前三年增加 16.91%。新建或改、扩建 16 个市场。2001 年，三产增加值 10.24 亿元。同年，“三产办”并入区发展计划经济贸易局。2003 年，完成三产增加值 13.17 亿元，同比增长 13.44%，实现社会消费品零售总额 20.89 亿元。新（扩）建农贸市场、商品交易市场，完成新时代广场、太和广场建设，形成健康路电子、南门大街风味饮食、斜桥街精品服饰 3 条特色街区。餐饮业、旅游业、商贸流通围绕人民生活需求，大力开拓新项目。2004 ~ 2005 年，利用区位优势，加强专业市场、大型卖场、连锁超市和特色街巷建设，全力推进服务业规模化、专业化、特色化，形成“小区域大服务”格局。投资 100 万元以上竣（开）工项目 300 多个，新增网点 800 多处，建设京润国际花园、怡海家园住宅区，江大东风村、谏壁燕舞桥农贸市场、谷阳路汽车和小米山商业等大型服务网点。2006 ~ 2007 年，京口区出台《关于加快现代化服务的实施意见》，着力做优做精沿路、沿江、沿河服务业集聚带。各社区依托主城区优势，丰富服务内涵，优质服务，发展楼宇经济、总部经济等新型业态。象山镇依托城市道路和区域优势，发展房地产及配套商贸服务业、现代物流业和特色专业市场。谏壁镇和镇江新民洲港口产业园（共青团农场）依托沿江、沿河优势，发展生产性服务业及为居民生活、休闲服务业。2007 年，三产增加值占全区地区生产总值的 48.31%。

1987 ~ 2007 年京口区第三产业情况表

表 8-1　　　　单位：亿元、%

年份	地区生产总值	三产生产总值	占比	年份	地区生产总值	三产生产总值	占比	年份	地区生产总值	三产生产总值	占比
1987	0.53	0.31	58.49	1994	8.18	4.34	53.06	2001	18.84	10.24	54.35
1988	0.65	0.40	61.54	1995	9.53	5.92	62.12	2002	22.07	11.61	52.61
1989	0.82	0.55	67.07	1996	11.16	6.80	60.93	2003	25.90	13.17	50.85
1990	1.02	0.74	75.55	1997	12.14	7.10	58.48	2004	30.42	14.94	49.11
1991	1.29	0.92	71.32	1998	13.15	7.69	58.48	2005	36.17	17.08	47.22
1992	1.87	1.45	77.54	1999	13.83	7.95	57.48	2006	42.30	20.26	47.90
1993	55.54	3.17	57.22	2000	16.13	9.02	55.92	2007	50.36	24.33	48.31

第二章　商贸流通

1983 年，京口区商业局内设 1 办 3 股（即办公室、人秘股、财务股、物价股）4 个职能机构。1984 年，市政府决定将城区范围 200 多个小型国有和集体餐饮、旅社、洗理企业、糖烟酒零售商店交由京口区管辖，先后成立市二饮服、市二糖公司、区商业总公司（后更名京口百货公司），隶属京口区商业局。1990 ~ 2006 年，区域范围内各类商业网点，实行多元化、立体式发展。国营、集体商业网点退出原有机制，先后转为民营、私营商业网点。2007 年，区商贸机构改制后，下属 86 个企业网点，其中镇江市兰阳饮食服务有限公司 56 个，镇江苏恒糖业烟酒有限公司 27 个，京口区百货有限公司、洗化有限公司、镇江市祥瑞茶水服务有限公司，继续经营餐饮、理发、沐浴、旅馆、食品杂货零售、百货洗化用品等服务项目。市场经济不断发展，城乡有各类商业服务网点逾万户，就业人员近 4 万名。

第一节　百货　什杂副食品

一、百货

1990 ~ 1996 年，市二糖公司下属网点中多数网点兼营日用百货。1997 年，京口百货公司租用位于大西路与电力路交叉处开设新网点，扩大营业面积，增加展示商品品种，改善经营环境和经营条件，增强企业竞争力，使区属百货业占有一定市场份额。

1997 ~ 2007 年，京口区百货业随着城区市政建设和商品房开发，大多网点被拆除，加上大型商场、超市增多，商城、地摊遍及，区属百货网点仅存 2 家。

二、什杂、副食品

1989 年，市二糖公司下属网点 89 家，主要经营糖烟酒、日用杂品、副食品等商品。1990 ~ 1994 年，区属商业网点随着市场经济逐步形成，经营状况每况愈下。市二糖公司率先将解放路 174 号利群商店实行租赁经营。后随着个体商业，尤其是“万方”“苏果”“华联”“大润发”等超市市场覆盖率占 95% 以上，市二糖公司所属什杂企业受冲击很大。为摆脱困境，实行“三补”（即主营不足辅营补，店内不足店外补，零售不足批发补）措施。顺应市场所需，灵活经营。先后与各大医疗机构协商，租赁闲置房源开办服务网点和代销店，安排就业，扩大经营，增加收入。同时，增加特色小吃、代售水面、电话服务、代充液化气等项目，并出摊出点、批零兼营。

图 8-2　1996 年，二糖副食品批发中心举办首届商品供货会　（区商贸总公司供稿）

1995 ~ 2007 年，区属什杂批发部门开展“仓储式”直销。1996 年，市二糖公司收回电力路网点，增加营业面积，集批零经营为一体。结合固定环境，主动避开正面竞争，闯出一条适应自身发展经营之路。2000 年，抓住第一人民医院新大楼启用契机，筹集资金对电力路网点进行改造，转行经营，利用区位优势，开展旅宿业务。大西路大明商店原主营烟花爆竹为主，1997 年，实行“烟花禁放令”后，进行商品结构调整，做特色文章，引进土特产品，形成特色经营。2003 年，市二糖公司改制为镇江苏恒糖业烟酒有限公司。2007 年，镇江苏恒糖业烟酒有限公司下属网点 27 家。

1984 ~ 2007 年京口区区属商业经营情况表

表 8-2　　单位：万元

年　份	营业收入	利　润	年　份	营业收入	利　润
1984	1802.30	67.34	1996	8152.08	-
1985	1867.81	32.29	1997	9171.20	48.37
1986	2091.23	46.40	1998	10300	48.20
1987	2575.26	35.90	1999	11000	53.26
1988	3263.82	54.07	2000	11002	52
1989	3395.11	53	2001	11700	54
1990	3558.19	13.48	2002	11825	54.32
1991	3621.56	35.70	2003	16482	71.04
1992	4282.67	46.76	2004	21060	102.86
1993	5221.55	19.33	2005	29000	150.20
1994	6924.34	34.49	2006 ~ 2007	70000	474
1995	7236.32	43.34			

第二节　生活服务

一、餐饮

1. 区属饮食业　1990 ~ 1992 年，京口区域内有大中型酒楼、菜馆 50 多家，其中百年老字号宴春酒楼等属市直营业外，区属有得月楼（后改新春酒楼）、新半斋饭店（后改喜盈楼菜馆）、九如菜馆等一批独具特色餐饮行业和风味小吃。1991 年，中山路、电力路、长江路、正东路等相继拓宽和旧城改造，拆除饮食行业房屋与落实政策归还私房等，先后拆除饮食网点 48 家，经营规模逐步萎缩。为增强市场竞争力，市二饮服先后对喜盈楼菜馆、新春饭店、华阳酒楼、伊斯兰菜馆、九如菜馆、新一春菜馆等进行改建、扩建，扩大经营场所，提升经营档次。1993 年始，京口城乡餐馆业传承优良菜肴和风味小吃，拓展市场。新春酒楼自制水晶肴蹄在全市同类食品评比中，与宴春酒楼水晶肴蹄并列第一，不断受市场和竞争力影响，2000 年歇业。独创三丁、豆沙、笋肉、菜肉"四式包子"及拆烩鲢鱼头等独具风味的喜盈楼菜馆，因改制拍卖使用权，2003 年拆迁歇业。

2001 ~ 2007 年，区属饮食企业在市场竞争机制中，由于诸多因素，逐步"国退民进"，转轨改制。

1993 ~ 2006 年，金聚楼、六朝春、镇扬饭店、邵顺兴等私营酒楼、饭店、小吃店主嫁接、移植"伙面"（跳跳小刀面），在城镇广开网点，显示了京口区特色早点一道风景。2007 年，区属饮食业网点仅存 12 家。

2007 年京口区区属饮食业网点情况表

表 8-3

序号	网点名称	地址	备注
1	三怪酒家	大西路 519 号	2007 年歇业
2	新春菜馆	大西路 525 号	2007 年歇业
3	华阳酒楼	长江路 125 号	改变经营模式
4	钅长都大酒楼	大西路 368 号	兼营服装
5	新九如菜馆	解放路 91 号	—

续表 8-3

序号	网点名称	地址	备注
6	杨大昌小吃店	大西路 458 号	—
7	人民小吃店	京畿路 10 路	—
8	红星小吃店	大西路 94 号	—
9	山城火锅庄	迎江路 6 号	—
10	朱老大炖菜馆	朱方路 209 号	—
11	韶关煲馆	大西路 515 号	—
12	舟山渔港酒楼	弥陀寺巷 24 号	—

2. 乡镇街道饮食业　1983 ~ 2000 年，京口区乡镇街道设立生产生活服务公司，在市、区属餐饮业十分发达情况下，自力更生，在街头巷尾开办方便学生、市民、职工群众早晚点等特色小吃。尤其是和平路街道在镇江火车站附近开设劳动路（今中山西路）水饺店，24 小时为过往旅客服务，安置 200 多名待业青年就业。1992 年 11 月区划调整交由润州区。

2001 ~ 2007 年，谏壁、丹徒、汝山、象山、共青团农场及大市口街道等充分利用辖区内大型企业、高校和住宅小区集中等优势，先后开办嘉禾早点服务公司等 200 多家餐饮网点，成为乡镇街道一个重要经济支柱。

3. 个私餐饮业　1983 ~ 1989 年，区域内个私饮食业以手提肩挑为主，品种为大饼、油条、煎饼、豆浆、锅盖面等小吃，在街头巷尾设摊经营早点。

1990 ~ 2007 年，京口区城乡随着建成区面积和市场经济逐步形成并迅速发展，区域内个体饮食业，历经摆摊设点、小门市，发展到酒楼、大酒店规模性个体餐饮业过程。如私营业主鄂锦坤从小吃店规模的“镇扬饭店”发展成“金聚楼烤鸭大酒楼”“假日锦绣皇宫大酒店”，成为全市大型个私餐饮业之一。全区有香逸渔港、东方酒楼、香江酒楼等 200 多家个私餐饮业。2000 年以后，除保持和发扬“锅盖面”、盐水鹅、鸭血粉丝等特色外，引进成渝火锅、麻辣烫、云南米线、山东煎饼、陕西拌凉皮、新疆和甘肃烧烤等特色风味小吃数百种。2007 年，区域内个私餐饮 5000 多户，就业人数 3 万多人。

4. 饮食店选介　新九如菜馆　20 世纪 90 年代末搬迁、扩建，位于解放路 91 号，地处大市口商业繁华地带，是以经营清真菜系列为主的民族特色饭店。营业面积 400 多平方米，可供 300 多人同时就餐，内设 8 个民族格调包厢。经营精选的绵羊里脊肉、磨档肉，自制羊肉卷和风味独特的生涮调料，正宗北京风味涮羊肉为其特色。1995 年，被省政府授予“江苏省民族团结进步先进集体”称号。2000 年，被镇江市政府命名为特色饭店。歇业后，市二饮服筹措资金在原民族饭店基础上，重新装饰、改造，成为新的清真餐馆。为保持民族特色，组织人员去周边城市清真餐馆学习、取经，并通过媒介向社会公开招标。2000 年 9 月 20 日，更名银都大酒楼，正式对外营业。不久再次更名伊斯兰菜馆。期间，因商业大厦兴建工程需要，伊斯兰菜馆迁址解放路，更名民族饭店。后又更名新九如菜馆继续经营至 2007 年。

图 8-3　2000 年，具有民族特色的新九如菜馆在市中心开业（区商贸总公司供稿）

新津大酒店　1992 年 10 月开工建设，次年竣工营业。地处丁卯高新技术开发区中心经八路 1 号，系与丁卯高新技术开发区协力服务公司合资新建大型商业网点之一。建筑面积 7289 平方米，总投资 1000 多万元。1993 ~ 2007 年，仍坚持经营。

银都大酒楼　1992 年 12 月开工建设，主体 3 层，局部 4 层，次年竣工营业，总面积 1200 多平方米。位于大西路 368 号，2000 年后旧城改造拆迁。

舟山渔港酒楼　2006 年开业，位于弥陀寺巷 24 号。经营舟山渔场黄鱼、带鱼、银鲳鱼、乌贼鱼、竹节虾、梭子蟹、扇贝、鲜淡菜、鱼蚶、海瓜子等 20 多种海鲜，聘请特级名厨料理，突出“鲜、嫩、滑”海鲜特色，酒楼以“高档享受，低价消费”理念，优美环境和一流服务，为京口餐饮业打造新亮点。

二、旅社

1. 区属旅社　1990 年年底，区属旅社 26 家，从业人员 165 名。1991 ~ 2006 年，区服务管理机构将单一服务型向综合服务型转化，职工自筹资金，配备客房设施，改造装饰客房，撤销通铺，开办食堂、浴室，实行“一条龙”配套服务，并恢复车站、码头接客，在一段时间内，稳定和维持区属旅馆业。2007 年，区属旅社 13 家，从业人员 50 多人。

2007 年京口区旅社情况表

表 8-4

序　号	名　称	地　址	备　注
1	交通旅社	中华路 289 号	附设理发、小卖部
2	光明旅社	中华路后街 7 号	附设小吃店
3	渡江旅社	长江路 24 号	附设小卖部
4	大华旅社	中华路 285 号	附设小卖部
5	新中旅社	三元巷 7 号	—
6	大众旅社	京畿路 48 号	附设餐饮
7	新光旅社	大西路 14 号	—
8	利群旅社	中华路后接 14 号	—
9	幸福旅社	双井路 72 号	—
10	桃园旅社	桃园新村	附设小卖部
11	新旅社	日新街 27 号	附浴室、理发
12	西苑旅社	金山路 1 号	附浴室、餐饮、小卖部
13	扬子江旅社	长江路 87 号	—

2. 乡镇街道旅社　1983 ~ 1991 年，大市口、健康路、四牌楼、正东路等街道和居委会先后建立 20 多家旅社，设置床位 300 多张。1992 年，区划调整后，谏壁、丹徒两镇和象山、汝山两乡有乡镇旅社 10 家，设置床位 200 多张。1993 ~ 2004 年，象山、汝山、丹徒和谏壁 4 乡镇在九里街、孟家湾、东风村及集镇农贸市场附近兴建旅社，为外省市来京口区打工、经商旅客服务。2005 ~ 2007 年，随着城乡商品房开发，经商及打工人员多数购买商品房或租赁民房，乡镇街道旅社业务清淡，多半歇业。

3. 个私旅社　1983 ~ 2001 年，全区城乡个私旅社业为数不多。2002 ~ 2006 年，区域性市场经济进一步开放后，凡符合旅社业执业资质和执业条件的个体、法人，经公安、工商部门审查批准，均可开业。2007 年，全区城乡有个私旅社 200 多家，1500 多张床位。

4. 旅社选介　新旅社　1925 年创建。地址在中华路日新街 27 号，初为两幢楼房。1938 年，耗资 1.2 万银圆扩建成四层楼房（跑马楼），共 35 个房间。设备考究，每个房间备有沙发、铜痰盂、红木梳妆台等。设有“喜”和“寿”字霓虹灯，备有檀木机几、半桌、太师椅、圆桌等。1950 ~ 1990 年，可供顾客租用为结婚或祝寿典礼场所。1991 ~ 2007 年，由于旅客减少，将旅社经营部分为客房部、浴室部对外服务。

扬子江饭店　新中国成立前建立，位于原镇江7、8号码头附近（今长江路87号），供南来北往旅客住宿，总面积3400平方米。1950 ~ 1995年，旅馆部有87个房间，其中单人房间15个、双人房间48个、3人房间4个、4人以上房间20个，设施配备较全。1996 ~ 2007年，旅馆部设有中、小型会议室。此外还设有小卖部、理发室、小吃部等。

西苑饭店　1987年建，位于金山路1号，总面积1600平方米。1989 ~ 2007年，旅馆部有37个房间，其中单人房间14个、双人房间21个、3人房间2个，设有小型会议室，设施齐全。还设有餐厅、小卖部、理发室、浴室、小吃部等，餐厅除供应大众化菜肴外，还可供点菜和承办筵席。

三、洗浴

1. 区属浴室　1986年，中山路拓宽，拆除中泉浴室。1987 ~ 1990年，每到秋、冬，市民“洗澡难”呼声较高，加上浴室收费偏低（男浴室0.30元，女浴室0.32元），支出高于收入，同时，9台锅炉带“病”运行，缺少资金更新。市政府对“洗澡难”问题深为关切，对区属浴室业实行免税、拨款等扶持政策，使区内浴室业逐步走出困境，“洗澡难”有所缓解。除重修解放浴室，西苑饭店浴室部建成，并正式对外开业。1991年，市政府把恢复中泉浴室列为为民办“十件大事”之一。中泉浴室于1991年12月27日落成复业，集洗浴、理发、擦背等“一条龙”服务。1992 ~ 1995年，区域内企业、机关团体、个体办浴室先后对外营业，加之太阳能及电、气热水器落户城乡社区家庭，区属浴室业逐步衰退。

1996年，区属浴室业为重振雄风，提高服务档次，改进硬件设施。市二饮服自筹500万元资金，复建解放浴室，被京口区列为1996年度十大重点工程之一，当年施工，11月8日落成复业。1997 ~ 2007年，全区有7家浴室业网点。

2007年京口区浴室业情况表

表8-5

序　号	名　称	地　址	备　注
1	中泉浴室	中山东路35号	附设女子部
2	阳光康乐园沐浴	寿邱街8号	设男、女休闲
3	南山浴场	贺家弄糕点厂	附设女子部
4	健康浴室	大西路200号	附设女子部
5	新旅社浴室	日新街27号	附设女子部
6	大兴池浴室	京畿路4号	附设女子部
7	西苑浴室	金山路1号	附设女子部

2. 乡镇街道浴室　1983 ~ 2007年，各街道因地制宜，先后创办浴室，对解决市民“洗澡难”起到一定作用。1992年10月，区划调整后，6个乡镇场圃有浴室20多家。1993 ~ 2007年，各乡镇企业和城乡居民充分利用闲置房兴办浴室150多家。

3. 企事业单位及私营浴室　1983 ~ 2007年，京口区域范围内有机关、学校、厂矿、运输等企事业单位自办浴室100多家。其中市级机关、镇江船艇学院、江苏大学、江苏科技大学、谏壁发电厂、镇江大东造纸厂、镇江纸浆厂、镇江港务局、镇江船厂、镇江钛白集团、江苏索普集团、鼎胜铝业公司、镇江纺织厂、合成纤维厂等单位浴室均为大型沐浴中心。许多“三班倒”（早班、中班、晚班）企业浴室24小时开放，除职工凭券洗浴外，对周围市民开放，售票沐浴。

1983 ~ 2007年，京口区域范围内个体及私营浴室业发展较快。尤其是采用集中供应热水后，全区城乡个私浴室200多家，其中较大的洗浴中心80多家，如“半岛汗蒸”“双龙池”等。

4. *浴室选介*　*扬子江浴室*　1937年建，位于今长江路87号。1972年改建为旅馆、浴室、小吃部等配套服务的扬子江饭店。男子部设有竹林厅、北固厅、焦山厅、金山厅等150多张客位；女子部有淋浴位29个，同时设有擦背、捶腿、修脚、推拿等服务项目，兼营蒸馏水出售。2007年歇业。

西苑浴室　1987年，市政府为解决西区市民"洗澡难"投资建设，位于金山路1号，建筑面积1600平方米，设有100多张浴位。1988 ~ 2007年，主要经营男、女普浴服务项目。

大兴池浴室　清末民国初始建，系镇江城区现存百年历史浴室之一，位于京畿路4号，西邻镇江老火车站，东接大西路。新中国成立前，城区商界在此以沐浴相互交流商情，互通信息。新中国成立后至1989年设有男、女普浴室。1990 ~ 2007年，始设男子中档休闲室，保持古朴风貌，环境幽静，服务项目齐全。一年四季为中、老年浴客服务。

四、理发

1. *概况*　1990年，市二饮服仍保留京江、丽华两家美发厅外，其余29家（全民6家、集体23家）划归区属管辖，从业人员275人。由于个体理发店发展，国营、集体理发业务下降，技术人员外流，部分理发店入不敷出，市二饮服将多家理发店转业经营。少数曾赴日本进修美容美发技艺及参加全省理发大赛获奖的理发技师离职开设个体理发店。在市场竞争中，为守住国营、集体理发业阵地，市二饮服采取开办美发美容技艺培训班，以"请进来、派出去"多种形式提高服务技能。青年理发师郭桂荣参加1985年省首届美发杯大赛，获得女子鸟羽式单项冠军，为京口区唯一特级理发师。1987年，派出3名理发师赴日本进修美发美容。另有4人曾被外交部人事司选派到中国驻外大使馆工作。同时，筹集资金改造服务设施，更新理发工具，引进开拓美发美容项目，不断创新发型。1988 ~ 2006年，京口区个体、私营理发美发业网点总数逾300户。2007年，区属理发业网点5家。

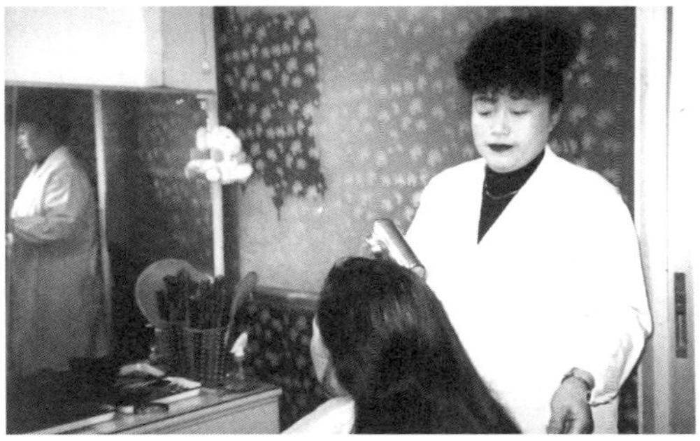

图8-4　1991年，全国"五一劳动奖章"、全国"三八红旗手"称号获得者、江苏省第七届人大代表、高级理发师郭桂荣为顾客服务　（区商贸总公司供稿）

2. *理发店选介*　*一乐理发店*　1934年建立，为城区最早理发店之一，位于五条街，面积100多平方米。1956年，实行公私合营。"文化大革命"期间，曾经改名"为民"理发店。1979年后，恢复原名，系甲级理发店。1987年12月，大西路店面为市糖业烟酒公司征用，迁至人民街5号（原风光理发店）营业，规模较前缩小。1988 ~ 2007年，该店设烫发、修剪、染发、做花等项目。青年理发师设计新发型，在城区市民中影响较深。

红玫瑰理发店　新中国成立前建立，位于伯先路22号（伯先公园正对门），为城区较早理发店之一，面积100多平方米。1983 ~ 2007年，该店设有烫发、修剪、染发等服务项目。

五、照相、洗染

1. *照相*　1986年，市二饮服建立区属新艺照相馆，地址在解放路34号，有黑白、彩色照片摄影、放大等项目，购置7.86万元彩色扩放机1套。1985年以来，私营和个体照相业及个人拥有相机后，市场竞争激烈，业务清淡，1989年9月停业。1990 ~ 2007年，区域内200多家电脑拍照，冲洗，放大照相业均为个私网点。

2. *洗染*　1937年7月，全城有各式洗染店14家。新中国成立前夕28家。20世纪50 ~ 80年代，毛织品服装逐步增多，洗染业增加染色与织补。1990 ~ 1992年，市二饮服在解放路176号设立新艺干洗店，职工11人，备有国产海狮牌全套干洗烫设备、XGQ-15型全自动干洗机、QFQ-12型蒸汽发生器、熨烫机、成型精整机（人像定型机）各1套，开展服装干洗、熨烫、整理、印字等。1993年，拓宽解放路，迁址大西路营业。2001年，因兴建山巷广场拆除，停止营业。2002 ~ 2007年，区域内洗染业50多家，系个私企业，由区工商机关管理。

六、水炉

1983 年 9 月，市计委批准，京口区属水炉业为城镇小集体，由市二饮服浴室中心店代管。1995 年，市政府批准，区属水炉业职工（在职及退休）纳入市级养老保险统筹范围，解决水炉业职工后顾之忧。2001 年，为解决水炉业资金困难，市财政拨 10 万元专款解决。

2004 ~ 2006 年，城镇传统式“冲水房”业务清淡。水炉业部分网点落实政策，归还业主自营，部分转业经营其他项目。2007 年，全区水炉业在职职工 3 人，退休职工 19 人，领取养老生活补贴费 3 人。

此外，1983 ~ 2007 年，区域内浴室保留茶炉，老城区及近郊农户自营水炉供应浴室及居民茶水，同时供应外来务工人员饮用水。镇江城区、谏壁、丹徒两镇及象山九里街、陈家门等处有老虎灶 10 多家。

七、商贸企业选介

华联商厦　1991 年初，区委、区政府决定将位于大市口繁华地段区政府办公楼北面广场及门楼、消防水池、假山、自行车棚、北门大厅及办公楼主楼 3 层（含 3 层）以下腾让，兴建华联商厦。1991 年，华联商厦成立董事会，董事长由京口区常务副区长孙金林担任，总经理陆元慈、副总经理顾俊生、王志刚，内设 1 室 2 部（即：办公室、人事保卫部、财务部）。4 月立项，7 月动工，12 月 25 日竣工，12 月 31 日对外营业，当天营业额达 24.5 万元。1992 年，增设礼品礼仪公司。商场部分下设百货部、五化交部、副食品部、鞋帽部、精品部、纺服部，共有员工 395 名。1992 年 10 月，区委、区政府决定京口红旗综合厂、京口羊毛衫厂划归华联商厦管辖。1993 年，华联商厦改制股份有限公司，公司下设总经理办公室、人事保卫部、公关部、业务部、财务部。

图 8-5　2007 年，镇江华联商厦股份有限公司（华联商厦供稿）

1993 年，区委、区政府决定让出区级机关办公楼，实施华联商厦 2 期扩建工程。1993 年 2 月动工，12 月 28 日竣工并对外营业。营业面积 1.6 万平方米，配备 240 万大卡中央空调、6 台自动扶梯、3 台垂直电梯、自动消防系统、计算机系统、监控防盗系统、背景音乐系统等设施。1993 ~ 1995 年，华联商厦为扩大营业项目，先后建立华联大酒楼、华联商务中心、华宇广告装饰装潢公司、发展公司、华联皮特快餐公司（与新西兰合资）、华联商厦中心、副食品批发公司、百货批发公司、小霸王批发部及天宝饰品商行 10 多家连锁子公司。商场部下设百货部、副食品部、家电部、音响音像部、五交化部、鞋帽部、精品部、服装部、精品服装部、针纺部、文化用品部、儿童城 12 个商品部。1996 ~ 1997 年，华联商厦公司下设科室，商场下设各部未作调整，分设 99 个柜组，商厦所属职工总数 700 人。1997 年，投入 250 万元，装修调整 1 ~ 3 楼营业厅，新增营业面积 300 多平方米。1998 年，多种因素导致销售收入“滑坡”，市场份额锐减，亏损严重。7 月，全面歇业，并进行设施改造、装修、调整。2001 年，区政府将投资华联商厦股份有限公司国有股份全额划转江苏置业集团总公司，华联商厦与江苏置业集团实施资产重组。2002 ~ 2007 年，华联商厦经营全方位进行招商，引进经营者，不再自主经营。

1992 年 10 月，华联商厦经省体改委批准，成为省内首批规范化股份制试点企业，组建华联商厦股份有限公司，首期定向募股 3492 万元、3492 万股。区政府以土地使用权入股，持有 1292 万股。华联股份有限公司转换经营体制，建立优胜劣汰用人机制，实行“四岗”（试、上、待、撤岗）。1993 年 11 月，经国务院批准，华联股份有限公司向社会法人增资配股 2010 万元。扩股后，区政府持有股份 1415.34 万元，占总股本 27.7%。1998 年 7 月，全面歇业进行硬件设施改造、装修、调整。同时，深化改革，彻底转换经营机制。实行经营权和管理权分离。2002 ~ 2007 年，华联商厦不再自营，除安排部分职工在引进商户工作外，通过撤并科室，精简行政后勤人员，采取终止合同、劝其调离、违约辞退、一次性补偿等办法分流人员。2003 年，职工减少至 429 人。2007 年 12 月，职工再次减为 270 人、商厦管理及后勤工作人员 60 余人。

其余职工由商厦缴纳养老及医疗保险，发给生活费用，自谋出路。

第三节　商贸流通体制改革

1991 ~ 1992 年，区商业局对第一轮承租经营网点，在调查研究、测算分析基础上，做好 166 家租赁、承包到期企业第二轮承包租赁。区商业机关职能转换，面向基层，强化服务功能，提高办事效率。创办经济实体，逐步实现与财政脱钩，走自收自支、自立和自我发展之路。制定《关于京口区商业局转换职能、简政放权的意见》，克服“四无’（无资金、人才、门点、渠道）困难。9 月，成立京口贸易总公司，与区商业局两块牌子、一套班子。此后又创办商业局经理部、京口第十一建筑工程处、京口福利生物制品加工厂和京口商贸总公司 4 个经济实体。与下属公司、科室、中心店“脱钩”，创办 11 个经济实体，年创收 800 多万元，实现商贸流通业、建筑业、加工业三轮驱动新局面。

1993 ~ 2003 年，区商业局加大改革力度。精简行政管理人员。对科室人员实行定编、定岗，基层公司管理人员从 69 人精简为 34 人，净减 35 人，达 50% 以上；探索产权制度改革新途径。1993 年，对长江旅社、喜盈楼菜馆、香酥小吃店 3 家长年亏损国营小型企业公开拍卖使用权，成交价 210.10 万元，属全省首创。同时，在完善租赁承包责任制基础上，对 38 家区属商业进行“国有民营”“公有私营”探索，在租赁经营基础上一包到底，引进风险机制，明确承包人和职工双方责、权、利。1995 年，采取“控亏扭亏”，深化“四种模式”（公有私营、租赁承包、大包干、定额计件）改革措施。旅社、饮食、零售杂什亏损面从 80% 下降到 15%。并将“小、微、亏”36 家小型企业推向市场，公开招聘对外租赁经营人才。京口百货公司实行“先售后股”，改制为京口百货、京口洗化有限公司两个企业。2003 年，区商业推行以转变企业经营机制，实行公有资产和职工身份“双置换”，规范企业改制“三大工程”（人员梳理，资产盘点，债权债务清理）。12 月，对市二糖公司实施整体改制，资产受让方崔永亮，资产出让范围为市二糖公司全部资产（含土地使用权，不含产权不明房、租赁的房改房和外单位房产）。资产出让价格经审计评估确认，总资产 529.88 万元，总负债 109.51 万元。按规定提留、剥离 523.57 万元，出让净资产为 –103.20 万元，经公开招标、竞价出让，以 8 万元成交。改制后企业更名为镇江苏恒糖业烟酒有限公司。

2004 年，区属商业根据镇江市政府文件精神，做到“五坚持”“五确保”：坚持“四分开、四严禁”原则，确保国有资产评估不漏、不重；坚持以人为本，确保依据政策提留到位；坚持广开言路，确保职工合法权益得到维护；坚持阳光操作，确保国有资产保值增值；坚持档案完备，确保企业改制工作经得起历史考验。2004 年 9 月，市二饮服六届八次职工代表大会全票通过《企业改制和职工安置方案》，12 月在市交易中心公开竞价出让，以 1130 万元价格成交，溢出起拍价 972 万元。产权受让方徐品兰，资产出让范围为市二饮服全部资产（含土地使用权，不含产权不明房、未领到产权证企业房、租赁房管房和外单位房产）。转让价格和出让资产，经审计评估，确认总资产 6152.03 万元（已剔除权属不明房和未领到产权证企业房资产 404.61 万元）。其中，固定资产房屋 5555.27 万元，总负债 553.56 万元。按规定提留、剥离 5450.11 万元。延伸审计盈利 9.91 万元，出让净资产价值 158.26 万元，以 1130 万元竞价成交，改制后企业更名为镇江市兰阳饮食服务有限公司。至此，京口区商贸系统改制完成。

第三章　供销合作

1983 ~ 1991 年，供销社以集镇为中心建立基层供销社。1992 年 10 月，区划调整后，京口区成立供销合作总社。1993 ~ 2003 年，京口区供销合作总社管辖谏壁、象山、汝山、丹徒和新民洲 5 个基层供销社。2004 ~ 2007 年，由于行政机构撤并，总社管辖谏壁、象山、新民洲 3 个基层供销社及为农综合服务社等企业。

第一节　直属单位

一、镇江市梦溪商场

位于梦溪路(原环城路)12号，为京口区供销合作总社直属企业。1992年前，象山供销社设立东门商场。1992年10月，更名为梦溪商场(独立法人)，下属网点原环城路老北门商店，有门面24间，710平方米(产权属市房管所)。1993年3月～1998年11月，梦溪商场由集体统一管理，经营百货、五金、交电、针纺织品、副食品、小型农具、机电设备等商品。1997年12月，总社在全系统深化企业改制，推行抽资租赁承包经营，第一轮承包期为3年，梦溪商场8个柜组及北门商店全部参加抽资租赁承包经营。北门商店合同期满后，又将所有柜组承包给商场职工个人循环续包，直至2004年7月出让北门商店资产为止。2001年，抽资租赁承包经营期满，进入第二轮承包经营，经公开招标，商场职工仇玉娟进行总承包，标的每年9.15万元，所带人员25人，承包合同期限为3年。2003年，镇江市非居住房管所，收回梦溪商场北门商店10间(计24间)门面房使用权，从而造成停业。2004年4月，经与市房管局磋商，北门商店剩余14间门面房，由梦溪商场105万元购买，用以筹措企业改制成本。同年7月8日，通过镇江华证拍卖有限公司对资产进行竞拍，拍卖11间，总价值268万元。剩余3间，其中1间抵偿镇江市农行债务、2间自用。2006年8月，梦溪商场整体出租给存仁堂医药有限公司，年租金30万元，职工按改制有关规定进行安置。2007年，经营面积610.83平方米，固定资产57.66万元，职工总数52人。

1993 ~ 2005年镇江市梦溪商场经营情况表

表8-6　　单位：万元

年份	资产总额	固定资产	销　售	利　润
1993	183.19	181.77	739.09	0.11
1994	148.07	181.77	468.89	1.85
1995	140.08	194.72	418.72	1.85
1996	214.19	64.56	322.80	0.17
1997	162.22	64.56	188.78	-67.74
1998	93.41	63.51	122.20	-44.96
1999	81.83	63.51	121.36	-4.04
2000	76.46	63.51	75.99	-1.45
2001	55.12	57.66	49.83	-24.01
2002	62.26	57.66	53.57	-2.02
2003	43.80	57.66	86.38	-0.01
2004	46.30	57.66	67.06	-18.89
2005	78.91	57.66	10.21	-0.01

二、京口大鹏商业公司

前身为丹徒大鹏商业公司，成立于 1956 年，位于丹徒镇，公司设有经理室、财务室，有职工 59 人，退休人员 21 人。营业面积 2113 平方米（其中租用房营业面积为 613 平方米，原丹徒镇饭店、浴室、丁卯经营部），商品库房面积 300 平方米，有 14 个网点、12 个柜组，经营品种达 5000 多个。1990 ~ 1991 年，丹徒饭店、丁卯经营部获润州区供销社“千里马”竞赛活动先进柜组光荣称号。1991 ~ 1993 年，总销售额为 506.28 万元，利润为 0.608 万元。1993 年，该公司法人代表为蔡兆甫。1994 年 11 月 25 日，该公司合并给丹徒镇供销社统一经营管理。

三、象山大鹏商业公司

象山大鹏商业公司前身为象山合作商店，成立于 1956 年，1984 年更名为集体商业总店。1987 年 6 月改为现名，位于九里街，有营业面积 1020 平方米，商品库房 370 平方米，职工总数 53 人，其中退休人员 10 人。下辖 14 个柜组、2 个废品收购站、1 个批发部。经营烟酒、副食品、糕点、糖果、罐头、乳制品、日用百货、五金交电、建材、农副产品、钢材、汽车配件、废旧物资回收等。1990 ~ 1992 年，总销售额为 411 万元，利润 0.35 万元。1994 年 11 月 25 日，合并给象山供销社统一经营管理。

四、汝山大鹏商业公司

1988 年成立，位于汝山镇（原汝山乡）孟家湾村，下辖 3 个经营网点，即孟家湾综合商店、长江综合商店、孟湾饭店，职工 19 人，经营烟酒、副食、百货、日杂等 600 多个品种。1990 ~ 1992 年，总销售额为 106.3 万元，利润 -0.241 万元。1993 年 1 月，该公司合并给汝山供销合作社统一经营管理。

五、京口区供销贸易总公司

1993 年 3 月 28 日成立，位于镇江市东吴路九里街象山供销社三楼，有职工 30 人（其中含新民洲供销社并入 5 人），经营农资、建材、炉料、燃料等物资及印刷业务。下辖 5 个独立法人分公司和印刷厂。1995 ~ 1996 年，缺乏市场竞争能力，无力清偿债务，贷款又无法收回，1997 年下半年，总公司及其分公司相继关停歇业。

1993 ~ 2007 年京口区供销社经济情况表

表 8-7　　　　单位：万元

年份	资产总额	固定资产	销售		利润
			商业	工业	
1993	1660.53	415.89	4379.48	107.13	-45.70
1994	1867.82	474.05	3663.02	95.72	-30.92
1995	1964.94	507.59	3002	105	-127
1996	2300	1222.36	2692	64.61	-65.43
1997	2085.55	1176.41	2112	181.04	-384.40
1998	1815.91	1090.77	1365.74	89.28	-399.10
1999	1743.41	1086.89	1220.27	15.52	-118.43
2000	1602.04	1027.70	1233.31	—	-130.61
2001	1720.28	1023.79	1086.49	—	-81.99
2002	1669	1038	1047	—	-57.85
2003	1977	945	1064	—	0
2004	1445	906	988	—	1

续表 8-7

年份	资产总额	固定资产	销　售		利　润
			商　业	工　业	
2005	1595	912	934	—	6
2006	715	551	704.99	—	-39.52
2007	689	476	773.19	—	-35.58

六、谏壁砂石公司

1993 年 4 月 24 日，京口供销贸易总公司成立谏壁砂石公司，系京口区供销合作总社直属企业，有职工 7 人。1994 年上半年，租用采砂船（浙舟 818 号），在长江京口段水域采砂。1995 年下半年，江苏省政府发出禁令，禁止开采长江砂源。同年 12 月底，公司关停歇业。

七、镇江市康洁无纺布厂

1995年4月建立，位于谏壁镇南雩山街高皇庙旁，占地面积3000平方米，固定资产150万元，职工35人，由京口区供销合作总社投资，与谏壁镇雩山村委会合办。主要产品喷胶棉系列（规格每平方米40 ~ 300克），以仪征化纤厂三维卷曲和普通纤维为主原料，通过开松、梳理、铺网等工艺制造，广泛用于服装、装潢、床上用品、工艺玩具等行业，销往江西共青城、南京、常州、高邮、邗江等地。1995 ~ 1999 年，由区总社派员经营管理。2000 年，转为个人承包经营。由于资金、市场等因素企业难以为继，2000 下半年歇业，厂房设备及部分人员归并、分流至谏壁供销社。

八、为农综合服务社

2000 ~ 2005 年，各基层供销社原生产资料供应批发网点，坚持开放办社、整合资源、吸纳民资，先后投资 500 多万元，按照江苏省供销总社统一标设，先后在九里街、孟家湾、青年广场、丹徒镇、谏壁镇、甸上、新民洲等地创建 9 家为农综合服务社。其中市一星级 4 家、二星级 3 家，省三星级 2 家，省级为民服务中心 1 家。2004 年，新民洲为农服务社被《江苏科技报》定为共青团农场农业科技咨询点，并举行授牌仪式。2005 年，被《江苏科技报》评为优秀农业科技咨询点，象山为农服务社被市政府评为为农服务“十大亮点”和“十佳单位”之一。

1998 ~ 2007 年，全区为农服务社统一牌匾标设，统一挂牌上岗，按经营面积、销售品种、服务内容确定等级。二星级社由市供销社验收授牌，三星级社由省供销社验收授牌。为农服务社店堂须设《服务公约》《常见农药配置表》《常见农作物种植季节一览表》等，设有庄稼医院、农业科技咨询点、免费维修农具服务点，指导辖区内合理使用化肥、农药，推广无害化种植蔬菜。经营品种有农药、化肥、农膜、桐油、尼龙绳、农用五金，小型铁、木、竹农具及各类蔬菜种子，同时承担地方政府委托防汛救灾物资储备供应。象山和甸上两个省级三星级服务社面积均在 1500 平方米以上，服务项目和功能涵盖生产、生活等方面。有生产、生活资料超市、农用五金、医药连锁、废品回收、烟花爆竹、竹器、食品加工、旅馆浴室、饮食小吃、汽车修理、照相及活动室。为周边居民提供柴、米、油、盐、酱、醋、茶，不出村一应俱全。10 年来，全区供销系统储备供应化肥 6000 多吨、农药 1500 多吨、农膜 200 多吨，铁、木、竹农具器械 5 万多件，蔬菜种子 100 多个品种，义务修理农具 3000 多件次，发放农业科普资料 5000 份，举办科普讲座及农民经纪人培训班 5 次。

九、行业协会

1.再生资源协会　2004年4月，京口区成立再生资源行业协会，有专职、兼职人员3名。结合基层社改造、重组和企业改制，保留传统经营项目，将各基层社废旧物资回收网点及京口区域内其他物回网点收编，吸纳 62 家单位和个人为会员单位。主要职能是对再生资源行业管理、信息服务、业务交流、法律咨询、职业技能培训及技术职称评定。2005 ~ 2007 年，协会向会员单位及个人提供政策、法规及行规咨询服务；加强与政府相关职能部门联系沟通，反馈行业需求、业态变化、发展趋势等，配合公安、环保部门做好行业指导、协调、管理和服务，开展专项整治；对从业人员开展职业技能培训、职称评定；拓展行业发展空间，发展会员。

2. 烟花爆竹协会　2004 年 11 月，京口区成立烟花爆竹行业协会，驻东吴路 76 号，有专职、兼职人员 3 名，会员单位和个人 56 家（人）。区供销总社为行业协会会长单位，由纪成忠任会长。协会职能是为烟花爆竹行业提供政策法规咨询、业务指导、信息服务等，配合公安、工商、环保等职能部门依法进行行业管理、维护会员合法权益。

3. 市农民（农产品）经纪人协会京口分会　2006 年 6 月，区农民经纪人协会成立，有会员 126 人，隶属镇江市农民（农产品）经纪人协会管辖。主要是为农民经纪人提供信息、法律咨询服务，为农民经纪从业人员开展职业技能培训及技术职称评定工作。2006 ~ 2007 年，京口分会在市农民（农产品）经纪人协会和相关职能部门配合下，在辖区内举办农民经纪人培训班和物资回收挑选工培训班，培训 200 多人次，参培人员均获得劳动和社会保障部、中华全国供销合作总社颁发的“职业资格证”。

第二节　基层供销社

一、镇江市东郊供销合作社

1951 年 7 月，镇江市建立象山供销合作社，地址为镇江市九里街。初期，象山乡陈家门村 400 多户农民集资旧版人民币（以下简称“旧币”）500 万元（今 500 元）入股，创建时属全市第一个基层供销合作社，时称镇江市东郊供销合作社。下辖 1 个门市部和 1 个供应点，即陈家门村门市部、东门丁家巷供应点，有职工 21 人，经营油、盐、烟、酒、火油、布匹等 242 个品种，服务范围象山、千柳、釜鼎和京岘山 4 个乡。同年，入股社员发展到 2084 人，当年商品销售 263943 万元（旧币）。1954 年 3 月，镇江市成立城郊供销合作社，替代东郊供销社名称。11 月撤销，恢复东郊供销合作社。经营服务网点有五摆渡、金山河、七里甸、陈家门、孟家湾、东门 6 个门市部。1956 年，增设老北门门市部（现梦溪路 39 号鑫源酒楼前身）。1958 年 9 月 ~ 1960 年 12 月，镇江市供销合作社由集体所有制企业改为全民所有制企业，在东门建立国营商店，即象山园艺场商店。1962 年 4 月，改为集体所有制，易名为象山供销合作社。1963 年 3 月，象山、汝山两个供销社合并为东郊供销合作社，有职工 95 人。1966 年 10 月，东郊供销合作社分为象山和汝山两个供销合作社。1969 年，镇江市革命委员会决定，将部分区财贸企业（含供销社），划归所在园艺场革命委员会统一领导。1979 年 5 月，镇江市恢复供销合作社，下辖七里、黄山、象山、汝山、畜牧、新民洲等供销合作社，象山供销社有 5 个门市部、1 个食品加工厂、1 个服装厂和 5 个集体网点。同年，梦溪广场拓宽改造（原环城路东门广场），撤销门市部。1981 年 10 月 1 日，象山供销社东门商场开业。

二、象山供销合作社

1983 年 8 月，划归润州区供销社领导。1984 ~ 1989 年，象山供销社发展为 10 个核算单位，即象山、东门、北门 3 个商场、陈家门商店、生产资料经理部、贸易货栈、旅馆、批发部、食品加工厂、羽绒厂，营业面积 3500 平方米，职工 202 人。1992 年 10 月，东门商场和北门商场与象山供销社脱钩，成立法人企业——镇江市梦溪商场。1992 年 11 月，象山供销合作社属京口区，时有象山商场、生产资料经理部、陈家门商店、旅馆、批发部、建筑材料装潢门市部、粮油贸易货栈、食品加工厂、羽绒厂 8 个核算单位。1994 年，象山供销社有营业面积 2090 平方米、厂房 1200 平方米、商品库房 1500 平方米，设主任室、书记室、办公室、财务室，下辖 9 个门市部、2 个工厂、26 个柜组。1996 年 12 月，象山供销社新建 1300 平方米营业楼，经营百货、棉布、针织、副食、烟酒、调味品、农业生产资料、建筑材料、粮油、饭店、旅馆、浴室、理发、竹器加工、钟表眼镜、废品收购等，经营品种8500多个。1997年3月，象山社26个柜组全部参加抽资租赁经营承包。1998年承包结束后，各柜组转给企业职工个人循环续包。经营范围减少，除九里街两幢主营业楼外，下设1个经营网点、1个食品厂、1个为农服务中心和2个为农服务社（即：象山桥商店、聚发源食品厂、象山为民服务中心、禹山为农服务社、丹徒为农服务社）。2000年，卡子门商店、星星商店拆迁，保留九里街经营网点880平方米。2005年12月，全社占地面积0.3公顷，经营面积3600平方米，固定资产343万元，在职职工72人，退休职工83人。2007年10月，香山华庭小区建设纳入整体规划，拆除后在原址返还同等面积门面房。

图8-6 象山商场一角 （区供销社供稿）

1993 ~ 2007年象山供销社经营情况表

表8-8 单位：万元

年份	资产总额	固定资产	销售收入		利 润
			商 业	工 业	
1993	427.45	167.47	1157.55	86.54	0.21
1994	405.84	185.86	804.82	95.72	0.36
1995	650.31	209.33	957.40	100.82	0.41
1996	611.04	520.50	882.69	64.61	0.45
1997	601.88	522.44	577.77	36.01	-86.67
1998	568.68	539.86	710.54	25.40	-39.71
1999	517.94	532.83	880.16	7.52	-38.87
2000	449.31	500.12	460.53	—	0.08
2001	429.34	494.05	490.05	—	-30.17
2002	400.93	440.32	648.94	—	- 9.75
2003	539.80	352.91	695.07	—	- 0.02
2004	304.92	408.66	741.68	—	- 0.03
2005	315.57	408.66	823.66	—	0.10
2006	298.19	408.66	698.20	—	- 0.07
2007	342.93	342.93	770.60	—	- 0.04

三、丹徒镇供销合作社

1980年4月，丹徒镇供销合作社建社时隶属镇江市供销合作总社，位于丹徒镇。1983 ~ 1991年，属润州区。1992年10月，划归京口区。1993年，有职工119人，营业面积1496平方米，商品库房893平方米，设主任室、办公室、财务室，下辖6个经营（理）部（即：农业生产资料、生活资料、药品经营部、贸易货栈经营部、商场经理部、糖烟酒批发经理部）和食品加工厂，有26个经营柜组。经营范围为烟酒、百货、交电、食品、调味品、针纺织品、建材、家具、水道管件、农业生产资料、机油、柴油、煤油、桐油、中西药、医药器材、中药材收购、煤基加工、竹木制品加工、食品加工、农业机械及配件、废旧物资回收等21大类，近万个品种。另设旅馆部，有20间客房，40张床位。自购170吨油船2艘（船号“武粮4号”“京石6号”），在谏壁水域设立水上加油站1处。

图 8-7　2002年，丹徒供销社位于汝山的中西药批发经营部（区供销社供稿）

1992 ~ 2002年，国家逐步取消计划经济，绝大多数商品进行市场调剂，药品经营批发权、烟草专卖权等均被取消，经营逐步萎缩。1997年3月，全社部门、柜组参加全系统抽资租赁承包经营。1998 ~ 2000年，网点柜组转给企业职工个人承包经营，因企业包袱沉重，职工养老、医保欠缴，难以为继，加之历史形成银行贷款360多万元，导致企业资不抵债，经审计，累计亏损1268.87万元。2003年9月27日，宣告企业破产。2003年12月，固定资产为282.35万元，在职职工91人，退休人员57人。

20世纪90年代，丹徒镇供销合作社始设药品经营部，20多年来，为该社“龙头”及支柱经营项目。2000年后，由于宏观调控，药品批发经营权被取消，加之经营者包盈不包亏，盈利个人所有，成本和亏损由企业承担，药品经营连年亏损额达100多万元。为拓展优势，扩大市场份额，形成规模经营，与市药品监督管理局、税务、工商等部门沟通协调，理顺关系，化解矛盾，促进药店零售业务发展。2002年，丹徒镇供销社药品经营由9个点，发展到证照齐全的14个点，网点遍及区域内便民利民药店。2003年，丹徒供销社因资不抵债，进入破产程序，为保留传统经营项目，解决破产企业职工后顾之忧，将药品经营项目转制为民营企业。2004 ~ 2007年，镇江润泰医药连锁有限公司管辖继续经营。

1993 ~ 2003年丹徒镇供销合作社财务情况表

表 8-9　　　　单位：万元

年　份	资产总额	固定资产	商业销售	利　润
1993	527.08	131.21	1362.95	0
1994	544.61	146.43	986.42	0.21
1995	626.23	171	912.40	-33.64
1996	638.38	293.07	785.12	-24.73
1997	578.30	287.82	696.43	-129.62
1998	650.74	287.82	443.08	-121.46
1999	560.99	287.82	438.74	-4.55
2000	510.83	283.03	374.83	0.43
2001	510.01	282.28	299.80	-2.04
2002	578.37	282.35	123.33	-26.04
2003	523.36	282.35	98.74	-901.66

四、汝山供销合作社

1951年，汝山供销合作社隶属镇江市象山供销社（原名镇江市东郊供销合作社）。1966年10月，由象山供销社析置汝山供销社，为独立法人企业，位于镇江市学府路（原镇澄路）孟家湾（市职教中心对面）。

2003 年 12 月，占地面积 0.65 公顷，经营面积 5000 平方米，固定资产 76.64 万元，在职职工 40 人，退休人员 34 人。1986 ~ 2003 年，汝山供销社设主任室、书记室、办公室、财务室，下辖孟家湾经理部（孟家湾商场）、综合商品批发部、农资经理部、食品厂、煤球厂、汝泉浴室、汝山饭店等网点。此外，还有贾家湾商场（380 平方米）、工农经理部（工农商场 1600 平方米，今江苏大学对面）、校园商店（江苏大学内），职工总数 150 多人。经营服务项目有农业生产资料、百货、日杂、烟花爆竹、烟酒茶、针织品、服装、文具、五金、粮油加工、糕点、浴室、饭店、废品回收等。1995 年上半年，汝山供销社 20 个部门和柜组率先在全系统试点抽资租赁经营承包。1997 年，转给企业职工个人循环续包。1996 下半年，学府路一期拓宽改造，原工农商场 500 平方米门市部拆除。投资 30 多万元，扩建 2300 平方米汝山农贸市场，设 150 多个摊位，可容纳 2000 余人进行集市贸易。1998 年下半年，在工农商场原址上新建 800 平方米综合经营大楼。2003 年 10 月，汝山供销社因历史累欠银行贷款本息 300 多万元，经审计，累计亏损 580.83 万元，资不抵债、无力偿还而宣告破产。2003 年 11 月，贾家湾商业网点因学府路拓宽改造拆除后，汝山供销社被撤销。

1993 ~ 2003 年汝山供销合作社经营情况表

表 8-10　　　　　　　　　　　　　　　　　　　　单位：万元

年　份	资产总额	固定资产	商业销售	利　润
1993	142.52	43.94	222.72	–7.90
1994	280.09	57.15	251.43	–7.46
1995	231.32	57.68	263.10	–24.87
1996	258.79	120.64	211.53	–12.69
1997	266.56	121.52	231.51	–24.64
1998	259.28	156.50	178.88	–35.95
1999	258.45	156.50	193.39	–14.21
2000	205.35	105.88	222.32	0.05
2001	171.44	97.28	218.99	–18.21
2002	158.71	81.81	195.23	–15
2003	121.16	76.64	171.69	–283.76

五、谏壁镇供销合作社

1987 年 9 月建立，下辖商场、农业生产资料、农产品采购经理及门市部。1989 年迁址雩山街 5 号，占地面积 0.5 公顷，营业面积 4000 平方米，固定资产 600 万元。

1990 年 7 月，谏壁镇政府将镇所管企业“两部一店”（商品经营部、供销社经理部、综合商店）的人、财、物划给谏壁供销社。至此，经营 2 个商场及批发部。1997 年 8 月，批发部改建宏茂大酒店。

1997 年 7 月，丹徒县谏壁乡供销社部分资产及 21 名职工合并给谏壁镇供销社，新增甸上经营网点和月湖农资仓库。因拖欠谏壁乡合并时职工养老金，将月湖农资仓库一半土地及房屋（占地 0.3 公顷，房屋 18 间，400 平方米）以 30 万元价格卖给“物回”个体经营户，偿还债务。

1999 年 1 月，谏壁供销社 15 个柜组，参加系统内抽资租赁经营承包，期满后转入第二轮个人承包经营。2007 年，谏壁供销社有职工 54 人，设主任室、办公室和财务室，下辖 3 个经营网点（谏壁商场、综合商店、谏壁供销社招待所）、3 个为农服务社（甸上为农服务社、月湖为农服务社和燕舞桥为农服务社）。经营服务范围为农业生产资料、生活资料、日用杂品、糖烟酒、烟花爆竹、旅馆 10 多个行业。

1993 ~ 2007 年谏壁镇供销合作社主要财务情况表

表 8-11　　　　单位：万元

年　份	资产总额	固定资产	商业销售	利　润
1993	184.98	32.31	486.53	-29.99
1994	177.48	32.31	275.56	-16.24
1995	157.63	33.44	192.11	-51.94
1996	167.63	70.54	189.94	-19.24
1997	163.78	71.14	203.94	-57.24
1998	135.91	71.14	182.58	-136.14
1999	129	71.14	76.77	-34.77
2000	124.79	67.12	104.65	0.04
2001	118.96	67.12	27.81	7.58
2002	108.40	67.12	25.89	-6.69
2003	106.47	66.49	12.57	-0.01
2004	37.39	79.68	6.79	-13.34
2005	85.18	79.68	6.23	-4.61
2006	85.16	79.68	4.03	-17.76
2007	95.78	79.67	2.59	-19.68

六、新民洲供销合作社

1960 年 9 月，新民洲设立供销社，占地面积 1.03 公顷，经营面积 2500 平方米，商品库房 902 平方米，固定资产 120 万元。设主任室、办公室、财务室，下辖 15 个柜组，经营服务项目农业生产资料、日杂百货、服装、五金农副产品收购、废品回收、咸货加工厂、食品站、水上运输、旅馆、理发等，职工 84 人。因无力偿还农行 32 万元贷款，1997 年 4 月，将所有资产进行抵偿。1998 ~ 2007 年，新民洲供销社保留牌子（营业执照），由原新民洲供销社职工窦可伟个人承包经营。

1993 ~ 1996 年新民洲供销合作社财务情况表

表 8-12　　　　单位：万元

年　份	资产总额	固定资产	商业销售	利　润
1993	88.53	17.89	163.90	-7.99
1994	68.97	17.89	63.69	-7.33
1995	47.41	17.89	40.18	-17.36
1996	47.85	45.54	11.45	-4.79

第三节　社员股金

1951 年，镇江市东郊供销社在陈家门村首创集资入股 407 户，筹集 500 万元（旧币）股金。1953 年，由于供销社增加门市部和供销点，扩大股金筹集范围，入股社员达 2084 人（户），股金额达 2937 万元。

1960 ~ 1990 年，社员股金没有增加，并有少数社员退股。1993 年以来，部分基层供销社以大力发展经济为“理由”，扩大社员股金“增资”，利率逐年提高，造成全区供销系统惨淡经营。

1996 年，江苏省供销总社 12 号文《关于规范供销社系统社员股金管理工作的通知》下达后，全区各乡镇供销社根据《供销合作社社员章程》规定，确定社员基本股金额不得超过 1 万元，最低限额自行确定；吸纳的风险股金只能作为风险抵押等。1997 ~ 1998 年，省供销总社对社员股金多次作出规范管理、防范和化解风险规定。1999 年，省政府办公厅《关于印发江苏省清理整顿供销社社员股金专项贷款管理办法的通知》，要求维护人民群众合法权益和社会稳定，防范和化解风险，中国人民银行发放部分贷款，专项用于清理整顿供销社前期社员股金兑付，由政府申请专款专用，统借统还，封闭运行。同年年底，京口区供销总社社员股金总量 328 万元。根据省政府规定，多方筹措资金，在国务院下达禁止吸股“集资”前兑付 227 万元，未兑付部分，申请 50 万元专项贷款偿还股金。此后，全区社员股金成为历史名词。

第四节　再生资源经营管理

2004 年 3 月 4 日，京口区成立废旧金属管理工作领导小组，下设办公室，主要职能是为适应国家行政审批制度改革，处理特种行业许可证取消后，废旧金属回收市场放开出现的情况和新问题，做好可利用再生产物资管理及后续工作监管，规范市场经济秩序，加强对区域内废旧物资管理，防止资源外流。

2004 年，区供销社对系统内物资回收进行资产重组，实施行业化管理。2005 年 1 月，组建镇江市聚鑫隆再生资源物资有限公司，对全区再生资源收购网点扎口管理。此后，区域内先后成立 10 家物资回收分公司，形成连锁网点，为城市垃圾减量、无害和回收资源再生产提供基础。

2007 年 6 月，区供销社为提高物资回收行业和从业人员法制观念和专业水平，在市供销总社、区公安、劳动、工商税务等部门支持下，举办废旧物资回收培训班，125 名网点和从业人员参训，并对 10 家治安管理 A 级、80 家治安管理 B 级网点授予铜牌。

第五节　供销社体制改革

1998 年，区供销总社在汝山供销社改制试点基础上，制定供销社系统改革工作意见，明确企业改制定位在抽资租赁经营（带人、抽资、保值增值、确保上缴）形式，推广“汝山模式”，实行集体转个体的改制。通过改制，全区 7 个基层供销社（含商场、工厂），签订“抽资”租赁（或承包经营）协议 133 份。对改制企业 141 名职工分别以内退、停薪留职、辞退等形式分流，实行减员增效，解决“三难”（吃回扣管理难、发工资难、流动资金难）问题。

1999 ~ 2002 年，区供销系统改制企业对职工分流采取措施进行安置：竞争上岗，优化组合后，72 名待岗职工由单位缴纳养老和医保金，自谋出路，企业保留人事档案和劳动关系；对男 55 岁以上（含 55 岁）、女 45 岁以上（含 45 岁）企业内部退养，为 74 人办理“内退”；按照法律规定，对 1986 年 10 月 1 日之后工作的 116 名职工，办理一次性补偿清退。改制后期，对进入破产程序的丹徒、汝山两供销社职工，根据市企改办文件精神，留职定补、协议保险和解除劳动合同。

2003 ~ 2006 年，区供销社按照区委、区政府要求，深化企业改制。通过“四重”（产权重构、要素重组、结构重整、机制重塑），从实际出发，对汝山、丹徒两供销社实施破产。经京口区人民法院立案受理后，分别于 2003 年 9 月 27 日、10 月 12 日正式宣告破产，并进入破产清算程序。2007 年 10 月，上述两个破产企业中，自然退休减员 30 人，留职定补 19 人，协议保险 28 人，解除劳动合同 54 人。丹徒、汝山两供销社企业破产案分别于 2006 年 11 月 23 日、2007 年 2 月 9 日由京口区人民法院宣告终结。同时，对梦溪商场进行改制，45名职工分别与企业签订内部安置协议。

第四章　物资流通

1988年2月，京口区成立物资局，负责全区物资流通领域业务指导、管理，对计划内物资分配。随着流通领域不断扩大，为适应新形势，1994年，京口区组建物资（集团）总公司，与区物资局两块牌子、一套班子。1998年，区物资局对京口物资（集团）总公司实行行政管理职能。2001年，区物资局被撤销，京口物资（集团）总公司行使物资流通企业管理职能。2007年，京口物资（集团）总公司职能未变。

第一节　物资管理

一、计划物资管理

1984～1988年，全区计划物资由区计经委制定计划进行分配。1988年2月，为加强计划物资、煤渣回收和物资流通领域行政、经营管理，将区物资公司升格为行政型物资管理机构。1990年始，全区计划物资仍由区计经委编制分配计划，区物资局负责经办。1991～1992年，全区计划分配水泥2300吨，钢材、木材等紧俏物资以市场调节为主。1993年以来，区物资局为扩大物资流通，调节市场供应，先后与中国有色金属总公司、江西、安徽、上海等省、市建立代购代销联营企业。21世纪以后，深化物资流通渠道改革后，钢材、木材、水泥等物资取消计划，区物资局计划物资管理职能自然消亡。

二、煤渣管理

1984年10月，京口区成立煤渣管理站，对原4个城市人民公社煤渣组实行集中统一管理，有职工30人，无固定煤渣堆放场地，收集煤渣堆放运河边、荷花塘边。同年，在大东纸厂东侧征地0.45公顷，作为回收煤渣集中点。1987～1988年，先后增加车站路44号荷花塘边、钢铁厂东侧、解放桥巷10号等4处煤渣集散地，征地约0.4公顷为集中点。区煤渣管理站业务上受镇江煤渣回收管理机构领导，统一调拨、开票、收款，由板车、手扶拖拉机等运输工具驳运和运送。1990～1992年，全区回收煤渣30万吨，制砖7.5亿块，节煤2.5万吨，添置汽车、拖拉机43辆，板车18部。1993年始，由于砖瓦厂与煤渣单位产供直接挂钩，使煤渣回收管理渠道成为多渠道流通。1994年，区物资集团组建后，煤渣管理站成为子公司。1995～2002年，煤渣管理站面临市场压力，尤其是低碳环保建设力度加强，燃煤企业锐减，煤渣回收管理控制逐年下降，回收价格上升。2003年，区物资集团仅有煤渣管理站等3个企业维持运转。2005年，对煤渣管理站进行企业改革，根据煤渣管理站人员多、负担重、关系复杂、亏损严重、改革成本高、资金筹集等实际情况，通过广泛征求职工意见，积极清理债务，实行资产经营、资源经营等措施，筹集部分资金，对81.5%职工实现安置。2007年歇业，保留煤渣管理站营业执照。

第二节　物资购销供应

1990～1992年，共销售钢材50283吨、铜296吨、铝162吨、铅805吨、锌672吨、锡12吨、铜材30吨、铝材72吨、煤92237吨、硫酸60565吨、烧碱59吨、木材7134立方米、机电产品495万元、生铁224吨、汽车12辆、销售总额3亿元。从业人员由1990年245人增加到1992年293人，固定资产由296.39万元增加到547.55万元，销售收入由5264.89万元上升到16372.78万元，利润由-86.98万元上升到242.88万元，创历史新高。1992年，区物资局树立大流通意识，发挥主渠道作用，坚持特色经营，做到人无我有、人有我优、人优我廉。注重市场信息，进行市场调查和预测，充分利用大城市和边境地区的“窗口”，进行外购外销，拓展边境贸易和对外贸易。1994 年 2 月，区物资局以煤炭石油总公司等 8 家核心层企业和物资协作开发总公司等 6 家紧密层企业为主体，组建镇江市京口物资集团总公司。1995 年，实现营业收入 1.4 亿元，固定资产投入 300 万元，创汇 25 万美元。1992 ~ 1994 年，国家宏观调控，区物资系统始出现亏损。为扭亏为盈，采取“四条举措”，即：推行代理制，实行联网联销，加速资金周转，降低费用；实施工效大包干，收入与创收捆在一起，上不封顶，下不保底，增加危机感、使命感，调动职工积极性和创造性；开阔视野，放眼国际市场，发展大流通；选定目标，增加固定资产投入，增强发展后劲。区煤炭石油总公司投资建设加油站、物质再生利用公司组建废品加工厂，分别取得新的经济效益。

1995 ~ 1999 年，京口区物资局以经济发展为中心，按照“在稳定中求发展，以发展保稳定”工作思路，通过狠抓管理、开拓新的发展空间，有效遏制物资流通经济效益急剧滑坡局面，抓好重点企业规模发展，形成京口物资（集团）总公司、煤炭石油总公司和石油有限责任公司三大企业。其间，区物资系统有各类企业 16 家、职工 346 名。2000 年，区物资系统执行市委关于“集资”“严禁新集、停止套集、本息分离、先本后息、分期还本、降低利息”指示精神，通过资产变现、清理债权、抽调经营用流动资金以及借款等措施，筹措资金，适时兑付社会“集资”，确保社会稳定。2001 年营业收入 4491.8 万元，利税为零。

2002 ~ 2007 年，全区物资购销情况滑坡，京口物资集团总公司下属 22 家企业先后注销营业执照。总公司通过各种渠道，确保在职人员养老和医疗保险费缴纳，并补交多年欠缴上述“两金”。安置分流下岗职工，平息历史债务纠纷，同时鼓励干部职工自谋创业。

1984 ~ 2001 年京口区物资流通经济情况表

表 8-13　　单位：万元

项目＼年份	1984 ~ 1989	1990	1992	1995	1996	1997	1998	1999	2000	2001
营业收入	28289.78	5284.89	16372.78	14000	6822.37	5835	1100	14700	9558.60	4497.80
利润	914.44	-86.98	242.88	-930.63	-638.63	减亏 137.66	减亏 101.42	—	—	—
国税、地税收入	—	—	—	—	—	国税 71 地税 40	176.04 国税 100 地税 66.04	—	—	—

第三节　物资网点建设

一、物资总公司

1984 年 4 月，市政府划给东岳巷 15 号又 1 号 500 平方米物资仓库及 6 万元基建费，区政府拨开办费初建公司，职工 62 人。1985 ~ 1989 年，公司规模逐年扩大。

1990 年，区物资总公司更名为镇江市京口金属材料公司，与上钢五厂镇江经销部两块牌子、一套班子。1994 年，物资系统组建京口物资集团总公司。镇江市京口金属材料公司成为集团紧密层企业。

1995 ~ 1999 年，京口金属材料公司经营状况逐年下降，资不抵债。1999 年，向法院申请破产，由区物资集团分流职工。2001 年 5 月破产终结，分流职工 45 人，清理破产债务 800 万元。

二、京口不锈钢总公司

1990 年，京口不锈钢公司降格为不锈钢经营部，隶属镇江市京口区金属材料公司。1993 年，重新组建京口不锈钢总公司。1994 年，京口不锈钢公司成为京口物资集团重点企业。1996 ~ 1999 年，京口不锈钢公司亏损经营，经济效益滑坡。2000 年，呈歇业状态。2007 年，营业执照被工商行政部门吊销。

三、硫酸供应站

1990 ~ 1992 年，随着市场经济体制逐步形成，供应硫酸逐年减少，每年计划硫酸约 3 万吨，销售额 1000 万元。1993 ~ 1994 年，硫酸供应由双轨制走向市场化运作，硫酸供应站经营状况及经济效益均呈下降趋势。1994 年，硫酸供应站成为京口物资集团组成企业。2000 年，硫酸供应站歇业。2007 年，营业执照由工商行政部门吊销。

四、天生集团公司

1990 年，区清理整顿公司领导小组决定，将镇江市京口区生产资料服务公司整建制划归区物资局。1995 年 5 月 25 日，经镇江市体制改革委员会批准，更名镇江天生集团，是区政府直属单位之一。集团以镇江市天生集团有限责任公司为核心层，生产资料服务公司、西宁钢厂联合销售公司、合肥钢铁公司联合销售公司、特种钢公司、冶金炉料公司和装卸运输服务公司为紧密层；西宁钢厂、外贸部镇江物资中转站、溧水县农业生产资料总公司、交通银行镇江分行信托部为半紧密层共同组成。1998 年 6 月，经公司职工代表大会讨论通过镇江市天生集团有限责任公司改革方案，经区企业改革领导小组办公室审批，改制后的天生集团成为经营者控股股份制企业。

图 8-8　1995 年，改制后的天生集团开业庆典

（区政府办公室供稿）

1993 ~ 1999 年天生集团经营情况表

表 8-14　　　　单位：万元

项目＼年份	1993	1994	1995	1996	1997	1998	1999
营业收入	9100	7088	10000	12258	15200	13800	6500
利润	257	100.50	83.10	123	130.10	—	—
税金	—	—	—	142.50	192.10	—	—

第四节　物资流通体制改革

1990 ~ 1997 年，为加大改革开放，区政府制定《关于物资供销企业试行销售大承包责任制的若干意见》，实行工资奖金与效益挂钩分配，对承包者推行利润分档奖励办法，同时实行风险抵押承包等。1992 年，区政府制定《关于实行机关干部聘用制的暂行办法》《关于企业行政领导实行聘用制的暂行办法》，实行中层干部聘用制和干部竞争上岗制，树立大流通意识，发挥物资流通主渠道作用。注重市场信息，充分利用大城市和边境地区“窗口”，进行外购外销，拓展边境贸易和对外贸易。1994 年 2 月，区物资局以煤炭石油总公司、物资协作开发总公司等 14 家核心层和紧密层企业，组建京口物资集团总公司。1997 年，京口物资集团在改革中加大监管作用，改制“实行因企制宜、一企一策、一企多策”原则，吸纳资本，壮大企业规模。京口再生利用公司采用“全员股份”吸纳股金。12 月，成立股东大会，选举产生董事会、监事会，把职工利益与企业发展有机结合。通过对原有资产重组，剥离不良资产，盘活存量，注入优质资产。

2001 ~ 2003 年，区物资系统按照机构改革总体要求，机关裁员分流 19 人，占总人数 68%，分流职工 30 人。京口再生利用公司等 4 单位进行改制，28 名职工与原企业解除劳动合同，对企业债权债务进行清理。2004 ~ 2007 年，区物资集团总公司先后注销下属 22 家企业营业执照，煤渣管理站基本歇业。总公司通过各种渠道，确保在职人员养老和医疗保险费缴纳，补交欠缴多年的上述“两金”，安置分流下岗职工，处理历史债务纠纷。同时加大招商引资力度，寻求商机，鼓励干部职工自主创业。

第五章　交通运输

镇江历来是长江中下游重要交通枢纽之一。京口区为镇江市主城区，水陆交通发达、便捷。沪宁铁路从城中贯穿，长江和京杭运河在区域内交汇，沪宁高速公路和高等级公路构成现代化公路网，城区进出口道路四通八达。1990 ~ 2007 年，形成以高速铁路、公路为主骨架，以长江、京杭运河和沪宁城际铁路、京沪高速、上海虹桥南京禄口机场为依托，新的铁、公、水、空主体式交通格局，城市公用交通发达，成为全省畅通、便捷的主城区之一。

第一节　管理机构

1983 年，区交通局成立后，成为全区交通行业管理职能部门，内设办公室、人秘股、企财股、运输股。2007 年，区交通局下辖办公室、综合科、运输管理所和象山、丹徒、谏壁、水上 4 个交管所（稽查中队）及红旗、北固、迎江、云台 4 个装卸运输公司。2007 年，谏壁、象山、丹徒交管所人员编制划入京口区运输管理所，对外保留牌子，属区交通局派出机构，承担区交通局对农村道路、内河交通安全管理，同时履行《江苏省道路运输条例》赋予的职能。

第二节　公路运输

一、省公路干线

1983 ~ 2007 年，京口区境内省公路干线 1 条 S338 省道。S338 京口段起点为京口与丹徒区交界处，终点京口与镇江新区交界处，全长 3.6 千米。道路按一级公路标准并按城市Ⅰ级主干道标准设计，均宽 100 米，双向 8 车道，沥青砼路面，中央绿化带宽 16 米，人行道两侧绿化带各宽 15 米。2002 年 3 月 16 日开工建设，12 月 27 日竣工。

二、县乡公路

1983 ~ 2007 年，京口区境内县乡公路按照统筹规划，分年实施，逐年建设，贯彻“民需民办”“民办公助”的方针。县乡公路建设资金来源主要是省专项补贴、市补贴、区自筹。乡（镇）自行解决县乡公路占用的土地、青苗补偿等费用，修筑路基土方采用酌情给予少量补贴。县乡公路建设由区交通局编制计划，报市交通局审批，区交通局组织实施，市交通局验收。一部分纳入公路养护计划，由镇江市区公路管理站养护，另一部分由乡镇组织养护。

三、农村公路

1996 ~ 1997 年，京口区实施“通达工程”，改造孟家湾路、禹山北路、小米山路、上隍村路、京岘山路等，改善乡镇、村组之间交通状况。1998 年，省政府把乡村公路“通达工程”作为全省公路建设三大战略性工程之一。当时京口区有 4 个行政村不通公路。根据省计经委和省交通厅 1988 ~ 2000 年江苏省县乡公路通达工程实施计划，1999 年，市交通局给区交通局下达修建 8 千米四级乡村公路计划。1999 年年底，全区基本实现村村通公路，但由于资金落实不到位，未能达到乡村公路修建标准，以砂石路等外路居多。

2003年4月，江苏省召开有关农村公路建设会议。随后，京口区开展农村公路现状规划调查和建设，用3年时间改造农村公路36千米，实现所有行政村通公路。一般路基宽度4～5米，路面宽度3～5米，水泥砼路面。区农村公路建设资金由市交通局补助，乡通行政村30万元/千米。2006～2007年，全区25个行政村（社区）改造建设26条不同等级的农村公路，总里程55.62千米。超额完成3年农村公路建设计划。

图8-9　2005年，新建的新民洲大桥——城市二级主干道　（区交通局供稿）

四、公路桥梁

1. 概况　1983～2007年，京口区境内公路桥梁是陆路交通重要组成部分。2007年，全区有公路桥梁13座，总长1873.7米。

2. 跨京杭运河桥　**谏壁节制闸桥**　位于108县道（老镇澄线），全长143米，1979年10月建成。桁架梁，3孔，跨径总长108米，最大跨径36米，净空高11米，桥面宽13米，行车道宽10米。荷载标准汽车—20，挂车—100（下桥同）。

谏壁船闸1桥　位于108县道，全长83米，1979年11月建成。T型梁，3孔，跨径总长75米，最大跨径25米，净空高9.5米。桥面宽13米，行车道宽10米。

谏壁船闸2桥　位于108县道，全长88米，2000年12月建成。T型梁，3孔，总长75米，最大跨径25米，净空高9.5米，桥面宽13米，行车道宽10米。

镇大公路桥　位于101县道，全长418.2米，2000年9月建成。系杆拱，18孔，跨径总长413米，最大跨径73米，净空高7米，桥面宽25米，行车道宽22米。

图8-10　2007年，拓宽改造后的左湖立交桥南端　（区交通局供稿）

沿江线公路桥　位于338省道，全长347米，1994年11月建成。箱型梁，11孔，跨径总长274.8米，最大跨径76米，净空高12.8米，桥面宽15米，行车道宽14米。

3. 立交桥和非立交百米大桥　2007年底，京口区境内有公路立交桥和非立交百米大桥8座，其中分离式立交桥5座、非立交百米以上大桥3座。

2007年京口区公路立交桥和非立交百米大桥情况表

表8-15　　单位：米

立交桥类型 \ 立交桥情况	桥梁名称	路线名称	中心桩号	桥梁长度	桥梁宽度	建造年月
公路立交桥	左家湖立交桥	101县道（镇大公路）	k5+175	46	60	2000.12
	上隍桥	101县道（镇大公路）	k8+715	49	25	2000.12
	铁路立交桥	101县道（镇大公路）	k9+348	140	25	2001.3
	龙山路立交桥	101县道（镇大公路）	k13+735	66.10	25	2001.3
	镇大铁路立交桥	101县道（镇大公路）	k14+533	25.40	25	2001.3

续表 8-15

立交桥情况 立交桥类型	桥梁名称	路线名称	中心桩号	桥梁长度	桥梁宽度	建造年月
非立交百米公路大桥	古运河桥（新）	101 县道（镇大公路）	k7+948	126.10	25	2000.9
	燕舞桥	103 县道（谏辛公路）	k0+541	113	9	1978.10 (2001 维修）
	莺歌桥	108 县道（镇澄公路）	k13+100	129	12	1977.12

五、站场

1. *客运站* 镇江南门快客站是京口区境内最主要客运站。该站位于镇江市中心地段解放路 25 号。1996 年，按交通部二级汽车客运站建造，面积 400 多平方米，各种站务设施齐全。当年实现微机联网售票、微机检票，使用自动化播音系统、危险仪等先进设施。主要从事沪宁高速及跨省市际公路快速客运、镇江辖市区、乡镇短途农公班线客运。1997 ~ 2007 年，日发班车 600 余班，日均旅客发运量 6000 余人次。

2. *货运站* 1985 年 9 月，随着货运量逐年增大，镇江市及所辖县级以上汽车站分别建立货运站，专营货运配载、运输代办、零担货运等业务，提供货运服务。1987 年，在京口区境内成立镇江市货运汽车配载服务部，组织社会货源 3787 吨，并与上海、南京等地签订相互配载协议。2005 ~ 2007 年，由于缺乏必要资金持续投入，建设和改造速度缓慢，市场组织化程度不高，货运站场整体并未形成规模效应。

六、公路客运

京口区没有单独的公路客运系统，客运业务一直由市交通部门统一管理。改革开放以前，市区公路客运以省内班线为主。1985 年，经营省内跨县线路计 33 条，跨省线路仅 3 条，总营运里程 6532 千米。1986 ~ 1994 年，随着社会经济快速增长和城乡公路迅猛发展以及人民生活改善，公路客运有长足发展。1995 年，客运线路增至 545 条，其中省际班线 106 条、市际班线 172 条、县际班线 267 条。长途客运班线通达北京、上海、浙江、福建、江西、安徽、河南、湖北、山东、广东 10 个省市，其中镇江至北京、武汉、南昌、广州线为超长线路。1996 ~ 2002 年，营运线路经过不断优化调整，初步形成省际、市际和市内三级客运网络，并与长三角地区 15 个城市互通快速客运班车。镇江至上海、南京、苏州、无锡、常州等客运班线实现快速直达，基本建成通往长三角地区 4 小时交通圈；县际客运初步建成 1 小时交通圈；农村客运已初步建成连接至乡镇、乡镇到行政村客运网络，行政村客运班车通达率达 100%。2003 年，根据抽样调查，市旅游客运企业平均每次出车时间约为 3 天，每辆客车每月出车约 8 次，全年约 96 次，约需客车 120 辆，全年旅游客车数与市场实际需求尚有一定差距，且经营规模小、车辆档次低、结构不合理。作为市客运主力的江天汽运集团，可供旅游使用的客车只有 30 余辆，其中多为中档车，高档车偏少，还没有高二级以上豪华客车；车型也比较杂，没有形成专用系列；车型结构上，33 座左右中型车偏多，50 座以上大型车和 20 座以下小型车偏少，不能适应团队小型化、个性化发展要求。2004 年，市政府整顿旅游市场，加大政策扶持力度，出台对旅游客车更新奖励办法，在专营旅游客车客票附加费中提取 30% 设立旅游客运发展基金，用于扶持旅游客车更新，进一步促进旅游客运的发展。2005 年 5 月，随着润扬长江公路大桥通车，连接镇江焦山、金山和扬州瘦西湖、平山堂景区城际旅游公交车也随即开通。2007 年，全市承接旅游客运近 1 万车次，运送人数 28 万人次以上。市区符合省际旅游客运经营条件的客运企业有 7 户，拥有旅游客车 52 辆。

七、公路货运

1984 年起，运输市场实行开放，除邮政和厂矿企业自备车参与货运外，京口区个体运输得到迅猛发展。1993 ~ 1995 年，全区 3 年完成货运量 38.5 万吨，运输周转量 188.97 万吨千米，营收额 2775.53 万元，利润总额 17.10 万元，税收 69.73 万元，安全生产取得好成绩。2001 年，京口区公路货运市场主要由私营企业和个体户担当主力，经营范围涉及外贸运输、冷藏运输、国际集装箱运输、粮食运输、散装水泥运输、液体槽运输、工程土方运输、危险品运输等。2002 ~ 2003 年，京口区交通部门依据行业管理规定，严把运输经营资质关，同时深入源头、路头、码头，为运输户提供优质服务。货运车辆审验 97%，拖拉机等机动车辆审验 100%，搬运装卸审验 100%，运输经营户法人培训 100%。2006 ~ 2007 年，京口交通局积极培植运输市场，全力推进运输企业改革，开展治理车辆“外挂”工作。鼓励运输企业规模化、集约化经营，鼓励道路运输企业发展现代物流和对“回归”车辆开辟绿色通道。2007 年，新增“回归”动力 356 吨位。

第三节　铁路运输

1983 ~ 2007 年，区域内先后有沪宁铁路、焦化厂铁路专用线及镇大铁路等 6 条客货运输线。其中 1990 年 8 月建设镇江至大港码头专用线，即镇大铁路，由地方投资兴建从沪宁铁路镇江南站出岔接轨，向东沿丁卯开发区南缘延伸，穿过谏壁镇，围绕大港开发区从东端进入港区码头，全线 24.9 千米，设谏壁、大港等 5 个车站，并出线接入 10 条厂矿企业铁路专用线和 2 个货场，1995 年 12 月 18 日，建成通车。同时增设谏壁危险品专用线和省木材公司大港码头专用线。2002 年，市政府为改善交通环境，拟拆除原西站至小码头货运专用线和原南站至西站之间支线。2005 年 5 月始，拆除货运支线和小码头专线；同时，镇大铁路交由上海铁路局运营。2007 年，该线运输正常。

此外，还有南门货站和上隍货场 2 处。2004 年，南门货站货运业务随沪宁铁路镇江三线的拆除而重新布局，将原来的两个货场并为一个货场，另外新建上隍货场，位于镇大线上隍村，故名。占地面积 270000 平方米，主要办理散堆装货物运输。2006 年 5 月，镇江焦化厂铁路专用线拆除。2007 年，南门货站占地 38.1 万平方米，作业线 7 条，预备线 1 条，露天堆场 1.5 万平方米，集装箱堆场 3000 平方米。

第四节　水路运输

一、航道

1. 长江京口段　上起大道河口，下至五峰山，全长 58.81 千米。其中 26 千米流经京口区境内，最大流量达每秒 9.26 万立方米，最小流量为每秒 1.23 万立方米。南京至镇江区间的平均比降为 1 ∶ 58700，江水流速平均为每秒 1 米左右，洪水期间增加到每秒 1 米以上。1954 年 8 月，最高洪水位达 8.38 米（警戒水位 6.8 米），常年可通万吨级船只。1972 年，长江镇江段河势发生剧烈变化，北岸连续崩塌，特别是六圩、都天庙弯道及征润州、和畅洲（即江心洲）岔道演变尤为显著。1972 ~ 1976 年，市政府对长江航道进行整治，在沙头河口段及和畅洲等处，采取抛石护岸及块石护岸等措施。中共十一届三中全会后，长江航运事业发展较快，京口段日流量达 1500 艘次，最高达 2000 艘次。1984 年，京口段北岸继续崩塌，和畅洲南侧 1.5 千米的岸线发生 8 个崩涡，深泓向岸内移 210 米。为制止江堤崩塌趋势，采取抛石应急治理措施，先后抛石 81 万吨，沉树枝、石块 7 万立方米，抛卵石 12.2 万吨，护岸 5053 米，耗资 1093 万元。1985 年以后，京口段年年进行石岸护坡工程。2003 ~ 2007 年，块石护坡结合市政建设，从焦山至北固山已修成滨江大道、滨水路，可通行各类客货水陆航运车辆。

2. 京杭运河京口段　京杭运河京口段自谏壁江口起，至京口与丹徒区交界处，全长 12.34 千米。1949 年到 1976 年间，对京杭运河京口段原入江口多次整治。1976 年 2 月至 1980 年 11 月，按照规划标准对谏壁江口段运河进行重点整治，新辟 2.494 千米江口段运河，在谏壁兴建通航 2 × 1000 吨级船舶三级船闸一座。1982 年，国家计委下达京杭运河（济宁至杭州段）续建工程任务书，批准苏南运河按照通航 500 吨级驳船国家四级航道标准整治。1992 年 11 月，京杭运河京口段（沿江公路桥至入江口）整治工程开始，经过 5 年时间，于 1997 年 6 月 18 日全面完成。航道底宽 40 米，枯水期最小通航设置 5 ~ 10 米宽平台，平台以上为拱圈护坡，桥梁通航净高 7 米，设计荷载汽车 20 吨，挂车 100 吨。1996 ~ 2001 年，国家批准兴建谏壁复线船闸，长 203 米，宽 23 米，门槛水深 4 米。2002 ~ 2007 年，可通过千吨级以上船只。

二、航标

1983 ~ 2007 年，长江京口区境内航道，设有航行标志和信号标志 13 座。京杭运河通行信息标志 10 处，镇江老港航行标志 3 处。

2007 年京口区内河航行标志情况表

表 8-16　　单位：米

序号	航线	名称	建造年月	航标号	位置	岸别	标高	备注
1	京杭运河	通行信号标	1980.12	—	1 号闸上闸口	—	—	谏壁船闸
2	京杭运河	通行信号标	1980.12	—	1 号闸下闸口	—	—	谏壁船闸
3	京杭运河	界线标	1980.12	—	1 号闸上闸墙	—	—	谏壁船闸
4	京杭运河	界线标	1980.12	—	1 号闸下闸墙	—	—	谏壁船闸
5	京杭运河	通行信号标	2001.10	—	2 号闸上闸口	—	—	谏壁船闸
6	京杭运河	通行信号标	2001.10	—	2 号闸下闸口	—	—	谏壁船闸
7	京杭运河	界线标	2001.12	—	2 号闸上闸墙	—	—	谏壁船闸
8	京杭运河	界线标	2001.10	—	2 号闸下闸墙	—	—	谏壁船闸
9	京杭运河	侧面浮标	1985	1 号标	谏壁江口	右	—	2004.7 撤
10	京杭运河	示位标	1979	2 号标	谏壁江口	右	13.81	遥测

2007 年京口区老港航道航行标志情况表

表 8-17　　单位：米

序号	航线	名称	建造年月	航标号	位置	岸别	标高	备注
1	镇江老港	侧面浮标	1986.11	镇江港 1 号标	镇江港引航道西港区	左	85	2001.6 移交长航
2	镇江老港	侧面浮标	1986.11	镇江港 2 号标	镇江港西港区	右	85	2001.6 移交长航
3	镇江老港	侧面浮标	1986.11	镇江港 3 号标	镇江港西港区	左	85	2001.6 移交长航

三、渡口

1. 孩溪汽渡　1987 年兴建，位于 006 乡道江孩线，由谏壁镇孩溪通往江心洲（岛），当年建成并投入运营，总造价 55 万元。当时 1 艘 4 车渡，每天单向开出 8 航次。1995 年 1 月，换成 1 艘 8 车渡。码头南接镇澄线，北通江心洲生态农业区管委会。初建时砂石路面，后改造成二级柏油路面。1996 ~ 2007 年，其汽渡无变化。

2. 焦山轮渡　1934 年，江苏省建设厅公路管理处开办焦山轮渡，自江边码头经北固山元兴码头达焦山定慧寺。日军侵占期间停航。1946 年 5 月 19 日，招商局开航焦山客渡。1954 年，焦山公园成立，以 30 吨 50 客位木帆船 1 艘对岸摆渡，为适应游客需要，渡轮改为机动船。1980 年 5 月 1 日起移交市航运公司经营。1983 ~ 2007 年，其体制无变。

四、谏壁船闸

1958 年，京杭运河整治工程配套项目位于谏壁镇西，后因压缩基建项目而缓建。1975 年 10 月复建，1980 年 12 月，建成交付使用。工程耗资 1769.37 万元。工程项目包括船闸主体建筑、上下游引航道、船闸公路桥、节制闸引河桥、公路接线、谏壁越河桥改建及船闸生活设施等。船闸主体按国家二级水工建筑物标准设计，闸室净宽 20 米、长 230 米，闸槛最小水深 1 米，闸门采取液压启闭机，操作系统采用先进有触点程序和无触点过程控制。船闸引航道上游底宽 40 米、长 800 米，与京杭运河衔接；下游底宽 50 米、长 1500 米，与长江会合。1986 年、1995 年、2003 年谏壁一线船闸先后 3 次停航大修，通航能力逐年提高。1999 年 6 月，谏壁二线船闸工程开工建设，该闸长 203 米，宽 23 米，闸槛水深 4 米，可通行千吨级船舶，总投资 2 亿元，2001 年 12 月建成试通航，2002 年 3 月正式投入营运。2004 年，谏壁船闸船舶通过量达 7658 万吨，货物通过量达 4806 万吨，优良闸次率达 100%。1981 ~ 2005 年，谏壁一线船闸和二线船闸开放船闸 242983 闸次，船舶通过量和货物通过量分别提高 23 倍和 24 倍，闸次优良率均达 100%，连续 26 年保持安全运行无重大事故良好成效。2006 ~ 2007 年，谏壁船闸船舶通过量达 21663 万吨，船舶和货物通过量逐年增长。

1981 ~ 2007 年谏壁船闸船舶、货物通过情况表

表 8-18

年份	船舶通过数（艘）	船舶通过量（万吨）	货物通过量（万吨）	开放闸次（次）	闸次优良率（%）
1981	67810	330	205	5602	100
1982	105484	389	261.47	5827	100
1983	124864	541.52	398.03	6207	100
1984	148418	637.24	477.72	6937	100
1985	145794	661.92	493.21	6608	100
1986	73134	334.60	233.80	3630	100
1987	257680	723.50	50510	7051	100
1988	170747	962.26	603.76	7568	100
1989	171995	1005.38	647.97	7618	100
1990	187207	1031.93	592.88	7670	100
1991	108289	646	396.97	6423	100
1992	204031	1314.40	814.65	9253	100
1993	242364	1659.60	1043.83	10340	100
1994	202974	1470.82	916.32	8220	100
1995	201941	1631.80	970.73	7002	100
1996	105585	922.46	586.29	4364	100
1997	235360	2402.32	1434.67	9648	100
1998	322499	3703.33	2521.73	11634	100
1999	330298	4155.69	2905.51	12641	100
2000	339273	4678.67	3026.31	12325	100
2001	312095	5199.53	3237.11	12068	100

续表 8-18

年份	船舶通过数（艘）	船舶通过量（万吨）	货物通过量（万吨）	开放闸次（次）	闸次优良率（%）
2002	302244	5958.47	3852.48	17784	100
2003	298180	6606.75	4036.46	18558	100
2004	300954	7658.84	4808.97	18358	100
2005	258485	7659.23	4961.50	19649	100
2006	125047	10352	10169	22764	100
2007	148678	11175	11496	18437	100

五、内河码头

1992 ~ 2007 年，京口区域内有内河码头 3 座。2007 年，京口工业园区新（在）建 2 座、锚地 1 处。

2007 年京口区内河码头情况表

表 8-19

序号	名称	布置形式	港口、码头规模				备注
			岸线长度(米)	泊位（个）	最大泊靠能力(吨)	设置吊机（台）	
1	谏壁港	汊河口挖入式	80	3	500	3	原有码头
2	船闸远调站码头	顺岸凹入式	60	2	—	—	二闸建设

2007 年京口区内河停泊锚地情况表

表 8-20

名称	地点	主要功能	型式	设计岸线长度（米）	平均有效宽度（米）	河底高程	护岸型式	水域面积（平方米）
谏壁古运河口锚地	谏壁船闸上游引航道西岸	待闸停泊	顺岸凹式	285	100	0.00	驳岸	3.4 万

说明：该停泊锚地在京杭运河京口段整治时修建。

六、长江码头

1. 镇江老港　20 世纪以后，长江主航道不断北移变迁，南岸冲淤，致使镇江老港港区淤积日趋严重。新中国成立后曾经投拨巨资挖泥整治，仍淤积不停。20 世纪 70 年代，镇江老港港池和航道继续恶化，征润州尾滩不断淤涨延伸，至 1984 年已延至丹徒口长达 12.5 千米。进出港的焦南航道越来越长，且港池和航道维持性疏浚量每年递增，1984 年竟达 380 万立方米，镇江老港濒临淤废境地。1985 年 10 月，经省政府批准《镇江港整治可行性研究报告》（即“中口袋”方案）。该方案主要内容：在横拦于港区与长江主泓道之间的征润州，开挖一条 4.06 千米长的双向引航道，底宽 120 米，河底标高 -4.5 米（黄海高程，下同），边坡 1 ： 5；在引航道东侧的征润州上向下游筑一道 7.5 千米长的拦河堤至焦山，顶宽 5 米，堤顶标高 +6.0 米，坡比 1 ： 3.5，以割断漫滩水流，阻止泥沙进入港池；封闭原焦南航道并新建焦南泄水闸，形成长 542 米、顶宽 5 米、坝顶标高 +6.0 米、坡比 1 ： 3.5 的长堤，北接港外拦沙堤，南接防洪江堤，切断原焦南航道；焦南泄水闸为单孔，闸顶标高 +6.0 米，净宽 10 米，底板面标高 -1.0 米，日均过闸泄流量 27.7 立方米 / 秒，最大为 102 立方米 / 秒，使老港形成口袋型封闭式港口。工程分三期进行，第一期为引航道工程，第二期为拦沙堤工程，第三期为封闭焦南航道工程。1986年3月10日，一期工程开工，同年11月15日正式通航。1987年3月，实施二、三期续建工程，1993年3月全面竣工，工程总投资3807万元，挖泥536万立方米。“中口袋”方案的实施，挽救了濒临淤废的老港，船舶进出港单程航时40分钟，缩短航程9千米，每年的挖泥量50万～60万立方米，比以往减少300万立方米左右，仅此两项每年节省费用达1000万元，社会经济效率显著。但“中口袋”方案并未从根本上解决老港持续维护性挖泥的高额费用，港口不堪重负。同时，由于陆域狭小，水域转角不理想等因素的制约，老港区实际客货运量呈逐年下降趋势，客运量由20世纪80年代的每年30余万人次下降到1993年的7.4万人次，货运量仅77.4万吨，与2000年规划运量225万吨相差甚远。1994年，市政府将老港区疏解方案及兴建龙门港建设工程纳入城市总体规划，筹集资金500多万元，实施镇江老港区迁移工作。

2. 谏壁港区　谏壁港区位于长江与京杭运河交汇处的谏壁镇，共有货主单位专用码头泊位11个，总长1347米。其中万吨级以上泊位4个，5000吨级泊位2个，3000吨级和1000吨级的泊位5个，设计综合通过能力1022万吨。在京杭运河谏壁段建有3座码头，共6个泊位，岸线160米，最大靠泊能力500吨，以进口电力、石化工业原辅材料为主。1959年7月，位于谏壁镇东的青龙山白云石矿码头建成投产，码头建在青龙山下，东西两侧各有1个泊位，分别长50米和80米，均为趸船式浮码头，最大靠泊能力为3000吨。1965年，谏壁电厂新建长164米、2000吨级和长80米、400吨级钢筋混凝土高桩框架式码头各1座，有泊位3个。1976年，谏壁油库建3000吨级钢筋混凝土高桩框架式油码头1座，岸线长85米。1978年，谏壁电厂建1座5000吨级黄沙专用码头，年通过能力20万吨。1979年，燃料公司建趸船浮码头1座。1980年，谏壁船闸建成前，已形成由厂矿企业自建码头为主的码头群，公用码头仅有属于丹徒港务处的内河码头2处。京杭运河苏南段改线由谏壁船闸出江后，谏壁港区的货主码头有较大规模的发展。1980～1982年，谏壁电厂先后建成长75米、靠泊能力5000吨级、年通过能力13万吨大型油码头1座和2.5万吨级、年通过能力可达450万吨煤码头1座，后因煤码头前沿淤浅未能达到设计能力。1984年，谏壁油库建靠泊能力1万吨级、年通过能力60万吨的趸船浮码头1座。1988～2007年上述码头正常运行。

第五节　运输企业

1993～1995年，区交通企业深化内部经营机制改革，强化企业基础管理工作，完善各项经济责任制，加大技改投入，使企业保持良好发展势头。1993年，交通企业系统完成营收992.96万元，利润1.96万元，首次实现扭亏为盈。1996年，交通企业加快产业结构调整步伐，红旗装卸公司成立巨龙出租汽车公司，并连续14年创铁路装卸安全无事故记录。1998年，区属运输企业加快改革步伐，实行指资租赁、融资租赁，取得良好效果。1999年，实现无一亏损好局面，两年完成营收2476万元，实现利润25万元。2000～2001年，区交通局针对企业历史遗留问题较多、生存危机突出实际，积极开展市场调查，寻找企业发展对策，在维持原有业务、开辟新装卸点上下功夫，有效遏制企业经济滑坡势头。同时，做好来信来访接待工作，保障职工合法权益，保证企业稳步发展。2002～2003年，区属运输企业面对现实，不等不靠，克服困难，围绕市场寻求发展，从提高服务质量，打造诚信品牌入手，不断拓展业务领域。两年来各装卸公司确保职工工资及退休、退保人员各项费用按时足额发放。

2006年，区交通局下属的4个装卸运输企业仍有保养人员702人，生活费由市、区两级共同筹措，其中，市承担85%，企业自筹15%。市劳动部门按月将上述保养人员生活费拨付给京口区交通局，由其负责发放。同年10月，市、区两级政府召开专题会议，形成《关于一揽子解决京口区交通企业保养人员生活费问题的会议纪要》（以下简称《会议纪要》），区交通局成立领导小组，全面贯彻《会议纪要》精神。区政府按照《会议纪要》精神，承担1100万元，分3年（2006～2008年）缴入市财政账户。

第六章　邮政　电信

1951年9月，镇江邮政、电信两局合并，成立镇江邮电局。1983 ~ 1997年，镇江地区（市）建置和行政区划屡经调整，镇江邮电局一直承担京口区的邮政、电信业务。1998年10月，镇江邮电局体制改革，分设镇江邮政局和镇江电信局，各自成为政企合一的公用企业，其服务内容和管理范围不变。邮政服务主要有函件、包裹、汇兑、邮政储蓄、报刊发行、邮票与集邮和代理等业务。电信主要是电报、市内电话（以下简称市话）、农村电话（以下简称农话）、长途电话（以下简称长话）等。随着改革开放和科技进步，电话交换设备从共电式发展到程控式，传输设备从明线发展到微波和光缆数字传输，直至建成自动寻呼系统，并实现国内外联网沟通信息。在市场竞争中，网络通信出现多家经营，各通信公司，根据自身特点，独立进行活动。自1997 ~ 2001年，京口区域内先后有中国电信、中国移动通信、中国网络通信、中国联合通信、中国铁道通信等5家分公司开展通信服务。按照国家推进信息化，建设电信强国的部署和各公司的要求，优化资源配置，铸造精品网络，提升网络整体竞争力和运营效益，不断开拓新业务，方便市民工作和生活。2007年，区域内电信、移动、联通、网通等分公司，全年实现通信业务收入19.06亿元，电话用户达299万户。同年，镇江邮政局和镇江电信分公司获“江苏省文明行业”称号。

第一节　邮　政

一、邮政业务

1. 函件　1983年，镇江邮政除办理国内和对台湾的信函业务外，还以迅速、精确、安全、方便为宗旨，相继办理国际信函和国际挂号等业务。1985年，办理函件业务920.71万件。1986年11月，解放路邮电支局首办国际、国内特快专递邮件业务，同年，又开办快件业务，很受企业及外向型经济单位欢迎。1991年，市内办理函件1128.11万件。1995年，办理函件2007.47件，是1985年的1.2倍。随着改革开放和迈向国际市场，特快专递成为邮政主要业务之一。1996年，特快专递业务完成23.44万件。1998年后，重点发展特快专递业务，注重做好速递大户服务工作和拓展国际专递业务，突出发展效益型业务。2007年，邮政函件业务收入1384万元，同比增长23.8%。

2. 包裹　1983年5月，区内解放路邮电支局可办理收寄放射免疫测定盒业务，同年10月，镇江邮电局安装包裹分拣机，将包裹分拣和封发从繁重体力劳动中解脱出来。1985年，在市场流通活跃，民用包裹业务下降同时，大力揽收商品包裹，开发商品包裹运输专线。同年，包裹业务量达17.20万件。1986年起，开办纸质品包裹业务，使用用户专用袋，使包裹业务逐年增加。1995年，全市包裹业务量达57.35万件。2001年8月，开展快递包裹业务。邮资费和传递速度介于普通包裹与特快专递业务之间，对个人和中介企业用户都较适用，很受用户青睐，特别是国际包裹业务量大增。2007年，全市区包裹业务收入238万元，比上年增长13.9%。

3. 报刊发行　1983年，市区在原328个发行站基础上，又增扩305个，有兼职发行员1000余人。1985年，镇江邮电局成立报刊零售公司，开展经营批销和管理各种报刊零售业务。同年，增添捆扎机1台，提高工作效率，市区增建报刊零售亭，增加服务网点6处。同年，发行报刊种类2990种，发行量达4100多万份。1990年，市区报刊发行业务向“零售为主，订阅为辅”转变，同年，报刊发行流转额达541.20万元。1995年，市区报刊零售摊点201处，发行量达5815.57万份，流转额达1844万元。1996年，市区对报刊发行进行综合治理，使报刊短少率显著下降。2000年3月，市区开通快速投递网，使《镇江日报》等报刊可提前2小时到达用户手中。2002年，开展外文报刊销售业务，并将《消费报》等原为自办投递的报刊陆续进入邮政投递网，扩大报刊发行业务。同年，为搞活经营，改进服务，镇江邮政局自派专车到南京提取竞争性较强的报刊，使报刊上市提前近 1 个小时。对报刊亭还实行竞标经营，增加零售额，当年报刊销售额同比增长 21%。2003 ~ 2005 年，争取到党报党刊发行权，加之《扬子晚报》《南京晨报》《读者》等竞争性报刊的提速，发行量增加。2005 年，改建新建报刊亭 28 座，进一步扩展报刊零售业务。2006 ~ 2007 年，开展报刊大收订专项营销活动，报刊发行量增加。2007 年，报刊发行收入 1305 万元，同比增长 9.87%。

4. 汇兑和邮政储蓄　1983 年，随着经济和社会发展，商品流通活跃，汇兑业务增长较快。1985 年，市区汇兑周转金增至 2.5 万元，开发汇票 32.92 万张，并增办高额汇票业务。1986 年，商业性高额汇票增多，张数下降，金额增多。1995 年，开出汇票 67.27 万张。此后，因银行开通全国存兑业务，邮政汇兑业务逐年减少。1986 年 4 月，邮政恢复储蓄业务，先在区内解放路邮电支局开办，储种为定期和活期两种。同年年底，市区有储户 1159 户，储蓄款额 97.5 万元。1990 年，市区邮政储蓄额达 2002 万元。1991 年，市区各邮电支局办理代发工资、礼仪储蓄、私人住宅电话费转存、活期储蓄等业务。1992 年 6 月，开发电脑储蓄，方便客户。1993 年，市区邮政储蓄实现通存通兑，用户可在各邮政储蓄网点办理跨所之间存款取款、开户销户等业务，更加方便快捷。当年，市区邮政储蓄突破亿元，达 1.42 亿元。1995 年，市内邮政储蓄达 3.4 亿元。1997 年 7 月，全市邮政储蓄绿卡开通使用，用户持有邮政储蓄绿卡，可在全国绿卡联网点城乡邮电支局储蓄台办理存、取款业务。1998 ~ 1999 年，市区实行绿卡划卡缴纳电话费，试行绿卡购物消费，并全面实现绿卡计算机联网，可在全国 50 多个城市进行通存通兑，进一步完善绿卡功能。2000 年，邮政储蓄重点发展中间业务，积极发展公用事业预存代扣及代办保险、代发养老金等业务。2001 年，解放路邮政支局开办国际特快汇款业务，汇款通达全球 186 个国家和地区。同年，市区邮政储蓄额达 10.51 亿元。2002 年 6 月，市区邮政开办礼仪汇款业务。同年，镇江邮政储蓄绿卡加入江苏省银行卡联网 POS 系统，持卡可到 POS 商户消费，不需付任何额外费用。2003 年 5 月，开办实时电子汇款业务，用户 3 ~ 5 分钟即可到达兑付。2004 年 12 月，镇江邮政储蓄统一版本成功切换上线，实现邮政储蓄发展新跨越。2007 年 2 月，区内解放路、梦溪路、中山东路邮政支局开办外币储蓄业务，拓宽邮政为国际金融客户服务范围。同年 5 月，还开办小额质押贷款业务，全年发放小额质押贷款 4305.02 万元。至年底，全市绿卡用户 39.65 万户。

5. 集邮　1983 年 12 月，镇江市集邮协会（以下简称市邮协）成立，市委副书记吴明政任名誉会长，有基层集邮组织 76 个、会员 1068 人。市邮协成立后，举办各类邮票展和讲学培训活动，表彰集邮先进个人，开展邮票拍卖活动等。至 1995 年，市邮协有基层组织 135 个、会员 6400 余人。2005 年 1 月，区内大市口街道办事处在市邮协协助下，成立邮票博物馆，并在镇江市老年活动中心二楼举行邮票、邮品展览，有固定展牌 22 块、活动展牌 32 块。邮品内容、素材涉及清代、民国、解放区和新中国等不同时期的邮票，图文并茂，内容丰富，有一部分是反映镇江题材的邮票邮品，及镇江市集邮活动的史实，富有地方特色。1992 ~ 2007 年，国家邮电部（邮政总局）先后 10 次在镇江举行特种邮票（册）首发仪式。镇江市邮票公司利用特种邮票镇江首发式契机，组织邮票首日封、极限片、纪念戳、邮册、个性化邮票等系列专题特供邮品，进行现场销售，供爱好者选购。

1992 ~ 2007 年镇江市区特种邮票首发式情况表

表 8-21

时　间	名　称	每套枚数	内容或说明
1992.8	《三国演义》（第三组）	4	“智激孙权”“舌战群儒”“蒋干盗书”“草船借箭”
1994.11	《三国演义》（第四组）	5	“横槊赋诗”“赤壁鏖战”“刘备招亲”“威震逍遥津”“火烧连营”
1998.8	《三国演义》（第五组）	4	“白帝托孤”“孔明班师”“秋风五丈原”“空城计”
2001.12	《许仙与白娘子》	4	“游湖借伞”“仙山盗草”“水漫金山”“断桥相会”

续表 8-21

时　间	名　称	每套枚数	内容或说明
2003.12	《东周青铜器》	8	其中第 6 枚“凤纹尊”为镇江博物馆珍罕的国家级收藏品
2004.9	《赛珍珠在镇江》邮册	—	为纪念在镇江生活、学习、工作 18 年的美国著名作家、诺贝尔文学奖获得者——赛珍珠。由镇江市人大常委会举办
2005.4	《润扬长江公路大桥》个性化邮票	—	共发行 1 万枚
2006.5	《中国现代科学化（四）——茅以升》	1	镇江京口籍著名桥梁专家、教育家——茅以升
2007.3	《京剧生角》	6	其中第 4 枚为发生在镇江的“白蛇传”神话传说中的主要人物之一——许仙
2007.11	《中国古代书法——楷书》	6	配合发行镇江焦山碑林中《瘗鹤铭》邮册

6. 邮政物流配载　2002 年 6 月，在市区南郊建成镇江邮政物流配载中心。通过信息厅进行车辆、货源的信息化管理，可最大限度地发挥车辆的运输能力，实现货源与运能的最佳组合。当年完成物流收入 496 万元。2003 ~ 2005 年，重视邮政物流品牌建设，发展健力宝公司等一批大客户，物流日均出口 4.8 吨。2006 年，加快发展邮政速递物流业务，完成速递物流业务收入 3914 万元，同比增长 28.67%。2007 年，发展邮政快货物流业务，日均出口 6 吨，邮政物流业务可承担直递、配载、仓储、购物等物品型邮件传递配送。

7. 信息与代理业务　2002 年，镇江邮政局不断增强邮政通信能力，在代收费平台上开发移动、固定电话和保险费等新业务项目，并开通电子汇兑系统，加快邮政汇款速度。开发账户信息通业务系统、多媒体查询系统、用户信息系统，完成商函名址库系统、物流系统和视频会议系统的推广及银联卡改造等工程。2003 年，在全省邮政系统首家开发邮政储蓄免填单业务系统，在代收费业务系统中，新增代收新华人寿保险费、镇江铁通分公司话费、镇江网通分公司话费和中国银行、工商银行、烟草公司款项功能。2004 年，强化技术支撑和网络保障，邮政储蓄电子稽查系统获江苏邮政局科技进步一等奖，国家邮政局科技进步二等奖，并顺利通过国产软件产品登记，获准在国内销售。2005 ~ 2007 年，邮政通信能力不断增强，完成邮运、营业两网互通工程和汇总大集中工程上线工作，建成自有数据库和精品数据库近百条，并得到有效维护与应用，还开发代收水费、煤气费及“车险通”“缴费宝”等新项目，使邮政信息化水平不断提升。2007 年，信息与代理业务收入 195 万元，同比增长 31.76%。

二、邮政传输

1983 年起，信函实行使用邮政编码自动化分拣。1991 年，配备信函过戳机、包裹收寄机和邮政编码微机自动查询，提高工作效率。1992 年，报刊发行微机处理系统推广应用。至 1995 年，邮政作业方式已由人工操作向半自动化和自动化转变，邮政运输配备车辆，自办汽车邮路 13 条，全长 2887 千米，其中省际邮路 11 条，2652 千米。1996 年 9 月，市区建成面积 2.47 万平方米邮政枢纽大楼并投入应用。1997 年，邮政通信建成信函自动分拣系统并投入运行，包裹机分拣及推挂分拣采用计算机作业系统，增加智能化程度。1998 年 1 月，为适应新的邮政运营体制，成立镇江邮区中心局，管辖镇江市所辖六市（区）和泰州两市（县）邮运业务，并结合火车提速和民用航空改点，调整作业计划，保证邮件传输时限。同年 5 月，建成信函、包裹和报纸杂志分拣分发自动化、机械化和计算机化，提高分拣分发准确性和工作效率。至 2000 年，镇江邮政局有汽车邮路 38 条，总长 3521 千米，其中省内干线邮路 8 条，总长 1930 千米。同时，在市区加快“户籍工程建设”，新建楼房通邮率达 100%，邮件准时率、处理合格率在 90% 以上，市区年人均函件量达 34.5 件。2001 ~ 2004 年，开通镇江至常州夜班快速邮路，使出口特快邮件提前半天至 1 天，积极开展国际速递业务，提高邮政速递竞争力。2005 年 7 月，镇江邮政开通镇江至上海一级干线汽车邮路“全夜航”，特快专递邮件可直达上海虹桥机场航站，减少邮政经转环节，提高邮政特快专递传递速度。2006 ~ 2007 年，开通镇宁（三）班邮路，增开镇江至南京禄口机场“全夜航”快速邮路，加快进出口特快邮件和畅销报刊传递速度，还开辟镇江至苏州的“邮航大阪国际”邮件通道，确保镇江地区“邮航大阪国际”邮件及时发送。

三、邮政服务

1. 邮件投递　1983 ~ 1984 年，区内邮件投递由各邮政支局划出投递段道，有专人递送。1985 年，城区环城路（梦溪）邮电支局成立后，1986 ~ 2007 年调整为解放路、环城路两个投递区，投递段道分别有 18 个和 12 个，采取信报合投方式，每日投递频次为上、下午各一班。郊区各镇（场）村由各所在邮电支局（所）投递员按投递线路递送，每日骑自行车或摩托车投递 1 ~ 2 次。

2007 年京口区城区各邮件投递区划表

表 8-22

投递区	投递段数	每日班次	投递范围
解放路	18	2	运河以东、梦溪路以西，包括大市口、四牌楼、健康路街道
梦溪路	12	2	梦溪路以东，象山镇以西，包括正东路街道和健康路街道的一部分

2. 网点分布　1985 ~ 2007 年，京口区内邮政服务网点设有邮政支局 8 个、邮电所 7 个。各街道、镇（场）都设邮筒和报刊零售点。

2007 年京口区内邮政服务网点分布情况表

表 8-23

局所名称	地址	邮政编码	联系电话
解放路邮政支局	解放路 115 号	212001	85026043
正东路邮政所	正东路 199 号	212001	84404049
梦溪路邮政支局	梦溪路 36 号	212003	84421198
花山湾邮政所	花山湾一区 1 号	212003	88829731
甘露寺邮政所	甘露寺	212003	88800614
江科大邮政所	江苏科技大学校园	212003	84421563
谏壁邮政支局	谏壁镇	212006	83361222
中山东路邮政支局	中山东路 423 号	212007	85230237
东吴路邮政支局	东吴路 188 号	212008	88829136
松村路邮政所	小米山路	212008	88837179
江大邮政支局	江苏大学校园	212013	88782380
丹徒邮政支局	丹徒路 439 号	212014	88781180
汝山邮政支局	丹徒路 118 号	212016	88782180
新民洲邮政所	共青团农场	212019	83361140

3. 邮编分区　为实现信函自动化分拣，1983 年，全市使用邮政编码投递邮件，并逐步为人们所接受。至 2007 年，京口区范围内有 7 个邮政编码（每个邮政编码分区范围，含京口区行政区划外少数地区）。

2007 年京口区邮政编码分区情况表

表 8-24

邮政编码	分区范围
212001	七星巷，三阳巷，大八叉巷，大西路单号 1–193、双号 2–180，大爸爸巷，大教场，大埂街，大盛家巷，小八叉巷，小门直街，小马路，小观音楼街，小爸爸巷，小盛家巷，马厂街，马家巷，马棚巷，上河边，尚友新村，千秋桥街，千秋桥北，山门口街，万古一人巷，中山东路双号 2–344、单号 37– 完，中街，太平寺巷，水陆寺巷，仓巷，水炉巷，文昌宫，月朗巷，火坛楼巷，王通事巷，仁章路，双井路，尹家巷，电力路单号 201–233、双号 172–184，四箴里，仙鹤巷，东西城根，东菜市街，东吴路单号 1–63、双号 2–58, 北水关，北固山下，古更楼巷，古楼岗一至四村，龙亭巷，永安路，卡子门，正东路 141 号，市政路，玉带巷，白莲巷，西府巷，西城里，西家湾，西德鑫里，江上里，观音桥巷，孙家巷，会莲庵街，吴先生巷，长江路单号 1–81, 余福里，宋官营，宝塔巷，钓鱼巷，林隐路，京河路，府学巷，府学新村，弥陀寺巷，经折巷，河北街，青云门，拖板桥，松花巷，沿河边，果子巷，梦溪路单号 19– 完，南门大街单号 243– 完、双号 188– 完，南府巷，草巷，胜利路，城隍庙东，骆驼岭，虹桥街，虹桥门，将军巷，药师庵巷，娄巷，荷花塘巷，荷花塘街，荷花楼巷，健康路，胭脂巷，第一楼街，船厂新村，堂子巷，剪子巷，黄花亭，清真寺巷，曹家巷，敏翔里，蛤蟆院，道署街，新成里，新河街，新河边，牌坊巷，演军巷，腰刀巷，解放路，醋巷，粮米仓巷，德胜街，磨刀巷，磨盘巷
212003	八角亭，九里街，丁卯桥，丁家巷，三台栈巷，大学山路，大觉寺，小南海，马三房巷，马祠巷，卫东新村，下河头，中山东路单号 1–35, 中营，天桥路，天桥支路，孔家巷，尤唐巷，东河边，东吴路单号 65– 完、双号 60– 完，古通巷，石头巷，正东路单号 1–139、双号 2– 完，江滨新村，网巾桥，花山湾，花山湾北，花巷，运河路 61– 完，运河新村，陈家门，张家巷，庙巷，学沟巷，何家巷，矿机路，松盛园巷，建设路，苗家巷，梦溪路单号 1–17、双号 2– 完，南门外大街，南门路，南门大街单号 1–241、双号 2–186，贺家弄，姜家大院，桃花坞新村，桃花坞路，酒海街，笪家山，梳儿巷，梦溪园巷，象山桥一至二村，旗杆巷，新建里，靳家巷，解放桥巷，镇宝路，簸箕巷，颜凌路，丹徒镇丁卯村，象山乡
212006	谏壁镇
212009	象山镇潘宗、渣泽、润南、张许、横山、马家山，丁卯经济开发区
212014	丹徒
212016	汝山
212019	新民洲（共青团农场）

第二节　电　信

一、电报

1983 年 3 月，为适应经济建设发展和城区范围扩展，镇江邮电局开展专送电报业务，电报送递范围也随之延伸。1984 年 12 月，应用汉字译码机处理电报，提高译码速度和质量，且方便阅读。1985 年，增加电报真迹传真和用户电报业务，全年业务量达 207.01 万份。1986 年，镇江电报进入南京自动转报网。1987 年，引进程控交换设备后，使电报处理自动化程度大为提高，同年还开办礼仪电报业务。1991 年后，由于住宅电话发展迅速，电报业务量明显下降，加之程控电话、移动电话、无线寻呼发展，电报业务渐趋减少。至 2007 电报业务停办。

二、市内电话

1983 年，镇江市内电话扩充月量，扩展范围，用户达 4397 户。1987 年 9 月，引进日本富士通公司的 F-150 程控交换系统，在省内首批开通直拨电话。同年，谏壁镇农村电话进入市内话网。1989 年 11 月，根据镇江市通信网络发展及有关技术政策规定，经国家邮电部批准，市内电话由 5 位升到 6 位。1990 年，市内电话容量达 1.65 万门。1991 年，市内自动电话交换机达 2.15 万门，其中程控交换机有 1.55 万门。1993 年 5 月，镇江市实现市话程控化、传输数字化，电话用量增加到 5.1 万门，市话计费级别从 5 级升格为 4 级。1994 年，市话交换机容量净增 6.22 万门，城区市话普及率达每百人 26.86 部水平。同年 8 月，镇江电话网的电话号码由 6 位升至 7 位。1995 年，城区市话机普及率每百人增至 35.2 部。同年，市区按照每 50 米置一部公用电话标准，发展公用电话 836 部，累计市区公用电话达 1731 部，普及率在每千人 3.88 部。1998 年后，电信部门在电话业务经营方面采取相关优惠激励措施，促进市话发展。2000 年，市话普及率达 98%。2007 年 8 月，全市固定电话号码由 7 位升至 8 位，进一步拓展了电信资源。

三、农村电话

1983 年，市郊区农村已开通电话。1985 年，农话用户达 1395 户，全年农话去话业务量达 145.57 万张。1987 年，市郊谏壁镇原属农村电话进入程控电话网，并建成谏壁市话分局。1989 年，开通谏壁至大港的光缆，加快农话发展速度。1991 年，农话业务量达 197.08 万张。同年起，逐步更新农村邮电支局磁石交换设备。至 1994 年，农话基本实现程控化，市郊农话容量已达 1.30 万门，进入程控 1.25 万门，农村话机普及率每百人为 2.3 部，普及潜力很大。1997 年，镇江邮电局授予京口为“电话小康区”。1998 年，市郊发展农话 1.5 万户，并实现电话城乡一体化管理。至 2007 年，京口区各镇（场、园）农村电话普及率达 95%，有话机 2.6 万余户。

四、长途电话

1983 年以来，随着长途电话通话量日增，大容量载波及同轴电缆进入通信传输领域。先后开通南京、扬州、上海、苏州、无锡、常州、丹阳、句容、高淳、淮阴、盐城、南通、泰州、徐州、汉口等地。1984 年 3 月，长途电话交换设备迁入电信综合大楼。至 1985 年年底，直通电路有 234 条，镇江至南京直通电路增至 8 路，直通电话已远至北京、芜湖、合肥、马鞍山等地。1987 年，引进程控电话交换系统后，使长途电路增幅扩大。1990 年，长途电路 772 路。在程控电话容量不断扩容同时，长途直拨较普遍地进入市民家庭，只要先拨长途电话区号，就能与全国各地通话，长途直拨国内长话通话费每分钟 0.2 ~ 0.3 元。1995 年 10 月，镇江区域内建成本地电话网，统一使用“0511”区号，不需再拨打长途区号。1996 ~ 2007 年，市话用户全部进入长途直拨。

第三节 网络通信

一、微波通信

1971 年 10 月，江苏省电信局和镇江市政府共同筹资，在南郊九华山巅建成镇江微波站。开通中继电路 3 站波道，传送中央电视台和上海电视台电视信号。1985 年，镇江微波站划归镇江邮电局管辖。1990 年 4 月，从日本引进 DM-1000 型 140MB/S 四次群一主一备式数字微波传输系统，使微波传输进入为公众服务领域。同年，不仅开通镇江至扬州微波传输系统，还并入长江三角洲大容量数字微波网，总容量为 1920 路。1991 年 12 月，又增加设备与江苏省内其他市县连接，组成省内分组交换网，为镇江市数据终端与国内外计算机系统建立联系，互通信息，共享数据资源，提供快速可靠的通信途径。1994 年，建成 DDN 数字数据网，形成省网及分组交换市网，开通会议电视系统，开放电子信箱，传真有贮、转、发等增值业务。1995 ~ 2007 年，扩大市网增容工程，新增多处节点机，合格率均达到国家传输质量指标。

二、移动电话

1990 年 6 月，镇江开通自动拨号无线电话系统，共 8 个信道，可容纳 60 个用户。对车载台和固定台两种用户的通信覆盖半径分别可达 25 千米和 50 千米，系统用户的通信功效与一般市内电话用户无异。移动通信系统开通不仅能满足市内电话线路不能通达地区用户通信需求，而且其机动灵活性对抗灾救灾、防洪抢险等突发性、灾害性事故应急通信有着特别重要作用。1992 年 12 月，移动电话系统（俗称大哥大）镇江基地站与南京、苏州的移动电话交换局同时开通并投入使用，可供 300 个用户同时通话，使用方便灵活具有可移动性。1993 年 6 月，A 网扩容，还建成 B 网基站 1 个。1994 年 6 月，江苏省移动通信 A 网二期扩容工程竣工。其中，镇江移动通信交换局建成，使移动通信的范围进一步扩大，通信质量亦大为改善。移动通信用户发展到 2000 户。1995 年，开通数字式移动通信网，移动通信道数增加到 1407 个，实现全国自动漫游。1996 年 8 月，建成数字式移动通信 G 网交换局，交换容量 3 万门，基站 44 个，信道总数 1333 个（其中市区 630 个），进一步扩大 G 网的覆盖面。1997 ~ 1998 年，移动通信 A、B、G 三网扩容工程新增基站 109 个，新增信道 6561 个，市区发展移动通信总数达 2.9 万户。1999 年，根据国家产业结构调整政策，原镇江邮电局寻呼台从邮电大网中剥离重组，建立国信通信有限公司，设区网 126、127，省网 128、129，国网 198、199。至 2007 年，区内用户达 10 多万户。

三、无线寻呼

1988 年 10 月，镇江邮电局开通无线寻呼系统，容量 2000 门，以“126”人工方式传送。此项业务进入市场后，因其可随身携带，加之电话普及率逐年提高，被呼人可随时随地与寻呼人联系，沟通信息十分方便，深受各行各业用户青睐。1990 年 4 月，主机更换为有中文菜单的 PC 机，更促使无线寻呼的发展。1992 年 10 月，寻呼台进行扩容，设 10 个台席，配备 20 条人工寻呼中继线，4 条 DC-15 自动中继线，具有汉数兼容、自动、寻呼等功能。1993 年 6 月，扩建“127”自动寻呼系统，可自动发出主叫电话号码，有 30 条中继线，可满足 1.5 万个用户使用。1994 年年底，无线电寻呼系统完成汉数兼容 3 万门扩容，实现全市联网。1995 年，全省寻呼网开通，镇江寻呼机进入全省联网，同时寻呼机号由 5 位升至 7 位。1996 ~ 1997 年，完成市网扩容和省网配套工程，开通省内高速寻呼网。1997 年 8 月，江苏省公用信息网镇江信息分网建成开通，“169”业务正式开放，可向用户提供电话信息、计算机信息、传真信息、虚拟网络服务和社会信息库的接入。随着无线寻呼迅速发展，网络通信出现市场竞争。1998 年 3 月和 6 月，中国联合通信有限责任公司和中国移动通信集团公司分别成立镇江分公司（以下简称镇江联通分公司和镇江移动分公司），在镇江区域内经营网络通信业务。为适应市场变化，同年 10 月，镇江邮电局进行管理体制改革，实行邮电分营，成立镇江邮政局和镇江电信局，成为自主经营、独立核算、自负盈亏、政企合一的公用企业。各通信分公司按自身专业特点，独立进行企业活动。11 月，镇江电信局建成 1000 号电信客户服务中心，用户只需拨打号码“1000”，就可完成话费查询、114 号码查询、用户投诉、装拆移电话受理、业务咨询等。同年年底，镇江联通分公司与镇江电信局实行两网互联互通，当年，市区发展无线寻呼 7258 户，累计用户在 10.5 万户。1999 年，网络通信建设由过去量的增长转向质的提高，以综合化、智能化、宽带化项目建设为重点。同年 6 月，宁苏光缆镇江段工程竣工通过验收，共敷设 96 芯光缆 65 千米。2000 年 2 月，中国网络通信集团公司镇江分公司（以下简称镇江网通分公司）成立。同年 9 月，镇江电信局改组为江苏省电信公司镇江电信分公司（以下简称镇江电信分公司），加大接入网、宽带网的通信建设，在全省率先发展宽带用户。2001 年 8 月，中国铁道通信信息有限公司镇江分公司（以下简称镇江铁通分公司）成立。各分公司互相竞争，共同发展，占主导地位的仍是镇江电信分公司。2002 年，镇江电信分公司发展“小灵通”业务，采取重策划、多促销、优网络等措施，业务发展很快，至 2003 年 2 月，全市“小灵通”用户达 5 万户。同年 6 月，京口区建区 20 周年，其庆典活动大型文艺晚会，由镇江移动分公司提供通信保障。2004 年，全市推进信息网络建设，部队、机关、学校、企事业单位和个人先后开设网站网址。同年，京口区政府网站开通，网址为 http:/www.jktz.net/。同年年底，镇江“小灵通”用户达 25 万户，从“市区通”到“镇镇通”，宽带用户有 6.3 万户。2005 年，京口区教育系统投入 1200 万元，购置计算机 2024 台、多媒体 194 套，全区所有学校都实现“校校通”。有 20 所学校建立校园网站，12 所学校被评为省、市教育信息化先进学校。2006 ~ 2007 年，镇江电信业以市场为导向，客户为中心，改革为动力，效益为目标，抓住机遇，加快发展，各电信分公司发挥自主优势，各项工作都取得新进展。2007 年，全市通信服务业实现业务收入 19.06 亿元，电话用户达 299 万户。全市农村建制村实现村村通宽带。

第四节　电信企业

一、镇江电信分公司

2000 年 9 月，镇江电信局改制为镇江电信分公司。同年，完成省网一期扩容和本地智能网升级改造二程，电话用户 63.6 万户，因特网用户 13.2 万户，实现业务收入 5.72 亿元。2001 年，明确“重质保量”发展思路，大力发展企业智能网、校园网、军营网等，充分利用网络资源开发第二市场，全年电话用户 76.36 万户。因特网用户 18.16 万户，实现业务收入 5.82 亿元，被镇江市政府授予“争创一流业绩有功单位”。2002 ~ 2004 年，大力实施“小灵通”和宽带网络优化和质量提升。2004 年，有电话用户 116.1 万户，因特网上网用户 12.5 万户，其中宽带用户 6.3 万户，全年业务收入 6.89 亿元。2005 ~ 2007 年，进一步推进企业由传统基础电信运营商向综合信息服务提供商转型，大力发展宽带业务，通过优化组合，加大对存量用户的保有，使企业保持稳健发展。2007 年，获“江苏省文明行业”“江苏省用户满意服务明星企事业单位”等称号。同年，电话用户总数达 126 万户。

二、镇江联通分公司

中国联合通信有限责任公司是经国务院批准成立的国内第二家经营电信基本和增值业务的国有大型企业。1997 年 6 月，在镇江组建分公司。该公司为非独立法人单位，负责经营镇江市行政区划内中国联通经营的全部电信业务，其人事、财务、电信规划、计划、工程项目建设、技术规范、设备招标等均执行中国联通总部统一规定，由中国联通江苏分公司直接管理。同年，进行首期 GSM（G 网）数字移动电话网工程，1998 年 3 月正式成立镇江联通分公司，挂靠镇江市计划委员会。同年 12 月，实现全网开通，完成二期工程建设任务，时有员工 33 人。1999 年 3 月，镇江 GSM 130 移动通信网对外放号，全年发展用户 2.7 万户。2000 ~ 2004 年，开办 126、127、128、129、198、199 寻呼业务，经营范围有移动通信、国际长途、长途电话、本地电话、数据通信、国际互联网、无线寻呼等业务。至 2005 年年底，在网用户有 36.5 万户，全年业务收入 2.5 亿元，创历史最高。2006 ~ 2007 年，该公司整体实力不断增强，在激烈的市场竞争中，企业运营基本平稳，GSM 经过 12 期工程，CDMA（C 网）经过 4 期工程建设后，形成规模庞大、覆盖完善，通话质量较高的无线网络。2007 年，被镇江市政府评为“信息化工作先进单位”“镇江市和谐企业先进单位”。同年年底，完成主营移动业务收入 1.94 亿元，在网用户近 27 万户。

三、镇江移动分公司

1998 年 6 月成立，为外资独资企业，隶属中国移动通信集团公司和中国电信（香港）公司双重领导，从事镇江市移动通信的网络建设、投资及业务经营等。当年完成移动通信业务收入 2.94 亿元，电话用户有 12 万户。1999 年，在原有“全球通”业务基础上，又推出“大众通”“神州行”等业务品种。2000 年，加大建设投入，优化农村移动通信网络，建成移动电话行政村 7 个，建制镇 1 个，同时进行标准化基站改造工作，提高网络质量。同年年底，“135、136、137、138、139”数字网基本实现无缝覆盖。移动电话累计用户 23 万户。2001 ~ 2004 年，加强“全球通”“动感地带”“神州行”等通信品牌和农村营销渠道建设，加快数据业务发展，丰富移动梦网业务等。2004 年，实现营运收入 5.5 亿元，有客户 65 万户。

2005 ~ 2007 年，网络质量不断提升，网优工程完成率 100%，市场竞争优势得到提升。2006 年，被中国消费者协会授予“全国诚信维权单位”。2007 年，开通启用“旅游通”“诚信通”，建成 16 个移动信息化示范镇和 47 个移动信息化示范村，有客户 130 万户。

四、镇江网通分公司

中国网络通信集团公司是由中央管理的特大型国有通信运营企业集团，是经国务院同意进行国家授权投资的机构和国家控股公司的试点单位。2000 年 2 月，中国网通集团公司镇江市分公司成立，主要经营国内、国际各类固定电话网络与设施。2005 年，已建成覆盖市区的无线市话网、城域网和宽带网。同年年底，无线市话用户逾 7 万户、固定电话用户超过 4 万户，宽带用户有 1 万多户，完成业务收入 6000 万元。2006 ~ 2007 年，调整经营思路，发展宽带、数据等转型业务，至 2007 年年底，固定电话用户累计 5.75 万户，无线市话用户 8 万户，宽带用户有 2.19 万户，用户总数达 16 万户。同年，获镇江市“信息产业先进集体”称号。

五、镇江铁通分公司

2001 年 8 月，成立中国铁道通信信息有限公司镇江分公司。2002 年年底，实现业务收入 600 万元，交换机容量达 3 万线，有固定电话用户 7000 户、宽带用户 600 户。2003 ~ 2005 年，更新改造基础网络设施工程，开展长途电话、固定电话、公用电话和互联网等业务。2005 年，业务收入 3292 万元，固定电话累计 7.1 万户，在网用户 5.56 万户。2007 年，业务收入 4100 万元，固定电话累计 8.91 万户，在网用户 6.48 万户。

第九篇　综合经济管理

1983 ~ 2007 年，京口（城）区先后成立各经济管理部门，履行部门管理职能，确保全区经济和社会事业发展正常进行。1983 年 10 月，区计经委成立，为全区经济综合管理部门，负责编制和实施国民经济发展计划和社会发展计划，按照市场经济要求，不断调整发展战略规划使全区经济持续稳定增长。1984 年 1 月，区工商局成立，负责各类工商企业登记、市场建设和管理、合同鉴证、商标广告监督管理和消费者权益保护工作等。1988 年 5 月，区物价局成立，加强物价管理、监督、服务，减轻群众和企业负担。1989 年 3 月，区统计局成立，负责区属工业、商业、教育等经济和社会事业统计工作，发布统计信息，实施统计咨询、监督、服务。1992 ~ 2006 年，区统计局进行全国人口、工业、农业、第三产业基本单位经济普查和各项专业调查，并分别获省和国家先进集体称号。1993 年 3 月，区土管局成立，依照《中华人民共和国土地管理法》，服务全区经济建设和城市发展用地需要，做好资源调查、制定土地利用规划，保护耕地、开展土地复垦、加强地籍管理和地质环境整治。2007 年，区土管局被评为市国土资源管理先进单位。1994 年 5 月，区国资局成立，代表政府行使国有资产监督管理、投资和收益、资产处置等，确保国有（含集体）资产保值增值。2001 年 10 月，区安监局成立，负责对企事业单位安全生产监督管理。2003 年，区成立安全生产委员会，强化安全监督力度，办公室设在区安监局，负责日常安监综合协调指导工作；开展执法检查，加强安全生产建设；建立健全安全生产责任制，开展业务培训、宣传教育、专项整治活动。

第一章　经济发展改革

1983 年，区计经委负责编制和实施国民经济发展计划和社会发展计划，负责镇江市调拨计划物资的管理，城区统计和物价检查工作，对区属工业直接管理。1984 ~ 1989 年，区计经委划出物资调配、统计、物价检查等，并对区属企业实施间接管理。1990 ~ 1995 年，区计经委会同各部门编制《京口区国民经济社会发展第八个五年计划》，其间，根据区划相应调整发展计划，实施城乡一体化战略，由计划经济向市场经济转变。1996 ~ 2000 年，坚持以经济建设为中心，加快改革开放步伐，通过对私营经济、外向型经济、规模企业、“三产兴区”等方面发展趋势分析研究，确定全区经济发展方向、制定各年度国民经济和社会事业发展计划。2001 ~ 2007 年，全区经济发展计划管理按照社会化市场经济要求不断调整，强化经济发展战略、规划、经济运行监督、预测预警宏观管理职能。

第一节　计划经济体制改革

一、“六五”中期计划体制

1983 年 8 月，城区建立，时值“六五”计划实施中期。1984 年，区计经委开始编制《京口区国民经济发展计划和社会发展计划》（1984 ~ 1985 年）。主要为工业产值、产品销售收入、经营收入和利润总额计划及文教卫体等社会事业发展计划。同时，制定镇江市下拨区计划内物资调配、管理计划。随着区职能机构不断健全，事业单位增加，管理范围扩大，区内社会事业发展和国民经济计划的制定、管理工作亦随之健全。下半年始，编制、管理全区国民生产总值、建筑安装工作量、货物运输量计划等，并加强社会集团购买力计划控制。1985 年，京口区首次编制国民经济和社会事业发展中期计划。由于京口区经济和社会发展仍隶属全市规划范畴，按照市"七五"计划和区委、区政府要求，结合实际情况，编制《京口区国民经济和社会发展"七五"计划》。

二、"七五"期间计划体制改革

1986 年，京口区对计划管理体制实行改革，即统一性和灵活性相结合，定指标、列项目、分投资等间接管理，研究制定国民经济、社会发展战略目标。对工业经济格局、重点产品进行结构调整。增加技术改造投入，实行行业对口管理。对列入计划统计 10 种工业产品采取指导性计划控制。

1987 ~ 1990 年，全区进行国民经济和社会事业方面中长期和长期发展计划，将所有能进行量化的指标均纳入计划管理。加强对申请开业企业计划审查批准和对区属各部门、各单位购置汽车和较大规模的维修项目计划审批，4 年中增加社会总产值、国民收入、社会商品零售总额、财政收入、信贷、基建投资、新产品开发、创优、劳动工资、全员劳动生产率、待业人员就业等经济计划指标 25 项。社会发展计划增加职工教育培训。随着深化经济体制改革，京口区指令性计划越来越少，各企事业单位用于建设和技术改造的钢材、木材、水泥、煤炭等依靠市场调剂，传统计划性有很大变化。期间，以区计经委为主体，区财政局、统计局、劳动人事局、商业局、工业公司、计划生育委员会、工商局、文教局、卫生局以及街道等部门参加，经调查研究、论证，在征求意见基础上，制定《京口区国民经济社会发展第八个五年计划》（以下简称"八五"计划）和《京口区国民经济和社会发展十年规划纲要》。

三、"八五"期间计划体制改革

"八五"计划制定指导思想，以提高经济效益为中心、外向型经济为突破口、科技进步为动力、调整产品结构为重点，深化经济体制改革，推进横向经济联合，大力发展第三产业，保持工业稳定增长，协调发展城市经济，重视精神文明建设，促进全区国民经济和社会事业持续、稳定、协调发展。"八五"计划要求努力实施"贸易兴区"经济发展战略。1992 年 10 月，市区行政区划调整，京口区城乡一体化战略启动运行，全区国民经济和社会发展计划根据区划发展要求进行重大调整，计划经济体制开始向市场经济转变。京口区国民经济和社会事业发展规划把握中央方针政策，省、市委和政府要求，结合京口区实际，按照城乡一体化发展思路，加快对外开放步伐，正确处理改革中发展和稳定的关系。区计经委把全区城乡经济发展总体思路和目标放在首要位置，先后制定《京口区"九五"技术改造规划》《京口区"九五"工业结构调整规划》《京口区"九五"乡镇工业发展规划》，提出建设重点工程和发展骨干企业。1993 ~ 1995 年，全区实施重点工程和大项目 21 个。注重围绕国家产业政策导向和五大体制改革及镇江市工业发展总体规划布局，抓好产品结构调整，加快外向型经济发展，大力发展第三产业。

四、"九五"期间计划体制改革

1994 年，区计经委深入基层，着手编制"九五"规划及 2010 年发展规划。以党的十四届五中全会精神为指导，坚持以经济建设为中心，围绕建立社会主义市场经济体制目标，抓住世纪之交历史性机遇，呼应镇江市港口城市建设，加快推进城乡一体化发展战略，加快改革开放和"科教兴区"步伐。着力加强第一产业，优化提高第二产业，大力发展第三产业，确保全区经济高速、高效、协调发展，经济和社会事业共同进步，到 20 世纪末，在全面实现小康基础上，初步实现现代化。到 2005 年，基本实现现代化。到 2010 年全面实现城市现代化，农村城市化，城乡一体化宏伟目标，把京口区建设成经济繁荣、科技发达、环境优美、人民富裕、社会文明新城区。1996 ~ 2000 年，制定年度国民经济和社会事业发展计划，对上年实际进行认真分析研究，确定全区经济发展方向。对工业定报企业、外向型经济、私营个体经济，通过翔实资料确定次年发展计划。年度计划继续实施"三产兴区"战略，强化发展服务业各项措施，同时对农业产业结构进一步优化。对一、二、三产分别提出相应投资规模及技改项目。

五、“十五”期间计划体制改革

2001 ~ 2005 年是京口区全面构建社会主义市场经济体制，实现第三步发展战略目标，迈向现代化关键时期。从全区情况看，“十五”期间区经济将处于改革和发展关键时期。随着企业改革和政府职能转换进一步深入，政府经济工作重点将放在宏观调控、规划指导上。进一步调整三、二、一产业在国民经济中结构比例仍是经济工作主要方向。由于受历史条件和人才、技术等因素制约，劳动密集型企业将占据全区主体。出口外向型企业和私营个体企业将获得较快发展，逐渐成为全区经济增长支撑力量。高科技企业在全区经济中占较小份额，但极具发展潜力。服务业发展中，社区经济蓬勃发展，服务企业、流通企业趋于活跃，房地产开发企业将面临更激烈竞争。人才、资金、市场将更多地向规模企业集聚，“十五”期间，总体是机遇大于挑战，发展和稳定仍是国民经济和社会发展主旋律。“十五”计划指导思想、总体目标和主要措施依照京口区实际情况制定并实施。

六、“十一五”期间计划体制改革

2006 ~ 2007 年，“十一五”期间前两年是京口区全面建成小康社会，率先向基本现代化迈进关键时期。国民经济和社会发展计划制定紧紧咬定“两个率先”、富民强区总体目标，按照立足科学发展，着力自主创新，完善体制机制，促进社会和谐根本要求，进一步深化改革开放，加快沿江开发，统筹城乡发展，构建和谐社会，切实推进国民经济和社会更快更好发展。始终以科学发展观统领经济社会发展全局，一手抓发展速度，扩张经济总量；一手抓经济结构调整，推进经济增长方式转变。始终坚持改善人民生活，促进社会和谐这一主要价值取向；始终把坚定不移推进城市化和沿江开发作为加快崛起重大战略，坚持“工业强区”与“三产兴区”并重；始终把自主创新、集约发展作为转变经济增长方式重要抓手。发挥辖区科研资源优势，加快建立企业为主体、市场为导向、产学研结合技术创新体系，切实提高自主创新能力，提升产业技术水平，增强市场竞争力。“十一五”规划主要任务是着力培植规模企业，加速形成一批主业突出、核心竞争力强的大企业、大集团，重点发展生产服务业，加快现代化物流业发展。优化空间发展布局，努力实现城乡统筹发展。营造更具活力体制环境，全面提升对外开放水平，加快发展民营经济，积极构建和谐社会。

第二节 计划编制

一、五年计划 / 规划编制

1.“六五”计划（1983 ~ 1985 年） 京口区按市“六五”计划执行，区不再制定中期计划。根据市下达的指标，确立“以改革为动力，以发展经济为中心，以城市管理为重点，两个文明一起抓，努力开创城区各项工作新局面”指导思想，经济工作实现“三年实现、五年翻番”。1985 年，下达全区工业总产值计划 4000 万元，同比增长 21%，力争 4500 万元，增长 36.5% 目标；交通运输在 1983 年营业收入 174 万元基础上实现翻番；建筑在 1983 年 294 万元基础上实现翻番；商业部门营业额要突破 2000 万元；街道经济要有较大发展。1984 年，已实现翻番的街道企业要增长 30% 以上，未实现产值、营业收入翻番的街道要实现翻番。围绕搞活企业中心环节，推行“一包三改”经验，增强企业活力，提高经济效益。1985 年，要形成 5 个年产值 300 万元以上区属骨干企业。同时大力发展第三产业，多行业、多层次全面发展经济。

2.“七五”计划（1986 ~ 1990 年） 1986 年 4 月，区人大第一届三次会议审议通过《京口区经济和社会发展第七个五年计划》。坚持把改革开放放在首位，以工业为主体，大力发展第三产业，把提高经济效益、产品质量放在重要位置，做好外引内联，走联合、协作、专业化道路。坚持“两个文明”一起抓。

具体经济目标：

工业总产值 1990 年达到 1 亿元，比 1985 年的 4167 万元增长 1.4 倍，平均年递增 19.13%。1990 年商业及其他行业营收总额 1.2 亿元，比 1985 年增长 116.41%，平均年递增 16.7%。1990 年实现利润总额 1000 万元，比 1985 年增长 1.09 倍，平均年递增 15.91%。1990 年上缴税收 1130 万元，比 1985 年增长 1.94

倍，平均年递增 24.02%；

社会事业发展

在现有小学基础上，努力扩大教育阵地，增加教员，提高教学质量，1990 年在校小学生预计 2.14 万名，普及率争取 100%。加强医疗卫生机构建设，以市财政拨款为主，区财政和区医院自筹为辅，在区医院现址扩建2500平方米医疗用房，增加医务人员 330 名，同时加强区防疫站建设，增设妇幼保健所和街道卫生所，筹备设立区红十字会。坚持"以城市管理为重点"，深入开展创"三优"活动，整顿市容市貌，搞好卫生、交通道路、农贸市场、噪音和"三废"治理、城市绿化及违章建筑整顿管理，开展"建文明城市、做文明市民、创文明单位"活动，把镇江市建设成为文明、整洁、优美、繁荣的社会主义现代化城市。1990 年京口区人口控制在 29 万人左右，抓好计划生育，使人口出生率控制在 10‰以内。在力所能及条件下，选择适当地段建立文化站和阅览室。多方面筹集资金，新建职工住宅，解决职工"住房难"。

3."八五"计划（1991 ~ 1995 年） 1991 年 3 月，区人大第三届二次会议审定，通过并实施《京口区国民经济和社会发展第八个五年计划》和《京口区国民经济和社会发展十年规划纲要》。全区社会事业计划狠抓基础教育和学龄前儿童教育。加强重点小学建设，"八五"期间，市实验小学、中山路小学建成高标准中心小学。积极发展成人教育。完善区、街道和居民住宅小区文化站、图书阅览室建设。成立区业余体校，筹建灯光球场。完成区人民医院门诊楼扩建工程，开设老干部、老职工专用病房，办好小儿麻痹矫形治疗、痔科等特色专科门诊。建成老年公寓和老年活动中心。

4."九五"计划（1996 ~ 2000 年） 1996 年 3 月，区人大四届四次会议审议批准通过《镇江市京口区国民经济和社会发展"九五"计划和 2010 年远景目标》。具体指标为：到"九五"计划期末，国内生产总值 46 亿元，年递增 32%，人均达到 7.57 万元；外向型经济外贸总额达到 10 亿元，年均递增 32%；固定资产投资 20 亿元；财政收入 1.06 亿元，年递增 15%。人民生活水平，农民人均收入"九五"期末达到 8000 元，年递增 25%。人口自然增长率"九五"期末达到 1.03‰。全面实施"科教兴区"战略。全面发展义务教育、学前教育、职业教育和成人教育，加快教育现代化进程。年均用于教育投入 1000 万元以上，新建中学 1 所、小学 4 所；80% 学校办学条件进一步改善，100% 学校达合格学校标准；全区义务教育率100%，高中入学率 95%；80% 公办幼儿园和 5% 民办幼儿园达一类标准；城区适龄幼儿入园率 98%。机关干部、企业职工全员培训率分别达 60% 和 40%；农副业技术人员培训率 35%；企业高中以上文化程度职工占职工总数 40% 以上。以 2000 年人人享有初级卫生保健为目标，"九五"期末，所有乡镇卫生院全部达到一级甲等要求，乡镇行政村卫生室覆盖率 100%，改善医疗条件和卫生设施。80% 村开通有线电视。认真实施全民健身计划，定期举办区运动会。

5."十五"计划（2001 ~ 2005 年） 2001 年 1 月，区人大五届四次会审议批准《京口区国民经济和社会发展第十个五年计划》实施。具体指标为到"十五"计划期末，国内生产总值达 22.5 亿元，年递增 11%；全口径财政收入 1.79 亿元，年均递增 12%；全社会固定资产投入五年累计 20 亿元，比"九五"期间增长 42.9%；实际利用外资 6000 万美元，比"九五"期间增长 43.9%；服务业、工业、农业三次产业比例调整为 59 ∶ 38 ∶ 3, 三次产业从业人员比例调整为 50 ∶ 35 ∶ 15；农民人均收入 5700 元，职工平均工资 10000 元。人口出生率控制在 7‰。全区教育投入逐年增加，80% 学校办学条件进一步改善，义务教育率 100%，小学、初中入学率 100%，50% 以上城区小学达省级实验小学标准。乡镇中小学办成 1 所省重点普高，2 所省示范初中。机关干部、企业职工全员年培训率分别达 80% 和 50%。乡镇卫生院全部达到一级甲等要求，乡镇行政村甲级卫生室 90% 以上，农村合作医疗保健覆盖面 100%。加快发展广播电视事业，建成京口文化馆；建立健全区、乡镇（街道）、村（居委会）三级文化网络。

6."十一五"规划 2006 年 1 月，区人大六届四次会议审议批准《镇江市京口区国民经济和社会发展第十一个五年规划纲要》。全区经济和社会发展总体目标是：经济总量强势攀升，产业结构不断优化。地区生产总值确保比"十五"期末翻一番，力争年均增长 14%；人均地区生产总值平均增长 13% 以上。全口径财政收入确保增长 1.5 倍，力争年均增长 20% 以上。全社会固定资产投入累计 170 亿元。实际利用外资累计 3.5 亿美元。提高资源利用效率，单位地区生产总值能源消耗比“十五”期末下降 20% 左右。加快城市化和城市现代化进程，不断增强城市功能，提高竞争力。积极建设社会主义新农村，统筹城乡发展规划，加快建设高标准、高品位现代化农民新社区。进一步提高城市管理水平，不断丰富社区建设内涵，积极改善城乡人民环境。大力发展社会事业，不断提高社会保障和公共服务水平。人民生活更加富裕，“三个文明”和谐共进。城镇居民人均可支配收入年均增长 13%，农民人均纯收入年均增长 11.5%。城镇养老、基本医疗、失业保障覆盖率均达到 98% 以上，新型农村合作医疗和农村养老保险覆盖率分别达到 95% 和 80% 以上。环境质量综合指数达到 90 分，恩格尔系数低于 38%。进一步推进民主法治建设，精神文明建设全面加强，2007 年在全面建成小康社会基础上，向基本现代化迈出坚实的步伐。全区加快推进教育现代化，加大教育投入，保障教育优先。以素质教育为主线，建立并完善现代国民教育体系和终身教育体系，将幼儿教育纳入国民教育体系，高质量普及 9 年义务教育，逐步实行免费义务教育。推进医疗卫生体制改革，鼓励不同经济成分创办多种形式医疗机构。大力发展城乡社区卫生服务，健全疾病预防控制网络和突发公共卫生事件应急处理机制，切实加强对艾滋病、血吸虫病等重大传染性疾病群防群治。积极发展文体计生事业，整合文化资源，积极发展农村文化，大力培育市民文化、广场文化、街头文化和社区文化。力争乡镇（街道）社区文化设施建设全部达标，区文化馆达国家二级馆水平，积极创建省文化示范区。

二、农业计划管理

1992 年 10 月区划调整后，京口区始有农业。1993 ~ 1995 年，以“稳农、保供、富民”为目标，引导全区农民走向市场，区农委重点抓科技兴农工程，举办 6 期农村实用技术培训班。推进传统农业向市场农业、现代化农业转轨变型。1993 年，市计委下达区农用柴油 500 吨及省分配化肥 240 吨、农用薄膜 50 吨。

1996 ~ 2000 年，全区继续稳定和完善家庭联产承包责任制、统分结合双层经营体制。抓好“菜篮子工程”，加强农业综合开发，加快长江岸线开发利用，发展多种经营。同时，改造老菜田，建立 66.7 公顷标准蔬菜基地。改造中低产粮田，提高复种指数，建成 133.3 公顷吨粮田。老鱼池改造 33.7 公顷。5 年内乡村绿化地全面达标。

2001 ~ 2007 年，全区在推进农村产业化经营，农业经济稳定增长，农民持续增收同时，积极建设社会主义新农村，统筹城乡发展规划，加快建设高标准、高品位现代化农民新社区，扩大新型农村合作医疗和农村养老保险覆盖率。制定《京口区 2006 ~ 2010 年高效农业规模化发展规划》。2006 年，开展“五十百千”（提升 5 个农业科技示范园、扶持 10 家农业龙头企业、培育 100 户科技示范户，辐射 1000 多个农户）活动。举行科技入户工程启动仪式暨农民经纪人专题培训班。采取领导挂企业、部门挂基地、农技人员挂大户形式促进农业经济加快发展。

三、工业计划管理

1983 年 12 月，区计经委增设工业局，主管区属工业企业计划管理。1984 年 4 月，先后成立机电、轻工业公司、校办工业公司和综合服务公司（后改称地方工业公司），对校办工厂、街道工业实施对口管理，商办工厂由区商业局管理。区计经委对机电公司、轻工业、街道和校办、商办工业分别下达产值、销售、利润和主要工业产品产量计划。其中油毛毡 25 万卷、马铁铸件 100 万个、电线电缆 1.1 万千米、机针 44 万包等。1985 年，区计经委下达工业产值计划保证数 3700 万元、工业公司利润指标 185 万元等。1992 年区划调整后，区计经委对区属企业、乡镇场圃、街道企业下达工业总产值、产品销售、利润、外贸收购额、投入、兴办“三资”企业、实际利用外资等计划。1993 ~ 2000 年，与各乡镇、街道、主管局（公司）签订经济目标责任状，落实工业计划。

2001 ~ 2005 年，全区工业计划重点发展建材、机械、电子、食品、服饰 4 大主导行业，实现销售总额 27 亿元。培植超亿元企业 16 家，其中超 3 亿元企业 6 家以上，销售 500 万元以上私营企业 30 家。工业技术改造投入确保 8 亿元。

2006 ~ 2007 年，区工业计划鼓励和帮助民营企业加快与国外同行业大型企业集团合作、合资进程，优化资本结构，引进先进技术，参与国际竞争，扩大市场份额。通过规模企业培植和大项目建设，形成全区金属压延、粮油加工、机械制造、新型饰材、电子电讯等特色产业和支柱产业。加快京口科技工业园区和新民洲生态工业园建设。

四、商贸计划管理

1984 年 5 月，全区有饮食、旅馆、理发、浴室、修理、服装等 20 多个商业服务行业，生产、生活服务网点 400 多个。1986 ~ 1990 年，为适应经济改革，大力发展为生产、生活服务第三产业，新建农贸市场 5 个。商贸管理计划采取改革、挖潜、更新、调整、开拓、发展等综合措施，以发展服务、饮食业为重点，扬长避短，发挥街道网点客源集中优势，开拓新的经营与服务领域，“七五”期间新建西区浴室等 9 个项目。

1991 ~ 1995 年，全区商贸发展充分利用区位优势，用足、用活政策，搞活物资流通，发展商业经济，加快房地产开发，发展第三产业，实施“贸易兴区”战略。巩固和发展物资联合经营关系，保障物资供应渠道，开拓新资源基地。开拓农村市场，挤占国际市场和扩大对乡镇企业、“三资”企业物资销售市场。商业系统贯彻稳定、鼓励、发展指导思想，5 年内建成综合商场、百货公司、五化交商场等大中型商贸企业，扩建京口闸农贸市场，发展鞋帽服装市场，开辟牌湾瓜果批发市场，建成家禽专业批发市场，扩建永安路市场等。

1996 ~ 2005 年，全区商贸发展计划以产业化和社会化为方向，坚持为生产与为生活服务相结合，按照“商品市场和要素市场并重，经济效益与社会效益兼顾，市区与乡镇同步发展”思路和“建设大市场，搞活大流通，建成大商埠”要求，全区形成“5551”（即：灯头、鞋帽服装、家禽水产、粮油瓜果、生猪屠宰等 5 个专业批发市场，物资期货、建材、泵业、木材、高科技电子产品交易 5 个生产资料专业市场，永安路、五条街、江滨新村、汝山、谏壁等 5 个室内农贸市场，一批信息咨询，交通运输市场及若干个小商品批发市场和商业网点）市场建设特色，使市场交易额达 30 亿元。加快周边地区景点开发和商贸旅游一条街建设，重点培植和发展 1 个超 10 亿元三产规模企业（江苏置业集团），4 个超 5 亿元规模企业（即：镇江华联商厦股份有限公司、镇江天生集团、京口物资集团、世纪旅游集团），发展 10 家营业收入超亿元三产规模企业。推进“三产兴区”，重点发展房地产、社区服务、旅游行业等。结合老城区改造和小城镇建设，以世纪花园、竹林山庄、江苏大学城、龙嘴小区和运河新村为重点，实行统一规划，分期实施，成片开发。

2006 ~ 2007 年，京口区商贸计划重点发展生产及新型服务业，加快中盛现代储运、金海岸重油仓储、丹凤仓储及新民洲港口物流仓储基地，扩大宝华化工物流，发展会计、审计、评估、金融、法律、咨询服务等中介行业，形成商务服务体系。发挥辖区内高校和科研院所优势，引导和推动科技服务业发展。加快学府路、江滨大道等新建道路沿线地块房地产开发，调整高档与普通住宅比重，完善小区周边生活配套设施，促进房地产健康持续发展。围绕“数字京口”建设，加快信息服务业发展。继续大力发展商贸流通业，注重运用现代经营方式和技术手段改造提升传统商贸业，发展连锁经营等新型流通业。建成第一楼街步行街，全力打造大市口商贸圈中心地位，发展京口广场和九里街 2 个副中心。做优健康路、斜桥街、南门大街和大西路特色经营街，全区服务业增加值年平均增长 13.5% 以上。

五、物资计划管理

1983 年，全区物资计划管理由区计经委综合平衡，区属企业大多未列入计划物资分配范围。1984 年，市二轻局所属钢锉工具厂、金属制品厂等 7 个企业划归区管后，产品畅销全国各地，揿扣、不锈钢直尺等为出口创汇产品，材料计划由省管转入区管。1984 ~ 1985 年，区计经委为满足企业生产需要，下达各项计划的同时，向有关部门下达主要物资协进计划。1986 年，区物资公司、工业公司经理部、经济开发公司协进钢材 700 吨、生铁 150 吨、木材 400 立方米、水泥 1000 吨、有色金属 400 吨。

1988 年，国家指令性计划进一步缩小，市场调节机制扩大，省分配钢材、木材、有色金属等物资大幅下降，区计经委下达物资计划时，要求局、公司发挥供销经理部作用，组织计划外物资弥补缺口。同年，区计经委计划分配企业钢、铜、铝、木材等 200 多吨（立方米）及市补助分配生产维修用材 87 吨（立方米）一并分配。1991 年后，物资计划供应量日趋减少，直至取消物资计划供应，实行市场化运作。

六、对外经济计划管理

1984 ~ 1986 年，区属企业出口创汇仅有金属制品厂揿扣、金属工艺厂钢直尺等少数产品，出口创汇计划包含在区计经委下达工业总产值、销售及产品、产量计划内，未予单列。1985 年，省外贸批准和平工艺厂丝绒制品出口创汇 112 万元。1987 年，全区出口创汇企业 7 家，外贸收购额 339.6 万元。1988 年，实施沿海地区经济发展战略，制定《京口区出口创汇六项奖励办法》，与外贸生产企业签订责任状，筹集 65 万元优先落实创汇企业技改项目。1989 年 2 月，区计经委设立外经办公室，1991 年，区成立对外经济贸易委员会。

1991 ~ 1995 年，全区计划外贸商品出口收购额 3 年平均递增 26%。1992 年 10 月区划调整后，对外贸易增幅较大，外贸供货额由 1992 年 0.4 亿元增至 1995 年 2.8 亿元，实现出口创汇 1446 万美元。

1996 ~ 2005 年，全区计划出口创汇年均递增 35%。2001 ~ 2005 年，全区外向型经济计划要求自营出口创汇，年均增长 13.7%。

2006 ~ 2007 年，全区计划全面提升对外开放水平，加大招商力度，强化产业链和服务业招商，把引进大项目与培植主导产业相结合，瞄准世界 500 强企业，引进一批投资额大、带动性强、科技含量高工业和服务业项目，引导项目向市、区优势产业集聚。

第三节 财税金融体制改革

1983 年 9 月至 1984 年 12 月，区财政实行由区政府编制行政事业费预算，经市核定下拨，向市财政领、拨、结、报办法。1985 年 1 月 1 日，市对区财政实行核定收入任务和分成比例，即任务内分成 83.5%，超收部分与市五五分成，确定一年一定财政管理体制，区财政属不完整体制，不设金库和税收机构。是时，京口区税收由镇江市税务局第三分局负责。是年 3 月，镇江市城区城市信用社（以下简称城市信用社）成立，属区政府领导、管理，业务上受中国人民银行镇江分行领导。城区城市信用社按照国家金融政策，实行独立核算。解决区属企业、街道企业，尤其是个体工商业经营者开户难、结算难、存款难、取款难等问题，有力支持京口区的经济发展。

1988 ~ 1990 年，市对区财政管理体制实行收入递增包干制度，即“核定收支任务基数，收入环比递增，超收全留，一定 3 年”。当时确定任务基数为 725 万元，支出基数即分成基数 549.4 万元。收入正常递增比例第一年 9%，以后每年递减 0.5%。递增内分成 21.92%，超收部分全留，但当年超收数第 2 年要进入收入任务基数。区财政分成财力由所定分成基数，加递增分成和超收留成构成。区财政来源是各项税收和地方其他收入。1984 ~ 1989 年，全区各项税收 4458 万元。其中工商税收 4384.5 万元，占总收入 97%。区财政支出分基本建设、企业挖潜改造、科技三项费用，工交事业、城市维护、城镇青年就业、文教卫生、科技事业、抚恤和社会福利救济、行政管理费、其他支出等 12 类。6 年中，全区各项支出 3647.2 万元。其中文教卫生 1800.43 万元，占总支出 49.36%。1991 年，市对区实行定比递增、超收一定限额全留的财政体制，即在上年包干范围内收入基数基础上，每年递增 7%，当年超收全部留用，超收 50 万元以外部分，50% 进入下年收入基数。1993 年起，以区划调整后财政收入为包干基数，年递增率 7%，增长比例以内部按市区分成比例 21.92% 留成，超收部分全留给区。1994 年起，市对区实行分税制财政管理体制。

1992 年 11 月，划进 4 个乡镇农村信用社。1993 年 8 月，成立京口农业银行，区各级金融机构围绕服务城乡一体化发展战略，坚持以业务经营为中心，效益为目标，深化金融体制改革。1995 年，京口农行、农村信用社各项存款总额 2.96 亿元，完成区政府下达年目标 189%，超额完成市农行下达任务的 9.8%。

1995 年，京口农行发放乡镇工业贷款 2.31 亿元，余额 1.16 亿元。支持城乡商贸流通，活跃市场，确保农业生产资料、生活用品组织供应。同年，累计发放贸易贷款 1.06 亿元，余额 0.54 亿元。

1993 ~ 1995 年，区各级金融机构吸收存款 50 亿余元，存款余额 2.2 亿余元，发放贷款 8 亿余元，贷款余额 2 亿元。同时设立中国人民保险公司镇江分公司京口办事处，3 年中，为区域性服务各种保险收入 6322 万元。

1996 ~ 2003 年，区财政在宏观调控，经济发展面临困难情况下，借财税体制改革之机，理顺区和乡镇财政关系，调动乡镇发展经济、增加税源积极性。1996 ~ 1997 年，全区财政持续实现收支平衡，同时消化建区 10 多年以来累欠赤字。1998 ~ 1999 年，坚持“调整结构、保障重点、压缩一般、确保平衡”财政政策。连续两年增长超千万元，实现财政收支净结余。2000 年突破亿元大关，2003 年完成 2.6 亿元，增长 54.66%，财政收入占地区生产总值比重 10.21%。

2004 年，市对区调整财政管理体制，实行属地征管、核定基数和增量分成，激励发展原则，确定收入划分、核定收入基数、市与区共享比例等。此次调整暂定 5 年。是年，国税征收管理由国税三分局、五分局调整为市国税第一分局担负区域内 2585 家企业、3200 余户个体工商户及专业市场国税征收管理。原市地税局京口分局更名为市地税第二分局。

2004 ~ 2007 年，市国税一分局、地税二分局组织入库税收收入 28.12 亿元。其中国税 9.53 亿元，地税 18.59 亿元。2006 年，全区完成财政总收入 9.74 亿元。2007 年，完成 14.2 亿元，增幅 45.81%。坚持政策引导、资金支持、优质服务相结合，把财政资源转化为经济发展动力。2007 年，筹集资金 7660 万元，加大投入两大园区基础设施建设。同时，按照构建公共财政基本要求，大力调整和优化支出结构，将财政支出向教育、社会保障等社会重点领域倾斜，解决一批事关“民生”问题，使人民群众享受改革开放和经济发展成果。

2006 ~ 2007 年，全区用于城乡管理、科技、农业、文化、教育、卫生等公共服务领域投入逐年增长。2006 年，投入 1.33 亿元，增幅 3%。2007 年，投入 1.67 亿元，增幅 26%。按照属地征管、收支挂钩、鼓励发展原则，实施区对镇、街道新一轮财政体制改革，理顺区和镇、街道分配关系，实现财权与事权相统一，调动各镇、街道发展经济、服务企业、组织收入积极性，增强基层财政实力。同时，深入推进其他各项改革，进一步完善部门预算编制，推进国库集中支付制度改革，扩大政府采购规模，规范和完善票据管理办法，建立非税收入征管系统。通过计划体制不断改革，促进全区金融、财税体制更加完善。

第二章　国有资产管理

1984 ~ 1990 年，全区国有企业资产管理实行政企不分、政资不分的主管局管理体制，由各主管局统一管理各行业企业的人、财、物与产、供、销。区财政局负责企业单位和行政事业单位财务和人员经费管理。1991 ~ 1993 年，国有企业改革从放权让利起步，逐步实行承包经营责任制，组建股份制企业，国有企业产权制度改革不断深化，国有资产管理内容和形式不断更新、充实、完善。同时，随着全区行政事业单位资产总量不断上升，行政事业国有资产管理必要性和重要性日趋显现。为适应社会主义市场经济体制，推进现代企业制度建立，加强全区国有资产管理，确保国有资产保值增值，1994 年 5 月，区国资局成立，统一管理全区企业国有资产和行政事业国有资产。2001 年 10 月，区国有资产管理局更名为国有资产管理办公室（以下简称区国资办）。2007 年，全区行政事业单位资产总额 8 亿元，负债总额 4.15 亿元，净资产 3.85 亿元。

第一节　管理体制改革

一、监管体制

1983 年 8 月，京口区相继成立工业公司、物资公司、商业局、城建环保局等主管局（公司），统一管理各行业企业人、财、物与产、供、销。1984 年，由区财政局企业财务股负责全区 77 家企业财务会计报表统计、汇总和指导监督及全民、集体、事业人员经费收支和账务管理。1989 年，改为按季、按条块分组进行互审、会审，加强财政监督检查，及时纠正违反财政纪律行为。区政府先后制定《关于加强现金管理及公款被盗、保管人员有赔偿责任的规定》《关于区属企业奖励办法的试行意见》《关于发展街道企业若干问题的意见》《关于加强财政、财务管理的规定》等财政监管体制，采取措施严格控制社会集团购买力。

1994 年 5 月，区编委批准成立区国资局，列为区政府工作部门，由区财政局管理。代表政府行使国有资产所有者代表权、监督管理权，投资和收益权、资产处置权。国资局单独设立，原企业财务股职能并入国资局。

2001 年 10 月，区国资局更名国资办，职能不变，并制定《京口区行政事业单位资产管理办法》。

2003 年，组建京口区资产经营公司，区政府向资产经营公司下达授权经营批复并审核公司章程，制定区资产授权资产经营公司资产财务管理办法。

2004 ~ 2007 年，区国资办授权资产经营公司，对有关公司设立、权利和职责、投资决策和产权转让、资本投入和收益、产权代表管理和资产营运监督等，依照《中华人民共和国公司法》（以下简称《公司法》）提出规范性意见。会同财政等部门向资产经营公司派出外部监事会和财务总监，做到授权经营和监督管理配套，实现运营结构和监督机构分开，落实出资者监督权利。

二、企业资产管理

1984 年前，区财政局对区属企业实行财务管理。1985 ~ 1989 年，区工业公司、化工公司、地方工业公司成立后，区财政局对工业企业实行间接管理。建立按系统上报财务报表制度和会审制度，每季对区属企业财务会审，发现问题及时纠正。按照定额标准、质量考核，会审时发现业务费控制不严、超支、现金库存超限或“白条抵库”等，互审、会审时及时纠正。

1984 ~ 1987 年，区财政管理始终贯彻“发展经济、保障供给”方针，围绕经济和社会事业发展中心，狠抓经济效益，强化税收管理，增加财政收入，合理调整分配结构。1988 年 1 月，区财政局设立预算外资金代管总会计，负责核算各单位专户储存资金的存、拨及上下级资金往来事宜。1989 年 2 月，设立综合计划股，专司预算外资金管理。两年中，对预算外资金纳入财政管理后，促进企业生产，搞好商品流通提供小额周转金累计 442 万元，利用部分间歇资金，支持京贸大厦建设，并支援出口创汇企业发挥地方机动财力、协助企业融通资金，支持企业技术改造，增强自我发展能力。1992 ~ 1998 年，区委、区政府树立“国有经济发展，必须适应市场经济体制转换，促进企业向规模化、集团化发展”新理念，在京口房屋建设开发总公司基础上，组建京口置业集团总公司。通过 1 年发展壮大，1994 年 4 月 26 日，经省体改委批准，京口置业集团升格为江苏置业集团总公司。1995 年，优化资产重组，区生产资料总公司改制为天生集团有限责任公司。

2001 ~ 2007 年，区国资办落实区委、区政府关于深化企业改革的决定，加强对国有、城镇集体企业资产管理，完善资产评估审核程序，提高企业改制质量，实施企业转让市场化运作，着重把好“四关”（即资产评估核准、企业产权转让底价测算、市场竞争公平、提留资产保全），严格审核，规范操作，切实履行资产监督职能。区国资办加强对企业和行政事业单位资产管理，多次组织清查，掌握全区企业和行政事业单位资产总量。积极推进企业产权制度改革。2006 年 12 月 22 日，全区最大的国有企业江苏置业集团总公司改制。2007 年 12 月，全区国有企业改制工作基本结束。国有经济发展主体为企业化管理事业单位。

第二节　国有资产监管

1983 年，京口区国有资产主要是对行政事业单位的资产管理。1984 年，市商业系统将 53 个全民商业网点下放给区，政府和经济主管部门负有监督管理这些国有企业职能。区财政局按照财政管理制度，定期进行财务互审与会审，加强社会控制商品审批等措施进行资产监管。1994 年，京口区国资局成立后，开展全民企业、三资企业情况调查、产权登记以及国家有关国有资产管理政策法规宣传和业务培训等，承担全区清产核资任务。是年底，全区行政事业单位资产总量 8300 万元。1995 年，对全区 51 家国有企业和企业化管理的事业单位清产核资，经核定、汇总，资产总额 8.1 亿元，负债总额 6.17 亿元，净资产 1.92 亿元。1996 年，对 56 家全民企业产权登记并发产权证。是年，区政府制定《京口区行政事业资产管理规定》，完善制度，规范管理。

1999 年，京口区按照国家所有、分级管理、授权经营、分工监督原则，逐步建立国有资产管理、监督、营运体制。区国资局通过强化监督，使全区公有资产管理和运作达到“三化”（规范化、层次化、制度化）要求。2000 年，对全区企业财产进行清查，总资产 33.65 亿元，负债总额 29.49 亿元，净资产 4.16 亿元。

2001 ~ 2005 年，区国资办推进公有企业改制，对行政事业单位清产核资，完善行政事业单位资产管理制度，发放全民企业国有产权重新占有登记和新产权登记证。

2006 ~ 2007 年，区国资办推进企业改制，严格审核，规范操作，完成京口建筑安装总公司、镇江吉联时装有限公司、京口接插件二厂、江苏置业集团改制工作。同时加强行政事业单位国有资产管理，以 2006 年 12 月为基准点，对行政事业单位资产进行清查，总资产为 8.2 亿元。

1997 ~ 2007 年京口区部分年份国有资产情况表

表 9-1　　单位：个、亿元

项目＼年份	1997	2001	2004	2007
公有资产总额	13.96	35.65	11.06	—
负债总额	9.74	30.37	7.73	—
净资产	4.22	5.18	3.33	—
公有企业数	116	66	—	—
公有企业资产总额	12.42	33.68	7.35	—
公有企业负债总额	9.32	29.96	6.83	—
公有企业净资产	3.10	3.72	0.52	—
行政事业单位数	99	203	—	—
行政事业资产总额	1.54	1.97	3.71	8
行政事业负债总额	0.42	0.68	0.90	4.15
行政事业净资产	1.12	1.29	2.81	3.85

第三节　国有资产经营

一、公有企业资产经营

1990 ~ 2007 年，京口区公有经济逐年下滑，企业老化、关停现象严重。区委、区政府适时调整经济结构，大力发展第三产业，通过改制和资产重组，部分企业出现经营生机，经济效益由下滑转为回升。1997 年，开展国有资产保值增值考核，全民企业资产保值增值率为 98%。1998 年，在年检年报基础上，对公有企业资产经营保值考核，资产运营保值增值率为 95%。2003 年，全区公有企业改制改革基本结束，企业公有资产存量减少，区国资办重点抓好改制企业托管资产管理和区属五大公司（区供销社、置业集团、物资集团、天生集团、工业发展总公司）资产管理，全区资产总额 23271.24 万元，负债总额 26034.96 万元，净资产 –2763.72 万元。有房产面积 13486.45 平方米，账面价值 2466.54 万元，其中自用房产面积 1101.74 平方米，出租房产面积 9606.29 平方米。2007 年出租房收入 266.96 万元，土地面积 6.6 万平方米。

二、行政事业单位资产经营

1995 年，全区首次开展行政事业单位非经营性资产转为经营性资产、公有非住宅房屋调查。1994 年 12 月，行政事业单位经营性资产 404 万元。1997 年，行政事业单位经营性资产 300 万元，占资产总额的 1.9%。

2007 年，全区行政事业单位开展资产清查，重点就党政机关事业单位公有房屋、土地等资产使用情况进行清理登记、梳理，针对存在问题，提出规范和管理办法，实行党政机关与富余、闲置资产经营完全脱钩。清理和纠正不符合中央和省、市、区有关经营性资产、财务管理行为，查处违法违纪行为。全区行政事业单位（含执行企业会计制度的事业单位）共有房产 35.91 万平方米，总价值 42790.64 万元。其中单位自用 30.55 万平方米，出租经营 4.99 万平方米。全年经营性收入 887 万元。土地总面积 45.36 万平方米，总价值 10530.96 万元，其中单位自用 32.71 万平方米、出租经营 1.63 万平方米、其他 11.02 万平方米。

第三章　工商行政管理

1984 年，区工商管理局成立。1994 年 12 月，区工商管理局更名为镇江市工商局京口区分局。1999 年 11 月，实行由市工商局垂直管理体制，更名为镇江工商行政管理局京口分局。区级工商管理部门从成立初期，单纯管理市场，发展到既管流通、消费，又管生产经营综合性经济监督和执法机关。

1984 ~ 2007 年，区工商局负责辖区内工商企业和从事经营活动的登记、注册工作；监督管理企业经营行为；依法监督管理经营流通领域违法违章行为，保护消费者的合法权益；依法组织实施合同行政监督，商标、广告经营活动。1992 年，全区各类工商企业 2331 家。2007 年，全区有个体工商户 8934 户、各类工商企业 1113 家，其中内资企业 193 家，个人独资企业 415 家，合伙企业 28 家，有限责任公司 477 家。

第一节　企业登记管理

一、登记管理

1983 年 12 月，城区工商局设立企业管理股、个体经营管理股，分别负责国有和集体企业登记管理工作和全区企业（个体）登记发证工作。1991 年 4 月，个体经营管理股更名为个体、私营管理股。1992 年，全区各类工商企业 2331 家，其中法人企业 1512 家、非法人企业 819 家，外资企业 13 家，个体工商户 2959 家、私营企业 17 家。1993 年 6 月，增设外商投资企业登记管理股。1995 年，全区企业 3317 家，其中法人企业 2301 家、非法人企业 1016 家，外资企业 53 家，个体工商户 4395 户、私营企业 90 家。1997 年，全区注册企业 3714 家，其中有限责任公司 35 家、股份有限公司 3 家，外商投资企业 55 家（合资企业 50 家、独资企业 3 家、合作企业 2 家），注册个体工商户 5658 家，私营企业 98 家。1999 年，全区有个体工商户 5137 户，私营企业 236 家，企业职工 12150 人，注册资金 7898 万元，其中百万元以上 4 家。2001 年，全区注册个体工商户 4932 户，私营企业 290 家，其他企业 1505 家。2007 年，全区有个体工商户 8934 户、内资企业 193 户、个人独资企业 415 户、合伙企业 28 户、有限责任公司 477 户。

二、监督管理

1985 ~ 1989 年，区工商管理局先后对全区 490 家公司（中心）进行清理整顿，撤销、变更降格，业务归口合并各类企业 379 家。1990 年，京口区贯彻中共中央、国务院关于清理整顿公司的决定，对全区 100 多家公司进行清理整顿。1991 年，根据国家工商局统一换发企业法人营业执照的要求，对全区企业进行换照、调整经营范围、调整产业结构，同时对全区 8 个街道办企业进行调查，清理假集体、真个体企业。1992 年，办理企业登记 891 家，变更登记 283 家，注销登记 29 家。1994 年，区纪委、区计经委等部门组成清理小组，对区党政机关办 86 户企业进行清理整顿，经过调查研究，对照文件精神，结合区情，对 78 户进行重新登记，其中与党政机关脱钩 65 户，注销登记 13 户，报经批准保留 8 户。对个体私营经济除国家禁止的经营项目外，一律放开，优先提供服务，适当减免规费。1996 ~ 1999 年，全区将企业年检与清理“三无”（无场所、无资本、无人员）企业结合起来，规定报送年检材料的日期和最后期限，对逾期不申报年检材料或不参与年检的企业分 A、B 二级进行处罚。对年检中被列为“三无”企业进行立案查处，连续 2 年未年检企业进行登报公告，吊销营业执照，1997 年吊销营业执照企业 197 家。1998 年，工商局京口区分局对各类企业实行计算机管理。从企业名称、注册资金到位、年检手续 3 个方面加强管理。企业年检 1876 家，办理注销 1458 家，新发展 389 家。2000 ~ 2003 年，工商京口分局加大对市场主体监管力度，重点审查有限责任公司和房地产开发公司实物投资不到位及抽逃资金的问题，每年审查公司股东资格证明及土地、房产、汽车等投入的其财产权转移手续是否按规定办理等。对不规范的公司提出整改意见，予以规范。对涉及安全生产经营的企业及有其他前置条件的企业，要求提交前置审批有效证件，并实地调查，手续不全的限期补办，不能补办的，劝其变更或取消经营项目，并进行取缔无照经营专项执法活动。2004 ~ 2005 年，工商京口分局集中执法、查处无照经营 630 多户。其中有群众反映强烈，严重扰民的无证棋牌室 100 多户，无证网吧 5 户。在打假护农专项执法行动中，全面检查销售假农药、种子、化肥等侵害农民利益的违法行为，取缔无照经营 3 家，查处违法经营不合格种子、农药案件 2 起。开展房地产市场专项整治，责令不具备经纪人资格的人员补办经纪人资格证书 72 份。2006 ~ 2007 年，工商京口分局结合企业年检，加强整治无照经营户。2006 年，开展取缔无照经营活动，坚持以辖区管理为主，加强部门协同作战原则，查处无照经营 362 户。结合年检工作对未参加年检企业、经营户或已吊销未注销企业集中进行专项整治，完成对上述企业的后延管理。2007 年，通过年检，吊销内资企业 32 家，清理挂靠企业 5 家；吊销私营有限公司 46 家，查处违法私营有限公司 4 家，罚没款 1.2 万元，先后出动 2000 多人次，开展烟花爆竹、肉制品、粮食市场、网吧、铝合金加工点的专项整治，查处无证销售烟花爆竹 3 家，取缔黑网吧 2 户。

第二节　市场建设与管理

1983 ~ 1989 年，区工商管理局加强对集贸市场建设和管理。1983 年，全区有集贸市场 18 个；1984 年减少为 16 个。1988 年，实行工商、税务、市场管理联合办公和公开办事制度。1989 年，农副产品市场服务部和经济监督检查队成立。1992 年，全区农副产品上市量为 1.47 亿千克，成交额为 3.85 亿元，分别比 1991 年上升 2.38%、7.2%。投（筹）资 40 余万元对农贸市场进行维修、改造，统一经营设施，改善经营条件和场容场貌。制定“三定五包”（即定岗、责、奖惩，包卫生、秩序、交通、收费、服务）岗位责任制。配备 160 余名“五员”（即治安、交通、清扫、物价监督和收费员），个体户实行“三包”（卫生、秩序、交通）。在“开门评场”活动中，永安路、谏壁等 7 个农贸市场被评为市级文明市场，五条街农贸市场被评为省级文明市场。1998 ~ 2001 年，全区新、扩建陶瓷城、家具城，谏壁废旧金属交易市场、汝山新华贸易市场等，占地面积 7.3 万平方米。2001 年，甘露商城成交额达 3 亿元，镇江市招商市场和镇江装饰城 3.6 亿元，五条街农贸市场成交额 1 亿元。2004 ~ 2007 年，全区以开展创卫生城为契机，对集市贸易市场卫生专项整治，规范管理秩序。结合春节、国庆节等传统节日，进行市场整治、“打假”、打击欺诈、“霸王”交易、强买强卖等。对农贸市场开展治安、消防检查，建立活禽销售场所喷洒消毒、预防禽流感制度。

第三节　合同鉴证管理

一、合同鉴证

1984 年 12 月，区工商局内设商标、广告、合同股。1985 ~ 1992 年根据《中华人民共和国经济合同法》规定，对条款不清、责任不明的合同不予办理鉴证；对合同鉴证后不守信用或不经双方当事人同意，单方撕毁合同的行为，予以批评教育和处罚。8 年中，依法鉴证合同 500 多份，切实保护合同双方当事人的合法权益。1993 ~ 2007 年，区工商分局鉴证各类经济合同 1.14 万份，鉴证总金额 111.93 亿元。

1984 ~ 1992 年经济合同鉴证情况表

表 9-2　　单位：件、万元、%

项目＼年份	1984	1985	1986	1987	1988	1989	1990	1991	1992
鉴证经济合同	10	84	55	56	80	39	—	37	29
总金额	14.20	303.19	383	255	751	354.40	—	152.40	203
履约率	100	97.80	—	—	—	—	—	—	—
其中：异地购销合同	—	45	46	—	—	—	—	—	—
总金额	—	105.70	170	—	—	—	—	—	—
资信合同	—	—	—	—	—	—	15	23	46
总金额	—	—	—	—	—	—	95.60	265.80	4788

二、合同监督检查

1988 年，区工商局为完善经济合同管理，建立健全由单位领导和企业专兼职人员组成的 3 级合同管理网络，统一印制格式合同，非格式合同不予办理鉴证。1989 年，全区检查经济合同 1073 份，金额 2244 万元。

1990 年，检查各类经济合同 1104 份，合同金额 3628 万元；资信合同 15 份，避免损失 95.6 万元。1991 年，确认无效合同金额 0.3 万元。区服务公司与外资企业签订加工承揽合同后，区工商局派员调查论证，先后从上海、昆山调查该企业信用，得知该企业注册资金未到位，执照过期，有明显欺诈行为，及时提出建议，避免 450 万美元的损失。1994 ~ 1999 年，区工商局举办 8 期合同、商标、广告专业培训班，500 多人次参加培训。5 年中，全区评选出“重合同、守信用”企业 300 多家，其中连续获市铜牌企业 17 家。及时打击合同欺诈，为企业挽回经济损失 8 万元。2000 年，区工商局商标、广告、合同科与企业科配合，对利用合同欺诈、骗取定金的企业“缓检”，督促主管部门加强教育与监管。2001 年，查处万元以上案件 6 件，合同欺诈案 12 件，罚没款 1.03 万元。2005 年，京口工商分局制定《关于对格式合同条款实施备案监管的意见》，成立格式合同监管领导小组，确定房屋中介行业为首批实施备案管理的行业。2006 ~ 2007 年，检查房产中介、个体工商业 58 户，抽查格式合同 96 份，其中不当条款 15 条，经工商部门修改，有 22 户格式合同经评审小组审议，决定予以登记备案并在媒体发布。继续加强对合同欺诈行为的监管查处，对市燃料公司格式合同进行调研。2 年中 9 家企业被命名为市级“重合同、守信用”企业，获市政府颁发的铜牌，填补该项工作多年空白。

三、合同争议调解

1984 年 12 月，区成立经济合同仲裁委员会（以下简称区合同仲裁委），负责办理全区经济合同争议调解、仲裁。1985 年，先后 2 次开庭，调解并仲裁合同纠纷 5 起，金额 6087 万元，确认无效合同 2 份。1986 ~ 1990 年，区内企业签订经济合同逐年增多，争议金额数额上升，无效合同也同步上升。5 年调解仲裁经济合同纠纷 100 多起，年均 15 起以上，帮助企业追回欠款、被骗货款 200 多万元，制止利用经济合同进行违法活动 4 起。1999 ~ 2007 年，区合同仲裁委年均受理合同纠纷案 15 起，金额 100 多万元，98% 以上调解、仲裁结案，5% 为无效合同，被裁定驳回。区外贸公司与某县土产公司签订购销合同，对方收货后，2 年多拒不付款，在多次调解无效情况下，依法开庭裁决，帮助企业追回货款。

四、抵押物登记

1990 ~ 1996 年，区工商局根据《中华人民共和国合同法》规定，供求双方签订经济合同时，可以确定抵押物（如房屋、机械、交通运输工具、土地使用权等）提供保证。书面订立抵押合同，当事人应提供主合同和抵押合同、抵押物的所有权或使用权证书，向区工商局商标、广告、合同股负责办理抵押物登记，抵押合同登记之日起生效。1997 年，全区发放“抵押物登记证”76 份，价值 2.77 亿元，担保主债权金额 1.46 亿元。1999 ~ 2007 年，全区办理动产抵押物登记 300 多件，价值 5 亿余元，引进资金 520 万元。在办理抵押物登记时严格审查，即时登记，杜绝国有资产流失和骗贷现象的发生。2006 ~ 2007 年，为 3 家企业办理抵押物登记贷款，抵押物价值人民币 103 万元。

第四节　注册商标　广告管理

一、商标管理

1983 年 10 月，全区有 2 家企业被指定为市商标印刷单位。1984 年，区工商部门制定商标印制单位相关规定，健全制度。1985 ~ 2006 年，区工商局每年组织企业、街道、乡镇负责人和专业人员培训班，就商标注册、名、优、特产品管理等开展辅导，加强品牌战略，宣传品牌意识。至 2007 年，全区申报注册商标 162 件，创市知名商标 46 件、省著名商标 3 件。

1984 ~ 1993 年，全区开展注册商标使用权执法检查。抽查注册商标 30 个，对其中 2 个涉嫌违法使用的商标及时予以制止，并罚款 14 万元；查处假冒商标案 24 起，其中假烟、假酒 26 起，罚没金额 2400 元。1994 年，商标年检和商标名录征集 2 件。1995 年，查处商标侵权案 10 起，罚没款 4600 元；办理商标转让合同 19 件，调查 25 家外资企业商标使用情况。

1997 ~ 2001 年，区工商局商广、经检、法制科配合四牌楼工商所，开展专项整治，查处假冒伪劣产品，惩治假冒商标、驰名商标以及大中型企业商品名称、包装、装潢等违法行为，打击制售“三无”商品。象山工商所查处非法组装进口名牌摩托车及其配件，价值 16 万元；查处假冒“阿迪达斯”商标案、钟山科技开发公司假冒“四通”商标案等案件 8 起，罚没款 14.92 万元。其中经检大队查处“丹鹰牌”“六神”高效和特效驱蚊花露水商标侵权案，涉案金额达 110 多万元。

2002 ~ 2005 年，区工商局检查市场假冒食品、烟、酒等行业商标，查处毒桂圆 150 多千克，劣质火腿肠12箱，假酒1800余瓶、脑白金11箱；对名牌服装等商标侵权予以打击，扣押各类服装510件；查处假“华伦天奴”“鳄鱼”等国际知名商标案4起；查处131家制醋企业和香醋经销点，查获并扣押劣质、假冒香醋2000余瓶。

2006～2007年，京口区组织打击商标侵权行为。结合华东6省1市商标重点保护活动，检查97家涉外商标专卖店、国内驰名商标品牌经销店，查处制售假冒伪劣或不合格商品28起，没收假酒、皮鞋等，罚没款15.5万元。2年完成注册商标目标的135%。

二、广告管理

1983～1992年，区工商局根据国务院《广告管理暂行条例》规定，对区域性广告经营单位进行检查、整顿，对符合条件的发给广告经营许可证；对未具备条件的单位发放临时广告许可证；对不符合条件者，由广告公司代表。

1990～1994年，全区清除户外违章广告1394张，打击和取缔无证行医、张贴不健康广告窝点5处。1995年，查处违法广告4起（1起移交市工商局），罚没款1500元，对44家广告经营单位进行年检。举办合同、广告培训3期。1999～2000年，加强对户外广告的监督管理，严格户外广告的审查，对市区的招牌、标牌、门匾、灯箱广告、横幅广告及张贴广告进行拉网式检查，发放整改通知书200份，拆除非法户外广告129条，责令20家户外广告经营户予以纠正，清理农贸市场周边张贴广告130多条，罚款7300元。

2001～2003年，进行印刷行业专项检查，开展3次打击传销行为专项行动，捣毁3个得利产品传销窝点，查没大量传销宣传用品。全局查处各类广告案件31件，其中万元以上案件2起，罚没款4.1万元。2004～2007年，根据省工商局广告专项整治要求，开展广告行业专项整治活动，监控广告4条，整治不规范广告230余条，查处违法违规广告业主10家，净化全区广告宣传环境。

第五节　消费者权益保护

1984～1988年，区未设立消费者协会，由区工商局直接受理，各职能股室备有登记簿，及时处理消费者对商品质量、价格、服务态度等方面的投诉和来信、来访。其间，市场管理股及各工商管理所接受来信来访627人次（件），处理投诉案件169起，为消费者挽回经济损失7000余元。

1989年4月，区成立消费者委员会（以下简称区消委会），成员由区工商、公安、卫生、群众团体及市新闻媒体等36个单位组成。设顾问、名誉会长、会长各1名，副会长6名，正副秘书长各1名，工作人员4名（其中工商局干部2名）。是年，接受来信来访39人次，投诉信21件，其中产品质量16件，价格问题4件，为消费者挽回经济损失4100元。

1991年，区消委会以工商所为单位，建立社会消费者监督管理站6个、大中型企业监督站34个，受理消费者对商品、价格等方面的投诉事宜。至1992年，各管理、监督站接待来访、咨询2489人次，受理投诉485件，及时处理电器、燃气具等产品问题，结案率100%，挽回经济损失16.65万元。

1993～2004年，区消委会根据上级要求，将每年的3月15日（以下简称“3·15”）确定为保护消费者合法权益日，开通“12315”热线投诉电话。组织广大市民和各商业和企事业单位学习、宣传《中华人民共和国消费者权益保护法》（以下简称《消费者权益保护法》）《中华人民共和国反不正当经营法》（以下简称《反不正当经营法》）。每年“3·15”设立法律、法规宣传站，现场接受消费者咨询1.3万多人次，受理投诉案件1500多起，协调处理消费者与商家（供方）矛盾1350多件，为消费者挽回经济损失逾100万元。在此期间，组织人员深入村镇举办《消费者权益保护法》等法规培训班，传授识别伪劣、“三无”商品及假种子、假农药、假化肥等基本知识、投诉和追偿方法等，有效保护城乡消费者的合法权益。1998年，区消费者协会被评为市级先进集体。

2005 年，京口工商分局设立消费者权益保护科，开通“12315”投诉网站等服务“窗口”，受理投诉、立案处理，仅年内就化肥、农药、肉制品和电器产品、人造板等40多个商品品牌、质量、价格等进行检查处理。2006 年，区工商局大力推行“12315”维权网及“一会两站”（消费者协会、维权网站、监督站）建设创新基层维权体制。2007 年，建立创建放心消费办公室。9 月 15 日，举行创建解放路放心消费一条街启动仪式，镇江国际饭店、镇江商业城、宴春酒楼大市口店等 43 家单位申报并被批准为“放心消费示范店”。

第四章　国土资源管理

1983 ~ 1989 年，京口区国土工作由市建设系统多部门管理。1990 年，镇江市土地管理局（以下称市土管局）设城区土地管理所。1991 年 7 月，市土管局京口分局成立。1993 年 8 月，京口区土地管理局（以下简称区土管局）成立，撤销市土管局京口分局。1993 年，象山、汝山乡及丹徒、谏壁镇分别成立土地管理所（以下简称乡、镇土管所），行使乡镇土地管理职能。1998 年经区编委批复，大市口、四牌楼、健康路、正东路 4 个街道成立国土管理所，4 个乡镇土管所同时更名为国土管理所。2001 年年初，乡镇体制改革，汝山乡与丹徒镇合并，国土所同时合并，称丹徒镇国土所（国土资源所）。2002 年，江苏省共青团农场划归京口区管辖，经区编委批准，成立共青团农场国土资源所。2005 年 12 月，丹徒镇撤销建置，全境合并给象山乡，国土资源所同时被撤销。2005 年 1 月，镇江市国土资源局京口分局成立。2007 年，全区有 7 个镇、场、街道国土管理机构，紧紧围绕改革和城市发展和建设，履行保护资源、保障发展、维护民权、服务社会等职能，切实做好土地资源利用现状和权属调查，制定土地利用总体规划；做好保护耕地、土地复垦、地籍管理、土地法规监察、土地登记发证等工作。1993 ~ 2007 年，全区提供建设用地 2000 余公顷，保障市、区两级重大项目工程建设实施。2001 年始，承担全区矿山环境管理和地质灾害防治职责，为全区经济和社会事业发展做出积极贡献。

第一节　土地资源

一、土地资源调查

1993 年 2 月，区土管部门按照市土管局统一部署，对镇江市城区及乡镇土地资源进行调查，摸清家底，确定土地权属。同年 10 月，完成实地调查和内部资料汇总，京口辖区内土地总面积为 11977.3 公顷，其中国有土地 2441.3 公顷，占 20.4%，集体所有土地 9536 公顷，占 79.6%。并按 8 个一级类型分类汇总。区内无自然或人工牧草地，实有 7 个类型土地。

2007 年，全区有耕地 2659.7 公顷，分布在平地有 1933.6 公顷，占 72.7%；分布在坡地（2 ~ 6 度）有 585 公顷，占 22%；分布在坡地 6 度以上的有 140.1 公顷，占 5.3%。

二、土地利用、变更情况

概况　1992 年，全区各类土地利用状况不断变化，区土地管理部门每年对土地利用现状及变更情况调整。由于乡镇区划调整，辖区总面积有所扩大，耕地面积逐年减少，居民点建设和工矿用地、交通用地等明显增加。

1994 ~ 1997 年，丁卯开发区土地面积划出统计。丹徒镇渣泽村、张许、横山、凤凰山 4 个村先后划归丁卯开发区；1997 年，原丹徒县谏壁乡上元、北吕、马湾、雩北、黄丝湾、雩山、李华、东陶、蔡家 9 个村划属京口区。

（一）1994 ~ 2001 年，全区土地利用现状及变更调查，仍按土地 0 级别，分 7 个类型进行汇总。1994 年，全区总土地面积 10891.7 公顷，土地利用现状是：

耕地　全区耕地面积 2254.2 公顷，占土地总面积 20.7%。其中菜地 409.4 公顷，占耕地面积 19.4%；水田 728.3 公顷，占耕地面积 32.3%；旱地 1089.8 公顷，占耕地面积 48.3%。

园地　全区园地面积 105 公顷，占土地总面积 0.96%。包括桑、茶、果园，其中以果园面积最大，为 67.8 公顷，占园地面积的 64.6%。

林地　全区林地面积 549.8 公顷，占土地总面积 5.05%，包括有林地、疏林地、苗圃等，其中有林地 525.5 公顷，占林地面积 95.6%。

居民点及工矿用地　全区居民点及工矿用地 2194.9 公顷，占土地总面积 20.1%，其中以农村居民点面积最大，为 1095.6 公顷，占 49.9%，城镇居民点面积 646.5 公顷，占 29.5%；独立工矿用地 399 公顷，占 18.2%；另有特殊用地 54.2 公顷，占 2.5%。

交通用地　全区交通用地 173.3 公顷，占土地总面积 1.8%，包括铁路、公路、农村道路用地等，其中以农村道路用地面积较大，有 102.7 公顷，占交通用地 59.3%，其次是公路用地 48 公顷，占 27.7%。

水域　全区水域面积 5406.1 公顷，包括河流、水库、坑塘、湖泊水面及苇地、滩涂、沟渠、水上建筑物等，其中以河流水面最大，为 3450.3 公顷，占水域面积 63.8%；其次是苇地面积为 1104.3 公顷，占 20.4%。

未利用土地　全区未利用土地仅 208.2 公顷，占土地总面积的 1.9%，主要是旱地、沼泽地和田坎等，部分是有开发潜力的土地后备资源。

1993 年京口区土地利用现状一级分类面积和权属性质情况表

表 9-3　　单位：公顷

名称	土地总面积	耕地	园地	林地	居民点及工矿用地	交通用地	水域	未利用土地
丹徒镇	1906.90	887.90	19.40	95.76	307.60	45.80	514.30	36.20
谏壁镇	1465.60	265.80	7.80	26.60	367.70	23.40	735.20	39.20
汝山乡	1372.80	270.50	19.80	154.20	305.30	24.40	576.90	24.90
象山乡	3876.90	226.10	38.54	232.20	1157.80	46.50	2071.30	104.50
共青团农场	2269.40	603.90	22.80	41	56.90	33.20	1508.40	3.30
丁卯开发区	1085.60	405.50	8.50	27.90	490.70	43.10	95.60	14.40
国家所有土地	2441.30	56.20	12.46	45.80	671.70	70.20	1553.90	31.40
集体所有土地	9536	2603.50	104.38	531.70	2014.30	146.20	3947.80	191.10

1994 ~ 2001 年京口区部分年份土地利用现状变更调查情况表

表 9-4　　单位：公顷

年份	土地总面积	耕地	园地	林地	城镇及工矿用地	交通用地	水域	未利用土地
1994	10891.50	2254.20	105	549.80	2194.90	173.30	5406.10	208.20
1997	12615.50	3127.10	104.30	690.30	2667.40	239.30	5505	282.10
1999	12365	2949	103.50	684.80	2641.70	231.70	5466.70	287.60
2001	11834.20	2530.80	89.10	606.40	3011.10	257	5063.10	276.70

（二）2002 ~ 2006 年，京口区根据土地利用新情况，按农业用地、建设用地、未利用土地等三大类用地现状进行调查统计。农业用地包括耕地、园地、林地、其他农用地（含设施农业用地、农村道路、养殖水面、农田水利用地、田坎和晒谷场用地等）。未利用土地包括养殖地、裸岩石砾地、河流水面、苇地、滩涂等。

（三）2007 年 12 月，全区土地总面积 11834.81 公顷，三大类用地情况分别为：

农用地　全区有农用地 2985.69 公顷，占土地总面积 25.2%。其中耕地 1174.21 公顷（含灌溉水田 584.29 公顷、旱地 561.1 公顷、菜地 28.82 公顷）；园地 412.28 公顷（含果园 58.49 公顷、桑园 0.83 公顷、茶园 7.29 公顷、其他园地 345.67 公顷），林地 705.79 公顷（含有林地 321.83 公顷、疏林地 168.8 公顷、苗圃 215.16 公顷），其他农用地 693.41 公顷（含设施农业 8.94 公顷、农村道路 108.93 公顷、坑塘水面 67.11 公顷、养殖水面 251.59 公顷、农田水利 227.02 公顷、田坎 25.06 公顷、晒谷场等 4.76 公顷）。2004 年始，全区实施“无村区”战略，2005 ~ 2007 年，各乡镇撤村转组，谏壁、象山两镇农用地为 1867.62 公顷（含其他农用地 693.41 公顷），净减 1118.07 公顷，占总面积的 37.44%，主要用于市政建设、工业企业和房地产开发。

建设用地　全区有建设用地 4586.63 公顷，占土地总面积 38.8%。其中，居民工业及工矿用地 4249.07 公顷（含城市用地 1151 公顷、建制镇用地 67.32 公顷、农村居民点用地 1089.63 公顷、独立工矿用地 1891.77 公顷、特殊用地 49.35 公顷），交通运输用地 187.35 公顷（含铁路用地 36.92 公顷、公路用地 150.43 公顷），水利设施用地 150.21 公顷（含水库水面 13.98 公顷、水工建设用地 136.23 公顷）。

未利用土地　全区有未利用土地 4262.49 公顷，占土地总面积 36%。其中，荒草地 140.01 公顷，裸岩石砾地 0.23 公顷，河流水面 3348.64 公顷，苇地 759.77 公顷，滩涂 13.85 公顷。

2002 ~ 2007 年京口区土地资源利用现状情况表

表9-5　　　　单位：公顷

年份	总面积	农业用地					建设用地				未利用土地
		小计	耕地	园地	林地	其他农用地	小计	居民点及工矿用地	交通运输用地	水利设施用地	
2002	11834.38	3878.92	2543.21	76.90	568.44	780.37	3549.83	3257.19	142.01	150.64	4405.63
2003	11834.38	3715.17	2149.30	65.51	751.25	749.11	3739.40	3414.10	174.90	150.64	4379.57
2004	11834.38	3496.05	1961	65.51	730.67	738.87	3965.47	3640.37	174.90	150.21	4372.86
2005	11834.38	3393.25	1713.66	191.43	722.45	765.71	4088.60	3758.14	180.25	150.21	4352.53
2006	11834.38	3073.94	1216.29	413.36	706.82	734.47	4441.29	4103.73	187.35	150.21	4319.15
2007	11834.81	2985.69	1174.21	412.28	705.79	693.41	4586.63	4249.07	187.35	150.21	4262.49

第二节　土地规划

一、编制村、乡级土地利用规划

1993 年 10 月，市规划办会同区土管局，在象山乡进行城郊接合部类型、乡级土地利用总体规划编制示范试点，并同步进行全区土地利用总体规划编制工作。经前期准备、建立组织、培训人员、制定方案、调查汇总、编制上报等，运用全区土地利用现状详查资料，先以村委会为单元，编制村级土地利用规划，包括村委会对非农业建设用地、农村居民点及农民宅基地用地预测、确定耕地保护率，编制基本农田规划。在编制村级土地利用规划基础上，再行编制乡的土地利用总体规划。1994 年 8 月 19 日，《象山乡土地利用总体规划》完成，通过市、区有关专家评审。同时，完成《京口区土地利用规划研究》和《京口区建设用地需求量预测》及《象山乡京岘山村宅基地使用状况调查》研究报告。12 月，经省、市土地利用总体规划办公室通过验收，并评定为优秀成果。

二、编制京口区土地利用总体规划

1994 ~ 1998 年，区土管局在南京师范大学指导下，编制《京口区土地利用总体规划》（以下简称《区土地总体规划》），充分考虑城市建设用地需要，适当增加建设预留用地 146 公顷。1995 年 4 月，《区土地总体规划》分别获国家和省级优秀成果一等奖。1998 年 11 月，《区土地总体规划》通过省、市联合评审，专家学者认为 :《区土地总体规划》“体现了城市建设规划和耕地保护的特点”。

2005 ~ 2007 年，全区为协调市区建设规划，适应全区经济发展，结合乡镇区划调整，在确保基本农田数、质量不变的前提下，对部分乡镇（场）土地利用总体规划作局部调整。3 年中，因建设用地需要，调整土地 370 公顷。制定《区土地总体规划》修改方案，经市主管部门专家听证会评议通过，进行完善后，按程序上报审批，使《区土地总体规划》更加科学合理，既体现保护耕地，又促进市区经济和社会事业发展。

第三节　耕地保护与土地复垦

一、耕地保护

1991 年，市政府为稳定蔬菜面积，确保市场供应，作出建立蔬菜田保护区的决定，在丹徒、谏壁、汝山、象山 4 个乡镇，在实种面积 405.3 公顷的基础上，划定蔬菜保护面积 224 公顷，控制区蔬菜面积 181.3 公顷。后因城区扩建等因素，1993 年，全区蔬菜面积减至 326.7 公顷（统计面积），比原来的种植面积减少 78.6 公顷。

1995 年，《江苏省基本农田保护条例》颁布实施后，全区划定基本农田 228 块、共 2660 公顷，其中一级基本农田保护区划定 96 块、1633 公顷；二级基本农田保护区划定 132 块、1027 公顷。后因建设用地需要，在修编《区土地总体规划》时，根据市政府下达指标，全区基本农田缩减为 1000 公顷，其中共青团农场 566.67 公顷，谏壁镇 300 公顷，丹徒镇 100 公顷，象山乡 33.33 公顷。2002 年，城市规模扩大和招商引资力度加大，各乡镇基本农田成为制约建设用地的因素。为保证发展用地空间，特别是京口工业园区开发建设，报请省、市主管部门同意后，对全区基本农田布局进行调整，将 1000 公顷基本农田调整到共青团农场。

2005 ~ 2007 年，镇江新民洲港口产业园开发建设，先后将 179.3 公顷基本农田调整到谏壁、象山两镇，其中谏壁镇 143.73 公顷，象山镇 35.57 公顷。在保障经济和社会事业发展用地的同时，又使基本农田得到保护。

二、土地复垦

1993 年，京口区为补充建设用地所占的耕地，实现“占补平衡”。1994 ~ 2002 年，全区历年新增耕地，均在次年通过省、市行政主管部门组织检查验收。全区因土地后备资源匮乏，难以实施大规模土地复垦开发补充耕地，实现“占补平衡”有一定难度。历年新增建设用地所占耕地，除区内进行复垦补充外，一部分由市主管部门统筹调配，一部分向苏北地区和临近区（市）购置耕地指标。

2003 ~ 2006 年，从外地购置补充耕地指标 133.3 公顷。2007 年，全区新增耕地 137.6 公顷。

2001 ~ 2007 年京口区土地复垦情况表

表 9-6　　单位：公顷

年份	复垦面积	复垦乡镇（场）			说明
		谏壁	丹徒	共青团农场	
合计	137.56	19.40	10.34	107.82	—
2001	48.07	—	5	43.07	—
2002	9.35	4.01	5.34	—	谏壁镇粮山村复垦
2003	19.53	4.86	—	14.67	谏壁镇粮山村复垦
2004	14.15	—	—	14.15	—
2005	18.40	—	—	18.40	—
2006	7	—	—	7	—
2007	21.06	10.53	—	10.53	—

第四节　地籍管理

一、城镇土地使用权申报登记和确权定界

1989 年 10 月，根据镇江市土地管理局部署，全区开展城镇土地使用权申请登记工作。经过组织准备、宣传发动、单位和个人申报、资料审核整理四个阶段，采取“先点后面、先易后难、先单位后个人、先城区后集镇”的方法，同年 11 月基本完成城镇土地使用权申请登记工作，申报各类用地面积 2203.48 万平方米，土地 16864 宗。其中服务业用地 166.49 万平方米，工业用地 1385.55 万平方米，仓储用地 85.88 万平方米，交通用地 65.5 万平方米，住宅用地 210.45 万平方米，其他用地 81.66 万平方米。1992 年起，对未申报土地使用权的单位或个人进行补办手续，确权定界。至 2007 年年底，全区共发放单位国有土地使用权证 1169 本，登记用地面积 1734.94 公顷；发放单位集体土地使用证 19 本，登记面积 16.77 公顷；发放个人国有土地使用证 2664 本，登记面积 21.31 万平方米；发放农村居民集体土地权证 13287 本，登记面积 179.47 万平方米。

二、农村（村）居民宅基地使用证发放

1998 年，全区首次开展村（居）民宅基地使用证发放工作。1999 ~ 2007 年，发放村（居）民宅基地使用证 12035 本。

三、“三房”土地使用权证发放

2000 年 9 月始，全区在 4 个街道及象山、丹徒、谏壁 3 个乡镇开展“三房”（商品房、房改房、经济适用房）土地使用权证发放。2001 年，发放 2.6 万本，发证率为申报数的 90% 以上。2002 ~ 2007 年，全区发放“三房”国有土地使用权证 2.71 万本，登记用地面积 5.42 万平方米。

四、地籍资料管理

2005 年 10 月，区国土部门根据市国土局《关于建立数字化地籍资料》工作部署，全面启动土地调查和测绘工作。至 2007 年，全区城乡一体化地籍调查测绘工作通过市国土资源局验收，124.6 平方公里地籍资料全部实现数字化，其中城区 26 平方公里，为 1 ∶ 500 地籍实现数字化，农村 1 ∶ 1000 土地利用现状实现数字化。

2007 年，全区地籍档案工作在确权调查、发证的同时，建立健全档案管理制度，做到账、卡、册完备，

区国土资源局建立一整套翔实、准确地籍基础档案资料。

第五节　建设用地

一、用地规模

1. 城区建设用地　1983 年 3 月，镇江实行市管县（市、区）体制后，城区开展大规模改造建设。1985 年，建成区面积 24.42 平方公里，占地 2442 公顷。

1986 ~ 1997 年，城区道路、桥梁、给排水、古运河整治、绿化等市政设施建设加快，建成区面积 54.7 平方公里，占地 5466.67 公顷，比 1985 年增加 1.23 倍。建设用地除利用老城区隙地和城市废河道外，大部分为城郊接合部菜地和部分农田。1998 ~ 2007 年，建设用地扩大到全区各街道、乡镇场圃。

图 9-1　1999 年，京口区国土所工作人员深入工业用地现场　　（京口国土分局供稿）

2. 农地征（转）用　1992 年 11 月，京口区实行城乡一体化管理体制后，城市建设快速发展，对新增建设用地需求量逐步加大。至 1999 年年底，征用集体所有土地 1000 多公顷。主要用地项目有“921”工程、镇江二十一世纪乐园、江苏大学扩建工程、京口科技工业园区、经济旅游开发区、大运河谏壁段整治工程、新建镇（江）大（港）公路用地、农副产品批发市场等。

2000 ~ 2003 年，区域性城市建设、经济和社会事业发展等项目建设，对用地需求逐年增加，而国家宏观调控，农用地征（转）用计划逐年削减，供地政策收缩趋紧。

2004 ~ 2007 年，全区接受下达用地计划指标 86 公顷，实际报批用地面积 477.14 公顷，下达计划指标面积仅占实际需地的 18.02%。为保障经济和社会事业发展目标的实现，积极向上争取追加用地指标，妥善化解用地缺口，确保市、区两级项目建设有序推进。2000 ~ 2007 年，全区 8 年 164 个项目建设工程，征（转）用农用地 1078.52 公顷。

3. 农村（居）民建房用地　1993 年，全区按照《〈江苏省土地管理法〉实施细则》有关条款，对农村居民建房用地严格控制，规定每户（地）在 135 平方米标准以内。1993 ~ 2002 年，审批农村居民新建、翻（扩）建房用地 1002 宗，用地面积 11.04 万平方米。

二、征地审批

1. 农用地征（转）和征地补偿　1993 年 8 月，区土管局规定建设用地单位经过程序审批后，方能取得土地使用权。1993 ~ 1995 年，区土管局先后为京口科技工业园、宗泽路拓宽工程、镇江二十一世纪乐园用地提供决策咨询、现场踏勘、办理手续、竣工验收等系列服务。2001 ~ 2007 年，区国土管理部门根据《江苏省土地管理条例》，对农用地征（转）用经上级主管部门审核后，列入土地年度利用计划，落实耕地补充和项目报批资金，编制“一书三案”（即：建设项目呈报说明书、征用方案、耕地补充方案和农用地转用方案），报经省国土资源厅批准，下达批文。按要求做好征地补偿程序、进行补偿方案会审、张榜公布、签订补偿协议、支付征地补偿费及被征地农民基本生活保障资金。

2. 农村居民建房用地审批程序　20 世纪 90 年代，乡镇农村建房用地须向村民小组、村委会提出申请，报乡镇土管所批准，办理报勘手续后放样、验收、登记、核发土地使用权证。2002 年始根据《江苏省土地管理条例》规定，区农村宅基地用地由市国土资源局审批。2003 ~ 2007 年，全区审批宅基地 5011 宗，用地面积 5.32 万平方米。

三、用地补偿

1991 年 1 月始，区域内用地补偿费和安置补助费提高到被征用前三年平均年产值的 30 倍。由于农村密度大，用地单位面积安置人员多，加上物价消费指数上涨等因素，仍难保持被征地农民原有生活水平。1993 年始，实行用地综合补偿。即按照用地数量、人口、土劳比计算，安置补偿人数和剩余劳动力，对被用地集体经济组织进行经济补偿；对剩余劳力安排在用地单位或乡（镇）办集体企业；不需安排的可领取安置补助费；对人均耕地在 0.1 亩以下的村组“撤组转户”，实行“农转非”（农村人口转城镇户口）。1994 年，为“921”工程（镇江化工基地）用地，征用谏壁、丹徒两镇土地 53.33 公顷，撤销 5 个村民小组，“农转非”1000 余人。

2002 ~ 2003 年，区域性城市建设、招商引资及其他社会事业发展，新增建设用地 588.22 公顷，其中征（转）用地 301.23 公顷，补偿安置由市主管部门兑现。区内兑现 268.99 公顷，补偿安置费 1.6 亿元，需安置人口 518 人。除京口科技工业园等 10 个项目 45.93 公顷实行逐年分期补偿外，其他项目均一次性足额补偿到位。2004 年，为解决被征地农民后顾之忧，区委、区政府把建立被征地农民基本生活保障工程列为当年区政府为民办实事计划，成立领导小组组织实施。经社保、国土、公安、财政等部门和乡镇（场）村组共同参与，完成被征地农民基本生活保障人口数据库、耕地初始登记数据库，分别为 21457 人和 1139.44 公顷土地进行录入。2005 年，按照市政府有关文件，结合项目供地、交地工作，统一实施被征地农民基本生活保障制度。对 16 周岁以下人员一次性支付 6000 元生活补助费，达到就业年龄后，按城镇新增劳动力管理；对 16 周岁至 55 周岁女性成员和 16 周岁到 60 周岁男性成员，区别不同年龄段，按月发给时间不等的生活补助费；达到养老保险法定退休年龄后，按月发给养老金；对年满 55 周岁女性和年满 60 周岁男性，从实行基本保障当月起，按月发给养老金，标准初始为每月 210 元。2007 年，调整为每月 280 元。

四、土地上市出让

2000 年始，京口区经营性用地上市出让，由市国土资源局统一组织实施。2001 年，京口区把镇江二十一世纪乐园 35.3 公顷土地，以每公顷 157.5 万元转让给中房红都集团，开发建设“颐和家园”住宅区，出让收益全归市财政所有，用于“集资”兑付。2001 ~ 2007 年，京口区结合社会“集资”和城市建设，积极推动经营性用地上市。全区上市土地 32 宗，面积 276.1 公顷，总成交额 27.2 亿元。利用土地上市出让收益，完成 7.3 亿元社会“集资”还本付息兑现，并实施学府路、经十二路、谷阳北路延伸段、宗泽路、京口路、东吴路、桃花坞路等城市道路建设改造工程。2007 年 12 月，市城市建设投资公司实施禹山路建设工程，在京口区配置的市场化运作土地 100 公顷部分上市。

2000 ~ 2007 年京口区主要项目用地情况表

表9-7　　单位：个、公顷

年份	项目数	用地面积	主要项目工程
合计	164	1078.52	—
2000	7	5.20	江苏大学扩建、镇大公路货场、扬州二电厂灰库(补办)等
2001	7	62.67	索普化工集团货场、镇江中房集团公司、华润新村等
2002	10	73.34	京岘山路、经十二路等地市场化运作，索普集团
2003	37	460.17	谷阳路、禹山路市场化运作，鼎胜铝业集团、江苏大学、镇江一中建设用地等
2004	32	132.87	中盛粮油、东风村“集资”兑付，镇江高专扩建，长岗加油站、灯头厂、市房投公司
2005	31	135.20	焦化粮油、索普集团建设，盛达房地产开发，京口工业园、高新化工区等
2006	22	39.06	京口工业园回迁房建设、京口码头、月湖小区开发、伊斯特建材、金鼎大道建设等
2007	18	170.01	新宇仓储、镇江华东铝加工厂、新华城中村、污水处理厂等

2001～2007年京口区土地上市出让情况表

表9-8　　单位：宗、公顷、亿元

年份	地块数	面积	成交额	主要地块座落
合计	32	276.09	27.20	—
2001	1	35.30	0.56	镇江二十一世纪乐园转让
2002	4	50.30	3.96	星星村、民主村、小米山、竹林山庄等
2003	4	62.09	5.62	京岘山村、打靶场、教顶山等
2004	5	23.93	3.23	新华村一、二号地、京岘山路
2005	5	30.30	3.45	职教中心北、新华村、新生村、经十四路、宗泽路南等
2006	10	54.50	6.86	宗泽路南、京岘山东、经十四路东、谷阳路西等
2007	3	19.67	3.52	新华“集资”兑付地块、市城投公司地块、谷阳路等

五、专项清理整顿

1. 土地隐形市场清理整顿　1993年10月，市、区政府根据国务院令，开展土地隐形市场清理整顿，对象是利用划拨土地使用权开发房地产、联营联建、出租房屋、破墙开店等。在正东路街道酒海街居委会进行试点，取得经验后，组织区土管、工商、财政、城管、公安、宣传等部门在大市口、四牌楼、正东路、健康路4个街道全面展开。深入企事业单位和居民群众，宣传政策、法规，进行土地使用登记，清理整顿得到明显成效。至年底，办理出让变更手续845宗，补缴土地出让金和一次性征缴权属、用途变更费74万元。1994～2007年，全区城乡土地隐形市场集中清理整顿后，对划拨土地使用权房屋出租，以“土地年租金”名称，逐年折缴土地出让金款项缴纳。

2. 清查非农业建设用地　1997年9月，京口区根据国务院下发关于非农业建设用地清查的通知，停止新增建设用地审批工作。1998～1999年，根据省政府下发的非农业建设用地清查通知和政策性文件规定，对农村居民建房用地进行清查，逐户丈量，查出非法建设占地39宗，面积30.13公顷，补办上报用地手续37宗，面积28.63公顷。丈量登记村民宅基地13923户，面积188万平方米，其中违法用地1768户，面积10万余平方米，并对11户违法用地大户经调查取证后作出处罚。

2000～2003年，全区进一步开展非农业建设用地清查处理扫尾工作。处理各类非法用地1242家，面积5万余平方米，依法作出行政处罚土地违法案件13起，占地面积4628.5平方米，其中处以没收3起、被强制拆除建（构）筑物10起。

2004年始，全区实施“无村区”战略。2005～2007年，随着拆迁力度加大，对部分村组非法建筑也加大清查处罚力度，其中包括拆迁时不计或打折计算面积等处罚。

3. 土地批租专项清理　2001年6月，京口区根据国务院有关文件精神和省、市统一部署，成立“土地批租专项治理领导小组”，由区纪委书记任组长，分管区长任副组长，监察、国土、计经委、财政、建设、审计等部门负责人为成员，对土地批租进行专项清理。通过动员部署，自查自纠等，查出不规范用地6宗，面积14.22公顷，对不规范用地按先处罚再补办完善手续处理。

2002～2007年，区土管局对土地市场治理整顿（因区未建立独立市场），在治理整顿过程中，配合市国土资源局清查处理未批先用，以租代征等违规用地，令其按规定规范用地手续。

4. 清理砖瓦窑用地　1993～2001年，全区有砖瓦窑场10座，占用土地30多公顷，经过清理整顿，至2002年，尚有7座砖瓦窑场，用地面积23.33公顷，取土、制坯、晾晒、烧制、堆放占用大片土地，生产中还对环境造成严重污染。区土管部门按照市、区两级政府关于清理的整体部署，结合城市建设，2003年清理关停2座，还有5座占地15.33公顷。2004～2007年，再关闭、拆除2座，尚有3座未关闭到位，有2座属跨行政区划违法用地，提请市主管部门协调处理。另1座拟申请法院强制执行。

第六节　法规监察

一、土地法规宣传

1992年2月，区土管局制定计划，组织50余名街道干部，学习土地法规，并与电视台联合编制专栏宣传。1993年始，每年“6·25”全国土地日，进行土地法规宣传活动。1996年，《中华人民共和国土地管理法》颁布十周年，利用多种形式，宣传依法用地、管地等。在乡镇、街道张贴宣传标语、更新永久性固定宣传牌，印发宣传报刊，在中、小学中开展《土地在我心中》征文竞赛活动。

1996 ~ 1997年，区土管部门举办土地业务培训班28期，318名基层干部参加，学习《中华人民共和国土地管理法》《基本农田保护条例》等。将《中华人民共和国土地管理法》列入区级机关干部“三五”普法内容。1999年5月，区国土局两次组织人员开展学习修改后的《中华人民共和国土地管理法》活动，利用集中辅导、交流讲座、模拟考试等对照“新法”和“老法”异同加深理解，区委宣传部、区国土局在第九个全国土地日活动期间，联合开展宣传活动。2004年，京口国土资源分局被市委、市政府表彰为国土资源法制宣传工作先进单位。2005年，被省国土资源厅表彰为全省国土资源系统“四五”普法工作先进集体。2006 ~ 2007年，区土管部门每年全国土地日期间，组织国土宣传活动。

图 9-2　2005年，全国土地日进行法律法规宣传（京口国土分局供稿）

二、信访案件调处

1986年，《中华人民共和国土地管理法》颁布实施后，全区居民对土地权益意识不断增强，信访案件逐年上升。1993 ~ 2007年，区土管部门受理信访345宗，接待来访145起，信访人员以农村居民在权属纠纷、用地矛盾、补偿安置费分配使用及土地上市收益分成等为重点，按照尊重历史、着眼现实、统筹兼顾、依法公正的原则，大部分信访案件都得到妥善处理，信访结案率达100%。

2000 ~ 2001年，全区信访、集访主要是汝山乡孟村部分村民，要求解决江苏大学扩建征地补偿问题。象山乡江滨新村村民要求公布历年征地补偿费收支情况。谏壁镇江口村村民要求谏壁电厂用地补付补偿费。丹徒镇新华村村民要求归还润州区农经局水产养殖基地土地问题等。经区职能部门和有关乡镇调查协调和解释疏导，问题和矛盾基本得到解决。2004年11月，象山乡民主村部分村民因参与土地出让收益分成未得到满足，多次赴省、市诉求未果，12名村民赴京上访。区国土、信访部门及象山乡政府派员赴京说明缘由，将信访人员带回。通过反复讲明政策、耐心疏导，终使矛盾化解。

2003 ~ 2007年，全区接待人民来信来访150多批（件）次，通过耐心细致工作，得到妥善解决，未发生重大群访事件。

三、查处违法用地

1992年5月，区土管局实施对土地使用进行监察，查处违法用地案件24起，面积6.7万平方米，结案率95%。其中正东路北侧擅自改变土地用途80户，占总户数40%，面积3800多平方米。1993年，对镇江市联谊野生动物养殖场在京岘山村违法搭建房屋用地作出行政处罚，责令拆除建筑物。场主仲某不服，起诉至京口区人民法院。同年12月，区法院作出维持区土管局行政处罚的决定，场主不服判决，上诉镇江市中级人民法院。1994年4月6日，市中院进行公开审理，依法作出终审裁决，驳回上诉人的请求，维持基层法院原判，全市六县（市、区）土管局负责人、各乡镇分管领导、乡村土管员和市各大媒体参加旁听，属京口区第一宗土地违法案件。

1994 年 8 月，区土管局对乱占、滥用土地进行执法大检查，查出 23 宗、面积 26.38 公顷，处理 18 宗，罚款 3.06 万元，规费 6.52 万元，未办 5 宗，面积 8.68 公顷。有 8 宗地权属清楚，罚款后补办手续。1995 ~ 2007 年，全区查处各类土地违法案件 138 宗面积 81.78 公顷，同时对 24 名违法案件的土地责任人移送纪检监察部门给予处分，移送司法机关处理 4 人。

第七节　矿山地质环境管理

一、矿山环境整治

1992 年 10 月区划调整后，京口区始有矿产资源。区域内矿产开发利用以采石为主。2001 年 10 月，区矿山地质环境由区国土资源局管理。2003 年，区政府贯彻执行省人大常委会《关于矿山限制开山采石的决定》和市政府《关于公布禁止开山采石区域范围的通知》精神，贯彻“显山露水、透绿现蓝”保护生态环境和自然景观战略，保障和促进经济可持续发展，先后关闭象山、汝山乡境内的红旗、汝山、京岘山、新民 4 家采石场。

2004 ~ 2005 年，先后关闭丹徒、谏壁镇境内新生、雩山、黄丝湾、谏壁、马湾等 5 家采石场、7 个采石宕口。至此，经批准仅保留松林山（个人承包）采石宕口外，其余宕口全部关闭，在全市率先实现行政区域内全面“禁采”目标。

2007 年，区政府根据市政府关于废弃矿山、采石宕口整治规划，分别制定对谏壁、马湾两处废弃采石宕口整治方案，经认证通过后，批准列为江苏省“百矿治理”和国土资源部环境综合治理项目，并获国土资源部下拨专项资金 400 万元。当年完成整治工程招标投标，由江苏省长江机械基础工程公司中标，负责整治工程。

二、地质灾害防治

1983 ~ 1992 年，区内发生山体滑坡等地质灾害 20 余处。1993 ~ 1999 年，经实地勘查，全区易发生地质灾害险点 23 处，重点是京口路小东庄和花山湾二区 26 号附近的山体滑坡。为确保居民生产、生活安全，2000 年，区政府成立地质灾害防治指挥部，由分管区长任总指挥，各有关部门负责人为成员，各乡镇、街道成立相应组织，全区协调，措施到位，及时处理。每年汛期（5 ~ 9 月）有专人值班巡视、监察、警戒，随时处置险情。2002 年 4 月 30 日，因受强降雨渗透浸泡，象山乡京岘山村委会东侧发生山体滑坡，区国土资源局、象山乡政府等单位，立即动员附近居民撤离，并筹集资金进行治理护坡。2003 年 7 月 4 ~ 12 日，因连续暴雨，全区发生 34 起程度不等的斜坡地质灾害，市、区两级指挥部对灾情地段 105 户、355 名居民紧急疏散撤离。灾后实施治理加固。同年 9 月，除 13 户易地安置外，其余居民户返回原地居住。2005 年，有 2 处重点地质灾害地段分别列为市、区政府为民办实事治理项目，由京口区政府和市国土资源局组织实施，2006 年 4 月竣工。雨季汛期，区地质灾害防治指挥部对有险地段居民发出 56 份撤离通知书，组织撤离群众 86 人。

图 9-3　2004 年 4 月，国土局查看滑坡地质灾害险情（京口国土分局供稿）

2007 年，大市口地区绿竹苑、烈士陵园西侧、东吴路 74-4 号及正东路地区学府雅苑、宝塔山等多处发生滑坡，撤离 116 人。12 月，治理加固花山湾二区 26 号、京口路小东庄、北固山、花园新村、绿竹苑、东吴路等滑坡地段。全区地质灾害险情降至 17 处。区国土资源局被市政府表彰为“地质灾害防治工作先进单位”。

第五章　物价管理

1984 年 8 月，京口区组建物价检查所。1988 年 5 月，京口区物价局成立，其主要职能是协助市物价局做好国家定价产品的价格，执行价格分工管理权限，对市以上国家调价项目进行宣传和贯彻落实。1999 ~ 2006 年，随着价格体系和物价管理体制改革，价格宏观调控体系更为有效。2007 年，区物价局以“三服务”（基层、经济、发展）为重点，加强辖区内价格监督管理力度，提升价格举报工作效能，整顿价格秩序、规范收费管理，切实减轻群众和企业负担。

第一节　综合管理

1990 ~ 1995 年，区物价部门由“检查监督”逐步转为“综合服务管理”。由原来物资流通领域转移到市场检查和治理“三乱”（乱收费、乱集资、乱摊派）。对居民基本生活必需品和服务价格中的粮油、餐饮业、房地产、教育收费等 28 项商品和服务价格，建立提价、备案、审批等规范程序。对商品房实行售价备案认可、对房地产业售价审核，并经市物价局平衡确认。

1996 ~ 2001 年，区物价工作以经济为中心，服务所有制结构和经济结构调整。坚持依法治价，规范价格和收费行为，根据《物价管理法》要求，陆续解除长时期实行的价格行政干预措施，废止部分与价格法规不符合文件，寓管理于服务之中。

2002 ~ 2007 年，区物价局积极履行价格监督检查职能，对教育收费、商品房乱收费、医疗和药品价格收费，及对区属工业收费统一扎口管理，建立健全农村价格监督网络，全面推行社区价格公示，开展行政事业单位收费年检，梳理、规范收费项目和标准。

图 9–4　2003 年，京口区物价局举行行风评议会
（区物价局供稿）

第二节　价格管理

一、农副产品价格

1. 粮油类　1984 年 4 月 1 日起，国家取消粮食统购，小麦、稻谷、玉米实行合同定购。1985 年，国家对返销农村粮油实行购销同价，销售价格逐步形成城乡倒挂。1993 年 4 月 1 日，国家粮食购销价格放开，下半年始，市场粮价水平逐月上涨，当年涨幅超过 60%，粮价上涨带动市场物价水平上升。1993 年 12 月 31 日，国家对粮食销售实行挂牌限价。

1994 年，区内市场粮价进一步上涨，涨幅水平 30% 左右，粮价推动物价上升。同时，价格改革环境趋紧，政策性价格调整频繁，通货膨胀加剧，辖区内居民消费价格指数升幅为 26.5%，商品零售价格指数升幅为 21.1%。

1995 年，市区粮价市场继续保持上涨势头。居民消费价格指数升幅为 15%，商品零售价格指数升幅为 10.8%。1996 年，再次大幅度提高定购粮食的购销价格水平，国内粮价与国际市场接轨。区内居民消费价格指数涨幅为 11.6%，商品零售价格总指数涨幅为 6.2%。1997 年，区内粮食出现相对过剩，市场粮价水平严重下跌，居民消费价格指数大幅回落，涨幅为 0.8%，商品零售总指数首次出现负增长，为 –0.6%。

2000 ~ 2007 年，国家连年重视并聚焦“三农”，在经济飞速发展的同时，城市人民生活水平大幅提高，为缩小城乡差别，对粮油类政策作过多次调整，粮油类收购、销售价格多次调整。

2. 蔬菜和副食品价格　1987 年为控制物价上涨过快，区价格部门严控调价项目，并对集市贸易中与人民生活关系密切的商品（5 种鲜菜、4 种海水鱼、1 种淡水鱼）及对中秋、国庆节期间，猪肉价格制定最高限价，同时不再扩大实行浮动价格和放开价格品种范围，对混合饲料、豆制品、肉制品等 10 个品种实施提价申报制度。1989 年，区域内以“简政放权和放宽政策”为主的价格改革，放开生猪购销价格，城镇人口取消定量供应，同时对城镇粮食定量供应人口给予肉食品价格补贴，鲜鱼价格放开。

1990 ~ 2002 年，全区连续多年商品零售物价总水平、居民消费价格总水平持续下跌，通货膨胀逐步被通货紧缩所替代。价格总水平持续走低，回升乏力；主副食品及消费品供大于求，价格持续走低；政策性调价因素成为拉动物价总水平上升的主要支撑。

2003 年 4 月，区域性防“非典”期间，部分副食品价格大幅上涨，区物价部门运用调查、提醒、告诫、劝阻等方式，引导和规范市场价格行为。

2005 ~ 2007 年，区域性市场主副食品价格多次波动，动用价格调节基金，对特困户家庭和低保户给予一次性补贴。其间，居民消费价格指数升幅为 1.8%。

二、工业品价格管理

1983 年，区域内工业品价格根据国务院规定，降低化纤产品价格，提高纯棉织品价格，同时提高部分日用小商品价格。1984 ~ 1986 年，按统一规定，铁锅、火柴、瓷砖、元钉、国产机械手表等轻工产品调高价格，主要是工业原材料调价。1987 ~ 1992 年，区域内市场调整部分百货、文化用品及铝制品、铁锅、民用剪刀等产品价格，并放开自行车、电视机等产品价格。调整牛奶、香醋、酒类、理发、浴室、公共汽车等 20 多种价格。1993 ~ 2003 年，区域性民用燃料、电价、交通运价、医疗收费等价格调整，并提高营业税。鉴于多种因素共同影响，连年指数升幅较大，工业原料物价总指数上升 19.3%，居民消费价格指数上升 21.1%，引发新一轮通货膨胀。2004 年，京口区根据省物价局“两条控制线”（即居民消费价格指数同比涨幅不超过 4%，环比涨幅不超过 1%）的规定，冻结民用自来水和煤气价格，推迟调整时间，当年居民消费价格指数为 4.1%。2005 ~ 2007 年，市场物价涨势趋缓，居民消费价格指数涨幅为 2.2%。

1985 ~ 2007 年京口区居民消费价格指数及商品零售情况表

表 9-9

年份	居民消费价格总指数	商品零售价格总指数	年份	居民消费价格总指数	商品零售价格总指数
1985	109.90	110.10	1997	100.80	99.40
1986	107	106.90	1998	99.50	97.10
1987	111.30	111.50	1999	98.30	96.20
1988	120.60	121.40	2000	99.90	98
1989	116.70	116.20	2001	100.30	98.60
1990	103.60	103.30	2002	99.10	97
1991	109.20	109.60	2003	101.80	100.20
1992	110.40	108.90	2004	104.10	102.90
1993	121.10	119.30	2005	102.20	101.20
1994	126.50	121.10	2006	101.70	100.40
1996	115	110.80	2007	104	102.70
1996	111.60	106.20			

三、房地产价格管理

1993年4月，区物价局、建委、财政局组成商品房价格管理领导小组，对商品房价格进行规范管理。8月，对商品房预售实行价格备案认可制度，规定需履行价格备案手续，并经市物价部门认可，否则不得预售商品房。1994年，全区有房地产开发企业9家，其中8家主动将开发商品房进行报价、核价，开发商品房建筑面积13.16万平方米，竣工11.46万平方米，有6家申报预售价，2家申报销售价。1995年1月1日起，对商品房实行价格监审，14家房地产开发企业（2家未开发），开发商品房施工面积6.13万平方米，竣工（包括留存）4.08万平方米，10家申报预售价，2家申报销售价。1995年4月，《关于加强商品房价格管理的若干规定》实施后，12家企业开发商品房7.92万平方米，竣工（包括留存）3.82万平方米，10家申报预售价，1家申报销售价，商品房市场未走出低谷。1998年5月，《镇江市商品房明码标价制度实施细则》实施后，全区商品房销售始落实明码标价。1998 ~ 1999年，审核房产面积6.44万平方米，核价率98%。

2000年11月，《镇江市商品房价格管理实施细则》规定，对经济适用房价格实行政府定价，普通住宅商品房实行指导价，高档住宅商品房和非住宅商品房实行市场调节价。经济适用房，按价格主管部门核定价格实行预、销售；普通住宅商品房，可在基准价格基础上浮动3%。并规定商品房在预、销售后15日内报价格主管部门备案。2000 ~ 2001年，审核房产面积13.02万平方米。2002年4月，京口区根据《镇江市商品房价格行为规则》，取消商品房预售价格，实行一次性核定正式销售价格，并将浮动幅度3%调整为不超过5%，同时明确与商品房相配套的有关车库价格，不得高于商品房价格的60%，阁楼不得高于商品房价格40%。是年，审核房产面积4.5万平方米。2003年，审核房产面积3.2万平方米。核定房屋总价近亿元，增加税收300多万元。

2004年6月，京口区放开独立别墅、连排别墅等高档住宅商品房价格，将普通住宅商品房价格浮动幅度调整为8%，始运用环境差价引导消费、调节供求。2005年5月，区政府《关于进一步规范价格行为稳定住房价格的通知》，将经济适用房价格利润率控制在3%以内。是年，审核房产面积3.86万平方米。

2006 ~ 2007年，为6家房地产企业上报的房价进行审核，总面积13.48万平方米。

四、公用事业价格管理

1. 市政公用事业价格　1983 ~ 1998年，城区电费等收费价格调整，并提高营业税，多种因素共同影响使当年物价指数升幅较大。1999年，区物价局在丹徒镇召开水价听证会，公布丹徒镇三级供水成本，科学、公正、合理地确定丹徒镇自来水价格。2000年，区物价局对电力价格进行专项检查。2004年，根据省物价局“两条控制线”规定，冻结居民用自来水和煤气价格，推迟调整时间。2005年，对街道、社区进行调查，审定与居民关系密切的电费、水价等18类、100余项主要价格和收费标准，在55个社区定位公示。2005年6月5日，江苏“价格服务进万家”现场会，在京口区江一社区召开。2006 ~ 2007年，京口区引进的镇江金立水务有限公司，水价需要调整，区物价局召开水费调整听证会，确保调费工作顺利开展。

2. 交通运输价格　1985年，区物价部门根据规定，提高人力板车运价、民用煤球送货力资收费标准。1986年，推出物价目标管理，对客车服务项目调价。1988年，区物价局对人力三轮车实地调查，绘制运行线路，制定收费标准，经区长办公会决定实施。1992年，对交通联运站进行物价大检查，以整改教育为主，未进行罚款。1993 ~ 1997年，交通运价收费多次调整。1998年，区物价局公布降低公路运输管理等收费标准，减轻企业和人民群众负担。2006年4月，根据4部委《关于依法查处代管代办铁路客票非法加价和倒卖铁路客票违法犯罪活动的通知》和省、市检查要求，对辖区内14处代售铁路客票业务单位进行检查，查处违法收费5万余元，除要求退还当事人部分外，没收违法所得逾万元。

五、服务业价格管理

1984年，区物价检查所实行辖区物价管理。1985年，蔬菜及副食品价格放开，一些主要品种价格上升幅度较大，不仅实行限价，还在主要农贸市场公布参考价目，开展对市场衡器、物价、商品质量检查，处理违法89起，刹住涨价风。1986年，对旅馆、水炉、理发、浴室、照相、公园、客车服务、豆制品、消毒牛奶等18个服务行业进行计划调价，缓解市场与服务行业价格矛盾。1987年，为抑制物价上涨过猛势头，对部分紧俏商品实行最高限价。制定提价申报制度。1988～1991年，区物价局对人力三轮车、钟表修理、旅馆、浴室、饮食等服务行业收费标准进行整顿，上升幅度为6%。1992年，先后对区属联运企业，71家集体和个人旅馆，152家小商店、小摊点店进行物价检查，查出非法所得50余万元。华联商厦作为京口区“四放开”（用工放开、分配放开、价格放开、经营放开）试点单位，签订物价放开承包责任书，区物价局做好跟踪服务，从4月20日至4月30日对华联商厦物价情况进行检查，通过“三看一会”（台账、账册、明码标价、座谈会）等，作出《关于华联商厦物价情况的调查报告》。

1994年2月25日，区物价局根据国家计划委员会《关于商品和服务实行明码标价制度的规定》，组织力量，推行明码标价制度。4月，区人大领导会同各部门对382家经营单位进行明码标价市场大检查。

1996年，成立物价、工商、贸易、技术监督等单位组成评审小组，对照餐饮业等级评定标准，开展餐饮、娱乐业等级评定，首批评出一级饭店3家、二级饭店6家、三级饭店3家；等级舞厅7家。

1999～2001年，全区134家餐饮业通过等级评定，其中市级66家：特级饭店2家、一级11家、二级28家、三级2家；一级火锅店6家，二级5家，三级12家。

2002～2007年，区物价局对辖区服务业进行专项检查和医疗收费和药品价格检查。防“非典”期间，对50余家药店、商城、超市、什杂店销售的药品、口罩、体温表、白醋、消毒剂等相关商品检查，处罚违法经营者28家，罚款3万余元。按照市物价局有关查处价格欺诈专项行动精神，重点整治反价格欺诈。

六、公益性服务价格管理

1. 教育收费管理　1983～1988年，京口区辖区内托儿所、幼儿园、中小学、成人教育收费均由省、市物价部门定价，属事业性收费范围。1989年，区物价局清理整顿行政事业性收费，取消收费项目141项，降低收费标准132项。1992年，对重点收费单位抽查，对教育系统收费遗留问题进行处理，其中21所小学退还不应收的报名费5320元。

1993～1997年，区物价局按照调整、监督、管理、服务工作职能，对服务价格中教育收费等建立提价、备案、审批制度，包括教育及行政事业单位年审，采取“五结合”（即与清理预算外资金、与清理乱收费、自查与重点抽查、年检与单位送检、集中与分散相结合）的方法。1997年、2000年对全区教育收费进行专项检查。2001年，区物价局支持区教育事业发展，探索特色教育收费监管。为激励特色教育发展，规范收费行为，抽调人员对教育收费进行年检，会同教育部门就如何支持教育事业发展，解决教育经费问题作有益尝试。结合实际，严格成本核算，自愿参加，报请市物价局批准，对10个项目特色教育实行收费。

2001～2004年，全区检查公办幼儿园及中小学自立项目、扩大范围等乱收费800万元，责令违规收费单位限期退款。2005年，教育收费实行一费制后，仍查出违规收费419.5万元。是年，教育系统减免贫困生费用32.62万元。2006年3月，查出陈家门、丹徒、谏壁、汝山4所农村小学违规收费17.53万元。2007年，对8家教育收费部门进行检查，查出违规金额68.85万元。区物价局接受教育物价举报4件，投诉办结率100%。

2. 医疗服务、涉农价格监督　1989～1995年，区属医疗系统医院、卫生所医疗服务收费及药品价格由省、市物价部门核定、区物价局按照统一领导、分级管理原则，组织实施市以上管理商品价格和收费标准的检查管理。按照《江苏省收费许可证管理办法》实行收费许可证制度，严格收费标准审批。1997年，区物价局会同区卫生局成立京口区药品价格整改工作领导小组，在5个医疗单位、1个药品供应站、9个参加医疗保险企业医务室开展药品价格调整和审价。1998～2000年，对药品价格专项检查，减轻农民负担专题整治，各乡镇（开发区）和34个村设立涉农收费公示栏、医疗、计划生育等主要收费项目与标准，公开上墙，设立公开监督举报电话，34个村有收费监督员。2001年，区物价局对全区6家区、乡医疗单位2000年以来药品医疗服务价格进行专项检查，切实减轻农民群众就医负担。针对医疗行业收费不规范、定价不统一的实际情况，会同区卫生局进行认真分析研究，组织区首期28个品种药品招标采购尝试，实施《关于加强医疗收费〈价格〉管理的意见》。2002 年，对区属 6 家医疗单位 2001 年 6 月以来药品、医疗服务价格进行检查，查出乱收费金额 44.45 万元。

2004 年，区物价局检查医疗系统医药、医疗乱收费问题，查出违规收费 29 万元。2005 年，对 3 家医疗机构查出违规收入 3.4 万元。2006 ~ 2007 年，全区各医疗机构统一按《江苏省医疗服务价格手册》《江苏省非营利医疗机构病床床位收费管理办法》，修订病床收费标准。各医疗单位填写《镇江市医疗服务项目价格备案表》《镇江市医疗单位病床位申请表》，报区物价局、卫生局审核。两年中各医院减免门诊、治疗费、诊疗等费用 5.8 万元。

3. 殡葬价格管理　1983 ~ 2007 年，市殡葬管理所隶属市民政局管理，殡葬价格由省、市物价部门核定，区物价局及街道、乡镇民政部门协助市有关部门检查、督促。

第三节　物价监督

一、专项检查

1. 物价大检查　1988 ~ 1990 年，全区开展物价大检查，查处价格违法违规案件 149 起，其中特大违法案件 7 起，没收违法所得 89.6 万元，罚款 500 元，退还消费者 1.41 万元，上缴财政 32 万元。同时发放自查表 100 户，自查上报 100 户，自查率 100%，查出违法金额 10 万元，陆续收缴入库。1991 ~ 1992 年，全区对 4 家交通联运站、71 家旅社、152 家商店、摊点、小吃店进行检查，查处 55 起价格违纪，金额 50 余万元，根据“检查从严、处理从宽，以整改教育为主”方针，未实施处罚。1993 ~ 2002 年，全区开展汽车配件、农资、农用电、教育收费等项检查，查出违规金额 100 余万元，实行“先行赔偿”，退还消费者 47 万元。其间对房地产、农资价格、计划生育、婚姻登记、涉外企业收费等 7 方面专项检查，查出 28 家违规收费单位，金额 39.8 万元，罚没 2.1 万元。对 4 所中小学、6 所公办幼儿园检查乱收费 35 万元，责令其退还，并分别处以罚款。对劳动就业收费专项检查出违规金额 3.8 万元。对药品和医疗价格（收费）专项治理，6 家医疗单位乱收费金额 44.4 万元，分别予以处理。

2003 ~ 2007 年，全区检查 10 多所中小学自 2002 年以来收费情况，查出自立项目、扩大范围等收费 1000 余万元，责令限期退还。治理商品房乱收费行为，检查出违法金额 20 万元，责令退还，并对情节严重的单位处以罚款。查出行政事业性部门提高收取“录用登记备案费”11.9 万元、“调资晋级代理费”“跨省、跨地区流动就业人员服务费”等违法所得 90 余万元。其他价格违法案件 33 起，分别实施经济处罚。

2. 市场大检查　1988 年，区物价局开展中秋、国庆两大节日检查，重点检查蔬菜、豆制品、猪肉、家禽、水产，以及凭票供应的肥皂、洗衣粉等，通过对 483 家（次），648 笔交易检查，查出违纪 78 笔，占总数 12%，校验衡器 33 件，没收失效衡器和非法收入。

图 9-5　1999 年，京口区物价局开展市场物价大检查（区物价局供稿）

1994 ~ 1999 年，区物价局会同税务、财政、工商等部门，先后对全区市场进行明码标价、五大节日、反暴利等大检查，检查 1300 多户工商户，发放明码标价规定 300 多份，配备标价牌 50 万张，实施经济处罚 2.65 万元。其中，1995 年对娱乐业反暴利大检查时，检查 300 余家单位，配备标价签 20 万张，实施经济制裁 0.3 万元。检查市场 132 家，发放宣传资料 230 份，整改通知书 27 份，对存在问题的 45 家进行经济制裁 1.38 万元。在“江苏市场价格——镇江行”活动中，检查 50 余家单位，查出问题单位 29 家，经济处罚 0.3 万元。

2000 ~ 2005 年，区物价局以解放路“文明经商示范街”争创为契机，规范沿线 300 多家单位明码标价，经验收合格率达 50% 以上。对 25 家违纪单位经济处罚，并向法院申请强制执行 2 家。2003 年防“非典”期间，成立紧急处置价格异动工作小组，建立快速检查突击分队，强化市场巡查，从快、从重、从严加强行政干预。区物价检查分局被省授予规范化检查所（分局）称号。开展“推进价格诚信、打击价格欺诈”宣传，“执法月”期间，多次召开“讲诚信，反价格欺诈”政策提醒暨反价格欺诈专项检查会，围绕整治重点，开展对眼镜、月饼市场及旅游、餐饮等行业反价格欺诈专项整治，检查 300 余家，发放宣传资料 1500 余份。

2006 ~ 2007 年，区物价机构在每年的“3 · 15”消费者权益日期间，开展价格服务进市场活动，对商业中心价格行为进行检查，对中石油、中石化系统成品油市场价格巡查。结合“倡导明码标价、打击价格欺诈”检查，对商业、休闲、娱乐、餐饮服务业检查，纠正 18 家不规范使用价标价签行为，摘除 13 家使用不当宣传促销标语牌，查处 30 多家屡查屡犯、拒不标价违法单位，纠正 61 家不规范标价行为，建立健全区价格预警系统。

二、价格监督

1984 年，区物价部门始对全区实行物价管理，核查监督市场物价。1988 ~ 1997 年，区物价局及物价检查所及时处理群众来信、来电、来访，加强对外市场物价监督工作。1997 年，区物价局组织区人大代表、政协委员视察花山湾农贸市场、五条街农贸市场和华联商厦价格执行情况。6 月，公开聘请 4 名区人大代表、4 名政协委员为特邀物价监督员。10 月，区人大代表、政协委员视察检查甘露商城、永安市场和象山供销社明码标价情况。1998 年，区物价局重新公开聘请 10 名人大代表、政协委员为京口区特邀物价监督员。1999 年，特邀物价监督员视察乡镇（开发区）、村委会涉农收费公示制度。设立公开监督举报电话，成立区物价举报中心，开通“12315”价格举报电话。

图 9-6 2001 年，区人大代表、区政协委员视察乡镇收费公示情况 （区物价局供稿）

2005 年，区物价局推行价格服务进万家活动，公示日常生活关系密切的价格常识、价格误区及教育、医疗、电价、水价、物业等 18 类 100 余项主要价格和收费标准。2007 年，向市场发放以宣传明码标价和反欺诈为主题的宣传资料 6000 余份，在社区、场圃开展现场价格咨询活动。

1988 ~ 2007 年京口区物价投诉情况表

表 9-10 单位：件、万元

项目 年份	群众来信、来电、来访数	处理数	处理率	退还消费者金额	经济制裁额
1988	95	86	90.53%	0.23	—
1989	52	50	96.15%	—	—
1990	20	20	100%	—	—
1995	36	—	—	0.10	0.10
1996	18	—	—	0.47	2.20
1997	14	14	100%	0.01	—
1999	12	12	100%	0.03	—
2000	87	87	100%	—	—
2001	44	44	100%	—	—

续表 9-10

项目 年份	群众来信、来电、来访数	处理数	处理率	退还消费者金额	经济制裁额
2002	66	66	100%	—	—
2003	93	—	—	2	3
2004	78	78	100%	12.81	13.37
2005	47	—	—	2.97	—
2006	96	—	—	0.36	0.33
2007	28	28	100%	0.50	—

三、内部监督

1988 ~ 1991 年，评比“双信”单位（物价、计量信得过）和个人。1992 年起，京口区组织物价计量信得过竞赛活动，每 2 年 1 次。1993 年，全区“双信”企业 14 家，市级“双信”优秀单位 1 家，区物价局加强对物价政策、法规宣传，结合《江苏省价格管理监督条例》，向区属企业发放《条例》400 余册。1995 年，组织区属单位分管物价领导和物价员，举办培训班 6 期，300 多人次参加。华联股份有限公司等 16 家企业被评为“物价计量信得过”单位，象山乡工业供销公司被评为市“双信”优秀单位。

1996 ~ 1999 年，区物价局举办收费员、药品价格管理员培训班 17 期，461 人次参加，象山供销社、华联商厦股份有限公司被评为镇江市第三届“最佳双信单位”。调整经济结构后，大力发展个私经济，对“双信”活动进行调整，吸收个私、民营企业参加，在 43 家单位中，个私、民营企业 22 户，占 51%，填补个私、民营企业“双信”活动空白。2007 年，全区有“双信”企业 39 家，其中个私企业 13 家，股份制企业 5 家，市级“双信”企业 12 家。

第四节　收费管理

一、行政事业收费

1989 年 8 月 16 日，京口区首批持收费许可证的行政事业单行 177 家，发放收费许可证 167 个，发放收费员证 452 个。1992 年，京口区为全省首批实行经营性收费许可证 34 家，对物价员、收费员开展业务培训。5 月，市物价局、财政局联合制定收费年检制度。1993 年，142 个单位收费许可证更换附件，重新予以编号。1994 ~ 1998 年，全区持收费许可证单位 119 家，其中 118 家年检、换证，年检率 99.16%。1996 年设立农本、农资价格监测调查点 6 个、学校收费调查点 5 个，实行登记台账制度，填补京口区价格监测网络空白。1997 年有收费许可证单位 219 家，年收费总额 4269.56 万元。1999 年，全区推行涉农收费公示制度，各乡镇、开发区和 34 个村设立涉农收费公示栏。219 家收费单位收费年检，收费总金额 4000 余万元。编印《个人和企业主要收费项目及标准》手册，收录 14 个收费部门、96 项常规收费项目。建立区计划生育收费管理网络，健全收费管理制度，规范收费行为，控制培训班收费多而滥问题。

2001 ~ 2005 年，全区从 222 家收费单位下降到 95 家，其中行政性收费 25 家、事业性收费 70 家。2001 年健全收费单位（行业）台账 57 册。区卫生局出台《关于加强医疗收费（价格）管理的意见》。2003 年建立农村价格监督站 4 个、监督点 33 个，形成镇长负责、财政所长管理、行政村物价员具体抓的农村物价网络。组织涉农收费“回头看”，全区更新涉农收费公示牌 44 块，确保涉农收费公示率 100%。2006 年，京口区对幼儿园分别召开政策提醒会，调查、测算各类幼儿园收费和成本，配合市局出台幼儿园教育收费标准。2007年，全区持证收费单位125家，比2006年的132家减少7家，其中年检注销17家，核发新证10家。收费总额7086.56万元，比上年下降375.21万元。

二、中介收费管理

1985年1月，京口区成立法律顾问处，不久更名为镇江市第二律师事务所。同年，建京口区公证处。后又相继成立京口区会计事务所、京口区审计事务所等事业单位。省、市物价部门对中介收费有明确规定。1989年8月16日，区物价局发放第1批收费许可证，对中介收费范围作出明确规定。1996年，区物价局检查区属19家中介机构，补办手续8家，调整规范12个收费项目。1997～1999年，全区各类中介机构不断增加，中介市场愈加活跃，区物价局每年抽查中介收费情况。2000年8月，清理全区66家中介服务单位的收费情况，范围涉及公证、律师事务、职业介绍、婚姻登记、房产中介、家政服务、广告设计、对外劳务输出等行业，内容涉及收费资质、执业范围、收费项目和标准等，并建立档案，促进全区中介市场健康有序发展。

2003年，全区通过收费年检，取消收费项目14个，降低公证费、律师费等项中介收费标准。2007年，落实支持弱势群体扶持政策，对下岗失业人员实行严格收费保护制度，杜绝在下岗失业职工技能培训、就业中介服务、代理服务等方面乱收费行为。

三、收费核价监管

1988～1992年，区物价局对个体旅社收费价格进行核价，并对街道办集体旅社收费价格进行清理整顿，统一制定房间等级、价格对号入座、按质论价。1990年，全区对1292项收费进行清理整顿后，保留1136项收费项目，取消143项，降低13项收费标准。1992年，清理不适应经济运行机制价格政策，废止10个、停止执行6个类似文件，部分停止执行5个。1993～1996年，全区清理收费346项，其中核准登记287项，取消59项。组织人员对涉农负担收费、“农村办‘集资’电”等40个收费项目清理。其中，1994年抽查44个重点单位，对存在乱收费单位提出整改意见。取消12个部门的21项乱收费项目。对48家收费进行调整，取消3个项目收费。1997～1999年，区政府对各种收费文件进行清理、登记，对国家分3批取消、降低107项行政事业性收费项目，在7个调查点设立付费台账。1998年，对24家（涉外10家、国有6家、私营8家）企业缴费登记执行情况进行检查。

2002～2005年，区物价局联合财政、监察、审计等部门，开展收费环境综合整治，加大“三乱”整治力度。调查规模骨干企业18家，发放收费调查表50多份，赠送涉企收费政策明白卡100多份。通过检查整改，规范行政事业单位收费行为。2003年，京口区在全省率先推出“无费区”，制定《京口科技工业园实施“无费区”管理办法》，将96项收费精简为32项，减幅67%，年减轻企业负担100余万元，并对收费统一扎口管理，实施“一个窗口”收费，列为全市首家由市、区两级物价部门共同监管的“收费重点保护单位”。收回并注销7家收费许可证，取消清扫费、占道费及教育系统计算机材料费、自行车停放费、班费等项目。2005年，贯彻《中华人民共和国行政许可法》，按照中央、省、市有关文件，降低和取消33个收费项目，减免贫困生费用32.6万元。新注册登记926户工商户优惠319.4万元，减免1062名再就业人员培训费51.6万元、保管档案费21.6元、就业管理费12.29万元。减免门诊、治疗、诊疗及药品、住院等费用5.8万元。2006年，全年取消收费项目1个，注销收费许可证48本，减轻企业和群众负担47.5万元。2007年，区物价局召开企业座谈会，发放行政事业性“阳光收费”手册、付费登记、宣传表，扩大对企业收费监测保护范围。

第五节　价格服务

一、成本调查

1983～1987年，京口区域内成本调查工作由市成本调查队实施。1988～2007年，区物价局在监审商品房价格时，依据规划部门图纸、报告、许可证、相关票据、合同规定，提供资料进行成本调查。即：按土地征用，前期工程、建安工程、附属工程及公用建筑配套设施、公共基础设施、管理、销售、财务费用等，确定商品房开发成本。按规定加上利润、税金及城市建设配套费，确定商品房销售价格。

二、价格评估

1995年12月，京口区成立价格事务所。是年，接受价格评估事务28件，评估物品有汽车、家用电器、音响、装潢材料、通信器材等30多个品种，8000多件物品，评估总金额为39.8万元。对32家3级以上饭店进行评审定级，依次规范餐饮业的价格。1996年，进行价格鉴证5件，价格评估40起，评估种类500多个，上千件物品，评估总金额达300多万元。开展饭店、歌舞厅评审定级工作。14家饭店定级申报，有2家被责令限期整改，有12家通过验收，其中3家被评为一级饭店，6家被评为二级饭店，3家被评为三级饭店。全年参与市区70家歌舞厅的定级评审，区属7家歌舞厅被评为等级歌舞厅。1997年，全区开展"四物"（抵押、罚没、赃、无主物）评估63起，拍卖成交汽车3辆，评估总金额400余万元，评估范围由法院各庭扩展到公证处、工商局、信用社、乡镇、街道、律师事务所和个人委托等多个方面。

1999 ~ 2002年，全区接受评估、鉴证委托166件，评估总标的5860.96万元，其中3家工厂改制评估，"四物"评估64件，标的663万元，资产评估和鉴证9件，总金额1840万元。全年对65家饭店评审定级，特级、一级饭店11家、二级28家、三级2家、一级火锅店6家、二级5家、三级12家。已获等级餐饮业提升到更高等级评定，5家饭店升为一级，其中特色餐饮业1家，二级3家。受理价格评估鉴证62件，总标的1380万元，同比增长90%。2000年，进行司法、电力资产及企业资产评估，评估"四物"25件，标的101.6万元，资产评估6件，标的1876.38万元，价格认证1件。

图9-7 2003年，区价格事务所参与拆迁资产评估活动（区物价局供稿）

2003 ~ 2005年，市区两家认证机构联合介入京口区拆迁工程、重点工程建设价格评估。2003年，先后对教顶山、新华村、京岘山路、禹山路、谷阳路等地块评估1500多户，近25万平方米。同时，完成"第一楼街商业步行街"房屋拆迁前期调查。2004 ~ 2005年，对第一楼街商业步行街、张家湾、袁村、丹徒玻纤厂、江天汽运集团等6宗地块1500多户拆迁调查测算，总面积35万平方米。同时接受机关、乡镇价格认证、评估、鉴证31件，标的350万元。对"集资"兑付地块及第一中学新址、镇江高专扩建拆迁评估、价格论证总面积13.2万平方米。2006 ~ 2007年，区物价局接受社会鉴证25件，司法估价118件，银行抵押贷款20件，房价认证12件，重点工程有谷阳北路、镇江华东铝加工厂、第一中学二期、江苏索普集团等处拆迁评估。

第六章　食品卫生管理

1983年，《中华人民共和国食品卫生法（试行）》（以下简称《食品卫生法》）公布实施。1984年7月，京口区建立卫生防疫站。1985 ~ 2007年，区卫生防疫站管辖区域内食品卫生监测、检验和技术指导；培训食品生产经营人员，监督食品生产经营人员健康检查；宣传食品卫生、营养知识；评价、公布食品卫生情况；审查食品生产经营企业的新建、扩建、改造工程选址和设计，并参加工程验收；对食物中毒和食品污染事故进行调查，并采取控制措施；进行现场检查和巡回监督，及时处理发现的问题；对违反《食品卫生法》行为追查责任，依法进行行政处罚等。1995 年 10 月，《食品卫生法》修改并颁布实施后，区卫生防疫站进一步细化食品卫生监督管理内容。同年，区食品安全生产委员会成立，区卫生局、区安全生产监督管理局、镇江工商行政管理局京口分局、区农经局、区发展改革委员会（以下简称“发改委”）等 24 个部门为成员单位，下设办公室于区安全生产监督管理局内。区卫生、工商、农经和发改委负责餐饮消费、流通和农产品的食品安全检验检测工作。2005 ~ 2007 年，全区抽检食品卫生 5000 余次，合格率 98.8%。

第一节　管理机构

1984 ~ 1991 年，城乡集市贸易食品卫生（含生猪屠宰）由区工商局管理。1992 年 10 月，区划调整后，按《食品卫生法》规定，禽、兽医卫生检验由区农委管理。区农委畜牧兽医站、兽医卫生监督所等部门负责农村防疫站工作，对发生疫病生猪、家禽及时捕杀、销毁。1996 年始，区农委推广无公害蔬菜栽培，成立京口区农经监察大队，制定行政执法岗位责任制及有关制度。2000 年，京口区成立生猪屠宰管理办公室，由区财政局护协税领导小组办公室、计经局、公安局、工商管理分局等部门参加。2001 年，成立京岘山屠宰公司，作为全区生猪屠宰唯一定点场所。加强“点”内管理，建立“小刀手”目标责任状和举报、监控制度，加强非法屠宰点查处力度。2005 年，生猪屠宰管理职能划给区发展改革和经济贸易委员会。2003 年 4 月，卫生行政机构改革，管理职能转变，撤销区卫生防疫站，设置卫生监督所，行使卫生监督职能。2005 年 12 月 31 日，区食品安全委员会成立，分管副区长任食安委主任。区卫生局、工商分局、农经局和发改委等 24 个部门为成员单位，下设办公室于区安全生产监督管理局，局长兼任食安办主任。

第二节　监督检查

1985 年，区卫生防疫站根据《食品卫生法》规定，结合区情实际，制定熟菜、副食品、散装饮料、饮食店（摊）4 项卫生标准，作为卫生监督和核发许可证依据。1986 年，制定《京口区发放卫生许可证工作程序》。

1990 ~ 1993 年，举办《食品卫生法》《公共场所卫生管理条例》培训班，分 9 期培训 1098 人次，通过媒体和宣传画廊开展宣传，提高食品企业、经营户及从业人员知法、守法，增强自我保护意识。根据举报，查证销毁死黄鳝 1600 多千克。熟食品个体户邵某从河南购进 67 只烧鹅，发现有异味，主动停止出售，报请防疫站检疫后销毁。区防疫站开设体检门诊，对食品业 11530 人体检，查出肝炎、化脓性皮肤病等患者 156 人，调出食品行业。抽查经营单位 8986 户次，抽检食品 832 份，平均合格率 84.86%。命名 6 户为食品卫生信得过单位，40 户为食品卫生先进单位。查出违章经营 628 户，销毁变质食品 1354 千克，罚款 146 户，吊销卫生许可证 1 户。

1994 ~ 2000 年，对全区食品生产经营单位监督检测覆盖率均在 100%，食品卫生抽检合格率达 86.6%，餐具抽检卫生合格率 85%，年核证率达 99% 以上。强化从业人员体检和培训工作，每年从业人员培训率、体检率均达 98% 以上。2001 ~ 2005 年，区域内个体食品摊点大增，卫生行政机构每年以露天食品摊点、大排档、火锅店为主，开展食品检查和抽样检验，此类食品业卫生设施差，普遍不合卫生标准，卤菜业卫生达标率 10% 左右。区卫生行政机构年均对食品经营者业务培训 3044 人次，并进行体检，发证 263 份。2005 年，区卫生监督所对 1168 户食品生产经营单位（其中生产加工单位 95 户、批发零售单位 617 户、饮食服务单位 369 户、集体食堂 39 户，食品摊贩 47 户）3361 名食品从业人员进行体检。对食品和餐饮分别进行检测，其中各类食品 138 份，合格 118 份，合格率为 85.51%；餐具样品 109 件，合格 92 件，合格率为 84.4%。2006 年，全区有食品生产经营单位 1341 户，生产加工单位 103 户，批发零售 706 户，饮食服务单位457户，集体食堂44户，食品摊贩31户，对4746名食品从业人员进行体检。2007年，检测各类食品742份，合格649份，合格率87.47%；餐具592份，合格530份，合格率89.53%。同年，评定香逸渔港等6家酒楼为A级餐饮单位，21家为B级单位，38家为C级单位；评定出4家学校食堂为A级单位，19家为B级单位，19家为C级单位，并在《镇江日报》等媒体上向社会公布，主动接受社会监督。

1984 ~ 2007年京口区部分年份卫生防疫站食品卫生监督情况表

表9-11　　　　单位：户、人、%

项目＼年份	1984	1989	1992	1997	1999	2001	2003	2005	2006	2007
食品经营企业（含个体商贩）	1590	1970	1403	1600	1600	1560	1857	1418	—	—
从业人员	—	—	11641	—	—	3044	4346	4646	4746	—
培训率	—	—	—	98	98	98	96.32	96.32	—	—
体检率	—	—	—	98	98	99	98.83	98.83	—	—
食品卫生抽检合格率	—	—	84.86	86.62	86.62	—	85.51	—	—	87.47
餐具抽检合格率	—	—	—	85.26	85	—	84.40	—	—	89.53
年核证率	—	—	—	99	99	—	—	—	—	—

第三节　专项监督检查

1989年，全区按照发放卫生许可证标准进行专项食品检查。经专项检查达到发放卫生许可证标准的区属食品企业225户，个体商贩1682户。根据《食品卫生法》规定，对违法户给予限期改进的89户次，警告319户次，责令停业整顿88户次，没收销毁变质食品110起，1057千克，折合人民币14766元；罚款230起，总金额1025元，取缔无证营业2户，吊销卫生许可证2户。

1990 ~ 1997年，全区抽查食品生产经营单位14584户次，抽验食品平均合格率84.8%，命名6家“食品卫生信得过”单位，40户食品卫生先进单位；处罚食品卫生违章628户，其中警告218户（次），销毁变质食品34户（次）、1354千克，罚款146户（次），责令停业改进179户（次），吊销卫生许可证1户。区工商分局接管并调整京岘山生猪市场后，制定“小刀手”守规检查制度，查处未经检疫上市肉250余起，罚款24500余元。根据市政府“定点屠宰，集中检疫，统一收费，分散经营”方针，打击点外私屠乱宰行为，查获未检猪肉2500千克，罚款2.5万元，查处非法屠宰点10余处，对120个经营户（人）罚款。

1998 ~ 2007年，区工商分局每年分重点食品市场专项监督检查，对点外私屠滥宰点每周检查1 ~ 2次，收缴未经检疫“白”肉。开展醋类市场，麻油市场整治。会同卫生、质检、公安等部门对全区28家豆制品生产企业卫生条件、生产过程掺入工业添加剂等专项监督检查。开展“禽流感”预防行动，建立活禽、冷冻半成品禽蛋经营户登记台账，严把市场准入关，对活禽销售市场每日药物消毒防疫。其中2005年，开展食品专项整治，集中整治农贸市场、超市、食品批发、仓储、个体工商户等，没收销毁各类“三无”食品1000余千克。拉网检查含“苏丹红”、膨化食品铝超标、“正蒙黄金搭档”、不合格婴儿奶粉等。抽检肉制品26个批次产品，收缴并销毁不合格食品2万千克，处罚违法违规食品生产经营行为700多起。

第四节　食品“三网”建设

1984年，区卫生防疫站加强食品卫生监督力度，设立专职食品卫生监督员，分片区对食品生产经营企业卫生监督检查。1985～1989年，根据食品卫生标准及区制定的4项卫生标准，聘用10名食品卫生检查员，协助食品卫生监督员，开展食品卫生监督、监测，建立违法记录、检查监督等档案“三网”（安全监督责任网、群众监督网和现代流通网）资料。

1992～2007年，区卫生行政机构为迎接国家卫生城市验收考核，每年对全区200多户从事食品的“五小店”（小饮食店、小副食店、小加工作坊、小摊贩、小摊点）进行专项整治，市、区两级政府下拨“五小店”专项经费40万元，改造资金由政府承担3/4，个体户承担1/4。京口区城乡改造“五小店”600多户。每年核证1177户，办理新证571户，新证建档率100%，印发各种食品卫生知识宣传材料2.6万余份，食品卫生监督覆盖率100%。推行“五小店”专项整治。开展以学校周边儿童食品为专项整治突破口，净化食品市场，以卤菜、豆制品、河豚、烧烤店等为整治重点。对农村食品、散装食品、保健品、月饼、糕点进行打假。在乡镇医院防保系统，聘请协管员，定期召开会议，进行培训指导，并由卫生局考核，建立协管“三网”。其中，2005年12月，成立食品安全生产委员会（以下简称区食安办），各镇（街道）与行政村（社区）签订食品安全工作责任书，明确食品安全责任人、负责人、协管员，村（社区）明确食品安全责任人、联络员、信息员和“三网”。2007年年初，区政府将“三网”建设列入与镇及相关部门年度工作责任书，落实责任，落实全区农村“三网”建设。是年12月，区食品“三网”100%覆盖4个街道、2个镇，工业园区和新民洲70多个行政村（社区）。明确行政村（社区）食品安全责任人87人，信息员72人，协管员38人，创建镇、街道放心超市57家、行政村（社区）放心店80家。

第七章　安全生产管理

1984年，区劳动人事局设立安全股，负责全区企事业单位安全生产监察工作。1997年，区劳动人事局内设机构调整为安全监察科，负责全区安全生产管理等项安全监察工作。2001年，区发展计划与经济贸易局下设区安全生产监督管理局（以下简称区安监局），区劳动人事局安全生产管理等职能划归区安监局。2003年，京口区成立区安全生产委员会（以下简称区安委会），由各乡镇、街道及区委、区政府各工作部门作为成员单位，对全区安全生产工作实施综合协调和指导。区安委会办公室设在安监局，负责安委会日常工作。2005年，区安监局与区发改委分开，独立办公，负责监管全区各类生产经营单位安全生产工作，并对辖区范围内部属、省属企业和市属无主管企业实施安全生产日常监管。2006～2007年，京口区未发生企业生产死亡事故，在镇江市政府安全生产目标管理考核中，连续两年名列全市总分第一。

第一节　安全检查执法

1984年，区劳动人事局负责全区企事业单位安全生产监督管理和执法检查。区属企业执法监督检查重点是锅炉和压力容器。是年，为加强对锅炉的安全管理，实行锅炉年检制度，由区劳动人事局会同市锅炉压力容器检验所，对全区企业单位使用锅炉单位进行年检，对不合格锅炉一律停用，维修后仍不合格锅炉予以报废。对司炉工实行凭证上岗制度，无证不得担任司炉工。经多次执法检查，对带病运转锅炉经“停、修、换”等强制措施，逐年更新。1989年，全区新置锅炉10台。通过执法检查，区内各单位20台锅炉、

88台压力容器、240只气瓶（包括单位的民用液化石油钢瓶）全面进行普查登记。1990年，进行安全生产执法检查5次，全区19台锅炉年检率100%，对1988年以前投入使用的43台压力容器中的39台进行检验。1992年，执法检查全区23台锅炉，年检率100%，压力容器44台检验40台，年检率91%。至1992年，全区未发生锅炉、压力容器事故。

1992年11月，安全生产执法检查包括对城乡企事业单位进行安全检查。1993年，4次组织安全生产执法检查，查出事故隐患135条，其中重大隐患4条，及时整改117条，整改率87%。是年，发生2起工伤事故，死亡2人。

1994 ~ 1995年，全区6次组织安全生产执法检查，查出事故隐患22条，及时整改18条，整改率81%，年检锅炉82台次，占98%。压力容器到期年检44台次，占85%。发生工伤设备事故7起，死亡3人，重伤1人；2人严重中毒，4人轻度中毒；发生大小火灾20起，死亡1人。

1996 ~ 2001年，安全生产执法检查采取重点行业重点抓，开展对锅炉、压力容器专项治理监察。对全区24个宕口进行整治，坡度检测率达100%。执法检查中特别关注重大隐患限期整改，对企业安全隐患及存在问题发出整改通知书，落实整改计划和措施责任到人。2005年经检查，因安全措施未落实关闭采石场4家。

2006 ~ 2007年，全区开展安全生产执法检查179次，分别为综合检查、突击检查、联合执法检查、明察暗访和夜查。检查生产经营单位1500多家，发现事故隐患1551次，下达隐患整改通知书121份。责令停产停业通知书5份，依法查处职工伤亡安全生产案件5起、危险化学品从业单位违规经营案件11起、私自储存或销售烟花爆竹26起。

1984 ~ 2007年部分年份京口区安全生产执法检查情况表

表9-12　　单位：条、起、人、%

项目 年份	事故隐患	整改	整改率	工伤事件	
				重伤	死亡
1984	192	145	75.50	4	0
1985	232	172	75	1	1
1986	229	174	75.90	2	0
1987	176	139	78.90	3	0
1988	255	183	71	1	0
1989	173	150	86.70	0	0
1990	155	138	87.90	0	0
1991	153	130	85	0	0
2005	126	102	81	—	1
2006	1198	1193	99.50	—	1
2007	1532	1528	99.70	—	1

说明：1992 ~ 2004年资料缺。

第二节　安全生产建设

一、安全生产责任制

1983年，全区各经济主管部门，负责对企业安全生产进行监督、检查，对负有安全责任企业负责人予以追究责任制，各企业分别建立安全工作责任制。1984～1994年，区属企业生产安全管理按照“管生产同时必须管安全”原则，明确各级责任人员、职能部门及其工作人员、岗位生产人员安全生产责任制。一线操作人员严格按照生产规程进行操作。企业、部门、车间班组要根据实际情况，制定具有可操作性的安全生产制度，落实安全生产责任制。

1995年，区委、区政府与各经济主管部门签订安全生产目标责任状，强化经济目标管理。1996～2002年，各乡镇、场圃、开发区、街道和经济主管部门分别与各生产经营单位签订安全生产责任状。2003年，京口区成立区、乡镇、街道及部门主要负责人担任成员的安全生产委员会，加大安全生产领导力度，严格安全生产责任，健全安全生产保障体系。量化、细化全区安全生产工作指标，层层分解，明确责任，传递压力，实行安全生产一票否决制。

图9-8　2007年，区领导带队检查企业安全工作（区安全生产监督管理局供稿）

2004～2007年，区政府不断强化安全生产工作主体意识，督促有关部门和责任单位加大对安全生产监管力度，建立第一责任人（行政一把手）为核心的安全生产责任体系，严格安全生产责任追究制度，以岗定责。各生产经营单位按照《中华人民共和国安全生产法》（以下简称《安全生产法》）等法律法规，加大安全生产投入，设置安全生产管理机构，配备专职安全生产管理人员，足额提取安全生产经费。按照《工伤保险条例》规定，对伤亡事故进行经济赔偿，激发企业自身努力，减少和控制工伤事故发生。

二、指标分解控制

1988年，全区工矿企业死亡1人。1993年，工矿企业死亡2人。1994年，工矿企业死亡3人，火灾死亡1人。区委、区政府召开全区安全生产动员大会，要求各企事业单位要对职工生命、健康和国家集体财产安全极端负责，全面落实安全生产各项措施，把“安全第一、预防为主”方针落到实处，加强管理，加强安全设施投入。区安监局依法行使全区安全生产综合监督管理职权，承担区安委会办公室的日常工作。

2006～2007年，区政府在全区以责任状形式对控制指标进行分解，并对区重点监管企业下达安全生产责任书。认真落实《镇江市京口区安全生产监督管理实施细则》，坚持安全发展，各类事故直线下降，没有因责任而发生工伤死亡事故，经市政府对全区安全生产目标管理考核，连续两年名列全市总分第一。

三、基层安全工作

1984～1992年，区属企业大多设立生产技术科，配备专职或兼职安全员兼管生产安全工作。根据国家法律法规，组织生产经营单位进行安全监督检查。1989年12月，全区95%以上单位建立安全劳动保护档案，配备专职安全员8名，兼职安全员278名。1993年，全区生产经营企业增加，非煤矿山安全生产管理比较薄弱。1994年，发生多起伤亡事故。12月，区委、区政府紧急召开安全生产大会，要求各乡镇、街道、经济主管部门加强法制观念，加强安全管理，做好基层安全生产组织建设，落实各项安全生产制度。1995年，全区基层安全组织建设进一步完善。2003年，区成立安全生产委员会，加大对安全生产的领导力度，使全区安全生产管理走上科学化、规范化、法制化轨道。2004年，全区加强基层安监站建设，完善安全生产监管网络，对辖区内生产经营单位建立“一企一档”制度。2006 ~ 2007 年，全区镇、街道安全生产工作全部达标。5 个镇、街道被授予“安全生产五星级”，1 个镇被授予“四星级”单位。

四、“危爆品”管理

1983 ~ 2002 年，京口区对生产经营危险爆炸品重点单位加强管理，凡经营易燃易爆化学危险物品单位，应事先将经营地点、品种等报经区公安分局消防（股）科审查，核发易燃易爆化学物品经营许可证后方能经营。储存“危爆品”必须有专用仓库，购买生产必需的“危爆品”，须由区消防科办理购买证、准运证，装卸运输须严格遵循操作规程。至 2003 年，全区购买、装卸、运输、使用“危爆品”未发生事故。2004 年 1 月 31 日，国务院《安全生产许可证条例》公布后，区安监局行政许可项目为烟花爆竹零售许可证的审批和发放。同时受市安监局委托，负责危险化学品经营许可证的初审和现场检查，对生产经营企业新、改、扩建工程项目作出安全评价。对“三同时”工程项目安全设施与主体工程“三同时”（同时设计、同时施工、同时投入生产使用）设立进行安全审查和监督检查。2005 年，区安监局办理化学品经营许可证（初审）42 份。加大对无证经营的检查力度，查处两家无证经营企业，一家按要求整改并领取许可证，一家被责令停业。2006 ~ 2007 年，全区查处 11 起危险化学品从业单位违法违规经营案件，查处私自储存烟花爆竹违法行为 2 起，私自销售烟花爆竹 24 起，没收销毁伪劣烟花爆竹 132 箱，6 名严重违法分子被移交公安机关处理。审查布设燃放点 15 个，销售点 76 个，组织 800 人次对燃放点和销售实行 24 小时监管，确保有限开禁期间无烟花爆竹事故发生。

五、宣传与培训

1984 ~ 1992 年，区劳动人事局负责安全生产培训。对生产企业职工进行 3 级安全教育，同时实行劳动保护和安全生产岗位培训制度。1993 ~ 1995 年，多次组织锅炉、压力容器和特种设备人员培训班，培训 380 人。1996 ~ 2003 年，先后对司炉工、焊接工、爆破工等特种操作人员实行岗前培训、上岗考核制度。1997 年，举办 3 期培训班，发证 146 人。1999 年，举办司炉工培训 1 期，对 270 名司炉工持证上岗年审。2001 年，会同丹徒镇、区总工会等单位联合培训安全员 180 余人次。2003 年，举办各类安全生产教育培训 8 次，培训 600 余人，安技人员持证上岗率达 90%。同时对部分特种作业无证上岗人员分批组织特种作业培训，使持证上岗率达 95% 以上。2005 年 7 月，《江苏省安全生产条例》实施后，邀请省、市专家对乡局级干部、村（社区）干部、重点企业负责人、安全管理人员进行培训。同时抓紧基层安全员培训工作，培训各级安全员 349 人。2006 ~ 2007 年，举办各类安全生产培训班 23 期，受训人员 4500 人。

图 9-9　2005 年，京口区举办工矿企业安全培训班
（区安全生产监督管理局供稿）

1983 ~ 1998 年，京口区安全生产文化建设包括读书指导、宣传娱乐、安全文化知识竞赛等。1999 年，区劳动人事局开展安全生产宣传月活动，突出“安全、生命、稳定、发展”主题，设立宣传点，宣传材料通过市、区宣传媒体加大全区安全生产宣传力度。2003 年 6 月，区安监局会同有关部门，开展主题安全月活动，展示展牌 54 块，悬挂宣传横幅 30 余条，张贴宣传画和标语 1000 多张，发放宣传手册 2000 多册，接受咨询 300 余人，200 多名干部职工参加“我与安全生产”征文活动。充分利用京口电台、《京口信息》、《京口电子日报》等传媒，营造安全生产氛围。2005 年 6 月，全区“安全生产月”期间，进行安全生产文化内涵深厚的法律法规和基础知识普及教育活动，展示牌 87 块，悬挂横幅 54 条，制作宣传橱窗 28 个，编写黑板报 76 块，张贴标语 1 万多张，发放学习手册 3000 余册。2006 ~ 2007 年，京口区举办各类安全

生产培训班 23 期，受训人员 4500 人。组织“安全生产月”“安康杯”竞赛活动，全区 100 多家重点企业参加，举办安全标准化论坛，20 多家单位撰写开展安全标准活动论文，6 家单位在论坛大会交流发言，有力推动全区安全标准化活动的深入开展。同时，建立安全生产网站，传播安全生产知识和信息。

六、责任追究

1984 ~ 1995 年，全区发生设备工伤事故 18 起，死亡 6 人，重伤 12 人，严重中毒 2 人。通过事故调查，进行责任分析，确定主要责任人，依法给予责任人行政处分，对生产经营单位安全负责人也给予相应的行政处分。2001 年 4 月 21 日，《国务院关于特大安全事故行政责任追究的规定》（以下简称《责任追究规定》）发布。2002 ~ 2007 年，全区各生产经营单位，认真贯彻《责任追究规定》，组织干部职工学习，把安全生产落实到行动中，有效防范特大安全事故发生。遵循以人为本，权责一致，赏罚相当，凡违反规定者，追究行政责任。构成犯罪的，依法追究刑事责任。

七、应急救援

2002 年 6 月 29 日《安全生产法》颁布后，全区各生产经营单位组织制定并实施单位生产安全事故应急救援预案。2004 ~ 2005 年，京口区制定《京口区重特大事故应急救援预案》，组建各级单位事故应急救援体系，增强全区防御、处置各类重大危险化学品事故能力。2006 ~ 2007 年，京口区建立应急管理领导机构，设立突发安全事件应急委员会，成立重特大安全事故应急指挥部。做好应急管理科普宣教工作，深入宣传应急体系建设规划和政策措施，宣传应急预案和应急知识。2007 年，组织大跨度厂房消防、高层建筑灭火、人员应急疏散等演练，全区有应急救援队伍 15 支，救援人员 200 多名，救援设备 20 余台，随时能启动应急救援Ⅳ级救援行动。

图 9−10　2007 年，市、区领导参加京口区“处置突发事件”演练（区安全生产监督管理局供稿）

第三节　专项整治

一、危险源监控与事故隐患治理

1984 年，区内安全管理范围生产经营单位重大危险源主要是锅炉和压力容器。区劳动人事局加强对锅炉的安全管理，实行锅炉年检制度、司炉人员持证上岗，同时实施有证司炉人员理论培训和有证司炉人员实际操作考核等措施。对带病运转的锅炉采取“停、修、换”等强制性措施。1989 年，对全区锅炉、压力容器、气瓶全面普查登记。至 1992 年，全区未发生锅炉、压力容器安全事故。1993 年，因违章操作发生 2 起工伤事故，死亡 2 人。1994 年，发生工伤设备事故 7 起，直接经济损失 9.4 万元。其中，象山乡红旗、汝山乡京岘山、新民 3 个采石矿各死亡 1 人；江苏省金象集团 2 分厂重伤 1 人。京口化工厂 2 人严重中毒，4 人轻度中毒。全年发生大小火灾 20 起，死亡 1 人，伤 4 人，直接经济损失 12.9 万元。区委、区政府及时召开全区安全生产动员大会，要求全区高度重视生产安全，全面落实生产安全各项措施，把“安全第一、预防为主”的方针落到实处。

2001 年，与有关部门配合，开展化工、烟花爆竹、大型商场、歌舞厅等专项治理，关闭一批不合格企业，有效防止重大安全事故发生。2003 年，针对全区安全生产存在的薄弱环节和事故频发行业，着力实施危险化学品、矿山、人员密集场所、建筑、交通运输、学校、农机等 7 个专项治理工作。对重点行业化工、矿山等采取逐家评估考核，逐一过堂，使专项治理工作达到预期目的。抓住不同时节，突出安全重点，7 ~ 8 月开展以防洪防汛、防雷击、防高温为重点活动。9 ~ 11 月开展以整改事故隐患，提高现场安全生产管理水平为重点的安全生产大检查。11 ~ 12 月突出以防火为重点的消防安全执法活动。

2004 ~ 2007 年，京口区深入开展重大危险源的普查、登记、评估、整改和监控工作，掌控全区重大危险源的基本情况，做好基础资料的收集和登记建档，努力建立政府监督、企业负责、分级监控的工作体系。全面推广危险源点监控法，通过细致的排查，找出各类危险源点，科学评估、评价，分类制定监控措施，有效防范事故的发生。全区一批重大隐患在各级党委、政府重视下得到有效整治。其中省级挂牌督办的重大隐患镇江华联商厦 2005 年投入 65 万元用于消防整治。龙发大厦、镇江报业印刷厂、新世纪、商业大厦、圣淘沙等一批市、区挂牌的重大隐患也及时完成整治。全区化工企业认真贯彻化工整治要求，通过转产、停产、关闭、搬迁，解除隐患。非煤矿山不符合安全生产条件的立即停产整顿，整改后仍不达标的依法关闭，至 2007 年关闭采石场宕口 9 处。

二、综合协调

2001 ~ 2002 年，区安监局负责对全区安全生产综合协调，综合管理全区安全生产和职业危害信息统计，分析和预测全区安全生产形势，发布全区安全生产信息和预警信息。同时负责组织协调全区安全生产知识宣传和教育培训，负责安全生产月大型群众性活动的组织和协调工作。其间与公安、工商等部门多次配合，进行安全生产检查治理活动。2003 年，组织综合性安全生产大检查 6 次，查出各类隐患 150 余条，其中 95% 的隐患及时整改，对一些隐患较多、情况比较复杂、整改有难度的单位专门提请政府召开督办会，会同组织、纪检、工商、消防等部门介入，落实整改方案和时间。每次检查有重点，有要求，按照谁检查、谁负责的原则，确保检查不走过场，对检查中发现的问题由检查人员当场提出整改意见，督促责任单位按期整改并上报结果。

2005 年，京口区把安全生产宣传教育贯穿全过程，安全生产月期间，会同宣传、法制等部门在全区范围内进行安全生产法律法规和基础知识普及教育活动。邀请省、市专家对全区各层领导及管理人员进行培训辅导。组织消防、卫生、工商等部门综合检查 7 次，突击性检查 6 次，联合执法检查 4 次。以治理防范尘肺病和制造加工机器伤害两大职业危害为突破口，实施作业场所职业安全卫生监管工作，加强职业安全卫生现场监督检查。做好作业现场高毒物品职业危害专项整治。2006 ~ 2007 年，全区组织综合检查 14 次，牵头有关单位联合执法 9 次。会同有关部门组织安全生产月、“安康杯”竞赛活动及举办标准化论坛等综合协调，全区安全生产应急救援预案编制和应急救援体系建设进一步完善。

第八章　统计管理

1981 年前，镇江市城区未设统计机构。1982 年，北固、金山两区在市统计局的指导下，开展第三次全国人口普查。其时，两区部分经济指标由工业科分别负责统计，其他统计工作由市统计部门统一管理。1983 年，城区统计工作由区计经委负责。1989 年，区统计局成立，负责全区各项统计报表、统计培训、统计服务与监督工作。2001 年 10 月，区统计局并入区发展计划与经济贸易局。2006 年，区统计局独立设置。2007 年，区统计机构无变化。1992 ~ 2006 年，开展全国人口普查、工业普查、农业普查、第三产业普查、基本单位普查和经济普查等 9 次全国性普查。每年还承担各专项调查工作。

第一节　统计报表

1987 年，全区定期统计报表有 83 种，其中月报 19 种、季报和半年报 6 种、年报 58 种。统计范围为工业、固定资产投资、商业、物资、劳动工资、人口、社会事业计划指标等。反映工业生产、流通和社会扩大再生产规模、进度的各种报表，由基层单位填报，区统计部门审核汇总，报市统计局。是年，区统计局负责全国1%人口抽样调查。1988年，使用计算机统计数据，进行工业投入产出统计，并着手全国第四次人口普查前期准备。

1993～1995年，区统计局完成工业、农业、商业、外经、固定资产投资、劳动工资、物资、人口、综合平衡等12个专业年报工作。2006年3月，按区域在地统计后，实施农业、工业、贸易餐饮业、国民经济核算、劳动工资、房地产、固定资产投资等9个专业、105种年度报表、60种定期报表汇总。2007年，区域内规模以上工业企业118家，比在地统计前增加60家。房地产企业（区属）50家，比在地统计前增加40家。贸易企业（区属）99家，比在地统计前增加86家。农村居民收入调查100户，比在地统计前增加50户。新增科技、民营经济统计（试行）等报表。

第二节　统计调查

一、全国人口普查

1. 第四次全国人口普查　1990年，区统计局组织实施第四次全国人口普查。普查资料显示，全区总人口294221人，其中男性156897人，占总人数53.33%。女性137324人，占总人数的46.67%，性别比114.25：100。全区年出生婴儿3163名，人口出生率为9.7‰。京口区人口值生育高峰年，总人口数逐年增长，性别比逐年下降。由于各乡镇、街道计划生育工作卓有成效，人口增长率得到控制，人口文化素质和身体素质不断提高。

2. 第五次全国人口普查

1999年6月，京口区成立由区领导和17个部门参加的第三次全国人口普查领导小组，统计局长兼任办公室主任，具体负责实施。8月，开展区内省、市、县属单位调查摸底。在象山乡星星村进行市级流动人口、暂住人口专项试点。2000年5～6月，在谏壁镇月湖村进行区级人口普查综合试点。11月1日零点正式进入全国第五次人口普查，对具有中华人民共和国国籍、并在国境内常住人口进行登记。全区8个乡级、139个普查区、1331个调查小区、1000多名普查员同时展开普查，同时结束。区统计局在第五次全国人口普查中获省人口普查先进单位。

二、第三次全国工业普查

1995年4月，区政府成立工业普查领导小组（以下简称区“工普”领导小组），成员单位有区府办、统计局、计经委、财政局、宣传部、法制局、外经委、文教局、工商分局、地税分局、京口电台及4个乡镇、4个街道，下设办公室。区统计局副局长兼主任。各乡镇、街道及工业主管部门相应建立“工普”领导机构。6月8日，第三次区“工普”领导小组会议召开，落实市“工普”会议精神，通过《京口区第三次工业普查实施方案》，确定测算及普查试点单位。11月，创办《工业普查简报》，各乡镇、街道、工业主管部门先后设立“工普”宣传阵地，并在区属工业、乡镇工业、村办企业普查试点。同时在汝山乡进行个体工业企业普查试点，推算有关个体工业企业总产值方法。区“工普”办还对全区283家工业企业的350余名普查员进行业务培训，对1995年1～10月工业统计数据质量开展检查，11月下旬区工普办组织对重点地区和企业进行抽查，对数据有疑点的企业进行核实。1996年2月，市委组织部和统计局组织对汝山乡进行核查，对8家乡办企业、14家村办企业财务报表与“工普”表核对后，准确率为100%。7月，省、市工普办组织对京口区2家区直企业、汝山乡3家企业进行抽查全部合格。京口区第三次全国工业普查涉及全区统计单位141个，现价总量7.63亿元，产销率93.7%（其中国有企业产销率87.43%、集体企业产销率94.66%、其他经济类型产销率91.76%）。村办工业单位101个，销售收入与现价产值比为85：100，税金收占比例4.08%。村以下工业351户，总产值2.13亿元，同期增长16.54%，平均每户60.48万元，平均税率3.25%。1997年4月，区工业普查办公室获国家级先进集体，京口区校办工业公司、象山乡工贸公司获省级先进集体。

三、农业普查

1. 全国第一次农业普查　1996 ~ 1999 年，全国第一次农业普查（以下简称农普），历时 4 年。京口区各乡镇、开发区、场圃和 26 个村委会、223 个村民小组、9 个居委会、72 个居民小组，合计 1 万多户村（居）民户、200 多名工作人员直接参加普查。1996 年 3 月，京口区成立农业普查领导小组，常务副区长贾国祥任组长，区统计局局长刘军任副组长。领导小组下设办公室，由刘军兼任办公室主任，成员有各乡镇、场圃统计站站长和综合统计员。乡镇场圃分别成立领导小组和农普办，选聘 200 多名普查员和普查指导员，编制全区农普经费，进行宣传发动，出动宣传车、挂横幅、宣传栏、设立咨询站、有线电视播滚动字幕等。

1996 年 11 月 5 ~ 9 日，在谏壁镇粮山村进行农普试点，各乡镇、开发区、场圃的农普办 30 多人参加试点。各乡镇先后对村普查指导员、普查员业务培训，参培率 100%。登记阶段，区、乡、村农普办自始至终监控《过录表》和《手工汇总表》质量。各乡镇农普人员层层自查，审查无误后上报。区农普办复查汇总上报。1997 年 1 月，区统计局牵头，组织农普质量验收小组，对各乡镇场圃农普工作分 4 阶段进行检查验收（即调查摸底、普查登记、农业用地卡片登记质量、手工汇总质量验收）。

2. 全国第二次农业普查　2006 年 1 月 6 日，《京口区关于开展第二次农业普查的通知》下发后，成立以副区长为组长、18 个有关部门负责人组成领导小组。组建区农业普查联络员网，其中区级联络员 14 名，乡镇级联络员 5 名。区统计局建立象山、谏壁两镇（包括园区、农场）普查机构、选调普查人员，落实普查经费。2006 年 8 ~ 10 月，进行农业普查宣传。乡镇、园区、农场发放《致农业普查调查户的一封信》1 万余份、《全国农业普查条例》、宣传画等。在象山镇长岗村开展试点，组织乡镇实地勘查，划分 29 个普查区，170 个小区。选调 200 名普查员和指导员培训。2007 年 1 月，开展普查登记，成立督导组深入普查区、指导登记工作，推行全天候值班，解决登记中发现的问题。对 170 个普查小区逐一检查，提高普查质量。将差错消灭在萌芽状态，确保数据光电录入。9 ~ 11 月，进行农普资料开发，撰写 3 篇分析资料参加市农普资料研讨会，受到专家组好评。

四、基本单位普查

1. 第一次全国基本单位普查　1996 年全国第一次基本单位普查，范围包括行政区划内国家机关、社会团体、企事业组织、基层群众性自治组织及所属的附营业务活动单位。3 ~ 7 月，进行宣传发动。制定全区基本单位普查《实施方案》和《普查质量控制和验收细则》。各层各级成立由主要领导挂帅的领导小组和工作机构，通过动员大会，部门、单位负责人、统计人员会议及简报、墙报、板报等形式开展广泛、深入的宣传发动。5 ~ 6 月，进行清查摸底。采取以块为主、条块结合模式，确定基本统计单位，编制基本统计单位名录库，摸清全区首批基本单位 728 家，附营单位 31 家。7 月 19 日 ~ 8 月 15 日，开展第一轮普查登记业务培训工作，举办培训班 13 期，培训基本单位登记员 414 人，第二轮举办培训班 9 期，培训登记员 496 人，使基本单位掌握登记知识和程序。采取主动申报和委托登记的方式操作，坚持试填、自查、正式填表“三过关”，做好属性指标与法人执照、附营活动数与附营单位数、经济指标与会计业务核算资料、主要属性指标与基本情况资料核对。在验表和数据录入阶段，严格按照规定程序进行，审核有关证件和资料，确保统计登记内容准确无误。在此基础上，开展检查补漏和建档建库，对登记表、名录库、变更和注销等有关材料按要求建档保管，全区逐步将统计登记转为正常行政管理工作。1997 年 11 月，区基普办获国家级先进集体，统计登记办公室、象山乡政府获统计登记省级先进集体。

2. 第二次全国基本单位普查　2001 年，按照省、市统一部署，区政府组织开展第二次全国基本单位普查。全区采取划分普查小区办法，原则上将居委会或村委会划分为一个普查小区。根据这一原则，全区划分小区 100 个，选调 290 名普查员，组织乡镇、街道普查人员参加市级培训，再由乡镇、街道培训到村委会和居委会。全区上下联动，广泛开展普查宣传发动，向全区所有基本单位发出《致全区基本单位的一封信》，宣传开展基本单位普查的意义。以乡镇、街道为主，每个普查小区利用居（村）委会小黑板、墙报、宣传栏进行宣传，全区印发宣传材料 500 份，广播宣传 10 次，编印普查简报 5 期，张贴宣传口号 200 条。按照“以块为主，条块结合”普查思路，按行政区划对在普查小区内各类单位实行“地毯式”逐一普查。采取“会议培训与个别辅导相结合、入户辅导与电话咨询相结合、部门资料与普查资料相结合、自查与互查相结合、普查人员与专业人员相结合”五结合方式，严把普查登记质量、审核编码关，确保普查登记各环节工作质量。

五、第一次全国经济普查

2004年，区政府印发《关于切实做好京口区第一次全国经济普查的通知》，建立普查机构，开展普查宣传活动，选调、培训普查员和普查指导员。根据工作量，选调190名普查员、48名普查指导员。根据行业、企业规模举办业务培训班。同时与市经普办联合举办3期培训班。按普查区域，绘制区域图，分解单位名录。建立工作制度，严格进行抽查，在各乡镇、街道抽中1个调查小区，展开地毯式逐户重新登记，发现问题，及时修正，确保单位不重不漏，加强审核、录入，汇总全区共有各类法人单位4117家。

六、专项调查

1994年，区统计局开展固定资产投资专项调查，被省统计局评为三等奖。同年，进行农村住户情况专项调查，谏壁镇为抽样调查单位，样本量为550人。1995年10月1日，开展全国1%人口抽样调查，京口区大市口、健康路、四牌楼街道及象山乡为抽样调查单位，总样本量4600余个。1998～1999年，区统计局先后开展千分之一人口和城镇劳动力抽样调查、个私工业企业调查、投入产出调查、商贸市场调查、法人单位房屋及其土地占用面积调查，并配合市企调队开展企业景气调查、规模以下工业企业抽样调查等。2001年，区统计部门先后开展千分之一人口和劳动力调查，全社会R&D（研究与试验发展）资源调查，党风廉政建设调查，公众安全感调查以及财政、工商、建设、司法4大行风社会调查，城市住户调查、全区资产情况调查，配合人事劳动局开展社保缴纳基金情况调查，探讨尝试规模以下工业抽样调查，限额下贸易餐饮业及个体抽样调查。2003年，完成每5年1次的投入产出调查。京口区有2人分别获国家、市级先进个人。2004～2007年，围绕“人力资源”“农民增收”等问题，开展非公有制人才状况、农村转移劳动力、苏南企业吸纳劳动力快速调查。同时配合市城市调查队做好保险信用调查、群众评议机关等项调查。

图9-11　2007年，镇江市城市住户调查工作经验交流会

（区统计局供稿）

第三节　统计服务　监督

一、统计服务

1990～1992年，区统计局举办统计知识培训班24期，1146人次参训，发放《统计法规汇编》370多册。1993～1995年，区统计部门组织人员深入企业服务，帮助基层建立统计台账，运用统计数据进行产品结构及经济效益分析。1994年，参加宁、镇、扬、常（县、市、区）统计信息交流会，与14个统计部门建立统计业务联系，互通经济发展情况，传递统计信息，交流统计工作经验。1999～2000年，为区领导提供各类分析报告20余篇，编印《京口区月度统计资料》。1999年5月，主办宁、镇、扬、常、泰14县（市、区）统计信息交流会，与区财政局联合召开核实企业注册登记情况会议，提供全区第二、三产业企业注册名称、工商税务登记号、法人代表、企业性质、主管部门、生产经营情况。与区工商局、人劳局、民政局联系，掌握工商注册企业、事业单位、社会团体变更情况，上报第二、三产业企业情况表和基本统计单位名录库对比核实。按照统计登记操作程序，对全区基本统计单位展开登记、变更、注销和年检，发出统计登记通知1000份，宣传《统计法》和统计登记的重要性，全区机关、企事业单位年检700余家，

变更和新登记 159 家。2003 年，对照《江苏省全面建设小康社会指标体系》，就全区各项指标的现状进行统计，并对 2005 年、2007 年远景目标进行预计。编印“喜迎建区 20 周年，看统计数据，展辉煌成就”资料册。收集长江三角洲地区城区统计资料，为领导决策提供依据。先后撰写《中小企业发展现状分析》《强化技术创新理念、抢占发展先机，奋力实现“双率先”》和《依托产业优势，强化产业招商》等调研文章。2004 年，发表《突出产业招商、加快产业集聚》《以科学发展观为核心，全面提高京口在长三角的层次》等系列调研文章。

2005 年，向《京口信息》《京口电子日报》提供经济和社会发展数据稿件 41 篇，并开展统计分析研究。做好季度经济运行分析，突出重点，做好专题分析，围绕区委、区政府中心工作，先后撰写《京口工业经济发展与税源建设初探》《“长三角”十三个中心城区经济发展的比较》《上半年农民人均现金收支分析》《立足规模冲刺百亿》等文章 12 篇。根据区经济工作重点，增印反映“丁香花”工程以及“项目进园区竞赛”活动，及时、准确反馈当月经济信息。2006 年，全面改版《京口统计月报》，扩容增量，增加两个口径数据和服务业统计相关内容。增加发行量，扩大服务对象和范围。2007 年，区统计局设立内部刊物——《京口统计分析资料》，编印 5 期，全面更新《京口统计月报》内容，构筑“长三角”13 个中心城区统计信息平台，按月度与 13 个中心城区交流经济社会发展情况。

二、统计监督

1990 年，区统计局组织统计人员深入电器开关厂、长江起重机特约维修经营部和钟表眼镜经营公司等单位，执行《统计法》检查监督。发现其中按《统计法》规定，对应报未报的产值重新补报，4 个单位补报工业产值 156 万元。1991 年，区统计部门针对街道工业企业在统计口径上违反《统计法》规定的情况，制定《关于街道工业统计若干问题的规定》，使街道工业企业的统计工作有章可循。1992 年，向全区发放《统计法规汇集》370 本。1993 ~ 1995 年，普及宣传统计法规，不断增强执法意识。3 年举办各种统计普法学习班、培训班 6 期。努力提高执法力度，1994 年 7 月，迎接第二次全国统计执法大检查，区政府组织统计执法大检查组，对 4 个乡镇和区直企业开展抽查，对被查企业自 1993 年以来的出库单据、统计台账、统计报表、部分会计账册，逐项核实，按照统计法规衡量各项指标的准确程度，做到统计上报数、企业自查实绩数、误差数“三见底”。抽查乡及乡以上企业 22 家，占总数 17.3%，抽查村级企业 13 家，占总数 12.3%，查出 1993 年虚报工业产值 5003 万元，1994 年上半年虚报工业产值 2376 万元，并及时进行调整。7 月 14 日，市统计执法大检查组到京口区检查，对全区统计执法工作予以肯定。

1996 ~ 1997 年，区统计局配备 2 名兼职统计执法检查员，各乡镇、街道、经济主管部门分别落实兼职检查员，将统计执法检查工作纳入法制化轨道。1997 年 7 月 28 日 ~ 8 月 4 日，区统计执法检查组分工业、农业、投资、人口 4 条线，按 10% 比例抽查 35 家企业，对被查企业 1996 年以来的出入库单据、统计台账、车间记录表、月度、年度统计报表、部分财务报表进行逐项核对，做到统计上报数、自查核实数、误差数“三见底”。查出 1996 年虚报工业总产值 8702.1 万元，虚报工业销售收入 1895.5 万元。

2000 年 6 月，联合区人事劳动局开展劳动工资检查，抽查 10 家单位。2001 年年初，区统计局配合市统计局针对象山乡“人民来信”反映的情况，检查 2000 年 1 ~ 11 月该乡现价工业总产值和三产营收指标，对问题企业责令限期整改，并给予警告和罚款。4 月，区统计局对 2 个乡镇统计站 1 季度工业产值数据检查评估，并针对不实情况发出警告通知书。同年 6 月，开展三年一度的全国统计执法大检查活动，区政府办发出《关于开展〈统计法〉和“两办通知”执行情况大检查的通知》，全区开展大检查，对工业、投资、劳动工资等专业数据检查中严格做好台账、财务明细账、原始凭证、统计报表“四核对”，保证统计上报数、自查实绩数、误差数“三见底”。

2006 ~ 2007 年，区统计局针对少数单位“瞒报”进行重点执法检查监督，对个别违法单位的领导和统计业务人员，进行批评教育，责令限期整改。

第九章　审计管理

1983～1988年，全区审计工作由区财政局代行其职。1989年2月，京口区审计局成立。1990～2006年，区审计局依照《中华人民共和国审计法》（以下简称《审计法》）等法律、法规规定，对区级各部门、行政事业单位、下级政府财政行政性资金，履行审计监督职能；专项资金（基金）审计和审计调查；固定资产投资审计；经济责任审计。根据国家审计署3号令及省政府《关于建立和完善内部审计制度的报告》，建立内审机构，指定兼职内部审计人员，推进部门内审工作。监督社会审计工作开展，注重审计信息研讨和审计成果应用，通过科研提高审计理论水平和业务能力。至2007年，完成审计项目199个（不含财政、税务、物价3大检查等审计事项），纠正违规、管理不规范行为金额3.42亿元。

第一节　国家审计

一、财政审计

1983～1984年，京口区财政审计，主要由区级预算执行情况及其他财政收支情况审计（以下简称“同级审”）、区级各部门（含直属单位）预算执行以及其他财政收支情况审计、下级政府预算的执行情况和决算情况及财政财务收支情况审计组成。1995年10月，区审计局对区级预算执行审计监督制度在全区得到贯彻。1996～2007年，全区坚持一年一度“同级审”，使区级预算执行审计不断深化，对区财政局常规性审计。至2007年，对区级54个一级预算单位的财务收支专项资金延伸审计，从审计对象和自己总量两个方面扩大审计覆盖面。从促进依法行政和推动财政体制改革出发，实现收支审计并重向以支出审计为主转变，把工作着眼点放在规范财政分配行为和财政管理上，促进有关部门依法行政、依法理财，有效发挥财政性资金使用效益。在区政府和区人大提交的预算执行审计报告中，提出要认真履行审计职能，加大分析深度，报告内容深刻、全面。

二、专项资金（基金）审计

1989～2001年，区审计局把人民群众关心的热点难点问题作为审计重点，从大局出发，始终将上级审计机关统一组织专项资金审计任务按期完成。准确掌握全区财政安排和部门支出专项资金及社会捐赠、救灾资金收支总量，负责向区人大报告。对关心群众切身利益的专项资金，深入到资金最终使用单位，规范资金管理，提出审计整改意见。2002～2007年，全区完成社会主义新农村建设、社会保障基金、救灾捐款、教育、文化、水利、环保、政府负债专项资金（基金）审计和审计调查33个，审计资金总额近6亿元，提出审计建议63条，有效保证专项资金（基金）合理使用，促进提高资金使用效益。

三、固定资产投资审计

1989～2007年，区审计局围绕城市建设、为民办实事等重点工程和社会较为关注的热点工程，强化固定资产投资审计。把工作重点放在政府投资的重点建设项目上，加大对政府投资基础性、公益性建设项目审计力度，主要审计京口区民政局办公大楼土建工程、区机关食堂装潢、区政府10楼会议室装潢、区文化体育局文化馆等工程项目65项。根据区委、区政府出台《关于加强对重点工程重大项目重要领域审计监督的意见》，对政府公共工程实行竣工决算必审制度，对其他公共工程结合实际情况进行抽审，取得明显经济效益。跟踪审计，提前介入，关口前移，对投资概算、资金来源、工程进度、竣工决算进行全面审计，实行事前、事中、事后全过程审计监督，既抑制建设工程中高估冒算，节约建设资金，又促进建设单位控制建设成本，完善招标、投标机制。

四、经济责任审计

1989～1998年，区审计局贯彻落实中办、国办以及省、市、区的文件规定，按照“积极稳妥、量力而行、提高质量、防范风险”方针，经济责任审计工作思路进一步拓展，审计内容逐步深化，审计质量不断提高。1999 ~ 2006 年，全区完成经济责任审计 51 个，其中党政领导干部 48 人，企业法定代表人 3 人，审计查出违规金额 539 万元、管理不规范金额 6697 万元，针对性提出审计建议 115 条。审计中发现一些部门和单位债权债务不及时清理、部分单位纳税意识淡薄、业务招待费超出规定标准、会计核算失真、私设小金库等问题，分别作出处理，并对被审单位和个人作出客观公允的评价，为组织部门考察任用干部提供参考依据。2007 年，区审计局按照省、市审计机关要求，开展“任中”审计，首次实施部门主要负责人“任中”审计 3 人。

第二节　内部审计

1989 年，区审计局根据国家审计署 3 号令及省政府《关于建设和完善内部审计制度的报告》精神，全区 30 个行政事业、企业、乡镇和街道设立内审机构指定兼职内部审计人员。1990 年，在清理整顿公司审计中，抽调 12 名内审人员配合开展审计工作，发挥全区审计体系整体功能。1991 年 4 月，举办第 1 期内部审计人员培训班，提高内审人员业务素质。全区内审机构和内审人员围绕部门、单位工作中心，先后开展财务收支审计、经济责任审计及基本建设预（决）算审计，参与企业改制，盘活资产，减少损失，促进增收节支，提高投资效果、工程质量，建立健全规章制度，堵塞管理上的漏洞。1996 ~ 1997 年，全区内部审计、乡镇审计进一步发展和提高，两年完成审计项目 61 个，查出损失浪费金额 543 万元，纠正违纪金额 58 万元，移送监察部门处理 2 件，移送司法机关处理 2 人。区政府转发区审计局《关于加强全区内部审计、乡镇审计工作的意见》使内部审计、乡镇审计工作得到进一步加强。1998 年初，区政府转发《关于内部审计工作的指导意见》，全区 25 个部门建立健全内审机构，配备内审人员 80 人。区审计局聘请 5 名市、区政协委员担任特约审计监督员。

1998 ~ 1999 年，审计 38 个单位，查出浪费金额 226 万元，促进提高经济效益金额 8 万元，纠正违规行为金额 5 万元，移送监察部门处理 3 件。区审计局加强对内审人员进行业务指导和培训，用“以审代培”形式选用综合素质好、业务技能强内审人员参加审计组实施领导干部经济责任审计、政府负债审计调查等项目现场审计。2007 年，全区 18 个行政事业单位配备内审机构，区财政局单独设立财监科，其余单位均兼设在财务部门，内审人员由财务人员兼任，149 名内审人员获中国内部审计协会颁发岗位资格证书。

第三节　社会审计

1990 年 7 月，区审计局根据区编委《关于建立镇江市京口区审计事务所和核定编制的通知》，成立京口区审计事务所，性质为自收自支，独立核算，自负盈亏全民事业单位，业务归京口区审计局领导。1990 ~ 1992 年，区审计事务所坚持服务第一、质量第一、信誉第一，接受委托开展注册资金验证 823 家，验证总金额 1684 万元。经济效益审计 1 项，承包离任审计 4 项，财务收支审计 45 项，查证总金额 830 万元，调减利润 120 万元。基建决算审计 5 项，验证总金额 81 万元，核减金额 17.04 万元，并担任 20 家企事业单位常年顾问。1993 ~ 1995 年，区审计事务所在社会审计工作中坚持“三抓两促”（即：抓宣传，提高区审计事务所知名度；抓审计质量；抓解放思想拓宽业务，促进精神文明和物质文明建设）。社会

图 9–12　1991 年，京口区举办第一期审计业务知识培训班
（区审计局供稿）

审计工作完成验资 1620 户，总金额 9450.65 万元，发展顾问单位 25 家，审计项目 93 项，其中委托审计查证 58 项，基建审计验证 35 项，基建验证总金额 23945 万元，基建决算核减资金 549.5 万元。区审计事务所经区编委批准增加 5 人，事务所固定资产 20 万元，自有流动资金 2 万元。镇江市城区旧城改造，房地产开发力度不断增加，基建工程预决算项目增多。区审计局瞄准社会审计这一特定对象，妥善安排工作，开展社会审计项目，在审计过程中合理增减决算金额，工程漏项给予补增。1999 年，区审计局根据《中华人民共和国注册会计师法》和财政部《关于会计师（审计）事务所脱钩改制实施意见的规定》，京口区审计事务所执业注册会计师人数不符合设立注册会计事务所规定，是年 12 月自行歇业，职工分批买断工龄自谋出路。2001 ~ 2007 年，新成立各股份制会计师事务所继续承担社会审计职能。镇江市注册会计师协会对各会计事务所负有监督责任。

第四节　审计科研

1989 年，区审计局注重提高审计人员业务水平，加强审计研讨和信息沟通。1990 ~ 1992 年，全区参加审计学会会员 7 人，开展活动 2 次，通过开展审计信息调查研究，及时反映审计过程中苗头性、倾向性问题，编印《京口审计》3 期，撰写审计论文 3 篇，市采用 2 篇，信息稿件 9 篇，省采用 1 篇、区采用 4 篇。1993 ~ 1995 年，京口区参加市审计学会会员 14 人，京口区为第 1 学习小组，除参加市审计学会活动，开展小组活动 6 次，通过开展审计调查研究，理论研讨，学术交流，赴外地参观学习，有效倡导和推动全局审计工作，编印《京口审计》2 期，撰写论文 5 篇，市采用 3 篇，信息稿件 13 篇，省、市、区采用 9 篇。通过信息反馈，及时反映审计和审计调查中热点和难点问题。1996 ~ 2001 年，区审计部门围绕经济建设中心和审计工作重点，完成各项审计项目。针对审计发现的问题，注重综合分析，加强审计信息和理论文章撰写。先后有 56 篇（次）审计工作报告、信息和论文被区政府和上级审计机关采用，为区委、区政府领导决策，改善企业经营管理，促进廉政建设提供有价值经济信息。开展审计项目考虑信息内容，每个项目从不同角度挖掘信息。积极利用多渠道转化信息成果，扩大审计影响。连续被省审计厅采用 6 篇、市审计局采月 7 篇，省、市、区党委、政府采用 12 篇，新闻单位采用 6 篇。2002 ~ 2005 年，增强审计成果技术含量，归纳审计中发现的各种问题，剖析原因。4 年中，有针对性提出审计建议 95 条，经回访了解被审计单位完全落实 56 条，其余积极按照审计建议落实整改，充分发挥审、排、促作用。信息成果转化，不仅注意发现、揭露、处理问题，更注重综合分析，从政策法规和制度管理层面提出建设性意见和建议，为发展服务，为基层服务，为领导决策服务。4 年撰写信息和理论调研文章 87 篇，被省、市、区及新闻单位采用。

2006 ~ 2007 年，通过参加各类业务培训，及时更新审计人员知识结构，计算机辅助审计普遍运用，AO 软件计算机现场审计意识进一步加强，审计业务和工作能力得到有效提高。全市审计系统优秀审计项目评选中，京口区审计局《对妇联孙海莎任期经济责任审计》获审计项目表扬奖和优秀审计报告奖。提交审计工作报告和综合报告，审计信息和审计理论调研文章 78 篇（次）分别被批示或被省、市、区及新闻单位采用。2007 年 1 月，在互联网上单独设立并正式开通审计网站，设有“区审计机关机构设置、政策法规、审务公开、审计动态、廉政建设、内审园地”等栏目，并设领导信箱和咨询信箱，网站力求全方位反映全区审计工作情况。2007 年，区审计局在审计网站上公布农村新 5 件实事、社保基金等审计结果公告 7 篇。

第十篇　财政　税务　金融

1993 ~ 2007 年，区财政随着经济快速发展，财政收入不断增长，实力显著提升。随着全区财政收入提高，财政支出总量也持续增加，支出结构逐步优化，按照统筹安排、压缩一般、保证重点、收支平衡的原则，努力增加农业、科教、卫生、社会保障等领域的投入，支出重点逐步转向社会发展。20 多年来，京口区财政管理进一步加强，财政运行机制日臻完善，财政改革措施更加扎实，公共财政特征逐步凸现，依法理财、科学理财水平不断提升，财政支持经济和社会发展取得重大成效。

1984 ~ 2007 年，京口区域内主要税种为工商所得税、营业税和产品税。1992 年 10 月，区划调整后，京口区域内税务工作由市税务局第三、第五分局实施。1994 年 1 月 1 日起，实行新税制。同年，市税务部门分为国税局和地税局。1995 年 1 月，京口区成立护税协税办公室。2001 ~ 2002 年，京口区推行农村税收改革。2004 年，京口区免征农业税，比全国规定取消农业税提前两年。2003 年，市国税局第一分局负责京口区域内的国税征收。市地税第二分局负责京口区域内的地税征收。2006 ~ 2007 年，国税一分局征收入库 5.65 亿元。2007 年，地税二分局征收（含基金）10.36 亿元。

1985 年 3 月，镇江市建立城区信用社，行政关系隶属京口区政府，业务上受人行镇江市分行领导、监督和稽核。1993 年 8 月，中国农行建立京口支行营业部，开展储蓄、借贷等金融业务。同年 11 月，成立区信用合作联社，下辖 3 个农村信用社，13 个信用分社。1996 年 9 月，农行金融机构改革，农村信用社与京口农行脱钩。1998 年，京口农行撤销。同年，城区信用社、城东信用社（1993 年建立）与镇江市信用社合并，成立镇江市商业银行。

1992 年 9 月，江苏省人民银行核准成立中国人民保险公司镇江市京口办事处。20 世纪 90 年代，太平洋及平安保险公司陆续在京口区设立办事处（业务部）。1996 年，中国人民保险公司分设人寿保险公司和财产保险公司，同年，设置中保财产保险有限公司京口支公司和中保人寿保险有限公司京口支公司。2003 年，更名为中国人民财产保险股份有限公司京口支公司和中国人寿保险股份有限公司京口支公司。

第一章　财　政

1983 年 9 月，镇江市城区财政局成立。1984 年 10 月更名为京口区财政局。内设预算股、行财股、社控股、商贸股、工交股 5 个职能科室。1984 ~ 1991 年，京口区财政工作加强对预算内、外资金管理，实施机关单位财政经费脱钩、事业单位实行定额包干和差额补贴，加强对全区财政监督和会计管理工作。1992 年，成立区住房基金管理中心，同时建立健全街道财政管理体制。10 月，区划调整后，京口区始有乡镇（场圃）财政，区财政局设立农财、农税两股，对乡镇（场圃）的财政对口管理。1993 年，全区财政收入 3348 万元，支出 2314 万元，首次实现收支平衡，并有结余。1996 年、1997 年持续两年收支平衡，并逐步消化建区 15 年来累欠财政赤字。1998 年始，区财政实现净结余。1999 ~ 2000 年，区财政对乡镇行政事业单位实施会计委派制，先后建立区、乡（镇）会计管理站，并逐步推行政府采购制度。2001 年始，京口区农村中小学教师工资由区财政统一发放。2004 年，京口区实施新型农村合作医疗，区财政确保配套资金足额到位。2007 年，区财政收入 14.2 亿元，支出 3.96 亿元。

第一节 财政体制改革

一、市对区的财政体制

1983年，设立城区人民政府，区行政事业经费由区政府编制预算，经市核准下拨，实行向市财政领、拨、结、报的办法。1985年，市对区财政实行核定收入任务和完成比例，任务内分成83.5%，超收部分与市五五分成。1986～1987年，改任务内分成比例为73.5%，超收部分仍与市五五分成。

1988～1990年，市对区实行财政“收入递增包干制度”，即以1987年财政收入746万元为基数，1988年核定递增为9%，在此基础上，对递增率逐年递减0.5%。递增比例以内的收入，区按21.92%比例分成，如当年财政收入超过核定范围收入基数，超过部分全留。1991年，市对区实行定比递增、超收一定限额全留的财政体制，即在上年包干范围内收入基数基础上，每年递增7%。当年超收全部留用，超收50万元以内，不增加下年收入基数，当年达不到50万元由市补足，超过50万元部分，50%进入下年收入基数，基数内仍按原分成比例21.92%分成。同时征收对市提高教育附加征收比例1%的部分，划出10%用于补充区属小学经费。

1993年始，市对区实行一级财政，施行“定比递增包干”的财政体制，即以区划调整后的财政收入1838.1万元作为包干基数，年递增率定为7%。增长比例以内的部分由市、区两级财政二、八分成，超收部分由区财政全额提留，不带入下年度的任务基数。市区教育附加提高征收1%比例部分由原规定划出10%改为5%，用于补充区属小学经费，用途不变。以上财政体制定为2年。

1994年1月1日～2003年12月31日，市对区实行分税制财政管理体制。2004年1月，市对区财政管理体制实行属地征管、核定基数和增量分成、激励发展原则，确定收入划分、核定收入基数、市与区共享收入分享比例等。该体制定为5年（2004～2008年）。

二、区对乡镇、街道（园区）的财政体制

1983～1990年，街道基本支出列入区级预算，实行经费包干管理。1991年3月，为增加财政收入，加强税收征管和调动街道发展经济积极性，对街道财政体制进行改革试点，在大市口街道建立财政所，下半年在各街道推开，实行“核定税收任务，超收分成，歉收自补”的财政包干办法（大市口街道仍按试点有关规定执行）。1992年，各街道实行“核定收入任务，超收分成，歉收自补，支出下拨，结余留用，暂定3年”的财政体制。

1993年，京口区始有乡镇（场圃）财政。1994～1995年，乡镇财政按原规定进行管理。1996年，实行乡镇财政体制改革试行，核定乡镇财政收入、支出基数与收支挂钩，超收按比例分成，歉收按比例赔补。乡镇新增财政支出，由新增财力负担，暂定3年。1999年，调整以原体制为基础，收支挂钩，收入基数环比递增，超收全留，歉收全赔，暂定3年。2002年，区调整对乡镇、开发区财政体制。在国家、省、市对区分税制财政管理体制框架下，重新划分收支范围，实行税收分成，建立转移支付，歉收赔补，缩小地区差异，区乡共同受益，定为3年。2005年，根据属地原则，划分收支范围，按照比例分成，收支有效挂钩，实行转移支付，均衡地区差异，区乡共同受益，暂定3年。2006年，共青团农场建立财政管理体制，按属地原则，辖区内企业税收划归农场，经济和社会事业发展责任均归农场。为激励发展，辖区内企业税收，形成区的分成财力部分全部划转农场使用，同时区级财政安排的各项社会事业发展经费向共青团农场倾斜，暂定5年。

2007年，区调整镇、街道财政体制，同时建立对工业园区财政管理体制。属地管理，税收按生产经营属地，划归镇、街道、园区核算。收支挂钩，核定镇、街道、园区收支基数同步增长。鼓励发展，收入基数环比递增，多超多分。同时享受辖区内赋予的财权，并承担相应责任。工业园区所产税收形成的区级分成财力全部定向用于工业园区运转和发展。该轮财政体制暂定 3 年。

第二节　财政收入

1983 ~ 2007 年，全区随着经济发展，财政收入总量增加，财政实力提升。25 年间，区财政收入变化主要体现在“过渡”（计划经济向市场经济）和改革（市场经济体制和财政体制）发展。至 2007 年，全区 24 年财政收入 530382.5 万元（含基金收入），年均增长 34.92%。其中，地方财政一般预算收入 283001.5 万元，中央财政收入 245010 万元，基金收入 2371 万元。其中 1983 ~ 1990 年，区财政收入从 257.7 万元上升到 1161.8 万元，年均增长 25.02%。期间，财政收入以工商税收为主，区属国营企业较少，总量增加较低。1991 ~ 1995 年，财政收入从 1042.6 万元上升到 5747 万元，5 年实现财政收入总量翻两番。1996 ~ 2000 年，“九五”期间，区财政收入从 6344 万元上升到 10201 万元，年均增长 12.29%。2000 年，全区财政收入首次实现超亿元。2001 ~ 2007 年是京口区经济保持快速发展的重要时期，财政收入保持稳定增长，运行质量稳步提高。贯彻“加强征管、堵塞漏洞、惩治腐败、清缴欠税”的 16 字方针，努力克服“非典”对财政增收的影响，财政收入保持高速增长态势，收入从 2001 年的 12174 万元上升到 2007 年的 141975 万元，年均增长 53.16%。

1990 ~ 2007 年京口区财政收入情况表

表 10-1　　　　单位：万元

年　份	财政总收入（含基金）	增长（%）	地方财政收入	增长（%）	一般预算收入	增长（%）
1990	1161.80	2.09	—	—	—	—
1991	1042.60	-10.25	—	—	—	—
1992	1212.70	16.31	—	—	—	—
1993	3348	176.08	—	—	—	—
1994	4102	22.52	2292	—	—	—
1995	5747	40.10	3452	50.61	—	—
1996	6344	10.38	3674	6.43	—	—
1997	6554	3.31	3518	-4.24	—	—
1998	7343	12.03	4155	18.10	—	—
1999	8798	19.81	4790	15.28	4785	—
2000	10201	15.94	5902	26.21	5898	23.26
2001	12174	19.34	6823	15.60	6819	15.61
2002	17103	40.48	9183	34.58	8711	27.74
2003	26451	54.65	15260	66.17	14539	66.90
2004	73493	177.84	35976	135.75	35163	141.85
2005	101428	38.01	48727	35.44	48713	38.53
2006	97373	-3.99	52846	8.45	52830	8.45
2007	141975	45.80	77478	46.61	77175	46.08

第三节　财政支出

1983 ~ 1992 年，京口区为镇江市的城区，经济基础相对薄弱，财政收入总量较低，财政支出规模较小，远不能满足经济和社会事业发展需要。1984 ~ 1992 年，9 年全区各项支出 7885.13 万元，年均增长 21.36%。

1993 ~ 2007 年，区划调整后的十五年，财政支出有效促进全区经济和社会事业发展，支出结构随着管理理念和模式变化，尤其是 1998 年构建公共财政框架目标后，区级财政支出向公共财政方向发展。“八五”期间，京口区加大财政改革力度，试行机关单位财政经费脱钩，压缩财政开支，减少财政赤字。1993 年始，区财政实现收支平衡。1996 ~ 2000 年，区财政进一步理顺财政经费分配关系，加强财政经费管理体制，压缩财政预算支出，调动各部门理财的积极性，狠抓增收节支，努力优化财政支出结构，实现财政预算平衡。1996 ~ 1997 年，不仅持续实现当年收支平衡，还消化建区以来所累欠的赤字。1998 年始，区财政实现净结余。

2001 ~ 2007 年，区财政是收入增长最快的时期，也是财政支出增加最快时期。总支出由 2001 年的 9165 万元上升到 2007 年的 39616 万元，年均增长 27.63%。2005 年，区财政对教育拨款 5648 万元，约占区级财政一般预算支出 20%。同年，拨付低保资金 319 万元。2007 年，区财政拨付低保资金 502 万元。

1990 ~ 2007 年京口区财政支出情况表

表 10-2　　单位：万元

年　份	财政支出	增长（%）
1990	1217	32.84
1991	1399.10	14.96
1992	1621.50	15.89
1993	2314	42.70
1994	2623	13.35
1995	3561	35.76
1996	4150	16.54
1997	4303	3.68
1998	5598	30.09
1999	6094	8.86
2000	7637	25.31
2001	9165	20
2002	13966	52.38
2003	20089	43.84
2004	25258	25.73
2005	28769	13.90
2006	29296	1.83
2007	39616	35.22

1998 ~ 2007 年京口区财政对教育及农林水事业费投入情况表

表 10-3　　单位：万元

类别 / 年份	教育事业费	农林水事业费
1998	2450	69
1999	2628	131
2000	2922	135
2001	3297	72
2002	4429	246
2003	5368	340
2004	—	733
2005	5648	578
2006	—	815
2007	—	574

第四节　财政管理

一、预算管理

1990 年，京口区对财政预算管理，结合区情实际，在总的预算基础上，编制区属预算单位必不可少的正常经费支出预算，坚持“量财办事，量入为出”，分项测算编制全年预算方案，根据财力安排各部门专项支出。对各行政事业单位包干经费管理，重点是严格控制和有效督促各项支出不突破指标，经费一般不得申请追加。对特殊情况追加指标的，坚持调查研究，集体讨论，严格控制机动财力，经区委、人大审查批准后执行。

图 10-1　2006 年，京口区召开财税工作会议
（区财政局供稿）

1991 ~ 1995 年，区财政预算编制坚持“适度从紧”方针和“量力而行、收支平衡”的原则，实行行政机关经费和公费医疗经费包干，严格控制财政支出、控制人员增加。1993 年始，区财政预算执行国务院《预算管理条例》和江苏省《预算管理实施细则》，财政预算步入法制化、规范化轨道。

1996 ~ 2000 年，区财政坚持“调整结构、保证重点、压缩一般、确保平衡”方针，通过零基预算、综合预算、护税协税、政府采购制度等一系列改革和措施，实现增收节支。预算部门对全区财政、教育经费、乡镇和街道财政情况进行调研，为领导决策提供依据。

2001 ~ 2007 年，京口区预算以改革为抓手，强化支出管理，实施以公共财政为框架，以零基预算、部门预算、综合预算为内容的预算制度改革，合理确定标准，细化预算编制，按照量入为出和“先工资、后办事”原则和“促进全面发展、优化支出结构、完善运行机制、深化财政改革、保证平衡运转”的工作思路安排支出。实行预算编制、执行和监督相分离机制，强化预算约束力，保证预算资金拨付到位率。支出管理的深化确保全区人员工资正常发放和党政机关基本运转，确保收支平衡并逐步体现统筹兼顾，加大对公共财政预算，保障弱势群体利益，维护安定团结，连续实现“收支平衡并略有结余”的工作目标。

二、预算外资金管理

1990年，全区预算外资金在所有权不变的前提下，采取不同方式进行管理。对区属国营企业及其主管部门管理各项预算外资金，采取计划管理，政策引导，将各单位编制的收支计划纳入财政信用计划，进行综合平衡。对区属行政、事业单位管理的预算外资金，在组织收入“三不变”（渠道、所有权、使用权）的前提下，实行财政专户储存、计划管理、财政审批、银行监督的办法。建立报表制度，由各单位每季度编制《预算外资金季度分月收支计划表》，经审核后按月拨款，使用《预算外资金拨款申请书》，按照“先存后批、先批后用”原则进行审批。如有特需开支，可临时报批计划追加拨款。为制止乱收费，采取收费凭证统一管理，凡行政性、事业性收费，一律使用统一凭证或印有财政票据监制章监制凭证，并建立会审制度。对各种预算外资金的收费标准、提留比例、开支范围，严格按照国家规定执行，严禁自行提高收费标准，扩大收费范围。审核各项收入的合法、合理性，查实收入项目、收入情况。

“八五”期间，全区预算外资金增长迅速。为提高使用效益，增强政府宏观调控能力，实施《预算外资金管理暂行办法》，实行“财政专户储存，收支两条线”管理。规定各单位预算外资金账户只设“收入户”“支出户”2个，收入户上缴财政专户，只收不支；支出户除各单位需使用预算外资金，经财政批准从专户拨入资金供其使用外，只支不收。同时，通过清理行政事业性收费标准，实施《京口区行政事业非经营性收费凭证管理暂行办法》，加强对收费票据管理。依据《京口区预算外专户储存间歇资金使用管理制度》，对纳入财政专户储存的预算外资金，在确保储户合理支出的前提下，将结存余额有计划地投入到经济发展中、从而缓解财政压力。开展财务会审和专项检查等，使预算外资金做到“管严用活、救急解难”。

“九五”期间，按照市、区规范化管理要求，采取措施，加强预算外资金管理，实现两个100%目标：加强银行账户管理。1998年7月，取消全区各行政事业单位收入过渡户，撤销银行账户97个，每单位保留1个支出户。同时实行银行账户开户审批制，各单位新开设银行账户须报区财政局审批后方可开户。加强管理机构和制度规范建设。1999年10月，成立京口区预算外资金管理办公室，与区财政局综合科合署办公，先后制定《京口区预算外资金管理暂行办法》《京口区综合预算管理细则》，进一步规范预算外资金支出管理。根据区政府《关于在全区实施综合财政预算管理的通知》精神，区财政局印发《京口区行政事业单位综合预算管理暂行办法》，深化京口区预算外资金“收支两条线”管理。

2001～2003年，区财政按照“量入为出、分类管理、统一调度、综合平衡、提高效益”的管理原则，实行预算内、外资金进行“统一管理、统筹使用”的财政管理模式。2003年始，对预算外资金推行“票款分离”管理制度。区政府《关于行政事业性收费实行“票款分离”实施意见》下发后，区财政局从清理收费项目、清理票据、编制项目编码入手，制定“票款分离”实施细则，实行“单位开票、银行代收、财政统管”，建立财政、银行之间账户、票据、资金结报计算机联网系统，收费直接缴入专户管理。

2005年4月，《收费票据管理操作规程（暂行）》实施后，加强对行政事业性收费和政府性基金（资金、附加）管理，制定《京口区行政事业性收费和政府性基金票据使用与管理办法》，明确行政事业性收费和政府性基金票据分类、适用范围、印制、购领、使用、缴验和监督检查与违规处罚等方面的规定。2006年，区财政部门加强对财政专项资金收支状况跟踪管理和监督检查，建立健全收支台账，反映资金来源、流向和结余情况。分别对工业园区基础项目建设、鼎胜铝业项目建设和东风、袁村“集资”兑付地块拆迁补偿及城建项目财政性资金投入进行跟踪监督、检查，涉及专项资金16950万元，深入实施项目部门调查，审核资金流向和使用状况，及时反映资金使用效果，保证财政专项资金规范运作。2007年注重开展非税收入政策法规宣传，对收费项目进行清理，建立非税收入项目库，编制收费项目统一代码和执收单位代码。建立财政、银行、执收单位联网系统，区级所属156家单位和部门纳入收缴管理系统，开设联机联网电子开票端口58个，实施“单位开票、银行代收、实时入库（或专户）”的方法，改革征缴工作。

三、社保资金管理

1.城市低保资金管理　1997年8月，京口区城市居民最低生活保障制度正式运行，区财政局积极筹集、审核、按时拨付低保资金，协助区民政局做好低保动态管理，做到“应保尽保、应出即出”，让有限的低保资金得到充分利用，让政府的温暖真正体现在困难群众身上。2007 年，全区城市居民最低生活保障覆盖 1410 户 3040 人，全年财政低保资金 502 万元。

2. 被征地农民基本生活资金管理　1993 ~ 2003 年，京口区域内因市政建设、经济和社会事业发展需要，拆迁征地工作频繁，市、区拆迁办公室按规定给予农民妥善安置。2004 年 7 月，市政府根据被征地农民基本生活保障运行实际情况，制定《镇江市被征地农民基本生活保障试行办法》（以下简称《市基本生活保障办法》）《镇江市被征地农民基本生活保障实施细则》（以下简称《市征地保障实施细则》）《关于修改〈镇江市被征地农民基本生活保障实施细则〉的通知》。为适应全区实施“无村区”战略和经济发展对土地的需求，2005 年下半年始，京口区实施《市基本生活保障办法》，保障被征地农民基本生活。2007 年 12 月，全区项目征地 24 地块，涉及 1102 名被征地农民，年发放安置人员基本生活保障金 651 万元。在保障被征地农民基本生活的同时，实现城市居民最低生活保障与征地保障工作并轨。

3. 再就业资金管理　1990 ~ 2003 年，京口区贯彻落实再就业政策，参与就业再就业服务工作。2005 年，根据财政部、劳动保障部《关于进一步加强就业再就业资金管理有关问题的通知》精神，区政府制定《京口区就业再就业资金管理办法》，对区就业中心各项就业补贴资金使用、申请，进行审核拨付，对相关资料报送的真实性进行实地核对，确保资金使用管理规范性、安全性和有效性。2007 年，全区拨付各项就业补贴资金 46.6 万元。

4. 农业创业担保资金管理　为解决农民融资难，推进农业产业化经营，促进农民增收，2004 年 12 月，成立区农民创业担保中心，为农民创业小额贷款提供担保。按照区农民创业担保中心与丹徒区农村信用社协议，丹徒区农村信用社向农户发放小额创业贷款，区担保中心则为农户提供担保。2004 ~ 2005 年，农民创业担保贷款实行总量控制，担保总量为实有担保资金与贷款总量按 1 ∶ 3 比例确定，按照有关文件要求，区农民创业担保中心担保基金达 60 万元，发放贷款计划控制指标为 180 万元。2007 年 12 月，丹徒区农村信用社发放贷款 41 笔，总量为 168.38 万元。

5. 农村敬老院建设　1992 ~ 2004 年，京口区为贯彻落实民政部、财政部、国家发改委《关于进一步做好农村五保供养工作的通知》精神，加大对区敬老院扶持力度，加快实现农村敬老院达标升级，不断改善供养老人的生活条件。2004 年，区财政局对全区 2 镇 1 乡敬老院进行调研、摸底，制定京口区“情暖桑榆”工作计划，从资金、物质和精神方面，为供养老人提供切实可行的帮助。2005 ~ 2007 年，先后赠送丹徒镇敬老院柜式空调、谏壁镇敬老院 29 寸彩电和柜式空调、象山（乡）镇敬老院洗衣机等电器 4 台，协调资助象山镇（乡）敬老院完成自来水接入工程，投入钱物 2.46 万元，为农村五保老人营造安定、祥和、温暖的生活环境。

6. 危（草）房改造　2002 年，区政府将农村危（草）房改造工作列入农村工作的重要实事之一，并计划用 3 年时间，完成全区农村危（草）房改造工作。为将实事办实、好事办好，区财政、民政部门全力合作，认真执行“组织协调、资金落实、责任落实、规划落实、质量督查”五到位，市、区两级财政补助资金 15.6 万元，确保全区危（草）房改造工程完成。2004 年，完成 27 户危（草）房改造工作，其中谏壁镇 14 户、丹徒镇 5 户、象山乡 5 户、工业园区 2 户、共青团农场 1 户，至此，全区无危（草）房。

7. 其他保障资金管理　2000 ~ 2005 年，京口区为加强社保资金管理与监督，维护资金安全与完整，提高资金运行和使用效益，所有预算内外资金和各项社会保障基金，都通过财政专户核算，实行财政专户管理。2006 年，京口区结合实际，制定社会保障资金核拨流程，进一步规范社保资金、低保资金、优抚抚恤、征地保障等各项社保资金管理的同时，将慈善基金纳入财政专户管理。设立社保基金、征地基金、慈善基金 3 个独立账户，实行基金封闭运行，独立核算，切实保障各项资金安全运作。2007 年，区政府出台《京口区社会保障财务管理工作考核办法》，实行“以考促管，以奖代补”，对民政优抚对象抚恤费等各项社保资金，首次实行财政统一打卡发放。同时，改革低保资金管理原有模式，实现低保工作重心、责任主体和专项经费三下移。

四、企业财务管理

1. 公有企业财务管理　1990 ~ 1992 年，区财政开展对区属公有企业财务、税收、物价大检查，执行企业千分制考核。鉴于京口区企业结构情况，公有大中型企业少，商业、饮食服务业小企业多，各行业执行财务制度情况不同，扩大检查面，并延伸到街道网点和校办企业。自查 1065 户，查处违纪金额 69.4 万元。1995 ~ 1998 年，区财政开展清理、检查企业“小金库”，其中 1996 年查出企业“小金库”问题单位 3 户，金额 3 万元。1997 年，对国有企业试行年终决算验证、财政审批，并整顿、规范市第二饮食服务公司历年挂账应付款项及生产性资金款 490 万元，转增国有法人资金。配合劳动人事部门，审批企业工效挂钩基数、检查工资以外收入。1998 年，印发《京口区财务报告汇审汇编质量评比试行办法》《京口区企业主管部门财务管理工作考核评比试行办法》，改变单纯应付财政部门报表，提供经济发展态势资料。开展国有资产保值增值考核，保值增值率为 98%。

2000 ~ 2005 年，区财政在开展公有企业财务、税收、物价大检查的同时，帮助企业解困。发放供销社社员股金专项贷款，保证专款专用、统借统还和封闭运行。同时清理整顿经济鉴证类社会中介机构财务，对全区律师事务所、法律服务所、会计师事务所和房屋买卖等鉴证类社会中介机构，根据国务院和省市有关决定，监督检查其与挂靠单位改制、脱钩。2006 ~ 2007 年，区财政部门在加强对区属企业资产和财务管理中，对区商贸总公司、物资集团、工业总公司、京露茶场、供销社等单位，做到日常监督检查和年终考核并举，确保公有资产保值增值。

2. “外资企业”财务管理　1990 ~ 1995 年，京口区外商投资企业（以下简称“外资企业”）为数不多。1996 年，京口区首次开展“外资企业”财政进行登记，全区为 18 户。1997 年，按财政部文件精神，对“外资企业”财务实施管理，进行年终决算。是年，抽查 5 户，违纪面 100%，违纪金额 295 万元，处罚入库 3.5 万元。1998 年，区财政首次对“外资企业”开展联合年检，参检 26 户，占工商登记户的 52%。在年检中对会计决算抽查，查处违纪金额 46.5 万元。1999 年，办理外企财政登记 27 户。其中 22 户经营正常，占 79%。1998 年、1999 年两年，全区外企实现销售（营收）4 亿多元，利润总额 –387.5 万元，国内增值税（含进口增值税)1538.56 万元，关税 9191.47 万元，地方税费 135.49 万元。1998 年、1999 年，区外资企业财务管理分获全市第一和第二名。

2001 年，全区有 21 户参检，其中合格 20 户、暂缓通过 1 户。通过年检新办财政登记 3 户，登记达 30 户。区财政部门指导、帮助外资企业建立健全内部检查管理制度，选择 12 户经营稳定、管理基础工作较好、有行业代表性的企业为试点，为其发放制度范本，提出建章立制要求。全区“三资”企业建制率 60%，年销售收入 2.5 亿多元，同比增长 30.5%，出口创汇 13270 万元，同比增长 42.45%。税收 1562 万元，同比增长 44%，占区财政收入 13.2%。企业赢亏相抵，赢利 1275 万元。2002 年，中国加入世界贸易组织（WTO）第一年，区外商投资企业抓紧“入世”带来机遇，实现销售收入 53861 万元，其中出口创汇 18703 万元，赢亏相抵后实现利润 2568 万元。财政登记的“三资”企业 34 户，17 户参加年检 16 户通过，1 户暂缓。2003 ~ 2005 年，财政登记 66 户，其中工业 30 户、服务业 4 户、房地产业 2 户、其他产业 30 户。2005 年，“三资”企业主营收入 134687 万元，同比减少 44.7%，出口总值 27675 万元，同比减少 34.2%，赢亏相抵利润 5641 万元，税收 4664 万元。

2006 年对外资企业属地管理后，对市下划区的 48 户外资企业，区管理 68 户外资企业重新登记备案。通过财务核查，对违规情况依法处理，并追缴基金 6.29 万元。2007 年年初，京口区有属地管理“三资”企业 108 家，各企业与区财政建立联系，在报送月报、季报汇总管理方面，元鼎饰材、隆全锅炉、光耀金属等及时准确。区财政部门积极为“三资”企业办理登记、年报汇编服务、决算核查工作。

3. 重点非国有企业资金扶持　1990 ~ 1999 年，区财政充分发挥财政政策目标、导向财政资金的杠杆作用，支持企业做大做强，鼓励企业申报中央、省、市各类财政扶持资金，为企业发展搭建平台。2000 年，区财政为扶持企业发展，拨付3万元科技三项经费，支持开发区农用基质肥料发展。2002年，区财政在做好各年统一报表的同时，对会计信息资料进行整理、分析和利用，汇总数据，如实反映京口区经济运行和资产变动情况，为区委、区政府决策提供依据。

2005 ~ 2007年，全区申请财政扶持企业资金项目131个，申报资金2315万元，批准金额1572万元。做好重点企业财务快报，全区重点非国有企业快报单位6家：镇江震东电光源有限公司、中盛粮油工业（镇江）有限公司、元鼎饰材实用（镇江）有限公司、镇江鼎胜铝业股份有限公司、江苏鸿泰钢铁有限公司、镇江宝华半挂车配件有限公司，由于及时和企业沟通使6家非公有企业及时得到财政资金扶持。其间，区财政加强扶持政策宣传，举办财政扶持企业政策培训班，开展“访百家企业，树服务新风”调研活动，组织企业申报财政专项资金，发挥财政政策“放大效应”和财政资金导向作用。为企业拓宽资金流入渠道，组织全区30多家企业，举办京口区促进企业发展扶持政策培训班，重点讲解各类财政性资金申请事项。

五、财政监督

1. 会计委派　1999年6月，京口区会计委派工作在乡镇及行政事业单位启动。2000年6月，区级行政事业单位正式实施。为加强管理，成立区、乡（镇）会计管理站。2002年，区会计管理站更名区财务结算中心。区机关财务结算中心在实施会计代理的同时，在业务上对乡镇会计站履行指导职责，并做好各代理单位经费收支、人员调动、工资发放、“三金”（医疗保险金、失业保险金、养老保险金）汇缴、报表编制汇总、会计档案管理等工作。2007年，区级实施会计代理单位从最初的42家扩大到75家，并负责对全区4068名机关事业单位在职干部职工及离退休人员的工资发放。全区实施会计委派制后，由结算中心、会计站统一代理各单位会计业务，统一支出口径，严格审批手续，规范财务核算，增强财务收支透明度，提高资金使用效益。

2. 政府采购制度改革　1999年，区政府始行采购制度改革，2000年在全区推开。2001 ~ 2007年，政府采购工作按照“积极稳妥、循序渐进、逐步完善”的原则，确立“采购管理制度化、采购范围规模化、采购操作规范化”目标，加强制度建设，完善操作程序，扩大采购范围，取得良好经济效益和社会效益。先后成立政府采购管委会，对政府采购工作实行统一领导和监督管理。以《政府采购法》为依据，建立健全规范采购人、供应商及评审专家系列规章制度。坚持监督检查，并完善采购预算、财政专户集中支付结算相结合的监督制约机制，确保集中采购项目纳入采购范围。突出支付采购程序与过程公开、公正、透明，并由纪检部门介入，加强监督管理，实行阳光操作。采购目录范围从电脑、汽车维修、汽车定点保险等品种扩大到货物、工程和服务三大类150多个品种，采购单位从最初的少数区级预算单位到涵盖所有行政事业单位及乡镇、街道。政府采购规模从1999年的53万元发展到2007年1095.3万元，增长20倍，累计节约资金674万元，资金节约率10.91%。

3. 财务会审　1990 ~ 2006年，区财政监督工作在接受区人大、审计、纪检等部门和人民群众监督的同时，也加强自身检查监督，对专项财政资金进行跟踪检查监督。2007年，区财政局设立财政监督检查科，在对外财政资金检查监督的同时，加强内部监督工作，从每笔资金的拨付合理、及时到位作为基本点，确保拨付资金、业务技术、自身建设“三无”（违规、不足、违纪）现象。

第五节　住房公积金管理

一、管理机构

1992年5月，京口区成立住房基金管理中心，2003年9月被撤销，成立市住房公积金管理中心京口管理部，具有独立事业法人资格。管理部受市管理中心与区政府双重领导，日常业务工作以区政府领导为主，运行监督以市管理中心为主。2004 ~ 2007年，经费由区财政全额列支。

二、公积金归集与管理

20世纪90年代初，国家实行干部职工住房制度改革，同时实施住房公积金归集制度。1993年，京口区成立住房公积金管理部后，着重开展有关住房公积金利用政策、制度宣传，提高覆盖面。1994 年，京口区为提高职工购房能力，实行职工购买住房低息抵押贷款。10 多年来，多次提高贷款额度，最初由每人可贷 4 万元，分别提高到 5 万元、7 万元、10 万元、15 万元。贷款年限由 20 年，延长至 30 年。房贷管理部门着力简化手续，提高办事透明度，在方便干部职工贷款同时，严格控制贷款风险，取得社会和经济效益双丰收。1999 年年底，根据国务院《住房公积金管理条例》规定，全区职工住房公积金购房贷款（以下简称"房贷"）风险，原来由经办银行承担，改为区住房公积金管理部承担。2000 ~ 2006 年，进一步强化"贷前调查、贷中审查、贷后核查、逾期即催"的方法，健全审批监督机制，有效防范系统性风险发生，其间，全区个人"房贷"保持零逾期。其间，区住房公积金管理部通过银行定期存款和购买国债来实现收益。10 多年来，通过合理资金运用，资金年平均增值收益率保持在 1.5% 左右。

2007 年，全区开户单位 324 户，开户职工 7151 人，累计缴存额 11223 万元，缴存余额 5464 万元。区住房公积金管理部持有国债余额 350 万元，累计提取贷款风险准备金 61 万元，累计发放个人住房贷款 870 户，贷款金额 7143 万元。

第六节　会计管理

一、培训管理

1985 年《中华人民共和国会计法》（以下简称《会计法》）颁布后，区财政局举办各种形式培训班，进行宣传和培训。1986 ~ 1996 年，根据市政府《关于整顿会计工作秩序的通知》，区财政局联合审计、税务、物价等部门不定期组织执法检查，对工业公司、物资公司、综合服务公司、街道综合服务公司等单位进行检查，抓好正反两方面典型，教育会计人员遵纪守法。对执行过程中存在的问题，进行整顿、整改。《会计法》修订后，2000 年，全区举办 8 期培训班，对主要财会人员及单位负责人进行《会计法》培训，每期 2 天，培训会计人员 1046 人，单位负责人 197 人。2001 ~ 2007 年，通过加强对《会计法》执法宣传和检查，促进全区会计质量提高，推进会计执法制度化、规范化。

图 10-2　1999 年，区财政局组织财会人员学习修改后的《会计法》（区财政局供稿）

二、基础管理

1990 ~ 1996 年，区财政局在加强自身财务管理基础建设的同时，抓好各基层单位的财务管理基础建设。1997 年 8 月，区财政局印制《京口区会计基础工作规范化考核检查细则》，对会计基础实行电算化管理，将持有会计电算化证作为会计从业人员重要条件之一。制定《京口区会计电算化管理的意见》，就会计电算化培训、软件评审和手工记账等提出要求，建立会计电算化管理制度，组织会计电算化演示会，参加省、市组织会计电算化现场会。1997 年，确定皮鹿丹公司和镇江震东电光源公司为试点单位。2000 ~ 2007 年，全区对男 50 岁、女 45 岁以下会计人员实施电算化培训，每年以 20% 的速度在国有企业、事业、机关团体、"三资"企业及有条件的集体企业推进单位会计电算化运行。

三、专业管理

1987 年 10 月，京口区成立会计专业初级职称评审委员会。1992 年 8 月 1 日起，除高级会计师外，停止实施会计专业职称评聘。11 月，组织参加会计专业技术资格全国统一考试。此后，每年组织一次。2007 年，全区有会计专业技术职称人员 693 名，其中初级职称 520 名、会计师 170 名、高级会计师 3 名。1995 年始，全区建立会计人员专业技术档案。内容包括职称、奖惩、发表著作、参加学习、年度考核等，输入电脑，并打印成册，形成全区会计人员情况名册、案卷 88 本。2000 年 5 月，财政部制定的《全国会计从业资格管理办法》实施后，2001 年，全区将原“会计证”改称“会计从业资格证书”。至 2007 年，全区发放“会计从业资格证书”1606 份（人），其中本科学历 78 人、大专学历 582 人、中专学历 488 人。开展会计人员继续教育培训，根据《会计人员继续教育暂行规定》，改革传统培训方法，实行岗位培训、业务培训、职业道德培训与市财政会计人员相对应，做到教材、时间、试卷、评分四统一。

图 10-3　2005 年，京口区财政局计算机岗位技能竞赛　（区财政局供稿）

四、会计师事务所

1989 年 11 月 10 日，中国会计师事务所镇江分所京口办事处成立，属区财政局事业编制，核定 4 人。1990 年，改称京口会计师事务所，1990 ~ 1998 年，会计师事务所主要从事审查会计账目、会计报表，验证企业投入资本，出具验资报告，参与办理企业解散、破产清算等事项；办理企业承包经营成果审核，并出具审核报告；办理其他会计查账等事项。1999 年，国务院规定，全国中介机构要与行政、事业单位脱钩、改制。11 月 30 日，京口会计师事务所通过资产清查、财务审计、产权界定和资产处置等与区财政局脱钩，改制为独立法人的中介机构。

第二章　税　务

1983 年 7 月，镇江市财税机构分设，组建镇江市税务局，下辖分局，负责京口区域内的税务工作。1992 年，全区税收工作由镇江市税务局第三税务分局、第五税务分局负责。税收征管体制为征、管、查一体化格局，税务税收专管员实行一人进厂，各税统管的征收模式。1994 年 1 月 1 日起，实行新税制，以增值税、消费税为主体的国税收入划归中央财政，以企业所得税、营业税和各小税种构成的地税收入划归地方政府，并对税务机构相应分设。京口区未设税务机构。1995 年 1 月 3 日始，京口区国税由镇江市国家税务局第三、第五分局征收，地税由镇江市地方税务局京口分局和谏壁分局征收，2003 ~ 2007 年期间，调整为国税一分局、直属分局征收国税，地税二分局征收地税。

第一节　税款征收

1993 年年初，镇江市税务第三分局、第五分局负责京口区域内 84 户国有企业、1588 户集体企业、14 户私营企业、2279 户个体工商户税费征收工作。征收项目有工商各税和国家能源交通重点建设基金，国家预算调节基金，教育附加等基金（费）30 余种。通过依法治税，依率计征，促产征收，税法宣传和减免税政策，年年超额完成税收任务。1994 年 1 月 1 日起，全区实行新税制。1990 ~ 1994 年，税务三分局入库税收 10572.64 万元。税务五分局征税范围包括年缴增值税（消费税）在 5000 万元 ~ 8000 万元的企业 1 户（谏壁电厂），在 100 万元 ~ 5000 万元的企业 6 户。1993 ~ 1994 年，入库税收 21436.3 万元。1995 年，国家税制改革，分国税、地税两个税种。

图 10-4　2007 年，京口区组织老年腰鼓队宣传税收职能和法规（市地税二分局供稿）

1990 ~ 1994 年京口区税款征收情况表（税务三分局）

（一）

表 10-4　　　　单位：万元

年份	增值税	营业税	产品税	工商税	个人所得税	印花税	车船税	房产税	奖金税	建筑税	固定资产投资方向调节税	代征代扣
1990	183.64	643.17	15.43	77.74	3.06	5.33	2.25	22.37	2.39	2.67	—	41.58
1991	92.92	806.54	8.27	28.29	4.82	3.56	1.85	19.57	1.95	2.21	—	28.47
1992	95.32	803.72	8.99	87.79	9.21	3.60	1.74	20.15	1.35	10.15	7.01	27.51
1993	594.37	1874.22	166.76	60	20.49	3.65	4.19	16.90	—	—	17.95	—
1994	2230.78	560.69	—	—	85.52	11.56	11.63	58.75	—	—	44.80	—
合计	3197.03	4688.34	199.45	255.82	123.10	27.70	21.66	137.74	5.69	15.03	69.76	97.56

（二）

单位：万元

年份	屠宰税	城镇土地使用税	滞纳金罚款	企业所得税	城市维护建设税	教育经费附加税	能源交通重点建设基金	预算调节基金	防洪保安基金	综合地方基金	人防经费	总计
1990	—	6.43	77.96	—	38.37	17.04	21.56	16.49	—	2.34	0.90	1180.72
1991	—	5.43	100.61	—	30.73	12.76	24.22	19.85	—	39.67	2.18	1233.90
1992	—	5.09	57.97	—	41.46	15.89	25.77	23.65	25.90	97.22	5.84	1377.33
1993	—	6.60	71.97	79.15	84.22	23.13	27.26	24.13	—	—	—	3074.99
1994	30.24	10.31	34.23	379.74	175.22	65.23	3.71	3.29	—	—	—	3705.70
合计	30.24	33.86	342.74	458.89	370	134.05	102.52	87.41	25.90	139.23	8.92	10572.64

1993 ~ 1994 年京口区税款征收情况表（税务五分局）

表 10-5　　　　单位：万元

年份	产品税	增值税	营业税	集体企业所得税	国有企业所得税	基金（费）	总计
1993	9090	405	909	123.80	116.50	841.60	11485.90
1994	—	8537.40	356.30	381.60	14.10	661	9950.40

第二节　国　税

1995 ~ 1999 年，国税三分局、五分局开展“文明办税，优质服务”活动。以组织“两税”（增值税、消费税）为中心，确保税收任务完成。1996 年 4 月 1 日，国、地税进行第二次征管范围调整。国税主要负责征收增值税、消费税、国有企业所得税。1997 年 1 月始，国税对金融企业营业税开征，税率为 3%。1997 年 10 月 1 日，实现辖区范围内企业全部进入市局征收服务厅申报纳税。1999 年，国税三分局、五分局征收两税达 18440 万元。

图 10-5　2001 年，国税三分局对农贸市场执法检查（市国税三分局供稿）

1995 ~ 1999 年市国税税收情况表

表 10-6　　单位：万元

项目 \ 年份		1995	1996	1997	1998	1999
国税三分局	工商税收	3194.60	—	—	—	—
	其中两税收入	—	3180	3646	3640	3740
国税五分局	两税收入	9980	11200	11500	12300	14700

2004 ~ 2007 年，市国税第一税务分局负责京口区范围内国税征收管理，坚持“执法为民、聚财为国”税收宗旨，以组织收入为中心，突出税源管理和征管基础建设两大重点，大力推行以法治税。税收连创历史新高，先后获文明行业、省国税系统文明单位等称号。

2000 ~ 2007 年市国税税收情况表

表 10-7　　单位：万元

项目 \ 年份	2000 ~ 2001	2002	2003	2004	2005	2006 ~ 2007
工商税收（入库税收）	—	8028	10030	15626	23193	56500
其中：两税	9500	7831	9664	12880	—	—

第三节　地方税

一、税制沿革

1983 ~ 1993 年，京口区开征的地方税有印花税、屠宰税、房产税、土地使用税、车船使用牌照税、城市维护建设税等。1994 年，根据国务院实施分税制改革，京口区将原来 32 个税种合并为 18 个，加上“外资企业”沿用的两个地方老税种共 20 个。分税制财税体制规定：国税局负责征收中央税收和中央、地方共享税收；地税局负责征收地方各税。1996 年，对建筑等 9 个项目恢复征收资源税。2000 年 1 月，区域内对新发生投资额暂停征收固定资产投产方向调节税；停征屠宰税；工资、薪金收入个人所得税起征点调整为

1600元；调整市区城镇土地使用税定额标准。2002年1月1日后新成立的企业，其所得税改由国税局征收。2002年7月1日起，营业税起征点由月营业额400元调整为800元。2003年2月1日起，全省暂停征收自行车、船使用税。2003年10月1日起，营业税起征点月营业额调整为5000元，按次（日）营业额由50元调整为100元。2007年，区域内征收工商税种16个，其中国税局独立征收4个：增值税、消费税、“外资企业”所得税、车辆购置税；地税局独立征收10个：营业税、城市维护建设税、城镇土地使用税、房产税、契税、城市房地产税、车船使用牌照税、土地增值税、资源税、印花税；国、地税局共同征收2个：企业所得税和个人所得税。

二、征收管理

1983～1994年，全区地税征收由市税务三（五）分局进行。1995～1998年，地税分局按照“集中征收、分类管理、一级稽查”要求，实施“三分离”（征收、管理、稽查），制定征管改革规划，实现税收管理从手工式管理向“三化”（集约、科学、现代）转变。1999～2002年，全区建立“以计算机网络为依托，以纳税人自行纳税和优质服务为基础，集中征收，重点稽查”新征管模式。2003～2006年，区域内地税机构随着改革，税收管理除涉外企业和金融业按条管理外，其他纳税人实行属地管理，即运河以东（京口区）为地税二分局管辖。2007年，全区各项地税总收入72147.29万元，其中税收50277.17万元；社会保险费29242万元，是地税征收第一年（2000年）的74.2倍，其他各项基金（费）7389.5万元。在全面完成各项收入的同时，1995～2007年，全区减免地方各税1.34亿元，贯彻落实国家科技进步“三废”（废液、废气、废渣）利用、民政福利、下岗再就业、现代化服务等各项优惠政策。

1995～2007年京口区地方税收入情况表

表10-8　　单位：万元

年份＼税种	营业税	城市维护建设税	城镇土地使用税	房产税	土地增值税	印花税	企业所得税	个人所得税
1995	856	96	12	127	—	32	466	98
1996	922	105	15	129	—	20	483	248
1997	1161	96	18	131	—	26	450	350
1998	1795	107	6	61	—	26	305	479
1999	1844	175	3	65	—	52	353	540
2000	2195	200	8	188	—	50	446	651
2001	2464	139	9	293	—	82	748	656
2002	3043	330	17	453	—	77	907	377
2003	11616	3166	244	1031	519	337	2842	2564
2004	14375	3196	161	935	1535	644	4272	2958
2005	15445	4614	260	1403	1666	728	7820	5048
2006	19585	4641	311	2138	1592	931	15930	5298
2007	22818	5258	1744	1913	3107	954	27133	7740
合计	98119	22123	2808	8867	8419	3959	62155	27007

1995 ~ 2007 年京口区城镇各项基金征收情况表

表 10-9　　单位：万元

年份 \ 基金名称	旅游发展基金	残疾人就业保障金	城镇垃圾处理费	人防建设基金	教育费附加（含地方）	文化事业建设费	社保费
1995	0.50	1	—	—	7	—	—
1996	0.50	1	—	—	11	—	—
1997	0.50	1	—	—	19	—	—
1998	0.80	1	—	—	82	—	—
1999	1	1.50	—	—	169	5	—
2000	1	2	21	—	220	4	394
2001	1	3	24	6	290	4	1402
2002	2	4.50	24	6	309	3	1542
2003	23	35	130	36	1429	22	12470
2004	27	53	137	40	1996	27	17550
2005	29	59	135	44	2454	106	19984
2006	35	249	134	52	2672	129	22442
2007	40	269	135	53	2999	143	29242
合计	161.30	680	740	237	12657	443	105026

1995 ~ 2007 年京口区地方税减免情况表

表 10-10　　单位：万元

年份	1995	1996	1997	1998	1999	2000	2001	2002	2003	2004	2005	2006	2007	累计
减免额	294	376	517	649	816	756	833	894	1059	1147	1789	1982	2261	13373

三、税务稽查

1990 ~ 1993 年，在地方党委、政府统一协调下，成立由税务、工商、公安、检察、个协等部门参加的京口区个体经济管理协作委员会，由常务副区长任主任。各乡镇、街道及村（居）委会成立护协税领导小组，护协税人员 600 余名，形成区、乡镇（街道）、村（居）三级护协税网络。1994 ~ 1999 年，全区税制改革，征管与稽查分离。按照“集中征收、分类管理、一级稽查”要求，实施征收、管理、稽查三分离。1995 年，对 1543 户企业进行汇算清缴，汇缴面 100%。复查重点 523 户，复查面 34%，查补各税 19.23 万元。六年来，对全区 1600 余纳税户 100% 检查，查补税款 700 多万元，入库 650 多万元，入库率 90%。查出定额发票违法案件 2 起，其中移交司法部门处理 1 起。2000 ~ 2005 年，全区税务稽查重点：抓日常检查，采取点面结合，上下配合，开展年度所得税汇算清缴检查、个人所得税等专项检查和对改制、注销单位的专门检查；抓零申报户、异常申报户、逾期申报户的检查；抓群众举报案件检查；抓稽查软件推广运用，增强稽查选案和稽查实施的针对性；抓税收执法检查和稽查案件复查“双保险”，做到选案、稽查、补税、处罚环环相扣、步步到位，确保执法政策明确、执法程序到位和稽查文书规范。2003 年，市地税第二分局成立，五个稽核评税科室建立日常税源监控体系，做好纳税户信息资料收集、对比，对税收征管实施全过程监控。2005 年，成立纳税评估科室，实施专业纳税评估，

图 10-6　1999 年，区及财税部门领导研究、布置税务稽查　（区政府办公室供稿）

对房地产业、旅游业、建筑安装业、广告业、中介、设计院等603户行业进行专项评估，评估入库税款达1002万元。2006～2007年，全区评估选择餐饮业、小型流通企业、工业企业、劳服公司、招商市场、房地产销售、物业公司、工程监督、货物运输及货运代理等行业，评估650户，评估税款达753万元。

四、税务信息化建设

1995年8月，京口区域内税务启用计算机开票系统。1996～1997年，对重点企业实行"自核自缴"申报试点，全区实现初级联网。1998～1999年，实现征管软件与上级统一规范征管系列软件对接，建立严格的自我申报制度，全面应用微机监控。地税分局设立纳税大厅，全面实行"自核自缴"制度，地税系统征管软件与银行、重点代征代扣单位联网。1999年初，市地税局与北京四通公司联合开发具有高科技含量、国内一流水平的餐饮服务行业税控系统和ECR-1100T税控机，为地方税收依托高科技征管、堵塞发票管理漏洞提供了条件。2004年7月，全区税务管理导入质量管理体系，集中编写体系文件，形成ISO 9000税务质量体系文件镇江（京口）版本，包括质量手册、21个程序控制文件、83个工作流程、63个工作规范、990个表证单书。对涉及税收管理事项，根据每个涉税事项要求、时点、过程、岗职配备等因素，从受理到办结，进行梳理整合，实施流程化控制管理。设立行政工作流程33个，业务工作流程45个，使税收工作有章可循，有据可依。经过两次内审，是年11月，通过省地税局和省ISO 9000体系机构认证。2005～2007年，市地税二分局将质量管理体系深入到税务管理各个环节，做到"写我将做，做我所写，记我所做"，全面实现流程控制管理，通过省地税局和第三方组织外审认证。

五、依法纳税及护税、协税

1983～1990年，市税务三分局积极宣传税法，提高公民法制观念和纳税意识，齐抓共管，部门联动，发挥多方优势，形成整体合力。1991～1992年，镇江市钢锉厂、上海缝纫机针二厂镇江分厂等企业分别被市政府命名为"纳税信得过单位"。1995年，市地税京口分局在税法宣传月中，组织地税宣传50次，1000余人参加签名活动，发放宣传税法书画作品106幅，宣传材料2400多份，设立4处咨询点，接受咨询数千人次，设立税法辅导站，培训企业负责人和办税员1000余人次。区委党校、区政协邀请征管人员讲授税法。第一税务所在《镇江日报》开辟宣传阵地。地税京口分局推进家属"一对廉"活动，实行廉政"一票否决，一岗双责，一把手负责制"，签订廉洁自律保证书，开展岗位练兵活动，举办税收业务知识竞赛。参加省税收业务适应考试和省级计算机考核100%及格。同年，区政府成立由相关职能部门组成的护协税领导小组，由政府主要领导任组长，下设办公室。各乡镇（街道）、村（社区）居委会分别成立护协税组织，形成区、乡镇（街道）、村（社区）三级护协税组织。严格税收属地管理原则，避免部门之间用税收返回、企业挂靠等相互拉税源，增大税收成本，扰乱税收秩序。是年，区协税办组织专人对双井路小商品市场137个经营摊点进行税收检查执法，征收税款2.68万元，对环城路康兴市场、谏壁镇鞋城、五条街农贸市场等执法检查。1996～1997年，全区出动400多人次对自行车税征收55万元。2001～2002年，在区域间餐饮企业相互强拉税源的执法检查中，组织地税、公安、工商、城管、环保、劳动、物价、卫生、街道等部门，对在京口区经营，而税收在区外缴纳的餐饮企业，按属地管理原则进行纠正，使企业税收回归京口区。

2002～2004年，区税务部门加强与地方政府、各级部门的联系与协作，力求护协税网络"盖边沉底"，实行政税联管、共管、同管，推行"阳光办税、阳光管理、阳光数据"工程。贯彻"内外并举、重在治内、以内促外"治税方针，实行税收管理员责任制。2005年，以实施"润廉工程"为载体，培植"依法治税、廉洁从税"意识，形成机关、基层、家庭上下联动、内外并举、整体推进党风廉政新格局。2006～2007年，市地税第二分局分别开展"遵守党章、执法为民""弘扬清廉新风，共建和谐地税"的主题教育活动。

六、纳税服务

1.推行税务公开 1995～2002年，探索"为纳税人服务，让纳税人满意"新路子，积极推行公开办税。初期为"三公开"（减免税政策公开、个体定额公开、违章处罚公开）。2003年，逐步形成文明办税"十公开"。（即税务法规、岗位职责、办税程序、服务标准、办税时限、违章处罚、收费标准、纳税定额、工作纪律、社会监督公开）；同时落实内部公开（即机关职能、财务收支情况、领导干部廉洁自律情况、干部奖惩情况、机关招待费开支情况、工程招标、物资采购情况公开）。设立公开栏，定期在办税厅公布。在办税厅设置电子显示屏、电脑触摸屏，内网定期公开信息。利用媒体公开有关内容。先后在《镇江日报》开辟地税专栏，定期发布信息。印发宣传资料、手册 2 万多份，送发纳税人和放置大厅，供纳税人查阅。设置举报箱、投诉箱，公开举报、投诉电话。定期走访纳税人，适时开展群众评议，认真听取纳税人及社会各界对地税的意见和建议。工作人员一律挂牌服务，一线人员着装上岗。2005 ~ 2007 年，市地税京口分局建立网站，宣传税收法规，提供咨询服务、征集意见、受理举报、投诉。对内运用局域网，实行网上行政工作审批公开。

2. 打造“税企同舟”服务品牌　2004 年，开展创建“税企同舟”服务品牌活动，通过报社、电视新闻等媒体，对外宣传“税企同舟”服务品牌，使“税企同舟”成为镇江地税的象征，对内围绕创品牌开展“10、10、10”品牌打造工程（即评选 10 名地税服务明星，评选 10 户红旗个体工商户，评选 10 户 A 级纳税信誉单位）活动。2005 ~ 2007 年，配合市地税局对服务明星、红旗个体工商户、A 级纳税信誉单位授星挂牌。举办“税企财税知识联谊对抗赛”，由电视台现场直播，在全市“税企同舟”财税知识联谊赛中，第二分局代表队获团体第一名。

第三章　金融　保险

1985 年 3 月 1 日，镇江市城区信用社（以下简称城区信用社）开业，业务范围为区属企事业单位和个体工商户服务，开展居民储蓄、企事业存款、结算及对有关企业、个体工商户投放信贷等。1992 年 10 月 28 日，市政府决定京口区建立金库，同时建立京口农业银行。1993 年，市农业银行京口支行开业，行政、业务上仍归市农行领导管理。1998 年，京口农行撤销。1993 年 7 月，镇江市城东信用社开业。1998 年 9 月 28 日城区信用社、城东信用社与镇江市各信用社合并，成立镇江市商业银行，后升格为江苏银行镇江分行。

1988 年 8 月，镇江典当公司在京口区域内开业，为江苏省典当业复业首举。2007 年，域内有诚信等典当业 3 家。2007 年，有市级中国、工商、建设、交通、农业和农业发展银行等金融机构 6 家、外埠开设的民生、浦发等金融机构 5 家。

1980 年 6 月，中国人民保险公司镇江支公司恢复办理各种国内保险业务，其时有 10 多种强制保险和自愿保险业务。此后逐年增办险种，扩大业务范围。1985 年，承办涉外保险业务。同年，镇江支公司升格为镇江分公司。1986 年，镇江分公司在中山东路 254 号成立营业部，负责办理城区保险业务。1989 年，已开办各种保险业务 40 多种。1992 年 9 月，经江苏省人民银行批准设立中国人民保险公司镇江市京口办事处（简称中保京口办事处），办理 24 个险种。

20 世纪 90 年代，保险市场开始从独家经营向多家经营过渡，保险业务和从业人员迅速增加。1995 年 1 月，成立中国太平洋保险公司镇江市京口代理处。1997 年，中国太平洋保险公司镇江分公司设立京口办事处（寿险营销管理部设京口寿险营销分部）。1999 年，中国平安保险股份有限公司镇江支公司营业部设京口业务部。1996 年 5 月，中国人民保险公司分设人寿保险公司和财产保险公司，撤销中国人民保险公司镇江市京口办事处，设置中保财产保险有限公司镇江市京口支公司和中保人寿保险有限公司镇江市京口支公司（简称中保京口支公司）。

第一节　城区信用社

一、存款

1985 年，城区信用社按照国家统一金融政策，实行独立核算、自负盈亏、积极组织存款业务，扩大业务范围，拓展服务领域，开展优质服务。开业之初，限于资金周转困难，为市工商银行办理储蓄业务。1987年始，改为自办储蓄。根据存款自愿、取款自由、为储户保密原则，办理职工、居民各种储存款业务。经多次调整利率和增加储蓄种类，开办3年及3年以上保值定期储蓄和短期（3、6、9个月）及1年档次定期储蓄。1989年，储蓄余额126万元。解决区属街道企业，尤其是个体工商经营户“四难”（开户、结算、存款、取款）等问题。同时，组织区属企事业单位及集体企业承包户、个体经营户存款。1989年10月，办理苏浙皖沪3省1市汇票业务。是年，存款开户1198户，存款余额866万元。1990～1997年，城区信用社树立“存款立社、存款兴社”思想，采用多种形式吸收存款。内部开展文明优质服务，制定服务手册，推行规范文明服务用语，杜绝服务禁语。增加磁卡查询业务，方便会计人员核对账目，加快结算速度，存款业务实现计算机处理。实行挂牌服务，设立监督电话，建立监督机制，上门为客户代发工资和办理其他业务。1997年，存款余额10587万元。

1985～1997年镇江市城区信用社存款情况表

表10-11　　单位：万元、户

项目＼年份	1985	1986	1987	1988	1989	1990	1991	1992	1993	1994	1995	1996	1997
户数	272	468	716	1023	1198	1367	4044	4243	—	—	—	—	—
吸收存款	—	—	—	—	—	25000	44100	50000	217864	149191	134235	—	—
存款余额	284	464	681	946	866	1407	2723	7375	7842	6740	8044	—	10587

二、贷款

1990～1992年，城区信用社改变单一贷款按规模控制的办法，实行规模控制与资产负债比例管理，以存贷结合双向控制，按月考核，贷款比例控制在80%范围内。资金投放保证区内重点技改项目、重点企业流动资金的需要，保证效益好的基本客户，对物资、商业流通企业在资金上予以倾斜。1992年，发放贷款1.7亿元，其中京口区贷款户64%。在信贷审查制度上，严格做好事前调查，掌握第一手资料，杜绝人情贷款，减少风险，逐步推行抵押贷款，除对个体户、私营企业继续实行有价证券抵押外，对集体企业逐渐实行房地产抵押担保贷款55户，占34%，金额637万元。为减轻企业负担，下浮贷款利率，减少企业利息支出，是年，下浮利率企业85家，让利15万元。1993～1997年，城区信用社投放保证区内重点项目、重点工程需要，把小企业作为信贷投放的主要对象。压缩存款比例不超过65%的同时，压缩减少中长期贷款，扩大增加短期贷款和结算临时贷款。对经济效益好、资金周转快的企业给予资金支持。对每笔贷款严格执行检查制度，严格审批手续的担保制度，深入企业调查研究，制定措施，清产核资，清理、追回逾期贷款。1997年，贷款余额5689万元，存贷款比例60%以下。

1985～1997年镇江市城区信用社发放贷款情况表

表10-12　　单位：万元、户

项目＼年份	1985	1986	1987	1988	1989	1990	1991	1992	1993	1994	1995	1996	1997
户数	—	—	102	121	128	132	213	284	—	—	—	—	—
累计投放数	1439	1963	3625	5141	3180	—	—	22117	23849	26760	—	—	—
存款余额	286	465	619	841	897	1600	2650	4800	5400	4362	5175	—	5689

第二节　京口农行

一、网点建设及管理

1993年，京口农行把网点建设作为业务发展突破口，新增储蓄所1个、信用分社1个，升格分理处1个。1994年，新增股级办事处1个，升格分理处6个，增设分理处3个。1995年，新增分理处1个，对老网点改造装修，优化服务环境。1996 ~ 1997年，按照总量控制，调整优化原则，改造网点6家，撤销网点2家，添置网点便民设施。

1993 ~ 1996年，京口农行在营业部和象山所（社），新办2台ATM（自动取款机），网点电脑普及率85%。发放京口农行金穗信用卡950张。率先在江苏理工大学（今江苏大学）新上ATM机，当年发金穗卡2200张，吸收存款60万元。京口农行推行抵押担保和提取风险基金，风险保证金制度。1995年，全行催收贷款占贷款总额比重9%，比年初下降6个百分点。规范计划资金管理，全行信贷计划平均使用率达100%。严格财务会计管理和结算服务管理，增收节支落到实处，强化审计稽核、利率管理。1997年，围绕总行管理年活动要求，全行开展以“抓管理、上质量、增效益”为主题的管理年活动，加强会计、信贷、资金计划部门各项基本制度落实，配合支行资金计价制改革，相继出台和完善“相对独立核算资金计价经营目标责任制”等八个办法，基本形成资金计价制系统管理体系，提高资金运营效益。改进网点办公手段，先后在五个网点安装电脑，代替手工操作，实现城区分理处和机关各股室办公自动化，全行电子化覆盖率94%。两个网点被批准参加AS/4000同城电子清算系统和农行省辖电子汇兑系统，方便企业转账结算，提高网点竞争力。

二、存款与信贷

1995年，京口农行和农村信用社各项存款总额为2.96亿元，同比增加0.68亿元，比建行初期增加1.84亿元，完成区政府下达年度目标的189%、市农行下达任务的109.8%，其中储蓄存款余额1.78亿元，净增0.42亿元。是年，累计发放贷款4.17亿元，比1994年多投放0.46亿元，贷款余额1.99亿元，完成区政府下达目标的184%。把支持农业发展放在优先位置，是农贷投放最多、周转最快的一年。乡镇企业投放贷款中85%用于A级以上重点骨干企业。同时，注重支持城乡商品流通商场和供销企业，发放农副产品收购贷款，保证夏、秋二季收购不打“白条”。

图10-7　1995年，京口农行乔迁南门大街新址营业（京口农行供稿）

1997年，京口农行各项存款余额3.39亿元，比1995年12月净增1.28亿元。其中，低成本资金1.67亿元，比1995年12月净增7548万元，占各项存款总量的50.14‰。各项贷款余额2.11亿元，比1995年12月增加1.14亿元，银行承兑汇票余额1300万元，均控制在年度计划内。陆续出台贷款新老划段管理办法、审批权限等系列管理办法，建立信贷员年度述职制度，明确岗位责任制。在大力盘活存量资产同时，积极调整信贷结构，合理优化信贷投向，慎重筛选优良客户，逐步压缩“小微亏”企业贷款，集中资金，保证重点，将增量贷款的90%投向A级以上企业。

1995 年京口农行贷款情况表

表 10-13　　单位：亿元

项目	贷款总额	比上年增长（%）	贷款余额	比 1993 年增长（%）
累计发放贷款总额	4.17	46	1.99	—
其中：农业贷款	0.29	20	0.15	40.69
乡镇工业贷款	2.31	40	1.16	17
乡镇工业 A 级企业	—	5	0.85	—
贸易贷款	1.06	—	0.54	—
农副产品收购贷款	0.38	—	—	—

三、内部改革和服务

1995 年 1 月，京口农行对城区 13 家分理处率先试行存款经营承包试点，签订责任制，对城区网点干部职工实行风险抵押金承包，通过资金买卖制，将城区网点推向市场。是年，承包网点存款总额 10509 万元，占全行存款总额 35%，其中储蓄存款增长 42%，对公存款增长 48%，低成本存款增长 48%，分别高出全行平均数的 15、23、32 个百分点，实现总收入 882 万元，支出 685 万元，承包利润 197 万元，网点盈余面 85%。实行分级承包经营是全行向商业银行转轨迈出的开拓性一步。1996 年，京口农行全面推行处、部相对独立核算资金，支行和一级分理处（部）、二级分理处层层承包，按照存款结构、在岗人员、管理费用等，分别核定存款、贷款、业务费用、利润、“四防一保”和精神文明建设等 8 项经营指标，统一考核，严格奖惩，按季兑现。支行成立内部资金清算中心，负责管辖内资金清算、调度和监督，提高资金运营效益。资金计价制将员工工作实绩和经济利益挂钩。同年，存贷余额指标均创历史最好水平。1996 年度，支行被京口区委、区政府评为区文明优胜单位，两个单位评为市级青年文明号，三个单位被评为区文明单位。1997 年，京口农行被区委、区政府被评为先进单位，被区文明委评为文明行业，三个单位被评为市级青年文明号，四个单位被评为区文明单位。

第三节　保　险

一、中保京口办事处

1992 年 9 月，京口办事处主要业务范围为京口区城乡（含大港、丁卯），工作人员 8 名。1993 年，业务范围和人员有所调整，内设 2 个业务科，业务范围扩大到外贸、电子、医药等 9 个系统及大港、丁卯、象山等 6 个乡镇，工作人员 21 名。1994 年划出大港、丁卯片区业务范围。1995 年，南京人寿保险股份有限公司设镇江代理处，镇江保险公司将大港、丁卯片区划归京口办事处。是年，下设 3 个业务科，业务范围为电子、机械、沪船办等 10 个系统及大港、丁卯、象山等 6 个片区，划出财险中的机动车辆险种，工作人员 18 名。

财产保险　1986 年，镇江保险公司中山路营业部负责办理城区保险业务。1989 年，承担 81.5 亿元财产风险。同年，城区保险费收入 2045.1 万元，其中货物运输险收入 280 万元，机动车辆险收入 463 万元，家庭财产险收入 44.8 万元。至 1992 年年底，全区财产保险总收入 35.33 万元，其中，企业财产保险费 8.9 万元，货物运输保险费 0.48 万元，机动车辆保险费 12.74 万元，家庭财产保险费 13.21 万元，承担财产风险 3.53 亿元。1993 年，保险收入 1929 万元。

人身保险　镇江城区人身保险开办于20世纪70年代，1979年停办。1980年重新办理团体人身保险，以后逐年增办险种，业务日益发展。1989年，收入城区储蓄性人身保险费434万元，短期性人身保险费49.3万元。1992年9月，中保京口办事处成立，当年人身保险费收入19.86万元。1996年，人寿保险与财产保险分设，京口办事处变更为中保财产保险有限公司镇江京口支公司，不再经营人身保险业务。

理赔　1980年，镇江城区恢复保险理赔服务业务。1981 ~ 1989年年底，9年累计处理各种理赔案件3366万元。1987 ~ 1988年，城区范围内10万元以上理赔案3起，赔付97.92万元。

二、中保京口支公司

财产保险　1996 ~ 2003年，中国人保镇江市京口支公司保费收入为8394.8万元，企业财产保险和机动车险为主要保费收入。

1996 ~ 2003年中国人民保险公司镇江市京口支公司保费业务收入情况表

表10-14　　单位：万元

项目 \ 年份		1996	1997	1998	1999	2000	2001	2002	2003
保费总收入	保费收入	751	1100.20	851	930.20	1181.30	885.40	1318.60	1377.10
	增长率（%）	21	46	–23	9	27	–25	49	4
企业财产保险	户数（户）	359	230	146	111	114	90	56	76
	增长率（%）	3	–359	–36.50	–24	2.70	–21.10	–37.80	35.70
	保费收入	567.20	645.90	405	356.20	312.30	454.10	223.20	140.50
	增长率（%）	8	–10.10	–37.30	–12	–12.30	45.40	–50.80	–37.10
机动车险	承保数量（户）	—	975	980	1127	1610	1865	5474	2096
	保费收入	43.90	315.50	339.20	371.90	500.60	265.60	698.40	636.30
货物运输险	承保数量（户）	—	129	22	32	128	211	288	163
	保费收入	—	41.80	17.70	58.10	226.10	71.10	221	–40.40
家庭财产	承保数量（户）	28007	21894	24005	13689	5988	1520	2686	7871
	储金收入	127.30	158.10	157.10	23	12.80	12.50	12.30	12.30
	保费收入	73.90	71	49.10	49.70	31.50	16.60	62.30	203.70
船舶险保费收入	—	1.20	—	0.90	—	—	—	—	—
农业保险保费收入	—	5	3.20	—	6	—	—	—	—
责任险业务收入	数量（户）	—	—	—	10	652	725	275	96
	保险费收入	—	—	—	41.30	98.30	40.10	42.30	65.90
意外伤害险	数量（户）	—	—	—	—	—	—	—	3846
	保险费收入	—	—	—	—	—	—	—	38.80

说明：2003年推出意外伤害险种。公司保费总收入包括其他收入来源。2004 ~ 2007年保费收入无资料

理赔　1996年夏，区域性洪涝灾害造成金河纸业有限公司财产损失，保险京口支公司派员查勘灾情，核保核赔金河纸业有限公司、共青团农场企财险94.77万元。1997年，外贸五金矿产有限公司本田雅阁小客车出险，该案获保险公司8.63万元赔付。

1998年3月23日，镇江制药有限责任公司新动力车间，由于操作程序失误，造成由美国引进的离心式空气压缩机损坏，经京口支公司查勘定损后，赔付保险责任范围内财产损失52.6万元。镇江金河纸业有限公司专用码头（谏壁船闸北侧）发生重大火灾，致使29条待卸芦苇船失火，焚毁芦苇190.2万吨，京口支公司支支付赔款20万元，查勘后合理定损，赔付保险责任范围财产损失55.2万元。

图10-8　1996年，财保京口支公司派员赴水灾现场勘察（中国人民保险公司京口支公司供稿）

1996～2003年，中国人保京口支公司综合付案件数5159件，赔付金额3618.5万元。

1996～2003年中国人民保险公司镇江市京口支公司各主要险种及综合赔付情况表

表10-15　　单位：件、万元

项目	年份	1996	1997	1998	1999	2000	2001	2002	2003
综合赔付	赔案件数	654	707	643	755	431	464	587	918
	赔付金额	455	413.30	356.20	306.10	439.30	324.80	472.80	851
	赔付率（%）	60	38	42	33	37	37	36	62
企财险	赔案件数	85	70	52	32	26	18	14	16
	赔付金额	322.70	219.30	166.30	84.20	73.10	83.30	39.60	326.20
	赔付率（%）	57	34	41	24	23	18	18	1232
货运险	赔案件数	9	9	9	7	23	11	38	42
	赔付金额	41	18.40	61.80	25.80	97.20	39.70	163.30	40.90
	赔付率（%）	111	44	349	41	43	56	74	-101
家庭财产险	赔案件数	489	413	438	463	140	225	7	69
	赔付金额	15.20	13.70	14.70	152	16.50	6.60	0.30	3.60
	赔付率（%）	21	19	30	31	52	40	2	2
汽车险	赔案件数	25	212	142	146	210	—	—	—
	赔付金额	8.70	159.30	105.80	127	167.10	—	—	—
	赔付率（%）	20	51	31	35	34	—	—	—
拖拉机险	赔案件数	—	—	—	—	26	—	—	—
	赔付金额	—	—	—	—	84.80	—	—	—
	赔付率（%）	—	—	—	—	86	—	—	—
摩托车险	赔案件数	—	—	—	—	4	—	—	—
	赔付金额	—	—	—	—	0.40	—	—	—
	赔付率（%）	—	—	—	—	7	—	—	—

续表 10-15

项目	年份	1996	1997	1998	1999	2000	2001	2002	2003
机动车险	赔案件数	—	—	—	—	—	197	415	758
	赔付金额	—	—	—	—	—	190.80	233.20	409.70
	赔付率（%）	—	—	—	—	—	72	33	44
船舶险	赔案件数	5	—	—	—	—	—	—	—
	赔付金额	36	—	—	—	—	0.30	6.70	16.30
	赔付率（%）	3000	—	—	—	—	2	35	62
责任险	赔案件数	—	—	—	—	—	11	25	758
	赔付金额	—	—	—	—	—	4.10	19.60	409.70
	赔付率（%）	—	—	—	—	—	10	46	44
意外伤害险	赔案件数	—	—	—	—	—	—	—	—
	赔付金额	—	—	—	—	—	—	—	0.40
	赔付率（%）	—	—	—	—	—	—	—	1

说明：表中各年非主要险种未列入赔付数及赔付金额。2004 ~ 2007 年赔付数无资料

三、中保人寿京口支公司

1996 年，中保人寿江苏省分公司同意设立中国人寿镇江市分公司。1997 年 5 月，设立中保人寿镇江市京口支公司。1999 年 5 月，更名为中国人寿镇江市京口支公司。2003 年 6 月，中国人寿保险公司实行股份制，成立中国人寿保险股份有限公司，中人京口支公司更名为中保人寿保险股份有限公司镇江市京口支公司。1996 年，京口、润州两区合计长期保险费收入 188.5 万元，短期保险费 378.5 万元。1998 年，京口支公司直销险保费收入 818.8 万元，其中短期险 230 万元。其余年份均纳入市区统计中。1996 ~ 2007 年，理赔金额均纳入市区统计数中。

四、农业保险

2006 年始，京口区为提高农民抵御自然灾害能力，避免农民因灾致贫、返贫现象，弥补农业灾害损失，在全市统一部署下，开展农业保险试点。区农业保险采取以政府为主导，商业保险公司为承办主体，农业生产者互保为补充，地方财政给予适当保费补贴的政策性保险机制。区政府在农业银行开设农业保险基金专户，集中管理核算保费资金，采用省保监局批准的全省统一农业保险条款，水稻、“三麦”、油菜和能繁母猪为必保险种。2007 年，全区水稻承保 800 公顷，能繁母猪承保 764 头，承保率 100%;“三麦”承保 610 公顷，承保率 98%; 油菜承保 290 公顷，承保率 93.4%。2007 年 9 月 19 日和 10 月 8 日，“韦帕”“罗莎”台风过境使水稻发生大面积倒伏，导致减产，全区受灾面积 364.72 公顷，按每亩 40 元赔付，由财政与保险公司按 7 ： 3 分担，赔偿受灾农户 21.9 万元。

第十一篇　对外及对港澳台经济贸易

1990年12月，镇江鞋厂与香港千水实业有限公司合资成立镇江通茂鞋业有限公司，为京口区首家港资企业。1992～1995年，全区新办中外合资企业、中外合营企业、外资企业（以下简称“三资”企业）76家，“三资”企业出口和自营出口创汇2507.49万美元，合同利用外资3232万美元，实际利用外资1871万美元。1996～2000年，全区新办“三资”企业32家，出口创汇总额9599.54万美元，合同利用外资11160万美元，实际利用外资4166万美元。2001～2007年，新办“三资”企业131家，全区出口总额165525万美元，合同利用外资102776万美元，实际利用外资37757万美元。

第一章　体制及管理

1990年前，区级机构和职能不全，区内出口创汇由市外贸机构统一管理。为适应改革开放、出口创汇经济发展形势，区计经委内设外向型经济办公室，负责全区对外及港、澳、台经贸工作。1991年，区外经委成立，管理外资企业。1992年10月，区划调整，全区外资、外经、外贸活动范围和规模越来越广泛，“三资”企业法律法规日臻完善。1993年，京口区发挥城乡一体化优势，坚持以引进外资为龙头，“三外”（外资、外贸、外经）工作齐上。1994～2007年，全区各级“三资”机构、部门、企业实施改革。尤其在中国加入“WTO”后，以顺应国际经济贸易发展形势，根据国家外向型经济发展不同时期政策法规，制定各项措施促进全区外向型经济发展，使全区外向型经济进入增长较快、结构优化、效益提高良性发展轨道。

第一节　体制改革

1990年年初，区政府召开区外贸工作会议，强化对外开放意识，部署对外经济工作，完善鼓励发展外向型经济和扩大出口创汇政策措施，签订外贸目标承包责任状，对出口创汇重点企业实行倾斜政策，把发展外向型经济作为推动全区经济发展的突破口，克服订单不足、资金紧缺、原材料涨价等困难。同年，全区完成外贸收购额1035.68万元。1991年，把发展外贸作为推动全区外向型经济重点，坚持内外口岸联动发展，建立激励机制，重点扶持4家创汇大户。取得市经贸部门支持，扩大对外联系，增加对外贸易出口创汇，全年完成外贸收购额2027万元，同比增长95.72%。继镇江鞋厂与香港千水实业有限公司组建镇江通茂鞋业有限公司后，合资企业镇江奇而特化工有限公司同年投资组建。

1992年，进一步改革开放，拓宽思路，以新办外资企业为重点，街道、部门以高效率发展外向型经济。通过“三胞”（港澳、台、侨）眷属提供信息，引导海外亲属到家乡投资，设立引荐奖，组织好现有外贸生产。同年，24家合资企业出口商品8大类、15个品种，外贸收购额完成4133万元。

1993年，国务院《关于促进生产企业搞好自营出口工作的通知》要求各地方政府促进企业搞好自营出口工作。落实国务院办公厅发布《转发国务院特区办公室关于简化外商投资企业中方人员出国（境）

审批手续规定的通知》精神，新办外资企业 35 家，协议利用外资 1638.4 万美元，出口创汇 500 万美元，自营出口创汇 7 万美元。

1994 ~ 1997 年，京口区在发展和利用外资工作中，合力营造以国民待遇为核心的稳定公平投资环境。加大对外商投资的导向角度，有序引导外资投向农牧渔、冶金、鞋服、化工、食品、生物制品、纸制品和服务业等十大支柱产业，提高企业专业化、集约化程度，支持拳头产品、名牌产品快速发展。1996 年 1 月 1 日起，国家对进出口贸易有重大改革，对不低于 30% 进口关税税率的 4000 多个税目逐步取消出口退税，对出口企业实行监管。区政府适应关税改革，采取相应措施，降低关税调整带来的不利影响。

1997 年，加大考核力度，重申实行一票否决。将“三外”工作指标签订责任状，分解落实到各乡镇和经济主管部门，成立区外资项目指导小组，加强对外资项目包装、洽谈、推进工作指导，为有关乡镇配备分管专职副镇（乡）长。完善工作制度，召开月例会、季分析会、半年一次外企负责人座谈会，进行现场调研办公和检查落实，制定项目人、责、权、时、奖惩“五定”责任制。1997 年，新增“三资”企业 29 家，实际利用外资 628 万美元，完成出口创汇 2826.67 万美元，自营出口 414 万美元，外贸收购额 2.77 亿元，供货额 9.23 亿元。

1998 ~ 2003 年，全区对外经济贸易工作按照改革促活力，开放增动力的工作思路。新办“三资”企业 72 家，协议利用外资 2.64 亿美元，实际利用外资 1.13 亿美元，出口创汇 1.15 亿美元。2004 ~ 2005 年，坚持“三外齐上，三业并举、量质并重”的工作思路，认真落实科学发展观，突攻大项目，集约发展，集聚吸纳，科学招商。2007 年，新办“三资”企业 13 家，协议利用外资 10935 万美元，实际利用外资商务部确认数 7429 万美元，出口创汇 50055 万美元。

1991 ~ 2007 年京口区“三资”企业情况表

表 11-1

时　间	新办企业（个）	协议利用外资（万美元）	实际利用外资（万美元）
1991 年	2	37.60	9.60
1992 年	21	753.41	74.13
1993 年	35	1638	782
1994 年	13	509	759
1995 年	7	332	256
1996 年	1	640	509
1997 年	8	1460	628
1998 年	7	4467	983
1999 年	7	2780	1045
2000 年	9	1813	1001
2001 年	7	4312	1350
2002 年	22	4266	2441
2003 年	20	8724	4439
2004 年	23	12221	5046
2005 年	25	22309	3847
2006 年	21	18815	5167
2007 年	13	10935	7429

第二节　贸易促进与服务

1990年，区政府召开外贸工作会议，部署对外经济工作，要求各经济主管部门和街道继续与各外贸生产企业签订目标责任状，对镇江鞋厂、和平工艺品厂等出口创汇重点企业实行政策倾斜。1992年，下发《关于加快改革开放和经济发展的意见》，以新办“三资”企业为重点，“三外”齐上，街道、部门齐抓，转变观念，以外促内，内外并举，加快外资利用步伐。利用国外的技术、资金和先进的管理方法提高企业、产品的水平和档次。设立引荐奖，对提供信息并办成“三资”企业（外资全部到位）的有功人员除按引进外资额1‰奖励外，再一次性奖励1000～3000元。对干部、职工提供信息，建成“三资”企业贡献突出的给予记功、晋级。

1993～1996年，京口区多次赴香港和新加坡开展招商活动，参加市第二届金山之光艺术节，兴办“三资”企业55家。1994年，京口区5项重点工程投入8800万元，其中4项为中外合资重点企业工程。皮鹿丹时装有限公司当年建设，当年投产，当年收益。江苏金象集团中型材生产线、京侨王金制品公司、东海油脂公司3项重点工程均当年试投产。1996年，做好“以外引外”，加强整改企业复审换证，全区合格“三资”企业由上年20家上升到30家。

图11-1　2003年，市、区领导出席2003年京口金秋经贸洽谈会签约仪式（区外经局供稿）

2003年，全区以“招商引资创新年”为契机，全年举办6大系列、24场场次较大规模招商活动，并赴日、韩、东南亚及中国台湾地区等地招商。组织建区20周年国际经贸洽谈会和2003年金秋经贸洽谈会。启动京口科技工业园建设，作为吸纳外资、承接项目的载体。2004～2005年，优化投资环境，帮助“三资”企业解决矛盾和困难。完善工作机制，提升服务环境，强化政策机制，提升发展环境。2006～2007年，围绕“大项目建设绩效年”和“全面小康决胜年”活动，国际贸易和跨国投资保持良好发展势头。同时，继续向“长三角”转移，为大力发展外向型经济带来新机遇，瞄准国际大公司、大财团驻中国总部开展招商活动。2007年，新批外资项目中总投资1000万美元以上的占53.8%。新宇码头、普莱克斯、元和置业等项目外资陆续到位。

2003～2007年京口区招商引资活动情况表

表11-2　　单位：次、人

年份	境内活动		境外活动		小分队招商		来访客商人数
	次数	地区	次数	地区	次数	地区	
2003	7	上海、东莞、深圳、宁波、网上招商大比武、网上经贸洽谈会、建区20周年国际经贸洽谈会、金秋经贸洽谈会	3	日本、韩国、东南亚及台湾	3	南下小分队、上海（苏州）、胶东半岛	—
2004	3	上海、杭州、金秋经贸洽谈会	4	日本、韩国及台湾、香港、澳门	10	上海、深圳、东莞、胶东半岛	—
2005	3	浙江、深圳、东莞金秋经贸洽谈会	3	日本、韩国及香港、台湾、澳门	11	上海、东莞、深圳、温州、胶东半岛	300

续表 11-2

年份	境内活动		境外活动		小分队招商		来访客商人数
	次数	地区	次数	地区	次数	地区	
2006	4	沪浙、粤闽、浙江、金秋经贸洽谈会	5	香港及美国、日本、韩国、新加坡、法国、奥地利	10	北京、上海、东莞、深圳、珠海	400
2007	2	粤闽、金秋经贸洽谈会	6	美国、加拿大、日本、韩国、新加坡及中国香港、台湾	10	北京、上海、东莞、深圳、珠海、杭州、温州、福州	550

第二章　港澳台资企业

1990 ~ 1992 年，全区新办港澳台资企业 22 家，其中港资 14 家、台资 3 家，占合资企业 77%。1993 ~ 1995 年，新办 55 家，其中港澳台资企业 36 家，占 65.5%，港澳台资企业完成工业总产值 36795.5 万元（现价），占全区工业总产值 8%。1996 年，完成工业总产值 26061 万元，占全区工业总产值 13.81%。皮鹿丹时装公司、金宝粘合剂公司、长源行矿产公司、隆全锅炉公司、永丰电光源公司、大捷金属制品公司、光耀金属制品有限公司等港澳台资企业为区规模企业。2007 年，全区有港澳台企业 28 家，占全区“三资”企业 42.42%。

第一节　港资企业

1990 年 12 月，镇江鞋厂与香港千水实业有限公司合资成立镇江通茂鞋业有限公司，翌年 1 月开业，成为全区第 1 家与港合资企业，总投资 32 万美元，镇江鞋厂投资 22.4 万美元，香港千水实业有限公司投资 9.6 万美元，年生产销售各类冷粘鞋和半成品鞋 50 万 ~ 90 万双，70% 由港商销往海外，合同期 15 年。1991 ~ 1992 年，完成产值 1295 万元，利税 13.3 万元，销售 214 万元人民币和 38 万美元。1992 年，全区港资合资企业 14 家，有冶金、制鞋、食品加工、房地产、装饰等行业。其中，谏壁粮山农工商公司与香港增捷建华有限公司投资兴办镇江东海油脂有限公司，总投资 500 万美元，注册资本 280 万美元，合同利用外资 154 万美元。1994 年 7 月，江苏置业集团和香港百力恒企业有限公司、香港永畅发展公司合资建立镇江皮鹿丹时装有限公司，投资 1100 万元，从引进 400 台具有世界先进水平的皮装制作设备和 PAD 电脑成衣设计系统，进行服装设计、制作、开发。生产的高档皮装、高级羊绒大衣、牛仔系列、职业女装系列为一体的多元化时装。同年 9 月，首次举办皮装展示会和订货洽谈会，推出 108 款新型皮装，成交额 5800 万元。10 月，被轻工总会授予“全国首批真皮标志产品”称号。1995 年 10 月，参加中国 1995 年国际名牌服装服饰博览会，被评为金质奖第一名。12 月 26 日，皮鹿丹产品列入中国轻工产品排行榜，荣获“中国真皮十大名牌产品”称号。1996 ~ 1997 年，皮装年均产值 1.6 亿元，工业销售收入 2.15 亿元，外贸出口 1927 万美元，创利税 875 万元。

1996 年 12 月，镇江长源行食品有限公司与镇江市港务局、香港杰运实业有限公司投资兴办镇江长源行矿产有限公司，总投资 238 万美元，协议外资 235 万美元。经营范围生产、加工、销售矿石和矿砂及冶金配套产品。1997 年，该公司实际利用外资 107 万美元，销售达 5000 万元以上。

1998 ~ 2002 年，全区 5 年港资企业工业产值 31833.4 万元，工业销售 28521.7 万元。2007 年，全区有“三资”企业 66 家，其中港资企业 15 家，占 22.70%。

第二节　澳资企业

1993年3月，红旗建材厂与澳门谭炳华先生合资兴建镇江建华化工有限公司，总投资额20万美元，其中谭炳华投资8万美元，主要经营混凝土外加剂化工，系京口区首家澳资投资企业。同年12月，谏壁化工厂、江苏省盛力科技开发工程公司与澳门法利达公司合资兴建镇江盛力化工有限公司，总投资额150万美元，其中利用外资64.5万美元，主要生产销售苯胺等化工产品。

1994～2006年，区域内澳资企业由于受金融危机影响，产品滞销，部分企业撤资，企业停办。2007年，由上海东邦投资有限公司与澳门利通集团有限公司、澳门利通实业投资有限公司联合投资1200万美元开办镇江东邦置业发展有限公司，正常运行。

第三节　台资企业

1992年3月，镇江第三化工厂与台湾鞋宝实业股份有限公司合资成立镇江金宝粘合剂有限公司，总投资85万美元，注册资本65万美元。其中镇江第三化工厂投资39万美元，占股本60%，台湾鞋宝实业股份有限公司投资26万美元，占股本40%。该公司引进国外先进生产技术和主要装备，生产经营聚氨酯、氯丁接枝共聚、合成橡胶、天然橡胶4大系列粘接剂及配套处理剂、硬化剂、整理剂等40多个品种，年产量2500吨。1994年，工业产值达千万元以上。1996～1997年，两年完成工业产值4074万元，销售2325万元。1998～2007年，镇江金宝粘合剂有限公司年工业产值、销售稳定在2000万元以上。

1993～1997年，全区新建台商投资企业15家，涉及产业有服装、汽车清洗、通信器材、木制品、电子电器、装饰、商业预售、食品、塑料制品、餐饮、灯泡等。其中1994年区外经委在金山之光艺术节期间，与台湾熊少定先生签约成立镇江雄飞塑料制品有限公司，协议外资25.2万美元，年产塑料制品1000吨。9月，报领批准证书、营业执照，利用象山乡冶金煅焊厂厂房合资嫁接，选购设备，组织技术人员进行设备安装调试。11月出口第一批产品。

1998年5月，台湾庆丰富实业股份有限公司利用金象集团原中轧厂闲置资产1.2万平方米厂房，独资创办元鼎饰材实业有限公司，总投资2100万美元，注册资本1000万美元，生产经营仿木新型装饰材料。2001年，实际投资930.13万美元，当年实现产值7809万元，销售7417万元，出口创汇895.8万美元，完成利税110.4万元。2007年，完成工业销售41223万元，工业增加值10049万元。

2001年，台资企业顺裕饰品实业有限公司投资500万美元在禹山路建成投产。

2007年，有正常运转的台资企业12家。

第三章　进出口贸易

1994年之前，京口区进出口贸易由市及其他外贸部门代理。1992年4月，市对外经济贸易委员会同意京口区外贸公司自行组织对外出口产品及农副产品，并由区外经委扎口统计。1992～1995年，全区出口创汇2507.49万美元。1996～2000年，出口创汇9051.43万美元。1992～2007年，进出口总额216213万美元。

2007年，辖区范围在地统计出口贸易企业83家，其中外贸企业36家、生产企业19家、港澳台资企业 28 家。外贸企业、生产企业和“三资”企业出口分别占全区总出口量的 55.9%、29.1%、15%。进出口贸易中出口额明显高于进口额，出口比例占进出口 89%。外贸企业进口和出口分别占全区进出口总额 71.8% 和 56%。自营出口产品中，五金工具类约 48%，有色金属占 19%，电子类占 12%，新型饰材类占 7.8%，化工类占 6.3%，汽车配件占 3.2%，服饰类占 2.9%。生产企业产品品种主要有塑料制品（窗帘、地板）、重型汽车配件、灯泡、遥控器、橡胶助剂等。同年，全区进出口总额 50055 万美元，其中出口总额 46716 万美元。

第一节　进口贸易

1990 年前，区内企业进口设备和材料由市外贸部门代理。1991 年，以区农副畜产贸易公司为基础，组建京口区外贸公司，专业收购全区外贸源出口。1992 年，市外经委批准京口区外贸公司收购并结算自行组织对外出口产品及农副产品，并由区外经委扎口统计。1993 年，成立京口区外贸总公司，担任市下达区一般贸易进出口任务。1996 年，兼管外经局下属企业（挂靠公司）。区外贸总公司无进出口经营权，初期由市外贸公司借权经营，后改由在市国际公司借权经营。1993 ~ 1999 年，代理区内企业各种设备和材料进口业务，其中 1998 年代理皮鹿丹公司进口 32 万美元牛皮业务，因多种原因一直未能及时出口核销，借权单位（市国际公司）1999 年暂停区外贸总公司所有进出口业务。经与市外经委及相关部门多次协调，于 2000 年 10 月解决拖延近 2 年的皮鹿丹时装公司恢复进料出口业务，区外贸总公司正常运转。

2004 ~ 2007 年，全区企业投资增大，对外引进设备增多。镇江鼎胜铝业有限公司 1 期工程中，有 6 条冷轧生产线、7 条连铸生产线、3 条涂层生产线和 7 台退火炉等，主要生产检测设备从意大利、日本、德国、美国引进。2005 ~ 2007 年，该公司 2 期工程中，有 900 毫米冷轧机、1600 毫米中精轧机、3 台铝箔粗中轧机、4 台铸轧机和 8 台退火炉等设备，其中，冷轧机和铝箔粗中轧机板形仪、测厚仪及控制系统分别从奥钢联、霍尼韦尔、ABB 公司引进。

第二节　出口贸易

1990 年，全区完成外贸收购额 1035.68 万元，其中京口农副畜产贸易公司组织分割肉、冻兔、肋排出口贸易 441 万元。1992 年，完成外贸收购额 2027 万元。在京口农副畜产公司基础上组建京口区外贸公司，专业收购区外贸源出口，同年出口 819 万元。

1992 年，区划调整后，全区外贸出口企业 9 家，出口商品 8 大类 15 个品种，完成外贸收购额 4133 万元，占市下达计划 202%。同年，区首家合资企业生产的踏雪鞋、旅游鞋等系列产品出口创汇 37.6 万美元。1993 年，外贸收购额大幅度增长，完成外贸收购额 1.12 亿元人民币，同比增长 97.2%。自营出口创汇 7 万美元，实现零的突破。产品出口企业增至 32 家，产品种类有冶金、机械、纺织服装、化工、鞋帽、工艺品、五金工具、粮油等，出口创汇“三资”企业增至 8 家，创汇 590.64 万美元。1995 年，“三资”企业出口创汇 1302 万美元，完成外贸收购额 2.77 亿元，同比翻了 1 番，外贸收购额占比由 1990 年 10% 提高 24% 以上。1996 年，出口创汇再创新高。1997 年，区外经局将镇江颜料厂自营出口权申报，经市、省核准后成为京口区首家外贸自营出口企业。同年，全区出口创汇 1607.11 万美元。2000 ~ 2001 年，加大对外资企业和出口生产企业扶持力度，使元鼎饰材、震东电光源等企业保持良好出口势头，全区出口创汇 2705 万美元。

2002 ~ 2007 年，制定外贸出口扶持计划，2003 年、2004 年两年完成出口创汇 13804 万美元。协助宝华半挂车配件公司、新元塑胶、马维斯达建材、佳和服饰等企业申办自营出口权，办理海关、商检、外管等手续，获权企业新增出口创汇1000万美元。区政府制定《关于对全区自营出口企业退税贷款贴息的实施意见》，为元鼎饰材、顺裕饰品、光耀金属3家企业申请出口退税专项贷款800万元，实行财政贴息33万元。

1992～2007年京口区进出口贸易经济情况表

表11-3　　单位：万美元

年　份	进口额	出口额	年　份	进出口总额	进口额	出口额
1992	—	37.60	2000	2073	741	1332
1993	—	590.64	2001	2230	857	1373
1994	—	4433.23	2002	4949	2497	2452
1995	—	1446.02	2003	7461	3638	3823
1996	—	2361.41	2004	17997	8016	9981
1997	—	2826.67	2005	17355	4608	12747
1998	—	1607.11	2006	41660	8959	32701
1999	—	924.24	2007	50055	3339	46716

第四章　招商引资　“三资”企业

1990年12月，京口区通过招商引资签订第一个中外合资企业。1991～1995年，各级政府和各部门5年组织50多次国内外招商团招商引资。赴日本、美国、新加坡等10多个国家及中国港、澳、台地区招商引资。1996～2006年，先后批准“三资”企业151家，开展招商引资、推进大项目建设、强化项目跟踪服务。2007年，协议利用外资10935万美元，创历史最好水平。全区实际在册运行外商投资企业66家，总投资14.5亿美元，注册资金9.96亿美元，实际利用外资3.62亿美元，资金分别来自美国、日本、韩国等国家和中国香港、台湾、澳门地区。行业涉及化工、轻工、设备制造、房地产、机电、餐饮等。

第一节　招商引资

图11-2　2004年，京口区投资环境现场说明会
（区外经局供稿）

1990年，京口区政府召开外贸工作会议，部署外向型经济发展工作。参加1990年镇江国际经济技术洽谈会，签订区第一个与香港合资项目——镇江通茂鞋业有限公司，同时洽谈成全区第一项“三来一补”贸易。

1993～1995年，外经部门先后组团赴境外招商10余批（次）。1994年5月22日～6月4日，区长贺华平一行16人赴新加坡和香港招商，洽谈成功合作项目19个，其中区土地管理局所属盛达房地产开发公司与新加坡兴盛国际投资私人股份有限公司联合在京口区组建“金狮”房地产开发公司，在中山东路东段与青云门交汇处兴建金狮国际贸易大厦，总投资600万美元，其中新加坡客商股份占65%。主楼21层（1995年降至18层），总面积2万平方米。1995年5月13日和5月20日，分别在新加坡和香港两地举办1995年京口区对外经贸洽谈会，重点向新、港两地工商界人士推出大市口商业片、镇澄路商业街和京口旅游经济开发区引资项目。3年来，协议利用外资2479万美元，实际利用外资1797万美元。

1996年，在镇江二十一世纪乐园举办1996年经贸恳谈会，签约12个项目，总投资1684.24万美元。

1997年，区委、区政府提出开展“攀高亲项目万里行”活动。区领导带队，以开发区为主体，赴美、法、德、意等国开展招商引资，洽谈后报批化妆品和“巨蛋”2个项目。有关乡镇赴新、马、泰等国和香港等地区招商引资，分别举办1997年京口对外招商项目发布会，洽谈外资项目11个，贸易项目3个，签约外资项目6个，总投资1860万美元。区领导率团参加1997年中国投资贸易洽谈会和1997年深圳镇江对外经贸恳谈会，推进洽谈在手外资项目，全区协议利用外资1460万美元，实际利用外资628万美元。1998年，镇江国际经贸洽谈会期间，邀请到会客商32人，签约13个项目，总投资3245万美元。2002 ~ 2004年，按照主攻台资，发展欧美引资策略，做好“以台引台，以台引外”文章，组织台湾彰化县工业考察团一行参加京口区投资环境说明会，先后接待以台商为主的境外来访团17批，160人次，重点在服务业、农业和民营经济“引资、引技、引智”见真效。江苏置业集团引进港资1750万美元兴办金山华庭项目。丹徒镇引进港商投资1250万美元兴办高效杀虫剂项目。谏壁镇“中盛粮油”项目增资458万美元。多次组织赴台、港及沪、粤招商活动，推进项目55个，总投资38376万美元。2005年，举办各种招商活动14场，其中境外招商2场。金秋经贸洽谈会期间，接待港、澳、台及日、韩、欧美等地区和国家客商130余人次。其间，形成（含港台）团组44批，到访客商300多人，实际利用外资3847万美元。

2006 ~ 2007年，新编招商项目74个，其中基础设施项目9个，制造业项目21个，服务业项目37个，农业项目7个，总投资18亿美元。区委书记胡宗元率经贸考察团赴台湾开展招商，会见客商140多人，洽谈推进项目17个。

第二节　“三资”企业

一、合资

1991年，全区合资企业2家。1992年，合资企业发展到24家，总投资2036万美元，合同利用外资520万美元，实际利用外资150万美元，其中，4个乡镇新办合资企业7家。1993 ~ 1995年，新办合资企业51家，其中皮鹿丹时装有限公司当年投产当年收益。江苏金象集团中型材生产线、京侨五金制品公司、东海油脂公司3项重点工程，于1994年12月投（试）产。1996 ~ 2006年，全区新建合资企业59家，其中震东电光源有限公司、吉联时装有限公司、光耀金属制品有限公司保持良好出口势头。2007年，全区实际运行在册合资企业21家。

二、独资

1994年，京口区新建独资（由自然人或企业单独投资，以下简称独资）企业3家，分别由台湾自然人翁慧珍女士投资15万美元建立镇江桦玮食品有限公司。香港自然人高由贵先生投资13.26万美元建立镇江永清纸制品有限公司。香港嘉东实业公司投资26万美元建立镇江鸿程动画有限公司。1996 ~ 2001年，6年新建立独资企业11家，其中元鼎饰材实业有限公司、福安好建材有限公司、隆全锅炉有限公司等为京口区规模企业。元鼎饰材实业有限公司4年先后实际投资930.13万美元，2001年实现产值7809万元，销售额7417万元，出口创汇895.8万美元，完成利税110.4万元。镇江三森电气有限公司董事会决议，将合资企业变更为独资企业，同时将总投资500万美元，注册资本380万美元分别调整为360万美元和340万美元，经报批变更为独资企业。2001年，镇江隆全锅炉有限公司董事会决议，将总投资125万美元、注册资本100万美元分别增加到160万美元和112万美元。同时增加投资方，台湾隆全铁工厂有限公司及台商周朝和在镇江组建独资经营有限责任公司。隆全铁工厂有限公司投资88万美元，占注册资本78.57%，周朝和以设备24万美元作价投资，占注册资本21.43%。

2002～2007年，全区引进重点为独资企业，先后批建86家，世鸿工业有限公司、永丰电光源有限公司、震东铜业有限公司等分别发展成为京口区规模企业。2007年12月，全区实际运转独资企业45家。

三、合作企业

1996年，香港杰运实业有限公司和镇江市港务局、镇江长源食品有限公司共同投资238万美元组建镇江长源行矿产有限公司，成为京口区首家共同出资合作企业。1997年，台商陈明忠和镇江鑫磊照明有限责任公司共同出资组建镇江旭亮照明有限公司。美国世纪科学有限公司与镇江市京口区外贸物资总公司共同出资组建镇江金润化工有限公司3家企业。1998～2000年，先后组建4家合作出资企业。由于市场变化及多种因素，2007年，合作出资企业先后全部注销歇业。

第五章　对外经济技术合作

1984～1989年，区第二饮食服务公司向中国驻联邦德国、黎巴嫩、巴基斯坦、塞内加尔、秘鲁、尼泊尔等国大使馆输出厨师、理发师等级服务人员，获劳务补偿费人民币1.75万元。1995年，完成承包劳务合同额100万美元，承包劳务营业额17万美元，外派劳务人员21人。1996～2000年，全区完成劳务合同额749.85万美元，劳务营业额506.2万美元，外派劳务人员551人。1997年，皮鹿丹时装公司在俄罗斯设立窗口。1998年，区供销社在喀麦隆小商品市场开拓业务，至1999年创汇3.8万美元。2001～2007年，7年完成劳务合同额3662.24万美元，劳务营业额3033.64万美元，外派劳务人员2922人。

第一节　劳务输出

1994年，区外经局完成劳务合同额1.2万美元，劳务营业额1.2万美元，外派劳务（以下简称“三劳”）人员3人。1995～1999年，“三劳”逐年增长。其间，京口区外派人员签约公司由镇江国际公司管理。外方签约为美国、新加坡、日本、印尼、阿联酋、俄罗斯、利比亚等国家和地区有关机构。外务工种为管理员、模具、电子、缝纫、护士、文秘、营业员、服务员、业务员及厨师、理发师、司机等20多种。2000年，先后设立京口区对外经济技术合作有限公司、京口海外劳务合作有限公司、京口境外劳务合作有限公司和京口长城海外经济合作有限公司为区内外派人员签约公司。在参加经贸洽谈、签订项目同时，代理外派劳务业务。

京口区劳务输出传统行业有缝纫、服装、车床、电子、厨师、领班、服务生，主要集中在沙特、日本、德国、毛里求斯、马来西亚、约旦、新加坡、塞班、牙买加、纳米比亚等20多个国家和地区。在稳定传统行业和原有地区基础上，积极开辟新渠道，到亚、非、欧市场同步开发，由体力型普通劳务到智力型高级劳务新路子，不断提高劳务输出附加值和含金量。2001～2003年年末，在日本、德国、美国等高附加值国家劳务输出人数已占全部劳务输出人数40%以上。2007年，全区完成劳务合同额650万美元，劳务营业额600万美元，外派劳务人员485人次。

第二节　境外投资

1997 年 11 月，镇江市对外经济贸易委员会批准镇江皮鹿丹时装公司在俄罗斯设立窗口（镇江皮鹿丹时装有限公司俄罗斯分公司），英文名称为 ZHENGJIANGPILUDAN FASHION ABLEDRESS CO.LTD RUSSIAN BRANCH，公司地址：俄罗斯莫斯科市，为独资企业，总投资 8 万美元，注册资本 8 万美元，流动资金 4 万美元，独立核算，自主经营、自负盈亏，对外投资外汇自筹。公司选派 4 名管理及业务人员在俄罗斯分公司租赁经营场所，招聘工作人员。

1998 年，区供销合作总社组团去非洲喀麦隆实地考察，通过小商品市场考察，确认存在商机，即安排专人常驻喀麦隆，在喀麦隆小商品市场设立专柜，成为区供销社境外窗口，区外贸公司为出口代理商。同年 5 月，首批组织 25 万元商品发往非洲，自营出口创汇 1.3 万美元，在开拓境外贸易上进行有益尝试。

2002 年，京口区对外经济技术合作有限公司在德国注册商务公司，开展经济技术合作活动。同时创办新闻媒体——《欧洲信报》，为京口区在欧洲招商提供新闻载体。2003 ~ 2007 年，京口区境外投资陆续关闭、歇业。

1994 ~ 2007 年京口区对外劳务输出情况表

表 11-4

年　份	劳务合同额（万元）	劳务营业额（万元）	外派劳务（人）
1994	1.20	1.20	3
1995	100.71	17.21	21
1996	164.47	51.30	55
1997	94.40	78.93	70
1998	82.80	103.31	88
1999	95	120.46	96
2000	313.18	152.20	242
1996 ~ 2000	749.85	506.20	551
2001	356.89	220.84	367
2002	400.35	300.80	333
2003	465	380	355
2004	530	440	400
2005	660	552	492
2006	600	540	490
2007	650	600	485

第十二篇　民营经济

1991 年，全区民营企业 13 家，注册资金 44 万，个体工商户 3023 户，缴纳税金 650 多万元，同比增长 10%。1997 年，全区注册个体工商户 5658 户，私营企业 98 家，分别比 1995 年增长 28.7% 和 8.9%。1999 年 11 月，京口区成立个体私营经济发展局，推进民营经济快速发展。2006 年，全区民营经济整体质量不断提升，定报企业 68 家，比 2005 年净增 23 家，实现销售 56.35 亿元，同比增长 18.6%。其中，实现年销售 10 亿元企业 2 家，完成利税 2.35 亿元，同比增长 51.3%。服务业民营经济实现三产增加值 14.09 亿元，同比增长 16.7%，占全区 GDP 比重 33%。2007 年，全区 118 家定报工业企业中民营企业 74 家，占 62.7%。民营定报工业企业实现增加值 18.18 亿元，工业总产值 75.04 亿元。民营企业 3738 户，个体工商户 9134 户，注册资本 54 亿元，民营经济增加值占 GDP 比重、财政收入、吸纳下岗和再就业人数分别达到 56%、65%、85%。

第一章　机构及管理

1984 年，京口区工商局设立个体股，代行全区个体户管理机构职权。4 月，京口区工商行政管理局主持成立个体劳动者协会，成为全区个体劳动者自我教育、自我管理、自我服务（以下简称“三自”）群众性自治机构。9 月，成立 8 个街道个体协会分会，个协会员 671 户。1992 年 10 月，区划调整后，划进 4 个乡镇个体协会分会。1986 ~ 2007 年，区个协及各分会在“三自”工作中，把形势、政策、法制和职业道德作为对会员教育重点，提高个体劳动者、私营业主整体素质。该自治机构发挥群众团体职能和桥梁纽带作用，在完成各项任务中，涌现出一批先进集体和先进个人，受到省、市、区政府及有关部门表彰。1999 年 11 月，区政府成立个体私营经济发展局（以下简称“区个私局”）为全区个人及私营企业管理机构。

第一节　专业培训与法规教育

1985 ~ 1986 年，区个协加强对个私工商户业主及从业人员开展党的改革开放政策、国家法律法规教育。先后 3 次组织 230 人次参加有关市场经济及个私工商业户《中华人民共和国合同法》《中华人民共和国私营企业暂行条例》《中华人民共和国城乡个体工商户管理暂行条例》等内容学习。每月各行业组长集中学习 2 次，召开各种动员会、现场会、经验交流会 50 余次。1987 年，区个协在正东路、健康路分会开展“普法”试点。1988 ~ 2005 年，全区城乡个体分会先后系统学习宪法、刑法、税法、食品卫生法、工商法等法律法规，完成“一五”至“四五”普法教育。1991 年 6 月，建立区个体私营企业业余学校。2001 年，区个私协会围绕加入 WTO，开展对 WTO 知识培训，强化个私企业管理人员法律法规培训，提高市场经营主体素质，增强私营经济参与国际竞争意识和能力。2004 年，京口区民营企业法律援助中心成立，聘请律师为会员免费提供各类法律咨询，支持民营企业通过个私经纪人等行业协会，以法律保障维护合法权益。京口区召开个私协会第七届代表大会，区政府和工商部门领导与80多家私营企业主和个体劳动者代表与会共谋发展新路。采取“请进来，走出去”办法，先后举办经营管理讲座、企业创新讲座、ISO 9000质量认证讲座和企业纳税法规讲座等20多期，邀请高校教授、税务部门和质量认证方面专家授课，每期100多名私营业主听讲。10多家私营企业派专人参加北京认证中心ISO 9000内审员培训班，不断提高各个层面专业管理水平。2006 ~ 2007年，区个私协会组织辖区内个私企业、协会会员进行6期《中华人民共和国合同法》《中华人民共和国商标法》等法律法规知识培训。

第二节　编制发展规划

1984 ~ 1999年，区域性个私经营企业一般为作坊式小企业，未行编制规划。2000 ~ 2004年，区个私局对全区城乡个私企业开展普查。在普查基础上编制全区个私企业发展规划，先后制定《京口区私营个体经济推进工程实施意见》《关于进一步加快发展私营个体经济的意见》，提出私营规模企业“63215”目标（即：年销售营收500万元以上企业60家、1000万元以上企业30家、3000万元以上企业20家、5000万元以上企业10家、超亿元企业5家），制定《乡镇、街道私营个体经济发展目标任务分解表》。2000年5月，区个私局对乡镇、街道开展个私企业一户一表登记普查，查各类工商企业5165家。其中，集体企业607家，个体4090家（含无照户），私企（含市照）344家，合伙企业44家。按行业分工业企业279家，餐饮企业684家，美容美发企业363家，商贸流通2837家，维修店铺199家，各类加工、中介服务企业803家。2001年6月，区个私局开展个私企业普查，有个体工商户（企业）5400多户，其中工业企业284家，餐饮企业892家，美容美发业170家，商贸流通业3419家，建筑装潢维修服务业520家，社区服务、信息中介业425家，个体工商户、私营企业数分别比2000年年末净增1100户、100家。2004年，区个私局加强宏观化管理，编制个私企业5年规划，确立个私经济中短期发展目标，实施数字化管理，通过报表了解个私企业效益运行、注册资本、行业分类、用工等情况。2007年全区民营企业实施项目化管理，建立客商信息库和项目信息库，为招商会、洽谈会、交易会提供各项服务。

第三节　招商引资

1992 ~ 1999年，全区城乡积极开展招商引资活动。2000 ~ 2001年，区个私局先后向市诚信担保公司、市中小企业担保中心推荐信贷授信企业23家，协议贷款2500万元，协助45家企业贷款2300万元，帮助14家企业拆借资金619万元。协调和引进部分区外税源。2001年引进办理新税源企业24家，其中注册资本50万元以上14家。2004年，区个私局组织各类招商引资活动，推进民营经济发展。先后赴上海、杭州、宁波、温州等地吸纳各类民资，并举办2004年金秋经贸洽谈会，引进总投资6亿元特种钢、3亿元红豆广场、特种水产养殖等14个民资项目。全区实际吸纳民资14亿元，占全区计划104%；新增民营企业380家，占全区计划106%。新增个体工商户3100户，占全区计划103%。京口区被评为镇江市民营经济先进集体。2005年，全区招商活动中，集中签

图12-1　2004年，珠海市民营企业商会、浙江工商企业发展促进会在长江之滨——相约京口共谋发展　（区民营经济发展局供稿）

约民资项目 16 个，总投资 10.25 亿元，紫江食品、宝华物流等 30 多个项目当年签约，当年开工建设。民间固定资产投资完成 17.5 亿元，占年计划 109%。全年实际吸纳民资 18 亿元，占年计划 120%，同比增长 29%。

2006 ~ 2007 年，京口区政府在招商引资活动中，努力营造民营经济发展“亲商、安商、富商”服务环境。建立微小企业“五库”（信息库、成长型企业库、品牌数据库、技术改造库、创新数据库），实行动态管理。发放京口区投资企业服务联系卡，成立投资企业协调办公室，实行首问负责制、办事限时制。2006 年，全区吸纳民资 19 亿元，新增注册资本 6.74 亿元。2007 年，组织私营企业主到杭州、台州等地举办招商推介活动。开展“进万家企业，解发展难题”活动，落实扶持措施。同年，吸纳民资 24 亿元，新增注册资本 6.6 亿元，新增销售亿元民营企业 4 家，获省及省级以上品牌 5 家。

第四节　为会员办实事

1984 年，区个私协会为会员解决粮食计划 5.7 万千克，食用油 2837 千克，糖、食用碱 1.4 万多千克，煤 53.3 万多吨，多次解决修理户钢材、木材、水泥等计划物资，为经营户办理工程粮计划等。1985 ~ 1986 年，区个协调解会员间矛盾 17 起。1988 ~ 1989 年，区个私协会帮助五条街小百货市场解决动迁，使 121 个摊位正常营业。1991 年，全区个私经营企业在抗洪救灾中，在全市率先提出《不发洪水财，致富不忘国家，为国家挑担子》倡议，组织个体户开展生产自救，引进货源和捐钱、捐物，捐款 2.81 万元，粮票 1.6 万公斤。区个协多次被市、区政府及省工商系统评为抗洪救灾先进集体，37 名会员被各级单位评为先进个人。

1997 年，市委、市政府提出大力培育和扶植新的经济增长点，为个体私营经济创造公平竞争发展环境，繁荣市场、活跃经济。区个协积极扶持下岗职工从事个体私营经济，提供减免管理费优惠政策，鼓励私营企业优先招用下岗职工，1997 年安置 5260 人。10 月，中共十五大提出“非公有制经济是我国社会主义市场经济的重要组成部分”后，工商分局邀请个体工商户、私营企业主代表及区有关领导座谈，非公有制业主向党倾注心声。

1999 ~ 2005 年，区个私协会为个私工商企业办理会员卡，凭会员卡可享受相关单位优惠服务，并与计划生育部门协调，为 600 余名女会员健康检查。2007 年，全区制定 20 多项服务措施，促进个体私营经济发展。

第五节　履行“三自”职能

1984 ~ 1991 年，区个协发挥桥梁纽带作用，在履行“三自”职能同时，当好工商部门监督管理助手。在“创三优”工作中，先后派出 50 多人次，协助执法人员工作，组织个体户自行粉刷门面 3000 多平方米。1992 ~ 1995 年，区个协围绕“三自”职能，引导守法经营户，致富不忘国家，按 3 条线（区工商局干部、个协、工商所）发动全区个体户参与创建卫生城活动，组织工商干部、个体工商户代表，赴浙江义乌、杭州、宁波等地参观学习。京口工商分局制定《关于进一步放宽个体、私营经济登记条件的通知》，区政府转发《关于大力发展个体、私营经济的若干意见》。1999 年，区个协开展“爱我镇江，保我家园”为主题水利建设捐资活动，为江堤达标捐款 28.6 万元，向特困户、特困生捐款 1.2 万元。开展“户户讲道德、店店无假货”活动。90 户个体工商户和私营企业分别被评为市、区级“光彩之星”。2006 ~ 2007 年，深入开展全民创业宣传活动，提供全民创业优惠政策、措施，树立创业典型，营造全民创业浓烈氛围。

第二章　民营企业

1987 年，根据中共十三大提出“私营经济一定程度的发展有利于促进生产，活跃市场，扩大就业，更好地满足人民多方面的生活需求，是公有制经济必要的和有益的补充”，全区开始出现民营经济所有制结构。1988 ~ 1991 年，全区私营企业 13 家。至 1995 年，私营企业发展到 90 多家，其中金聚德烤鸭大酒楼跻身江苏省私营企业 50 强。1998 年，城乡私营企业发展加快。通过企业改制，增加个私经济总量。企业逐步从作坊网点向规模化、集约化方向发展。与科研机构及院校联姻，增强发展后劲。向新兴产业进军，争创名优品牌。2001 年，全区私营企业 420 家，年技改投入百万元以上 25 家。发展到一、二、三产业联动。为顺应形势发展，京口区成立民营企业家协会，2003 年，新增私营企业（含有限公司）404 家，同比增长 37%，投资 50 万元以上民资项目 158 个，引进吸纳民资 18.15 亿元。2007 年，民营企业 3738 户，民间投资额 36.4 亿元。

第一节　行　业

图 12-2　位于京口区南门大街的民营餐饮业金聚德烤鸭大酒楼（区民营经济发展局供稿）

1984 ~ 1990 年，京口区私营企业数量较少，且多为餐饮行业。1992 年，乡镇私营工业企业 17 家。1995 年，有金聚德烤鸭大酒楼、六朝春、海霸王围炉城等一批有影响私营餐饮企业 90 家。1997 年，98 家私营企业中有机械制造、轻工餐饮、商贸流通等 20 多个行业。1998 年，推进企业改制，30 家企业出售给个人，45 家挂靠企业理顺关系，促进私营企业加大投入，加快科技进步，规模和产业不断拓展，年销售 100 万元以上 76 家，三产私营销售 500 万元以上 14 家，其中超 1000 万元以上 10 家，并逐步形成餐饮、家政、社区服务、美容美发、房地产、软件开发、旅游服务等 6 大系列行业。涉及新材料、新技术推广应用等信息产业领域私企逐年增多，出现一批集科研、开发、销售、中介、咨询等于一体，多功能服务业行业。二产私企产值 1000 万元以上 13 家，其中超 2000 万元 8 家。镇江碳素厂、镇江灯头厂成为京口区私营经济骨干。形成碳素制品、灯具灯饰、化工、建材、电子、鞋帽、机械、特种玻璃制品 8 大支柱产业，产品占市场重要份额。一产涉及新优果蔬系列培育，食用菌栽培、珍禽养殖等新兴农产品。

1999 年 3 月，京口区私企女企业家联合发起成立联谊会，首批吸收女会员 25 名，陈多莉被选为会长，鄂秀萍、王菊华被选为副会长，王静红为秘书长，加强私企女厂长、女经理、女企业家间联系与交流。6 月，金聚德烤鸭大酒楼、香江酒家、醉仙楼酒家、聚海堂大酒楼等 25 家餐饮私企发起成立京口区餐饮行业分会，聘请鄂锦昆为顾问，推选鄂秀萍为会长，马万勇、滕庆中、方玉秀为副会长，审议通过章程和行规行约，增进同业市场联系、沟通、配合和协作，共同营造公平均等市场环境。

2001 年 3 月，区生猪养殖协会成立，为京口区首家农业专业协会，会员 35 人，注册资本 3 万元，聘任副区长王明龙为名誉会长，养殖大户左元楼和王远为副会长。全区年出栏生猪 2.3 万头，产值 1900 万元，占全区养殖业的 52%。成立民营企业家协会，首批会员 80 多名，宗旨为加强民营企业家及政府间沟通和联系，协助政府扶持、培育民营企业，促进民营企业创新创优、做大做强。建立工作制度、会议制度，为辖区内私营企业开展管理、用工、信息、融资、法律、代理 6 大服务。12 月 21 日，在汇萃园召开区民营企业家协会年会暨 2002 年企业发展论坛，王纯一会长代表区协会第一届常务理事会作报告，民营企业家就加入世贸组织后，应对挑战思路和方法作研讨性论文交流。全区一、二、三产继续联动发展，形成“六城”“两街”（汽配城、甘露商场、陶瓷城、通信城、家具城、摩托城；南门大街餐饮一条街、健康路电脑一条街）特色。私营企业结构，形成化工、机电、服饰等主导行业。推进科技兴农，建立蔬菜果树、食用菌研究所（民营），发展新优果蔬系列栽培、珍禽养殖等 6 条龙，形成城郊型特色农业格局。

2004 ~ 2007 年，全区民营投资形成 62.48 亿元，38 个规模化企业（行业），即特种水产养殖、瑞京农科园、瑞春农业有限公司；鼎胜铝业二期、鸿泰钢铁、铜材精加工、中艺服饰、京口纸业扩产等；大祥百货、锦江之星宾馆、置业（房地产）、红豆广场、宝华物流等。2007 年，民资在沪浙、粤闽、金洽会招商集中签约项目中列入市督查项目 21 个，总投资 35 亿元，其中农业项目 2 个、工业项目 4 个、房地产项目 1 个、服务业项目 14 个，注重在水利、交通、能源、通信、城建、环保、科技、教育、卫生、文化、体育、旅游、社会福利、社区服务等 10 多个领域发展。同时，政府选择一批良好经济效益投资项目向民营经济开放。

第二节　企　业

1991 年，全区私营企业 13 家，以镇扬饭店、绿扬村等餐饮业为主体。1992 年，六朝春酒楼总经理支正辉被授予“镇江市十佳青年企业家”。1995 年，六朝春酒楼被共青团江苏省委员会、江苏省工商行政管理局、江苏省个体劳动者协会命名为首批全省个体“青年文明号”单位。7 月，金聚德烤鸭大酒楼召开职工代表大会，成立个体工会，此举在省内属首创。金聚德烤鸭大酒楼有限公司被评为全省 50 强私营企业。12 月，经市财办、市物价局、市计量局审定，金聚德烤鸭大酒楼为一级特色饭店，六朝春酒楼为一级饭店。1996 年，区工商联牵头起草《关于加快个体私营经济发展的若干意见》和《个体私营经济“九五”发展规划》，报请区委、区政府审定颁发，同年 11 月 28 日，召开第二次全区个体私营经济工作会议。1997 年 4 月，区长孙纪英、区委副书记戴锦美、副区长孙志安、政协副主席钟程发等带领工商联、工商、公安、税务、物价、国土、农经局、农行、三产办等 10 多个职能部门负责人到镇江宝华金属结构件厂、汝山乡新生鸡厂等 5 个私营企业户和小商品市场，协调解决用水、用电、超标准收费、道路征用、交通、治安等问题。对停车场、贷款、土地租金和乱收费等问题指定部门限期解决。是年，全区私营企业 98 家，注册资本 4074 万元，从业人员 3600 余人。全年实现三产营收 11 亿元，工业总产值 5000 万元，上缴税收 1700 多万元（以上指标均含个体工商户完成额）。全区注册资本超百万元私营企业 4 家，年销售超 500 万元私营企业 11 家。

2000 ~ 2006 年，吸纳民资 44.9 亿元，新增注册资本 13.2 亿元，新增民营企业 537 户，定报企业 20 家，销售亿元民营企业 1 家，新获省及省级以上品牌 2 家。新增民营企业 565 家，民营定报企业 22 家，销售亿元民营企业 3 家，新获省及省级以上品牌 3 家。在建总投资 2000 万元以上民资项目 62 个，总投资 176 亿元。其中，2007 年新开工项目 36 个，占在建项目总数 58%。62 个项目中 13 个项目竣工，占在建项目 21%。

2007 年 12 月，全区民营企业 3738 家。鼎胜铝业、第一楼街步行街和香港华地百货被市政府评为 2007 年大项目建设先进单位。鸿泰不锈钢、鼎胜铝业、宝华物流和惠通集团被市政府评为 2007 年民营经济发展先进集体。红豆置业镇江分公司总经理闵杰、正恺电子总经理徐正、方源化学总经理孟家富、香逸渔港总经理毛向阳、天禾早餐总经理俞权被市政府评为 2007 年民营经济发展先进个人。镇江宝华物流童财宝被中国物流与采购杂志评为 2007 年全国物流行业劳动模范。

1998 ~ 2007 年京口区民营规模工业企业主要经济情况表

表12-1　　单位:亿元

年份	总产值	增加值	销售	利税	利润
1998	1.01	0.26	0.93	0.03	0.01
1999	1.57	0.41	1.35	0.09	0.03
2000	1.92	0.52	1.86	0.10	0.04
2001	2.50	0.63	2.25	0.11	0.02
2002	5.06	1.23	4.75	0.16	0.01
2003	10.89	3.11	10.95	0.38	0.11
2004	27.85	7.27	27.27	0.95	0.46
2005	41.37	4.85	40.56	1.25	0.60
2006	59.97	14.54	62.57	2.69	1.20
2007	75.04	18.18	74.24	2.78	1.29

第三章　个体工商户

中共十一届三中全会以来，镇江市城区个体经济得以恢复发展。1979 年 12 月，根据省、市工商局关于《广开就业门路，做好核准开业发证工作》通知精神，对个体工商户进行发证登记。1983 年 12 月，区工商局统一管理全区个体工商户登记发证。1984 年，换发全国统一个体工商户营业执照，注册资金 576.2 亿元。1986 ~ 1988 年，国务院对个体工商户关于“消化、巩固、充实、提高”及“治理经济环境、整顿经济秩序”等方针，坚持既要搞活，又要管住原则。1995 年，个体工商户发展至 4395 户。党的十五大提出非公有制经济是国家社会主义市场经济重要组成部分后，个体工商户在服务业、手工业、种植业、养殖业、农副产品加工业等发展迅速。区委、区政府积极扶持下岗职工从事个体经营活动，给予一定政策优惠。至 2007 年，全区个体工商户为 9134 户。

第一节　从业结构

1984 年 2 月，区工商局本着支持和发展个体经济原则，换发全国统一个体工商户营业执照 2446 份。10 多个行业中从业人员 2841 人，其中手工业 160 户从业人员 207 人、运输户 10 户 11 人、建筑业 1 户 18 人、商业 643 户 724 人、饮食业 778 户 968 人、服务业 105 户 120 人、修理业 191 户 231 人、其他行业 558 户 564 人。

1985 年，京口区发展第三产业为主的个体经济，适当控制生产资料业、百货等行业发展。1986 年，根据“八字”方针，在积极扶持个体经济稳步发展同时，对部分经营重要生产资料和紧俏耐用消费品个体营业执照办理歇业或变更手续，同比减少 32 户，从业人员减少 363 人。1987 年坚持“既要搞活，又要管住”原则，对个体工商户登记注册严格把关，简化手续，制定完善登记注册审核程序，建立档案等规章制度。登记注册个体工商户 2315 户，从业人员 2969 人。1988 年在“治理经济环境，整顿经济秩序”方针指引下，着重处理好“放开”与“管住”的关系。当年发展个体工商户 1133 户，歇业 302 户，实际增加 831 户。

1992 年，全区个体工商户 2984 户，比上年下降 8.4%。因城市道路拓宽和片区改造、部分经营户歇业。街道和居委会发展企业，一部分个体经营者在街道和居委会领取营业执照。已入会会员 2643 人（户），占个体工商户总数的 88.57%。其中手工业户 272 户、运输户 26 户、商业 1196 户、饮食业 679 户、服务业 225 户、修理业 245 户。1993 年，受道路拓宽工程影响，区内 300 个沿街个体工商户暂停营业。1999 年，全区个体工商户 5137 户，其中 4100 户个体工商户从事第三产业，占个体工商户的 80%。2000 年，区个私局普查区内工商企业特别是个私企业（不含农贸市场和街头摊点）4090 家（含无照户），其中有工业、餐饮业、美容美发业、商贸流通业、维修店铺及各类加工、中介服务业。个私工商户占普查总数 79.19%。2001 年 6 月，第二次普查，全区个体工商户达 5400 余户，同比净增 1100 户。

2002 ~ 2006 年，全区个体工商户继续发展壮大，其中 2005 年个体工商户 8714 户。通过市场集聚，形成 6 个大型行业街区，特色街区（即：南门大街夜市、宝塔巷风味餐饮、健康路电子信息、斜桥街品牌服饰、大西路窗帘窗饰批发销售、第一楼街步行街），个体工商逾万户，从业人员 2 万余名。

第二节　产值利税

1984 年，个体工商户营业额 1326.2 万元。1985 年，第三产业同比增长 50.37%，集贸市场个体工商户无证经营（包括外来户）941 人次。1987 年 9 月，对农贸市场及主干道个体工商户进行检查，清理乱设摊位 657 户，取缔无证经营 514 人。1990 年，3256 户个体工商户完成产值 1744 万元，营收 9360 万元，税收 602 万元，占财政收入 49.4%。在财政、税务、物价检查中，填表自报率 8%，47 户主动补报营业额 50913.5 元，按规定补缴税款。1994 年，私企三产营收 4.46 亿元，是 1993 年的 3.6 倍。1997 年，个体私营上缴税收 1800 万元（含集贸市场税收）。2001 ~ 2003 年，三年新发展个体工商户 3746 户，安置就业 2 万人，增加值占全区 GDP 比重 30% 以上，上缴税收 2.6 亿元，占全区 50% 以上。2007 年，个体工商户 9134 户，民营经济增加值占 GDP 比重达 56%，占财政收入 65%，占再就业下岗人员 85%。

1984 ~ 1995 年京口区个私企业营业、税收情况表

表 12-2

年　份	工业销售（万元）	营业额（万元）	上缴税收（万元）	上缴税收(占区财政比重)(%)
1984	—	1326	—	—
1985	—	1961.40	—	9.60
1986	—	1604	80.20	—
1987	195.80	2101.50	—	—
1988	398.90	3160	—	—
1990	1744	9360	602	49.40
1991	1564	8202	615	50
1992	1098	12781	700	53.80
1993	833	12388	—	—
1994	—	—	479.67	—
1995	5333	44600	534.25	—

第十三篇　中共京口区委员会

1983 年 8 月，中共镇江市城区委员会（以下简称区委）筹建。1984 年 8 月，首次召开城区党员代表大会选举委员、候补委员，并召开一届一次全委会，产生区委书记、副书记及常务委员会，宣告城区（10 月改称京口区）区委进入正常运行轨道。1985 ~ 1990 年，结合区情实际，先后建立完善工作机构，配备人员编制，开展工作。1992 年 10 月，区划调整后，结合"城乡一体化"新情况和新特点，制定并实施"接轨经济开发区，共建镇江新城区"和"一体两翼，交叉推进，中间突破，东西呼应"发展战略，实现一、二、三产快速协调发展。1994 年，提出在市场经济条件下，以"菜篮子"工程为龙头，贸、工、农、产、销一体化为重点，提高农民收入为目标，发展有京口特色农业和呼应港口型经济发展战略目标。1999 ~ 2004 年，克服通货紧缩，内需不足等困难，坚持三产兴区、科技强区，实施双轮驱动，国民经济保持持续发展势头，城乡人民生活得到改善。2005 ~ 2006 年，以科学发展观统领经济和社会发展全局，深化"工业强区"和"三产兴区"战略，突出招商引资和项目建设，纵深推进城市化和沿江开发，以工业化和城市化建设带动独具内涵、彰显特色的新农村建设，各项事业竞相发展。2007 年，开展"大项目建设绩效年"和"全面小康决胜年"活动，优化调整经济结构，着力提升项目建设，城乡面貌发生新变化，人民生活得到改善和提高，经济社会发展保持良好势头，基本实现全面小康，完成地区生产总值 50.36 亿元，同比增长 15.8%，全口径财政收入 14.2 亿元，增长 45.8%。

1983 年以来，京口区委主持制定国民经济和社会发展五年计划及 2010 年远景目标。根据党和国家政策、法律规定，结合区情，先后施行多项重要决策，开展各项重大活动，推动京口区经济和各项事业发展。区委重视社会主义精神文明建设，加快社会主义民主与法制建设，充分发挥人民代表大会、政治协商会议职能作用。各级党组织各行各业锐意进取，创新克难，大胆实践，经济和社会事业呈现新气象。组织工作贯彻执行党的基本路线，加强各级领导班子、基层党组织、党员队伍和人才队伍建设，坚持为科学发展配干部、为"两个率先"选人用人导向，推进干部人事制度改革，为全区改革开放和现代化建设及各项事业发展提供组织保证。宣传工作联系区情实际，在服务大局、服务群众上下功夫，为改革与发展提供有力思想保证、舆论支持和精神动力。纪检、监察工作积极探索和建立教育、制度、监督并重的惩治和预防腐败体系，党风廉政建设和反腐败斗争取得显著成效，为经济、政治、文化、社会建设营造风清气正优良环境。各级统战机构在为全区中心工作服务过程中，努力发挥优势，全面落实统战政策，认真开展党外干部工作、党派工作、对台工作等，为增强团结、维护稳定、促进和谐、推动全区经济和社会事业发展做出积极努力。信访、老干部、史志档案和党校、保密、信息、党刊等工作不断创新。20 多年来，先后获得"全国群众体育先进单位""省级'双拥'模范区""省科技进步工作先进区""省社区卫生服务先进区""省工会工作模范区"等荣誉称号。

第一章 组织机构

1983年3月，江苏省实行市管县行政体制改革，镇江市升格省辖市。8月，中共镇江市委决定设立市辖区时，定名为镇江市城区，委派孙国柱、毛善复、张克敏等人筹建区委。孙国柱为书记、毛善复为副书记、张克敏为委员。1984～2007年，根据《党章》规定，为与中共中央、省、市委领导机构相应对，以区委及其常务委员会为领导机构，街道、乡镇党（工）委为基层组织机构，并下设11个办事机构。

第一节 区委委员

中共京口区委一至六届委员、候补委员名表

表13-1

届 别	职务	姓名	性别	职务	姓名	性别
中共京口区第一届委员会	委员19名	王一民	男	候补委员3名	杨秀芬	女
	（按姓氏笔画顺序排列）	王东才	男	（按姓氏笔画顺序排列）	陆思亮	男
		毛善复	男		汤 翔	男
		毛耀祺	男			
		吕祖义	男			
		朱茂莲	女			
		孙国柱	男			
		杨 胜	男			
		张 机	男			
		张克敏	男			
		张宝贵	男			
		陆国初	男			
		陈启源	男			
		陈宝和	男			
		宦义祥	男			
		唐太根	男			
		曹九龄	男			
		戚中立	男			
		崔修高	男			

续表 13-1

届　别	职务	姓名	性别	职务	姓名	性别
中共京口区第二届委员会	委员 19 名	王一民	男	候补委员 3 名	顾明锁	男
	（按姓氏笔画顺序排列）	王东才	男	（按姓氏笔画顺序排列）	王志亚	男
		王明春	男		蔡书元	男
		毛善复	男			
		毛耀祺	男			
		吕祖义	男			
		朱茂莲	女			
		汤　翔	男			
		杨　胜	男			
		张朝爱	男			
		陆国初	男			
		陈怀定	男			
		陈启源	男			
		陈宝和	男			
		胡子江	男			
		赵兴根	男			
		姜　辉	男			
		唐太根	男			
		戚中立	男			
中共京口区第三届委员会	委员 21 名	王永康	男	候补委员 3 名	施学聪	男
	（按姓氏笔画顺序排列）	王凌云	男	（按姓氏笔画顺序排列）	喻月英	女
		王桂生	男		王志亚	男
		江里程	男			
		汤　翔	男			
		孙金林	男			
		孙承桥	男			
		严良初	男			
		张文华	女			
		张克敏	男			
		张朝爱	男			
		陈怀定	男			
		赵南军	男			
		钟程发	男			
		俞力平	男			
		姜　辉	男			

续表 13-1

届　别	职务	姓名	性别	职务	姓名	性别
		袁仁林	男			
		顾明锁	男			
		曹锁金	男			
		梁正逢	男			
		瞿洪钧	男			
中共京口区第四届委员会	委员 22 名	马国进	男	候补委员 4 名	王朝益	男
	（按姓氏笔画顺序排列）	王　华	男	（按姓氏笔画顺序排列）	岳崇道	男
		王协祖	男		唐锁锦	男
		冯来生	男		潘文瑜	男
		朱宏声	男			
		朱建禾	男			
		江里程	男			
		孙江桥	男			
		孙纪英	女			
		严志平	男			
		张兆才	男			
		陆顺根	男			
		钟程发	男			
		秦光华	男			
		秦荣凯	男			
		贾国祥	男			
		徐建锋	男			
		徐洪兴	男			
		曹锁金	男			
		梁正逢	男			
		戴永胜	男			
		戴锦美	女			
中共京口区第五届委员会	委员 23 名	马国进	男	候补委员 3 名	朱长龙	男
	（按姓氏笔画顺序排列）	王　华	男	（按姓氏笔画顺序排列）	唐锁锦	男
		王明龙	男		盛　杰	男
		吕振亚	男			
		朱家巍	女			
		孙国平	男			
		吴秋平	男			
		余国根	男			

续表 13-1

届　别	职务	姓名	性别	职务	姓名	性别
		沈柯章	男			
		陈跃生	男			
		胡云霞	女			
		钟程发	男			
		姚敬源	男			
		秦光华	男			
		袁玉林	男			
		贾云亮	男			
		贾国祥	男			
		徐建锋	男			
		凌　苏	男			
		蒋崇峰	男			
		谢红星	男			
		潘文瑜	男			
		戴红照	男			
中共京口区第六届委员会	委员 23 名	马国进	男	候补委员 5 名	谭雪峰	男
	（按姓氏笔画顺序排列）	朱定明	男	（按姓氏笔画顺序排列）	盛　杰	男
		刘　平	男		薛安明	男
		孙国平	男		潘朝中	男
		吴秋平	男		柏　经	男
		何广林	男			
		何光荣	男			
		余国根	男			
		陈跃生	男			
		房林虹	女			
		胡云霞	女			
		姜厚荣	男			
		姚敬源	男			
		倪兆顺	男			
		徐建锋	男			
		郭　建	男			
		唐锡年	男			
		崔小立	男			
		蒋　敏	女			
		蒋崇峰	男			

续表 13-1

届　别	职务	姓名	性别	职务	姓名	性别
		童国祥	男			
		虞　军	男			
		魏春林	男			

说明：此名表系换届选举时产生，非换届时人员变动不在此列

第二节　区委常委会

1983 年 8 月 ~ 2007 年 12 月中共京口区委常委会人员表

表 13-2

届　次	姓　名	职　务	籍　贯	任职时间
中共镇江市城区第一届常委会	孙国柱	书　记	江苏丹徒	1983.8 ~ 1985.10
	毛善复	书　记	江苏镇江	1985.10 ~ 1988.4
		副书记	江苏镇江	1984.8 ~ 1985.9
	戚中立	副书记	江苏常州	1984.8 ~ 1988.4
	杨　胜	副书记	江苏金坛	1984.8 ~ 1988.4
	张克敏	副书记	江苏扬中	1984.8 ~ 1985.3
	王一民	副书记	江苏宜兴	1985.7 ~ 1988.4
		常　委	江苏宜兴	1984.8 ~ 1988.4
	曹九龄	常　委		1984.8 ~ 1988.4
	张宝贵	常　委		1984.8 ~ 1988.4
中共镇江市京口区第二届常委会	毛善复	书　记	江苏镇江	1988.4 ~ 1989.8
	戚中立	书　记	江苏常州	1989.8 ~ 1991.1
		副书记	江苏常州	1988.4 ~ 1989.8
	王一民	副书记	江苏宜兴	1988.4 ~ 1988.7
	姜　辉	副书记	山东平度	1987.11 ~ 1991.3
	赵兴根	常　委		1988.4 ~ 1991.3
	胡子江	常　委		1988.4 ~ 1991.3
	陈怀定	常　委	江苏江都	1988.4 ~ 1991.3

续表 13-2

届　次	姓　名	职　务	籍　贯	任职时间
中共镇江市京口区第三届常委会	张克敏	书　记	江苏扬中	1991.3 ~ 1993.3
	江里程	书　记	浙江宁波	1993.3 ~ 1996.3
	姜　辉	副书记	山东平度	1991.3 ~ 1993.3
	瞿洪钧	副书记	—	1991.3 ~ 1995.5
	陈怀定	副书记	江苏江都	1991.3 ~ 1992.12
		副书记	江苏江都	1992.11 ~ 1996.2
	孙金林	常　委	江苏扬中	1991.3 ~ 1992.11
	王桂生	常　委	江苏镇江	1991.3 ~ 1992.12
	张朝爱	常　委	江苏睢宁	1991.3 ~ 1996.3
	梁正逢	常　委	江苏高邮	1991.3 ~ 1996.3
中共镇江市京口区第四届常委会	江里程	书　记	浙江宁波	1996.3 ~ 1997.5
	秦光华	书　记	江苏丹阳	1997.5 ~ 2001.3
		副书记	江苏丹阳	1996.3 ~ 1997.5
	孙纪英	副书记	江苏扬中	1996.2 ~ 2000.12
	戴锦美	副书记	江苏扬中	1995.7 ~ 2001.1
	梁正逢	常　委	江苏高邮	1996.3 ~ 1999.1
	曹锁金	常　委	江苏武进	1992.11 ~ 1997.11
	贾国祥	常　委	江苏丹徒	1995.9 ~ 2001..2
	秦荣凯	常　委	江苏镇江	1996.3 ~ 2001..2
中共镇江市京口区第五届常委会	秦光华	书　记	江苏丹阳	2001.2 ~ 2001.3
	宦祥保	书　记	江苏丹徒	2001.3 ~ 2002.12
	冯士超	书　记	江苏武进	2002.12 ~ 2006.1
	沈柯章	副书记	江苏姜堰	2001.2 ~ 2001.3
	贾国祥	副书记	江苏丹徒	2001.2 ~ 2006.6
	凌　苏	副书记	江苏丹徒	2000.12 ~ 2002.4
	吕振亚	副书记	江苏丹阳	2001.11 ~ 2002.11
		常　委	江苏丹阳	2001.2 ~ 2001.11
	刘国荣	副书记	江苏丹阳	2001.3 ~ 2002.11
	童国祥	副书记	江苏扬中	2002.11 ~ 2006.2
	孙国平	常　委	江苏丹徒	2002.4 ~ 2006.6
	潘文瑜	常　委	江苏常州	198.12 ~ 2002.4
	袁玉林	常　委	江苏丹阳	1999.3 ~ 2005.4
	胡云霞	常　委	江苏丹阳	2000.12 ~ 2006.6
	蒋嵩峰	常　委	江苏镇江	2001.1 ~ 2006.6

续表 13-2

届　次	姓　名	职　务	籍　贯	任职时间
中共镇江市京口区第六届常委会	童国祥	书　记	江苏扬中	2006.2 ~ 2006.12
	胡宗元	书　记	江苏常州	2006.12 ~ 2012.10
	郭　建	副书记	江苏扬中	2006.3 ~ 2012.9
	孙国平	副书记	江苏丹徒	2006.6 ~ 2011.6
	胡云霞	常　委	江苏丹阳	2006.6 ~ 2009.12
	徐建锋	常　委	江苏武进	2006.6 ~ 2011.3
	姚敬源	常　委	江苏丹徒	2006.6 ~ 2011.5
	魏春林	常　委	江苏镇江	2005.6 ~ 2010.5
	倪兆顺	常　委	江苏丹徒	2005.7 ~ 2011.5
	何光荣	常　委	江苏扬中	2006.6 ~ 2011.5

第三节　区委工作机构

1983 年 8 月，区委初建时，常设机构有工作部门 5 个，双重领导机构 1 个。5 个工作部门是：办公室、组织部、宣传部、统战部、政法委员会。纪律检查委员会为双重领导机构。1984 年 5 月，建立区级机关党委。8 月 27 日，增设保密委员会。9 月，增设档案馆。1986 年 5 月，京口区人民武装部划归地方建制。6 月，建立区人民武装部党委。1988 年 1 月 15 日，建立台湾同胞接待站（机构设统战部内）。1989 年 5 月，增设区委党校。此外，还有人民来信来访接待室。

1992 年 10 月，区划调整后，区委增设农工部（与区农经委两块牌子、一套班子）。1994 年 2 月 ~ 1996 年 12 月，成立区信访局和老干部局。

2001 年 10 月，区级党政机构改革，设区纪委（与区监察局合署办公），撤销或合并部分办事机构时，设 5 个工作机构，即区委办公室（挂区委研究室和保密委办公室牌子）、组织部、宣传部（挂精神文明建设指导委员会办公室牌子）、统战部（挂台湾工作办公室和侨务办公室牌子）、政法委（与区综合治理办公室合署办公）、区机构编委办（列区委工作机构序列，与区人事劳动和社会保障局合署办公，不计机构数）。部门管理机构 3 个，即区级机关工委、区老干部局（挂区关工委办公室牌子）、信访局。参照国家公务员制度管理直属事业机构 2 个，即区委党校（挂区行政干校牌子）、区史志办公室（挂区档案馆牌子）。上述工作机构、部门管理机构、直属事业机构，为正科级建制。2002 ~ 2007 年，区委工作机构无改。

第二章　区委会议

1984 ~ 2007 年，京口区召开 6 次党代表大会。第一至第三次每 3 年召开，第四次代表大会始改为每 5 年召开 1 次。党代会主要议程听取和审议区委工作报告、区纪委工作报告、讨论区委重大问题并作出决议、选举新一届区委和区纪委。1983 ~ 2007 年，京口区委充分发挥全委会集体领导作用，重视为全区经济和社会事业发展科学谋划，明确目标，抢抓重点，集思广益。20 多年来，召开区委全会及全委（扩大）会议 40 多次，召开党建、组工、宣传、纪检、群团、机构改革、经济和社会事业发展、农业水利、产权制度改革、重大项目建设等方面工作会议 200 多次。区委历次会议认真学习贯彻中共中央和省、市党代表大会精神，对全区“三个文明”建设、经济和社会事业发展、体制改革、工农业产业结构调整、贸易（科技）兴区、现代化建设等重大方面工作进行决策、研究和部署。

第一节　党代会

一、第一次党代会

1984 年 8 月 10 日 ~ 13 日，在河滨饭店举行。正式代表 169 名，其中女代表 45 名。出席会议代表 166 名（因病因事请假 3 名），列席 12 名。大会听取并审议通过了孙国柱代表中共镇江市城区委员会所作的区委工作报告和王一民代表中共镇江市城区第一届纪律检查委员会所作的纪委工作报告。会议号召，全区各级组织和广大党员，振奋精神，团结一致，解放思想，立志改革，求实工作，锐意进取，为实现党的十二大提出的宏伟目标而努力奋斗。会议选举产生区委委员 19 名，候补委员 3 名和区纪委委员 11 名。

二、第二次党代会

1988 年 4 月 7 日 ~ 9 日，在区机关办公楼八楼会议厅举行。正式代表 175 名，其中女代表 53 名。出席会议代表 170 名（因病因事请假 5 名）。大会听取并审议通过毛善复所作的区委工作报告。会议号召全区广大共产党员和人民群众，沿着党的“十三大”指引的方向，解放思想，深化改革，放胆实干，为振兴京口，繁荣镇江作出贡献。会议选举产生区委委员 19 名，候补委员 3 名和区纪委委员 11 名。

三、第三次党代会

1991 年 3 月 2 ~ 4 日，在区级机关办公楼举行。参加会议应到代表 183 名，实到代表 178 名。会议由江里程主持，张克敏作区委工作报告，张朝爱作纪律检查委员会工作报告。市委副书记、市长钱永波，市委常委、组织部部长陈浩应邀出席大会开幕式。会议根据京口区区域特点，提出“商贸兴区”经济发展战略，决定走一条依托城区优势，实行内联外拓，大力发展第三产业，保持工业稳步增长有特色的发展新路子。按照党章规定和民主集中制原则，审议通过中共京口区委工作报告和区纪委工作报告，选举产生区委委员 21 名、候补委员 3 名、区纪委委员 11 名。

四、第四次党代会

1996 年 3 月 20 ~ 22 日，京口区召开第四次党代表大会，应到代表 203 名，实到代表 199 名。江里程向大会作区委工作报告，秦荣凯作纪律检查委员会工作报告。报告以邓小平理论为指针，贯彻党的十四届四中、五中全会精神，总结过去 5 年工作中取得的成绩和经验，分析存在问题和不足，提出今后 5 年工作总体要求、奋斗目标和主要任务。大会按照《党章》规定和市委 95 号文件精神，选举产生新一届区委委员 22 名、候补委员 4 名、区纪委委员 11 名，并通过相应决议。

五、第五次党代会

2001 年 2 月 8 日 ~ 10 日，中共镇江市京口区第五次代表大会召开，应到代表 209 名，实到代表 205 名，大会由沈柯章主持，秦光华作区委工作报告，吕振亚作纪律检查委员会工作报告。大会按照《党章》规定和市委（2001）4 号文件的精神，选举产生了区委委员 23 名，候补委员 4 名，区纪委委员 13 名，并通过相应决议。

六、第六次党代会

2006 年 6 月 25 日 ~ 28 日，召开中共镇江市京口区第六次代表大会。会议选举产生了中共京口区第六届委员会和纪律检查委员会。会议号召全区上下团结拼搏，开拓创新，为建设快速崛起的苏南强区，开创京口现代化建设的新局面而努力奋斗。

第二节　区委全委（扩大）会

一、区委第一届全委会

1. 一届一次全委会　1984 年 8 月 13 日，中共镇江市城区一届一次委员会召开。会议选举孙国柱、毛善复、戚中立、杨胜、张克敏、曹九龄、王一民、张宝贵等 8 人为常委，孙国柱当选为书记，毛善复、戚中立、杨胜、张克敏当选为副书记。选举王一民为区纪委书记。

2. 一届二次全委会　1984 年 10 月 5 日，召开一届二次全委会。会议提出城区工作的指导思想是："以改革为动力，经济建设为中心，城市管理为重点"。切实把工作的重点转移到以经济建设为中心的轨道上来，聚精会神，全力以赴地搞好经济建设，艰苦奋斗，创造条件，发展城区经济。

3. 一届三次全委（扩大）会　1985 年 3 月 27 日，召开一届三次区委（扩大）会。19 名区委委员，3 名候补委员，11 名纪委委员和区人大，政府，政协党组成员，各街道党委书记，区委各部委办，区各委办局（公司）、院的党员负责人出席了会议。会议提出进一步巩固和发展京口区大好形势，把经济建设，城市管理工作抓紧抓实，坚持高标准，严要求，扎扎实实地搞好整党工作。

4. 一届四次全委（扩大）会　1985 年 7 月 10 日，召开一届四次全委（扩大）会，主要传达贯彻省委七届二次全委扩大会议精神，听取毛善复代表区委常委会所作的整党对照检查的讲话。

5. 一届五次全委（扩大）会　1985 年 12 月 4 日，召开一届五次全委（扩大）会议。研究制定本区"七五"计划和 1986 年工作要点。

6. 一届六次全委（扩大）会　1988 年 4 月 2 日，召开一届六次全委会。主要研究召开第二届党代会的有关问题，讨论审议区委的工作报告。会议决定了中共镇江市京口区第二屈代表大会召开的日期和地点。

二、区委第二届全委会

1. 二届一次全委会　1988 年 4 月 9 日，中共镇江市京口区二届一次全委会召开，会议选举毛善复、戚中立、王一民、姜辉、赵兴根、胡子江、陈怀定等 7 人为常委，毛善复当选为书记，戚中立、王一民、姜辉当选为副书记。选举张朝爱为区纪委书记。

2. 二届二次全委（扩大）会　1988 年 7 月 20 日，召开二届二次全委（扩大）会。毛善复代表区委作工作报告，会议要求各级党组织要充分发挥战斗堡垒作用，坚决支持中央改革的决心和决策，维护党和政府的权威，维护安定团结的政治局面，严格组织纪律，实行坚强领导，从思想上、政治上和行动上与党中央保持一致。在实现四化，振兴中华的旗帜下，统一思想，统一步调，同心同德，团结一致，迎着风浪前进，争取改革和建设的新胜利。

3. 二届三次全委会　1989 年 9 月 27 日至 29 日，召开区二届三次全委会。会议通过了《中共京口区委关于加强全区党的建设的决议》和《中共京口区委关于加强全区思想政治工作的决议》。戚中立代表区委作工作报告。

4. 二届四次全委会　1991 年 2 月 23 日，区委召开二届四次全委会。19 名委员和 3 名候补委员出席，就召开中共京口区第三次党员代表大会有关事项进行讨论。会议决议：1991 年 3 月 2 日召开中共京口区第三次党代会，并通过会议议程；审议并原则通过区委向第三次代表大会的工作报告和纪委工作报告；讨论通过中共京口区第三届委员会候补委员和纪律检查委员会委员候选人名单，提请中共京口区第三次代表大会酝酿选举，区纪委 9 名委员列席。

三、区委第三届全委会

1. 三届一次全委会　1991 年 3 月 5 日，中共京口区委召开三届一次全委会，选举张克敏为区委书记，江里程、姜辉、瞿洪钧为副书记，陈怀定、孙金林、王桂生、张朝爱、梁正逢为常委。同时选举张朝爱为区纪委书记，徐洪兴为副书记。会议还研究常委分工等有关事项。

2. 三届二次全委会　1991 年 8 月 14 日，区委召开三届二次全委会，听取委员们对区委工作报告和经济工作的意见。会议决定：区委、区政府每月召开一次经济分析会，研究经济形势，抓好重大项目的决策；对各街道、各部门“短、平、快”项目建立领导分工负责制；不定期召开现场办公会，深入基层解决问题；区委、区政府尽量减少会议，集中精力抓大事、办实事。

3. 三届三次全委会　1992 年 5 月 13 日，区委召开三届三次全委会。学习中共中央 2 号文件，研究讨论京口区《关于加快改革开放和经济发展的意见》。会议认为，要进一步解放思想，敢闯“禁区”、敢探“盲区”、敢攻“难区”，按照实际情况决定工作方针，把主要精力集中到经济发展上来。会议根据党章规定，递补区委候补委员施学聪为区委委员。

4. 三届四次全委会　1992 年 12 月 3 日，区委召开三届四次全委会。听取区划调整情况汇报，并就城乡一体新格局发展优势进行探讨。会议决定，召开首次京口区“三级干部”大会，学习党的十四大精神，解放思想，努力做到“四敢”，即：敢于创造性开展工作，提出更新更高目标；敢于确立社会主义市场经济体制新观点、新胆略；敢于加大改革力度，解决阻碍发展深层次问题；敢于真抓实干，把目标变成措施，把措施变成实绩。结合调整后新区划，研究加快发展超常规举措。

5. 三届五次全委会　1993 年 7 月 21 日，区委召开三届五次全委会，听取并审议区委《把握机遇迎难而上努力实现全区经济快速健康地发展》报告，研究全区经济发展工作。坚持“五抢一促进”，即：抢发展机遇，抢外向开拓，抢投入产出，抢改革深化，抢城乡一体，优势互补，促进全区经济既快又好地发展。

6. 三届六次全委（扩大）会　1994 年 3 月 7 日，区委召开三届六次全委（扩大）会议，区委委员出席会议。区四套班子党员负责人，区纪委委员，各乡镇、街道党工委书记列席，听取并审议江里程作《坚持发展、善于发展，努力实现京口新崛起》报告。会议强调全区上下要进一步解放思想，奋力拼搏，增强大发展、快发展、新发展紧迫感和责任感。重点突破，真抓实干，把大发展、快发展、新发展落到实处。加强领导，保障服务，为大发展、快发展、新发展创造良好综合效益。

7. 区委三届八次全委会　1994 年 12 月 2 日，区委召开三届八次全委会，听取并审议区委《呼应港口城市建设、加快城乡一体发展、开创京口改革开放和经济建设的新局面》报告。会议强调全区上下要以市第三次党代会精神为动力，统一思想，振奋精神，争创一流。要以呼应建设现代化港口城市为方略，深化思路，突破重点，加快发展。要以增强经济活力为重点，完善措施，强化力度，抓好落实。

8. 三届九次全委会　1995 年 12 月 15 日，区委召开三届九次全委会议。听取并审议江里程所作报告，一致认为，“八五”期间，京口区努力处理好繁荣城区和发展农村、发展速度和经济效益、重点突破和整体推进、把握宏观和搞活微观、借力发展和练好内功等关系，全区经济和社会事业发生历史性变化，两个文明得到协调发展。

9. 三届十次全委会 1996 年 3 月 16 日，区委召开三届十次全委会，邀请区人大、政府、政协党员领导人列席。全会讨论并通过关于召开中共京口区第四次代表大会筹备工作情况报告和大会议程。按照民主集中制原则，讨论中共京口区第四次代表大会资格审查报告（草案）、大会选举办法（草案）、大会主席团成员建议名单。

四、区委第四届全委会

1. 四届一次全委会　1996 年 3 月 22 日，中共京口区召开四届一次全委会。全体区委委员出席，区纪委委员列席，会议选举江里程为书记，秦光华、孙纪英、戴锦美为副书记，梁正逢、曹锁金、贾国祥、秦荣凯为常委。同时选举秦荣凯为区纪委书记，蒋嵩峰为副书记。

2. 四届二次全委会　1997 年 1 月 15 日，区委召开四届二次全委会，听取并审议江里程作《牢牢把握新一轮发展主动权，努力实现京口两个文明建设新跨越》报告。提出，1997年全区工作要以党的十四届五中、六中全会精神为指导，进一步理清思路，突出重点，加大“三个力度”（改革开放、经济结构调整、“科教兴区”力度），深化城乡一体发展战略，着力“五个突破”（即中间、重点、难点、个私经济和“菜篮子”工程突破），提升全区经济运行质量。

3. 四届三次全委会　1997年8月14日，区委召开四届三次全委会，会议要求各级党组织进一步加强党的建设，坚持党的基本路线不动摇，集中精力发展社会生产力，做到“四讲”，即：讲政治，坚持同党中央保持一致，全心全意为人民服务；讲团结，坚持民主集中制，增强各级领导班子战斗力；讲效率，雷厉风行，真抓实干，争创一流业绩；讲正气，艰苦奋斗、大公无私，当好清正廉洁的表率，发挥领导核心作用、战斗堡垒作用和先锋模范作用。

4. 四届四次全委会　1998年2月19～20日召开的四届四次全委会要求各级党组织抓好“四个突破性进展”。即：深化改革，在调整所有制结构上扩大开放；在利用外资的数量和质量上调整经济结构；在培育新兴产业和新的增长点上统筹兼顾；在协调发展社会事业路数和业绩上取得突破性进展。

5. 四届五次全委会　1999年1月15日召开的四届五次全委（扩大）会议认为：1998年全区弘扬“小京口、大发展、创特色、争一流”的京口精神，抓住“两大调整”，初步实现“四个突破”，齐心协力、克难奋进，经受住亚洲金融危机冲击和特大洪涝灾害严峻考验。

6. 四届六次全委会　1999年8月23～24日召开的区委四届六次全委（扩大）会议要求，发挥各级党组织领导核心和战斗堡垒作用，改进工作作风，求真务实，勇于创新，拒腐倡廉，严谨自律，全面完成和超额完成各项任务。

7. 四届七次全委会　2000年2月18日召开的区委四届七次全委（扩大）会议要求，全区坚持三产兴区，科技强区，加快实施双轮驱动，提高经济发展质量；加快小城镇建设，拓展新的发展空间；加强党的建设、精神文明建设和民主法制建设；发展社会事业，改善人民生活，促进两个文明建设健康、协调发展。努力实现财政超过亿元，构筑经济发展、规划建设小城镇（谏壁镇）、构筑台商工业园，发展开放型经济、建设大学城和高科技娱乐宫，构筑发展第三产业里程碑。全区全面实现1999年初提出的“四个突破”。即：在开拓新的发展空间、双轮驱动步伐，培育新的经济增长点上突破；加快科技推动步伐，构筑新的竞争优势上突破；市场拉动，探索新的社会事业发展机制上突破。

8. 四届八次全委会　2001年1月3日，区委召开四届八次全委（扩大）会议。听取并审议《只争朝夕，加快发展，为完成新世纪开局的各项任务而努力奋斗》的工作报告。全会认为，2001年是新世纪开局之年，是“十五”计划开篇之年，是京口区立足新苏南，率先基本实现现代化起步之年。要求各级党组织抢抓机遇，争取主动，赢得先机，认真谋划新世纪开局之年各项工作；大力推进经济结构战略性调整，提高综合竞争能力；大力推进城市化，聚合经济发展能量；大力推进各项社会事业，实现经济和社会全面进步。

五、区委第五届全委会

1. 五届一次全委会　2001年2月10日，区委召开五届一次全委会，选举秦光华为书记，沈柯章、贾国祥、凌苏为副书记，吕振亚、孙国平、潘文瑜、袁玉林、胡云霞、蒋嵩峰为常委，同时选举吕振亚为区纪委书记，丁宪为副书记。

2. 五届二次至十一次全委（扩大）会　2002年1月18日～2005年12月29日，区委召开五届二至十一次全委（扩大）会，平均每年两次。综观区委五届代表大会期间和历次全委（扩大）会主题，充分显示京口区经济和各项社会事业，正处于“起飞”阶段。五届三、四次全委（扩大）会，宦祥保代表区委所作《直面挑战快发展，超越自我求作为》《全方位加速大跨度赶超，努力构建京口蓄势起飞的新平台》工作报告；五届五至十次全委（扩大）会，冯士超作《直奔主题双率先，力创开放新局面》《落实科学发展新要求，塑造率先奋进新京口》工作报告，五届十一次全委（扩大）会，童国祥作《实施大推进，创新写开局，开启京口率先发展的新征程》工作报告，贯穿“作为”主线，体现“以大作为谋求大发展”基调，走“双赢”之路；在城市化进程中有大“作为”；实施“双轮驱动”战略；以负重拼搏、顽强崛起精神，做好“整合、重组、开发、开放”，实现京口追赶式大发展。加快扩张服务，重点抓好高校服务业、建筑房地产业、现代物流业、市场建设和社区服务业发展重点，挖掘区域经济潜力，增强经济膨胀力。历次会议认为，区委工作报告符合京口实际，对加快京口发展将起到积极的指导和促进作用。

六、区委第六届全委会

1. 六届一次全委会　2006年6月25日，中共京口区委召开六届一次全委会，会议选举童国祥为书记，郭建、孙国平为副书记，胡云霞、徐建锋、姚敬源、魏春林、倪兆顺、何光荣为常委。同时选举姚敬源为区纪委书记，谢红星为副书记。

2. 六届二次至四次全委（扩大）会　2007年1月4日～12月20日，区委召开六届二、三、四次全委（扩大）会，胡宗元分别作《坚持更好更快，决胜全面小康》《加压奋进谋发展，凝心聚力奔小康》《贯彻十七大精神，建设高水平小康，奋力开创京口更好更快发展的新局面》工作报告。会议号召，全区党员和干部群众，解放思想，坚定信心，埋头苦干，决胜全面小康，以更好更快发展新业绩迎接党的十七大召开。2007年，全区在开展“大项目建设绩效年”“全面小康决胜年”活动中，重点抓好5个环节：创新发展思路，破解突出难题；加快结构调整，强化产业支撑；推进全面开放，增强发展活力；促进城乡一体，优化区域环境；坚持全面发展，构建和谐社会。高扬“跨越奋进、快速提升”主基调，奋力冲刺奋斗目标，实现经济和社会发展全面进步。

第三节　区委工作会议

一、第一届委员会期间

1987年7月24日，区委首次召开经济工作会议，区属工商企业、校办和街道企业交流坚持自力更生、艰苦创业和改革开放发展经济工作经验。区委书记毛善复作报告。会上，区委、区政府对作出突出成绩的经济工作部门表彰。

二、第二届委员会期间

1989年7月21日，区委召开工作会议，深入学习和贯彻落实党的十三届四中全会精神，总结经济工作，统一全区党员、干部思想认识，明确任务，振奋精神，团结一致把全区经济、改革开放以及各项工作推向新水平。戚中立作《坚持方向，坚定信心，稳步推进全区经济体制改革》讲话，要求处理好五个关系：正确认识和处理好深化改革与全面贯彻十三届四中全会精神的关系；深化改革与治理经济环境，整顿经济秩序的关系；稳定与深化改革的关系；深化改革与加强企业精神文明建设的关系；深化改革与加强廉政建设的关系。

三、第三届委员会期间

1994年11月29日，区委首次召开水利工作会议，传达贯彻省、市水利工作会议精神，总结1994年抗旱斗争经验教训，统一认识，研究部署水利工作任务。副区长陆顺根要求全区抓住时机，组织发动群众，广辟渠道，走全民办水利之路。区委副书记姜辉要求：充分认识水利建设重要性和紧迫性；发扬抗旱精神，迅速掀起今冬明春水利建设高潮；加强领导，确保今冬明春各项水利工程全面完成。

四、第四届委员会期间

1996年7月6日，区委召开产权制度改革会议，全面开展产权制度改革。区委副书记、区长孙纪英提出：充分认识肩负的历史使命；认真学习，刻苦工作，勇于创造，乐于奉献；讲究规范。

1996年12月3日，区委召开党政机构改革动员大会。根据市委、市政府批准机构改革方案，确定京口区党政机构28个，其中区委机构5个、区政府机构23个，减少12个，精简30%。对区人大、政协、法院、检察院等机构改革也作了相应规定。1997年10月5日，区委召开各镇、街道机构改革动员大会，全面部署改革方案，并分别就乡镇、街道机构改革工作提出具体要求。

五、第五届委员会期间

2004年2月22日，区委召开重点项目暨信访工作推进会。区委书记冯士超要求处理好“六个”关系，即：大项目与小项目、外资与内资、增量项目与存量项目、量力而行与聚力而为、政府与企业、发展与稳定的关系。2005年10月24日，区委召开经济工作暨投资软环境建设会，区委提出“六快”工作要求，即：招商快，项目推进快，园区开发快，精抓优化环境快，善抓统筹发展快，谋划来年快。

六、第六届委员会期间

2007年2月25日，区委召开大项目建设绩效年会。区委书记胡宗元提出：“绩效年”主要体现“五多”，即：项目信息多、成熟项目多、签约项目多、开工项目多、竣工项目多。“两突破”，即：重大项目建设有新突破，重大项目信息推进有新突破。抓重大项目建设，强化经济发展；狠抓招商引资，丰富项目储备；抓园区建设，夯实项目落户平台；抓要素协调，破解项目建设瓶颈；抓组织实施，加快项目建设进度；抓责任落实，强化项目建设保障。

第三章　重要决策　重大活动

1983～2007年，全区弘扬“小京口，大发展，创特色，争一流”精神，全面贯彻党和国家各项方针政策及法律法规，围绕形势，结合实际，先后制定“贸易兴区”“科技（教）兴区”等重要决策。先后开展各种文化节、建区20周年庆典、共产党员先进性教育、大项目建设绩效年等重大活动，全区各条战线争相作为，经济和社会事业平稳较快发展。

第一节　重要决策

一、贸易兴区、发展“三产”

1991年3月2～4日，第三次党代会提出“商贸兴区”。1993年3月23日，区委召开常委扩大会，听取区委、区政府提出的让出“黄金地段”机关办公大楼，创建华联商厦，贯彻“贸易兴区”发展京口区经济战略。全体常委出席，并邀请区人大、区政府、区政协领导参加，同时决定京口区机关办公楼选定丹徒路镇江军分区教导队原驻地兴建。5月6日，区委、区人大、区政府、区政协和所有部、委、办、局租赁办公用房，分别迁至教导大队、凤凰岭饭店和船舶学院招待所等处，正常运转。5月14日，区委常委扩大会议决定，区政府就在军分区教导队新建办公用房，与华联商厦办理交换、总决算等事宜，签订协议。

二、科技（教）兴区

1993～1995年，京口区第三届区委决策：坚持以经济建设为中心，围绕建立社会主义市场经济体制目标，呼应港口城市建设，加快推进“城乡一体化”发展战略，加快改革开放和实施科技兴区、科教兴区战略，把教育放在优先发展地位，大力培养和引进懂科技、懂管理现代化人才；牢固树立“科学技术是第一生产力”观念，加大科技投入，加快高新技术及其产业发展，不断提高科技进步在国民经济中贡献份额。着力加强第一产业，优化提高第二产业，大力发展第三产业，确保经济高效、快速、协调发展，实现经济和社会事业共同发展。

第二节　重大活动

一、首届青年、街头文化节

1992 年 4 月 18 日 ~ 5 月 5 日，区委宣传部、团区委、文教局、体委、总工会、华联商厦、亚细亚饭店等部门联合举办“京口区首届青年文化节活动”。首届青年文化节体现京口特色，紧扣青年特点和职业，设 16 个项目、16 个“杯”，如“京口杯”以“高举团旗跟党走，艰苦奋斗建功业”为主题，进行建团 70 周年知识竞赛等，全区 3000 余名青年参加，参与率 90% 以上，160 多人次获奖。4 月 17 日，《镇江日报》专版报道青年文化节各项活动内容。4 月 18 日文化节开幕，镇江人民广播电台《青年之友》进行专题报道。5 月 2 日镇江经济广播电台《星期 80 分》，5 月 9 日镇江电视台《艺海拾贝》节目，分别选播文化节比赛实况或录音、录像，全市各新闻单位对文化节报道达 15 次之多。

图 13-1　2003 年，市、区有关领导与客商在街头文化节观礼台上　（区委办公室供稿）

2003 年 10 月 18 日，京口区举办首届“秋的和谐”街头文化节，全区 15 个方阵和 12 辆花车组成方队，在学府路至正东路沿线举行行进式文艺表演。江苏电视台著名节目主持人陈洪芹与镇江歌舞团张南南联袂主持文化节。市委副书记吴树南等和京口金秋经贸洽谈会 200 多名中外来宾观看文化节演出。演员们通过丰富的想象，演绎出“新、奇、特”和大雅大俗的艺术效果；红旗小学等组成的鼓乐队走在队伍最前面，以雄壮的进行曲奏响文化节序幕；大型京剧脸谱花车上展现《贵妃醉酒》《霸王别姬》等国粹艺术造型；武术表演、健身操、扇子舞、呼啦圈等健身类方阵，展现京口人民朝气蓬勃、健康向上精神面貌；异域方阵 6 名俄罗斯“打工妹”踏着欢快节奏，为文化节带来浓郁异域风情；民间祭祀性舞蹈《木拍灵刀舞》，以粗犷优雅的表演获得群众阵阵喝彩。刘备招亲花车、梁红玉擂鼓抗金兵花车、欢乐荡湖船、大头娃娃方阵等目不暇接。象山乡舞龙队表演将首届文化节推向高潮。京口区首届街头文化节，结合大型文化活动，以文艺搭台，为经济唱戏，举办国际经贸和金秋经贸洽谈会，期间签约 68 个项目，总投资 46 亿元。

二、建区 10、20 周年庆典

1993 年 8 月 31 日，区委、区政府召开建区 10 周年暨经贸洽谈活动。9 月 21 日，区长贺华平主持“京口十年”新闻发布会，省、市新闻单位 20 多名记者与会。25 日，在镇江影剧院隆重举行庆祝大会，区委书记江里程发表讲话，方之焯代表市委、市政府致贺词，市四套班子领导到会祝贺。同时，编写《建区 10 周年宣传提纲》，拍摄《满眼风光北固楼——京口 10 年发展回顾与展望》录像片，举办《京口新姿》图片展，在市区繁华地段和乡镇巡回展出 2 月余。

2003 年 7 月，区委、区政府成立建区 20 周年庆典工作领导小组，统筹各项庆典活动。7 月 18 日，在京口广场举办文艺会演大型文艺晚会——《情满京口》。由台湾著名主持人黄安和江苏卫视著名主持人陈怡联袂主持，著名歌唱家彭丽媛和著名演唱组合羽泉、轮回乐队等应邀助兴，由 33 个方阵万余人组成观众队伍。期间，正东路街道京河社区文艺、象山乡民俗表演、江滨新村首届社区文化节等群众性文艺队伍同时演出。省、市领导方之焯、史和平、许津荣、郭礼荣、周大平、孙燕丽、江里程等与参加镇江国际经贸洽谈会海内外嘉宾、区四套班子领导观看演出。同时，编印出版《高地上的灿烂》《相照与共诗文集》《建区 20 周年理论成果论文集》《看统计数据展辉煌成就》，举办“建区 20 周年荣誉展”“庆祝建区 20 周年书画展”“镇江八坤书画展”“镜头下的京口”摄影图片展，开通京口电子日报网站，开展《京口在我心中》征文比赛等活动。

三、共产党员先进性教育

2005 ~ 2006 年，全区 400 多个党组织分 3 批，开展共产党员先进性教育活动。2005 年 1 月 25 日，17 个基层党（工）委，54 个党总支，339 个党支部，9679 名党员，按照中央、省、市委的统一部署，以“双争双先”（即：每个基层党组织争创红旗党支部、每个共产党员争做旗手；永葆共产党员先进性，勇当“两率先、两步走”先锋）为主题，以“三有”（规定动作有标准，自选动作有特色，教育活动有成效）为要求，精心安排，有序推进，高标准、高质量地完成教育活动 3 个批次、3 个阶段（学习动员、分析评议、整改提高阶段）任务。区委常委会发挥示范引领作用，组织 6 次 56 个学时的集中学习，带头查找问题，召开 6 个类别座谈会，发放 150 份征求意见函，汇总梳理 6 大类 44 条意见和建议。评选出 10 名实践“三个代表”重要思想，在各自工作岗位上体现党的先进性优秀代表，编印先进事迹集，举行两场共产党员先进事迹报告会，开创“全员共进、百姓共创、百官共廉”先进性建设新局面。同时，总结提炼先进性教育活动实践成果，制定并健全 26 项制度，汇编共产党员先进性具体要求和先进性教育长效机制，有 3 篇论文被《镇江市保持共产党员先进性教育活动与党的先进性建设理论研讨优秀论文汇编》录用，7 项制度被收入《镇江市保持共产党员先进性教育活动制度成果汇编》。省、市领导和督导组充分肯定京口区共产党员先进性教育活动成效。

四、大项目建设绩效年

2007 年，全区上下坚持以科学发展观为指导，紧紧围绕“大项目建设绩效年”活动，实施重大项目领导挂钩、目标考核制等一系列有效措施，广泛招商引资，强化协调服务，全区项目建设取得可喜成效，并呈现出快速、持续发展良好势头。实现固定资产投资持续增长。全社会固定资产投资完成 74.15 亿元，同比增长 26.7%；规模固定资产投资 66.46 亿元，增长 29%；规模工业投入 21.94 亿元，增长 30.4%。加快了重大项目推进速度。2007 年，推进和实施单体规模超 5000 万元项目 59 个，总投资 286.58 亿元。促进载体建设不断加强，园区基础设施不断完善。工业园区京鼎大道一期建成并投入使用，110KV 东陶变电所投入使用，开工建设项目拆迁安置房 1.5 万平方米。港口产业园区总体规划、岸线规划基本完成。

第四章　区委工作

第一节　组　织

一、机构沿革

1983 ~ 1995 年，区委组织部内设办公室、干部科、组织科、老干部科，负责全区组织、干部、人才、老干部服务管理。1996 年 12 月，成立老干部局，同时撤销老干部科。全区离退休干部归口区老干部局服务管理。2001 ~ 2007 年，根据机构改革“三定”（定编、定员、定岗）方案规定，区委组织部内设办公室、干部科（干部教育科与其合署）、组织科（党员教育管理科与其合署）3 个职能科室（股级建制），核定编制 14 名。

二、领导班子建设

1983 ~ 1989 年，区委组织工作贯彻党的十一届三中全会所确立的组织路线、方针和政策，按照干部“四化”（即：革命化、年轻化、知识化、专业化）标准，加强各级领导班子配备。1990 年，区委制定《关于加强局级党政领导班子建设的意见》。1991 年，区级机关及各基层党委分别建立中心组学习制度，组织全区 66 个部、委、办、局主要负责人脱产学习，同时健全民主生活会制度，作出党员领导干部必须过好双重组织生活规定，建立密切联系群众制度，区委 7 名常委每人建立两个工作联系点。区委下发《关于加强干部宏观管理，进一步明确干部管理权限的意见》，组织部制定《关于进一步完善区级机关股（科）级干部和事业单位党政领导干部审批、通气制度的通知》，并转发市委《关于严肃干部调配纪律的意见》。1992 ~ 1993 年，区委对乡镇（场圃）、街道领导班子思想作风建设情况进行考察和排队分析，针对存在问题，及时做好工作，同时制定《京口区企业厂长（经理）聘用暂行办法》，在全区企业中推行厂长（经理）聘用制。对区级机关各部门、乡镇、街道及事业单位副股级以上干部实行实绩报告制度。1995 ~ 1996 年，区委制定《京口区培养选拔跨世纪领导干部规划》，建立百名乡局级后备干部培养计划，其中 40 岁以下的占 80% 以上。1996 年，进一步推进领导班子年轻化进程，调整配备乡局级干部 112 人，提拔 32 人，平均年龄 39 岁，其中年龄最小的 27 岁。1997 ~ 1999 年，区委组织部根据市《党政领导干部选拔任用工作暂行条例》规定，分别对区政府 23 个组成部门、区人大、政协驻会工作机构、部分群众团体及乡、局级以上 178 名领导干部进行民主测评和推荐。

2000 ~ 2007 年，全区各级组织部门按照省、市委要求，由区委统一部署，分别在区四套班子及区纪委、组织部、宣传部、区法院、区检察院领导班子，开展"三讲"（"讲学习、讲政治、讲正气"）为内容的教育活动。坚持"两评"（即：基层评议机关、群众评议领导）制度，对全区 55 个职能部门、240 名乡局级领导干部进行综合评议，进一步加强领导班子和干部队伍思想政治建设。大力培养选拔和任用优秀年轻干部，建立后备干部人才库，优化班子结构。推行区、镇（乡）两级机构改革，区级党政机构设置，由原来 31 个减为 23 个，精简 25.8%。推进干部人事制度改革，开展公开选拔副乡局级领导干部活动，对新提拔的副乡局级领导干部，实行为期 1 年试用制度，对所提拔的乡局级领导干部，任职前公示，广泛听取各方面意见。

三、干部管理

1. 队伍建设　1984 年，区委组织部首次对干部队伍进行调整，对 128 名国家干部全面考核，根据干部政策和"德才具备"原则进行任用。1985 年，考核干部 130 名，确定后备干部 22 名。1987 ~ 1990 年，干部队伍建设围绕建立社会主义市场经济体制，加强思想作风建设，提高领导干部理论水平和驾驭市场经济能力。按照"四化"方针和德才兼备原则，从建立后备干部入手，注重培养、选拔和使用好干部，注重对干部监督管理，从严治党，确保党员干部队伍纯洁。1991 ~ 1998 年，区委组织部把竞争机制引入干部队伍管理工作，克服论资排辈思想，大胆提拔使用德才兼备干部。提出"不让事业迁就人"，调整局级干部 82 人，其中提拔使用优秀中青年干部 27 人，退居二线让岗安排 5 人、降级使用 2 人，调整中突破人员性质、体制界限，按照先基层后机关原则，适当向经济部门和基层单位倾斜，把懂经济、有干劲、素质好工作人员以聘任形式，安排到经济部门或街道担任领导职务，引进 5 名局级干部，全部充实基层一线。1999 年，区委组织部建立《党建工作管理目标》，修订部门党风责任制，制定《组织部目标管理》，以此对各级组工干部进行考核，检验实绩，确保各项工作规范有序，形成"党要管党"良好氛围。2000 年，区委把党外干部培养、选拔和使用纳入干部队伍建设工作中，规定每年基层党委民主推荐乡局级后备干部时，党外后备干部所占比例达 20%，使全区党外后备干部始终保持在 30 名左右。

2001 年 8 月，全区公开选拔 4 名街道组织宣传委员，优化干部选拔任用机制。2002 年，建立优秀年轻干部培养"357"（30 名条件成熟、能够近期上岗，并能够担任乡局级主要领导职务的；50 名条件成熟、能够近期上岗，并能够担任副乡局级领导职务的；70 名条件比较成熟，需要经过 1 ~ 2 年时间锻炼后，可以担任副乡局级领导职务的）工程，将 150 名优秀年轻干部列入组织部门重点培养范围，分为 3 个层次，建立乡局级领导干部社区评议制度、干部监督工作联席会议制度、干部监督员制度等，加强领导干部"8 小时外"行为监督。2002 年 7 月，全区组织系统开展以树立组工干部公道正派形象为主要内容的开门评比教育活动。17 个基层党委、法检两院、老干部局等 65 名组工干部参加学教活动，梳理汇总建议 3 类、17 条，制定 24 条整改措施。2003 ~ 2005 年，区委组织部将人本思想体现在组织工作中，由常委部长带队，集中对 53 名乡局级领导开展谈心，对 233 名乡局级领导进行民主测评。2004 年，率先实施干部选拔公推公选，出台《中共京口区委常委会讨论干部任免事项投票表决办法（试行）》等多项配套干部队伍建设改革文件。加强公选干部后续管理，实施跟踪考察，建立思想汇报、信息档案制度，推行试用期、任期和目标管理制度，着力构建干部能“上”能“下”新机制。制定《关于建立乡局级领导干部综合评价机制的意见（试行）》，建立以实绩为核心（包括德、能、勤、绩、廉）考核评价体系，坚持重大事项报告、回复、谈话、诫勉和任期经济责任审计等制度，定期召开干部监督联席会，适时向社会公开民主推荐、民主评议和民意测评结果，选派400多名具有专长和工作经验的干部到“创业帮扶”“平安创建”等重点工作第一线。2005年，区委组织部，以“三讲”活动和争创“让党组织满意、让群众满意”活动为抓手，建立公道正派长效管理机制，树立科学管理、争先创优形象，淡泊名利、胸怀大局形象，善于学习、学以致用形象。

2006～2007年，区委建立领导干部交接工作制度，凡属区委管理的领导干部遇到工作交流、转任、辞职、降职、免职、撤职等，按照规定内容和程序履行交接。区委组织部以落实先进性教育长效机制为重点，牢固确立“党员之家、干部之家、人才之家”服务意识。在组工干部中，提出“三个一”（体现时代性，建设一流队伍；富于创造性，树立一流形象；把握规律性，争创一流业绩）要求，加强自身建设，树立部门良好形象。建立民主公开竞争择优选人用人机制，制定下发《关于对区级机关中层领导职位实施竞争上岗的意见》等文件，使竞争上岗、职位聘用有章可循。顺利完成6个基层党委、人大换届工作，注重后备人才引进培养。2007年，完成“126大学生村干部”招录工作，产生12名优秀人选。

2. 干部培训　1983～1989年，区委先后选送3143名干部到市委党校、扬州政法学校、中央团校培训。同时鼓励在职干部自学，130多名干部参加中央党校函授、市电大学习班。组织岗位业务培训、正规化理论学习1651人，其中受高等教育146人，中专教育129人，“双下”干部接受中专、高中培训65人，占全区“双下”干部总数的75%。1991～1995年，区委组织部制订《京口区“八五”干部培训规划》，先后与宣传部、妇联等部门协作，举办10期副局级干部理论培训班、5期女干部培训班。204名副局级以上干部和150多名中青年妇女干部学习《领导学》，84名股（科级）干部学习《人事管理学》，127名干部参加非党干部培训。会同党校举办乡局级领导干部、中青年干部理论函授班及村级干部、厂长、团干部培训班等，全区810人次参加学习、培训。1996年，区委组织部制定《干部培训“九五”规划》和《全区干部培训计划》，举办培训班7期，培训各类干部530余名。1998～2002年，区委组织部会同相关部门，对乡局级领导干部理论学习情况综合评估，以此作为干部任用的依据。区委8位领导分别与8位“169工程”（100名学术技术带头人、600名学术技术后备人才、900名乡村优秀科技人才）培养对象建立结对联系制度。区委组织部举办6期乡局级干部理论培训班，全区320名乡局级领导干部参加脱产轮训。其中区级机关选派11名年轻干部参加培训。

2003～2006年，启动“接轨上海100”工程，推进实践锻炼工作，选派100名年轻后备干部赴上海市辖区挂职锻炼100天，学习上海经济工作发展理念、服务理念、工作理念、信用理念。选派年轻干部到信访、招商、园区等单位锻炼。选派参加第六、七期“100工程”，到上海浦东、卢湾、黄浦区挂职培训，首次选派两名社区干部到上海挂职学习。2004年，全区开展“争创学习型机关，提高服务标杆；争当学习型干部，提高整体素质”活动。在主体班培训中，采用开放式办学，进行知识灌输和行政案例教学，围绕能力建设，举办招商引资、安全生产监督管理培训班等14个主体班次。鼓励支持公选干部参加研究生高层次学习班。2007年，京口区干部培训以能力建设为重点，深入开展乡局级干部培训活动。邀请多名高层次专家学者进行和谐社会、中国入世后宏观经济形势、党的十七大精神等8次专题辅导。首次将“100工程”与现代服务业专题招商相结合，8名挂职干部在上海开展有针对性“敲门招商”活动，推进全区现代服务业重点项目落实。

四、老干部工作

1. 服务管理　1984～1995年，区委组织部内设老干部管理科，行使老干部服务管理职能。1996年12月，京口区委老干部局成立（正科级），归口区委组织部管理。1997～2007年，其置无变。

2. 政治待遇　1984年以来，区委组织部老干部管理科定期组织老干部政治学习和组织生活，区领导及时向老干部传达中央及省、市重要文件。结合形势举办读书班、学习班、报告会。1997 年，根据《关于加强离退休干部党支部建设的意见》，建立健全老干部组织生活、通报情况、征求意见和接待老干部来信来访制度。区委重大活动都邀请老干部参加。区老干部局为老干部订阅《镇江日报》《中国老年报》《银潮》《党的生活》报纸杂志，邀请区党校讲师作党的十七大会议精神主题讲座。

3. 生活待遇　1984 ~ 1989 年，区委、区政府认真解决老干部住房问题。1985 ~ 1986 年，全区分给老干部 4 套住房，为易地安排的老干部落实住房 7 套，为 4 位老干部修缮房屋，完善家庭卫生设施。做好老干部医疗保健，建立健康普查制度，定期为老干部体检，在医院常年设置老干部病床和家庭病床。完善老干部保健档案，长期坚持老干部生病住院和节假日探望慰问制度。积极协调财政、劳动人事、卫生等部门完善“两费”（离休老干部特需费和医疗费）的保障机制和财政支持机制。理顺街道和乡镇离休干部医疗费报销渠道，解决多年未决的难题。组织老干部外出参观。收看录像，举办乒乓球、棋、牌、文艺会演等活动。开展“三好家庭”争创活动。

图 13-2　2003 年，京口区老干部合唱团在汇报演出
（区委组织部供稿）

1997 ~ 2007 年京口区离休干部情况表

表 13-3　　单位：名

年份	全区离休干部	地域		享受待遇			政治面貌	
		本地	易地安置	地市级	县处级	其他	中共党员	非中共党员
1997	144	98	46	10	86	48	108	36
1999	137	95	42	9	81	47	104	33
2001	126	88	38	6	73	47	102	24
2003	120	88	32	6	73	41	98	22
2005	118	92	26	6	71	41	96	22
2007	112	89	23	6	68	38	93	19

4. 发挥余热　1984 ~ 1989 年，全区四分之一老干部参加社会活动，给党员上传统教育课。1992 年，全区老干部、老党员、老教师组成革命传统教育宣讲团，深入乡镇、街道、厂矿、学校，开展革命传统教育和抗战史实宣讲活动 200 余场次，2.3 万余人受到爱国主义和革命传统教育。离休干部积极为《京口区离休干部光荣史册》撰稿、投稿。2003 年，区政协副主席钟程发负责区关工委及区作家协会工作，为全区文化事业和青少年健康成长做出努力，使这两个群众性团体生气蓬勃，著作成果丰富。1998 年 10 月 27 日，京口区老年大学成立，通过招生简章，春季班拟开设书法、音乐、中医保健和健身舞 4 个专业，学校地点在华联商厦老干部活动中心，解决工作人员编制和办校经费等事宜。1999 年 3 月 18 日，区老年大学举行开学典礼，开设 8 个专业 11 个班次，招收学员 286 人次。2001 年，开设 12 个专业 24 个班，招收学员 678 人次。2003 年 4 月 16 日，京口区老年大学艺术团成立，分戏剧组、音乐组、文体组，开设 9 个专业 27 个班次，招收学员 627 人次，组织学员参加各类表演、旅游活动 7 次。2004 年，开设 8 个专业 26 个班次，招收学员 811 人次。2005 年，开设 8 个专业 29 个班次，招收学员 934 人次。2007 年，开设 8 个专业 35 个班次，招收学员 1007 人次，组织学员参加各类表演活动 9 次。

5. 自身建设　1984 ~ 1989 年，区老干部工作部门注重从思想和作风上加强自身建设，工作协调一致，提高办事效率。建立和完善老干部工作制度，热情周到地为老干部服务。1987 年 2 月，成立京口区离休干部自管委员会。1989 年，在全区推行离退休党员分类管理。撰写《我们是怎样做好易地来镇安置老干部工作的》《关于老干部自管组织的探讨》等论文，先后在省、市座谈会、理论研讨会上交流。1990 ~ 1996 年，区老干部局制定《关于进一步加强离休老干部工作的暂行规定》，先后多次召开座谈、汇报、交流会，广泛征求老干部工作意见，使问题得到妥善解决。1997 年，区老干部局开展“热爱老干部工作”评比活动，区委组织部、老干部局表彰老干部先进个人和老干部工作先进个人各 10 名。1998 ~ 1999 年，区委组织部喻月英、老干部局李俊生、教育局曹克瑜 3 人被评为镇江市老干部工作先进个人。区委老干部局被评为镇江市老龄工作先进集体。2001 ~ 2005 年，老干部局获镇江市老干部工作先进单位、镇江市机关事业单位退休干部管理工作先进集体、2000 年度京口区机关“三服务”工作先进单位称号，缪静敏等 3 人被评为镇江市老干部工作先进个人。范小平被省委老干部局评为先进个人。2007 年，区委老干部局被中共镇江市委评为老干部工作先进集体，区老干部活动中心被市委组织部、市委老干部局评为先进活动中心。重视并加强信息和调研工作，完成调研文章两篇。

五、组织建设

1. 基层组织状况　1990 年，全区有 12 个党委、17 个党组、157 个党支部。1992 年 10 月，区划调整，划出宝塔路、中华路、京畿路、和平路街道党委、44 个党支部归润州管理，划入谏壁镇、丹徒镇、象山乡、汝山乡和国营共青团农场党委、2 个党总支、124 个党支部。12 月，全区有 16 个党委、8 个党总支、263 个党支部。2001 年，区级党政机关机构改革后，全区有 18 个党（工）委、20 个党组、14 个党总支、333 个党支部。2003 年，京口区在区商业贸易总公司、建设局、工业发展总公司、机关党工委等单位开展属地管理试点。年底，全区有 19 个党（工）委、14 个党总支、339 个党支部、24 个党组。2007 年，全区有 12 个党委、21 个党组、7 个党工委、83 个党总支、436 个党支部，党员总数为 10706 名。

2. 党建工作　1984 ~ 1989 年，全区党建工作，详见 1992 年出版的《京口区志》。

1990 年，区委组织工作以“突出企业、加强机关、提高街道、推动全面”为思路，深入 8 个区属企业开展专题调研，撤并 8 个党支部。抽查 6 个党委、20 个党支部“三会一课”制度落实情况。1993 ~ 1996 年，全区党建工作实行三级（区、镇、村）目标管理，下发《关于党员年度目标管理试点工作意见》，在街道、学校、政法机关等进行党支部改选，选定正东路等街道建立 5 个居委会党支部，区属企业建立 8 个联合党支部，选拔年龄在 35 岁左右、具有高中以上文化党员充实企事业单位党支部任职。区委出台《关于加强村、居基层组织建设的三年规划》，在乡镇创建“五好村”（领导班子好，党员队伍好，工作机制好，工作业绩好，群众反映好），确定汝山乡京岘山村为试点，并在各乡镇场圃推广“五好村”建设。确定 5 个低于 10 万元村为经济薄弱村，采取“五个一”（一名区领导与村定点联系，一个区级机关部门与村结对，区机关下派一名 35 岁以下干部到村挂钩，一名乡镇主要领导和一个乡镇部门与村挂钩，实现面对面帮扶）措施，坚持常委定点联系镇、村制度，实施“领头雁”计划，配强村党支部书记。1997 ~ 1999 年，全区实施“一居一支”党建目标，先后建成 53 个居委会党支部，占总数 68.8%。开展“两结”（与特困企业和特困职工结亲、与农村特困党员和特困户结对）活动，结合“形象工程”建设，对未“脱贫”村由区级机关对口帮扶“脱贫”。组织市、区 10 多名农业专家开展“送科技下乡”，向薄弱村、特困户赠送农业科普书籍 3000 余册。开展“五五党员形象”（“五心”“五爱”：对党忠心、对同事爱心、对群众贴心、对城管关心、对社区服务热心；爱党、爱业、爱校、爱岗、爱生）工程活动，涌现出李烽、柯尊仁、骆秀芬、卜美琴等一批先进典型。

2000 ~ 2005 年，全区党组织建立学习教育活动联系点 156 个，召开座谈会 400 场次。开展“富民强村”工程，区环保局等部门与谏壁镇李华村结对，签订共建责任状。开展第三轮争创“党建工作先进乡、局”活动，组建非公有制企业党建工作协调委员会，利用“新建”“联合”“挂靠”3 种形式，扩大非公有制企业党建工作覆盖面，采用属地（街道、社区）管理、系统党（工）委、中介管理等模式，推进非公企业党建工作社会化。建立“纵向到底，横向到边”体制，打破“条块分割”，成立 59 家社区单位社区党建、精神文明建设指导委员会，有 95 个社区党建、精神文明建设“共建”对子。社区党支部开展“五星”（战斗堡垒之星、党员教育之星、环境建设之星、综合治理之星、社区文明之星）特色活动和示范点建设。实施“两支队伍、三级网络”服务工程，成立 20 多支、1000 余人社区党员志愿者服务队伍。在新时代广场、太和广场、江滨市场等 5 个楼宇（市场），首建楼宇（市场）党支部。实行“村级党组织年度承诺工作目标责任制”。对无正当理由当年未能完成年度承诺工作目标的村（居）干部，根据《京口区村干部规范化管理实施办法（试行）》和《关于定额补贴村干部基本报酬统筹的实施办法》作出处理。招聘 53 名下岗党员担任社区党务工作者，推行片区、庭院兴趣党支部和楼层党小组，发挥党员服务中心（站）职能，开展“党员进万家，结对帮扶”活动。

2006 ~ 2007 年，社区党建“二次用房”示范点打造“主题社区”，提炼“数字党建”“服务党建”“党员志愿者 110 服务队”“党员志愿者雷锋班”等一批特色品牌。全区 25 个村（居）年集体经济收入达到 50 万元以上 12 家，100 万元以上 3 家。全区 33 个非公有制经济组织建立党委 2 个、党总支 3 个、党支部 28 个，达到 25 人以上非公有制经济组织设党建工作指导员，50 人以上有党员，100 人以上有党组织目标。其间，根据市《关于进一步加强农村基层党组织建设的意见》，深入推进“强基工程”，创建“五好”目标，实施“富民强村”，创建省级党建示范点，形成京口区党建工作管理、服务、文化、民主品牌。建立区、镇（街道、园区）、村（社区）三级流动党员信息库，对 239 名流动党员实行月报动态管理。

2007年京口区党组党（工）委情况表

表13-5

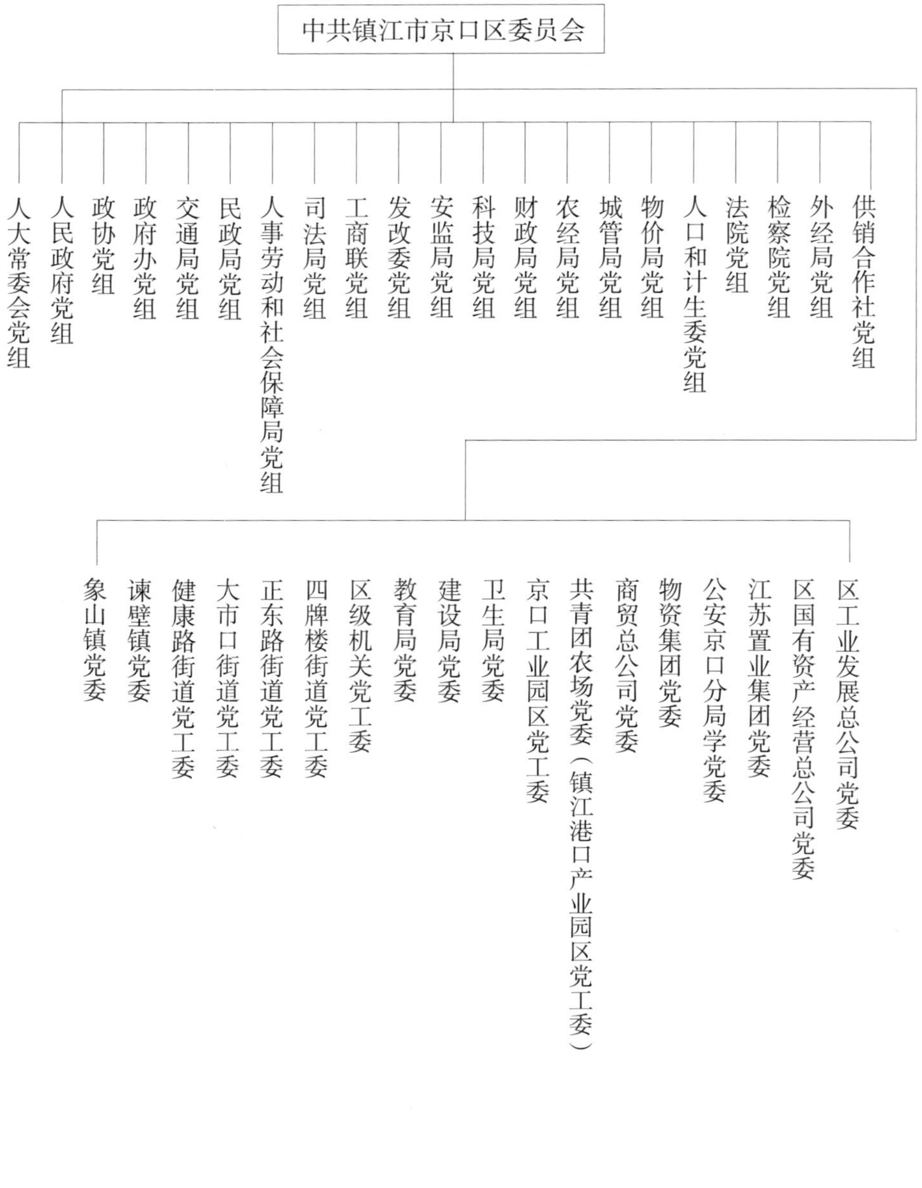

六、组织工作

1. 发展新党员 1983 ~ 1989 年，全区发展新党员 411 名。1989 年，全区有党员 1916 名。1992 年 10 月，区划调整时，京口区划给润州区 4 个街道，移交 526 名党员；划进 6 个乡镇、场圃，接收润州区移交党员 1404 名。12 月，全区有党员 3030 名。1993 ~ 1994 年，组织部下发《关于调整党员发展工作的程序》，将党员发展工作预审权下放给各基层党委。严把“三关”（标准关、程序关、预审关），积极慎重做好党员发展工作，认真探讨党员发展中出现的新问题。1998 ~ 1999 年，各级党组织坚持党员发展“16 字”（坚持标准，保证质量，改善结构，慎重发展）方针，全区发展新党员 255 名，其中生产一线 184 名，占 72%，党员结构达标。2001 年，区级党政机关机构改革后，全区有党员 4397 名。

2004 ~ 2006 年，全区发展年轻党员，推行“三推一定”（党员、群众、群团组织民主推荐入党积极分子，再召开支部大会作决定），重点培养 35 岁以下优秀青年，对其中推荐票数相对集中，且经初步考察合格者，党支部明确党员与其结对联系，跟踪考察培养，实行全程公示。2007 年，全区发展新党员 2312 名，使全区党员达 10706 名，比建区初期增加 18 倍。

图 13-3 2003 年，京口区党员“一人一岗”活动启动仪式
（区委组织部供稿）

2. 党员管理 1983 ~ 1994 年，全区对党员情况进行摸排，分门别类汇总，建立党员信息系统化管理。1996 ~ 2003 年，全区各级党组织开展民主评议党员，年参评率为 96.2%。8 年中 6851 名被评为优秀党员，不合格党员 24 名（其中除名 8 名）。按照党员管理层次，区商业贸易公司、建设局、工业发展总公司等 4 个党（工）委所属 28 家企业，243 名退休职工党员，开展属地管理试点。街道、社区党组织所属的离退休职工党员，居住在各社区的在职党员、机关干部、流动党员、下岗待业职工党员以及辖区内其他党员和入党积极分子，根据自身特长、爱好、专业和身体状况等，在社区党组织领导下，自愿申报为社区建设、管理和服务岗位，参与居住地社区建设，打造党员“1+1”工程。2003 年，京口区在区商业贸易总公司、建设局、工业发展总公司、机关党工委等 4 个党（工）委、243 名下岗职工党员中，开展属地管理试点。

2004 ~ 2005 年，区委组织部探索党员属地管理新模式。充实社区干部队伍。2004 年，面向全社会的下岗失业党员，招聘 53 名社区党务工作者，上岗前对其进行党的基层组织建设、党员教育管理等课程培训；调整党组织设置。全面推行片区、庭院、兴趣党支部和楼层党小组的建立；改进活动形式，充分发挥“党员服务中心（站）”职能。

2006 ~ 2007 年，区委组织部通过征求基层党组织意见和建议、召开组织工作思路研讨会、对全年党建工作进行选题谋划，确定“如何加强党员属地化管理”等重点课题，分类编制 22 项党建工作细化分解落实表。建立党建工作项目化管理月通报制度，对率先或者超额完成工作项目目标任务的基层党组织进行表彰和奖励。

3. 党员教育 1990 ~ 1992 年，全区党员教育工作突出 3 项内容，即进行治理整顿和深化改革形势、任务教育；继续进行坚持四项基本原则，反对资产阶级自由化斗争及“三基本”（基本理论、基本路线、基本知识）教育。1998 年，全区公开投票评选区“十佳优秀共产党员标兵”，吕庆兰、凌秀英、张福华、孙德山、王琴、赵慧、刘正才、杨小根、陈建鸣、史元梅获此殊荣。1999 ~ 2002 年，区委加强党员电教管理，出台《党员电教中心工作职责》等一系列规章制度，围绕党的中心工作，先后拍摄《满眼风光北固楼》《力量之源》《优秀共产党员王作秀》《站长季行芳》等 4 部专题片。每年用 3 个月时间，在各基层党组织开展民主评议党员工作，参评率达 98.59%。

2005 ~ 2006 年，全区 400 多个党组织分 3 批开展共产党员先进性教育活动。17 个基层党（工）委，

54 个党总支，339 个党支部，9679 名党员参加。（详见中共京口区委员会第三章第二节中“共产党员先进性教育”）2007 年，全区加强党的先进性建设，推进“先锋工程”。深化“富民强村”和“党员进万家”活动，组织机关、企事业单位党组织与 10 个村、40 多名贫困党员或家庭开展“结对共建”“联户帮富”。组织 57 名村干部与 216 户农户开展联系帮扶。深化农村无职党员设岗定责，283 名农村党员分别申领不同岗位，开展“亮身份、做示范”，对 381 个农村党员户挂牌。根据区委“三创三进”（艰苦创业学先进，开拓创新思奋进，争先创优谋推进）主题活动，制定《关于在区级机关党组织中开展“三服务一提升”主题实践活动的意见》，开展“服务发展、服务基层、服务群众，提升行政效能”活动。开展“党员义工”服务，广泛开展村（居）党员挂牌和建立企事业党员责任区，评选“十百千”党员先进事迹，加强流动党员登记管理。

七、人才工作

1984 年，通过调整、引进，全区有大专以上文化和助理工程师以上职称干部 20 余名。1985 年，京口区按照上级关于落实知识分子政策有关规定和要求，具有技术职称、小学教师和中专以上学历国家干部 1067 人，进行普遍调查摸底，为 4 名干部落实知识分子政策。1986 ~ 1987 年，区委按德才兼备原则选人，通过考核提拔 3 人到主要领导岗位。1988 ~ 1989 年，全区对人才进行调查，有 26 名优秀中青年专业技术人员和知名人士。1990 ~ 1991 年，区委组织部推行激励机制，提拔使用优秀中青年干部 27 人，将能力强、素质高的知识分子充实到街道担任领导，引进 5 名局级干部，充实一线。1992 ~ 1994 年，全区组织 53 场人才举荐活动，参荐各类人才 2627 人次，举荐 1332 人次，经过筛选进入区人才库 169 人。1999 年，区委 8 位领导分别与 8 位“169 工程”培养对象建立结对联系制度。

2001 ~ 2003 年，区委组织部加强社区干部人才队伍建设，采用在辖区内下岗党员中“找”，从街道机关内部和所属企事业单位党员干部中“派”，公开考试从社会上“聘”的方法，使社区干部整体素质和文化水平得到提高，年龄结构得到优化。2004 年，启动“京口当代新毛遂自荐创新业”活动。2005 ~ 2007 年，区委组织部做好人才“内培”工作，不断加大高层次人才培养力度，完成市委“169 工程”三期人员推荐和申报工作，全区有 58 人被纳入“169 工程”三期人才队伍，及时督促各有关单位与“169 工程”三期人才签订培养目标责任状。积极做好省“333”（即：培养 30 名研究成果具有国际先进、国内领先水平国家级科学家、工程技术专家和理论家；培养 300 名具有省内领先水平省级优秀人才，培养 3000 名成绩显著市级优秀人才）高层次人才工程培养对象申报工作。

八、机关党（工）委

1. 机构沿革　1983 年 11 月 2 日，经市委、市政府同意设置中共京口区委区级机关工作委员会（以下简称“区级机关党委”）。1999 年 12 月，改称中共京口区委区级机关工作委员会（以下简称“区级机关党工委”）。下辖区级机关纪律检查工作委员会、区级机关工会、区级机关团工委和区级机关妇委会。机关党工委不设职能科室，核定编制 3 名。

2. 历届党代会　1984 年 10 月 ~ 2007 年 12 月，区级机关党委先后召开过 5 次代表大会。1984 年 10 月 24 ~ 25 日，中共镇江市城区区级机关第一次党代表大会召开，正式代表 53 名，其中女代表 7 名。大会听取并审议和通过吕昆代表中共镇江市城区区级机关委员会所作《加强党的建设，提高党的战斗力，努力开创区级机关工作的新局面》工作报告。会议选举 7 人组成中共镇江市城区区级机关第一届委员会，产生书记、副书记，同时选举产生区级机关第一届纪律检查委员会。1989 ~ 2007 年，先后召开第二至五次区级机关代表大会，会议议程同第一次，二至五次，下略。

3. 制度建设　1989 年，区级机关党委根据实际，制订《党建工作百分考核细则》。1990 ~ 1992 年，每年两次对基层党支部工作进行检查，促进机关党建工作制度建设。1993 年 3 月，机关党委坚持新时期党员发展工作“16 字”方针，从严把好发展工作入口关，保证党员质量，提高素质，提出新的规定和要求。1994 年 4 月，就新时期出现少数党员远离所在党组织，从事经商等情况作出 6 条规定，强化党员管理。1996 年 8 月，制订《加强机关廉洁自律，严禁公款“吃喝玩乐”的规定和实施意见》，作出不准用公款大吃大喝等 8 项规定。

2001 年 9 月，机关党委结合实际，先后完善《党委会制度》《民主生活会制度》《议廉制度》等配套制度，使党风廉政和反腐败工作在区级机关落实。2005 年 4 月，制定下发《京口区区级机关 2005 ~ 2007 年廉政文化建设规划》，明确区级机关廉政文化建设指导思想、总体目标、工作原则，发挥机关廉政文化在加强和改进机关党风廉政建设中的作用，加强反腐倡廉。2007 年，区级机关部门党组织与社区（村）“结对共建”长效机制，加强党的先进性建设，发挥机关党组织在和谐社区建设和新农村建设中的作用。

4. 民主评议党员　1988 年，区级机关党委注重加强党员管理、教育和民主监督工作。12 月，首次组织民主评议党员活动，与党内开展的“创先争优”活动相配套，形成相对固定的制度。1989 ~ 2007 年，全区民主评议党员一般在年底或年初进行，由于做法和内容相同，下略。

1988 ~ 2007年京口区区级机关党组织民主评议党员情况表

表13-5　　单位：人

年度	参评党员数	占党员总数(%)	优秀	合格	基本合格	基本不合格	不合格	备注
1988	494	84	—	464	—	29	1	—
1990	640	95	18	606	13	2	1	—
1991	639	98	44	590	—	3	2	—
1992	604	88	60	541	—	2	1	—
1993	389	51	46	336	—	5	2	部分党支部开展民评活动
1994	844	100	55	787	—	—	2	—
1996	683	79	66	617	—	—	—	—
1997	824	95	53	765	1	—	—	评议中暂不定格的5名
1998	725	85	70	650	5	—	—	—
1999	544	77	46	497	—	—	1	—
2000	568	77	60	508	—	—	—	—
2001	597	78	57	539	—	1	—	—
2002	619	79	63	556	—	—	—	—
2004	680	83	65	614	—	1	—	—
2007	816	89	75	740	—	1	—	—

5. 主题教育　1985 年，区级机关党委在基层党组织开展“创先进党支部争当优秀党员”（以下简称“争先创优”）主题教育活动。1986 ~ 1991 年，每年年底开展“创先争优”活动。1992 年，评选出区级机关先进党支部 29 个，优秀党员 110 人。1995 年 4 ~ 6 月，区委部署，借机关迁进新办公大楼办公契机，在区级机关开展以“二次创业，再创辉煌”为主题的思想作风整顿。1996 年 7 ~ 10 月，区级机关党内外开展以“学习理论、牢记宗旨、遵纪守法、争做贡献”为主题的世界观、人生观、价值观主题教育活动。为配合教育，8 ~ 9 月机关党委组织开展“学理论、学党章，树立正确的世界观、人生观、价值观”为主题的演讲竞赛。1999 年 5 月 8 日，以美国为首的北约集团悍然袭击中国驻南斯拉夫使馆，造成人员重大伤亡和使馆严重毁坏事件后，机关党委及时在机关全体党员干部中进行爱国主义教育。6 月 29 日，组织 200 多名党员、发展对象和建党积极分子到镇江烈士陵园参观被北约集团飞机轰炸而献身的镇江丹阳籍记者许杏虎和其妻朱颖烈士事迹展。7 ~ 8 月，在机关党员干部中开展马克思主义唯物论和无神论教育，树立科学的世界观、人生观、价值观。

2000 ~ 2004 年，区级机关党组织开展“三心”（强化核心、坚定信心、发扬恒心）“我为京口发展献良策”“学习‘三个代表’重要思想力争‘两个率先’”主题教育活动。现场交流会组织60多家单位，参观鼎胜铝业、鸿泰钢铁、京口科技工业园等重点项目建设。2006 ~ 2007年，区级机关大力开展廉政文化进机关示范点创建工作，区法院等4家单位被命名为廉政文化进机关工作市级示范点；区财政局等25家单位被命名为廉政文化进机关工作区级示范点。2007年，按照“运行机制好、基本保障好、队伍素质好、创新创优好、服务成效好”要求，在区级机关党组织中推行党建“五好”目标管理，命名表彰38个“五好”机关党（总）支部。

6. 机关作风建设　1985年7月，区级机关党委组织125人参加“在争取入党的日子里”讲习班，激发机关干部树理想、立壮志，为京口振兴做贡献活动。1991年3月8日，机关党委先后对区级机关党员干部和职工遵守作息制度等进行调查和整顿，促进机关作风建设。2001年4月，结合机关在作风建设上存在的形式主义、官僚主义、自由主义及“四难”（门难进、脸难看、话难听、事难办）现象，从机关上下班迟到早退、上班时间下棋打牌、提前吃饭等“小事”入手，着力整顿机关作风。机关工委与区文明办联合制定下发《文明机关考核标准》，在区级机关开展以“清洁机关、从我做起”为主题的环境和秩序集中整治活动，有10个单位被区委、区政府评为机关作风建设先进单位。2004 ~ 2005年，区级机关开展机关作风建设测评，43个部门接受测评，其中“两办”、组织部（机关党工委）、宣传部（电台、文联）、统战部（工商联、侨办侨联、民宗局、台办）列党群和综合部门前5名。计经局（三产办、统计局）、人事劳动和社会保障局（编办）、建设局、城管局、民政局（残联、双拥办）列政府综合职能部门前5名。2005年，“两办”、组织部（机关党工委）列党群和综合部门前3名，农经局、发改委（三产办、统计局）、审计局列政府综合职能部门前3名。2006 ~ 2007年，机关工委组织开展“三服务一提升”（服务发展、服务基层、服务群众，提升机关效能）及社会各界评议区级机关活动。全区48个机关单位（含市直）接受评议，2006年度被评为优胜单位的部门有14个。2007年有13个党政部门被评为优胜单位。

7. 机关党支部　1983年11月，区级机关党委建立初期，下辖10个党总支、41个党支部、党员350人。12月，区文教局、商业局、卫生局、城建环保局、计经委等系统先后建立党的基层委员会。1984年，机关党委下辖1个党总支、42个党支部、党员390人。1988 ~ 1991年，下辖2个党总支、56个党支部、党员627人。1993年，建立中共京口区农业经济委员会支部。10月，建立中共京口区农业银行办事处支部。12月，下辖5个党总支、76个党支部、党员768人。1995年，机关体制改革，中共京口区工商管理局党的关系划归镇江市工商管理局管辖，其组织关系随之转出。至年底，下辖4个党总支、68个党支部、党员771人。1996年，下辖4个党总支、73个党支部、党员851人。1997年1月，建立区环境保护局支部、区环境卫生管理所支部。6月，建立区委老干部局支部、区人民广播电台支部。11月，建立梦溪商场支部、江滨派出所支部，划出京口区物资局总支部，下辖3个党总支、74个党支部、党员865人。1999年6月，公安机关党组织归区管理，划出京口区公安分局党总支及19个支部，机关党委下辖2个党总支、56个党支部、党员704人。2001年11月，建立区财政局、人事劳动和社会保障局2个党总支，撤销区老龄委、经协办、“三产”办党支部，下辖4个党总支、52个党支部、党员757人。2003 ~ 2007年，下辖6个党总支、63个党支部、党员917人。

第二节　宣　传

一、机构设置

1983年8月，区委宣传部成立。1997年3月17日，区委成立精神文明建设指导委员会，下设办公室（以下简称区文明办），主任由区委宣传部副部长兼任，与区委宣传部合署办公。2001年，区委宣传部增加互联网新闻宣传管理工作职能。

二、时政宣传

1990 ~ 1993 年，全区围绕社会主义现代化建设和改革开放，以邓小平视察南方重要讲话为中心开展系列时政宣传活动。编印 42C 份辅导材料，发到各级党组织，同时组织全区党员收听省委党校陈绍辉、中央党校邢贲思等人录音辅导。编写《建区十周年宣传提纲》，增强发展意识；拍摄录像片；举办《京口新姿》图片展，制作宣传牌，分组同时展出，10 多万人次参观。1994 ~ 2003 年，全区把时政宣传教育，与“双带”（带头致富，带民致富）“创先争优”（创建先进基层党组织，争做优秀共产党员）结合起来。1995 年，为纪念抗日战争和世界反法西斯战争胜利 50 周年，与区文教局联合下发《关于抗日战争和世界反法西斯战争胜利 50 周年纪念活动的意见》，深入开展《国旗法》宣传教育。1997 年，开展“庆七一、迎回归”活动，通过知识竞赛、报告会，广泛开展多种形式爱国主义、集体主义、社会主义宣传活动。结合庆祝建国 50 周年，开展《颂辉煌、展风采、创未来》教育活动。谴责美国为首的北约集团轰炸中国驻南使馆暴行。开展“两个率先”宣传教育活动，提炼“创业创新、不屈不挠、求富求变、第一唯一、文化文明”新时期京口精神。以建区 20 周年为契机，举办“情满京口”大型文艺晚会。

2004 ~ 2005 年，京口区制定下发《关于迅速兴起学习贯彻十六届五中全会精神热潮的通知》《关于开展形势教育活动的通知》，撰写《把握国际国内形势促进经济社会发展》《充分认识京口区情保持良好发展态势》等，编发 10 期“时政形势教育专辑”，在《京口电子日报》和京口电台开设专栏，组成 86 人、17 个形势教育报告团，举办 120 余场次形势报告会、235 场集中讨论和 52 场参观视察活动，党员干部参与率 97.5%，撰写学习体会文章 1260 余篇。2006 ~ 2007 年，全区开展社会主义荣辱观学习宣传和教育实践活动，将“八荣八耻”融于家庭美德、职业道德、社会公德和个人品德宣传实践，推动全区形成“知荣辱、树新风、促和谐”新风尚。在全区开展“弘扬文明礼仪，建设和谐京口”宣传活动，开设“文明礼仪与和谐京口”论坛，组织专题讲座，举办“文明礼仪颂”广场文艺活动，深入机关、学校、社区开展宣讲活动 200 余场次，2 万余人次受教育，涌现出一批先进典型。围绕“决胜全面小康”，分层次多形式组织党员干部群众，开展“我为小康做贡献”学习讨论 58 场次，撰写文章 120 余篇。

三、理论教育

1990 ~ 1994 年，京口区建立党员理论教育联席会议制度，加强对党员理论教育研讨。区委建立中心组学习制度。以中宣部《关于社会主义若干问题纲要》为教材，在干部党员群众中开展社会主义理论教育。以基层党校办班形式开展党员社会主义理论教育，以《热爱社会主义祖国》为教材，开展社会主义理论教育活动。1992 年 12 月，利用党校首次举办农村党员干部冬训，组织党员和干部系统地学习中共十四大文件和党的农村政策，学习社会主义市场经济理论，参训率 95.5%。以中心组和专题研讨形式，深化《邓小平文选》第三卷学习。区委宣传部下发《关于开展“确立市场经济观念”大讨论的意见》，召开各类专题讨论会 14 场，征文 25 篇，《镇江日报》刊登 10 篇，《京口宣传》编印大讨论专辑 3 期。对部分党员、干部和职工进行“特色理论”“市场经济理论”“思想动态”等问卷调查，发卷 250 份，收回 180 份，收回率 72%，正确率 83%。1996 ~ 2005 年，全区开展“双学”（学邓小平理论，学党章）和党的十四届五中、六中全会精神学习活动。下发《“双学”200 题问答》辅导材料，参加市“双学”竞赛，发卷 3400 份，收回 3100 份，获二等奖 1 个、三等奖 2 个，区委宣传部获组织奖，同时被省委宣传部、省委组织部、省纪委评为“双学”活动先进单位。1997 年 5 月，下发《关于在全区基层党校中开展创先争优活动的通知》，明确基层党校建设标准，着力推进基层党校的制度化、规范化建设。象山乡党校被评为省红旗党校，谏壁镇党校获省先进基层党校，健康路、正东路街道、丹徒镇及下桃社区等 4 党校被评为市先进基层党校。区广播电视台开办“回顾‘九五’辉煌、展望‘十五’蓝图”等专题讲座。在全市率先成立“七一”讲话宣讲团，深入基层举行报告会。利用京口电台、《京口周刊》等对全区广泛进行理论宣传教育。先后开辟“‘十五’计划纲要讲座”12 讲，

“历史唯物主义基本知识讲座”8 讲。“学习‘七一’讲话，实践‘三个代表’重要思想”专栏播出文章 19 篇。《关于加强社区流动党员教育管理的探索思考》获市纪念建党 80 周年理论研讨会三等奖。2003 年，以理论建设“135”（评选 10 佳学习中心组、30 篇优秀论文、50 多场教育主题报告会）工程、基层党校争先创优、社区党校建设、农村党员冬训，加大对基层党员群众理论宣传教育。2005 年，区委学习中心组获省级先进中心组。

2006 ~ 2007 年，全区开展中共十六届五中、六中全会和十七大会议精神和科学发展观创新理论学习。落实中心发言、学习考勤等制度，推进全区党委（党组）中心组学习制度化、规范化。区委书记胡宗元为区四套班子及全区镇局级以上党员干部讲授《实践上的新创造和理论上的新发展——解读十六大以来党的理论创新成果》公开课，被评为省、市、县级党政主要领导“上讲台、讲理论”活动优秀成果。在全区范围内评比表彰一批优秀宣讲员和优秀党委中心组。基层党员轮训、冬训突出“坚持科学发展和谐发展，建设全面小康新江苏”，95% 以上的党员干部接受教育。2007 年，区委学习中心组再次被省委宣传部、组织部评为省级先进学习中心组。

图 13-4　2003 年，区委宣传部部长姚敬源陪同市委常委、组织部部长戴源检查“两个率先”主题教育活动情况　　（区委宣传部供稿）

四、思想政治工作

1990 ~ 1993 年，区委贯彻《中共中央关于加强思想宣传工作的通知》，为纪念鸦片战争 150 周年、建党 70 周年开展社会主义、爱国主义教育系列活动。在全区范围开展“京口精神”大讨论，1500 多名各界人士参加，《镇江日报》作专版报道。每年 7 月，分别组织优秀共产党员先进事迹报告团，开展“讲理想、想宗旨、守纪律、做贡献”“党在我心中”等系列活动。党员、干部和职工提出各类合理化建议 189 条，被采纳 54 条，新增经济效益 6.13 万元。1992 年 7 月，开始在企事业单位评聘政工师、助理政工师、政工员（至 2007 年，全区评出政工师 251 名，助理政工师 567 名，政工员 846 名）。开展“确立市场经济观念”大讨论，召开各类专题讨论会 14 场，征文 25 篇，《镇江日报》刊登 10 余篇，《京口宣传》编印专辑 3 期。1993 年 12 月，举行“毛泽东主席 100 周年诞辰”群众性纪念活动 30 多场次，展出图片 200 多幅。1994 ~ 1999 年，全区掀起向孔繁森学习活动热潮，通过事迹报告会和观看《高原雪魂——孔繁森》，把学英雄事迹落实到行动中。开展纪念抗日战争和世界反法西斯战争胜利 50 周年系列活动。在青少年中开展“读爱国书、看爱国片、争做‘四有’新人”活动。1995 年 12 月 8 日，京口区成立职工思想政治工作研究会（以下简称“区职工政研会”），制定《章程》，选举理事会成员。首届年会收到论文 19 篇。贯彻市《关于加强和改进企业思想政治工作的实施意见》，组织 53 人参加市委讲师团培训。召开第 2 届区职工思想政治工作研究会年会，评出优秀论文 44 篇。市委“纪念真理标准问题讨论和十一届三中全会召开 20 周年学术研讨会”期间，京口区《新时期思想解放的几点思考》论文获三等奖，入选省纪念党的十一届三中全会召开 20 周年理论研讨论文集。2380 名党员为翻建茅山新四军纪念馆陈列室捐资 9 万余元。

2000 ~ 2005 年，全区开展“双思”（致富思源、富而思进）教育、“新世纪镇江风采”大讨论，2 人参加市大讨论演讲比赛，均获优秀奖，区委宣传部获集体组织奖。在开展“新世纪、新京口、新形象”大讨论中，编辑《京口宣传·大讨论专辑》15 期，发表专稿 29 篇。在“我为京口发展献良策”活动中，征集“良策”338 条。2001 年，纪念中国共产党成立 80 周年，开展“党的光辉历程”大合唱比赛，组织“新形象、新业绩”摄影图片展，开展“献给母亲的歌”有奖征文活动，为期两个月，1 万多人次参加。

参加市委宣传部“党的知识”竞赛，获宣传系统第2名，6人分获个人一、二、三等奖。坚持“三贴近”，各基层党组织积极参与重点工程建设，做好拆迁户、被征地农民思想工作，化解矛盾，理顺情绪，稳定大局。开展“京口新理念”大讨论，组织《哈佛医生这样做手术》《致加西亚的信》读书活动，汇编《京口区“镇江精神”大讨论笔谈》，开展“培育京口新民风，塑造时代新公民”教育活动，评选“创业楷模”“太平卫士”“慈善公民”等十类百位“京口群贤”，汇编《群贤谱》，形成“群贤效应”。2006～2007年，京口区在江苏省首届未成年人思想道德建设优秀案例评选中，推荐上报的“区法院开通犯罪预防网”“江科大社区建立青少年法制学校”“大学山社区设立心理咨询室”3个案例被评为三等奖，为辖市区中唯一获奖者。2007年12月，辖区内开展“六个一百”（即“百组照片话发展”“百位市民看京口”“百户家庭说变化”“百位寿星享安康”“百名儿童绘家园”“百位人士议小康”）活动，提高城乡市民对小康社会的认识。

五、对外宣传

1983～1994年，京口区借助《镇江日报》、《新华日报》、镇江电视台等新闻媒体，通过协办栏目、提供稿件、特约记者采访等方式，传播京口声音。1991年夏，全区遭受百年未遇洪涝灾害，区委宣传部制定《关于做好抗洪救灾宣传工作的意见》，宣传工作人员分赴第一线，将抗洪救灾中涌现出的先进集体和个人，通过省、市媒体进行宣传报道，同时编发《京口宣传》防汛增刊15期。和平路街道徐伟珍抗洪救灾优秀事迹被推荐到中宣部抗洪救灾先进事迹演讲团进行宣讲。1995年7月，区委宣传部通过市对外宣传部门，对皮鹿丹时装有限公司采访，制作专题片，在美洲东方卫星电视“企业天地”栏目播放，扩大企业在海外影响。在创建全国卫生城市活动中，利用报纸、电台、电视台等多种渠道开展“创建”宣传，印发《创建快讯》35期，5250份，105万字。1996年12月，京口区人民广播电台以无线调频94.0MHZ频率正式试播，广播覆盖全区。初期自办节目，设《京口新闻》《一周新闻集锦》《京广博闻》《京口广角镜》等栏目，转播中央台《新闻和报纸摘要》节目。1996～1998年，围绕全区中心工作，调整相关栏目，着力对外宣传京口经济和社会事业发展。1999年，《镇江日报》刊登京口区以党建、经济建设、社区发展、乡镇、城市管理、政法、工商为主要内容专版9期。电台编发稿件2500多篇，与相关部门合办专题节目270档，制定完善《京口区广播电视管理规定》《京口区广播电视站目标管理考核办法》。4月，成立京口区电视报道组。2000年，全区对外宣传报道以提升京口知名度为职责，组织策划“双轮驱动”、大项目推进等系列宣传，全景式对外展现京口形象和风采。

2001年7月1日，京口广播电视台与《镇江日报》联合发行首张8开4版京口区机关报《京口周刊》，每周一发行。初期，围绕“十大工程”“双轮驱动”和“重点项目推进”等，组织《京口个私经济巡礼》系列宣传报道。9月，出版1期彩报。《京口周刊》编辑54期，后因《镇江日报》改版而停刊。同年，区广播电视台获省级新闻播音三等奖，实现省级奖项零的突破。2003年，区广播电视台在市电视台开设“京口报道”新闻栏目，中央电视台对京口区群众文化建设进行多次报道。京口广播电视台紧贴全区中心工作，突出招商引资、城市重点工程、小康建设等重点工作，开展各种大型活动宣传京口。对“情满京口”大型文艺晚会进行实况转播，为庆祝建区20周年营造浓烈氛围。对“秋的和谐”——镇江·京口街头文化节，采取录音报道和电视报道相结合，展示京口丰厚的文化底蕴。同年7月31日，京口电子日报网站正式开通，网址为 www.jkdzrb.cn（实名址：《京口电子日报》），领全市之先。《京口电子日报》创办以来至2007年，点击率23万多人次，成为树立京口形象、展示京口风采的重要窗口。

2004～2005年，区委宣传部为共产党员先进性教育活动，编发《简报》156期，124篇稿件被省、市主流新闻媒体采用。组织采写10名优秀共产党员先进事迹，汇编《你是一面旗帜》。加强“三小车（残疾人车、正三轮摩托车、人力三轮车）整治”“现代紫气计划”宣传，制作横幅、标语1800多条，市级新闻媒体用稿90篇。京口区第二届“人文博爱”和第三届“共和之美”街头文化节期间，区广播电视台做好活动宣传，精心策划、积极配合市电视台对“人文博爱”大型广场演出进行实况录播。

2006 ~ 2007 年，全区围绕大项目、全面奔小康、新农村建设和法治京口建设等专题，开展对外宣传。《镇江日报》用稿总数和头版头条用稿数在辖市区中名列前茅。策划《决胜全面小康》主题宣传，在市级媒体有重点组织“小康建设”报道，在《新华日报》刊出《小康京口跨越奋进》专版，在《京口电子日报》设立《小康专题》等栏目，展现京口经济和社会事业发展成果。

1993 ~ 2007 年京口区外宣用稿情况表

表 13-6　　单位：篇

年　份	国家级媒体	省级媒体	市级媒体
1993 ~ 1995	110	475	6198
1996	79	141	2403
1997	66	255	2535
1998	55	200	2263
1999	52	174	3758
2000 ~ 2001	92	311	7174
2002 ~ 2003	75	334	5423
2004 ~ 2005	43	655	1256
2006 ~ 2007	68	603	2861

六、党报（刊）征订

1983 年，京口建区以来，全区党报党刊征订工作未集中统一征订，为区各部门自主办理。1985 ~ 1995 年，按照市委办公室《关于切实做好〈镇江日报〉征订发行工作的通知》，市委宣传部转发省委宣传部《关于做好〈光明日报〉发行工作的通知》，区委宣传部下发《关于认真做好〈镇江宣传〉〈半月谈内部版〉〈党建〉〈江苏宣传〉等刊物订阅工作的通知》，并对基层单位征订数额提出要求。和区文教局联合发出文件，对学校系统征订《镇江日报》提出要求。1996 ~ 2007 年，区委宣传部根据市委办公室历年下发《关于切实做好〈镇江宣传〉征订发行工作的通知》，历年 10 月中旬，印发《关于切实做好年度党报党刊征订工作的通知》，要求各基层单位确保党报党刊征订任务完成。10 多年来，全区征订指标每年均按时完成任务。

1998 ~ 2007 年京口区重点党报党刊征订情况表

表 13-7　　单位：份

年份	《人民日报》	《新华日报》	《光明日报》	《经济日报》	《镇江日报》	《求　是》	《群　众》
1998	101	241	—	—	1469	73	40
1999	101	241	—	—	1469	73	40
2000	139	223	33	25	1354	98	60
2001	127	252	50	28	1654	81	56
2002	127	252	50	28	1654	81	56
2003	176	497	69	84	2500	130	100
2004	176	497	69	84	2500	130	100
2005	176	497	90	98	2500	130	100
2006	176	497	90	98	2500	130	100
2007	181	497	90	98	2500	130	100

第三节　统　战

一、统战机构

1. 沿革　1983 年 8 月，中共镇江市城区委员会设立统战部，为区委工作部门之一。1984 年 10 月，改称京口区委统战部，未设科室，定编 4 人。1986 年，增加 1 名全民事业编制。1994 年 6 月 24 日，根据党政机关机构改革方案，区统战部各部门（台办、侨办、侨联、工商联等）合署办公，对外五块牌子，对内一套班子，履行多种职能。1995 年 7 月，统战部内设办公室。1997 年 9 月 29 日，区级党政机构改革实施意见：统战部为区委工作机构，增挂京口区政府台湾事务办公室、京口区政府侨务办公室牌子，内设 3 个股级建制职能科室（办公室、统战联络科、民族宗教科），核定编制 7 名。2001 年 1 月 8 日，京口区党政机构再次改革，保留区委统战部，对外挂区委台湾工作办公室、区政府侨务办公室和区民族宗教事务局牌子，内设两个股级建制职能科室：办公室、统战联络科，核定编制 5 名。2007 年，其制无改。

2. 对台工作机构　1983 ~ 1986 年，未设对台工作机构，由区委统战部代管。区委统战部为适应对台事务，开放民众到大陆观光探亲，于 1988 年 1 月 15 日，建立京口区台胞接待站，为区属全民事业单位，核定全民事业编制 3 名，隶属区委统战部。1 月 22 日，成立京口区台属联谊会。1988 年 1 月，第一届区台属联谊会召开，选举苏坤生、王任远、许品 3 人为联谊会成员。详见下表。1991 年，区民政局核准，台属联谊会为区级社会团体。1992 年 8 月 20 日，区台属联谊会第二届五次理事会决定，冯天宝任区台属联谊会秘书长。至 2007 年产生三届理事会。

1992 年 4 月 14 日，区委台湾工作办公室和京口区政府台湾事务办公室（以下简称区“台两办”）建立，两块牌子，一套机构，业务归京口区委统战部，工作职能由区台“两办”内设台胞接待站一并履行。1997 年 9 月 29 日，区台“两办”挂在区委统战部内。1998 ~ 2007 年其制未变。

1988 ~ 1998 年京口区第一至三届台属联谊会成员名表

表 13-9

界　别	职　务	姓　名	性　别	工作单位
第一届	会　长	苏坤生	男	区商业局局长
	副会长	王任远	男	正东路街道办事处工作科副科长
		李世琮	男	区台胞接待站负责人
	秘书长	许　品	男	区侨联秘书长
第二届	会　长	苏坤生	男	区商业局局长
	副会长	王任远	男	正东路街道办事处工作科副科长
		李世琮	男	区台胞接待站负责人
	秘书长	李世琮	男	区台胞接待站负责人
第三届	会　长	陆剑秋	男	区卫生局退休
	副会长	冯天宝	男	—
		李世琮	男	区台胞接待站负责人
	秘书长	李世琮 冯天宝	男	区台胞接待站负责人

二、党外干部工作

1. *职务安排* 1983 年 8 月，京口区建立后，始终把党外干部培养、选拔作为党的干部政策一项重要内容，把一定数量后备人员安排吸收为区人大代表、政协委员行列，接受锻炼和考验。1984 ~ 2007 年，京口区挑选符合区人大、区政府、区政协领导职位和素质要求的党外人员向应配部门推荐，担任各级领导职务。其中郑清、陈浩为省人大代表。

1984 ~ 1997 年，全区分别推荐、安排一批党外后备干部进入区人大、区政府、区政协及有关部门担任实职。1998 ~ 1999 年，担任领导的党外干部 16 名，其中党外副乡局干部 8 名。2000 ~ 2002 年，全区有党外副局级以上领导干部 77 名，其中 9 名党外干部担任街道、部门和企业正职领导。2003 ~ 2007 年，全区党外副局级以上领导干部 69 名，其中 6 名党外干部担任乡局级正职领导。

1984 ~ 2007 年京口区党外干部安排情况表

表 13-10　　单位：名

届　别	人大代表数	人大常委数	政协委员数	政协常委数	区人大常委会副主任	政府副区长	区政协副主席	备　注
第一届（1984.1 ~ 1986.12）	17	7	60	9	蔡元标	—	王桐林、尹乃强、宋祖仪	—
第二届（1987.1 ~ 1989.12）	87	4	59	11	蔡元标	—	王桐林、宋祖仪、陆彩云（女）	—
第三届（1990.1 ~ 1992.12）	89	4	60	11	蔡元标	—	王桐林、陆彩云、贾沛渝	—
第四届（1993.1 ~ 1997.12）	80	5	67	10	蔡元标	郑　清（女）	陆彩云、贾沛渝、徐继业	郑清当选为江苏省第八届人大代表
第五届（1998.1 ~ 2002.12）	49	5	68	14	华梅芬（女）	陈　浩	陆彩云、贾沛渝、徐继业	陈浩当选为江苏省第十二届人大代表
第六届（2003.1 ~ 2007.11）	50	3	115	19	孙　辉	曹丽虹（女）	谢志荣、陆春生、沈成均	—
第七届（2007.12 ~ ）	70	2	114	19	郑苏真（女）	曹丽虹（女）	谢志荣、陆春生、沈成均	—

2. *党外干部培训* 1983 ~ 2000 年，区委将党外干部培训工作纳入全区干部教育培训计划。推荐党外领导干部参加省、市党校和社会主义学院培训。与区委组织部、区委党校共同组织党外干部培训班。乡镇、街道和部门基层党校开班时，安排一定比例的党外干部参加。2001 年 8 月，区委党校举办全区党外干部培训班，38 名党外干部参加。主要内容有江泽民“七一”讲话辅导报告、王兆国录像报告及统一战线理论与党外人士参政等业务培训。2002 ~ 2006 年，区委加强党外干部培训工作力度，适时举办党外干部培训班，不断提升其整体素质，为推荐党外干部走上各级领导岗位打基础。2007 年 11 月，省社会主义学院举办京口区党外干部培训。采取专题辅导、学员研讨和现场教学相结合，学习党的十六大以来一系列重大战略思想、党的十七大报告精神、全国第二十次统战工作会议和全省统战工作会议精神，24 名党外干部参加。

3. *建立联系制度* 1983 ~ 1993 年，区委统战部为加强统战代表人物管理工作，先后建立一系列联系制度。1994 年 11 月，区委统战部在党外知识分子比较集中的区文教、卫生、计经委、建委等 11 个部门和单位，分别建立党外知识分子工作联系制度。1995 年 6 月，区委下发《关于建立区委常委与非中共代表人士联系的意见》。1997 ~ 2003 年，区委出台统战对象重点代表人物、联系工作等一系列制度。

2004～2005年，区委统战部加强与党外干部的联系，掌握情况，落实政策，调整关系，安排人事等情况，及时向区委汇报。2006～2007年，区委统战部如遇人事变化，及时调整联系人，保障区委领导与非中共代表人士、统战对象重点代表人物联系畅通。

三、落实统战政策

1. 落实“文化大革命”被查抄、扣发工资及私房政策 1984年3月，区委成立落实统战政策领导小组（以下简称“区落实政策小组”），负责全区统战政策落实工作。1985～1989年，区处理“文化大革命”中被查抄财物，需落实政策计329户。通过认领，316户得到妥善处理，占95.90%。13户原物无法查找，给予经济补偿计1100元。辖区内原工商业者“文化大革命”期间5人被下放和扣发工资，落实政策补发工资7662元。同时为辖区内100户、1953.67平方米私房落实政策。其中非区属单位拨款解决41户、524.19平方米，其他方法解决59户、经费19.5万元。

2. 落实起义投诚人员有关政策 1984～1985年，区委统战部查阅9000余份档案，认定辖区内12名起义投诚人员身份，其中起义8名、投诚4名。1986年，为以上人员颁发起义投诚证书。

3. 落实知识分子政策 1984～1989年，全区需落实知识分子政策103人，通过各级党政部门努力，其冤、假、错案平反，“农转非”（农业户口转非农业户口）夫妻分居两地及清理人事档案等问题，按政策分别得到妥善解决。

4. 落实错划为“右派分子”人员政策和其他方面政策 1986年，区委统战部按政策规定，为20世纪50年代中后期1户错划为“右派分子”家属、子女，落实回迁城镇政策。1987年5月，区委统战部帮助区政协常委、民革成员、正东路街道王任远解决易地遗留问题，落实其全民干部身份政策。1994年，区委统战部帮助吴引威治病，在其病逝后将其火化安葬。吴引威系辛亥革命志士吴次藩（国民党高级将领顾祝同老师，曾任镇江市政协委员）之子，一生未婚。其父去世后，吴引威年老体弱，生活由政府负担。1983～1994年，区委统战部经常派员上门看望、慰问，陪其到医院治疗疾病，直至病逝。

1996年，区委统战部为起义投诚人员、台属王志坚落实退休养老金及医疗福利待遇政策。王志坚1950年2月脱离台湾国民党海军，返回大陆，向中国人民解放军华东军区海军投诚。1954年4月，被华东军区海军军法处误判徒刑。1981年，落实投诚人员政策，宣告无罪，按正班级补办复员手续。后王志坚多次申诉，要求按政策解决应当享受的政治、经济待遇。1983年始，区委统战部多次与东海舰队联系，要求按规定为王志坚落实政策。通过协调、催办，1990年7月，东海舰队政治部同意其“按正排级退休”。1996年12月，落实王志坚退休养老金、医疗费政策，由区财政局拨款，区民政局发给。

1997年，区委统战部协助处理九如饭店、民族饭店异地重建，并保持民族特色等有关政策，保证民族饭店生存，并促进其发展。

2001～2007年，全区统战政策落实工作，随着机构改革进入正常化、法治化轨道，相关政策落实工作，视情由区侨办、台办、民族宗教局分别负责处理。

四、统战理论工作

1. 统战理论研究会 1984年12月27日，区委统战部部长崔修高、调研员余光珠、李俊熙3人被市委统战理论研究会吸收为会员，余光珠为理事。1985年2月20日，京口区成立统战理论研究小组，余光珠任组长。1986年1月15日，市委统战理论研究会吸收蔡书元、徐甫大、王桐林、王昳扬、赵绍如（女）5人为会员，同时调整区统战理论研究小组，由余光珠任组长、赵绍如任副组长。

1990～2007年，市委统战理论研究会先后增补严良初、钟程发、姜厚荣为理事。

2. 统战宣传教育 1990～1993年，区委统战部根据改革开放深入发展，多次邀请市委统战部部长陈冬姣和市委统战部副部长、市台办主任钟伟德和全国政协委员、江苏大学教授吴守一对区级党政领导干部、党员和广大统战对象，讲授新时期统战理论、对台方针、政策等报告会。同时组织各界人士500多人参加全国统一战线知识竞赛，使广大党政干部、统战对象了解和掌握全国统战会议主要精神。2006 ~ 2007年，区委统战部邀请全国政协委员、江苏大学副校长宋余庆介绍全国“两会”情况。区委统战部根据形势和任务，不定期地编印统战宣传教材，发至各基层学习宣传。先后编印《坚持和完善中国共产党领导的多党合作和政治协商制度的特点和优势》《新时期统一战线的性质、任务、政策和理论》《社会主义初级阶段统一战线的发展趋势和战略任务》《统战工作基本知识》《京口统战志》和《社区统战工作手册》《统战知识读本》等多种宣传教材。

3. *招商促进统战工作* 1984 ~ 1993年，区委统战部根据区委、区政府发展经济和“贸易兴区”战略目标，广泛宣传京口区位优势和优惠政策，有效地促进招商引资活动。1994年，“金山之光”艺术节活动期间，区委统战部广泛发动“三胞”（港澳同胞、台湾同胞、海外侨胞，以下简称“三胞”）及其眷属开展“五个一”（写一封信或打一个电话、邀请一名客商、提供一个信息、引进一笔资金）活动，广大“三胞”及其眷属，向10多个国家和地区120多位客商发出邀请信，其间有89位客商回镇参加经贸洽谈会活动。1996年10月，镇江市第三届“金山之光”艺术节活动期间，统战系统邀请到区参加洽谈的有6个国家和地区7个组团，96位海外客商。2003年，京口“招商引资创新年”活动中，区委统战部两次赴上海和浙江义乌、绍兴宣传推介京口，并在区庆祝建区20周年暨2003年京口国际经贸洽谈会上，邀请38位海内外客商进行洽谈，签订5个意向性协议。2006 ~ 2007年，中国镇江金秋经贸洽谈会上，区委统战系统分别参与香港、上海、东莞招商活动，通过召开投资环境说明会、小型恳谈会宣传京口，广交朋友，在漳州农业招商会上签约2个项目，引进资金700万美元。

4. *专题讲座及调研工作* 1983 ~ 1996年，全区以中共中央文件和全国、省、市统战会议精神为主要内容，结合形势和京口实际，多层次、多形式地开展统战理论专题学习和调查研究，不定期地举办统战理论培训及讲座，扩大统战工作影响。1997 ~ 2002年，区委统战部与区电台合作，相继开办“政协统战之声”专栏和“个私经济巡礼”栏目，就统一战线重要性、多党合作和民族宗教政策、海外统战经济、统战党外干部工作等方面进行宣讲。1997年元旦，在区电台直播“新年伊始话统战”。4月4日，区委统战部接待省政协副主席、省委统战部部长林玉英等一行3人到区调研和指导统战工作，市政协副主席、市委统战部部长陈冬姣陪同。2007年7月，胡宗元、孙国平、唐锡年专题调研统战工作，推动和促进全区统战工作深入开展。

五、对台工作

1. *对台宣传* 1983 ~ 1989年，区委统战部对台宣传工作逐步开展，不定期地利用各种会议、信息简报、报章杂志渠道和形式，扩大京口区对台宣传工作。1990 ~ 1995年，台湾同胞来大陆探亲、旅游、投资不断扩大。区台办认真贯彻落实党中央提出的“一国两制”和平统一祖国方针政策，组织全区统战系统干部和统战对象学习江泽民《为促进祖国统一大业的完成而进行继续奋斗》重要讲话和《台湾同胞投资保护法》。9月27日，台湾《工商时报》开辟镇江专版，宣传介绍京口区概况、投资环境、优惠政策等，着重介绍江苏置业集团、二十一世纪乐园和谏壁镇情况，在台湾工商界产生积极影响。1999年，区委统战部召开各界人士座谈会，谴责李登辉散布的分裂言论，共话两岸统一前景。2001年4月，区台办会同宣传部、教育局、文体局精选260多幅图片，联合举办“祖国宝岛在我心中”大型图片巡回展。同年6月，邀请市委统战部副部长、市台办主任钟伟德到区作关于“台湾形势及其对中美关系的影响”专题报告。2002年，区台办被市台办评为对台宣传工作先进单位。2002 ~ 2007年，区台办邀请南京陆军指挥学院张政文、商则连教授作《两岸关系形势》报告会，《台海形势及应急作战准备》专题报告会。区台办撰写的宣传台属、拥军模范袁雯感人事迹的长篇通讯《母亲节的思念》刊登于《海峡之声》第四期。撰写的调研论文《发挥比较优势积极吸引台资》，获市优秀调研成果二等奖。

2. *台胞台属联谊活动* 1984 ~ 1994年，区委统战部通过召开台胞台属茶话会、座谈会、走访慰问、致台胞台属公开信等形式，加强与台胞台属联谊。在全区开展创建先进“三胞”眷属之家活动。1995年，京口区以政协祖国统一委员会（以下简称“祖统委”）和台属联谊会名义，向全区556户台胞台属致公开信，引进台商台资、扩大对台交流，合力推动两岸关系发展。1997年7月，组队参加市台办、台谊会组织的“庆香港回归文艺会演”，京口区获个人演出一等奖和集体舞蹈优胜奖。2003年6月，京口区首家台属联谊会四牌楼街道分会成立。2007年1月，区台办在阳光世纪花园社区举办侨台界“迎新春”联谊会。

3. 对台交流和经济工作　1992年，区对台工作机构成立以来，充分利用优势，配合区相关部门，参加省、市、区组织的各种招商活动，开展招商引资。4月，区第一家台资企业——镇江金宝粘合剂有限公司成立。该公司总投资65万美元（其中市三化厂投资39万美元，占60%、台商投资26万美元，占40%）。台商到区投资逐年增加，1996～1997年，利用自身优势，开展对台经济工作。每年对台资企业情况进行全面调查，并提出加强台资企业管理的意见和建议。1996年，推荐4家台资企业参加市台资企业协会，成为首次入会的会员单位。

1999年，区台办牵线搭桥成立两家台资企业。即注册资金108万美元的镇江新民房地产开发有限公司，注册资金250万美元的镇江金宝建材有限公司。在厦门经贸洽谈会期间，牵线搭桥，促成台商与谏壁镇签订投资1000万美元的福鼎芋项目。积极开发高新技术产品。在区台办的指导下，台属徐志平创办的镇江科达电气有限公司抓住国家电网二次改造机会，开发两个配套产品，8月，经省科委组织专家评定为“国家领先”高科技产品，并分别申报国家星火计划和火炬计划。

2000～2001年，区属大地幼稚园园长赴台交流，实现京口赴台交流“零”突破。接待台商台胞经贸考察团200余人，签订意向性协议书5项。参加厦门、上海、镇江国际贸易洽谈会，会见台商30余人，达成项目协议3个。2004年，区领导冯士超、童国祥、贾国祥分别带团赴台，开展招商引资活动，在台北、台中、高雄分别举行投资环境说明会，走访重点企业、行业协会70多家。2006年，京口区先后接待美旗集团百老汇等企业考察访问活动，佳佳国际徐昌胜先生帮助京口工业园区融资5亿元作BT项目，得到落实。2007年，胡宗元率京口区经贸考察团一行5人，赴台开展为期9天招商活动。1992～2007年，组织50个800人次台湾经济、文化、旅游考察、交流团到京口考察、交流。2007年，全区台资企业31家，正常运行的有17家，其中投资规模最大的台资企业为元鼎饰材实业（镇江）有限公司，该公司总投资1500万美元，生产各种窗饰窗帘，主要销往国外。现存企业中合同台资额7600万美元，实际利用台资累计4148.56万美元。

4. 台胞服务　1991年夏，遭受百年未遇特大洪涝灾害。区台胞接待站上门慰问镇江探亲台胞，同时向有交往的167位海外“三胞”发信通报灾情。1992年以来，紧紧围绕各时期的中心工作，把服务台企、引进台商作为第一目标，积极为台资企业服务，在“亲商、安商、富商”、提升投资软环境方面发挥作用。组织讲座，向台商宣传、解读国家的法律法规、投资政策、办事程序和对台资企业的特殊优惠。加强与工商、税务、海关等职能部门联系，为台商争取多方面支持。深入企业了解投资、生产、生活状况，帮助化解难题。1998～1999年，成立侨台法律咨询服务中心，专门为侨、台客商和侨、台胞提供法律咨询、服务，并提供京口区投资环境和投资项目介绍和宣传服务。依法保护台胞、台商的合法权益。做好台胞接待工作，为之排忧解难，接待台胞260多人次，接待来信、来电、来访300余人次，办理赴台探亲7人次。

2001～2002年，区台胞接待站为台资企业解决经济纠纷2起，协调解决矛盾2起。帮助台资企业搬迁新址1家。维护好辖区台属的合法利益，为台胞联系办理签证9份，为台属出具各种证明9份，解决矛盾纠纷6起。2004～2005年，区台胞接待站与区民政局、劳动局、工业公司协调落实解决原国民党起义投诚人员王志坚待遇问题，使其每月增资103元；协调解决台属李守贞房屋拆迁问题。2006～2007年，区台胞接待站经多方沟通，帮助解决吉昌橡胶有限公司在工商执照年检过程中遇到的困难，使年检得以通过，并帮该公司协调解决与其他行政村之间的债权关系，使问题得到圆满解决。协助世鸿工业有限公司办理二期工程有关手续，使其该享受的政策得到落实，并顺利通过环保检查评审。协助金宝公司、隆全公司处理多起劳资纠纷等。

第四节　信访工作

一、机构

1. *区级信访机构*　1983年9月，区委建立信访工作领导小组，并在区委办公室设置人民来信来访工作接待科，负责全区人民来信和人民来访接待。1987年6月，区委成立信访办公室（以下简称“区信访办”），负责人钱奇，下设接待科。1994年2月，区级机关体制改革，区政府成立信访局，列为政府工作部门，归口处理全区人民来信来访。至2007年，区信访局编制5人。

2、*基层信访机构*　1994年3月3日，谏壁镇成立信访办公室，为全市首例，配备专职信访干部。此后，各乡镇、场圃、街道先后设立信访办公室，配备专职信访工作人员。1995 ~ 2007年，区属各部门、各村（社区）先后设立信访信息员100多名，形成全区基层信访工作队伍，完善全区3级信访工作网络。

二、人民来信来访处理

1990 ~ 1991年，京口区信访内容主要是征地拆迁、劳动人事安排、市容卫生、治安交通、生活福利等，区信访局分别协调相关部门予以答复和处理。1992年9月，市金属工艺厂86名职工因隶属关系调整上访，区委办、政府办和信访办进行深入细致的工作，妥善处理这起集体上访案件，未造成不良影响。1995年8月，汝山乡孟家湾村部分群众为京口科技工业区征地收费集体上访，区委、区政府多次专题研究，经过1个多月细致工作，所反映问题得到妥善解决，群众满意率100%。2001年，区工业发展总公司下属18家企业职工为养保、医保问题，多次到区、市集访。区委、区政府挤出资金，弥补18家企业职工养保、医保资金缺口。经信访、劳动等部门协调，区工业发展总公司向上争取政策减免部分基础上，采取“四个一点”（政府补一点、公司拿一点、企业筹一点、职工出一点）办法，为18家企业、1956名职工解决历史遗留养老和医疗保险后顾之忧。

2003年，区域内部分群众赴省进京越级上访同比增幅较大，呈高发态势。区委、区政府建立“一把手”抓信访工作机制，各级党政领导亲自过问处理，亲自督查督办。2004年，依据《江苏省信访条例》（以下简称《信访条例》）的规定，经慎重研究，区信访局上报认定谏壁镇焦湾村部分村民对1996年索普集团（原镇江化工厂）征用土地补偿款使用及劳动力安置有异议，并多次越级上访等4件信访老户案件为无理缠访。2007年，象山镇聂家村渔业组渔民颜士军等人多次到区、市、甚至赴省集访，对因城市建设征用北部滨水区房屋拆迁安置问题提出异议。经行政复议及相关部门协调会、听证会，对32名渔民按照政策签订安置协议，并对其渔具等物品给予相应补偿，妥善处理集访案件。

1983 ~ 2007年，处理人民来信5611封，办结5611封，办结率100%。接待人民来访6132批22352人次，均得到妥善处理。

1983 ~ 2007年京口区处理人民来信来访情况表

表13-11

序　号	年　份	人民来信（件）	人民来访（批／人次）
1	1983 ~ 1989	1908	1077 ／ 2241
2	1990 ~ 1992	646	706 ／ 1630
3	1993 ~ 1995	680	776 ／ 2864
4	1996 ~ 1997	436	487 ／ 3727
5	1998 ~ 1999	485	560 ／ 2966
6	2000 ~ 2001	507	459 ／ 2354
7	2002 ~ 2003	470	1146 ／ 4884
8	2004 ~ 2005	390	1405 ／ 7174
9	2006 ~ 2007	591	1805 ／ 8766

三、党政领导接访

1983年9月以来，区领导亲自接待处理重大信访案件。1984～1988年，领导参与和处理重大信访100多件次。1989年10月24日，区委、区政府建立领导接待日制度，规定每月20日为区领导来信来访接待日。同年第1个接待日，区委书记毛善复为居民解决久拖未决的住房矛盾。1994年，区长贺华平亲自到兴化县，处理区财政局下属通达实业公司一起经济纠纷，使影响较大的集体上访事件得以平息。

1996～1999年，区委、区政府成立"抓稳定、促发展"工作领导小组，进一步加大信访处理工作力度。1998年7月，妥善处理暴雨使象山乡江滨一村数十户村民住宅受淹信访问题，

2000年，区委、区政府通过报纸等新闻媒体陆续向社会公告部门领导接待日接待时间、接待地点、接待范围等，扩大影响。2001年，妥善处理区交通局下属4家装运公司退养职工为养保费纳入统筹的重点信访问题。2002年3月20日，制定《京口区党政领导接待群众来访日实施办法》，对接待安排、接待对象、程序、要求等作出规定。3月下旬，区委、区政府下发《关于进一步坚持和完善京口区党政领导接待日制度的意见》，将每月10日、25日定为区和有关职能部门、乡镇、街道党政领导统一接待日，4月开始执行。5月下旬，区委办公室、区政府办公室制定《京口区党政领导信访接待日所涉重大问题督办和会办规定》，完善党政领导接访制度。2003年10月，区领导接待日调整为每月2日、10日、16日、25日4天，各乡镇、街道、园区同步执行。明确要求接待、轮值领导必须到岗到位，各级党政领导按分工条口，遇到突发性、集访性案件时，随请随到，不得推诿。

2006～2007年，区委、区政府领导带头坚持执行领导信访接待日制度、党政领导轮值倾听群众诉求，定期下访指导基层解决社会矛盾纠纷，有效推动全区信访工作开展。区级领导信访接待90个工作日，按时到岗到位率100%。"四包"（包调查、包处理、包结案、包稳控）处理重点信访问题60余件，结案率75%，处理到位率100%。2006年，妥善解决京岘山60号小区居民与浙江强鹰房屋开发公司新建道路征用过程补偿分配兑现信访问题。2007年，中共十七大期间，京口区实现进京零上访，得到省、市两级政府表彰。

1990～2007年京口区党政领导接待信访情况表

表13-12

序号	年份	披阅来信（件）	接待来访（批／人次）	占信访总数比例（%）	其他
1	1990	89	25	36	—
2	1991	42	26	30.70	会办疑难信访5人次
3	1992	45	31	32	会办疑难信访7人次
4	1993～1995	130	72	33	处理疑难信访18件
5	1996～1997	87	38／1124	22	处理疑难信访13件
6	1998～1999	104	24／576	25	处理疑难信访19件
7	2000～2001	83	37／659	17	—
8	2002～2003	72	75／167	22	根据统一要求实施党政领导信访接待日制度
9	2004～2005	65	96／245	27	—
10	2006～2007	81	108／327	26	—

四、重点信访管理

1.健全信访机制　1983年9月，区信访工作领导小组成立后，受理全区重点信访接待工作。1987～2003年，区委、区政府先后制定《关于归口处理来信来访问题的意见》《关于做好党的纪检

信访工作的暂行规定》《京口区预防和处置群体性突发事件工作方案》等10多项规章制度，建立分片包干、定点负责的信访工作机制。2004年7月，区和各乡镇（街道）建立两级社会矛盾纠纷调处中心，设立社会矛盾纠纷调处工作领导小组，统一协调处理社会矛盾和群众纠纷。区调处中心下设办公室、接待受理科、调处服务科、督查科。全区14个基层纪委有信访网络成员320人。区信访局于基层建立联系点制度，及时交流，及早发现问题，把各类矛盾和问题化解在基层和萌芽状态。

2005 ~ 2007年，区社会矛盾调处工作领导小组制定《京口区社会矛盾纠纷调处听证暂行办法》。成立处理信访突出问题及群体性事件联席会议办公室，下设农村土地征用、城镇房屋拆迁、国有企业改制、涉法涉诉、企业军转干部和信访督查督办等6个问题专项工作小组。建立健全区处理信访突出问题、信访工作例会制度、重要信访问题“双月交办”制度、接待首问责任制以及下访和督查制度等，提高信访处置质量。

2. *实施目标管理*　1990年始，京口区信访工作实施目标管理。1月，区委、区政府召开专题会讨论社会稳定问题，明确将信访工作列入各街道目标管理责任状，每周向区委、区政府报告信访处理情况。1991年，全区首次推动信访工作目标管理。1993 ~ 1995年，全区信访工作落实责任制，控制群众集体越级上访。1994年9月19日，区委、区政府决定对各乡镇、街道、场圃和有关部门信访工作实行“分级负责、归口办理”目标管理，各单位把信访工作列入党委议事日程和目标管理内容之一。1997年12月，全区将信访列入党建工作考核百分制考核内容，对群众越级上访以及领导接待处理信访问题作出具体规定。2004年8月，制定《京口区2004年信访责任单位越级上访考核标准》，强化工作责任，明确奖惩规定。2007年，区信访工作坚持年初向信访责任单位和部门下发责任状，年终实施考核。全区信访工作目标责任制管理走上制度化、规范化轨道。

3. *重点信访督办、交办*　1983 ~ 2002年，区领导始终把信访稳定、重点信访管理作为重要工作，领导亲自处理重大群众上访案件。2003年，全区建立“一把手”抓信访工作，主要领导亲自过问、交办、亲自督查督办。9月15日，召开全区重点信访工作督办会，以签订责任状形式对11件重点信访案件进行交办，并明确规定此后凡重要信访案件均采取向责任单位或部门交办形式，限期处置结案。至年底，结案10件，结案率为90%。12月19日和30日，分别向分管领导和责任单位交办重点信访案件22件，有效缩短信访案件办结周期，提高案件办结率。2004 ~ 2005年，建立区重要信访问题“双月交办”制度，先后交办重点信访48件，按期办结率100%。2004年年底，全区老上访户信访问题办理终结。2006 ~ 2007年，区信访工作领导小组向责任单位、部门交办重点信访问题12批70余件、稳控对象50余人次，做到“随发生随交办”，进一步加强重点信访问题处理时效性。

五、征集群众对信访建议

1983 ~ 1999年，区信访办、区信访局从人民群众来信中累计获取建议类信息200多条，有效拓宽群众参政议政途径。2000年，京口区成立人民建议征集办公室，广泛征集群众对全区经济建设、改革开放、社会事业发展以及党风廉政建设等方面建议，同时开展专题建议征集工作，激发群众参政议政热情。2001 ~ 2007年，征集到人民群众建议100多条。

六、信访信息宣传

1983 ~ 2006年，京口区注重信访信息上下对接，先后编印《内部参考》《信访周报》《信访摘报》等，为领导和相关部门提供有效处置信访矛盾、形成决策、参考和依据。1990年，编印《内部参考》12期、《信访周报》18期、《信访摘报》17期。1995年10月，国务院发布《信访条例》，区信访局专门编印宣传材料，大力培训信访骨干，采用多种形式向群众作信访工作宣传。1999 ~ 2001年，区委、区政府举办区信访专兼职干部培训班，就如何做好新时期信访工作进行授课和指导。2005年，《信访条例》修改施行后，全区开展为期3个月宣教活动，举办4期学习培训班。5月，组织开展“学习宣传《信访条例》活动月”，同期交办重点信访问题22件，按期办结率达95%，处理到位率100%。2007年，编印《京口信访周报》，针对重要信访信息及时编印《重要信访呈报》，供领导参阅。全年编印周报、呈报37期。全区信访工作通过媒体宣传，张贴标语、横幅，翻印发放《信访条例》，开展法律咨询等方式方法取得良好效果。20多年，全区举办各级各类培训班20余次。

第五节　史志年鉴档案

一、机构沿革

1983年以前，城区档案管理工作由镇江市档案局指导、市档案馆管理。1985年3月，京口区成立档案馆。1986年9月18日，京口区成立地方志编纂委员会（以下简称“区志编委会”），区长任主任。下设办公室，由政府办副主任许进兼任。1990年10月16日，区成立档案局，与区档案馆两块牌子、一套班子、合署办公。1998年2月28日，区委成立党史工作办公室（以下简称“区党史办”），为区委直属全民事业单位。2001年10月，京口区党政机构改革，区档案局与党史办、地方志办公室合并，组建京口区史志办公室（挂“档案馆”牌子）。2003年3月20日，区史志办公室更名为区史志档案办公室。2004年12月21日，在区史志档案办公室上增挂“京口区档案局”，两块牌子、一套班子，恢复档案局主体执法地位。

二、党史工作

1983年8月，京口区建立时未设置区党史工作办公室，相关工作由区委办公室负责。1991年，省、市委统一部署，京口区委派员参加市委组织部组织史编纂工作。1992～1993年，《镇江市京口区、润州区组织史》（内部版）编成，为京口区历史上首部党史资料工具书。1998年4月，根据省、市委指示，区党史办开展《江苏人民革命斗争群英谱》（以下简称《群英谱》）丛书编纂和党史宣传教育。1998年12月，整理编撰《群英谱》（辖区内）80多篇，5万多字，其中43篇通过市级初审。1999年，补充、完善成稿99篇。同时搜集整理编写《中共京口区党史大事记（1949～1998年）》，至年底，搜集200多条，8万多字。为市党史办编纂《烈士传记》2篇、《英模传记》5篇，2万多字。

2001年6月，编纂《中共京口地方史大事记（1949～2000）》（以下简称《大事记》），并出版发行。《大事记》为京口区中共地方史首卷，收集资料80余万字，经加工整理成30多万字书稿。2002～2005年，区党史办为扩大党史工作宣传力度，对全区干部、职工和青少年进行爱国主义、革命英雄主义教育。结合抗美援朝五十周年纪念活动，走访离退休老干部，采集战斗经历。2003年，《世纪风采》第16期，刊登区史志档案办公室采编的《夫妇同忆抗美援朝岁月》。参加市、区组织的纪念抗日战争胜利60周年系列活动，配合纪念活动，动员、鼓励离休干部杨世忠撰写3万多字抗战回忆录资料。

2006～2007年，区史志档案办开展抗战课题调研工作。建立工作网络，制定实施方案，对全区抗战时期各地人口伤亡和财产损失进行专题调研。组织人员在镇江、南京等地博物馆、档案馆搜集历史资料，从公安部门调出象山、谏壁、四牌楼、大市口、健康路等重点地区2623名75岁以上老人信息资料，有针对性地上门调查。历经资料搜集、汇总，经整理后录入数据库，形成调研报告、大事记、统计表、口碑资料各1册，档案资料、文献资料各3册537页，记载日本侵略军在京口犯下的罪行。

三、地方志工作

1.《京口区志》　1986年9月18日，京口区成立地方志编纂委员会，成员由区委、人大、政府、政协及有关部门负责人组成。1987年，区地方志办公室对外办公。经区志编委会决定，全区首轮地方志为两级修志，即先修部门（街道）志，编撰《京口区志资料汇编》，然后总纂《京口区志》。1989年3月11日，召开全区第一次地方志工作会议，确定由副区长陈启源分管地方志工作。全区50多个部门全部编配专（兼）职修志工作人员，集中时间和精力编撰部门志。1990年6月，完成52部部门志，总字数达200余万。区委常委会扩大会和第四次编委会研究决定，从全区152名修志人员中，抽调10人组成《京口区志》总纂班子，并由地方志办公室主任许进担任主编。至1990年底，总纂出93万字《京口区志》（征求意见稿）。1991年10月8 ~ 9日，召开《京口区志》稿评审会，对志稿政治观点、体例结构、资料数据、文笔文风等方面给予审定。同时对部分章节提出调整建议。全志为20篇，85章，279节，行政区划图1幅，彩色照片86幅，随文照片30余幅，形成图文并茂、具有特色的一部新编《京口区志》。1992年11月，由上海社会科学院出版社出版发行。《京口区志》出版后，方志界同仁评为“江苏志丛中的珍品”。1994年被江苏省评为地方志优秀成果二等奖。1992年和1996年，《京口区志》先后两次参加在广东深圳市举办的中华大庙会全国书展和在吉林省长春市举办的全国地方志、年鉴展览会。

2007年5月25日，区政府召开二轮修志动员大会，全面启动《京口区志（1983 ~ 2007）》编纂工作。区委常委、常务副区长胡云霞代表区政府，与各单位签订修志工作目标责任状，下发《关于进一步加强地方志编纂工作的通知》《京口区二轮修志编纂工作规划》。7月，举办全区修志人员业务培训班。各镇、街道（场、区）、委办局（公司）分管领导，各分志主笔计80多人参加，研讨分志章节结构和编撰方法。12月，全区50多个单位分别建立修志队伍，并拟订篇目、征集资料、编撰资料长编和各分志初稿。

2. 乡镇志、专业志　1991 ~ 1993年，省地方志编委会编纂《江苏名镇志》，决定吸收镇江市京口区谏壁镇。区志办组织葛天峰、许进等人编纂《江苏名镇志·谏壁镇》。分“千年古镇展新貌”“谏电带动百业兴”“工农商贸齐奋进”“交通水利起宏图”“文教卫生面貌新”5目，4万多字入选。1993年11月，由江苏古籍出版社出版发行。

1992 ~ 1996年，象山乡地方志编纂小组在区志办指导下，熊兴邦主编《象山乡志》。1998年，由黄山书社出版发行。

2003年，区史志档案办为配合全区修建重点和十大文化项目建设之一——宗泽纪念馆，组织专人查阅《宋史》《镇江市志》《京口区志》《镇江名人》等历史资料，搜集、整理、撰写“宗泽其人”“宗泽路”“宗泽的书”“宗泽的镇江情结”“宗泽墓”等历史资料2万多字，先后被市、区媒体采用，并由京口区广播电台制作配音，选送省、市电台播放，时间长达15分钟。

2003 ~ 2007年，区人武部聘请许进编纂《京口区军事志》，历时4载纂成。2007年9 ~ 10月，区史志档案办组织专人对区人武部编纂的《京口区军事志》进行审查。全志篇目结构合理，资料翔实完备，文字通俗流畅，具有“存史、资政、教化”功能。并经军内审批程序后，按中国《地方志编纂细则》规定，批准《京口区军事志》由江苏大学出版社出版发行。

2005年，区史志档案办为《镇江乡镇概览·京口》，供稿2.2万多字书稿。象山乡、谏壁镇、丹徒镇入选正篇；正东路、健康路、大市口、四牌楼4街道收入附录。京口部分简略记述乡镇概况（沿革）、工业生产、文教卫生、社会事业、农业经济、第三产业、名胜古迹、行政村概况等历史与现状。每乡镇5000 ~ 8000字、街道为1000 ~ 5000字。2006年11月，由方志出版社出版发行。

1990 ~ 2007年，区史志档案办先后20多次参加全国城市区志协作研讨会和全国年鉴研讨会，发表论文20多篇，其中许进等人撰写的《熔铸新作，精心加工》《城市区志中共篇总体设计初探》等10多篇，获全国、省、市优秀论文奖，全区论文一等奖。

四、年鉴工作

1992年，区委、区政府批准，并经市志办同意，区志办筹备编纂出版《京口年鉴（1993）》。首期《京口年鉴》为三年期刊，收载1990 ~ 1992年相关内容，设“要闻”“特载”“大事记”“人物”“概述”“乡镇、街道简介”“政党、政权、政协”“社团”和“城乡建设”“综合经济管理”“农水”“工业”“外经”“文教卫”“社会生活”“文献选”等21个类目，各项事业以条目记述为主，是暨《京口区志》出版后，又一部反映区情特色的地方性资料工具书。1994年3月，由上海社会科学院出版发行，先后获首届中国地方年鉴“框架设计”“条目编写”“美术装帧”3个二等奖，获江苏省地方年鉴优秀成果二等奖。1994年，《京口年鉴》被全国年鉴研究会吸收为团体会员。《京口年鉴（1996）》获江苏省地方志年鉴单项三等奖。

1998年，《京口年鉴（1998）》改版为两年期，收载1996～1997年相关内容，并新设“外事、侨务、台湾工作”“广播电视”“民政社会”类目，同时对分目也作调整，使类（条）目设计更趋完善合理。1998年9月出版发行，从征集资料，自2009年京口年鉴改为一年期。编纂、出版及印刷程序，用时6个月，首创全市年鉴出版最短周期。自2009年，《京口年鉴》改版为一年期，收载上一年相关内容。

图13-6 2007年，全区二轮志书编纂工作会议（区史志档案办公室供稿）

2000～2007年，根据区委区政府机构改革、经济发展新形势，《京口年鉴》先后增设“旅游·园林·绿化”“抗洪抢险”“社会保障”“友好城区”“社区服务”“辖区单位”和“国有资产管理”“个私经济”等类（条）目，增设“新中国成立前参加革命和抗美援朝老战士名录”，撤销“金融·保险”，将部分内容并入相近类目，进一步规范框架结构，提高条目编撰质量。

2000年11月17日，区政府召开《京口年鉴》工作总结表彰会，22个部门被授予先进集体、42名个人为先进工作者、优秀条目为29个。

2003年以来，区史志档案办加强年鉴对外交流和研讨，先后与广东、昆明、四川、上海、内蒙古等省（市、区）及省内张家港、仪征、金湖、武进、白下等20多种年鉴定期交流。

2004年，《京口年鉴》被中国地方志指导小组办公室、中国地方志协会评为特等奖，获第三届全国年鉴编纂出版质量评比综合二等奖、条目二等奖和装帧设计二等奖。区史志档案办撰写并发表《城区年鉴，跨出一步天地宽》论文。2006年10月出版的《京口年鉴》获江苏省档案局编研成果优秀奖。区史志办被市史志办公室评为2006年度全市年鉴工作先进集体。

2007年，区史志档案办撰写的《试论城区年鉴区域性原则的实践意义》被《年鉴信息与研究》（国家级刊物）收录于《中国地方志协会年鉴工作委员会首届年会论文集》。

五、档案工作

1.档案制度建设 1984～1989年，京口区档案馆先后制定登记、查阅、开发利用等方面规章制度。1990年，为强化档案馆基础建设，明确档案接收范围，制定京口区《关于贯彻执行〈各级国家档案馆收集档案范围的规定〉的实施细则》，先后接收区人大、政协、民政局等单位文书和专门档案2100余卷，照片600多幅。

1991～1997年，区档案局分别制定《京口区街道办事处文书档案保管期限表》《京口区乡镇文书档案保管期限表》《关于加强开发区档案工作的意见》《京口区村委会文书档案保管期限表》及村级、科技档案管理等制度，加强对街道、乡镇、区级机关档案工作规范化、标准化建设。

1998年5月5日，区档案局与财政局联合下发《关于乡镇财政所档案管理省级达标的意见》，召开全区财政所档案达标现场会，并以谏壁镇为试点，上门指导，精心组织实施。9月30日，全区4个乡镇财政所全部通过档案工作目标管理省级达标验收。同年7月15日，转发《关于颁布〈镇江市行政村档案管理暂行办法〉的通知》，认真检查全区村级建档工作开展和质量。1999年12月，全区33个行政村建档工作实现“三有、两统、一规范”，即档案有人管、有柜存放、有管理制度，集中统一管理、统一由主办会计兼，档案管理规范。村级建档率100%，创镇江市之首。1999年4月8日，全区召开农业和农村档案工作会议，制定《京口区农业农村档案工作发展规划》，推动全区农业农村档案工作开展。8 月 2 日，区档案局与土管局联合下发《关于乡镇土管所档案管理省级达标的意见》《关于成立乡镇土管所档案管理定级达标领导小组的通知》。12 月 10 日，全区 4 个乡镇土管所一次性通过省二级目标。

2000 ~ 2005 年，区档案局先后制定《关于机构改革中做好档案工作的意见》《京口区档案规划宣传教育第四个五年规划》《2006 ~ 2010 年京口档案事业发展规划》，转发并实施《镇江市电子文件归档管理规范》，按照《归档文件整理规则》，全面实施文书立卷改革。指导督查撤并单位完成档案接收、移交。举办《先进生产力与档案工作》《对编纂 < 京口年鉴 > 的思考》等讲座，强化档案宣传教育，维护国家档案完整与安全。开展普及计算机辅助文档管理系统建设。2005 年 12 月，全区 36 家单位实行软件管理，普及率 70%。

2006 年 12 月 18 日，国家档案局颁布实施《机关文件材料归档范围和文书档案保管期限规定》（以下简称“8 号令”）。2007 年 10 月，区档案局组织 40 多家部门分管领导、档案人员参加“8 号令”贯彻实施业务培训，组织 20 余名档案人员赴洛阳学习，为贯彻实施“8 号令”奠定思想基础和业务基础。11 月，区委办、区政府办联合下发《关于贯彻落实〈机关文件材料归档范围和文书档案保管期限规定〉的实施意见》，要求全区所有档案应移交区档案馆的单位严格按照“8 号令”编制单位文件材料、归档范围和保管期限表。2007 年年底前，报区档案部门审批。

2. 档案馆（室）建设　1984 ~ 1992 年，区档案馆形成国家规定的 10 个档案全宗，其中文书档案 1228 卷，民政档案 1000 卷，会计档案 1333 册，资料 1878 册。编制婚档人名索引、会计档案案卷目录、文书档案全引目录、档案存放地点指引等检索工具。整理档案、资料 4600 多卷（册），建立国家档案全宗 14 个，馆藏档案、资料达 9000 多卷（册）。精心编制案卷目录、全引目录、人名目录索引、全宗介绍、档案馆名录等检索工具，形成科学合理的档案检索工具体系。

1993 ~ 1996 年，区档案局围绕区委、区政府“贸易兴区”发展战略，创办各类经济实体，发展部门经济，利用创收添置档案管理设备，弥补事业经费不足。1995 年，京口区档案指导服务中心成立，隶属区档案馆，核定编制 4 人，经费自收自支。主要是对区属单位档案管理进行指导监督，对无条件建立档案室单位档案提供保管服务。1995 年 6 月，区档案馆迁址区级机关办公楼，建筑面积 600 平方米，库房 3 间，有档案箱、柜 100 多套，微机、空调、去湿机各 2 台，配备复印机、照相机、高速油印机等档案管理和办公设备。馆藏各类档案、资料 1 万多卷（册）。

1997 年 12 月 17 日，区档案馆经省档案局考核评审，获省二级档案馆称号，跨入全省先进档案馆行列。12 月，馆藏档案全宗 55 个，各类档案、资料 10345 卷（册），建立并完善 24 种统计台账，编制检索工具 336 册，编写 22 种参考资料和文件汇编计 72 万多字。同年，区档案馆征集全区荣获市级以上表彰奖杯、奖状、锦旗等荣誉实物档案 336 件，开辟陈列室，举办为期 1 个月的全区荣誉和争创“单打冠军”陈列展览，将档案馆建成社会主义精神文明教育基地。

1998 年，纪念《中华人民共和国档案法》（以下简称《档案法》）实施 10 周年以及《江苏省档案管理条例》（以下简称《管理条例》）颁布实施，召开会议、举办培训班、领导走进电台讲话、举办知识竞赛、制作展板等宣传《档案法》和《管理条例》。1999 年 5 月 19 日至 21 日，会同法制局对建设局、法院、丹徒镇等 8 家单位开展档案执法检查，提出整改意见，推进档案法制建设，加快依法治档进程。1999 年 8 月，区档案局将 1986 ~ 1995 年全区公证档案 4802 卷（册）接收进馆，编目上架，提供利用，优化馆藏结构，提高利用率。投入 2 万元购置档案管理系统软件，开展档案微机化管理。创建文明城市软件资料工作，通过省级验收。

2000 ~ 2003 年，区档案馆建立文件级目录数据库，实现电脑检索，以 93.3 分成绩通过省档案目标管理考评组考核，再次被认定为省二级馆。将区民政局 1992 ~ 1999 年 641 卷婚姻档案接收进馆，输入微机，提供服务利用。将离休干部杨世忠捐赠的朝鲜三级国旗勋章、三级解放勋章、抗美援朝纪念章等具有军事文物收藏价值的勋章、肩章、证书10余件征集馆藏。将原汝山乡政府1984 ~ 2001年438卷档案接收进馆并整理上架。实施《京口区档案行政执法责任制实施方案》，履行《档案法》赋予职责，开展档案执法检查，将执法检查与档案行政管理、业务指导、文书立卷评比有机结合，促进全区依法治档工作落实。全区文书立卷检查评比合格率达98%，有6个先进单位、15名先进个人获市委、市政府和市档案局表彰。区档案馆获江苏省档案系统先进集体。2002年12月，全区1971 ~ 2001年散乱调配档案接收进馆，突击整理修复，组成329卷，编号上架，输入微机，对外开放，方便群众查阅。2003年3月，区级机关各部门和乡镇、街道、场圃1983 ~ 1991年4374卷文书档案接收进馆，整理上架。8月，完成区卫生防疫站等单位形成50卷“非典”档案资料接收工作。9月，将498卷学府路拓宽改造工程档案和9卷建区20周年庆典档案接收进馆。12月，将1卷社区文化节档案接收进馆。同年，区档案馆馆藏档案70个全宗，17863卷、其中文书档案9575卷，会计、婚姻、公证、工程、调配、基建、人口普查、重大活动等专门档案8288卷，馆藏资料3100册。

2004 ~ 2005年，区档案局（馆）工作人员深入一线指导，抓源头管理，拓展接收范围，加大“专”“特”档案接收力度，将3000件残疾人、79卷清房、742卷婚姻、200余卷京口路重大工程、480余卷“三小车”整治及5卷“街头文化节”等重大档案接收进馆，整理上架。以保持共产党员先进性教育活动，开展“首问责任制”“查档预约无休息日”活动，新辟30平方米阅览服务大厅，集查阅和文件利用、打字、复印于一体，开展人性化服务。根据档案鉴定工作规定，开展鉴定销毁无价值档案。鉴定1990年前形成的原红旗、北固等4个公社、区监察局、档案局、体委、职教办、汝山乡9个全宗单位。对到期59卷文书档案、47卷会计档案，确有保存价值的上升保管期限，对无保存价值的经分管领导核准，予以销毁。根据《档案法》《档案法实施办法》及国家档案局有关规定，对馆藏原红旗、北固、迎江、云台公社1971 ~ 1975年的129卷期限满30年的文书档案进行划控鉴定。其中，可开放档案100卷，控制使用档案29卷，开放率78%。2005年11月28日，在《镇江日报》刊登开放公告，第三次向社会开放经划控的100卷文书档案。自1997年首次对社会开放档案，陆续向社会开放档案184卷。凡镇江及外地公民，均可凭身份证和其他有效证件，到区档案馆查找、利用开放档案。

2006 ~ 2007年，区史志档案办先后将学府路拓宽改造工程建设档案1138件、拆迁档案737件、“三小车”整治档案621件、象山镇长江农民新社区1 ~ 10号住宅楼建设档案449件、谏壁地区轧石企业集中整治档案61件、2005 ~ 2006年民政局婚姻档案557卷、谏壁镇1984 ~ 2003年婚姻档案297卷、全区重大活动档案362卷（件）及重大工程中形成的照片档案358张接收进馆，全部输入电脑，整理上架，丰富馆藏档案资料，为服务机关部门和人民群众创造有利条件。2006年10月，区史志档案办公室被市委、市政府授予全市档案工作先进集体。2007年12月，被省人事厅、省档案局授予全省档案系统先进集体。

3. 档案信息资源开发　1984 ~ 2001年，区档案馆接待经济建设、落实政策、下乡回迁、经济纠纷等查阅档案300多人次，提供档案500多卷（册）。1990 ~ 1992年，接待查阅档案资料3067人次，提供档案资料4588多卷次，为经济建设、落实政策、编史修志、出国查询、户口回迁、调解纠纷、职称评定等提供确凿的原始凭证和依据。充分挖掘档案信息资源，收集、加工、编印《京口档案》信息专辑，为全区档案系统和有关领导提供宣传档案工作、学习档案知识阵地。

2003年7月，举办“京口区建区20周年成果荣誉展”。区档案馆利用馆藏档案和新征集105件实物、248幅图片资料，举办由“两会掠影”“领导关注”“劳模风采”“企业之星”“城乡面貌”“百花之苑”“春华秋实”等7个版块组成的“京口区建区20周年成果荣誉展”，2336人次参观。8月12日，省档案局局长韩杰一行参观荣誉展后，题词“创新创意创一流”。10月11日，京口区建立文件资料利用中心，为社会和市民群众快捷政务信息服务。11月24日，省档案局征集接收处副处长赵应明、助理调研员祝萍组成的调研组，在市档案局副局长汪好陪同下，专程到区档案馆专题调研档案资源建设工作思路和措施，12月18日《江苏档案信息》刊登相关工作信息。

2004 ~ 2005 年，区史志档案办录入文件条目 128321 条。2005 年 6 月，制定《京口区档案信息化建设规划纲要（2006 ~ 2010 年）》，区委办、区政府办联合下发全区各单位，明确档案信息化建设，按照电子政务建设总体布局，同步建设相配套的数字档案馆、数字备份基地、电子文件中心和核心数据库，规范各单位电子文件归档与整理、室藏档案数字化建设等基础工作。12 月，在政府电子政务网上建设档案网页。

2005 ~ 2007 年，区史志档案办结合纪念抗日战争胜利 60 周年，开展编研工作。编印《城乡抗日史话》资料汇编，开展爱国主义和革命传统教育。结合全区廉政建设和廉政文化工作，与区纪委联合编印《京口区党风廉政建设规定、制度汇编》。

4. 档案学研究　1993 ~ 1995 年，区档案馆结合工作实际，先后撰写 10 多篇论文、调研报告，50 多篇文章和信息被省、市、区报纸、杂志、电台采用。其中《关于乡镇档案工作的调查》《发挥行政职能，搞好区级档案》被省《档案与建设》刊用。1996 ~ 1999 年，70 余篇文章、论文等被省、市、区报刊、电台与学术交流会采用，其中有 3 篇获江苏省第二届青年学术奖，有 2 篇被省《档案与建设》杂志采用。2000 ~ 2001 年，40 余篇文章和信息被省、市、区报刊、电台采用，其中 2 篇获江苏省 1996 ~ 2001 年档案成果三等奖及优秀论文奖，成为镇江市 4 县区唯一获奖单位。2001 年 4 月，区档案局采取问卷摸底、现场察看、座谈、听取汇报等方式，就全区非公有制企业和外商投资企业档案管理现状和发展趋势进行调研，撰写《京口区非公有制经济档案工作的调查与思考》，省《档案与建设》2001 年第 9 期刊登。

2002 年 10 月 29 日至 11 月 1 日，京口区档案局主办江苏省市辖区档案工作研究会，第十次会议在凤凰岭饭店召开。全省 7 市 14 区 35 名代表参加，会议围绕"与时俱进，跨越式发展档案工作"主题展开研讨交流。

2004 ~ 2007 年，区史志档案办有 50 余篇档案论文和信息被省、市、区刊物及电台采用，5 篇论文分获新时期档案工作学术研讨会一、二、三等奖。

5. 档案机构与人才建设　1984 ~ 1989 年，全区从事档案管理工作专（兼）职人员 98 名，其中具备档案专业大中专毕业生 8 名，17 人获档案专业证书，8 人获档案专业技术职称。1990 ~ 1995 年，区档案局举办文书立卷业务培训班，参培人员 227 人次。全区从事管理工作专（兼）职人员 100 余名，有 25 人获档案专业证书，14 人获档案专业初、中级技术职称，有 80% 的单位建立档案室。金象集团、置业集团等 4 家企业档案管理跨入国家二级和省先进行列，有 7 家机关档案室定级达标，其中法院档案室荣获"全国法院系统一级档案室"称号。

1997 ~ 1999 年，区档案馆组织 20 多名村级档案员赴无锡市郊区学习村级建档工作先进经验和做法。全区有 22 家企业事业单位档案管理跨入国家二级和省级先进行列，11 家机关档案室定级、升级，其中区检察院和财政局档案室被评为"市一级机关档案室"。1998 ~ 1999 年，举办各类培训班 8 期，培训人员 170 人次。2004 ~ 2007 年，区史志档案办组织档案业务培训和专业继续教育，开展社区档案法讲座，举办实施《归档文件整理规则》、档案信息化管理及计算机应用培训班，聘请市电脑软件专家授课，培训人员 100 余人次。

第六节　党校　保密　信息

一、党校

1. 机构沿革　1989 年，中共京口区委党校（以下简称"区党校"）成立，与区委宣传部合署办公。1992 年 1 月，区党校由区委宣传部划出，作为区委的独立工作部门。1995 年 2 月，京口区编委会批准，党校内设办公室和教务科两个部门。工作人员 2 名。2000 年 12 月，区党校在编人员 6 人。党校校长由区委副书记兼任，配备常务副校长1名、副校长1名、专职教员4名。2001～2007年机构设置无改。

2.教学工作 1989年，区委党校成立后，办学规模不断扩大，硬件设施不断改善。1990～1991年，办班11个，即89级中专函授班、90级中专函授及成人高考复习班，与区委宣传部联合举办6期局（副局级干部）社会主义初级阶段理论轮训班，400人次参加学习和轮训。1992年，区委党校贯彻执行中共中央2号文件和十四大精神，将教学工作转为服从、服务于经济工作为重点，先后独办或与有关部门联合办班21个，培训党员及各类干部1034人，其中半年以上长班5个。

1993～1995年，党校举办各类培训班23期，1300多名干部参加培训。其中，1993年举办各类班次12期，参训人员712名。主体班次两个，169名乡局级干部参加社会主义市场经济理论和有关党的政策理论学习，49名中青年后备干部参加中青年干部培训班学习。

1996～1997年，区委党校按照要求，对区管干部进行理论知识和文化学历培训（轮训），重点学习邓小平建设有中国特色社会主义理论和社会主义市场经济理论。1997年，对全区机关工作人员进行向国家公务员过渡培训，并与有关部门联合举办专业知识培训班。两年中，举办各类干部培训班19期，培训各类干部1214人。1998年，党校与区委组织部、统战部先后联合举办6期乡局级干部培训班、中青年干部培训班和党外干部及学术技术带头人后备人员培训班，参加培训人员369人（其中乡局级培训班290人），学习党的十五大报告精神、现代企业制度和产权改革理论与实践方面的专业知识。中青年干部培训班为期1个月42人参加，党外干部科学技术带头人后备人员培训班37人参加，学习邓小平理论、市场经理论等方面法律知识，并组织考察江苏阳光集团、江阴华西村等。1999年，党校干部培训工作结合京口区干部队伍状况，与区委组织部、区妇联联合，先后举办区党政“一把手”研讨班、区组工干部培训班、区新提拔乡局级干部培训班和区基层妇女干部培训班，280余人参加培训。在教学中，采取专题辅导与学员自学、课堂交流与社会考察相结合。

2000年，根据中共中央《党校工作暂行条例》规定，结合京口区实际状况，不断探索主体班教学规律，积极开拓干部教育培训新路子，先后举办或与区委组织部等部门联合举办乡局级干部培训班、中青年干部培训班、企业管理干部等12期培训班，1260多名干部参加。主要学习“三个代表”重要思想，进行“双思”及法制教育，理论考核优秀率90%以上，合格率100%。2002～2003年，党校先后与区委组织部、统战部等单位联合举办外向型经济干部、村干部、“169”工程人员等培训班，在区委统一布置下与组织部共同组织“双增双提高”（增加群众收入、增加就业，提高群众生活质量、提高经济综合竞争力）学习活动。2004～2005年，党校全力做好主体班培训工作，先后与区委组织部、区民政局、区妇联、区安监局等单位联合举办中青年干部、妇女干部、安监干部、村居干部、招商引资干部等10多期培训班。

2006～2007年，区委党校举办中青年干部、妇女干部、招商引资干部等各类培训班7个，受训学员276人。在主体班办学的形式及内容等方面进行一些成功探索，如封闭式培训、开放式管理，委托上海、浙江等发达地区党校或高校代培学员等。在加强政治理论培训同时，突出能力培养，注重演讲才能、处理复杂事务能力、创新思维能力、人际交往能力等方面训练。2007年，邵晓清获2007年度省党校系统先进行政管理工作者，两名教员分别获省优秀教学奖。

3.教学科研 1990年以来，区委党校本着科研立校原则，注重教师科研能力提高，要求教师在做好教学工作同时，结合京口区经济、政治、文化和社会事业发展实际开展调研、科研活动。2000～2001年，先后发表6篇科研论文，有2篇分别获省“五个一”工程奖，1篇获镇江市理论研讨三等奖、党校系统二等奖。2002～2003年，区委党校教师先后在省、市级刊物上发表4篇论文，其中2篇获市理论研讨会三等奖，获市党校理论研讨会三等奖、二等奖各1篇。另有2篇代表镇江市参加省理论研讨会，有3篇参加市政府研讨会。仲智华参加撰写的《影响民营经济发展的非经济因素研究》一书由南京出版社出版。邵晓清、李卫红、仲智华等参加撰写的《科学发展观干部读本》，由人民日报出版社出版发行。

2004 ~ 2007 年，全校有 5 篇论文在市级以上报刊发表，由区委党校参与的两项省级课题《建立欠发达地区农民增收长效机制》《江苏高校毕业生失业现状与建设新江苏过程中的就业机制创新研究》先后结题并获奖。

二、保密工作

1. 机构　1983 年 8 月，建区之初，保密工作由区委办统一管理。1984 年 8 月 27 日，设保密委员会。1990 年，保密委员会由分管区委副书记兼任主任。同年 9 月，设立保密委员会办公室，行政编制 1 人。9 月 19 日，区委保密委员会对外称保密局。此后，区各部门各单位相继建立保密领导小组，形成全区街道乡镇保密网络。至 2007 年，保密机构设置未变。

图 13−7　2003 年，区委党校在“双争双提高”学习活动中发挥作用　（区委党校供稿）

2. 队伍建设　1984 ~ 1987 年，区委先后召开保密工作会议 10 余次，强化队伍建设，提升队伍向心力。1988 ~ 1989 年，区保密局贯彻《中华人民共和国保守国家秘密法》（以下简称《保密法》），强化保密工作者综合素质。1988 年 9 月 20 日，召开全区学习贯彻《保密法》工作会议，保密工作摆上议事日程，有人过问，专人负责。1990 ~ 1992 年，全区为提高各级保密工作人员业务素质，分期分批派员参加省、市有关部门举办的业务培训班。区保密委员会配备专职干部充实保密工作力量。1995 年，人事变动后，调整区委保密委员会，同时举办乡镇、街道和有关部门保密、传真工作人员培训班，提高全区机要保密人员业务素质。1999 年 5 月，举办全区传真计算机通信业务人员及保密干部培训班，由镇江市国家安全局、镇江市委机要局领导人授课。2007 年，各乡镇街道举办保密人员培训班，提升保密意识，确保不发生失、泄密事件。

3. 保密管理　1984 ~ 1985 年，《区委办公室保密工作暂行规定》颁布后，历年始每逢重大节假日和对外交往中，分别做好保密教育工作，并组织专人进行保密检查。1986 ~ 1988 年，全区各单位对保密工作十分重视。1987 年 6 月，组织机关各部门进行自查，7 月 7 日，组织有关人员统一对全区保密工作进行复查验收。从检查和清退工作发现，建区以后的保密工作没有发生重大的失、泄密事件。1986 年清退文件时，有 22 个单位有遗失现象，遗失文件 59 份。1987 年清退时减少到 11 个单位，遗失 40 份。1988 年 9 月，清退时 3 个单位遗失 3 份。全区各单位每年主动将该销毁文件送交保密委员会，由保密委员会统一进行定点销毁。1990 ~ 1992 年，下发《关于开展全区保密检查的通知》。各级党委不断加强对保密工作领导，强化保密教育，加强保密法规和制度建设，建立完善泄密报告制度、保密记录本管理制度等一系列保密制度，并将保密工作纳入全区目标管理，作为党建百分考核内容。继续抓好《保密法》和《实施办法》宣传教育活动，有计划有步骤地开展定密、保密工作。在试点基础上，相继确定 22 家单位为第一批定密单位，并基本通过验收。1991 年 1 月，区地方志办公室编修《京口区志》（征求意见稿）形成后，保密委员会专门组织人员，集中对区志稿有关篇章情况、事实、数据等方面进行保密审查，着重审查了军事、政法、经济及党委、政府方面资料有无泄密。此后，又对区志的送审稿再次进行保密审查，均未发现违反《保密法》规定。1992 年 4 月 25 日，京口区保密委员会被市保密委员会授予“市 1991 年度保密工作先进集体”。1993 ~ 1997 年，先后配备计算机等设备数台，进一步提升部门工作效率。区保密局发出《加强保密工作的通知》，结合全区实际，制定《京口区机关保密工作暂行规定》《京口区领导干部保密制度》《京口区涉外工作保密制度》等，并转发国家保密局和海关总署《关于禁止邮寄或非法携运国家秘密文件、资料和其他物品出境的规定》。1994 年，市技术安全保密检查小组到京口区检查，对党政领导办公室、会议室和机要室进行技术检测，未发生失密情况，受到好评。1999～2001年，随着计算机及其网络日益普及和广泛应用，京口区委保密局出台《京口区传真、计算机信息系统保密管理暂行规定》，加强全区保密工作。区委办下发《关于装备网络安全隔离卡的通知》，要求各单位、部门对上网的涉密计算机采取有效技术防范。2003年，根据《中共中央保密委员会关于党政领导干部保密工作责任制的规定》，结合区情实际制定《京口区党政领导干部保密工作责任制实施办法》，并贯彻落实。

2006～2007年，区保密办开展签署党政领导干部保密工作责任状。京口区开展“五五”保密法制宣传教育活动，强化全区保密法制宣传教育工作。2007年，召开区保密工作会议，加强机关内部文件、报刊销毁工作。京口区委保密局在全区建有互联网站的10余家单位进行保密抽查，运用“保密安全检查工具软件”，对非涉密计算机抽查，查涉隐患。各项保密检查百余次。全区范围内，未发生失、泄密案件。

三、信息

1.机构沿革　1983～1992年，京口区未设立信息机构，全区信息工作由区委办统一管理。1993年5月7日，京口区委办公室增设信息查办科，编制、人员在区委办公室内部调剂解决。此后，区委各部门、单位和各镇、街道、园区相继成立工作机构，建立健全信息网络。2002年1月，区机构改革，信息查办科更名为信息督查科（股级建制）。2003～2007年，机构设置未变。

2.信息督查　1983～1987年，全区信息工作处于起步阶段，区委办公室统一管理全区信息工作。

1988年6月，全区召开信息工作会议，分析、部署全区信息工作，区领导对信息工作提出具体要求。区委办建立28个信息点，聘请30名特邀信息员。7月1日，《京口信息》创办，各部门大力支持，信息员踊跃投稿，及时、准确地提供有价值的信息。12月30日，区委办公室下发《关于表彰1988年信息工作先进集体和优秀信息员的通报》，对全区信息工作先进集体和优秀信息员进行表彰。1990年，京口区委办公室被中共镇江市委办公室授予“市1988年信息工作先进单位”。1991年，搞好对上沟通，及时、准确地将有价值的信息传递给上级。进一步巩固和完善信息网络，不断扩大信息员队伍，人均投稿率不断提高。

1992～1993年，全区信息工作成绩突出。1992年6月9日，《每日快讯》发创刊号，快速、简洁、全面、准确地报道全区政治经济和社会生活各方面重要情况和动态。1992年和1993年，京口区委办公室被中共镇江市委办公室评为信息工作先进单位三等奖和二等奖。全区形成分级督查、分层负责督查工作机制。1996～1999年，全区认真学习、贯彻《中共江苏省委办公厅关于进一步加强信息工作的意见》，加强网络建设。区委、区政府发文在全区聘请53名信息员。全区信息工作紧紧围绕区委、区政府中心工作，积极宣传经济发展成就，宣传改革开放经验，宣传两个文明建设成果和在两个文明建设中涌现出的好人好事。2001～2003年，区委办、政府办、区委宣传部联合下发《关于下发全区2001年通讯报道用稿指标的通知》，要求全区认真做好信息及通讯报道工作，大力宣传京口实施“三产兴区、双轮驱动、科技强区、城市推动”四大战略的新做法、新经验等。京口区委办公室被中共镇江市委办公室授予“市2000年度信息工作先进单位二等奖”。2004～2007年，区委先后制定多项信息工作制度，同时出台考核与奖惩制度系列激励保障制度，以保证区委重大决策和重要工作部署及时有效地得到贯彻落实。组织信息工作人员参加学习培训，增强业务技能。信息工作内容注重辖区经济动态、重大项目进展、民生问题、基层呼声等。督查工作包括区委重大决策督查、项目推进督查、为民办实事督查、市委办交办事项办理督查等。

第五章　纪检监察

1984 年 8 月，选举产生第一届区纪律检查委员会以来，按照上级党委的部署，积极履行党的纪律检查和行政监察两项职能。抓好党风廉政制度建设，先后制定了《关于建立常委抓党风廉政建设责任制的规定》《镇江市京口区党风廉政建设责任制考核细则》《京口区党风廉政建设责任制报告制度（试行）》《关于落实党风廉政建设责任制若干问题的补充规定实施办法（试行）》等，促进党风廉政建设工作深入开展。建立党风廉政建设责任分解及目标考核制度和《京口区政府采购暂行办法》等财务监督管理制度。积极实施党务公开制度。通过“为官三德”讨论、成立廉政文化研究会，加强廉政文化建设。通过狠抓清理改革公用车辆、加强出国（境）国内考察管理等廉政措施，落实领导干部廉洁自律工作。畅通信访举报，加大违纪（法）案件查处审理力度。

第一节　机构沿革

一、纪检机构

1984 年 8 月，区第一届党代会期间，选举产生第一届区纪律检查委员会（以下简称“区纪委”），下设办公室、纪律检查、案件审理科 3 个办事机构。1988 年 11 月，根据中纪委和中组部联合《通知》精神，改为办公室、纪律检查和案件审理 3 个职能室。1993 年 3 月 1 日，根据中央和省、市委要求，为与省、市纪委工作机构相对应，区纪委和区监察局合署，内设 6 室，即办公室、纪检监察室、执法监察室、信访室、案件审理室、党风廉政建设室。2001 年 12 月 ~ 2007 年 12 月，区纪委按照机构改革“三定”（定编、定员、定岗）方案规定，内设办公室（与干部教育室合署）、信访室（挂区行政监察举报中心牌子）、纪检监察室、案件审理室、党风廉政建设室（挂区惩治腐败廉政建设领导小组办公室和区纠正行业不正之风领导小组办公室牌子）、执法监察室，核定编制 19 名。

1984 ~ 2007 年京口区历届纪律检查委员会成员名表

表 13-8

届　别	时　间	书　记	副书记	纪委常委	纪委委员（以姓氏笔画为序）
第一届	1984.9 ~ 1988.4	王一民	–	王一民、陈怀定、张春林、葛恒贵	王一民、王凤发、宁昭、吕昆、张春林、陈怀定、范如安、洪世昌、葛恒贵、董国泰、蒋采林
第二届	1988.4 ~ 1991.3	张朝爱	–	张朝爱、董国泰、徐洪兴	丁其元、张朝爱、陈志云、范如安、胡振华、洪世昌、徐洪兴、陶太平、韩长禄、董国泰、蒋嵩峰
第三届	1991.3 ~ 1996.3	张朝爱	徐洪兴	张朝爱、徐洪兴、魏永大	—
第四届	1996.3 ~ 2001.2	秦荣凯	蒋嵩峰	秦荣凯、蒋嵩峰、汪进年（女）、方尚功、庄福寿	方尚功、成功、朱万顺、庄福寿、汪进年（女）、范广珍（女）、赵反修、秦荣凯、戚秀平、蒋嵩峰、喻月英（女）
第五届	2001.2 ~ 2006.6	吕振亚	丁　宪	吕振亚、高庆国、丁宪、汪进年、马祖明、宦宇新	丁宪、马祖明、王洪元、吕振亚、高庆国、杨文琴（女）、汪进年（女）、张健、张经阁、陈清（女）、周绍林、宦宇新、姜厚荣、常加华
	2002.12 ~	高庆国			
第六届	2006.6 ~	姚敬源	谢红星	姚敬源、谢红星、宦宇新、徐翔、商伟民	史俊生、庄福寿、杨国平、李静（女）、宦宇新、姚敬源、徐翔、徐开宏、高月琴（女）、常加华、商伟民、谢红星、戴红照

二、行政监察机构

1988年6月，京口区成立监察局。1993年3月1日，区纪委与区监察局合署办公，实行一套工作机构，履行党的纪律检查和行政监察两项职能，并按照精简相同部门的原则，对区纪委和区监察局的7个职能部门进行合并。

第二节 党风廉政建设

一、制度建设

1983～1985年，京口区党风廉政建设按省、市纪委相关规定执行。1986年1月，区委制定《关于建立常委抓党风廉政建设责任制的规定》，并下发《关于严禁对领导干部请客送礼的通知》。1987～1998年，区纪委把严肃党的政治纪律作为纪检工作首要任务，重点纠正以权谋私、一切向"钱"看、讲排场摆阔气、铺张浪费、弄虚作假、做表面文章、令不行禁不止、钻政策空子等8个方面问题，重申领导干部下基层视察、检查工作、外出参观等，一律不得用公款宴请和赠送礼品，对违反规定的按党纪政纪处理，并在经济上如数退赔。1999年，区委、区政府先后制定《镇江市京口区党风廉政建设责任制考核细则》（以下简称《考核细则》）等制度。《考核细则》共14大项48小项，具体规定为：领导重视、党风廉政教育、廉洁自律、预算外资金管理、工程项目招投标等。2002年9月，区委、区政府根据中共中央、国务院和省、市《关于实行党风廉政建设责任制的规定》《关于实行党风廉政建设责任制责任追究制度的规定》精神，制定《京口区关于实行党风廉政建设责任制责任追究制度的规定》，使全区各级纪检监察机关责任追究工作制度化、规范化、程序化。2003年，《京口区党风廉政建设责任制报告制度（试行）》出台后，规定各级领导班子正职及其成员的报告内容，时间为一年一次。该《制度》适用于党委、政府及其职能部门、直属单位。区人大、区政协领导班子及部门等参照执行。区纪检监察机关协助党委、政府，负责对执行情况监督检查。

2007年7月，区委、区政府制定《关于落实党风廉政建设责任制若干问题的补充规定实施办法（试行）》，进一步明确责任对象、承担和追究责任的方式，更加完善党风廉政建设责任制落实机制，促进党风廉政建设工作深入发展。

二、责任分解及目标考核

1992年，区纪委首次在全区纪检系统推行目标管理。1993～2000年，区纪检监察机关为落实党风廉政建设责任制，先后制定《关于党风廉政建设责任制的实施办法》（以下简称《实施办法》），对党风廉政建设考核细则、党建目标管理责任状内容重新修订和完善，层层签订责任状，形成责任网络。并将《实施办法》编印成册，发给乡科级以上干部，加大对各单位考核，以责任状作为年底评先评优依据。

2001～2003年，区纪委、区监察局下发《全区党风廉政建设和反腐败工作责任分解意见》，将主要工作内容进行责任分解，明确每项工作主要任务、目标和主办单位、协办单位、办事机构、监督检查落实情况。制定《中共京口区委、区政府领导班子成员党风廉政建设责任分解》，以项目化管理方式，分解落实党风廉政建设和反腐败工作28项规定，并确定检查考核内容、方式、程序、结果。领导班子8项考核内容，每年考核一次，采取定性和定量分析相结合评定考核结果。2004～2005年，区纪监部门先后制定《党风廉政责任制考核办法》《党风廉政责任追究规定》《党风廉政责任制报告制度》等制度，有效推动和规范责任制落实。2006～2007年，区委、区政府进一步落实《中共京口区委京口区人民政府领导班子成员党风廉政建设责任分解》《全区党风廉政建设和反腐败工作区各有关单位责任分解意见》等，把党风廉政建设纳入全区整体工作格局，实施"四个统一"（即部署、落实、检查、考核）目标化管理、项目化推进。全区形成一级抓一级、一级对一级负责，党政齐抓共管党风廉政建设良好工作氛围。

三、财务监督管理

建立行政事业单位财政专户监督检查及政府采购制度。1996 ~ 1998 年，区纪委会同财政部门，对全区 101 个有预算外资金收入单位进行清理，撤销 38 个单位多头开支账户 75 个，清查、追缴违纪金额 7.11 万元，挽回经济损失 30 万元。区纪委对 77 个行政事业单位，预算外资金管理专项检查，取消 3 个单位多头开设账户，实现预算外资金缴存 836 万元。1999 年，推行政府采购制，政府采购中心成立，制定《京口区政府采购暂行办法》，5 大类采购项目开展试点运行。2000 ~ 2001 年，区成立招投标组织，除汽车定点维修、集中保险外，包括空调、电脑、复印机等办公用品纳入政府采购。2001 年，为巩固收支两条线工作成果，通过日常监督管理与专门检查相结合，对行政事业单位财政专户进行专项检查，查纠 19 户违规单位，撤并账户 11 个，补缴财政专户 5 万元。

2004 ~ 2005 年，京口区按照《中华人民共和国采购法》规定，加强政府采购管理、集中招标、竞争性谈判和询价 175 次，完成采购金额 1869.36 万元，节约资金 228.26 万元，资金节约率达 10.89%。2007 年，全区完善采购制度，建立健全《京口区政府采购目录》《关于办公用品定点采购的通知》等 16 项制度。全年实施采购预算 1238.66 万元，节约资金 143.36 万元，节支率达 11.57%。

1993 年，京口区开始对乡镇财务工作进行管理。1994 ~ 1997 年，按以往规定管理。1998 ~ 1999 年，推行乡镇会计委派制，对会计人员集中培训、持证上岗。2000 ~ 2003 年，区级机关 46 个行政事业单位实行会计代理，3 个乡镇、1 个开发区分别设立会计站，稳步推进会计委派工作。区教育、卫生系统同时实行会计委派制和财务通报制度，将政府采购、医药购销、工程建设专项治理三项重点，定期向区人大代表、政协委员通报，征求意见、规范管理。制定《京口区村账乡（镇）管实施意见》，明确“五不变、三不准”原则，将村级财务由各村会计管理改由乡镇农业服务中心负责管理体制。村级财务操作进一步规范，有效控制乱收乱支现象。2007 年，区财政部门出台《对各镇、街道、工业园区、共青团农场财政管理体制的意见》《非税收入收缴管理制度改革实施意见》《京口区行政事业单位国有资产管理实施办法》等规范性文件，积极推行财政综合预算，扩大财政资金国库集中收付改革范围，完善转移支付制度，全面落实“收支两条线”规定，进一步加大清理“小金库”力度。

四、党务公开

2004 ~ 2007 年，京口区按照“三级联动、扩大试点、整体推进、务求实效”思路，推进党务公开，同时开展区、乡镇（街道）和行政村（社区）三级党务公开试点，形成富有时代特色、京口特色党务公开体系。姚敬源撰写的《京口区创新实践深化党务公开》《关于深化党务公开的实践和思考》等 3 篇调研文章分别被市《创新》《学会研究工作动态》《调查研究》刊用。中央、省、市有关领导多次到区指导党务公开工作。2004 年 9 月、11 月，全市党务公开工作现场推进会在京口区召开。北京、上海、重庆、辽宁等 10 多个省（直辖市）60 批次、700 余人先后考察参观京口区党务公开工作。《中国纪检监察报》《新华日报》《镇江日报》和镇江电视台等媒体先后 21 次报道京口区党务公开做法及成效。2005 年，中共中央颁布《建立健全教育、制度、监督并重的惩治和预防腐败体系实施纲要》（以下简称《实施纲要》），京口区结合实际，坚持标本兼治、综合治理、惩防并举、注重预防方针，贯彻落实《实施纲要》，在教育、制度、监督三者齐头并进、良性互动中，构筑起防腐拒腐一系列刚性机制，营造“廉钟长鸣、廉风长吹”浓厚氛围，推动具有京口特色惩防体系建设。时任省委副书记、省纪委书记王寿亭高度评价京口党风廉政建设，《中国纪检监察报》《新华日报》《镇江日报》等媒体争相报道京口党风廉政建设经验。2006 ~ 2007 年，区委常委、区“四套班子”领导及部分党（工）委书记分别撰写学习体会文章，在全区掀起贯彻学习《实施纲要》热潮，进一步营造“人心平、心气旺、民心顺、干劲足、发展快”良好局面。

五、廉政文化

1983 ~ 1989 年，区纪委加强纪检监察干部专业知识和专业技能教育，增强纪检监察干部执纪办案能力，提升全区纪检监察工作水平。1990 ~ 1999 年，区各级纪委开展社会主义道德、反腐败斗争和党风党纪教育，对 180 名新党员集中进行党纪基础知识教育，开展“反奢侈、倡廉风、树正气”“把勤廉形象带进新世纪”为主题廉政教育。狠抓违纪案件案例教育，开展百日读书活动，组织 300 余名乡科级干部，学习《邓小平论党风廉政建设和反腐败》，提高廉政意识。

2001 ~ 2004 年，区纪委组织《中国共产党党内监督条例》《中国共产党纪律处分条例》（以下简称“两个《条例》”）学习活动，开展以秦光华案件为内容的警示教育，以案说纪，进行“为官三德”讨论，发放廉政卡，明确党员领导干部廉洁从政 22 条行为规范。通过推荐、审核、公示等，评选出张兆才、卢宪琦等“十佳勤廉好干部”，蔡盛明被评为市“十佳勤廉好干部”。

2005 ~ 2007 年，制定《京口区 2005 ~ 2007 年廉政文化建设规划》《京口区廉政文化建设领导小组成员单位工作职责》。成立全省首家廉政文化研究会，建立反腐倡廉警示、理论、示范、优良传统教育基地和社会主义新农村实践教育基地。按照市“润廉工程”总体部署，以春风化雨、润物无声进行廉政文化教育。京口区获首批“全市廉政文化建设先进地区”称号。姚敬源《充分整合各方资源，深化廉政文化建设》论文先后在《党的生活》《创新》《学会研究工作动态》刊物上发表。拍摄《清风正气满京口》专题汇报片。《人民日报》《中国纪检监察报》《新华日报》等媒体多次报道京口区廉政文化建设经验。

1990 ~ 1999 年，区纪监部门组织党员干部观看“江苏省暨镇江市反贪污受贿成果展览”和《大潮中的漩涡》《新中国第一大案》《大墙内外》《忠诚卫士——曹克明》《大浪淘沙》等录像、电教片，千余名党员干部观看，收看率 95% 以上。参加省纪委“党风廉政建设百题知识竞赛”、中纪委党纪政纪条规知识竞赛，京口赛点获镇江赛区集体组织奖。组织全区学唱《廉政歌》，举办专题文艺会演，24 家选送 21 个节目。参加市纪委“勤政廉政赞”征文、摄影展，两幅作品分获二、三等奖。组织“双十佳”事迹报告会。与区电台联办“廉政潮”专题节目 35 期。开展“十佳公仆”“十佳职业道德建设标兵”和“十佳行风建设先进单位”评选。2001 ~ 2004 年，区纪委启动“贯彻《实施纲要》，强化监督效能”“清风进万家、廉政进社区”活动，市纪委书记郭礼荣，市纪委常委、区四套班子领导参加启动仪式。举行“自觉接受监督，积极参与监督”万人签名活动，并聘请 110 名社区党风廉政监督员，向社区赠送 1000 份两个《条例》学习读本和 100 只举报信箱。开展“千百十”（即 55 个社区 1100 户家庭参加两个《条例》知识测试竞赛、评选 100 个社区勤廉文明家庭、10 个“廉内助”）活动。开展“正气杯”书画展、“警钟长鸣”图片展，“廉政之声”广场文艺晚会、老干部忆往昔倡勤廉座谈会等，得到省、市纪委肯定。5 幅摄影作品及相关活动被省纪委《倡廉》《纪检监察信息动态》专题刊发。

2005 ~ 2007 年，下发《关于在全区普及和开展廉政文化活动的通知》，全区开展廉政文化“六进”（进机关、进学校、进企业、进农村、进社区、进家庭）活动。分别在阳光世纪花园社区、江滨实验小学，进行廉政文化进社区、进校园试点。区纪委、监察局编印《廉政格言警句集》，在区内街道两边制作廉政宣传牌。2007 年，开展兼政文化建设“普及年”活动和廉政文化建设“263 工程”，建成省级廉政文化示范点 3 家，市级廉攻文化示范点 49 家。区级“进机关”“进学校”“进农村”示范点普及面达 100%，“进社区”普及面达 95%，“进家庭”普及面达 80%，区级“进企业”示范点 14 家。象山镇学府路 200 米廉政文化漫画墙、京口路社区百米廉政文化长廊、“和煦清风”广场系列演出、“勤廉风”书画展等成为廉政文化活动品牌。

第三节　领导干部廉洁自律

一、廉政措施

1983 ~ 1995 年，全区各级纪检监察组织认真贯彻执行廉政规定，切实提升党员干部自律意识和责任意识，严格要求，厉行节约，抵制诱惑，保证各项廉政规定落实。1996 ~ 1997 年，全区 207 名干部拒收和上交礼品礼金 505 件（次），金额 23.4 万元。1997 年，制止公款吃喝 4408 人次，节约经费 68 万元。缩减各类会议 96 个，节约经费 4.6 万元。压缩和取消庆典活动 19 个，节约经费 13.9 万元。取消区机关办公楼装修计划，节省经费近 200 万元。1998 ~ 1999 年，全区贯彻落实中共中央关于厉行节约、制止奢侈浪费“八项规定”。1998 年 8 月，区纪委修订《关于重申党政机关厉行节约制止公款大吃大喝的规定》，招待费同比下降 30.4%。严格执行制度，公务招待一律填报就餐申报单，随票据入财务账报销，公款吃喝问题一度得到遏制。同时，取消庆典活动 16 个，节约经费 12.4 万元。

2000 ~ 2005 年，全区贯彻执行《廉政准则》和中央纪委有关廉洁从政规定。区纪委制定下发《关于认真落实领导干部不准收受和赠送现金、有价证券有关规定的通知》，开设“镇京 510”廉政账户，全区领导干部拒收现金及礼品价值 9.26 万元。严禁使用代币券（卡）规定，组织专项检查 13 次，查出发售代币券 38.48 万元，制止发售、购买代币券行为 7 次，3 家单位受到查处，1 名责任人受到纪律处分。制定《关于建立区纪委负责人同乡科级党政主要负责人谈话制度的意见》，规定任前廉政谈话、定期谈话和诫勉谈话三种形式。2003 年，首次同乡科级党政主要负责人谈话 50 余人次，对 17 名新提拔干部和 7 名新任纪检干部实行任前廉政谈话，定期提醒谈话 85 人次，诫勉谈话 6 人次，1 名已公示拟任干部暂缓提拔，5 名干部被追究领导责任，受到纪律处分。2005 年，区委要求各级领导干部严格执行中纪委“五项禁令”。

2006 ~ 2007 年，区委、区政府先后出台《关于严格控制公务宴请活动规定的通知》《关于建立乡科级领导干部廉政档案的暂行办法》等，对严格控制公务宴请作出规定。按照领导干部廉政档案管理权限，实行分类管理，完善对全区 354 名乡科级干部和 36 名后备干部廉政档案建设。

二、清理住房

1990 ~ 1992 年，全区清理乡科级以上领导干部违反规定购房、建房和多占住房问题，其中对 9 名乡科级以上干部住房违规问题作出处理。1990 年，出台《关于区级机关干部、职工建房、购房、分房、装修等有关问题的暂行规定》。1992 年，制定《关于区级机关、群众团体、企事业单位干部住房超面积的处理意见》《关于干部住房面积超标准处理的通知》，对 17 名干部超面积住房 389 平方米进行清理，其中县处级干部 2 名、科级干部 4 名、一般干部 11 名。1993 ~ 1995 年，区纪检监察机关按照中办 17 号文件精神，对全区 25 个部门所办 86 家企业进行清理，26 名在企业兼职干部实行脱钩。

1998 ~ 1999 年，京口区出台《关于清理公有住房及公积金的实施意见》，开展军地两处住房清退工作，清查住房 79 套，清退 16 户，住房面积 1000 余平方米。追缴拖欠房租 8.86 万元，对 33 名机关干部住房超面积部分按规定处理，收缴超面积部分房款 34.62 万元，收回超面积住房 2 套。2002 ~ 2003 年，全区完成清房工作。对全区 9836 名干部职工住房情况进行登记，建立起完整住房档案资料。清理违规住房面积 182 平方米，清退各类住房违规资金 69 万元。2004 年，全国住房制度改革后，“清房”工作结束。

三、清理、改革公用车辆

1983 年 8 月，京口区建立时，市政府拨用北京吉普 1 辆。次年，购买旧上海牌汽车 1 辆。嗣后，区“四套班子”及有关部门公用车辆逐年增多，清理工作不断加强。1985 ~ 1992 年，清理各类车辆 100 余辆次。1993 ~ 1995 年，全区清理公用吉普车 1 辆、摩托车 9 辆。1997 年，区纪委制止不符合规定购买小汽车 1 辆，节约经费约 16.5 万元。2004 ~ 2005 年，区委、区政府下发《关于重申领导干部带头严格执行公务用车管理规定的通知》，严禁领导干部公车私用和公车私驾。区纪委对 5 个单位用公车“扫墓”问题进行查处。2007 年，区委办、区政府办制定出台《区级机关小汽车配备和使用管理暂行规定》，严格车辆购置、使用、维修、报销等工作流程。公车配备按规定标准执行，由区政府采购中心统一采购配置。各单位公务用车由办公室统一扎口管理、调度使用。

四、清理宕欠公款和通信工具

1983 ~ 1991 年，京口区除“四套班子”主要领导公费装有住宅电话外，一般领导及干部没有公费安装住宅电话。1990 ~ 1992 年，全区清理 48 个单位，355 人宕欠公款 365.37 万元，追回 63.38 万元。尚有 301.99 万元，不久陆续追回和清偿。1993 ~ 1995 年，区纪委清退部分干部职工占用资金 16.08 万元，清退党员干部宕欠公款 205.32 万元。区纪委按照规定清理住宅电话 2 部、BP 机 6 只、空调 3 台、电视机 1 台。1992 年以来，随着通信和电器事业发展，电话、电视、电脑陆续进入普通市民家庭。根据中纪委和省、市纪委通知精神，对公费私用的通信工具及电讯设备进行清理。1996 ~ 2007 年，区纪委制定《对区党员和干部职工借用公款定期归还规定》，借用公款现象逐年减少。1996 ~ 1997 年，全区清理公费住宅电话 220 部，手持机 40 部。1998 年，区委出台《关于印发京口区政府机关公费住宅电话和手持机管理暂行规定的通知》，区纪委出台《关于清理党政机关事业单位公费住宅电话和手持机有关问题的通知》，印发《关于颁发公费手持机和准用证的通知》，规范通信工具使用。1999 年，组织开展清理通信工具专项活动，对全区乡科级以上领导干部公费配（购）通信工具情况逐一清理，有 121 部公费手机、246 只寻呼机折价处理给个人，收回折价款 10 余万元，全区每年节约通信费用 41.5 万元。2000 ~ 2007 年，全区机关和企事业单位实行通信费用补贴，除办公用电话、电脑等设施外，个人私有电话、手机、电脑等一律自费。

五、出国（境）和国内考察管理

1993 年起，区纪委根据省、市有关规定，狠刹公款出国（境）旅游不正之风，对 12 人公费旅游问题作出定性处理。并下发《关于加强因公出国（境）赴港澳管理工作的通知》，对 1 名领导干部未按规定清退境外返还款问题进行追究，追缴 2250 元。1997 ~ 1998 年，全区制止减少不必要公费学习、考察和出国（境）116 人次，公款旅游 21 人次，节约经费 27.9 万元。对 4 名中层干部借考察之名行游山玩水之实进行处理，退还费用 845.5 元。2000 ~ 2003 年，全区制止公费外出（出境）旅游活动 22 批 179 人，节约经费 42.8 万元。2004 ~ 2005 年，区纪委规范审批程序，严格控制外出参观学习、考察活动，先后出台《关于重申严禁用公款外出旅游的通知》《关于严禁借“红色旅游”之名外出旅游的通知》，制止无实质性内容外出考察 15 批，压缩外出考察组团 6 批，20 余人，节约经费 28 万元。2007 年，区纪委制定《关于严格控制外出参观、学习、考察的通知》，要求各单位、各部门原则上不得组织人员进行外出参观、学习、考察活动，凡未按规定履行审批手续的，将追究单位主要领导和直接责任人的责任。同年，制止、取消外出考察学习 3 批 32 人次，限制外出考察 4 批次，减少外出考察人员 21 人次，节约经费 8 万余元。

六、清理整顿着装

1983 ~ 1991 年，京口区着装单位有公、检、法、司法、工商、城管、物价、人武、交通管理等 10 多个部门、1000 余人。1992 年，区政府根据市政府第三次全市廉政建设工作会议精神，对全区统一着装问题进行整顿。对城市管理、司法、物价、综合治理、交通等 12 个部门 132 人不符合统一着装规定，进行清理，收缴服装款 3.4 万元，帽徽 150 只，肩章 183 付、领花 176 付。1993 年始，全区因工作需要和执法检查的公安、法院、检察、司法、人武、城管、保安、物价、卫生监督、交通管理等 10 多个部门服装问题，由区政法委及相关主管部门、区财政局统一扎口管理。1994 ~ 2007 年，全区各着装单位进入规范化管理轨道，没有发生违纪案件。

七、清理“农转非”和村级财务

1983 ~ 1991 年，全区因城市建设和经济发展需要，市及区企事业单位征用城市周边地区农村土地，“农转非”（农业人口转为非农业人口）成为一个时期敏感问题，个别地区虚报人口、瞒报年龄、异地迁转等，从而发生弄虚作假行为、违规现象和不正之风。1992 年 8 月，京口区根据“苏廉”文件精神，对全区“农转非”户口问题进行调查清理。期间，查阅“农转非”档案 111 卷，对全区 1988 ~ 1992 年“农转非”14784人户口分别进行调查。1992年10月，区划调整后，京口区始有村级财务管理工作。1994年，区纪委根据省、市有关通知精神，对26个村委会开展财务清理整顿，清理出42辆摩托车、35部电话、27只“大哥大”和BP机及一些高档用品，并逐一进行登记，实行“公物还家”。1995 ~ 2007年，区纪委针对“农转非”工作常见问题，多次与公安、劳动人事部门协商，制定有关规定和措施，规范“农转非”工作程序，从而避免类似问题发生。京口区先后制定下发《农村财务管理工作若干规定》等规范制度，对财务审批不严格、制度不规范、白条冲账等问题作出明确要求，促进村级财务规范化管理。2007年，区纪委、监察局根据省监察厅等部门下发《关于进一步清理评比达标表彰活动的实施意见》要求，组织开展清理村级财务评比达标表彰活动。

第四节　违纪（法）案件查处、审理

一、信访举报

1983 ~ 1990年，区纪委办公室内设专人负责接待信访举报事项。1991年，区纪委印发《基层纪检信访工作管理制度的通知》。1984 ~ 2001年，先后建立健全区、乡镇（街道）、村（社区）三级信访网络，在区、乡镇原有信访网络基础上，在乡镇（街道）成立村级（社区）信访小组，各信访小组做到“六有”（有固定接待人员、固定场所、固定信访举报信箱、举报电话、完善的工作制度和一个信访网络图），并确定每月10日为村（社区）民主接待信访日。同时在街道成立社区服务受理中心，推行“一站式”服务，实现信访工作重心下移、责任下移。2002年，区纪委组织监察、信访、司法等部门成立依法办理信访工作协调小组，要求各级党政主要领导带头做到依法办理信访，并对该项工作负领导责任。4个街道分别成立社区事务受理中心（含纪检信访），实行“四公开”（公开信访接待内容、接待时间、接待人员、举报电话），领导定期在大厅带班，与群众实行“零距离”咨询、投诉、举报，当场解决疑难问题。按照省、市纪委要求，建立区纪委监察局接访制度，区纪委常委定期接待来访，对来访者提出的问题实行首问负责制，由接访领导提出处理意见并全程跟踪督办。30天，区纪委常委接待群众来信来访20多次，为来访群众协调解决具体问题10多个。

2005年，区纪委组织信访工作人员进社区开展信访宣传、现场收办信访案件等活动。同年，区纪委在四牌楼街道江一社区开展“三个一”（即组织一次现场咨询、举办一次培训班、召开一次座谈会）活动，接到信访咨询56人次，收集并梳理群众反映意见30多条。2005年，区纪委丰富“三个一”活动内涵，在每年定点接访基础上，实行每月下访进社区制度，及时化解群众矛盾，围绕全区重点工作、群众关心的热点、难点问题，把信访工作搬到重点工程工地、疑难工作现场，促进重点工作顺利推进。区纪委出台《署实名举报及奖励的暂行办法》（以下简称《举报奖励办法》），明确双方权利和义务。举报人对所反映问题真实性、可靠性负责，纪检监察组织在规定时间内查核问题，经查证属实，且举报人对突破案件起重要作用的，将给予一定物质和精神奖励。全区纪检监察组织接收署实名信访28件次，占信访总量的36.3%。2006年，区纪委制定《关于纪检监察机关实施信访监督的暂行规定》，从源头预防腐败，推行信访监督。区纪委监察局从群众信访中发现反映基层党组织、党员干部和行政监察对象存在的倾向、苗头性问题，对轻微违纪暂不构成处分的单位、党员干部采取信访谈话、发信访整改通知书或诫勉谈话等形式进行监督，教育、提醒和督促党员干部、公务人员及时整改，防患于未然。全年接收70件次信访举报处理过程中，对一些情节轻微、够不上党政纪处分案件进行批评教育。实施信访谈话16人次，发放信访整改通知书5份，诫勉谈话3人次，达到“查处一案，教育一片；处理一人，警示百人”。2007年，区纪检监察机构建立4大机制，推进党政干部下访工作。区委出台《关于党政干部下访工作的实施意见》，采取定期、定点、预约、专题、联合下访和回访方式。成立由区纪委、区委组织部、监察局、信访局等单位组成的检查考核小组，并对下访工作中表现突出先进单位和先进个人进行表彰。建立下访工作联席会议、干群联系、情况反馈等四项制度，确保下访工作长期、扎实开展。

二、查处

1983年，全区纪检监察组织，把查办案件作为反腐败突破口，坚持“查清问题、惩治腐败、减少损失、维护稳定、促进发展”办案方针，严肃查处违纪违法案件。同年，接收原北固、金山两区经济案件（千元以上立案案件）11件，当年结案11件，结案率为100%。1984～1989年，全区立案经济案件和违纪案件17件，查处17件，结案率为100%。1990～1992年，全区立案查处各类违纪案件14件，其中贪污受贿及经济案件12件，作风类案件2件，有14名党员受到党纪处分，其中开除党籍4名，留党察看4名，严重警告或警告6名。1993～1999年，全区受理纪检监察信访622件，立案查处各类违纪案件112件，处分党员干部80名，其中开除党籍6名，撤销党内职务1名，党内严重警告6名，党内警告9名，免于纪律处分1名。政纪处分9件，政纪处分17人。开除公职2名，记过3名，警告1名。查处万元以上经济大案23件，其中10万元以上7件，为国家和集体挽回经济损失499.6万元。全区4个乡镇连续7年消灭无案乡镇，完成省纪委对乡镇办案工作指标。

图13-5 2007年8月，开展纪检监察信访进社区活动（区纪委供稿）

2000～2005年，全区受理纪检监察信访685件，立案查处各类违纪案件132件，处理人员43人，其中经济案件69件，其中万元以上案件42件，10万元以上案件1件，为国家挽回经济损失1020万元。审结各类违纪案件43件，处理党员干部43人，乡科级案件10件。2006～2007年，全区受理纪检监察信访127件，立案查处各类违纪案件17件，处分党员干部12人，其中乡科级干部3人，万元以上案件4件，为国家集体挽回和减少经济损失450余万元，追缴违纪资金8万余元。

三、审理

1983年以来，区纪委重视反腐倡廉工作，出台多项规章制度。1986年，印发《关于处分违犯党纪的党员批准权限的暂行规定》。1991年，印发《京口区基层纪委案件审理小组工作细则（试行）》，出台《关于认真学习贯彻〈中国共产党纪律检查机关控告申诉工作（试行）〉的通知》。1992年，出台《关于印发纪检控告申述工作管理制度的通知》，开展专题知识考试。1993～1995年，对受严重警告和留党察看处分党员回访。通过交心谈话，了解其思想和工作情况，进行党纪教育，防止再次违纪。有6名受处分党员，在民主评议中被评为合格党员，1名受留党察看处分党员按期恢复党员权利，对1名受处分党员在冬训中提出严肃批评。1998～1999年，区纪委按照市纪委统一部署，实施案件质量优化工程。建立和完善案件会商、案件卷宗送审、疑难案件会审和错案追究制度。建立办案资料库，组织审理业务培训。定期对案件质量进行抽查，完善案件质量百分制考核。配齐办案专职人员，建立和完善基层办案网络。印发《关于实行基层纪委案件互审制度的意见》，16个基层纪委实行案件互审制度，确保案件质量。在市纪委案件质量检查中，京口区3件案件质量获满分，平均99.88分，得到市纪委肯定。

2000～2001年，区纪委按照“质量优化工程”要求，认真把好案件质量关，推行基层纪委案件互审制度，两年案件审结率100%，在市纪委案件质量检查中获99分以上。2002年，区纪委按照实施案件质量长效管理，坚持“四步法”（跟踪、反馈、调控、完善），开展案件“开门评审”制度，坚持实体与程序并重，多措并举，强化对基层服务、指导，确保案件审理正确无误。2006 ~ 2007 年，区纪委实行案件两级联审、提级协审、审理助辩、以案讲纪、“开门评审”等制度，进一步提升办案综合效果。两年中，无一错案，无违纪人员申诉案件。在全市率先制定出台《京口区受处分人员回访教育暂行办法》，积极组织开展各种回访活动，帮助受处分党员协调解决相关问题。2007 年，开展回访教育 20 余次，指导协助基层开展回访教育 10 余次。8 月，市纪委在《纪检监察信息》专刊介绍京口区做法和经验。

附 : 案件选介

1988 年 1 月，京口区物资总公司姚某某，因涉嫌犯罪在市人民检察院审查期间跳楼自杀身亡。区纪委配合中央调查组和省、市有关部门联合调查。到 1989 年 9 月，对姚其敏案件所涉人和事进行审理，其中刑事处罚 4 人，党纪处理 2 人。1997 年，区纪委监察机关严肃查处原京口区镇江开关厂厂长沙德江因非法侵占、受贿等案被移送司法机关处理。

2001 年，区纪委监察机关协助查处原区委书记秦某某、原区长沈某某因犯经济、受贿案件，对涉案人员分别移送司法机关刑罚处理。协助市纪委查处镇江旅游经济开发区经济案件，10 多名有关人员受到司法机关和党纪政纪处理。

2004 年，区纪委监察机关查处原共青团农场新民洲印刷厂在企业改制评估时，提供虚假财务资料，导致国有资产损失案。2005 年，区纪委监察机关查处原京口区某局书记、局长因贪污、非法占有、收礼案。同年，查处京口区工业发展总公司副总经理非法转让土地案。2006 年，区纪委监察机关查处原京口区商业贸易总公司总经理、党委书记收受礼品，利用职权为亲友经营活动牟利案。2007 年，区纪委监察机关查处原镇江市第二饮食服务公司总经理失职造成国有资产流失案。对于以上案件经调查核实后，涉案人员分别受到党纪、政纪和法纪处分。

第五节　行风建设

一、纠风治乱

纠正行业不正之风　1991 年，京口区按照省、市监察部门部署，开展纠正行业不正之风，将工商、物价、城管、卫生等 10 个部门确定为重点单位，把以权谋私、官僚主义、吃拿卡要等问题作为纠正行业不正之风重点。组织区人大代表、政协委员和区特邀党风监察员，对区工商、卫生、商业等 6 个系统行风情况进行视察检查，督促有关部门及时整改，有效遏制歪风邪气。2000 ~ 2007 年，区纪委分别在区交通、公安、教育、司法、财政、建设、城管等部门开展行风评议。各系统制定整改措施 94 条，建立和完善规章制度 35 项，全区行业风气大为好转。

减轻企业、农民负担　1993 ~ 1995 年，全区取消农村不合理收费 21 项，取消涉农负担 40 项，纠正和处理 3 起乱收费和超标准收费行为。1996 ~ 1997 年，区纪监部门根据群众反映热点、难点问题，开展专项治理，查处违纪金额 398.2 万元，纠正和退回违纪金额 65.2 万元。1998 ~ 2003 年，区纪监部门纠正不合理收费 32.57 万元，责令立即停止收费项目和取消收费项目 13 项，农民负担仅占年纯收入的 2.1%，低于国家 5% 规定标准。2004 ~ 2007 年，区纪监部门加大对《行政许可法》贯彻执行情况、农村征地、城镇房屋拆迁、企业重组改制、农民工工资等损害群众利益行为的查处力度，有效保护群众的合法权益。

治理教育乱收费　2000 ~ 2003 年，区纪监部门规范学校收费行为，加强学校财务管理，在全区中小学、幼儿园实行收费公示制、投诉情况通报制、乱收费责任追究制、收费审计制，进一步规范收费行为。开展乱收费专项检查，查处乱收费3起，3人受纪律处分。制止乱收费2起，对违规收取费用作全部退还处理。2004～2007年，区纪委、教育局、物价局组成联合督查小组，对公办义务教育阶段学校“一费制”收费执行情况进行督查，并设立举报电话、举报信箱等，接受群众举报和投诉，严肃责任追究。京口区成为全省首批规范教育收费示范区。

纠正医药医疗领域及基层站所不正之风　2000～2001年，区纪监部门联合区卫生、物价部门对医药购销实施专项检查。对全区药品、医疗器械实行集中招标采购制度，首批对28个、总价值100万元药品实行招标采购，节约资金10万元，平均降低药价10%。2006年，全区药品、医疗器械全部实行集中招标采购，总额达1262.44万元，医保目录内采购率达100%，总采购率达95.96%，列全市前茅。2004～2005年，区纪监部门对卫生行业进行专项治理，对违反“六不准”有关人员，由所在单位视情节轻重给予通报批评，取消当年评优评职称资格，或缓聘、待聘，直至解聘。2006～2007年，实行卫生行风建设“一票否决制”，严格执行药品“零加价”规定。2007年，让利给患者900余万元。开展卫生行风评议活动，规范医疗服务行为，严肃查处收受“红包”和开单提成等违纪违规行为。

1996～1997年，全区对86个基层站所进行集中治理，关闭17家违章营业站点，对8人作出警告、免职、调离等处理，追缴违纪款3.5万元。2006～2007年，在全区范围内深入开展“创建人民满意基层站所”和“二十佳勤廉村居干部”评选活动。健康路派出所等16家基层站所被授予“2006年度京口区人民满意基层站所”称号，许文兰等20人被评为京口区“二十佳”勤廉村居干部。各镇、街道村、社区干部和基层站所负责人每年两次分别进行书面和大会述职述廉，接受群众评议和组织考评。

二、执法监察专项监察

1994年，区纪委、监察局开展执法监察工作。全年执法监察立项9项，督促检查8件，制止纠正各种违纪行为8起，查处违纪金额86万元，纠正退还违纪金额56万元，避免经济损失180万元。1995～2007年，全区每年开展执法10次，有效维护社会稳定，促进经济发展。

工程建设领域专项治理　1996～1997年，区审计局、税务局加强对建筑工程竣工项目、决算审计监督和建筑安装统一票据使用监督，查处工程建设领域违纪违法案件2件、6人，追缴违纪金额4.7万元，追缴税费18万元，挽回经济损失359.6万元。1998～1999年，全区对有关部门建筑工程项目进行全面检查，立项26个，其中50万元以上工程项目50个，工程项目报建率100%，公开招投标率达90%以上，各类工程项目分别建立并严格实行工程质量终身负责制。2000～2001年，全区开展工程建设专项治理，50万元以上项目实行公开招标，50万元以下项目实行议标监管，建设单位一律与上级纪委签订《工程建设廉政责任状》，对重点建设项目实行跟踪监督。1家单位因违反有关规定被查处，责任人受到纪律处分。2002～2003年，京口区实施议标监管项目52个，节约资金200余万元，节约率14.7%。2004～2005年，区纪监部门对100万元以下政府工程建设项目招投标监管，两年节省投资110万元。2006～2007年，区纪监部门下发《京口区100万以下工程项目招投标监管办法》，制定并落实工程建设领域党风廉政建设有关规定，对37个项目实施监管，节约资金110余万元。

热点问题、专项资金执法监察督查　1994～1997年，区纪委以农村征地、企业改制等社会普遍关注热点问题为重点，强化执法监察，坚持纠建纠正和建立并举，条块结合。查处热点问题违纪金额398.2万元，纠正退回违纪金额65.2万元。1998～1999年，区纪委查处违纪金额45.5万元，提出监察建议60多条，协助建章立制7项。2000～2001年，区纪委加强对社会保障四项资金管理及使用情况监督检查，对1家截留、挪用专项资金6万元进行通报批评，对14家漏报基数、9家欠缴单位发出整改通知。2002～2007年，区纪委每年对专项资金开展监督和检查，由于制度和管理严格，未发生违规违纪情况。2002～2003年，区纪委严肃惩处工程建设拆迁过程中违纪问题，先后对8名案件当事人进行处理，对违规滥发70户房产证，责成有关单位予以注销，促进重点工程质量、效益和廉洁“三赢”。2004～2007年，区纪委在第一楼街、新华村、袁村、东风村等重点工程拆迁过程中，加大对违纪违法人员和问题进行查处，查办违纪违法案件2起。创新监督机制，对宗泽路等重点工程建设加强督查，确保拆迁过程公开和合法、经费使用合理和规范、拆迁补偿一致和公正。

三、效能监察

行政审批改革　2000 ~ 2003年，京口区按照市委、市政府要求，推行行政审批制度改革，会同有关部门对25个部门和乡镇、街道，原有418项审批事项进行清理，减少（含降级）审批总事项203项，减少（含降级）审批核准事项129项。2004 ~ 2005年，区及4个街道先后建立事务服务中心，构建“一站式”“一条龙”服务管理模式。对25个部门和乡镇、街道原有418项审批总事项进行全面清理，减少（含降级）审批事项203项，减幅为48.56%，减少（含降级）审批核准事项129项，减幅53.53%。2006 ~ 2007年，全区所有镇（街道）全部建成便民服务中心，村（社区）100%建成便民服务室，便民服务网络实现全覆盖。按照“110”（“一站式”服务、“一条龙”办理、“零投诉”标准）运作模式，积极推进便民服务。

机关作风建设及主题效能监察　2002 ~ 2003年，区纪委开展“机关作风转变年”活动，组织人员在物价、人事劳动、卫生、教育系统开展行风评议。对开放型经济工作进行绩效督查，有效促进“招商引资创新年”活动和“项目强区”战略深入推进。做好防治“非典”、创卫、防汛、“集资”兑付等重点工作效能督查，确保政令畅通。认真贯彻市委、市政府《关于对优化创业环境实施效能监察的工作意见》，出台《京口区关于加强机关作风建设和党风廉政建设的意见》，全面推行岗位廉政责任制、干部谈心、监督员、请示报告、严禁公款组织外出旅游活动5项制度，优化发展环境。开展全区“双争双提高”（争创学习型机关、提高服务标杆，争当学习型干部，提高整体素质）活动落实情况督查。对区级机关作风建设明察暗访，树立机关良好形象。

2004 ~ 2005年，区纪委组织开展机关作风“七查七改”活动。即查部门职能发挥是否充分，改职能发挥不力、职责落实不到位问题；查工作是否高效，改推诿扯皮、敷衍塞责问题；查服务是否优良，改门难进、脸难看、话难听、事难办以及态度生冷僵硬、粗暴蛮横等问题；查执收执罚是否规范，改刁难、卡压企业和外来客商以及粗暴执法问题；查承诺的优惠政策是否兑现，改截留、梗阻、肢解政策等问题；查纪律观念是否过硬，改纪律松弛、工作懒散、有令不行、有禁不止、各自为政的问题；查是否存在死守条文、不看实际现象，改不从实际出发、不注重实际效果等突出问题。推进机关作风建设，优化投资环境。围绕平安创建、项目审批、招商引资、机关作风、征地拆迁、创业帮扶、企业排污、社保资金管理使用、解困金发放等工作，开展62项效能监察，推动全区重点工作顺利开展。2006 ~ 2007年，全区开展“软环境建设推进年”活动，制定出台《关于提高行政效能优化投资环境的六项规定》等，协调处理企业问题20余项。对全国卫生城市复检、农村环境百日综合整治、“小化工”、轧石企业整治等工作进行督查，确保各项工作落到实处。

第十四篇　京口区人民代表大会

1984年5月26日至6月1日，召开镇江市城区第一届第一次人民代表大会（以下简称“区人代会”），同时选举镇江市城区人民代表大会常务委员会（以下简称“区人大常委会”）。

1984年以来，京口区人民代表由选举委员会组织选民直接选举产生，参加镇江市人民代表大会的代表，由区人代会选举产生。

1984～2007年，京口区人民代表大会共历七届。第一届至第三届任期为3年，第四届至第七届，任期为5年。每届人代会都召开若干次会议，至2007年12月，七届人代会召开26次会议。

1984～2007年，区人代会及其常委会坚持党的领导，严格依法办事，充分发扬民主，对区人民政府、区人民法院、区人民检察院（以下简称“一府两院”）进行法律监督和工作监督，认真审议经济建设、改革发展和社会事业等重大事项。关注民生、了解民情、反映民意，切实保障人民当家做主。注重发挥人大代表的主体作用，加强人民代表大会制度建设，促进经济发展、民主法制建设和社会事业全面进步。

第一章　人民代表

1984年以来，京口区人民代表由选举委员会依法组织选民直接选举产生。1984～2007年，京口区第一至第七届人代会，选出代表1630名。参加镇江市人民代表大会的代表由区人代会选举产生。1985～2007年，选举出席市人代会代表495名，其中补选19名。1992年10月，区划调整后，京口区成为城乡一体行政区划。1992～2007年，区及乡镇人大代表由选民直接选举。1992年12月，全区4个乡（镇）选出乡（镇）人民代表177名。1993～2007年，区属乡（镇）换届选举5次。

第一节　代表选举

一、选举机构

1984年1月，区人民代表大会代表首次选举时，首先依法产生区选举委员会。主要职责：制定选举工作计划，分配代表名额，划分选区和选民小组；宣传发动，进行选民登记；按人大代表条件推荐代表候选人，经过协商、酝酿、确定正式代表候选人；依据《中华人民共和国全国人民代表大会和地方各级人民代表大会选举法》（以下简称《选举法》）和《江苏省选举实施细则》规定，制定《京口区选举办法》，经各选区选举大会通过后生效；主持选举工作。1985~2007年，历届区及乡镇换届选举工作均由区、镇（乡）选举委员会主持。

二、选举办法

1984年1月，京口区人民代表的选举，依据《中华人民共和国地方各级人民代表大会和地方各级人民政府组织法》（以下简称《地方组织法》）、《中华人民共和国全国人民代表大会和地方各级人民代表大会选举法》、《江苏省各级人民代表大会选举实施细则》规定和《京口区选举办法》，将代表名额分配至各选区，民主协商，充分酝酿，提出代表候选人后，召开选民大会，按无记名投票方法，直接投票，差额选举。区人民代表选举，须经选区半数以上选民参加投票才有效，代表候选人获得过半数选票始得当选。

1992 年 11 月，京口区始有乡镇人民代表选举工作。乡镇人民代表由选民直接实行差额选举，3 年换届一次，2004 年改为 5 年换届。至此，京口区实行区、乡（镇）两级人民代表选举。

三、选举乡（镇）人民代表

1992 年 10 月，区划调整时正值区、乡（镇）两级人民代表大会换届选举。选举前，京口区选举委员会向润州区选举委员会移交 4 个街道 78 个选区、117341 名选民；同时接收 6 个乡（镇）（场圃）60 个选区、53582 名选民。至 12 月底，4 个乡（镇）选出 177 名乡（镇）人民代表。1993 ~ 2007 年，区属乡（镇）换届选举 5 次。

四、选举区人民代表

1984 ~ 2007 年，京口区共选出区第一至七届人民代表大会代表 1630 名。

1984 ~ 2007 年京口区历届人民代表大会代表选举情况表

表14-1　　单位：个、人

届 别	选举日期	选民数	选区数	应选代表数	实选代表数
第一届	1984.2.5	204484	188	296	296
第二届	1987.3.11	217255	181	260	259
第三届	1990.2.21	236294	181	251	251
第四届	1992.12.14	204639	157	234	232
第五届	1997.12.2	244905	145	193	192
第六届	2002.12.3	260099	143	193	190
第七届	2007.12.29	356079	138	212	210

五、选举市人民代表

1984 年以来，京口区出席镇江市人民代表大会代表，依法进行民主推荐，由有关部门按照代表条件和考察情况，确定得到人民群众公认的、具有广泛代表性的候选人，在区人民代表大会上选举产生。1987 ~ 2007 年，选举出席市人代会代表 495 名，其中补选 19 名。

1987 ~ 2007 年京口区出席镇江市人民代表大会代表名单表

表14-2　　单位：人

届 别	人 数	姓 名（以姓氏笔画为序）
第二届（第九届）1987 年	164	丁仁富 丁冠家 丁桂娥 马安平 马家骥 王 瑞 王乃庠 王世敏 王志亚 王良玉 王林宝 王忠保 王明栋 王荣生 王晓红 王崇永 王琴娣 王锦福 毛秀娣 仇春富 卞敬辉 方 奇 方银康 尹瑞嘉 邓平晏 厉以庆 本 安 兰开明 叶玉坤 毕于清 朱 林 朱仁和 朱月琴 朱汉山 朱再金 朱茂莲 朱美玉 朱振民 朱海燕 伏镇钧 邬庆茹 庄银宝 刘云霞 刘中百 刘永年 刘世明 刘希美 江震鹏 汤 翔 汤加杰

续表14-2

届别	人数	姓名(以姓氏笔画为序)
第二届(第九届)1987年	164	许云祥 孙翔 孙邦新 孙延祥 孙国柱 严忠婉 严图华 严登科 杨希棠 杨淑志 李文治 李文泉 李玉美 李玉祥 李代聘 李崇安 李维根 肖瑾 肖长俊 吴文瑾 吴本澍 吴孝华 吴哲民 吴登来 吴慎裕 佘正国 何永琳 邹国枫 邹静华 邱信成 沈友和 沈迅宏 沈来富 沈其亮 张大钧 张世伟 张兰石 张扬铭 张良玉 张学芳 张希麟 张忠顺 陆元慈 陆玖云 陆宗元 陆国初 陆孟君 阿丽 陈魁 陈一元 陈冬姣 陈剑夫 陈继军 陈锦城 陈壁显 范文熊 林活水 罗秉忠 金汉章 季莹 周士鹏 周龙锁 周慧娟 郑宏章 郑顺年 郑嘉良 赵永高 赵龙章 赵乐曾 赵英昌 胡一芳 胡美华 袁克华 袁林涛 莫玉萍 贾珍 夏良震 顾秀英 顾国英 钱永华 钱福才 倪文章 徐文秀 徐本喜 高一峰 高葆元 郭司雷 郭孝义 席伽 谈大隆 谈发荣 谈桂卿 梅渡 曹图南 黄君励 黄森宝 龚耐丹 戚中立 眭明 梁威士 隋振江 韩朝晖 程守燕 童如镛 普瑞生 温连庆 谢如红 强求精 蓝泽 蔡幼民 蔡惠礼 臧允凯 滕小凤 潘鸿禧
第三届(第十届)1993年	89	王萍 王良玉 王进农 毛善复 卞粉庚 方开鸿 邓平晏 邓丽娟 石之瑛 乔瑾瑜 朱友武 朱再金 朱建禾 朱茂莲 朱维云 华梅芬 刘世明 刘永年 江里程 杜正起 杨绮星 贡家荣 李文治 李文泉 李亚敏 李贤存 李昌 吴永炯 吴慎裕 佘正国 邹启宽 沈友和 沈龙兴 张克敏 陆元慈 陆鸣冈 陈士赓 陈长庚 陈冬姣 陈金友 武白苹 林彬 林年生 金子荣 金基鸣 周义平 周明坤 周家林 周桂珍 周铁柱 宗友三 柏嫆婷 柳去迟 胡映道 赵书友 赵庚发 赵家刚 俞立群 姜明 贺小良 贺华平 骆志远 耿长华 聂寄鸣 夏良震 钱永华 徐本喜 郭艾和 郭晓山 郭桂荣 高茂培 黄君励 曹巧宝 盛学贵 梁威士 韩朝晖 彭钦彦 董师润 童如镛 谢昭美 蔡秀兰 蔡惠礼 蔡新兰 谭章荣 熊小平 缪铨生 潘小明 薛家德 瞿洪钧
第四届1998年	73	丁玉华 丁建松 于庆芳 王萍 王瑞 王良玉 王良安 王瑞榷 方开鸿 邓丽娟 白光潜 朱长龙 朱忠芳 朱建禾 朱梅华 任振棣 江里程 许东海 许忙耕 许同禄 孙纪英 孙江桥 孙志安 苏启善 李文治 李世春 李壮云 李亚敏 李苇成 严平 何童芳 沈友和 张小龙 张兆才 张克敏 张荣连 陆春生 陈兰芳 陈怀定 陈良根 陈恒联 陈锦昌 昌万海 周家林 赵玉明 秦光华 聂寄鸣 钱永华 钱家华 倪坚 殷宪广 郭艾和 郭晓山 郭桂荣 高茂培 唐锁锦 钱铃 梅怀萍 黄君励 戚中立 鄂秀萍 韩曙 韩朝晖 彭钦彦 程国祚 强强 蒯开明 裔玉乾 谭章荣 熊小平 潘小明 薛翠娣 戴罗根
第五届2003年	73	卜美琴 王良玉 王新辉 王瑞楠 王嘉梅 王德明 王德标 韦芳 心澄 冯士超 朱金生 朱裕根 刘红斌 刘国荣 江里程 许昭宏 孙一峰 杜承华 杨建国 杨恒兴 苏启善 李勇 李亚敏 李壮云 李国忠 严柳生 严家康 严登科 吴建农 邱萍 余江南 沈宝来 张荣连 张福华 陈兰芳 陈协丰 陈多莉 陈兆生 陈闵俐 陈良根 陈国年 陈昌华 陈金春 陈逸中 陈德福 林黎明 范明华 金国使 周以蓉 袁大海 顾永赋 徐涛 徐时俊 徐瑞芝 郭琰 郭艾和 唐锁锦 唐燕平 黄君励 盛建伟 鄂秀萍 鄂金书 彭钦彦 蒋伟亮 程红 童财宝 童国祥 强强 蒯开明 薛翠娣 戴荣林 戴锦美 魏国祥
第六届2007年	77	丁力 丁杏兰 丁浩北 卜美琴 支芸 王伟 王桂宏 王联东 王德标 卢章平 史良雨 冯士超 朱桂华 朱拥军 朱裕根 任思源 任振棣 刘正才 刘正东 刘国荣 江里程 汤文彪 许昭宏 杜承华 杨斌 杨新 杨丽华 苏启善 李壮云 李国忠 吴建农 邱萍 余江南 张奇霞 张荣连 陈开春 陈兆生 陈闵俐 陈昌华 陈国年 陈跃飞 陈德福 金国使 周文 周以蓉 宜建美 胡坚 胡宗元 胡颖健 闻捷 耿仲毅 顾永斌 钱进 徐子荣 徐建国 徐益生 徐瑞芝 郭建 高国华 陶卫忠 黄法祥 龚双明 鄂秀萍 鄂金书 蒋伟 蒋建国 程红 程美瑛 童财宝 强强 蒯开明 谭亮 谭雪峰 潘法强 戴荣林 戴善民 魏敏

说明：1997年8月21日,市第三届人大常委会第三十次会议决定,为使镇江市人民代表大会的届次与中共镇江市委的届次相一致,调整市领导县体制后的市人代会届次,即第八届调整为第一届,第九、十届调整为第二、三届

1985 ~ 2005年京口区历届人大常委会补选镇江市人大代表情况表

表14-3

时　间	届　次	姓　名	备　注
1985.2	一届五次	沙荣盛、马冠松	市第八届人大代表
1985.10	一届十次	戚中立、童如镛	市第八届人大代表
1986.1	一届十一次	袁林海、原红、钱福才	市第八届人大代表
1988.12	二届十次	马宝琅、赵云龙	市第九届人大代表
1989.3	二届十一次	于哲明	市第九届人大代表
1989.12	二届十六次	钱永波、闫开源、许美玲	市第九届人大代表
2001.1	五届十四次	陈逸中	市第四届人大代表
2001.10	五届二十七次	宦祥保、戴锦美	市第四届人大代表
2003.12	六届七次	夏新平、刘贤忠	市第五届人大代表
2005.12	六届二十一次	姜建中	市第五届人大代表

第二节　代表构成

1984 ~ 2007年，京口区人代会6次换届，每次换届选举都依照《选举法》和《江苏省选举实施细则》规定，对代表年龄、文化程度、性别、类型、政治面貌等作出具体规定，并坚持把好代表候选人推荐、协商、考察、投票选举关。每次换届选举，代表结构进一步优化，既有先进性又有广泛性，具有履行职务能力，整体素质一届比一届有所提高。妇女代表、非党代表所占比例较为合理，为推进民主政治和国家政权建设，促进改革开放、经济建设和社会事业发展奠定坚实的基础。

1984 ~ 2003年京口区第一至六届人民代表类型结构情况表

表14-4　　单位：人、%

届别	代表人数	工人农民		干部		知识分子		少数民族 华侨 爱国民主人士		解放军武警		妇女		其他劳动者	
第一届	296	61	20.60	64	21.60	63	21.30	35	11.80	5	1.70	102	34.50	68	22.90
第二届	259	98	37.80	68	26.30	60	23.20	27	10.40	4	1.50	82	31.70	2	0.80
第三届	251	107	42.60	52	20.70	62	24.70	26	10.40	4	1.60	86	34.30	—	—
第四届	232	119	51.30	49	21.10	49	21.10	12	5.17	3	1.30	73	31.50	—	—
第五届	192	61	31.80	72	37.50	44	22.90	10	5.20	2	1	61	31.80	3	1.60
第六届	190	41	21.60	49	25.80	80	42.10	6	3.20	1	0.50	56	29.50	13	6.80

1984～2007年京口区历届人大代表年龄结构情况表

表14-5　　单位：人、岁

<table>
<tr><th>届别</th><th>代表总数</th><th>35岁以下</th><th>36～45岁</th><th>46～55岁</th><th>56岁以上</th><th>年龄最大</th><th>年龄最小</th></tr>
<tr><td>第一届</td><td>296</td><td>23</td><td colspan="2">199</td><td>74</td><td>78</td><td>21</td></tr>
<tr><td>第二届</td><td>259</td><td>29</td><td colspan="2">162</td><td>68</td><td>77</td><td>22</td></tr>
<tr><td>第三届</td><td>251</td><td>11</td><td colspan="2">164</td><td>76</td><td>76</td><td>21</td></tr>
<tr><td>第四届</td><td>232</td><td>23</td><td colspan="2">161</td><td>48</td><td>73</td><td>19</td></tr>
<tr><td>第五届</td><td>192</td><td>25</td><td>60</td><td>81</td><td>26</td><td>71</td><td>29</td></tr>
<tr><td>第六届</td><td>190</td><td>34</td><td colspan="2">151</td><td>5</td><td>61</td><td>24</td></tr>
<tr><td>第七届</td><td>210</td><td>26</td><td colspan="2">172</td><td>12</td><td>59</td><td>27</td></tr>
</table>

1984～2007年京口区历届人大代表文化结构情况表

表14-6　　单位：人

<table>
<tr><th>届别</th><th>代表总数</th><th>小学及以下</th><th>初中</th><th>高中</th><th>大专以上</th></tr>
<tr><td>第一届</td><td>296</td><td>64</td><td>132</td><td>26</td><td>74</td></tr>
<tr><td>第二届</td><td>259</td><td>32</td><td>85</td><td>65</td><td>77</td></tr>
<tr><td>第三届</td><td>251</td><td>38</td><td colspan="2">131</td><td>82</td></tr>
<tr><td>第四届</td><td>232</td><td>12</td><td>51</td><td>83</td><td>86</td></tr>
<tr><td>第五届</td><td>192</td><td>6</td><td>29</td><td>59</td><td>98</td></tr>
<tr><td>第六届</td><td>190</td><td>—</td><td>5</td><td>25</td><td>160</td></tr>
<tr><td>第七届</td><td>210</td><td colspan="2">6</td><td>19</td><td>185</td></tr>
</table>

第三节　先进代表小组和优秀代表

1997年始，区人大常委会作出决定，在区人大代表和各代表小组中开展“争先创优”活动。2月14日，区四届人大常委会第二十六次会议通过《关于表彰先进代表小组和优秀代表的决定》，同时表彰4个先进代表小组和24名优秀人民代表。2000～2007年，区五届人大常委会第十四次会议、第二十一次会议、区六届人大常委会第七次、第十四次、第二十二次、第三十一次会议，分别通过《关于开展区人大代表活动先进小组评选工作的决定》，先后表彰40个先进代表小组，110名优秀人民代表。

第二章　历届区人民代表大会

1984年5月至2007年12月，京口区人民代表大会共历七届（其中第七届举行第一次会议）。第一至三届任期为3年，自第四届人代会始，每届任期为5年。每次代表大会，出席会议的代表依法听取和审议区人大常委会、区人民政府、区人民法院、区人民检察院工作报告并作出相应决议。审查和批准区国民经济、社会发展计划和财政预算执行情况报告。每届人代会第一次会议，依法选举产生区人大常委会组成人员，区人民政府区长、副区长，区人民法院院长和区人民检察院检察长。

第一节　第一届人民代表大会

一、一届一次会议

1984 年 5 月 26 日至 6 月 1 日，区一届人大一次会议，在河滨会堂举行。会议代表 296 名，出席代表 284 名。出席区政协一届一次会议的委员和 48 名区有关部门负责人列席会议。会议听取并审议中共镇江市城区委员会《关于政府工作的建议报告》《人民法院工作报告》《人民检察院工作报告和区财政情况报告》，并通过各项报告，作出相应决议。决议要求区人大常委会认真学习、宣传和实施《中华人民共和国宪法》（以下简称《宪法》），严格依法办事，确保《宪法》和各项法律、法令、政令在全区范围内贯彻执行。认真开好各次常委会，讨论决定全区重大事情。密切与人民代表的联系，有计划地组织视察、调研。依法监督"一府两院"工作等。会议选举孙国柱为京口区第一届人民代表大会常务委员会主任，蒋震、范振和、孙延祥、蔡元标为副主任，委员 14 名。选举戚中立为区人民政府区长，曹九龄、吕祖义、陈启源为副区长，周英为区人民法院院长，宁昭为区人民检察院检察长。

二、一届二、三次会议

1985 年 5 月 24 ~ 27 日，区一届人大二次会议在丹徒县水陆寺巷招待所会堂举行。出席会议代表 240 名。二次会议按议程进行后，区人大常委会副主任孙延祥就副区长曹九龄工作调动，向大会作报告。因常委会主任孙国柱工作调动，会议选举毛善复为区人大常委会主任，补选丁晓红、王聪淦、文嘉俊、沈贻森 4 人为区人大常委会委员。1986 年 4 月 10 ~ 13 日，一届人大三次会议在 83423 部队前进礼堂举行，出席代表 289 名。会议听取和审议《京口区人民政府工作报告》《京口区人民代表大会常务委员会工作报告》《京口区人民法院工作报告》《京口区人民检察院工作报告》，并通过各项报告，作出相应决议。

第二节　第二届人民代表大会

一、二届一次会议

1987 年 5 月 12 ~ 16 日，区二届人大一次会议在区机关八楼会议厅举行。会议代表 259 名，出席代表 250 名，出席区政协二届一次会议的委员和 32 名区有关部门负责人列席会议。会议听取、审议"一府两院"工作报告和区人大常委会工作报告。经代表们讨论后，分别通过各项报告并作出相应决议。会议选举毛善复为区第二届人大常委会主任，孙延祥、王东才、蔡元标为副主任，委员 13 名，戚中立为区人民政府区长，王一民、吕祖义、陈启源、赵兴根为副区长，周英为区人民法院院长，宁昭为区人民检察院检察长。

二、二届二次会议

1987 年 12 月 8 ~ 10 日，二届二次会议在区机关大楼举行。会议代表 259 名，出席代表 235 名。会议按《地方组织法》《选举法》选举出席镇江市第九届人民代表大会代表 164 名。

三、二届三、四次会议

1988 年 5 月 23 ~ 26 日和 1989 年 5 月 9 ~ 12 日，二届三次会议和二届四次会议先后在区机关大楼举行。会议听取、审议"一府两院"工作报告和区人大常委会工作报告，并作出相应决议。

第三节　第三届人民代表大会

一、三届一次会议

1990 年 5 月 7 ～ 12 日，区三届人大一次会议在区机关八楼会议厅举行。会议代表 251 名，出席代表 251 名。出席区政协三届一次会议的委员和 41 名区有关部门负责人列席会议。会议听取、审议《京口区人民政府工作报告》《京口区人大常委会工作报告》《京口区人民法院工作报告》《京口区人民检察院工作报告》以及区财政情况报告。通过各项报告后，作出相应决议。会议选举戚中立为区第三届人大常委会主任，陈启源、蔡元标、朱茂莲、陆国初为副主任，14 名委员。选举江里程为区人民政府区长，瞿洪钧、王凌云、俞力平、汤翔为副区长，蔡盛明为区人民法院院长，朱晓法为区人民检察院检察长。

二、三届二、三次会议

1991 年 3 月 13 ～ 16 日和 1992 年 2 月 18 ～ 21 日，三届二次会议和三届三次会议分别在 83423 部队前进礼堂和区级机关大楼举行。出席会议代表分别听取、审议各项报告后，作出相应决议。决议要求区政府认真贯彻党的十三届七中、八中全会精神，确立以经济建设为中心思想，贯彻实施“贸易兴区”发展思路，坚持改革开放。充分发挥区位优势，大力发展第三产业，努力实现区属工业、街道经济、商业流通、房屋开发 4 个方面的重大突破，促进全区经济持续、稳定、协调发展。戚中立工作调动，三届二次会议选举张克敏为区第三届人大常委会主任。

第四节　第四届人民代表大会

一、四届一次会议

1993 年 2 月 8 ～ 13 日，区四届人大一次会议在丹徒县水陆寺巷招待所会堂举行。代表 232 名，出席 217 名，出席区政协四届一次会议的委员和 46 名区有关部门负责人列席会议。会议听取、审议区长江里程所作的《京口区人民政府工作报告》、区人大常委会主任张克敏所作的《京口区人大常委会工作报告》、区人民法院院长蔡盛明所作的《京口区人民法院工作报告》、区人民检察院代检察长仲陆生所作的《京口区人民检察院工作报告》以及区财政局孔繁双关于区财政情况报告。经全体与会代表讨论、审议后，由全体会议通过并作出相应决议。会议选举江里程为区第四届人大常委会主任，顾明锁、蔡元标、朱茂莲、毕于清为副主任，委员 14 人。选举贺华平为区人民政府区长，郭朝书、汤翔、郑清、贾国祥为副区长，蔡盛明为区人民法院院长，仲陆生为区人民检察院检察长。

二、四届二、三次会议

1994 年 2 月 23 ～ 27 日和 1995 年 2 月 28 日至 3 月 3 日，四届二次会议和四届三次会议先后在市工人文化宫举行。出席会议的代表听取、审议“一府两院”工作报告后，作出相应决议。决议要求区政府继续深入贯彻落实党的十四大精神，建立社会主义市场经济体制，抓住机遇，深化改革，扩大开放，促进发展，保持稳定，深层次推进城乡一体化发展战略，不断提高全区城乡人民生活水平。区政府工作要呼应港口城市建设，抓好“菜篮子”工程，加强城市管理和社会治安综合治理。增强公仆意识，转变政府职能，密切联系群众，全心全意为民办实事。四届二次会议补选叶玉坤、夏承林为区人大常委会委员，第三次会议补选滕治平为区人大常委会委员。

三、四届四、五次会议

1996 年 3 月 12 ～ 15 日和 1997 年 3 月 4 ～ 7 日，四届四次会议和四届五次会议先后在京口区机关办公大楼 10 楼会议厅举行。会议代表听取并审议孙纪英关于政府工作报告及其他有关工作报告。审查批准《京口区“九五”计划和 2010 年远景目标（草案）》《京口区国民经济和社会事业发展执行情况和计划（草案）报告》《京口区财政决算情况和预算安排（草案）报告》，并作出相应决议。决议要求区政府努力做到全区集约型经济有新发展，资产重组有新突破，对外开放有新推进，第三产业有新举措，京口区面貌有新改观，社会事业有新进步。坚持以邓小平建设有中国特色社会主义理论为指导，以经济建设为中心，突出两个根本性转变，认真实施“科教兴区”战略，加强城市管理和村镇建设，进一步改善投资环境，加快实施“再就业工程”，切实提高人民生活水平。四届四次会议同意江里程辞去区人大常委会主任职务，选举陈怀定为区第四届人大常委会主任，赵振祥为副主任，孙纪英为区人民政府区长。

第五节　第五届人民代表大会

一、五届一次会议

1998 年 1 月 2 ~ 7 日，区五届人大一次会议在区机关 10 楼会议厅举行。会议代表 192 名，出席代表 184 名，出席区政协五届一次会议的委员和 55 名区有关部门负责人、离退休老干部代表列席会议。会议听取、审议孙纪英所作的《京口区人民政府工作报告》《京口区人大常委会工作报告》和《京口区人民法院工作报告》《京口区人民检察院工作报告》，审查并批准《京口区国民经济和社会事业发展情况报告》《京口区财政工作情况报告》。通过各项报告后，作出相应决议。会议选举陈怀定为区第五届人大常委会主任，顾明锁、朱茂莲、毕于清、赵振祥、华梅芬为副主任，选举产生 13 名委员。选举孙纪英为区人民政府区长，贾国祥、吕振亚、陈浩、王华、王协祖、厉建林为副区长，蔡盛明为区人民法院院长，殷建兵为区人民检察院检察长。选举出席镇江市第四届人大代表 73 名。

二、五届二至五次会议

1999 年 1 月 20 ~ 23 日、2000 年 1 月 18 ~ 21 日、2001 年 1 月 8 ~ 12 日和 2002 年 1 月 22 ~ 25 日，五届二至五次会议先后在区级机关 10 楼会议厅举行。会议听取“一府两院”及其他工作报告，审查批准《京口区国民经济和社会发展“十五”计划（草案）》《京口区国民经济和社会事业发展执行情况和计划（草案）报告》《京口区财政决算情况和预算安排（草案）报告》，作出相应决议。五届人大二次会议选举张兆才为区人大常委会副主任。五届人大三次会议补选朱宏声、施学聪、姜厚荣、沈礼等 4 人为区人大常委会委员。五届人大四次会议决定接受陈怀定辞去区人大常委会主任职务，顾明锁、毕于清辞去区人大常委会副主任职务，补选戴锦美为区第五届人大常委会主任，秦荣凯为副主任，沈柯章为区长，潘文瑜、姚敬源为副区长。五届人大五次会议选举刘国荣为区长，顾成权、王志亚、汪进年为区人大常委会委员。

第六节　第六届人民代表大会

一、六届一次会议

2003 年 1 月 6 ~ 10 日，区六届人大一次会议在区机关举行。会议代表 190 名，出席 184 名，出席区政协六届一次会议的委员和 51 名区有关部门负责人、部分离退休干部列席会议。会议依法听取、审议区政府、区人大常委会、区人民法院、区人民检察院工作报告，审查批准《京口区国民经济和社会事业发展执行情况和计划（草案）报告》《京口区财政决算情况和预算安排（草案）报告》，并作出相应决议。选举戴锦美为区第六届人大常委会主任，秦荣凯、张兆才、孙辉、徐军为副主任，委员 18 名。选举童国祥为区政府区长，王华、徐建锋、蒋嵩峰、唐锡年、余国根、曹丽虹为副区长，尉利亚为区人民法院院长，殷建兵为区人民检察院检察长。同时选举出席镇江市第五届人大代表 73 名。

二、六届二、三次会议

2004 年 1 月 5 ~ 7 日、2005 年 1 月 5 ~ 7 日，六届二次会议和六届三次会议先后在区机关办公大楼 10 楼会议厅举行。会议代表听取并审议“一府两院”、区人大常委会工作报告后，审查、批准《京口区国民经济和社会发展第十一个五年计划纲要》，并作出相应决议。第三次会议补选杨国平为区六届人大常委会委员。

三、六届四次会议

2006年1月5～7日，六届四次会议在区机关举行。会议听取和审议区人大常委会、区政府工作报告和区人民法院、区人民检察院工作报告。审查批准《京口区2005年国民经济、社会发展计划执行情况》和《京口区2006年国民经济、社会发展计划（草案）的报告》，审查批准《京口区2005年财政预算执行情况和2006年财政预算（草案）的报告》，并作出相应决议。会议选举丁宪、房林虹、仇洋、崔小立、潘健康为区六届人大常委会委员。

图14-1　2007年，京口区人民代表大会召开六届五次会议　（区人大办公室供稿）

四、六届五次会议

2007年1月16～18日，六届五次会议在区机关举行（第一次全体会议在镇江影剧院举行）。会议听取和审议区人大常委会、区政府工作报告和区人民法院、检察院工作报告，并作出相应决议。会议补选郭建为京口区人民政府区长，柳建华为京口区人民检察院检察长。

第七节　第七届人民代表大会

2007年12月25～27日，区七届人大一次会议在区级机关办公楼十楼会议厅举行（其中第一次全体会议在镇江一泉礼堂举行）。会议代表212名，出席210名，列席49名，组成9个代表团。出席区政协七届一次会议的全体成员、部分老干部代表列席有关会议。会议举行4次全体会议，4次主席团会议。

会议听取并审议区人大常委会、区政府、区人民法院、区人民检察院工作报告，审查批准《京口区2007年国民经济、社会发展计划执行情况和2008年国民经济、社会发展计划（草案）的报告》，审查批准《京口区2007年财政预算执行情况和2008年财政预算（草案）的报告》，并作出相应决议。通过《镇江市京口区第七届人民代表大会第一次会议选举办法》，经过充分酝酿讨论，采用无记名投票方式，选举出席镇江市第六届人民代表大会代表77名。选举胡宗元为区第七届人大常委会主任，戴善民、徐军、严柳生、郑苏真为副主任，委员20人。郭建为区人民政府区长，胡云霞、徐建锋、蒋嵩峰、余国根、曹丽虹、马国进为副区长。尉利亚为区人民法院院长，柳建华为区人民检察院检察长。

第三章　区人大常委会

1984年5月以来，京口区人大常委会为区人民代表大会闭会期间常设机构，行使人民代表大会权力。区第一届至第五届人大常委会，分别由17～19人组成，设主任1人，副主任3～5人。区第六届人大常委会由23人组成，设主任1人、副主任4人。区第七届人大常委会由25人组成，设主任1人，副主任4人。1984～1992年，区人大常委会每届任期3年。1993～2007年，每届任期为5年。

历届区人大会议闭会期间，由常委会会议和主任会议集体行使职权。1984～2007年，区第一届至第七届人大常委会召开常委会会议175次。区人大常委会每次会议依法履行重大事项决定、对“一府两院”工作进行监督、议案建议处理督促检查以及干部述职、人事任免等职权。区人大常委会主任会议由区人大常委会主任、副主任组成，负责处理常委会的重要日常工作。

第一节　组织机构

一、常设机构

1984年5月，京口区人民代表大会第一届第一次代表大会选举产生区人大常委会，是区人民代表大会的常设机构。任期与区人民代表大会一致。1984 ~ 1992年，每届任期3年。1993 ~ 2007年，每届任期为5年。区人大常委会对本级人民代表大会负责并报告工作。区人大常委会建立以来，一般每两月召开一次常委会。至2007年，共召开175次。

二、编制情况

1984年5月，区人大常委会主任、副主任系单列行政编制，其行政关系在区人大机关。1985 ~ 1997年，编制数额随机构和人数增减相应变动。

1998年机构改革时，确定区人大机关编制为14名（不含上述单列编制），其中行政编制11名、行政附属编制3名。办公室设主任1名，副主任1名；工作委员会设主任4名；科长1名（股级）。

2002年机构改革时，确定区人大机关编制为15名（不含上述单列编制），其中行政编制11名、行政附属编制4名。办公室设主任1名，副主任2名；工作委员会设主任4名；科长2名（股级）。

2003 ~ 2007年，编制情况没有变化。

三、办事机构

1984年5月，京口区人大常委会根据工作需要，设置办公室为区人大常委会办事机构。1986年4月，区人大常委会增设法制、财政经济、城市管理教科文卫3个委员会。1987年11月30日，二届人大常委会第四次会议作出关于设立法制等3个工作委员会的决定。1990年6月，区三届人大常委会设立办公室和法制、财政经济、教科文卫、城管城建4个工作委员会。1993年4月，区四届人大常委会为加强对农村工作的监督管理，增设农业农村工作委员会，办事机构为“一办五委”。6月，区人大常委会将城建城管工作委员会更名为城乡建设工作委员会。1998年3月，实行机构改革，区五届人大常委会办事机构进行调整，设立办公室（增挂人事代表联络工作委员会牌子）、内务司法工作委员会、财政经济工作委员会、社会事业工作委员会。2001年，人事代表联络工作委员会单列。办事机构为办公室、内务司法、财政经济、社会事业、人事代表联络工作委员会。同时建立健全人大代表组织网络。

四、乡镇、街道人大机构

1.乡镇人民代表大会　1992年10月，区划调整后，京口区始辖有乡镇场圃。京口区向润州区移交运河以西4个街道78个选区，同时接受润州区移交的6个乡镇场圃60个选区。京口区选举委员会承担区、乡镇两级人民代表的换届选举工作。根据江苏省第七届人大常委会第十次会议通过的《关于乡镇人民代表大会主席团在大会闭会期间设立常务主席的决定》，谏壁、丹徒两镇和汝山、象山两乡在换届选举时，分别在大会主席团成员中选举产生1名常务主席，负责处理乡镇人大闭会期间的日常工作。冯来生、孙道奎、盛学贵、陆顺根分别被选为谏壁、丹徒、汝山、象山4个乡镇人大主席团常务主席。根据《中华人民共和国宪法》《中华人民共和国地方各级人民代表大会和地方各级人民政府组织法》规定，乡镇人民代表大会每届任期3年。1995年10月18日，区第四届人大常委会第十八次会议作出《关于全区乡镇人大换届选举的决定》。区委常委会听取区人大党组《关于京口区乡镇人大换届选举工作的意见》，并原则通过。

1998 ~ 2007年，全区各乡镇人民代表大会依照《组织法》《选举法》规定的程序进行3次换届选举。

2.区人大街道工作委员会　区五届人大常委会根据全国人大常委会和省人大常委会决议，首先在健康路街道设立人大工作委员会，作为区人大常委会的派出机构。2003年10月，区六届人大常委会决定，在大市口、四牌楼、正东路街道设立人大工作委员会（以下简称街道人大工委）。是年12月16日，区六届人大常委会第七次会议通过4个街道人大工作委员会主任（党工委书记兼）、副主任和兼职委员计20名，并举行挂牌仪式。

2003～2007年，区人大街道工作委员会接受区人大常委会和街道党工委双重领导，以街道党工委为主。在各自辖区内保证宪法、法律法规和上级人大及其常委会决议、决定的贯彻实施。按照人大

1984～2007年京口区历届人大常委会主任、副主任名表

表14-7

届别	姓名	职务	性别	籍贯	任职时间	姓名	职务	性别	籍贯	任职时间
第一届	孙国柱	主任	男	丹徒	1984.5～1984.8	蒋　震	副主任	男	盐城	1984.5～1985.7
	毛善复	主任	男	镇江	1985.5～1987.5	范振和	副主任	男	山东	1984.5～1985.7
第二届	毛善复	主任	男	镇江	1987.5～1990.5	孙延祥	副主任	男	江都	1987.5～1990.5
						王东才	副主任	男	山东	1987.5～1990.5
						蔡元标	副主任	男	海门	1987.5～1990.5
第三届	戚中立	主任	男	常州	1990.5～1991.1	陈启源	副主任	男	镇江	1990.5～1993.2
						蔡元标	副主任	男	海门	1990.5～1993.2
	张克敏	主任	男	扬中	1991.3～1993.3	朱茂莲	副主任	女	涟水	1990.5～1993.2
						陆国初	副主任	男	无锡	1990.5～1993.2
第四届	江里程	主任	男	宁波	1993.3～1996.3	顾明锁	副主任	男	丹阳	1993.2～1998.1
						蔡元标	副主任	男	海门	1993.2～1997.5
						朱茂莲	副主任	女	涟水	1993.2～1998.1
	陈怀定	主任	男	江都	1996.3～1998.1	毕于清	副主任	男	山东	1993.2～1998.1
						赵振祥	副主任	男	丹阳	1996.3～1998.1
第五届	陈怀定	主任	男	江都	1998.1～2001.1	顾明锁	副主任	男	丹阳	1998.5～2001.1
						朱茂莲	副主任	女	涟水	1998.1～2003.1
						毕于清	副主任	男	山东	1998.1～2001.1
						赵振祥	副主任	男	丹阳	1998.1～2003.1
	戴锦美	主任	女	扬中	2001.1～2003.1	华梅芬	副主任	女	无锡	1998.1～2003.1
						张兆才	副主任	男	江都	1999.1～2003.1
						秦荣凯	副主任	男	镇江	2001.1～2003.1
第六届	戴锦美	主任	女	扬中	2003.1～2007.12	秦荣凯	副主任	男	镇江	2003.1～2007.12
						张兆才	副主任	男	江都	2003.1～2007.6
						孙　辉	副主任	男	镇江	2003.1～2007.12
						徐　军	副主任	男	镇江	2003.1～
第七届	胡宗元	主任	男	武进	2007.12～	戴善民	副主任	男	镇江	2007.12～2012.4
						徐　军	副主任	男	镇江	2007.12～
						严柳生	副主任	男	淳安	2007.12～2013.8
						郑苏真	副主任	女	山东	2007.12～

1984 ~ 2007年京口区历届人大常委会委员名表

表14-8

届 别	姓 名					补 选
第一届	丁素英(女)	王志亚	毕于清	张建亭	陈敬鸾(女)	丁晓红(女) 王聪淦 文嘉俊 沈贻森
	邵振羽	沈桂珠(女)	郑 玲(女)	钱国宝	徐桂忠	
	黄璜兴(女)	符文澜(女)	董小龙	蔡季海		
第二届	马霭萍(女)	王聪淦	王明春(女)	杨秀芬(女)	吴孝华	—
	何国珍	张正炘	陆思亮	林 彬(女)	柏嫆婷(女)	
	祝中亮	顾忆贻	徐根鸿			
第三届	杨秀芬(女)	何国珍	汪廷义	张正炘	胡振华	—
	赵荣保	祝中亮	顾忆贻	钱国保	黄子江	
	谢祥华	谢增琮	褚兆中	蔡兆铮		
第四届	杨秀芬(女)	张 瑛(女)	胡振华	胡善祥	袁光志	叶玉坤 夏承林 滕治平
	贾又敏(女)	顾俊生	钱国保	黄子江	盛 杰	
	韩长禄	谢祥华	谢增琮	蔡鸿基		
第五届	王德诚(女)	仇明荣	叶玉坤	朱家巍(女)	朱维云	朱宏声 施学聪 姜厚荣 沈 礼
	刘依镇	张岱峰	林珊珊(女)	胡振华	赵如德	顾成权 王志亚 汪进年(女)
	姚道平	喻月英(女)	蔡鸿基			
第六届	马荣虎	王志亚	王俊秋	孔铁生	田文静(女)	杨国平 丁 宪 仇 洋
	朱定明	孙海莎(女)	李 勇	李君荣	邹永超	房林虹(女) 崔小立 潘建康
	汪进年(女)	陈卫平	陈宪平	顾成权	栾学和	
	眭月虎	蒋依民	潘朝中			
第七届	丁 宪	马伟民	马祖明	马荣虎	石 飞	—
	吕小康	朱爱萍(女)	华 怡(女)	刘天安	刘凤英(女)	
	刘心宽	杨国平	李 勇	房林虹(女)	赵国华	
	赵锡明	眭月虎	潘建康	潘朝中	戴红照	

常委会的工作计划和部署，联系辖区内各级人民代表，组织接待选民、视察、执法检查和评议活动。督促人民代表建议、批评和意见的办理。承办辖区内选举人民代表的有关工作。

第二节 制度建设

1984年5月，京口区人大常委会建立后，于区一届人大常委会第一次会议期间，制定《京口区人大常委会关于建立几项制度的决定》。首先建立区人大常委会会议制度、主任会议制度和学习制度。制定《京口区人大常委会关于任免国家机关工作人员的暂行办法》《关于加强与京口区人民代表联系的暂行办法》《关于京口区人民代表联系选民的暂行办法》。1985 ~ 1987年，区人大常委会在宪法和法律规定范围内，结合工作实际，逐步建立、健全和完善区人大常委会一系列法规和制度。1988年2月，区二届人大常委会第五次会议决定，制定《京口区人大常委会、区人民政府、区人民法院、区人民检察院工作联系制度》，把对“一府两院”的监督寓于支持工作之中。同时为加强人大常委会自身建设，认真履行法律赋予的职权，区三届人大常委会第一次会议制定并通过《关于加强京口区人大常委会自身建设的决定》《京口区人大常委会议事规则》。1992年6月，区三届人大常委会第十四次会议制定《关于干部述职试行办法》。为加强对法律法规贯彻执行监督检查，1994年4月、2001年3月区人大常委会先后制定《区人大常委会对区人民法院、区人民检察院行使监督职权的暂行办法》《区人大常委会对司法机关个案监督的规定》。为激励人大代表履行职务、调动各代表小组大代表进行动态管理。10月，区六届人大常委会第六次会议制订《关于届内代表辞职的规定（暂行）》，疏通代表“出口”渠道，更好地发挥代表参政议政积极性。2004年2月，区六届人大常委会第九次会议制定《京口区人大常委会街道工作委员会工作规划》，规范街道人大工委工作。为深化人事监督职权，是年4月，区六届人大常委会通过《关于干部述职评议民主测评的办法》《关于对提请任命人员进行任前法律知识考试的办法》。2005年4月，六届人大常委会第十六次会议制定并通过《京口区人大常委会人事任免实施办法》《京口区人大常委会关于干部述职评议办法》《京口区人大常委会监督司法工作办法》等。2007年，六届人大常委会制定《京口区人大常委会机关贯彻实施监督法若干意见》。

1984～2007年京口区人大常委会制定规章制度情况表

表14-9

时 间	届 次	制 度 名 称
1984.6	一届一次会议	《关于建立几项制度的决定》(即《常委会会议制度》《主任会议制度》《学习制度》)《关于任免国家机关工作人员的暂行办法》《关于加强与区人民代表联系的暂行办法》《关于城区人民代表联系选民的暂行办法》
1987.6	二届一次会议	《关于建立几项制度的决定》《关于任免国家机关工作人员的暂行办法》《关于加强与区人大代表联系的暂行办法》《关于区人大代表联系选民的暂行办法》
1988.2	二届五次会议	《京口区人大常委会、区人民政府、区人民法院、区人民检察院工作联系制度》
1990.6	三届一次会议	《关于建立几项制度的决定》《关于加强区人大常委会自身建设的决定》《区第三届人大常委会议事规则》《区第三届人大常委会人事任免办法》《京口区人大常委会、区人民政府、区人民法院、区人民检察院工作联系制度》《关于加强与区人大代表联系的暂行办法》
1992.6	三届十四次会议	《关于干部述职的试行办法》
1993.4	四届一次会议	《四届人大常委会议事规则》《四届人大常委会人事任免办法》《区人大常委会、人民政府、人民法院、人民检察院工作联系制度》《关于加强与区人大代表联系的暂行办法》《关于区人大代表联系选民的暂行办法》
1994.4	四届九次会议	《京口区人大常委会关于对区人民法院、区人民检察院行使监督职权的暂行办法》
2000.1	五届十四次会议	《关于开展区人大代表活动先进小组评选工作的决定》
2001.3	五届二十三次会议	《京口区人大常委会对司法机关个案监督的规定》
2002.5	五届三十二次会议	《关于加强京口区级预算审查监督的决定》
2003.2	六届一次会议	《关于加强京口区人大代表工作的决定》
2003.10	六届六次会议	《关于届内代表辞职的规定(暂行)》
2004.2	六届九次会议	《京口区人大常委会街道工作委员会工作规则》
2004.4	六届十次会议	《关于干部述职评议民主测评的办法》《关于对提请任命人员进行任前法律知识考试的办法》
2005.4	六届十六次会议	《京口区人大常委会关于对司法监督工作的办法》《区人大常委会人事任免实施办法》《区人大常委会关于干部述职评议的办法》
2007.7	七届一次会议	《京口区人大常委会机关贯彻实施监督法若干意见》

第三节 人大常委会会议

一、常委会会议

1984年5月至1992年12月，区第一至第三届人大常委会历次会议围绕人民群众普遍关心的普法教育和社会治安综合治理等方面的问题，先后听取并审议“一府两院”关于体制改革、经济发展、城市管理、活动积极性，2000 年 1 月，区五届人大常委会第十四次会议作出《关于开展区人大代表活动先进小组评选工作的决定》。

2003 年 2 月，区六届人大常委会第一次会议作出《关于加强区人大代表工作的决定》，加强对人中小学教育、食品卫生、反贪及防止职务犯罪和从重、从快、从严审判各类刑事案件等问题的报告。

1993 ~ 1997 年，区人大第四届常委会历次会议除听取并审议经济工作、财政、计划生育、案件审判、法纪检察、代表建议和议案处理情况汇报外，同时依法任免国家机关工作人员 131 人次。1998 ~ 2002 年，区人大第五届常委会举行 38 次会议。2003 ~ 2007 年，区人大第六届常委会举行 38 次会议。两届历次常委会听取和审议京口区政治、经济、社会发展等方面的工作报告，作出相应决议、决定，任免国家机关工作人员，组织国家机关人员述职。2007 年，区人大第七届常委会举行第一次会议。

二、主任会议

1984 年 6 月至 1993 年 1 月，区第一至第三届人大常委会主任会议讨论研究常委会会议时间、建议办理等事项，听取区人民政府计划和预算执行情况、区属企业技改、为民办实事工程、义务教育法实施、代表建议办理、住房改革等工作汇报，听取区人民法院刑、民、商事等庭工作情况汇报。

1993 年 2 月至 1997 年 9 月，区四届人大常委会召开 26 次主任会议，研究讨论常委会会议时间、议程等事项。听取区人民政府计划和预算执行情况、为民办实事工程、重要建议办理、医疗制度改革、科技兴农、企业扭亏增盈以及教师法、环境保护法、档案法、工会法、城镇集体所有制企业条例、基本农田保护条例等法律法规实施情况汇报。1998 年 2 月至 2002 年 12 月，区五届人大常委会召开 31 次主任会议。会议研究讨论常委会会议时间、议程等。听取区人民政府为民办实事、财政收支、农业结构调整、下岗职工基本生活保障和再就业、旅游业发展、集资兑付、为民办实事工程等工作汇报。听取法院、检察院错案追究制、反贪污贿赂等工作汇报。2003 年 1 月至 2007 年 12 月，区六届人大常委会召开 30 次主任会议。会议研究讨论区人大常委会会议时间、议程等，听取区人民政府民调组织建设、“集资”兑付、财政改革、平安京口建设等情况汇报。听取两院审判监督、民事和行政检察等工作汇报。

第四节　重要（大）事项决议、决定

一、重要决议

1989 年 3 月，区二届人大常委会第十一次会议听取和审议区人民政府《关于当前经济环境整顿经济秩序情况的报告》，作出《关于进一步推进治理经济环境整顿经济秩序工作的决议》。要求全区经济战线要在党中央治理整顿、全面深化改革重大决策指引下，认真落实全区治理整顿重大改革措施，把全区经济工作推向前进。1990 年 7 月、1991 年 4 月，区三届人大常委会分别作出《关于学习和贯彻实施〈中华人民共和国行政诉讼法〉的决议》《关于在全区深入开展法制宣传教育的决议》，推进京口区法治建设。2001 年 8 月，区五届人大常委会第二十五次会议听取和审议区人民政府、区人民法院、区人民检察院《2001 ~ 2005 年依法治区工作实施方案》报告。会议认为“一府两院”依法治区工作实施方案目标明确，重点突出，措施可行，决定批准“一府两院”《2001 ~ 2005 年依法治区工作实施方案》，并通过决议，要求全区 2006 ~ 2007 年执行。2006 年 5 月，六届人大常委会第十六次会议作出《关于批准京口区“十一五”科技发展规划的决议》。

二、重大决定

1985 年 4 月，区一届人大常委会第六次会议作出《关于加强法制宣传教育普及法律常识的决定》，在全区范围内进一步广泛深入地加强法制宣传教育，普及法律常识，做到人人知法、守法，自觉地依法办事，以保证社会主义现代化建设顺利进行。2001 年 3 月 23 日，区五届人大常委会第二十三次会议听取审议并通过《区人大常委会对司法机关个案监督的规定》（以下简称《个案监督规定》），于 2001 年 6 月 1 日起施行。《个案监督规定》首创备案制度，要求司法机关对不予批捕、适用缓刑、错案追究等案件，按时向区人大常委会备案。2007 年 1 月《中华人民共和国司法监督法》（以下简称《监进科技进步，促进“科教兴区”“科技强区”战略的落实。2002年5月，区五届人大常委会第三十二次会议作出了关于加强区级预算审查监督的决定，对区级预算的初审、预算调整的审查批准、预算执行的监督和决算的审查批准作出明确的规定。

2003年10月，区六届人大常委会第6次会议作出《关于设立人大常委会街道工作委员会的决定》。2007年10月，六届人大常委会第三十六次会议通过《京口区第七届人民代表大会代表名额分配》方案。

1985～2007年区人大常委会决议、决定部分情况表

表14-10

时间	届　次	决议、决定
1985.4	一届六次	《关于加强法制宣传教育普及法律常识的决定》
1985.5	一届七次	《关于设立代表资格审查委员会的决定》
1986.4	一届十二次	《关于设立法制委员会、财政经济委员会、城市管理教科文卫等三个委员会的决定》
1986.12	一届十六次	《关于换届选举的决定》《关于成立选举委员会及其组成人员的决定》
1987.6	二届一次	《关于设立代表资格审查委员会的决定》
1987.11	二届四次	《关于设立法制等三个工作委员会的决定》
1988.5	二届七次	《关于对全区个体工商户加强普法教育的决议》
1989.3	二届十一次	《关于进一步推进治理经济环境整顿经济秩序工作的决议》
1990.6	三届一次	《关于设立代表资格审查委员会的决定》《关于设立法制等四个工作委员会的决定》
1990.7	三届二次	《关于学习和贯彻实施〈中华人民共和国行政诉讼法〉的决议》
1991.4	三届七次	《关于在全区深入开展法制宣传教育的决议》
1992.	三届十六次	《关于换届选举的决定》《关于成立镇江市京口区选举委员会的决定》
1993.4	四届一次	《关于设立代表资格审查委员会的决定》《关于设立法制等四个工作委员会的决定》
1993.6	四届三次	《关于城建城管工作委员会更名的决定》
1993.11	四届六次	《关于开展人民代表评议区人民法院、区人民检察院、公安分局机关工作的决定》
1994.10	四届十二次	《关于京口区1994年财政预算部分调整的决定》
1995.10	四届十八次	《关于全区乡镇人大换届选举的决定》
1996.1	四届十九次	《关于京口区1995年财政预算调整的决定》
1996.5	四届二十一次	《关于批准镇江市京口区1995年度财政决算的决定》
1996.5	四届二十一次	《关于京口区开展依法治区的决议》
1996.7	四届二十二次	《关于京口区科技发展“九五”计划及2010年远景目标的决议》
1997.2	四届二十六次	《批准调整1996年财政预算的决定》
1997.2	四届二十六次	《关于表彰优秀代表小组和优秀人民代表的决定》
1997.5	四届二十七次	《关于批准京口区1996年度本级财政决算的决定》
1997.9	四届三十次	《关于镇江市京口区换届选举问题的决定》《关于设立镇江市京口区选举委员会的决定》
1997.12	四届三十二次	《关于调整京口区1997年度国内生产总值及有关指标计划数的决定》
1998.3	五届一次	《关于撤销镇江市京口区选举委员会的决定》《关于设立代表资格审查委员会的决定》
1998.6	五届三次	《关于批准京口区1997年度财政决算的决定》
1998.10	五届五次	《关于镇江市京口区乡镇人大换届选举问题的决定》《关于任命象山乡、汝山乡、丹徒镇、谏壁镇选举委员会组成人员的决定》《关于重新确定谏壁镇人大代表名额的决定》
1999.1	五届七次	《关于批准京口区1998年财政预算调整的决定》
1999.7	五届十一次	《关于京口区1998年度财政决算的决议》
2000.1	五届十四次	《关于开展区人大代表活动先进小组评选工作的决定》
2000.1	五届十四次	《关于调整京口区“九五”计划和1999年国民经济、社会发展部分指标计划数的决定》
2000.5	五届十六次	《关于京口区1999年度财政决算的决议》

续表14-10

时间	届　次	决议、决定
2000.11	五届二十次	《关于批准京口区2000年财政预算调整的决定》
2000.12	五届二十一次	《关于表彰开展区人大代表活动先进小组的决定》
2001.3	五届二十三次	《区人大常委会对司法机关个案监督的规定》
2001.5	五届二十四次	《关于京口区2000年度财政决算的决议》
2001.5	五届二十四次	《关于设立健康路街道人大工作委员会的决定》
2001.8	五届二十五次	《关于深入开展2001 ~ 2005年依法治区工作的决议》
2001.9	五届二十六次	《关于镇江市京口区乡镇人民代表大会换届选举问题的决定》
2001.12	五届二十八次	《关于镇江市京口区"十五"科技发展计划及2010年远景目标的决议》
2002.1	五届二十九次	《关于批准调整2001年国民经济和社会发展计划部分指标暨2001年财政预算的决定》
2002.1	五届二十九次	《关于表彰区人大代表优秀建议和先进承办单位的决定》
2002.1	五届二十九次	通过五届人大常委会代表资格审查委员会组成人员名单
2002.5	五届三十二次	《关于批准京口区2001年度财政决算的决议》
2002.5	五届三十二次	《关于加强区级预算审查监督的决定》
2002.8	五届三十四次	通过《关于调整京口区人大代表名额分配方案的报告》
2002.9	五届三十六次	《关于镇江市京口区人民代表大会换届选举问题的决定》《关于设立镇江市京口区选举委员会的决定》
2002.11	五届三十七次	《关于批准调整2002年财政预算的决议》
2003.2	六届一次	《关于加强区人大代表工作的决定》
2003.4	六届二次	通过区六届人大常委会代表资格审查委员会组成人员名单
2003.6	六届四次	《关于批准京口区2002年度财政决算的决议》
2003.10	六届六次	《关于设立人大常委会街道工作委员会的决定》
2003.12	六届七次	《关于批准调整区2003年国民经济、社会发展计划部分指标和2003年财政预算的决定》
2003.12	六届七次	《关于表彰区人大先进代表小组、优秀代表、优秀建议和承办建议先进单位的决定》
2004.6	六届十一次	《关于批准京口区2003年度财政决算的决议》
2004.6	六届十一次	《关于增加象山乡、丹徒镇代表名额的决定》
2004.12	六届十四次	《关于批准调整区2004年财政预算的决定》
2004.12	六届十四次	《关于表彰区人大优秀代表、先进代表小组、优秀建议和承办代表建议先进单位的决定》
2005.2	六届十五次	《关于调整区六届人大常委会代表资格审查委员会组成人员的决定》
2005.6	六届十七次	《关于批准京口区2004年度区级财政决算的决议》
2005.12	六届二十二次	《关于批准调整区2005年国民经济、社会发展计划部分指标和2005年财政预算的决定》
2005.12	六届二十二次	《关于表彰区人大优秀代表、先进代表小组、优秀建议和承办代表建议先进单位的决定》
2006.5	六届十六次	《关于象山镇人民代表大会选举问题的决定》
2006.5	六届十六次	《关于批准京口区"十一五"科技发展规划的决议》
2006.6	六届二十七次	《关于批准京口区2005年度区级财政决算的决议》
2006.12	六届三十次	《关于批准调整京口区2006年财政预算的决定》
2007.1	六届三十一次	《关于表彰优秀人大代表、先进代表小组、优秀建议和承办代表建议先进单位的决定》
2007.6	六届三十四次	《关于批准京口区2006年度区级财政决算的决议》

续表14-10

时间	届　次	决议、决定
2007.10	六届三十六次	《关于区镇两级人代会换届选举问题的决定》
2007.10	六届三十六次	《关于设立京口区选举委员会的决定》
2007.10	六届三十六次	《关于设立京口区各镇选举委员会的决定》
2007.10	六届三十六次	通过镇江市《京口区第七届人民代表大会代表名额分配》方案
2007	六届三十七次	《关于批准镇级人大代表名额分配方案的决定》
2007.12	六届三十八次	《关于批准调整区2007年国民经济、社会发展计划部分指标和2007年财政预算的决定》

督法》）施行后，撤销该项《个案监督规定》。2001年12月，区五届人大常委会第二十八次会议听取、审议并通过区科技局《京口区“十五”科技发展计划及2010年远景目标（草案）》及有关说明情况报告。会议决定，要求区政府进一步加强对科技工作领导，动员和依靠干部、科技人员、广大群众，大力推

第五节　监督工作

一、专项报告审议

1984～1986年，区一届人大常委会听取和审议关于城区经济体制改革和经济建设工作、市场管理、社会治安、夏季爱国卫生运动、计划生育工作、民政工作、城市管理工作、关于上半年教育工作和代表建议、批评、意见办理情况等专项工作报告26项。1987～1989年，区第二届人大常委会听取和审议“一府两院”关于财政计划执行情况、开展“双增双节”运动情况、创建文明路和住宅小区管理工作、物价工作、市场管理情况、深化企业改革和企业技术改造、法纪检察、绿化工作、开展反贪污、反受贿斗争情况等专项工作报告35项。

1990～1992年，区第三届人大常委会听取和审议31项专项报告，主要是区人民政府关于经济工作、人口普查、开展爱国卫生运动和城市管理工作、为群众办七件实事工作、廉政工作、社会治安综合治理、开展反盗窃斗争、全区经济体制改革等，区人民法院和检察院关于民事审判工作、反贪污贿赂工作和法纪检察工作、开展“严打”工作、打击经济犯罪工作等。1993～1997年，区第四届人大常委会听取和审议专项工作报告53项，主要是计划和预算执行、财政决算情况、农业和农村工作、刑事审判工作、关于“菜篮子”工程建设、反贪污贿赂工作、水利工作、创建全国卫生城市工作、“二五”普法教育、经济审判工作、开展严打集中统一行动等方面。

1998～2002年，区第五届人大常委会听取和审议关于清查非农业建设用地、环境保护工作情况的报告、财政决算、同级审计、计划预算执行、城管创卫工作、个体私营经济发展、政府组成部门廉政建设和作风建设、代表建议办理、小城镇建设、依法行政工作、下岗职工基本生活保障和再就业、教师队伍和中小学生素质教育等专项工作报告57项。2003～2007年，区第六届人大常委会听取和审议专项工作报告55项。其中有关卫生监督与疾病控制和医疗机构体制改革工作、再就业工程和社会保障经费征缴使用、“十一五”科技目标落实情况和创建科技先进区、文化事业发展、规模经济发展、高新技术应用、代表建议办理、城乡居民最低生活保障落实情况和区人民法院执行工作、区人民检察院关于查处职务犯罪工作等。至2007年，一至六届人大常委会听取和审议“一府两院”专项工作报告257项。

二、对法律法规贯彻进行监督

1984年5月起，区人大常委会先后听取和审议贯彻执行《江苏省关于保护妇女儿童合法权益的若干规定》《中华人民共和国经济合同法》《中华人民共和国食品卫生法》情况的报告。1987～1989年，先后听取和审议《中华人民共和国治安管理处罚条例》《中华人民共和国民法通则》《中华人民共和国经济合同法》等12项法律法规实施情况汇报。重点加强与人民生活密切相关的法律法规实施情况

的检查、督促。《中华人民共和国食品卫生法》颁布试行后，连续三年对食品卫生管理状况进行视察检查，编写简报，有表扬和批评，并建议政府采取措施加以改进。

1990 ~ 1992 年，先后听取审议区政府关于《中华人民共和国行政诉讼法》《中华人民共和国企业法》以及《江苏省计划生育条例》等 14 项法律法规贯彻执行情况汇报。重点检查《中华人民共和国义务教育法》《中华人民共和国居民委员会组织法》《江苏省计划生育条例》等执行情况。在执法检查中，及时发现和纠正一起使用童工事件，有效地维护法律的尊严。1993 ~ 1997 年，先后听取和审议区政府关于《中华人民共和国劳动法》《中华人民共和国产品质量法》《中华人民共和国土地管理法》《中华人民共和国农业法》等 20 多个法律法规贯彻实施情况报告。1998 年 2 月至 2002 年，听取审议《中华人民共和国居委会组织法》《中华人民共和国村委会组织法》《江苏省村镇规划建设管理条例》《中华人民共和国环境保护法》贯彻实施情况的报告。

2003 ~ 2007 年，区人大常委会对全区《中华人民共和国义务教育法》《中华人民共和国劳动法》贯彻实施情况进行专题审议和执法检查，并以《中华人民共和国教师法》《中华人民共和国义务教育法》为依据，对乡镇拖欠教师工资等情况进行专题调查，向市人大、市政府提出建议，要求依法保障乡镇教师的合法权益。2001 年，出台《关于司法机关个案监督的规定》，首创备案制，对不起诉、判处缓刑、宣告无罪及抗诉等案件进行备案，此后连续 4 年对法检两院备案的案件进行审查。5 年中，法检两院备案 329 件，常委会对其中 125 件进行审查，推进司法机关严格依法办案、公正司法。《中华人民共和国各级人民代表大会常务委员会监督法》颁布实施后，个案监督工作不再进行。

三、对执法与服务部门评议

1993 年 11 月，区第四届人大常委会召开第六次会议，作出《关于开展人民代表评议区人民法院、人民检察院、公安分局机关工作的决定》，强化人大法律监督职能，履行人民代表职责。1993 年 11 月至 1994 年春节前，区人大常委会组织区、乡两级人民代表对区人民法院、人民检察院、公安分局进行评议。全区有 390 名区、乡两级代表参加评议活动，占代表总数 96% 以上。召开学习、座谈、小组评议会议 80 多场次，征求 2 万余名选民的意见。调阅公检法机关已审结案卷 1233 份，其中公安分局 338 份、检察院 113 份、法院 782 份。调查、评议后，9 位代表发言，既对公检法机关的工作给予充分肯定，也提出 7 个存在问题。对个别干警违纪行为，公安分局对其立案调查，责令停职检查。对代表提出的小米山居民户口属地管理几年未定，公安机关立即办理，受到好评。对代表提出的某些虽处理不妥，但已时过境迁的案件，公检法机关有针对性地进一步健全完善规章制度。评议结束后，区四届人大常委会第九次会议审议通过《区人大常委会对区人民法院、区人民检察院行使监督职权的暂行办法》，把对公检法机关的法律监督和工作监督制度化、规范化。

2003 年，区第六届人大常委会为推动全区招商引资工作扎实有效地开展，组织“招商引资创新年”评议活动。组织 37 名区人大代表，分经济载体建设、招商引资与项目推进、外资企业发展、民营经济发展 4 个专题，用两个多月时间，深入调研，形成 4 个专题和 1 个常委会综合发言，以常委扩大会议的形式审议。政府组成人员、各乡镇、街道、开发区及经济部门的党政领导和分管领导听取代表的意见。会后，常委会形成审议情况通报，提出加快经济载体建设、加大民营经济扶持力度，增强招商引资实效等 13 条意见。区政府迅速召开区长常务会议专题研究，作出《关于进一步深化“招商引资创新年”活动的意见》。

四、任命干部述职评议

1991 年 6 月，区第三届人大常委会第八次会议首次听取和评议 2 名任命干部的述职报告。1992 年 6 月，三届人大常委会第十四次会议通过《关于干部述职的试行办法》后，1993 ~ 2004 年有计划地组织任命干部在区人大常委会议上述职、评议。对述职对象、内容、时限、材料要求作出具体规定。述职前，区人大常委会采取公示、设立意见箱、进行民意测评、组织代表视察等方法，广泛征求群众意见。走访上级领导部门和纪检监察机关，听取相关部门反映。单位领导和部分干部群众一起听取干部述职报告。

在常委会议上认真评议，采取无记名投票方式，按优秀、称职、基本称职、不称职 4 个等次进行评定。

2005 年 4 月，区六届人大常委会第十三次会议审议通过《干部述职评议民主测评办法》。六届第十六次会议修订关于干部述职的办法。是年，区六届人大常委会创新述职方式，组织 9 名区人大常委和 5 名区人大代表组成述职评议小组，到区法院开展述职评议，将 11 名庭长、副庭长述职情况、测评结果形成书面材料，向区人大常委会汇报。2006 年，区人大常委会组成人员和人大代表对区人民检察院 7 名检察员进行公开述职评议，并向区人大常委会第二一八次会议报告述职评议情况。2007 年，全区有 70 名被任命干部在区人大常委会各次会议上述职评议。其中副区长 4 人，人民法院副院长 6 人，人民检察院副检察长 4 人。2007 年 1 月，《中华人民共和国各级人民代表大会常务委员会监督法》正式施行，干部述职评议不再施行。

第六节　人事任免

1984 年 6 月，区第一届人大常委会制定《关于任免国家机关工作人员的暂行办法》。1984 ~ 2007 年，区人大常委会依法任命 694 人次，接受辞职、免职 304 人次。其中区第一届人大常委会任命 84 人次、接受辞职免职 16 人次，区第二届人大常委会任命 61 人次、接受辞职免职 23 人次。区第三届人大常委会任命 85 人次、接受辞职免职 45 人次。区第四届人大常委会任命 142 人次、接受辞职免职 52 人次。区第五届人大常委会任命 178 人次、接受辞职免职 105 人次。区第六届人大常委会任命 144 人次、接受辞职免职 63 人次。20 多年来，接受区人大常委会主任辞去职务 2 人次、副主任辞去职务 4 人次，区人大常委会委员辞去职务 21 人次，区人民政府区长辞去职务 6 人次，区人民政府副区长辞去职务 23 人次，区人民检察院检察长辞去职务 3 人次。任命区人民政府代理区长 6 人次，副区长 30 人次。区人民人大常委会主任的提名，任免工作机构主任、副主任 94 人次。根据区人民法院院长提名，任免区人民法院副院长、审判委员会委员、庭长、副庭长、审判员 331 人次。根据区人民检察院检察长提名，任免副检察长、检察委员会委员、检察员 136 人次。区人大常委会决定增补镇江市人大代表 19 人，

1984 ~ 2002 年区人大常委会任命干部情况表

表14-11　　　　单位：人

届别	代理区长	副区长	政府组成部门	人大委办	法院						检察院				合计
					副院长	审判委员会委员	庭长	副庭长	审判员	人民陪审员	代理检察长	副检察长	检委会委员	检察员	
第一届	—	2	21	1	2	7+(2)	3	4	13	—	—	3	9+(3)	19	84
第二届	1	3	21	7	—	(1)	2	10	9	—	—	2	2(1)	4	61
第三届	—	4	32	7	—	(3)	11	4	9	—	1	4	5	8	85
第四届	1	8	45	7	4	5+(2)	13	11	25+(1)	—	1	1	1	20+(1)	142
第五届	3	11	51	13	4	3+(5)	22	16	28+(4)	—	—	2	11+(2)	14+(3)	178
第六届	1	2	35	33	1	4+(4)	9	9	9	33	1	5	1+(2)	1+(3)	144
合计	6	30	205	68	11	19+(17)	60	54	93+(5)	33	3	17	29+(8)	66+(7)	694

说明：1. 此统计表根据 1984～2007 年京口区人大常委会会报中任命干部决定统计汇总。2. "()"代表 1 人任命多项

1984 ~ 2002 年区人大常委会接受辞职、免职情况表

表14-12　　　　单位：人

届别	人大主任	人大副主任	常委会委员	区长	副区长	政府组成部门	人大委办	法院					检察院				合计
								副院长	审判委员会委员	庭长	副庭长	审判员	检察长	副检察长	检委会委员	检察员	
第一届	1	2	4	—	—	8	—	—	—	—	—	—	—	1	—	—	16
第二届	—	—	1	1	3	5	3	—	—	3	3	—	—	1	2	1	23
第三届	1	—	—	—	4	14	3	1	4	7	2	2	1	1	2	3	45
第四届	—	1	2	1	5	15	4	2	2	7	4	2	1	1	2	3	52
第五届	—	—	8	3	9	15	7	1	3	19	18	6	—	1	4	11	105
第六届	—	2	6	1	2	12	9	1	1	11	2	4	1	3	1	7	63
合计	2	5	21	6	23	69	26	5	10	47	29	14	3	8	11	25	304

决定撤销区人大常委会委员职务 1 人，决定停止区人大代表职务 4 人。区人大常委会人事任免按照法律规定，由全体组成人员过半数通过。凡任命事项均实行无记名投票。凡免去职务一般采用举手表决，后实行票决制。凡被任命干部均由区人大常委会颁发任命书。

第四章　代表议案　建议

1984 ~ 2007 年，京口区历届人大会议，代表依法提出的议案、建议经历次大会主席团审议和大会主席团通过，列入常委会议议程或常委会主任会议议程。历届人大常委会始终把办理议案、建议作为一项重要工作来抓，逐步建立一套由交办、催办、反馈、审查、总结等程序组成的工作制度。区政府及有关职能部门十分重视议案、建议办理工作。历届人大常委会多次作出决议，表彰优秀议案、建议和承办先进单位。

第一节　议案建议提出

1984 年 5 月至 1986 年 4 月，区第一届人大第一至三次会议，代表 10 人以上联名提出议案 219 件，建议 877 件。经大会主席团审议，大会表决通过列入区人大常委会会议议程议案主要有城市管理方面 2 件，加强幼儿园、托儿所管理体制问题 1 件，加强精神文明建设，对营业性舞厅、电视录像、小报杂志管理问题等 4 件。其余 215 件议案作建议处理。1987 年 5 月至 1989 年 5 月，区第二届人大第一至四次会议，代表 10 人以上联名提出议案 106 件，建议 607 件。大会表决列入区人大常委会会议议程议案是《关于加强食品卫生管理问题》和《关于加强居民委员会建设，解决居委会主任生活补贴标准过低的问题》2 件，其余 104 件议案作建议处理。

1990 年 5 月至 1992 年 2 月，区第三届人大一至三次会议，代表 10 人以上联名提出议案 51 件，建议 692 件。经大会主席团审议，大会表决列入区人大常委会会议议程的是《要切实加强居委会基础建设》《关于加强社会治安综合治理问题》《建议成立城东、城中、城西法庭问题》等 5 件。其余 46 件议案作建议处理。1993 年 2 月至 1997 年 3 月，第四届人大第一至五次会议，代表 10 人以上联名提出议案78件，建议510件。经大会主席团审议，大会表决确定田承芝等28名代表提出的《关于认真贯彻执行城市居民委员会组织法，加强居委会建设》议案列入代表大会议程，《关于加速建设谏壁自来水厂》《关于铺筑丹徒镇湖西路》《关于按照规定返还教育附加费问题》《关于纯居民主任工资待遇和养老、医疗保险问题》等6件议案列入区人大常委会议程，《关于对区级机关办公大楼竣工决算审计》和《解决山门口片区马路洗车场的问题》列入区人大常委会主任会议议程。其余70件议案作建议处理。1998年1月至2002年1月，区第五届人大第一至五次会议，代表共提出议案102件，建议413件。经大会主席团审议，《关于坚决取缔山门口街沿线占道洗车的问题》《解决华联股份有限公司国家股股权》《建议整治桃花坞路严重占道经营》以及《关于谏壁镇的建设、管理问题，建议把谏壁镇建设成环境优美、繁荣文明的小城镇》4件议案被列入区人大常委会议程，《在京口区政府大楼内安装模拟电话网》《街道建立物业管理有利于社会服务一体化》《关于金象集团债券》等8件议案列入区人大常委会主任会议议程。其余90件议案转为建议办理。

2003年1月至2007年11月，区第六届人大第一至五次会议收到代表10人以上联名提出议案182件，建议367件。经大会主席团审议，《关于加强社区建设和管理》《关于尽快解决社区居委会干部“三金”，稳定社区干部队伍》《关于稳定社区干部队伍，促进社区建设提升》以及《关于高度重视和加强未成年人保护及预防未成年人犯罪工作》4件议案列入区人大常委会议程，《关于加快学府路沿线规划》《关于农村村民违法占地违章建房问题》《关于尽快让左湖村村民吃上自来水》和《关于加大投入，统一组织对老小区进行综合整治》4件议案列入区人大常委会主任会议议程，其余议案转为建议处理。

1984～2007年历次京口区人代会期间议案、建议情况表

表14-13　　单位:件

届次	会议	议案			建议		
		数量	区办	涉市	数量	区办	涉市
第一届	1	127	41	86	583	200	383
	2	48	20	28	160	83	77
	3	44	15	29	134	41	93
第二届	1	59	33	26	354	164	190
	2	—	—	—	—	—	—
	3	21	5	16	135	56	79
	4	26	13	13	118	47	71
第三届	1	17	7	10	335	92	243
	2	20	5	15	223	47	176
	3	14	8	6	134	43	91
第四届	1	27	20	7	142	84	58
	2	8	4	1	91	—	—
	3	5	15	2	68	47	21
	4	17	14	7	82	42	40
	5	21	—	—	127	76	51
第五届	1	18	7	11	119	82	37
	2	31	16	15	77	37	40
	3	21	14	7	62	43	19
	4	15	5	10	67	42	25
	5	17	10	7	88	68	20

续表 14-13

届次	会议	议案			建议		
		数量	区办	涉市	数量	区办	涉市
第六届	1	37	27	10	77	—	—
	2	29	22	7	78	—	—
	3	37	21	16	69	—	—
	4	36	23	13	74	—	—
	5	43	20	23	69	—	—
第七届	1	52	—	—	74	—	—

第二节　议案建议办理

京口区历届人大常委会始终把代表满意、群众满意作为办理议案和建议的出发点和落脚点，把督促办理代表议案和建议作为尊重代表民主权利的重要工作，逐步建立一套由交办、催办、反馈、审查、总结等程序组成的工作制度，使得议案和建议办理工作进一步规范化和制度化。区人大常委会及时交办、主动催办、认真督办。通过检查视察、听取和审议办理工作报告、组织代表现场督办、征求代表对办理结果意见、对代表不满意的承办件责成重新办理等方式，督促承办单位认真办理，不断提高办理质量。

区政府及有关职能部门对代表议案、建议办理，增强责任感。如在区第二届第三次人代会期间代表们提出《抓紧治理太古山滑坡地段》意见后，区政府召开办公会，决定由一名副区长负责，组织有关人员到现场勘察，制定实施方案，抢在夏季雨季之前施工治理，确保人民生命财产安全。

第四届第一次人代会期间代表提出《谏壁镇电压不足，影响居民生活》，尽管办理这一建议的职权不属京口区，但经区政府协调，市供电局多次现场勘察，研究供电方案，加强电网改造步伐，投资40万元，更换小截面导线，在负荷中心新增两台配变配电变压器，保证谏壁镇正常供电。

第五届第五次人代会期间，代表提出《关于谏壁镇的建设、管理问题，建议把谏壁镇建设成环境优美、繁荣文明的小城镇》议案，人大常委会作为2002年重要建议交区政府办理。区、镇两级政府，以谏辛公路月湖段拓宽改造为重点，同时推进越河街、雩山街两路出新工程，全面整治违章建筑、占道经营，并制定一套有效管理制度，使集镇面貌焕然一新。

第六届第二次人代会上代表提出《关于尽快解决社区居委会干部‘三金’，稳定社区干部队伍》《关于稳定社区干部队伍，促进社区建设提升》，区政府专题研究解决办法，提高社区干部工资标准，并统一办理基本养老保险，实行医疗保险补贴。

第六届人大第三次会议代表提出《关于尽快让左湖村居民吃上自来水》，区人大将此议案列入主任会议议题交区政府办理，区政府专题研究改水方案，筹资155万元，组织实施，这项民心工程于2005年10月圆满完成，新增受益人口1万余人。

对一些区级职权无法办理的建议，区人大常委会还创新办理方法，邀请辖区内的市人大代表视察，提出建议案，由市政府办理。如落实丹长路整治资金140万元，解决谏壁船闸沿线路灯安装，督办燕舞桥拓宽改造立项等。对办理成效显著的单位，区人大常委会授予奖牌表彰，对办理不满意的议案和建议，督促重新办理并向代表报告办理结果，使议案和建议件件有回音。

1984～2007年列入京口区人大常委会会议议程的重要议案、建议情况表

表14-14

届次	会议	议案、建议内容
第一届	1	关于加强城市管理、制定对违章建筑处理的暂行办法
		关于加强幼儿园、托儿所管理体制问题
	2	关于加强城市管理，制定城市卫生管理奖惩暂行办法
		关于加强精神文明建设，对营业性舞厅、电视录像、小报杂志等管理问题
第二届	1	关于加强食品卫生管理问题
	4	关于加强居民委员会建设，解决居委会主任生活补贴标准过低的问题
第三届	1	要切实加强居委会基础建设
		关于加强社会治安综合治理问题
	2	建议成立城东、城中、城西法庭问题
	3	关于区级机关女职工妇女病普查普治问题
		关于组织人大代表通过视察等方式，加强与区属工厂联系，帮助区属工业发展问题
第四届	1	关于加速建设谏壁镇自来水厂建设问题
		关于铺筑丹徒镇湖西路问题
	3	关于按照规定返还教育附加费问题
	4	关于纯居民主任工资待遇和养老、医疗保险问题
		关于呼请政府采取切实措施，加强教育现代化工程实施进程问题
	5	加强区直工业企业扭亏力度，加速京口经济发展问题
第五届	1	关于坚决取缔山门口街沿线占道洗车问题
	3	解决华联股份有限公司国家股股权问题
	4	建议整治桃花坞路严重占道经营问题
	5	关于谏壁镇的建设、管理问题，建议把谏壁镇建设成环境优美、繁荣文明的小城镇
	1	关于加强社区建设和管理问题
第六届	2	关于尽快解决社区居委会干部“三金”，稳定社区干部队伍问题
	3	关于稳定社区干部队伍，促进社区建设提升问题
		关于重视和加强未成年人保护及预防未成年人犯罪工作
	4	加快实施均衡教育、统筹教育区域发展的建议
	5	加快发展文化事业和文化产业，全力打造“文化京口”
第七届	1	关于尽快建设我区老年（老干部）活动中心，逐步完善区、街道、社区三级老年活动体系的议案

1992~2007年列入主任会议议程的重要议案情况表

表14-15

届次	会议	议 案 内 容
第四届	5	解决山门口片区马路洗车场问题
		关于对区级机关办公大楼竣工决算审计
第五届	1	认真贯彻全国、全省、全市卫生工作会议精神，切实落实财政对卫生的补偿机制
		关于加强谏壁地区农业水利建设，切实解决好生产用水
	2	在京口区政府大楼内安装模拟电话网
		永安路34号实行封闭式管理
		街道建立物业管理有利于社会服务一体化
	3	关于金象集团债券问题
	4	镇江颜料厂的搬迁问题，江天花园小区的接通用水问题
		孕产妇保健仍按原规定，由街道卫生所办理
第六届	1	关于加快学府路沿线规划
	2	关于农村村民违法占地违章建房的问题
	3	关于尽快让左湖村村民吃上自来水
		关于加大投入，统一组织对老小区进行综合整治
	4	要求迅速改变青云门，茶山等社区二次供水状态的建议
	5	关于理顺和调整镇、街道管辖范围，有利于经济发展和社会管理的议案
第七届	1	关于建立计划生育指导站，妇保所与婚姻登记处的网络，提高出生人口素质的议案

第三节　优秀建议和承办建议先进单位表彰

2002年1月11日，区五届人大常委会第二十九次会议通过《关于表彰京口区人大代表优秀建议和先进承办单位的决定》《关于拓宽镇澄路，改名学府路，建成科技一条街的建议》《关于镇江市颜料厂搬迁问题及江天花园小区渗水问题的建议》《关于整治桃花坞路严重占道经营的建议》等10件建议为优秀建议。区政府办公室、区人大常委会社会事业工委、区人民法院等9个单位为承办建议先进单位。2003年12月16日，区六届人大常委会第七次会议通过《关于表彰区人大先进代表小组、优秀代表、优秀建议和承办建议先进单位的决定》，《加快学府路沿线规划》《加强社区建设和管理》以及《对于辖区内尤其是学校附近的网吧，加大整顿、执法力度，取缔非法网吧》等10件建议为优秀建议，市公安局、市规划局、京口区城市管理局等6个单位为承办建议先进单位。

2004年12月24日，区六届人大常委会第十四次会议通过《关于表彰优秀区人大代表、先进代表小组、优秀建议和承办建议先进单位的决定》，《进一步完善"以县为主"的义务教育办学体制，加大教育经费投入力度》《加快发展城市社区卫生服务，完善城市社区卫生服务体系》以及《关于加快提高农民纯收入问题的建议》等10件建议为优秀建议，市公共交通总公司、市规划局和京口区民政局、教育局等9家单位为承办建议先进单位。2005年12月27日，区六届人大常委会第二十二次会议又作出《关于表彰优秀人大代表、先进代表小组、优秀代表建议和承办代表建议先进单位的决定》，《关于建立拆违长效管理机制的建议》《关于高度重视和加强未成年人保护和预防未成年人犯罪工作的建议》以及《关于加强食品安全工作的建议》等6件建议为优秀建议，区政府办公室、区卫生局、区人事劳动和社会保障局等6个承办单位受到表彰。2007年1月，区六届人大常委会第三十一次会议审议决定，对夏光荣等20名优秀代表、正东路等8个先进代表小组、叶平代表领衔提出的《关于加强对网吧管理的议案》等10件优秀建议以及区建设局等9个承办代表建议先进单位予以表彰。

第十五篇　京口区人民政府

1983 ~ 2007 年，区政府根据中共镇江市京口区委制定的全区建设发展策略、工作部署和区人大、区政协有关体制改革、政权建设、人民生活、经济和社会事业发展等重大决议，履行职能，付诸实施。2007 年，区政府机关下设 22 个委、办、局工作机构，下辖 2 镇、4 街道、3 场圃园区。

24 年来，认真贯彻党的改革开放基本路线和政策，根据区位特点，提出“以改革为动力，发展经济为中心，城市管理为重点，两个文明建设一起抓”指导思想。围绕建立社会主义市场经济体制目标，突出经济发展，呼应港口城市建设，推进城乡一体化进程，加快经济增长方式转变，实施“科教兴区”“贸易兴区”，依靠和带领全区人民艰苦创业，努力奋斗。期间，颁布《振兴京口特别奖实施办法》，确定“规模效益奖”“工程项目奖”“引进资金、项目奖”“引进人才奖”“科技进步奖”“外向开拓奖”和“技改投入奖”等奖项，对各条战线上有重大贡献者进行奖励。全区工作与时俱进，创新发展。

区政府施政以市委、市政府“两率先、两步走”为目标、以富民优先为导向、以统筹协调为原则，发挥区位优势，积极外引内联。创新发展思路，破解发展难题，提升发展能力，加快工业化、城市化、市场化和国际化步伐，使体制转轨、社会转型、结构调整和经济增长方式转变互动并进，推动经济持续、快速、协调、健康发展和社会全面进步。坚持优先发展教育，繁荣发展文化体育事业，以全面提高人民健康水平为宗旨，社会福利事业加快，保障体系不断健全，公共卫生服务体系规范达标，人民生活水平稳步提高。

坚持“公开为原则，不公开为例外”总要求，加速推进政务公开，提高政府工作透明度。按期召开政府常务会议、区长办公会议等，研究、规划政府建设、经济发展和文教卫体、市政建设、城市管理等各项工作，落实重大项目实施，组织招商引资，全面开展政府法制、政府监察、外事、侨务、行政事务管理等，实现经济、社会和其他各项事业同步发展。经过 24 年努力，依靠全区人民走出一条符合京口区区情发展之路。先后获得“省科技进步先进区”“省社会治安安全区”“市开放型经济工作先进单位”“市科技与人才目标管理先进集体”“市争创全国双拥模范城贡献突出先进单位”等荣誉称号。

第一章　机　构

1983 年 9 月，区政府机构设置与市政府相应对，设立 1 办 2 委 10 局、两个双重管理机构，下辖 8 个街道办事处。1992 年 10 月，区划调整后，由镇江市纯城区变成“城乡一体化”市辖区之一，设有部、委、办、局、乡镇、街道和园区机构 20 多个。1993 ~ 1995 年，京口区按照中共中央和省、市统一部署，先后进行几次大的机构改革，在转变政府职能、优化组织机构、推进依法行政方面取得积极进展，对促进全区改革开放和现代化建设起到重要作用。1996 年，根据国务院和省、市机构改革会议精神，把政府机构改革推向深入，全面提高政府行政效能和工作效率。2001 ~ 2007 年，区政府机构改革重点是转变职能、创新管理、提高效能，各部门全面改进工作，增强政府工作的公信力和执行力，树立政府为民、务实、清廉、高效形象。

第一节　机构设置

1983年8月，区政府工作机构按照政府工作分类设置，主要包括政府组成部门、直属事业单位和办事机构。设民政科、工业科、城建卫生科、商业科、交通科即1办2委10局，2个双重管理的部、局，8个街道办事处。1984～1989年，区政府增（分）设16个委、办、局，设置37个常设机构，即5办、6委、16局，2个双重管理机构，8个派出机构（街道办事处）。1990年2月，区编委决定政府办、计经委原设股改为科，职能如前。6月，设立区残疾人联合会（以下简称"区残联"），由区民政局代管，计划单列，同时撤销区盲聋哑协会。8月，撤销区化工公司。10月，设立区档案局，与区档案馆合署办公。1991～2007年，机构变化频繁，其中区地方工业公司及临时机构撤销，合并业务相近的重叠机构。1992年区划调整后先后成立京口区对外经济贸易委员会（以下简称"区外经委"）、保险公司京口区办事处、区土管局、区信访局、区国资局、区住房制度改革办公室、区三产办、区农委等机构，列入政府工作部门序列。

第二节　机构改革

1996年，区政府始行机构改革，从转变职能入手，理顺政府部门之间关系，强化监督职能，完善管理体系，精简机构和人员，提高行政工作效率。1997～2000年，区级机构通过改革，区土管局更名国土局、区计生委更名计生局、区对外经贸委更名对外经济贸易局、区城管委更名城管局、区商业局更名贸易局、区计经委更名区计划与经济局（挂区乡镇企业管理局牌子）、区劳动人事局更名人事劳动局（区编委办与人事劳动局合署）、区科委更名科学技术局（原科技干部和专业技术职称管理职能转移到人事劳动局）、区农经委更名为农业经济局（挂区委农村工作部、区水利局牌子）、区财政局（挂区国资局牌子）；撤销区城建环保委，建立区建设局（挂区规划管理办公室牌子）、区环境保护局；撤销区文教局和区体委，建立区教育局、区文化体育局；撤销区职教办（职能转移到区教育局）；区物资局转制为区物资集团总公司，保留区物资局牌子。调整后，区政府工作机构由37个减少为23个。另设3个管理部门，即信访局、经济体制改革办公室、政府法制局（由政府办管理）。

2001年8月，京口区成立党政机构改革领导小组（以下简称区机改领导小组），下设办公室。同年年底，区政府设19个工作部门，即：政府办公室（挂政府法制办公室牌子）、发展计划与经济贸易局（挂统计局和个体私营经济发展局牌子）、教育局（挂文化教育局和政府教育督导室牌子）、科学技术局、监察局（与纪律检查委员会机关合署，不计机构个数）、民政局、司法局、财政局（挂国资局牌子）、人事劳动和社会保障局（与机构编制委员会办公室合署办公）、国土资源局、建设局、城市管理局、交通局、农业经济局（挂水利局牌子）、对外经济贸易合作局、计划生育局（与卫生局合署办公）、审计局、环境保护局、物价局。

2007年，区政府工作机构21个（详见下表）。

1992 年京口区人民政府工作机构情况表

表 15-1

机构类别	名　称	名　称	名　称	名　称
工作机构 28 个	办公室 计划经济委员会 体制改革委员会 科学技术委员会 监察局 民政局 司法局	财政局 审计局 物资局 劳动人事局 文教局 卫生局 交通局	商业局 体育运动委员会 计划生育委员会 物价局 统计局 城建环保局 城市管理办公室	经济技术协作办公室 职工教育办公室 地方志办公室 老龄问题委员会 爱国卫生运动委员会 台湾事务办公室 档案局
派出机构 8 个	正东路街道 健康路街道	大市口街道 四牌楼街道	宝塔路街道 中华路街道	京畿路街道 和平路街道
双重管理机构 2 个	镇江市公安局京口分局		中国人民解放军京口区人民武装部	

1996 年机构改革后京口区人民政府工作机构情况表

表 15-2

机构类别	名　称	名　称	名　称	名　称
工作机构 23 个	办公室 计划与经济局 科学技术局 城乡建设局 对外经济贸易局 监察局	民政局 司法局 人事劳动局 财政局 审计局 统计局	物价局 交通局 环保局 国土管理局 农业经济局 教育局	文化体育局 城市管理局 贸易局 卫生局 计划生育局
乡镇（场）及派出机构 11 个	象山乡政府 共青团农场（代管，2002 年 1 月划归区属） 大市口街道	京露茶叶试验场 健康路街道 谏壁镇政府	正东路街道 丹徒镇政府 四牌楼街道	汝山乡政府 镇江市旅游经济开发区
双重管理机构 2 个	镇江市公安局京口分局		中国人民解放军京口区人民武装部	

2007 年京口区人民政府工作机构情况表

表 15-3

机构类别	名　称	名　称	名　称	名　称
工作机构 21 个	办公室 安全监察局 科学技术局 教育局 民政局	司法局 财政局 审计局 监察局 物价局	卫生局 住房建设局 城市管理局 交通局 计划生育委员会 统计局	农业经济局 发展改革经济贸易委员会 外经局 民族宗教事务局 人事劳动和社会保障局
镇（场、园区）及派出机构 9 个	象山镇 京口工业园区 四牌楼街道	谏壁镇 正东路街道	京露茶场 健康路街道	共青团农场 大市口街道
双重管理机构 5 个	镇江市公安局京口分局 镇江市环保局京口分局	中国人民解放军京口区人民武装部	镇江市工商局京口分局	镇江市国土局京口分局

续表 15-4

姓　名	职　务	籍　贯	性　别	任职时间
江里程	区　长	浙江宁波	男	1990.5 ~ 1993.2
贺华平	区　长	丹阳	男	1993.2 ~ 1996.2
孙纪英	区　长	扬中	女	1996.2 ~ 2000.12
沈柯章	区　长	姜堰	男	2001.1 ~ 2001.3
刘国荣	代区长	丹阳	男	2001.8 ~ 2002.1
刘国荣	区　长	丹阳	男	2002.1 ~ 2002.11
童国祥	代区长	扬中	男	2002.11 ~ 2003.1
童国祥	区　长	扬中	男	2003.1 ~ 2006.2
郭　建	代区长	扬中	男	2006.2 ~ 2007.1
郭　建	区　长	扬中	男	2007.1 ~
瞿洪钧	副区长	—	男	1990.2 ~ 1991.1
王凌云	副区长	—	男	1990.5 ~
俞力平	副区长	—	男	1990.5 ~ 1992.7
汤　翔	副区长	扬中	男	1990.5 ~ 1996.1
孙金林	副区长	扬中	男	1991.1 ~ 1993.2
张文培	副区长	—	男	1992.7 ~ 1993.2
刘宏庆	副区长	丹徒	男	1992.12　未到任
郭朝书	副区长	扬中	男	1992.12 ~ 1995.10
郑　清	副区长	北京	女	1993.2 ~ 1996.2
贾国祥	副区长	丹徒	男	1993.2 ~ 2001.1
陆顺根	副区长	丹阳	男	1993.5 ~ 1997.11
王　华	副区长	河南固始	男	1993.5 ~ 2005.7
孙志安	副区长	江都	男	1996.2 ~ 1998.1
冯来生	副区长	海门	男	1996.4 ~ 1997.11
王协祖	副区长	武进	男	1996.4 ~ 1998.10
厉建林	副区长	丹阳	男	1997.11 ~ 1999.4
吕振亚	副区长	丹阳	男	1997.11 ~ 2000.12
徐建锋	副区长	武进	男	1998.1 ~
王明龙	副区长	丹徒	男	2000.1 ~ 2002.4
孙　辉	副区长	丹徒	男	2000.1 ~ 2003.1
孙国平	副区长	丹徒	男	2001.1 ~ 2002.4
陈　浩	副区长	浙江宁波	男	1998.1 ~ 2000.12
潘文瑜	副区长	常州	男	2001.1 ~ 2003.2
姚敬源	副区长	丹徒	男	2001.1 ~ 2002.4
刘国荣	副区长	丹阳	男	2001.3 ~ 2001.8
蒋嵩峰	副区长	镇江	男	2002.4
唐锡年	副区长	无锡	男	2002.12 ~ 2007.8
曹丽虹	副区长	句容	女	2002.12 ~
余国根	副区长	浙江富阳	男	2003.1 ~
胡云霞	副区长	丹阳	女	2005.7 ~
马国进	副区长	姜堰	男	2007.12 ~

第三节　直属事业机构

1984 ~ 1993 年，区政府为适应新体制发展需要，担负待业人员组织、管理、培训和安置工作，扶持、帮助集体经济发展，建立区劳动服务公司，为区政府直属事业机构，编制 20 人。1994 年 8 月，开发利用区级旅游资源，促进第三产业发展，成立京口旅游经济开发区管委会，与京口科技工业区管委会两块牌子、一套班子。

1996 ~ 2007 年，区政府为加强区直工业经济发展，成立区工业发展总公司，增挂工业经济办公室牌子，为区政府直属事业机构（单位）。同时改区第三产业办公室、区经济协作办公室、物资集团、京露茶场等为区政府直属正科级全民事业单位，区档案局与区档案馆合并为区委、区政府直属副科级全民事业单位，区房改办等机构为区政府直属副科级全民事业单位，区贸易局更名为贸易总公司改为区政府直属正科级事业单位，区机关后勤服务职能从区政府办公室划出，建立区机关事务管理机构（处），由区政府办公室管理。

第二章　重要会议

1984 ~ 2007 年，京口区第一至第七届政府，先后制定、建立健全和完善政府工作会议制度。主要有区政府常务会议、区长办公会议和区政府全体成员会议。区政府常务会议、区长办公会议议题由区长、分管副区长、主办或牵头部门主要负责人汇报。涉及几个部门的由主办或牵头部门与相关部门会商后确定。各类会议根据形势和任务，涉及政府建设、发展经济、教育、文化、卫生、体育等事业和城乡规划、市政建设、城市管理等，采取集思广益，提高决策科学化、民主化程度，有助于推进政务公开，体现科学执政、民主执政和依法执政。区政府全体会议议题由区长确定。

第一节　常务会议

1983 年以来，区政府常务会议作为区政府集体议事决策性会议，每月召开 1 ~ 2 次，特殊情况可临时召集。1984 ~ 1990 年，区政府召开常务会议 150 多次。主要制定《关于京口区街道工商企业新建、歇业审批权限的若干规定》，管好市场，维护环境卫生，落实市政府有关文件精神，解决居委会干部待遇、办公经费、办公用房和管理等。

1991 ~ 1999 年，区政府召开 110 多次常务会议。决定“京贸大厦”定名、区首届运动会、清理整顿公司、财政预算“专户储存”、社区教育、人口普查、建立弱智辅读学校、镇江华联商厦试行股份制、编纂《京口年鉴》、机关职称改革、区政府与华联商厦投资结算、确定科技工业园区建设、《关于加快城乡一体化发展实施意见》《关于加强居委会建设的意见》《行政事业单位工资改革经费测算和筹集办法》《乡镇农口事业单位实行按编定额补贴的意见》《关于提高居民委员会主任生活待遇的意见》制定、村镇规划等 250 多个问题。

2000 ~ 2007 年，区政府召开常务会议 96 次，主要讨论政府特别奖、廉政工作、天生集团国有股权转让改制、教育工作、小城镇建设规划、谷阳北路延伸工程、文化市场、制定《京口区优抚对象医疗保健实施细则》、社会保障费由地税部门征缴、生猪屠宰管理体制改革、招商投资政策、制定《京口区国民经济和社会发展“十五”规划（草案）》、税费改革、置业集团税收及羽绒厂债务问题、重大工程、乡镇学校布局调整、京露茶场改制、社区体制改革、区“十五”科技发展计划及2010年远景目标、上隍货场排水系统建设和粉尘污染治理问题及通过关于开除沈柯章公职的决定。其中2006年2月，区政府常务会议为置业集团改制，提出防止国有资产流失和不良资产核销申请，进行专题研究。2007年，区政府常务会议批准区招商局考核办法和城市低保提高标准、解决退养社区居委会主任待遇、讨论《京口区妇女事业发展“十一五”规划》《京口区儿童事业发展“十一五”规划》《全区教育发展“十一五”规划》《京口区科技专项经费管理办法》《京口区专利专项资金管理办法》和市国防园、强凌五星级宾馆建设配套资金安排、环卫保洁员增资和参保、社区卫生服务、全区新建社会治安监控、化工企业整治、集体土地房屋拆迁仲裁、见义勇为基金等300多个问题。

第二节　区长办公会议

1983年9月，京口区逐步完善区长办公会议制度，区长办公会议原则上每周召开一次。1984～1990年，区政府召开150次区长办公会。其中，1984年2月，代区长林存德主持区长办公会议。副区长曹九龄、吕祖义、陈启源出席，政府办公室朱进科、财政局孙兆福列席。会议就区属企业生产奖金、承包超利润分成奖金审批和区政府各部门使用集体人员工资、福利等费用发放办法以及其他问题进行研究。6月，戚中立主持召开区长办公会议。区工商局、中华路、大市口、健康路街道等部门主要负责人列席会议，会议就新建五条街、京口闸和中华路等顶棚贸易中心问题进行研究。决定成立区新建顶棚贸易中心协调小组。1991～1999年，区长办公会议主要研究京贸大厦配套工程施工、房屋开发公司和生产资料服务公司、金山工具厂搬迁。江里程主持召开区长办公会议，专题研究建设京口区社区康复福利中心事项，副区长孙金林、汤翔，区政府办公室钟程发、唐锁锦，区卫生局沈霄翱、陈合金，区民政局毛耀祺，区人民医院谢世勤等出席会议。1994年12月，江里程、姜辉、汤翔、张文培率有关部门领导，就汝山江滩开发、筹建经济技术开发区等问题，到汝山乡召开区长现场办公会。确定项目名称定为“汝山滩综合开发工程”，建成京口水产养殖基地，作为1994年京口区重点工程。

2000～2007年，区长办公会议主要讨论索普集团与京口区合作办学、行政审批、谏壁镇卫生院建设、物资局债权清理、农村税费改革、个私经济和外向经济发展、丹徒路和谏辛公路拓宽、宝华半挂车厂扩建改造、特困企业养老、工伤、失业等社会保险金征缴、中盛粮油工业（镇江）有限公司重点企业重大项目推进等问题。

第三节　区政府组成人员（扩大）会议

1984～1989年，区政府举行6次全体组成人员（扩大）会议。1984年8月10日，区政府第一次全体（扩大）会议在河滨饭店举行，出席人员166名，列席12名。1990～1995年，区政府召开8次政府全体（扩大）会议。其中，1991年8月14日，第三届政府全体第二次（扩大）会议在机关八楼会议厅召开，71名委办局负责人参加会议，区长江里程、常务副区长孙金林要求：紧紧围绕经济建设这个中心，充分发挥各部门职能作用，加强团结协作，抓好廉政建设，进一步提高工作效率，确保政府各项工作全面完成。1994年8月3日，第四届政府召开第一次组成人员扩大会议，明确全区工作指导思想为：“农村城市化，城乡一体化，接轨开发区，共建新城区”，突出转变职能，强化服务，提高工作效率，树立政府良好形象。1995年1月，政府组成人员扩大会议，在京口饭店召开，贺华平作《紧扣重点，整体推进，再创京口城乡一体化发展新辉煌》工作报告。明确政府重大工作措施。

1996～1999年，区政府召开8次全体（扩大）会议。1997年1月，区政府全体（扩大）会议，孙纪英作《善抢机遇，真抓实干，努力推动京口两个文明建设快速发展》报告，进一步明确全区重点抓好市场建设、优化工业经济结构、招商引资、发展高效农业、推进改革等8个方面的工作。1999年2月，区政府召开全体（扩大）会议。主要研究部署全区科技与人才工作。区科技局、人事劳动局、计经局等3单位就科技进步、人才培养、经济发展问题专题发言。

2000 ~ 2003年，区政府召开8次全体（扩大）会议。2003年8月，区政府召开全体（扩大）会议，主要围绕富民优先议题，落实市委四届六次全体（扩大）会议提出的“立志两率先，奋力两步走，争当苏南后起之秀，到2007年率先全面建成小康社会”精神，部署全面建设小康社会的任务和举措。

2004 ~ 2007年，区政府召开8次全体（扩大）会议。2004年7月，区政府召开全体（扩大）会议，主题是“落实科学发展观，实现京口服务业持续快速发展”，向全区发出落实三方面工作意见：审时度势，充分认识加快发展服务业的现实意义；高点定位，科学谋划服务业发展的新思路和发展目标；突出重点，在房地产业上求突破，尽早拆迁交出上市地块，重视经济适用房和农民公寓建设。2006年4月至2007年7月，区政府分别召开全体（扩大）会议，主题是“咬定目标，狠抓落实，奋力实现‘十一五’发展强势开局”。郭建作《顺时应势，真抓实干，实现全面小康、实现更好更快发展》工作报告，号召全区振奋精神，抢抓机遇，乘势而上，圆满完成目标任务，建成全面小康社会，为更好更快发展奠定坚实基础。

第四节　其他会议

一、扑灭狂犬病紧急会议

1984年5月，区政府为传达贯彻市政府控制和扑灭狂犬病紧急会议精神，区政府常务副区长召开区公安、卫生局、爱卫会、街道办事处、各派出所负责人紧急会议，传达省、市关于控制和扑灭狂犬病紧急通知及副市长黄选能主持召开的电话会议精神。听取各街道、派出所分别汇报狂犬病防控和灭犬情况后，吕祖义就全区防控、灭犬问题进行部署。

二、城乡发展研讨会及项目推进会

1993年3月，区政府成立城乡一体化发展战略研究领导小组办公室。4月，首次召开城乡一体化发展战略研讨会，邀请省、市及南京湖泊研究所专家、学者，对京口区城乡一体发展战略课题进行研讨。8月，颁布《关于加快京口区城乡一体化发展战略的实施意见》，促进全区一、二、三产业协调发展。

2004年11月，省发改委、建设厅、国土厅、省城市经济学会、省城市发展研究院在京口区政府召开“江苏省沿江城市农村城市化高层研讨会”，省有关领导、专家、学者及沿江40多个城区主要领导近百人参加，就沿江市区的农业如何转入“非农”、土地资源合理利用、土地增值后的利益分配、科学规划合理布局城市空间以及如何建立“新市民”社会保障体系等展开研讨。京口区的《推进“无村区”建设的实践与思考》论文获与会者好评。省政协常务副主席王荣炳出席会议并讲话，市长许津荣，区委书记冯士超致辞，区长童国祥作与会者主题发言。

2004年11月，区委贾国祥、区政府唐锡年主持召开镇江新民洲港口金海岸现代储运项目推进会。金海岸现代储运项目作为京口区2005年工作重点，抓紧申请追加34公顷土地指标，用于金海岸和电光源项目建设。

2005年12月，京口区为加快实施沿江开发战略，推进新民大道项目开工，区委、区政府召开区交通、财政、建设、审计、物价局、共青团农场及国土京口分局等单位负责人会议。成立工程建设指挥部，蒋嵩峰任总指挥，马荣虎任副总指挥。

三、市辖区档案工作研究会

2002年10月，省市辖区档案工作研究会在京口区召开。南京、苏州、无锡、常州、扬州、南通等7市、

14 个区 30 多人参加，交流新时期档案工作新经验。

四、科技协作恳谈会

1991 年 9 月，京口区首次参加在市召开的科技协作恳谈会。其间和中科院上海冶金研究所、江苏工学院（今江苏大学）、苏州大学、镇江船舶学院（今江苏科技大学）等科教单位达成一批新品开发、联合攻关、信息咨询协议，成交额 529.7 万元。1992 ~ 2007 年，京口区参加科技协作恳谈会 20 多次，每次科技协作恳谈会期间，全区都确定一批协作项目。

图 15-1　2002 年，省市辖区档案工作研究会在京口区召开
（区政府办公室供稿）

第三章　施政纪要

1983 ~ 2007 年，区政府施政工作，坚持改革开放，以经济建设为中心，发挥区位优势，积极外引内联，有效地促进地区经济和社会事业发展。以市委、市政府提出"两率先、两步走"为目标、以富民优先为导向、以统筹协调为原则，同时大力创新发展思路，破解发展难题，提升发展能力，加快工业化、城市化、市场化和国际化步伐，推动经济持续、快速、协调、健康发展和社会全面进步，综合实力逐步增强，社会福利事业加快发展，社会保障体系不断健全。20 世纪 90 年代初提出"贸易兴区"发展战略。1992 年 10 月区划调整后，制定"城乡一体化"发展战略，依靠和带领全区人民解放思想、改革创新、团结拼搏、艰苦创业、科学发展、与时俱进，始终把招商引资作为"第一要务"，全方位抓开放，全过程抓服务，全身心抓落实。经过 24 年拼搏，终于走出一条符合区情实际的发展之路，全区经济和社会事业取得重要成就。

第一节　改革开放　招商引资

1988 年 10 月，全区在 1988 年镇江国际经济合作洽谈会上，首次签订 101.5 万美元出口商品贸易合同。1991 年 4 月，区属 30 家企业参加 1991 年镇江商品交易会，再次签订 686.5 万元合同。9 月，在市召开的科技恳谈会和新品展示商品交易会上，与中科院上海冶金研究所等单位首次签订一批新品开发技术服务、联合攻关、信息咨询等协议。

1994 ~ 1998 年，区委、区政府先后开展项目、资金"攀高亲、万里行"活动，分别组团赴京、沪、浙、粤、琼等省、市洽谈合作项目。1996 年 6 月，全区各乡镇、街道及经济主管部门 14 个单位、18 家企业 58 人赴上海参加招商活动，签订合同（项目）5 个。10 月，在 1996 年经贸暨二十一世纪乐园开园仪式恳谈会上，签订合同 16 个，总投资 1.34 亿元。1998 年 10 月，京口 1998 年对外经贸洽谈会签订独资、合资、合作项目 9 个，外资比例 78.52%。

2000 ~ 2005 年，全区坚持吸纳集聚发展，瞄准世界 500 强企业，有选择地引进一批投资额大、带动性强、科技含量高的工业项目，着力向金属压延、粮油加工、机械制造、新型饰材和电子电讯五大主导产业集聚。6 年新增民营企业 1746 家。在上海经贸洽谈会期间，全区邀请客商 23 名，推进在手项目 16 个。2004 年，实施"主攻台湾，突破日韩，挖掘港澳，拓展欧美"招商战略，先后 3 次赴台招商，赴日韩、港澳及南方招商。金秋经贸洽谈会等招商活动推进项目55个。同时坚持“走出去”与“引进来”相结合，做好“坐地招商”文章，先后接待西班牙华侨华人协会、韩国韩亚银行、韩国产业银行、日本三维商务合作公司、香港比利时化工、台湾中华企业领导人协会等10余批考察团组，接待客商100余人。2005年举办14场招商活动，其中境外招商2场、国内招商12场。当年4月，香港招商以“文化搭台，经贸唱戏”为手段，有近百名客商到会，12个项目签约，接待来访台湾龙峰企业、香港鸿图有限公司、香港比利时化工塑料有限公司、菲律宾达古潘市代表团、香港新华控股、香港大陶精密科技有限公司、美国富兰克林基金等客商团组300多人。6年累计新办“三资”企业106家。

2006年，全区组织各类招商活动约100场次，新识客商300余名，掌握信息30余条，推进项目11个，招商项目35个，其中基础设施项目4个、制造业项目9个、服务业项目18个、农业项目4个。出口创汇3.4亿美元。实际吸纳民资19亿元，新增民营企业537家、个体工商户2300户，注册资本6.7亿元。定报企业115家，其中销售额超亿元达16家，鼎胜铝业、鸿泰钢铁等8家企业进入全市工业企业50强。规模以上服务业营业收入111.2亿元，增长14.6%。完成社会消费品零售总额67亿元，增长16.6%，增幅位居全市之首。2007年，组织赴沪、浙、粤、闽、台湾及日本、韩国、美国、加拿大等地7场招商活动。完成签约项目24个，其中外资项目8个、科技合作项目3个。组织38名客商参加“中国镇江（深圳）推介会”，推进项目8个，其中民资项目3个，总投资16.6亿元，吸引民资11亿元。外资项目5个，总投资5950万美元，合同外资5250万美元，总投资8亿元的港口机械项目签约。同时，结识新客商50多人，洽谈推进项目11个，新获项目信息4个。同年，确定招商项目39个，其中基础设施项目5个，制造业项目12个，服务业项目19个，农业项目3个，总投资9.8亿美元。新批外资项目中总投资1000万美元以上项目占项目总数53.8%。大项目到位外资6490.6万美元，占总数87.37%。

第二节　发展地方经济

1983 ~ 1990年，京口区根据自身资源和区位特点，围绕建立社会主义市场经济体制目标，呼应港口城市建设，加快推进城乡一体化发展战略，加快经济增长方式转变，加快“科教兴区”步伐。加强第一产业，提高第二产业，发展第三产业，确保经济高效、快速、协调发展，实现经济和社会事业共同进步。针对工业基础薄、底子差实际，提出“以改革为动力，发展经济为中心，城市管理为重点，两个文明建设一起抓”指导思想，发动和带领全区人民努力奋斗，区属经济有重大发展。1989年，全区社会总产值达到1.61亿元，地区生产总值8200万元，国民收入6600万元，财政收入1138万元。其中，区属工业产值6985万元，是1983年的2667万元200%多。创利税678万元，固定资产原值1606万元。开发新产品28个。同时，街道经济也有新突破。1989年，有小型工厂及商业服务网点582个，产值、营业额达5677.3万元，创税利303.88万元。万元利润居委会40个，占25.64%。和平工艺品厂成为京口区重点出口创汇街道企业。

1992年10月，区划调整后，城乡一体化给全区地方经济发展带来新生机。1995年，全区进一步解放思想、抢抓机遇，积极推行城乡一体化发展战略，有力地推动全区改革开放、经济建设和社会事业发展。全年实现地区生产总值9.53亿元，同比增长16.5%；工农业总产值19亿元（按新口径计算为14.6亿元），同比增长16.2%；第三产业营收27亿元，同比增长33.7%；利税9354万元，同比增长15.6%；财政收入5747万元，同比增长40.1%。1997年，实现地区生产总值12.1亿元，与1993年相比，年均递增26.3%；完成工农业总产值21.94亿元，年均递增25.6%，特别是外向型经济蓬勃发展，成为全区经济建设重要力量。2000年，全区完成地区生产总值16.13亿元，社会消费品零售总额16.3亿元，固定资产投资3.67亿元，财政收入1.02亿元。职工平均工资7000元，农民人均收入4032元。33家年销售500万元以上企业完成增加值2.6亿元，完成销售10.07亿元，实现利税3551万元。2005年，全区实现地区生产总值36.17亿元，全口径财政总收入达10亿元，并在产业发展上形成自己特色。其中吸纳台资企业16家，总投资1.8亿美元。台资元鼎饰材、顺裕饰品、隆全锅炉等企业先后增资扩股，企业规模不断壮大，为全区经济发展做出重要贡献。中盛粮油、鸿泰钢铁、鼎胜铝业、元鼎饰材、宝华半挂5家企业跻身全市工业50强之列。

2007年，全区经济和社会事业保持良好发展态势，完成全社会固定资产投资74.15亿元，比2006年增长32.9%；规模以上工业增加值40.03亿元，同比增长5.12%；社会消费品零售总额79.63亿元，同比增长18.85%；实际利用外资7429万美元，创历史新高。完成地区生产总值50.36亿元，是2002年的2.3倍。人均地区生产总值达5.29万元。财政总收入14.2亿元、地方财政一般预算收入7.71亿元，分别是2002年8.1倍、8.7倍。规模企业由2002年的50家增加到118家，形成年销售超5000万元企业18家、超亿元企业12家、超10亿元企业5家规模企业方阵。金属压延、粮油加工等主导产业支撑作用日趋增强，金属压延产业进入全省重点产业集群行列。

第三节　发展社会事业

一、优先发展教育

1983～1991年，京口区坚持优先发展教育，加快推进中小学校舍改造，完善助学体系，促进教育公平。区属小学38所，在校学生2万余人，小学生入学率100%。幼儿园（3个班以上）101个，其中区属21个。各类职业教育、技术培训有很大发展。辖境内有高校4所，还有电大、教育学院和成人高校等。教职员工比1978年增加2倍多。区内有中学（含中等职业学校等）48所。

1992年10月27日，在全国“少儿”第七届《学与玩》作文大赛中，全区4个学校获优秀组织奖，19名学生分获一、二、三等奖。1993年9月8日，区政府决定表彰奖励为振兴京口做出重大贡献的优秀教师：第九中学薛家德、汝山中学施勤、红旗中心小学陈克武、五条街小学金林、宗村小学王英华、市聋哑学校靳红霞、中山路小学幼儿园符沉，每人并奖励2000元奖金，发给荣誉证书。1996年12月，京口区首次召开教职工分房大会，市、区领导为48名教职工分发新房钥匙。京口区把解决教职工中住房特困户、无房户以及拥挤户作为关心、支持教育工作的重点。

图15-2　2003年，区长童国祥、副区长曹丽虹等陪同市领导在市实小考察教育工作（区政府办公室供稿）

2000年，全区教育工作以经济和社会发展为坐标，围绕提高教育质量和办学效益这一中心，不断推进素质教育和教育现代化，抓好教育教学改革、师资队伍建设和教育经费筹措3项工作，实现由数量增长向质量提高、由外延扩张向内涵发展的战略大转移。象山乡通过省教育现代化乡镇验收，中山路小学、市实验小学和实验幼儿园、解放路幼儿园分别通过省第三届模范学校和省示范性实验幼儿园验收。中小学教育投入2100万元，新建改建校舍1.3万平方米。建成教育大厦、区实验小学教学楼、第九中学宿舍楼及中山路小学塑胶操场、室内体育馆。中山路小学、八叉巷小学、汝山中学校董事会相继成立。教职工待遇逐步提高，教职工住房成套率在90%以上。中山路小学、市实验小学通过省模范学校验收。九中完成校舍扩建、十中易地重建的5300平方米教学楼封顶装修，农村中小学危房改造通过省级验收。

2005～2006年，谏壁中心小学迁址建成，开工建设润阳小学。农村义务教育免除学杂费、“低保”家庭义务教育在校生减免相关费用、农村经济困难家庭义务教育在校生“两免一补”全面到位。设立教师拔尖人才专项奖励基金，深化基础教育课程改革，素质教育质量与水平进一步提高。2005年，京口区被评为“省社区教育实验区”。2006 年，京口区荣获“省首批规范收费达标区”称号。2007 年春季起，全区城乡义务教育阶段在校生免收学杂费，累计投入 2.8 亿元。新建、改建谏壁中心小学、第十中学等 13 所学校，总面积达 5.5 万平方米。47.1% 城区小学建成省实验小学。2007 年，获“省幼儿教育先进区”称号。

二、公共卫生服务

1983 年以来，京口区坚持以全面提高人民健康水平为宗旨，以促进卫生事业加快发展为主题，以强化结构调整和资源整合为主线，深化卫生改革，优化资源配置，提高资源利用效率。在保障群众基本医疗的基础上，提高卫生服务的公平性和可及性，努力满足多层次、多样化的医疗卫生需求，全面提高卫生综合保障能力。区卫生局负责全区爱国卫生运动。1985 年，京口区开展以创建卫生先进城市（区）为重点的卫生突击活动。1989 年 4 月，在全国开展爱国卫生月活动中，重点改善市容市貌，加强饮食卫生，搞好环境治理，清除江滨新村 13 万平方米绿化地上杂草，投放灭鼠毒饵 4100 千克，辖区内有 40 个单位被评为省、市卫生先进单位。1992 年起，全区不断统筹区域内各类医疗机构的结构、布局和建设。适应人口分布和居民医疗卫生需求变化，调整医疗卫生资源，促进资源优化配置。

1995 ~ 2004 年，全区医疗机构由城市延伸到乡村、由专科走向综合性、多科性，形成市、区、街道（乡镇）、社区（村级）治疗机构网络。不断健全突发公共卫生事件应急机制、医疗救治体系和卫生执法监督体系，提高防治重大传染病和处置突发公共卫生事件能力。建立覆盖市、县（区）、乡（社区）、村四级卫生应急监测、防控和处置网络，提高预警和应急反应能力。1997 年 12 月 8 日，京口区创卫工作按照“重点突破、整体推进、全面达标”要求，进一步强化领导，健全网络，加大力度，狠抓落实，较好解决一些重点、难点问题，创卫工作取得明显成效，通过创建国家卫生城市省级调研。1998 ~ 1999 年，京口区人民医院分别在四牌楼街道江滨新村和大市口街道花山湾住宅区成立社区健康服务中心，作为区人民医院派出机构，实行独立核算，配有 4 ~ 6 人，实行全员岗位责任制。2001 年完成首批医疗机构分类管理登记工作。2000 ~ 2001 年，全区乡镇、旅游经济开发区及行政村，居民传统合医合药人数为 20985 人，覆盖率为 70.23%，集体办医率为 100%。乡镇和旅游经济开发区为市初级卫生保健合格乡镇。2003 ~ 2005 年，全区加快公共卫生体系建设，建成疾病预防控制体系，基本建成医疗救治体系，加大卫生监督执法力度，提升疾病预防控制水平。继续完善城镇职工医疗保障制度改革，切实加快新型农村合作医疗制度建设，提升城乡居民医疗保障水平。建立健全应对“非典”“禽流感”等突发公共卫生事件应急处理机制，建成一批社区卫生服务中心（站）。

2006 ~ 2007 年，全区公共卫生服务体系逐步健全，成功抵御“高致病性禽流感”侵袭，被评为“省社区卫生服务先进区”。区政府切实加强公共卫生服务建设，全面实施“改厕”，全区卫生面貌显著提升。同时以“改”促“建”，示范带动，保障农村居民健康。大力加强新型农村合作医疗保险工作，全区农村人口参保率和覆盖率均达 100%。加快社区卫生服务建设，逐步形成“小病在社区、大病进医院、康复回社区”就医格局。

三、发展文化体育

1. 繁荣发展文化事业　1987 年，京口区创办京口诗社。次年，建立业余性质的振兴剧社等。涌现出一批专业和业余作者，创作一批全国有影响小说、散文、诗歌和电影文学剧本。1999 年，为庆祝中华人民共和国成立 50 周年、澳门回归祖国、人民政协成立 50 周年，全区举办大型文艺会演。来自各条战线上干部职工表演歌曲、舞蹈、小品等节目。建设局大合唱《廉政歌》获得演出一等奖。20 世纪 90 年代末，全区文化事业进入快速发展期，群众性文化活动蓬勃开展，彰显出自发性、全民性特色，文化部门周密策划，每年都精心组织开展一系列丰富百姓生活文娱活动。

2000 年 7 月 6 日，京口区文化市场稽查队成立。根据文化市场管理有关法律、法规要求，依法对文化市场实施监督检查。2002 ~ 2005 年，全区设立宣传文化发展专项基金，先后出台《关于建设文化京口的决定》《关于加快文化事业和产业发展若干经济政策的意见》《文化艺术成果奖励办法和实施细则》等文件，加快“文化京口”建设步伐。全区文化设施投入近亿元，不断推出具有京口特色文化精品。2002年，在镇江市“文明市民之歌”比赛中，京口区获创作一等奖、二等奖、三等奖各1个；演出一等奖2个，二等奖2个。2003年3月25日，区文联成立，召开京口区文学艺术界联合会第一次代表大会。选举区文联第一届委员会，梁正逢当选为名誉主席，冷小惠为主席，梅永生、阚爱萍为副主席。2003年10月18日，“秋的和谐”街头文化节在学府路至正东路一线举行。各基层单位和机关部门组织16个方阵、12辆花车、2000多名群众演员走上街头歌舞表演。由京口区少儿合唱团创作表演的童谣《端午谣》在全国合唱节上获“小云雀杯”奖，在江苏省“和谐家园”群文新作大赛上获创作金奖和表演金奖。由健康路街道主办的康盛剧社创作表演扬剧《新村官的蓝图》获省民营剧团优秀剧目调演金奖。

2006～2007年，区政府举办50场“活力京口”系列广场文化活动和奥地利音乐会、万人火炬长跑、社区文化艺术节、农民艺术节等大型文化活动，成为全市乃至全省“品牌”活动。2007年，根据市政府《关于印发镇江市乡村旅游发展行动计划的通知》精神，区编委会同意在区文体局增挂区旅游局牌子，并将区文化市场稽查队更名为区文化旅游市场稽查队。创建总投资3500万元、总面积1.3万平方米的“十大文化项目”。京口文化馆、图书馆、美术馆、社区图书馆、象山镇文体活动中心、四牌楼街道文体活动中心等一批公共文化设施建成投入使用。同时实现每个社区建有文化活动室目标。京口区域内有镇江影剧院、新华影剧院、大市口城市客厅、春江潮广场等室内外演出场所20多处，业余文化团队7个，群众艺术馆、美术馆、文化宫（馆）5个，公共图书馆2个，档案馆3个，文化站6个（其中街道文化站4个），社区文化室82个，新闻单位6家（其中电视台1家、报社3家、广播电台2座）。区内有文物保护单位国家级1处，省级7处，市级30处，此外，还有市文物保护控制单位12处。全区有各类文化队伍168支，成员超万人，常年到区、街道、社区文化场所参加活动居民达10万人以上。

2. 发展体育事业　1984～1989年，京口区八叉巷、中山路等小学先后向省及解放军体工队输送乒乓球、体操等8个项目优秀运动员27人。1989年，全区小学生体育达标率97.1%。1991年4月18日，八叉巷小学被国家体委授予“1990年度全国先进体育传统项目学校”称号。1998～1999年，在全国、省、市各类比赛中获得名次128个，其中冠军69个、亚军34个、季军5个。四牌楼街道、象山乡、第九中学、镇师附小1999年被评为“市体育先进集体”。四牌楼街道贯彻实施《全民健身计划纲要》，加大对社区体育设施投入，先后建成江滨新村全民健身工程和游泳池，成功举办首届综合性社区运动会。该街道多次被评为“市群众体育先进集体”。2000年4月，被省体委命名为“江苏省城市体育先进社区”。

2002～2003年，全区体育工作以《全民健身计划纲要》为目标，结合市体育局活动计划和工作思路，组织区内机关、乡镇、街道、学校、协会等举办各类体育运动会，进一步促进群众体育和竞技体育协调发展。开展群众性体育活动6次，1300余人次参加。2002年，全区4人被评为国家高级社会体育指导员，江滨实验小学获“省冬锻三项活动先进学校”，健康路街道、五条街小学获“省全民健身周活动先进单位”。八叉巷小学参加全国“创新杯”少儿乒乓赛，获乙组团体总分第三名，省“乒协杯”获男子乙组团体第一名，被国家体育总局授予“国家级乒乓球传统项目学校”称号。2003年，全区获国家二级社会指导员称号15人。四牌楼街道获“省体育‘八个一工程’先进单位”。2005年，全区广泛开展全民健身“八个一工程”活动，获“全国群众体育先进区”称号。2007年，镇江市八叉巷小学被命名为江苏省乒乓球奥林匹克体育后备人才训练基地，镇江市体育运动学校被命名为江苏省排球奥林匹克体育后备人才基地。

四、完善社会保障体系

1983年以来，京口区以社会保险、社会救助、社会福利为基础，以基本养老、基本医疗、最低生活保障制度为重点，以慈善事业、商业保险为补充，建立并不断完善社会保障体系。1985年12月，对国家机关、企事业单位进行工资制度改革。其中机关、事业单位 2573 人，人均增加 20.31 元；企业单位 7438 人，人均增加 14.86 元。1988 年 3 月 16 日，猪肉等主要副食品销售价格调整，区域性适当增发城镇职工生活补贴，全区职工年生活补贴 150 万元。5 月，全区 1062 名小学教师增加 10% 工资。1991 年，全区职工工资总额同比增长 10%，人均月工资 2266 元，同比增长 7.1%。1992 年，全区居民人均生活费收入 2186 元，同比增长 25.1%。1993 ～ 1995 年，区设立"见义勇为"奖励基金 30 万元，用于奖励见义勇为英勇人物。该项奖励基金区财政拨款 3 万元，其余部分集资筹措。1994 年 2 月 5 日，区委、区政府召开"见义勇为"表彰大会，对面对歹徒临危不惧、忠于职守、维护正义的李军、王立新，周建斌、沈志顺、王亚军、胡宗强、招玉堂等 7 人进行表彰，发放"见义勇为"奖金 4200 元。

1994 年 1 月，区领导江里程、贺华平分别到乡镇场圃和街道走访慰问贫困户，并对各级政府解决孤寡、残疾人等基本生活问题，提出全区扶贫救困"三个结合"，即提高城乡居民生活水平与解决贫困户的温饱问题相结合，节日走访慰问和平时关心、解决困难相结合，治理贫困户做到治标和治本相结合。1995 年，京口区农村社会养老保险全面展开。全区农村社会养老保险会议要求：农村社会养老保险是农村改革又一重大举措，是社会发展的必然；各部门、单位要相互配合，确保"农保"任务完成。同年年底收取保养费 22 万元。

1998 ～ 2001 年，镇江医疗管理中心京口区办事处完成"医改"目标，参保单位发展为 264 个，单位参保率和职工参保率分别为 95.6% 和 96.2%。1998 年，全区有 4112 名工作人员参加社会养老保险。1101 名离退休人员享受养老保险待遇。全年收缴保险基金 6.62 万元，"两金"收缴率 96% 以上。2000 ～ 2001 年，养老保险扩面 1050 人，增收养老金 465 万余元，为 5859 名在职和失业人员办理养老保险，缴纳养老金 2094 万元，为 2500 名离退休职工发放退休费 2711 万元、为交通系统 800 多名保养人员发放保养费补贴 240 万元，养老基金收支两条线保持平衡。

2002 ～ 2007 年，全区实施"以创业促就业"战略，先后举办就业招聘会 74 场，提供就业岗位 34201 个，实现再就业 9976 人；转移农村劳动力 12943 人（跨地区转移 1599 人）。2002 ～ 2005 年，培训农村劳动力 3664 人，再就业培训 3431 人，创业培训 252 人。2005 年，有 635 家单位，20257 人参加基本医疗保险，其中在职 13106 人、退休人员 7056 人、离休人员 95 人。征收企业养老保险费 19854 万元，清欠基金 1733 万元。2002 ～ 2005 年，净增参保人数 18741 人，征收失业保险基金 641.21 万元。2006 ～ 2007 年，企业养老保险新增扩面 24439 人，及时补发 3800 多名离退休人员养老金 274 万元，全区 805 家单位有 24361 人参加统账结合基本医疗保险，其中在职人员 16184 人、离休人员 85 人，覆盖率 98.08%。全区充分就业率达 88%，率先在全市建成"充分就业区"。

第四节　重大项目实施

1991 年，区政府经过调查论证，决定利用区位优势、发展第三产业，开展"贸易兴区"发展战略。让出区机关办公大楼，兴办大型骨干商业企业华联商厦。7 月，首先将一至三层改建为商厦，12 月 31 日商厦营业面积 4000 多平方米，总投资达 700 万元，竣工开业。实现当年决策、当年施工、当年竣工、当年营业。1992 年，完成商品零售总额 7000 万元，居全市各大商场之首，产生轰动全市的"华联效应"。同年，区委、区政府决定全部让出办公大楼作为华联二期扩建工程，促使华联商厦进一步上规模、上水平。1993 年竣工，营业面积达 12500 平方米，属全市最大商场，年营收突破 1 亿元，成为建区以来首个重大项目。

1993 年，京口区在丹徒路批租土地，兴建区级机关办公楼，占地 1.5 公顷，建筑面积 1.5 万平方米，主体 12 层，于 7 月 1 日举行奠基仪式，副市长贡家荣、军分区司令员贾寿元等市、区领导参加奠基仪式。此举属全区首个占地建筑面积最大、层次最高的重大项目。1995 年 12 月下旬，区政府全面落实部署二环路建设工程，由区长、副区长挂帅，设立总指挥部，抽调部门领导设立办公室，指挥协调下达35%土方工程，分别由乡镇街道、机关承担。由区指挥部统一“以资代劳”，乡镇分工包干。20天内完成任务。1997年7月，市首家国防教育基地落户二十一世纪乐园，属全区重大项目之一。由国防知识教育区、武器装备展示区、军事训练娱乐区三大区域组成，分别通过图文、音像、模型、实物等形式普及陆、海、空、导弹等国防知识。其中匹特博运动射击场1998年5月初建成开放，后诸多因素闭园改作他用。1999年11月11日，中盛公司与东海油脂3万吨精炼油相配套的植物油预榨企业，由东海油脂与谏壁镇经贸实业总公司、深圳农田贸易有限公司和中盛国际贸易（香港）有限公司4家企业共同投资2000万元，引进国内一流生产线，年处理油菜籽10.8万吨，年收购油菜籽面积15公顷，年产二级精炼油3.6万吨。2000年4月竣工投产。

2001～2003年，江南·颐和家园在禹山风景区举行奠基仪式。该项目由镇江市（京口）旅游经济开发区与中房鸿都投资集团镇江鸿都房地产开发有限公司合作开发。项目总投资7亿元人民币，占地60.37公顷，建筑面积62.2万平方米。其中，住宅建筑面积54.36万平方米，公共建筑面积8.24万平方米。苏州园林设计院承担景观设计，中国建筑设计院人居研究所承担建筑规划设计，该规划设计荣获国家建设部“东方园林杯”殊荣。市委副书记吴树南等市领导，中（国）房集团总裁、董事长、党委书记孟晓苏等，区委书记宦祥保等区领导，镇江有关部、委、办、局的主要领导以及中房上海、深圳、南京等兄弟单位参加奠基仪式。总投资1800万美元，占地面积6685平方米，建筑面积23900平方米，高6层，集购物、休闲、娱乐为一体的“太和广场”（原“金山华庭”）在大市口举行开工典礼。该项目由江苏置业集团和香港巨业兴业有限公司共同投资，并成立“和祥置业有限公司”负责承建和经营。首期商铺招商采用拍卖方式获得圆满成功。总投资近15亿元的鼎胜铝业、正恺电子、鸿泰金属、震东铜业、世纪华星等9个工业项目进入京口科技工业园区。总投资3亿元的红豆正大广场、1亿美元的第一楼街步行街、7500万美元的金港物流园等三产项目进入实施阶段。此外，江苏美特空调设备有限公司、江苏大学综合服务园暨东风村综合楼等一批二、三产项目也在区内建成或开工建设。

2004～2005年，全区开展“项目进园区”竞赛活动，全年组织实施总投资1000万元以上项目70个，计划总投资75亿元。通过加大投入，园区基础设施不断完善。总投资3000万元的金阳大道二期、江河东一路和总投资1800万元的新民大道开工建设，总投资1500万元的科技工业园220千伏变电所竣工。全区新建标准厂房3.7万平方米，开工建设项目拆迁安置房8万平方米。其中，京口花卉苗木市场于2004年10月28日建成开业。市场占地16.67公顷，为当时镇江最大的花卉苗木市场。2007年，京口区实施“大项目建设绩效年”，全区推进和实施单体规模超5000万元项目59个，总投资286.58亿元，其中：续建18个，总投资70.93亿元；新开工项目22个，总投资77.29亿元；前期项目19个，总投资138.36亿元。至年底，竣工14个，达到序时进度29个。中储粮重组、永丰电光源、鼎铝二、三期、鸿泰不锈钢一期、红豆购物广场、第一楼街步行街等项目竣工投产或营业。索普60万吨醋酸技改项目、索普集团配套空气分离、皇冠假日酒店、港盛机械等重大项目加速推进。其中，新民洲鼎盛港机项目由上海鼎盛港机有限公司与香港港机有限公司合资兴建，总投资8亿元。加拿大爱励铝业—鼎盛铝业10万吨航空航天用高强度铝合金板项目，9月11日签订合同。华地购物中心项目3月28日开工。皇冠假日酒店项目6月18日开工建设。

第五节　政务改革

一、政务公开

20世纪90年代末，区政府着力推进优质高效社会公共服务体系建设，推行“政务公开制度”。

2001 ~ 2006 年，区政府坚持“公开为原则，不公开为例外”总要求，加速推进政务公开，健全政府信息公开制度，完善各类公开办事制度，提高政府工作透明度。把政务公开作为规范行政权力运行、转变政府职能、优化发展环境、推进服务型政府建设的重要举措，妥善处理公开与保密的关系，合理界定信息公开范围，积极稳妥地推进政府信息公开。执行《政府信息公开条例》，除涉及国家机密、商业秘密等事项外，政府全体会议和常务会议讨论决定的事项，区政府及各部门文件、所掌握的政务信息，应当通过有效途径向社会公开。凡涉及群众切身利益、需要群众知晓及规范性文件和需要公开的事项，应通过政府网站、新闻发布会以及报刊、广播、电视等媒体，依法、及时、准确地向社会公布。同时，政府各部门编制政府信息公开指南和目录，标明其职责、办事程序、所需资料、办事时限、收费标准、责任人员、联系电话等，无偿提供给前来咨询、查询和办事人员。在档案馆、公共图书馆设置政府信息查阅场所，在办公楼、办公大厅、办公窗口等设置政府信息公开栏，在新闻媒体公布政府信息咨询电话。2007 年 1 月，区召集领导小组人员会议，就全区党务政务公开栏提出要求：实现党务政务公开工作提升，更好开展廉政文化建设。

二、行政审批

1996 ~ 2001 年，区政府贯彻落实国务院《关于行政审批制度改革工作的实施意见》《关于贯彻行政审批制度改革的五项原则需要把握的几个问题》《关于搞好行政审批项目审核和处理工作的意见》《关于搞好已调整行政审批项目后续工作的意见》等 30 多个政策规定，明确行政审批制度改革指导原则、基本思路、工作目标和方法步骤，对涉及重要问题提出解决办法。

2002 ~ 2006 年，全区在第一轮行政审批改革基础上，开展第二轮审批制度改革。首先，在全区工商、人事、城管等部门建立统一对外“窗口”，开展窗口式便民服务。区投资项目审批“一个窗口”，对投资项目审批集中办理、限时服务；对联合审批项目并联审批。从而加快推行政务公开，实行阳光操作。通过报纸、橱窗栏、编印手册等多渠道、多形式向社会公开审批内容、依据、办事程序等。同时实行直接办理、承诺办理、联合办理、申报办理、明确答复制度。2007 年，全区贯彻国务院《关于进一步清理取消和调整行政审批项目的通知》和《关于印发〈关于进一步深化行政审批制度改革的意见〉的通知》精神，结合实际，进一步深化行政审批制度改革。对审批项目名称、设定依据、实施主体、条件、程序等予以公示。

三、规范公文处理

1983 ~ 1996 年，区属部分单位公务行文拟订与写作时，存在不规范或越级行文、文种乱用、格式不一、文稿质量不高、乱抄滥送等现象，影响到机关办事效率和工作质量。1997 年，区政府办公室下发《关于印发京口区政府公文处理细则的通知》，规定区属所有单位公文处理，必须及时、准确、安全。由办公室统一收发、分办、传递、用印、立卷、归档和销毁。1998 ~ 2001 年，全区公文处理程序达到规范化、制度化、科学化。

2002 年，区政府办公室提出公文写作必须实事求是、精简、高效，注重办文效率和质量，同时严格执行国家保密法规和保密规定，确保国家秘密安全。2007 年 5 月，区级机关召开业务培训会，就公文写作业务进行培训。通过专业训练，逐步达到撰写的公文思路基本清晰、内容简洁实用、要素齐全、重点明确的要求。全区公文写作、行文格式、报送制度等实施统一规范。

四、推进电子政务建设

1983 ~ 1990 年，区政府及各部门加快推进电子政务建设，对于加强管理、转变职能、提高效率、方便群众等发挥作用。1993 ~ 1998 年（“十五”期间），区政府“电子政务”效果明显。自政府网站等设置后，为群众提供网上查询、网上办理和网上便民服务，提高政府工作透明度，推进廉政、勤政建设。

2001 ~ 2003 年，全区把电子政务建设与招商引资、新技术运用有机融合，与职能转变、结构调整、行政业务流程再造、行政许可制度改革、政府机关作风建设结合起来。创建京口投资网，宣传、推介京口，引进项目和资金等。2004 ~ 2005 年，《京口电子日报》经过改版，开设“京口要闻”等 13 个栏目。在内容上，把好信息采集、编辑、录入、发布政治质量关；在目标选择上，根据区情特点，着眼于规模适度、集约高效、科学规范、不断追求信息共享和公共服务最大化；在网站建设上，加强与相关地区政府和部门网络间信息源链接，实现上和下，条和块，区内和区外之间的互联互通，资源共享，信息互动。2007 年，全区不断完善行政权力阳光运行机制，形成统一的电子政务网络系统，提升网上便民服务和公共服务能力。

五、设立为民服务公开电话

1995 年，区政府设立为民服务公开电话，各乡镇、街道和政府部门均列为公开电话办理网络单位，承办公开电话。初始，为民服务电话主要涉及水、电、气等与群众生产生活密切相关部门，不久随着公开电话知名度提高，不断健全公开电话办理程序、办理制度（受理登记、急事急办、催办、督办、会办制度）。同年 6 月，市政府公开电话接到群众来电，反映“部分居委会老年活动室实际上变成‘麻将室’，居委会成了‘赌委会’”。对此，市长批示要区政府“加强管理，不能让活动室成为赌场”。贺华平区长指示“街道要加强管理，制止此类事再次发生”，一度有所好转。1996 ~ 1999 年，受理市公开电话 150 次、区公开电话 1080 次、其他渠道公开电话 300 次，回复率 100%。为群众和基层单位解决一批急、大、难及遗留问题。

2000 年 5 月，江滨路公寓居民公开电话反映，业主与物业公司间发生缴费纠纷，物业停止服务，电梯停运。政府办 4 次派员与大市口街道协调，物业服务恢复正常。2002 ~ 2007 年，区政府投资建成可同时开通多条线路，具有三方通话、自动留言、双向录音功能的公开服务电话，坚持做到“服务经济、服务社会、服务群众”“有话必接、接则必清、清则必办、办则必果”“件件有回音，事事有着落”。实行 24 小时值班，并逐步扩大网络范围，成为快捷、高效服务体系。其间，受理市民来电 8 万余次，电子邮件 1200 余件，来信 360 余封，预约接待群众来访 580 余人次，召开现场协调、督办会 115 次，群众反映的热点、难点问题基本得到解决。

第四章　政府法制工作

1983 年 8 月，京口建区后，区委、区政府重视法制工作。1990 年，区政府成立法制局，专职办理政府法制工作，承担全区统筹规划、综合研究、组织协调、具体指导四项职能和行政立法、行政执法监督检查、行政复议和应诉、提供法律咨询服务等，为促进全区依法行政工作全面开展，以及为区委、区政府中心工作服务发挥重要作用。特别是在全区机构改革、发展经济和各项社会事业方面做了大量工作，有效地防止越权执法等情况的发生，保障区政府各项行政工作沿着法治轨道运行。

第一节　机　构

1983 ~ 1989 年，区政府未设置法制工作机构，政府法制由政府办公室归口管理。1990 年 7 月，建立京口区法制局，为区政府办事机构和综合服务部门。1996 年 9 月，经区党政机构改革领导小组决定，区法制局为区政府办公室管理部门，行政编制 2 人，不设职能科室。2002 年 1 月，经区政府批准，区法制局更名为区政府法制办公室，实行独立办公。2007 年，其设置无改。

第二节　依法行政及许可

1990 ~ 1993 年，京口区依法行政和行政许可工作起步。1994 年，全区发生行政应诉案件 2 件，其中 1 件维持、1 件撤销。1996 年，京口区贯彻《中华人民共和国行政处罚法》（以下简称《行政处罚法》），区政府建立健全汇总制度、重大行政处罚备案审查制度、申诉举报制度等 8 项制度，使依法行政有制度可循，全区未发生行政应诉案件。1997 年 7 月，区政府首次召开政府法制工作会议，要求健全政府法制工作机构，为推行依法行政提供组织保障。

1998 ~ 2000 年，区法制办作为政府法制机构，为全区提供咨询、指导，发挥政府在依法行政上的参谋作用。2001 ~ 2003 年，京口区为转变职能，改变行政管理体制，由区法制办牵头，政府各部门和乡镇、街道按照《关于改革行政审批制度工作的实施意见》，对全区行政审批工作进行清理。区发展计划与经济贸易局等 24 个部门和乡镇、街道原有审批总事项（含审批、审核、核准、备案）418 项，减少（含降低）203 项，减幅为 48.56%，其中审批、核准事项 241 项，减少（含降低）129 项，减幅为 53.53%。达到省、市规定目标。2004 ~ 2005 年，区政府成立贯彻实施《行政许可法》工作领导小组，下设办公室（设在区法制办），具体推进《行政许可法》贯彻实施。开展行政许可规定和行政许可实施主体清理工作。对审定的 25 个行政许可实施主体，运用多种形式进行公示。2006 年，政府法制围绕工作重点，推进法治政府建设。制定《京口区人民政府全面推进依法行政五年规划（2006 ~ 2010 年）》，明确依法行政指导思想、主要目标和基本要求，确定全区 5 年依法行政工作任务，提出保障措施。区政府成立依法行政工作领导小组，由区长担任组长，常务副区长任副组长。2007 年，全区行政应诉案件 5 件，2 件维持原具体行政行为，3 件原告撤诉。

第三节　规范性文件制度

1990 ~ 1995 年，区法制局审核区政府及其所属部门起草规范性文件，严禁在规范性文件中违法设定行政许可、行政强制、行政处罚、行政收费，杜绝不合法文件发布。每年审阅市政府征求意见稿 300 多份，提出修改意见。1996 ~ 1997 年，全区建立规范性文件备案审查制度。对 1992 ~ 1997 年间颁发的规范性文件进行清理，废止《京口区建筑市场管理暂行规定》《关于京口区城市社会管理委员会的实施意见》等 100 多件。2002 年，区法制办查阅 1983 ~ 2001 年以区政府或办公室名义制发的规范性文件，清理出 163 件规范性文件，交各有关部门办理。各部门结合实际情况和现状，进行审查，提出废止、修改或继续有效的反馈意见。区法制办综合各部门审查意见进行把关，排出 100 多件不宜继续实施或已自行失效的规范性文件，经政府常务会议讨论，决定公告废止。

2004 ~ 2005 年，区法制部门履行审核规范性文件职责，提供行政决策建议。组织建设局等相关部门，制定京口区“集资”兑付地块房屋拆迁安置政策，提供有关教育资产、幼儿教育、水利、特困企业、土地征用纠纷等行政决策建议 5 件，审核修改政府规范性文件 4 件。2006 ~ 2007 年，全区加强规范性文件制定和备案审查工作，注重从源头上规范政府行政行为。针对《镇江市内江管理保护办法（征求意见稿）》提出的建议被市政府法制办采纳，维护区水利管理职能部门合法权益。

1995 ~ 2007 年京口区规范性文件审查情况表

表 15-5　　单位:件

年　份	区级规范性文件	市政府法制办征求意见稿
1995	9	4
1996	8	5
1997	7	3
1998	12	7
1999	9	2
2000	11	2
2001	9	3
2002	4	6
2003	3	2
2005	4	0
2007	4	7
合计	80	41

第四节　行政执法监督

一、执法机构

1997 年 4 月,京口区成立由区委常委、常务副区长贾国祥为组长,区政府办公室副主任柏经等 4 人任副组长,区各部门相关领导组成的区行政执法监督工作领导小组。1998 ~ 2007 年随人事变更,领导小组成员多次调整。

二、执法主体

1990 年以来,区政府法制办对区属行政执法主体定期进行梳理并公布。1993 ~ 2007 年,经梳理,京口区行政执法主体有区发展改革和经济贸易委员会、区安全生产监督管理局、区统计局、区教育局、区文化体育局、区民政局、区人事劳动和社会保障局、区财政局、区住建局、区交通局、区农业经济局、区人口与计划生育委员会、区卫生局、区审计局、区物价局、区档案局、区侨务办公室、区民族宗教事务局、象山镇、谏壁镇人民政府、健康路街道、大市口街道、正东路街道、四牌楼街道办事处 24 个。

三、核发行政执法证

1996 年,京口区全面启动“行政执法证”(省政府统一印制)和“行政执法监督证”核发工作,当年换发行政执法证(行政执法监督证)266 人次。此后核发行政执法证工作进入正常程序,每年注册年检,3 年换发证件。1998 ~ 1999 年,经培训考核换发行政执法证件 340 多人次。2000 ~ 2007 年,区法制局建立证件管理责任制,严格执行以旧证换新证制度,换发行政执法证件逾千人次。

四、行政执法检查

1990 ~ 1995 年,京口区每年下发《行政执法监督检查计划》,组织相关部门领导组成检查组,对区属行政执法单位行政执法行为实施检查,促进全区行政执法工作水平逐步提高。1996 年 9 月,建立特邀行政执法监督员制度,聘请 5 位区人大代表、5 位区政协委员担任监督员,参加执法检查。1997 ~ 1998 年,区政府出台《关于建立健全行政执法责任制的决定》。区法制局在国土、建设、环保、物价 4 部门开展行政执法责任制试点,召开全区推行行政执法责任制工作会议,交流推广经验,推行行政执法责任制。分别对《中华人民共和国食品卫生法》《中华人民共和国城市规划法》《中华人民共和国环境保护法》《中华人民共和国土地管理法》和《江苏省计划生育条例》《江苏省婚姻登记管理条例》贯彻落实情况开展行政执法监督检查。

1999 ~ 2001 年，区政府下发《京口区实施行政执法责任制考核办法》《京口区行政执法责任追究办法》和《关于对全区行政执法责任制落实情况进行检查的通知》，对全区 4 个乡镇、4 个街道、22 家区属部门进行检查。全区 30 家行政执法单位，有 28 家报批行政执法责任制实施方案，14 家建立并落实行政执法责任制，6 家全面推行行政管理公示制。区法制局分别对《中华人民共和国档案法》《中华人民共和国劳动法》和《中华人民共和国房地产管理法》实施情况进行监督检查。

2001 年 8 月，全区开展行政执法案卷检查评比活动，评出区交通局、区城管局、区审计局、区民政局、区财政局、区卫生局良好单位 6 家；区建设局、区物价局、区国土局、区人事劳动局和环保分局优秀单位 5 家。2002 ~ 2003 年，京口区对卫生、建设、环保、劳动、国土、城管、农经 7 个部门就贯彻落实《行政处罚法》情况进行抽查。区法制办牵头组织对贯彻实施《中华人民共和国娱乐场所管理条例》《中华人民共和国公路法》等法律法规情况进行执法监督检查。2004 ~ 2007 年，区法制办加强行政执法队伍建设，提高行政执法水平。在房屋拆迁安置工作中，指导工作人员严格依法办事，把拆迁中的矛盾和冲突解决在萌芽状态。

第五节　行政复议及应诉

1990 年 11 月 1 日，京口区成立行政复议委员会，负责处理全区行政复议工作。行政复议委员会由区长任主任，分管副区长任副主任，区属各相关部门主要负责人任委员，下设办公室（设在法制局）。后随着人事变动及时对委员会成员进行调整。1993 ~ 1995 年，全区受理各级行政复议案件 50 件。1994 年 3 月，区法制局受理江滨新村 33 户居民，不服区规划办关于拆除违法建筑，以及 21 户不服区规划办要求其限期拆除封闭北阳台一案。区法制局深入调查取证，与申请人逐个交流，逐户现场勘察，在调查研究，掌握第一手资料基础上，行政复议委员会以事实为依据，以法律为准绳，区别不同情况分别作出复议决定，妥善解决群体行政复议案件，增强全区法制工作力度。

1996 ~ 2005 年，全区审结复议案件 30 件，其中积案 4 件。经审理，撤回复议申请 7 件，维持原具体行政行为 12 件，责令限期履行法定职责 2 件。2006 ~ 2007 年，全区贯彻落实行政首长行政诉讼出庭应诉制度，2 年中，行政首长行政诉讼出庭应诉率 50% 以上。区法制办两年受理行政复议案件 4 件，1 件终止，3 件维持。审查重大行政处罚案件 9 件，涉及金额 120 余万元。

第六节　行政法规宣传

1990 ~ 1995 年，京口区每年组织形式多样的行政法规宣传，推动全区城乡依法行政。1996 ~ 1998 年，区法制局向区委、区人大、区政府领导赠送《行政处罚法》培训手册，辅导区委常委中心组学习《行政处罚法》。对全区有执法任务单位执法人员 400 余人次进行法制讲座和专业培训，促进全区贯彻落实《行政处罚法》。1997 年，举办行政处罚案卷文书培训班，按照《行政处罚法》规定，统一规范全区行政处罚案卷文书格式。

1999 ~ 2004 年，区法制办举办《行政复议法》《行政处罚法》基础知识培训班 10 多期，对乡镇、街道和各行政执法单位已领行政执法证骨干 200 余人次进行培训。2002 ~ 2003 年，分批分期参加市法制办组织的法制轮训，考试成绩作为行政执法证年检注册依据。2002 年，区法制办获省法制宣传工作先进集体二等奖。2004 年，联合区人事、组织部门做好国家公务员培训工作，每一公务员参加集中培训时间累计不少于 16 学时，按照全省统一大纲，统一命题考试，并将考试结果作为公务员年底考核的依据。邀请省政府法制办副主任张耀东为全区四套领导班子和全区机关干部 200 余人进行《行政许可法》

专题讲座。区政府下发《关于认真做好行政许可法宣传活动的通知》，开展《行政许可法》宣传周活动。各乡镇、街道和行政许可职能部门认真制定宣传方案，悬挂横幅，张贴标语，宣传《行政许可法》。举办行政执法人员法制培训班，考试合格者方能申领换发江苏省行政执法证件。2007 年，区政府下发《京口区行政执法人员法律法规学习培训制度》，对培训工作提出具体要求，确保每个行政执法人员每年参加法制培训时间不少于 15 天。借助每三年换发一次行政执法证机会，邀请省、市法制办公室领导和法学专家对全区行政执法人员进行集中培训考核。

图 15-3　2004 年，区法制办举行双井路一条街行政法宣传，实施宣传经常化、制度化（区政府办公室供稿）

第五章　外事工作

1983 ~ 2007 年，全区外事工作贯彻执行党和国家对外方针政策，坚持科学发展观为指导，以经济建设为中心，严格执行外事工作为全区经济发展服务的方针，充分发挥外事、侨务工作渠道多、联系广、信息灵的优势，在国家总体外交方针指导下，紧密结合全区经济和社会事业发展实际，进一步理清思路，明确方向，跟进措施，稳步推进，在全区的经济建设和社会发展中发挥积极作用。

第一节　外事管理

一、涉外管理

1983 ~ 1989 年，京口区外事工作随着对外开放不断深入和“走出去、引进来”战略实施，对外交往日趋频繁，涉外工作任务越来越重，区内涉外任务和为公民出境服务逐年增多，加强管理势在必行。

1990 ~ 1997 年，区外事部门认真贯彻落实省、市政府有关指示精神，结合工作实际，牢固树立“以人为本、外交为民”思想，逐步解决全区涉外管理工作中存在的问题。1998 年，区政府制定《京口区涉外饭店（宾馆）管理办法》，审核区域内 9 家涉外饭店申报，批准 6 家，另有 3 个涉外居住点。制定并下发《关于加强外国专家居住地安全防范工作的通知》。2000 ~ 2003 年，区外事办多次召开座谈会、培训班、讲座，不断提升全区涉外管理人员预防和处理涉外事件能力。其中 2002 年 6 月，由涉外部门联席会议办公室牵头，区外侨办、公安分局联合举办涉外管理工作培训班，邀请区涉外部门、涉外企业单位 70 余人参加。印发涉外实用手册、涉外事件处理情况表等资料，同时，明确全区涉外（侨）部门处理涉外事件负责人和联络员。2003 年 9 月，京口区下发《关于加强外事和涉外管理工作的通知》，使外事和涉外管理工作更好地为改革开放和现代化建设服务。

2004 ~ 2007 年，全区按照“归口管理、分级负责、信息畅通、协调配合”原则，不断优化涉外环境、完成外事服务保障。发挥外事工作办公室职能和协调作用，严格执行联席会议制度，加强联系和沟通。各单位、乡镇、街道把外事工作纳入正常化管理，增加外事工作人员配备，形成全区齐抓共管、综合治理的外事管理体系，涉外管理服务水平不断提升。

二、出国（境）管理

1983 ~ 1993 年，全区不断加强因公出国（境）管理工作，相继建立计划管理、出国（境）预审、审批例会、政审、请假等一系列制度，努力推进对外交往工作，大力扶持外向型企业“请进来、走出去”。

控制团组数量，提高出访质量，确保因公出国（境）人数和经费“零增长”。区政府下发《关于加强因公出国、赴港澳管理工作的通知》，要求各单位按照中共中央、国务院关于严格控制一般性出国考察、培训和招商活动的精神，严格执行市政府《关于选派临时出国（赴港澳）团组人员实施办法》，抓好党风、廉政建设，认真做好出国（境）团组的审核把关。1996 ~ 2002 年，全区强化外事工作集中统一领导和归口管理。其中 1998 年建立因公出国（境）、来华业务专办员队伍。12 月 1 日起，在全区范围内实施专办员制度，通过选配、培训、考核，持证上岗的专办员才能办理出国（境）或来华人员的涉外业务，使全区外事工作，特别是出国审核审批管理得到加强。

2003 ~ 2007 年，全区建立健全因公出国（境）请示报告制度，重点解决各部门擅自开展外事活动问题。建章立制，采取措施，实现“三个转变”即：由办外事向管外事转变，由微观参与向加强宏观管理转变，由承办任务向提供决策参谋转变。加强出国（境）管理工作，严格审批程序，提高工作效率。对有实质性出访内容的团组和企业人员急事急办、特事特办，提供快捷、方便、优质服务。

第二节　外事活动

一、外宾接待

1983 ~ 1995 年，区未设置外事机构，凡有外国友人来访或组团出访，由市有关部门办理。1996 ~ 2004 年，外事接待工作由区政府安排相关部门办理。1995 年 11 月，市外事部门接待以色列驻华大使馆农业参赞萨睿葛偕夫人，考察京口科技工业区（即旅游经济开发区），就合作组建“中国—以色列农业科技园”项目进行洽谈。1998 年 3 月，《中日和平友好条约》缔结 20 周年，省、市、区有关部门和领导接待由日本关西华侨、华人朋友会，大阪、冰库县两地江苏同乡会共同举办 205 人参加的“中国古都游”大型访华团。

图 15-4　2003 年 10 月 9 日，中山路中心幼儿园与日本奈良社会福祉院举行缔结友好关系 9 周年庆祝活动（区政府办公室供稿）

2002 年 10 月，市实验小学接待以圆田幸男为团长的日本津市友好市民访华团一行 40 余人。这次访问主要是中日两国镇江市和津市政府为促进市民间交流而进行的，实验小学举行隆重欢迎仪式。2005 年 6 月，区民营经济发展局增挂区外事办公室牌子。2006 ~ 2007 年，全区外事管理进一步规范。全区外事接待在批次和人数上比往年有所上升，扩大招商引资广度和深度，充分显示京口区招商引资工作在国际社会中的地位和影响。积极邀请客商团组到京口区参观考察、洽谈交流。先后接待美国美旗集团、硅谷考察团、以色列等 15 批次团组，中外 60 余名客商。

二、出国访问

1989 年 3 月 28 日至 4 月 7 日，京口区首次随市政府代表团赴日本津市访问，参加津市建市 100 周年和镇江市、津市结成友好城市 5 周年活动。1993 ~ 1995 年，京口区 3 年组团赴境外招商 10 多批（次），引进一批项目和资金。其中 1994 年 5 月 22 日至 6 月 4 日，区长贺华平一行 16 人赴新加坡招商，洽谈成合作项目 19 个，合同利用外资 1100 多万美元。洽谈较大项目区土地局盛达房地产开发公司与新加坡兴盛国际投资（私人）股份有限公司联合组成金狮房地产开发公司，总投资 600 万美元，新加坡股份占 65%，共同兴建金狮国际贸易大厦，不久，因受东南亚经济危机影响，项目未能完整建成。

1994 ~ 1999 年，区委、区政府贺华平、贾国祥等领导应法国、意大利、新加坡、日本等国公司邀请，出国招商、洽谈项目，参加巴黎皮革交易会。1997 年就引进设备、创办合资厂与法国有关公司进行谈判和签约外资项目 6 个，总投资 1860 万美元，合同利用外资 1131.6 万美元。

2000 ~ 2004 年，京口区中小企业考察团一行 5 人赴英、法访问，就政府支持中小企业发展进行考察。徐建锋一行 7 人赴欧洲招商，在境外举办经贸洽谈会和招商说明会，邀请客商到京口区考察投资环境，并就项目合作进行谈判和签约。2006 年，京口区组织赴日本、韩国、新加坡、美国、加拿大、法国、德国、奥地利等国家和地区招商活动 6 场次，推进洽谈项目 30 个，投资总额 5 亿美元，深入推进宝马汽车零部件、加铝、鼎铝合作项目、法国雅高宜必思酒店和欧洲工业园等在谈项目，污水处理、红外线探测维修和摩托车组装等。2007 年 5 月 8 ~ 24 日，京口区应美国及加拿大有关企业邀请，郭建率区经贸考察团赴美国、加拿大开展经贸洽谈活动。其间，走访中房集团，就新型建筑材料研发和生产基地项目进行沟通。拜访利嘉印务、普莱克斯、泰纳等公司，推进休斯敦游艇、普莱克斯空气分离等项目。

三、中外互访主要活动

1994 年 8 月 17 日，日本奈良幼儿教育考察团一行 7 人到京口区考察镇江师范附属小学幼儿园、中山路幼儿园全面素质教育和环境育人等在省内外有一定知名度的教育方法。区长孙纪英、副区长孙志安及教育局领导参加欢迎仪式，日本客人邀请京口区领导和教育界同仁到日本奈良福祉院访问，区领导代表区教育局和幼儿园接受邀请。

1998 年 4 月 17 日上午，日本奈良福祉院第五次访问镇江市友好团与中山路幼儿园师生联欢，举行幼儿教育交流。副区长陈浩及教育局领导参加欢迎仪式。1999 年 4 月 17 日上午，日本奈良福祉院第六次访问镇江市友好团与中山路幼儿园师生联欢，举行幼儿教育交流。区政府及教育局领导参加欢迎仪式。日本客人邀请京口区领导和教育界同仁到日本奈良福祉院访问，区领导代表区教育局和幼儿园接受邀请。2000 年 1 月 7 日，以美作町日中友好协会会长赤满先生为团长的第十九次日本友好访华团一行 9 人到镇参加"镇江 · 美作友好文库"首期捐赠（40 万日元）仪式并签署今后 10 年共建协议书。2000 ~ 2001 年期间，美作町 3 个日本家庭、美作第一小学学生、日本友好协会会员先后 5 次到"镇江 · 美作友好文库"参观，并再次捐资。文库藏书 2 万多册，定期向学生开放，深受社会各界欢迎。2003 年 4 月，日本美作町访华团一行 16 人到"镇江 · 美作友好文库"进行为期 3 天的参观，并再次捐资。

2003 年 10 月 9 日，中山路中心幼儿园与日本奈良社会福祉院举行缔结友好关系 9 周年庆祝活动。以儿玉晶代为团长的奈良社会福祉院一行 7 人和市政协副主席解信鹏等领导参加庆祝活动。两园自 1994 年正式建交以来，通过每年一次的"共庆缔结友好关系纪念日"和幼儿书信交往、作品交流，相互学习，互赠互访，不断加深和发展彼此间的友谊，促进幼儿教育事业的交流与发展。

2004 年 4 月 7 日下午，日本奈良访华团一行到京口区实验小学交流访问。日本友人与京口区实验小学师生进行文艺联欢。日本奈良社会福祉院佐保山太鼓队的表演精彩热烈，并现场对学生传授鼓艺，欣然接受学生的美术书法作品。市外事办副主任刘志强、京口区副区长曹丽虹等领导参加交流活动。2006 年 2 月 8 日，加拿大铝业全球战略及创新总监 CHRISTOPHC MARIN、中国营运策划总监 WOLFGANG UEBERSCHAER、中国政府事务总监江漫女士一行 6 人到京口区考察。市委书记史和平对加拿大铝业集团的来访表示欢迎，并向客人们介绍镇江市投资环境。加拿大铝业集团在镇期间重点考察了鼎胜铝业公司，双方就下一步投资合作进行深入洽谈。5 月，奥地利渥汾市经贸文化代表团到区访问，考察京口投资环境，促进渥汾市企业对京口的投资，探讨双方经贸、科研、文化交流与合作，并在镇江体育馆举办一场奥地利萨尔茨堡威风民族传统乐团"音乐之友"晚会。京口区代区长郭建与渥汾市市长弗朗茨 · 迈斯尔 · 韦尔克签署《友好城区交流与合作关系备忘录》。

2007 年 5 月，在美国旧金山召开"2007 年中国镇江市京口区（旧金山）投资说明会"，与美国硅谷企业互惠联盟签订合作意向书，聘任郭书建博士为京口区政府经济顾问，并与美国硅谷企业互惠联盟达成一致意见，将在京口区科教中心区域设立美国硅谷研发生产基地，合作开发建设"京口 · 硅谷高新技术产业园"；在休斯敦举办了"船舶制造业说明会"，邀请休斯敦市市长助理 Ms. Helen T. Chang,

美商恒运国际货运有限公司主席 Mr. Jim Crane, 大休斯顿合营公司主席 Mr. Tom Griffin 等 20 多位客商参加，突出介绍京口区优势和招商引资重点，扩大京口区的知名度。

第三节　友好区（县、市）

1985 年，区政府与海南农垦局、武汉市江汉区建立横向联系和友好区。1986 ~ 1989 年，区政府不断加强兄弟区友好往来，至 1989 年 12 月，先后与上海、浙江等省（市）区的 10 个区（县）建立友好区（县），24 个区（县）发展横向联系，并加入江浙沪城区工作研讨会为会员区。1986 年 2 月，区政府与外县区发展友好往来以后，又扩大与外省的横向联系，先后与宁波市海曙区、哈尔滨市香坊区、福建省长泰县、江西省永丰县、甘肃省定西县、绍兴市越城区、杭州市下城区、上海市静安区、闸北区宝山路街道、九江市浔阳区、江西省贵溪市、海口市新华区等发展横向联系。

1990 ~ 1992 年，区政府先后与浙江、福建、陕西等省的 5 个区建立友好区关系。1993 ~ 1998 年，区政府与兄弟城区广泛开展友谊活动，并结成友好城区。1994 年 7 月 3 日，以汪奇燕区长为首的安徽芜湖市新芜区代表团访问京口区。区长贺华平接待，并在华联大酒楼签订友好区协议书。1995 年 3 月中旬，区长贺华平带领考察团到北京市东城区考察交流，双方缔结为友好区，并将多层次、多形式地开展经济、技术联合及科教文卫等方面的交流与合作，互设“窗口”，经销双方的名、特、优、新产品。

2000 ~ 2007 年，区政府先后与南通市崇川区、连云港市连云区、三明市三元区、铜川市王益区、重庆市巫山县、宝鸡市渭滨区、盐城市亭湖区、南京市白下区、黄山市徽州区、徐州市睢宁县、邯郸市大名县等缔结为友好城区。京口科技工业园与上海虹桥临空经济园缔结友好园区。

1983 ~ 2007 年友好区、县（市）情况表

表 15-6

年　份	缔结时间	区（县）名称
1986 年	2 月	浙江省宁波市海曙区
	9 月 27 日	湖北省武汉市江汉区
	10 月 27 日	黑龙江省哈尔滨市香坊区
	11 月 3 日	福建省长泰县
1987 年	6 月 15 日	江西省永丰县
	6 月 23 日	甘肃省定西县
	12 月 18 日	江苏省扬州市广陵区
1988 年	4 月 27 日	江苏省盐城市城区
	5 月 3 日	海南省海口市新华区
	5 月 18 日	江苏省南京市建邺区
1990 年	10 月 15 日	江苏省南通市城区
		其他友好区（县）：绍兴市越城区、杭州市下城区、上海市静安区、上海市闸北区宝山路街道、九江市浔阳区、江西省贵溪市、常州市钟楼区、无锡市北塘区、无锡县、张家港市杨舍镇、苏州市平江区、苏州市金阊区、苏州市沧浪区、新疆 36032 部队等

续表 15-6

年　份	缔结时间	区（县）名称
1991 年	5 月 3 日	浙江省宁波市江北区
1992 年	5 月 11 日	陕西省铜川市城区
	6 月 5 日	福建省三明市三元区
	12 月 22 日	陕西省宝鸡市渭滨区
1994 年	7 月 3 日	安徽芜湖市新芜区
1995 年	3 月	北京市东城区
2000 年	10 月 29 日	重庆市巫山县
2005 年	8 月 26 日	河北省邯郸市大名县
2006 年	6 月 16 日	奥地利萨尔茨堡州渥汾市
		其他友好区（县）：南通市崇川区、连云港市连云区、徐州市睢宁县、铜川市王益区、盐城市亭湖区、南京市白下区、宝鸡市渭滨区等

第四节　服务经济发展

1993 ~ 2007 年，区各级政府为全面落实服务经济发展战略，不失时机地组团出访。1993 年 5 月 8 ~ 18 日，区长贺华平一行 16 人参加江苏赴香港经贸洽谈会，与外商签订合作意向项目 20 个，可行性报告 6 份，合同章程 4 份，项目总投资 2600 万美元，合同利用外资 1200 万美元。1994 年 10 月，京口区在参加市举办的第二届“金山之光”艺术节招商活动中，与 10 个国家和地区外商谈成外资项目 26 个，其中 20 万 ~ 100 万美元项目 16 个，100 万 ~ 500 万美元项目 1 个，1000 万美元以上项目 4 个。总投资 3050 万美元，合同利用外资 4652.96 万美元，注册资本 2317 万美元。这 26 个外商投资项目中，外方平均出资 60.14%。1997 年，区委、区政府提出继续开展“攀高亲项目万里行”活动。区领导带队，以开发区为主体，赴美、法、德、意等国，开展招商引资活动，洽谈后报批化妆品和巨蛋等项目。区领导带领有关乡镇赴新、马、泰及中国香港地区等地开展招商引资活动，分别在中国香港地区和新加坡举办“1997 年京口对外招商项目发布会”，洽谈外资项目 11 个，贸易项目 3 个，其中正式签约外资项目 6 个，总投资 1860 万美元，合同外资 1131.6 万美元。组团参加“1997 年中国投资贸易洽谈会”和“1997 年深圳镇江对外经贸恳谈会”。1998 年，京口区发挥主动引外，以外引外和以优引外的优势，“1998 年镇江国际经贸洽谈会”期间，京口区邀请到会客商 32 人，谈成签约项目 13 个，总投资 3245 万美元，合同利用外资 2564.9 万美元。

2000 ~ 2001 年，全区积极实施“双轮驱动”战略，围绕“思想上创新、工作上创特、服务上创优”主题，加大工作力度，强化服务职能。在省、市洽谈会期间，邀请到会外商 39 人，推进在手外资项目 9 个，总投资 2634 万美元。2003 年，以“招商引资创新年”活动为契机，把招商引资作为“第一要事”，高定位、高速度、高质量、强力度推进，实际利用外资比上年净增 2000 万美元，开创年度利用外资最好成绩，其增长幅度居全市各辖市（区）之首。

2005 年，全区举办 14 场招商活动，接待来访的中国台湾、香港地区及菲律宾、美国团组 44 批，来访客商 300 多人。2007 年，京口区组织 10 批 50 余人赴欧洲、美国、加拿大、新加坡、日本、韩国等国家和中国香港、台湾地区进行公务考察，开展招商引资服务活动。走访 100 多家企业，结识新客商 150 余名，推进项目 50 多个。

第六章　侨务　港澳台事务

1983 ~ 2007 年，区委、区政府重视侨务和港澳台工作，宣传贯彻关于对外开放政策和“和平统一、一国两制”基本方针。依据《中华人民共和国归侨侨眷保护法》（以下简称《归侨保护法》）和《江苏省归侨侨眷保护法实施细则》（以下简称《实施细则》），指导全区侨务工作，以为侨服务宗旨拓展海外联谊，促进京口经济、社会、文化活动交流和发展。各职能部门坚持“为侨胞服务”思想，充分发挥主观能动性，抓好侨务政策落实和侨务法规实施，积极协同有关部门尽力解决归侨、侨眷职称评定、住房困难、工作调动和子女就业以及政策落实中的遗留问题，扎实开展工作，在为归侨侨眷服务方面做出显著成绩。1997 年，京口区旅居国外华侨 5242 人，主要分布在日本、印尼、伊朗、卢旺达、意大利、美国、澳大利亚等 20 多个国家。1998 ~ 2007 年，海外侨胞、港澳同胞为京口区现代化建设事业提供人才、技术、信息资源。同时也使全区了解华侨、华人人口数量、地域分布、发展趋势，以及生活状况和文化心态。全面把握海外华族社会的发展，对华人华侨基本情况做到胸中有数。立足本土、立足当前，对回到京口区投资建设、开展商贸、捐助公益事业、旅游观光的海外侨胞、港澳同胞做到热忱欢迎、周到服务，使京口区有关优惠政策落到实处，给他们及时有效地提供各种信息，为他们在京口区发展创造良好条件，使海外侨胞、港澳同胞切身感受到地方政府和京口人民的深情厚谊。

第一节　侨　务

一、侨务管理

1. 管理机构

1984 年 12 月，京口区成立归侨侨眷联合会（以下简称“区侨联”），管理协调和服务归侨侨眷工作。1985 ~ 1991 年，全区侨务工作由区侨联负责。1992 年 4 月，京口区为与市政府侨务工作对应，建立区政府侨务办公室（以下简称“区侨办”），与归侨侨眷联合会合署办公，业务归口市侨办和区委统战部双重领导。1997 年 9 月 29 日，区委办公室发布文件，明确区侨办挂靠在区委统战部内，两块牌子、一套班子。2006 年 7 月 18 日，区侨务办公室划归区政府办公室。

2. 政策宣传

1984 ~ 1985 年，区侨务工作围绕区中心工作，宣传党的新时期侨务工作政策。1986 ~ 1999 年，全区侨务工作分别采取座谈会、讲座、慰问信、贺年卡、倡议书、参观、例会等形式，多渠道、多层次、多角度宣传侨务工作法律法规。先后组织区人大代表、政协委员、侨眷代表和统战干部学深、学透。制作展牌 1200 多块、印制横幅 2200 多条、发放法规资料 8000 多份、拟订侨法宣传短语 2000 多条，赠送《中华人民共和国归侨侨眷权益保护法》（以下简称《归侨侨眷权益保护法》）入户。

2000 ~ 2001 年，区侨办组织学习讨论会、茶话会、形势报告会和电影招待会等，宣传《归侨侨眷权益保护法》及其《江苏省实施〈中华人民共和国归侨侨眷权益保护法〉办法》（以下简称《实施办法》）。举办“金山之光”艺术节期间，邀请“三胞”（港澳、台湾同胞，海外侨胞）及部分眷属座谈，介绍京口区投资环境和优惠政策，发出 600 余封公开信，动员全区“三胞”眷属利用各种方法、渠道，向海内外亲友广泛宣传京口，为引进资金、技术和项目牵线搭桥。

2002 ~ 2007 年，京口区侨务工作贯彻中共十六大精神，认识侨务工作在新时期经济建设中的重要作用。全区按照科学发展观要求，结合“五五”普法，广泛宣传《归侨侨眷权益保护法》和省《实施办法》等，利用社区侨务这块阵地，举办培训班 10 期，发放侨法宣传资料 8000 份、出黑板报 50 期，送《归侨侨眷权益保护法》到归侨侨眷手中。四牌楼街道在阳光世纪花园设立“侨法宣传角”、开通阳光网站、设立侨法宣传栏，推动社会各界增强侨务法制观念，营造社会依法护侨，依法行政良好氛围。结合京口区实际，把宣传侨务法律、法规、政策作为经常性工作，不定期地在乡镇、街道、社区组织一定规模和声势的宣传活动。

3. 侨眷服务

1983 ~ 1998 年，区侨办帮助侨眷、侨属解决子女入托、入学、转学、高考等 500 多人次，协助侨眷解决房屋拆迁、住房困难、房产纠纷及侨眷、侨属办理出国探亲、会亲，开展法律援助、医疗保健、敬老爱幼、扶贫济困等 200 多人次，并接待、处理来信来访 90 余件（次）。1999 年，区侨办开展“为侨资企业服务行动年”活动。下发《京口区侨办系统开展“兴国利侨”活动的实施意见》，有侨资企业的乡镇、街道确立 1 ~ 2 个联系点，区侨办把东海油脂有限公司作为经常性联系点，多次走访，协调解决实际困难。由于进口食用“毛油”配额紧，生产经营受到影响。区侨办及时提供信息，按正常渠道取得配额。三森电气有限公司与某破产公司经济纠纷多年，诉诸法律。区侨办提供法律帮助，协调，维护侨资企业正当利益。侨属叶子正下岗，其父去世后，遗属补助未落实，生活困难。区侨办、侨联进行协调，帮助落实相关政策。

2001 ~ 2003 年，区侨办学习党的十六大和区委扩大会议精神，为祖国统一服务，为地方经济服务。台胞洪流先生回镇探亲、台属何惠育患病期间，分别上门探视和慰问。台胞葛志富先生回镇探亲在家病逝，为了却葛先生叶落归根的遗愿，区台办为其出具证明，多方联系，妥善处理后事。台属、拥军模范袁雯患病期间，区委、区政府和统战部、台办多次到医院看望慰问。袁雯去世后，健康路街道安排并主持其遗体告别仪式，区四套班子领导、部委办局负责人参加告别仪式。2004 年 4 月，市、区侨办分别走访中盛粮油、震东电光源等侨港企业，了解规模、现状、发展前景及存在的困难，帮助企业排忧解难，提供服务。

2005 ~ 2007 年，区侨办 3 年先后接待来访 60 多人次，来信 10 多封，协调解决华侨子女、回国留学创业人员子女入学 10 多人次，走访慰问归侨侨眷 35 户。

4. 侨属联谊

1983 ~ 1991 年，区侨办和侨联组织各种学习讨论会、茶话会、形势报告会等，宣传侨务政策，加强侨属联谊。1992 ~ 1998 年，全区归侨、侨眷团结一致，为京口经济建设做出新贡献。海内外联络工作有了新发展，参政议政、依法护侨、为侨服务等工作取得良好成效，自身建设也有新发展。在 1996 年 10 月的“金山之光”艺术节期间，邀请部分“三胞”及其眷属座谈，介绍京口区投资环境和优惠政策，并发出 600 余封公开信，动员全区“三胞”眷属利用各种方法、渠道向海内外亲友广泛宣传京口，为引进资金、技术和项目牵线搭桥。1996 年，在美国纽约中文台宣传区皮鹿丹时装有限公司。1997 年，在美国侨报组版介绍、宣传镇江二十一世纪乐园。1997 年 8 月，推选许东林、汪米兰两位侨眷出席江苏省第四次归侨侨眷代表大会。

2000 ~ 2005 年，区侨办努力营造新时期侨务工作良好氛围，不断强化国内侨政基础工作，广泛宣传，认真贯彻落实《归侨侨眷权益保护法》，注重培育和发挥归侨优势，为经济中心服务，为侨服务，圆满完成既定各项目标和任务。不断完善乡镇、街道的侨情资料，增强各级干部维权意识。2006 ~ 2007 年，京口区侨务紧紧围绕中心工作，解放思想，开拓进取，增强全社会依法护侨法律意识，营造爱侨、护侨和谐环境，切实维护归侨侨眷合法权益。

5. 社区侨务

1990 ~ 1999 年，区侨办立足社区，实践“夯实社区侨务工作基础，实现优势互补，坚持双向服务，维护侨眷利益”工作思路，充分调动归侨、侨眷、留学人员亲属的积极性。2000 年，区侨办在健康路街道开展社区侨务工作试点。10 月，市侨办在京口区召开全市社区侨务工作现场会，各县（市）区侨办主任参加。2001 ~ 2004 年，在试点基础上，分别在正东路、四牌楼、大市口街道和谏壁镇全面推行社区侨务工作，成立社区侨务工作领导小组，开展侨情调查，受到省侨办和国务院侨办肯定。2001 年 3 月，健康路街道社区接待省侨办副主任丛建国、侨政处处长陈苏等一行考察指导社区侨务工作。2002 年 6 月，健康路街道被国侨办授予全国侨务工作先进单位。区侨办编印并发放《社区侨务工作手册》，推动全区社区侨务工作全面展开。2003 年 4 月，正东路街道举行社区侨台眷属服务卡发放仪式，发卡 400 张。11 个社区 20 多位侨台代表分别领到侨台眷属服务中心铜牌和服务卡（内容包括家政、家教、水电、法律、下岗再就业、卫生保健等），可享受优先、优质、优惠服务。

2005 ~ 2007 年，进一步拓展社区侨务工作，大力开展招商引资。区侨办根据区内高校集中的特点，将社区侨务工作向辖区内江苏科技大学等高校延伸拓展。江科大社区有侨眷 83 户，留学人员 100 余人，成立江苏科技大学社区留学人员亲属协会，形成社区为侨服务，侨眷为社区做贡献的格局。举行江苏科技大学社区留学人员亲属中秋联谊会，为留学人员亲属送温馨关怀，并通过他们向旅居海外子女、亲友致以祝福。江科大社区获“省社区侨务工作先进单位”荣誉。2006 年，四牌楼街道获“全国社区侨务工作先进单位”荣誉。2007 年 1 月，四牌楼街道在阳光世纪花园举行侨界“迎新春”联谊会暨留学人员亲属协会成立大会。4 月，区侨办召开京口区首届社区侨务工作经验交流会。2007 年 6 月 19 ~ 21 日，京口区举办“华侨华人专业人士创业发展镇江洽谈会”，宣传京口，为海外华人华侨专业人士到京口发展创造条件，为京口高新技术产业发展拓宽渠道。7 月，区委书记胡宗元、副书记孙国平调研全区城乡社区侨务工作。

6. 侨务经济

1984 ~ 1992 年，区侨办与有关经济部门横向合作、纵向争取上级部门支持，不断扩大侨务工作优势，增强为经济服务力量，参与区 20 多次各类经贸洽谈会。1996 ~ 1997 年，区侨办、侨联多次组织人员出访欧洲、美洲、亚洲等 20 多个国家和地区，结交朋友，引进资金 3000 多万美元。1998 年 10 月，镇江国际经贸洽谈会期间，邀请南非和台湾地区客商 26 名参加经贸洽谈会，签订项目，投资总额 1000 多万美元。

2001 年 9 月，“世界华商镇江行”京口洽谈会期间，区侨办与各乡镇、职能部门合作，多方邀请客商 29 名。2003 年 6 月，参加全区“网上招商大比武”活动，发出电子邮件 58 封，联系客商 61 家，收到回复邮件 20 封。邀请加拿大、台湾等地客商参加 2003 年 6 月京口区网上经贸洽谈会。获区“网上招商大比武”竞赛优秀组织奖。7 月，澳大利亚、日本、美国、台湾、上海、海南和浙江义乌、绍兴等国家和地区中外客商 38 人参加 2003 年京口区国际经贸洽谈会统战分团会议，签订 6 项协议，投资总额 11.19 亿元人民币。

2005 年 5 月，区侨办参与“相聚金山，合作双赢”主题活动，分别走访马来西亚华人行业社团总会会长刘磬石、菲律宾工商总会秘书长洪我柏、日本新华侨华人联合会会长许士超，聘请规模大、影响广、实力强的华侨、华人社团 16 人任海外招商顾问等，推荐一批招商引资项目。2007 年 6 月，镇江举办“华侨华人专业人士创业发展洽谈会”，区侨办牵线搭桥，配合政府、招商局做好经济合作项目对接工作。9 月，意大利威尼斯华侨总会副会长曾明增先生到第一楼街步行街实地考察，当场签订购买商铺协议，并于 9 月 18 日参加京口区金秋经贸洽谈会和第一楼街步行街专题招商活动。

二、引进侨资

1983 ~ 1988 年，全区按照“凝聚侨心、汇集侨智、发挥侨力、维护侨益”要求，紧紧围绕区委、区政府中心工作，坚持把握大局、凸显主线、找准定位、力求主动，创造性地做好侨务经济、科技、文化等工作。1990 ~ 1995 年，重视全区“海归”高层人才、侨胞企业发展情况，努力为其营造良好投资经营环境，并共同探讨促进京口发展良方与对策。一如既往地为“海归”、侨胞和侨眷精心做好牵线搭桥工作，提供热情周到跟踪服务，加大宣传力度，引进和帮助更多海外华侨华人高层次专业人才到京口创业。

1996 ~ 1997 年，侨务工作充分利用自身优势，积极开展招商引资活动。多次召开“三胞”眷属座谈会，通报京口区经济建设情况，鼓励其密切与海外联系，积极为全区引进资金、技术、人才，为外向型经济发展、开拓海外市场牵线搭桥。1996 年“金山之光”艺术节期间，区侨办充分利用自身优势，积极招商引资，邀请到参加洽谈会的 6 个国家和地区的 7 个组团 96 名海外客商，正式签订中外合资项目合同，为 6 个单位和企业牵线，初步达成合作意向。1997 年 12 月，全区有侨资企业 57 户，台资企业 16 家，其中独资 2 家，总投资 1245.01 万美元，合同利用台资 603.47 万美元，注册资金 853.94 万美元，实际利用台资 449.43 万美元。

2001 年 9 月的“世界华商镇江行”京口洽谈会是一次高规格、高层次的项目洽谈会。区侨办作为这次活动牵头部门，全力以赴，制订实施方案和工作日程，确保洽谈会顺利进行。区侨办多方争取和联系，在市侨办支持下，邀请到客商 29 名。各有关单位结交一批朋友，初步达成部分合作意向，部分华商表示择日到区商谈合作项目。2002 年 5 月，区侨办结合区情，横向与有关经济部门通力合作，纵向寻求市侨办的支持。区侨办以市侨办组织的“百名博士携手镇江”系列活动为契机，为区各乡镇、街道、开发区、置业集团等单位进行联络，牵线搭桥、推荐项目。9 月，在区赴韩、日招商期间，为招商团邀请到许朝坤等 6 名旅日客商。2003 年 7 月，经贸洽谈会召开前，与市侨办紧密联系，邀请到来自美国、澳大利亚、日本等国客商，并促成美国美华投资集团宁波星普基因研究所与区卫生局合作的精英门诊部项目。

2007 年 6 月 19 ~ 21 日，举办“华侨华人专业人士创业发展镇江洽谈会”。来自美、加、德、澳、日等 11 个国家和地区近百名华侨华人专业人士齐聚镇江，参加由市政府、省侨办联合举办的华侨华人创业发展镇江洽谈会。区侨办做好牵线搭桥工作，配合区政府、区外经贸局做好 IT 及电子信息、环保与新材料等 5 类经济合作项目对接工作，促进有关企业方面与到会专业人士进行广泛洽谈和合作。

三、接受华侨捐赠

1984 ~ 1989 年，区侨办加大《江苏省华侨捐赠条例》（以下简称《华侨捐赠条例》）贯彻力度，规范管理华侨捐赠工作，不断拓展海外华侨捐赠源。1990 ~ 1998 年，旅日华侨许朝坤等人捐赠 40 万日元。1990 ~ 2007 年，京口区先后发放捐赠款 25 万元，资助辖区 150 名贫困学生完成义务教育。2001 年 10 月 19 日，市人大、市侨办检查京口区《华侨捐赠条例》执行情况。全区广泛学习宣传《华侨捐赠条例》，深入开展海外联谊，为捐赠提供前提条件。提出今后要以内促外，充分挖掘和发挥京口区新华侨优势，进一步扩大全区受捐赠数量和范围。10 月 23 日，日本三江公所捐资助学仪式在京口少年宫举行。三江会所理事长蒋成生、李家松、马文璧、陈五九先生一行四人专程到镇，捐款 1 万美元资助京口区贫困小学生。副区长孙辉代表区政府表达谢意。

2002 ~ 2003 年，坚持以《华侨捐赠条例》为准绳，加强对捐赠工作规范化管理，认真做好华侨捐赠款发放工作。发放日本神户三江会所、日本许朝坤先生和香港丁法仁卿、丁俞宝瑜捐赠款 6 万元人民币，资助贫困生 108 名。对发放工作严格管理，做到账目清楚、专款专用、及时发放。

2005 年 5 月 18 日，日本神户三江会所捐赠款 1 万美元支助京口区 50 名贫困学生捐赠仪式，市相关部门负责人出席。会上区政府向日本神户三江会所姜成生先生赠送锦旗。2007 年，严格执行《华侨捐赠条例》，在日常工作中，努力规范捐赠管理工作，大力拓展海外华侨捐赠源，按时发放日本神户三江会所捐赠款，确保开学前发放到位。

第二节　港澳台事务

一、交往合作

1983 ~ 1990 年，全区坚持和贯彻落实中央对港澳台大政方针，积极开展与港澳来往交流与合作。

京口区海外侨胞、港澳同胞以及各界人士捐资助学款额超过3000万元。改革开放后，港澳台同胞回国创办实业，关心家乡公益事业，纷纷捐资办校、设立医院、修桥铺路、筹款赈灾等，改善京口区文化教育、医疗卫生、交通运输和公益福利。1991 ~ 1996年，港澳台同胞不仅带来京口经济建设急需资金，而且带来先进的生产技术、管理经验，加速京口与国际接轨，对于京口区实施"走出去"战略发挥独特作用。

1997 ~ 2007年，京口区学校、医院等公益项目日渐饱和后，港澳台同胞则捐资设立各种公益性、慈善性基金和奖学金。区有关部门不断加强同海外侨胞、港澳同胞开展同乡会、联谊会、校友会、商会、文化协会等团体的联系，做好联谊工作，增强思想感染。加强同港澳台同胞经贸合作和科技交流，进一步扩大同他们的交往，深层次、宽领域、全方位地促进和开展同海外侨胞、港澳同胞经济、科技、文化等方面的交流和合作。

二、交流接待服务

1. 交流

1984 ~ 1995年，全区开展联谊活动，巩固老朋友，结交新朋友。每年利用春节、中秋、国庆、圣诞等节日，举行茶话会、座谈会等，通报情况，交流信息，共叙友谊，增进感情。组织40人代表团去黄山观光旅游，组织"欢度中秋，喜迎国庆，游览长江，参观大港"活动。美国加利福尼亚州联合会会长范震先生一行7人和台胞陆松夫妇应邀一同参加活动。利用侨属联谊会，吸收侨、台属资金自办侨台出租中心等20多个经济实体。

1996 ~ 1997年，全区在积极开展对台工作基础上，广泛进行交流联谊活动，密切对台联系。1996年，推荐4家台资企业参加市台资企业协会，成为首批入会会员单位，并组织参加"海关政策法规知识讲座"和"税法知识讲座"，学法、知法、懂法，切实维护台商合法权益。1998 ~ 1999年，全区充分利用自身优势，开展交流、联谊工作，努力发展台资经济。1999年，经区台办直接牵线搭桥成立两家台资企业，总投资额达716万美元。在厦门经贸洽谈会期间，牵线搭桥，促成台商与谏壁镇签订了投资1000万美元的福鼎芋项目。

2000 ~ 2004年，多渠道开展对台交流，抓好对台经济工作，提高服务水平。区侨联先后参加厦门、上海、镇江京口区国际经贸洽谈会，会见台商30余人，达成项目协议3个。为京口区大地幼稚园园长联系办理赴台手续，实现京口区赴台交流"零"的突破。组织外向型经济基础较好的象山乡、谏壁镇赴台进行经贸考察，为香港富盛源投资有限公司投资成立"医疗保健中心"牵线搭桥。牵头带领乡镇、开发区领导赴昆山参加台商投资洽谈会，结交一批台湾客商。

2. 接待服务

1983 ~ 1991年，区政府接待服务，坚持"积极促进，加强管理，注意引导"原则。每年召开接待工作会议，对各项接待工作进行安排、部署，确保接待工作服务周到、细致。强化台胞接待工作，广交朋友，加强区、镇、村三级接待服务网络建设，对到京口台胞做到接送有车辆，住宿有安排，使其高兴而来，满意而归。1992 ~ 1997年，每年春节前夕，区台办组织人员走访慰问重点困难台胞、台属，并发放慰问金。台属李守贞因房屋拆迁发生抵触，区台办参加协调，缓和矛盾，促成双方达成和解协议。区台办根据中央统战部、人事部、财政部《关于增加部分党外人士生活费的通知》，主动与区民政局、人事劳动和社会保障局、工业公司取得联系，为台湾投诚人员王志坚落实政策，每月为其增加103元收入。促成四牌楼街道两户台属困难户南芬、刘双顶与区卫生局、区国土局结成帮扶对子。1996 ~ 1997年，全区做好台胞接待和管理工作，对凡到京口区探亲的台胞热情接待，对台胞、台属来电、来访，按照信访工作要求，认真处理。掌握常住台胞管理、服务情况，协调处理矛盾，防止突发事件发生。两年接待台胞、台属来信、来电、来访180余人次，办理台胞定居手续4人。

1998 ~ 1999年，区侨联坚持党和国家对台工作方针政策，做好接待工作，努力为台胞排忧解难。两年中，接待台胞260多人次，接待来信、来电、来访300余人次，办理赴台探亲7人次。对回镇探亲台胞上门看望，帮助解决困难。每年多次召开台胞联谊会，加深感情，增进友谊。2000 ~ 2001 年，全区接待台湾“青创会”经贸考察团和台湾彰化县经贸考察团以及台湾台商协会理事长等 200 余人到区考察，签订意向性协议书 5 个。

2004 ~ 2007 年，做好接待工作，努力为祖国统一服务，为发展外向型经济服务。营造亲商、安商、富商环境。元鼎饰材、大捷公司等多家台资企业纷纷增资，元鼎饰材被评为 2004 年度全国台商投资双优企业。完善台商投资服务体系，搭好服务平台。定期走进台资企业，掌握其筹建、生产、经营及管理等方面情况，了解遇到的困难、问题及想法，加以汇报落实解决，并定期听取其对京口投资环境的看法。认真贯彻落实《中华人民共和国台湾同胞投资保护法》，切实为台商排忧解难，帮助台企解决困难。2007 年 9 月 10 日，区侨联接待意大利威尼斯华侨总会副会长曾明增先生到京口区实地考察，开展专题招商活动。

第七章　行政事务管理

1983 ~ 1992 年，区机关事务管理部门，按照“围绕中心，服务大局，保障供给”总体目标，坚持“服务好，态度好，廉政好”机关事务管理要求，结合京口实际，认真做好后勤保障工作，为全区提供优质、高效、便捷服务，确保政府各部门工作正常运转。1993 年，政府信息督查机构建立健全信息安全管理制度、督查制度，制定完善应急预案。1994 ~ 2007 年，机关事务管理处落实信息安全责任制，从科学发展角度认真做好政务信息与督查工作，不断创新工作思路、工作方法和工作机制，努力为政府正确科学超前决策提供高质量、高水平的信息依据。

第一节　机　构

1983 ~ 1996 年，机关事务管理处成立前，区政府办公室设有行政科、房管科、保卫科，负责全区后勤保障工作。1993 年 4 月，成立京口区房屋拆迁办公室，加强对全区房屋拆迁市场管理。同月，成立京口区房屋租赁办公室，为辖区企事业单位办公和个人居住用房中介服务。1994 年 8 月，全区为深化住房制度改革，建立京口区住房制度改革办公室，为一级局建制，列为政府工作部门。1997 年 12 月，京口区成立机关事务管理处（以下简称事务管理处），属区政府办公室管理。设有办公室、财务科、房管科、行政科、保卫科、车队、盛达房地产开发公司，定编 31 人。2001 年，机构改革，对机关事务处下属盛达房地产开发公司实行改制，成为自主经营、自负盈亏、自我发展主体。2007 年，事务管理处编制 29 人。

第二节　机关事务管理

一、房地产管理

1985 ~ 1992 年，区政府成立房地产普查领导小组，下设办公室。各街道分别成立房地产普查办公室，各居委会成立房地产普查小组。1986 年 5 月，区编委会同意增设房产管理股，隶属区政府办公室，定编 4 人，专司区级机关房地产管理。1991 年，区政府办公室制订印发《京口区区级机关干部职工分房暂行办法》。1997 年，区委、区政府下发《关于乡（局）级干部住房申请有关规定的通知》。1998 年，对 100 名住房困难干部职工进行调查摸底，分配、调整 30 套住房。出售机关自管房 198 套，14470 平方米，清缴房租 6 万余元。2001 年，事务管理处采取拍卖方式将 1997 年停业、员工生活陷入困境的区政府招待所产权出让，所筹措资金用于招待所工作人员分流。2003 年，区机关事务管理处按照市“廉租房”工作统一部署，完成近千户“廉租房”申请、审核、调查工作。建立全区廉租住房保障户电子档案系统，建立起廉租住房保障工作长效管理机制。与民政部门、街道沟通，建立“廉租房”保障家庭信息平台，做到应保尽保，完成全区 10 多万户中低收入家庭情况调查。2004 ~ 2007 年，事务管理处按照市“廉租房”保障有关规定，对全区 87 人发放“廉租房”补贴 20 万元。完成全区 20 户困难家庭“廉租房”实物配租、选房工作。

二、机关秩序管理

1984 年，区政府办公室设立保卫科，加强区机关的工作秩序和安全管理。1988 ~ 1989 年，分别下发《消防管理制度》《京口区区级机关办公大楼安全保卫、卫生责任管理办法》。1996 年 11 月，区政府第七次常务会议研究决定，由“两办”（区委办、区政府办）下发《关于区级机关办公大楼的管理办法》，对公用设施、水电、电话等实行规范管理。1998 年，区委、区政府和有关部门建立健全总值班、节假日和夜间值班制度。对机关各要害部门装置保安报警器。协助有关部门进行疏导、劝阻群众上访、集访 100 余批、1000 余人次，确保机关工作秩序和安全。

1999 ~ 2001 年，区机关重新装饰，维修通信、水、电设施 2000 米（次），疏通管道 600 多米。以净化、绿化、美化、亮化为目标，兴建区政府大门，改变京岘山路和丹徒路交会片区污水、道路拥挤等脏、乱、差环境，更换灯具 250 套，清洗外墙 1.3 万平方米，改造卫生间。在道路两侧宜植地段进行绿化，形成乔、灌、花、草结合，点、线、面、环相接的优美景观。对消防设施和消防器材进行维修、更换，对重点火灾隐患部位进行改造。2003 ~ 2004 年，区政府投入 320 万元，在收回机关 2 号楼产权基础上，实施机关 1 号楼和 2 号楼之间过道“架桥”改造，两幢楼连体，拓展空间，改善机关工作人员就餐和工作环境。在门楼和大院外围安装视频监视器，加大安全技防力度。

2006 ~ 2007 年，先后投入 480 万元，机关大楼进行改造，调整办公用房，实现同部门同层办公，降低行政运行成本，加强安全保卫。要害部门装置报警器，对消防设施、器材维护、保养、更换。建立健全晨扫、卫生突击日和划段包干责任制度，坚持长效管理。院内宜植地段实施绿化，达机关占地面积 40% 以上。

三、公务用车管理

1983 ~ 1984 年，区政府有公务用车 1 辆，办公室加强车辆及机驾人员管理。1985 年 4 月，政府办公室下发《关于区级机关汽车管理和使用的暂行规定的通知》，加强区级机关车辆管理，提高机关车辆的使用率和周转率。1990 ~ 1995 年，区政府办下发《京口区机动车辆及机驾人员管理办法》。1993 年 5 月，成立京口区车辆管理监察站，负责全区乡镇、部门车辆安全、年检、驾驶员培训和年审工作。1996 年 1 月，根据市车管所要求和全区车辆管理实际，成立京口区车辆安全管理工作小组，加强全区车辆安全工作。

2000 年，区机关事务管理处注重优化机关公务用车环境，新建车棚 430 平方米，新铺水泥路面 600 平方米，可停放自行车 500 辆、摩托车 150 辆、汽车 10 辆。确保机关干部职工车辆有序停放。2003 年，区机关事务管理处将泵房改造地下，将周边 600 平方米边角地整合为停车场。2004 ~ 2007 年，强化机关大院人员和车辆停放管理。对车棚实施改造，采用优质材料重新加盖，油漆立柱，整体与机关大楼相协调。

第三节　后勤保障

一、为干部职工服务

1998 年，事务管理处筹集 5 万元，成立机关综合服务部，为机关干部职工生活、工作提供方便。1999 ~ 2001 年，为机关干部解决后顾之忧，先后维修桃花坞、青云门、仙鹤巷干部住房，清理黑桥西

29 号化粪池等，为干部职工维修公有住房及各种生活设施派工 1300 人次。2002 ~ 2003 年，事务管理处提高办公自动化水平，机关食堂添置 IC 卡系统，财务、房管等有关科室配备电脑等，实行无纸化办公。2004 ~ 2005 年，改建机关食堂，新建 5 个包厢和客房，改善机关就餐环境。

2006 ~ 2007 年，事务管理处加强软硬件建设，不断拓展食堂服务内涵。创新管理方式，新添立式空调、消毒柜、灭蝇器、快餐盘等设备，从服务、菜肴及主食品抓好管理，不断更新菜肴品种。每周每天菜谱不重复，延长服务时间、改善服务态度、提高服务质量，保证机关干部用餐和会议用餐等。根据机关干部职工需求，理发室、机关综合服务部不断扩展服务项目，增强服务功能，提高机关干部职工生活质量。

二、为区中心工作服务

1984 ~ 1996 年，区政府办公室行政科认真做好为全区中心工作服务和接待会务工作。10 多年中，服务区党代会，人大、政协“两会”，政府组成人员会议和接待工作 380 多场次。1998 ~ 2001 年，事务管理处做好全区接待和会务服务工作，每年区“两会”、区委扩大会、区政府组成人员会议等会议期间，及时做好会场、通讯、交通、食宿等服务安排工作，同时为每年的投资说明会、招商引资洽谈会等各种大中型会议周到服务。圆满完成省部级领导、直辖市领导及中外客商、辖市区企业座谈会等接待任务，为各种大中型会议服务 280 多场次。2002 ~ 2003 年，事务管理处为全区招商引资工作服务，接待客商 300 多批次，筹备招商活动 10 多次。2003 年，按照区委、区政府统一部署，投身抗击“非典”，在最短时间筹备防非指挥部，配齐工作设备，为全区防非工作提供物质保障。同时，制作机关出入证，严防死守，确保机关“非典”零报告率。完成建区 20 周年庆典、“秋的和谐”街头文化节、政府招待酒会等重大任务。2004 ~ 2005 年，事务管理处做好全区招商引资、开工庆典、考察活动等服务保障工作，成功举办金秋经贸洽谈会、“共和之美”第三届街头文化节后勤服务工作。两年接待重要领导及中外客商 700 余批次。参加保持共产党员先进性教育、廉政文化建设等一系列重点工作。

2006 ~ 2007 年，京口区制定《机关事务管理处工作手册》，根据工作特点，规范工作流程。制定公务接待、会务安排、保卫值班、电梯管理等工作规章制度。两年接待省（直辖市）部级领导 6 人，中外客商 500 余批次、5000 余人次。圆满完成辖区企业座谈会、奥地利经贸文化交流团、第六次党代会、加拿大铝业及韩国客商等接待任务。

第四节　京口区招待所

一、伯先路招待所

1984 年，市政府将伯先路招待所整建制移交给区政府，改称京口区人民政府招待所，地点为伯先路 76 号。1985 ~ 1991 年，伯先路招待所由于建筑物陈旧，地理位置偏僻，硬件设施差，交通不便，房间使用率长期不到 45%，常年亏损，在市场环境、消费需求逐步提高情况下，除部分驻镇单位租用外，已失去市场竞争能力，1997 年停业。2001 年，采取拍卖方式，将招待所产权出让，所筹措的资金全部用于招待所工作人员分流。

二、京贸大厦招待所

1991 年 3 月 29 日，京贸大厦建成交付使用后，为解决全区会务、接待等任务，区政府决定在京贸大厦成立区级机关招待所，为全民事业单位，隶属政府办公室，事业编制 22 名，经济上实行独立核算，自负盈亏，有床位 100 张。1992 年 10 月，区划调整后，根据市政府《会议纪要》精神，将京贸大厦移交给润州区。1993 ~ 2007 全区会务接待、经贸交流等活动租用市及驻区机关、学校、部队、企事业单位礼堂、影剧院、招待所。

第五节　驻外省（市）办事处

1992 年 3 月，京口区驻海南省海口办事处成立，主任孙伟。4 月，江里程区长一行 5 人，赴海南省海口市为京口区驻海口办事处挂牌，并就房地产开发等项目进行考察。8 月，副区长孙金林一行 5 人，赴黑龙江省黑河市考察边境贸易，并经黑河市政府批准，设立京口区驻黑河办事处。8 月，京口区在黑龙江省哈尔滨市香坊区设立驻哈尔滨办事处。10 月，京口区驻北京办事处成立，主任李振一。

1993 年 3 月，区政府加大改革力度，加快经济发展，拓宽信息渠道，成立京口区驻深圳办事处，主任何道海。1996 年 6 月，成立京口区驻上海办事处，与江苏置业集团上海京润实业总公司（企业）合署办公。1996 年 12 月，下发《镇江市京口区人民政府驻外办事处管理办法》，进一步发挥驻外办事处作用，为改革开放和发展地方经济服务。2002 年 10 月，京口区东莞办事处挂牌。2003 年，京口区驻外办事处 8 处。2005 年后，贯彻中央、省、市有关精神，京口区驻外省（市）办事处被撤销。

第六节　信息与督查

1983 ~ 1987 年，全区信息工作处于起步阶段，区委办公室统一管理全区信息与督查工作。1988 年，做好信息上报工作，及时反映市、区领导关注的工作，通过信息渠道展示市、区各项工作的新做法、新思路、新成果，使市领导对京口区有更多了解、关注和支持。

1989 ~ 1995 年，全区贯彻中央、省、市信息工作会议精神，加强信息和网络建设，重点搞好信息收集、采编、上报和反馈。区领导要求信息与督查工作必须与京口区经济发展步调一致，真实反映全区各项工作特别是经济工作的发展，为各级领导决策提供科学依据。1993 年，区政府办公室增设信息科。建立健全信息安全管理、督查制度，制定完善应急预案，严厉打击网络犯罪，维护社会和谐稳定。区政府被市政府评为 1995 年度政务信息工作先进集体。1996 ~ 1999 年，《京口信息》围绕区委、区政府中心工作，把握信息工作的“准”和“快”，重点从“九五”规划实施、经济发展方式转变、产业结构转型升级、征地拆迁及重点项目推进、改善民生等方面抓好信息工作，发挥《京口信息》的决策参谋作用。2000 年 12 月，京口区成立政务信息中心。2001 年 2 月，区委办、政府办、宣传部下发《关于全区 2001 年通讯报道用稿指标的通知》，大力宣传京口实施“三产兴区”“双轮驱动”“科技强区”“城市推动”四大战略新做法、新经验。

2002 ~ 2006 年，全区把做好政务信息督查工作列入议事日程，形成主要领导亲自抓，分管领导具体抓，职能科室抓落实的局面。成立由区长任组长、分管领导任副组长，区各部门负责人为成员的政府信息督查工作领导小组，由办公室主要负责具体政府信息督查工作的协调和实施。2007 年 9 月，区政府召开全区信息督查工作会议，进一步推动全区信息督查工作稳步发展。

第十六篇　政协镇江市京口区委员会

政协镇江市京口区委员会（以下简称区政协）是全国政协地方组织，是在中共京口区委领导下，由全区各民主党派、无党派爱国人士、人民团体、各族各界代表人士组成的广泛爱国统一战线组织。1984年5月3日，区委发出《关于成立中国人民政治协商会议镇江市城区第一届委员会第一次会议筹备委员会的通知》，并于5月27日至6月1日召开政协镇江市城区第一届委员会第一次全体会议，正式建立政协镇江市城区委员会。同年10月，改称政协镇江市京口区委员会。至2007年12月，区政协已历六届和七届一次全会。

第一章　区政协委员

1984年5月，中共镇江市城区委员会根据《中国人民政治协商会议章程》(以下简称《政协章程》)，由区政协一至三届委员会在区域内各界别共同协商产生政协委员。1992年10月，区划调整，委员扩大至乡镇、农村、农业等界别。2007年，全区21个界别中有委员190名。区政协历经七届，召开25次全体委员会会议，历次区政协委员会议对全区大政方针和统一战线方面工作，进行协商和审议，民主监督，参政议政。全体与会委员均列席历届区人民代表大会，听取《政府工作报告》和相关报告。同时明确新时期新要求和新任务，选举产生新一届区政协主席、副主席和常务委员会（以下简称“常委会”）。

第一节　区政协委员产生和界别构成

一、政协委员产生

1984年5月3日，区政协筹备委员会成立，由区委、区委统战部和有关部门负责人杨胜、张克敏、俞怀东等15人组成。下设办公室，由区委统战部部长崔修高兼主任。筹备委员会负责区政协第一届第一次会议政协委员协商产生和会议筹备工作。经与辖区内各民主党派、各群众团体、各族各界共同协商，产生由中国共产党、各民主党派、群众团体、工商联、少数民族、归侨侨眷、港澳台同胞、宗教、文化教育、科技、医卫、军队、残联等22个界别，92名委员组成的区政协第一届委员会。1985年，区政协一届六次常委会协商决定，增加2名委员。第一届第二次会议委员为94名。自第二届区政协委员会起委员历有增加，至2007年，区政协第七届第一次全体会议为190名，比第一届委员会增加一倍多。1984～1992年，区政协第一至第三届委员任期3年。1993～2007年，区政协第四至第七届委员任期5年。

二、界别构成

1984～2007年，历届政协委员、常委、正副主席由于工作调动、离退休、病故及其他原因，遇有缺额或变更时，区政协通过协商，在常委会或历次全会期间做到随缺随补。至2007年12月，计增补、变更政协委员、常委、正副主席 20 多人次。

1984 ~ 1989 年，第一、二届政协委员界别构成详见 1992 年出版的《京口区志》。

1990 ~ 2007 年京口区历届政协委员界别构成情况表

表 16-1 （一） 单位：人

届别	时间	委员总数	界别																	
			中国共产党	民主党派	工会	教育	医卫	体育	新闻	少数民族	青年	妇女	工商	文艺	台胞台属	科技	归侨侨眷	宗教	起义投诚	解放军	特邀
第三届	1990.5 ~ 1993.1	104	13	5	8	16	8	2	2	2	4	6	4	2	3	14	6	1	1	1	6

（二）

届别	时间	委员总数	界别																
			中国共产党	民主党派	科学技术	经济	农业	教育	医药卫生	工会	共青团	妇联	侨联	台联	新闻出版	文化艺术	体育	少数民族	宗教	特邀
第四届	1993.2 ~ 1998.1	115	16	6	10	12	6	12	7	6	5	5	4	5	3	2	2	2	1	11

（三）

届别	时间	委员总数	界别														
			中国共产党	工商联	教育	科协科学技术	医药卫生	农业	经济	工会	共青团	妇联	侨联台联	新闻出版	文化文艺体育	少数民族宗教	特邀
第五届	1998.1 ~ 2002.12	102	14	7	1	6	6	7	19	4	5	4	6	4	4	3	12

（四）

届别	时间	委员总数	界别										
			中国共产党	民革	民盟	民建	民进	农工党	无党派人士	九三学社	道教	少数民族	公有制经济
第六届	2003.1 ~ 2007.1	177	57	5	6	9	8	7	74	3	3	1	4

（五）

届别	时间	委员总数	界别																			
			中国共产党	民进	民盟	民建	致公党	民革	农工民主党	九三学社	无党派人士	民族宗教	农业农村	社保	新闻	侨台	群众团体	工商联	科技	医药卫生	经济	社区	其他
第七届	2007.12 ~	190	76	5	5	6	5	4	6	4	14	4	1	5	2	3	4	10	7	2	12	8	7

第二节　历届政协会议

一、第三届委员会

1. 三届一次会议　1990 年 5 月 7 ~ 11 日，区政协三届一次会议在区级机关大楼会议厅举行。出席这次会议的有区政协第三届委员会委员 104 名，在区工作的市政协委员和区各有关部门负责人 39 名应邀列席。会议由副主席吕祖义致开幕词，市政协副主席姚敦本致贺词，中共京口区委书记戚中立到会讲话。区政协主席杨胜代表区第二届政协常委会作工作报告。会议听取和审议提案审查报告，并通过相应决议。会议要求全体政协委员广泛联系各方面人士，更好地贯彻执行党的基本路线，认清当前形势，正视前进中的暂时困难，振奋精神，群策群力，艰苦奋斗，为社会主义现代化建设事业和促进祖国和平统一做出新贡献。会议根据《政协章程》规定，通过民主协商，选举产生区政协常务委员会委员 16 名。选举产生主席和副主席。与会委员列席区三届人大一次会议。

2. 三届二次会议　1991 年 3 月 12 ~ 15 日，在区级机关大楼会议厅举行区政协三届二次会议，96 名委员和 38 名区各有关部门负责人出席和列席会议。区委、区人大、区政府领导应邀出席开幕和闭幕式，市政协、市委统战部领导到会祝贺并讲话。区委书记张克敏讲话，对区政协三届一次会议以来工作给予一定评价，对新一年政协工作提出希望和要求。区政协主席杨胜作区政协第三届常委会工作报告，副主席王桐林作区政协三届一次以来提案工作情况报告和《区政协三届二次会议提案审查情况的报告》。与会全体委员列席区三届人大二次会议。会议要求，全体政协委员和各界人士要认真学习贯彻中共十三届七中全会精神，坚持“四项基本”原则，牢固树立统一战线要为实现第二步战略目标服务的观点，认真履行委员职责，积极参加各项活动，同心同德，踏实工作，为完成本次会议提出的各项任务而努力奋斗。

3. 三届三次会议　1992 年 2 月 17 ~ 20 日，区政协三届三次会议在区级机关大楼会议厅召开，出席会议的有第三届政协委员 95 名。在区工作的市政协委员和区各有关部门负责人 56 名应邀列席会议。与会委员集中学习中共十三届八中全会文件，听取和讨论区委书记张克敏讲话，审议并通过区政协主席杨胜所作的《常委会工作报告》和副主席王桐林作的《区政协三届二次会议以来提案工作情况报告》和《区政协三届三次会议提案审查情况报告》。与会委员列席区三届人大三次会议。会议要求，全区政协委员和各界人士要认真学习贯彻中共十三届八中全会精神，坚持“四项基本”原则，坚持改革开放，认真履行委员职责，参政议政，开拓进取，同心同德，踏实工作，努力完成大会提出的各项任务，以优秀的成绩向中国共产党第十四次代表大会献礼。会议还表彰三届一次会议以来 15 名提出优秀提案的委员和 10 个提案办理先进单位。

二、第四届委员会

1. 四届一次会议　1993 年 2 月 8 ~ 12 日，区政协四届一次全委会议在区级机关大楼会议厅举行，109 名区政协委员，37 名在区工作的市政协委员和区各有关部门负责人出（列）席会议。市政协副主席张信澄到会祝贺，区委书记张克敏到会讲话。政协主席杨胜代表区第三届政协常委会作工作报告，周希祥作提案工作情况报告。会议听取并审议副主席陆彩云作的《区政协四届一次会议提案审查情况的报告》，并通过相应决议。会议期间，全体委员列席区四届人大一次会议。根据《政协章程》规定，经过民主协商，选举产生政协京口区第四届委员会、常务委员 21 名，选举姜辉为区政协第四届委员会主席，严良初、陆彩云、贾沛渝、徐继业为副主席。

2. 四届二次会议　1994 年 2 月 22 ~ 26 日，区政协四届二次全委会议在东门工人文化宫举行。出席会议有委员 111 名，42 名在区工作的市政协委员和区各有关部门负责人应邀列席会议。市政协副主席邬伯翔应邀出席开幕式，区委、区人大、区政府领导出席开幕和闭幕式。区委书记江里程和市政协领导到会讲话；会议听取并审议区政协主席姜辉所作《常务委员会工作报告》和副主席陆彩云所作《提案工作情况报告》；听取《区政协四届二次会议关于提案审查情况的报告》；与会全体委员列席区人大四届二次会议。会议要求，全体政协委员要以邓小平建设有中国特色社会主义理论为指导，认真贯彻落实中共十四届三中全会精神和全国统战工作会议精神，围绕区委、区政府中心工作，认真履行协商监督职能，为加快本区改革和两个文明建设献计献策。

3. *四届三次会议* 1995年2月27日至3月3日，区政协四届三次全委会议在东门工人文化宫举行。109名（病假2名）政协委员出席，42名在区工作的市政协委员和区各部门负责人列席会议。会议听取区委书记江里程和市政协副主席邬伯翔讲话；听取并审议区政协主席姜辉所作《常务委员会工作报告》和副主席陆彩云所作的《四届二次会议以来提案工作情况报告》，审议并通过《区政协四届三次会议关于提案审查情况的报告》。与会委员列席区人大四届三次会议。会议增选钟程发、华梅芬为区政协副主席。

4. *四届四次会议* 1996年3月11 ~ 14日，区政协四届四次全委会议在区机关大楼会议厅举行。112名政协委员、39名在区工作的市政协委员和区各有关部门负责人出（列）席会议。会议听取区委书记江里程重要讲话；听取并审议区政协副主席严良初所作的《常委会工作报告》和副主席陆彩云所作的《四届三次会议以来提案工作情况的报告》；与会委员列席区人大四届四次会议，听取并讨论代区长孙纪英所作的《政府工作报告》、副区长贾国祥所作的《关于〈镇江市京口区国民经济、社会发展“九五”计划和2010年远景目标〉（草案）编制情况的报告》和其他有关报告。会议经过协商酝酿，补选张朝爱为区政协四届委员会主席，补选支正辉、谢红星为区政协四届委员会常委。

5. *四届五次会议* 1997年3月3 ~ 6日，区政协四届五次会议在区机关办公大楼会议厅举行。115名政协委员和35名在区工作的市政协委员和区有关部门负责人出（列）席会议。市政协主席黄选能到会祝贺。区委、区人大、区政府应邀出席开幕式和闭幕式。区委副书记秦光华到会讲话。会议听取并审议区政协主席张朝爱所作的《常委会工作报告》和副主席陆彩云所作的《四届四次会议以来提案工作情况的报告》；审议并通过《区政协四届五次会议关于提案审查情况的报告》；与会委员列席区人大四届五次会议。会议经过协商酝酿，补选丁伟民、朱新耕、陈国金为区政协四届委员会常委。

三、第五届委员会

1. *五届一次会议* 1998年1月2 ~ 6日，区政协五届一次全委会议在区级机关大楼会议厅举行。112名政协委员、32名在区工作的市政协委员和区各有关部门负责人出（列）席会议。会议听取区委书记秦光华的讲话；听取并审议区政协主席张朝爱所作的《常委会工作报告》和副主席陆彩云所作的《四届五次会议以来提案工作情况的报告》；列席区人大五届一次会议。会议经过民主协商，选举产生政协京口区第五届委员会、常务委员21名；同时选举产生区政协第五届委员会主席和副主席。

2. *五届二次会议* 1999年1月17 ~ 20日，区政协五届二次全委会议在区级机关大楼会议厅举行。116名政协委员、33名在区工作的市政协委员和区有关部门负责人出（列）席会议。市政协副主席昌万海到会祝贺。区委、区人大、区政府领导应邀出席开幕式和闭幕式，区委书记秦光华到会讲话。会议听取并审议区政协主席张朝爱所作的《常委会工作报告》和副主席陆彩云所作的《五届一次会议以来提案工作情况的报告》；与会委员列席区人大五届二次会议，听取并讨论区长孙纪英所作的《政府工作报告》和其他有关报告。会议补选梁正逢为区政协第五届副主席。

3. *五届三次会议* 2000年1月17 ~ 20日，区政协五届三次全委会议在区级机关大楼会议厅举行。123名政协委员、33名在区工作的市政协委员和区各有关部门负责人出（列）席会议。市政协副主席昌万海到会祝贺。会议听取并审议区政协主席张朝爱所作的《常委会工作报告》和区政协副主席陆彩云所作的《五届二次会议以来提案工作情况的报告》；与会委员列席区人大五届三次会议。预备会上还表彰了先进委组、优秀委员和优秀提案。

4. *五届四次会议* 2001 年 1 月 7 ~ 11 日，区政协五届四次全委会议在区级机关大楼会议厅举行。142 名政协委员、35 名在区工作的市政协委员和区各有关部门负责人出（列）席会议。市政协副主席陈冬姣到会祝贺。区委、区人大、区政府领导应邀出席开幕式和闭幕式。会议听取并审议区政协主席张朝爱所作的《常委会工作报告》和副主席陆彩云所作的《五届三次会议以来提案工作情况的报告》；列席区人大五届四次会议，听取并讨论代区长沈柯章所作的《政府工作报告》、副区长孙国平所作的《关于〈京口区国民经济、社会发展第十个五年计划〉（草案）的说明》和其他有关报告。会议补选贾国祥为区政协第五届主席，谢志荣为副主席。

5. *五届五次会议* 2002 年 1 月 21 ~ 24 日，区政协五届五次全委会议在区级机关大楼会议厅举行。152 名政协委员、23 名在京口区工作的市政协委员和区各有关部门负责人出（列）席会议。市政协副主席陈冬姣到会祝贺。会议听取区委书记宦祥保的讲话；听取并审议区政协主席贾国祥所作的《常委会工作报告》和副主席陆彩云所作的《五届四次会议以来提案工作情况的报告》；审议并通过《区政协五届五次会议关于提案审查情况的报告》；与会委员列席区人大五届五次会议。会议还补选沈霄翱、杨恒兴、张宁生为区政协五届常委。

四、第六届委员会

1. *六届一次会议* 2003 年 1 月 5 ~ 9 日，区政协六届一次全委会议在区级机关大楼会议厅举行。172 名区政协委员，14 名在京口区工作的市政协委员和区有关部门负责人出（列）席会议。会议听取区委书记冯士超的讲话；听取并审议区政协主席贾国祥所作的《常委会工作报告》和副主席陆彩云所作的《六届一次会议关于提案审查情况的报告》；与会委员列席区人大六届一次会议。会议根据《政协章程》规定，通过民主协商、选举产生区政协六届委员会主席、副主席和常务委员。会议还向全体委员发出“献上一条好建议，推荐一位好客商，引进一个好项目”的倡议，要求各委员发挥主观能动性，积极参与全区招商引资工作，群策群力打造京口蓄势起飞的新“亮点”，以优异成绩向建区 20 周年献礼。

2. *六届二次会议* 2004 年 1 月 4 ~ 6 日，六届二次全委会议在区级机关大楼会议厅举行。172 名政协委员、17 名区有关部门负责人出（列）席会议。会议听取区委书记冯士超的讲话；听取并审议区政协主席贾国祥所作的《常委会工作报告》和副主席沈成钧所作的《六届一次会议以来提案工作情况的报告》；与会委员列席区人大六届二次会议。区政协六届二次会议提出，常委会工作要提高三种能力（把握大局能力、组织指挥能力、创新思维能力）和弘扬两种精神（奉献精神、民主精神），切实把政协常委班子打造成学习型组织、服务型团队、团结型班子、实干型集体。

3. *六届三次会议* 2005 年 1 月 4 ~ 6 日，六届三次全委会议在区级机关大楼会议厅举行。176 名区政协委员、12 名区有关部门的负责同志出（列）席会议。会议听取区委书记冯士超的讲话；听取并审议区政协主席贾国祥所作的《常委会工作报告》和副主席沈成钧所作的《六届二次会议以来提案工作情况的报告》；与会委员列席区人大六届三次会议。会议期间，还表彰 2 个先进委组、8 个提案承办单位和 20 多名优秀委员、6 件优秀提案。

4. *六届四次会议* 2006 年 1 月 4 ~ 6 日，区政协六届四次全委会议在区级机关大楼会议厅举行。168 名政协委员、11 名区有关部门负责人出（列）席会议。会议听取区委副书记童国祥代表区委所作的讲话；听取并审议区政协主席贾国祥所作的《常委会工作报告》和副主席沈成钧所作的《六届三次会议以来提案工作情况的报告》；与会委员列席区人大六届四次会议，听取并讨论区长童国祥所作的《政府工作报告》和“十一五”规划编制情况的说明。区政协在六届四次会议期间，提出常委会工作要具体做到：突显独特优势，奋力构建和谐京口；狠抓重点工作，奋力提升履职成效；升华主题特色，奋力打造有为形象；矢志创新发展，奋力推进团队建设。

5. *六届五次会议* 2007 年 1 月 15 ~ 17 日，区政协六届五次全委会议在区级机关大楼会议厅举行。177 名区政协委员、14 名区有关部门负责人出（列）席会议。会议听取区委书记胡宗元代表区委所作的讲话；听取并审议区政协主席贾国祥所作的《常委会工作报告》和副主席沈成钧所作的《六届四次会议以来提案工作情况的报告》;与会委员列席区人大六届五次会议。会议期间，还表彰区政协先进委组、提案承办单位、优秀委员和优秀提案。30名政协委员展示参政议政精神面貌的优秀摄影作品受到表彰。其中一等奖2名，二等奖3名，三等奖5名，优秀奖20名。

五、第七届委员会

2007年12月23 ~ 26日，区七届一次全委会议，在区级机关大楼会议厅举行。190名政协委员和19名区有关部门负责人出（列）席会议，14名已离退休的区领导也列席会议。会议听取区委书记胡宗元的讲话；听取并审议区政协主席贾国祥所作的《常委会工作报告》和副主席沈成钧所作的《提案工作情况报告》；与会委员列席区人大七届一次会议。会议通过民主协商，选举产生区政协七届委员会主席、副主席、秘书长和常委。会议号召全体政协委员和各界人士，在中共京口区委领导下，肝胆相照，荣辱与共，发扬优势，善谋实干，全力建设责任政协、亲民政协、活力政协，在京口跨越奋起、快速提升、建设苏南一流城区的征程中，实现新作为、创造新业绩，做出新贡献。

1984 ~ 2007年京口区政协历届正、副主席名表

表16-2

届别	职务	姓名	性别	籍贯	任职时间（年、月）	党派
第一届	主席	杨胜	男	江苏金坛	1984.5 ~ 1987.5	中共
	副主席	俞怀东	男	江苏镇江	1984.5 ~ 1986.1	中共
		崔修高	男	山东平度	1984.5 ~ 1987.5	中共
		王桐林	男	北京	1984.5 ~ 1987.5	农工
		尹乃强	男	江苏镇江	1984.5 ~ 1987.5	民革
		宋祖仪	男	河南林县	1984.5 ~ 1987.5	中共
第二届	主席	杨胜	男	江苏金坛	1987.5 ~ 1990.5	中共
	副主席	崔修高	男	山东平度	1987.5 ~ 1990.5	中共
		王桐林	男	北京	1987.5 ~ 1990.5	农工
		宋祖仪	男	河南林县	1987.5 ~ 1990.5	中共
		陆彩云	女	江苏镇江	1987.5 ~ 1990.5	民盟
		陈宝和	男	江苏泰兴	1989.5 ~ 1990.5	中共
第三届	主席	杨胜	男	江苏金坛	1990.5 ~ 1993.12	中共
	副主席	吕祖义	男	江苏镇江	1990.5 ~ 1993.12	中共
		王桐林	男	北京	1990.5 ~ 1992.3	农工
		陆彩云	女	江苏镇江	1990.5 ~ 1993.12	民盟
		贾沛渝	男	江苏镇江	1990.5 ~ 1993.12	“九三”学社
第四届	主席	姜辉	男	山东平度	1993.2 ~ 1995.5	中共
		张朝爱	男	江苏睢宁	1996.3 ~ 1997.12	中共
	副主席	严良初	男	江苏武进	1993.2 ~ 1997.12	中共
		陆彩云	女	江苏镇江	1993.2 ~ 1997.2	民盟
		贾沛渝	男	江苏镇江	1993.2 ~ 1997.12	“九三”学社
		钟程发	男	江苏兴化	1995.3 ~ 1997.12	中共
		华梅芬	女	江苏无锡	1995.3 ~ 1997.12	“九三”学社
		徐继业	男	浙江温州	1993.2 ~ 1997.12	—

续表 16-2

届　别	职　务	姓　名	性　别	籍　贯	任职时间（年、月）	党　派
第五届	主　席	张韩爱	男	江苏睢宁	1998.1 ~ 2002.12	中共
		贾国祥	男	江苏丹徒	2001.1 ~ 2002.12	中共
	副主席	严良初	男	江苏武进	1998.1 ~ 1998.8	中共
		梁正逢	男	江苏高邮	1999.1 ~ 2002.12	中共
		陆彩云	女	江苏镇江	1998.1 ~ 2002.12	民盟
		贾沛渝	男	江苏镇江	1998.1 ~ 2001.1	“九三”学社
		钟程发	男	江苏兴化	1998.1 ~ 2002.12	中共
		谢志荣	男	江苏丹徒	1998.1 ~ 2002.12	致公党
第六届	主　席	贾国祥	男	江苏丹徒	2003.1 ~ 2007.12	中共
	副主席	朱长龙	男	江苏邗江	2003.1 ~ 2007.12	中共
		谢志荣	男	江苏丹徒	2003.1 ~ 2007.12	致公党
		姜厚荣	男	江苏镇江	2003.1 ~ 2007.12	中共
		陆春生	男	江苏海安	2003.1 ~ 2007.12	—
		沈成钧	男	浙江绍兴	2003.1 ~ 2007.12	民进
第七届	主　席	贾国祥	男	江苏丹徒	2007.12 ~	中共
	副主席	朱长龙	男	江苏邗江	2007.12 ~	中共
		谢志荣	男	江苏丹徒	2007.12 ~	致公党
		姜厚荣	男	江苏镇江	2007.12 ~	中共
		陆春生	男	江苏海安	2007.12 ~	—
		沈成钧	男	浙江绍兴	2007.12 ~	民进

第二章　区政协常委会

1984 年 5 月，区政协第一届第一次全体会议期间，选举产生区政协常委会。此后，由每届全体委员会第一次会议选举产生。第一届到第三届，常委会每届任期 3 年，第四届起，每届任期 5 年。

1984 年 5 月至 2007 年 12 月，召开常委会议 121 次。区政协常委会议由主席、副主席、办公室主任、常务委员组成，一般每季度举行一次。主要职能是：召集并主持区政协全委会议；组织实施《政协章程》规定的任务；执行上级政协和区政协全委会决议；在全委会闭幕期间，审议通过提交区政府的重要建议提案；决定区政协工作机构的设置和变动以及人事任免事项。会议任务：听取区委、区政府及其所属部门有关全局重大问题决策、措施及其实施情况报告和说明，并进行协商讨论，提出意见、建议和批评；讨论决定常务委员会会务工作中重大问题；审议常务委员会向全委会所作工作报告；协商讨论全区三个文明建设以及群众关心的生产、生活重大问题，提出建议和意见；审议各组委提出工作报告和计划；审查重要视察报告、专题调查报告和提案。

第一节　历届常委会

一、第一届常委会

1984 年 6 月 22 日召开第一届第一次常委会，副主席俞怀东汇报参观学习情况并讨论决定设置区政协工作机构，研究常委会分工、制度建设以及各机构的人事安排等。同年 10 月 25 日，召开第一届第二次常委会，主要审议区政协成立以来工作情况；通报中共镇江市城区首届党代会概况和全区经济工作情况。1985 年，召开 7 次常委会，主要是学习中共中央、国务院有关文件；听取区委常委、区纪委书记王一民通报京口区整党工作情况；讨论修改区政协一届一次常委会工作报告和提案处理情况报告；通报区委领导班子变动情况等。

1986 年召开 5 次常委会。主要提出加强工作组（委）之间横向联系，调整工作组（委）设置，扩大工作组（委）活动面；研究增补区政协一届常委会委员；学习中共中央政治局委员、书记处书记习仲勋在全国地方政协工作座谈会上的讲话和中共镇江市委《关于进一步发挥人民政协政治协商、民主监督作用的通知》；听取区政府领导关于全区经济情况通报，区文教局、城管办汇报全区教育和城管工作情况。

二、第二届常委会

1987 年召开 6 次常委会。主要学习《中共中央〈关于向全体共产党员和干部群众传达邓小平同志关于当前学生闹事问题的讲话要点〉的通知》和《人民日报》关于《坚持四项基本原则是搞好改革开放的根本保证》元旦献词，以及中共镇江市委关于县、区政协换届工作会议精神。讨论和通过区政协换届工作方案；讨论和决定召开区政协二届一次会议有关事宜，协商区政协第二届委员会委员人选；讨论确定区政协二届委员会工作机构设置；听取区政府领导关于全区上半年经济工作情况通报等。1988 年召开 5 次常委会议。主要是学习中共十三届三中全会公报。要求政协委员以主人翁精神发挥民主监督作用，积极协助区政府认真治理经济环境、整顿经济秩序。还听取区政府关于全区经济工作、财政计划执行及《中华人民共和国统计法》贯彻执行情况通报等。

1989 年召开 5 次常委会议，主要学习全国政协七届四次常委会通过的《政协全国委员会关于政治协商民主监督的暂行规定》，制定《政协镇江市京口区委员会关于政治协商民主监督的暂行规定》（由中共镇江市京口区委转发）；听取区委书记毛善复通报中共镇江市京口区委二届三次全委扩大会议概况；传达学习中共中央《关于进一步治理整顿和深化改革的决定》等文件；研究通过区政协换届工作意见。

三、第三届常委会

1990 年召开 6 次常委会议。主要通报中共镇江市委二届二次全委扩大会议精神；学习《中共中央关于坚持和完善中国共产党领导的多党合作和政治协商制度的意见》；学习江泽民总书记在全国统战工作会议上的讲话和学习中共江苏省委《关于贯彻〈中共中央关于加强统一战线工作的通知〉的意见》。

1991 年召开 6 次常委会议。学习中共十三届七中全会公报，听取区计划经济委员会关于京口区国民经济和社会发展“八五”计划及十年设想。学习江泽民总书记在十三届七中全会闭幕时讲话和李先念主席在全国政协七届四次会议闭幕时的讲话；听取区政府领导关于“贸易兴区”实施意见的通报。1992 年召开 7 次常委会议。主要学习江泽民总书记在中共十三届八中全会上的讲话；学习《人民日报》社论“用建设有中国特色社会主义理论武装全党”；传达学习中共镇江市京口区委《关于加强改革，发展经济的意见》，协商通过《区政协换届工作意见》。

四、第四届常委会

1993 年召开 3 次常委会议。听取区委常委、区长、副区长分工，区四套班子领导分工重点项目和乡镇、街道挂钩、联系点情况；协商决定区四届政协工作机构设置，主席、副主席、常委分工及专门委员会负责人。学习李瑞环、叶选平、吴学谦等全国政协领导在全国政协八届二次常委会上的讲话。学习江泽民总书记在中纪委二次全会上的重要讲话，听取区开展反腐败斗争的情况汇报。1994 年召开 5 次常委会议。主要听取京口区社会治安综合治理及乡镇村规划建设情况和《中华人民共和国义务教育法》《中华人民共和国教师法》宣传贯彻情况通报。学习中央经济工作会议、区委工作会议和市政协提案工作会议精神。1995 年召开 4 次常委会议。学习座谈江泽民在新春茶话会上发表的《为促进祖国统一大业的完成而继续奋斗》重要讲话。听取税制改革和京口区税收工作情况通报。听取“科教兴区”战略实施和全区重点工程、规模企业运行情况通报。1996 年召开 6 次常委会议。协商通过区政协四届四次会议议程和日程安排；审议并原则通过常委会工作报告和提案工作情况报告。学习全国政协四届四次会议精神。主席张朝爱就加强常委会自身建设提出要求。1997 年召开 6 次常委会议。学习全国政协四届五次会议精神；听取《中华人民共和国行政处罚法》贯彻实施情况的通报；专题听取区教育局“实施‘科教兴区’战略，全面启动教育现代化工程情况”和区农经局“关于发展特色农业情况的通报”。作出关于深入学习中共十五大精神的决议；通过区政协换届工作意见。

五、第五届常委会

1998 年召开 5 次常委会议。传达学习市政协四届一次会议精神。听取区计经局“关于全区经济结构调整工作情况”和区工商联“关于全区个体私营经济发展情况”通报。听取全区重点项目建设和《中华人民共和国价格法》贯彻落实情况通报。1999 年召开 5 次常委会议。主要学习中共中央“三讲”文件精神；听取全区外向型经济和三产发展情况。听取讨论区纪委、监察局关于开展反腐倡廉工作情况和区民政局关于民政工作情况通报；学习中共十五届四中全会精神和江泽民总书记在庆祝人民政协成立 50 周年大会上讲话。2000 年召开 5 次常委会议。主席张朝爱就深入开展“三讲”教育，努力加强常委会自身建设提出要求，研究区政协领导班子“三讲”教育整改方案，传达学习全国政协九届三次会议精神。听取并讨论全区党风廉政建设及城管工作情况通报。组织学习江泽民总书记在中央思想政治工作会议上的讲话和在全国统战工作会议上江泽民总书记、李瑞环主席的讲话。

2001 年召开 6 次常委会议。传达学习市政协四届四次全委会精神，审议通过区政协全年工作要点、工作计划和专委会工作计划。研究确定全国六省（市）二十七区县（市）政协工作研讨会筹备工作初步方案。传达全市各县（市）区政协主席座谈会精神。学习江泽民同志“七一”重要讲话和在中共十五届六中全会上的讲话。2002 年召开 6 次常委会议。作出召开区政协五届五次会议的决定。学习全国政协九届五次会议精神；专题听取区国土资源局关于土地管理工作情况、象山乡台资企业发展情况、国税三分局和地税京口分局工作情况通报。组织学习郑培民同志先进事迹；还听取区监察局和审计局关于全区反腐倡廉工作情况和审计工作情况通报。

六、第六届常委会

2003 年召开 5 次常委会。通过区政协 2003 年度工作计划、工作要点、重点调研课题及各专委会工作计划。听取区民政局和四牌楼街道关于社区建设情况以及社区居委会运行情况通报；听取并讨论区审计局、监察局和区政府办公室关于全区审计工作情况、反腐倡廉工作情况和区政协六届一次会议以来提案办理情况通报。组织学习中共十六届三中全会主要精神。2004 年召开 4 次常委会议。听取扬中市政协相关情况介绍，组织参观扬中市和部分重点工程。确定大力开展创业活动、集中探讨新民洲工业集中区建设。专题听取全区开放型经济、文化工作和精神文明建设情况通报。举办创业论坛。区委书记冯士超要求区政协继续采取多种形式表现创业主题，进一步宣传创业典型，激励更多人投身创业。2005 年召开 4 次常委会。确定全年围绕构建和谐京口，推动“无村区”建设，挖掘近郊服务业发展潜力，强化龙头项目，带动发展规模经济、特色经济。听取全区提案办理、审计和反腐倡廉工作情况通报。会议还集中学习中共十六届五中全会精神，组织常委进行学习考察。

2006 年召开 3 次常委会。确定全年开展“三作为”（参与经济建设有作为，以招商引资为重点，广集信息，牵线、搭桥；投身社区建设有作为，组织“百名委员下社区”，与社区共同研究新形势、新课题，力争出成果、出成效；推动软环境建设有作为）活动。结合全区“软环境建设年”，调研区招商中心、乡镇招商中心及街道经济服务中心运作情况，推进市、区相关文件、政策的落实。听取全区经济运行和财政预算决算情况通报；学习全国政协主席贾庆林在视察江苏时的重要讲话和区第六次党代会精神。分别听取并讨论区发改委、外经局、新民洲港口产业园招商引资及区内四个重点企业项目建设情况通报和区政府办公室提案办理情况通报。2007 年召开 5 次常委会议。听取六届五次全委会议筹备情况汇报；审议通过区政协常委会工作报告和提案工作报告；到句容市政协进行工作交流和 2007 年工作部署；研究通过区政协全年工作计划、要点和全年工作安排；协商通过委员任免事宜。听取并讨论全区经济运行情况和财政预算情况通报。审议通过区建设局民主评议情况的通报。组织学习中共十七大报告。听取七届一次会议筹备情况汇报；审议通过区政协常委会工作报告和提案工作报告；协商通过委员调整相关事项；作出召开区政协七届一次会议的决定。

1984 ~ 2007 年，区政协召开过 272 次主席会议。主席会议是根据区政协全年工作计划的安排，听取有关部门专题汇报，并提出建议，开展视察、调研，提案督办和学习交流等。

第二节　机构设置

1984 年 6 月，区政协第一届第一次会议决定设立办公室，作为常务委员会的常设办事机构。同时，设立 2 个专门委员会和 7 个工作组。委员按工作性质和专长参加各工作组（委）活动。1993 年，政协第四届常委会设立办公室，并将工作组改称委员会。2007 年 7 月，区政协组织机构调整为 1 办 5 委，各委（办）按其职能，各司其职。

1984 ~ 2007 年历届京口区政协机构设置情况表

表 16-3

届　别	时　间	机　构	办公地址
第一届	1984.5 ~ 1986.4	办公室、学习委员会、提案工作委员会、经济技术咨询服务组、城市管理工作组、祖国统一工作组、文教工作组、医卫工作组、工商工作组、妇幼工作组	白莲巷 24 号
第二届	1986.4 ~ 1989.12	办公室、学习委员会、提案工作委员会、经济建设工作组、财贸工作组、科技工作组、祖国统一工作组、城管工作组、文体工作组、教育工作组、医卫工作组、妇幼工作组	中山东路 279 号
第三届	1990.5 ~ 1993.1	办公室、学习委员会、提案工作委员会、经济建设工作组、财贸工作组、科技工作组、祖国统一工作组、城管工作组、文体工作组、教育工作组、医卫工作组、妇幼工作组	中山东路 279 号
第四届	1993.2 ~ 1998.1	办公室、学习委员会、提案工作委员会、经贸科技委员会、祖国统一联谊会、城乡工作委员会、文化教育委员会、卫生体育委员会	1993.4 因腾让机关办公楼迁至凤凰岭饭店；1995.5, 新办公楼建成迁址丹徒路 39 号
第五届	1998.1 ~ 2002.12	办公室、提案委员会、学习和法制委员会、经济和科技委员会、社会事业和海外联络委员会	丹徒路 39 号至 2003 年改称学府路 39 号
第六届	2003.1 ~ 2007.1	办公室、提案委员会、学习和法制委员会、经济和科技委员会、社会事业和海外联络委员会、文史资料委员会	学府路 39 号
第七届	2007.12 ~	办公室、提案委员会、学习和法制委员会、经济和科技委员会、社会事业和海外联络委员会、文史资料委员会	学府路 39 号

第三章　提案工作

1984 ~ 2007 年，区政协围绕全区中心工作和人民群众普遍关心热点、难点问题，积极参政议政、献计献策，提交提案 3023 件，立案 2974 件，提案办复率为 100%，委员满意率为 98%。对全区经济建设和社会发展起到积极作用。提案内容涉及政治、经济、城建、农村、就业、环保、社保、文化、教育、医卫、廉政建设和社会生活等各个方面。

20 多年来，区政协始终把提案工作作为全体政协委员履行政治协商、民主监督、参政议政职能重要形式。提案提出和办理过程是区委和区政府通过人民政协密切联系群众，广泛了解社情民意，广开言路，广纳良策过程，也是推进社会主义民主政治建设、保证人民民主权利实现过程。区政协把提案工作作为坚持和完善中国共产党领导的多党合作和政治协商制度一种重要载体，是协助区委、区政府实现决策民主化、科学化一条重要渠道。

第一节　提案办理

1984 ~ 2007 年，区政协所办理提案是指委员和参加政协党派、人民团体和区政协专门委员会在政协全体会议期间提出或向常务委员会提出，经提案审查委员会或提案委员会审查立案后，按归口管理原则，送交有关单位承办的意见和建议。经审查不予立案的分别以适当方式转送有关单位研究、参考，并通知提案人。对在全体委员会议期间提交的提案召开承办单位会议集中交办；闭会期间提交的提案随时交办。提案办理结果由承办单位向提案人反馈。其间，区委、区政府每年都召开提案交办会，把提案办理列入目标管理，实行办案单位办案人责任制。区委、区政府领导领衔办理重点提案，使提案办理质量不断提高。区政协坚持主席、副主席领衔督办重点提案，定期开展提案办理情况民主评议活动。区政协还每两年评选和表彰优秀提案和优秀委员，先后表彰先进委组 27 个、优秀委员 101 名、优秀提案 120 件、先进提案承办单位 58 家。区政协第一届至第六届委员会历时 23 年，随着政协委员关注民生理念深化，言路顺畅，历届政协提案总量呈上升趋势。区政协第一届委员会期间，提案 260 件，至第六届政协委员会期间达 855 件，增加 2.3 倍。1984 ~ 2007 年，区政协收到委员提案 3023 件，其中立案 2974 件，立案率达 98.4%，提案办复率为 100%，委员满意率为 98%。

1984 ~ 2007 年京口区政协历届提案办理情况表

表 16-4　　单位：件、%

届　次	提案数	立案数	立案率	办复率	满意率
合　计	3023	2974	98.40	100	—
第一届	260	259	99.60	100	—
第二届	241	241	100	100	—
第三届	332	332	100	100	93
第四届	448	446	99.60	100	96
第五届	726	726	100	100	99.30
第六届	855	837	97.90	100	98.80
第七届一次	161	133	82.60	100	100

第二节 提案工作制度建设

一、建立提案质量审查评价体系

1984 ~ 1993 年，区政协为增强对提案工作推动力，逐步建立健全质量型提案工作机制，对提案严格审查程序，严格立案标准，切实保障提案质量。1994 年，区政协制定《关于各民主党派和参加政协的人民团体提案工作试行简则》，进一步扩大提案来源，提高提案的代表性。1995 ~ 2007 年，区政协建立健全政协委员学习、培训和“知情”制度，重点加强对新任政协委员提案知识培训，指导和帮助广大政协委员提出选题准、立意好、品位高、分量重高质量提案。

二、落实提案办理机制

2002 ~ 2003 年，区政协为提高提案办理执行力，制定《关于办理政协提案的意见》和《提案工作制度》。2004 ~ 2007 年，区政协办公室对提案办理责任人、办理流程、办理信息反馈等作出明确规定。同时制定常委会督办、主席督办、专委督办等多种提案督办制度，明确督办方法、程序等。通过制度约束，确保提案办理工作件件落实到位，推动提案办理单位在改进工作基础上提升执行力。

三、实行提案办理考核办法

1991 年，区政协制定《关于表彰优秀提案实施意见》和《关于提案办理情况民主评议办法》，细化和量化有关提案办理考核机制，对提案办理成效显著单位和部门予以表彰奖励。对办理工作不重视、不认真的给予通报批评。对办理工作不落实，造成严重后果的，追究其责任，并向区委、区政府通报情况。1991 ~ 2007 年。区政协先后表彰优秀提案委员 80 人（次），提案办理先进单位 60 个（次）。

第三节 提案选介

1984 ~ 1985 年，第一届区政协期间，城管工作组提出《关于加强对街道经济工作领导》的提案，区委、区政府十分重视，明确要求区综合服务公司对街道经济工作给予指导，各街道办事处也相应成立综合服务公司。接着区委、区政府召开全区街道工作会议，作出《关于发展街道经济若干问题的决定》。1986 年，街道经济快速发展，8 个街道完成产值和营收 2157 万元，比 1985 年增长 48.7%。任登明等委员《关于建议成立工业信息咨询服务中心或信息开发室》的提案，区计经委认为很有必要，及时成立经济协作办公室，担负起为企业提供市场动态、商业行情、协调等方面任务。

1986 ~ 1989 年，第二届区政协期间，委员们针对市区住宅建设和旧城区改造征地拆迁工作，由各类房地产开发公司各自进行造成的弊端，建议由市政府有关部门统筹办理，应采取招标方法进行具体实施。市建委采纳这一提案，在城市改造指挥部中建立综合开发管理办公室，对各房地产开发公司进行统一管理，征地拆迁由市拆迁办公室负责，对 1500 平方米以上的工程全部实行招标承包。1990 ~ 1993 年，第三届区政协期间，委员们提交关于《加强廉政建设，惩治腐败》提案。区委廉政办高度重视，专门成立承办提案小组，对全区党政机关近年来惩治腐败、廉政建设情况作了认真检查，对 17 名干部住房超面积问题进行认真查处。区监察局先后对 15 名干部违反规定利用公费安装住宅电话进行封、停、转处理。同时，区各部门制定加强自身廉政建设的措施。1994 ~ 1996 年，第四届区政协期间，为增强全区经济实力，委员徐继业等联名提出关于《努力发展规模经济，抢占高层次市场》提案，为区委、区政府决策提供依据，区委、区政府在抓好原有骨干企业同时，积极组建置业、天生、世纪旅游集团，建成甘露商城、置业城，壮大京口区经济规模。为加速全区个体私营经济发展，委员支正辉、尹文斌等提出关于《进一步重视和发挥个私经济在京口经济发展中的作用》提案，与京口区第四届党代会提出的《努力发展个私经济，使之成为京口经济的半壁江山》的战略不谋而合，区委、区政府在深入调研、广泛征求意见基础上，制定规划，出台政策，为全区个私经济健康发展创造良好条件。1997 ~ 2001 年，第五届区政协期间，广大委员围绕区委、区政府中心工作，提出许多创造性观点和建议。如《集中力量，高起点、快速度规划建设谏壁工业园区》《推进招商方式现代化》《大力发展社区服务》《对停产后恢复无望的企业要加大改制和出售力度》等提案，均被列入全区重点工作。又如《江滨市场摊位外溢、占道现象应予重视》《抓好再就业优惠政策的落实》《进一步加强居民小区治安工作》等提案，也都引起区委、区政府高度重视，都得到具体落实，赢得群众好评。

2002 ~ 2007 年，第六届区政协期间，委员提案工作重点是围绕促进全区经济建设更好更快发展。委员陈多莉等提出《关于尽快编制京口区三产服务业发展规划》《把握新机遇，加速京口商贸发展》等提案得到区领导高度重视，争取到省服务业引导资金 300 万元，并出台《关于加快发展现代服务业的实施意见》，决定在每年财政预算中安排不少于 100 万元资金用于重点服务业项目的贴息、补助和奖励，使全区迅速形成具有京口特色的服务业。委员盛杰提出关于《切实加强工业园区招商引资人才队伍建设》、委员张宁生提出关于《专题研究 2010 年上海世博会给京口区带来的机遇、挑战及应对策略》和委员余良杰提出关于《加强知识产权的保护与运用》等提案，都对推进全区经济建设发挥积极作用。委员周万生提出关于《解决群众看病难、看病贵的建议》、委员肖寿华提出关于《把社区医疗卫生工作做得更好》的提案，区政府及相关部门十分重视，至 2007 年全区已建成 6 个社区卫生服务中心，17 个社区卫生服务站，区属医疗机构已完成向社区卫生服务转型工作，在全市率先推行社区卫生药品零差价供应等。委员屠德金提出《关于加强失地农民技能培训，促就业、保稳定的提案》被区政府采纳。对《实施实用技术培训工程》提案办理，区财政拨出专项资金，免费开办职业技术培训班和发放再就业优惠证。2007 年，全区安置失业人员 1283 人。2007 年 12 月七届一次区政协期间，全体政协委员、政协各参加单位和各专门委员会，按照区政协打造“责任、亲民、活力、自律”的政协工作定位，积极建言献策。委员李福荣等提出关于《新建京口科技园》的提案，区委、区政府高度重视科技创新平台的建设，将建设京口软件园作为年度一项重点工作。2007 年 11 月，京口软件园正式揭牌成立，已有江苏科海智能、镇江启创网络等 12 家企业的软件信息公司入驻。委员冷斌提出关于《尽快建立新民洲派出所，维护地方安定》的提案，公安京口分局迅速成立驻新民洲农场民警办公室，并调拨警车和配备必要的警用设备，实行 24 小时值班制，遇有警情就能在第一时间内予以处理，推动了社会安定。委员居亚丽提出关于《整顿甘露商厦周边摆摊设点》的提案，健康路街道结合“市容环境整治月”活动，会同区城管、公安、工商等部门进行整顿，并研究落实长效管理措施，全天安排 6 ~ 8 名工作人员值班，设置少量的摊点群，统一经营工具、地点、时间，使辖区内环境状况根本好转。根据委员朱伟广等提出关于《统筹解决竹林山庄小区管理问题》的提案，区政府办公室和正东路街道及相关部门共同努力，筹资 70 万元对竹林山庄进行综合整治，小区面貌焕然一新。

第四章　主要活动

1984 ~ 2007 年，区政协围绕区委、区政府中心工作，积极参与政治协商、民主监督、参政议政、社情民意调查等政务活动。开展组织学习、主题活动、发展经济、文史资料出版等工作，为推进全区三个文明建设献计献策。

第一节　政事活动

一、政治协商

1984 年 5 月，区政协建立以来，区政协活动围绕区委、区政府中心工作，以政协例会和重要活动为载体，精心选题，精心组织，开展全委会整体协商、常委会专题协商、主席会重点协商、专委会对口协商。协商中讲究质量，做到会前调研，摸清情况；会中座谈，说透问题；会后总结，中肯建议。1985 ~ 2007 年，区政协除召开全委会、常委会、主席会外，还召开 380 次各种专题座谈会和协商通报会，先后听取乡镇、街道、教育、卫生、园区、农经、财政、民政、审计、建设、物价、发改委、司法、环保、信访等政府有关部门和单位的情况通报，就乡镇区域调整、街道三产服务业、社区建设、村镇规划建设、文化产业、招商引资、计划生育、科技创新、医疗卫生、外向型经济、精神文明建设、就业和再就业、环境保护、城管执法、反腐倡廉等工作广泛开展协商，与部门共同研讨。对一些突出问题主动向区委、区政府提出建议，积极谋求解决办法，有针对性地提出对策建议，充分体现协商水平和效果。

二、民主监督

1984 年，区政协建立创新监督机制，拓展监督渠道，帮助委员了解上情下情，掌握政情民情，多方位、多角度加大民主监督力度，坚持把民主监督寓于专项视察之中。1985 ~ 2007 年，先后围绕城市管理、共青团农场发展、地块运作、重点工程拆迁、重点项目推进、社区建设、农村医保、政府为民办实事、执法执纪等课题，组织专项视察 556 次，使政协民主监督的针对性和实效性得到提高。其中 2003 年在报送《关于推进全区社区居委会建设的建议案》基础上，区政协对提高社区干部待遇、规范社区事务等具体措施的落实情况进行视察，并将情况反映给区委、区政府，使部分问题得到及时解决。坚持把民主监督寓于民主评议之中，以关心、支持、促进部门工作为出发点，围绕中心意识、宗旨观念、行规行风、勤政廉政四大方面，选择接触面广、工作量大、政策性强的教育、卫生、国土、城管、建设等部门，以主席会的形式，开展面对面的民主评议。评议中做到评前有动员、有部署，评中有调研、有建议，评后有反馈、有跟踪，有力地推动被评单位的行风好转和工作改进。坚持把民主监督寓于特约监督员工作之中，区政协先后推荐 200 余名参政议政能力强的政协委员担任全区执法执纪部门的特约监督员。被聘为监督员的委员认真履行监督职能，参与执法和重要专项检查，汇集群众意见，反映群众呼声，提出监督意见和建议。

三、参政议政

1984 年以来，区政协本着量力而行、注重实效的原则，围绕区委、区政府关心、社会各界关切、基层群众关注的热点难点问题，开展超前性调研、决策咨询性调研和跟踪服务性调研。调研中，将专项视察与专题调研紧密结合，听、看与访、议相结合，基本做到全面、客观、真实。1985 ~ 2007 年，先后就沿江开发、园区建设、社区服务产业化、《中华人民共和国政府采购法》执行情况、推动创业、园区建设、税收属地征管、教育资源整合、城管中心下移、城建基础设施配套、市场建设、重点工程、医疗卫生、就业和再就业、村镇建设等开展专项视察、专题调研 460 次，形成专题调研报告 250 份，实事求是地反映问题，提出解决问题的办法，得到区委、区政府的重视和采纳。其中《关于村组合并中应重视的几个问题的建议案》，受到区委、区政府主要领导重视，并以文件转发，要求各乡镇、部门认真研究落实。《关于进一步推进"城市推动"战略实施的建议案》《关于培植壮大个私税源的建议案》《关于营造良好环境、促进私个经济发展的建议案》得到区委、区政府领导充分肯定。《关于进一步加强社区居委会建设的建议》，区政府给予高度重视，下发了《关于部门工作进社区实施申报准入制度的意见》，使社区工作负担过重、社区干部待遇保障等问题得到妥善解决。

四、社情民意

1984 年以来，区政协坚持把社情民意工作摆上重要位置，先后制定下发《关于做好信息和社情民意工作的实施细则》，成立民意工作领导小组，建立信息网络和信息联络员队伍，创办《社情民意》专刊，举办多次培训班和座谈会，加强对社情民意工作的指导，真正做到社情民意工作有领导、有分工、有队伍、有刊物、有一套行之有效的制度。工作中，注重调动广大委员的积极性，发动委员抓住基层关切、群众关心的热点、难点问题直接提供信息。1985 ~ 2007 年，区政协共编撰社情民意简报 128 期，收集整理上报信息608条，多条信息被省、市、区采用，为区委、区政府全面掌握实际情况，了解民情、体察民意、集中民智，促进决策的民主化、科学化起到积极作用。如镇大公路横贯京口区丹徒镇，按照初期规划，在丹徒镇境内的两座立交桥高度不够，影响全镇交通和镇、村经济发展。从社情民意信息中得知这一情况后，区政协立即组织人员赴现场察看，会同镇政府多方协调，使问题得到圆满解决。其他如“关于加强居委会老年活动室管理”“注意‘集资’兑付中可能出现的问题”“加强采石场爆炸物品的管理”“丹徒镇长岗收费站旁部分村民违法私设收费点”等信息，都引起党政领导的重视和采纳。“出台土地征用拆迁后集体资产管理办法”“建立创卫长效机制”“保障社区居委会办公经费”等信息引起区委主要领导的高度重视。再如，反映“南门大街夜盗猖獗”的情况，被市政协《社情民意》转载，副市长张学东批示，市公安局在暗访侦察基础上组织严打，有效整治南门大街周边治安，保障人民群众财产安全。关于“学府路部分路段配建报刊亭和公厕”“元鼎饰材当前存在的几个问题”的情况反映，区主要领导作出批示，责成相关单位协调解决。“塔山路周边环境亟待改善”的建议被市政协和市委办信息简报分别采用，相关部门结合“全国文明城市”创建，采取有效措施进行整治，使其环境得到明显改善。

五、区委召开政协工作会议

1984年5月，区政协建立后，区委历年召开工作会议，听取区政协情况汇报。1985～1995年，先后召开10次。1996年6月6日，区委召开政协工作会议，贯彻落实中共中央《关于进一步加强人民政协工作的意见》和全国政协《关于政治协商、民主监督、参政议政的规定》及全市政协工作会议精神，研究新形势下如何加强和改善党对政协工作的领导，更好地发挥政协职能作用。区委常委、区人大、区政府领导及全区各级、各部门党政主要领导出席会议，区委副书记秦光华主持会议，副书记戴锦美传达全市政协工作会议精神，区政协主席张朝爱作《发挥优势，履行职能，开创我区政协工作新局面》的讲话，区长孙纪英就政府如何进一步支持政协履行职能作了发言，并进行分组讨论。丹徒镇、健康路街道、文教局、置业集团负责人就工作中发挥政协委员作用，支持政协履行职能作表态发言。区委书记江里程在会议结束前发表讲话。会后，区委、区政府分别发出关于重视政协工作，支持政协履行职能的通知。1999年10月26日，区委专题召开政协工作会议。区委、区人大、区政府领导及各乡镇、街道、开发区、国营场圃、区级机关各部门党政主要领导出席会议，区委副书记、区长孙纪英主持会议。区委书记和区政协主席讲话。2000～2007年，区委共召开8次政协工作会议，区委、区政府分别下发《关于进一步加强人民政协工作的意见》《关于进一步支持政协履行职能的通知》《京口区党政部门与政协各专门委员会对口协商制度》的文件等。

第二节　其他活动

一、组织学习

1984年5月，区政协把组织委员学习作为一项经常性工作。1985～2007年，区政协把政协委员和各界人士学习放在首位。认真组织广大委员和各界人士学习马列主义、毛泽东思想、邓小平理论、“三个代表”重要思想和科学发展观，学习党的路线、方针、政策和政协统战理论，学习贯彻中央有关文件精神，学习经济、法律、科技知识，努力提高委员素质。利用集中学习和自学相结合的形式，开展学习系列活动。专场举办辅导讲座，多次邀请全国政协委员、市政协副主席、江苏大学副校长宋余庆和市政协领导传达“两会”精神，全体政协委员、政协组成单位成员、区级机关同志、侨台属、工商联代表参加听课。专题召开学习座谈会，组织各民主党派、无党派、工商联代表人士，就坚持“一国两制”、促进中国和平统一增进共识。组织机关部门委员，就转变政府职能、强化优质高效服务开展讨论。组织乡镇、场圃委员，就统筹城乡发展、建设新农村进行探讨。组织街道、社区委员及群众代表，就强化社区建设、发展现代服务业建言献策。专门向侨台属和区内台商致信，要求他们主动宣传《中华人民共和国反国家分裂法》，为构建和谐社会做出积极贡献。专刊宣传报道系列活动，通过《京口政协》专刊、制作展示牌等方式全面反映讲座、座谈实况，反馈意见和建议。同时每次政协常委会、主席会都安排学习内容。常委会定期组织委员学习、座谈会、报告会等形式的学习。20 多年，区政协召开 380 余次各种专题座谈会，举办学习报告会 50 余场。

二、主题教育

1984 年以来，区政协根据区委中心工作，开展专题教育。1985 ~ 2007 年，先后开展各种专题教育 40 多场次。2004 年 4 月 16 日，结合全市争创“双拥”（拥军优属、拥政爱民）“五连冠”，区政协组织委员赴驻镇某部，开展“增强国防意识，争当拥军模范”军营一日活动，130 多名政协委员走进部队，参观军营，列队打靶，与官兵联谊，体验军旅生活，接受国防教育。为广泛深入学习政协基本知识，充分展现政协工作风貌，区政协以《政协章程》修正案出台契机，将学习范围从政协系统延伸到乡镇、街道和机关部门，从政协委员拓展到全区各方面人士。同年 7 月 27 日，举办由全区 18 个代表队参加的“宝华杯”政协知识竞赛，并通过镇江电视台全程实况转播。这项活动受到政协委员和社会各界的好评，全国政协在中央电视台举办的“政协章程知识竞赛”时亦借鉴京口区政协部分做法。《人民政协报》采编组专程到区政协采访，连续 6 次报道京口区政协、统战工作情况，扩大在全国政协系统的影响。同年 10 月，区政协邀请全区各民主党派、无党派人士、工商联、侨台属、民营企业、宗教界、少数民族代表近 60 人，在“金山号”游轮上举办国庆中秋联谊活动。

三、为经济发展献计献策

1984 年 5 月以来，区政协组织历届政协委员，充分发挥政协自身优势，为京口区经济建设献计献策，推动全区经济与党政工作与时俱进。1985 ~ 2002 年，区政协委员中科技、文化、经济方面人才先后为“贸易兴区”“科技兴区”等方面提案做出贡献。2003 年，开展强力介入全区招商引资、经济发展工作，发动政协委员立足本职，搞好调研论证、建言献策，参与招商、服务招商，吸引外来资本和技术等优势，为做大做强京口进言献策。同年，区政协委员向海内外亲朋好友发招商信息 200 多条，先后接待客商 100 余名，引进各类项目 16 个，总投资 3.6 亿元。同时，根据区政协委员建议，开展“京口网上招商大比武”活动，开镇江市网上招商先河，成功引进项目 4 个，利用外资 1200 万美元。并与区委统战部联合组团，参加京口国际经贸洽谈会，签订意向性协议 6 个，协议投资 11.19 亿元，引进义乌小商品直销中心等项目投产运营。

2004 年，区政协开展“三争”（争当创业宣传员、争当创业战斗员、争当创业服务员）活动，主席、副主席深入重点企业、困难企业、外资私营企业走访调研，与企业家共同探讨解决生产经营中遇到的矛盾和问题，推动企业更快更好发展。并创建政协创业咨询服务中心，聘请区司法、工商、税务、环保、国土、金融、科技等方面 16 名专家为顾问，为创业者提供政策咨询、关系协调、矛盾化解等服务。由区政协委员创办的镇江市正恺电子有限公司、镇江市如意服装厂等企业，规模逐年扩大，实力不断增强。京口纸业已发展成全国最大铸涂纸生产基地。2005 年，区政协开展“邀百名委员、访百家企业、提百条建议”活动（以下简称“三百”活动）。采取分组走访和联合走访相结合、预约走访和专题走访相结合、集中座谈和重点回访相结合的方式，约请 110 多名政协委员，分四个专题走访外资、外企、民营、个私、国有 5 种类型的企业百余家，综合 11 个方面的问题，征集到建议 60 余条。同时，召集相关职能部门反馈企业意见，咨询相关政策，沟通交流情况。区政协主动反映情况、汇报工作，争取区委、区政府对“三百”活动的支持，联合召开“三百”活动情况交流会。税务、工商、国土等 11 家职能部门负责人，乡镇、街道分管经济工作的领导到会与 9 家企业代表进行面对面座谈。会后，许多部门针对企业所提意见，落实具体改进措施，受到企业交口称赞。企业代表普遍反映，通过“三百”活动，不仅解决一些困扰企业发展的难题，而且实现企业与职能部门的良性互动，同时也在政企之间建立协调沟通机制，对优化投资环境、促进经济发展起到积极推动作用。

2006年，区政协发动全体委员以招商引资为重点，为招商引资“打一个电话、介绍一个项目、提供一条投资信息”，参与经济建设有作为。政协联谊会组织一次境外招商会，邀请法国阿尔萨斯大区经贸考察团到京口区投资洽谈，并达成多项合作意向。与区委统战部联合主办“五日招商”活动，通过活动新结识客商180余名，掌握项目信息30余条，推进在手、在建项目11个。要求委员服务社区有所作为，围绕“平安社区”“和谐社区”“特色社区”工作目标，组织委员分组赴相关社区召开民情座谈会，收集居民反映强烈的意见和要求。以“贴近百姓、服务居民”为宗旨，举办“政协委员服务社区大型咨询活动”，服务内容涉及法律咨询、卫生保健、科普环保、工商税务、文化教育等6大类11项。由委员联系组织的小型招聘会，为失业群体提供300余个岗位信息，活动当场有50余人与用人单位达成协议。组织委员以关心、支持、帮助、促进部门工作为出发点，选择群众关注的城管工作开展民主评议，发放并收回调查问卷371份。形成《关于民主评议区城管局工作的情况报告》报送区委、区政府，得到肯定和重视。2007年，区政协开展“三助推”活动：助推园区开发建设，围绕“园区形势大突破”目标，针对京口工业园区，特别是新民洲港口产业园面临的区域性障碍、政策性矛盾、功能性差距等突出问题，发挥政协优势，促进“工业强区、项目兴园”战略加快落实；助推现代服务业发展，围绕全区“大项目建设绩效年”活动和实施“服务业倍增计划”，组织“现代服务业发展对策与措施研讨活动”。针对构建大商贸、大市场、大流通的项目，组织委员在开工、开业、开盘上视察推动、呼吁推动、协调推动。组织广大委员深入调研，结合实际，提出有见地、可操作的建议；助推服务环境优化，按照“强化服务意识、严格机关管理、提高工作效率、优化发展环境”的要求，开展“软环境建设”系列活动，把常委会、主席会、委组活动与视察、情况通报、社会评议等结合起来，鼓励和组织广大委员、党外人士讲真话、进诤言。以“更好更快”为根本要求，在服务水平、服务方式、服务质量上加强监督，促进政务环境、法治环境、融资环境、政策环境、人居环境的优化。

四、文史编纂

1985 ~ 2007年，区政协先后编辑出版《京口诗文》专辑、《相照与共诗文集》《创业心语》《京口掌故》《京口古韵》《京口与名人》《团结、和谐、务实、奋进》画册等7种文史资料，内容涉及政治、经济、文化、人物、名城等方面，既起到“存史、资政、育人”作用，又扩大对外宣传京口的知名度。

1999年，区政协以庆祝中华人民共和国成立50周年、人民政协成立50周年、镇江解放50周年和迎接澳门回归祖国为主题的诗文集——“三庆一迎”《京口诗文》专辑出版。2003年，以讴歌京口二十年风雨历程为主题的诗文集，从不同层面全方位赞颂京口区二十年来的巨变，出版《相照与共诗文集》。2004年，区政协将历次举办的“创业论坛”资料，其中有政协委员的建议良言，也有成功之士的现身说法，汇编成册出版《创业心语》一书。2005年出版《京口掌故》，反映京口地情、风情、文化特征，展示京口悠久历史。2006年出版《京口古韵》，以诗词形式组合成京口历史、人文、自然景观活的“化石”，折射历史重大政治变革、军事活动、彰显出城市山林、大江风貌独具的城市特色。2007年出版《京口与名人》一书，反映古代帝王将相、政治家、军事家、改革家、天文学家、数学家、文学家、诗人、书画家为京口留下的情怀，演绎的金戈铁马，吟咏的诗词歌赋，编撰的鸿篇巨著。同年还编印《团结、和谐、务实、奋进》画册，集中反映和展示区政协六届委员为京口和谐发展所做的贡献。

第十七篇　民主党派 工商联 群众团体

1984 年 12 月至 1985 年 6 月，京口区先后成立区总工会委员会（以下简称“区总工会”）、中国共产主义青年团京口区委员会（以下简称“团区委”）和区妇女联合会（以下简称“区妇联”）。这些群众团体按规定每 3 ~ 5 年召开一次工会会员代表大会、共青团代表大会和妇女代表大会(以下简称“工代会”“团代会”“妇代会”）。大会听取讨论决定工作任务、工作报告，选举产生执行委员（以下简称“执委”）、常务委员（以下简称“常委”）和正副主席、书记和主任。至 2007 年，区总工会历经四届，团区委历经八届，区妇联历经五届。全区有基层工会 234 个，有工会会员 1.76 万人。团区委有基层团支部 148 个，共青团员 2234 人。区妇联有乡镇（场圃、园区）、街道妇联 9 个，社区居委会和村委会妇代会 77 个。团区委设少年先锋队工作部（以下简称“少工部”），管理全区少先队组织。至 2007 年，共召开 4 次少先队代表大会（以下简称“少代会”），每次少代会都听取审议工作报告，选举产生新一届领导成员。2007 年，全区少先队有 22 个大队，511 个中队，2067 个小队，队员 2.05 万人，辅导员 412 人。区总工会、团区委、区妇联成立 20 多年来，充分发挥党和政府联系广大职工、团员青年、妇女群众的桥梁和纽带作用，动员团结组织全区职工、团员青年、妇女紧紧围绕全区经济社会发展目标，加强自身思想政治建设，履行工作职责，服从全局，服务群众，推动发展，促进和谐，为全区三个文明建设做出贡献。1983 年 9 月，区关心下一代工作委员会（以下简称“关工委”）成立。1983 年 11 月，区科协成立。1984 年 12 月，区侨联成立。1990 年 12 月，区残联成立。2003 年 3 月，区文联成立。这些群众团体在全区三个文明建设中发挥积极作用。

1984 年，京口区各民主党派紧紧围绕经济和社会发展，履行“政治协商、民主监督”职能。积极调研，建言献策，充分发挥参政议政作用。2007 年，民主党派中有 3 人分别担任区人大常委会副主任和政协副主席。各民主党派成员努力发挥自身优势和特点，为教育、科技、经济、社会保险、园区建设、社区服务等方面提出建议，做出积极贡献。

1994 年 6 月，京口区工商联(商会)成立后，积极履行统战性人民团体和民间性商会双重职能，开展政务、会务、服务的职能活动，团结、教育、引导工商界人士。至 2007 年，全区各民主党派、工商联通过参政议政、对外联络、招商引资等活动，促进全区经济和社会事业发展，取得积极成效。

第一章　民主党派　工商联

第一节　民主党派

一、党派工作

1. 党派组织　1985 年年初，中国民主同盟镇江市委员会（以下简称“民盟”）镇江小教支部建立。此后中国民主促进会（以下简称“民进”）、中国农工民主党（以下简称“农工”）、中国民主建国会（以下简称“民建”）、中国致公党（以下简称“致公党”）、中国国民党革命委员会（以下简称“民革”）等 5 个民主党派组织先后在京口设立支部，即民进谏壁联合支部、民进镇江市实验小学支部、民进京口小教支部、农工京口支部、民建京口支部、致公党京口总支（下设致公党京口第1、第2支部）、民革京口支部。各民主党派支部划分、人员组成，由各民主党派镇江市委按行政区划统一安排，工作上受各民主党派市委直接领导。

1986～2005年，京口区把加强与各民主党派支部联系，支持民主党派支部组织建设，促进各支部组织发展，发挥其参政、议政作用作为一项长期而重要任务。1988～2006年，民进镇江市实小支部、民进京口支部分别被评为省级先进支部。于庆芳、殷艳杰、薛莲3人被评为省级优秀会（盟）员。2006年下半年，京口民主党派各支部，随着各民主党派市委换届，有新变化，民进谏壁联合支部，更名为民进京口中教支部，民进镇江市实验小学支部与民进京口小教支部合并，为民进京口小教支部。2007年，全区有8个民主党派支部，成员149人。

2. 党派管理　1985～1995年，区委统战部为探索新时期党派管理路子，采取"三必须""三注重"，即：必须围绕全区经济和社会发展，积极调研，积极进言献策，充分发挥参政议政作用；必须制度化、规范化、目标化；党派成员必须努力发挥自身特点和优势，在岗位上履行好双重职责。发展成员要注重质量；开展活动要注重效果；对外交往要注重形象方法，引导和推进民主党派管理工作。1994年12月，区委办公室转发市委统战部《关于民主党派成员参加党派和社会活动有关问题的实施意见》，进一步规范党派管理工作。1996年，区委统战部重视和支持民主党派建设。同年1月，农工党镇江市京口支部在市人民医院会议室召开成立大会，市委统战部副部长肖明，区政协副主席、区委统战部部长钟程发到会祝贺。1998年，区委统战部召开辖区内（5个）民主党派支部主任会议，通报区人大、政协有关情况，研究交流工作。1999年11月3日，组织民主党派成员赴江阴考察学习。2000年，邀请区民主党派负责人参加区政协、区委统战部、区台办共同组织召开的各界人士座谈会，共话两岸统一前景。2001年，区委统战部邀请民主党派支部主任参加区委召开的重要人事通报会。通报市委关于京口区四套班子重要人事调整安排情况。2002～2005年，区域内各民主党派采取"三支持"（政治支持、组织支持和经费支持）措施，促进民主党派支部建设。2003年，向全区民主党派成员赠送《致加西亚的信》《谁动了我的奶酪》两本书，为民进市实小支部和农工京口支部落实支部活动室，协助组织民盟小教支部成员开展"我看京口20年"活动。2004年，组织以"纪念邓小平一百周年诞辰"和"学习中发5号文件精神"为主题系列学习活动。2007年8月，区政协副主席、区委统战部部长姜厚荣率各民主党派支部负责人一行10人，赴丹阳学习考察，达成做好新时期民主党派工作共识。

3. 发挥人才优势　1985年以来，京口区以"三要"，即发展党派成员要以优异成绩展示自己的才华；要以参政议政的效果体现党派组织活动的能力和水平；要以良好的考核评估激励党派成员，促进党派及其成员努力发挥自身特点和优势，在各自岗位上履行好职责，以优异成绩展示自己的才华标准和要求，引导和促进民主党派发挥自身优势，一批优秀民主党派人才脱颖而出。1987年5月，宝塔路中心小学副校长、民盟镇江小教综合支部主任陆彩云当选为京口区政协副主席。1988年，民进镇江市实验小学支部被评为民进江苏省先进支部。镇江市实验小学副校长、民进镇江市实小支部主任于庆芳被评为民进江苏省优秀会员。

1993年2月，京口区政府办公室副主任、法制局副局长，民盟镇江市委常委郑清当选为京口区政府副区长。1995年，民进实小支部被民进江苏省委授予"先进支部"称号。1997年5月，民进实小支部主任于庆芳参加民进江苏省第四次代表大会，受到民进中央委员会主席雷洁琼接见。1999年，民革成员、市政协委员汤顺骅，民进实小支部主任、市政协委员于庆芳被推荐为镇江市第十一届妇代会代表，当选为执行委员。2003年1月，京口区民族宗教事务局副局长、侨联副主席，民进成员沈成钧当选为京口区政协副主席。2005年，民建京口支部被评为民建江苏省先进支部。京口区供销社副主任、民建京口支部主任倪坚被评为民建江苏省优秀会员。2006年，京口区工会副主席、民盟成员薛莲被评为民盟江苏省优秀会员。2007年1月，民进京口小教支部主任于庆芳当选为民进镇江市委副主委。镇江市靳家巷小学副校长、民进成员顾艳杰被评为民进江苏省优秀会员。

1985 ~ 2007 年京口区民主党派组织情况表

表 17-1

支部名称	成立时间	人数	现任主任	历任主任
民盟小教综合支部	1985 年年初	24	薛　莲	蔡浩、吴蘅燕、陆彩云
民进京口中教支部	1985.11	15	韦建和	陈铁庭、赵康发、沈成钧、罗祥林、周士考、陈兆生
民进京口小教支部	1987.11	31	于庆芳	戴忠莲、马庭华
农工京口支部	1996.1	10	王德标	陆鸣岗、邓丽娟、崔萍
民建京口支部	2003.6	23	倪　坚	—
致公党京口一支部	2007.4	17	张学军	—
致公党京口二支部	2007.4	17	贺　健	—
民革京口支部	2007.9	13	郭小平	—

二、活动

1. *参加学习*　1984 年以来，各民主党派基层支部积极参加区委统战部每年定期召开的区民主党派基层支部建设工作交流会。1985 ~ 1998 年，先后召开重要人事调整安排情况通报会，征求对区委、区政府工作意见和建议，互通情况 10 多次。1997 年 7 月，民主党派征集书画 20 幅，参加区委组织部、宣传部、统战部联办的庆“七一”书画展。2001 年，各民主党派参加区委召开的大型统战报告会，参与“我为京口发展献良策”活动。2005 年，各民主党派人士参加区委召开的“纪念邓小平 100 周年诞辰”活动。2006 ~ 2007 年，通过学习文件活动，不断提高自身政治素质，提高参政议政水平。

2. *参政议政*　1998 年以来，全区各民主党派支部对各级党委、政府关心，社会各界关切，基层群众关注的热点、难点问题，进行深入调研剖析，提出提案。1985 ~ 2001 年，先后对园区建设、社区服务、教育、社会保险等课题进行调查研究，提出建议案，受到各级党委、政府的重视。2002 ~ 2007 年先后形成调研报告 18 份，提出建议案 7 份，其中“关于进一步加强社区居民委员会建设”建议案，受到区政府高度重视，下发了《关于部门工作进社区实施申请准入制度的意见》，使社区工作负担过重、干部待遇保障等问题得到妥善解决。

3. *考察交流*　1984 年以来，区政协每年都分别组织民主党派成员到市属、县、市区进行考察调研活动。1985 ~ 1988 年，先后组织 10 多批次、200 多人次进行考察交流活动。1999 年 11 月，区民主党派成员一行 4 人赴江阴市考察学习。2007 年 8 月，区委统战部组织各民主党派支部一行 10 人去丹阳市学习考察。通过广泛交流，对新时期如何做好民主党派工作达成一定共识：党派工作必须紧紧围绕经济和社会发展，积极调研，积极建言献策，充分发挥参政议政的作用；党派成员必须努力发挥自身的特点和优势，在各自的岗位上履行职责。党派发展成员要注重质量，开展活动要注重效果，对外交往要注重形象。党派成员要以优异成绩展示自己的才华；要以参政议政效果体现党派组织活动能力和水平；要以良好的考核评估激励党派成员。

第二节　工商联

一、组织

1984 ~ 1993 年，京口区未建立工商联，区域内的工商业者统一参加市工商业联合会活动。1994 年 6 月，京口区工商联经中共京口区委批准成立，同年 6 月 21 日，召开京口区第一次会员代表大会，选举产生会长、副会长等。1996 年 1 月，全区各乡镇和街道办事处均建立工商分会。1999 ~ 2003 年，先后成立餐饮、美容美发、家庭装饰 3 个行业分会，有会员 130 名。1994 ~ 2007 年，区工商联共召开 4 次会员代表大会。

二、活动

1. 参政议政　1985 ~ 1995 年，工商联政协委员发挥统战性、民间性、经济性的优势，围绕全区经济、文化、社会事业发展建言献策，特别是每年“两会”期间，动员会员中的人大代表和政协委员，就区内经济建设、民营经济发展环境、社会事业和人民群众普遍关注的热点问题，以提案、议案的形式提出建议。区工商联成立以来，1996 年年初，由区工商联组织起草的《关于加快发展个体私营经济的若干意见》报请区委、区政府研究后，于同年 11 月以正式文件下达，共 6 个方面 30 条措施来支持、鼓励、扶持、服务个体私营经济发展，并就登记对象、经营范围、经营方式、经营场所、资金信贷、税费征收、权益保护等方面制定相关优惠政策和加快发展举措，有力地促进全区个体私营经济的发展。其他如：《放宽政策、放手发展，提高全区个体私营经济的总量和质量》《保护、扶持、鼓励个体私营企业纳税大户》《成立区非公有制经济综合协调小组》《建立和完善管理服务机制，适应改制企业和个私经济发展》《切实加强企事业单位审计工作和认真落实领导干部岗位审计制度》《加强对江堤工程质量的监督审计》《设立个体私营经济工业园》《订立区、乡、村发展个私经济责任状》等建议提案，都被区委、区政府采纳，为市、区政府制定有关政策提供依据。此外，区工商联还组织民营企业参加政府、政协组织的各类座谈会，参加人大、政协组织的各种视察活动，组织人大代表、政协委员到社区调研，了解社区建设的现状和存在问题，为参政议政掌握第一手资料。至 2007 年形成人大议案 50 余件次，政协提案 120 件次。

图 17-1　2005 年，区工商联领导慰问清洁工人（区工商联供稿）

2. 思想建设　1994 年以来，区工商联先后组织 4 批非公有制经济代表人士参加市委统战部的培训班，系统学习党的方针政策，掌握市场经济理论知识。1998 年，全区遭受百年未遇的特大洪灾，损失严重。广大非公有制经济人士心系社会，为政府分忧，在抗洪救灾中，捐资 28 万余元。2001 年，全区会员开展“致富思源，富而思进”（简称“双思”的教育活动），通过学习，在基层商会中，普遍进行一次学习宣传活动、走访慰问一批“三老”人员（老红军、老党员、老干部）、看望一批孤寡老人、捐助一批特困学生、帮助一批下岗职工再就业的“五个一”活动。还先后发放宣传材料 300 余份，上门慰问走访“三老”人员 38 名，帮助 40 名中小学生捐资助学金 2 万余元，安置下岗职工 50 名。约请市委党校教授讲课，非公代表人士上台交流心得体会，使全区非公有制会员企业思想素质有了新的提高。会员鄂秀萍、陈多莉、董春宝、徐正、孟家富、孙徕喜等长期以来一直帮扶贫困学子完成学业，金聚楼、香江、九霄楼、醉仙楼等餐饮企业与 10 名优抚对象开展“一助一”帮扶活动。2002 年 5 月，全区召开企业文化建设交流会。区四套班子有关领导出席，一百多名企业代表参加大会，会上收到 25 篇交流材料，有 5 名民营企业家在大会上作交流发言。此次会议的召开有力地推动全区企业文化建设。同年，在全市慈善捐款中，鼎胜铝业、鸿泰钢铁、宝华物流公司、金聚楼、正恺电子、永盛胶业、星星阻燃剂等企业捐资 120 余万元。2003 年春防治“非典”期间，装饰行业商会热心公益事业，组织会员在大市口城市客厅悬挂条幅进行防“非典”宣传，向过往行人免费发放防治“非典”用品，向区非典型肺炎防治工作领导小组办公室（简称“防非办”）捐款。

3. 健全基层组织　1996 年，全区各乡镇、街道均建立工商联分会（分商会）后，区工商联于 1997 年就要求各分会加强“五个一”建设，即有一个活动场所，有一名专职工作人员，有一个会办经济实体，有一套完整的会员档案资料，每月进行一次活动。1999 年在完善提高“五个一”标准的基础上，基层分会的班子进行调整充实。提出有一套班子、有一个好会长、有一名好工作人员的要求。2003 年各乡镇、街道党（工）委都明确党（工）委宣传委员兼任基层商会（分会）秘书长，加强党（工）委对商会（分会）的直接领导。2006 ~ 2007 年，区工商联又从建立健全制度上来加强基层分会组织建设，每月坚持一次会长碰头会，开展评选先进商会和优秀会员活动，进行必要的会务和公益活动。四牌楼街道商会制定全年活动计划，组织会员学习党的方针政策，引导会员奉献社会，为建设和谐社区做贡献，使制度更加规范化、目标化。区工商联坚持报务立会的理念，加强对非公有制经济的宣传，营造有利于非公有制经济发展的良好社会氛围。

1999 年 4 月 7 日，《镇江日报》“城乡大地”专栏介绍全区非公有制经济发展情况，突出宣传金钛软件有限公司、金聚楼烤鸭大酒店、如意服装厂等企业。7 月 18 日《新华日报》第一版用较大篇幅报道金聚楼烤鸭大酒店业绩。区工商联大市口分会向媒体推荐美兰饭店经理胡美兰下岗创业的事迹，胡美兰自强创业精神在全社会引起强烈反响。成立网员服务部，与全国工商联联网，定期为会员提供工商经济信息。整理全区工商联组织机构和会员有关资料，上报省、市工商联，输入电脑后，形成系统的数据库，实行资料共享。根据上级各类收费文件，实行收费许可证、收费员证、收费登记卡的“两证一卡”制度，营造有利于个体私营经济发展的良好价格环境。做好贷款担保协调服务，主动向市担保公司介绍会员企业情况，配合担保公司深入会员企业调查考察，接受政府委托召开贷款担保咨询会。同年经区工商联协调，为 16 家企业协调贷款 300 万元。联系和组织会员外出考察学习。1996 ~ 2007 年，区工商联先后组织 6 批 50 人次非公有制代表人士赴新加坡、马来西亚、泰国、美国、加拿大、俄罗斯、日本、韩国等国家以及中国香港、澳门、台湾地区考察。组织近 20 批 200 人次到国内先进地区学习、考察。通过国内外的参观学习，进一步扩大交往，开阔眼界。区工商联组织会员参加省、市组织的各种经贸洽谈会、信息发布会、企业沙龙活动，扩大视野，了解更多的经济合作信息和最新科技成果。谏壁白云酒家成功购买改制企业谏壁饭店产权，重新规划、设计，建成谏壁地区规模最大、层次最高的大酒店。

4. *加强对外联络*　1994 ~ 2002 年区工商联（商会）拓展活动空间，加大对外联络力度，主动走出去与外省、市商会缔结友好关系。2003 年，区工商联与浙江省义乌市、绍兴市工商联结为友好单位。2004 年，组团到厦门参加全国城区友好商会第一届年会，与厦门思明区、沈阳市大东区、锦州市凌河区、贵州省六盘水市、安顺市工商联结为友好单位。2005 年与广东省佛山市南海区、广州市花都区、东莞市长安商会、南京市江宁区、江苏省东海县、安徽省马鞍山市等地工商联建立友好单位。2006 ~ 2007 年，先后与浙江省台州市椒江区工商联建立关系。对外联络工作的开展使工商联政务、会务工作有更广阔的交流，为各地民营企业家寻求发展搭建舞台，为宣传京口、推介京口构筑空间。

5. *参与招商引资*　1994 ~ 2002 年，区工商联充分发挥工商联经济性优势，参与全区的招商工作。2003 年，诚邀义乌市、绍兴市、上海等地客商 20 余名参加京口区金秋洽谈会。义乌市客商马惠义在考察镇江市场后，投资 400 余万元，注册成立营业面积 1300 平方米的义乌小商品直销中心，成为工商联参与招商引资的直接成果。2004 年、2005 年，邀请上海等地客商参观京口区科技工业园和相关街道，听取项目介绍。2006 ~ 2007 年随政府组团到台州、义乌等地招商，邀请客商百余名参加京口投资环境说明会，引进义乌小商品市场到京口区落户。

1994 ~ 2007 年京口区工商联领导人员名表

表 17-2

届别	任职时间	党组书记	会长	副会长	秘书长
第一届	1994.6 ~ 1997.3	钟程发	陆彩云	王纯一、支正辉、李正、陈国平、王广月	王纯一（兼）
第二届	1997.3 ~ 2001.11	钟程发	孙志安 陈　浩 孙　辉	王纯一、支正辉、李正、尹文斌、张永生	王纯一（兼） 张永生（兼）
第三届	2001.11 ~ 2006.11	钟程发 姜厚荣	孙　辉 曹丽虹（女）	张永生、王纯一、李正、支正辉、鄂秀萍（女）、孟家富	张永生（兼）
第四届	2006.11 ~ 2007.12	张永生	陆春生	张永生、徐正、鄂秀萍（女）、孟家富、孙徕喜、董春宝、陈多莉、赵伟、戴幸福	张永生（兼）

1994 ~ 2003 年京口区工商联分会领导人员名表

表 17-3

分会名称	成立时间	会　长	副会长	秘书长	会员数（人）
会员总数					1093
谏壁镇商会	1994.12	徐　正	吕武进、杨春、张国华、徐晓波、戴怀钢、孙萍	陈志慧	150
大市口街道工商联分会	1995.5	程洪云	潘光、景常月、袁转顺、崔留坤	吴剑瑛	131
象山镇商会	1995.8	孟家富	王仲华、孙明峰、胡勇、殷蕃、戴幸福、魏献强、潘臣平	朱爱华	300
健康路街道工商联分会	1995.1	仇德峰	朱明华、潘有满、鲁庆、赵平、郦文军、潘苇	黄贤宇	131
四牌楼街道工商联分会	1995.11	贾生华	袁在森、姚晓伟、赵小凤、三小清、潘春香、何国庆	程　鹏	130
正东路街道工商联分会	1995.11	陈　炜	陈志龙、苏祥华、谈静娟、周长林	朱伟广	121
餐饮行业商会	1999.6	鄂秀萍	马万勇、滕庆中、方玉秀	鄂秀萍（兼）	55
美容美发行业商会	2000.6	张永生	缪建虎、王静红、魏建华	缪建虎（兼）	45
家庭装饰行业商会	2003.5	李福荣	王景、徐斌、盛建强	冯翠英（女）	30

第二章　区总工会

1983年11月，镇江市总工会在城区设工会办事处。1985年6月成立京口区工会工作委员会。1989年10月，京口区召开第一次工会会员代表大会，选举产生京口区第一届总工会委员会。至2007年，区总工会历经四届，有基层工会234个，会员1.76万余人。区总工会成立后，在全区广大职工中开展劳动竞赛、民主管理、技术练兵、主题教育、发展和谐劳动关系、维护职工权益等活动。2006 ~ 2007年，区总工会被江苏省总工会授予“江苏省工会模范区工会”“省工会信息工作先进区”“省群众性经济技术创新工程优秀组织奖”等。

第一节　工会组织

一、区工会办事处

1983年11月，建立镇江市总工会城区办事处，为市总工会派出机构，城工办主任陆思亮。有基层工会32个，工会小组175个，工会会员3277名。1984年因部分市属企事业单位划归京口区，区工会办事处管理范围扩大。先后按行业建有机电、轻工、交通、城建、环保、第五建筑工程公司等5个工会工作委员会（以下简称“工委会”）。1985年6月，成立京口区工会二委会。

二、区总工会

1989年10月，镇江市总工会同意成立京口区总工会，并召开京口区第一次会员代表大会，选举产生主席、副主席，设立生产维护部和女职工委员会2个工作机构。

三、基层工会

1984 ~ 1994年，全区随着工业迅速发展，新建企业增多，原有企业规模扩大，基层工会组织和会员人数逐年增加。1995年有独立工会组织157个，会员8303人。2001年有会员12456人。2007年有基层工会234个，其中社区（村）工会65个，机关工会18个，事业单位独立工会41个，会员17552人，其中女会员10216人，农民工会员3522人。

1992 ~ 2007 年部分年份京口区基层工会组织和会员情况表

表 17-4　　单位：个、人

年份	基层工会	直属公会	工作委员会	工会会员数	职工人数
1992	100	—	—	13757	—
1995	123	25	9	8303	10542
1997	147	30	15	9246	12458
1999	154	31	16	11424	13521
2001	131	13	15	12456	15232
2003	151	13	6	11900	13700
2005	187	15	7	13274	15600
2007	234	22	5	17552	20750

四、其他职工组织

1. 退休职工管理委员会　1985 年，全区基层工会中有 7 家建立退休职工委员会。1987 年 5 月 20 日，经区政府批准成立京口区退休职工管理委员会（以下简称退管会），副区长赵兴根任主任，陆思亮、徐承怡任副主任，下设办公室。1989 年 10 月，区总工会成立后，退管会主任由王凌云兼任，胡振华兼任副主任，彭素冰任退管会办公室副主任。退管会下设大市口、健康路、正东路、四牌楼等 8 个分会。1988 年，在江滨新村文化活动中心内建立四牌楼街道退休职工之家。1989 年，市、区拨款 2.3 万元扩建街道退休职工之家。同年，区退管会举办“京口区老年书画展”，市老领导陈忠廉出席开幕式，全国健康老人、著名书法家李宗海为画展题词祝贺。1995 年 3 月，区级机关部门工作职能调整，退休职工管理工作划入区人事劳动和社会保障局，退管会随之划入。

图 17-2　2004 年，京口区劳模协会开展研讨活动（区总工会供稿）

2. 劳动模范协会　2004 年 4 月，区委、区政府和市劳动模范协会同意，成立区劳模协会理事会，孔铁生为会长，薛翠娣、童财宝、鄂锦昆、董春宝、马金生为副会长，吴光荣为秘书长，戴林森为副秘书长。同年 4 月，京口区成立劳动模范协会（以下简称劳模协会）。2005 ~ 2007 年，区总工会每年对劳模走访慰问，关心劳模的生活和健康。

第二节　工会代表大会

一、第一、二次职工会代表大会

1989 年 10 月，京口区召开第一次工会代表大会，胡振华作《全区职工团结奋斗，在两个文明建设中发挥主力军作用》工作报告。大会选举 15 人组成第一届总工会委员会，设常委 5 名，主席、副主席各 1 名。同年有基层工会 63 个、小组 605 个、会员 10200 人。1994 年 11 月，召开第二次工会代表大会，选举产生 14 人组成区工会委员会，其中常委 7 人、主席、副主席各 1 人。

二、第三、四次职工会代表大会

1999年11月，京口区召开第三次工会代表大会，胡振华作报告后，选举产生21人为区总工会第三届委员会委员，设常委7人。2004年12月，召开第四次工会代表大会，孔铁生作《以科学发展观贯彻始终，团结带领广大职工为建设苏南名区而奋斗》工作报告。选举产生21人组成区总工会第四届委员会，其中常委5人，同时选举产生主席、副主席。2005～2007年，区总工会仍为第四届期间。

1989～2007年京口区总工会历次代表大会情况及人员名表

表17-5　　单位：名

届次	举行日期	会议代表	选举委员	设常委	主席	副主席
一	1989.10	169	15	5	胡振华	张文华
二	1994.11.7～11.9	154	14	7	胡振华	叶志庆、张文华
三	1999.11.29～11.30	135	21	7	胡振华、孔铁生	张丽莎
四	2004.12	110	21	5	孔铁生、丁宪	张丽莎、吴光荣、薛莲

第三节　主要活动

一、开展劳动竞赛

1984～1988年，区总工会先后组织企业职工开展“做主人、献计策、促改革、增效益”劳动竞赛。推广无线电线材厂人均劳动生产率逾2万元经验；同时在27个企业开展“四比”（比质量、技术、服务态度、贡献）竞赛活动，劳动生产率提高12%，最高达130%。1986年，在二、三产业开展“怎样当好厂长（经理）”竞赛和“树标兵立功竞赛”活动，评出“优秀工会主席”“特级理发师”“改革创新成绩显著者”“刻苦自学公关者”“信得过营业者”“先进生产者”“优秀园丁”“为基层服务的热心人”“优秀工会小组长”等10名标兵。开展做“四有”（即有理想、道德、文化、纪律）职工，为“七五”计划立功竞赛活动，评出二等奖14人、三等奖137人。1987年，组织会员参加“十大窗口、百家单位优质服务”活动，举办职业道德演讲和服务技术、艺术比赛，评出烹饪、服务、理发、护士、幼教、驾驶、城市美容师等8名区级明星人物。1988年，开展“节约一厘钱、一度电、一滴水、一寸布、一根钉竞赛”活动。第二糖酒烟公司83家下属网点190多人“集资”入股，异型轧钢厂节约钢材50余吨。

1989～1992年，各级工会组织围绕党的中心工作，坚持以经济建设为中心，突出企业民主管理，履行维护、参与、建设、教育四项社会职能。1990年开展“企业有困难，我们怎么办”大讨论，涌现出“厂里有困难我们一起干，挖潜力，办法我们一起想，增产节约，增收节支我们一起干”热潮。开展修旧利废，技术革新为内容的“创新、增益、低耗”活动。工业缝纫机厂田元旦解决长期影响产品质量工序混针问题；油毡厂职工自行设计，改造浆机底刀和高频振动筛，为企业节资10多万元；金属工艺厂、合金铸造厂调整产品结构，广开财路，组织职工技术攻关，产品开发，加强质检，增加效益30多万元。

1993～1995年，各级工会组织开展社会主义劳动竞赛，提合理化建议4732条，实现综合经济效益642万元，节煤3453吨，节电129万度，节水18万吨。开展车钳、刨工、珠算、护理操作等行业岗位练兵、技术比武，开展面达90%。镇江市冶金机械厂丁玉清引进外资100万美元，获市总工会“最佳计策奖”，孙茂芝获市总工会“内联外引兴办合资企业优秀计策奖”。1996～1999年，开展“降本增效”和“限亏、扭亏、增效”劳动竞赛活动，职工围绕扭亏增效、节能降耗、技术革新、优质服务，开展形式多样的活动。市第二饮服公司开展“金三角”“一条龙”劳动竞赛和签订节能降耗责任状，节煤900多吨，节约开支25万元；华联商厦率先开展电话购物促销活动；置业集团创建置业城，以地养地。在活动中全区职工提出合理化建议 7912 条，创经济效益 800 多万元，劳动竞赛面达 80%。

2000 ~ 2007 年，区总工会提升工作目标，主动服务京口经济发展大局，围绕区委、区政府工作目标和全区重点建设工程，开展具有时代新特征的劳动竞赛和争先评优活动。区委、区政府成立京口区重点工程、重点企业劳动竞赛领导小组，制定劳动竞赛和争先评优活动办法，在江滨大道、雩龙路等市、区重点建设工程开展以“优质、安全、高效”为内容的劳动竞赛。鼎胜铝业、大宝轧钢厂等重点企业开展岗位技术练兵和比赛。市总工会在区内举办全市女职工烹饪比赛，京口区获一等奖。

二、参与民主管理、创建劳动关系和谐企业

1983 ~ 1989 年，区总工会按照《工会法》规定，积极参与创建和谐企业劳动关系民主管理活动。1985 年始，各单位职代会提出合理化建议 4700 余条，大多被采纳，增加效益 40 多万元。1986 年开展“五个一”（即每人制定一个“七五”立功规划、提一条合理化建议、练一门基本功、搞一项技术革新、争创一流水平）活动。至 1989 年，各级工会组织职工参加调查会、讨论会、座谈会 120 多场次，有 1 万多人次提出合理化建议 1.4 万多条，实现经济效益 164.45 万元。

20 世纪 90 年代，区总工会推进和完善职工代表大会，参与企业民主管理，促进职工权益落实。1996 年 8 月，召开民主管理经验交流会。置业集团、二饮服公司等单位民主管理整体水平提高。1997 年，全区召开职代会 52 次，民主评议干部 65 次。2000 ~ 2003 年，基层工会利用推进厂（校、所）务公开制度，提升参与民主管理水平。二饮服公司召开推行厂务公开工作会议，推广天生集团、置业集团等单位实行厂务公开，推广民主管理先进经验。52 家企业实行厂务公开，占 90%。天生集团厂务公开经验被中央电视台拍摄专集在全国播放。区所属 24 家中小学实行校务公开。95% 公有制企业业务招待费向职代会报告，职工代表参加国有控股董事会。四牌楼街道在全省首创区域性非公有制企业联合职工代表大会（以下简称联代会）制度，联代会在街道工会指导下，邀请业主代表和社区工会主席列席职工代表大会，对非公有制企业民主管理、协调劳动关系、协商决策。2003 年 11 月 7 日《江苏工人报》头版刊发题为《非公企业职代会制度有创新，全省首家街道“联代会”在镇江市成立》报道，市总工会授予区总工会“工作创新奖”。

2005 年下半年始，在各类企业广泛开展创建“劳动关系和谐企业”活动。区政府召开“劳动关系和谐企业”创建座谈会，开展劳动关系状况调查，征集“劳动关系和谐企业”创建用语。2006 ~ 2007 年，金阳颜料化工有限公司被省总工会授予“和谐劳动关系模范企业”，被市委、市政府授予“和谐劳动关系先进企业”称号，总经理尹建农被授予“和谐劳动关系优秀企业家”称号。鼎胜铝业、正恺电子、金宝粘合剂有限公司等 9 个单位分别被授予省、市、区“劳动关系和谐企业”称号。

三、技术练兵、提高素质

1989 ~ 1999 年，区总工会组织全区各级工会以经济建设为中心，努力提高职工素质，广泛开展“做企业主人，为‘八五’奉献”练兵比武活动，有 17 个工种、1703 人次参加岗位练兵、技术比武，评选出业务技术能手 115 人。青年职工文启义在白案单项比赛中荣获全市第一名，并参加江苏省商业厅举办的全省饮食白案表演赛。1990 年 9 月，职工选手林美玉、毛秋华、孙根才参加江苏省国际美发观摩交流会。1992 年 4 月，职工吴萍、吴久保、张莉、方恒元在参加江苏省有关岗位比赛中分别夺得珠算技能、司炉知识、护理技术、美食展评一等奖。在总结表彰“七五”立功竞赛活动中，工业缝纫机针厂等 16 个基层工会被命名为先进职工之家。贾军、朱慧雪等 19 人被命名为合理化建议优秀组织者；朱文龙等 23 人被评为合理化建议积极分子；杨思祥等 20 人被授予“双增双节”能手。

图 17-3　2006 年，区总工会举办首届“人才杯”钳工技能大赛　（区总工会供稿）

2000 年初，区总工会会同科技局开展评选“十佳技术创新带头人”活动，授予徐小平、张志强、宋庆选、王军、孟家富、童财宝、董槿华等 7 人为“技术创新带头人”。2001 年，区总工会与区计划经济局、科学技术局、精神文明建设办公室、团区委联合开展群众性经济技术创新活动，推动企业上规模、管理上规范、效益上水平，为振兴京口，发挥工人阶级主力军作用。2006 年举办首届“人才杯”钳工技能大赛，全区 30 家单位 41 名选手参加，5 名选手分获一、二、三等奖。正东路街道花巷社区举办失业人员丝网花技能竞赛。2007 年，先后举办“鼎胜杯”焊工技能竞赛，88 名选手参赛，18 名选手分获一、二、三等奖，对成绩优异的选手颁发中级和高级技术称职证书，10 名选手被授予“京口区企业技术能手”称号。

四、开展主题教育

1995 年始，区各级工会组织动员职工开展“创企业精神，树主人翁形象”主题教育，围绕重点，建设高素质职工队伍，开展爱国主义教育，做到五结合，即与争创文明市民、与优质服务活动、与民主管理、与“三服务”活动、与宣传教育结合。镇江市冶金机械厂被市总工会评为主题教育先进单位。会同宣传部、区科学技术局、工业发展总公司等部门评选区“文明职工标兵”和“科技标兵”活动，经考核评审，李峰等 9 人被授予区“文明职工标兵”，胡勇等 5 人被授予区“科技标兵”称号。1997 年，开展“文明示范窗口”“文明班组”和“文明职工”创建评选活动，京口农行北门分理处在员工中确立“服务立行、效益兴行”思想，满意服务创佳绩，立足夹缝求发展；京口区医院加强医德建设，10 人次拒收“红包”6000 多元；象山商场开展岗位培训，195 人次参加应知应会考核，顾客申诉处理满意率 100%。评选区医院等 11 家为“文明示范窗口”，区环卫所清洁一队等 11 个班组为“文明班组”，罗林秋等 12 人为文明职工。1998 年，全区各级工会组织深入开展群众性“讲文明、树新风”活动。经推荐和评审，评选出朱宏声等 29 人为“优秀职工”，红旗中心小学等 6 个单位为“行业新风户”，区法院刑庭等 9 单位为“先进班组”，陈春兰家庭等 11 户为“文明家庭”。

2001 ~ 2003 年，区总工会在机关企事业单位开展争创“五一”文明班组活动，环卫所被市总工会授予“五一劳动奖章”，区人民医院注射输液室被市总工会授予“五一”文明班组。区总工会表彰环卫所清洁 5 组，谏壁印刷厂电脑房等 8 家为“五一”文明班组，京口制帽厂等 7 个班组为争创“五一”文明班组称号。2002 年，各乡镇、街道、局（公司）工会开展以“服务大局跨越发展，服务职工争创一流”工会工作竞赛活动。“五一”前夕，总工会牵头，会同组织部、宣传部等部门，评选出京口大宝轧钢厂厂长董春宝等 9 人为优秀企业领导，表彰区环卫所清洁 4 队等 8 个“五一”文明班组，震东电光源有限公司胡勇等 10 人获京口区“五一劳动奖章”。2003 年区庆“五一”表彰大会上，马云才等 10 人获区“五一劳动奖章”。2004 年，为推进职工素质工程，“五一”前夕，开展争创“文明职工”“五一文明岗”活动，区委召开表彰大会，表彰震东电光源有限公司检验车间三工段等 20 个京口区文明班组（科室）岗，金阳颜料化工有限公司张安林等 20 名京口区文明职工，金宝粘合剂有限公司等 20 家京口区职工素质工程示范单位，表彰鼎胜铝业有限公司陈银华等 20 名知识型职工标兵。2007 年在“五一”大会上，表彰鼎胜铝业有限公司涂机乙班等 20 个文明班组（科室）、天禾早餐有限责任公司配送中心等 20 个“五一文明岗”，区统计局徐锁夕等 20 人为文明职工，表彰 20 个学习型组织示范单位，20 名知识型职工标兵，10 名“十佳”文明外来职工，10 名重点工程劳动竞赛先进个人。

图 17-4　2007 年，京口区举办“鼎胜杯”技能竞赛活动　（区总工会供稿）

五、维护职工合法权益

1984 年，区工会组织联合司法和劳动部门，分别建立区法律顾问小组和劳动争议调解小组。1985 年，工会组织人员对退休、患病、计划生育、出差职工家属进行家庭访问 3500 多人次。1986 ~ 1990 年，区工会组织和企事业单位工会组织访问职工家庭 4723 人次。各级工会组织关心职工疾苦，认真开展调查，积极争取和协调，全区在维护职工合法权益方面处理劳务争议 40 人次，接待职工来信来访 567 件次，处理各类纠纷 2130 余件次，家庭访问 21640 人次，为 3142 人次生活困难职工补助 10.54 万元，为女职工体检 1823 人次，解决职工住房 140 多户，对来信来访中反映的有关职工工资福利待遇、领导作风、婚姻家庭纠纷等历史遗留问题等，及时转递有关方面进行处理，组织力量调查研究，使其得到圆满解决。1991 年，根据市职工物价检查总的部署，采取集中与分散、定期分片相结合的检查形式，核查物价 2.4 万元笔次，罚或没收款 1260 元。职工物价检查站被省总工会、省物价局授予先进集体，无线电线材厂职工怀民被授予江苏省先进职工物价监督员。1995 年 5 月，区职工物价检查站再次被市总工会和市物价局评为先进集体。1996 年 4 月，维护职工合法权益，会同区司法局、法院、人事劳动和社会保障局成立“京口区职工法律服务中心”，为职工提供法律服务。2000 年，职工物价检查站再一次被评为全省先进集体。2001 ~ 2006 年，区总工会针对企业改制后，下岗职工增多、困难加大的新情况，多渠道实施再就业工程，深入基层，调查研究，建立下岗职工档案。针对下岗职工状况，进行分类、排队，提出下岗分流、组织再创业。总结二饮服公司“5 路”（即替换式、输出式、自救式、保障式、自谋式）分流经验，在全区推广。各级工会为下岗职工再就业牵线搭桥，开展“上新岗、创新业”活动。先后创办下岗职工“生产自救服务部”和“职工介绍所”。2007 年，区总工会联合区人事劳动和社会保障局，培树表彰 60 名“上新岗、创新业”标兵和 30 家再就业示范基地，促进 2000 多名下岗职工重新工作。区总工会被省总工会评为“促进再就业”先进集体，大宝轧钢厂被省工会授予创新示范行动再就业基地示范点，市人大副主任陈苏到京口区授牌。

2007 年，全区建立 70 家企业签订工资协商制度，惠及万余名职工，在岗职工平均年工资达 20193 元，年均增幅 12%。镇、街道签订区域性工资协商，覆盖企业 1330 家，区总工会连续 3 年以 1 号文形式下发有关开展工资协商工作文件，组织工资协商培训班，召开全区工资协商推进会，维护职工合法权益。区总工会被市总工会授予工会工作革新奖。

六、加强法治建设

1989 ~ 2001 年，全区各级工会组织以贯彻《工会法》为主线，区总工会每年举办工会干部培训班，邀请省总工会干部学校和市委党校专家教授讲课。2002 年 5 月，区总工会组织全区各街道、乡镇、各主管部门、各重点企事业单位分管工会工作负责人和工会干部，参加学习《工会法》。组织工会会员参加全国总工会组织《工会法》知识竞赛，并邀请区人大、区政协领导视察工会工作，就《工会法》贯彻落实情况进行检查。2002 年 10 月，《江苏省实施〈工会法〉办法》实施后，区总工会根据有关精神，加大委托税务部门收缴工会费力度。11 月中旬，区委办、政府办下发《关于依法计提、拨交、上解工会经费并加强监督检查的通知》，规定“各类企事业及非财政拨缴的事业单位应上解的工会经费由区总工会委托地税分局负责代征”。区总工会和地税分局签订“委托收缴工会经费协议”获市总工会工作创新奖。2003 年度，区总工会被区委、区政府授予“特别贡献奖”。同年 12 月 24 日，省人大常委会副主任、省总工会主席张艳来区视察检查《工会法》贯彻执行情况时给予肯定。同年，各街道党工委通过党建带工建、工建促党建，建立健全各街道、各社区的工会工作班子，全区 55 个社区工会全部做到“六有”（公章、牌子、台账、工作计划、活动记录、年度总结）要求。

2005 年 3 月，江苏省实施《工会法》《劳动法》等“一办法五条例”在省人大常委会审议通过后，区总工会加快全区工会法制化建设进程，开展宣传、学习培训活动。区委转发《关于进一步推进全市企业工资集体协商工作的实施意见》。3 月 30 日在全市首家举办工会、劳资干部“一法五条例”的培训班，5 月召开学习贯彻“一法五条例”推进会，学习贯彻“一法五条例”实施意见。两次邀请区人大、政协领导，带领人大代表、政协委员专题视察，对“工会法和实施办法”实施情况调研、检查。区总工会还在全区社区中开展创建二、三星级社区工会工作活动。四牌楼街道江一社区、正东路街道酒海街社区工会等被市总工会命名为三星级社区工会。紫金大厦楼宇工会和象山镇总工会开展达标创建和合格社区“职工之家”创建活动。同年孔铁生被“全总”表彰为“四五”普法先进个人。

2006～2007年，区总工会按照“哪里有职工，哪里就有工会组织”原则，把工会组建当作重点工作来抓，两年中新建企业工会组织110家，发展会员5600人。区总工会被省总工会授予工会工作模范区。

七、开展文体活动

1983年，全区各级工会为丰富广大职工的业余生活，激发其工作积极性，组织开展一系列丰富多彩的文体、对外交流和社会公益活动。1984年，区工会办事处组织基层工会推荐选拔优秀运动员团队参加镇江市第二届职工运动会，在田径项目中获金牌5枚、银牌4枚、铜牌10枚。1985年，全区28个基层工会成立科技兴趣小组，开展一系列与提高生产技术和经营管理水平相关的智力竞赛。选拔优秀选手参加镇江市总工会举办的“讲理想、讲纪律”演讲比赛，有2名京口选手荣获二等奖。1986年，区总工会组织全区先进工作者、劳模和工会工作者近百人游览长江，参观在建大港码头。1987年和1988年，区各级工会组织根据职工兴趣爱好分别参加球类、棋类、自行车、登山、书法、摄影、灯谜等文体比赛活动，1万多人参加。1991年全区首届职工文化艺术节，有“爱我中华”卡拉OK歌舞大赛、健身操、交谊舞、灯谜、书法、绘画、篆刻、集邮、乒乓球、台球、棋牌赛和女职工毛线编织比赛等12项文体活动，8000余人次参加。周华宁、杨瑞良、朱勤、何军、胡桂法、刘彤、王晖、张叶平、徐万明、倪林、董建新、冯兆天等12人分别以优异成绩夺得文化艺术节上述项目冠军。1995年，区女职工委员会组织带领女职工开展“巾帼迎‘九五’，巧手再奉献”活动，选送500多件巧手作品和两项技术成果，参加市女职工大型成果展览，获市总工会板报展览最佳组织奖，华联商厦女职工委员会获最佳板报奖。举办京口区首届“主人翁风采”摄影图片展，各基层工会送展照片126幅，组织参观2000余人次。与团区委等部门联合，举办区第二届职工文化艺术节，综合文化、体育和业务技能，内容包括征文、演讲、硬笔书法、交谊舞、演唱、饮服业折杯花、象棋、扑克等比赛项目。参赛及参与人数8500余名。1995年10月，承办全省城区工会工作研究会年会，有来自全省11个市23家城区工会38名代表参加，交流论文18篇。

2002年，区总工会举办“京口区职工喜迎十六大插花、盆景大赛”，32家基层工会组织制作选送百盆作品参赛。2003年“三八”前夕举办“京口区现代女职工风采大赛”，一段流畅英语，一手绝活，展现京口区现代女职工才华。区总工会联合金宝粘合剂有限公司等企业工会制作“咱们工人有力量，乘风破浪奔小康”为主题巨轮模型彩车，参加“京口街头文化节”活动。2002年和2004年庆“三八”期间，区总工会女职工委员会连续两届举办女职工时装设计制作展示大赛。2004年，举办职工“京口创业者之歌”大型文艺会演。在市庆“五一”文艺晚会上，百名工会干部合唱团高歌《咱们工人有力量》《创业行》作为出场篇，受到观看演出的省、市领导好评，江苏电视台对此节目从排练、演出都作专题报道。2005年，区总工会联合各乡镇、街道和直属工会在区政府大院举办“率先京口红五月，万束鲜花扬美德”职工庆“五一”花卉盆景展。2006～2007年，区总工会组织参加市运动会职工部比赛，获足球、乒乓球团体和单项冠军，在42个代表团中荣获总分第二名，被授予全市优秀组织奖，创历史新高。

八、“劳模”评选与管理

20世纪90年代，区总工会根据《工会法》，受各级政府委托并与有关部门共同做好劳动模范评选、表彰、培养和管理工作。比较规范地做好劳动模范评选命名工作。市、省劳模评选每4年和5年进行一次。区各级工会也根据党委政府劳模政策的相关规定，尽力做好劳模评选，劳模精神宣传弘扬、劳模生活关怀照顾等项工作。为切实关心劳模和先进工作者的工作、学习、生活，2004年4月成立京口区劳动模范协会，各级工会组织和劳模工作单位都定期组织对劳模的慰问、体检，安排部分劳模疗养，并为企、事业单位劳模追加医疗保险额度和补充养老保险，使劳模感受到党和政府的关怀，对每一位困难劳模都帮扶到位。原镇江市工业缝纫机针厂省劳模陈建鸣，因单位停产不能正常发给工资，生活困难，她自强不息，不向单位和政府申请补助，带病打工赚钱，供儿子在南京上学。她顽强的精神感动了社会。区劳模协会副会长、京口大宝轧钢厂厂长董春宝了解情况后，和区劳模协会商定，由他资助其儿子的全部上学费用。区委书记冯士超闻讯后也亲自上门看望慰问，使陈建鸣一家的生活明显好转。2005年“五一”前夕，区总工会和区劳模协会组织召开劳模座谈会，20多位省、市劳模在会上汇报交流他们的工作和体会，并对全区经济建设和社会事业发展提出宝贵建议。京口区四套班子领导会见与会劳模。区总工会和劳模协会编印《京口劳动者之歌》画册，将全区历年来省、市劳模的照片、简历、先进工作者形象印在画册内，将画册送到每一位劳模手中。2007按照区政府要求，在坚持标准，严格程序，保证质量的基础上，推选出8名市劳模中，1名是曾经在企业下岗后到社区再就业当清扫员的代表和1名是在京口区环卫所工作10多年的外来务工代表，在区内外产生较大影响。至2007年，京口区有15人被江苏省人民政府授予省级劳动模范，46人被授予市级劳动模范。

第三章　共青团京口区委

1985年3月，召开共青团京口区委员会首次代表大会，至2007年历经八届（次），每次团代会议题和程序为作工作报告，选举产生委员、常委、书记和副书记。

团区委成立后，根据团员青年特点，加强自身建设，注重抓好团员青年的理想信念和道德素质教育。开展技术练兵、帮扶创业、服务社会和对未成年人保护预防青少年违法犯罪工作等活动。2004年，团区委被评为镇江市共青团工作先进区。2007年，团区委被共青团中央授予“2007年度全国青年中心建设先进县（市、区）”称号。

第一节　组织机构

一、团区委

1985年3月召开第一次团代会，选举产生共青团京口区第一届委员会委员、常委、书记、副书记，下辖基层团委3个，团总支4个，团支部88个，共青团员1015名。1992年10月市区区划调整，团区委管理和服务范围从纯城区向城乡一体化转变。同年，全区有基层团委13个，团总支11个，团支部175个，团员2652人。至2007年，全区有基层团委14个、团总支7个、团支部148个，有团员2234人。

1983 ~ 2007年京口区团组织情况表

表17-6　　单位：个、人、%

年份	基层团委数	团总支数	团支部数	当年发展团员数	团员总数	青年人数	团员占青年比例
1983	—	2	38	—	368	—	—
1984	1	5	97	59	1074	6100	17.61
1985	3	4	88	193	1208	6351	19.02
1986	3	7	97	95	1229	5053	24.32
1987	6	5	98	70	1406	5420	25.94
1988	7	5	97	39	1400	5735	24.41
1989	5	5	97	27	1241	6345	19.56
1990	4	5	403	63	1303	8040	16.20
1991	4	4	101	58	1301	8713	15.03

续表 17-6

年份	基层团委数	团总支数	团支部数	当年发展团员数	团员总数	青年人数	团员占青年比例
1992	13	11	175	307	2652	14668	18.08
1993	12	10	187	245	2558	11847	21.59
1994	12	12	163	335	2768	12976	21.33
1995	14	10	192	318	3056	12074	25.31
1996	19	7	175	338	3048	11180	27.26
1997	16	14	180	416	2956	10987	26.91
1998	14	15	178	405	2962	9263	31.98
1999	19	11	179	387	2970	7530	39.44
2000	17	9	172	322	2041	6423	32.69
2001	14	5	124	346	2034	9478	21.46
2002	17	9	172	455	2545	10447	12.45
2003	16	8	189	496	4305	10172	42.32
2004	13	7	120	296	3012	10126	29.74
2005	14	7	120	296	2629	10272	25.59
2006	13	7	121	295	2327	10270	22.65
2007	14	7	148	293	2234	10663	20.95

说明：1983 ~ 1984 年，团区委情况详见 1992 年出版《京口区志》，1999 年团总支数中有 4 个团工委；2001 年团总支数中有 5 个团工委。

二、其他青年组织

1. 京口区团校　1989 年 4 月建立，为隶属团区委的全民事业单位。主要职责是开展对基层团干部的培训，组织团员青年学习交流，提高青年干部综合素质。1990 ~ 2007 年其制无改。

2. 京口区优秀青年厂长（经理）协会　1995 年 5 月 5 日成立，首批发展会员 42 人，为企业青年管理人员提供沟通信息和学习交流的平台。因是松散组织，活动不很正常，至 2007 年，协会理事业未进行过改选。

3. 京口区青年联合会（以下简称区青联会）　1998 年 4 月 22 日成立。其工作任务是在爱国主义和社会主义旗帜下，最广泛地团结和动员全区各族、各界青年，为推动改革和加快社会主义市场经济建设步伐，为祖国的繁荣、统一和世界和平发展而努力奋斗。大会选举产生常委 14 人，朱家巍当选为主席、副主席 3 人。2003 年 12 月，召开第二次会员代表大会，修改会章，选举产生第二届委员会。区委常委、组织部长胡云霞、区政府副区长曹丽虹当选为名誉主席。会议讨论通过区青联会一届委员会工作报告和决议，选举产生二届常委会，选举团区委副书记刘远遥为青联主席。2004 ~ 2007 年其仍在第二届区青联会运行中。

4. 京口区未成年人保护委员会和预防青少年违法犯罪工作领导小组　2000 ~ 2007 年，上述两机构系兼职综合协调指导机构，办公室设在团区委，为整合政府资源，完善工作网络，服务青少年健康成长增加力量。活动内容散见文中。

5. 乡镇（街道）青年中心　2005 年 9 月，谏壁镇首家成立青年中心。至 2007 年，全区 4 个街道、2 个镇全部成立青年中心，为广大团员青年开展创业就业培训，丰富业余文体生活，提高科技文化素质提供新的平台，成为共青团开展活动重要阵地。

第二节　团代会

一、第一次团代会

1985 年 3 月，京口区召开第一次团代会，出席会议代表 179 人，朱建禾作《投身改革，贡献青春，为建设镇江，繁荣京口区而努力奋斗》的工作报告。大会选举产生委员 17 人，常委 5 人，书记、副书记各 1 人。下设组织部、少工部两个办事机构。大会号召全区共青团员、团的干部和广大青少年，更加紧密地团结在党的周围，高举共产主义伟大旗帜，站在改革前列，英勇劳动，开创新风，努力使自己成为有理想、有文化、守纪律的一代新人，为建设镇江，繁荣京口，振兴中华而贡献青春。

二、第二、三次团代会

1988 年 3 月和 1991 年 5 月，团区委分别召开第二次、三次代表会，出席会议代表分别为 183 名和 182 名，王明春、盛杰分别作《肩负历史重托，投身改革洪流，为建设镇江繁荣京口而努力奋斗》和《振奋精神，锐意进取，为全区经济和社会事业的新发展贡献青春》工作报告。大会选举产生新一届委员、常委和书记、副书记各 1 人，设组织部、少工部。会议号召全区团员青年，以饱满的政治热情，立志开拓的雄心壮志，踏上新征途，发挥自己力量和智慧，忠于职守，报效祖国，不断取得更大胜利，迎接团的十二大胜利召开。

三、第四、五次团代会

1994 年 3 月，召开第四次团代会，出席会议代表 185 人，马国进作工作报告。大会选举产生委员、常委和书记、副书记各 1 人。会议要求全区团员青年不辱使命，在全区提前实现小康的奋斗目标中发挥突击作用。1997 年 5 月，召开第五次团代会，出席会议代表 182 人，区四套班子领导和各群团负责人参加会议。朱家巍作题为《面向跨世纪，再创新业绩，为奏响东进序曲贡献青春智慧和力量》工作报告。会议选举产生委员、常委和书记、副书记。大会号召全区团员青年，在世纪之交施展才干，建功立业，团结一心，艰苦创业，为建设经济繁荣、科学发达、人民富裕、社会文明的新京口而努力奋斗。

四、第六、七、八次团代会

2000 年 5 月，召开第六次团代会，出席代表 155 人，会上贾云亮作题为《勇担历史重托，再创辉煌业绩，努力撰写京口区共青团事业的新篇章》工作报告。会议选举产生委员、常委和书记、副主记。会议号召全区团员青年树雄心、立壮志、勇敢负起历史使命，用青春和智慧谱写壮丽人生，将一支具有崇高理想和现代意识、素质全面、扎实创业、敢于争先的青年建设大军，带入充满希望的 21 世纪。根据中共镇江市委组织部和团市委《关于全市基层团组织的意见》精神，京口区第七次团代会于 2001 年 12 月提前召开，到会代表 114 人，眭月虎作题为《凝心聚力，争创一流，团结带领全区青年为实现跨越发展而努力奋斗》工作报告。大会选举产生委员、常委和书记、副书记。会议确定今后三年京口共青团工作基本任务，动员全区各级团组织和广大团员青年积极投身京口改革和社会现代化建设，在全区两个文明建设的伟大实践中建功立业。2005 年 7 月，召开第八次团代会，到会代表 118 人，仇洋在大会作题为《矢志服务两率先，力创工作新局面》工作报告。会议选举产生委员、常委和书记、副书记，会议动员全区各级团组织和广大团员青年围绕“两率先，两步走”目标，在投身经济建设、服务科学发展中锻炼成长。2006 ~ 2007 年，第八届委员会仍在运行中。

1985 ~ 2005 年京口区历届团代会情况表

表 17-7　　单位：人

届次	会议日期	正式代表	列席代表	选举委员	产生常委	书　记	副书记
一	1985.3	160	19	17	5	朱建禾	蒋嵩峰
二	1988.3	160	23	19	5	王明春	盛　杰
三	1991.5.7 ~ 5.8	160	22	19	5	盛　杰	徐建锋
四	1994.3.29 ~ 3.30	160	25	21	8	马国进	朱家巍
五	1997.5.15 ~ 5.16	160	22	19	7	朱家巍	—
六	2000.5.11 ~ 5.12	136	19	19	7	贾云亮	邓少华
七	2001.12.20 ~ 12.21	96	18	11	7	眭月虎	邓少华
八	2005.7.24	100	18	11	7	仇　洋	吕小康　金虹

第三节　主要活动

一、自身建设

1. 教育培训　1990 ~ 1991 年，区团校举办六期团干部培训班，为基层团组织培养干部，提高全区团干部政治素质。1991 年 6 月，在隆重纪念中国共产党成立七十周年前，组织全区团员青年开展“学党史、继传统、做贡献”为主题的教育活动。组织 114 名新加入的党、团、队员在革命烈士纪念碑前举行入党、入团、入队宣誓仪式。1993 年在全区农村开展“科技兴农”活动，团区委会同有关部门举办各类农业实用技术培训班 18 期，参加的团员青年有 80 人次。并召开“新时期科技兴农走向”研讨会。会后通过努力形成象山镇特种蔬菜、丹徒镇粮食生产有特色的青年科技示范基地。1996 年 11 月，区委组织部、党校、团区委联合举办团干部培训班，全区 56 名团干部参加培训，学习党的十四届六中全会公报、新时期共青团工作的发展趋势和工作对策、团的组织工作概述、青年干部修养、当前形势和公共礼仪等内容。同年，团区委在全区农村团组织中开展创建农村青少年图书室活动，1997 年，全区农村 90% 的村委会都建有青少年图书室。同年 11 月，团区委组织 9 名团干部赴京回访天安门广场国旗护卫队，参观护卫队荣誉室，听取护卫队成长过程介绍，观看武警战士适应性训练和天安门广场升旗仪式，并与武警官兵座谈交流，双方签订爱国主义教育共建协议书。1999 年 7 月，团区委和机关党委举办“邓小平理论宣讲报告会”，组织机关青年干部参加。

2000 ~ 2007 年，团区委每年都举办一期团干部理论培训班，用邓小平理论、“三个代表”重要思想和科学发展观武装青年思想。通过教育培训使团干部更加创新工作思想，争做时代先锋。

2. 团的建设　1986 年团区委制定《十项目标考核细则》及目标管理百分考核。1997 年，团区委在各级团组织中，开展“六有”竞赛活动，健全率达 100%，有 5 个村团支部评为“六有红旗团支部”。2000 年，区委下发《关于进一步加强和改善对共青团和青少年工作领导的意见》，明确党建带团建工作思想和措施。同年，全区实行乡镇、街道党建带团建季度例会制度，各基层党（工）委分管书记和团（工）委书记共同研讨团的工作。同年，团区委“坚持党团联席会议，强化党建带团建”的研讨课题，获团市委“团建工作创新奖”。2002 年 7 月，团省委在镇江召开全省城市共青团工作推进会，与会代表参观京河小区和下桃小区团建工作，并给予充分肯定。同年 9 月，辖区团建工作协调委员会成立，各成员单位与驻区社区结成对子，帮助开展社区团的工作。2003 年，社区团建工作坚持团建和建团两手抓，加大社区建团力度，全区 55 个社区除 4 个代管外，全部成立社区团支部，建团率达 100%，社区团建实现新跨越。2004 年 3 月，团区委组织城区 4 个街道 29 家社区团支部，开展“社区团建‘2+1’（即一个社区团支部与两个机关、企事业单位或高校团组织相互携手）活动”，整合资源，推动社区团的工作共同发展。2006 年从争创“五四”红旗团委、团支部入手，加强团的建设，建立健全团员学习教育制度，八角亭社区成立流动青年团支部，由社区民警担任社区团支部书记，实现“警团共建新模式”，获团市委工作创新奖。正东路街道团工委被团中央确定为“全国‘五四’红旗团委创建单位”。2007 年，团区委在全区 2 镇、4 街道建成青年中心，被团中央授予“2007 年度全国青年中心先进县（市、区）”称号。四牌楼街道团工委被团省委命名为江苏省“五四”红旗团委。

二、青少年思想道德教育

1985 年，团区委在广大团员青年中开展做“四有”新人活动，组织团员青年收看中越边境自卫反击战英雄模范电视录像报告会 38 场次，开展“学同龄人”“学英雄、树理想、讲纪律、比贡献”。1988 年，环境卫生系统团员青年开展“有偿劳动和无偿奉献”专题讨论，举办“宁愿一人脏，换来万家洁”演讲会，激发“城市美容师”的光荣感和责任心。1989 ~ 1990 年，各级团组织开展“我为京口建功立业”竞赛和“贡献日”系列活动，创办《团队通讯》刊物和组织“我与改革”征文活动。1991 年开展“学党史，忆传统”教育，组织团员青年与老党员、老革命进行“忘年交”活动。

图 17-5　2007 年，团区委举办“礼仪在我身边”演讲比赛　（团区委供稿）

1997 年上半年，为庆祝香港回归，加强对青少年爱国主义教育，在全区团组织中开展“迎香港回归祖国，展京口青年风采”为主题的系列活动，与市广播电视局、江苏理工大学、市旅游经济开发区联合举办迎香港回归大型电视知识竞赛、迎香港回归万人签名、“迎香港回归，雪百年国耻”演讲竞赛，4300 余人参加。2001 年，为纪念建党 80 周年和“五四运动”82 周年，推进“塑造新形象、再创新业绩”为主题教育活动，团区委与区教育局、广播电视台联合举办“党旗下的誓言”演讲比赛，25 名选手参加，通过身边优秀党员的先进事迹，歌颂党、歌颂社会主义、歌颂伟大的祖国。2002 年实施《公民道德建设实施纲要》，以“树立道德新风，做世纪新人”为主题，坚定青少年政治信念，树立正确的世界观、人生观和价值观，突出“爱国、奉献、诚信”，把思想道德教育落到实处。2005 年，全区团员学习实践“三个代表”重要思想，以“永远跟党走”为主题，增强广大共青团员政治、组织、模范意识。2006 年，团区委号召青少年“践行‘八荣八耻’，争做时代先锋”。2007 年上半年，认真贯彻落实区委“弘扬文明礼仪，建设和谐京口”活动，推进“百万市民学礼仪”，向全团员青年发出“学礼仪、促文明、增和谐”倡议书。

三、开展文明建设

1. 社会服务　1990 年 3 月 4 日，团区委组织团员青年开展“学雷锋精神，倡文明新风”为主题的义务奉献日活动，各级团组织组成 17 支青年义务服务队，100 余名团员青年在市区摆摊设点，为群众提供多种服务，计 8000 多人次，组织卫生、商业、工业等系统 40 多名团员青年开展义务修钟表、修理家用电器、量血压、化验血型及食品、百货优惠销售和人口普查咨询等服务 1000 余人次。1991 年，全区遭受百年来未遇的特大洪涝灾害，街道、公安、人武、工业、交通、商贸和机关、学校等战线的团员青年，为抗洪救灾，组成青年突击队，在抗洪抢险、恢复重建中发挥积极作用，市防汛指挥部、团市委表彰民警团员梅荣为“抗洪抢险英雄青年突击手”，团员青年张爱华、许国良、朱勤等为“抗洪救灾先进个人”。1993 年 2 月组织青年志愿者开展“学雷锋奉献月”活动，开展计划生育、幼儿教育、法律咨询等义务服务 8000 多人次。1994 年招募 1000 名学雷锋志愿者，成立 10 支志愿者服务队，会同民政部门开展文明社区青年志愿者服务站，下设 10 支小队，与服务站签订“四定”（定服务对象、定服务内容、定服务人员、定服务时间）

义务服务协议书。1996年利用辖区高等院校优势，实行区校共建，开展大学生社会援助行动，全区4个街道89个居民委员会，分别与华东船舶工业学院7个系、89个班级签订“献船院学子爱心，创京口文明社区”协议书，共同开展社会服务工作。

1998～1999年，京口区各级团组织自觉把志愿者行动与“讲文明、树新风”结合起来，组织10家单位团组织，以“雷锋与我们同行”为主题，以江滨小区服务站为基础，在江滨广场社区开展医疗保健、家电维修、法律咨询、家政服务等集中奉献活动。1999年3月，团区委和谏壁镇团委组织义务植树队，分别在古城公园、谏壁公园栽种成片树林，命名为“共青林”，并经团省委和有关部门验收合格。2001年为创建国家环保模范城市，团区委在大市口广场、江滨新村小区开展绿色环保行动，组织100多名青年志愿者对行人道进行清扫，对电话亭、公共汽车站、绿岛进行清洁。2003年3月，团区委发动400余青年志愿者义务捐献造血干细胞。2005年4月，全区45家社区志愿者服务站招募5000余名注册志愿者，利用集中服务日，开展多形式、多内容的服务行为，得到社区居民广泛好评。怀民、朱彩霞两名青年志愿者获镇江市“杰出志愿者称号”，古城公园义务清扫队被评为镇江市“优秀服务队”。2006年，团区委联合区关工委开展“双向关爱、老少共建”活动，组织青年志愿者走进老年志愿者家庭“为奉献者奉献”，以“共建、共进、共乐、共帮”为内容，发挥老年人和青少年在全区精神文明建设中的积极作用。2007年10月，京口区志愿者协会拟订协会章程、规章制度、管理办法等文件，逐步使志愿者工作迈上制度化、规范化轨道。

2.“青年文明号”　1994年5月，“风采杯”青年文明号在全区启动，华联商厦团委和华都地下商场团支部广泛开展争创“青年文明号”示范柜组活动。1996年，团区委跨行业、跨系统组建社区服务体系，使区内各条战线的“青年文明号”团员和青年面向社区居民和青少年，以集中服务和“青年文明号服务卡助万家”活动等提供专业、优质服务。1999年10月，为促进全区“青年文明号”活动深入开展，团区委在区级机关、乡镇、街道办事处、开发区机关及事业单位干群和社会各界进行监督评议，全区25个单位参加创建。对全区机关团员青年倡导高度职业文明，推进机关作风建设。2001年，通过逐级评议，评出34个区级，12个市级和4个省级“青年文明号”，使“青年文明号”创建工作制度化、规模化。2002年3月开展首届“十佳青年”评选活动，通过基层推荐，《镇江日报》公示，群众投票，评委会确定等程序，卜美琴等10人当选为“京口区首届十佳青年”。2003年，团区委加大各级“青年文明号”的申报创建力度，推出“青年文明岗”创建活动，进一步完善参创、申报、公示制度，实行滚动管理，强化社会监督，不断提高创建水平。9月，举行新一轮“青年文明号”创建活动启动仪式。2004～2007年，经过集体公示，社会各界人士监督，评出31个“青年文明号”。

3.青年文化节　1984～1989年春节、“五四”以及重大纪念日，团区委联合有关部门举办13场（次）文艺演出（联欢）活动。1992年4月，为纪念中国共产主义青年团建团70周年和毛泽东《在延安文艺座谈会上的讲话》发表50周年，区委宣传部、团区委等部门于4月18日至5月15日联合举办京口区首届青年文化节活动，共设16个项目，以“高举团旗跟党走，艰苦奋斗建功业”为主题，内涵深刻广泛，形式活泼明快，丰富多彩，既体现京口特色，又紧扣青年特点。全区3000多名青年参加，参与率90%以上，全市各大媒体连续报道15次之多。1994年4月12日至5月5日，团区委等部门联合举办“立足世纪之交，矢志进取成才”为主题的第二届青年职工文化节，共设12个项目，有思想教育、技能技巧、文化艺术等类。期间由华联商厦团委举办“华联杯”卡拉OK大赛、文教局团委承办“折杯花”比赛等。1996年4月26日至5月5日，团区委等部门联合举办“面向‘九五’跨世纪、高举团旗创伟业”为主题的京口区第三届青年文化节，共设8个项目，有“新风迎新世纪”演讲比赛、象棋、书法、美术长卷展览、优秀青年先进事迹报告会，读书知识竞赛等，共3000余名团员、青年参加。1998年4月22日至5月5日，团区委为纪念“五四运动”79周年，加强对青少年思想教育，强化青年跨世纪意识和责任，举办以“服从中心创佳绩，服务青年育新人”为主题的京口区第四届青年文化节，有8个融知识性、趣味性、技能性为一体的演讲、珠算、书法、象棋比赛等。2002 年 9 月，为庆祝党的十六大胜利闭幕，团建工作协调委员会在大市口广场举办“永远跟党走”大型广场文艺演出。2003 ~ 2007 年利用文化站和青年中心的阵地开展以青年创业、创新、成长、成才为内容的文化活动。

四、开展技术练兵，帮扶就业创业

1985 年，全区工交、商业等系统团员青年开展以全面提高质量管理为中心“三优”（优秀青年管理小组、优秀青年管理者、优秀管理论文）竞赛活动。1986 年，组织各科技练兵、比武竞赛 42 场，有 1262 人次参加。1987 年，公安、司法机关、工商行政管理部门的团员青年开展“我为国徽增光彩”活动。商业战线上开展“我为行业新风添光彩”职业道德竞赛活动。在服务行业开展“满意在名城”，在工厂开展“我为企业增效益、争贡献”等活动。1993 年，在全区农村开展“科技兴农青年工程”活动，帮扶象山、谏壁、丹徒、汝山等 4 个乡镇建立蔬菜、粮食青年科技示范基地。1995 年，团区委决定打破以往“明星制”为“群星制”，在江苏金象集团试点。1997 年，团区委在全区亏损企业团组织中开展“扭亏立功”责任状，并邀请华东船院专家到亏损企业中调查研究，开展科技扶贫。1998 年，团区委在全区企事业单位团组织中广泛开展“扭亏增盈”活动，开展岗位技能竞赛，成立科技攻关小组、青年销售小组、青年清欠小组等。1999 年，区委组织部、宣传部、团区委、区电台、区青联、置业集团等单位联合开展首届“京口区十佳创业青年”评选，经过层层筛选，丁力等 11 名青年当选。1999 ~ 2003 年联合劳动部门在江滨社区召开“迎国庆、架康桥”金秋青年就业招聘大会，近百家单位提供岗位 2000 余个，开创全市第一次“康桥工厂”进社区活动。2004 年 4 月，区委宣传部、团区委、区工商联和区青联等部门联合评选京口区首届“青年创业先锋”。经过基层团组织推荐、主办单位考核筛选，太和商业有限公司总经理周琳等 10 人入选。其中凌国平、周长娣被评为市“青年创业先锋”。2005 年 4 月，结合区委开展当代新毛遂创新业——青年干部赴村（居）挂职创业活动，团区委向挂职干部及全区广大青年发出“立创业潮头、展青年风采”倡议书。倡议年轻干部及广大青年把个人前途、命运与群众需要相结合，到基层去磨炼意志、砥砺品格，密切干群关系，促进经济发展，得到党、政领导肯定。2006 ~ 2007 年，深入开展“青年创业创新创优竞赛”活动，大力选树典型，激励青年创业创新、爱岗敬业。青年企业家周贤海被团省委评为 2006 年度“江苏省青年创业风云人物”，青年创业企业家陈开春获“镇江市十大优秀青年”称号；区法院少年庭、正恺电子公司胡祥分别获镇江市“岗位创新创优竞赛”先进集体和先进个人。

图 17-6　2006 年，团区委举办“创业者之歌”文艺演出（团区委供稿）

五、未成年人保护和预防违法犯罪

2000 年，区委、区政府成立京口区未成年人保护委员会（简称“未保委”），把青少年维权工作延向社会、学校、家庭。2001 年 12 月，团中央、最高检察院授予京口区优秀青少年维权岗。2002 年暑期，京口区第一个社区青年法律学校在正东路街道船院社区成立，2003 年被评为全国社区青少年法律学校示范点之一。2003 年 7 月，开展青少年网络文明健康上网。年底成立京口区预防青少年违法犯罪工作领导小组，与“未保委”两个协调机构、一个办公室（设团区委），由团区委负责牵头开展预

图 17-7　2001 年，团中央、最高检授予京口区法院优秀青少年维权岗（团区委供稿）

防和“未保委”工作。2006 年 7 月，为加强青少年心理教育，大学山社区成立全市首家青少年心理咨询站，定期组织心理咨询师免费为社区青少年开展心理辅导活动。为加强青少年自我保护教育，江滨实验小学、京口法院少年庭被团市委命名为镇江市首批青少年自护教育基地。同年，区人民法院利用优势，建立“青少年犯罪预防网”，加强对预防工作的研究和交流。2006 年在江苏省文明委全体会议上，团区委报送的“京口法院预防青年犯罪网站”“大学山社区心理咨询站”“社区青少年法律学校”3 课题，获未成年人思想道德建设工作创新案例奖。

2007 年 7 月，团区委开展“健康、快乐、成长”——流动与留守儿童身心健康及自护教育系列活动，邀请卫生保健、法制、心理咨询等专家，走进学校开展多方面的讲座和活动，促进流动与留守青少年健康和谐成长。12 月，经江苏省预防青少年违法犯罪工作检查组检查考核，对京口区预防工作组织、机制、活动等给予肯定。2007 年 12 月，全区有国家级优秀“青年维权岗”3 个、省级 1 个、市级 11 个。

第四节 区少先队

一、少代会组织

1983 ~ 2007 年，京口区各小学和中学七、八年级（初一、初二）建立少先队组织，属团区委少工部领导。1987 ~ 2007 年，全区少代会历经四届，每届经少代会选举产生少先队工作委员会（以下简称少工委）和红领巾理事会，为区少先队工作机构，确保少先队活动的开展，提高少年思想道德素养。

1984 ~ 2007 年部分年份京口区少先队组织情况表

表 17-8 单位：个、人

年份	大队	中队	小队	辅导员	少先队员
1984	44	429	1716	617	19500
1987	41	435	1820	633	18499
1989	38	466	1852	549	20554
1992	35	400	1875	500	19900
1995	44	397	1896	412	20810
1997	40	419	1930	430	20716
1999	39	428	1972	421	20772
2001	37	462	1994	418	20801
2003	29	485	3017	415	20784
2005	25	501	2043	427	20779
2007	22	511	2067	412	20539

1987 ~ 2000 年，京口区少代会历经四届，每届结合召开红领巾理事会，同时换届。历届会议除听取工作报告外，换届选举产生新一届工作委员会和理事会成员，同时聘请少先队大队（总队）辅导员。（2001 ~ 2007 年无资料）

1987 ~ 2000 年京口区历届少代会情况表

表 17-9　　单位：人

界别	会议日期	正式代表	列席代表	主要议题	委员
一	1987.12	105	50	团区委书记王明春作题为《在党的十三大伟大旗帜下，为培养和造就继往开来的新一代新人而奋斗》报告	9
二	1990.12.14	109	39	区委副书记姜辉作题为《向赖宁学习，做社会主义事业的接班人》报告。会议号召全区少年向赖宁学习，做社会主义事业接班人	5
三	1993.12.10	105	20	团区委书记马国进作《认清形势明重点，发挥优势育新人，为开创我区少先队工作的新局面而努力》报告	7
四	2000.10	119	24	团区委副书记邓少华作《面向新世纪开创新局面，为培养和造就跨世纪社会主义合格建设者和接班人而努力奋斗》报告	7

说明：2001 ~ 2007 年，区少会无资料。

二、少代会主要活动

1. 夏令营　1984 ~ 1988 年，全区少先队组织每年暑期夏令营活动，旨在锻炼少先队员身体、磨炼意志。1989 年举办小学生军事夏令营和国旗夏令营活动各 1 期。1990 年，团区委和区体委联合举办少先队武术夏令营，70 名少年参加，时间 1 个月，属全市首创。1991 ~ 1992 年，团区委、文教局、关工委和驻镇部队，联合举办全区优秀少先队员和“三好”学生夏令营活动。1990 ~ 1992 年，区委、区政府先后表彰全区青少年暑期活动先进集体 117 个、先进个人 191 名。2000 年开始，区少先队与区“关工委”联合，开展“七彩夏日”活动。2005 年，区少工委组织“纪念郑和下西洋 600 周年——京口区暑期小学生航海模拟科技夏令营”活动，小学生观看动画讲座，动手制作“郑和舰”海模、“超车王”车模及参加“我是小郑和”航海模拟比赛，既提高科技兴趣，又接受爱国主义教育。活动内容在中央电视台专题播出。2006 ~ 2007 年，办 4 期少年夏令营活动，有 600 多人次参加。

2. 思想及道德文明教育　1990 ~ 1995 年，京口区各中、小学少先队广泛开展“学雷锋．学赖宁”活动。在参加全国性“红领巾学赖宁读书读报奖章”活动中，154 名少先队获奖。在参加“心中有祖国，心中有他人”竞赛活动中，3 个大队被评为全国先进集体，16 名少先队员在烈士陵园开展“手拉手奔向二十一世纪”星星火炬大传送。城乡小朋友互赠图书，文具。1996 年，少工委组织各中心小学 3500 多人，听老干部演讲团“纪念红军长征胜利 60 周年”报告会。

2000 ~ 2003 年，全区少先队开展“争做文明青少年”活动，开展“护绿小卫士”“宣传先进社会”“体念环保状态”“文明少年我能行”“假日小队”“手拉手，爱心献朋友”特色活动。2004 年深入学习《学生日常行为规范》《中小学生守则》，从小养成文明好习惯。2006 ~ 2007 年，开展以“文明礼仪伴我行”为主题教育活动，全面提高青少年学生的思想道德素质和文明礼仪素养。

3. 参加社会实践和创新科技活动　1993 年 4 月，区少工委开展“红领巾”自由贸易市场活动，组织少先队员到贸易市场买卖商品，互通有无，丰富少先队员劳动教育的内容。《镇江日报》对此作专题报道。1995 年 7 月，在“创建全国卫生城市”活动中，区少工委组织少先队员走上街头，开展“小小城市美容师”“你扔我捡”“万名红领巾创卫大行动”系列活动。1996 年 7 月成立京口区少年科学院，首期小院士 30 名，并与江苏理工大学挑选出来的 30 名优秀大学

图 17-8　2007 年，区少先队组织学生义卖鲜花，资助贫困家庭和孤寡老人（团区委供稿）

生“小手拉大手，科技路上齐步走”，结成共建对子，互帮互学，共同进步。

2000 ~ 2007 年，全区少先队员开展“假日小队”活动。利用节假日，为社会做贡献。开展“护绿小队”“护绿卫士”“城市客厅护卫队”“社区飘扬的红领巾”等活动，推进素质教育。区少工委组织各校大队参与全国“创新杯”活动，组织“小向导、小能手、小发明”创新实践活动，培养少年儿童创新勇气，创新意识，创新思维和创新技能。全区有 2 个创新方案进入全国 24 个“百佳”、全国 1 万个优秀方案。

4. 辅导员工作　1992 年 12 月，全区有辅导员 500 多名。1993 ~ 1998 年，各中小学大队辅导员组织少先队员“学雷锋、学赖宁奉献日”活动。5 年多来组织了 3 万多各少先队员走上街头先后设立 600 多服务点，进行遵守交通规则，争做文明市民宣传和学生义卖鲜花资助贫困家庭和孤寡老人等活动。1999 年，区少工委针对辅导少先队工作开展课题研究，研究当代少年儿童身心发展状况、特点和辅导方法。辅导员宋蕾评为镇江市“红领巾功勋辅导员”。2001 年，八叉巷小学体验教育课题“我们的烦恼吸尘器”获全市少先队课题科研成果一等奖。辅导员宋蕾的少先队活动方案被选编入《镇江市教育现代化巡礼》一书。2002 年，宋蕾被江苏省教育厅评为省“十佳辅导员”“江苏省优秀辅导员标兵”和省“二级星功勋奖章”，《镇江日报》作专题报道。

2004 ~ 2007 年，全国少先队辅导员研修营活动在京口区八叉巷、市实验小学举行。同年，京口区在市实验小学和解放路小学举办“未成年人思想道德建设现场观摩”。2005 年 6 月，区少先队总辅导员宋蕾当选为全国第五次少代会代表（镇江市唯一成人代表），赴京参加全国第五次“少代会”，受到党和国家领导人接见。

5. 推荐优秀队员入团　1997 年 12 月，团区委、区少工委在市第九中学召开“推优入团”现场会，对不满 14 周岁的优秀少先队员在推荐基础上，通过团组织讨论研究和考察，发展达到入团标准的加入共青团，并在初二年级建立团支部。1998 ~ 2007 年，推荐优秀队员入团，激发广大少先队员积极上进和加入团组织的热情。

第四章　区妇女联合会

1984 年 12 月，京口区妇联成立，至 2007 年历经五届。历届妇代会议题和程序分别作工作报告选举产生新一届妇女组织。乡镇、街道、园区，场圃设同级妇联，社区和村委会设妇代会。2007 年，全区有乡镇、街道、园区、场圃妇联 9 个，67 个社区居委会和 10 个村委会妇代会组织。24 年来，全区各级妇女组织，围绕区委、区政府中心工作，服务大局、服务发展、服务妇女，履行工作职责，加强自身思想政治建设，依法维护妇女儿童合法权益，实施妇女儿童发展规划，创建“五好”文明家庭，加强未成年人思想道德建设，动员组织全区妇女投身改革和现代化建设，为京口区经济和社会事业发展做出应有贡献。

第一节　组织机构

一、区妇联

1984 年 12 月，京口区召开首届妇代会，选举产生执行委员、常委和正、副主任，组成京口区妇女联合会组织。1984 ~ 2007 年，区历届妇代会组织机构均由选举产生。至 2007 年，共召开五次区妇代会。

二、基层妇女组织

1984 年 12 月，京口区首届妇代会召开后，全区 8 个街道，相继建立妇联。1985 年，全区 131 个居委会先后建立妇代会组织。1992 年 10 月，京口区实行城乡一体化管理体制，全区有 10 个街道、乡镇、场圃妇联组织，即正东路、健康路、大市口、四牌楼4个街道和象山、汝山、丹徒、谏壁4个乡镇及象山茶场、共青团农场，89个居委会和33个村委会妇代会组织。2007年，区妇联下辖9个街道、乡镇、场圃、园区妇联机构，65个社区居委会和10个村委会基层妇代会组织。

1984 ~ 2007 年京口区基层妇女组织情况表

表17-10　　单位：个

年份	街道妇联	乡镇妇联	场圃妇联	园区妇联	社区居委会妇代会	村委会妇代会
1984 ~ 1988	8	—	—	—	131	—
1989 ~ 1991	8	—	—	—	156	—
1992	4	—	2	—	89	33
1993 ~ 1995	4	4	2	2	92	47
1996 ~ 1997	4	4	2	1	109	34
1998 ~ 1999	4	4	2	1	131	33
2000 ~ 2003	4	3	2	1	74	26
2004 ~ 2005	4	3	2	1	56	10
2006 ~ 2007	4	2	1	2	67	10

三、区妇联直属机构

1987年7月，京口区成立幼儿教育管理委员会（集体事业性质），为全区民办幼儿园管理机构，设在区妇联内。时有贺家弄、草巷（后更名为梦溪）、拖板桥、新河街、宝塔巷、牌坊巷、高桥北等12所幼儿园，1989年入园儿童3369名。1994年2月，牌坊巷幼儿园划归市商业局管理。2007年，新河街、宝塔巷、高桥北等幼儿园因生源不足先后撤并，拖板桥幼儿园生源不足而停办。下属幼儿园为贺家弄，梦溪两所，入园儿童500名。

第二节　妇代会

第一届和第二届妇代会情况详见1992年出版的《京口区志》。

一、第三届妇代会

1993年10月，京口区召开第三届妇代会，出席代表164名。杨秀芬作《解放思想，真抓实干，努力开创全区妇女工作新局面》工作报告。大会选举产生新一届区妇女联合会执行委员、常委和正、副主任。大会号召全区妇女贯彻落实党的十四大精神，转变观念，树立与社会主义市场经济相适应的观念，以求实创新作风，做好本职工作，以优异成绩迎接1995年世界第四次妇女大会在北京召开。

二、第四届妇代会

1998年11月，京口区召开第四届妇女代表大会，161名代表出席，林珊珊作《高举邓小平理论伟大旗帜，团结全区妇女，以崭新的姿态，迈向新世纪》工作报告，大会选举产生京口区新一届妇女联合会执行委员、常委和正副主席。大会号召全区妇女投身“巾帼成才、巾帼创业、巾帼文明、巾帼维权、巾帼助困”系列活动，以崭新姿态迎接新世纪，再创新业绩。

三、第五届妇代会

2005年1月，京口区召开第五届妇女代表大会，161名代表出席会议，房林虹作《高扬“和谐、奋进、富民、务实”主旋律，推动全区妇女为实现“两个率先”努力奋斗》工作报告，大会选举产生新一届执行委员、常委和正副主席。会议主题是以邓小平理论和“三个代表”重要思想为指导，认真落实科学发展观，深入学习贯彻党的十六大和十六届四中全会精神，紧紧围绕区委、区政府“两步走、两个率先”目标任务，进一步团结动员全区妇女，解放思想，与时俱进，积极投身改革开放和现代化建设，为实现“两个率先”而努力奋斗。

1984 ～ 2007 年京口区历届妇代会情况表

表 17-11　　单位：名

届别	召开年月	会议代表	特邀代表	列席代表	执行委员	常委
一	1984.12.10	195	40	6	19	7
二	1988.1.28	183	3	—	19	8
三	1993.10.25	164	—	—	19	7
四	1998.11.26	161	—	—	19	7
五	2005.1.28	161	—	—	17	7

第三节　主要活动

一、思想政治建设

1990 ～ 1993 年，先后为 1 万多名 18 ～ 40 岁女职工进行文化技术补习，并开展“四有”（有理想、有道德、有文化、有纪律）教育，在提高妇女素质上下功夫，全区各条战线涌现出一批先进人物，充分显示妇女自身才能和社会价值。1994 年 5 月，区妇联为迎接第一个国际家庭年，在城乡开展以“家庭环境”“居室布置”为专题的美化家庭文化活动。通过层层推荐，全区评出 4 个家庭文化建设优秀奖、10 个家庭文化建设鼓励奖。为迎接第四届世妇会在北京召开，区妇联组织 1550 名妇女骨干分批培训，大力宣传世妇会意义、背景和内容。1995 年“世妇会”召开前，掀起第二次宣传高潮，印发材料 1000 余件，增强妇女自豪感。

1996 ～ 1999 年，区妇联组织对下岗女工进行择业观教育，要求正确对待再就业。通过教育，13 名下岗女工到皮鹿丹时装公司就业。区妇联还和区环保局联合以“家园·环境”为主题开展“妇女环境知识”竞赛。同时开展“用妇女的手，擎起一个洁净、美丽、无害的地球”宣传咨询活动，发挥妇女在环保中的特殊作用。

2001 ～ 2004 年，区妇联贯彻省、市妇联《关于加强和改进妇女思想政治工作的意见》精神，采取讲座、报告会、培训班等多种形式，进行爱国主义、理想信念教育，通过媒体宣传妇女先进典型，以典型引路，引导妇女增强“四有”“四自”精神、树立正确世界观、人生观和价值观。2002 ～ 2005 年，区妇联与区交通局联合开展“交通法规宣传进家庭”活动，并配合纪律检查委员会举办“勤廉新风进家庭知识竞赛”，结合创建工作开展家庭建设系列活动。开展以“书香伴我行”读书系列活动，鼓励、引导妇女做“学习的女性”。举办“读书使女性更美丽”演讲比赛，动员广大妇女以读书来提升素质，以知识改变命运，以学习创造未来。2006 ～ 2007 年，全区各级妇女组织以“全面达小康，建设新京口”为目标，引导广大妇女投身创业，全面推动经济发展。

图 17-9　2005 年，京口区女职工时装设计展示大赛（区妇联供稿）

二、维护妇女儿童合法权益

1990 ～ 1996 年，区各级妇联在宣传《婚姻法》《江苏省关于维护妇女儿童合法权益》等法规同时，举办法制课 100 多场次，5 万多名妇女听课，懂得用法律保护自己。7 年接待处理各类来信来访维权案件

564件，电力路居委会妇代会以法律为武器，有效地处理家庭暴力和孙媳辱骂祖辈致老人自杀案件。区妇联抓住这类典型案例，1991年始，在全区开展争当“好婆媳”活动，在《镇江日报》、镇江广播电台分别作报道。1992年7月，组织宣传车向市民宣传《妇女权益保障法》，设咨询点为市民服务，接受800余人法律咨询，举办《未成年人保护法》学习班，增强法律意识。区妇联深入宣传“男女平等基本国策”，开展“增强国策意识，贯彻国策精神”宣传月活动，举办15期（次）学习班，张贴标语1500余条（幅）、宣传专栏25期。1997年，全区1万多名幼儿进行身体检查，巡视、慰问幼托园（所），发放慰问金、物品2万余元。

1999年，区人大视察《妇女权益保障法》贯彻实施情况，听取汇报、座谈，并在区五届人大常委会第九次会上进行审议，肯定维护妇女平等受教育、公平参与竞争等方面工作，提出建设性意见，有效遏制侵害妇女权益违法犯罪行为发生。2000 ~ 2004年，区妇联深入开展维权活动，落实《女职工劳动保护规定》《镇江市关于预防和制止家庭暴力的若干规定》《镇江市女职工劳动保护办法》《母婴保健法实施办法》《机关、事业单位女职工生育保险暂行办法》《镇江市企业职工生育保险实施办法》等一系列保护妇女儿童法律法规，列入普法教育内容。

图17−10　2006年，正东路街道酒海街社区召开“流动妇女（儿童）之家”工作座谈会（区妇联供稿）

2005年3月，区妇联组建由妇联干部、人民陪审员专职代言人、警官、检察官、律师、记者、人大女代表、政协女委员和妇联执委等29人参与的妇女维权代言人队伍。队伍常年进社区了解民情，对家庭暴力、生育权、劳动保障、性骚扰等妇女关心的问题开展咨询、讲座。在实施“中国预防以劳动为目的拐卖女童和青年妇女项目”（以下简称“防拐”）中，确定正东路街道花巷、贺家弄社区和象山镇陈家门、红旗社区为试点，成立“流动妇女（儿童）之家”，定期组织系列性活动，受到群众赞誉。2007年12月，全国和省妇联“防拐”国际项目办公室检查组赴京口区“防拐”试点单位进行项目实施情况检查。通过听汇报，查台账，与目标人群（12 ~ 24周岁外省流动妇女）进行座谈，参观“流动妇女儿童之家”，全国妇联项目办负责人郭嘉、省妇联副主任康惠勇对京口区实施“防拐”项目给予高度评价。

1990 ~ 2007年，全区各级妇联组织逐步完善信访制度，对妇女轻生、女工劳动保护、溺弃女婴、外来妇女婚姻、第三者插足、卖淫和吸毒妇女犯罪等调查研究，联系实际，遵照法律法规予以妥善解决。三级信访网络处理来信来访1800余件（次），结案率达95%。

三、实施妇女儿童发展规划

1996 ~ 2007年，京口区政府先后制定“九五”（1996 ~ 2000年）、“十五”（2001 ~ 2005年）、“十一五”（2006 ~ 2010年）《京口区妇女发展规划》和《京口区儿童少年事业发展规划纲要》（以下简称《规划纲要》）。为维护妇女、儿童合法权益，成立京口区妇女儿童工作委员会（以下简称“区妇儿委”），妇联、教育、卫生、民政、司法、环保、法院等部门为成员单位，下设办公室（设在区妇联）。“九五”《规划纲要》规定至2000年年末，婚检率城市达100%，乡镇达75%;孕产妇死亡率降至35/10万以下；婴儿和5岁以下死亡率分别降低至20‰和26‰以下；4 ~ 6个月婴儿纯母乳喂养率城市85%，乡镇90%以上；儿童计划免疫接种率保持在98%以上；14岁下儿童龋齿发生率控制在40%左右；全区24所中学、小学、幼儿园实现教育现代化；普及学前3年幼儿教育，城市99.8%，乡镇99.5%;青壮年非文盲率达98%以上。各职能部门采取措施，落实各项指标，完成规划各项指标。1999年4月，市“妇儿委”组织专家对全区妇女、儿童事业发展“九五”《规划纲要》进行中期监测评估，给予肯定。同年4月12日，江苏省妇联主席洪天慧率省“妇儿委”专家到京口区江滨新村检查，给予充分肯定。2000年，“区妇儿委”被评为全省妇儿工作先进单位。2001年，全区实施“十五”《规划纲要》，区“妇儿委”发挥牵头协调作用，从区情实际出发，将《规划纲要》分解到各职能部门，推动有关部门为妇女儿童多办实事，提高妇女儿童发展水平，优化妇女儿童生存环境，共同完成《规划纲要》目标。区卫生、教育等部门加大投入，加强基础建设；区法院认真调处女性案件中的矛盾，加强沟通，运用法律手段有效维护妇女儿童合法权益。2003年，在各部门共同努力下，通过妇女儿童“十五”《规划纲要》中期监测评估。2006年8月，镇江市妇儿规划考核评估组对京口“十五”《规划纲要》实施五年效果进行评估检查，认为达到“认识、领导、机构、职责、经费”5到位。2007年，确保“十一五”《规划纲要》完成，使妇女儿童事业在经济、政治、教育、卫生、法律、环境等领域得到发展。

四、深化“巾帼建功”“双学双比”

1. 开展“巾帼建功，奉献京口”活动　1991年初，全区各级妇女组织广泛开展“巾帼建功，奉献京口”活动，区属工业、商业系统和各街道分别开展技术比武、岗位练兵，进行“一手准，一手清”等比武活动。文教系统开展“争当优秀教师”竞赛，大市口利群福利工厂开展女工劳动竞赛。全区90个企业，1.02万名妇女参加。红旗综合厂厂长柏荣婷被江苏省妇联评为“巾帼建功”先进个人，和平工艺厂厂长解素萍被镇江市评为“巾帼建功”先进个人。1992年6月，区妇联与区总工会联合在饮食服务公司召开巾帼建功现场大会，由女职工表演烹调白案操作和理发美容表演，在全区女职工中掀起以岗位练兵、岗位成才、岗位建功为内容的“巾帼建功”竞赛活动。1993年，为推动“巾帼建功”活动深化发展，在“三八”妇女节期间，表彰区级“巾帼建功”先进集体9个、先进个人18名。1994年在“创造发明”活动中，谏壁镇二轻厂厂长朱国英获市级科技发明三等奖，华联商厦甘美琴被江苏省妇联授予“巾帼建功”先进个人。

1995～1997年，区妇联组织城镇税务、商业、卫生等窗口行业和个体工商户开展创建“巾帼示范岗”活动，精心组织设岗，召开流动现场会交流促进。1998～2005年，区妇联把下岗女工再就业作为“巾帼建功”活动重要内容，纳入城镇妇联目标管理责任状，推动下岗女工再就业进程，提高“巾帼建功”活动水平。2001年新创市级岗位8个，省级岗1个。2002年，全区10个市级“巾帼示范岗”通过重新考核确认，贺家弄幼儿园和区妇幼保健所被评为“巾帼示范岗”。丁玉华等10人被评选为京口区2003年度“十佳巾帼创业标兵”。2004年，区妇联响应区委、区政府“全民创业，自立创业”号召，组织区工商局、税务局、人事劳动和社会保障局、卫生局等10个部门，为200多名待业妇女进行政策咨询，提供100多个就业岗位。2005年，区妇联“巾帼示范岗”通过考核确认，区广播电台、丹徒镇中心幼儿园升格为省级“巾帼示范岗”。

2006～2007年，全区以“巾帼文明示范岗”创建活动为窗口，营造岗位建功，岗位成才，创先争优良好氛围，创建市级“巾帼示范岗”17个，市实验小学校长室、正东路街道花巷社区、汝山乡中心幼儿园等单位创建成为省级“巾帼示范岗”，房林虹被评为江苏省“巾帼建功”先进工作者。2007年12月，全区有省级示范岗1个、市级8个、区级20个。

2. 开展“双学双比”活动　1993年，全区农村妇女开展学文化、学技术、比成绩、比贡献（以下简称“双学双比”）活动，发动农村妇女参加以粮油作物、蔬菜为重点的劳动竞赛。以丰产方为龙头，以示范户为重点，小田推动大田生产。当年参赛面积119.3公顷，其中粮食44.7公顷、油菜28公顷、葡萄6.7公顷、鱼池养殖16.4公顷、蔬菜15公顷。丹徒镇渣泽村妇代会种植的水稻丰产方，获镇江市农业局高产二等奖。同年8月，区妇联在象山乡星星村召开“双学双比”现场会，各乡镇（场）、街道妇联主席参加，参观星星村百亩葡萄丰产方，推动“双学双比”活动深入发展。1994年，丹徒镇长岗村被江苏省妇联表彰为“双学双比”先进集体。1996～1997年，“双学双比”活动突出扶贫帮困和龙头项目建设，开展“手拉手共奔小康”活动，女干部、女能手和贫困户姐妹结对帮困，全区结帮困对子48对，帮助贫困户脱贫。龙头项目丹徒镇长岗村百亩水稻丰产方有47户妇女参加，亩产640公斤，省、市妇联检查组检查后予以肯定。谏壁镇月湖村百亩蔬菜丰产方，高标准蔬菜基地带头人张云仙1996年获江苏省“三八红旗手”和省“双学双比”生产女能手称号。1998～1999年，全区“双学双比”活动以提高经济效益为中心，推进农业科技培训工作，把“科技兴农”作为竞赛活动主体，引导农村妇女一专多能，走科技致富之路。全区形成蔬菜、水稻、油菜3个百亩“三八”丰产方。葡萄、水产养殖等5个妇女致富龙头项目成为推广新品种、新科技基地。76个科技示范户成为妇女科技致富带头人。全区1.57万名参赛妇女中涌现出致富女能手185名。2000 ~ 2001年，“双学双比”活动突出农村妇女增收致富为重点，因地制宜建立水稻、油菜、果树、蔬菜等百亩“三八”高效方，从示范、培训、服务入手，提高竞赛活动水平。2002 ~ 2005年，“双学双比”活动以开展农村妇女劳动力转移和致富女能手科技结对帮扶为重点，各级妇联组织与科技、农经、就业中心等部门协作，组织农村妇女开展创业培训82场，有2655人次参培，参加各类招聘会10场，并充分发挥“区农村劳务输出”工作协调小组成员作用，组织农村女性劳动力参加区政府举办的实用技能培训班10余次，提高女性劳动力素质，建立起女劳动力台账，进行有针对性转移，4年中转移农村妇女劳力300余人。

2005 ~ 2007年，全区举办以“就业共帮、创业共促、和谐共进”为主题的“双学双比”活动，拓展农村妇女劳动力转移渠道，组织农村妇女劳动力参加各类业务培训和就业招聘会100余场次。通过区妇联组织帮助，有600余名农村妇女劳动力获得就业机会。2007年，区妇联被江苏省妇联“双学双比”活动领导小组评为先进单位。

五、创建文明家庭

1991年，各级妇联开展争当“好婆婆”“好媳妇”活动，制订评比条件，注重质量，讲究实效。12月，全区评出195对“好婆媳”，区妇联表彰26对“好婆媳”。对此各大媒体作了报导。1993 ~ 1995年，开展家庭文化建设和勤俭持家，参加储蓄及幼儿教育活动。1996年10月，区妇联举办“好媳妇、好女婿”事迹报告会，4名代表作大会发言，120多人听讲，市各媒体亦作专题报道，在社会营造尊老敬老、爱老助老美德，倡扬文明道德伦理规范，推动家庭伦理道德建设。1998年开展新一轮创建“五好文明家庭”（即爱国守法，热心公益好；学习进取，爱岗敬业好；男女平等，尊老爱幼好；移风易俗，少生优育好；勤俭持家，环境保护好）活动。1999 ~ 2003年，开展“五好文明家庭”（绿化、时尚、读书、上网、健康）创建活动。

图17-11　2006年，京口区百户和谐家庭表彰暨“三八”妇女节纪念大会（区妇联供稿）

2004 ~ 2005年，区妇联深化“五好文明家庭”、创新家庭特色活动，以家庭成员知识化、家庭教育科学化、家庭生活文明化为主要内容，打造学习型家庭。全区评比12918户“五好文明家庭”、100户“五好文明家庭标兵”及40户特色家庭。四牌楼街道李怀德家庭被评为“全国五好文明家庭”。2005年4月，为践行“京口新民风”，区妇联、区文明办联合举办“培育京口新民风，塑造时代新女性”广场文艺演出暨“十佳好婆媳、好母女”表彰。通过文艺形式演绎京口感人新风，在建设和谐社会、创建文明家庭活动中发挥妇女群体作用。2006年，区妇联、区文明办联合下发《关于深入开展“和谐家庭”创建的工作意见》，以和谐家庭促进和谐社区、和谐村镇建设。3月，区委、区政府召开“百户和谐家庭”表彰大会，表彰100户和谐家庭，其中10户和谐家庭示范户先进事迹在全区进行宣讲。2007年，区妇联举办“和谐家庭风采展示大赛”，牵头组织开展“廉政文化进家庭活动”，全区评选“五好文明家庭”1.3万户、平安家庭示范户200户。正东路街道江苏科技大学社区周赵妹家庭获全国“绿色家庭”称号。

六、其他活动

1. *培养、推荐妇女干部*　1990 ~ 1993年，区妇联先后举办两期妇女培训班。此后，由区委组织部、区委党校、区妇联于2005年8月和2007年10月共同举办女干部培训班6期，200名妇女干部系统学习马克思主义妇女观、社会主义市场经济理论知识、邓小平理论及科学发展观、小康社会建设、新时期妇女干部领导知识和素质等，并就“建设京口小康社会”女性如何发挥作用为主题，开展专题研讨。

1990 ~ 1992 年，向组织人事部门推荐妇女干部 51 名，其中担任各级领导 6 名，发展女党员 29 名。1993 ~ 1995 年，推荐妇女干部 30 名，其中担任区级领导干部 1 名，副局级以上干部 10 名。建立妇女人才工程，及时向组织人事部门推荐优秀妇女干部。1997 年，全区有女干部 600 人，占干部总数 35.07%; 女党员 1066 人，占党员总数 28.6%。区级四套班子女领导配备率为 100%，乡局级女干部 46 人，占总数的 13.98%。

2001 ~ 2006 年，全区培养推荐妇女干部，建立女性人才库，向组织部门推荐后备干部，在区级领导班子换届时，主动推荐女人大代表、政协委员。2007 年，女区人大代表和女政协委员比例分别为 29% 和 34%。

2. 民办幼儿园管理　1993 年，区妇联在所属幼儿园和全体幼儿教师中，开展以提高教育质量为主题的“爱心育苗”工程，提高幼儿教师责任和荣誉。同年 12 月，全区 6 所民办幼儿园举办青年教师技能技巧比赛，59 名教师参加。1994 年 11 月，广西壮族自治区学前教育考察团在省、市教育部门领导陪同下，参观贺家弄幼儿园，对幼儿“保教”结合、提高素质等给予评价。同年 12 月，贺家弄幼儿园因注重教学研究，应中国教育学会邀请参加全国幼儿健康教育研讨会，撰写的《让幼儿在乐趣中进行体育锻炼的探讨》获优秀论文奖。1995 年 5 月，梦溪幼儿园在抓好常规教学的基础上，注重幼儿智力开发、科研，在《体育活动中培养幼儿创造性的探讨研究》论文，获全国首届优秀教育成果优秀论文奖。1996 ~ 1997 年，贺家弄、梦溪两所幼儿园 12 篇论文分别刊载省、市级有关刊物，其中 9 篇获奖。1998 ~ 2000 年，贺家弄幼儿园开展“科技月”活动、梦溪幼儿园被市教委、环保局命名“绿色学校”。贺家弄幼儿园被命名为省示范实验幼儿园、全国教育科学重点研究课题《尝试教学理论研究》先进单位，全园教师在中国幼儿园教育百年献礼活动中收入《中国名幼儿园大典》。2003 年，梦溪幼儿园获中国教育学会授予的《尝试教育学理论研究》全国先进单位，中日儿童美术书法比赛先进集体。次年被省教育厅评为现代幼儿园，被邀请加入《中国幼儿教育大典》论文编辑，成为北京智力宝早教中心《快乐识字》实验基地。2005 ~ 2006 年由于生源减少，幼儿园加强自我发展，在困境中前进。2007 年，贺家弄、梦溪 2 所幼儿园入园儿童 500 名，教职人员 35 人（其中教师 24 人）。

3. 加强未成年人思想道德建设　2001 年起，区妇联贯彻落实中央《公民道德建设实施纲要》和市《“家庭育人”工程计划》，与区委宣传部、电台、中小学、幼儿园、街道、乡镇（场、园区）开展宣传、座谈活动，推行公民道德教育，建立家庭、学校、单位、社会 4 位一体综合道德建设体系。2002 年，区妇联启动“小公民道德建设工程”，开展首届京口区“环保杯”十佳小公民评选活动，有 2.12 万人参加投票，提高儿童道德素养，培养儿童基本道德观念和社会责任，使其养成良好社会道德行为和习惯。2004 年 6 月，为进一步落实《公民道德建设实施纲要》和《中国“小公民”道德建设计划》，开展第二届京口区“十佳文明小公民”评选活动，倡导社会、学校、家庭都来重视儿童道德建设。2006 年，区妇联开展“家庭教育社区行”活动。中山路小学唐晓周被评为“江苏省十佳小公民”，区妇联被市评为未成年人思想道德建设工作先进集体。2007 年，各级妇联启动“同成长，双合格”活动，向全区少先队员及其父母发出“父母和孩子共同成长，争做合格父母，培养合格人才”倡议，开展“亲子读书夏令营”和家庭教育讲座，使广大家长受到教育。

图 17-12　2007 年，“京口八坤”镇江女书画家八人作品展　（区妇联供稿）

4. 举办女子运动会和女书画家作品展　1995 年，区妇联首次举办“三八”女子运动会，各条战线 10

个代表团，340 多名女运动员参加体育、表演、趣味三类比赛。正东路街道、汝山乡、区级机关分别获得三大类冠军。1997 年 3 月，区妇联、区文体局联合举办京口区第二届女子运动会，全区机关、乡镇、街道、园区、政法、规模企业等 14 个代表团 240 名女运动员参加，项目有拔河、踢毽、投球、踩气球 4 个。丹徒镇代表团获拔河冠军。2002 年，京口女书画家八人举办京口八坤“坤笔万里红”作品展，媒体作专题报道。2003 ~ 2007 年“京口八坤”举办“庆祝建区 20 周年书画展”和“家美、家乡更美”少儿书画大赛，编印《镇江女书画家八人“坤笔万里红”》作品集，建立“镇江八坤·京口书法美术网”，成功举办“镇江八坤”女书画家与小朋友携手描绘绿色家园活动。受上海外商邀请，八坤成员赴沪为“全唐艺术节”作书绘画，为发展京口经济服务。

5. 帮助下岗女工再就业　1996 年 3 月，区妇联协调区人事劳动局、工商局、个体协会等部门，开办下岗女职工再就业综合服务市场，动员 13 个单位参加用工招聘，200 多名下岗女工报名，并在甘露商城培植皮鞋特色经营，为下岗女工提供就业岗位。1998 年，全区各基层妇代会组织深入调查，对辖区下岗失业女工进行普查登记，建立台账，对他们基本情况和择业意向做到有名在册，有针对性服务。至 1999 年，通过多种渠道安置下岗女工 580 名。2004 年 3 月，区妇联、区妇幼保健所和四牌楼街道共同组织下岗女工进行免费体检，维护女工身心健康，使其更好投身创业大潮。2004 ~ 2005 年，通过妇联组织帮助，500 多名下岗女工获得再就业机会。2006 年，各级妇联组织还对外来务工妇女提供政策咨询和信息服务，把妇女组织网络向企业和外来务工群体延伸。2007 年再次提供就业岗位 200 多个。

第五章　区关工委

20 世纪 80 年代，党和国家从国际形势发展和培养下一代接班人需要，发挥离退休干部在对青少年思想道德教育工作方面的优势，中共中央决定，从中央到省、市、自治区及各省辖市、县（区），分别成立关心下一代工作委员会（以下简称关工委）。1983 年 9 月至 2007 年 12 月，京口区关工委领导成员由四套班子离退休老干部及区委、区政府有关职能部门负责人组成，主任由原区委、区人大、区政府、区政协离退休领导担任，委员由宣传、教育、街道、乡镇等“涉少”工作部门负责人组成。1992 ~ 2007 年，全区乡镇、街道、事业单位和民营个私企业先后建立关工委组织，形成区、镇（街道）社区（村）三级组织网络。

第一节　机　构

1983 ~ 1991 年，区关工委工作职能分别由区文教局、团区委、区妇联、区民政局等有关职能部门承担，形成多部门、多头绪、多方法，不能形成集中统一的工作机构。1992 年 3 月 28 日，京口区调整关工委组织机构，使由多部门形式，变成区委、区政府领导和全区关心青少年思想道德教育工作机构。1993 ~ 2007 年逐步调整力量，健全组织，加强领导，指导有力，使关心下一代工作越做越强。

第二节　队　伍

一、机构网络建设

1992 年 7 月，全区 8 个街道、156 个居委会分别建立基层关心下一代工作小组，成员 1100 多名。10 月，划入 4 个乡镇、2 个场圃。不久，象山乡成立关工委。1993 年，全区 9 个乡镇、街道（场圃）、区文教局和 22 个村、90 个居委会、39 所中、小学全部建立关工委组织。4 月，区委、区政府调整、充实区关工委领导成员，吸收6名离退休干部，委员扩大到30名。1997年5月，区关工委再次调整、充实，委员扩大到8个乡镇、街道关工委负责人。区关工委由9名离退休干部、19个部门和8个基层单位关工委负责人组成，形成区、乡镇街道和基层单位三级关工委网络。2004年，区政府安置区关工委办公用房100平方米，配置软、硬件设施，改善工作环境。专项费纳入财政预算。2005～2006年，区关工委组织网络进一步健全，将城乡青少年思想道德教育活动纳入经常化、制度化、规范化轨道。2007年10月30日，京口区民营经济局成立关工委。12月，全区有基层社区（村）关工委101个，其中中、小学关工委20个，成员近千人。

二、“五老”队伍建设

1993～2003年，区关工委充分调动“五老”（老干部、老战士、老专家、老教师、老模范）积极因素，发挥“五老”人员优势和作用，从源头上抓关心下一代健康成长，做好失足青少年帮教工作。2003年，全区参与关工委工作的“五老”人员960名。2004～2005年，区关工委组织115名离、退休干部，进行业务培训，持证上岗，对全区90多个网吧和游戏机室实施义务监管。在调查摸底的基础上，组织161名“五老”人员，对46名青少年进行“结对”帮教。时有5000多名“五老”人员参与政法部门共担责任“十位一体”帮教网络。2007年，“五老”志愿者队伍达6700多人，36名“五老”志愿者受到省、市、区表彰。

图17-13　2006年7月，社区义务监督员对网吧监督检查　（区关工委供稿）

2006～2007年，区、镇、街道成立10个“关爱”工作团，71名成员，成立社区、村关爱工作队82个，成员3500人，开展关心下一代工作。对特殊群体和弱势群体青少年开展“结对双帮”“双向关爱、老少共建”活动。

第三节　主要活动

一、思想道德建设

1992年，区关工委为纪念“北固英烈”牺牲60周年，与区委宣传部、文教局、团区委在清明节祭扫陵园，对青少年进行缅怀“北固英烈”教育活动，100%中小学生参加。市实验小学等单位组织的“追寻革命烈士足迹”主题教育活动被市广播电台作为“少儿节目”专题播出。以鸦片战争中英军侵陷京口城150周年和日军侵占镇江55周年为契机，区关工委开展“牢记苦难史，投身改革潮”主题教育活动，由26名“五老”人员组成报告团，对青少年进行革命传统教育。汝山乡孟家湾小学特邀省军区干休所老红军、省军区原参谋长彭寿生，进行革命传统和爱国主义教育；邀请离休老干部李希元及全国劳模夏阿毛到第九中学作《纪念镇江解放45周年》传统教育报告；为纪念抗战和世界反法西斯战争胜利50周年，组织报告团（组）29个、135人，分赴区及乡镇、街道机关、中小学、村、居作201场革命传统报告，2.5万多人次受教育。1996年，纪念红军长征胜利60周年，开展爱国主义教育，邀请老红军、老干部、老教师为青少年作报告70多场，4万多人次接受教育。

1998～2001年，区关工委和区老干部局联合发出《关于组织开展纪念周恩来总理100周年诞辰宣讲活动的通知》，组织老干部报告团作报告32场，1.8万多人次参加。1999年，围绕新中国成立50周年和迎澳门回归，开展城乡孩子“手拉手”、国防教育、消防、军训、“三好生”夏令营和读书征文活动。2001年，纪念中国共产党成立80周年宣讲活动，购买119本《光辉历程》教材（中小学版），首场从五条街小学试讲后，先后对中小学、驻区连队宣讲95场，2万多人听讲。2002～2003年开展“争做道德高尚的社会主义一代新人——学习《公民道德建设实施纲要》”宣讲活动，邀请扬中市鲍元瑞作“公民道德建设从孩子抓起，从我做起”的报告。

2004 ~ 2007 年，全区开展“创平安京口，做遵纪守法的合格公民”“学习载人航天精神，提高思想道德素养”、“培育新民风，争当新三好”等活动，宣讲80多场次。在青少年中开展“爱我京口”“回顾‘十五’辉煌成就，展望‘十一五’宏伟蓝图，同心共建和谐社会”和“争做构建社会主义和谐社会小主人”主题教育 160 多场次，8 万多人次参加。

二、法制宣传教育

1992 年 5 月，区关工委联合区委宣传部、司法局等部门，发出《关于宣传贯彻〈中华人民共和国未成年人保护法〉的通知》（以下简称《未成年人保护法》）。5 月，举办骨干培训班。各街道、居委会、学校在“六一”节前后开展法制教育。1994 年，4 个乡镇和共青团农场翻印 6500 份《中华人民共和国未成年人保护法》，发给各基层单位。1996 年，健康路街道关工委副主任田雨时，山门口、正东路、火坛楼巷居委会关工小组组长袁雯、蒋君辉、张宇珍等参加镇江监狱“一帮一”结对帮教活动，并受聘为监外辅导员。镇江军分区第 3 干休所关工委在谢谦带领下，到京口实验小学帮助学校做好学生转化工作。2004 ~ 2006 年，区关工委组织 140 余名“五老”与 82 名失足青少年结对子帮教。

2007 年 5 月，区关工委与区司法局编纂《青少年法制教育宣讲材料》，每季度安排法制课，2 年时间系统地对青少年进行法律法规教育。在“百日整治行动”中，欣悦、银莎、新星科技 3 家网吧被命名为“市级文明网吧”，成为全市 12 家文明网吧中市区仅有。

三、办实事、做好事

1992 年 6 月，区关工委、区青少年工作委员会（以下简称区少工委）和区社区教育委员会（以下简称区社教委）联合制定《1992 年暑期青少年活动意见》（以下简称《活动意见》），区委批转各基层执行。155 个暑期青少年活动站开展活动。1993 ~ 1995 年，区关工委和区少工委、社教委组织青少年开展健康向上暑期活动，提高“五自”（学、理、护、强、律）能力，涌现 64 个先进集体、134 个先进个人。

1998 ~ 1999 年，各级关工委寓教于乐，开展城乡孩子“手拉手”“三好学生”夏令营、读书征文及知识讲座。各乡镇、街道因地制宜，举行军民联欢、安全、法制教育。先后在汝山东风、长江村，健康路街道山门口居委会等开辟青少年活动室、创办小课桌，建立小书屋 200 多个。2002 ~ 2003 年暑期，健康路组织开展“做一次小交警”活动，大市口街道鼓楼岗社区关工委举办“法制夏令营”，四牌楼街道高桥北社区关工委为庆祝建区 20 周年，组织 48 名中学生参加“爱我京口”演讲比赛。市电视台、电台、报纸等新闻媒体先后报道 20 多次。2003 年 12 月 13 日，区关工委与团市委联合举办“爱心辅教工程”典礼，中山路、五条街小学 7 名青年骨干教师为“爱心辅教工程”志愿者，免费为辖区内家庭贫困的 52 名五、六年级小学生辅导英语、语文阅读与写作及奥数课程等。

图 17–14　2006 年，全区未成年人思想道德建设工作总结表彰　（区关工委供稿）

2005 年，区关工委与乡镇、街道、教育局关工委深入社区、农村、学校，开展对外来务工人员子女接受教育情况调查，使 2292 名 6 ~ 12 岁适龄儿童全部入小学读书。在 559 名 13 ~ 15 岁适龄少年中有 2 名适龄少年因经济困难未能入学，立即与单位协调，解决入学问题。2006 年，健康路街道观音桥社区关工委和红旗小学关工委组织“汽车设计从娃娃抓起”活动，开展“大手牵小手，关注古运河”活动，《人民日报》为此专题报道。2007 年，健康路街道下桃、水陆寺巷社区关工委开展“创节约型社区，你我共同努力”“五老”义务监督进网吧活动，《人民日报》作专题报道。关工委组织市正恺电子、金芙蓉装饰公司等 5 家民营企业为百名流动儿童捐赠1万余元，购置书包等学习用品。组织百名外来务工人员子女，参观鼎胜铝业、宝华物流、瑞京农业园、恒王亭和京口美术馆等，撰写参观心得体会文章。

1992～2007年京口区青少年活动情况表

表17-12 单位：万、人、篇

年份	活动场次	参与组织的“五老”人数	参与活动青少年人次数	市以上媒体报道篇次	出简报期数	经验交流篇数	先进单位	先进个人	先进网吧义务监督员	新三好标兵
1992	200	380	2.3	36	—	—	—	—	—	—
1993	210	420	2.3	40	—	—	28	51	—	—
1994	180	690	2.4	42	1	—	—	—	—	—
1995	185	708	2.4	43	2	—	—	—	—	—
1996	186	760	2.3	45	2	—	18	43	—	—
1997	190	800	2.3	46	1	—	—	—	—	—
1998	195	830	2.4	48	1	—	14	33	—	—
1999	198	850	2.4	45	1	—	—	—	—	—
2000	156	870	2.2	51	1	—	—	—	—	—
2001	156	890	2.2	50	2	—	18	37	—	—
2002	130	900	2.3	47	1	—	—	—	—	—
2003	150	960	2.3	70	1	6	22	38	—	—
2004	300	1200	2.2	80	8	11	40	41	7	—
2005	300	2300	2.3	160	16	11	61	53	—	—
2006	310	4000	2.5	170	12	7	45	41	9	23
2007	300	4800	2.5	150	11	7	41	35	7	18

四、开办家长学校

1995年7月，区关工委、区教育局在退休教师协会理事许凤莱、笪祖麟等推动下，成立京口区家长学校，许凤莱担任校长。城区小学、幼儿园及部分乡镇学校先后成立家长学校。1997年，家长学校办学规模由3所8班发展到17所55班，学员2483人，结业2206人，评选优秀学员298人。入学率和到课率平均80%和85%。1998年，镇江电视1台配合办“电视家长学校”，向全社会举办家庭教育系列讲座。《镇江日报》两次分别以《一所深受家长欢迎的学校》《家长学校——离退休教师发挥余热的好天地》为题进行报道。2002年，全区累计办家长培训班217期，参加培训学员10719人，其中优秀学员3709人，优秀率35%。2007年，全区各级关工委对特殊及弱势群体家庭436名子女进行调查，其中属弱势群体家庭未成年人306名，需要特别关爱的88名，需要接受帮教的问题青少年42名，分别组织力量关爱和帮教。

五、创建先进村区

1995年11月，大市口街道鼓楼岗社区关工小组出席省关工委在无锡召开的基层工作经验交流会，并在大会作上交流发言。年底，召开区关工委工作先进集体、先进个人表彰会，对关心下一代工作中做出成绩的20个先进集体和36名先进个人进行表彰。1996年12月，汝山乡关工委副主任赵庆南、健康路街道正东路社区关工小组长蒋君辉和京口区家长学校被评为江苏省关心下一代工作先进个人和先进集体。京口区家长学校办学经验在省表彰会上进行交流。区关工委及谏壁镇关工委、健康路山门口居委会关工小组3个先进集体和杨茂万、关玲、笪祖麟、唐树宝、谢谦等7人受市关工委表彰。

2000～2001年，谏壁镇关工委、孙延祥、许凤莱获得省关工委表彰。区教育局关工委、健康路街道关工委、四牌楼江滨新村第一社区关工小组及陈宝和、唐树宝、赵蔷珍、李秋、颜珍哎、曹蕾受市关工委表彰。健康路盛达新村社区以“快乐的星期天”为活动载体，以现在“做好孩子、将来做好市民”为内容，开展活动，寓教于乐。市各新闻媒体和省《关心下一代周报》报道60余篇次。2002年召开“京口区关工委成立十周年”庆祝大会，表彰12个先进集体和30名先进工作者，8个先进典型在会上进行交流。2007年，区关工委暨“双先”表彰会，分别对30个先进集体、37名优秀工作者予以表彰，对首批达标的24个先进社区、先进村授牌。

第六章　区文学艺术界联合会

第一节　机　构

1983 ~ 2002年，京口区未建文学艺术界联合会，区域内的文学艺术活动由市文联统一管理。

2003年，京口区成立文学艺术界联合会（以下简称区文联）。3月，在镇江国际饭店召开区文联第一次代表大会，选举产生区文联主席、副主席和秘书长。下辖京口区作家、书画家、摄影家、戏曲艺术家、音乐舞蹈家5个协会和镇江（京口）“八坤”艺术沙龙。

第二节　活　动

2004 ~ 2005年，区摄影家协会深入机关和基层、农村，开展摄影知识讲座，进行摄影摄像辅导，培养摄影爱好者。区作家协会和戏剧家协会发挥老作家、艺术家作用，加强对中青年文学、戏剧爱好者传、帮、带，并开展文学创作、戏剧表演竞赛活动，不断壮大协会成员队伍。两年全区新增各类协会会员200多名。其中新增国家级会员1名、高级美术师1名。

图17-15　2006年，区文联美协书画家为村民写对联（区文联供稿）

2006年，区各协会加强协作交流，开展文艺理论学习研讨、创作展览、教学观摩等活动，采用“走出去、请进来”办法，举办各类专业培训班30多期，受训人员200多名。组织书画家写生、作家采风、笔会、文学点评、讲学20多场次，参加人员1500多人次。举办艺术展览和民俗文化等活动20多次，提高创作水平和鉴赏能力，涌现出各类优秀作品100多种（件）。

2007年，全区有各类协会会员400多名。其中市级会员100名、省级会员66名、国家级会员20名。同年，京口康盛折子戏剧社周捷、胡建国参加“央视”第三届全国戏迷票友大赛进入决赛，并获银奖。该剧社女子民乐队二胡演奏员孙静、张娴入选北京奥运会闭幕式演出。

第七章　区科学技术协会

1983年11月区科协成立，核定机关事业编制2名，属全区科学技术者群众团体，由常务理事会组成，设主席、副主席（兼秘书长）各1人。主要是组织协调全区学术交流和科学研究工作；普及科学知识，推广先进技术，开展科普知识宣传教育、技术培训和青少年科技辅导；推进“科技兴教”“科技兴农”“科技兴区”战略目标实施；推动城乡干部群众社会主义物质文明、政治文明和社会主义精神文明建设；开展科技咨询服务，促进科技成果向经济效益转化；组织科技工作者参政议政，推动决策科学化、民主化，举荐人才、落实政策，为科技团体和科技人员服务；指导乡镇、街道、厂矿、城建、交通、文教卫生科办及农村科普协会工作。2000 年，区级党政机构改革，区委、区政府决定区科学技术协会与区科技局合署办公。

第一节　科普宣传周

1983 年 11 月，区科委组织各类科学团体和医疗、防疫、计划生育、劳动、教育及街道开展各种科学知识宣传 20 余场次。1984 ~ 1987 年，区科委、区科协组织区属企事业单位干部职工观看安全教育影片 15 场次，2 万多人受到安全教育；区卫生防疫站设立宣传橱窗 10 多处，开展食品卫生、传染病防治知识宣传；区城建委聘请地理教师和市白蚁防治所科技人员对区域内小学、幼儿园进行校舍防治白蚁知识讲座。

1985 年，镇江第二中学学生在教师指导下，用肉眼观察到七年一度的“贾科比尼”流星雨及其带来的 36 颗小流星，受到全国青少年哈雷彗星观察指导站认定。

1988 年 5 月，确定本月第三周为“京口区科普宣传活动周”，由区科协、区科委组织协调有关单位，广泛开展卫生、环境、计划生育及工农业生产安全等方面科学技术普及宣传活动。1989 ~ 1995 年，组织协调区各级医疗和卫生防疫机构深入到机关、团体、街道和各企事业单位，广泛开展性病、“艾滋病”防治知识宣传，同时组织宣讲团巡回到各幼儿园和“家长学校”进行“优生优育”知识讲座 20 多场次。

1997 年，区委、区政府成立第九届“区科普宣传周”活动领导小组，由区委书记和分管科协工作的副区长分别担任领导小组组长和副组长，区属 30 多个部门和乡镇、街道负责人为成员，召开专题会议，下发实施意见，举行开幕式，印制科普资料、宣传标语及横幅 5000 多份（条、幅），组织科普知识讲座 80 多场次，逾万人次受到教育。同时组织机关干部、科技人员开展科技咨询和科技下乡活动，举办《环境与人类》《环境与科学》展览；组织各中小学参加全省“金钥匙”知识竞赛，镇江市第九中学学生蔡渊源获初中组一等奖，区科协被评为“江苏省科普宣传先进集体”。

1998 ~ 2002 年，历届“科普宣传周”活动内容均紧紧围绕全区科技与经济发展主题，组织科技人员深入工厂、农村、街道举办各类科技辅导讲座。其中 1998 年区科协会同区政协科技组 15 名委员用二、三个月时间先后到镇宝开关厂、三森电气公司等高新技术企业开展专题调研和视察，撰写多篇论文。1999 年，通过农业科技知识宣传、培训和调研，制定《京口区农业科技队伍政策落实情况》《关于象山乡星星果树研究所发展现状》调研报告，区科协景如生被区政协五届三次会议表彰为“优秀政协委员”。

2002 ~ 2003 年，第 14、15 届科普宣传周，区科协牵头协调区科技、卫生、环保、农经委、计划生育、司法局等单位联合在解放路中段和“北京华联”门前开展“依靠科学，战胜非典型肺炎”为主题的科普宣传一条街活动。向市民宣传《中华人民共和国科普法》、卫生与健康、优生优育、环保绿化、反对邪教等科学知识和全区工农科技发展成果。各街道、乡镇在社区开展贴近城乡居民生活的科普讲座、报告会、专家咨询、科普文艺演出等。各乡镇科协组织农技协会成员开展“送科技、送信息、送科技书籍到田间地头”科技“三下乡”活动。同时组织农民参加全省“百万农民学科学知识竞赛”。教育系统举办京口区第二届青少年科技博览会，组织中小学生开展科学绘画、陶艺制作、航模及“金钥匙”竞赛。2003 年 5 月，针对防“非典”工作，区科普工作领导小组及时向社区、村组、学校、企业、机关发放了万余份防治“非典”宣传手册、挂图和药品。

2004 ~ 2007 年，全区开展第 16 ~ 19 届“科普宣传周”活动，每届都主题突出、组织健全、措施得力、成效显著。第 16 届宣传周主题是“科技以人为本，全面建设小康”，举办农业科技成果推广会，展示全区现代绿色果蔬品种，传授栽培技术。组织街道科普志愿者参加市志愿服务团授旗仪式。组织有关部门科教进社区；组织专家到大市口、四牌楼等街道、社区为居民开展“疾病预防、卫生保健、食品安全、家庭装潢”知识讲座。组织江苏大学学生联合会到象山长江村兴办血吸虫预防知识讲座。组织专家和科技人员到谏壁镇、象山乡开展“三下乡”活动。组织人员参加市首届科普知识大赛。组织中小学生举办科技航模大赛。区、乡两级科协在谏壁、丹徒两镇文化站放映“反对邪教、热爱科学”科技片等 9 项活动。第 17 届宣传周主题是“科技以人为本，保护生态环境，共建美好家园”。第 18 ~ 19 届科普宣传周主题分别是“弘扬‘三创’精神，共创新型城市”“节约能源资源，保护生态环境、保障安全健康”，区科协分别组织协调 6 项大型活动。其中 2007 年 5 月，邀请 3 名北京双龙阿姆斯科技有限公司农技专家在象山乡为农民举办报告会。区农经局牵头，在瑞京农科园举办农民经纪人培训和茶叶、农作物栽培、农业专业合作等 4 个专题讲座；组织 2000 多农民参加全省“百万农民科学技术知识”竞赛。

图 17-16　2007 年，京口区举办“9·15”全国科普宣传日主题活动　（区科协供稿）

第二节　创建科普示范基地

1993 年始，区科协在全区乡镇、街道开展科普示范教育和创造科普示范基地活动。1995 年，区科协被市人事局、市科协评为“科普示范基地建设先进集体”。1996 年，象山乡红旗村、丹徒镇丹徒村、谏壁镇焦湾村被命名为“市级科普文明村”。1997 年，象山乡民主村、汝山乡新华村、丹徒镇上隍村、谏壁镇粮山村、镇江旅游经济开发区、共青团农场被市委宣传部、农工部、市科协命名为“科普文明村”。

1998 ~ 2001 年，全区广泛开展“争创省、市科普示范街道、（社区）镇、村”活动。完善科普网络建设，成立科普工作领导小组和协调小组 26 个，调整充实农业科技服务团和社区科普志愿者队伍，人数达 1000 多名。加强科普基础设施建设，区、乡镇、街道 2 级科协，整合资源，建立 300 多处科普宣传画廊、两个区级科普教育基地，56 个社区和 10 个村委会建立科普教室、科普活动中心、科普图书室。因地制宜，显示科普活动特色。健康路街道盛达社区组织青少年开展每月“快乐科普星期六”活动，下桃社区率先在全区开展科普文明楼幢命名活动。2001 ~ 2003 年，健康路、四牌楼街道分别被命名为“省级科普街道”。盛达、下桃、健康、尚友、江一、新河街、高桥北、医学院、蔡家山、青云门、古楼岗、船院、京河路等 13 个社区被命名为“市级科普文明社区”。区科协连续两年被表彰为“市级科普工作先进单位”。2004 ~ 2007 年，全区科普宣传结合开展心理咨询、义诊、科普讲座、科学知识报告会 1220 多场次，8 万多名市民受到教育。

第三节　全民科学素质行动

一、未成年人科学素质行动

2007 年，区教育局为牵头单位，开展 5 个方面行动：组织中小学生参加省、市青少年科技创新大赛、车辆模型竞赛、“金钥匙”科技知识大赛，着力培养广大青少年创新意识和动手动脑能力。组建科技辅导员队伍，开展科技辅导员培训，制定科技辅导职能、计划和工作目标。在各中小学开展创建市级科技教育先进学校、示范学校和省级科技教育特色学校活动。在辖区内学校普遍举办学生科技节，组织学生开展机器人、航模舰模、科学绘画、陶艺制作等竞赛，科学小作文比赛，科普文艺表演等活动。市实验小学在全市首批被中国科协命名为“国家级社区青少年科技制作室”；利用寒暑假，组织青少年参加科普、军事冬

（夏）令营活动，到农业科普基地、高新企业、高校实验室体验生活。

二、农民科学素质行动

2007年，以区委组织部、区科协、区农经局、区人事劳动和社会保障局为主，针对农村劳动人口特点，开展科技素质行动：在各村建立“一站一员一栏”（科普站、科普员、科普栏），开设面积达100平方米农民科普学校。结合“科技兴农富民工程”，遴选30名农业专家与8个行政村开展科技结对，确定各村农业发展项目，开通农业科技“110”热线；投资30多万元，为各村农民夜校免费配备“一机一卡一仪一旗”的“四个一”远程教育设备，在农民夜校设立科学书籍阅览室，通过科普兴农网络平台，为农民开展实用技能技术培训；发挥瑞京农科园等“农业科普示范基地”优势，结合调整农业结构，为农民、专业大户开展无公害蔬菜设施栽培技术、水稻轻型栽培技术、丘陵山坡地综合开发、茶叶栽培及茶艺技术等培训，水稻超高产技能竞赛，开展送科技下乡活动，建成瑞京农科园科普宣传长廊等；以技能提升促进农村劳动力转移，强化对失地农民和滨水区失水渔民技能提升培训，举办各类农村劳动力培训班31期，培训农村劳动力1507人，实现农村劳动力转移1424人。

三、城镇劳动人口科学素质行动

2007年，区人事劳动和社会保障局、区总工会、区科协牵头，实施城镇劳动人口科学素质行动：依托辖区企业，加大高技能人才培养选拔力度，开展焊工、数控车床技能等竞赛，为技工鉴定发证455份，净增高级技工40人；通过开展“两争一树”（争创学习型组织，争当学习型职工，树新时代职工形象）等活动，评选表彰10名区知识型职工标兵；在元鼎饰材等外企部门开办“周末职工学校”，定期开办电脑操作、管理、法律、技术创新等培训活动；开展送科教电影进社区、进企业17场次；评比表彰14个区级科普文明家庭。

四、领导干部和公务员科学素质行动

2007年，区委组织部、区党校牵头实施领导干部和公务员科学素质行动：利用每月第三周周六半天，举办“双争双提高”专题讲座，邀请省内外专家学者举办不同领域、各种知识专题辅导讲座，内容涉及现代科技、科技产业政策、未来科技发展趋势等多个专题。3000多人次乡局级以上干部和公务员参加有关科技方面专题辅导讲座；通过举办干部科技专题培训班，对全区科技干部进行专门集中培训，促进科技干部专业素质和综合能力提升，针对中青班、妇女干部培训班，专题安排与科技相关课程，不断提高各类干部科技意识和能力；开展政府机关电子政务技能比赛，普及相关知识，提高公务员工作技能；举办基层干部科普培训班，邀请市科协领导、专家解读《全民科学素质行动计划纲要》和“科技兴农富民工程”，并组织基层干部到浙江绍兴、诸暨等先进地区考察学习科普工作。

第四节　科技与社会事业发展

1984～1988年，区科委、科协贯彻落实全国科技大会精神，在全区机关、街道、学校和卫生、劳动、文化社会事业领域推进科技进步活动。1985年，组织劳动人事等事业单位干部职工开展生产安全技术教育，逾万名干部职工参加。1988年，区科委、科协和区卫生防疫站、区属各医院针对外来务工人员增多情况，在流动人口较为集中地区和单位开展性病和“艾滋病”普查、宣传教育，倡导用科学方法防治。

1993～1995年，区科协先后协调并确定区图书馆、区文化馆和市实验小学等单位，长期为全区社区和农村居民、青少年学生系列科学普及教育基地。1996～1997年，市委宣传部、农工部、市科协命名京口区象山乡红旗村、民主村，丹徒镇丹徒村、上隍村，谏壁镇焦湾村、粮山村，汝山乡新华村，旅游开发区新民村为“科普文明社区”。象山红旗食用菌研究所同时被命名为“省级科技教育示范点”；区蔬菜研究所和星星果树研究所被命名为“省级科技教学示范点”。

2002年，区科协与区委组织部联合，调整全区农村党员和基层干部科技素质培训工作领导小组，制定《京口区科技进步工作意见》《京口区农村科技致富奔小康“313”工程实施意见》。区科技局、科协、农经局先后编发《京口区农业科技问答100问》《京口区农业结构调整实用手册》，利用科技“三下乡”活动，集中培训，推广水果、茶叶和丰产、无公害植物栽培；生猪、家禽养殖等实用技术。投入20多万元建立区、镇、村三级电化教育网络，举办培训班16期，5160人次参加，使300多名农村党员和农村干部都掌握2门以上实用农业科学技术。2004年9月，区科普工作领导小组命名区图书馆、区文化馆和市实验小学为科普教育基地。12月，京口区获“省级科普示范区”。

2005 ~ 2007年，全区有省、市级科普示范区、示范乡镇、街道文明社区32个，科技示范基地7个，文明家庭14户。

2002 ~ 2007年京口区获市科普示范社区情况表

表17-13

单　位	被命名时间	单位	被命名时间
健康路街道健康社区	2002.12	大市口街道青云门社区	2003.12
健康路街道下桃社区	2002.12	大市口街道鼓楼岗社区	2003.12
健康路街道盛达社区	2002.12	正东路街道京河路社区	2003.12
健康路街道尚友社区	2002.12	大市口街道华润社区	2006.12
正东路街道船院社区	2002.12	正东路街道酒海街社区	2006.12
大市口街道蔡家山社区	2002.12	健康路街道桃花山庄社区	2006.12
四牌楼街道江一社区	2002.12	大市口街道茶山社区	2007.12
四牌楼街道新河街社区	2002.12	正东路街道棒锤营社区	2007.12
四牌楼街道高桥北社区	2003.12	四牌楼街道民主社区	2007.12
四牌楼街道医学院社区	2003.12	—	—

第八章　区归国华侨联合会

1984年12月7日，京口区归国华侨联合会（以下简称“区侨联”）召开第一届归国华侨代表大会，选举产生区侨联第一届委员会，设主席、副主席、秘书长各1名。1985年年初，各街道和教育、卫生、商业、建设等系统建立13个侨联小组。2007年区侨联体制无改。

2004 ~ 2006年市、区科普教育、科普示范基地情况表

表17-14

单　位	被命名称号	命名时间	文号
京口区瑞京农科园	镇江市农业科普示范基地	2004.11.10	（镇科协68号）
京口区社区图书馆	京口区科普教育基地	2004.11.9	（镇京科普1号）
京口区少年宫	京口区科普教育基地	2004.11.9	（镇京科普1号）
京口区文化馆	京口区科普教育基地	2004.11.9	（镇京科普1号）
新时代农业公司	京口区科普教育基地	2004.11.9	（镇京科普1号）
果树研究所	京口区科普教育基地	2004.11.9	（镇京科普1号）
京口区果树研究所谏壁示范园	镇江市农业科普示范基地	2006.12.14	（镇科协92号）

2006 ~ 2007 年科学普及文明家庭情况表

表 17-15

街道（乡镇）	科技家庭户	所属社区	地　址
正东路街道	邹兆年	江科大社区	梦溪路 6#19-401
	李兰陵	棒槌营社区	石头巷 7 幢
	武桂芬	酒海街社区	23 幢 208 室
大市口街道	李　玢	双井路社区	仙鹤巷 38#403
	阴泽仓	华润社区	华润新村 6 幢 209
健康路街道	魏春英	寿邱街社区	梳儿巷 2#106
	张　正	桃花山庄社区	桃花山庄 31 幢 -2C3
四牌楼街道	吴桂莲	江一社区	江滨新村 41 幢 401
	吴安松	民主社区	润江嘉园 19-105
谏壁镇	张新文	西街社区	谏壁镇西街
	吕龙龙	东京村	谏壁镇东京北吕村

1984 ~ 2007 年京口区历届侨联委员会成员名表

表 17-16

届　别	时　间	主　席	副主席	秘书长
第一届	1983.12 ~ 1987.11	许雄义	许朝庆	许　品
第二届	1987.11 ~ 1997.9	许雄义	许朝庆	许　品
第三届	1997.9 ~	许　品　张　健	许朝庆　沈成钧　李世琮	李世琮

第一节　联谊活动

1984 年以来，区域范围内开展内容丰富的侨联联谊活动，巩固老朋友，结交新朋友，把工作重点放在第二代、第三代华侨身上。每年利用春节、中秋、国庆、圣诞等节日，举行茶话会、座谈会等，通报情况，交流信息，增进感情。在联谊活动中，注重“三结合”（即：海内和海外相结合，联络活动与经济活动相结合，重点接待与广泛联谊相结合）。1987 ~ 1989 年，区侨联先后组织 63 人代表团分别赴青岛、黄山、普陀山旅游。1988 年，组织春节联欢会，组织“欢度中秋，喜迎国庆，游览长江，参观大港”活动，美国加利福利亚洲联合会会长范震先生一行 7 人和台胞陆松夫妇应邀一同参加活动。

1990 ~ 1999 年，区侨联组织部分侨眷赴周庄、无锡、茅山、南京等地观光旅游。多次组队出访欧洲、亚洲、日本多个国家和地区，结交大批外商朋友，引入资金 3000 多万美元。区侨联吸收侨、台属资金，自办侨台出租汽车中心等 20 多个经济实体。2001 年 9 月，区委、区政府举行各界人士联谊会，欢庆新世纪第一个国庆中秋佳节。中共代表、侨台界、民主党派等各界人士欢聚一堂，畅叙情谊，共话发展。

2002 ~ 2007 年，各乡镇、街道、社区形式多样地宣传《中华人民共和国归侨侨眷权益保护法》和《实施办法》，切实维护归侨侨眷合法权益。正东路街道举行“社区侨台属服务卡发放仪式”，发放服务卡 400 张。服务项目包括家政、家教、水电、法律、下岗再就业、卫生保健等内容，并在两个社区设侨台服务咨询窗口。2006 年 12 月，京口区成立侨台艺术团，不定期为侨台属举行慰问演出。2007 年，四牌楼街道阳光世纪花园设立“侨法宣传角”“侨法宣传窗”，开通阳光网站，陈列“侨情展览室”，开辟“侨艺大舞台”。

第二节　出席省、市归侨侨眷代表会

1997年，区侨联推选许品、李世琮、汪米兰、冯天宝、汤顺骅、毛依星、李贤存、徐省余、田国黄、陆鸣岗等10人出席市第四次归侨侨眷代表大会，李世琮当选为市侨联常委、许品为委员。同年8月，推选许东林、汪米兰出席江苏省第四次归侨侨眷代表大会。

第三节　基层联谊会

2000年以来，随着改革开放不断深入，吸收外资发展外向型经济，视线和触角逐渐转向基层和社区。2005年上半年，正东路街道江苏科技大学社区成立留学人员亲属协会。2007年1月18日，四牌楼街道阳光世纪花园社区举行侨界迎新春联谊会暨留学人员亲属协会成立大会。2007年上半年，大市口街道弥陀寺巷社区成立留学人员亲属协会。

第九章　区残疾人联合会

第一节　机构沿革

一、区残联

1987 ~ 1989年，京口区残疾人工作由区盲人、聋哑人协会代行协调，对残疾人待业安置、生活安排、福利救济等实施管理服务。1990年12月21日，根据《残疾人联合章程》规定，召开区首届残疾人联合会大会，省残联副理事长陈生进、市民政局局长朱国昌、市残联理事张德生、兄弟县（市）、区民政局负责人及代表69人参加。大会选举副区长俞力平为区残联主席，张泽珊为理事长，王建华、陈宏（主持工作）为副理事长，区残联设民政局内。2004年12月，区残联迁址江滨新村92幢。1998年区机构改革领导小组批准，区残联为全民事业单位，编制3人，下设办公室，负责全区残疾人工作日常管理、服务。2001年7月始，区残联人事变动，召开主席团和区残疾人协调委员会（以下简称区残协委）组成人员会议，进行调整、补选。

二、基层残联

1984 ~ 1985年，全区8个街道、156个居委会和9个福利工厂分别建立基层残联169个，形成区、街道、厂（居）残联网络。

1986 ~ 1990年，区残联贯彻实施《中国残疾人事业五年工作纲要（1988 ~ 1992）》和《京口区残疾人事业计划纲要（1991 ~ 2000年“八五”—“十五”）》，对全区残疾人康复、教育、劳动就业、扶贫、社会保障、文化体育、环境建设、社会残疾人组织工作、法制建设、疾病预防、相互交流合作等广泛开展工作。

1992年10月区划调整后，区残疾人联合会主席团会议决定，乡镇（街道）、村（居）和区属福利工厂基层残联换届选举。1993年9月区残委更名为区残疾人工作委员会（以下简称“区残工委”），由区政府15个涉残部门组成，分管副区长任主任，政府办公室、民政局负责人任副主任，19个部门负责人为委员，办公室在区残联，理事长兼办公室主任。

2007年，乡镇（场）、街道及村（居）和福利工厂基层残联组织96个。其中区级1个，镇、街道（场、园区）8个，社区（村、居）75个，福利工厂10个。各基层残联组织由分管领导兼主席，民政工作人员兼助理，处理日常工作。

三、自治组织

1987年，京口区设立盲人、聋哑人协会（以下简称区盲协），为全区盲人、聋哑人群众性自治组织。建区初期机构尚未健全，由区盲协代行协调、服务和管理职能。1990年12月，京口区召开第一届残疾人代表大会，协商、选举成立区残协后，区盲协撤销。1991年成立区残疾人服务所，设立志愿者联络站。随后在残疾人比较集中的社区和福利企业，分别成立残疾人协会（小组），形成三位一体的残疾人自治组织网络。各级残协按"三项功能，八项服务"要求，发挥"教育引导、联络沟通"纽带作用。2000年11月20日，京口区成立残疾人法律援助站。2002年6月25日，成立残疾人评定委员会。

1990～2007年，区残协主任由副区长担任，副主任由区政府办公室副职担任。乡镇、街道及各基层残协主席、副主席由部门负责人兼任，民政工作人员为残协主管。

四、残疾人调查

1984～1986年，全区残疾人调查工作由市统一进行。1987年，京口区始行全国第一次残疾人抽样调查。结果表明，全区有各类残疾人9331人，其中城区7569人、乡镇1762人。2001年，全区有残疾人14698人，占总人口4%，其中视力残疾2386人、听力和语言残疾5961人、肢体残疾1539人、智力残疾2064人、精神残疾1343人、综合残疾1405人。

2006年，全国第二次残疾人抽样调查结果表明，全区有各类残疾人1.47万人，占全区总人口的4.08%。其中视力残疾1109人，听力语言残疾3675人，肢体残疾4410人，智力残疾955人，精神残疾2052人，多重残疾2499人。2007年，全区城乡残疾人弱势群体家庭，占全区总家庭户的1/5。

1987～2007年京口区部分年份残疾人员情况表

表17-17　　单位：人、%

年份	总数	占总人口	视力	听力语言	肢体	智力	精神	综合残疾
1987	9331	3	—	—	—	—	—	—
2001	14698	4	2386	5961	1539	2064	1343	1405
2007	14700	4.08	1109	3675	4410	119	1052	2499

第二节　管理与服务

一、残疾人就业

1990年，全区福利企业有9厂1组，其中新办福利工厂1家，安置"五残"（盲、聋、哑、肢残、低智商）人员17名。社会福利企业中，残疾职工同健全职工按规定比例安置就业，并同健全人一样同工同酬，使残疾人劳动权利得到保障。

1991～1994年，区残联每年会同民政部门定期至福利企业进行调查，发现问题及时纠正。镇江碳素厂一度使用残疾人职工未达到比例，联合调查组提出后，按规定比例增加残疾职工。1993年，区政府下发《京口区按比例安排残疾人就业办法》后，新办福利工厂2家，安置26名"五残"人员就业。1994年，建立区残疾人劳动就业服务所，为残疾人劳动就业提供组织保障。

1995年年底，全区有福利企业30家，比1991年增加2倍，安置423名"五残"人员就业（其中新安置61名）。1997年，全区30家福利企业中，千万元以上规模企业4家，职工1092人，其中安置就业残疾人员473人。1999年，全区33个福利企业安置"四残"人员占企业职工总数50%以上。"九五"期间，区残联采取"送出去、请进来、自己办"等多种培训方式，探索盲人按摩就业渠道，成为残疾人就业一大亮点，收效快，满足社会需求，具有按摩资质盲人就业100%。

1998 ~ 2000 年，全区安置 100 多名残疾人就业，并针对企业改制、破产、职工下岗，将优抚保障残疾职工再就业纳入政策扶持，争取党政领导支持，主动与各部门协调，扩大残疾人就业渠道。2001 ~ 2004 年，全区除福利企业安排“五残”人员就业外，先后分别举办花卉、按摩、缝纫等技术培训班，安排残疾人就业多层面、立体式。2005 年，全国“助残日”期间，区残联会同市有关部门，在劳动力市场组织残疾人就业招聘会，10 多家企业为残疾人提供 100 多个工作岗位，46 名残疾人签订劳动就业合同。全年就业培训 400 余人，就业和再就业 148 人，自主创业 52 人。

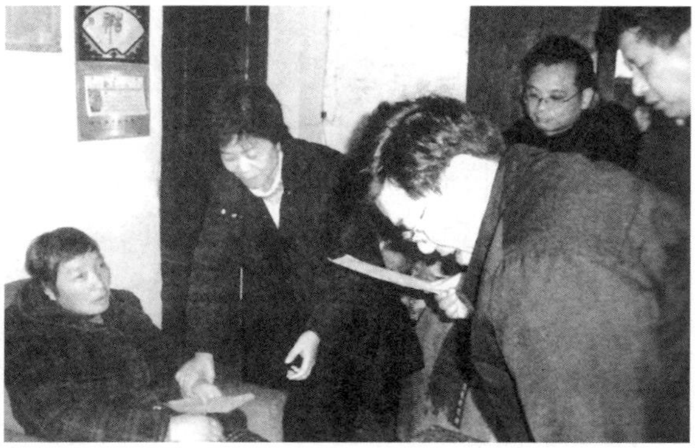

图 17-17　2003 年春节期间，市、区领导走访慰问残疾人（区残联供稿）

2006 年，“京口盲人按摩培训中心”建立，给 12 名盲人发放保健按摩师证书，新增盲人按摩所 15 家，从业盲人 50 余人（包括外地盲人）。聘请农业专家举办 3 期“银杏树种植技术”培训班，40 多人次参加；开办“光与形”照相技术学习班，15 名聋哑、肢残人参训；开办缝纫裁剪、家电维修、广告设计、电脑操作、花卉培植、插花等专业培训，52 人次参加，培训率占有劳动能力和职业需求残疾人的 90%。区残联组织全市首次残疾人电脑培训班，32 名学员获得结业证书，并取得就业岗位。在全市“三小车”整顿时，政府购买社会公益岗位，一次性地安排 42 名残疾人就业。为残疾人脱贫奔小康，配合谏壁镇雩山村，建立 2.6 公顷扶贫基地，种植银杏 5000 棵。

2007 年，区残联组织 20 余人次参加全市残疾人职业技能比赛，获得团体总分第二名。区残联宣传市、区《关于分散按比例安排残疾人就业办法》，加强收缴残疾人就业保障金，帮扶特困残疾人。同时鼓励残疾人自学成才，发挥一技之长。区残联帮扶残疾青年万健科技书籍和电器修理技术。1996 ~ 2007 年，万健在健康路开办电脑维修经营部，成为自谋出路、自食其力的劳动者。

二、残疾人扶贫

1985 ~ 1992 年，区残联 7 年对残疾人扶贫 2600 人次，发动社会帮助，在四牌楼江滨新村社区创办“爱心超市”“一帮一”“送温暖”活动。1992 ~ 1993 年，城乡各级残联组织同心协力，确立“没有残疾人小康，就没有全区乃至全市小康”理念，层层负责，将扶贫纳入《京口区扶贫攻坚规划》，制定年度计划，分解目标。谏壁镇将贫困残疾人登记造册，分到各村、组，党员干部与之结对帮扶、扶弱助残。

1994 ~ 1997 年，区财政筹措扶贫资金 2.1 万元，实现“银杏工程”，购买 8320 株银杏树苗，提供给 400 多户贫困残疾人培育银杏，及早脱贫。1995 年，镇江市 20 多个部门联合发布对残疾人实施优惠政策后，制定《京口区残疾人优惠辅助办法》，对残疾人考大学等作出规定。在“双帮双学”中，对贫困家庭采取“结对帮扶”，在税费改革中使 52 户贫困残疾人减免税金 52 万元。2002 ~ 2003 年，全区 1.47 万名残疾人中，进入城市低保特困家庭 221 户、568 人，占低保总数 42%，每月发放低保金 3.61 万元。在“助残日”春节等节日，慰问贫困残疾人 360 人次，发放慰问金、食油、大米。各级领导与特困残疾户结对帮扶 88 户、270 人。

2004 ~ 2007 年，全区 109 名党员、志愿者与贫困残疾家庭建立长期稳定帮扶关系，每年帮扶贫困残疾人家庭 550 户，救助失学残疾儿童 70 名，向 40 名贫困残疾人发放轮椅，为多名贫困白内障患者免费实施复明手术，向 50 多名盲人捐赠盲杖，向多名聋儿捐赠助听器。组织乡镇、街道走访问特困、双残家庭 309 户，发放慰问金 26 万余元。

三、残疾人康复

1988 ~ 1995 年，区人民医院为 1286 名肢体残疾人施行“儿麻”矫治手术，有效率 98%。为 8325 名白内障患者进行复明手术，其中对家庭贫困盲人免费手术 82 例，脱盲率 93%，脱残 80%。通过家庭与学校互动培训，对 121 名聋儿和 82 名家长培训，聋儿进普校就读比例增加。对 15 名低视力患儿配赠增视镜，训练弱智儿童82人，对肢体残疾康复训练185人，对精神病防治调查，制定方案，确认覆盖人口2052人，经筛查821人，应接受康复医疗训练1000余人，其中为贫困求助112人免费服药。1990年5月5日，省卫生厅、省残疾人联合会在区人民医院举办"儿麻"手术医师师资培训班，来自全省各市县40多名"儿麻"医师参加。1991年5月19日，在全国第一个"助残日"，市委、市人大、市政府领导俞兴德、王忠保、陈文湘、周大平及区委、区政府领导张克敏、江里程、俞力平、汤翔前往医院，慰问住院治疗的残疾人。6月7日，中国残疾人联合会主席邓朴方专程到京口区人民医院、驻军第359医院考察小儿麻痹后遗症矫治工作。7月15日，云台山发生山体滑坡后，台胞曹仲植先生向京口区捐赠轮椅车50辆。

1993年9月25日，京口区社会康复福利中心大楼建成。1994～1995年，围绕"人人享有康复服务"目标，国际狮子会港澳303区发起资助"视觉第一中国行动"（1997～2000年），十五期间"长江新里程计划光明行动"［创建"开发示范市（区）"，"白内障无障碍市"，0～6岁残疾儿童抢救性康复系列重点工程］，帮助一批残疾人改善肢体功能。1996年，京口医院1名医生受到国务院11部委表彰。1999年9月3日，区领导参加"京口区残疾人康复指导站"挂牌仪式。2000年，京口区"三项康复"小组更名为京口区残疾人康复领导小组，下设办公室，由区卫生、民政、教育、财政、残联负责人组成，开展调查，组织实施。将京口区医院定点为"儿麻"矫治中心，为肢体残疾人提供快捷服务。8月，区残联被江苏省命名为"省社区工作先进单位"。

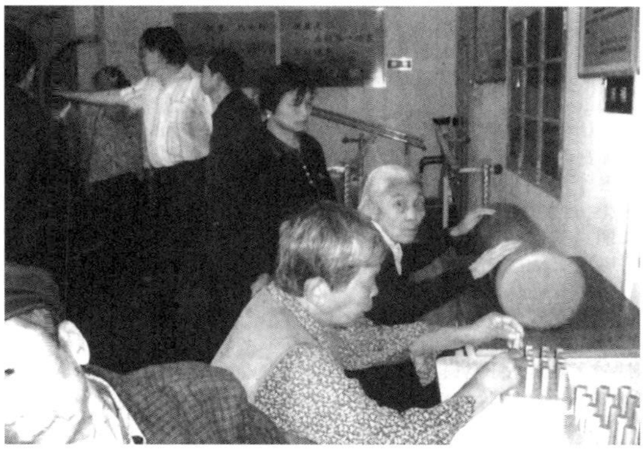

图17-18　1995年，各街道乡镇分别开办残疾人康复中心　（区残联供稿）

2001～2004年，区残联推动"康复进社区，服务到家庭"措施，实现资源共享，开展康复训练。856名注册志愿者，82名医务工作者对9200人次残疾进行心理咨询、肢体康复、智力训练等。2005年，全区建立6个康复指导站，使残疾人就近康复训练得到保障。为265名贫困精神病患者免费送药。9月，省"十五"康复检查领导小组在正东路街道贺家弄社区、大市口街道鼓楼岗社区检查，并通过验收。

2007年，京口区被推荐为省社区康复先进区，利用辖区康复资源，成立康复技术指导中心，发挥在肢体、视力、智力、听力语言、精神康复和假肢、矫形器装配等方面优势，为残疾人服务。区梦溪辅读学校作为区智力残疾康复技术指导中心，承担全区237名智残儿童康复教育、训练，有效率达90%以上；区疾控中心为区精神残疾技术指导中心，承担社区患者服药工作，定期组织专科医生开展培训，指导社区康复工作。

四、残疾人教育

1986～1993年，全区残疾儿童义务教育纳入全区普及义务教育轨道。校址在梦溪园巷梳儿巷小学校内。

1994年4月7日，省残疾人事业领导小组、省教委、省民政厅、省残联联合授予京口区"特殊教育先进区"称号。1995年3月27日，省特殊教育检查组检查工作，全区聋哑儿童、盲童入学率达100%，弱智儿童入学率达98.3%，特殊教育普及率98.5%，居全省领先水平。至年底，全区有特殊教育学校3所，在校学生165名。京口区被评为省级特殊教育先进区，徐立本等5人被评为省级特殊教育先进个人。

1995～2001年，京口区开展适龄失学残疾少年儿童、贫困残疾生救助活动，落实"两免一辅"政策，对全区50名"残儿"给予资助。在"助残日"等残疾人节日期间，开展"红领巾助残""爱心启育""希望工程""春蕾计划"等活动，募集资金，帮助贫困残疾儿童就读。根据各类不同残疾学生特点和市场需求，开展烹调、服装设计、编织、电脑等职业技能教育培训，使"残儿"在学习文化的同时，掌握一至两项技能，为走出校门踏上社会就业奠定基础。

2002～2006年，全区残疾儿童入学率97%以上，巩固率99%，4名残疾学生被普通高校录取。2007年，京口区辅读学校迁址原靳家巷小学，投资100万元进行修缮，添置各种教育设备，提高残疾学生的教育质量。在读学生 85 名，6 个班级，被省命名为“现代化示范学校”。

五、文体活动

1985 ~ 1990 年，区残联将媒体宣传和每年“助残日”“国际聋人节”“盲人节”“残疾人日”等节日集中宣传相结合，每年有 10 多篇稿件及新闻照片为市、区新闻媒体采用。1990 年，区残联组团参加省、市残疾人运动会，获得金牌 12 枚、银牌 8 枚、铜牌 15 枚。1991 ~ 2001 年，京口区多次选拔 30 多名残疾人组成残疾人体育代表队，参加省首届残疾人运动会，获 6 块金牌、5 枚银牌。

2002 年 5 月 19 日，全国第十二个“助残日”期间，区残联在梦溪广场举办首届助残文艺晚会。市艺术剧院、京口辅读学校表演舞蹈、小品、独唱等 30 多个节目。2003 年，第十三个“助残日”，区残联以“发展残疾人事业，共同奔小康”为主题，制作 9 块展示残疾人自强、自立求发展精神风貌宣传图版，在大市口城市客厅、京口区社区服务中心多处巡回展出。2006 年，区残联开展多种形式的宣传活动，组织“大手牵小手、小手手挽手，知荣辱、献真情”助残活动，10 多家企业向贫困残疾儿童捐赠，市实验小学向残疾学生赠送图书。11 月，与团市委共同组织“牵手盲人、爱心奉献”活动，通过 30 名盲人讲解、触摸形式，真切感受京口区发展变化，省新闻媒体作专题报道。

2007 年，区残联组队参加省第七届残疾人运动会，获 4 枚铜牌，其中举重运动员史居平获“体育道德风尚奖”、全国会演三等奖。在省、市举办残疾人书画作品展览会上，16 幅作品参展，获多项奖励。

六、残疾人卫生专座及盲道设施

1. 残疾人卫生专坐　1990 ~ 1995 年，区域内部分车站、码头公共厕所内设置残疾人卫生专用座，有坐便器和扶手等，供残疾人享用。1996 ~ 2007 年，区城内旧城改造、市政建设、房地产开发，大多居民（包括残疾人）迁入单元式新居，公共厕所减少。在开展创建全国卫生城活动中，结合改造旧式公厕，城乡 60% 以上公厕、公园、车站等公共场所分别设置残疾人卫生专座，但街巷和乡镇多数公厕无残疾人专座。

2. 盲道设施　1990 ~ 2007 年，京口区城乡市政道路拓宽改造、兴建和开辟市政工程中，根据《残疾人权益保障法》规定，在改造中山东路、解放路、梦溪路、桃花坞路、正东路、电力路，拓宽改造长江（原苏北）路、东吴（原镇焦）路、学府（原丹徒）路、宗泽路、小米（原老山）山路、万古一人路、第一楼街，兴建谷阳路、经十二路、纬七路、禹山路、京口路、古城路、石马湾路、花山湾东路、江滨大道等 20 多条城市一、二级道路，分别设置双幅“盲道”，总里程达 150 多千米。

七、法制宣传

1990 ~ 1994 年，区残联配合司法部门，加强法制宣传，保障残疾人合法权益，将营造全区法制环境纳入“三五”、“四五”普法教育规划，运用新闻媒体，加强法制宣传；围绕历年“全国助残日”活动，以专题辅导、板报、标语、横幅等使《中华人民共和国残疾人保障法》家喻户晓。区残联以市民教育活动为载体，开展《中华人民共和国残疾人保障法》宣传月、送法下乡、残疾人“四自”等专题活动。1991 年 4 月 29 日，区司法局举办《中华人民共和国残疾人保障法》法律讲座，区四套班子参加。1992 年根据《中华人民共和国九年制义务教育法》规定，区政府把特殊教育纳入义务教育发展规划，统一实施、部署、领导和检查。在“特教”校舍建设、教学设备、人员编制、经费保障、卫生保健、技能及技术教育等加大投入。1993 年，全区各级残联组织选派残疾人参加全市《中华人民共和国残疾人保障法》知识竞赛，区代表队获第一名。

1998 年 11 月，京口区成立残疾人法律援助站（以下简称“区残法援站”）。1999 ~ 2004 年，区残法援站每年接待法律咨询残疾人员 100 余人次、受理涉残案件 10 余件。2000 年，区残联在《中华人民共和国残疾人保障法》颁布 10 周年及“助残日”，开展多种形式法制宣传活动，组织 120 名有特长的残疾人志愿者走上街头为民服务。

2005 ~ 2007 年，区残法援站认真做好城乡残疾人来信来访工作，历年处理来信、来访、集访 150 多人次，有效处理和钝化社会矛盾，发挥区残联服务窗口和桥梁作用。区人大代表、区政协委员，每年视察区残疾人法制建设。

第十八篇　政　法

1983年9月，城区区委成立政法委员会（以下简称“区政法委”）。1984～2007年，区政法委在区委、区政府领导下，编制依法治区规划、年度工作计划和工作任务，并对完成规划、计划和工作任务情况进行督促、检查。指导全区城乡执法、司法及法制宣传工作。对重要执法、检察、审判问题参与协调。同时参与区人大常委会、区政府有关部门组织的执法检查。对依法治区、创建“平安京口”、社会治安综合治理等方面工作进行调查研究，指导基层依法治理工作。组织开展依法治区理论研讨，总结推广典型经验。24年来，全区公安、检察、审判及司法行政、普法教育等方面工作取得显著成绩，为维护社会治安，保障全区生产、生活和教学科研文化卫生等正常秩序做出重要贡献。

第一章　政法委及综治

第一节　机　构

1983年9月，中共京口区政法委员会建立，下设办公室。在中山东路276号原区委区政府院内办公。1992年11月，迁至山门口街37号。1995年5月，迁至丹徒路39号办公。1984～2007年，区政法委在区委、区政府领导下，在区人民代表大会监督下，常年开展社会治安综合治理，并对全区公安、检察、法院、司法行政机关就执法检查、“严打”、平安创建、流动人口管理、民事调解等方面进行协调、督促60多次。同时，开展对全区机关、学校、企事业单位和城乡社区依法治理、“普法”教育等进行检查指导150多次。

1983年，区政法委建立后，成为依法治区和平安创建工作机构。1991年11月，成立社会治安综合治理委员会，下设办公室（以下简称“区综治办”），与区政法委合署办公。内设依法治区领导小组办公室，下设督察组。1996年12月3日，根据区委、区政府《关于印发〈镇江市京口区区级党政机构改革实施意见〉的通知》规定，区综治办对外挂牌。2006年，根据省、市有关规定，组建依法治区领导小组办公室（以下简称“区法治办”），列入区政府序列。

第二节　社会治安综合治理

一、创建平安京口

1984～1992年，区各级政法部门围绕区委、区政府工作中心，服务大局，落实“打防结合，预防为主”方针，从严治警，建立“创建”工作责任制，强化社会治安综合治理，敢抓善管，抓好政法队伍建设。

1993～2002年，全区召开政法工作会议和有关会议112次、政法会议76次、基层综治办主任会议150次，协调公、检、法等部门妥善处理重大疑难案件104起，推动全区经济和各项社会工作快速发展。

2003～2007年，全区城乡推进“平安京口”建设，打造平安法治首善之区。先后开展“十二平安”（校园、家庭、医院、农村、市场、单位、企业、工地、拆迁、电力、交通、场所）系列活动。在打造“平安校园”活动中，各中小学开展消防演练、“小安全员培训”、安全童谣朗诵会等，进行各类安全专题讲座和法治、“校园安全伴我行”教育，中小学校在校学生犯罪率保持零纪录。打造“平安家庭”活动中，开展“四进家庭”（法制教育、美德建设、科普知识、和谐新风进家庭）活动，提高家庭成员素质，通过开展“三八”维权周、普法宣传月、“送法下乡”等活动，带动家庭成员学法、守法、用法。发挥咨询投诉、司法保护、社会救助和维权监督网络作用，将“平安家庭”创建与“零家庭暴力”村（社区）创建、法律帮助活动相结合。在打造“平安医院”活动时，结合改善医疗服务，加强医德医风建设，妥善处理医患纠纷，率先在全市实行药品“零差价”，解决城乡居民群众“看病难、看病贵”难题，京口区获省“社区卫生服务先进区”。在打造“平安农村”活动中，加强群防群治队伍建设，按万分之十五人口配备专职保安，整合社会治安资源，组建治安志愿者队伍，由镇“综治办”统一领导，派出所管理使用。强化单位内部治安防控。分类制定人防、技防、设施防建设标准，按照“三谁三负责”（即谁主管谁负责、谁经营谁负责、谁用工谁负责）原则，落实内部治安防范。因地制宜，因情施策，强化重点管控。对重点对象和治安危险分子做到不脱管、不失控。对危险物品做到严管、严控。强化食品安全检查，杜绝危害城乡居民生命健康伪劣食品进入社区。对城乡接合部、集贸批发市场、偏僻路段等治安隐患多、易发案区域，加大规范、整顿和巡防力度。打造“平安市场”，拓展“食品放心工程”，严格规范市场主办者的准入和市场经营者准入，建立健全工商局、所、市场管理、经营业主 4 级责任体系。完善应急救援工作预案及安全隐患和矛盾纠纷排查处置网络，对制假售假和坑蒙拐骗、欺诈等违法行为坚持露头就打。开辟市场投诉、工商局（所）投诉、“12315”举报等多层次消费投诉渠道。京口区连续 5 年获市委、市政府“社会治安综合治理暨平安创建”先进区，连续 4 年获省委、省政府“社会治安安全区”称号。

二、落实“严打”方针

1990 ~ 1992 年，区政法委协调、指导全区政法部门贯彻执行“从重从快、严厉打击”各种严重刑事犯罪和严重经济犯罪方针，强化政法职能，相互配合、相互支持、相互制约，针对出现的突出问题，开展打流窜、反盗窃、除“六害”专项斗争和专项治理，并把经济领域里出现的严重贪污、受贿、挪用公款等经济案件作为打击重点。1999 ~ 2004 年，京口区坚持“打早打小、露头就打、除恶务尽”原则，深入开展“打黑除恶”专项斗争。

2005 ~ 2007 年，区政法委统一部署，精心组织，以打击“两抢一盗”（街面抢劫、盗抢机动车，入室盗窃）等侵财性犯罪为主线专项斗争，确保全区城乡社会治安稳定。

三、开展“创三安”活动

1998 ~ 1999 年，区政法委开展全区“创三安”（即创建安全文明小区、安全文明村镇、安全文明单位）活动。制定创建规划，签订创建责任状，落实责任制，宣传发动，做到家喻户晓、人人参与。完善规章制度，落实措施，完成“创三安”预定目标。

2001 ~ 2007 年，全区司法机关参加市开展基层“创三安”“五十佳”竞赛活动。落实“创三安”责任制，强化“创三安”意识。制订争创“五十佳”实施方案，各级党政一把手为创建第一责任人。“创三安”宣传发动，通过动员会、例会、座谈会及广播、黑板报等形式，使创建工作由“要我创”转变为“我要创”。通过基层“创三安”争“五十佳”活动载体，落实社会治安综合治理，确保城乡社会治安稳定。

四、建立“大调解”机制

1983 ~ 1999 年，全区城乡民事调解沿袭前制，以乡镇、街道村（居）委会调解组织为主。2000 年始，区级党政机构改革深入，城乡经济迅猛发展，市场经济日臻发育，各企事业单位责、权、利进一步规范。根据省、市关于社会治安综合治理精神，逐步建立并完善大调解机制。2001 年，先后建立区、镇（乡、园区、场圃）街道 10 个社会矛盾纠纷调处中心，按照“四室一庭一校”要求配置。各村、社区居委会建立社会矛盾纠纷调处工作站，做到“四统一”（即统一受理、统一登记、统一调处、统一管理）要求。推行社区“信访代理制”，变群众上访为社区信访代理员“上访”，解决群众无序访和走弯路等，达到小纠纷不出社区（村）、一般纠纷不出镇（街道）、大纠纷不出辖区、矛盾不上交、纠纷不激化。2002 ~ 2007 年，全区大调解机制不断完善，从效率出发，做到点面结合。从效果出发，注重宣传，开展有针对性地教育和说服工作，维护社会和谐稳定。从长效出发，完善制度，为确保及时有效解决新生矛盾纠纷，实行日排查和大接访制度，社会矛盾纠纷发生数总量逐年减少，进京、赴省、去市上访人数大幅下降。

五、加强流动人口管理

1983 ~ 1999 年，全区对流动人口管理作为社会治安综合治管重点工作之一，采用专门机关与群众路线相结合方法进行。尽管辖区流动人口逐年增加，由于措施得力、方法恰当，10 多年来做到管得了、控得住。

2000 ~ 2007 年，京口区对流动人口管理探索新方法、推进“四化”（即信息化、动态化、社会化、人性化）管理新机制，以信息质量管理为核心，建立流动人口管理信息库，确保流动人口登记及时、准确和全面。变公安机关单独管理为依靠社会力量，实行综合服务与管理，各社区分别建立流动人口服务中心，动员和组织社区治保组织、维护社会治安志愿者、物业管理和小区保安人员等社会力量，参与对流动人口管理、教育和服务。变流动人口“一刀切”粗放式管理为分层次管理。加强对重点人口控制，建立流动人口中违法犯罪研讨预警机制，落实长效管理。同时，坚持亲情服务，切实解决流动人口购房、子女上学等方面困难，做好医疗、计划生育方面服务、救助、控制和管理工作。

六、社区矫正管理

2003 年始，区政法委根据“两院两部”（即最高人民法院、最高人民检察院、公安部、司法部）关于进一步加强公、检、法、司职能部门配合，加强基层社区矫正管理，对帮教对象施行人性化管理精神，把其作为社会治安综合治理一项重要措施。

2004 ~ 2006 年，区审判机关在对案件审判时，严格按照规定，责令矫正对象签订“接受社区矫正保证书”，并进行社区矫正告知，责令其到乡镇、街道司法所报到，杜绝托管失控。区人民检察机关充分发挥检察机关在社区矫正工作中的监督职能，主动帮助司法行政机关、镇、街道等单位健全组织、建立制度。区公安分局对社区矫正工作明确专人负责，每个派出所有领导分管，配合司法所工作。自觉履行法定职能，对不服管理的矫正对象采取措施，使其能按社区矫正规定参加各项活动。区编委、人事劳动、民政等部门对社区矫正工作给予支持，促进社区矫正工作深入、健康开展。

2007 年，全区 6 个镇、街道社区矫正工作逐步走向规范化，在注重提高矫正质量基础上，对各项管理教育工作做到从严出发，从规范入手，并注意工作中的创新，确保矫正工作质量。

七、“科技防区”建设

2003 年始，区政法委在全区城乡开展“科技防控”活动。2004 ~ 2007 年，按“科技防区”建设要求，结合区情，着力构建现代治安防控体系，推进“技防”建设。按照《关于加强全市 2007 年技防街道和技防社区（村）规范化建设的通知》精神，2007 年 12 月，全区“技防村”建成率 100%，“技防社区”建成率 40%，完成 10 个行政村监控系统安装，其中 8 个村达到优秀“技防村”标准。86 个社区（全区共 88 个社区）技防设施全部安装，并投入使用。其中镇江新民洲港产业园区管委会完成“技防到田头”建设，红旗村 7 个电灌站，全部安装红外线报警装置，少数电灌站设置红外线无线报警装置。2007 年，全区建成社会治安监控系统 528 处、各类监控探头 4000 余处，其中歌舞娱乐场所、洗浴场所、50 张床位以上旅馆以及废旧物资收购行业等，全部安装治安监控系统。2005 年，京口区将老住宅小区技防改造列入政府为民办实事项目，制定《老小区技防设施改造任务分解表》，投入改造资金 1000 余万元，对 30 多个老住宅小区技防改造通过达标验收。针对技防设备易损易坏实际，开展保障技防设备运作专题调研，推广大市口街道斜桥街社区、四牌楼街道江滨新村社区经验，形成具有“京口特色”长效管理机制。

第三节　创建法治合格区

一、强化法治建设

2003 ~ 2007年，区委、区政府每年4次（每季度1次）听取区政法委法治京口建设情况汇报，并专题研究部署法治京口建设工作，将法治京口建设列入议事日程，与“十一五”规划统一部署、统一检查、统一考核。同时，建立健全法治京口建设网络，确保人员到岗、编制落实。根据创建法治合格区具体要求，领导小组下设8个专业协调指导组（即依法执政、依法行政、公正司法、基层民主法治建设、依法经营、依法管理、法制宣传教育协调、法治京口创建宣传）、2个综合指导组（即督查、秘书组）。专业工作组分别由区委办、区政府办、区委政法委和区属单位等牵头，协调指导各成员单位开展法治建设工作。督查指导组、综合工作组分别由区纪委、区法治办牵头。各镇（街道）和各工作组相应成立法治建设机构，做到有班子、有人员、有制度、有活动、有台账、有办公经费。

二、完善法治制度

2003 ~ 2007年，区委、区政府在法治合格区建设初期，提出整合京口区资源，认真落实“高目标定位，高起点规划，高效率推进”指导思想。区法治办从建立机制入手，先后制订并出台《法治京口建设纲要》《京口区依法治区领导小组主要成员单位职责》《京口区依法治区领导小组办公室各专业协调指导小组工作制度》《京口区依法治区领导小组办公室各专业协调指导小组工作制度》《京口区依法治区工作重大事项报告制度》《京口区依法治区领导小组办公室及各专业协调指导组议事制度》《京口区依法治区工作检查督办制度》等8项规范性工作制度，规范法治京口建设。

三、强化法治载体

1. 依法执政　2003 ~ 2007年，京口区健全党委依法决策、科学决策、民主决策机制，稳步推进干部人事制度改革，全面落实党风廉政建设，领导干部述廉制度和重大事项报告制度。全面执行《京口区委常委会关于进一步加强自身建设的意见》，规范常委会议事决策制度等8项制度。人大代表、政协委员就民主法治建设提出的议案、建议、提案办复率100%。

2. 依法行政　2003 ~ 2007年，区政法委以全面落实执法责任制为契机，强化行政执法机关法治意识。梳理各种法律、法规和规章1000余部、4万多条，汇编、调整成《京口区执法依据汇编》《京口区行政事业收费依据目录汇编》2本。每年对行政执法主体进行清理规范，对26家法定行政机关、授权组织及依法受托执法部门身份资格进行审定、确认和公示。开展基层执法评议活动，加强对行政执法全面监督，拓宽行政执法公开范围，使执法公开制度化、经常化，拓宽群众获知政务事项渠道。

3. 公正司法　2003 ~ 2007年，全区开展社会主义法治理念教育活动，巩固和提升“规范执法行为，促进司法公正”专项整改活动成果，深入开展“规范执法示范单位”和“规范执法先进个人”争创活动。区法院被省高院确定为全省法官职业化改革试点。区检察院汇编80余项规范化管理制度，实现靠制度管人，用规范管事。公安京口分局教育培训、队伍管理和从优待警三方面长效管理机制进一步完善。区司法局业务、队伍、信息化“三位一体”建设全面推进。2007年，京口区政法系统27个集体受到省、市表彰，84名执法人员被评为省、市级先进人物。区法院连续两年被省高院记“集体一等功”，并被省高院、省人事厅联合授予“全省法院系统先进集体”称号。

4. 依法管理市场　2003 ~ 2007年，京口区开展法治市场建设活动。严格市场主办方、经营者和特殊商品准入规范。开辟市场投诉、工商局（所）投诉、“12315”举报投诉等多层次消费投诉渠道。四牌楼街道江滨新村菜场等8家市场被评为“肉菜粮放心工程省级先进市场”。

5. 基层民主法治　2003 ~ 2007年，区政法委以“四民主、两公开”（民主选举、民主决策、民主管理、民主监督和政务公开、财务公开）为内容，积极推进基层民主政治建设，京口区社区（村）分别制订自治章程及村（居）民公约，统一实行民主管理，实行村（居）务公开，京口区社区（村）先后成立社区（村）民主议事小组、民主理财小组，居（村）务公开监督小组，设立居（村）务公开栏，接受广大居（村）民监督，基层民主政治建设迈上新台阶。

四、法治京口 10 件实事

2003 年，京口区法治创建工作按照省委提出“干好几件有影响实事，让人民群众看到法治江苏建设实际效果”要求。2004 ~ 2007 年开展“进一步规范、整治教育收费行为”和“法治京口建设 10 件实事”活动，相关责任单位从改善民生、促进和谐高度，分别制订方案，将 10 件实事落实进程向社会公开、公示，接受社会监督。区教育局出台教育收费承诺和严禁的有关规定，规范教育收费行为。2007 年，京口区免收城乡义务教育阶段在校生学杂费 522 万元，受惠学生 2.2 万人。为 700 名城乡困难家庭和低保家庭孩子减免课本费、住宿费、社会实践等教育费用 24.7 万元。农民工子女持义务教育阶段入学证明，减免学杂费。区卫生局实施“健康工程”，在镇、街道分别设立社区卫生服务中心和 17 家城市社区卫生服务站，构建 15 分钟社区卫生服务圈，方便群众就医。区人事劳动和社会保障局以开展劳动保障监察执法为切入点，全面开展农民工工资支付专项检查和劳动保障专项监察活动，检查企业 214 家，责令支付拖欠农民工工资 0.76 万元，为 168 名外来务工人员办理社保手续。区法院邀请人大代表、政协委员旁听案件庭审。区人民检察院强化内外监督机制，在立案、侦查、起诉等各个环节推行网上办案，严格流程管理，从源头上减少和杜绝执法随意性。通过走访、座谈会等形式将办理重大案件向人大代表、政协委员通报，主动接受社会监督。

五、基层执法评议

2003 ~ 2007 年，京口区有 20 多个行政部门、41 个基层执法站所、500 多名工作人员，基层站所每天和城乡市民接触。随着经济发展，基层站所行政执法压力也空前增大。由于体制、机制等原因，基层执法中一些新情况也日益暴露。京口区卫生监督所、公安派出所、人民法庭等基层执法站所迅速将执法评议活动与日常执法活动有机结合，运用多种形式对基层站执法活动提出评议意见，基层执法站所进行定期整改，整改措施、进度进行公示，接受人民群众监督。公安京口分局深入开展执法评议活动，实施执法监督检查。出台《案件交办督办制度》，规范执法督查行为，健全执法监督巡视制度，对办案进行监督巡视，督促及时解决涉法涉诉信访问题，妥善处理一批越级访案件。京口法院完善人民陪审员制度，实行“四定一包”，建立与党委、人大、政府及其相关部门协调配合机制，抓好涉诉信访源头治理。

第二章　公　安

1983年11月，京口区公安局由原金山、北固两分局合并建立，始称镇江市公安局城区分局（以下简称“区公安机关”）。1984 ~ 2007 年，区公安机关在区委、区政府和上级公安机关领导下，加强公安机关和全体公安干警思想政治、组织纪律、工作作风和业务建设，拨乱反正，将公安工作重点转移到保卫和服务改革开放、社会主义经济建设中心轨道上来，大力维护社会政治稳定，全面整顿社会治安，加强行政管理与服务，城乡治安秩序日趋稳定。2004 年 4 月 8 日，区公安分局被省委、省政府授予“省级打击犯罪工作先进集体”。

1983 ~ 2007 年，区公安机关每年 1 月开展“爱民月”活动。全区各级公安机关召开群众座谈会，汇报前一年工作，征求群众意见和建议。在内部，发动全体民警开展自查自纠，针对执法、管理、服务等环节存在问题狠抓整改。“爱民月”活动中，广大民警积极为民办好事，热情为民服务，密切警民关系。与此同时，遵循中央加强政法队伍建设和公安部对公安民警文化、业务素质提出的具体要求，全区公安机关采取各种形式对文化水平不符合要求民警分期分批进行补习。至 20 世纪 80 年代末，公安民警 80% 以上具有大、中专文化水平。2005 年，具有大专以上文化水平的占 80%。在开展学历教育同时，加强对民警业务培训，逐步提高民警业务素质和岗位操作技能。2001 年，全局 45 岁以下民警接受公务员计算机应用能力考核。2001 ~ 2007 年，根据省公安厅统一部署，分 3 批举行执法资格考试，全局民警考试及格率 100%。2004 年 5 月，根据公安部、省公安厅统一部署，按照“缺什么、补什么，干什么、练什么”原则，开展“大练兵”活动，进一步提升队伍整体素质、执法水平和综合作战能力。

第一节　机　构

一、沿革

1983 年 3 月 1 日，实行市管县体制，镇江市升格为省辖市，撤销镇江地区公安处，组建镇江市公安局（管辖市、区、县公安局）。11 月 2 日，镇江市公安局城区分局成立，为市公安局派出机构。办公地点在斜桥街 72 号，内设 8 个机关部门（即秘书股、政工办、政保股、内保股、治安股、刑警队、预审股、消防股）和 11 个派出所（即正东路、健康路、大市口、四牌楼、宝塔路、中华路、京畿路、和平路、桃花坞、劳动路和水上派出所）。1984 年 10 月更名为京口区分局（以下简称“区公安分局”）。1986 年，省公安厅《关于同意建立镇江市公安局京口区分局长途汽车站派出所》批复，1 月 27 日，区公安分局成立镇江长途汽车站派出所。1987 年，经市政府批准，原劳动路派出所扩大管辖范围（由原专管治安扩大为既管治安又管户口），更名为中山西路派出所。1989 年，苏公政《关于建立镇江市公安分局金山等派出所的批复》。2 月 25 日，区公安分局成立金山派出所（为治安派出所），办公地点在金山公园，主要负责金山、焦山、北固山公园内部治安管理。1990 年 3 月 27 日，区公安分局秘书股更名为办公室。4 月 6 日，成立法制办公室。1991 年 5 月，区公安分局从斜桥街 72 号迁至运河路 46 号。10 月 8 日，区公安分局成立户政股。

1992 年 10 月，区划调整，原京口区公安分局宝塔路、中华路、京畿路、和平路、中山西路、水上、金山、长途汽车站 8 个派出所划归润州区公安分局管辖。原润州区公安分局九里街、汝山、丹徒、谏壁镇、新民洲 5 个派出所划归京口区公安分局管辖。另有谏壁发电厂、镇江纺织厂、镇江纸浆厂、镇江树脂厂 4 个企业派出所业务上受京口区公安分局领导，不列入编制。

1993 年，区公安机关设 21 个股、队、室，下辖 10 个派出所，有干警 297 名。1994 年，京口区成立巡警大队，辖 3 个中队、28 个巡段，巡警 83 名。1995 年 3 月，区公安分局刑警队升格为大队。8 月，成立机关保卫股，专司市级机关保卫工作。1995 年 3 月，区公安分局政保股对外使用联络股名称。1997 年 10 月，成立江滨派出所。10 月 6 日，九里街派出所与新民洲派出所合署办公（保留新民洲派出所名称及牌子）。10 月 17 日，京口区设立出入境管理股（与政保股合署办公）。1998 年，区公安分局实行侦审合一，撤销预审股，预审工作并入刑警大队。3 月，区公安分局设立计算机通信股（和办公室合署办公）。8 月，成立经济案件侦察大队。

1999 年 7 月 5 日，区公安分局政工办、法制办、消防股分别更名为政工科、法制科、消防科。建立治安大队、政治经济保卫大队，撤销治安股、户政股、政保股、内保股。7 月 8 日，刑警大队内设 4 个专业队（即情报队、技术队、侦审队、重案队）和 3 个责任区刑警队（即大市口、桃花坞和汝山刑警队）。8 月 12 日，治安大队更名为治安警察大队。9 月 18 日，机关保卫科划归市公安局文保处管辖。2000 年 7 月 5 日，撤销区公安分局政治经济保卫大队，建立政治保卫大队和经济保卫大队。不久，政治保卫大队更名为政治侦察大队。2001 年 6 月设立禁毒大队。2002 年 3 月，丹徒派出所与汝山派出所合并称丹徒派出所。2003 年 1 月 23 日，丹徒派出所更名为学府路派出所。2003 年 1 月经省公安厅批准，区公安分局消防科更名为武警镇江市消防支队京口区大队，隶属关系及机构级别不变。2003 年 6 月，分局治安大队增设治安行动中队，按 5 ~ 8 人配置。

2004年2月9日，撤销江滨、桃花坞派出所。实行“三队一组”（巡逻处警队、社区民警队、刑侦治安队和内勤组）。刑警大队内设机构进行调整，设综合队、技术队、侦审队、侦控队（便衣队）、侦查队（重案队）。区公安分局成立目标考核办公室，配备专职主任、副主任，与“创建办”两块牌子、一套班子。刑侦、经侦、禁毒大队合署，治安、经文保、机关保卫大队合署，政治处、纪委、监察室合署，保留原有机构设置、牌子、领导职位。2005年7月刑警大队内设大市口责任区刑警队，增挂侦查一中队牌子。桃花坞责任区刑警队增挂侦查二中队牌子。原刑警大队侦查队（重案队）更名为侦查三中队。谏壁镇派出所刑侦治安队增挂侦查四中队牌子。12月5日，由于市政府机关安全保卫工作，将分局机关保卫大队调整为副科级。

2006年5月9日，公安局京口分局成立刑事科学技术室。6月22日，镇江市公安局保安支队京口大队成立（与治安大队合署办公），同时在各派出所成立保安中队，负责社区保安巡防队伍日常管理。8月25日，机关保卫大队增挂特警支队京口大队牌子，隶属市公安局特警支队。

二、队伍建设

1983年，区公安分局建立后，把队伍建设作为公安工作根本和保障。1986年，按照公安部《关于坚决纠正公安系统不正之风的决定》精神，在全区公安机关开展以端正党风、警风，解决民警特权思想和对群众态度“冷、硬、横、推”问题为重点，集中纪律作风整顿。1988年6月，全区公安机关开展“为政清廉、为警清廉”专题教育。1990年9月至1991年4月，在全局范围内2次开展“加强公安队伍廉政建设、纠正行业不正之风”集中教育整顿。1993年4～5月，以首次授衔为契机，开展以“适应社会主义市场经济，展现人民警察崭新形象”为主题纪律作风整顿活动。1996年，开展学习济南交警和漳州“110”活动。2000～2001年，开展“三项教育”活动。2003年，认真贯彻落实公安部“五条禁令”，坚持抓学习、抓整改、抓检查、抓建章立制。先后开展“贯彻十六大，全面建小康，公安怎么办”大讨论，“从严治警、执法为民”主题教育活动以及“五所三队”集中教育整顿，贯彻落实《公安部三十条便民利民措施》，进一步端正广大民警执法思想。2005年，开展共产党员先进性教育活动，通过学习动员、分析评议、整改提高三个阶段教育活动，广大民警普遍受到一次深刻教育。

图18-1 2007年8月，省委常委、政法委书记林祥国（左四）考察京口区平安创建工作（京口公安分局供稿）

2000年始，全区公安机关开展警务公开和人民满意创建活动，建立新型警务公共关系，进一步增强公安工作社会透明度。2004年，开展以“密切警企关系，服务企业发展”为主要内容“警企零距离”活动，教育引导广大民警牢固树立服务发展理念，提升公安机关服务企业水平。2005～2007年，开展“万人评警”活动，组织社区群众评议社区民警，组织乡镇、街道评议派出所，组织交通参与者评议交巡警，组织社会各界评议公安机关。

1983 ~ 2007 年京口区公安系统获奖情况表

表 18-1　　单位：次、人

获奖名称	记功人次	集体	个人
一等功	—	1	2
二等功	—	5	12
三等功	—	55	227
嘉　奖	90	1355	—
人民满意的好干警	51	81	—
先进集体、个人	194	1017	—
文明单位	—	55	—
劳动模范	6	—	—
杰出（优秀）青年卫士	—	1	—
岗位标兵能手	52	—	—
全国（特级）优秀人民警察	4	—	—
青年文明号（岗）	33	11	—

第二节　保卫工作

一、国内安全保卫

1983 年，区公安分局设立政治保卫股（以下简称“政保股”）。1984 年 4 月，国家安全局成立后，政保专业性工作从公安政保业务中划出。1999 年，政保股与内保股合并，成立政治经济保卫大队（以下简称“政经保大队”）。2000 年，政经保大队更名为政治侦察大队。2002 年，政治侦察大队更名为国内安全保卫大队。2003 ~ 2007 年，分局主要负责国内安全保卫工作，维护社会政治稳定和国家安全。

同时打击危害国家安全犯罪活动。20 世纪 80 年代，国际反华势力及境内外敌对势力、敌对组织利用国家改革开放之机，加紧串联勾结，采取各种方式进行渗透破坏活动。全区公安机关加大防范打击力度，先后侦破多起相关案件。如：1985 年，侦破“王某反革命挂钩案件”。1992 年，侦破汝山乡长江村“红三教”复辟案件。1997 年，侦破丹徒镇农贸市场“10·24”煽动案件。

1983 ~ 2007 年，全区发生危害国家安全案件 35 起，分别侦破并依法进行处理。

二、经济、文化保卫

1. *基层保卫组织*　1981 年，区域内有机关、院校、企事业单位保卫组织 97 个，专职保卫干部 324 名。1982 年下半年至 1983 年上半年，全区撤并 26 个保卫组织，保卫干部减少 61 名。1983 年 6 月 22 日，市委、市政府发文重申在机构体制改革中，保卫组织不能削弱、更不能撤销，明确要求机关、学校、厂矿企事业单位现有保卫处、科，要根据实际情况充实加强，保卫干部保持相对稳定。

1984 ~ 1990 年，全区保卫组织得以恢复。保卫干部和保卫人员得到充实和加强。1991 年，全区保卫处、科增至 165 个，保卫干部增至 585 名。2004 年 9 月，国务院颁发《企业事业单位内部治安保卫条例》，明确规定单位应根据内部治安保卫工作需要，设置治安保卫机构或配备专、兼职治安保卫人员，报公安机关备案。

2007 年，全区有 849 家企业事业单位分别设置治安保卫机构，其中专职保卫处、科 217 个，合署保卫机构 632 个，有专兼职治安保卫人员 2237 名。

2. *企业公安*　1990 年，区公安机关根据全国经济保卫工作会议精神，市公安局审查并报省公安厅批准，

1991 年，京口区相继成立 5 个企业公安机构，分别是谏壁发电厂、镇江纸浆厂、镇江树脂厂、镇江纺织厂派出所和镇江供电民警办公室。企业公安行政上受所在单位领导，业务上受所在地公安机关领导，与单位保卫处、科合署办公。工作任务主要是依法维护单位治安秩序，行使治安管理权和侦查破案权，不具有户籍管理审批权。2000 年上半年，根据省政府关于撤销企业事业单位公安机构规定，京口区批准设立的 5 家企业公安相继被撤销，并向原主管公安机关移交印章、法律文书和警用设备。

3. 经济民警队　1983 年，京口区域内部分大中型企事业单位，为维护治安秩序，根据 1980 年全国经济文化保卫工作会议精神，经省公安厅批准，设立经济民警队，一个时期成为企业一支重要保卫力量。1983 年 12 月，谏壁发电厂、市化轻公司经省公安厅批准分别成立经济民警分队。1985 年 10 月，镇江纸浆厂恢复经济民警分队。随后，镇江树脂厂等单位也相继成立经济民警分队（小队）。1991 年，全区有 15 支经济民警队、217 人。针对经济民警队伍不断扩大、人员成分趋于复杂，市公安局分别于 1996 年和 2001 年对经济民警队伍专项教育整顿。1995 年始，一些企业事业单位经济民警队保卫职能逐渐被护厂队、护校队所取代。2007 年，全区仅索普集团公司大型企业保留经济民警队。

4. 护卫队　1983 年，区域内护卫队包括护厂队、护校队等，属企事业单位维护内部正常治安秩序，实行自防、自治、自卫的一支力量，其成员由单位职工选调或聘用保安公司人员担任，行政上隶属企事业单位，业务上由各级公安机关、保安公司指导。1984 年 9 月 28 日，江苏电力建设第三工程公司在全市首先成立护卫队。1985 年 1 月，市政府批转市公安局《关于在我市企事业单位建立护厂（校）队的请示》。此后，护卫队组建工作在全区推开。1991 年有护卫队 76 个、队员 382 名。1992 ~ 2006 年，辖区内许多单位引入市场机制，从各级保安公司聘用专职保安组建护卫队，其中金融、卫生、教育等系统护卫队 80% 以上由专职保安构成。2007 年，全区有 21 个护卫队、590 余名队员。

1983 ~ 2007 年，区公安分局为加强保卫干部和保卫人员政治和业务素质训练，每年组织 1 ~ 2 次保卫干部业务培训，内容包括案（事）件现场保护、单位内部治安保卫、内部安全检查和隐患发现整改等。2004 年，《企业事业单位内部治安保卫条例》颁布后，全区公安机关对企业事业单位保卫人员组织开展统一内容、统一命题、统一监考、统一阅卷“四统一”培训。至 2007 年，举办培训班 17 场次，808 名保卫人员经过培训考核合格后，领到“治安保卫岗位证书”。

2000 年以来，辖区内部分企业因改制及成本增加等因素影响，一些单位大幅削弱专职保卫力量，甚至取消保卫机构，由“门卫”（传达室）负责日常护卫。同时，门卫人数较少，且大多数为年老体弱者，客观上无法承担起单位内部安全防范重任，更无暇顾及单位周边辐射式巡防。针对上述问题，2007 年，区公安分局在认真调研基础上创新思路，以开展“门卫改保卫”工作为抓手，有效整合单位内部防范资源，进一步完善辖区防范格局。12 月，全区有 97 家保卫组织弱化、拆并的企事业单位完成“门卫改保卫”工作，新增保卫人员 203 名。全区企事业单位内部发案较 2006 年下降 21.7%。保卫人员主动或协助公安机关抓获违法犯罪嫌疑人 63 名、破案 511 起。此举得到公安部、省公安厅、市公安局专门《简报》分别予以报道。

5. 重点经济单位保卫　1983 ~ 2003 年，区公安分局把重点单位保卫作为经济保卫工作重要方面，主动指导重点单位建立健全内部治安保卫制度，落实内部治安保卫措施，制定内部治安突发事件处置预案。2004 年，区公安分局按照《企业事业单位内部治安保卫条例》确定“重点单位重点保护”原则，对辖区内重点单位重新进行判定。标准主要是关系国计民生、国家安全和公共安全单位。

2005 ~ 2007 年，全区确定各级治安保卫重点单位 188 家，其中省级重点单位 3 家、市级重点单位 79 家、区（市）级重点单位 106 家。

6. 基层治安防范　1985 年以来，区公安分局根据市局开展“严打”斗争同时，在全区单位内部全面推行与生产（经营）承包责任制相适应、相配套的基层治安保卫承包责任制，把单位治安保卫工作纳入企业生产经营管理和机关、团体、事业单位行政管理中。12 月，市政府转发市公安局《关于在厂矿企事业单位实行治安保卫承包责任制的意见》。1986 年 3 月，转发市公安局、计经委、劳动局、财政局《关于厂矿企事业单位推行治安保卫承包责任制奖惩办法的意见》。4月，全区推行治安保卫承包责任制，全区推行治安保卫承包责任制单位318家。1987 ~ 1989年，市公安局会同有关部门，在全区范围内组织开展以“防盗窃、防治安灾害事故”为主要内容的创“安全合格财会室”和“安全合格仓库”活动。1991年，组织开展创建安全合格车间、安全合格门卫活动。全区各级内保部门列管单位中有819个财会室、748个仓库、1002个车间和501个门卫达到合格标准，合格率分别为96.5%、95.8%、91.7%和60%。1992 ~ 2003年，为巩固创建成果，区公安分局建立年审制度，对合格单位每年复查验收。2004年，全区公安机关深入开展系列“平安创建”活动。区经文保大队以“发案少、秩序好、平安稳定、员工满意”为目标，制定单位内部“三防”建设标准，即在强化人防、物防等传统防范措施同时，积极指导单位加强技术防范，形成人防、物防、技防“三位一体”单位内部治安防控体系。2007年，市公安局重点指导24家和分局重点指导23家治安保卫重点单位，安装视频监控系统102套、监控探头583个。

7. 维护单位稳定　1990 ~ 2007年，辖区内机关、厂矿企事业单位随着改革开放深入，企业改制、改组、兼并、破产及职工工资、福利待遇、基本生活费等问题引发的矛盾日趋突出。同时，因环境污染、征地拆迁造成企、地矛盾大量出现。针对企业事业单位内部维护稳定面临的新情况、新问题，区公安机关以提高预警能力和处置水平为目标，积极协调、配合有关单位和部门，认真落实矛盾纠纷排查调处工作责任制，及时化解妥善处置企业单位内部各类矛盾纠纷。

8. 文化保卫　1983 ~ 2007年，京口区文化保卫工作范围主要包括学校、医疗机构、科研单位、新闻单位、文博系统和党政机关，20多年未发生重大案（事）件。

9. 校园安全保卫　1983年以来，区公安分局每年开展1 ~ 2次校园及周边地区治安秩序专项整治行动。在校内，积极指导学校加强校园内部治安防范，并选派优秀民警担任法制副校长或法制辅导员，深入学校开展形式多样法制宣传教育。在校园周边，以加强治安管理和交通管理为重点，着力整治违规经营网吧、游戏机室、歌舞厅等文化娱乐场所。2004年以来，在“平安创建”活动中，区公安分局会同市、区教育局等部门，相继开展“平安校园”“安全文明校园”等系列创建活动。同时，以社区警务工作进校园为载体，在全区率先推出校园警务站，作为加强校园治安保卫工作重要依托。2007年，全区所有中小学校全部建立校园警务站，选派43名民警担任法制副校长或法制辅导员，民警每月按要求坚持到校园工作2次以上，每天有103名警力或保安在学生上学或放学时段维护校园交通秩序。同时，加强校园“三防”建设。2007年，全区学校有专职保安123名，安装技防设施275套，其中视频监控系统86套，周界报警、红外报警系统189套，形成校园内部治安防控体系。

10. 机关保卫　1983年4月，市政府成立机关保卫科，市公安局内保科派1名副科长兼任科长。1988年，在市、区级机关设立民警值班室。1998年年底，机关保卫科升格为机关保卫大队，为市公安局经文保支队下属部门。2005年1月，机关保卫大队整建制划归京口区公安分局管辖，由分局一名副局长直管。2006 ~ 2007年，其主要职责：负责市、区级机关安全保卫工作，加强值班巡逻和安全检查，维护各级机关办公秩序。

三、警卫工作

1983 ~ 2007年，区公安分局警卫工作主要担负保卫党和国家领导人安全，保卫重要外宾和重要会议、重大集会安全，保卫辖区内首脑机关和省、市党政军领导安全。25年来，面对不断变化国内外形势和繁重警卫任务，区公安分局始终保持高度政治警惕性和责任感，以良好精神状态和扎实工作作风严格落实安全措施，圆满完成对江泽民、吴邦国、胡锦涛、李铁映、李岚清等党和国家领导人到区考察各项重大警卫任务。

图 18-2　2007年，区公安机关集中对保安人员进行技能训练（京口公安分局供稿）

第三节　刑事侦查

一、“严打”及打黑除恶专项行动

1983年8月，区公安机关根据中共中央《关于严厉打击刑事犯罪活动的决定》及9月2日第六届全国人大常委会第二次会议通过的《关于严惩严重危害社会治安的犯罪分子的决定》，至1987年1月，全区公安机关组织开展严厉打击严重刑事犯罪分子专项（以下简称“严打”）斗争。其间，分别于1983年8月至1984年7月、1984年8月至1985年12月、1986年1月至1987年1月，相继开展第一、第二、第三次战役。第一次战役着重普遍发动群众，集中搜捕浮在社会面上的刑事犯罪分子。第二次战役着重是深挖隐藏严重刑事犯罪分子，统一搜捕流窜犯，解决突出治安问题。第三次战役着重是坚持依法从重从快方针，开展以反盗窃斗争为重点集中打击行动。1984年，全区捕获各类刑事犯罪分子596名。1985年9月8日、18日、28日3天，在城区发生3起杀人命案，分别及时侦破。同年，在城区范围内开展“两反一打”（反盗窃、反扒窃、打击流窜犯）专项斗争，破获各类刑事案件886起，摧毁团伙143个，提请逮捕人犯745名，追回赃款20余万元。1986年，在迎江路工人文化宫举办“打击盗窃犯罪”展览。此后，区公安机关坚持“严打”，相继开展一系列专项斗争和专项整治。

1998～2007年，区公安机关坚持打早打小、露头就打、除恶务尽原则，深入开展“打黑除恶”专项斗争。至2007年，摧毁黑社会性质组织犯罪团伙1个（公安部督办），抓获团伙成员54名，破获各类案件72起，摧毁恶势力犯罪团伙45个（省厅督办2个），抓获团伙成员255名，破获各类案件314起。

1999年，公安部在全国公安机关启用“网上追逃”新机制，通过实践、探索和创新，“网上追逃”带动破案质量和打击能力稳步提升。2000～2007年，区公安机关缉获网上逃犯1551名，其中，省厅督捕逃犯1名、命案逃犯6名。

2004年，区公安机关按照“命案必破”要求，组织开展侦破命案专项行动。2004～2007年，全区发生命案17起，破17起，破案率100%。2005年，根据公安部统一部署，精心组织以打击街面两抢、盗抢机动车、入室盗窃等侵财性犯罪为主线“两抢一盗”专项斗争。至2007年，破获系列侵财性案件187串、2805起（公安部督办1串、22起；省厅督办3串、169起）。

2006年，区公安机关以强抓“三基工程”建设及科技强警示范区（县）建设为契机，大力加强刑事科学技术建设。区财政先后投入250余万元改建刑事科学技术办公用房，增购常规技术器材及进口多波段警用光源、专业数码照相设备、紫外观察照相系统、图像处理系统、现场勘查系统以及指纹自动识别系统等装备。分局7个派出所及1个业务大队相应配齐指纹活体采集仪、数字人像采集仪及现场勘查必备器材，增设信息采集室、物证管理室。同时，专业技术人才队伍不断壮大，已由1983年的1人增加到2007年的16人，其中有2名技术人员获得痕迹检验工程师技术职称，8名技术人员获得痕迹检验助理工程师技术职称。2007年年底，在全国一级示范刑事科学技术室创建工作中，京口公安分局刑事科学技术室作为全省28家、全区唯一刑事科学技术室，通过公安部考评组验收。

附：刑事犯罪案例

1. *丁某某杀人碎尸案*　1996年3月，犯罪嫌疑人丁某某（女，40岁，谏壁镇个体经营服装户）因与其姘夫邹某某（男，41岁，谏壁镇食品公司驾驶员）有经济纠葛，遂生报复，于3月10日上午，在谏壁镇芦家圩24号，用毒鼠强将邹某某毒死，后分尸抛至谏壁镇镇政府门前公厕、谏壁镇抽水站河内等处。同年5月28日案发后，经区公安机关侦查，丁某某于同年6月5日被抓获归案，后被市中级人民法院判处死刑。

2. *丁某杀人焚尸案*　2004年6月23日上午10时许，犯罪嫌疑人丁某（男，17岁，住市区梦溪园巷17号）携带砍刀窜至白莲巷14幢409室，翻窗入室行窃时，惊醒熟睡的2名受害人王某（20岁，湖北省蕲春县人）、张某（22 岁，河南省罗山县人），丁某怕罪行暴露，持刀将两人砍死，并点燃衣被逃离现场。经区公安机关侦查，丁某于同年 6 月 26 日被抓获归案，后被市中级人民法院判处死刑，因未成年人犯罪，依法缓期 2 年执行。

3. 公安部、最高人民检察院挂牌督办以李某某为首的涉黑犯罪团伙案　2004 年下半年，以李某某（男，34 岁，山东省苍山县南桥镇人）为首 11 名犯罪嫌疑人组成涉黑犯罪团伙，以攫取经济利益为目的，在学府路、谏壁镇等地区抢劫、聚众斗殴、寻衅滋事、敲诈勒索作案 61 起，涉及公共场所 21 家，在社会上造成恶劣影响，后被公安部、最高人民检察院挂牌督办。区公安机关历时 20 个月缜密侦查，于 2006 年 3 月将该团伙成员全部抓获归案，并经 9 个多月查证，于同年 12 月移送区人民检察院提起公诉，成功侦办全区首起黑社会性质组织犯罪案件。李某某被判处有期徒刑 12 年。

二、侦办经济案件

20 世纪 90 年代，城市体制和国企体制改革开放不断深入，经济犯罪案件大幅度增加，经侦工作一直由区刑警大队经济案件侦探组承担。1998 年 1 月，市公安局成立公安经济案件侦察支队后。区公安机关也相应成立京口区经济犯罪侦察大队，负责侦办全区金融诈骗、扰乱市场经济秩序、妨害公司（企业）管理秩序、危害税收征管、侵犯知识产权等 77 种经济犯罪案件。2006 年，更名为京口区经济犯罪侦查大队。

图 18-3　2006 年，区公安干警练功习武，进行实弹射击　（京口公安分局供稿）

1998 ~ 2007 年，区经侦部门受理各类经济犯罪案件 452 起，立案侦查 411 起，破案 406 起，依法打击处理作案人员 249 名，为国家挽回经济损失 2157 万元。其间，相继破获镇江市京华化工有限公司非法经营案、“2004 · 10 · 11”宏泉物业开发公司合同诈骗案、以刘英基为首的信用卡诈骗团伙案等有影响案件，有力维护市场经济秩序。在侦查破案同时，经侦大队主动服务经济发展，出台一系列优化投资发展软环境举措，逐步完善面向企业预警防范制度。1998 ~ 2007 年，向企业发送《防范建议书》1200 份，避免企业经济损失 8825 万元。

附：经济犯罪案例

1. 镇江市京华化工有限公司非法经营案　2006 年 8 月 22 日，京口区人民检察院向京口公安分局经侦大队移送 1 起非法经营案件。该院在对行政执法单位办理行政案件抽查时发现，镇江市京华化工有限公司擅自从事危险化学品经营活动，涉嫌非法经营罪。据此线索，区经侦大队迅速抓获犯罪嫌疑人于某某两人。查明于氏父子在明知国家对危险化学品经营实行许可制，并且在未取得“危险化学品经营许可证”情况下，2002 年 1 月至 2004 年 3 月，擅自从山西焦化股份有限公司购入蒽油、焦油等化学危险品，先后销售给无锡市苏新精细炭黑厂等 20 余家单位，非法经营数额达 2200 余万元。该案为镇江市首例非法经营危险化学品案。通过对该案侦查，暴露出自 2001 年以来，镇江市危险化学品经营管理混乱现状及存在公共安全隐患，既为政府决策提供依据，同时也净化危险化学品经营市场。

2. “2004 · 10 · 11”宏泉物业开发公司合同诈骗案　2004 年 10 月 4 日，区经侦大队陆续接到市民薛某某等 40 余名群众报案，镇江市京口宏泉物业开发公司以订购商品房为名，收取预付房款后，公司董事长吴某某下落不明。11 日，区经侦大队与市公安局经侦支队等有关职能部门，联合抽调警力，成立“10 · 11”合同诈骗案专案组，开展侦破工作，迅速抓获犯罪嫌疑人吴某某，追缴赃款 300 余万元。查明 2003 年以来，犯罪嫌疑人吴某某在未领取“建设工程规划许可证”和“商品房预售许可证”，不具备开发、销售金湖花苑 9 号楼资质情况下，将 9 号楼 40 套商品房对外销售，另将使用性质为办公综合楼金湖花苑 4 号楼冒充商品房对外销售，两栋楼房收取购房款人民币 400 万元。吴某某在收到购房款后未用于房屋开发和建设，被其挪作他用。

三、毒品犯罪案件侦察

1. 禁毒形势 20世纪80年代末，京口区城乡受国际、国内毒品犯罪活动影响，在部分地区和少数人群中滋生毒品犯罪，且有发展趋势。1989年11月29日，京口区公安分局宝塔路派出所发现住润州饭店25名内蒙古包头市旅客中，有13人吸食毒品，并查获海洛因25克。这是京口区查处的首例涉毒案件，表明毒品问题开始在区域内出现。1995～2001年，全区涉毒人数逐年增多。2002年，全区登记在册吸毒人员465名。2003年11月，健康路派出所在江天大厦歌舞厅查获第一例吸食“摇头丸”案件。此后，吸贩新型毒品问题日趋严重，吸食人员不断增多，毒品种类也从单一的海洛因转变为以海洛因为主，摇头丸、K粉、麻古片、冰毒等新型毒品并存。据区禁毒办机构统计，自2001年3月，全区发生第一例吸毒致死案以来，2003～2006年，历年有上升趋势。2007年12月，全区因吸毒致死人数增至17人。

2. 禁毒机构 1995年11月，京口区成立禁毒工作领导小组（后更名京口区禁毒委员会），下设办公室（以下简称“区禁毒办”）。作为禁毒委员会日常办事机构，区禁毒办设在京口公安分局，与区公安禁毒部门合署办公。为加大打击毒品犯罪力度，提高禁毒、防毒、拒毒工作成效，2002年3月，京口区公安分局成立禁毒大队。2003～2007年，全区禁毒工作由区禁毒办和禁毒大队实施。

3. 禁毒宣传 2000年8月，区禁毒办与区妇联联合开展为期3年“不让毒品进我家”宣传活动。为提高全社会禁毒意识，增强全民识毒、防毒、拒毒能力，区禁毒部门广泛深入开展禁毒宣传和毒品预防教育工作。2001年6月，区禁毒办组织辖区群众参加镇江市第一次集中公开焚毁毒品大会，当场销毁海洛因6000余克。2002年6月，区禁毒办在大市口广场举办《禁毒在京口》大型禁毒图片展览。同年10月25日至11月24日，区禁毒办会同区教育局，在中小学开展为期1个月禁毒挂图巡展。2003年6月，区禁毒办会同市、区教育局，在镇江第十二、十三中学等校举行“国旗下的承诺、千人宣誓签名”活动，发放《致全区中小学生的一封信》1万余份，做到预防在前、教育为先。2004年6月3日，区禁毒办组织街道综治办主任及部分社区主任走进戒毒所与吸毒人员开展“面对面的交流，心与心的沟通”活动，向戒毒人员赠送生活用品和法律书籍，吸毒人员结合自身实际，现身说法。同年6月26日，在大市口城市客厅，举办“抵制毒品，参与禁毒”为主题万人签名活动。2005年4月，根据国家禁毒委员会提出的“打一场禁毒的人民战争”要求，从4月18日起，在全区开展“禁毒宣传周”活动。同年6月26日，区禁毒办在城市客厅举行集中宣传咨询活动，向过往群众发放《关于开展禁毒人民战争的公开信》等宣传资料和书籍1万余份。2006年，围绕“参与禁毒斗争，构建和谐社会”禁毒宣传主题，从6月1日开始，在全区范围内开展禁毒人民战争集中宣传月活动。为增强禁毒宣传科学性、针对性和实效性，开展禁毒宣传“四进”（即禁毒宣传进场所、禁毒宣传进学校、禁毒宣传进社区、禁毒宣传进企业）活动。2007年，以抓好青少年毒品预防教育和防范新型毒品危害为重点，6月21日，区禁毒办与江苏科技大学共同开展“手拉手远离毒品、心连心造福社会”为主题禁毒宣传活动。6月22日，区禁毒办与江苏大学人文学院大学生到红旗小学，开展主题为“投身禁毒大行动、争做禁毒小卫士”暑期青少年禁毒宣传教育活动。6月26日，区禁毒办在城市客厅设立主会场举行集中宣传咨询活动。与此同时，各街道、镇会同辖区派出所，在人员相对密集地区梦溪广场、南门长途汽车站、北京华联超市、红豆广场、江苏大学、谏壁中学等处设立分会场，开展禁毒宣传活动。

4. 创建“无毒社区” 1992～2007年，全区在加强禁毒宣传和预防教育同时，区禁毒部门以禁吸戒毒和禁种铲毒为重点，大力开展“无毒社区”创建活动。区禁毒委每年6月召开专门会议，就组织领导及经费保障、毒品预防教育、打击管控、禁毒管理等方面专题部署，并与各镇政府、街道办事处签订《禁毒工作责任状》。创建中，京口区将社区禁毒作为“无毒社区”创建活动重要载体，多措并举，先后开展“社区拒绝毒品行动”及创建“无毒校园”等活动，积小胜为大胜，全面推进，全区创建覆盖率达到100%。建立两个机制：帮教机制，建立由社区民警、社区干部、单位（学校）和家庭组成的“3+1”帮教小组，有针对性地进行“社区戒毒”。考核机制，根据省、市禁毒委下发的创建“无毒社区”达标考核评估办法，每年 10 月底，区禁毒部门对各单位创建活动进行检查考核。全区每年创建工作均达到上级规定要求，经考核验收全部达标。

5. 禁毒专项斗争　2001 年以来，区禁毒部门先后组织开展一系列禁毒专项斗争、专项行动。其中，2002 ~ 2003 年，开展以打击整治重点地区为主的“禁毒严打整治专项行动”。2004 年 5 月，开展“遏制毒源专项行动”和“扫毒行动”。2005 年 4 月至 2007 年，开展禁毒“人民战争”。行动中抓住重点，理线索、排人头、抓毒枭、打团伙、捣窝点、摧网络，强化各项禁毒斗争措施，重拳打击各类毒品违法犯罪活动。通过堵源截流、缉毒攻坚，切断多条进入京口区毒品贩运通道，有效遏制毒品犯罪活动蔓延态势。2003 年，贩毒方式从以往大宗贩毒和“多拿少跑”转变为“少拿多跑”。区公安机关加大对零星贩毒打击力度，做到露头就打。随着区域内新型毒品犯罪出现，公安机关及时调整工作思路，把打击新型毒品犯罪与打击海洛因毒品犯罪相结合，侦破一批大、要案件。2002 ~ 2007 年，全区破获各类毒品犯罪案件 538 起，其中，100 克（粒）以上特大毒品犯罪案件 5 起。打击处理毒品犯罪嫌疑人 235 名，其中，被判处死刑 1 名，死缓 2 名，无期徒刑 7 名。缴获毒品海洛因 1580.48 克、摇头丸 501 粒、氯胺酮（K 粉）185.539 克、冰毒 1.628 克，铲除毒品原植物罂粟 4374 株。

附：毒品犯罪案例

1. 孙某某、汤某、吴某某特大贩毒团伙案　2002 年 6 月以来，安徽省颍上县毒贩孙某某、汤某伙同区域内毒贩吴某某先后 8 次去上海，购得毒品海洛因 6000 余克。回镇后，在花山湾 8 区 24 号楼旁，吴某某家重新打包分装用于贩卖，作案 55 起。2003 年 6 月，镇江市中级人民法院依法判处孙某某死刑，判处汤某、吴某某死刑，缓期 2 年执行。

2. 童某某、侯某某、彭某特大贩毒团伙案　2003 年 5 月 24 日，贩毒嫌疑人侯某某伙同童某某曾筹集毒资 1.8 万元，通过重庆市沙坪坝区彭某介绍，赴重庆购得 80 克海洛因，全部用于贩卖。6 月 22 日，侯某某伙同童某某筹集 2.65 万元现金，再次赴重庆购得毒品海洛因 110 克被查获。同年，侯某某、童某某分别被依法判处有期徒刑 15 年和 13 年，彭某被依法判处有期徒刑 15 年。

2002 ~ 2007 年京口区涉毒案件、人员情况表

表 18-2

年份	查破毒品刑事案件（起）	查处人员（人）					缴获毒品（克）	铲除罂粟（株）	备注（百克以上特大案件）
		总数	刑事：刑拘（含直诉）	行政：劳教	行政：强戒	行政：单处行处			
2002	182	192	70	29	75	18	海洛因 936.864	3646	3
2003	174	224	68	62	67	27	海洛因 510.02	728	2
2004	50	173	24	61	83	5	海洛因 63.503、摇头丸 500 粒、K 粉 178.932	0	—
2005	96	241	38	65	68	70	海洛因 55.144、摇头丸 1 粒、K 粉 1.479、冰毒 0.879	0	—
2006	19	132	16	45	41	30	冰毒 0.749、海洛因 9.919	—	—
2007	17	163	19	16	19	109	海洛因 5.03、K 粉 5.128	—	—
合　计	538	1125	235	278	353	259	海洛因 1580.48、摇头丸 501 粒、K 粉 185.539、冰毒 1.628	4374	5

说明：2006 年始，涉毒刑事案件统计口径作了调整。

第四节　治安管理

一、公共安全秩序管理

1983年1月5日，市政府发布《关于严禁赌博活动布告》，区公安机关结合打击刑事犯罪活动，加强对公共安全秩序管理力度，组织警力将打击赌头、赌棍列为重点对象之一，强化打击惩处。1987年1月5日，市公安局发布《关于坚决制止赌博活动的通告》，区公安分局在全区范围集中开展查禁赌博活动，查处赌博违法人员1000余名。1988年1月5日，市公安局发布《关于严禁赌博活动的通告》，敦促赌徒到公安派出所登记，先后有2000多名参赌人员到京口公安分局登记。

1989年，区公安机关根据中央有关"扫黄"工作指示以及国务院、省委、省政府关于坚决打击和查禁取缔卖淫嫖娼、制作贩卖传播淫秽等物品、拐卖妇女、儿童、私种吸食贩运毒品、聚众赌博和利用封建迷信骗财害人等社会丑恶现象（以下简称"六害"）部署，从10月下旬起至1990年3月，在全区范围内开展扫"六害"统一行动。查处"六害"案件300余起，查获"六害"违法犯罪人员1030名，摧毁"六害"团伙13个、成员145名，缴获违禁录像片375盒、其他淫秽物品504件（副）、毒品11克、赌具394副、赌资6.8万元。

1996年12月至1997年2月，全区公安机关开展禁赌、禁娼、禁毒及打击暴力犯罪"三禁一打"专项斗争。查处各类案件133起，抓获违法犯罪人员986名，摧毁违法犯罪窝点54个，缴获赃款赃物总值37.7万元。2000年8月，区"扫黄办"组织警力四下常熟缜密侦察，连续奋战21天，侦破贩卖淫秽VCD碟片大案，抓获浙江仙居籍郑某某等犯罪嫌疑10名，缴获淫秽VCD碟片3万多张、淫秽套画8200张，在抓捕时3名民警负伤。

2001～2003年，京口区城乡涉黄、涉赌、涉娼等违法犯罪活动呈现"多元化"特点，主要表现为违法犯罪手段多样化、作案方式隐蔽化、组织形态团伙化、作案主体智能化，客观上给公安机关查禁打击带来难度。全区公安机关从驾驭社会治安形势要求出发，提高对黄、娼、赌等违法犯罪活动精确预警、精确打击能力。在深入分析研判基础上，瞄准影响社会治安稳定苗头性、突出性治安热点问题，适时组织开展专项整治工作。2004年1～3月，组织开展以打击黄、娼、赌、毒违法犯罪活动为主要内容"清风行动"。查破各类违法犯罪案件160起，抓获违法犯罪嫌疑人员581名，捣毁违法犯罪窝点15个。

2004～2007年，为遏制市区棋牌室等场所涉赌问题，多次集中查处棋牌室等场所赌博活动，查处棋牌室内赌博等案件41起，查处违法犯罪嫌疑人891人，7家违规棋牌室被责令停业整顿。

二、公共场所管理

20世纪80年代初，京口区域内有公共场所523家。1985～2004年，随着改革开放深入和经济、社会事业发展，2005年全区公共场所已有997家，公共场所增多给治安管理工作带来诸多问题。为加强公共场所管理，区公安机关根据《江苏省公共场所治安管理条例》规定，按照"属地管理"原则，服从所在地派出所监督、检查和指导，定期向派出所汇报治安情况。同时，按照"谁主管，谁负责"原则，要求各公共场所维护好治安秩序，建立健全治保组织和治安联防组织，指定专人负责维护治安秩序。在公共场所中，娱乐场所发展最为迅猛，存在治安问题相对突出。2000年6月30日和7月1日，国务院和省政府先后召开电视电话会议，部署由公安部、监察部、文化部、国家工商行政管理局联合开展的"加强娱乐服务场所管理，严厉打击卖淫嫖娼、赌博、吸毒、贩毒等社会丑恶现象"专项行动。规定从行动开始，一律不再审核审批各类娱乐服务场所，治安部门不得发放"公共场所安全合格证"。根据要求，京口公安分局和有关职能部门组织开展对辖区娱乐服务场所排查、清理及整顿工作。2000年，全区娱乐服务场所有1102家，其中无证照或证照不全的187家、经营面积不达标的341家、硬件设施不达标的667家。通过清理整顿，规范场所硬件设施标准，关停部分布局不合理、硬件设施不达标场所。同时，确定 9 个重点地区、14 个重点场所、11 起重点案件，重点打击卖淫嫖娼、赌博、吸贩毒等违法犯罪活动。查破卖淫嫖娼、赌博、吸贩毒案件 572 起，查处涉案人员 829 名，摧毁娼赌毒窝点 49 个、221 人。缴获淫秽碟片 4.1 万余张，盗版音像制品 7.1 万余张（盒），非法书刊、报刊 4 万余册（份），海洛因 600 余克。缴获赃款赃物总值 30 余万元。

2003 年 10 月 25 日，《江苏省公共场所治安管理条例》颁布。2004 年 3 月，公安分局制定《全区娱乐服务场所分级管理工作意见》。2005 ~ 2007 年，对全区娱乐场所实施分级管理制度，将娱乐服务场所划分为 A、B、C、D 4 个等级进行治安管理。同时，制定下发《公共场所治安管理几项基本制度》，对全区娱乐服务场所实行统一、规范、长效管理。

三、特种行业管理

1. *旅馆业管理* 1983 ~ 1986 年，辖区内旅馆盲目发展，超过实际需要，造成国营、集体“吃不饱”，个体旅社为争客源，出现拉客、骗客等非正常现象，严重扰乱社会治安秩序。针对市区旅馆业迅猛发展实际，1987 年年底，实行三级（即由属地派出所签署意见、分局审核、市公安局审批）审批机制，对申请开业的旅馆，从安全条件、规模设施、职工素质等方面从严要求，使旅馆盲目发展态势得到控制。同时，针对少数旅馆业拉客、骗客、提供卖淫场所等危害社会治安问题，依据《江苏省旅馆业治安管理办法》及其法律、法规，加强对旅馆业主法制宣传教育，依法打击发生在旅馆场所各类违法犯罪行为。1988 ~ 1991 年，取缔、吊（注）销旅馆 14 家，停业整顿、治安处罚 81 家，查处违法人员 46 人。2007 年，辖区内有旅馆 1016 家。

2000 年 4 月，京口公安分局根据上级机关部署，在全区开展旅馆业治安管理信息系统建设。至 2002 年 9 月，旅馆业治安管理信息系统全面建成，通过该系统联网，实现跨地区快速查询、查证，使旅馆业治安管理信息高度共享、综合利用。2007 年，通过信息系统抓获各类网上在逃人员 49 名。

2. *废旧金属收购业管理* 1985 年 3 月，公安部下发《关于改革和加强特种行业的管理工作的通知》，对特种行业的管理范围进行调整，收购生产性废旧金属的行业仍作为特种行业管理，对收购一般生活用废旧物品（包括非生产性废旧金属）行业不再作为特种行业管理。

1986 ~ 1990 年，区公安机关根据《江苏省废旧金属收购业治安管理办法》和《关于加强废金属管理工作的通知》等文件精神，区公安机关结合反盗窃斗争，于 1991 年下半年，会同区计委、工商、物资、供销社等部门对收旧站、店逐一核查并重新登记，由公安机关核发“特种行业许可证”，要求各站、店做到亮证经营，不得超范围经营。收购生产性废旧金属一律凭有关证明或介绍信登记备案。

1994 年 1 月 25 日，经国务院批准，公安部颁布《废旧金属收购业治安管理办法》，除进一步明确生产性废旧金属收购业作为特种行业管理外，还指出公安机关应对非生产性废旧金属收购业进行必要管理，以及对违反废旧金属收购业治安管理行为的处罚措施。

2002 ~ 2007 年，辖区内行政审批制度改革，国务院取消公安机关对设立生产性废旧金属收购业审核审批。6 年来，区公安机关对生产性废旧金属收购业加强日常监督管理。

四、危险品管理

1983 ~ 2000 年，区公安机关实施治安管理的危险物品指具有杀伤、爆炸、毒害、腐蚀和放射性等性能，在管理失当情况下，易引起伤亡和物质严重损毁，导致公众心理恐惧，危害公共安全和社会秩序，同时又是社会生产、生活所不可缺少的物品。列入公安机关管理危险物品是枪支弹药、管制刀具、爆炸物品、剧毒化学品、放射性物品等。

2001 年 6 月，区公安机关根据省公安厅部署，消防部门将民用爆炸物品监管职权移交治安部门管辖。同年，区公安机关在治安大队设立专门民警，负责危险物品安全监督管理。根据危险物品生产、储存、运输、销售、购买、使用和销毁等规定，除必须由直接从事的单位、企业上级主管部门严格审批外，须报经当地公安机关治安管理部门，办理登记注册、发证手续，领取危险物品生产、储存、运输、销售、购买、使用等许可证件。公安机关治安管理部门对涉及危险物品单位和人员加强经常性监督、检查和安全指导，发现治安隐患及时纠正，并根据不同情况下发《限期整改通知书》或《停业整顿通知书》。同时，严格审查、考核和培训从业人员。

2002 ~ 2005 年，区公安机关相继开展“治爆缉枪”“治危除患”“防范达标攻坚战”等一系列危险物品专项整治，收缴散失社会危险物品，消除社会安全隐患。2007 年，全区有危险物品单位 26 家，其中民爆物品单位 1 家、剧毒物品单位 17 家、放射物品单位 8 家。

五、治安防控

1983 ~ 2007 年，区公安机关在强化社会治安防范方面，随着城市化进程的加快，建设严密设防城市的要求越来越高。通过 20 多年探索与实践，全区公安机关紧扣“最大限度地整合巡防资源、落实最小单元的巡防责任、最佳效果的打防控一体化质态”等三大环节，深化“大巡防”机制建设，提升稳控动态社会治安局势能力。强化资源整合，做到全面设防。在专业巡防力量建设上，做实由派出所民警、保安队员组成的巡逻处警队等巡防队伍。同时，结合警务改革，压缩分局机关总值班民警班次，从侦查队、防控队抽出警力各组建一支队伍，专门用于夜间街面、社区巡防。在群防群治力量建设上，针对企事业单位改制等多种原因，导致专职保卫力量削弱的客观实际，积极开展“门卫改保卫”工作，使辖区内 150 余家单位 280 余名门卫自觉延伸工作范围、拓展工作职责。通过组织开展“春风行动唤民力”活动，使包括江苏大学学生在内的 400 余名受帮扶对象，主动参与辖区义务巡防。按照每一社区组建一支 16 人义务巡防队伍，通过加强与街道、社区居委会沟通联系，设立义务巡逻人员基金方式，组织 1500 余名党员干部、治安积极分子、物业保安等社会资源参与巡防。同时，让警官当“镇（街道）官”“村（社区）官”，加强与党委、政府汇报协商，全区 7 个派出所所长分别被任命镇、街道党委委员，51 名社区民警被任命为社区党委、党总支、党支部副书记，为基层民警发动群众、组织群众提供保障。深化技术防范，有效服务实战。按照“行人在主城区活动每 10 分钟、非主城区 20 分钟被拍录一次”监控要求，不断提高技防设施覆盖率，织密城区监控网。2007 年，全区建成并已录入市公安局警务综合信息系统社会治安监控系统 607 处、各类监控探头 4904 个，比 2006 年的 378 处、3542 个，分别上升 60.6%、38.5%。完成全区社会治安监控系统建设和联网工作。其间，新建摄像机 58 个，其中球机 28 个、枪机 30 个，辖区有 104 个摄像机图像通过临时汇集点学府路派出所上传到市公安局指挥中心联网运行。强化信息导巡，做到警随情动。依托公安信息网以及短信平台，及时发布发送和通报辖区最新刑事发案数量、类型、部位等情况，确保最新警情、巡防要求能够在第一时间内传达到每一巡防队员。对市公安局“四色布警”指令，以及上级各种指导性、指令性预警信息，派出所在落实具体防范措施同时，将措施分别上报市公安局、区公安分局，并由分局组织力量检查落实。强化战术运用，做到因情施策。在总结历年工作经验基础上，提炼出侦防结合抓现行、细致盘查抓现行、捕捉战机抓现行、合成作战抓现行等“四个战法”，取得抓获现行显著成效。2007 年 1 月 24 日，区公安分局作为全省城市公安分局唯一代表，赴省公安厅主会场作“四个战法”经验介绍，并通过电视电话会议形式向全省公安机关直播。北京市东城区政法委、启东市人大常委会、泰州市公安局海陵分局等多家单位派员专程到区参观学习，《人民公安报》《江苏法制报》《江苏公安指挥工作》等部省级新闻媒体，对“四个战法”分别予以专题报道。

图 18-4 2005 年，社区义务治安巡防队伍进行巡防（京口公安分局供稿）

第五节　户政管理

一、常住人口管理

1983 ~ 1992 年，京口区按照国家实行计划经济体制下，紧缩户口登记及迁移政策，对常住人口实行常规管理。1993 年始，为鼓励市区各大中型企业和高校、科研、卫生等部门人才合理有序流动，促进社会经济发展，维护社会稳定，镇江市加大户籍管理制度改革，先后出台“小城镇户籍改革制度”“三投靠户口迁移制度”“加强城市户籍管理工作为推进城市城市化与城市现代化服务 10 项措施”以及户籍管理“7 项便民利民措施”等一系列改革举措，打破计划经济体制下形成的原户籍管理格局，形成“根据人力资源合理配置的客观需要，逐步实行以居住地和就业地落户为原则，以合法固定住所、稳定职业或生活来源、实际居住为落户基本条件的户口准迁制度”，逐步形成城乡统一户口登记管理。

2003 年 5 月 30 日，市政府批转市户粮领导小组《镇江市进一步深化户籍管理制度改革的实施意见》。2003 年 7 月 1 日起，在镇江市范围内取消农业户口、非农业户口、地方城镇户口、蓝印户口、自理口粮户口等各种户口性质，按照实际居住地登记户口，统称为“居民户口”。除迁往省外迁移证标注户口性质外，新印发的居民户口簿、常住人口登记表和迁移证不再标注户口性质。2007 年，市区范围内全面实行以合法固定住所为基本条件，在实际居住地登记户口制度。

二、暂住人口管理

1983 年以来，京口区随着经济社会发展，人口流动进一步加快，暂住人口大量增加。暂住人口在促进城市经济建设发展同时，也给社会治安管理工作带来一定压力。1985 年 4 月 1 日，镇江市公安局根据公安部《关于城镇暂住人口管理的暂行规定》，颁布《关于实施对外来人口换发“暂住证”的通告》。1989 年 11 月 15 日，市政府下发《镇江市市区贯彻〈江苏省暂住人口管理办法〉实施细则》，区公安机关加强对暂住人口管理。1992 年，京口区暂住人口登记总数 7220 人。1993 年始，全区城乡设立 9 个暂住人口管理办公室，37 个暂住人口登记站，聘用 100 多名离退休人员为暂住人口协管员。

1994 年 2 月 22 日，《江苏省暂住人口管理条例》（以下简称《暂住人口管理条例》）颁布后，又对全区 121 个村（居）委会设暂住人口登记站，形成区、乡镇（街道）、村（居）三级管理网络。修改后的《暂住人口管理条例》规定，区政府加强领导，协调做好暂住人口管理。公安机关负责暂住人口登记、发证等管理工作。企业事业单位、居（村）民委会协助公安机关做好暂住人口管理工作。2000 ~ 2007 年，全区城市建设进程加快，流动人口急剧增多。8 年登记暂住人口 10.1 万人，核发暂住证 6.26 万张，登记房屋出租户 8771 户。2007 年 12 月，全区有暂住人口 5.1 万人。20 多年来，区公安分局在暂住人口管理中，通过整合资源、齐抓共管，建立健全暂住人口管理网络，形成区、乡镇（街道）两级组织和政府、职能部门、用工单位（房屋出租户）、暂住人口协管员等 4 级管理力量。全区建立暂住人口管理办公室 10 个，登记站或管理小组 169 个，聘用暂住人口专、兼职协管员 108 名。同时，京口公安分局进一步加强对房屋出租户规范化管理，建成暂住人口信息系统，并探索实践暂住人口分层次管理模式，强化对“高危”人群管理，有效预防和打击外来人员中违法犯罪行为。

三、居民身份证管理

1985 年 9 月 6 日，全国人大常委会六届十二次会议通过《中华人民共和国居民身份证条例》，确立全国居民身份证制度。11 月，省政府批准省公安厅《关于全省颁发居民身份证工作的请示报告》。1986 年 9 月，省政府办公厅转发省公安厅《关于调整全省颁发居民身份证实施步骤问题的请示》。按照上述文件精神和省公安厅统一部署，京口区于 1986 年年底，开始居民身份证发放、管理工作。1990 年，全区集中发证基本结束。据 1990 年度人口统计，全区有常住人口 326970 人，其中应发证人数为 25.85 万人，发证率达 98.14%。2003 年 6 月，全国人大常委会十届三次会议通过修订的《中华人民共和国居民身份证法》，明确规定居民身份证登记项目包括：姓名、性别、民族、出生日期、常住户口所在地住址、公民身份号码、个人相片、有效期和签发机关。公民身份号码是每个公民唯一的、终身不变的身份代码，由公安机关按照公民身份号码国家标准编制。

1986 ~ 2004 年，居民身份证制度在京口区实行后，区公安机关按照“一手抓发证，一手抓管理”要求，积极开展居民身份证和临时身份证正常申领、换领、补领、缴销等管理工作，完善各项管理工作制度。为颁发、制作居民身份证，市公安局建立居民身份证制作所，区公安分局开通应用计算机管理人口基本信息工作，完善人口基本信息查询、检索、统计等。2005 年，全区累计制发居民身份证 38 万多张。

2005 年 10 月，京口区停止制作第一代居民身份证，开始为居民换发第二代居民身份证。2007 年 12 月 31 日，全区制作第二代居民身份证 288107 张。

四、社区警务

21 世纪初，根据公安部和省、市公安机关统一部署，京口区推行社区警务改革试点。2001 年 8 月，全区召开推进社区警务战略会议后，各级公安机关以点带面，积极探索和推进社区警务战略，划分责任区，调整警力，加强警务站建设，实施群防群治。2002 ~ 2007 年，京口区城乡划分 61 个责任区，配备社区民警 103 名，建立社区警务站 42 个，组建 118 支治安队伍，志愿者人数 1041 人，整合全区 5000 多名社会治安群防力量，有效促进治安管理，城乡治安案件逐年下降。

图 18−5　2006 年 5 月，区公安机关户政管理“窗口”服务　（京口公安分局供稿）

第六节　消防管理

一、消防组织

1983 年 1 月 1 日，公安部决定将各级消防机构纳入人民武装警察部队序列，转为现役，受当地公安机关和省武警总队双重领导。市公安局消防科 36 名民警转为现役。同年 6 月，镇江市城区公安分局成立消防股。1994 年，消防股改为消防科。2003 年，消防科改为消防大队。下辖第 1、第 2、第 3 中队和特勤中队。分别驻中山东路、东吴路和谏壁镇。2007 年，有消防官兵 400 多名。

二、消防设施

1. 专业消防装备　1983 年，京口区消防队配有机动消防车 6 辆。1984 ~ 2006 年，随着城市不断拓展和经济迅速发展，消防任务不断扩大。2007 年，区消防大队有消防车 10 辆。其中北京吉普车 2 辆，东风 53 水罐车 4 辆，斯泰尔水罐车 2 辆，50 铃水罐车 1 辆。

2. 公共消防设施　1983 ~ 2006 年，全区随着城市范围扩大，道路、厂矿企业和城乡社区向东延伸。公共消防设施随道路、建成区扩大而同步增长。2007 年，全区有道路市政消火栓 977 个，消防安全重点单位内部消火栓 220 个。

三、消防队伍训练

1. 消防业务训练　20 世纪 80 年代初，区消防部门革新消防基本功训练方式，重点由原来业务基本功训练逐步向适应性训练转变。1990 年 11 月，公安部消防局颁发《消防技能训练规划》，区消防大队官兵每个项目按等级战斗员确定训练成绩指标，消防战斗员通过相应技术训练和业务知识考核，分别达到三、二、一级战斗员标准，授予全国统一证书。1994 年，为适应日益增多社会抢险救援任务需要，进一步提高消防官兵在毒气、浓烟、高温、爆炸等恶劣环境下扑救重特大恶性火灾事故实战能力，全区消防部队训练开始向特勤化、专勤化、技术化方向转变。1995 年，《公安消防部队执勤业务训练大纲（试行）》出台，全区消防部队训练走上按纲施训规范化道路。

2003 ~ 2007 年，区消防大队深入开展大练兵活动，本着“缺什么，补什么，差什么，练什么”思路，严格训练、严格要求，部队抢险救援能力、立体作战能力、跨区域增援机动能力、远距离打击火场能力均有明显提升，初步具备信息化火场指挥和网上练兵、模拟练兵等能力。

2. 消防战术训练 1983 年起，全区按照公安部《关于城市消防管理工作的规定》，开展熟悉重点要害部位地理位置、熟悉生产性质、熟悉建筑特点、熟悉道路水源、熟悉消防措施“五熟悉”活动，对消防重点单位逐个进行调查研究，制定灭火作战计划，并经常开展灭火实地演练，逐步积累经验。

1995 年 11 月 8 ~ 17 日，首次在京谷大厦开展高层建筑灭火演习，根据《镇江市消防支队高层建筑灭火演习组织指挥考核方案》进行战术训练，促进部队扑救高层建筑火灾能力。1996 ~ 2007 年，历年消防专业训练中均安排战术训练。

四、消防监督管理

1. 消防管理制度 1995 年，《江苏省消防条例》颁布施行。11 月 16 日，市区启康大厦因未经消防验收，便局部投入使用。在装修中，发生火灾而被消防支队处罚，这是《江苏省消防条例》生效后，全省实施首例处罚。

2005 年 3 月 1 日，《江苏省农村消防管理办法》正式实施。当天，位于市城郊接合部丹徒镇东风村东风浴室、百花练歌厅等场所在营业期间将安全出口锁闭、在安全出口设置卷帘门，严重妨碍人员疏散，被消防大队处罚。这是《江苏省农村消防管理办法》生效后，全省实施首例处罚。2006 ~ 2007 年，每年春秋和春节、国庆节等重大节日前，区消防大队组织人员对辖区内重点部位和重点单位进行消防检查，发现问题，及时纠正，做到防患于未然。

2. 防火检查 1983 年以来，区公安分局消防科把防火检查作为消防监督管理工作有效形式，发现和整改火灾隐患，防止发生重特大火灾重要控制手段之一。1984 ~ 1993 年，全区公安消防部门针对不同时期消防工作重点和火灾发生特点，积极动员和组织社会力量，开展自查、抽查、互查，全面落实消防安全责任和措施，推动消防工作开展。

1994 ~ 2003 年，区消防大队针对全国各地歌舞厅等公共娱乐场所重特大火灾多发特点，认真开展公共娱乐场所安全检查暨专项治理整顿。2004 年，集中开展“百日消防安全”专项整治、人员密集场所专项整治和火灾隐患排查整治活动。2005 年，结合“全国第十届城运会”安保，集中开展消防执法月等专项行动。

2006 ~ 2007 年，全区消防工作推进“生命畅通工程”、消防产品整治等专项工作。

3. 消防安全重点单位保卫 1983 ~ 2007 年，区公安消防部门始终坚持将发生火灾危险性大、损失大、伤亡大、影响大以及关系国计民生单位列为消防监督管理重点，加强消防安全保卫。在实践中，以贯彻《机关、团体、企业、事业单位消防安全管理规定》为契机，指导重点单位制定《每日防火巡查记录表》《消防工作月报表》《建筑消防设施运行情况月报表》等消防档案，推动重点单位消防工作责任制落实。

4. 易燃易爆化学物品监督管理 1983 ~ 2007 年，区公安消防部门把易燃易爆化学物品安全生产、使用、运输、储存等环节管理纳入重点监督管理范围，坚持依法监督，严格管理，有效控制和减少易燃易爆化学物品起火、爆炸、泄露等安全事故发生。20 多年来，全区消防部队按照“因地制宜，以点带面，逐步扩展，逐步完善”原则，大力推动社区消防基础设施建设和社区消防安全责任制落实，不断提高社区消防管理、教育、服务、保障综合功能，提高社区防范火灾能力。同时，大力倡导“邻里守望，火灾共防，安全共享”全新社区消防理念。树立四牌楼街道江滨小区等示范典型社区，逐步形成社区居民人人关心消防、人人重视火灾预防工作的良好局面。

第三章 检 察

1983年11月，区人民检察院成立，内设1室3科，即办公室、刑事检察科、经济法纪检察科、控告申诉检察科，有工作人员24名。20多年间，随着改革开放和经济社会事业不断发展，检察服务领域和范围有所拓展，工作机构和工作人员相应增加。1984～2007年，区人民检察院先后被共青团中央、最高人民检察院评为全国检察系统优秀“青少年维权岗”，被省人民检察院评为“五好”检察院、记集体二等功1次，被省精神文明指导委员会评为江苏省“文明单位”。连续多年被京口区委、区政府评为文明单位。

第一节 机 构

一、刑检机构

1983～1987年，区人民检察院刑事检察科承办区域内刑事案件审查批捕、审查起诉。1988年，为加强内部制约，实行批捕和起诉分离，刑事检察科被撤销，分设刑事检察一科、刑事检察二科。1992年8月，为适应“严打”形势和任务需要，实行捕、诉“一条龙”，即刑检一科负责审查批捕、审查起诉公安机关侦查的刑事案件，刑检二科负责区人民检察院直接侦查的经济案件和法纪案件审查批捕、起诉。1997年，将原刑检一科更名为审查起诉科，原刑检二科更名为审查批捕科。2006年，审查起诉科更名为公诉科，批捕科更名为侦查监督科。

二、经济法纪机构

1983年11月至1985年1月，区经济法纪检察科，受理区域内贪污贿赂、挪用公款、偷抗税等经济案件，对构成犯罪的决定立案侦查。1985年2月，根据任务需要，撤销经济法纪检察科，分设经济检察科和法纪检察科，进一步加强经济检察。此后，随着形势发展，打击贪污贿赂犯罪成为检察机关直接侦查的案件。1995年5月9日，区人民检察院成立反贪污贿赂局（二级局机构），同时撤销经济检察科。1996～2007年，区反贪污贿赂局司理区域内相关案件。

三、法纪及预防犯罪检察机构

1983年11月至1985年1月，区人民检察院法纪检察工作职权由经济法纪检察科行使。1985年2月，设立法纪检察科，主要受理和直接侦查刑讯逼供、诬告陷害、玩忽职守、重大责任事故等16类侵权、渎职案件。2000年3月8日，设立预防犯罪检察科。2002年，成立职务犯罪侦查局，负责辖区内国家机关工作人员贪污贿赂、挪用公款、渎职侵权、巨额财产来源不明等犯罪案件侦查，研究分析贪污贿赂等犯罪特点、规律、提出惩治对策，承办上级人民检察院交办的案件，开展职务犯罪预防等。内设侦查科、渎职侵权检察科、预防犯罪科，撤销法纪检察科。2006年，成立反渎职侵权局，撤销职务犯罪侦查局。预防犯罪科更名为职务犯罪预防科。

四、监所检察机构

1985年，区人民检察院设立监所检察科，派检察组进驻江苏省镇江监狱，主要负责对监所进行检察。即对刑事案件判决、裁定执行和监狱、看守所、劳动改造机关、劳动教养机关实行监督。

1991～2007年，区监所监察科对全区“五种人”（即缓刑、管制、保外就医、假释、剥夺政治权利）进行监督考察，减少和控制社会不稳定因素。

五、控告申诉机构

1983年11月，区人民检察院设立控告申诉科。1988年11月，成立经济罪案举报室。1993年7月，更名为举报中心。1998年，成立刑事赔偿办公室。至2007年其制无变。

1984 ~ 2007 年，根据法律规定，控告申诉检察科主要是统一受理区域内来信来访、控告、检举、申诉和自首，承办分管控告、申诉案件，综合分析信访材料，积极开展初查，提供案件线索等。

六、其他机构

1983 年 11 月，区人民检察院设立办公室。1995 年，分设行政装备科（1998 年，与办公室合并）。1993 年 8 月 30 日，成立档案室。1989 年 6 月，区人民检察院设立税务检察室，主要是检察区域内税收工作合法性，维护税法尊严，查处偷抗税案件，协助税务部门强化税收管理。1997 年，《刑事诉讼法》修改，后被撤销。

图 18-6　2007 年 10 月，区检察院参加市“检察官之歌”大赛　　（张家辰摄）

1991 年上半年，区人民检察设立政工科，协助院党组做好干警思想政治工作，制订政治学习和党课教育计划，检查落实党团工会组织活动，抓好干警在职教育培训，查处干警违纪事件，负责劳资人事工作。1999 年，撤销政工科，成立政治处，下设成立教育培训中心。2000 年 12 月，下设司法警察大队。2003 年，增设职务犯罪侦察局。

第二节　刑事检察

1990 ~ 1991 年，区人民检察院批准逮捕各类刑事犯罪分子 520 名，审结起诉 315 件、564 人。在“严打”期间，派出 34 人次提前介入公安机关正在侦查的刑事案件 65 件、136 人，提出取证建议 15 条。其中 1991 年 1 月、4 月、9 月开展 3 次专项斗争，批准逮捕各类刑事犯罪分子 103 人，占全年批捕人数 46.6%。1992 年批准逮捕各类刑事犯罪分子 347 人，审结起诉 181 件、350 人。参加反盗窃专项斗争，3 次集中批捕盗窃犯 182 人，摧毁具有黑社会性质流氓团伙 6 个。

1993 ~ 1995 年，区人民检察院批准逮捕各类刑事犯罪分子 1025 人，审结起诉 582 件、937 人。其中大港地区以梁军等“两劳”为首地方黑恶势力多次寻衅滋事，殴打无辜，严重扰乱社会秩序，作案 40 余起。因检察机关提前介入，熟悉案情，提出补充侦查意见，在公安机关报捕后两天即对梁军等 15 名案犯依法作出批准逮捕决定，并在大港镇公开宣布。其中，1994 年，按照省政法委会议要求，突出打击杀人、抢劫等恶性暴力重大盗窃犯罪，车匪路霸、流氓团伙，特别是带黑社会性质犯罪团伙，批准逮捕这几类犯罪分子 109 名，摧毁犯罪团伙 67 个、成员 389 名。分别占全年批捕人数和犯罪团伙总数的 60% 和 64.5%。

1996 ~ 1999 年，区人民检察院针对刑事发案率和重、特大案件比例呈上升趋势。5 年批准逮捕各类刑事犯罪分子 1591 人，审结起诉 4211 件、1670 人。依法从快批捕“1995·2·28”杀人投毒案，“1996·5·28”杀人分尸案、“1997·7·23”残害女童案，有力震慑犯罪。1997 年，针对毒品犯罪增多特点，与公安机关一道开展毒品专项活动，摧毁贩毒团伙 2 个，批捕毒贩 31 名。

图 18-7　2006 年，检察官深入研究案情，确保公诉质量　　（张家辰摄）

2000 ~ 2007 年，区人民检察院批准逮捕杀人、抢劫等暴力犯罪、重大盗窃犯罪、流氓恶势力和带黑社会性质团伙犯罪等重、特大刑事案件犯罪嫌疑人 1426 人，周某某毒杀亲夫案，林某某、黄某某等 11 人聚众持械斗殴致人死亡案等一批重大恶性案件发生后，及时介入，依法快速作出批准逮捕决定。震惊全市的“吉星纹身馆”故意杀人案、丹徒县水泥厂故意杀人案告破后，及时介入，引导侦查，依法从快作出批准逮捕决定。

2000 ~ 2007 年京口区人民检察院审查批捕起诉情况表

表 18-3

年份	受理公安提请逮捕	其中				受理公安提请起诉		其中							
		批准逮捕（人）	不批准逮捕（人）	退查（人）	公安自行撤回（人）	件	人	决定起诉 件	决定起诉 人	免予起诉 件	免予起诉 人	不起诉 件	不起诉 人	退查 件	退查 人
合计	1240	1145	64	15	16	859	1181	785	1081	69	94	4	5	1	1
2000	17	13	3	1	—	2	2	2	2	—	—	—	—	—	—
2001	62	52	9	1	—	62	64	57	58	5	6	—	—	—	—
2002	74	62	10	—	2	51	62	41	52	10	10	—	—	—	—
2003	129	119	8	—	2	96	119	94	117	2	2	—	—	—	—
2004	138	119	13	6	—	112	154	107	145	5	9	—	—	—	—
2005	390	375	11	2	2	238	375	215	344	19	26	4	5	—	—
2006	318	296	8	4	10	214	296	191	262	22	33	—	—	1	1
2007	112	109	2	1	—	84	109	78	101	6	8	—	—	—	—

第三节 经济检察

1990 年，全区经济检察以“反贪污、贿赂”为重点，受理各类经济案件 40 件，立案查处 22 件，其中万元以上大要案 10 件，通过办案为国家和集体挽回经济损失 37 万余元。

1992 年，区人民检察院根据省检察院《在亏损企业深入开展反贪污贿赂斗争的通知》，把深入到亏损企业挖“蛀虫”作为经济检察工作重点，先后挖出京口商行副经理董某、市轮联劳动服务公司经理王某某等一批“蛀虫”使一批濒临倒闭企业步出困境。全年受理各类经济案件 46 件，立案查处 15 件，其中万元以上大要案 3 件，通过办案为国家和集体挽回经济损失 24 万余元。

1993 ~ 1999 年，区人民检察院 7 年受理反贪污、贿赂案件 865 件，立案查处 144 件，其中万元以上案件 45 件，5 万元 ~ 20 万元以上重大案件 60 件，100 万元以上特大案件 6 件，挽回经济损失 2000 多万元。其中 1996 年 4 月和 7 月，连续侦破原市城乡建设委员会副主任赵福庚（正处级）和原市房地产开发公司副总经理龚宜旺（副处级）贪污受贿案。1997 年，树立“全院一盘棋，全力抓反贪”工作思路。1998 年，全年受理各类万元以上经济案件 60 件，其中 10 万元 ~ 50 万元案件 3 件，50 万元 ~ 100 万元案件 1 件。1999 年，重点打击国家工作人员贪污、渎职案件，全年受理各类经济、渎职案件 65 件，立案查处 10 件，查处贪污受贿 5 万元以上、挪用公款 20 万元以上大案 5 件，占立案总数 50%。

2000 年，区人民检察院重点查办职务犯罪大案，受理举报线索 200 多条，初查 95 件，立案查处贪污贿赂 17 件，通过办案为国家和集体挽回经济损失 240 万余元。其中 10 万元 ~ 100 万元案件 11 件，百万元以上案件 2 件。

2001 ~ 2007 年，区人民检察院 7 年受理举报线索 524 件，初查 218 件，立案侦查各类贪污、贿赂、挪用公款、滥用职权等各类职务犯罪案件 60 件，均为万元以上。其中，5 万元 ~ 49 万元的 33 件，50 万

元 ~ 100 万元的 2 件，立案数在全市基层检察院位居前列。通过这类案件办理，检察人员发现两个显著特点，办案实践突出两方面重点：注意在改制企业中发现案源，深挖犯罪。立案侦查改制企业管理人员犯罪案件，占 7 年办案总数的 83%。注意侦查国家工作人员中经济犯罪案件。7 年中，这类案件占立案侦查总数的 77.9%。先后侦破原市华星房地产开发公司副经理黄某某，挪用公款 100 余万元、原区对外经济贸易合作局外资外经科朱某贪污 60 余万元、原市城东信用社张某某挪用公款、原京口区委秦某某、区政府沈某某、镇江市旅游经济开发区许某、谏壁镇镇长助理张某某、原市医保基金管理中心主任郑某某受贿、贪污、挪用公款等案件 100 多件，为国家挽回经济损失数千万元。

第四节　法纪检察

1983 年 11 月，全区法纪检察由经济法纪检察科行使。1985 年 2 月，分设法纪检察科，主要受理和直接侦查刑讯逼供、诬告陷害、玩忽职守、重大责任事故等侵权、渎职案件。

1984 ~ 1992 年，全区受理刑讯逼供、诬告陷害、非法拘禁等类案件 149 起，立案 20 多起，其中诬告陷害案件 3 件、重婚案件 2 件、重大责任事故 9 件、玩忽职守案件 3 件。1991 年，立案侦查原市糖烟酒公司大西路营业部主任徐某某，重大玩忽职守，致使 80 万元巨款失控案。1992 年，立案查处市经委下属畜产公司副经理周某某、肠衣厂厂长陈某某被骗 300 万元巨款重大玩忽职守案。

1993 ~ 2004 年，法纪检察受理案件 198 件，立案侦查 68 件，其中，非法侵入他人住宅案件 1 件，妨害邮电通信案件 1 件，非法拘禁案件 2 件。破坏选举案件 1 件，玩忽职守案件 4 件，重婚案件及重大责任事故案件多件。1996 年，区法纪检察科接到镇江商业城工地发生重大责任事故案件后，迅速赶赴现场，一方面开展调查，一方面稳定工人情绪，仅用 10 天时间侦破案件，确保商业城如期开业。1998 年，集中力量侦查市国税二分局原税务专管员史某某在审核增值税发票过程中，严重不负责任，使 2.8 亿元价税虚开增值税发票，正常抵扣，造成国家 4000 多万元税款流失特大玩忽职守案。2000 年，对渎职犯罪案件的检察变“单纯打击”为“打防并举”，先后与谏壁发电厂、索普集团、煤气总公司、自来水总公司等 10 家国有大中型企业，签订预防职务犯罪网络协议，对企业经营管理、重大工程提供法律帮助。与市国税稽查分局、三分局开展行风廉政“共建”活动，防止渎职犯罪发生。2001 年，区人民检察院撤销法纪检察科，新增预防犯罪科。在抓好渎职侵权案件初查同时，积极配合反贪污贿赂局开展侦查工作，重点做好渎职侵权等职务犯罪预防工作。对立案侦查的案件分别开展个案预防，深入发案单位上法制课，为辖区内国企、金融、工商等单位部门赠送《清风苑》杂志，与工商、税务等执法部门开展共同预防渎职务犯罪，共同对犯罪成因、特点进行研究，落实防范措施。2004 年，通过对第一楼街拆迁工程等 10 余个重大工程项目进行同步跟踪，给工作人员上法制宣传课，有效遏制了职务犯罪。

图 18-8　2006 年，区检察院从源头上预防职务犯罪（张家辰摄）

2005 ~ 2007 年，区人民检察院积极开展职务犯罪预防工作，不断完善领导体制和工作机制，建立“预防职务犯罪行贿人员”信息库。进一步加强预防宣传和调研，坚持走社会化预防之路。通过开展以“预防职务犯罪、你我共同责任”为主题征文活动和以“惩防并举，反腐倡廉”为主题举报宣传周活动，深入宣传检察机关职能，积极配合区纪检监察部门开展的反腐倡廉等，拓展预防职务犯罪工作广度。3 年来，区域内职务犯罪明显下降。

第五节　控告申诉检察

1984 年，区人民检察院受理来信来访 127 件（次），自行查处 81 件（次），直接答复 6 件（次），转有关部门处理 21 件（次）。通过信访，提供侦查线索，依法追究 6 名有关人员刑事责任，发现诬（错）告 5 人，分别进行批评教育。对因人民内部矛盾上访群众耐心做好疏导工作，防止矛盾激化。

1985 ~ 1989 年，区人民检察院 5 年受理来信来访 888 件（次），自行查处 201 件（次），转有关部门处理 291 件（次），直接答复 267 件（次）。其中检察长批阅重大来信 15 件，接待群众来访 50 余人，通过信访渠道提供犯罪线索 106 条，经审查立案 3 件，追回赃款 4200 余元。

1990 ~ 1999 年，区人民检察院 10 年受理来信来访 1776 件（次），其中贪污、贿赂、挪用公款、偷税等犯罪线索 133 件，85% 以上为自行查处，直接答复 1108 件（次），转交有关部门处理 327 件（次）。举报经济问题信访 190 件，经审查后转经济检察科立案 100 多件，内有特大案件 10 多件，大案 30 多件，为其他检察、公安等部门提供犯罪线索 100 多件。检察长批阅重大信件 238 件，接待群众来访 135 人次，参与处理重大疑难控申案件 10 多件，经审查立案 500 多件。其中，1993 年围绕经济建设和反腐败斗争实际，开展控申举报工作，实行举报有功奖励和检察长接待制度。全年受理来信来访 266 件，其中经济犯罪案线索 131 件。1994 年，加强周六值班受理工作，受理多人上访 10 次，多人联名举报 12 件，对 124 名署名信访者一一解答。1995 年，以查办案源线索和进行申诉复查为重点，全年受理 385 件（次），从群众工作中发掘案源线索 328 件，对 32 件控告线索进行初查。1996 年，围绕社会稳定，开展申控工作，全年受理 270 件（次），对 32 件线索进行初查，检察长批阅重要信件 143 封。建立 10 万元奖励基金，对 14 个举报有功单位和个人进行奖励，发放奖金 10400 元。在来信来访中，对 60 件刑事和其他申诉案件进行复查，其中刑事申诉 10 件，4 件予以纠正，同时纠正其他申诉案 3 件。通过检察长接待日和创建文明接待室活动，惩恶扬善，为民排忧，密切与人民群众联系。

2000 年 3 月与 7 月，区人民检察院两次开展声势浩大举报宣传周活动，分别在谏壁镇和昆仑饭店门前、商业大厦设立宣传点，播放录音磁带，展示反贪污贿赂成果，散发宣传材料 2500 余份，现场接受群众举报、咨询，对举报有功 3 个单位和个人发放奖金 2500 元。2001 年，努力化解社会不安定因素，协助党委、政府，依法及时妥善处理 2 起群体性上访事件。在市、区党代会召开期间，对江滨新村、谏壁镇粮山村等集体上访 10 余人耐心地做说服教育工作，钝化矛盾，平息事态。

2002 ~ 2007 年，区人民检察院协助党委、政府，依法及时妥善处理 10 多起告急上访事件。在市、区人代会召开和重大活动之前，预先排查摸底，对有越级上访倾向群众进行疏导，耐心做说服解释工作，钝化矛盾。2003 年，预防“非典”期间，在做好自身预防同时，组织专人到谏壁镇、桃花坞等社区，设点进行法律宣传，加强与有关单位联系，监控社会治安状况。中共十六届三中全会召开前，对有越级上访倾向群众进行疏导。2004 年，建立“信息掌控、信息流转、多元化接访、回访奖励”等机制，有效减少越级访、集体访、纠缠访等现象。同时加强控告申诉接访工作，严格执行信访接待规章制度，建立“信息掌控、信息流转、多元化接访”机制，责任到人，提高首次处理成功率，力争将问题解决在基层，解决在首次办理环节。对重大敏感紧急问题，做到及时处理、及时报告，为上级决策提供参考。10 多年来，没有发生恶性事件。

第六节　监所检察

1985 年，区人民检察院设立监所检察科，派出检察组进驻江苏省第二监狱，对关押的 227 名被判死刑缓期执行和无期徒刑罪犯执行情况进行检察。对执行刑罚满 2 年，确有悔改表现 83 名罪犯，协助监管单位提请法院依法改判。1986 年，区人民检察院对在社会上进行管制、缓刑、保外就医、假释和剥夺政治权利 47 名罪犯执行刑罚情况进行摸底排查，监督执行情况。

1987 年，区人民检察院健全和完善帮教措施，对 14 名免予起诉人员和 26 名监外执行人员进行考察，派人到省少管所与正在服刑的 6 名少年犯进行座谈，帮助其中 3 名落实刑满释放后继续就学问题，对 871 名被判刑劳改人员逐一登记造册，提前做好释放后教育工作。1988 年，派驻江苏省第二监狱检察组撤回，监所检察工作按程序进行。

1989 ~ 1991 年，区人民检察院对 116 名判缓刑、管制和保外就医、假释、剥夺政治权利罪犯和 198 名监外执行罪犯监督改造情况进行清理检察，重点检察交付执行法律文书、手续是否合法完备，对检察出问题及时向当地派出所提出整改建议。建议对 3 名不符合监外执行条件的罪犯收监执行。1992 年，监所检察工作以确保监狱管理秩序，打击狱内犯罪为重点。对收押的 169 名罪犯、232 名刑满释放人员收押、释放手续是否齐全进行检察，在狱内设置检察信箱。

1993 ~ 1999 年，对监外执行罪犯，重点检查督察改造表现，发现多名罪犯重新犯罪，并审查起诉狱内犯罪案件 3 件（4 人）。1994 年，对江苏省镇江监狱收押的罪犯中，提请减刑、假释、呈报保外就医 512 名犯人实施监督，对监管场所提出 7 条检察建议，被监狱采纳。集中上法制课 5 次，个别谈心 170 余人次，从重从快打击狱内犯罪案件 3 件（5 人）。对 144 名监外执行罪犯实行一人一档，健全各类表、卡、簿、册等 30 余种，制订《驻监检察人员岗位责任制》，受理犯人控告、申诉 13 件（13 人）。1996 年，区监所检察科通过省检察院对驻监检察验收，被省院评为先进集体。

图 18−9　2007 年，京口区检查纠正监外执行监管工作会议　（张家辰摄）

1998 ~ 2001 年，对 569 名收押释放犯人情况及法律文书进行检查。对呈报减刑、假释、保外就医人员逐个进行监督。监所监察对 10 名犯人提出不予减刑、对 2 名犯人不予呈报保外就医建议，被监狱采纳。纠正镇江监狱违法违规行为 10 多件次，安全防范检查 12 次，对在押犯人进行个别谈话教育 120 余次。办理狱内犯罪案件 3 件（3 人），纠正违法情况 4 件，为 176 名“监外罪犯”建立档案，对 1 名在缓刑考验期间罪犯依法提起公诉。对罪犯王德春提出收审期未被计入折抵刑期的申诉案件，在查清事实的基础上，通过市检察院向扬州市中级人民法院提出纠正意见。

2002 ~ 2007 年，对镇江监狱收押、释放犯人手续进行检查，对 400 余名罪犯办理减刑、假释、保外就医程序及时纠正监狱干警违法行为，做好对监外执行罪犯监督工作。加强对禁闭、监管等活动检察，检查被禁闭罪犯 43 人次，被严管罪犯 253 人次，被审查罪犯 191 人次。对镇江监狱呈报的 1143 名减刑人员，45 名假释人员实行全程检察，向监狱提出对 18 人不予提请呈报意见，均被监狱采纳。开展驻监工作流程试点和社区矫正工作，对 3 名不符合保外就医条件罪犯依法收监执行。

第七节　民事行政检察

1992 年，京口区始行民事行政检察，由控告申诉科承办。1995 年 6 月，成立民事行政检察科。对辖区内民事经济审判、行政诉讼活动监督工作，负责受理辖区内公民和法人不服京口区人民法院已经发生法律效力的民事行政判决和裁定控告申诉进行调查。对其中确有错误民事、经济、行政判决和裁定，向上一级人民检察院提出抗诉建议。

1995 年，民事行政检察科受理经济纠纷申诉案件 1 起，通过工作息诉。配合市检察院查办房屋产权纠纷 1 起。1996 年，受理民事、行政申诉案件 4 件，对 1 件确有错误民事案件判决提请上级检察机关抗诉。同时走访有关单位，开辟案源，加强与法院、律师事务所联系。在全市率先与 12 家律师事务所、8 个乡镇法律服务所建立律师代理申诉制，形成民行检察工作网络，受到省、市检察院肯定。

1997 ~ 2000 年，全区受理民事、行政申诉案件 138 件，其中不服已生效的民事、经济、行政裁判申诉案 21 件，对 2 件有错误的民事、行政案件的判决、裁定提请上级检察机关抗诉 7 件。其中 2 件经省高级人民法院发回重审，对一、二审结果进行改判。其中对法院违反管辖范围，向债务人马扣宝发出催促清偿债务支付令提出纠正意见，被法院采纳。在全市率先试行律师代理申诉制度，在全市首次以听证会的形式公开审查民事、行政申诉案件，省检察院在《关于切实抓好改革措施落实工作的通知》中肯定、推广京口区人民检察院公开审查的做法。2001 年，全区受理公民、法人不服人民法院已生效的民事、经济、行政判决、裁定的申诉案立案审查 13 件，提请抗诉 4 件，建议提请抗诉 6 件。在“八一”建军节前夕，与京口区人民武装部共同建立“维护部队和军人、军属合法权益民行检察服务站”，为驻军和军人、军属涉及民行案件申诉提供靠前法律服务与保障。

2002 年，区检察机关办理公民、法人不服人民法院已生效民事、行政判决申诉案件，提请、建议提请抗诉 8 件。如徐某某与联通公司话费纠纷一案，申诉人不服判决，多次越级申诉。该院在查清事实后依法建议市检察院提请抗诉，获得改判，保护申诉人合法权益。2003 年，区检察机关在民事行政诉讼监督中，认真办理公民、法人不服人民法院已生效民事、行政判决申诉案件，立案审查 7 件，提请、建议提请抗诉 6 件。2004 年，对公民、法人不服人民法院已生效民事、行政判决申诉案件立案审查 5 件，建议提请抗诉 2 件，发出检察建议 3 件。浙江客商股权转让纠纷、外来农民医疗事故纠纷、拆迁户房屋安置纠纷等案件，经该院立案审查后，均得到改判。

2005 ~ 2007 年，区检察机关办理公民、法人和其他组织不服人民法院已生效民事、行政判决申诉案件，立案审查民事行政申诉案 8 件，依法提出抗诉 4 件，息诉 14 件，维护民事主体合法权益。

第四章　法　院

1983 年 8 月 31 日，镇江市升格为省辖市后，原镇江市人民法院撤销，审判工作按两个市辖区管辖范围受理承办。1984 年 4 月，镇江市城区第一届第一次人民代表大会召开期间，依法成立镇江市城区人民法院。法院文书续用原镇江市人民法院印章。1984 年 10 月，镇江市城区更名为镇江市京口区。1985 年 4 月 1 日，正式启用京口区人民法院（以下简称“区法院”）印章。

图 18-10　2006 年，省高级人民法院副院长叶兆伟（前）考察京口区法院　（区法院供稿）

1983 ~ 1986 年，区法院办公地点市政路 24 号，与市公安局、区检察院、润州区人民法院同处办公。1987 ~ 1989 年，随着机构增设，人员编制增加，原办公地点日显拥挤，1990 年年初，民庭、行政庭和执行庭租用驻区部队健康路招待所办公。1991 年年底，区人民法院迁至牌湾京贸大厦。1992 年，区委、区政府决定区人民法院市政路 24 号办公房迁让给华联商厦，除经济调解中心在市政路 24 号外，区法院租用苏北路 20 号扬子江饭店办公。1993 年，区法院购置烈士路 1

号市文教用品厂、文教针分厂旧厂房，进行修缮改造，1994 年 5 月迁址烈士路办公。2000 年 3 月，在原址建设办公大楼，建筑面积 6300 平方米，原办公大楼经修缮改造为审判法庭，建筑面积 1370 平方米。2007 年，区人民法院除有 6 个大小审判庭外，建有计算机中心、图书阅览室、电子阅览室、健身房、乒乓球台球室、多功能厅、干警食堂、理发室、冲淋房等。

第一节　机构沿革

1983 年，区法院设置 1 办 3 庭，即办公室、刑事审判庭、民事审判庭、经济审判庭。1986 年 12 月，撤销刑事审判庭，设置刑事审判第 1 庭、刑事审判第 2 庭。同时，增设执行庭。1987 年 6 月，增设行政审判庭。1990 年 6 月，增设政工科和告诉申诉庭，刑事审判第 1 庭和刑事审判第 2 庭合并，复称刑事审判庭。同年 12 月，增设城东人民法庭。1992 年 6 月，增设调解中心。同年 10 月，增设谏壁人民法庭。12 月，撤销城东人民法庭。1993 年 3 月，增设行政装备科和大港人民法庭。6 月，增设象山人民法庭。1995 年 12 月，增设少年刑事审判庭。1996 年 1 月，增设法警队，隶属行政科。1997 年，撤销调解中心。1998 年 1 月，法警队改称司法警察大队，单独列编。4 月，政工科改称政治处。1999 年 2 月，撤销告诉申诉庭，分设立案庭和审判监督庭。2006 年 6 月，增设研究室。2001 年 3 月，少年刑事案件审判庭、民事审判庭、经济审判庭分别改称少年案件审判庭、民事审判第 1 庭、民事审判第 2 庭。2003 年 10 月，撤销象山人民法庭。2004 年 12 月，执行庭改称执行局。2007 年 7 月，撤销大港人民法庭。

1983 年，区法院在编干警 28 人，其中院长 1 人，审判人员（庭长、副庭长、助审员）18 人，书记员 2 人，法警 2 人。干警中具有大专学历 2 人。

1985 ~ 2006 年，区人民法院干警通过参加全国法院干部业余大学、函授教育、高等教育自学考试、考专升本和在职研究生等途径远程教育和自学，提高学历层次和专业知识。2007 年，全院在编干警 88 人，其中正、副院长 5 人，审判人员（庭长、副庭长、审判员、助审员）65 人，书记员 4 人，法警 14 人，其他工作人员 5 人，具有研究生学历 10 人，占总人数 11.4%，本科以上学历的 70 人，占 79.5%，大专学历 8 人，占 9.1%。大专学历层次人员中 45 岁以上人员全部通过最高人民法院法律本科续职资格专项培训，45 岁以下人员绝大部分达到专升本水平。

1998 年，区法院依据《中华人民共和国法官法》规定，开展法官等级评定。1999 ~ 2007 年，全院 65 人被评定为法官，占 73.9%。

第二节　刑事审判

1983 ~ 2007 年，区法院审理各类刑事案件 6692 件，被处刑罚有 10392 人。判决犯罪人员中农民占 17.8%、工人占 19.8%、国家工作人员占 3.3%，个体劳动者占 6.3%、社会闲散人员占 42.3%、在校学生占 2.8%。在犯罪年龄及性别中，14 ~ 16 岁犯罪人占 0.15%，16 ~ 18 岁犯罪人员占 10.6%，18 ~ 25 岁以上犯罪人占 27.2%，女性犯罪占 4.2%，党员犯罪占 0.77%、重新犯罪占 6.8%。24 年来，区法院为充分发挥刑事审判职能，深入贯彻“严打”方针，始终保持对严重刑事犯罪分子高压态势，严惩杀人、绑架、抢劫、强奸等严重危害社会治安暴力性犯罪，以及重大盗窃犯罪、涉枪、涉毒、涉淫犯罪、团伙犯罪、带黑社会性质犯罪等，做到快审快判，保障社会治安安全。1983 ~ 2007 年，全区审结危害公共安全犯罪案件 233 件，判处人犯 258 人。侵犯财产犯罪案件 3561 件，判处人犯 5885 件。侵犯公民人身权利民主权利犯罪案件 1069 件，判处人犯 1331 人。妨害社会管理秩序犯罪案件 1356 件，判处人犯 2274 人。

1983 ~ 2007 年，区法院加大反腐倡廉力度，严惩贪污、贿赂、挪用公款、渎职等职务犯罪及金融诈骗、虚开增值税发票等各种危害改革开放和市场经济秩序犯罪，维护社会主义市场经济秩序。24年来，审结破坏社会主义市场经济秩序犯罪案件147件，判处人犯247人。贪污贿赂犯罪案件236件，判处人犯271人。渎职犯罪案件60件，判处人犯65人。

1983～2007年，区法院贯彻“惩办与宽大相结合，惩罚与教育相结合”方针，准确把握宽严相济的刑事政策，在依法严厉打击犯罪同时，对罪行较轻犯罪分子逐步加大缓刑等非监禁刑适用力度。对犯罪轻微，对社会危害不大，有悔改和有立功表现1410人作出缓刑、管制等非监禁刑判决。

图18-11 2003年，京口区法院审判大楼落成典礼（区法院供稿）

1983～2007年，区法院加大财产刑处罚力度，对贪利型犯罪分子以经济上严厉制裁，使犯罪分子不在经济上占便宜，剥夺犯罪分子再次犯罪经济能力和条件，并处或单处罚金3325万元、追缴赃款赃物、没收犯罪所得、没收财产163万元。同时，针对刑事自诉案件多系邻里、同事、朋友及家庭成员之间发生民事纠纷而引起的，案件虽小，当事双方积怨较深，若简单判决，极易激化矛盾，从维护社会安全稳定、促进社会文明和谐的高度出发，加大调解力度，定争止纷，化解矛盾。

第三节 民事审判

一、婚姻家庭纠纷

1983～2007年，区法院受理婚姻家庭纠纷案件历年占民事案件数量首位。24年来，受理婚姻家庭纠纷案件12516件，审结12452件，审结婚姻家庭纠纷案件，平均占审结民事案件总数56.2%。其中，审结离婚案10812件，占婚姻家庭纠纷案件86.8%。审结婚姻家庭纠纷案件，判决结案3482件，占审结婚姻家庭纠纷案件28.0%。调解结案6723件，经调解后撤诉结案2122件，调解和撤诉案件占71.0%。审理离婚案件，坚持将调解工作贯穿于诉讼全过程，主要以夫妻感情是否确已破裂为依据，对夫妻感情没有完全破裂并有和好可能的，尽力做调解和好工作或判决不予离婚。对夫妻感情破裂确实和好无望的，调解或判决离婚。无论离与不离，均引导当事人正确处理婚姻家庭关系。对因婚外情、家庭暴力等一方明显过错导致离婚案件，对有过错方进行批评教育，并在财产分割时适当照顾无过错方。

1983～2007年，区法院审理离婚案件居高不下情况，使得赡养、抚养、扶养等纠纷也一直处于高比例位置。在审理此类案件中，注重保护老人、儿童、妇女合法权益，弘扬社会主义伦理道德。对不符合婚姻法条件而同居生活，发生纠纷向法院起诉的，一律判决解除同居关系。审结的解除同居、抚育、赡养、收养、扶养等婚姻家庭纠纷案1640件，占婚姻家庭纠纷案件的13.2%。

二、劳动争议纠纷

1983～2007年，区法院受理劳动争议纠纷案件703件，审结703件，审结的劳动争议纠纷案件，平均占民事案件总数3.22%。审理劳动争议案件，认真研究相关法律法规，对劳动法律法规精神做到吃深、吃透，提高劳动争议审判能力。坚持全面审查，不拘泥于劳动部门裁决书，而是对认定事实、适用法律进行全面审查，依法作出正确判决。坚持依法调解原则，积极会同劳动部门对劳企纠纷进行深入细致再调解，对调解不成的案件通过耐心细致工作及法律文书充分扎实的说理，说服双方。既做到公正、依法保护劳动者合法权益，促使不依法办事企业走上法制化轨道，又使劳动者过分要求得以遏制，维护企业正当利益。

三、诉讼调解

1983～2007年，区法院将诉讼调解作为化解社会矛盾，促进社会和谐的重要手段，实行庭前调、庭中调、判前调、庭后继续做好当事人服判息诉工作。24年来，审结的民事案件中，调解结案9568件。经调解，当事人撤诉结案4235件，调解撤诉率达63.4%。民事诉讼调解中，坚持查明案件事实，分清各当事人责任。在事实、责任明确基础上，抓住双方矛盾焦点，做好说服教育工作。坚持对症下药，针对不同当事人、不同矛盾、不同案情，采取不同的处理方法。坚持慎选调解语言，用活“土话”“行话”“官话”“家常话”，增强法官调解亲和力、感染力和当事人对法官的信任，降低调解难度。坚持注重当事人的心理变化适时开展调解。针对劳动争议、拆迁案件等群体性纠纷等审理难度大、矛盾易激化、判决后不易执行或执行效果不好的特点，坚持走群众路线，主动到当事人生活场所了解案件发生的背景，掌握当事人的真实意图，寻求各方支持，积极与工会、仲裁、村（居）委会等相关部门及组织取得联系，共同做好当事人息诉调解工作，化解矛盾和纠纷，保证调解的良好效果。

第四节　商事审判

1983年，区法院设立经济审判庭，专门审理经济（商事）纠纷案件。1984年，全区受理经济纠纷41件，审结37件，审结案件诉讼标的32.3万元。进入20世纪90年代后，随着改革开放深入和社会主义市场经济体制确立，京口区经济进入快速发展时期，伴随着经济形式多样性、经济主体多元化、经济交往日渐频繁，经济纠纷也大量增加，经济审判工作进入快速发展时期。1992年，受理案件602件，审结486件，审结案件诉讼标的2104.97万元，受理、审结案件数及审结案件诉讼标的分别是1984年的14.7倍、13.1倍和65.7倍。针对经济纠纷案件快速增长，审判力量出现不足。1992年6月，成立经济案件调解中心，快审快结，方便诉讼当事人，缓解了经济审判压力。1996年，受理和审结经济纠纷案件分别为1051件和1066件，审结案件诉讼标的10005.67万元。1998 ~ 2001年，经济案件略有下降。2002 ~ 2006年，区域内经济纠纷案件一直快速增长。2007年，受理经济纠纷案件达1464件，审结1477件（其中结案13件），审结案件诉讼标的20954.57万元。受理、审结案件数及审结案件诉讼标的分别是1984年的35.7倍、39.9倍和648.7倍。1984 ~ 2007年，全区受理各类纠纷案件16902件，审结16780件，审结案件诉讼标的17.43亿元。

2001年，区法院经济审判工作纳入民事审判范畴，大民事审判格局应运而生，经济审判更名为民商事审判。通过经济合同纠纷案件审理，保护正当经营，制裁经济违法，规范经济行为，调整经济关系，维护经济秩序，为促进区域内经济稳定发展发挥积极作用。

2002 ~ 2007年，区法院依法公正、高效地审理各类商事案件，积极参与整顿和规范市场经济秩序，充分发挥审判工作对市场主体行为评价、规范、引导功能，为健全现代市场经济诚信体系，提供司法服务与保障。依法支持国有企业通过改革、改组、改造和加强管理，建立现代企业制度，依法保障乡镇、街道等企业改革发展。针对金融纠纷案件数量多、类型多、标的大，主动参与“金融安全区”创建工作，成立“金融资产维权合议庭”，依法维护金融秩序，保障金融安全，防范和化解金融风险。积极审理生产、流通领域中经济纠纷案件，通过保护有效合同，追究违约责任，制止侵权行为，依法保护债权人合法权益和企业正常生产经营活动，加速商品流转，保障市场交易安全和市场主体平等竞争。通过审判工作，树立平等保护意识，认真审理好个体经济发展有关各类案件，依法平等保护其诉讼权利、实体权利，为非公有制经济健康发展提供司法服务和保障。

第五节　行政审判

1987年6月，区法院成立行政审判庭，审理行政诉讼、非诉行政执行案件。1988 ~ 2007年，20年来，受理各类行政案件444件。其中公民不服公安机关处罚决定63件，不服城建环保部门处理决定 150 件，不服工商、税务部门处理决定 16 件，不服土地、林政、渔政部门处理决定 66 件，不服交通运输、劳动保障 15 件。审结各类行政案件 436 件，判决维持 56 件，判决撤销 33 件，判决驳回起诉 70 件，裁定驳回起诉 78 件，裁定准予撤诉 175 件，裁定不予受理 5 件，还有 11 件移送其他部门处理。

1987 ~ 2007 年，区法院充分发挥行政审判职能，保护公民、法人和其他组织合法权益，维护、监督、引导行政机关依法行使行政职权，营造规范行政环境。强化行政审判功能，实现举证、质证、认证的规范化、科学化，坚持“举证责任倒置”原则，强化被告举证责任，对不能举证，或延期举证的依法进行公正判决。推行非诉行政执行案件审查听证制度，对行政机关申请执行非诉行政执行案件增设审查听证程序，由申请人举证证明其具体行政行为合法事实和法律依据，赋予被执行人充分行使抗辩权。强化服务意识，定期召开行政执法单位负责人联席会或座谈会，及时通报行政诉讼形势，共同研讨行政诉讼中遇到热点和难点问题。每半年走访一次行政案件较多或败诉的行政执法单位，坦诚交换意见，帮助分析执法中存在问题。选派行政庭资深法官到辖区内 20 多家行政机关轮流授课，增强行政机关依法行政意识。加强司法建议工作，对行政机关工作上存在问题的发送司法建议书，并加强对行政机关落实司法建议情况跟踪走访，帮助行政机关规范行政行为，堵塞工作漏洞，提高行政机关依法行政水平。通过在非诉行政执行案件中开展听证审查制度，对作出具体行政行为是否符合行政法规、规章，证据是否充分，认定的事实和适用法规是否正确进行听证审查。对有错误的依法裁定不予执行。对符合法规规定的非诉执行案立案执行。至 2007 年，行政庭受理非诉行政执行案件 3181 件。维护行政执法机关具体行政行为权威性。

图 18-12　2005 年，区法院开庭时邀请部分人大代表旁听　（区法院供稿）

1983 ~ 1987 年京口区法院收、结案情况表

表 18-4　单位：件

类别	受案						结案						
	1983 年	1984 年	1985 年	1986 年	1987 年	合计	1983 年	1984 年	1985 年	1986 年	1987 年	合计	余存案
刑事	29	205	75	94	69	472	22	195	92	87	66	462	10
民事	81	106	134	160	165	646	16	131	90	174	175	586	60
经济	5	21	63	91	175	355	—	26	63	86	150	325	30
纠纷	—	—	—	—	—	—	—	—	—	—	—	—	—
行政	—	—	—	—	1	1	—	—	—	—	—	—	1
合计	115	332	272	345	410	1474	38	352	245	347	391	1373	101

第六节　立案信访　审判监督

1986 年，区法院根据中办发文件精神，经区人大批准，设立刑事审判 2 庭，专门处理刑事申诉案件，重点复查“文化大革命”前判刑，以及 1983 年“严打”斗争中判处的刑事案件。1986 年，除组织人员查清原镇江市人民法院 1950 ~ 1986 年判决的反革命案件、政治性案件、刑事案件计 7771 件外，还审结 56 件刑事申诉案件，其中属于落实统战政策方面的 7 件。1987 年，受理刑事申诉案件 109 件，加上旧存的 71 件，共180件，审结140件。其中，维持原判100件，改判14件，改判案件中，2人被宣告无罪。作其他处理的26件。同时，对1957 ~ 1965年原镇江市人民法院判处的631件反革命案件和政治性案件进行调查。

1990年6月，区法院刑事审判第1庭和刑事审判第2庭合并，复称刑事审判庭，增设告诉申诉庭，负责立案信访与审判监督，不限于刑事案件，接受各类案件立案、信访与审判监督。1999年2月，区法院撤销告诉申诉庭，改设立案庭和审判监督庭，立案庭负责立案、信访，审判监督庭专职于案件的审判监督，立案、信访始与申诉复查、再审分立，进一步理顺立案与审判、审判与监督关系。

1986 ~ 2007年，区法院受理申诉案件405件，审结476件。在改判的刑事案件中被宣告无罪33人，免予刑事处罚9人，减轻刑事处罚81人。审结民事再审案件73件，有6件被改判、9件调解或撤诉。为搞好申诉复查，加强信访接待工作，建立信访登记和转办制度。对来访者热情接待，及时登记、分类、疏理问题，针对性地进行教育疏导，实事求是地解决问题，对不属人民法院受理来信来访，根据不同情况，建议有关部门处理，并负责转办。

第七节　未成年人保护

1995年12月，区法院成立少年刑事审判庭，为镇江市首创。2001年，更名为少年案件审判庭，对青少年单一刑事维权，扩大到全方位维权。1996 ~ 1998年，区法院对青少年进行“德法教育”，预防未成年人犯罪，维护未成年人合法权益。1999年12月，区法院被省高院、团省委授予江苏省“优秀青少年维权岗”。2000年2月，被最高人民法院、团中央授予全国“优秀青少年维权岗”号。2005年9月，团省委和省高院联合确定区法院少年庭为省级“青年文明号”。

1995 ~ 2007年，区法院在审理未成年人刑事案件中，先后推出证据展示、圆桌审判、专家陪审、回访制度、庭前调查报告制度、社会矫治等多项举措。通过庭前调查，了解未成年被告人成长过程、道德品行、个性特征、家庭结构、交友状况等，深刻剖析少年犯走上犯罪道路原因，选准“感化点”。开庭时，对未满18周岁未成年人采用圆桌审判庭审方式，法官、公诉人、辩护人与被告人及其家长分坐于圆桌四周进行法庭审判，缓和法庭严肃气氛，消除未成年被告人恐惧心理和抵触情绪，将法制教育和家长亲情感化融为一体，给被告人以强烈的心灵震撼。充分发挥专家陪审员作用，利用陪审员社会阅历丰富、具有相应专业知识优势，进行针对性帮教。区法院除审理未成年人刑事犯罪外，还审理涉及未成年人的民事案件。在审理民事案件过程中，将维护未成年人合法权益放在首位。对侵犯未成年人权益案件，优先受理。对家庭困难未成人实行诉讼费减、缓、免。对变更抚养关系、抚育费纠纷等案件坚持从法律、亲情、责任角度出发，妥善处理，做到物质上照顾、精神上抚慰未成年人，为未成年人健康成长创造良好外部环境。

2000 ~ 2004年，区法院不断探索、创新工作机制，加强对青少年“德法教育”，努力做好延伸教育工作，积极参与社会综合治理。先后深入辖区50多家学校、居委会，并与公安、检察等部门联系，成立青少年维权工作网络，提高和健全社会各界青少年维权工作机制。同年，区法院在全市法院系统率先开通“青少年司法保护”热线电话，并在辖区内设立4个“青少年司法保护”信箱，由专人对青少年提供法律咨询。每年11月，是区法院“维护青少年合法权益月”，选择典型案例，分赴辖区各大中小学校开展教育活动，并组织在校学生到句容少年犯管教所等，了解少年犯服刑生活，听取管教干部法制报告和少年犯深刻反思。同时，还与一些学校结成法制共

图18-13　2007年，全市优秀“青少年维权岗”推进会在京口法院召开　（区法院供稿）

建单位，平时除给学生上法制课外，还利用青少年模拟法庭、图片展览、参观警示教育基地等形式，开展法制教育。

2005年12月22日，区法院创建“青少年犯罪预防网”（www.fzyf.com.cn）在互联网上试运行。2006～2007年，区法院举行“青少年犯罪预防网站”开通及“青少年法律教育基地”揭牌仪式，针对预防青少年犯罪，独立承建纯公益性国际互联专业网站正式开通。网站以“及时更新犯罪动态”“宣传预防犯罪知识”“开展网络维权”“加强交流、调研”“提供青少年维权相关法律”为主题，开设预防新闻、预防教育、预防研究、预防资料、特殊预防、预防论坛6大版块，利用网络传播速度快，传播面广、知识量大特点，加强青少年“德法教育”，改变过去单一依靠纸质媒体单向传播青少年犯罪预防信息传统做法，成为全社会青少年关注的中心。

第八节 执 行

1986年12月，区法院设立执行庭，承担生效法院裁判、其他行政执法部门向人民法院提出的非诉行政强制执行申请、公证债权文书和仲裁裁决的执行。2004年12月，执行庭改称执行局。执行庭原主要负责执行经济庭和民庭审理案件，其他各庭审理案件均由各庭自行执行。次年起，实行“审执分离”，除行政案件由行政庭执行、各人民法庭审理离婚案件自行执行外，各审判庭作出的其他有财产执行内容的判决书、调解书、裁定书均移送执行庭执行。行政案件一并移交执行庭执行，强化执行措施，加大执行力度，规范执行行为，提高执行效率。

1986～2007年，区法院受理执行案件22031件，执结21986件。被执行人自动履行、双方和解的占总案件数48.72%，强制执行占28.94%，以其他方式结案占13.73%，终结占8.61%。

第五章 司法行政

1983年9月，京口区司法局成立后，主要承担全区法律保障（开展人民调解、安置帮教、社区矫正、法律援助）、法制宣传、法律服务（律师、公证、基层法律服务）三大工作职能。1984～2007年，全区城乡围绕党的中心工作，强化职能，提升效能，优化服务，为全区改革发展和社会稳定做贡献。2004年1月，区司法局被评为2002～2003年度“人民满意政法单位”。2005年1月，被市司法局、人事局评为2002～2004年度司法行政系统先进集体。2006年3月，被区委、区政府授予三等功单位。6月，被市委、市政府授予三等功单位。10月，被区委、区政府评为第一楼街拆迁有功单位。

第一节 机 构

1983年9月，城区成立司法局，1984年12月改为京口区司法局，办公地点在市政路28号。司法局主要职能是调解和宣传。内设局办公室、人民调解股、法制宣传教育股。1985年成立京口区公证处后，增设公证律师管理股。1992年，京口区区划调整时区司法局的内设机构有：办公室、法制宣传教育股、基层工作股和公证律师股。1997年，股改称科。2004年4月，增加社区矫正职能，增设社区矫正科。2008年初，增加“大调解”职能，增设京口区社会矛盾纠纷调解中心，其中心办公室主任由司法局长兼任。2007年12月，区司法局共有二级机构4个（京口区公证处、京口区法律援助中心、京口区社会矛盾纠纷调解中心、京口区社区矫正办公室）。下辖2个律师事务所（南昆仑律师事务所、金华通律师事务所）。

内设 5 个科室（办公室、法制宣传教育科、基层工作科、社区矫正科、律师公证管理科）。2005 年前有 8 个司法所，因 4 个乡镇合并，2005 年后有 6 个司法所（其中镇属 2 个、街道属 4 个）。合伙制律师事务所 2 个，法律服务所 5 个。区编委核定行政编制 21 人，机关在职 21 人，离退休 6 人。聘任法律服务人员 11 名。

第二节　法制宣传教育

一、“一五”普法教育（1986 ~ 1990 年）

1985 年 11 月 5 日，中共中央、国务院批转《中央宣传部、司法部关于向全体公民基本普及法律常识的五年规划》。同年 11 月 22 日，第六届全国人大第十三次会议作出《关于在公民中基本普及法律常识的决议》。从 1986 年到 1990 年，第一个五年普法教育工作在全体公民中有领导、有组织、有计划、有步骤地开展起来。1984 年 11 月，区委批转区司法局党组《镇江市京口区普及法律常识教育规划》，明确从 1985 年起用五年时间在全区开展普及法律常识教育（以下简称“普教”）。主要内容：以《宪法》《刑法》《刑事诉讼法》《民事诉讼法》《经济合同法》《婚姻法》《兵役法》和《治安管理处罚条例》（简称“7 法 1 例”），以及与人民群众工作、生活密切相关的其他法律。县团级以上干部还要增加法学基础理论的内容。一般干部、职工和城镇居民主要是学习《职工读本》。农民主要是学习《农村读本》。各级各类学校按司法部、教育部统编教材开设法律课。后又增加《继承法》《民法通则》（简称“9 法 1 例”）。实施步骤：1985 年，建立组织，成立由公、检、法、司和工、青、妇及教育部门参加的领导小组，下设办公室（设在司法局），具体负责实施。培训骨干，区司法局负责全区各委办局（公司）、单位“普教”骨干培训，编写普法教材。开展厂、校、村普法试点。1986 ~ 1988 年“普教”阶段，各单位、各部门采用多种形式开展普法教育。1989 年考核验收阶段，干部、职工普法受教育面达到 95%，居民达 85%，学生达 100%。要求做到“五结合”（即法制宣传教育与“严打”结合，与经常性政治教育结合，与经济管理结合，与创建“文明单位”“五好家庭”结合）。1985 年 3 月，区人大审议通过《关于加强法制宣传教育、普及法律常识的决议》。10 月，成立京口区普及法律常识教育办公室，确立第二饮服公司等 5 家试点单位。1990 年，8 个街道、各部委办局、企事业单位制订普及法律常识规划，建立普法领导小组，发放各类普及法律常识教材 2 万余份，培训骨干 1000 余人。为保护妇女儿童合法权益，贯彻实行男女平等原则，广泛宣传《婚姻法》《江苏省关于保护妇女儿童合法权益的若干规定》。明确对“第三者”的处理，赡养、抚养、扶养问题，禁止非法进行胎儿性别鉴定，溺婴、弃婴、拐卖妇女儿童等法律规定。全区 500 多名妇女接受普法教育。1990 年，全区 93% 总人口接受“9 法 1 例”基本知识教育，普遍增强学法、用法、护法自觉性。

二、“二五”普法教育（1991 ~ 1995 年）

1990 年 12 月，中共中央、国务院批转中宣部、司法部《关于在公民开展法制宣传教育的第二个五年规划》和七届全国人大常委会第十八次会议《关于深入开展法制宣传教育的决议》。1991 年 3 月，区“两办”转发区委宣传部、区司法局《关于在公民中开展法制宣传教育的第二个五年规划》，明确“二五”普法重点是干部特别是县级以上领导干部，国家机关工作人员，包括司法人员和行政执法人员，青少年，大、中学校（含职业学校）在校生。开展《宪法》《行政诉讼法》《民事诉讼法》《义务教育法》《集会游行示威法》《国旗法》《土地管理法》《环境保护法》《治安管理处罚条例》《江苏省计划生育条例》《江苏省禁止赌博条例》“8 法 3 例”宣传，同时选学《森林法》《水法》《保密法》《军事设施保护法》《文物保护法》《矿产资源法》《税法》和涉外法律、法规等。1991 年 5 月，区人大审议并通过区“二五”普法规划的决议，并规定区人大每年听取政府有关普法工作汇报，组织代表视察实施情况。“二五”普法以宪法为核心，以专业法为重点，全区举办各类普法骨干培训班 30 多期，培训普法骨干 1200 多人。

三、“三五”普法与“依法治区”

1996 ~ 2000 年，全区“三五”普法与“依法治国”，建设社会主义法治国家相结合。1996 年 5 月

16 日，区法制宣传教育领导小组召开成员扩大会议，通过《关于在全区公民中开展法制宣传教育的第三个五年规划》。决定成立依法治区领导小组，与区普法教育领导小组两块牌子、一套班子，法制宣传教育经费标准为辖区每人每年不低于 0.15 元列入财政预算，专款专用。区人大审议通过“依法治区”决议。8 月，区委决定于 1996 ~ 2000 年，在全区实施“三五”普法规划，明确“三五”普法重点对象为各级领导干部、司法人员、行政执法人员、企事业管理人员和青少年。重点抓好社会主义市场经济法律知识普及。1997 ~ 1999 年，根据规划，制定工作计划，确定法制宣传教育任务。1996 年 11 月，为加强全区法制宣传领导，建立普法联络员制度，进行交流培训。1999 年，组织全区副处级以上领导干部进行行政法考试。1999 年，组织行政执法人员进行“3 法 1 例”（行政处罚法、行政诉讼法、国家赔偿法、行政复议条例）知识培训，在象山乡袁家湾村建立首家农民普法夜校，在全省推广。在青少年普法方面，开展“保护自己，保护孩子”万家学法知识竞赛、“少年犯现身说法”“未成年人保护法知识竞赛”及“万家学法”征文活动等。

2000 年 8 月，区依法治区领导小组成立“三五”普法、“依法治区”考核验收小组，在丹徒镇召开考核验收现场会，全区 98% 以上基层单位“依法治理区”通过验收。

四、“四五”普法与第二个“依法治区”

2001 年，京口区根据 2001 年 5 月中宣部、司法部第五次全国法制宣传教育工作会议精神，开展全区“四五”普法和第二个“依法治区”活动。5 月 28 日，区委、区政府批转宣传部、司法局《关于在全区公民中开展法制宣传教育的第四个五年规划》，提出实现“两转变、两提高”（即提高全民法律意识向提高全民法律素质转变，提高公民特别是领导干部法律素质；实现依靠行政手段管理向运用法律手段管理转变，提高全社会法治化管理水平）目标。“四五”普法规定，将现行宪法实施日（即 12 月 4 日）作为每年一次全国法制宣传日。领导干部、公职人员学法用法，下发《关于进一步加强领导干部学法用法工作的意见》《建立健全公职人员学法用法制度，全面提升法治京口建设水平的实施意见》等，建立党委中心组学习、公职人员法律知识任职资格、政府法律顾问团、重大事项决策法律咨询、领导干部学法笔记本、公职人员法律知识水平和依法办事能力考试考核、公职人员学法用法档案 7 项制度，开展领导干部学习《学法千字文》活动，全区县处级领导干部撰写学法论文 23 篇。下发《关于进一步加强全区青少年法制宣传教育工作的实施意见》，组织适龄应征青年学法制度。建立和完善中小学法制副校长和法制辅导员制度。强化学校、家庭、社会三方面联动青少年法制教育运行机制。开创青少年“小手拉大手”普法新经验。成立企业经营管理人员学法用法工作领导小组，建立年度考试考核、企业经营管理者考核登记、企业经营管理者学法用法的监督和激励制度等。下发《关于加强外来务工人员法制宣传教育工作意见》，以中青年外来务工人员和个体工商户为主要教育对象，加强劳动用工、社会保障、安全生产等法律培训，建立健全“新市民法制学校”普法基地。每月 18 日，举办广场法制宣传咨询活动。2002 年，组织法律志愿者队伍，以社区为阵地，开展“法律进社区”活动。2003 年，开通《京口法治在线网》，设《普法宣传》《依法治理》《法律援助》等栏目，使法制宣传社会化、市场化运作，被镇江市表彰为“四五”普法先进单位。

五、“五五”普法（2006 ~ 2007 年）

2006 年 4 月 6 日，区委批转宣传部、司法局《关于在全区公民中开展法制宣传教育第五个五年规划》，4 月 13 日，区委、区政府在大市口广场举行“五五”普法启动仪式，在全省率先拉开“五五”普法序幕。分别与市委党校、省司法警官高等职业学校、江苏大学法学院签订“五五”普法共建协议书。区普法办制订《京口区法制宣传教育领导小组成员单位职责分解表》，明确成员单位工作职责。2006 年 12 月 4 日，组织开展百名法律志愿者“法律六进”

图 18-14　2006 年 4 月，京口区“五五”普法启动仪式　（高义连摄）

活动。2007 年，区政府与区法制宣传教育领导小组单位签订责任书，增强“五五”普法实效。谏壁镇建立百米“法治宣传长廊”，被评为全市 2007 年度“十佳”普法新事。

第三节　人民调解

1983 年，全区人民调解工作为司法局基本职能。初设人民调解股，后设立人民调解中心，其调解内容和范围不断扩展，充分发挥“第一道防线”作用。1984 ~ 1992 年，司法局人民调解股有 1 ~ 2 人。各居委会有人民调解委员会，有调解委员 3 ~ 5 人。1993 ~ 2007 年，各村（居）委会（2001 年，改社区居委会）在人民调解委员会基础上，各乡镇、街道分别设立人民调解委员会，其职能由所属司法所承担。2003 年前，司法所设司法助理。

2003 ~ 2007 年，乡镇司法所配备所长和 1 ~ 2 名工作人员（有在编和兼职）。因全区经济和社会事业发展进入快速阶段，土地征用、房屋拆迁引发的纠纷不断增加，年发生率千件以上，调解工作量和调解力度加大。防止矛盾激化，人民调解员深入土地征用村（社区）和房屋拆迁现场，宣传政策和法律知识，协调和疏导拆迁各方矛盾，把不稳定因素解决现场，确保全区重点项目、重点工程有序进行。

第四节　法律服务

1983 ~ 1986 年，全区 8 个街道配备司法助理，在司法局指导下协调处理居民法律服务。1987 年，各街道先后成立法律服务所，主任由司法助理兼任。1992 年 10 月，区划调整后，街道、乡镇保持原状。基层法律服务所属乡镇、街道事业编制，主任列编，3 名成员不在编，持有“法律工作者执照”。1998 年，省司法厅鉴于乡镇街道司法助理空缺较多实际，在全省进行司法助理“空编补缺考试”，使司法助理全部在职在编（行政及事业编制）。根据国务院《关于经济鉴证类社会中介机构由政府部门实行脱钩改制的意见》及省司法厅通知精神，法律中介组织与政府部门脱钩，完善社会法律服务体系。2001 年 11 月始，基层法律服务机构改制，与政府编制脱钩，2002 年 4 月前完成。成为自主执业、自收自支、自负盈亏、自我发展的社会法律服务中介机构。2007 年，全区有基层法律服务所江天、城东、鹏飞、正东和谏壁 5 家，注册执业法律工作者 27 人。年检工作，经市司法局审定、由省司法厅注册。

图 18-15　1986 年 6 月 9 日，全区律师公证员为公民提供法律咨询　　（袁爱红摄）

第五节　法律援助

1999 年始，全区法律援助坚持“应援尽援”原则。为保障社会困难户和弱势群体合法权益，维护社会稳定，1999 年 11 月，区法律援助中心成立。作为区司法局职能部门，担负全区法律援助、指导和协调，并接待法律咨询，受理区人民法院指定辩护的案件以及民事、行政、劳动争议等法律援助案件。同时指导妇联、总工会、团区委、残联、镇、街道等单位的法律援助中心（工作站）。各法律援助工作站面向援助对象，提供法律咨询、接待来信来访、受理援助案件，形成以区法律援助中心为主，10 个镇、街道和工、青、妇、残联、劳动法律援助工作站作为分支机构的网络体系。建有以区社会律师、基层法律工作者为主体的援助队伍，和以高校在校生为主体的社会法律援助志愿者。制定《京口区法律援助办法》《京口区法律援助规范化建设实施意见》《京口区法律援助咨询接待办法》《京口区法律援助案件补贴规定》等文件，明确首问责任、办案质量跟踪监督、重大疑难案件请示汇报、卷宗归档制度等。

1999 ~ 2007 年，全区法律援助机构为 3000 多名贫困群众、弱势群体提供无偿法律援助，办理援助案件 760 多件，为受援人挽回经济损失 1200 多万元。案由涉及婚姻、家庭、工伤、劳动争议等。同时开辟对农民工、低保人群、拥军优属 3 条法律援助绿色通道，凡是涉及维权案件，给予援助。法律援助案件每年以 30% 的幅度上升，使法律援助成为政府一项“民心工程”。

1999 ~ 2007 年京口区法律援助情况表

表 18-5　　单位：件

年　份	援助案	年　份	援助案
1999	20	2004	54
2000	28	2005	102
2001	39	2006	54
2002	48	2007	102
2003	49	—	—

第六节　安置帮教

1983 ~ 1996 年，区域性安置帮教由区公安机关承担。1997 年 1 月，根据省委、省政府 98 号文件规定，原公安局对刑释解教人员安置帮教工作职能调整至司法行政部门后，京口区成立“刑释解教”人员安置帮教工作领导小组，成员单位由区民政、财政、人事劳动、工会、妇联、团委等部门组成，下设办公室（在区司法局），日常工作由区司法局承担。区各级安置帮教部门在党委、政府指导下，以维护稳定、创建“平安京口”为目标，按照“帮教社会化、就业市场化、管理信息化、工作职责法制化”思路，积极探索，开拓创新，提高全区刑释解教人员安置帮教工作水平。2002 ~ 2007 年，全区回归刑释解教人员 799 人（其中刑释 599 人、解教 200 人），安置 727 人，安置率 91%。帮教 767 人，帮教率 96%。重新犯罪率呈下降趋势。

第七节　社区矫正

2003 年始，区司法局根据省、市“社区矫正”指示，试行社区矫正与监禁矫正相对行刑方式，即将符合社区矫正条件罪犯置于社区内，由专门国家机关在相关社会团体和民间组织、社会志愿者协助下，在判决、裁定或确定期限内，矫正其犯罪心理和行为恶习，并促其顺利回归社会的非监禁刑罚执行活动。根据最高人民法院、最高人民检察院、公安部、司法部《关于开展社区矫正试点工作的通知》12 号和《关于扩大社区矫正试点范围的通知》3 号文件，区委办公室、区政府办公室转发区司法局《京口区社区矫正试点工作方案》，正式启动全区社区矫正试点。2005 年 4 月，成立区社区矫正工作领导小组及办公室，区委副书记、区委政法委书记任组长，区政府副区长任副组长，区人民法院、人民检察院、公安局分局、司法局、民政局、劳动和社会保障局、财政局、工会、妇联、团委为成员单位，下设办公室，主任由区司法局局长兼任，日常工作由区司法局承担。根据现行法律规定，对于五种罪行，即被判处管制、宣告缓刑、裁定假释、剥夺政治权利并在社会上服刑、暂予监外执行；对于有严重疾病需要保外就医的；对于怀孕或正在哺乳的；对于被判处有期徒刑、拘役，生活不能自理，适用暂予监外执行不致危害社会的。对于罪行轻微，主观恶习不大的未成年犯、老病残犯、女犯以及罪行轻微的初犯、过失犯等，应当作为重点对象，适用非监禁刑，实施社区矫正。

2005 年 6 月 6 日、6 月 8 日，象山乡、大市口街道司法所分别集中宣告，从公安机关接收社区矫正对象，为全市第 2、3 家正式开展社区矫正工作的司法所。2005 年 8 月，全面完成与公安机关的交接。

2007 年 12 月，全区接收社区矫正对象 307 人，按期解矫 157 人。各镇街道社矫办、司法所在区社矫办指导下，按照“夯实基础，确保安全、稳步提升、打造亮点”要求，完善和提高社区矫正工作管理水平。2007 年，象山镇司法所、大市口街道司法所被市社矫办确定为全市十家示范镇（街道）司法所。全区社区矫正对象重新犯罪率为全市最低。

第八节　律　师

1984 年，京口区成立律师事务所，属区司法局事业单位，1986 年下半年，改称镇江市第二律师事务所，1992 年，改名为华通律师事务所，2000 年，由事业单位改为合伙制企业，同时更名为金华通律师事务所。2007年，有执业律师6名。1995年，昆仑律师事务所成立，2000 年，由事业单位改为合作制企业，并改名南昆仑律师事务所，2007 年，执业律师 30 多名，为全市第二执业律师人数较多的法律服务机构。1999 年，强生律师事务所成立，为合伙制单位，有执业律师 8 名，2007 年 12 月，自行协商解散。1997 年，全区律师事务所改制后，实行由市律师管理协会和区司法局双重管理。其中，区司法局由直接管理变为间接管理（不再管理人、财、物）。

图 18-16　2005 年 4 月 1 日，京口区法律工作者进社区提供服务　（区司法局供稿）

1998 年 6 月，南昆仑律师事务所被省司法厅授予集体二等功，1999 年，被市司法局评为全市司法行政系统“人民满意律师事务所”，2000 年 3 月，被市司法局评为全市司法行政系统 1998 ~ 1999 年度“文明律师事务所”，2001 年 3 月和 2004 年 2 月，被市司法局、市律师协会评为镇江市律师行业先进集体，2004 年 3 月，被区委、区政府评为 2002 ~ 2003 年度区“文明单位”，2004 年 8 月，被市委、市政府评为“市文明单位”。2007 年 4 月，金华通律师事务所朱虹荣获第二届“江苏省优秀青年律师”称号。

第九节　公　证

1985 年，京口区成立公证处，接受区域内公民、法人公证服务。2006 年，根据省司法厅《关于镇江市司法局公证机构设置调整事宜的批复》，区公证处从 11 月 16 日始，改名为京口公证处。主要办理国内民事、经济二大类公证业务。京口公证处为京口区司法局行政直属机构，有行政编制 3 名。其中，二级公证员 1 名，三级公证员 2 名，事业编制人员 1 名（四级公证员），聘用人员 2 名，为公证员助理。实行主任负责制管理形式。

1985 ~ 2007 年，京口公证处为市区经济发展、两个文明建设和改革开放提供优质、高效公证法律服务 5.2 万多件次。其中，1985 ~ 1989 年 2000 件，1989 ~ 1993 年 4000 件，1993 ~ 1999 年 1.2 万件，1999 ~ 2003 年 2 万件，2003 ~ 2007 年 1.4 万件，为当事人避免经济损失逾 1000 万元。同时健全并完善内部管理规范，建立岗位目标责任制为内容的考核、职业道德和廉政建设、精神文明建设和社会承诺、公证审批立卷归档、公证费使用管理、错证责任制度等。围绕区委、区政府中心工作，在征地拆迁、重点工程建设中办理《房屋拆迁安置产权互换协议》《房屋拆迁选房证号》公证等拆迁公证1万余件，配合市、区拆迁工作稳步开展，为市、区重点工程建设项目提供公证法律服务。为配合退伍士兵安置工作，一次性安置协议公证2000余件。20多年来，不断优化服务，开展便民活动，将公证工作深入基层，延伸到社区村头。举办公证义务法律咨询活动，广泛宣讲公证法律制度，向群众提供义务法律咨询。在区公证中心设立便民服务窗口，为困难群众开辟绿色通道，开通公证服务热线电话。开展为老、弱、病、残等弱势群体办理登门公证服务活动。加强与法律援助中心合作，对经济困难群众予以减免公证费用。1985 ~ 2007年，先后被市人事局、市司法局评为先进集体，被区委、区政府授予“文明单位”“人民满意的政法单位”称号，并荣立集体三等功1次。

第十九篇　军　事

1983 ~ 2007 年，驻京口区各部队在搞好自身建设同时，广泛开展拥政爱民活动，视京口区为第二故乡，采用多种形式为驻地做好事、办实事，支持地方建设，为京口区三个文明建设做出重要贡献。1983 年 7 月，镇江市京口（城）区人民武装部建制后，既是京口区委军事部，又是区政府兵役机构。至 2007 年的 24 年来，在承担区域内民兵和征兵工作、组织协调驻军和民兵抗洪救灾、支援地方兴修水利、植树造林，支援工农业生产、创建精神文明和卫生城（区）等方面做出显著成绩。

第一章　军事机构

1983 ~ 2007 年，京口区域内驻有地方部队、现役部队、预备役部队、武警部队和军队医院、军事院校、军队干休所等师、旅、团军事机构 18 个。

第一节　中国人民解放军

一、镇江军分区

1949 年 5 月，华东警备第 7 旅改编为镇江军分区，称苏南镇江军分区，为镇江地方军事领导机构，受省委、省政府和江苏省军区双重领导，驻地镇江市正东路 31 号。1983 年 3 月，实行市管县新体制，镇江军分区和镇江市辖区范围相对应。2007 年 12 月，辖有丹阳、扬中、句容市、丹徒、京口、润州、镇江新区 7 个人武部。

二、京口（城）区人武部

1983 年 4 月，南京军区命令新建镇江市北固、金山、谏壁和郊区 4 个区人武部。7 月 27 日，镇江军分区《关于县、市人武部精简整编命令》，北固、金山两区人武部合并为镇江市城区人武部，隶属镇江军分区领导，设军事、政工、后勤 3 个科，驻地水陆寺巷 56 号。1984 年 10 月，更名为京口区人武部。1986 年 6 月，京口区人武部移交地方，隶属地方政府和军分区双重领导。干部集体转业为地方干部，战士志愿兵改为职工。设军事科、政工科和办公室。1992 年 10 月，区划调整，京口区人武部代管镇江新区大港镇人民武装工作。1996 年 4 月，区人武部收归军队建制，隶属镇江军分区，设军事、政工、后勤 3 个科，配备部长、政委、副部长和参谋、干事、助理员，编制职工 8 名。1999 年 1 月，镇江新区人武部建立，大港镇人民武装工作划归新区人武部管理。

三、83106 部队

1947 年 8 月 1 日建立。1949 年 1 月，根据中央军委关于统一全军编制及部队番号命令，改编为中国人民解放军 83106 部队，隶属第 18 兵团（华北军区第 1 兵团改称）。王新亭任军长，周仲英任政委，张祖谅任副军长兼参谋长，共 2.6 万余人。

1950 年 1 月，83106 部队进军川西北，解放灌县（今都江堰市）、松潘、茂县（今茂汶）等地。6 月，川西地区解放后，参加地方政权建设、征收公粮，改造与整编国民党军起义部队的同时，进行剿匪作战。12月，参加抗美援朝。先后参加第5次战役和金城江南、北江以西反击战。1953年，从朝鲜回国后，归华东军区建制，在江苏担任营建等任务。1956年2月，由安徽移驻南京浦镇。1976年3月，从浦镇移驻镇江健康路17号。

1977～1985年，该部队在支援地方社会主义经济建设和抗洪抢险、大型水利工程建设和拥政爱民，军民共建等方面做出重要贡献。1986年，根据中共中央、国务院、中央军委决定，裁撤83106部队番号。

四、73056部队

前身是红军时期绥靖独立营，后从地方部队上升为主力部队。

土地革命时期，参加第一、第二、第三次反“围剿”战斗。抗日战争和解放战争时期，转战于绥、陕、甘、宁、青，参加粉碎国民党军多次进攻，展开战略反攻和解放大西北战斗。

新中国成立后，赴西南地区剿匪。1950年12月，4个营赴朝鲜参加保卫平壤战役、第五次战役、上甘岭战役、金城反击战、掩护《抗美援朝》电影第2辑拍摄战斗等，对空作战1000多次，击落击伤敌机385架。1952年9月，进行整编。1953年3月，中央军委命令组建人民解放军高炮师。1955年2月，划归华东军区领导，参加解放一江山岛战斗。1967年，奉中央军委命令，参加抗美援越。1983年1月，划归83106部队建制。1985年后，完成9905工程和008重大试验任务。1986～2007年，领导机关驻健康路17号。

五、镇江船艇学院

1956年，上海第二公安学校海上巡逻系为其前身。1978年10月，总后勤部批准在镇江定点建校。1983年6月，命名为解放军陆军船艇技术学校。1986年6月，更名为陆军船艇学校。1992年10月，改称海军镇江舰艇士官学校。1995年5月，归隶总后勤部。1999年6月3日，改称镇江船艇学院。

镇江船艇学院是中国人民解放军唯一以培养陆、海军船艇部队指挥、技术、管理军官的指挥院校。先后在镇江市桃花坞路130号、丹徒镇建营院2处（即校区和教练大队两个部分）。

1996～2007年，镇江船艇学院开展81个科研项目，获全国教育科学、军队科技进步一等奖、三等奖和成果奖多项，发表论文400多篇，其中国际会议交流和国外学术刊物发表9篇，出版专著和教材19部。《陆军舰艇战时保障条令》《陆军舰艇部队作战指挥管理系统》《陆军舰艇器材计算机管理系统》等书籍和教材被总参谋部、总后勤部颁发全军执行和使用。训练部被评为“十五”全军交通运输战备工程建设先进单位，魏旭冠、乔华章为先进个人。

镇江船艇学院船艇教练大队系学院教学训练基地，驻地在原丹徒镇，设司令部、政治处、后勤处和装备处。下设船艇修理所等5个直属单位。

六、军队派驻机构

1. 总参通信兵部驻镇江军代表室　1979年12月，总参谋部通信兵部驻镇江军事代表室在镇句路镇江无线电厂建立，担负对镇江无线电厂生产的通信装备进行质量监督和检查验收任务。至2007年，驻地在镇江无线电厂内。

2. 南京军区镇江房地产管理分局（第3分局）　1987年，南京军区镇江房地产管理分局（后改第3分局）在中山东路254号建立。担负镇江、常州、扬州、泰州、南通地区驻军空余房地产管理与维护任务。至2007年，驻址在解放路。

3. 南京军区文化影视培训中心　20世纪60年代，江苏省军区组建电影站，驻地在健康路17号。1978～2007年，该站担负南京战区（包括江苏、浙江、福建、江西、安徽5省和上海市）陆、海、空、二炮部队技术骨干中级培训任务。指导全区文化工作分站初级技术培训工作。同时负责驻镇江、常州部队基层文化活动检查指导，调配发行文体器材、影片、音像制品等任务。

七、中国人民解放军第三五九医院

1969年6月26日，江苏省军区在镇江市中山东路8号建立中心医院，后改中国人民解放军第三五九医院，占地 61724 平方米，下设医务处、政治处、院务处及 15 个科室，其中临床科室 9 个、辅诊科室 6 个，现编制床位 100 张，规模床位 250 张，实际展开床位 400 张。担负镇江、扬州、泰州地区驻军、人武部、干休所 30 多个单位现役军人（军队离退休干部）和当地居民的疾病预防、医疗和保健任务。有高级医疗技术职称 27 名、中级 42 名、初级 58 名。有大中型医疗设备 763 台件，建有计算机网络系统。

1989 年，解放军第三五九医院骨科、口腔科被南京军区确定为矫形外科专科中心、口腔面颌外科专科中心。2002 年，骨科升格为研究所。骨科的重症“儿麻”（小儿麻痹后遗症）矫治、断指（肢）再植、脊柱侧弯前后矫治等方面在国内有较高的知名度。口腔科在颌面部巨大肿瘤切除、口内治疗及修复整畸、义齿制作方面具有专科特色。

2004 ~ 2007 年，解放军第三五九医院是中国人民解放军第四军医大学、第二军医大学、南京医学院、安徽医科大学、江苏大学医学院、皖南医学院、南京军区福州医学高级专科学校、泰州卫校等 10 所大专院校教学医院，是镇江市职工社会医疗保险定点医疗机构。

八、军队干休所

1. 镇江军分区第 1 干部休养所　1965 年 12 月，江苏省军区在镇江健康路建立离职干部休养所，专门管理服务分散居住在市区军队离休干部。1976 年 7 月划归镇江军分区建制。1979 年 7 月 20 日，镇江军分区在桃花坞新建军队离职干部休养所，改称第 1 干休所。设所长、政委（或政治协理员），辖卫生所、驾驶班、公务班。驻地在正东路 141–1 号。2007 年，第一干休所有休养干部 40 名，其中红军 4 名、抗战时期干部 29 名、解放战争时期干部 7 名。另有老干部遗属 43 名。针对离休干部普遍进入高龄期、高发病期的实际情况，该所坚持以医疗保健为重点，改革服务方式为动力，不断提高对老干部医疗保健和服务保障水平。

2. 镇江军分区第 2 干部休养所　1979 年 9 月 20 日，建立镇江军分区干休所，序列为第 2 干休所，设所长、政委（或政治协理员），辖卫生所、驾驶班、公务班。驻地在桃花坞路。2005 年，推行“首问负责制”，开展“助老结对”服务。10 月，在南京军区开展的“康寿杯”抗战老寿星评选活动中，89 岁的老红军钟正明被评为“抗战老寿星”。离休老干部刘希增参与编排的《健身莲湘》节目分别获全省、全国第一名，被指定在第十届全国运动会开幕式上表演。1999 ~ 2007 年，连续 9 年被评为江苏省文明单位。

3. 镇江军分区第 3 干部休养所　1982 年 1 月，铁道兵在镇江桃花坞建立离职干部休养所。1986 年 5 月，划归镇江军分区建制，序列为第 3 干休所。设所长、政委（政治协理员），辖卫生所、驾驶班、公务班。驻地在桃花坞四区。1986 年以来，该所结合实际情况，开展“创三优”和达标创先活动。1990 年，第 3 干休所被省军区评为先进党委。1997 ~ 2007 年，开展“双奉献”（工作人员为老干部奉献青春，老干部为社会奉献余热）活动。

4. 山西省军区镇江干部休养所　1980 年 9 月，66169 部队在镇江花山湾兴建离职干部休养所。1986 年 5 月，北京军区原装甲兵干休所划归该所建制。2003 年，改名山西省军区镇江离职干部休养所。至 2007 年，该所休养干部来自 10 多个军级单位。设所长、政委（或政治协理员），辖医务所、驾驶班、公务班。驻地在花山湾。

5.65301 部队镇江干部休养所　1979 年 4 月，65301 部队在镇江花山湾成立离职干部休养所。设所长、政委（或政治协理员），辖卫生所、驾驶班、公务班。驻地在花山湾十区 18 号。

九、预备役部队

1998 年 11 月，奉南京军区命令，江苏省军区在镇江组建江苏陆军预备役部队。1999 年 2 月 23 日，镇江市政府、军分区发文正式组建。4 月 8 日，在镇江市体育场宣布成立。镇江预备役部队下设司令部、政治处、后勤处、装备处。团长刘党胜、政委仇连山。驻京口区丁卯桥路。

该部队前身是 1937 年 12 月成立的山西省临汾县民众模范自卫总队。1938 年 2 月，改编为决死第 2 纵队第 5 大队。1939 年 7 月，八路军总部命名其为国民革命军第 18 集团军汾东支队。解放战争时期，先后改编为太岳军区汾东支队、晋冀鲁豫军区第8纵队第23旅第63团、为中国人民解放军陆军第179师第536团。渡江战役后，一直驻江苏地区。1985年9月，改编为南京军区某集团军师教导团。1989年12月，恢复番号。1998年11月，改编为江苏陆军预备役部队。1999～2007年，该部队通讯交通营为京口区预备役部队。

第二节　武装警察部队

一、武警镇江市支队

1983年3月，镇江地区人民边防武装警察支队与执行内卫任务的江苏省军区独立第6团第3营营部、第9连、第7连1个排组建为中国人民武装警察部队镇江市支队（以下简称“武警镇江市支队”），隶属中国人民武装警察部队江苏省总队和镇江市公安局双重领导。至2007年，该支队设司令部、政治处、后勤处，下辖2个大队、10个建制中队及教导队。担负江苏省第14劳改支队、镇江监狱、市、县看守所、收容审查站等10处固定目标看守看押以及城市巡逻和治安保卫任务。营区在镇江市桃花坞五区6号。

二、镇江市消防支队

1983年1月，消防部队受镇江地区公安处和江苏武警总队双重领导。3月，江苏省实行市管县体制，成立镇江市消防大队。1988年3月，消防大队升格为消防支队。设司令部、政治处、后勤处、战训科、防火科。1994年3月，撤科建处，机关设司令部、政治处、后勤处、防火处。2005年12月，驻地迁至丁卯桥路。2007年，下辖京口、润州、丹徒、镇江新区、丹阳、句容、扬中7个大队。

三、镇江边防检查站

1987年2月，经国务院批准建立中华人民共和国镇江边防检查站（以下简称“镇江边防检查站”），隶属中国人民武装警察部队江苏省边防总队，为现役部队，在口岸边防检查站中属一类站。设司令部、政治处、后勤处。镇江边防检查站执行“行政管理、情报调研、武装警卫和群众工作相结合”边防工作方针，代表国家行使出入境检查职能部门，具有公安性、军事性、涉外性特点，担负长江下游南岸镇江段65千米沿线2个江心浮筒、1处检疫锚地、11座码头（执勤点）、25个泊位边防检查、监护和巡逻，打击偷渡、走私、贩枪、贩毒和涉边违法犯罪活动，维护国家安全和社会稳定边防保卫任务。驻地在东吴路18号。2006年，迁址宗泽路。

第二章　民兵后备力量建设

1984年，修改并颁布的《中华人民共和国兵役法》提出实行民兵与预备役相结合的兵役制度。京口区军事机关在地方党委、政府和镇江军分区领导下，根据《中华人民共和国兵役法》和有关法律、制度，在政治上、组织上、军事上切实加强对全区民兵后备力量建设。1985～2007年，民兵后备力量建设不断发展。

第一节　双重领导制度

一、地方党委兼任区军队党委书记

1983年7月，镇江市城区人武部建立后，在镇江军分区党委领导下，同时接受镇江市城区区委的双重领导。11月15日，中共镇江市委、军分区党委批准镇江市城区人民武装部成立党委。1985年4月15日，根据总政治部组织部《关于省军区、军分区党委书记设置问题的通知》，区人武部党委不再设第一书记，区委书记只兼任区人武部党委书记，名列部队干部之前。1986 ~ 1996 年，区人武部在移交地方建制期间，一直由区委书记兼任党委书记。区人武部党委设置 1 ~ 2 名副书记。

1995 年 5 月，新颁布的《中国人民解放军政治工作条例》规定，县（市）区人武部和预备役部队仍实行双重领导制度，由同级党委书记兼任县（市）区人武部和预备役部队第一书记。

1996 年 4 月，区人武部收归部队建制后，京口区委书记兼任人武部党委第一书记，区人武部内设党委书记和副书记。

二、军队主要领导参加区委常委

1984 年 8 月，在中共镇江市京口区第一届代表大会上，区人武部 1 名主要领导当选为区委常委。1988 ~ 2007 年，在中共京口区第二至第六届人民代表大会上，区人武部先后有张宝贵、胡子江、王桂生、符永华、陈国金、袁玉林、魏春林当选为区委常委，参加区委领导。

三、人民武装委员会

1985 年 2 月，区委批准成立区人民武装委员会（以下简称“区武委会”），由区委、区政府、区人武部领导及市属局（公司）、区有关部、委、办、局 17 名负责人组成。区委副书记、区长任主任，区委副书记，人武部政委、部长为副主任。办事机构设在人武部，由军事科负责日常工作。每年结合兵员征集召开一次全会。1985 年 2 月 14 日，首次召开全委会。市委常委、市武委会副主任、军分区政委曾学才，市武委会副主任、军分区副司令员易祥发出席会议并讲话。此次会议编发《纪要》。通报全区人民武装工作、民兵组织调整改革、“军、警、民联防组织”、基层民兵武器装备管理、集资兴建京口区民兵训练基地等情况。

1986 ~ 2007 年，区武委会召开 25 次全委（扩大）会议，传达学习总参谋部、总政治部、国家体改委等 7 部委下达的《关于企业民兵预备役工作的规定》，着重研究社会主义市场经济条件下，如何贯彻落实中共中央关于民兵预备役工作一系列方针政策，进一步做好新时期人民武装工作。根据市政府、军分区指示，区武委会会同军分区在市冶金局进行企业民兵改革试点，着重研讨政企分开后，如何坚持党管武装优良传统及如何解决企业生产和民兵工作矛盾等问题，组建京口区预备役部队（直属队）问题。根据市委和军分区指示，研究针对台海地区军事斗争形势，区域范围内人民武装工作对应措施，历年完成民兵军事训练、征兵、民兵组织整顿、法治建设等方面工作任务。

四、常委议军会

1983 年 8 月，区委把议军会纳入常委会议作为一项制度。1984 年 2 月，区委常委会议决定，每半年召开 1 次专门议军会，听取人武部工作情况汇报，讨论和审议民兵预备役建设方针政策方面的问题，检查对上级党委、军事机关指示的贯彻落实情况，研究解决区人武部和民兵工作中的重大问题。1984 年 2 月 14 日，区委书记、区人武部党委第一书记孙国柱在区委常委议军会议上提出“全区民兵预备役工作要以中共十三届三中全会精神为指针，以整党为动力，继续清除“左”的影响，紧紧围绕“四化”建设，落实好民兵预备役建设方针政策”要求。

1985 ~ 2007 年，区委常委会召开 44 次议军会，研究解决区人武部和民兵预备役工作中重大问题 280 多件。解决区人武部人事、经费等重大问题。区财政除给足区人武部包干经费外，另外补贴基础设施建设经费。1996 年 3 月，多次召开常委会和书记议军碰头会，专题研究人武部收归军队建制等问题。3 月 18 日，区委、区政府和军分区举行收归交接仪式，6 名干部收归军队，4 名干部留地方安置。1999 年，区委议军会制定并颁发《镇江市市属局（公司）和厂矿人武部第一部长责任制》《镇江市市属局（公司）厂矿人民武装委员会责任制》，区及市属局（公司）人民武装委员会委员坚持每年过一次“军营一日生活”，召开基层人武部党管武装研讨会，开展评比“厂矿关心人民武装工作‘十佳’好厂长、好经理”

活动。

2000 ~ 2003 年，区委历次议军会落实民兵预备役战备制度，修改和完善《协助地方维护社会稳定行动方案》《抢险救灾行动方案》。各基层党委议军会决定，为完善人民武装工作“三室一库”（办公室、活动室、档案室和武器库）建设，增加民兵预备役力量战备设施技术含量．市建委、市交通局等单位，根据区委常委议军会精神，把民兵经费纳入预算。市化工局、谏壁镇、象山乡等单位把人民武装工作纳入年度目标考核。市交通局党委在企业改制签订合同中，做到市政府规定人民武装工作的基本要求。

2004 年，区委议军会听取全区人民武装工作坚持争优创先、征兵、安全管理、比武考核等。会议强调，在对台斗争形势更加严峻情况下，必须高度重视和进一步加强民兵预备役工作。同时强调区政府办公室、区人武部要加快民兵训练综合楼（即京口区国防指挥中心）建设进度、区委宣传部将国防教育纳入 2005 年全区精神文明建设重要内容、区财政局将 2005 年民兵预备役人员训练活动及民兵高炮分队打靶经费等列入财政预算。

第二节　民兵建设

1983 年 7 月，镇江市城区人武部管辖原镇江市人武部管理的市属局（公司）及所属厂矿企事业单位的民兵工作。1984 年，根据总参谋部 1981 年《关于调整改革民兵军事训练的试行意见》，实施民兵工作调整改革，民兵数量每年减少 2% ~ 4%。1985 年，根据中发 22 号文件规定，全区民兵后备力量建设与国防建设同步，指导思想与现实战略性转变同步，由立足早打大打战备状态转移到和平建设轨道上来，民兵工作坚持“减少数量，提高质量，抓好重点，打好基础”方针，逐步做好调整工作。1999 年 4 月 30 日，京口区政府颁发《关于深化民兵工作调整改革的意见》，贯彻精干的常备军和质量建设思想，服从国家经济建设大局，适应国防需要，使民兵工作适应新时期军事战略方针，为适应“战场”需要和“市场”要求，对民兵工作进行调整改革。2007 年 12 月，全区有 140 多个民兵组织，民兵 1 万余人。

1983 ~ 2007 年，区人武部根据总参部、南京军区、省军区、军分区和地方各级党委指示，历年完成民兵预备役组织整顿、军事训练、政治教育和征兵工作任务。1983 年 9 月，区人武部第一次进行民兵整组。在组织整顿期间，各基层人武部总结民兵工作，进行政治教育，做好民兵的出入转队工作，选配民兵干部，纯洁民兵组织和健全民兵活动制度等。经过整顿，全区有基干民兵 2000 多名。组建 XX 个基干民兵连，XX 个独立排，其中高机分队 X 个。1985 年 11 月，根据“减少数量，提高质量”指示进行民兵组织整顿，经过出入转队，民兵总数比 1984 年减少 2%。

图 19-1　1996 年 4 月，象山乡与驻军开展军民共建蔬菜园　（邓伯清摄）

1999 年，京口区根据省军区和军分区关于民兵工作调整改革指示，在“九五”期间，基干民兵总数调整，比 1996 年减少 30%。民兵应急分队编制比 1996 年增加 50%，同时增编专业分队、工兵等技术兵种。4 月 12 日，军分区司令员王海棠到京口区检查，对民兵整组和民兵工作调整改革情况表示肯定。

2001 年，京口区民兵整组突出抓好武装机构调整、民兵组织转移和专业技术民兵连组建工作，批准设置镇江国际饭店、市交通局公路管理处、镇江钛白集团、江苏索普集团和镇江市硫酸分厂 5 个基层人武部。组建江苏索普集团民兵导弹第 1 连，在市建设局、机械局、贸易局、纺织工业局、供销社和谏壁镇、象山乡等 7 个单位组建民兵伪装防护第 1 连、第 2 连。

2007 年 4 月，根据省、市民兵预备役整组工作会议精神，京口区民兵组织整顿时，着眼为反“台独”应急作战做准备，按照省、市提出的“广泛教育、巩固成果、合理调整、突出重点、全面提高”指示，全区基干民兵总数比 2004 年增加 8%。

1983 年 7 月，京口区人武部根据《民兵军事训练大纲》规定，重点对民兵干部和民兵专业技术分队、民兵应急分队实施军事训练。

1984 ~ 2007 年，区人武部规定民兵训练时间一般为 20 天（1993 年总参谋部规定，训练时间不超过 15 天）。训练内容：步兵分队主要是进行队列、射击、投弹、爆破和战术训练，高炮（机）、工兵、防化、通信、侦察和海军、空军等专业技术兵分队，主要进行本职专业技术和专业战术训练。根据战备和军事形势需要，京口区民兵还要进行巷战、街垒战和“三防”（防空、防核、防生物武器）“三打”（打坦克、打飞机、打空降）和新“三打三防”（打隐形飞机、打武装直升飞机、打巡航导弹；防精神打击、防侦察、防电子干扰）军事训练。2000 年，京口区人武部被江苏省人民政府、省军区授予“江苏省民兵训练规范化先进单位”。

2001 ~ 2007 年，随着科学技术发展和武器装备不断更新，京口区民兵训练内容与现役部队基本一致。训练方式向基地化方向发展。民兵专业技术分队训练比重不断增大。运用电化教学和模拟训练等先进手段使民兵训练逐步走向规范化、现代化。

第三节　预备役工作

一、预备役制度

1984 年颁布的《兵役法》规定实行民兵与预备役相结合的兵役制度。京口区规定，对应征公民未被批准服现役的，批准服士兵预备役。服预备役年龄为 18 ~ 35 岁。士兵预备役为一、二类。第一类预备役士兵到 29 岁转入第二类预备役；第二类预备役士兵年满 35 岁退出预备役。

1998 年，修改后的《兵役法》仍将士兵预备役分为两类，但对分类作了调整。京口区第一类预备役包括三部分人员：经过登记服士兵预备役和 35 岁以下退役士兵。经过登记服士兵预备役 35 岁以下地方与军事专业对口的技术人员。其他编入预备役部队和预编到现役部队的 28 岁以下预备役士兵。第二类预备役包括两部分人员：除服第一类士兵预备役人员外，编入民兵组织的人员。其他经过登记服士兵预备役的 35 岁以下男性公民。这种编类除体现民兵与预备役结合外，还符合以军事素质为主预备役分类规律。至 2007 年，预备役制度没有变化。

二、预备役部队

1999 年 4 月，镇江市建立预备役部队，直属队属京口区预备役部队。下辖汽车运输、通信指挥、工兵防化连、卫生队、军械修理所和警卫调整排、后勤仓库保管班。

2000 ~ 2007 年，京口区预备役部队通信指挥、工兵防化、卫生、运输、军械修理和警卫、仓库保管分别由各连队组织专业训练或到预备役部队驻训。

图 19-2　2002 年，省军区领导考察驻区的预备役部队　（邓仲清摄）

三、预备役登记

1983 ~ 1985 年，每年民兵整组结束后，区人武部军事科进行预备役登记、统计注册管理，把符合服一、二类预备役退伍军人和受过军事训练基干民兵、普通民兵吸收到一、二类预备役队伍中来，为战时扩充兵源奠定基础。1986 年，全区预备役分一类预备役和二类预备役。1992 年，根据中央军委《关于做好转业军官预备役登记统计的通知》，对 68 个市属局（公司）、省属单位的 157 名预备役军官登记发证。根据省军区和军分区要求，对 1989 年以来 212 名军队转业干部进行预备役军官登记，涉及 89 个单位。其中副师级 5 名，正团级 18 名，副团和正营 72 名，副营以下 114 名。

2001 年 5 月，区人武部召开专题会议，布置对 1995 ~ 2000 年退伍军人数量、质量情况登记、建卡管理，为战时快速动员并补入作战部队提供各项依据。通过登记，填写《退伍军人预备役统计表》、“退伍军人预备役登记卡”，对退伍军人预备役建立档案。2003 ~ 2007 年，全区第一类预备役士兵 4000 多名，第二类预备役士兵 6000 多名。

四、预备役军官授衔

1983 年 7 月，京口区预备役军官管理工作由区人武部会同市属有关局（公司、集团）、乡镇、街道组织实施。根据 1995 年 5 月 10 日，第八届全国人大第 13 次常委会通过的《中华人民共和国预备役军官法》规定，1996 年，京口区成立预备役军官评授军衔工作领导小组，领导对区域内预备役军官评授军衔工作。经区委研究，建议对包龙奎等预备役军官授予预备役大校、上校、中校、少校军衔，韩忠茹等预备役军官授予预备役上尉、中尉军衔。

1997 年 4 月 1 日，江苏省军区政干字第 82 号命令，转发南京军区司令员陈炳德、政治委员方祖岐授予京口区域内包龙奎等为预备役军官大校军衔，省军区授予李成龙、金国使等为上、中校军衔。

授予预备役大校军衔 6 人：包龙奎　吴龙保　李学科　万金龙　赵振祥　余有贵

授（改）予预备役上校军衔 48 人：

李成龙　黄玉明　顾开宁　胡贵留　陈德平　顾德新　张开益　曾龙祥　侯在龙　周立新

徐金和　于富强　司端余　曹文德　张运田　吴复兴　曹双林　贾云平　王成荣　王俊芳

黄国明　刘德俊　曾万余　魏可德　周本友　王　方　林同根　刘金田　李　强　黄昌林

廖卫华（女）　田进富　徐安宁（女）　杨　峰　宗友源　王德文　姜洪杰　金森民

沈爱玲　于崇勋　倪晓普　王　坤　隋　明　季秀全　缪　云　李世春　李洪祥　张雪亭（女）

授（改）予预备役中校军衔 127 人：

金国使　丁有源　李宁林　刘爱民　朱长龙　张连华　康立华　周亚权　蒋建新　万如胜

何代玉　沈建海　郝心荣　徐福安　胡建生　崔世桐　夏桂才　付　宁　金孝仁　陈伯顺

杨巧云　张美利　洪良银　许志涛　陈定国　孔滨克　王志林　曹锁柱　尹子山　左　平

唐祖田　杨志明　毛志亮　胡龙海　张晓群　王安民　刘茂珍　王勤迪　景敖喜　唐月标

李正才　杨永平　周春林　周荣富　方春仁　周兆荣　江庆生　顾向前　吴仲辉　施苏扬

宋养峰　夏元兰　毛春达　严庆春　邓云峰　夏永强　高明泉　童国平　张锦如　郝太元

夏成强　王纯一　刘龙保　何世俊　刘永忠　成永清　王社宁　刘建忠　张仁东　曾建中

王友照　唐成亮　刘勇州　李涌宝　王　卫　肖　源　顾克新　朱金生　丁国奋　蒋伟骏

巫妙生　吕广来　王树德　严翔建　张铁军　王化湘　郭祥明　宋开建　史金林　李大坤

刘和平　徐祖远　余巧生　黄品涛　许炳生　殷礼定　任君贤　赵连云　赵生富　张　霞（女）

章树新　王素华（女）　胡荣顺　朱　利（女）　余　菊（女）　王永兆　徐国泰

刘诏章　张忠恒　赵瑞祥　门　宝　冶丽娜（女）　蒋永昌　李兆全　白汉明　李德满

邵善林　张国民　张生尧　曹留其　杨春荣　谢有林　王曙明　陆锦富　董文海　秦元一

梁开华

1997 年 5 月 28 日，在镇江军分区小礼堂举行预备役军官大校、上校军衔授衔仪式，市委书记、军分区党委第一书记方之焯、市长周大平、军分区司令员王海棠、政委卓洪昶参加。京口区被授予预备役大校、上校人员出席。6 月 17 日，京口区人武部隆重举行预备役军官授衔仪式，区委书记秦光华、区长孙继英、区人武部部长符永华、政委陈国金参加。被授予的中校、少校人员出席。

第三章　兵员征集

1983 ~ 2007 年，京口区委、区政府以及各级党委、政府把兵员征集工作作为严肃政治任务来完成，区人武部切实履行兵役机关职能，坚决执行征兵命令，认真抓好征集工作，圆满完成历年征兵任务。

第一节　征集机构

1983 年 10 月，成立京口区征兵工作领导小组。1984 ~ 2007 年，区征兵工作领导小组为区政府征兵工作领导机构，具体工作由区征兵办公室负责实施。

第二节　征集范围程序

一、征集范围

1984 ~ 1991 年，根据市征兵办公室规定，京口区新兵征集范围为区域内市属学校应届高中毕业生、高校在读一、二年级学生和企事业单位具有高中以上职工。1992 ~ 2007 年，征集范围为区属城乡及区域内应届高中毕业和高校部分在读学生，在农村可适当征集部分初中毕业生入伍服现役。

二、征集程序

1984 年 10 月，修改后的《兵役法》进一步规范新兵征集程序。 兵役登记。 1985 ~ 2007 年，全区征集工作开始前，由区征兵办公室下发《关于兵役登记工作的通知》，各市属局（公司）分别成立兵役登记领导小组，下设兵役登记、目测、政治初审 3 个组，并根据各单位适龄青年数设立登记站，各登记站设站长 1 名，工作人员 2 ~ 5 名。登记方式：进站登记。9 月 30 日前兵役登记结束。 征兵宣传。 1983 年 10 月至 2007 年 10 月，区征兵工作办公室设置宣传组，各市属局（公司）和街道、乡镇征兵领导小组均下设宣传组，形成征兵宣传网络，每年征集工作中开展对《兵役法》《征兵工作条例》及上级有关规定宣传。1990 年，市政府、镇江军分区决定把 9 月 1 日作为全市征兵宣传日。区征兵办公室组织力量在大市口、梦溪广场和社区集镇设立宣传总站和宣传站，接待咨询征兵政策人员。1993 年 11 月，京口区为突出宣传江苏省《关于逃避兵役登记和拒绝服现役的处罚决定》，组织 38 辆宣传车，设立 19 个宣传咨询服务站，扩大宣传面。 组织报名。 1983 年 10 月，京口区征兵办公室在公民登记后，组织 3406 名高中毕业男性青年报名。1984 ~ 2007 年，全区组织 20 多万名适龄青年报名。其中，1985 年始，在京口区征集女性适龄青年，组织 17 ~ 19 岁 260 名女性公民报名，批准 7 名女性公民入伍服现役。 政治审查。 1986 年 9 月，根据省政府、省军区文件精神，在京口区尽可能征集一些适龄台湾省籍和归侨、侨眷子弟入伍，政治条件按照 1984 年 8 月 25 日公安部、总参谋部、总政治部《关于征集兵员政治条件的规定》执行。1990 年 1 月 26 日，省政府、省军区通报表彰镇江市公安局京口分局 1987 ~ 1989 年，连续 3 年为征兵政审工作先进单位。1992 ~ 2007 年，为增加政治审查透明度，区征兵办公室采用“开放式”政治审查，即公开宣传征兵的年龄、文化程度、政治表现等方面政策性规定，把经过初审、复审的 58 名应征公民名单张榜公布，从而达到“一服从、三尊重”（即服从市征兵办公室的领导，尊重各级党委、政府初审意见、尊重体检政治审查组结论、尊重接兵部队的意见），使征（兵）接（兵）双方满意。 体格检查。 1983 年 8 月 5 日，军分区《关于

1983 年冬季征兵工作有关问题的通知》规定，京口区男性应征公民体检时，身高增加 0.5 厘米，女性公民体检时体重由 42 千克以上改为 40 千克以上。1984 ~ 1991 年，京口区为确保新兵质量，除按照国防部颁布的《应征公民体格检查标准》执行外，增加肝功能（含乙型肝炎表面抗原）普查。1987 年，普遍开展病史调查，其中 1989 年对 18 ~ 20 岁的 4981 名适龄青年中调查病史 451 名，占总数的 0.9%，按 1 ： 25 送检 218 名，合格 114 名，合格率为 58%。1998 年冬季征兵，京口区对驻港部队和中央警卫团新兵体检时，严防将患有传染病、慢性病、精神病的人征入部队，特别注意把好“文身”、性病和艾滋病的体格检查关。为保证兵员质量，区征兵工作领导小组与征兵体检组签订目标责任书，保障新兵体格各项指标都达到上级要求。2002 年，对在校大学生兵员征集工作，由区征兵办公室在组织报名时，进行目测、摸底，提出体检名单，按照国防部 1991 年 9 月 29 日颁布的《应征公民体格检查标准》进站体检。2003 年 11 月，按照国防部重新修订的《应征公民体格检查标准》执行。2005 年 11 月，增加“尿检”，防止艾滋病和吸食毒品人员进入部队。但这项检测对应征青年保密，不对外公开。2006 ~ 2007 年，体检条件未变。　新兵交接运输。　1983 ~ 1989 年，区征兵办公室征接双方按新兵人数编制《花名册》，排队点名交接。1990 年 1 月 26 日，国防部颁布《交接新兵工作的若干规定》（以下简称《若干规定》）。1991 ~ 2007 年，京口区征兵办公室按《若干规定》程序进行新兵交接。

图 19-3　1999 年，市国防教育园在二十一世纪乐园建成　（邓仲清摄）

第四章　创建全国双拥模范城（区）活动

1984 年 6 月，镇江市政府、镇江军分区决定在京口区试点军民共创双拥模范城（区）活动。8 月 25 日，成立京口区军人家庭服务中心指导委员会，下设办公室，具体负责拥政爱民、拥军优属（以下简称“双拥”）和创建双拥模范城（区）工作。1989 年，省政府、省军区在全省推广徐州市军地共创模范城活动后，京口区各市属局（公司）、街道、乡（镇）和企事业单位、社区普遍建立创建活动领导小组和军人家庭服务中心（包户小组、服务站），广泛深入地开展为部队、军人家庭、烈属和荣誉伤残复员军人送温暖、办实事双拥活动。1991 年，京口区各市属局（公司、集团）和厂矿、乡镇等基层武装部结合“后方政治部”活动，为军人家庭办实事、解难题 429 件。镇江合成纤维厂武装部为现役军人家庭优先解决住房 15 户、450 多平方米，被省军区首长赞扬为现役军人的“后方政治部”。镇江合成纤维厂“后方政治部”被市政府和军分区树为典型，成为各基层武装部学习榜样。

第一节　双拥工作领导机构

1984 年 8 月 25 日，区成立军人家庭服务中心指导委员会。1990 年，京口区获省级“双拥模范区”称号。1991 年，根据总政治部、省、市政府决定，京口区“双拥”工作由区委、区政府下设双拥领导小组办公室负责。1992 年，区编委列双拥办为政府常设机构，定编 2 名。京口区双拥工作坚持“一把手”工程，成立以区委书记为组长的双拥工作领导小组，将双拥、创建签订目标责任状落实到部委办局、镇、街道。

1985 ~ 2007年镇江市京口区创建双拥工作领导小组组长、副组长名单表

表19-1

职　务	姓名	任职时间	备　注
组长	戚中立	1985.5 ~ 1990.5	京口区政府区长
	江里程	1990.6 ~ 1993.2	京口区政府区长
	张克敏	1991.3 ~ 1993.3	京口区区委书记
	孙纪英	1996.2 ~ 2000.12	京口区政府区长
	沈柯章	2001.1 ~ 2001.3	京口区政府区长
	刘国荣	2001.8 ~ 2002.11	京口区政府区长
	童国祥	2003.1 ~ 2005.12	京口区政府区长
	郭　建	2006.3 ~ 2007.12	京口区政府代区长、区长
副组长	陈启源	1984.8 ~ 1990.12	京口区政府副区长
	张宝贵	1984.8 ~ 1990.12	区人武部政委
	俞力平	1991.4 ~ 1993.8	京口区政府副区长
	王桂生	1991.4 ~ 1995.12	区人武部政委
	刘　璟	1992.5 ~ 1995.3	镇江军分区政治部主任
	陆顺根	1993.5 ~ 1995.10	京口区政府副区长
	刘　勇	1995.4 ~ 1995.10	船艇学校政治部副主任
	张　明	1995.4 ~ 1995.10	83423部队政治部副主任
	黄国定	1991.4 ~ 1995.10	镇江房管局分局政委
	吕复义	1991.4 ~ 1995.10	消防支队副支队长
	王公渠	1991.4 ~ 1995.10	边防站政治处主任
	严亚洲	1991.4 ~ 1995.10	359医院政治处主任
	夏明强	1991.4 ~ 1995.10	武警支队政治处主任
	陈宏贵	1991.4 ~ 1995.10	镇江军分区第1干休所政委
	陈国金	1991.4 ~ 1996.5	镇江军分区第2干休所政委
	张爱群	1991.4 ~ 1996.5	镇江军分区第3干休所政委
	范仁毅	1991.4 ~ 1996.5	81032部队干休所政委
	卓洪昶	1995.4 ~ 1996.5	镇江军分区政治部主任
	任延梅	1991.4 ~ 1996.5	52831部队干休所政委
	范广庭	1992.3 ~ 1996.5	83033部队政治部副主任
	隋　明	1992.3 ~ 1996.5	船艇学校政治部副主任
	刘新增	1992.3 ~ 1996.5	83423部队政治部副主任
	吕振亚	1997.3 ~ 2002.12	京口区政府副区长
	袁玉林	1997.10 ~ 2005.3	区人武部政委
	魏春林	2005.3 ~ 2005.12	区人武部政委
	余国根	2002.11 ~ 2005.12	京口区政府副区长

区双拥工作领导小组、区人大、区政府领导到基层视察，督查双拥、创建等方面的政策法规落实情况。

第二节　首次创建全国双拥模范城活动

1992 ~ 1994 年，制定《京口区 1992 ~ 1994 年双拥工作规划》《关于做好新时期拥军优属工作的若干规定》《军人优待抚恤条例实施纲要》《扶持优待对象致富奔小康办法》《京口区双拥工作领导小组和工作人员职责》《京口区各市属局（公司）、乡（镇）、街道部门双拥工作职责》，使创建工作有章可循。1992 年，京口区召开军地联席会议，协调创建双拥模范城（区）工作计划，确定军地双方创建内容。各基层创建工作领导小组，每半年召开一次例会，制定工作计划和安排重大活动，建立各类台账。区双拥办公室绘制全区义务兵分布图、驻军分布图、创建双拥工作机构网络图、双拥共建对子表及共建大西路、中山路、解放路双拥街（路）示意图，使创建工作落到实处。同年，健康路街道、丹徒镇、谏壁镇、大港镇被市委、市政府、军分区授予双拥模范乡镇（街道）。

1993 年，区政府和驻区 18 个团以上单位，22 个市属局（公司）、乡（镇）、街道分别互签军地双拥工作责任书，互办 20 件实事。其中镇江军分区、83423 部队、37921 部队、陆军船艇学校、第 359 医院、镇江市武警支队、镇江市消防支队、镇江边防检查站先后出动官兵 4000 人次、车辆 162 台次，为地方政府运送兴建“三国城”城砖 8 万块，平整土地 1 万多平方米，运送土方 1200 立方米，植树 2400 多株。地方政府为驻军协调解决科技人员，为陆军船艇学校工厂开发新产品，出资 80 多万元为 83423 部队营区改架供电线路，支持武警防暴分队购买指挥车，为陆军船艇学校教练大队与市自来水公司供水接网，为边防检查站新建“军人之家”等。同年，谏壁镇、镇江船山石灰石矿、镇江韦岗铁矿等单位武装部为军属发放“优待证”，大港镇人武部为 42 户军属免费助耕，打水灌溉农田，发放化肥 2100 千克。1994 年，开展以“一部三好”活动为载体的“双拥”工作。健全组织，落实制度，为部队排忧解难办实事，军民共建精神文明。各基层武装部结成军民共建 59 对。镇江焦煤集团武装部创办军地两用人才培训中心，象山乡武装部结合民兵“以劳养武”活动，为驻军开办蔬菜直销站。同年，评出 3 名支持子弟兵安心服役的“好家长”，8 个拥军优属的“优秀窗口”分别受到市政府、军分区表彰。京口区双拥办公室被评为先进单位。市港务局、镇江汽车站、第四人民医院、市糖烟酒公司东风副食品商店、镇江商场、金山公园、华联商厦为拥军优属优秀“窗口”单位。7 月，镇江焦煤集团、市化工局、镇江船厂、韦岗铁矿、汽车钢圈厂、冶金机械厂被市政府、军分区表彰为拥军优属先进单位和“支持子弟兵的好单位”。包龙奎、翟志高被表彰为“关心义务兵的好领导”。左嘉兵、马德隆被表彰为“培养子弟兵的好家长”。象山乡被表彰为双拥模范乡，大市口、四牌楼街道为双拥模范街道。镇江市被命名为全国双拥模范城，京口区同时获此殊荣。

第三节　第二至四次创建全国双拥模范城活动

1995 ~ 2004 年，镇江市第二至第四次创建全国双拥模范城期间，制定《京口区一部三好活动细则》《双拥基金征收办法》《城镇义务兵家属优待金征收办法》《优抚对象抚恤定补标准》等，广泛深入地开展创建全国双拥模范城活动。1995 年，区委、区政府、区人武部领导带队，会同有关市属局（公司）人武部专程赴上海、南京、苏州、宜兴等地走访慰问京口区籍官兵，送去家乡人民深情厚谊，还对荣立二等功者每人奖励 300 元，荣立三等功者奖励 200 元。驻军部队首长称赞京口区委和区政府领导亲赴部队慰问本籍立功官兵举措。1996 年 10 月 7 日，制定《京口区城镇义务兵优待金征收办法》，根据每年入伍城镇义务兵人数及一次统筹 4 年原则，按 1995 年全区职工在职人数，每人征收 16 元，计征收 56848 元，确保义务兵优待金按时足额发放。

1996 ~ 1997 年，制定《京口区创建解放路双拥一条街工作计划》。区人武部协调 83423 部队、83030 部队与京口区政府及正东路街道共建“双拥文明一条街”，订立标准和守则，规范创建活动。全区有各类优抚对象 2468 户，每年发放优待金 32.3 万元。大市口、四牌楼、健康路、正东路街道和市贸易局、冶金局、交通局、丹徒镇、谏壁镇等 10 多个单位及 40 多家企事业单位被市委、市政府、军分区授予双拥工作有功单位。1998 年 5 月，大力开展京口籍官兵“奉献在军营”宣传活动，倡导高尚的爱国情怀和奉献精神，激励有理想、有才干适龄青年踊跃参军热情，调动京口籍官兵建功军营、为家乡争光积极性。1999 年 3 月，83423 部队、镇江市武警支队和市属局（公司、集团）、乡镇、街道人武部组织 4000 多名官兵和民兵在解放路创建精神文明一条街，在丹徒谏壁等集镇开展双拥模范城活动，折合 3000 个工作日。

2000 年，在市第四次创建双拥模范城活动中，实行双拥工作“一票否决”同时，大力开展科技拥军工作，为军队和军属办实事 200 多件，投入“双拥”经费 90 多万元，更新和添置设施使全区国防动员、科技动员等更加扎实有效。区委、区政府、区人武部根据全国双拥工作领导小组开展“爱心献功臣”通知精神，动员社会各界人士对“三老”（老烈属、老伤残军人、老复员军人）献爱心，结对帮扶，解决实际困难。各单位武装部发挥桥梁和纽带作用，自觉当好现役军人后方政治部。优待金发放做到一分不少，一天不拖。市经工局、市交通局武装部积极为退伍军人安排工作。市贸易局人武部热心为下岗军嫂重新上岗和调换工作服务。市粮食局武装部积极协调军粮供应，保证质量，受到贸易部和解放军总后勤部表彰。市教委武装部热情主动地为驻军子女入学提供优先、方便条件。市冶金局和韦岗铁矿武装部在纪念抗美援朝胜利 50 周年期间，组织召开抗美援朝老战士座谈会。市交通局武装部积极协调，为驻军修筑 2000 多米道路。2003 年，全区筹集发放义务兵家属优待金 56.13 万元，发放伤残军人抚恤金 20.7 万元。2004 年 1 月，京口区委、区政府被授予“四创”二等功单位，健康路街道被授予三等功单位，区人事劳动和社会保障局、大市口街道、象山乡被嘉奖 1 次。冯士超记二等功 1 次，薛安明记三等功 1 次，杨秀美、朱国荣各嘉奖 1 次。12 月，65301 部队镇江干休所邓进志被市委、市政府授予双拥工作先进个人。同年，京口区连续第四次被命名为全国双拥模范城（区）。

2005 年，区委党校、人武部、中小学校开设德育教育课程、专题讲座、军事夏令营，建设青少年军校、国防基地，举办《中华人民共和国兵役法》《中华人民共和国国防法》知识竞赛、演讲比赛，过“军营一日生活”等。区委组织部、人武部、双拥办举办国防报告会，拍摄争创双拥模范区专题电视片《情满京口》，在大市口广场举办“双拥放歌”系列晚会，实现转退军人及随军家属安置率、义务兵家属优待金达标率、为“三老”优抚对象解“三难”率、优秀士兵开发使用率 100%。2006 年 2 月，京口区被省政府、省军区授予双拥模范区称号，在镇江市“五创”全国双拥模范城表彰中，被授予二等功单位，京口路社区获省军民共建精神文明先进单位称号。

图 19-4　至 2007 年，京口区一直广泛开展“双拥双向”活动　（邓仲清摄）

2007 年，全区 150 名干部、社区群众开展“军营一日”活动，举办“道一声问候、送一份真情”双拥系列活动，举办庆“八一”和“双拥颂歌”广场文艺晚会，走访慰问军队干休所老干部百岁老红军罗青云。12 名军嫂、15 名转业干部得到安置，解放军第 359 医院专家进社区，为群众义诊。组织官兵参与清洁城市、清洁家园活动。征兵工作连续 25 年无责任退兵。

第二十篇 科 技

1983年11月，京口区成立科学技术协会（以下简称区科协），组织科普知识宣传。1984年5月，区科学技术委员会（以下简称区科委）成立，负责指导、管理、协调全区科技项目论证、立项、组织实施。1985～1991年，先后建立科技社会团体10多个，对全区科技人才需要开展预测和职称改革。1992年11月，区委、区政府提出“科技兴农”“科技兴教”“科技兴区”等一系列经济发展战略目标，增大全区各行各业发展科技含量。1993年，区政府配备科技副区长，各乡镇配备科技副乡（镇）长，乡镇及科技工业园区、场圃分别成立科委，区属工业、交通、卫生、城建等主管部门设立技术科（室），配备专（兼）职科技人员，形成区、乡（镇、局、公司）科技、科普网络，有效地促进“科技兴区”战略目标实施。1994年，全区有3个项目列入国家级星火计划和省级高新技术产品，京口区通过科技部首轮“科技进步”达标考核。1998～1999年，区政府编制高新技术产品群发展规划，确立5个高新技术产品群。2000～2006年，全区科技工作以科学发展观为引领，以“自主创新，重点跨越，支撑发展，引领未来”方针为指导，紧紧围绕“坚持更好更快、决胜全面小康”，掀起科技、科普达标考核热潮，加速科技创新，加快培育力度，区属10多家企业被确定为省级高科技企业，高新技术产品销售收入达4亿元，加大科技投入在全区经济中份额，加速全区高新技术产业化进程。2007年，京口区获国家科技部“科技进步六连冠”达标考核，被评为“江苏省科技进步先进区”，被省知识产权局列为知识产权试点区，区科技局被评为“市级科技工作先进集体”。

第一章 科技管理

1984年5月京口区科委成立。从1993年始，配备科技副区（镇）长，设立街道科协，建立联席会议制度，推进“科技兴农”“科技兴区”战略目标。培育引进各类科技人才。制定一系列科技政策，调动科技人员积极性创造性。科技进步对经济增长贡献率逐年加大，全区批准立项科技项目逐年增多。引导企业加强知识产权保护，建立全区知识产权保护网络，加大对知识产权保护力度。

第一节 科技机构

一、区级科技机构

1984年5月区科委成立，核定事业编制2名。负责指导、管理、协调全区科技项目论证立项和组织实施。同时贯彻落实《中华人民共和国科技进步法》和《国务院关于加强科学技术进步的决定》《江苏省科技进步条例》，积极开发高新技术产品，编制科技人才预测计划，引进科技人才，进行职称考核、评定等。

1990年，区科委设置科学技术咨询中心。1991年，增设科技新产品开发办公室，为全民事业编制。1993年，设科技市场管理办公室，编制2名。1997年，区科委改称区科学技术局（以下简称区科技局）。2000年，根据国家行政机关机构改革方案决定，区科协与区科技局合署办公。至2007年12月，区科技管理机构无变化。

二、基层科技机构

1. 乡镇科委 1983～1992年，京口区行政区划为纯城区，所属委办局（公司）和街道未设科委，全区基层科技科协由区科委统一协调，组织实施。各区属工厂和城建、交通、文教、卫生等企业事业单位，为推进技术革新和开发新产品，成立技术科（室），组织科技人员建立技术攻关小组。市金属制品厂、风动工具厂、电线电缆厂、粉末冶金厂、马铁铸造厂等单位先后研制出一批技术含量较高的新产品。

1992 年 10 月，行政区划调整后，从 1993 年始，配备区及乡镇科技副区（乡镇）长，同时建立象山、汝山、丹徒、谏壁 4 乡镇科委和镇江经济旅游开发区、京口茶叶试验场科委，由科技副乡镇长和场（圃）园区科技副主任兼科委主任，配专（兼）职科技人员 10 多名。

1996 年 6 月，设立街道科协，由街道党委副书记兼任科协主席，建立科协联席会议制度。各乡镇（场）科委在全国和省、市科技大会精神鼓舞下，进一步强化发展经济科技意识，积极推进“科技兴农”“科技兴区”战略目标，促进全区“三产”迅速发展。1997 年，象山、汝山、谏壁 3 个乡镇被江苏省授予科技工作先进乡镇。

1999 年，京口科技工业园区科委多方协调，建立京口高科技农业示范园，引进以色列温室大棚，发展高新技术农业。并与江苏理工大学、南京农学院等高校联合，研制同类型温室大棚，成本降低 40%，被市政府批准为高科技农业示范园。

2000 ~ 2007 年，各乡镇科技机构根据京口区科技创新大会精神，强化“科技强区”战略，以“创新产业化”为主题，成为全区经济创新重要动力。

2. 乡镇、街道科协　1983 ~ 1992 年，京口区未设置基层科协。1993 年，根据城乡一体化体制，从 3 月始，先后设立象山、汝山乡和丹徒、谏壁镇 4 个乡镇科协。1996 年 6 月，根据省、市科技工作指示，分别设立正东路、大市口、健康路、四牌楼 4 个街道科技、科协机构，配备专（兼）职科技工作人员 8 名。

1997 ~ 2000 年，全区有乡镇、街道（场、园区）基层科协 10 个，各基层科协在城乡科学知识普及、科普宣传、创建科普文明村镇等方面，成绩名列全市榜首。

2002 年，全区各基层科协根据省、市要求，开展省、市科普示范区及科普示范街道、乡镇、（场、园区）、村、社区和示范基地活动。2003 ~ 2007 年，全区有省级科普示范区、科技示范文明街道、科技示范文明社区 22 个。

3. 工业、农业科研机构　1991 年，区委、区政府提出“科技兴区”战略目标后，从 1993 年始，各乡镇（场、园区）、街道和委办局（公司）分别建立各种类型的科研机构。镇江市冶金机械厂、镇江环球电子仪表新产品技术开发公司，分别增设新产品技术开发部，共有技术人员 62 名。1994 ~ 2007 年，先后建立京口区蔬菜研究所、京露茶叶试验所、象山果树研究所、中煤电子研究所、象山红旗食用菌研究所、谏壁月湖蔬菜研究所、镇江市冶金机械研究所、汝山喷灌机械研究所，各类科研机构充分调动技术人员积极性、创造性，有效地促进全区工农业和各项社会事业的发展。

三、民营科技机构

1994 年 6 月，象山乡星星村 5 名果农集资 2 万余元，建立全市首家民办股份合作制果树研究所，有成员 6 名，其中所长、农艺师各 1 名，助理农业师 3 名，经济师 1 名。主要从事果树栽培新技术、新品种科研工作，同时将新农药、生产素对果树试验推广。同年 7 月，召开科技信息发布会，推出试制植物生长素，使巨峰葡萄变性，成为无核化，并促成提前 20 天成熟，含糖量高于自然成熟葡萄，是具有食用和经济价值的高新科研成果。1995 ~ 2000 年，该研究所先后引进油桃、杏、李、石榴、苹果等中外“名、特、新”果品 70 多种。定期编印《果树科普》简报，向果农普及果树栽培技术，推广新品种。2001 ~ 2007 年，先后与河南郑州市果树研究所等单位联合开发二十一世纪桃（甜油桃），开辟种栽基地 3.4 公顷。

四、科技社科团体

1985 年，京口区建立医学会和青少年科技辅导员协会。1986 ~ 1991 年，先后建立区财会学会、珠算协会、教育学会、经济学会、计划生育协会。1993 年 3 月，设立京口区农村金融学会和象山、汝山乡、丹徒、谏壁镇 4 个乡镇科普协会。1996 年 6 月，分别设立正东路、大市口、健康路、四牌楼 4 个街道科普协会。2007 年，全区有社会科学团体 17 个，会员 5000 多名。

1993年京口区民营科技机构情况表

表20-1

机构名称	经济性质	负责人	地址
镇江市建筑安装工程技术研究所	集体	杨承忠	中山东路170号
镇江市金钟技术开发公司	集体	万红根	东吴路120号
镇江市科技开发研究所	集体	杨瑾瑜	正东路141-1号
镇江市工业炉窑技术开发公司	集体	符家荣	经折巷2号
镇江高专机电研究所	集体	周 正	健康路2号
镇江市万达技术物资服务公司	集体	林志红	花山路220号
镇江市兴中科技服务部	集体	张广杰	解放路21号
镇江市京口区思达技术贸易公司	集体	王英健	花山湾路220-40号
镇江市测控技术研究所	集体	徐君辉	健康路48号
镇江师专应用化学技术研究所	集体	俞运鹏	梦溪园巷30号
镇江市京口科工贸实业公司	集体	徐根华	中山东路35-5号
镇江市礼达科技发展公司	集体	何 平	解放路21号
镇江市政工程技术协作服务站	集体	丁开元	解放路25号
镇江市自来水公司技术服务站	集体	张世停	解放路49号
镇江市诚信技术协作服务站	集体	姜文兰	南府巷2-6号
镇江市晨光轧钢技术协作有限公司	集体	张芬纯	丹徒路308号

1984～2007年京口区社科团体情况表

表20-2　　单位：个、人

学(协)会名称	建立时间	会员数	职称		负责人	备 注
			高级	中级		
京口区医学会	1984.1	258	6	82	王志亚	学术交流16次，论文14篇
京口区青少年科技辅导员协会	1986.1	110	2	60	钱正诚、景如生、史国瑛、唐锁锦、吴明宝	多次获省、市表彰、奖励
京口区教育学会	1985.3	—	—	—	—	—
京口区爱鸟协会	1985.3	—	—	—	—	—
京口区珠算协会	1987.6	—	—	—	—	—
京口区财会学会	1987.6	—	—	—	—	—
京口区商业经济学会	1987.7	—	—	—	—	—
京口区农村金融学会	1993.3	—	—	—	—	—
象山乡科普协会	1993.3	—	—	—	—	—
汝山乡科普协会	1993.3	—	—	—	—	—
丹徒镇科普协会	1993.3	—	—	—	—	—
谏壁镇科普协会	1993.3	—	—	—	—	—
京口区供销合作协会	1993.3	—	—	—	—	—
正东路街道科普协会	1996.6	—	—	—	—	—
健康路街道科普协会	1996.6	—	—	—	—	—
大市口街道科普协会	1996.6	—	—	—	—	—
四牌楼街道科普协会	1996.6	—	—	—	—	—

第二节　科技队伍

一、概况

1984 年 5 月，区科委建立后，首先对区属工业、商业、财政金融、文化教育、卫生体育等事业单位，在职在岗科技人员队伍状况进行调查摸底，全区有各类专业技术人员 840 多名，其中有职称的 203 名。1985—1992 年，全区有各类科学技术人员 648 名，其中中级职称 162 名、初级职称 486 名。

1993 年，京口区始有农、林、牧、副、渔、菜、果、农业机械等科技人员 200 多名。2007 年，全区有各类科技人员 1500 多名。科技人员分类、分布情况详见第二十五篇第二章第二节《人才流动》。

二、科技人才管理

1993 年，区委组织部、区劳动人事局、区科委联合制定《京口区关于加强科技人才管理实施办法》，并组织人员分赴北京、上海、武汉等地广招科技人才。经筛选报送市科委审批，确定市、区科学带头人 57 名，颁发继续教育证书 2390 份。

1996 ~ 1997 年，全区确定学术技术带头后备人员 25 名，承担 40 项科技项目，完成学术论文 48 篇，其中两篇获市优秀论文三等奖。参加市第四届科技协作恳谈会，洽谈、签约项目 16 个。区蔬菜研究所朱贵忠《苇末栽培平菇技术研究》和市实验小学孙文吉《儿童作文心理研究十年的回顾》两篇论文，在市第三届学术技术带头人后备人员学术论文评比中评为三等奖。

2000 ~ 2007 年，全区有工业、农业、商贸、水利、水产、畜牧、蔬菜、林果、菌类、机械、电子、卫生、教育、文化、艺术类学术技术带头人 2300 多名。

三、职称评定

1993 ~ 1995 年，京口区区级机关开始职称改革，332 人通过评审、审批，其中高级职称 27 人、中级职称 124 人、初级职称 171 人。同时对企事业单位中的大中专毕业生进行职称初聘，1233 人获得专业技术职称，其中高级 64 人、中级 396 人、初级 773 人。在乡镇职称改革中有 644 人获得技术职称，其中中级 162 人、初级 482 人。188 人参加不具备规定学历人员培训，156 人参加外语培训。

1996 ~ 2007 年，全区有 1.65 万余人获得区科技人员职称，其中高级 1500 多人、中级 5000 余人、初级 1 万余人。

第三节　科技政策

1984 ~ 1992 年，区科技局先后制定一系列科技政策和措施，调动在职在岗科技人员的积极性和创造性。1993 ~ 2001 年，先后制定《京口区科技创新工程实施意见》《关于加强技术创新、发展高新技术的若干意见》《关于培育京口区高新技术产品的实施意见》等。2003 年 5 月，制定下发《镇江市技术要素参与收益分配暂行办法》（镇政发〔2003〕165 号）（以下简称《收益分配暂行办法》），2004 ~ 2007 年，全区科技政策统一执行镇江市《收益分配暂行办法》。

第四节　科技经费

1984 ~ 1992 年，京口区根据省、市科委有关规定，科技经费按地方财政比例安排。由于区财政体制不健全和财政收入限制，每年科技三项经费，为数万元至数十万元不等，占区财政总支出 0.4% ~ 0.6% 之间。

1993 ~ 1995 年，全区财政随着“科技兴区”战略目标实施，科技与经济结合，为工农业生产服务领域扩大，科技三项经费数额增加幅度较大。与1992年前相比，增加16倍。企业科技经费3年投入3000多万元，年平均超过1000万元。年新增产值2亿元，高科技、高附加值名优产品不断涌现。其中1994年，全区有18个新技术产品被省科技立项，省科委下达500万元科技贷款。

1996～1997年，全区投入科技经费1120万元、科技三项经费66万元，超过同级财政预算的1%。汝山、象山、谏壁3乡镇科技三项经费都超过同级财政支出的1.5%。两年新增科技经济效益1400万元。

1998～1999年，全区科技三项经费109万元，占财政预算支出1.05%。自筹科技经费3800万元，科技项目新增经济效益2000万元，科技进步对经济增长贡献率为48.1%。

2000年，区级科技三项经费87万元，占全区财政预算支出1.4%，通过多渠道实现自筹科技投入2000多万元。同年，中煤电子研究所承担国家中小型科技基金“甲烷传感器”项目，在区科技局指导下，通过省级新产品鉴定，并被科技部列入中小型科技发展基金项目，获资助80万元，并获市2001年度科技进步一等奖。

2002～2003年，区级科技三项经费分别为180万元和260万元，占全区财政预算支出的1.55%和1.61%。

2004～2005年，全区科技经费1200多万元。其中2005年，市科技局下达专利资助25万元。区政府下达《京口区科技专项经费管理暂行办法》，加强对科技经费规范化管理。

2006～2007年，区财政下达三项科技经费4000多万元。鼎胜铝业、海达科技有限公司、江大泵业等高科技新产品试制，获国家、省、市无偿资助经费120万元。两年中，组织实施科技项目200多项，先后获国家、省、市科技经费200多万元。

第五节 科技项目立项管理

1984年5月，区科委建立后，把全区科技项目立项作为主体业务进行管理。1986年9月，镇江市北固马铁铸造件厂“铬系耐磨合金铸铁球”项目立项，为京口区科技项目立项之始，并于1987年6月30日通过省、市级鉴定。

1986～1989年，全区对纺织机械、五金工具、电器、医疗卫生等行业11个科技项目申报立项，省级指导性计划2项，市级重点项目2项，市级指导性计划6项。获全国“星火计划”新产品荣誉奖1项。

1990～1995年，全区科技立项62项。其中镇江市自动化仪表厂“通讯用复铜导线”项目被列为国家高科技新产品；镇江钢锉工具厂高强度、耐高温“低发气覆膜砂”项目被列为国家级重点成果推广计划。

1996～1999年，全区实施科技项目立项230项，其中国家级2项、省级38项、市级122项、区级78项。完成省、市级项目126项，29项通过省级验收。

2000～2001年，全区批准立项科技项目98项，其中国家级1项、省级15项、市级52项、区级30项。在各类计划项目中，国家中小型科技发展基金项目1个，省重点攻关项目1个，省级“火炬”项目1个，省“星火”计划1个，省级高新技术产品5个，省级新产品试制项目6个，市高新技术产品3个，市新产品20个，市专利实施项目5个，市高新技术改造传统产业项目14个，市农业重点项目8个，市社会发展项目4个，市厂、办、所项目8个，区级项目30个。完成省级新产品鉴定11个，认定市高新技术企业2家、省级高科技农业示范园1个、民营科技企业4家，进入市“百企创新”工程企业4家，科技协作项目签约6个。

2002～2005年，全区组织实施各类科技项目195项，其中国家中小创新基金项目9项、省级5项、市级165项、区级34项；各类项目中省级“火炬”计划1项，新产品试制计划57项，市高新技术改造传统产业计划14项，市专利实施计划12项，市社会发展计划6项，市农业重点项目14项。

2006～2007年，京口区被国家和省、市立项的科技项目137项，其中，国家中小创新基金项目1项，省级10项，市级126项。金舟软件科技股份有限公司申报“敏捷造船集团集成管理软件开发和产业化”项目被省科技厅立项，实现京口区省级科技成果转化专项奖金项目零的突破。中煤电子有限公司、鼎胜铝业有限公司和宝华半挂车配件有限公司分别获市级科技成果转化专项奖金项目经费资助。鼎胜铝业和江苏现代造船有限公司被认定为省级科技中心。大元生物科技有限公司申报《高层次创业创新人才引进计划》获省级认定。金舟软件科技股份有限公司“基于成本价格分隔及考核”项目、海达科技有限公司“挖泥船综合监控系统的研制”项目获市级科技进步奖。

第六节　知识产权管理

1984 ~ 1999 年，京口区知识产权由区科委兼职管理。2000 ~ 2003 年，区科委深入开展科技项目推进年活动，加强对企业的培育和服务。重点扶持科技型、外向型、就业型和大型民营企业，并积极引导企业加强知识产权保护，组织企业科技人员和科技工作管理者 100 多人次参加专利知识讲座。2003 年，组织专利申请 18 件，实施专利项目 16 件，为历年之最。

2006 年，京口区知识产权局成立后，根据《知识产权保护法》规定，建立健全乡镇、街道和企事业单位、民营企业知识产权保护网络，开展“知识产权企业行动”“知识产权服务百企工程”活动。

2007 年，区知识产权保护局，通过建设知识产权示范乡镇、示范街道，加大对全区知识产权保护力度。

第二章　科技体制改革

中共十一届三中全会以来，随着改革开放深入，科技战线围绕社会主义市场经济建立和发展，1986 ~ 1992 年，区科委、科协进一步落实全国科技创新大会精神，贯彻科技工作方针，深化科技体制改革，促进科学技术与经济发展相结合，为全区工农业经济和各项社会事业发展服务。1993 年以来，各级科研机构向市场化、企业化方面发展。2000 ~ 2007 年，全区各级科技机构先后建立科技经济实体，步入科工贸一体化轨道。

第一节　科技兴区

1991 年，区委、区政府实施“科技兴区”战略目标，深化改革全区科研体制，区域内及区属骨干企事业单位分别建立厂、校、院办科研开发机构。

1993 年，区政府召开全区科研开发机构工作会议后，区及各基层科技机构分别召开 10 多场次座谈会，邀请有关部门和单位领导、专家、企业家、科技人员 240 多人次，对全区科学研究体制改革和科技与经济结合、科技面向市场等问题进行研讨，献计献策，促进全区科技市场化进一步发展。

1994 年始，全区大力推进科技为农、林、牧、副、渔业服务，建立科技示范区、示范场圃和农业综合试验示范基地。先后在丹徒、谏壁、汝山、象山、共青团农场等乡镇、场圃，建立猪、鸡、渔综合饲养基地 20 多处，特种养殖 10 多处，水面 40 多公顷。积极推广“抛秧”、水稻旱育稀植和“免耕法”等高新农业技术、优质果树栽培技术等，使农业科技项目紧贴生产实际，为市场服务。

1995 ~ 2001 年，全区科技市场得到稳步、快速、健康发展。7 年中，经过认定登记的技术合同 2000 多份，成交金额 2 亿多元，其中驻区高校技术合同占 50% 以上，成交额占 60%。

2002 ~ 2006 年，全区科技市场进一步发展，5 年中签订各类技术合同 3500 多份，转让技术合同 1800 多份，成交额 2.5 亿元。至 2007 年 12 月，全区科技为经济和市场服务增长贡献额，为经济总额的 46.3%，对工农业生产总额和国内生产总值平均增长高于全市平均水平。

第二节　科技创新体系建设

1993 年 3 月，区及各乡镇配备科技副区长和科技副乡（镇）长后，区属工业、农业、城建、交通、文教、卫生和乡镇、街道等单位，先后建立健全科技创新体系。1994 年以来，坚持科技创新目标化管理，组织引进推广运用农业新技术、新品种、新材料，围绕“一园三所”（科技农业示范园、蔬菜研究所、食用菌研究所、果树研究所），创建特色品种，创市级农业科技示范园。

1995 ~ 1999 年，区政府分别与 17 个乡镇、街道、科技工业园区和区属有关经济部门，签订科技创新目标责任状，建立半年初评，年终考核评比制度。

图 20–1　1996 年，京口区召开科技大会全面推进科技创新
（区科技局供稿）

2000 年，镇江世纪农业科技发展有限公司（区属），承担智能温室攻关及产业化科技创新开发，被列为江苏省“十五”重点攻关项目，在引进、消化国外现代温室先进技术基础上，根据不同气候、经济技术条件，研究开发出适合不同气候类型的系列温室。开发创新出 SRZ5–2 智能化锯齿形连栋塑料温室、SDD4–8 双层覆盖连栋塑料温室、SD3–7 型简易连栋塑料温室、YAZ4–9 型智能化中空板（PC 板）温室等列产品。2001 年，在芜湖农业开发区建设 7000 平方米温室、扬州蒋王镇 4000 平方米半智能温室、常州电厂 2000 平方米阳光板温室、南京大学海洋“863”计划全智能温室 3800 平方米，销售收入 1000 多万元。

2003 ~ 2005 年，镇江鼎胜铝业有限公司创新的“1100 电容器外壳用铝带材”“空调器用高精度铝箱”，京口纸业有限公司创新的“彩色喷墨打印纸”“烟仓专用玻璃卡纸”，宏华光原有限公司创新的“欧美雅牌超加硬膜光学树脂眼镜片”“超加硬膜光学树脂眼镜片”，海达科技有限公司创新的“总线试调距浆智能控制系统”，江苏大学泵业有限公司创新的“零泄漏非接触式高性能机械密封研制”等 10 多个产品被列为国家、省、市级科技创新系列项目。

2006 年，区政府制定《京口区科技发展“十一五”规划》，先后出台《关于开展“自主创新促进年”活动的工作意见》《京口区“自主创新十百千工程”实施意见》《关于增强自主创新能力建设创新型京口的意见》等一系列文件。2007 年，全区科技创新实施以政府为引导、辖区高校为支撑的重点民营企业培育计划，开展“自主创新促进年”“知识产权工作推进月”活动。即以宝华半拖挂为代表的新型汽车配件；以鼎胜铝业和元鼎饰材为代表的新材料；以中煤电子智能电力电气、蓝舶防腐为代表的桥梁、船舶防腐创新技术；以中盛产业园、扬子江生态产业园、瑞京农业科技示范园为代表的粮油、林木、果蔬深加工，形成工业、农业科技创新产业链。

第三章　科技进步及高新技术产业

1992 年前，京口区科技工作主要是区属工业、交通、环保、城建、文教卫生等企事业单位技术改革和产品研制，区属科技成果占市场份额不大。

1993 ~ 2007 年，贯彻全国及省、市科技创新工作会议精神，以科学发展观为指导，以创建新型城区为目标，开展“科技创新促进年”活动，大力推进工业、农业和社会事业领域科技创新活动。区及各乡镇、街道及各基层单位先后建立科技、科普机构，建立科技管理制度，实行区、乡镇、街道、委办局领导科技人才工作目标责任制。引进科技人才，有力地促进全区科技进步及高新技术产业飞速发展。

第一节　工业科技进步

1983 年 8 月，京口区建置前，镇江市 4 个城市人民公社所属工业，在国家和省、市有关科技研究所指导下，先后研制出金属粉末测氧仪，唱片收音器、无声运行节电等一批科技含量高的新产品，分别获市级成果奖。1984 ~ 1992 年，区属工业风动螺刀、多元合金磨球、煤炉具等新产品通过市级鉴定。其中“LS-4Z11-ZG”型自动关闭式气动螺刀，经专家、学者鉴定，其技术参数和生产技术条件、技术工艺装配等各项技术性能指标符合国外同类产品，被定名为“镇风牌”自动开闭式气动螺刀，进行商标注册，在全国“星火计划”展销会上获科技进步三等奖。“多元低合金铸铁磨球”具国内外低合金铸铁磨球产品先进水平，通过市级鉴定，并获市科技进步三等奖。“XM89-1 型行业煤炉具”通过市科委鉴定。

1993 ~ 1995 年，镇江冶金机械厂、长江自动化仪表厂、镇江风动工具厂等 36 个工业企业的 65 个产品分别获得国家、省、市级科技进步新产品称号。1997 年，京口区科技工作首次通过国家科技进步考核。

2000 年，京口区开展工业科技进步年活动，成立由区委、区政府主要领导挂帅，分管领导、各职能部门负责人为成员的区级科技进步领导小组，制定《京口区科技进步年活动实施意见》，加强科技管理网络建设和科技进步目标考核。2001 年，京口区被命名为国家级科技先进区，制定科技发展“十五”计划及《京口区 2015 年科技工作远景规划》，并经区人大常委会批准执行。

2000 ~ 2005 年，全区工业科技树立“科学技术是第一生产力”战略思想，以“发展高新技术、服务‘两个率先’，优化科技资源，推进产、学、研结合，提升科技核心竞争力”为目标，相继出台《京口区关于技术创新，加快发展高新技术产业的意见》《京口区进一步加强知识产权工作的意见》《关于加快京口区科技工业园区建设的若干意见》等，实施重点民营企业培育计划，推进百企创新工程，开展“科技创新帮扶”“三进三促”（走进企业，促企业创新；走进农户，促农民科技致富；走进社区，促社区科学普及）和“科技创新奋进年”等活动。

2006 ~ 2007 年，全区工业科技、工业创新工作以科学发展观为指导，贯彻“自主创新、重点跨越、支撑发展、引领未来”方针，积极推进自主创新能力建设，大力培育和发展高新技术优势产业，重点支持一批成长性好的新兴产业和关键性技术，组织实施各类创新科技项目 200 多项，争取到国家、省、市科技创新经费 2003 万元。2007 年，京口区通过国家科技部科技进步考核，第六次被评为“江苏省科技进步先进区”，区科技局被评为市级“科技工作先进集体”。

第二节　科技兴农及服务社会

1993 ~ 1994 年，全区贯彻全国科技创新大会精神，以科学发展和创建新型城区为目标，围绕“农业增效，农民增效”（以下简称“双增”），推进科技兴农，加快发展农村经济。

1995 年，京口区加强农业科技示范园建设，积极发展特色农业，农业科技支撑作用明显增强，初步形成以扬子江林业科技、瑞京农业科技示范园、果树研究所和雩山畜牧养殖中心为代表的蔬菜、水果、有机大米、林业、畜牧业为主导产业的农业科技发展新格局，积极申报农业科技项目。1996 ~ 1997 年，全区申报 10 个省、市级农业项目，其中 4 个项目被市立项，获得 26 万元科技经费资助。区科协先后在象山乡举办“苇末育菇技术”培训班，40 多名菇农参加培训。不久举办“苇末育菇”科技成果推广应用座谈会，60 多人参加。1997 年 7 月，区蔬菜研究所朱忠贵到丹徒县宝堰镇送科技下乡，组织农村党员、干部和各类专业人员培训 3200 多人次，其中 90% 以上参训人员掌握 2 门以上专业技术。区科协确立象山红旗食用菌研究所为省级教学示范点，区蔬菜研究所、星星果树研究所为市级教学示范点。

2000 ~ 2002 年，象山果树研究所省优小水果良种繁育中心，在谏壁镇扩建苗圃 4 公顷，建设具树苗木的资源圃、良种圃和示范园。同时完成中熟油桃品种选育工作，从 18 份中熟品种资源中选取并育出 25-10、优选红珊瑚、瑶池、瑶池王、红丰、瑞光 3 号等 6 个不裂果、风味甜、外观艳丽、丰产性好的品种，填补苏南地区中熟油桃空白。象山果树研究所参加省园艺博览会，获园艺金奖和银奖；参加省优质水果评定，3 个品种获省优质称号。

2003 年，镇江世纪农业科技发展有限公司与南京农业大学、江苏大学、江苏省化工研究所联合研制“苇末资源再生及利用技术”研究与推广，获省二等奖；镇江食用菌研究所获市级农业科技三等奖；果树研究所研发的“七彩油桃”在 2003 年第三届江苏省园艺博览会园艺精品展览中，获一等奖。2006 年，京口区两个项目在市召开的农业恳谈会上正式签约，扬子江生态产业园被认定为“市级农业科技示范园”。

图 20-2　2005 年，区环保局送环保科技下乡（区科技局供稿）

2004 ~ 2005 年，全区围绕“双增”目标、开展科技兴农活动，发展“优质、特色、高效、安全”农业。确定扬子江林业科技、瑞京农业科技示范园为龙头企业，以蔬菜、水果、林业、食用菌为主导产业，申报农业科技项目 9 个，5 个立项；引进日本土特菌环保型发酵床养猪技术，在谏壁镇雩山养猪场进行试点，实现养猪零污染、零排放新技术。区科协在科技兴农宣传周活动中，举办现代绿色果蔬品种栽培培训班，传授栽培技术，发放宣传手册 1000 多份；江苏大学学生联合会在梦溪广场举办“健康与环保”大型科普宣传服务互助活动；组织街道科普志愿者参加市志愿者服务团授旗仪式；在四牌楼街道江滨社区广场举办科协、计划生育、卫生、环保、司法等部门组织的科教先进社区科普板展，发放各类宣传手册 1000 多份，药品 200 多份。邀请市科协科技人员到鼓楼岗、高桥北等社区为市民举办“预防疾病”“卫生保健”“食品安全”“家庭装潢”讲座，并提供咨询服务；江苏大学学生联合会组织大学生到象山乡长江村举办血吸虫病预防知识讲座。由区科协、农经、卫生、计划生育等部门专业技术人员到谏壁镇、象山乡开展“三下乡”（送科技、送资料、送信息下乡）活动；举办种植、养殖技术及农产品深加工技术讲座；举办农业生产安全讲座，开展卫生保健咨询服务；组织农民、青少年、公务员、社区重点人群代表参加市首届科普知识大赛团体赛。区及各乡镇科协，分别在乡镇文化站为市民播放科技电影及“反对邪教，热爱科学”科教片，3500 多人次观看，组织乡镇居民参加全省“百万农民学科学技术环保知识竞赛”。

2007 年，全区通过科技兴农，大力推进“优质、特色、高效、安全”农业，充分发挥区域内“三园三所”（省级农业科技示范园、瑞京农业科技示范园、共青团农场生态农业示范园，镇江市果树研究所、镇江市食用菌研究所、京口区蔬菜研究所）研发、示范、辐射作用。区果树研究所注册的“瑞京”牌黄瓜、西红柿等品种在市场中热销，吸引和带动周边农民参与农业结构调整，促进农民增收。

第三节　高新技术产业

1984 ~ 1992 年，镇江粉末冶金厂、镇江风动工具厂、镇江唱片厂、镇江低压电器厂、镇江合金铸造厂、京口炉具厂等单位研制生产的金属粉末测氧仪、206 型收音器、无声运行节电器、气动螺刀、多元合金磨球、煤炉具等 20 多个高新技术产品分别通过国家、省、市级鉴定，其中 78-2 型测氧仪各项指标符合国际标准化（ISO）；IS-4Z112G 气动螺刀分别获省优秀新产品和市级优秀产品称号，1988 年在全国“星火计划”展览会上获三等奖。

1994 年，区科委、科协积极协调大专院校和科研单位、厂矿科研机构，大力开发工业和农业领域高新技术产品，全区有 100 多个科技含量高、附加值高、市场占有率高的高新技术产品。4 月，镇江市冶金机械厂新型轧辊、镇江长江自动化仪表厂复铜导线、镇江风动工具厂定热矩全自动螺刀等 21 个高新技术产品得到省级高新技术产品立项。

1995 年，全区 3 个高新技术项目参加 1995 年中国高新技术博览会，镇江风动工具厂“气动螺刀”系列新产品和京口金属包装材料公司“热熔型金属防浸剂”项目获银奖。1996 年，镇江中煤电子研究所和镇宝开关厂被首批确定为市级高新技术民营企业，享受国家高新技术优惠政策，按 15% 减收所得税。1998 年，区委、区政府制定高新技术发展规划，确定 5 个高新技术产品群。同年，镇江世纪农业发展有限公司智能植物工厂、镇江绿宝新型肥料开发公司“惠满丰”精制有机肥 2 个高新技术产品列为国家级“星火计划”。1999 年，全区有 14 个产品被列为省级高新技术产品，其中镇江镇宝开关厂“ZW11-10/630-16 户外高压真容断路器”等 2 个产品被列为市级高新技术产品。同年，参加深圳、北京、苏州高新技术洽谈会，签订 19 项协议，其中高新技术项目 13 项，在参加 1999 年镇江高新技术洽谈会期间，签订高新技术协议 16 项。

2000 ~ 2003 年，区科技局、区科协，加快培植高新技术企业群，加大高新技术产品培育力度。2002 年，有 2 家企业被认定为省级高新技术企业，实现该领域零的突破。

2004 ~ 2005 年，全区高新技术改造传统产业 14 项，获市级科技进步奖 1 项。在中国镇江 2005 年科技合作洽谈会上，通过联合开发、技术转让、技术服务等，签订科技合作项目 15 项。鼎胜铝业有限公司“电容器外壳用铝带材”、海达科技有限公司“总线试调距浆智能控制系统”、江大泵业有限公司“零泄漏非接触式高性能机械密封研制”等高新技术获国家、省、市科技贷款。2005 年，区域内有镇江蓝舶金属防腐有限责任公司、镇江星星阻燃剂厂、鼎胜铝业有限公司等三家企业被认定为省级高新技术企业。

2006 ~ 2007 年，区科技局大力培育和发展高新技术优势产业，重点支持一批成长性好的新兴产业和关键性技术，组织实施各类高新技术项目 200 多项，新增省级高新技术企业 8 家，被认定为省级科技型民营企业 5 家，新增省级高新技术产品 8 项。

2002 ~ 2003 年京口区高新技术企业情况表

表 20-3

年份	级别	企业名称
2002	省　级	镇江世纪农业科技发展公司
2002	省　级	镇江宝华半挂车配件有限公司
2003	省　级	镇江中煤电子有限公司
2003	省　级	镇江科达电子有限公司
2005	省　级	镇江蓝舶金属防腐有限责任公司
2005	省　级	镇江星星阻燃剂厂
2005	省　级	镇江鼎胜铝业有限公司
2005	省　级	镇江金宝粘合剂有限公司
2005	省　级	镇江靳玛机械制造公司

续表 20-3

年份	级别	企业名称
2005	省　级	镇江华贸电控设备厂
2005	省　级	镇江宏华光学有限公司
2005	省　级	镇江京口纸业有限公司
2005	省　级	镇江中天光学仪器有限公司
2002	市　级	镇江正恺电子股份公司
2003	市　级	镇江星星阻燃剂厂
2006	市　级	镇江华兴电控设备厂
2006	市　级	镇江靳玛机械有限公司（靳玛泵业有限公司）
2006	市　级	镇江金舟软件科技股份有限公司
2006	市　级	镇江惠通元二接插件有限公司
2007	市　级	镇江市海达科技有限公司
2007	市　级	镇江金舟软件科技股份有限公司
2007	市　级	镇江惠通元二接插件有限公司
2006	市　级	镇江鼎胜铝业有限公司
2006	市　级	镇江正恺电子有限公司
2006	市　级	镇江鼎胜铝业有限公司
2006	市　级	镇江金舟软件科技股份有限公司
2006	市　级	镇江金舟软件科技股份有限公司
2006	市　级	镇江惠通元二接插件有限公司
2007	市　级	镇江中福马机械有限公司
2007	市　级	镇江明润信息科技公司
2007	市　级	镇江市海达科技有限公司
2007	市　级	镇江市海达科技有限公司
2007	市　级	镇江惠通元二接插件有限公司
2007	市　级	镇江正恺电子有限公司

1989 ~ 2007 年京口高新技术产品情况表

表 20-4

单位名称	高新技术产品名称	级别	年份
镇江中煤电子研究所	KJ101 型矿井监测控制系统	省级	1996
	KKF19 型矿用监视控制仪	省级	1996
	KFF1 型遥控分路器	省级	1996

续表 20-4

单位名称	高新技术产品名称	级别	年份
镇江镇宝开关厂	ZN2810/1250-31.5 配 KYNZ-10 开关柜	省级	1996
	ZN2810/1250-20 配 KYNZ-10 开关柜	省级	1996
	ZN28A60/1250-31.5 配 KCN 开关柜	省级	1996
	ZN28A60/1250-20 配 KCN 开关柜	省级	1996
	ZW-10/630-16 型户外柱上真空开关	省级	1996
	16KV 户外柱上真空断路器	市级	1996
镇江绿宝新型配料开发有限公司	惠满丰精制有机肥	市级	1989
镇江世纪农业科技发展有限公司	智能植物工厂	市级	1989
镇江鼎胜铝业有限公司	新型电容器外壳用铝带材	省级	2006
镇江金舟软件科技股份有限公司	金舟流程式生产企业制造执行系统 -JZEMS2.0	省级	2006
镇江金舟软件科技股份有限公司	金舟造船成本管理信息系统 V1.1	省级	2006
镇江市海达科技有限公司	可调桨侧推遥控系统	省级	2007
镇江市海达科技有限公司	绞吸挖泥船集成控制系统	省级	2007
镇江惠通元二接插件有限公司	YJ 型舰载连接器	省级	2007
镇江正恺电子有限公司	低三阶互调“7/16”系列射频同轴连接器电缆组件	省级	2007

第四章　科技交流与协作

1984 ~ 1992 年，京口区各科学社会团体定期或不定期地举办交流，各类专业技术科技人员发表论著或论文，开展互相沟通磋商。1998 ~ 2007 年，区域性的科技协作在政府、企业、高等院校和科研机构之间不断开展，有效地促进全区科技为工农业经济发展服务，取得重大成果。

第一节　科技交流

1984 ~ 1992 年，京口区各科学社会团体分别举办学术交流会 20 多场次，参加学术交流活动 5000 多人次，发表论文 300 多篇，其中在市级以上刊物发表 100 多篇，有 20 多篇获省、市级优秀论文奖。

1993 ~ 1997 年，全区有 108 个各类农村专业技术协会，会员 1500 多名，每年开展一次学术交流活动。

1998 ~ 1999 年，京口区自然科学团体医学会、青少年科技辅导员协会、教育学会、农村金融协会举行学术交流 12 次，交流学术论文 46 篇，其中 20 篇在市级以上刊物发表。钱正诚、景如生、史国瑛、唐锁锦、吴明宝等人连续获省、市优秀论文奖。

2002 ~ 2005 年，京口区科技局先后与句容市、润州区科技局进行对口交流，在科技进步方面取长补短，共同发展。京口区被授予“江苏省科技进步区”称号。

2006 ~ 2007 年，京口区医学会会员陆柳、赵明珠撰写的论文分别在《中国医学影像技术》《牙体牙髓牙周病学》《吉林中医药》等期刊上发表。谏壁中心小学、镇江市中山路小学，被江苏省授予“科技教育特色学校”，红旗中心小学被中国科协命名为“全国科普示范学校”。

第二节 科技协作

1991 ~ 1992 年，京口区科委和区属工业先后与上海冶金研究所、江苏工学院、镇江船舶学院、苏州大学等建立科技协作关系。1994 年，京口区在第二届“金山之光”艺术节期间，邀请科技专家 30 名，其中外商 3 名，签订科技协作项目 11 项，实施率为 85%。邀请国家专利局、华中理工大学等院所到京口区举行科技信息发布会，科技、文教、工农业和商界人士 400 多人参加，洽谈成功一批科技协作项目。5 月 18 日，京口区与江苏理工大学合作，共建“1138”工程签字仪式在江苏理工大学举行。市委、市人大、市政府、市政协四套班子及江苏理工大学、京口区委、区人大、区政府、区政协和乡镇、街道负责人及教职工代表 2003 人出席签字仪式。区长贺华平、校长高宗英分别代表双方在“1118”工程协议上签字。有关部门和单位就京口科技工业园区、科工贸易综合市场等 13 个项目协作协议分别签字，京口区四套班子领导为“京口人才培训中心”等 5 个培训基地揭牌。

1995 年，全区组织 3 个项目参加 1995 年中国高新技术博览会，镇江风动工具厂气动螺刀系列新产品和京口金属包装材料公司“热熔型金属防护浸涂剂”等 2 个项目获大会银质奖。12 月，全区 90% 以上的企业与科研院所、高等院校、大型企业建立长期、全面的科技协作，并不断扩大国家科技协作范围。1996 ~ 1998 年，充分发挥在产、学、研中的桥梁作用，搭建产、学、研合作平台，积极支持江苏大学、江苏科技大学等高校开展与京口区产业发展和科技创新密切相关的应用技术研究。

1999 年，区蔬菜研究所与中国农科院、江苏理工大学合作，在区蔬菜研究所、象山乡红旗食用菌研究基地，进行基质穴盘育苗及基质栽培技术研究，品种有番茄、辣椒、小青菜等。2000 ~ 2001 年，参加各级“高洽会”系列活动，组织 400 余人参加在南京、上海、苏州等地的科技协作以及在镇江举办的东南大学科技成果展览会，洽谈成项目 20 项，签订科技协作项目 4 项，意向协议 2 项。

2003 年，京口区参加中国·镇江高新技术洽谈会。期间，由区科技局组织镇江金香醋胶囊有限公司与清华紫光科技开发有限公司联合开发的“卵磷脂醋胶囊”项目、京口科源电器厂与江苏大学联合开发的“水床恒温器”等 8 个项目签约、落户京口区。通过协作开发、技术转让、技术咨询、技术服务等形式进行合作，涉及生物、电子、造纸、农业科技等 10 多个领域。

2006 ~ 2007 年，全区科技协作工作新增省级高新技术企业 8 家，被认定省科技型民营企业 5 家，新增省市高新技术产品 8 项，利用人才优势和研发优势，与企业共建创新平台和新产品开发。签订“京口区与江苏大学、江苏科技大学全面合作”协议，推进蓝舶防腐、鼎胜铝业、惠通集团、宝华半挂车等企业与江苏大学、江苏科技大学共建研发中心，开展“校企专家、企业家互访”“高校专家企业行”“企业家高校行”“江大、京口区科技项目对接”等活动。促进星星阻燃剂厂与南航、大元生物科技有限公司和清华大学，金舟软件科技股份有限公司和清华大学合作。组织企业赴沪、浙推动“产学研”合作，海达科技有限公司“挖泥船综合控制系统”项目与上海交通大学自动化学院，江苏大学元生物科技有限公司“桑树药用成分筛选及相关产品开发”项目与浙江大学动物科学学院，分别在上海、浙江进行签约。组织企业参加镇江市高新技术洽谈会和中俄洽谈会，为鼎胜铝业与俄罗斯项目合作提供基础，通过两年协作开发、技术转让、技术服务等形式，签约各类科技合作项目 31 项。

第五章　科技成果推广及应用

1984 ~ 2007 年，区科委、区科协在大力开发区属各单位科技成果的同时，充分发挥区域内高校、科研单位科技人员多、科学技术密集优势，积极协调和组织技术人员与企业联合，深入社区、营区，实施科技下基层、下农村，深入营区活动，使科技成果迅速转化为生产力，促进全区经济发展。

第一节　科技成果

1984 ~ 1989 年，京口区把开发研制的科技成果迅速扩大为新型产品和支柱企业，有效地促进全区工业、商业、交通、城建等行业的经济发展。1990 ~ 1992 年，京口区所属企业和有关单位申报科技成果 11 项，报省、市科委批准，并列入省、市科技成果立项计划，争取科研经费 3.5 万元，接项目下达各承担单位，完成 10 个项目科技成果。

1993 ~ 1995 年，全区工业企业和农业系统向区科委申报科技成果 62 项。其中镇江长江自动化仪表厂“复铜导线”被列为国家新产品成果；镇江钢锉工具厂“高强度、耐高温低发发覆膜研”被列为国家级重点成果推广项目，实现京口区国家级新产品、新成果“零”突破。全区科技投入较大提高，科技三项经费从 1993 年的 1 万元，增加到 1995 年的 16 万元，3 年增加 16 倍。企业科技投入年平均 2000 多万元，年新增产值近 2 亿元。

1996 ~ 1999 年，全区实现科技成果 230 项。其中国家级 2 项，省级 28 项，市级 86 项，区级 70 项；完成 126 项，通过省级验收 13 项；被定为省级高新科技成果 1 个，市级 2 个。2000 ~ 2005 年，全区实施各类科技成果 303 项，其中国家级 2 项、省级 20 项、市级 179 项、区级 93 项；通过省级验收鉴定 110 项。

2006 ~ 2007 年，京口区实现科技成果 200 多项，争取到国家和省、市科技经费 2003 万元，区财政投入科技三项经费 1606 万元，设立科技成果专项基金，对有突出贡献的科技人才和科研成果单位，在科技项目开发方面给予优先立项和资助。

第二节　技术市场

1984 ~ 1992 年，区属工业进行技术革新和发明创造，实施产品创新和升级换代，以扩大业务范围，提高生产能力。

1993 年始，全区各行业增大科技含量后，许多发明创造和科技成果实施转让，初步形成技术市场。1994 年 6 月，镇江粉末冶金厂组织专业技术人员攻克烧接工艺技术难点，试制成功 LS400 ~ LS250 型系列铜质轴瓦，粉末冶金件成为全省首家最大尺寸铜质、用铁炉烧制机件。其工艺技术得到南京有关科研单位认可，该项科研成果部分技术资料进入市场转让。

1998 年，区委、区政府出台高新技术产品发展规划，当年确定 5 个高新技术产品群。1999 年，有 1 个新产品被省确定为高新技术产品，在参加深圳、北京、苏州等地举办的技术洽谈会上，签订协议 19 项，其中高新技术项目 13 项。参加 1999 年镇江高新技术洽谈会，签订协议 16 项，邀请 30 名专家到京口区讲授技术市场发展及成果转让方面的专业知识。

2000 ~ 2002 年，区科技部门积极开展科技市场化，认真做好高新技术洽谈会系列活动，组织 400 多名单位负责人和科技人员参加在南京、上海、苏州等地举办的科技洽谈会，以及在镇江举办的东南大学科技成果展示会，洽谈项目 20 项，签订科技协作项目 4 项，意向协议 2 项。通过联合开发、技术转让、技术服务等，签订技术转让合同 15 项，鼎胜铝业有限公司的“电容器外壳用铝带材”、海达科技有限公司“总线试调距浆智能控制系统”、江大泵业有限公司“零泄漏非接触式高性能机械密封研制”等高新技术，获国家和省、市科技贷款。2003 年，全区高新技术产品销售收入 2 亿元，增大科技对全区经济的贡献份额。2003 年，区委、区政府为京口区获省级高新技术企业授牌。

图 20−3　2003 年，区委、区政府领导为省高新技术企业授牌　（区科技局供稿）

2004 ~ 2005 年，全区高新技术改造传统产业 14 项，获市科技进步奖 1 项。在 2005 年镇江科技合作洽谈会上，高新技术产品销售收入 11 亿元，比 2004 年增长 290%，全区工业、农业科技进步对经济增长贡献率分别为 60% 和 65%。

2007 年，全区高新技术产品销售收入 70.6 亿元，占工业产品销售收入比重 45.4%；高新技术产品利税 11.48 亿元，占工业产品利税比重 86.2%；R&D 经费支出占 GDP 比重 1.21%，加快全区高新技术产业化进程。

2000 ~ 2007 年市级以上科技成果（转化）情况表

表 20−5

认定年份	级别	等　级	项目名称	项目单位	资助方式额度
2000	国家	−	KJ101−45 型甲烷传感器	镇江中煤电子研究所	
2000	省级	“十五”省一批	智能化温室攻关及产业化开发	镇江世纪农业科技发展有限公司、江苏理工大学、南京农业大学	
2002	市级	三等奖	高聚合度聚磷酸铵	镇江星星阻燃剂厂	
2003	省级	二等奖	纸浆厂苇末资源再生及利用技术研究与推广	南京农业大学、江苏大学、江苏省化工研究所有限公司、镇江世纪农业科技发展有限公司	
2003	市级	三等奖	车用电子喇叭	镇江华兴电控设备厂	
2003	市级	三等奖	苇末育菇技术	镇江食用菌研究所	
2006	市级	−	KJ101−45 型甲烷传感器	镇江中煤电子研究所	无偿资助 100 万元
2007	省级	−	敏捷造船集成管理软件开发和产业化	镇江金舟软件科技股份有限公司	无偿资助 500 万元
2007	市级	−	新型铸轧坯料生产高精度民用铝箔产业化开发	镇江鼎胜铝业有限公司	无偿资助 120 万元
2007	市级	−	半拖挂车支承装置和方圆轴凹式车轴系列产品开发及产业化	镇江宝华半拖挂车配件有限公司	无偿资助 100 万元

第三节　推广应用

1984 ~ 1992 年，京口区广泛推广科技新成果、新产品应用，促进企业增产增效。1998 ~ 2003 年，区科委、区科协结合区情，充分发挥驻区院校和科研单位密集优势，每年利用一定时间，组织师生和科研人员，深入企业、农村和驻军，广泛开展技术攻关和科技拥军活动，促进科技成果转化。帮助企业解决生产技术攻关，先后培育高新技术产品 30 多个，高新技术产品销售额达 5 亿多元。组织农技协会专家、学者和科技人员深入驻军营区，投资数万元，为部队菜地改良土壤、修建蔬菜大棚，提供饲养、养殖技术和疫病防治，建立服务热线。建立健全并完善农业科普示范基地。区科协、区科委和区农经委紧密协作，加强对象山果树研究所、红旗食用菌研究所、瑞京农科园、世农公司等农业科普示范基地建设，在项目、资金方面给予支持，在新成果、新技术、新品种方面积极引导。同时协调并组织江苏大学研教人员开展“金桥工程”。

2004 ~ 2007 年，京口区在粮食、蔬菜、果品、茶叶及林、牧、副、渔等方面科技成果转化上，再次开发新技术、新品种数十种。

第二十一篇　教　育

1991年，区文教局增设幼儿教育股，各类幼儿园划归区文教局管理（含学业管理）。1993 ~ 1995年，城镇一、二类幼儿园达80%以上。全区学前幼儿入园率，城区达98%以上，乡镇达85%以上。小学入学率、巩固率、普及率均为100%，升学率为99.99%。初中入学率为100%，巩固率为97%，普及率97%，升学率98%。京口区重视特殊教育，1994年，被评为江苏省特殊教育先进县（市、区），1995年被评为全国特殊教育先进县（市、区）。全区启动教育现代化工程，加大教改力度，深化办学和推进学校内部体制改革，加快校舍等硬件设施建设，改善办学条件。

1996 ~ 1997年，进一步实施“科教兴区”战略，全面启动教育现代化工程。全区教育工作重点转移到农村，促进城乡教育一体化发展。实施九年义务教育，基本普及学前三年教育和高中阶段教育。成人教育、学历教育及岗位培训人次每年递增10%以上。各校在教育思想、教学内容、教学方法和评估方式等方面进行系列改革。所有小学高年级开设英语课，教师合格学历人数有大幅度提高。形成九年义务教育以政府办学为主，社会各界共同办学为辅，非义务教育阶段以社会各界和公民个人办学为主，政府办学为辅的办学体制。1997年，京口区被省政府评定为两基（基本实施九年义务教育、基本扫除青壮年文盲）合格县（市、区）。

2002 ~ 2003年，全区大力推进教育现代化工程，教育事业取得显著成绩。根据实际情况，撤并一批小学，完善学校办学条件，各校基本实现信息网络“校校通”，有4所学校被评为市教育信息化先进学校。对江滨实验小学等进行民营运作，形成学校自我调控、自我发展的滚动办学效应，办学体制改革取得新突破。2004 ~ 2005年，教育系统贯彻落实科学发展观，全面实现“十五”计划确定目标。2004年，京口区作为镇江市城区接受省二类城市语言文字工作规范化评估验收，受到专家组高度评价。2005年，全区高分通过省政府督导团“高水平高质量普及九年义务教育”评估，高分通过省社区教育实验区评估验收，全区所有乡镇全部成为省教育现代化先进乡镇。

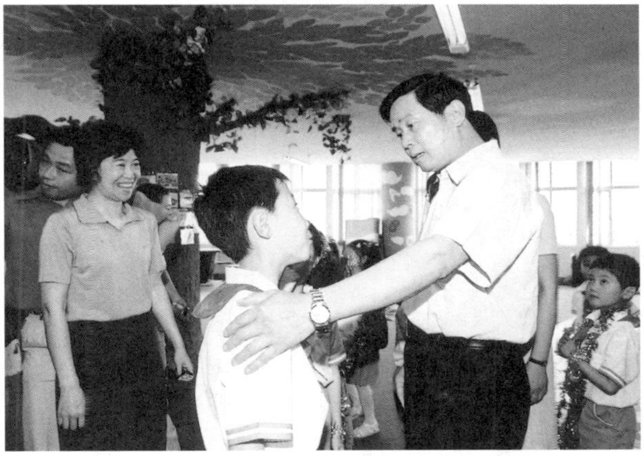

图21-1　2007年，市委书记史和平（右一）到宗普实验学校看望师生　（张斌摄）

2006 ~ 2007年，全区教育工作以科学发展观和中共十七大精神为指导，落实教育事业发展“十一五”规划。2006年被评为江苏省规范收费达标县（市、区）。2007年5月，京口区2006年度教育工作通过省级督导考核评估，获优秀奖，得分为当年省内抽查县（市、区）第4名，幼儿教育被评为江苏省先进县（市、区）。年底，全区有幼儿园34所，中小学22所，其中高中2所（普、职各1所，各附设1个初中部），独立初中1所，九年一贯制学校1所，小学17所，特殊教育学校1所。高中阶段在校学生2278人，义务教育阶段在校学生23273人（初中3071人，小学20122人，特殊教育学校80人），在园幼儿8648人，在岗教师2277人。

第一章　教育机构

1983 年 9 月，区设立文教局，1984 ~ 2007 年，名称多项变更。

1991 年 11 月，京口区成立教育督导室（股级建制），挂靠区文教局，随着教育体制改革，教育督导机构职能不断加强。1992 年 10 月区划调整后，区教育系统负责区域内中小学和幼儿园教育管理。

1995 年 11 月，教育督导室由股级建制升格为一级局(县区)。2001 年 10 月，区教育督导室更名区政府教育督导室，与区教育局合署办公。

2001 年，教研室增挂教育科学研究所。2002 ~ 2007 年，区教研、科研机构开展教研、科研活动，指导和推动全区教育改革、教学研究工作科学有序发展，取得重要成果。

第一节　行政机构

1991 年始，因辖区内各类幼儿园均划归区文教局管理，成立幼儿教育股，为幼教工作管理机构。区划调整后，区文教局管理职能从区属小学、幼儿园扩展到区属中小学、幼儿园和乡镇成人教育。区政府批准，局机关撤销行政股和人秘股，设办公室、计划财务股、组织宣传股和成人教育股（与幼儿教育股合署办公，1996 年分设）。原教育股更名为中小学教育股。1996 年 7 月，京口区党政机关机构改革，区职教办并入教育股，区政府组建文化体育局(以下简称文体局)，独立办公。文教局更名为教育局，撤销文体股。1997 年 3 月，撤股改科，中小学教育股、幼儿教育股和成人教育股合并为教育科，组织宣传股更名为组织人事科，计划财务股更名为计划财务科。2001 年 10 月，区文化体育局被撤销，并入教育局，内设文体科。2003 年 5 月，区政府再次组建区文化体育局，文体科被撤销。2004 ~ 2007 年，体制无改。

1983 ~ 2002 年，京口区实施公务员管理制度前，局机关除正副局长（书记）为行政编制外，其余工作人员为事业编制。此后机关工作人员经考核过渡为公务员和公务员附属编制，部分事业编制人员被安排到基层学校。

第二节　督导机构

1991 年 11 月，京口区根据省、市教育行政和教育督导机构要求，成立教育督导室，挂靠区文教局，时为股级建制，编制 5 人。区教育督导室主要职能是对区同级部门、乡镇、街道，区属中小学、幼儿园的教育法规、政策执行情况进行监督、检查、评估、考核、指导，对教育工作中的方向性、全局性的问题进行调研，并向区政府及有关部门提出建议。1992 ~ 1993 年，区教育督导室对区属中小学、幼儿园进行 3 年一轮综合督导，对学校办学水平、教育质量进行全面评估，形成《督导评估意见》，作为对学校综合评价的依据，评选区模范学校，向省、市教育行政部门和督导部门推荐，评选省、市模范学校，对区属中小学、幼儿园进行专项督导和随访督导，并对整改情况进行跟踪督导。区教育督导室负责对创建镇江市教育

图 21-2　2005 年，教育部副部长陈小娅（中）到市实验幼儿园考察　　（区教育局供稿）

信息化先进（示范）学校（单位）进行督查和初审。

1994 ~ 2005 年，省教育督导和教育行政部门组织“两基合格县（市、区）”“两基巩固提高”“双高普九”“省社区教育实验区”等省级验收，全区高分通过。1995 年 4 月，为深化教育体制改革，强化教育督导职能，区政府确定区教育督导室为一级局（县区）建制。2001 年 10 月，区教育督导室更名区政府教育督导室。

2007 年，京口区在连续 3 年接受市有关部门联合对全区年度教育工作考核评估的基础上，负责接受省有关部门对全区 2006 年教育工作抽查，受到省、市检查组的好评。

第三节　教研、科研机构

1984 年 4 月，区文教局在中山路小学设教研室，后迁址市实验小学与文教局合署办公。1985 年 9 月，迁址梳儿巷小学。尤国华、张东华等人调进后，语文、数学、思想品德等学科教研员配齐。1986 年 7 月，迁址解放路小学。1992 年 10 月，区划调整后，区教研室成立中学教研组，配备初中学科教研员。2001 年，增挂京口区教育科学研究所牌子，陈兴农任教科所所长，赵毅敏任副所长，2002 年，所长由教研室主任兼任。

1984 ~ 2007 年，区教科研机构以“研究、指导、管理、服务”为主要职能，围绕教育教学开展研究，对京口区所属中小学及幼儿园进行教学管理与指导，为基层学校提供跟进式学科服务。1985 年，参加华东部分地区教学研究协作联谊会，进行论文交流、教学特色介绍。1989 年 5 月，区教研室举行首届“金山之春”教学观摩活动。1989 年起，参加每年一度的“苏南 5 城区”（苏州市沧浪区、无锡市北塘区、常州市天宁区、南京市鼓楼区、镇江市京口区）青年教师教学交流活动。1990 年，区教研室举办教师基本功大赛，包括“幻灯片制作和投影仪、收录机使用”实际操作等项目，为镇江市首创。1999 年起，拟订《京口区课堂教学实施素质教育的指导意见》以及相应的评价表，用 3 年时间在全区推行实施。2004 年 2 月，对全区各级各类学校的课堂教学进行全面调研，并以学校为单位撰写调研报告，包括指导思想、基本情况、情况评析、主要建议等部分，重点对校本培训、校本教研和学校管理进行分析评估。确定以《区域性推进有效教育研究》自创性重点课题，在课题规划、教师培训、过程管理等方面，围绕提高课堂教学效益，着重专业引领和校本教研指导，改进教研方式，提升科研品位。2007 年，该课题实验取得成功，素质教育在全区得到有效实施，有关论文多次在全国、省级教育报刊上发表，并出版专著。

第四节　其他机构

一、教育装备、勤工俭学管理中心

1983 年建区之初，区文教局辖校办工厂，年产值不足 7 万元，利润约 3 万元。1984 年，成立京口区校办工业经理部，受文教局委托，代管全区校办企业，负责发展局办企业。1987 年，成立京口区校办工业公司，经理部为公司直属单位。

1990 年，全区各小学都有校办企业，年产值达 450.6 万元，利润 114 万元，分别是 1983 年的 64.4 倍和 38.1 倍。1995 ~ 2001 年，区校办企业因缺乏资金，挂靠企业（即“假集体”）越来越多，债务纠纷不断出现，管理难度大，根据有关文件精神，“假集体”企业逐步清理，集体所有制校办企业逐步改制。

2002 年，区校办工业公司被撤销，成立教育装备与勤工俭学管理中心，为区教育局直属事业单位，负责全区教育装备和勤工俭学管理，指导全区教育系统装备建设和管理，承担区属中小学、幼儿园重大装备工程实施，并参与有关政府采购，原校办工业公司管理职能划归该中心，处理遗留问题，并做好改制后的校办企业行业性管理。2004 ~ 2007 年，区装备和勤工俭学管理中心推进全区教育装备现代化、标准化和采购规范化。

二、基建管理办公室

1985 年，区文教局组建区校舍维修站，属文教局行政股管理。负责校舍维修和教工住房维修及教工公有住房租赁收费。1992 年，隶属文教局财务股管理，除日常校舍和教工住房的维修管理及教工公有住房租赁收费外，还负责学校基本建设。1995 ~ 1996 年，负责新建解放路小学、丹徒中学、解放路幼儿园教学楼基建工程。

1997 年，区校舍维修站改称区教育局基本建设管理中心（以下简称区局基建中心），由教育局直属管理，负责区教师培训中心大厦（后改称京口教育大厦）工程建设，包括规划、招标、质量控制、验收等。1999 年 2 月，区局基建中心更名为区教育局基本建设管理办公室（以下简称区局基建管理办），负责教工住房的维修管理、教工公有住房租赁收费、公有住房出售、学校基建现场质量管理、竣工验收及后期审计等。2001 年，负责学校基建管理，包括推行基建和采购公开议标、推广监理制度、深入基建现场管理等。

2002 ~ 2007 年，区局基建管理办承担日常学校装饰维修工程管理，先后负责监管桃花坞小学教学楼、八叉巷小学乒乓馆和操场、五条街小学操场、第十中学整体迁建和清房普查工作、第九中学行政楼、索普实验学校操场、京口文化馆、江滨试验小学操场、江滨大地幼儿园教学楼、京口实验小学体操艺术楼、桃花坞小学教学楼、解放路小学综合楼、谏壁小学整体迁建、第九中学校园绿化及 400 米标准操场等 208 项工程监管。出台《京口教育基建管理办法》。

三、教育发展投资中心

2004 年 11 月，京口区成立教育发展投资中心（以下简称区教发中心），隶属区教育局，负责全区教育资产管理、布局调整和学校资产整合、经营管理，实施教育投资项目化运作和经营管理，协调、指导合作办学中有关投资及管理工作。2005 年，区教发中心建立健全全区教育资产档案，包括学校土地、房屋、设施、设备，特别是对布局调整中闲置的教育资产进行登记造册，对闲置校产依法处置。2006 年，处置原陈家门小学资产。2007 年，拍卖原京岘山小学资产，为全区教育事业可持续发展筹措资金。

四、京口教育大厦管理办公室

1997 年 9 月，京口教育大厦建成，占地面积 600 平方米，15 层（含地下室），高 60 米，建筑面积 8800 平方米。为京口少年宫、区教育局教研室活动和办公用房。出租少量闲置房产。2000 年 12 月，成立京口教育大厦管理办公室。2001 ~ 2007 年，大厦管理办公室管好、用好大厦各项设施设备，确保大厦正常、安全运行，协助京口少年宫、京口教研室做好后勤服务工作，为各承租单位提供规范化服务。

第二章　教育改革

1990 年以来，京口区全面落实全国和省、市教育工作会议精神，积极实施“科教兴区”战略，坚持教育优先、超前和加快发展，大力推进教育改革。1994 ~ 1995 年，京口区在办学体制方面，实现公办民助、民办公助、合作办学、两权分离等多种办学形式共存的局面。完成义务教育管理体制调整，实现农村义务教育由农民举办转变到完全由政府举办，从乡镇管理为主转变到以区管理为主的“两个转变”。义务教育和非义务教育阶段办学体制改革审慎推进。启动校内管理体制改革，初步建立富有活力的用人机制。在教学思想、教学内容、教学方法等方面进行一系列改革，加快教育体系现代化步伐。

1996 年，全区开始全面实施教育现代化工程，大力开展创建教育现代化先进单位活动。1996 ~ 1997 年，共有省级课题 9 个、市级课题 15 个、区级课题 38 个。1997 年，小学高年级开设英语课。1998 ~ 1999 年，新增省级课题 9 个、市级课题 18 个。2000 ~ 2001 年，各校开展课堂教学素质化达标考核，京口区少年宫充分发挥校外素质教育主阵地作用。

2003 年 12 月，全区各中小学校基本实现教育信息网络“校校通”，均能通过镇江教育信息网与互联网接通。

2007 年，全区有 12 所中小学通过镇江市教育信息化先进（示范）学校验收，6 所学校网站被评为市十大优秀校园网站。象山镇、谏壁镇通过省教育现代化工程先进乡镇评估验收。

第一节　体制改革

1983 年京口区建立初期，区域内学前教育、小学教育、初中及职业教育坚持公、私和企业办学并存的方针。1984 ~ 1997 年，全区办学体制改革步伐缓慢，中小学以公办为主，幼儿园以民办为主。1998 年始，全区基础教育办学体制改革全面启动，出现公办民助、公办民营、民办公助、合作办学等多种办学体制共存。中山路小学和市实验小学举办“公办民助班”，按民办标准收取学杂费；京河路等公办幼儿园先后进行“公办民营”改革，教师工资和办园经费由幼儿园自筹。2000 年，京口区创办全市首家股份制学校——镇江索普实验学校暨中山路小学分校，由江苏索普集团和市教育局出资，京口区以一流师资入股，股权分别为 4 ： 3 ： 3。2001 年，区属市实验小学经市政府批准，成为全市首家改制小学，自当年秋季起，该校按民办学校机制运行，在确保施教区适龄儿童全部入学的基础上，对所有择校生按照经市物价局核定的标准收费。解放路幼儿园和江滨幼儿园，先后与台商合资办园，收入用于偿还债务，改善办园条件。此外，京口实验幼儿园与谏壁电厂联合办幼儿园。2002 ~ 2003 年，镇江第九中学、第十中学分别与南京师范大学、南京化工大学等高校实行联合办学。

2004 年始，全区教育体制改革不断深化，完成义务教育管理体制调整，实现农村义务教育由农民举办转变到完全由政府举办，从乡镇管理为主转变到以区管理为主的“两个转变”。义务教育和非义务教育阶段办学体制改革审慎推进。2005 ~ 2007 年，公办幼儿园恢复由区财政发放公办人员工资。全区基础教育呈现公办、民办、“公有民营”“股份制”等多种体制办学形式。

第二节　教学改革

1983 ~ 1989 年，区文教局对小学和幼儿园加强管理，建立视导制度，教学改革不断深入，教学质量普遍提高。1990 年，各校贯彻省教委《关于当前小学教育改革的意见（试行）》精神，组织全区教师学习、讨论和研究，拉开全面实施素质教育序幕。全区各校在全面贯彻教育方针的基础上，开展“校校有特色，人人有特长”创建活动。八叉巷小学的乒乓球、南门小学的排球、镇师附小的足球、中山路小学的羽毛球、市实验小学的游泳和科技教育、区实验小学的京剧、解放路小学的艺术教育、五条街小学的民族教育等特色学校，在省和全国有一定知名度。

1992 年 10 月区划调整后，1993 ~ 1995 年，区文教局把教学改革重点向农村学校和薄弱学校倾斜，把实施素质教育、创建特色学校作为“重中之重”，使第九中学的手球和艺术教育、谏壁中心小学的科技教育、丹徒中心小学的武术特色进一步凸现。1996 ~ 1999 年，全区各校在教学思想、教学内容、教学方法和评估方式等方面进行一系列改革，加快教学体系现代化步伐。中山路小学率先在全市进行课程改革试点。两年有省级课题 18 个，市级课题 33 个，区级课题 38 个。1997 年秋，全区所有小学高年级均开设英语课。

2000 ~ 2003 年，全区各校开展课堂教学素质化达标考核。京口少年宫发挥校外素质教育主阵地作用，举办各类兴趣特长班。以“庆祝载人航天成功发射”“创建平安校园”“争做文明小市民”等活动为载体，强化德育核心地位，全面发展学生素质。同时，以课程改革为抓手，深化素质教育，形成教学新观念、新方法和新手段。先后涌现出一批素质教育名校和体艺特色学校，成为省内乃至全国知名品牌学校。2003 年，有教研课题 170 项，其中国家级 12 项、省级 25 项、市级 33 项、区级 100 项。全区素质教育深入发展，在教学思想、教学内容、教学方法和评估方式等方面进行一系列改革，加快教学体系现代化步伐，课程改革工作得到省评估组专家赞誉。

2004 ~ 2007 年，全区义务教育阶段学校进入国家基础教育课程改革省级实验区。普通高中课程改革全面启动，以课程改革为核心，以研究性学习为重点，素质教育不断深化。职业教育调整课程设置，加强教材建设，强化专业技能教育。中小学体育、卫生和艺术教育工作取得新进展。教育系统精神文明建设迈出新步伐。办学特色显著，涌现出艺术教育省、市特色学校各 1 所，全国、省、市体育特色学校分别为 1 所、5 所、5 所。有 2500 余名学生在全国、省、市各级各类文化、体育等竞赛中获奖。

2007 年京口区义务教育课程改革实验情况表

表 21-1　　　　　　　　　　　　　　　　　　　　　　　　　　单位：课时

课程门类＼年级		一	二	三	四	五	六	七	八	九
品德类课程		品德与生活		品德与社会				思想品德		
		2	2	2	2	2	2	2	2	2
历史		—	—	—	—	—	—	2	2	2
地理		—	—	—	—	—	—	2	2	—
科学（自然）		—	—	2	2	2	2	—	—	—
生物		—	—	—	—	—	—	3	2	—
物理		—	—	—	—	—	—	—	3	3
化学		—	—	—	—	—	—	—	—	4
语文		8	8	7	7	6	6	5	5	5
数学		5	5	4 + 1	4 + 1	5	5	5	5	5
外语		—	—	3	3	3	3	4	4	4
体育与健康		4	4	3	3	3	3	3	3	3
音乐		2	2	2	2	2	2	1	1	1
美术		2	2	2	2	2	2	1	1	1
综合实践活动	劳动与技术	—	—	1	1	1	1	3	2	2
	信息	—	—	0.5	0.5	0.5	0.5			
	研究型学习	—	—	0.5	0.5	0.5	0.5			
	班队活动、专题教育、社区服务与社会实践等	—	—	1	1	1	1			
地方和学校安排的课程		3	3	1	1	2	2	3	2	2
周课时数		26	26	30	30	30	30	34	34	34
学年总课时数		910	910	1050	1050	1050	1050	1190	1190	1122

第三节 教育现代化

一、改造薄弱学校

1985年3月，区文教局校舍维修站成立后，先后对各小学危房进行维修改造和防治白蚁。1986 ~ 1992年，完成维修改造危房1万平方米。1992年10月，区划调整后，划进中小学10多所，其中不少校舍需要维修改造。1993 ~ 1997年，京口区推进校舍等硬件设施建设，改善办学条件。先后完成第九中学校门建造及操场平整工程、丹徒中学综合楼工程，并基本配齐硬件设施，完成靳家巷小学、五条街小学、京口幼儿园重建、扩建工程，启动第十中学搬迁重建工程，重点装备第九中学等学校的教育教学设施。同时，加快改造薄弱学校步伐，通过布局调整，以强带弱、政策倾斜、重点扶持等措施，加快教育现代化整体水平提高。区教育局多渠道筹措资金，全方位加强管理，投资1300万元，重点抓好第十中学易地重建、中山路小学操场、陈家门小学教学大楼工程，完成建筑面积2.21万平方米。1997年，投入1000多万元改善办学条件，其中房屋建造、修缮费950万元，完成在建工程14个。投资260万元，为第九中学建造3000多平方米综合楼。投资40万元，为八叉巷小学添置闭路电视系统等。

1998 ~ 2003年，各学校按照全区总体部署，以改善办学条件为重点进行改造。第九中学克服资金困难，先后完成道路、学生宿舍楼、学生食堂、校舍改建、体育馆改造等一系列配套工程。陈家门中心小学建成新操场，整修综合楼，完善内部设施。镇师附小加强与企事业单位合作，多渠道筹措资金，完成教学楼主体工程，并装备分部综合楼。2003年，京口区根据江苏省“十五”计划调整中小学布局，加快危旧校舍改造，投资4000万元，建成校舍3.2万平方米，新增教育用地4万平方米，全区90%以上校舍得到改造，提前完成农村中小学危房改造任务。2004年，通过省级考核验收，京口区被授予“江苏省农村中小学改造先进区”。2003 ~ 2004年，全区投入资金38.62万元，对城区和农村中小学实施“三新一亮”（课桌新、板凳新、讲台新、电灯亮）工程。其中，城区中小学新增课桌椅353套，维修课桌椅1443套，新增讲台6张，维修讲台26张，通电教室365间，投入资金26.10万元，受益学生19229人。乡镇中小学新增课桌椅53套，维修课桌椅889套，新增讲台11张，维修讲台19张，通电教室161间，投入资金12.52万元，受益学生6718人。提前一年完成农村中小学布局调整任务“三新一亮”工程。全省农村中小学“六有”（有整洁的校园、有卫生的食堂、有冷热饮用水、有水冲式厕所、有安全的宿舍、寄宿生每人有一张床）工程启动后，2004 ~ 2005年，两年内京口区共完成学校绿化6000平方米，铺设、维修硬质路面6500平方米，修建下水道3000米，扩建、改建食堂760平方米，改建水冲式厕所884平方米，购置饮水机196台。2006 ~ 2007年，投入资金79.3万元，全区各镇中小学完成“六有”工程。

2001 ~ 2002年京口区农村中小学危房改造情况表

表21-2 单位：平方米、万元

	校舍总面积	2001年危房面积	2002年新增危房面积	改扩建大修面积	投入资金
合计	28479	2689	931	15870	1397.30
中学	23520	907	513	13800	1255.30
小学	4959	1782	418	2070	142

二、推进教育现代化工程

1996年始，京口区全面实施教育现代化工程，大力开展创建教育现代化先进乡镇、省三星级高中、省教育现代化示范初中、省实验小学和省示范性实验幼儿园活动，并进行省、市、区模范学校推荐评选活动。1997年，区教育局制定实施教育现代化工程工作思路，成立现代化工程领导小组，定期到学校检查指导，各学校发挥拼搏精神，想方设法，筹措资金，硬件软件一齐上。1999 年，象山乡率先通过江苏省教育现代化先进乡镇验收，实现市区该项创建工作零的突破。2000 年，镇江市第九中学通过省示范初中验收，江滨实验小学通过省实小验收。2002 年，京口区实验小学通过省实小验收。2003 年，索普实验学校、八叉巷小学、五条街小学通过省实验小学验收，丹徒镇基本通过省教育现代化乡镇验收。2005 年，桃花坞小学通过省实小验收，第九中学通过省三星级高中验收。2006 年，谏壁镇通过省教育现代化乡镇验收。

2000 ~ 2007 年，京口区先后有中山路小学、市实验小学被评为江苏省模范学校，红旗小学、八叉巷小学、江滨实验小学、京口区实验小学、第九中学先后被评为镇江市模范学校，镇江实验幼儿园（原京口幼儿园）、江滨幼儿园、解放路幼儿园、京河路幼儿园、市级机关幼儿园（原为市级机关第一幼儿园和市级机关第二幼儿园）、佳佳幼儿园、红红幼儿园、江苏科技大学幼儿园先后被评为江苏省示范性实验幼儿园和江苏省优质幼儿园。桃花坞幼儿园等 5 所幼儿园被评为省教育现代化幼儿园。另有 9 所幼儿园为市一类幼儿园。

2007 年，京口区打造优质教育资源，加快创建区域现代化步伐。各镇通过评估验收，全区所有 3 年内必须保留的中小学，均达到省颁合格中小学标准。中小学学生和幼儿享受优质教育资源的比例不断提高。基本实现高位均衡目标，区域教育现代化建设基本达到省颁标准。

三、教育信息化建设

1990 ~ 1996 年，京口区在实施教育现代化工程过程中，重视教育信息化建设。1997 年，为改善办学条件，投入 1000 多万元资金，其中教学仪器、实验室设备、微机房配件等经费 156.5 万元。中山路小学投入 105.75 万元，完成微机房等 12 个专用教室的建设。八叉巷小学投入 40 万元，添置闭路电视系列等。全区中小学共有闭路电视系统 5 家、语音室 5 家、微机房 12 家，达到班班有“两机一幕”（电视机、投影仪和屏幕）。1999 年，京口区全面启动教育信息化建设。京口区实验小学多方筹措资金，铺设闭路电视线路，成立星星电视台、电子阅览室和多媒体工作室。京口区实验幼儿园开源节流，配齐音响设备和各种软件。经现代化教育思想渗透和现代化教育技术培训，中山路小学被命名为省多媒体教学实验基地。中山路小学、中山路幼儿园成为省级电教示范学校。八叉巷小学、谏壁中心小学、镇师附小、江滨幼儿园等学校成为市电教实验学校。2000 年，区教育局制定并实施学校信息化工程计划，加大教育信息化力度。2003 年，各校实现教育信息网络“校校通”，部分学校建成校园网。城区所有小学和乡镇中心小学（包括“村小”），建成微机室，信息课成为学生必修课。

2007 年，全区 50% 以上学校实现信息网络“室室通”，先后有 14 所学校通过“镇江市教育信息化先进学校”验收，市实验小学、中山路小学先后通过市教育信息化示范学校验收，并有 5 所小学先后被评为市小学“十佳”网站，1 所中学被评为市中学“十佳”网站。全区中小学均能通过市教育信息网与互联网连接。多媒体技术和网络技术广泛应用于教育教学活动，促进教学方式、学习方式和师生互动模式变革。

第三章　基础教育

1983 ~ 2006 年，京口区基础教育主要包括学前教育、小学教育、中学教育和特殊教育。其间，随着国家行政体制、经济体制和教育机制改革，区内幼儿园和中小学布局作过多次调整，逐步完善。各种教育教学活动蓬勃开展。2007 年，区基础教育更加适应经济和社会发展，符合区情实际和人民群众的需要。

第一节　学前教育

一、设置

1. 布局调整　1989 年，全区有幼儿园 21 所，124 个班，在园幼儿 4920 名，教师 276 名。有 10 所小学办学前班12个，招收幼儿460名，大多为聘任离退休教师。1990年，有9所小学办10个学前班，366名儿童入学。1990～1992年，全区幼儿教育配合旧城区改造和住宅小区建设，新建4所幼儿园，改（扩）建6所幼儿园，投入590多万元。1993年，学前班逐步被撤销。1998年，投入400多万元，扩建谏壁中心小学幼儿园，易地重建丹徒镇中心幼儿园，扩大活动面积5万多平方米。1999～2007年，区域内住宅小区建设不断加快，先后建成香江花城、京岘国际、中房春蕾、米山人家、桃花山庄、佳佳、红红、甜甜、东吴、阳光大地、翠谷之星、三之三等配套幼儿园，撤并剪子巷、宝塔巷、拖板桥等老城区幼儿园。

2. 幼儿园概况　1991年，全区有机关、部队和企事业单位幼儿园280所，其中3个班以上的80多所，在园幼儿5000多名，教职员1500名。1992年10月，区划调整后，全区共有幼儿园81所（包括公办、民办、厂矿企事业单位办幼儿园），341个班，入园幼儿总数11984名。1990～1992年，全区幼儿入园率逐年增加，1990年为90.5%，1991年为92.5%，1992年为95%。区划调整后，农村入园率85%。按照省幼儿园（班）登记注册标准，注册幼儿园占各类幼儿园总数75%。根据市幼儿园评估标准，全区22所幼儿园达一类园标准，34所幼儿园达二类园标准。1993～1995年，全区有幼儿园54所（含公办、民办、厂矿企事业单位办园），244个班级，入园幼儿总数8990名。1993～1995年，乡镇幼儿入园率为85.9%，按照省幼儿园登记注册标准，登记率为100%。1996～1997年，全城区有幼儿园55所（含教育局直属园，民办、厂矿企事业单位办园），246个班，入园幼儿总数达8574人，农村入园率均在87.5%。1997年，中山路幼儿园通过省级示范性实验幼儿园验收。

1999年，江滨幼儿园、解放路幼儿园、京口实验幼儿园通过省级示范性实验幼儿园验收。全区80%公办幼儿园通过省示范性实验幼儿园验收。2002年，推进教育现代化工程。2003年，建成10所省示范性幼儿园、5所省现代化幼儿园、9所市一类幼儿园。2007年，全区注册幼儿园为34所。

2007年京口区幼儿园情况表

表21-3　　单位：个、人

名　称	地　址	班级数	幼儿数	创办时间
中山路中心幼儿园	健康路23号	13	425	1950.10
镇江市实验幼儿园	笪家山12号	16	495	1934
大地幼稚园	道署街23号	10	168	1936
江滨大地幼稚园	江滨新村红领巾路	13	300	1987
京河路幼儿园	京河路56号	10	343	1997
桃花坞幼儿园	桃花坞8区20号	6	230	1986
阳光大地幼儿园	阳光世纪花园小区内	3	51	2005
贺家弄幼儿园	贺家弄24号	9	357	1958
佳佳幼儿园	演军巷40号	7	245	1994
牌坊巷幼儿园	大市口牌坊巷8-2号	9	318	1954
梦溪幼儿园	南门大街274号	6	150	1956
红红幼儿园	花山湾10区8号	4	85	1987
东吴幼儿园	东吴新村9号	7	244	1997
市级机关幼儿园	水陆寺巷58号	20	761	1950
江科大幼儿园	学府路67号	8	270	1965.9
谷阳新村幼儿园	谷阳新村二区	13	414	1989.9

续表 21-3

名　称	地　址	班级数	幼儿数	创办时间
红樱幼儿园	珍珠路 12 号	7	238	1954
船艇学院幼儿园	桃花坞路 130 号	6	201	1981
江苏大学幼儿园	学府路 301 号	9	292	1962
汝山中心幼儿园	宗泽路	5	169	1986.6
丹徒镇中心幼儿园	丹徒镇老街	6	237	1979.9
谏壁小学幼儿园	谏壁镇东街刘家塘 19 号	7	323	1952.9
中房春蕾幼儿园	江滨新村三期 98—1 号	9	340	2001.8
五条街小学幼儿园	千秋桥街 56 号	4	152	1991.9
敏成幼儿园	道署街 23 号	5	135	1936.9
甜甜幼儿园	置业新村 10 号	7	249	2000.8
米山人家幼儿园	小米山路（技师学院对面）	10	301	2002
白莲幼儿园	京口路小东庄 51 号	8	214	1998.8
小红帽幼儿园	象山红旗一队周家庄 20 号	6	123	1997.7
小牛津幼儿园	京岘山 101 号	4	67	2006.8
桃花山庄幼儿园	桃花山庄内	6	148	2004.9
三之三幼儿园	恒美家园小区内	6	80	2007.3
翠谷之星幼儿园	恒顺翠谷小区内	5	79	2007.9
金阳光幼儿园	谏壁镇	5	169	2005.9

1985 ~ 2007 年京口区部分年份幼儿园情况表

表 21-4　　单位：个、人

年份	幼儿园数	在园学生数	毕业生数	招生数	班级数
1985	114	1203（公办）	—	—	452
1995	55	9210	3375	2387	244
2007	35	8439	3009	2900	278

1993 ~ 1995 年京口区一、二类幼儿园情况表

表 21-5　　单位：个

类别	1993	1994	1995
一类	14	16	19
二类	22	24	26

二、教育教学

1990年以前，区内公办幼儿园由区文教局负责，民办幼儿园由区妇联和区幼儿教育管理委员会负责，企事业单位幼儿园的教育教学工作由市妇联和市教育局等部门管理。1991年始，京口辖区内幼儿园教育教学工作统一归区文教局管理。2001年7月，教育部印发《幼儿园教育指导纲要（试行）》（以下简称《幼儿教育纲要》）。2002年以来，全区幼教工作贯彻落实《幼儿教育纲要》，各级各类幼儿园采取多种形式学习、培训。2003年9月，区教研室提出"跟班式"培训方式，在一段时间内跟踪观察名园优秀教师组织的教育活动，记录、反思，总结经验，最终归纳教育策略用于教学。10所省级师范园每所选送2名骨干教师，现代化幼儿园每所选送1名骨干教师，4人一组，每次1周，学习南京实验幼儿园综合活动课程实施。全区幼儿园教师参加《幼儿园教育指导纲要解读》理论笔试。必读《从理念到行为》，开展《从理念到行为》园长沙龙式研讨，参加"《幼儿教育纲要》伴我行"优质教育观摩活动，8所省级示范幼儿园的20位教师进行教学展示。2004年，区教研室牵头，市实验幼儿园、京河路幼儿园、桃花坞幼儿园、江苏大学幼儿园等联合参与《构建以案例研究为主要形式的学习型组织的研究》课题，经市教育局评审，被确立为镇江市教育科学"十五"计划(第三批)立项课题。选送一类幼儿园30余位教师赴无锡实验幼儿园、无锡水秀幼儿园学习。结合"区域性推进有效教育"开展"三我"（即"我的教育故事""我的教学故事""我的教育观"）征文活动，从故事走进案例，学会思考，促进以案例、故事形式，将教学中精彩事件表述，引导更多人主动分享，20余名教师开展骨干教师优质教学活动展评。

2005～2007年，区教研室教研员李莉在中山路幼儿园上音乐有效教学研讨课，并签订"师徒结对"协议，培养青年教师。同时组织"一教三研，异园送教"活动，省级示范幼儿园与其他幼儿园签订结对互助协议，有针对性地在教研员、园长、高级教师、骨干教师这四个层面开展"幼儿园优质教学活动展评"，以评促研，研训合一。开展"有效教育"研讨活动和省级示范幼儿园多媒体教学课件评比活动。"基于信息技术的学前教育研讨会"上，蒋志华、高蕾等10多位教师，代表京口区参加镇江市优质教学活动评比，分获一、二等奖。陆蕾获镇江市第六轮青年教师教学基本功竞赛一等奖。此项成果被指定为省编教材《幼儿园综合活动课程》实验区，对省编教材主题教学内容进行筛选和补充。京口区鼓励幼儿园建立丰富的"主题资料包"（指多媒体课件与电子文本、音像资料相结合电子文件包），选择省编教材中与《幼儿成长纪念册》发展性评价同步进行的10个主题，以电子主题案例形式，多角度、全方位展示教师授课过程。自2006年第一学期始，每学期每个幼儿园每班按计划给一个主题打"包"。2007年，区教研室《构建以案例研究为主要形式的学习型组织的研究》课题结题。开展五轮多媒体案例式评比活动，市级机关幼儿园、江苏大学幼儿园、京河路幼儿园、江滨幼儿园、市实验幼儿园、大地幼稚园、桃花坞幼儿园、船艇学院幼儿园等通过多媒体课件展示，表达一线教师对课程的理解和实践。由宋亚红、徐砚婷讲演的主题活动《动物王国》，在江苏省第五次教材培训活动中现场讲演，教研员李莉在江苏省第六次教材培训活动中，作《建立和运用"主题资料包"拓展幼儿园综合活动课程资源的实践》介绍。京口区被评为江苏省幼儿教育先进县（市、区）。

三、部分幼儿园简介

1. 中山路中心幼儿园　1950年10月创办。1991年，由京口区文教局定名为中山路中心幼儿园，负责辖区内公办幼儿园管理与指导，与中山路小学脱钩。2007年，有12个班、400多名幼儿、40多名教职员工。有2幢综合性教学活动楼和1幢富有童话情趣的小楼，占地面积1427平方米。建有闭路电视系统、安全监控系统、现代化办公管理系统和可供幼儿身心健康发展的各种教学玩具、多媒体教学设备。20多年来，该园坚持"培养健康身心，塑造智慧儿童"为宗旨，"球类活动（趣味篮球、快乐幼儿乒乓）""花儿朵朵双语教学""快速心算"为特色教学活动，形成鲜明的办园风格与特色。该园是镇江市首批省级示范性实验幼儿园、省现代化教育技术示范学校，是21世纪中国学校体育发展研究实验基地优秀实验学校，全国尝试教学理论研究实验基地全国先进单位，江苏教育学院教育实习基地。多次获市级文明单位、市绿色学校、市“三八”红旗集体、市优秀涉外参观单位、市幼儿乒乓培训基地和京口区模范幼儿园等荣誉。

2. 镇江市实验幼儿园　民国23年（1934年）创建，坐落于中山东路笪家山12号。1950 ~ 1983年，附属镇江市实验小学。1983年9月，划归京口区管辖。1988年，被市首批定为一类幼儿园。1991年8月，与市实验小学脱钩，直属于区文教局，更名为镇江市京口幼儿园。有6个班，在园幼儿200多人，教职工20人。1996年，全园建筑面积达2759平方米。是年，实施3轨制，增设小小班，规模扩到10个班，幼儿人数达400人，正式教职工22人，聘用9人。同年6月，更名为镇江市京口实验幼儿园。1999年10月，被评定为省级示范性实验幼儿园。2000年，发展到13个班，在园幼儿500多名。2004年5月，更名为镇江市实验幼儿园。2006年5月，与红豆置业联合，成立香江花城分园，设10个班。2007年，先后被评为江苏省示范性实验幼儿园、区文明单位、区模范幼儿园、区卫生保健工作先进单位等。

3. 镇江市大地幼稚园　前身为私立道署街幼儿园，1950年改公立，更名镇江市解放路幼儿园，隶属于解放路小学。1991年，为京口区文教局直属幼儿园。1997年，由区教育局和台湾大地幼教集团投资改扩建，更今名。同时，保留镇江市解放路幼儿园园名。1999年，通过江苏省示范性实验幼儿园验收。2001年，在融合“蒙台梭利”“瑞吉欧”教学法，并结合自身特点基础上创办全人教育实验班，被批准为京口区英语特色幼儿园。2003年，引进专职“外教”，开办全人教育国际班。2005年，获省级示范园评估优秀等级称号，成为国家“十五”科学教育重点课题研究实验园和中央教科所“十一五”课题研究实验园。先后接待加拿大、日本等国友好人士参观访问。2007年，有教师24名，其中“外教”1名，中学高级教师1名，市骨干教师1人，区骨干教师2人，大专以上学历教师占80%以上；设10个班，其中3个国际班，全人教育实验班7个，幼儿210名。占地905平方米，建筑面积1800平方米，场地930平方米，绿化面积385平方米。设有专用活动室、盥洗室、午睡室和形体房、认知室、感统室、画室、图书室等专用活动室。

4. 江滨幼儿园　1987年9月建立，隶属区文教局，招收幼儿124人，分大、中、小3个班，教职工5人。1988年，顺利成为现代化幼儿园，被授予镇江市电教学校称号。1989年，首批通过镇江市一类园认定。2000年，跨入省级示范性实验幼儿园行列。2000年9月起，与台湾大地幼教集团合作办园。2002年，被市教育局认定为首家双语实验班幼儿园。2007年，有13个班，小托班1个，小班4个，中班4个，大班4个。学生总数466人，教职工45人，其中专任教师32人，90%是大专及以上学历，中高1人，小高5人。园内有戏水池、动物饲养房、种植地、花圃及大型玩具等室外活动设施，建有多个功能齐全的现代化活动室、娃娃电脑房、科学探索室、专用画室、形体教室，配有电脑、钢琴、电视机、DVD、投影仪、录音机、消毒柜、空调、饮水机等现代化教育和卫生设施。

5. 镇江市京河路幼儿园　1997年6月创办。属区教育局。设小、中、大3个班，有教师8名。实行自主经营。1999年，该园被评为镇江市一类幼儿园，同时被授予镇江市幼儿教育协会活动基地。2001年4月，被镇江市授予“金太阳”幼教集团基地园和上海中易健康研究所镇江研究中心实验基地，11月，被评为江苏省现代化幼儿园和京口区英语特色园。2002年，与江苏大学教师教育学院签订教育合作协议，举行江苏大学教师教育学院学前教育实践基地、京口区英语特色园揭牌仪式。是年，通过镇江市绿色学校评估。2003年，通过江苏省示范性实验幼儿园的验收。2005年，通过镇江市A级食堂验收。2007年，有10个班级，幼儿380人，教职员工32人，教师学历合格率100%，其中大专以上学历教师占90%以上，教师英语达标率为88%（其中5名教师取得英语四、六级证书）。

6. 镇江市桃花坞幼儿园　1986年建立，是区文教局直属公办园之一。时设大、中、小班各1个，幼儿数140人左右。教师5人，工作人员4人。1991年，扩到4个班，幼儿数增加到160人左右，教职工12人。当年被评为镇江市二类园。在青年教师评课活动中，先后有2名获得3个区级三等奖。1997年，舞蹈《小俏妞》参加京口区幼儿文艺会演获三等奖。1999年，双轨6个班，幼儿210人，教职工22人。并添置音响、闭路电视、投影仪等电教设备，先后被评为一类园、现代化幼儿园。2006年4月被评为京口区模范幼儿园。12月，现代化幼儿园验收时，评为优秀。2007年，建筑面积758平方米，图书600多册，6个班，幼儿数231人，教职工数22人，其中市骨干教师2人，专任教师本科3人，大专9人，中专4人。

7. 贺家弄幼儿园　1958年创办。1983年属区妇联。1983—2003年，幼儿园逐渐发展。2004年率先建立网站，实现融思想性、知识性、趣味性、服务性、形象性于一体的家园联动。2005 ~ 2007年，先后在镇江恒顺、西津古渡、赛珍珠故居、句容农科院、润扬大桥、谏壁船闸、金西水厂、驻镇部队等地开展社会实践活动，使孩子们获得直观的认知经验。通过挖掘职业家长教育资源，开展多种形式教育教学活动，拓宽孩子们的视野。构建以“文化节”“健康节”“科技节”“艺术节”统领主题的校园文化建设，成为全国尝试教学研究实验基地、全国科技教育优秀实验基地、省级示范性实验幼儿园、省级巾帼示范岗。2007年，该园占地面积2600平方米，建筑面积1980平方米。有幼儿高级教师10人，一级教师3人，二级教师3人。区骨干教师9名，区学科带头人1名。教师学历合格率为100%，本科率为17%，大专率占75%，保育员合格学历为100%。

8. 镇江市梦溪幼儿园　创办于1956年，原名草巷幼儿园。1992年改现名，设大、中、小双轨六个班。首批被评为“一类幼儿园”“优质幼儿园”“绿色幼儿园”“尝试教学试点园”、江苏省现代化幼儿园，也是区教育局“金太阳”幼教集团成员之一。小巧精致、设备齐全的园舍，绿化、美化、教育化的环境，是家长的放心园，是孩子们的乐园。全园100%的教师大专学历，年轻教师大都本科在读。该园以“面向全体、人人参与”为办园宗旨，以传统的民间剪纸活动为教学特色，特聘中国民间剪纸艺术家——陈佑丰女士亲自传授剪纸文化与剪纸技巧。爱鸟周、体育节、艺术节是该园科普教育的绿色活动。《莫愁》家教版曾专稿报道。

第二节　小学教育

一、设置

1. 布局调整　1983年，全区有小学45所，学生18890人，教师819名。经过多次布局调整，1989年，全区有小学38所。此外，辖区内有隶属润州区的镇江师范学校附属小学和润州区实验小学各1所。

1992年10月区划调整后，全区有47所小学，483个班级，19519名学生。1995年下半年，汝山乡前官庄小学和于家圩小学并入孟家湾中心小学。全区有小学44所，计490个班级，20810名学生。1996年下半年，宗村小学合并到马家山小学。1997年，丹徒镇易地重建左湖小学，横山小学并入左湖小学，谏壁粮山小学并入谏壁中心小学，新民小学并入共青团农场子弟学校。丹徒县谏壁乡被撤销后，原丹徒县谏壁乡6所小学一并划归谏壁镇。至此，全区有46所小学，530个班级，22346名学生。1998年，丁卯小学、马家山小学、仇村小学划给丁卯开发区（仍归区教育局管理）。全区有40所小学，503个班级，在校生22638名。1999年撤销丹徒镇左村小学中高年级，并入丹徒中心小学。2001年8月，全区有小学34所（含企业学校2所），498个班级，学生22200名。2001年9月，镇江港务小学与镇江港务局剥离，划归京口区，并入拖板桥小学，拖板桥小学迁入港务小学原址。全区相继撤并粮山小学、李华小学、左村小学，撤并上隍小学高年级。梳儿巷小学确定为红旗小学分校，拖板桥小学、上河边小学确定为解放路小学分校。城区撤销中心小学建制，红旗中心小学更名为红旗小学，解放路中心小学更名为解放路小学。桃花坞小学、靳家巷小学升格为教育局直属小学，不再隶属红旗小学。

2002年，梳儿巷小学停止招生，并入红旗小学。2003年，拖板桥小学、港务小学、上河边小学停止招生，并入解放路小学。撤销丹徒镇上隍小学、长岗小学，并入丹徒中心小学。丹徒中心小学迁入丹徒中学原址，并新建微机室和多功能室，建成有塑胶跑道的田径运动场。谏壁中心小学易地重建完成选址、征地和整体设计，同时，撤并月湖小学、蔡家小学及马湾小学。2004 ~ 2006 年，先后撤并上河边小学、京江学校、陈家门中心小学、京岘山小学、夏家湾小学和焦湾小学等。2007 年，全区有小学 18 所。

2004 年京口区学校布局调整情况表

表 21-6　　单位：个、人、平方米

学校名称	在校生数	年级数	班级	教职工数	教师数	占地面积	建筑面积	备注
中山路小学	2125	6	40	110	103	7302	8281	
市实验小学	1684	6	37	102	92	18000	7735	
江滨实验小学	1800	6	35	92	85	11772	7468	
区实验小学	1681	6	37	94	85	10649	7230	
八叉巷小学	1142	6	24	84	75	7765	7883	
五条街小学	1008	6	24	86	74	6904	4964	
索普实验学校	601	6	21	6	2	34920	17472	
南门小学	882	6	19	55	46	3432	3277	
桃花坞小学	834	6	18	52	46	5836	8859	
靳家巷小学	874	6	19	47	43	3380	3538	
红旗小学	1449	6	29	83	73	4533	3500	
解放路小学	1013	6	24	84	71	7800	5400	
上河边小学	278	6	6	17	17	1070	1090	
京江学校	105	6	6	15	11	39600	1106	
陈家门中心小学	800	6	18	59	54	7200	3208	
包家湾小学	194	6	6	—	—	4005	1060	完小
京岘山小学	162	3	3	—	—	1384	450	教学点
孟家湾小学	564	6	13	42	42	2912	1404	
夏家湾小学	95	3	3	—	—	2050	650	教学点
丹徒中心小学	1030	6	21	65	61	10331	4231	
谏壁小学	1356	6	28	105	102	6108	4774	
焦湾小学	236	6	6	—	—	3920	946	完小
雩北小学	280	6	7	—	—	5346	1463	完小
小计	20193	132	144	1198	1082	206219	105989	

2. 小学概况　1992 年 10 月，全区有小学 36 所，企事业办小学 5 所。10 月区划调整后，京口区 21 所小学划归润州区，包括 3 所企业办小学。润州区 29 所小学划归京口区。1993 年，全区共有小学 47 所，其中企事业办小学 6 所。2007 年年底，全区 18 所小学，476 个班级，20160 名学生，并代管江苏大学附属学校小学部。

1992 年 9 月京口区小学情况表

表 21-7

直属小学名称	中心小学名称	中心小学所辖小学名称
中山路小学 市实验小学 八叉巷小学 南门小学	红旗中心小学	靳家巷小学、梳儿巷小学、桃花坞小学、工学院附属小学、孔家巷小学
	宝塔路中心小学	王家巷小学、穆源小学、电力路小学、李家山小学
	中华路中心小学	上河边小学、拖板桥小学、苏北路小学、航运小学、港务小学
	黑桥中心小学	伯先路小学、宝盖山小学、牌湾小学、生产巷小学、铁路小学、太古山小学
	桃园中心小学	小码头小学、和平路小学、金山河小学、水上子弟小学
	解放路中心小学	五条街小学、千秋桥小学

1992 年 10 月京口区小学情况表

表 21-8

直属小学名称	中心小学名称	中心小学所辖小学名称
中山路小学 市实验小学 八叉巷小学 南门小学 镇江师范附属小学 京口区实验小学（原名润州区实验小学 1992 年 10 月划京口区后更名）	红旗中心小学	靳家巷小学、梳儿巷小学、桃花坞小学、江苏工学院附属小学
	解放路中心小学	五条街小学、千秋桥小学、拖板桥小学、上河边小学、苏北路小学
	陈家门中心小学	京岘山小学、包家湾小学
	孟家湾中心小学	吕家圩小学、夏家湾小学、前官庄小学、庄家湾小学
	丹徒镇中心小学	渣泽小学、横山小学、宗村小学、左村小学、长岗小学、丁卯小学、马家山小学、仇村小学、左湖小学、上隍小学、张许小学
	谏壁镇中心小学	焦湾小学、月湖小学、王祠小学、粮山小学、雪沟小学、镇江新型建筑材料厂子弟小学（代管）、谏壁电厂职工子弟学校小学部、华电三处职工子弟学校小学部
	新民小学、共青团农场职工子弟学校小学部	

1995 年京口区小学情况表

表 21-9

直属小学名称	中心小学名称	中心小学所属小学名称
中山路小学 市实验小学 镇师附小 京口区实验小学 八叉巷小学 五条街小学 南门小学 新民小学	红旗中心小学	靳家巷小学、梳儿巷小学、桃花坞小学、理工大学附属小学(代管)
	解放路中心小学	拖板桥小学、上河边小学、港务局小学(代管)
	陈家门中心小学	京岘山小学、包家湾小学
	孟家湾中心小学	庄家湾小学、夏家湾小学
	谏壁中心小学	焦湾小学、月湖小学、王祠小学、粮山小学、新型建筑材料厂职工子弟小学(代管)
	丹徒中心小学	长岗小学、左村小学、上隍小学、横山小学、渣泽小学、左湖小学
	丁卯中心小学(代管)	马家山小学、仇村小学、张许小学、宗村小学(均为代管)

注：另代管谏壁电厂职工子弟学校、华东电力三处职工子弟学校和共青团农场职工子弟学校（均有小学部和初中部）

2007 年京口区小学情况表

表 21-10　　单位：个、名

校名	地址	班级数	学生数	教职工数	创办时间	备注
镇江市中山路小学	健康路	42	2096	114	1950	
镇江市实验小学	中山东路	43	1969	116	1934	
镇江市江滨实验小学	江滨新村	36	1788	93	1987	
镇江市京口区实验小学	花山路	38	1750	100	1965	
镇江市索普实验小学	谷阳新村	31	1010	96	2000	
镇江市八叉巷小学	斜桥街	26	1087	78	1919	
镇江市红旗小学	观音桥巷	26	1311	79	1964	
镇江市五条街小学	千秋桥街	24	—	66	1906	
镇江市桃花坞小学	桃花坞路	21	990	58	1983	
镇江市南门小学	酒海街	42	1897	111	1933	
镇江市靳家巷小学	靳家巷	20	1000	50	1947	
镇江市解放路小学	道署街	24	861	90	1921	
镇江市香江花城小学	东吴路香江花城	26	1014	49	2005	
镇江市丹徒中心小学	原丹徒镇西祠（寺）巷	18	753	51	1921	
镇江市汝山小学	孟家湾	12	553	30	1950	原隶属丹徒中心小学
镇江市京江小学	新民洲	6	49	13	1962	
镇江市谏壁中心小学	谏壁镇越河街	35	1641	76	1906	
镇江市雩北小学	谏壁镇雩北村陈家庄	6	335	12	1933	隶属谏壁中心小学

二、教育教学

1985 年，京口区参加华东部分地区小学教学研究协作联谊会，进行论文交流、教学特色介绍。此后，联谊活动由各地区教育部门轮流承办。1986 年，区文教局在中山路小学、市实验小学两个班施行“注意识字，提前读写”实验，首轮用 4 年时间学完小学全部课程，学业结束后，参加毕业统考，全部合格。因小升初招生人数限制，两班各 70% 学生升入一中编为初中 4 年学习班，继续实验。其余学生编入五年制小学毕业班继续学习。该项实验第二轮学制为 5 年。1987 年始，京口区被省教研室指导的“马芯兰教材教法实验”（小学数学）开设 3 个实验班，中山路小学实验教师林彬被评为特级教师，市实验小学教师顾青梅、八叉巷小学明旭受到省级表彰。该项实验先后进行两轮。是年，区施行“十佳”小学教师评课活动。邀请省内外特级教师和资深教研员任评委，被评为“十佳”教师，加一级工资（1 年），连续 3 年被评为京口区“十佳”教师，所加一级工资可永久保留。时属沪宁线首创，外市县曾来学习取经。为解决小学教师“青黄不接”的矛盾，向社会公开招聘 41 名非师范毕业生任教师。经专业培训后上岗，任教 10 年后，大多数已成为学校中层以上干部。1989 年 5 月，京口区举行首届“金山之春”小学教学观摩活动，对外开放。此后每年一次。苏州沧浪区、无锡北塘区、常州天宁区 3 城区青年教师听课后，主动邀请京口区参加他们每年组织的区域青年教师协作交流研讨活动，南京市鼓楼区邀请京口区语文、数学青年教师各 2 人到南京送教，并参加每年一度“苏南 5 城区”教学交流活动。1989 年起，京口区进行“儿童作文心理研究”实验。首批由市实验小学杨蓉蓉、中山路小学江云、宝塔路中心小学张小燕 3 名教师参加。后推广到全市各小学。镇江市教研室主编的《作文之窗》，为该实验编印 3 期学生作文专辑。实验论文获江苏省优秀教育科研成果奖。京口区“儿童作文心理研究”实验，在全省举行综合汇报，并编印《童年足迹》专集，特级教师斯霞为该书题词。1990年，举办小学教师教学基本功大赛，为全市首创，兄弟县（市、区）同行前来学习借鉴。

1990～1994年，中山路小学张晨晖、市实验小学屈谨参加“李吉林情境教学实验”。在南通举行的全省“李吉林情境教学”赛课中，张晨晖获一等奖，屈瑾相关论文获一等奖。此项实验在全国推广后，张晨晖参加实验赛课，获全国一等奖。

2003年，省课改检查验收组对全国第二批小学课改实验区检查，在京口区召开部分学科教师、教研员座谈会，察看部分学校。4月，全国“新教育”研究的“营造书香校园”活动在京口区索普实验学校举行。新教育课题负责人朱永新教授，对京口区教研室和学校以文艺形式展示读书活动给予较高评价。2004年，区教研室成立攻关小组，在高等学校和科研院所专家的指导下，制定《京口区教育局有效教育实施纲要（试行稿）》。经过由上而下各个层次的研讨，由下而上地反馈意见，经专家们论证，确定以《区域性推进有效教育研究》为课题，申报省级立项。获准为省“十五”重点课题后，在课题规划、教师培训、过程管理等方面，围绕提高课堂教学效益，专业引领和校本教研指导，改进教研方式，提升教研品位，使教师专业发展有具体目标。2007年，全区小学以“有效教育”课题为抓手，深入实施素质教育，全面落实教育方针，基本形成“校校有特色，人人有特长”的区域办学特色，全区小学初步达到“高位均衡”的办学目标。

图21-3　2003年9月，国家体育总局副局长蔡振华（中）在八叉巷小学指导少儿乒乓球队员训练基本功（区教育局供稿）

三、小学简介

1.镇江市中山路小学　1950年10月创建，1989年以前该校概况详见1992年出版的《京口区志》。1991年，该校为江苏省首批实验小学之一。又连续三届获省模范学校称号（仅评过三届），连续八届获省文明单位称号。

1992～2005年，中山路小学以“办规范而自由的教育，过完整而幸福的生活”为理念，以争创“全省一流名校”为目标，不断加强硬、软件建设，办学条件日益改善，优质资源逐步扩大，先后获江苏省模范学校、文明单位、绿色学校、德育先进学校、电化教育示范学校、现代教育技术示范学校、青少年科技教育特色学校和镇江市科技教育特色学校、安全文明校园等殊荣。2007年，该校占地7302.35平方米，有教学楼、风雨活动楼、专家楼、报告厅和艺术综合楼以及多媒体教室、舞蹈房、图书馆等场馆。有42个教学班，2096名学生，114名教职工。其中有2人获硕士学位，大专以上学历教师占95%，其中本科45%；有全国优秀教师8名、茅以升家乡教育奖获得者2名、省特级教师4名、省优秀教育工作者6名、省优秀辅导员3名、省新长征突击手3名、省劳动模范3名、市有突出贡献中青年专家2名，市科技骨干5名，市学科带头人、市骨干教师21名。

1983年起，该校历任校长为薛近霞、周俊生、薛安明、薛翠娣、刘正才。

2.镇江市实验小学　该校1987年前概况详见1992版《京口区志》。1988年起，该校全面规划校园建设，1995年第二代校舍全部建成，总面积达6545平方米，学校各类专用教室和活动室齐全，校园环境得到极大改观。2001年8月，经市政府批准该校实行“两权分离”办学体制改革试点。2002～2004年，学校“数字化校园”基本建成，校园网络集学校管理、教师教学与进修、学生自主学习及文化娱乐为一体，功能完善。2005年，学校有43个教学班，1969名学生。116名教师中，大专以上学历占96%，市骨干教师4人、市学科带头人1人。2006～2007年，学校体育和科技工作成绩突出，获镇江市和江苏省体育教育先进学校，被授予中国科协青少年科技教育示范项目社区青少年科学工作室称号，被评为江苏省青少年科技活动三星级先进集体，沈括少年科学院被授予江苏省首届优秀少年科学院称号。20多年来，先后获全国少先队辅导员专业化优秀实验学校，江苏省文明单位、镇江市中小学党建工作先进集体等荣誉。

1983年起，该校历任校长为关玲、钱国宝、何胜利、李云芳、赵军、施勤。

3. 京口区实验小学　1965年建，时为单班复式教学的小学耕读班，20多名学生，1名民办教师。1968年，学生增加到80人左右，定名为镇江市红星小学。1973年，已成为5个教学班的完小。1984年，教学班增至9个，学生总数为396人，教职工16人。学校建立一支50余人的少年鼓号队。1985年，教育体制改革，该校为润州区文教局直属学校。1986年8月，定名为镇江市润州区实验小学。1987年，班级数增加到13个，有教职工32人。1990年，有20个班，学生832人，教师51人。1992年区划调整，属于京口区文教局，更名镇江市京口区实验小学。2000年，被评为镇江市武术传统项目学校和省电化教育实验学校。2002年，被评为江苏省实验小学。2007年，有38个班级，1750多名学生，教职员工100多名。1990 ~ 2007年，先后获得镇江市安全文明校园、江苏省文明单位等荣誉。

1983年起，该校历任校长为徐伟辉、赵静安、朱建国、王荣兵、赵军、施勤、吴洪玉。

4. 江滨实验小学　1987年创建，原名江苏省镇江师范学校附属小学，分本部、分部两个校区。1990年，学校组建足球队，连续15次获镇江市小学足球赛冠军，两次获江苏省小学足球赛第一名并获江苏省足球传统项目学校、群众体育先进集体、贯彻落实学校体育卫生两个《条例》优秀学校、“冬锻三项”百日锻炼先进学校等荣誉。2000年，经省教委批准为江苏省实验小学。2002年5月，镇江师范学校撤销后，更名为镇江市江滨实验小学。2003年11月，全省首家消防教育宫在该校建成，被评为全国少年儿童消防教育示范学校、江苏省消防教育示范学校和省消防教育先进单位。校园安装闭路电视系统，开通校园网，实现“校校通”，配置多功能室、多媒体语音室、自然实验室、美术室、书法室、音乐室、舞蹈房、劳技室等专用教室。运动场面积7463平方米，其中有200米跑道田径场等。先后获市模范学校、文明单位、德育工作先进学校、行为规范示范学校、廉政文化进校园示范点、绿色学校、省“小公民”道德建设活动实践基地和少先队全国红旗大队等称号。2007年，学校占地面积11772.6平方米，建筑面积7468平方米。有36个班级，1788名学生，教职员工93人，其中教师88人，大专以上学历76人，占教师总数的86%。有中学高级教师1名，市学科带头人1名，市骨干教师6名。

1983年起，该校历任校长为黄绍楼、徐恒金、凌国花。

5. 索普实验学校　2000年6月创建，江苏索普集团和市教育局共同投资，京口区教育局提供优质师资组建而成的全市首家股份制民营学校。2003年，命名为江苏索普国际学校。电脑、视频展台、液晶投影仪等现代化教学设备直接进入教室。语音室、电脑房、多媒体教室、英语角、科技宫、钢琴室、电子琴室、舞蹈房、溜冰场、娃娃心语屋、电子阅览室等设施齐全，为丰富学生课余生活，帮助学生提高素质、形成特长提供保证。配备学生公寓、餐厅以及生活老师、医护人员，为学生提供良好的生活环境。重视培养学生创新精神和实践能力，让学生学会求知、学会生存、学会创造、学会交流。全面实施“小班化”教学模式，每班学生不超过35人，发挥学生潜能，培养学生个性特长，为学生提供最优化教学服务。英语、计算机系学校特色。在省、市“少儿”英语口语大赛中，多次囊括省、市比赛前三名。2005年该校创作的合唱歌曲《一本书》，在省“少儿”艺术节上获金奖。2001 ~ 2007年，该校先后获全国“书香校园建设”先进集体、少先队特色小队建设先进集体，江苏省实验小学、绿色学校、“五四”红旗团支部，镇江市文明单位、教育信息化先进学校、教育收费规范化学校，京口区文明单位、模范学校等称号。2007年，全校占地3.3万平方米，建筑面积1.7万平方米。有31个教学班，在校学生1000人，其中包括来自日本、韩国、巴基斯坦及中国台湾地区学生20多人，教职工93人，另有3名外籍教师。全校30周岁以下青年教师100%通过江苏省职称英语初、中级或全国英语等级考试，大学专科以上学历占70%，12名教师被评为区级以上中青年骨干教师。

该校历任校长为薛翠娣、金林。

6. 八叉巷小学 1992年，获全国群众体育先进单位称号。1996年，列首批省优秀体育传统项目学校之一，参与创建全国重点乒乓球城市。2000年，评为全国德育科研先进实验学校、青少年体育工作先进集体，市级巾帼示范岗、模范学校和文明单位。2001年，获少先队教育现代化示范学校称号。2002年下半年，评为贯彻落实学校体育卫生两个条例优秀学校。2003年，通过省实验小学验收，被授予国家级体育传统项目学校称号，并通过江苏省青少年乒乓球俱乐部验收。2005年，国家体育总局命名其为全国重点乒乓球小学。2006年获中央教科所颁发的德育科研先进实验学校，通过市教育信息化先进学校验收。同年，被授予江苏省高水平体育后备人才乒乓球训练基地和全省民办非企业单位自律与诚信建设先进单位。2007年，占地面积7765.5平方米，建筑面积7214平方米，乒乓馆、实验室、音乐室、舞蹈房、微机室、图书室、美术室、卫生室等配套设施齐全。有小学26个班级，乒乓学前班2个，学生1087人，教职工78人，其中大专以上教师65人，中学高级教师2人。

图21-4 1988年10月，中国乒协主席徐寅生（左一）为八叉巷小学题词 （区教育局供稿）

1983年起，该校历任校长为刘美玲、蒋月华、华均成、丰成功、何胜利、傅杰、江春华。

7. 五条街小学 清光绪三十二年（1906年）创建。1950年更名为镇江市五条街中心小学。1994年，与原千秋桥小学合并，迁址千秋桥街6号。2002年，正式增挂镇江市民族实验小学校牌。该校100多年来，秉承“求己”校训，形成“勤、俭、勇、公”校风、“真爱无痕”教风和“乐学好问”学风，获少先队全国特色大队、各族青年团结进步奖，江苏省实验小学、少先队红旗大队，镇江市德育工作先进学校、“手拉手”先进学校、“十佳”优秀校园网站等称号。2007年，占地面积6950平方米，建筑面积5027平方米，建有民族武术馆、古筝室、交互式语音室、现代化微机室。该校分小学和幼儿园两部分，共26个教学班，在编教职工66人，大专以上学历占80.3%，其中，江苏省特级教师1人，中学高级教师1人，小学高级教师35人。市级骨干教师1人，特级教师1人。2007年因第一楼街步行街工程被拆迁后，校址无着，百年名校消失。

1983年起，该校历任校长为俞明珠、韩洁、盛芝华、杨蓉蓉、孙文吉、赵军、吴洪玉、张林。

8. 桃花坞小学 1983年4月创建，隶属红旗中心小学。1995年，发展为3轨18个班。2000年，升格为京口区教育局直属小学。2000～2003年，该校先后投资500多万元，实施3次改、扩建工程，校园总面积6200平方米，建筑面积9198.61平方米，场地3038.54平方米，绿化面积1750.89平方米。2004年，建成综合教学楼，设置多媒体教室、计算机房、语音室、音乐室、舞蹈房、自然实验室、学生阅览室、教师阅览室和书画展厅等19个现代化功能教室，添置图书1.6万册、电脑132台、数码液晶投影仪与实物投影仪6套，同时兴建塑胶操场，办学条件大有改善。同年12月，评为省级实验小学。2005年8月，京岘山小学并入。2007年，有21个班，学生990名，教职工58人，专任教师学历达标率100%。20多年来，该校坚持“以质量求生存，以特色促发展”办学方针，把书画教学作为办学特色，成为江苏省书法考级定点学校和市民间艺术实验基地，被评为镇江市首批中小学行为规范示范学校，并成功地承办镇江市素质教育现场会。

1983年起，该校历任校长为王长生、李秀林、施勤、黄涛、步蓉。

9. 南门小学 民国22年（1933年）创办。1950年，定名南门小学。1972年，该校成为全市首批实现国家体育锻炼标准的 3 所学校之一。1981 年，成为全国首批试行国家新体育锻炼标准的全国 200 所大中小学之一。1987 年，成为江苏省排球传统学校。1990 年，由该校倡议，与省内知名排球传统学校共同发起，筹备成立江苏省小学排球联合会。1993 年，更名江苏省排球协会小学分会，该校历任校长担任常务副会长。20 多年来，男女学生排球队在省、市有关排球竞赛中保持优异成绩。1997 年，被省排球协会授予江苏省排球运动先进单位称号。2000 年，排球教练员张江安被评为全国青少年体育工作先进个人。2004 ~ 2007 年，该校多次评为江苏省体育传统项目学校、镇江市绿色学校。以“八少年雷锋班”为先锋，以“传承排球文化，优化养成教育”为德育校本课程，多渠道开展丰富多彩的德育活动，先后获全国优秀假日小队、镇江市雷锋中队等称号。2007 年年底，该校占地面积 11002 平方米，建筑面积 7967 平方米，有 1897 名学生，42 个班级，111 名教职员工。

1983 年起，该校历任校长为周芝庆、祝杏娣、周明人、陈锡频、王旌。

10. 解放路小学　民国 10 年（1921 年）创建，原名敏成小学。1984 年，改为解放路小学。1989 年，恢复为中心小学，25 个班，1420 名学生，52 名老师。陆续添置各种教具与仪器。同年，成立红领巾艺术团，组建歌咏组、舞蹈组、美术组，举行中心区首届运动会，被区文教局确定为艺术教育试点学校，验收为合格中心小学。1991 年 4 月，区政府批准恢复敏成小学校名，与解放路小学校名并存。1994 年，全中心区有 46 个班，2072 名学生，下辖镇江港务管理局职工子弟学校、上河边小学、拖板桥小学。1996 年，被区政府定为镇江市京口少儿艺术学校。2000 年，全中心区 40 个班，学生 1766 名。开设微机课。教师教学基本功全部达标，初步形成艺术教育特色。2004 年，筹集资金 300 余万元新建集行政办公、教育教学、科研展示、资料及图书阅览、观摩表演、劳技实验为一体的现代化综合大楼。2007 年，全校占地面积 7800 平方米，建筑面积 7700 平方米。有班级 24 个，学生 861 名。有专任教师 90 人，其中本科 12 人、大专学历 45 人。有市学科带头人 1 名，市骨干教师 3 名，区骨干教师 2 名。获镇江市“十佳”教育网站“三服务”综合奖，并通过市教育信息化先进学校验收。80 多年来，该校以“创艺术特色，促全面发展”为办学宗旨，先后被授予全国中国少年儿童信息研究基地，江苏省青少年科技教育先进单位、艺术教育特色学校、绿色学校、学生通讯总社敏成分社、少儿研究实验基地和镇江市文明单位、艺术教育特色学校、艺术教育先进学校、安全文明学校及京口区体艺特色学校、素质教育先进学校、文明单位等称号。

1983 年起，该校历任校长为顾惠生、杭培根、柳燕、薛安明、笪正明、李云芳、朱建国、张晨辉。

11. 香江花城小学　2005 年 8 月创办，是由红豆集团投资兴建，京口区教育局主管的公办小学，为镇江市第一所社区小学。2006 年 9 月陈家门中心小学并入。建校以来，先后被评为全国艺术教育特色学校、中央教科所教科研基地，江苏省青少年工作红十字示范学校、科普示范学校，镇江市防震减灾示范学校、A 级食堂、教科研基地、教育信息现代化先进学校、电教实验学校，京口区模范学校、暑期活动先进单位、行为规范示范学校。通过市行为规范示范学校和市“四配套”工程建设评比验收，并挂牌镇江市民间美术教育基地和镇江市少儿射箭基地。教师的 200 余篇论文在全国、省、市、区级比赛中获奖，其中国家级 28 人次、省级 53 人次。学生获各类奖项 200 人次，其中国家级 30 余人次、省级 4 人次、市级 140 余人次。2007 年，占地面积 1.8 万平方米，建筑面积 6138 平方米。有班级 26 个，学生 1014 人，教师 49 人，其中专科及以上学历占 71.4%。54% 的教师为小学高级教师，72% 的教师受省、市、区教育主管部门表彰，48% 的教师受京口区人民政府嘉奖。

该校校长为胡梅生。

12. 红旗小学　1964 年创办。1977 年，改为红旗中心小学。1984 年 6 月，被确认为合格中心小学。1992 年 10 月，区划调整后，红旗中心小学下辖靳家巷、桃花坞、梳儿巷、江苏工学院附属小学 4 所小学。2003 年 9 月，因布局调整，梳儿巷小学并入，并更名为镇江市红旗小学。2004 年，该校承办江苏省“红旗杯”少儿棋类比赛，在镇江市少儿棋类竞赛中夺冠。2005 年，再次承办江苏省“红旗杯”少儿棋类比赛，连续 17 次在镇江市少儿棋类比赛中夺冠。同年，被国家体育总局命名为全国中小学棋类教学课题研究实验基地。

2007年，占地面积5925平方米，建筑面积4288平方米，有26个教学班、15个活动教室和1个实验室，1311名学生。1984～2006年，该校先后被授予全国中小学生思想道德建设实践创新活动先进单位、国际象棋传统学校、中国青少年科技活动示范学校、心理辅导特色学校、青少年“五好小公民”主题教育“知荣明耻树新风”读书活动先进集体，江苏省文明单位、体育传统项目学校、中小学科技知识电视赛青少年科技教育先进学校、绿色学校、科技特色学校、教科研先进集体，镇江市文明单位、国际象棋竞赛先进学校、科技教育先进单位、模范学校等称号。

1983年起，该校校长为朱益民、陈克武、石永华、黄涛。

13. 靳家巷小学　民国36年（1947年）创建。1966年初，将山门口民办学校小学部合并靳家巷小学，发展到8个教学班，教师18人，均为民办编制。1973～1975年，教师中公办、民办两种体制并存。1978～1984年，民办教师陆续转为公办教师。2000年9月，靳家巷小学升格为京口区直属，有17个教学班、学生770人、教职工40名。2001～2005年，先后建有标准的舞蹈房、武术馆、语音室、电脑房、多媒体室、实验室、图书室、闭路电视系统等现代化教学设备。2006年，被评为全国流动人口子女、农村留守儿童示范家长学校，被市妇联命名为新市民家长学校和镇江市新市民家长学校。1989～2007年来，全校以特色教育为重点，以有效教育为中心，积极稳妥地推进素质教育，教育教学质量稳步提高。先后获镇江市“手拉手”先进集体、科普工作先进集体、武术传统项目学校和第14届国际科学家和平周全国中小学生可口可乐杯金钥匙科技竞赛先进学校等称号。2007年，该校占地3770平方米，有20个教学班，1000多名学生，50名教师。

1983年起，该校历任校长为任健美、吴淑珍、张旭云、于庆芳。

14. 谏壁中心小学　清光绪三十二年（1906年）创办。新中国成立后，改为丹徒县谏壁中心小学。1958年，市县合并，改为镇江市谏壁中心小学。1983年6月，因行政体制变更，原丹徒县谏壁乡月湖、粮山小学划归该校管辖，仲村小学并入粮山小学。雪沟小学改为初小，高年级学生全部转入谏壁中心小学。1997年9月，原丹徒县谏壁乡并入谏壁镇，谏壁乡所属中心小学、马湾小学、雩山小学、黄丝湾小学、李华小学、蔡家小学、上元小学均划归谏壁中心小学管辖，有学生2300人。1998年，粮山小学撤并至雩北小学。当年获省科技教育特色学校、群众体育先进学校和市体育传统学校称号。1999年，谏壁砖瓦厂子弟小学撤并至焦湾小学。2001年获省金钥匙科技竞赛先进学校。2002年，马湾小学高年级两个班撤并至雩北小学。2003年，马湾小学全部并入雩北小学，月湖小学撤并至谏壁中心小学。当年获市科技教育先进学校。2004年，蔡家小学撤并至谏壁中心小学，谏壁电厂子弟学校小学部也并入，但五年级仍留在电厂原校址。2006年，焦湾小学撤并至谏壁中心小学。同年8月，新校舍竣工，11月18日，学校举行百年校庆和新校舍竣工典礼。2007年，全校有教学班35个，学生1641人，教师76人，其中大专及以上学历62人。

1983年起，该校历任校长为赵家源、唐天梅、沈惟林、卢伟、蔡国庆、祁俊、刘剑。

15. 丹徒中心小学　民国10年（1921年）创办。1982年，定名丹徒中心小学。1984年年初，该校由丹徒县划归镇江市管辖，同年6月划归润州区管辖。1992年10月，随行政区划调整，划归京口区管辖。1993年，验收为合格中心小学。1995年，因行政区划调整，原属丁卯、马家山、仇家、张许等村小划给丁卯开发区。办学规模保持三轨制。1997年，学校布局调整，撤并左村小学高年级班，横山小学并入。2000年，被评为京口区素质教育先进学校。同年，左村小学全部并入。2001年，深化人事制度改革，教职工全面实行聘任制，发展到20个班级，部分年级四轨。2003年，建成塑胶操场、多功能厅和新电脑教室，办学条件明显改善。同年，原长岗小学、上隍小学全部并入。2004年，被评为京口区模范学校，5名教师被评为区骨干教师。2006年，获镇江市安全文明校园称号，被评为京口区文明单位。2007年，全校占地10331平方米，建筑面积4231平方米，有18个班级，753名学生，51名教师，有市级骨干教师2名，区级骨干教师3名，大专学历以上教师50人，教师有60多人次在全国、省、市、区各级比赛中获奖。

1983年起，该校历任校长为林顺宏、史春年、黎正荣、刘剑、包松林。

16. 汝山中心小学　1950 年创建。1995 年更名为镇江市汝山中心小学，双轨制。1984 ~ 2006 年，该校以科技教育为办学特色，定期开展活动。车模、航模队多次获省、市、区比赛团体第一、二名。300 多名选手获省、市、区科技竞赛一、二、三等奖。代表镇江市参加江苏省第七届车模竞赛，包揽个人拼装前三名，获男子组拼装团体总分第一名。连续三年被评为江苏省科技教育先进集体，成为江苏省航空运动协会会员。团支部被京口区授予“青年文明号”，在各级各类教师论文竞赛中，200 多人次获得一、二、三等奖。两次获全国“读书、读报”活动及主题教育征文活动一等奖，先后获得全国书画竞赛优秀奖、镇江市读书征文竞赛一等奖、区小学生文艺会演一等奖。2007 年，该校占地面积 3200 平方米，建筑面积 1700 平方米，有教师 30 余名，学历达标率达 100%，大专及以上学历占 82%。

1983 年起，该校历任校长为张清文、胡正友、肖德清、刘春娣、包松林、潘启荣。

17. 陈家门中心小学　清宣统二年（1910 年）创办。新中国成立前校名曾多次更迭。新中国成立后，改名陈家门小学。1984 ~ 1985 年，陈家门小学女子足球队连续两年获区、市足球比赛冠军，并代表镇江市参加省级比赛。校文娱节目参加区、市中、小学文艺会演，1984 年以来连年获一、二等奖。1986 年被市政府命名为文明单位，1989 年市教育局授予德育工作先进单位称号。1992 年，陈家门中心小学学龄儿童入学率、巩固率、普及率及学生毕业率均达 100%，被京口区授予“常规管理先进校”。2006 年，有 17 个教学班，759 名学生，39 名教职工，专任教师 38 人，其中本科学历 4 人，占 10.5%，大专以上学历 22 人，占 57.9%，中师及同等学历 12 人，占 31.6%。小学高级教师 17 人，占 44.7%，一级教师 21 人，占 55.3%。占地面积 7200 平方米，建筑面积 3240 平方米。9 月，因征地拆迁该校并入香江花城小学。

1983 年起，该校历任校长为徐恒金、张荣发、刘玉荷、李智勇、余平。

18. 镇江市雩北小学　1933 年创立，始名丹徒县陈家庄雩北小学。自 1977 年由丹徒县谏壁乡中心小学撤并为镇江市雩北小学以来，该校坚持全面发展的教育思想，注重提高素质。该校航模小组制作的军舰、飞机模型曾多次参加镇江市少年宫、京口区少年宫的模型展览。2000 年始，每年利用暑期开展微机夏令营活动。2001 年获京口区关工委、区团委、区教育局颁发的暑期活动先进集体荣誉称号。该校开展“种植一方试验田，收获一份新希望”综合实践活动，增强学生劳动观念，培养学生团结协作精神，劳技教育成为学校的德育特色。2002 年，学校以语文教学为抓手，深入开展课程改革，语文教学和全面素质教育取得好成绩，得到教育主管部门和当地干部群众的好评。2007 年，有 6 个班、335 名学生、12 名专任教师，其中本科 6 人、专科 6 人，小学高级教师 8 名。该校占地面积 5530.6 平方米，校舍建筑面积 1835 平方米，体育运动场地 1700 平方米。230 平方米宽敞明亮的餐厅能同时容纳近 200 人用餐。多媒体教室、音乐教室、美术教室、科学实验室、劳技室、计算机教室、图书阅览室等功能配备齐全，此外，还有科学器材室、少先队队室、体育器材室、网络信息中心等教育辅助室。学校建有校园多媒体网络系统。

1983 年起，该校历任校长为任启宏、许遗生、倪良洲。

19. 京江学校　1962 年始建。1979 年共青团农场归属省农垦总公司后，更名江苏省共青团农场学校。1982 年，中小学分离，改名江苏省国营共青团农场小学。该校以小足球为特色，1989 年取得市少年组冠军。同年，代表镇江市参加省少年组比赛，获得精神文明代表队称号。1993 ~ 1994 年，以主力队员组队，代表镇江市出访日本，进行友好比赛。1994 年获镇江市体育传统项目学校。1996 年，中小学合并为江苏省共青团农场职工子弟学校。1999 年，镇江市业余体校少儿分校挂牌。2002 年，更名为镇江市京口区京江学校。2005 年，初中部停办。2007 年，该校占地面积 4400 平方米，建筑面积 1100 平方米，建有篮球场、足球比赛场各 1 个，足球训练场 3 个，微机室、综合教室各 1 个。有教职员工 13 人，学生 49 人。

1983 年起，该校历任校长为朱肃、沈永昌、徐鹤山、李绍文、马其如、李本忠、许斌。

第三节　中学教育

一、设置

1. 概况

1992年10月，区划调整后，京口区管理8所中学。其中，由京口区教育局行政、人事、业务等方面直管中学5所，即镇江市第九中学、镇江市第十中学、镇江市丹徒中学、镇江市汝山中学、镇江市渣泽中学。另有3所地处京口区区域内的厂仑办九年一贯制学校（均有初中部），即谏壁电厂职工子弟学校、华东电力三处职工子弟学校、京江学校（原共青团农场职工子弟学校），由京口区教育局代管教学业务。

2. 布局调整　1992 ~ 1998年，京口区整合教育资源，扩大办学规模，将中学布局进行调整。1999年7月，渣泽中学并入丹徒中学。2001年，汝山中学并入丹徒中学，丹徒中学迁至原汝山中学校址。

2005年6月，镇江索普实验学校设立初中部。实行九年一贯制教育，由京口区教育局管辖。是年，京口区教育局直管中学（含索普实验学校初中部）4所。2006 ~ 2007年，中学教育布局无改。

2007年京口区中学布局情况表

表21-11　　单位：个、人、平方米

学校名称	在校生数	班级数	教师数	占地面积	建筑面积
第九中学	2013	43	157	72667	31757
第十中学	879	17	93	66000	16000
丹徒中学	1176	25	97	20000	8700
合　计	4068	85	347	158667	56475

3. 中学情况

1993 ~ 1994年京口区中学情况表

表21-12　　单位：个、人

学校	类别	班级数	学生数
第九中学	初中	13	605
	普高	8	350
第十中学	初中	10	430
	普高	1	44
汝山中学	初中	11	497
	职高	2	85
丹徒中学	初中	11	524
渣泽中学	初中	6	328
电厂子弟中学	初中	7	247
电力中学	初中	3	127
共青团农场中学	初中	3	45
合计	初中	64	2803
	高中	11	479

1999 ~ 2000 年京口区中学情况表

表 21-13　　单位：个、人

学校	类别	班级数	学生数
第九中学	初中	13	622
	高中	16	855
第十中学	初中	12	608
汝山中学	初中	11	491
丹徒中学	初中	13	554
渣泽中学	初中	2	81
电厂中学	初中	9	369
共青团农场中学	初中	3	39
合计	初中	62	2764
	高中	16	855

2007 年京口区中学情况表

表 21-14　　单位：个、人

学校	类别	班级数	学生数
第九中学	初中	14	668
	高中	29	1434
第十中学	初中	24	1146
	职高	22	805
丹徒中学	初中	18	891
索普实验学校	初中	11	420
合计	初中	67	3100
	高中	51	2239

二、教育教学

1992年10月，京口区管辖中学后，即把提高教育质量和办学水平作为全区教育改革和发展的紧迫任务，狠抓常规教育和管理。1993 年始，京口区每年 9 月底召开中学教育工作会议，进行总结表彰。各中学全面贯彻《爱国主义教育实施纲要》，对学生进行爱国主义、集体主义和社会主义教育，强化“三热爱”和“两史一情”教育。贯彻《江苏省中小学常规管理基本要求》，进一步对学生行为规范进行正确的引导和训练。第九中学、丹徒中学、电厂中学分别获镇江市德育工作先进学校称号。

1996 ~ 1997 年，区内各中学落实校长负责制、目标考核制、教师聘任制、岗位责任制，狠抓课堂常规管理和教学流程管理，不断提高教育教学质量。各中学细化德育目标，强化学生日常行为规范养成教育。各中学重视文化艺术和科技教育，在全省爱国主义读书征文、绘画等大赛中成绩优异。

1998 ~ 2001 年，全区中学教育工作重点转移到农村，促进城乡教育一体化发展。启动人事改革试点。全区各中学在教学思想、教学方法和评估方式几方面进行系列改革。各中学以课题教学素质化达标活动为抓手，进一步改革考试评价制度，在全区各校开展课堂教育素质化达标考核，课题教学整体水平明显提高。各中学充分运用学校德育基地、劳动实践基地开展活动，寓教育于活动之中，第九中学被评为江苏省教育现代化示范初中和镇江市模范学校。该校德育研究课题《构建中学主题德育活动体系的深化研究》被列入国家级德育课题。

2002 ~ 2003 年，全区中学教育教学改革进一步深入。第九、第十中学与南京师范大学、南京化工大学通过市场化运作，走联合办学道路。以“创建平安校园”和“争做文明小市民”等活动为载体，强化德育核心地位，全面发展学生素质。以课程改革为抓手，深化素质教育，不断形成教育教学的新观念、新方法和新手段。第九中学被评为镇江市文明单位、镇江市教育信息化先进学校。第十中学被评为市职业教育先进集体。2004 ~ 2005 年，京口区认真树立和落实科学发展观，加强学校教育教学工作。初中学校全面进入国家基础教育课程改革省级实验区。普通高中课程改革全面启动，以课程改革为核心，以研究性学习为重点，体育、艺术教育工作取得新进展，第九中学成为体育、艺术特色学校，被评为江苏省三星级普通高中。

2006 ~ 2007 年，各中学奋力推进区域教育现代化建设，促进教育事业健康持续发展。以课程改革为核心，以有效教育为内容的素质教育不断深化。《江苏省中小学管理规范》得到全面落实，教育教学常规管理不断加强，教学质量稳步提高。全区有江苏省实施教育现代化示范初中 2 所。

三、中学简介

1. 镇江市第九中学　1962 年 9 月创建。1968 年，由镇江市人民政府正式命名为镇江市第九中学。1974 年起增设高中班级，开始向完中发展。1984 年，划归润州区。1985 年，有初中 13 个班级，高中 5 个班级。学生 800 多人，教职工 83 人。1989 年，学校初中部被评为镇江市合格初中。1990 年，校园占地 2.4 公顷，建筑面积 5248.7 平方米。高中 7 个班，学生 1054 人，其中专任教师 80 人。1992 年 10 月，划归京口区。2002 年，占地约 5.85 公顷，始建图书馆、体育馆、语音室、校园网、多媒体教室和报告厅。有 39 个班级，2000 多名学生，专职教师 134 人，92 人为本科学历，中学一级以上教师 59 人。是年被命名为南京师范大学镇江实验中学（同时保留镇江市第九中学校名）。2005 年，该校通过江苏省三星级普通高中评估验收。2006 年有班级 43 个，学生 2013 人，专职教师 157 人，先后有 11 人为镇江市骨干教师，3 人为“169 学科带头人”。2007 年，全校占地面积 7.26 公顷，有 37 个班级，1729 名学生，151 名教职工。1993 ~ 2007 年，该校先后获江苏省教育先进集体、文明单位、绿色学校、德育先进学校、实施教育现代化示范初中、实施素质教育先进学校、镇江市文明单位、模范学校、第二届十大优秀校园网站等荣誉。

1983 年起，历任校长为王福生、刘铭慈、王立泊、倪建荣、薛家德、张小龙、袁大海。

2. 镇江市第十中学　1970 年创办，1971 ~ 1991 年隶属关系多变。1983 年，该校有初中和普通高中 24 个班。1986 年，与镇江纸浆厂联合创办职业高中班，在高二时实行分流。1995 年，市政府同意学校搬迁，由区计经委立项，在谏壁镇雩山街新建校舍。1996 年，自办化工职高班，为大港、谏壁化工企业培养技工。1998 年，获镇江市德育工作先进学校称号。2003 年 9 月，搬入新校区。2005 年，通过江苏省实施教育现代化工程示范初中的评估。获得镇江市中小学生行为规范示范学校、体育传统项目学校、绿色学校称号。2007 年，全校占地 7.33 公顷，校舍面积 2.3 万平方米，有 45 个班级，学生 2036 人，教职工 140 余人，其中中高级教师 70 余人，市级骨干教师 1 人。该校拥有物理、化学、计算机、多媒体教室各 2 个，电子、电工、钳工实验室各 1 个，现代化多功能报告厅 1 个。形成集义务教育与职业教育于一体的现代化完全中学。

1983 年起，该校历任校长为王立泊、王世明、李文忠、羌国江、张建强、左云鹏。

3. 镇江市丹徒中学　1960 年成立，校址丹徒镇西寺巷。1983 年，初中 4 轨，高中单轨。1987 年，高中部被撤销。1996 年，学校创办技工部，设服装、化工两个专业，高中两轨。2001 年，技工部与京口职业学校合并到第十中学，丹徒中学与渣泽中学、汝山中学合并，校名为丹徒中学，迁址原汝山中学，办学规模为 10 轨。2005 年，被评为江苏省科技先进学校、镇江市德育先进学校和镇江市无流生学校。2007 年，占地面积 2 万平方米，建筑面积 8000 平方米，有 18 个班级，学生 880 人，专任教师 93 名，其中，高级职称教师 12 人，中级职称教师 56 人，初级职称教师 25 人，本科学历 45 人，大专学历 40 人，中专学历 8 人，市骨干教师 3 人，区学科技术带头人 1 人。1984 ~ 2007 年，该校先后获镇江市“六有”工程改造先进集体、安全文明校园、双拥先进集体和京口区文明单位、青少年活动先进单位等荣誉。

1983 年起，该校历任校长为仲继敏、周烈培、张尚文、袁大海、杜龙、吴国忠。

4. 镇江市渣泽中学　1965 年创建，始名丹徒县潘宗农业中学。创办时有 3 个教学班，100 多名学生，7 名教职工。1979 年布局调整，丹徒县仇村小学和丹徒县左村小学的戴帽初中部并入，更名为丹徒县丹徒公社渣泽初级中学。办学规模为 6 个教学班，300 多名学生，26 名教职工。1983 年区划调整时划归润州区，更名为镇江市渣泽中学。1992 年划归京口区，1998 年因学校布局调整，停止招生，2000 年并入镇江市丹徒中学。

1983 年起，该校历任校长为左举义、张尚文、解同坤、魏春荣。

5. 镇江市汝山中学　1965 年创建，始名镇江市汝山园艺场农业中学。创办时有 3 个教学班，100 多名学生，10 名教职工。1980 年布局调整，镇江市孟家湾中心小学的戴帽初中部并入，更名镇江市汝山中学。9 个教学班，400 多名学生，教职工 40 多人。1994 年，创建镇江市京口职业技术学校，与镇江市汝山中学两块牌子、一套班子运行。高中部最多时 20 个教学班，800 多名学生，初中部 12 个教学班，600 多名学生，90 多名教职工。2001 年京口区布局调整，将镇江市京口职业技术学校与镇江市丹徒中学技工部合并，迁至镇江市第十中学，随乡镇合并，汝山中学与丹徒中学初中部合并称丹徒中学，校址在原汝山中学。该校最大规模为 30 个教学班，1400 多名学生，103 名教职工。

1983 年起，该校历任校长为徐长根、居乃复、王网保、张小龙、张尚文。

第四节　特殊教育

一、设置

1983 年前，城区聋哑学校设置及演变情况详见 1992 年版《京口区志》。

1983 年 9 月，镇江市聋哑学校划归京口区管辖，4 个班，65 名学生，29 名教职工。校址在梦溪园巷 24 号。1985 年 11 月，京口区文教局在伯先路中心小学试办弱智儿童辅读班，招收智障儿童 11 名。后迁至太古山小学内，建立京口区辅读学校（后更名京口区第一辅读学校）。1988 年 2 月，风车山居委会建立全托制幼儿园，其中设立 1 个弱智幼儿班。1989 年，区第一辅读学校迁至宝塔路横街（原宝塔路幼儿园），4 个班，48 名学生，教职员工 11 人。是年，京口区千秋桥小学、中华路小学、市实验小学各创办弱智儿童辅读班 1 个，共有学生 35 名。

1990 年，区文教局在桃花坞小学创办京口区第二辅读学校，招收学生 6 名，专职教师 2 名、保育员 1 名。1992 年 10 月，区划调整，京口区第一辅读学校划给润州区，原属润州区陈家门中心小学所辖象山培智学校（学生 15 名）划给京口区管辖。1993 年，京口辖区有 1 名盲童去南京盲童学校就读，133 名聋哑少儿、中重度智障少儿在聋哑学校、培智辅读学校就读，其他智障少儿 122 名在普通中小学随班就读，总计 256 名残疾“少儿”学生，占应入学的学龄残疾“少儿”98.3%，被江苏省残疾人事业领导小组和省教委评为“江苏省特殊教育先进县（区）”。1995 年上半年，被国家残联评为“全国特殊教育先进县（区）”。是年 8 月，镇江市聋哑学校迁至鼎石山（宝塔山都天庙 100 号），划归市教育局管理，并与培智学校（原京口区第一辅读学校）合并。该校占地 1.37 万平方米（其中绿化面积 4000 平方米），建筑面积 5000 平方米，17 个班，165 名学生（其中聋哑学生 85 名、智障学生 80 名），教职员工 65 人。梦溪园巷 24 号部分校舍划给京口区第二辅读学校，后更名为镇江市梦溪学校。

2007 年 12 月，梦溪学校迁至贺家弄（原靳家巷小学内），更名为镇江市京口区特殊教育中心。占地 3300 平方米，建筑面积 3780 平方米，6 个班，80 名学生，生均 47 平方米，建有智商测试室、感觉统合训练室、康复训练室等 14 个专用教室，成为教学、活动、生活区域完整和功能齐全、设备先进的省级培智学校。全区 14 所中小学 30 个班级中有 38 名智障学生随班就读。

2007 年京口区特教中心课程设置情况表

表 21-15　　　　单位：课时／周

课程＼年级	一年级（阳光班）	二年级（雨露班）	三年级（雨露班）	五年级（健康班）	七年级（快乐班）	备注
生活语文	3	3	4	4	5	上海教材
生活数学	2	2	2	3	5	上海教材
生活适应	3	3	3	3	1	上海教材
劳动技能	1	1	1	2	4	自选
唱游与律动	3	3	3	3	2	全日制
培智教材	—	—	—	—	—	—
绘画与手工	3	3	3	3	2	全日制
培智教材	—	—	—	—	—	—
运动与保健	4	4	4	3	3	自选
康复训练	2	2	2	2	2	自选
感统训练	2	2	2	—	—	自选
艺术休闲	1	1	1	1	1	自选
综合实践	2	2	2	2	—	自选
班队活动	—	—	—	—	2	—
第二语言	—	—	1	1	1	自选
信息技术	—	—	—	1	2	普校教材
合计	26	26	28	28	30	—

二、教育教学

新中国成立前，私立胜天聋哑学校学制 10 年（1 年预科、6 年小学、3 年职业教育）。新中国成立后，学制 8 年，为初中毕业。1987 年，省教委将学制改为 9 年，1989 年增加 1 年职业教育。1998 年增设聋哑人高中班，学制为 15 年。

1986 年，创办京口区辅读学校，学制为 8 年，用普通小学教材，毕业时达小学 4 ~ 6 年级水平。2007 年，省教育厅对智障“少儿”教育提出向两头延伸的要求：对学龄前智障幼儿进行早期干预，开办学前班或幼儿园招收智障幼儿。普通高中也要招收符合条件的智障青少年入学就读。区特教中心已开办 1 个学前班，招收 5 名学龄前智障幼儿。

三、区特教中心简介

1990 年，创办京口区特教中心，原名为京口区辅读学校。1995 年 9 月，辅读学校由桃花坞小学搬迁至梦溪园巷 24 号，并更名镇江市梦溪学校，有 2 个年级，16 名学生。是年，在全市率先创办职业先修班，毕业时学生取得红、白案双证书，就业率 100%，《江苏教育报》《特殊教育》等报刊先后进行专题报道。1991 ~ 2000 年，区特教中心舞蹈队曾多次代表镇江市参加江苏省特殊教育学校艺术会演，分别获一、二等奖。代表江苏省参加全国特殊教育学校艺术会演，获银奖。多名学生在省、市残疾人运动会获一、二、三等奖。2001 年 11 月，舞蹈《竹林深处》在文化部、民政部、教育部、国家广电总局、中国残联共同举办的第五届全国残疾人艺术会演中，获表演、创作、辅导银奖。获华东六省一市赛区金奖。2002 年 5 月，参加江苏省残疾人运动会获得 1 银 4 铜。2003 年 11 月，舞蹈《大红绸子飘起来》和《美丽的丹顶鹤》分别获江苏省第四届盲、聋、培智学校学生艺术会演三等奖和优秀奖。学生创作工艺作品《孔雀》《收获的希望》等参加首届全国特殊教育学校师生美术大赛，获江苏省美术作品评选 2 个二等奖、3 个三等奖。2005 年 9 月，区特教中心在江苏省第四届特殊奥林匹克运动会上获 1 金、3 银、5 铜的成绩。2006 年 10 月，代表中国参加 2006 年特殊奥林匹克运动会上海国际邀请赛，一举夺得 4 金、4 银、5 铜。2007 年，区特教中心红领巾艺术团表演的交响曲——《和谐之歌进万家》代表江苏省参加全国残疾人艺术会演。12 月，整体搬迁至原靳家巷小学，由京口区政府投资 300 多万元，按照省培智学校标准对校园进行改建，更现名。占地面积 3300 平方米、学生平均活动面积达 47 平方米，有 5 个教学班，其中 4 个 9 年义务教育班，1 个学前孤独症儿童教育班，67 名学生，10 名教职工。建有智商测试室、感觉统合训练室、康复训练室等 14 个专用教室，成为省级培智学校。

1983 年起，区特教中心历任校长为朱鹤倩、陆忠贤、张沁。

第四章　职业教育

中共十一届三中全会后，随着社会经济的蓬勃发展和改革开放逐步深入，京口区职业教育事业也同步协调发展。1984 年，谏壁电厂中学招收 1 个电气化专业职高班，为京口区职业教育之始。1985 年，镇江市第十中学开办造纸专业职高班。1993 年，京口区计经委与汝山中学联合举办京口职业教育培训中心，先后开设机电、财会、化工、服装等专业。1996 年《中华人民共和国职业教育法》（以下简称《职业教育法》）实施后，3 校各专业均取得一定发展。2001 年，京口区政府根据社会经济发展需要和全市职业教育布局调整，将 3 校合并，在谏壁镇建立京口职业教育中心。

2005 年，京口区组建区职教工作领导小组。2006 ~ 2007 年，围绕全国、全省职业教育工作会议精神，按照区委“全方位加速，大跨度赶超，努力构建京口蓄势起飞新平台”要求，制定一系列职业教育政策和措施，大力促进职教事业健康发展。2007 年，区职教中心既有五年制高职，又有职业中专和综合高中，先后与江苏大学等院校联合办学，职高开设电子技术应用、数控技术应用等多种专业。经过深入调研，作出“以当地办学为主，拓展苏北和安徽、陕西人才市场”决定，为开门办学，培养适用人才，理清思路指明方向。

第一节　教育教学

1984 年，谏壁电厂招收 1 个电气化专业职高班，开创区域内职业教育工作先河。20 世纪 90 年代初，京口区职业教育“坚持强调课本知识，坚持抓好技能训练”，对基础差的学生实施定人、定时、定科辅导。1991 ~ 1993 年，校园内掀起“练功热”，财会班狠练珠算基本功，各种兴趣小组开展辅导训练活动。

1994 ~ 1997 年，京口职业教育培训中心，以“校风正、管理文明”为特色，强化德育针对性，结合新生军训活动，强化行为规范教育和宿舍规范管理教育。结合课改，强化德育活动课程和社会实践课程建设，以主题班会为主要形式，加强教师与学生、学生与学生之间的交流和沟通。通过组织“校园文化艺术节”和重大节日校外活动，加强职业道德教育，努力提高学生文化素质和职业技术的动手能力，培育具有真才实学的社会需要人才 3000 多名。

1998 ~ 2000 年，京口职教培训中心制定教学管理机制及实施细则，把文化专业理论成绩、德育积分、技能等级、实习表现作为对口高考和推荐实习、毕业的依据。做到坚持“以人为本”的课程实施理念，一年级以文化知识模块、工具类模块和通适职业群模块为主，二年级进行目标分流和基础分流，学生根据自身特点和实际需求，自由地选择专业发展方向和重点技能训练项目，并注重教学实习中创新。通过管、评分开制定和修改课堂教学评价标准等手段，加强课程体系实施过程管理和质量监控。推进教学手段和教学方法改革，突出学生主体作用，重视学法指导和能力培养、情感培养等。

2001 ~ 2004 年，京口职教中心从教学入手，通过“学课堂教学理论、学新课程理论、学本校先进教学经验”活动，积极实施成功教育、分层教学、发现教学、理论一体化教学。将示范专业课程分为文化知识类、工具类、公共类和职业群专业 4 大板块：文化知识板块（德育、语文、数学、体育）按知识系统讲究系统性、完整性和实用性；公共类板块（职业道德、就业创业、礼貌礼仪、心理健康、书法等）培养学生的社会能力、公共能力；工具类板块（基础英语、计算机等）培养学生英语、计算机能力；职业群专业类板块（开设专业、技能等课程）使学生学习和掌握专业知识、专业技能。

2005 ~ 2006 年，京口职教中心注重校风建设，形成“先成人，后成才”的育人理念，注重培养学生优良的人文素质和综合素质，并与推荐就业紧密挂钩，行为不合规一律不得毕业，不予推荐就业。在加强学生技能培养的同时，努力提高文化水平。由于教育到位，措施有力，京口职教中心的学生健康成长，恶性违法犯罪率为零，被评为镇江市职业教育先进单位、镇江市行为习惯示范学校、京口区文明单位等。该校的会考合格率在全市名列前茅，综合高中班参加对口单招考试，大专达线率连续三年达 100%，本科上线率逐年提高。2007 年，京口区职业教育的教育教学水平进一步提高，职业学校学生“双证书”率和就业率均达 98%。

第二节 改革创新

20 世纪 90 年代，京口区职业教育学校开始实行“全员聘用制”和“结构工资制”改革，创设学校内部“上岗靠竞争，待遇靠贡献”能动机制。区职业教育培训中心建立“校长室牵头、教务处负责、教研组实施”全面提高教育质量工作网络和“校长室—政教处—班主任”纵向管理体系。特别注重基础管理，从小事做起，从点滴做起，从细节做起，对学生的衣、食、住、行抓反复，抓提高，使学校工作达到“凡事有人负责，凡事有章可循，凡事有据可查，凡事有错必纠”。

1995 年，京口区按照《职业教育法》规定，建立健全职业学校教育与职业培训并举、与其他教育相互沟通、协调发展的职业教育体系。京口职教培训中心转变观念，根据劳动力市场、教育市场和市场经济需求，自主发展职业教育。坚持数量、质量、结构、效益协调发展，为受教育者和社会提供优质教育服务，与外地人力资源管理中心、人才交流培训中心结成协作关系，与企业用人单位联合办学，共同制定招生及教学计划，共同确定培养目标，既占领本地劳动力市场，又拓展外地劳务市场。

2002 ~ 2004 年，京口职业教育开拓创新，先后与江苏大学、江苏信息职业技术学院、南京化工职业技术学院等院校联合办学，开设电子技术应用、数控技术应用、船舶工程应用技术、机电一体化、化工工艺、精细化工、机械设备维修与管理、电气自动化等职高专业，丰富教学内涵，提高办学品位。

2005 年，区内职业教育根据学校周围化工企业众多的特点，把化工机械专业定为省级职业教育重点专业，有针对性地为江苏索普集团、镇江化工厂、镇江精细化工厂等市级重点化工企业培养人才。1996 ~ 2005 年，为上述企业培养近 500 名急需的化工专业人才。

2006 ~ 2007 年，京口职业教育中心与索普化工、正凯电子等企业签订协议，联合办学，让企业和用人单位参与学校招生和教学计划制定，定期交流。通过共享、共建、共管形式和互利互惠原则，尝试生产性教学实习和引资办学，有效解决资金不足、设施设备数量不足、实习工位短缺等问题，为学生提供足够时间的高质量实际动手训练机会。通过不断改革创新，经历几次合并搬迁，京口职教中心与镇江市第十中学并存于谏壁镇。

第三节　实验设备和实训基地建设

1994 ~ 2000 年，京口区为适应职业教育事业发展，根据职高专业课的教学需要，不断充实、更新教学实验设备，建立与专业相配套的微机、电教、化学、物理、财会模拟等综合实验室。

2001 ~ 2003 年，京口区整合职业教育资源和力量，合并原汝山中学和第十中学职高部，建立京口职业教育中心，并把校园建设纳入第十中学搬迁总体工程。由此，学校添置一批实验设备。京口区大力推进教育现代化工程建设。职教中心乘势而上，加强建设，与江苏信息职业技术教育学院联合开设数控技术专业五年制高职教育，又增添一批实验设备和实验室。区职教中心搬迁至新校区后，有实验大楼 1 座，配备物理、化学实验室，电子、电工、钳工实习室，以及微机室、多媒体教室、多功能报告厅等教育教学实验设备。

2005 ~ 2007 年，京口职教中心深入了解用人单位与职教的结合点，了解地方产业结构与职教的结合点，了解人才市场需求与职教的结合点，特别是对本市和周边城市高新技术开发区企业进行市场调研论证，了解企业对机电一体化、电工电子、数控技术、化工工艺、精细化工等专业人才需求，把招生计划向这些专业倾斜，尤其把机电化工作为示范专业建设重点，对原有的专业设施进行系统规划、改造和调整。京口区投入 100 多万元加强职业教育有关专业建设，添置化工实习室和 40 多台“奔Ⅱ”以上计算机、1 个电工电子实习室、1 个机器人实验室，投资 20 多万元完成校园网建设。

第四节　人才培养和教科成果

1984 ~ 1985 年，电厂中学开办电气化职高班，第十中学开办造纸专业职高班。由电厂中学和第十中学负责日常管理，文化课由学校教师担任，专业课由谏壁发电厂和镇江纸浆厂工程技术人员担任，实习均在联办单位中进行。

20 世纪 90 年代，京口区职业教育学校把建设一支充满活力、富有创新精神的青年教师队伍作为工作重点。按照思想上引导、生活上关心、工作上压担子，事业留人、感情留心的工作思路，对青年教师严格要求、严格训练、严格考评，让他们在工作实践中经受锻炼，健康成长。

2002 年，京口职业教育中心从校长到教师，积极参加培训学习。曾多次派员赴苏州、上海等教育发达地区考察学习，吸取先进的办学理念和管理方法，逐步落实到教育教学实践中。教导处选送一批年轻教师参加培训，或请资深专家到校举办讲座、指导，提高教师的教学科研水平。各教研组根据教师的实际情况，积极组织集体备课、听课、说课、评课、对外开课等形式，努力提高教师的教学水平。同时鼓励教师通过自学、函授等途径参加各种学历进修。参加学历培训和业务培训的教师占教师总数的 80% 以上，50% 以上的教师取得本科学历，部分教师还取得第二学历，多名教师在市教育教学基本功竞赛中获奖。

2004 年，京口职教中心坚持在专业中确立科研兴校指导思想，通过教研组、课题组开展科研工作。制定系统的教育理论、教学方法的学习内容和培训计划，更新观念。通过请进来和送出去的方式对教师进行培训。围绕课堂教学改革，确立项目课程为主体的模块专业课课程体系的课题研究。不断提升学校形象，促进内涵发展，一大批专业教师从传授型逐步转变为研究型。

2005 年，京口职教中心教师王神其、朱静、解放等分别获镇江市职业教师技能竞赛二等奖、三等奖和优秀奖，李素梅获镇江市教学基本功竞赛一等奖。职校学生参加市技能竞赛获车工和钳工组三等奖。

2007 年，京口职业教育推出一系列长短结合、内外结合的具体措施，加快职业教育人才培养和专业教师队伍建设。规定专业教师每年必须有一个月以上时间到企业或生产服务一线进行市场调研和生产实践，了解和掌握本专业在实际生产过程中的新知识、新技术、新工艺、新方法。实行专业教师考证制度，规定在 3 年时间内拿到更高一级的技能等级证书和新工种技能等级证书，成为“双型”教师。要求教师制定实训项目课题，专业教师和实训指导教师共同指导进行技能训练和下厂见习及调研。邀请企业工程师和高级技工来校兼职授课、指导教学实习和专业教师的技能培训。

1984 ~ 2007 年京口区中等职业教育情况表

表 21-16　　单位：人、%

年份	招生数	在校生数	毕业生数		开设专业
			人数	就业率	
1984	47	47	—	—	电气化 1 个专业
1985	46	93	—	—	电气化、造纸 2 个专业
1986	49	142	47	91	电气化、造纸 2 个专业
1993	81	—	—	—	机电、财会 2 个专业
1994	—	81	—	—	机电、财会 2 个专业
1995	268	551	81	—	机电、财会 2 个专业
1996	218	680	82	93	机电、财会电算化、市场营销等 10 个专业
1997	245	719	196	94	机电、财会电算化等专业
1998	26	480	261	95	机电、财会电算化等专业
1999	87	294	120	95	机电、财会电算化等专业
2000	70	170	35	94	机电、财会电算化等专业
2001	83	285	40	95	机电、化工等专业
2002	229	481	126	95	机电、化工等专业
2003	365	732	114	96	机电、化工等专业
2004	329	751	240	97	机电、化工等专业
2005	482	946	255	98	机电、化工等 8 个专业
2007	301	805	295	100	机电、化工等 7 个专业

说明：1987 ~ 1992 年京口区依托市有关职高办学，数据由市统计

第五节　京口职教中心

1984 ~ 2000 年，京口职教中心前身为京口职业技术学校，地址在原汝山中学内。2001 年，经京口区政府批准，将原京口职业技术学校、丹徒中学技工部、镇江市第十中学化工部合并，成立京口职教中心，在原丹徒中学办学，隶属镇江市第十中学。在校生 520 名，主要有机械、电子、化工和服装 4 个专业，分

别为三年制的职业中专和职业高中。2002 年始，与省内高职院校联合办学，先后与江苏信息职业技术学院联办三年制中专和五年制大专各 1 个专业，规模扩大，向全省招收学生 100 名。

2003 年 8 月，区职教中心由丹徒镇迁至谏壁镇，两块牌子，一套班子，镇江市第十中学和京口职教中心并存，集义务教育和职业教育于一体。学校与江苏大学、丁卯经济开发区、市化工经济开发区、镇江新区、京口高新技术开发区连成一片，具有独特的办学地理优势。10 多年来，先后与江苏大学、江苏信息职业技术学院、南京化工职业技术学院、无锡交通高等职业技术学校联合办学，充实职教内涵，提升办学品位。同时，该中心狠抓校风建设，逐步形成“先成人，后成才”育人理念，注重培养学生优良的人文素养和综合素质，并与推荐就业严格挂钩。在加强技能培养的同时，努力提高学生的文化水平。学校在镇江、苏州、无锡、常州、南京、上海、深圳等地建立稳定就业网络。毕业生一次性就业率达 100%。2005 年，镇江市人才市场专业人才培养基地、镇江市康桥工程培训基地、京口区农村劳动力转移实用技能培训基地、京口区人才培训中心先后在该校挂牌。

2007 年，该中心有教学班 45 个，在校学生 2037 人。办学模式既有五年制高职又有职业中专和综合高中。职高开设电子技术应用、数控技术应用、船舶工程应用技术、机电一体化、化工工艺、精细化工、机械设备维修与管理、电气自动化等 10 多个专业。

区职教中心历任校长：张小龙、张尚文、左云鹏。

第五章　成人教育

1983 年，京口区成人教育以“双补”（1970 ~ 1980 年年初、高中毕业生文化补习）为主，后拓展为机关、企事业单位职工学历教育、资格培训、岗位培训和技术骨干的继续教育以及外语、计算机应用等培训。1992 年 10 月，区划调整后，根据城乡一体化的实际，增加农村成人教育，扫除青壮年文盲，并以此发展的农业实用技术培训和农村富余劳动力的转移培训等。至 2007 年，京口区成人教育取得长足发展，形成区情特色。

第一节　职工教育

1984 年 11 月，京口区建立由区计经委、宣传部、工会、文教局、劳动人事局、财政局、轻工业公司等部门组成的区职工教育委员会，由分管区长为主任，并设立办公室（以下简称区职教办）。1988 年 2 月，建立区成人教育培训中心。其时，全区有职工 10359 人，下属部门和单位普遍建立职工教育的管理机构或学校，有专兼职管理人员 21 人。1985 ~ 1989 年，区职教办举办文化补习班，全区参加语文、数学学习的有 2291 人次，高考补习班 969 人次，其他各种培训 15865 人次。1990 ~ 1992 年全区每年参加各类文化、技术培训的人员达 2000 余人。1993 ~ 1995 年，职工教育着眼于为全区经济服务，大力开展以岗位培训为重点的各类培训，参加培训的职工达 16465 人次，全员培训率达 59% 以上。1995 年开始外语、计算机应用“双培双考”。

1996 年，机构调整，区职教办与区教育局合并，区教育局除继续负责对京口职教培训中心进行管理以外，还负责全区职业教育办班办学等情况的统计和协调。2001 年起，在健康路街道盛达新村居委会，开展社区教育试点工作。根据《中华人民共和国职业教育法》，将国家机关工作人员（即公务员）培训工作从职工教育工作中分离，交给组织、人事部门负责。2002 ~ 2007 年，区组织、人事部门除负责国家公务员的培训教育以外，还对全区科技人员（含教师、医生）培训工作进行管理。

第二节　农民教育

一、扫盲

1993 年，京口区始行农村“扫盲”工作，区教育局把基本扫除文盲特别是农村青壮年文盲列为“重中之重”。1994 年，京口区通过省级“两基”（基本扫除文盲、基本实施普及九年义务教育）验收，扫盲工作达到省规定要求，成人识字率（即 15 岁以上非文盲数除以 15 岁以上人口数）达 90% 以上，基本扫除青壮年文盲。1998 年 4 ~ 5 月，全区对“两基”验收时剩余的青壮年（指 1949 年 10 月 1 日以后出生的人口）文盲 803 人，进行复查。经各乡镇（街道）、村（居）委会调查，原有 803 名文盲中死亡 25 人，失去学习能力 52 人，已迁移（或原就是挂户）100 人，误登超龄的 35 人，查无下落 201 人。尚有 390 名青壮年文盲，按施教区交给城乡各小学进行扫除。1998 年扫除（以考验扫）153 名，1999 年再次扫除 131 名，并按江苏省教委的要求，对 1990 年“四普”以来的扫盲工作进行统计，全区青壮年非文盲率为 99.6%。在区公安分局和各派出所协助下，对已脱盲人员户籍中文化程度栏目进行更改。

2000 年 11 月，全国第五次人口普查，京口区常住人口 427272 人（含镇江新区），15 岁以上人口 367637 人，文盲 16758 人，成人识字率达 95.44%，达到基本扫除文盲要求。15 岁至 49 岁青壮年文盲 2131 人。由京口区各小学在相关乡镇（街道）、村（居）委会协助下，在各自施教区内，进行调查摸底，按省、市教育部门的要求开展扫除青壮年文盲。2005 年，共扫除文盲 1963 名，还剩余 23 名（不包括已死亡、失能、迁移 145 名），占 15 至 49 周岁 234878 人的 0.01%（根据各中心小学上报数据统计），基本完成扫盲任务。

二、培训、转移

1983 ~ 1993 年，京口区在扫除农村青壮年文盲的同时，按上级教育部门要求开展农业实用技术培训。区劳动部门除继续负责各类职业资格证书考核、发放外，还负责失业人员（含下岗职工）再就业职业技术培训工作。区计划、经济部门（现为安全生产监督部门）负责对全区安全管理人员等特殊岗位职工进行培训和管理。区残联对残疾人就业进行技术培训，团委组织青年创业技术培训，妇联对妇女的就业进行技术培训。区政府教育督导室每年代表政府与各乡镇、街道共同制定“教育工作目标管理责任状”，对各乡镇、街道以及各部门包括培训、转移在内的教育工作进行检查、督导、验收，由政府负责奖惩。

1998 ~ 1999 年，全区结合农村产业结构调整，继续开展农业实用技术培训工作。区教育局组织各乡镇成人教育辅导员，学习有关法规、文件，参观、考察周边地区农业产业结构调整和农业实用技术培训的现场。1998 年，全区各乡镇举办农副业类、工业类培训班 102 个，接受培训人数 7354 人次。1999 年举办各类培训班 150 个，接受培训 10598 人次，占农业劳动力的 51.6%。

2002 ~ 2004 年，全区各乡镇共培训各类人员 12133 人次，其中党员、干部和致富骨干 670 名。进行农业从业人员培训 6676 人次、推广户数 380 户。党员、干部、致富骨干培训 2468 人。2004 年，全区培训新增和剩余农村劳动力 2281 人，其中乡镇培训 1030 人，农村劳动力转移 1176 人。培训农村各类从业人员 5212 人次，其中培训致富骨干 2344 人（包括农村干部、党员培养），致富项目 43 个。

2005 年，全区随省、市对农村劳动力转移培训工作力度加大，建立全区农村劳动力转移培训工作领导小组，由区委、区政府与各乡镇签订农村劳动力转移培训工作目标责任状。区人事劳动局牵头抓好各乡镇农村劳动力转移培训 400 多人，占全年转移农村劳动力的 10% 以上。免费培训各类劳动力 9404 人次，达年指标的 135%，培训致富骨干 3806 人次，转移农村劳动力 3180 人，推广致富项目 37 个，辐射农户 1173 户，直接经济效益 405.9 万元，农民人均收入达 7108 元。2006 ~ 2007 年，全区进行农业实用技术培训 1 万多人次，其中象山镇 2580 人次、谏壁镇 1500 人次。蔬菜产销协会发展单位会员 11 家，农户会员 292 家，培训农户 850 人次，实现销售 1500 万元，每户菜农平均年增收 4000 元。全区农村劳动力参加转移培训达 3782 人，培训后转移 3270 人。

1983 ~ 2007 年京口区农村成人教育情况表

表 21-17　　单位：人、人次

年　份	扫除青壮年剩余文盲（人）	参加各类适用技术培训（人次）	农村劳动力转移（人）	培养农村致富骨干（人）
1983 ~ 1989	—	15865	—	—
1990 ~ 1992	—	20000	—	—
1993 ~ 1995	—	16465	—	—
1996 ~ 1997	—	10000	—	—
1998	153	7075	—	—
1999	131	7354	—	—
2000	—	7838	—	—
2001	—	11560	—	—
2002	—	12100	126	432
2003	—	6676	146	200
2004	—	5200	1176	2144
2005	—	9400	3180	3806
2007	1963	12700	2182	3900

第六章　教师队伍及教育经费

1983 年以来，区文教局把加强教师队伍管理培训作为建设一支高素质教师队伍必不可少的举措。1985 年创办教师进修学校。2003 年出台中小学教师拔尖人才培养管理办法，充分发挥拔尖教师在教书育人、教育科研、培养青年教师等方面示范辐射作用，促进师资队伍整体素质提高。2006 年，成立教师培训中心，分批培训中小学教师、学校行政干部，指导校本工作。20 多年来，京口区教师管理科学有序，教师培训不断创新，成绩显著。

第一节　队伍总量及构成

1983 年 9 月，全区教职工总数为 1044 人。小学班平均教职工数为 1.98；教职工平均担负学生数为 23.06。

1993 年，全区教职工总数为 1844 人，其中，中学 358 人，小学 1185 人，幼儿园 248 人，教育局 4 人，教科所 12 人，校办公司 10 人。小学班平均教职工数为 2.49，教职工平均担负学生数为 16.40，专任教师平均担负学生数为 19.71。初高中班平均教职工数为 4.09，教职工平均担负学生数为 11.28，专任教师平均担负学生数为 13.50。小学专任教师 35 岁以下占 44.62%，35 岁至 55 岁占 52.54%，55 岁以上占 2.84%。大专、中师、高中及以上学历占 91.56%，11 名教师取得专业合格证书。初高中专任教师 35 岁以下占 45%，35 岁至 55 岁占 50%，55 岁以上占 5%。专科、本科及以上学历占 81.94%。

1998 ~ 1999 年京口区教师队伍情况表

表 21-18　　　　单位：人

年份	教师总数	学历				政治情况				年龄	专业技术职称				变动情况				备注
		大专及以上	中专中师	高中	初中及以下	共产党员	共青团员	民主党派	无党派	35周岁以下	中高	小高	初级	未评	退休	分配生	调进	调出	
1998	1587	494	996	53	44	273	612	27	675	675	62	691	700	134	50	48	8	10	等职干部52人
1999	1655	512	1045	55	43	290	673	29	663	793	87	768	654	146	51	54	12	5	

2000 年，全区教职工总数为 2106 人，其中，中学 351 人，小学 1179 人，幼儿园 576 人。小学班平均教职工数为 2.38，教职工平均担负学生数为 18.80，专任教师平均担负学生数为 20.26。初高中班平均教职工数为 3.77，教职工平均担负学生数为 11.71，专任教师平均担负学生数为 12.41。小学专任教师本科及以上学历占 2.65%，专科学历占 40.59%，中专学历占 52.47%，高中占 1.37%。初高中专任教师本科及以上学历占 32.93%，专科学历占 58.01%，中专学历占 6.95%。

2007 年，全区教职工总数为 2330 人，其中，中学 380 人，小学 1202 人，幼儿园 748 人。小学班平均教职工数为 2.57，教职工平均担负学生数为 16.77，专任教师平均担负学生数为 17.55。初高中班平均教职工数为 3.96，教职工平均担负学生数为 9.98，专任教师平均担负学生数为 10.44。小学专任教师本科及以上学历占 24.80%，专科学历占 61.01%，高中占 14.01%。副高级职称占 1.22%，中级职称占 53.70%，初级职称占 43.34%。初高中专任教师本科及以上学历占 67.22%，专科学历占 30.30%，高中占 2.48%。副高级职称占 15.70%，中级职称占 51.24%，初级职称占 31.13%。

第二节　教师管理

一、师资来源

1983 ~ 1998 年，京口区户籍师范毕业生实行包分配（统配生）。1987 年，因全区小学教师严重缺乏，经区政府批准，区文教局向社会择优招聘 42 名教师。1999 ~ 2007 年，随着师范毕业生大量增加，京口区对户籍师范毕业生不再包分配，新教师来源逐步改为招聘考核、择优录用。新教师招聘工作由教育、人事、监察等部门负责，采取笔试与面试相结合，坚持公开透明、公平公正原则。区内教师调动根据具体情况，由区、局人事部门负责，中心小学下属教师在中心区范围内调动由中心小学负责。京口区以外教师调动基本原则是进出平衡、择优调入。外地调入教师必须学历、年龄、教学水平符合具体要求。

二、考核、奖励

1984 ~ 2007 年，全区教师考核由学校具体负责考核结果，报局人事部门备案。各校级领导的考核由局人事部门负责。1984 年，全区小学评选出语文、数学、思想品德、体育、音乐、美术和自然等学科优秀教师 28 名，前 10 名评选为“京口区十佳教师”，每人上浮 1 级工资。1985 年，又评出 10 名“京口区教坛新秀”。基本上每 3 年评选一批“京口区优秀教育工作者”“十佳学校管理干部”“十佳青年教师”“十佳班主任”，以及“十佳师德标兵”和“十佳幼儿教师”等。1993 年起，区政府每年对教师总数 10% 考核优秀的进行嘉奖和记功。给予嘉奖教师一定数量奖金，给予连续 3 年嘉奖教师和当年记功教师提前晋级的奖励。2004 年，区教育局、财政局、人事劳动和社会保障局还出台《京口区中小学教师拔尖人才培养管理办法》。1994 ~ 2007 年，区委、区政府给省特级教师、市名校长、市学科带头人、市骨干教师、区学科带头人和区骨干教师每月分别增加 500 元、300 元、200 元、50 元、40 元、20 元津贴。20 多年来，全区一大批优秀教师先后被评为全国、省、市劳动模范和优秀教育工作者，并先后被推选为省、市、区党代表、人大代表和政协委员。

三、管理改革

1988 ~ 2007 年，区文教局在红旗中心小学进行学校内部管理体制“三制”（校长选任制、教师聘任制和岗位责任制）改革，并逐步在全区小学、幼儿园推广。试点学校实施校长选聘“组阁”，按编定员，实行满负荷工作量和岗位责任考评等改革措施，增强了干部和教师的责任感和凝聚力，开始打破“干多干少一个样，干好干坏一个样”的“大锅饭”，充分调动广大教师的积极性，教育工作的整体水平有较大提高。同时，以教师资格认定、全员岗位聘任、分配制度改革为核心的人事管理制度改革全面推进，初步构建教师能进能出、岗位职务能上能下，工资待遇能高能低的用人机制和管理机制。

第三节　教师培训

1983 ~ 1984 年，全区教师培训工作由镇江市教师进修学校承担。1985 年，京口区教师进修学校成立后接替该项工作。1990 年，京口区教师进修学校撤销后，仍由镇江市教师进修学校承担京口区教师培训。

1990 年起，全区教师队伍处于师资更新和新老交替的阶段，青年教师在整个教师队伍中所占比例越来越大。区教育局采取岗前培训、进修、示教、“135 工程”（一年入门、三年达标、五年提高）等措施，不断提高教师队伍教书育人的能力。举办 10 余次业务学习班、讲座、演讲等专业培训班，对刚走上教师岗位的师范毕业生，进行师德讲座和业务辅导，同时，聘请优秀班主任、优秀辅导员介绍经验。

1995 ~ 2005 年，全区各校校长也分批分期进入镇江市教育学院和区教师进修学校学习深造。区文教（教育）局继续实施“135 工程”和“青蓝工程”（青年教师培养），抓好教师学历进修、业务培训、教学研究、上课评课等环节。大批教师获得高一层次学历。同时，组织教师学习现代化教育技术理论与操作、组织教师参加市教师进修学校现代化教育技术理论考试、参加市电教馆举办的多媒体课件制作。按照“借评课、促使用，借课件、促研究”工作思路，先后组织中小学多媒体课件评比、中学和中心小学语文电教评课、小学思品和自然电教评课等活动，有效地提高全区教师现代化技术教育水平。全区实验附属小学、直属校、中心校都具有开发课件的能力。一支肯钻研、善探索、有活力、高素质的现代化师资队伍逐步形成。

2006 年，京口区教师培训中心成立后，承担全区教师培训工作，教师继续教育工作水平全面提高。此外，局教研室和学校也承担教师培训任务，以教研促培训和校本培训成为培训教师的重要渠道。2007 年，全区小学、初中和普高教师学历达标率分别为 100%、98% 和 94%。小学教师大专率、初中教师本科率分别为 84% 和 72%。通过实施教师培养“三大工程”（“135 工程”“青蓝工程”“名师工程”），培养市、区骨干教师 185 名，中、小学市学科带头人 12 名，省特级教师 6 名，市“拔尖人才”21 名，镇江市名校长 1 名，初步形成省内外有影响的名教师群体。

第四节　进修学校、培训中心

一、进修学校

1983 ~ 1984 年，全区教师进修工作由市教师进修学校负责。

1985 年，市教师进修学校撤销后，京口区创办教师进修学校，负责全区教师进修、培训工作。李建中任副校长并主持工作。2 月，原市教师进修学校转来中师函授班，学员 44 人，学制 4 年。单科独进，分科结业。由于坚持“自学为主、函授为辅、分散面授、假期集中”的原则，紧扣自学、面授、作业、辅导和考试 5 个环节，有效地提高函授教育质量。4 月，举行全区青年教师评课活动，评出 10 名教坛“新秀”。

上半年，组织一部分小学行政干部到市教育学院脱产进修半年，系统学习教育学、心理学、哲学和行政管理学。9 月，举办骨干教师培训班，学员 20 人。10 月，邀请上海市特级教师张平南、吴晓莲到京口区上示范课。12 月，招收 1 个一年制中师函授班。

1986 年 4 月，进修学校对"推普"重点学校进行普通话验收。8 月，招收第二届中师函授班。9 月组织中青年教师 39 人到中山路小学"留学"，通过听课、上课、评课、专题讲座等形式进行教学研究，以达到提高学员业务能力的目的。根据这一活动撰写的经验总结《留学——培养在职小学教师的好形式》论文，被编入《江苏省小学教师进修经验文集》。

1987 年，区文教局副局长赵亚男兼任教师进修学校校长，胡克训任副校长，并主持工作。年初区文教局向社会招收 42 名小学教师，进修学校及时组织培训，指导实习，培训时间 4 个月。3 月，举办小学行政干部培训班。5 月，组织小学、幼儿园教师进行教材教法过关考试。8 月，组织未达到中师学历的小学教师参加省"专业合格证书"统一文化考试。10 月，再次举办骨干教师培训班。

1988 年 3 月，组织小学行政干部培训班学员到建湖县钟庄乡调研，学习"校长选任负责制、教师聘任制、教育岗位责任制"的改革经验。5 月，招收第三届中师函授班，参加省成人中专统一考试。8 月，组织小学、幼儿园教师参加"专业合格证书"文化考试。

1989 年 3 月，举办 30 岁以下青年教师培训班，继续采用"留学"形式。4 月，教导主任培训班开学。月底，省教委中教处袁云亭为两个培训班学员作报告。5 月，邀请南京数学专家到京口上示范课。11 ~ 12 月，举办两期学校常规管理培训班。

1990 年，进修学校与镇江师范学校合并，设培训处。1991 ~ 2007 年，全区教师培训工作主要由镇江师范学校和京口区教师培训中心承担。

二、培训中心

2006 年，京口区教师培训中心成立，基本职能为组织教师培训，学校行政干部培训，指导校本培训。中心有工作人员 7 人，下设师训、干训及校训 3 个部门。教师培训主要负责全员培训、骨干教师培训、学科带头人培训、新上岗教师培训、学科专题培训、非英语专业英语教师培训。干部培训负责中层干部培训和书记、校长、园长培训及后备干部培训。校本培训负责制定校本培训管理办法和评估标准，建立校本培训方案预审制和培训质量考核制，树立一些校本培训示范学校，帮助学校解决校本培训中出现的问题和困难，确保校本培训的质量。4 月，举办优秀班主任培训班，共 34 名学员。培训中心在内容上、形式上做了精心安排，为学员建立档案，设立"学员成长袋"。是年暑假，培训中心举办小学语、数、英 3 门学科教材全员培训，聘请教材编写组主要人员进行讲解。培训中心还在苏州举办校长、书记关于"传统文化和现代教育思想"的培训班。先后对新上岗教师进行培训，如何做好班主任工作、各校中层以上行政人员进行教育法律法规培训。重点是《中华人民共和国义务教育法》《校园伤害事故处理办法》"生命教育"讲座。下半年，培训中心定期到谏壁、丹徒两所乡镇小学，采用"上门培训"的形式进行校本培训指导。12 月，对全区中小学、幼儿园进行一次校本培训现状调研，到各学校听取校本培训负责人汇报，查看学校校培工作相关资料，进行教师问卷，以便找出亮点和不足。举办小学语文教师高级研修班，学员 21 人，聘请市、区专家、特级教师成立专家组，负责教学决策、业务指导以及平时和结业考核工作。另特约本省教授、知名专家、特级教师讲学。

2007 年，培训中心开办全区中小学、幼儿园总务后勤管理人员的培训班，为期一学期。主要培训内容包括校产管理、校舍建筑及维护、校园安全等。结合广大一线教师的实际情况和专业需要，对小学音、体、美专职教师进行全员培训，100 多名教师参加。邀请镇江市教研室美术教研员丁悦和音乐教研员梁华、镇江市武术教练陆旭娣为培训教师授课。举办全区中小学德育主任培训班，包括全区中小学德育（政教）主任、副主任或大队辅导员 30 人。培训中心开办京口区中小学、幼儿园校本研究培训班，培训对象为全区各中小学、幼儿园校本研究人员（教导主任或教科室主任）26 人。

第五节　教育经费

1983 ~ 2007 年，教育经费主要来自于政府财政拨款，少部分来自于企事业单位拨付或自筹。教育经费主要用于教师工资和教育事业发展，其中教师工资是大头。

1983 年建区以后，区属公办小学和公办幼儿园教职工工资由区财政拨款，企事业办小学和幼儿园由企事业负责教职工工资发放，民办幼儿园教职工工资自筹。公办与民办教职工工资差距较小。1989 年以后，全区中小学已经基本没有民办教师，但幼儿园仍有公办、民办之分，公办与民办教职工工资差距逐步加大。1989 年，区财政拨款 303 万元用于发放教职工工资和福利，人均年收入 1767.6 元。

1995 年，京口区召开教育工作会议，初步建立教育经费征收新体制。至年底，共征收教育基金 39 万元，教育附加 247 万元，其中农村 97 万元，城区 125 万元。向全区各校自筹预算外 770 万元，用于改善办学条件和弥补办公经费不足，支持校办企业流动资金 86.2 万元。

1996 ~ 1997 年，全区校办企业共创收 640 万元，其中 40% 用于改善办学条件。两年共收到集资款、跨学区借读费、“公办民助班”费和非义务教育阶段扩招生自费款 207 万元，全部用于改善办学条件。两年共完成校舍建筑面积 22100 平方米，投入资金 1300 万元。

1999 年，区财政用于发放教职工工资和福利的拨款增加到 2112 万元，比 1989 年增加 1809 万元，相当于 10 年前的 7 倍，公办教师工资增加 50%。

2000 ~ 2003 年，区财政所拨教育经费逐年增加。2000 年为 2316 万元，2001 年为 2538 万元，2002 年为 2679 万元，2003 年为 3955 万元，教职工工资和福利待遇也在逐年提高。

2004 ~ 2005 年，全区教育经费筹措机制趋于完善，初步形成预算内教育经费、教育税费、企业办学经费、勤工俭学及社会服务收入、社会社团及个人捐资以及学、杂费组成的多渠道投入教育发展格局。其中，预算内教育事业费近 1.30 亿元，占总投入的 60% 以上，平均年递增 12% 以上。

2006 ~ 2007 年，全区教育经费保障机制进一步完善。区政府按照“三增长一提高”要求，依法增加教育经费。两年教育经费总收入 2.95 亿元，年递增 28.7%。其中区财政预算内教育经费总投入 1.97 亿元，年递增 44.5%。2006 年秋，对农村学生免收学杂费，从 2006 年起每年安排 10 万元，用于智障特殊学校学生费用减免。2007 年春，对全区义务教育阶段家庭经济困难学生免课本费、补助寄宿生生活费，对城区学生免收学杂费。两年减免各项经费 152.31 万元。2007 年，区财政用于教职工工资和福利增加到 9293 万元，比 1999 年增加 7181 万元，是 1999 年的 4.4 倍，全区公办教职工收入大幅度提高。

1993 ~ 1995 年京口区教育经费投入情况表

表 21-19　　单位：万元

年份	预算内	预算外	附加及其他	合计
1993	349.40	349.20	138.02	836.62
1994	1314.20	518.50	258	2090.70
1995	1346	770	320	2436

说明：1996 ~ 2007 年有关经费详见全文记述

第二十二篇　文化　体育

京口，历史文化悠久，体育运动源远流长，名胜古迹众多，历史文化资源丰富。有闻名遐迩的“京口三山”金山、焦山、北固山等风景名胜。尤其是焦山碑林被国务院确定为全国重点文物保护单位。有焦山碑林、虎踞桥、焦山抗英炮台、北固山铁塔、鼎石山僧伽塔、中山纪念林、北固山气象台、烈士陵园等40多处国家及省、市级文物保护单位。

镇江解放后，锡剧、越剧、扬剧、曲艺、评话等深受市民欢迎。城乡有戏院、影剧院、书场等演出场所30多家。2007年，京口区域内有镇江影剧院、新华影剧院、康盛折子戏剧场、大市口城市客厅、春江潮广场、京口广场等20多处室内外演出场所。建立了乡镇街道文体活动中心，投资3500多万元兴建了区文化馆、区图书馆、区美术馆等10个大型群众文化活动场馆，因地制宜组织开展了丰富多彩的群众文化活动。

1983年9月，京口区在文教局内设体育股，管理和指导全区学生体育、职工体育和群众体育活动。2007年全区建成65个全民健身点，50多个晨、晚练点，增建3个全民健身工程、10多个较大文化体育广场。1984年～2007年，京口区先后建立了球类、棋类、游泳、登山、钓鱼等10多个协会，各协会每年分别组织1～2次活动，并组织参加全省、全国各类职工群众体育比赛，带动了职工群众积极参加体育活动，丰富了职工文化体育生活。

第一章　文　化

1983年至1987年，先后成立京口区文化教育局和京口区体育委员会，至1997年成立京口区文化体育局，管理指导学生、职工、群众文化体育活动。1984年区文化馆成立，至2007年区文化馆创成国家二级馆，全区建有6个乡镇、街道文化站（文体活动中心）。在此基础上，争创群众文化先进区。2003年以来，先后成立了京口区作家协会、京口区书画协会、京口区摄影家协会、京口区音乐舞蹈家协会、“振兴”剧社、康盛剧社等群众文化团体，创作了许多优秀剧目和作品。组织了丰富多彩的社区群众文化活动和校园文化活动。建立区绿叶文化发展中心，通过冠名、赞助等市场化运作方式开展文化产业活动。组织专人对辖区内文物和非物质文化遗产进行普查建档，建立并调整业余文物保护员队伍，加强对辖区文物的保护利用。

第一节　文化市场管理

1952年，镇江市北固、金山等4个市辖区建立后，分别建立文教股。次年，4个区分别建立文化站，以居委会和行政村为单位，组织居（村）民开展群众性文化娱乐、教育卫生、科普宣传、读报读书等活动。1956年，撤销市辖区建置，区文化站工作人员并入市文化馆，房屋交市文化局开办书店。1957～1965年，建立街道、城市人民公社文化站和居（村）文化活动室。“文化大革命”期间，城乡群众文化活动停止。1982年，市辖区建置恢复后，分别设立北固、金山两区文化站。1983年8月，两区文化站被撤销。

1983 年 9 月，京口区成立文化教育局（以下简称“区文教局”），为全区文化管理机构，行使全区文化管理和文化市场稽查职能，内设体育股，管理和指导全区学生体育、职工体育和群众体育活动。次年，内设文体科，并设置区文化馆，管理指导全体职工和群众文化活动。

1987 年，成立京口区体育委员会。1993 年，区体委管理职能和指导范围增加区属中小学和城乡职工、群众体育活动。

1997 年，随着行政机关体制改革，成立京口区文化体育局，设综合科（文化市场管理科），行使全区文化体育管理职能，同时将区文化馆划归区文体局。

1999 年 9 月，区编制委员会批准成立区文化市场稽查队，依法管理辖区内文化市场经营和稽查非法活动。2000 ～ 2002 年，区文体局与区教育局合署。2003 ～ 2004 年，在对区域内文化市场管理中，坚持“五结合”（治标与治本、教育与处罚、堵源与截流、主管部门与职能部门、行政措施与法制教育相结合）。每年举办 4 ～ 6 期文化市场经营者和管理人员培训班，800 多人次参加学习。

2005 年，区文体局制定相关管理职能，依法对全区城乡文化、体育、网络信息等事业单位、文化娱乐场所、出版及音像制品市场、电脑画像等行业进行登记、注册、办证、审核、年检、稽查等方面规范化、法制化管理。制定发展规划，组织指导群众性文化活动，培养文化艺术方面优秀人才。维护管理辖区内文物景点，发展镇村广播电视网络。落实国家文化、体育、信息网络等方面产业政策。组织全区开展对外文化交流工作。

2006 年，全区开展文化市场“百日整治”专项管理活动，参加全省打击软件盗版、影像制品整治行动。2007 年 4 月 10 ～ 17 日，区文化市场稽查队组织 150 多人次，汽车 35 辆次，对全区城乡文化市场集中进行整顿，收缴盗版光盘 1 万多张，其中涉嫌淫秽色情光盘 60 多张，关闭、停业音像制品经营单位 6 家。此外，没收赌博机 40 台、赌博机芯片 20 块、盗版 VCD 片 4000 多张。

第二节　文化馆站（室）建设

一、区文化馆建设

1984 年 6 月，成立京口区文化馆。1985 ～ 1991 年，区文化馆馆址无着，活动功能不齐全。街道社区群众文化活动采取借（租）用辖区内机关、驻军和企事业单位文化设施和场地，因地制宜开展群众性文化娱乐活动。

1992 年 12 月，京口区为丰富城乡居民文化生活，成立区文化馆筹备领导小组，下设办公室，开展选址、立项、资金筹备工作。1993 年，在中山东路五条街小学筹建时，限于资金问题，将土地转让给市供电局，取得土地转让金后，将部分资金在谏壁镇谏壁公园内兴建区文化馆，并对外开放。

1994 ～ 2006 年，区文化馆采用简便、多样的形式为基层群众开展文体活动。同时改变“形式单一、观念老化、节日老套”的现状，结合党和政府中心工作，组织居民群众、职工、学生参加喜闻乐见的故事会、演讲会、读书会、文艺会演等。区文化馆调动积极因素，挖掘人才、师资潜力，借助以奖代补政策，开办文学、艺术、绘画、表演等培训班 50 多期，培养各类文艺骨干 1000 多人次，活跃城乡群众文化生活，弥补经费不足，促进全区文化工作进一步发展。

2007 年，区文化馆申报并经批准为国家二级馆。

二、街道、乡镇文化站建设

1990 ～ 1991 年，各街道文化站分别建立业余文艺宣传队、京剧、越剧、锡剧、扬剧演出队和振兴剧社等，开展群众性文艺活动和春节、国庆节等文化活动。大市口、和平路街道文化站被评为市级春节文化活动先进单位。四牌楼街道文化站站长史庆钟被江苏省政府评为群众文化先进工作者。1990 ～ 1992 年，全区各街道文化站贯彻“以文补文、多业助文”方针，“以文补文”创收 3.7 万元。

1992 年 10 月，划出宝塔路等 4 个街道办事处文化站，划进象山、汝山、丹徒、谏壁 4 个乡镇文化站，全区有 8 个街道、乡镇文化站。

2001 年 3 月，汝山乡文化站与丹徒镇文化站合并，称丹徒镇文化站。2005 年 12 月，象山乡文化站与丹徒镇文化站合并，称象山镇文化站。2007 年，全区有 6 个文化站，其中街道文化站 4 个。

三、村、居（社区）委会文化室建设

1987 年，全区 47 个居委会建立了文化室。1989 ~ 1992 年，全区建立居委会文化室 86 个。

1993 ~ 1999 年，全区乡镇、街道 150 个村委会和居委会分别建立文化（老年）活动室，组织居民群众开展唱歌、跳舞、读书、文艺创作、诗词朗诵、灯谜、跳马灯等形式多样的文化娱乐活动。

2000 ~ 2003 年，居（村）委会文化室组织居民开展戏曲演唱、棋艺、阅览、体育等活动，暑假期间组织少年儿童开展读书、文化娱乐活动。部分文化室根据场地、设备、人才资源，开办老年健身舞、迪斯科训练班等。

2004 ~ 2007 年，随着社会进步和文化发展，精神文明、物质文明、政治文明不断提高，为创建和谐社会，打造“平安镇江”“平安京口”，制止少数人赌博陋习，居委会（社区）文化室大多演变为棋牌活动室，组织居民开展有益身心娱乐活动。

1984 ~ 2007 年京口区街道（乡镇、园区、场圃）文化站情况表

表 22-1

名称	成立时间	负责人	工作人员（人）	面积（平方米）	地址	主要文化设施
四牌楼街道文化站	1986.10	胡　珉	1	887	江滨新村	设录像放映室、舞厅、图书阅览室各 1 处，藏书 4000 册
大市口街道文化站	1987.1	王湘湘	1	30	花山湾 3 区 23 号	设文化活动室、乒乓球室各 1 处，藏书 600 册
正东路街道文化站	1987.6	丁裕俊	2	800	贺家弄 23 号	设文化活动室、图书阅览室各 1 处，杂志 17 种、藏书 740 册
健康路街道文化站	1987.12	高秀文	2	130	健康路 58 号	设文化活动室、阅览室各 1 处，藏书 3000 册
象山乡（镇）文化站	1984	丁晓云	1	1200	东吴路 72 号	设文化活动室、阅览室、图书室。藏书 2000 册
汝山乡文化站	1984	吕纯奇	1	220	乡政府院内	设活动室、图书室、阅览室。藏书 1600 册
丹徒镇文化站	1984	方太洲	3	740	镇政府院内	设文化活动室、阅览室各 1 处。藏书 2000 册
谏壁镇文化站	1986	于柏根	10	550	东街 78 号	设文化活动室、阅览室、图书室。藏书 7500 册
工业园区文化站	2005	—	1	—	园区内	—
共青团农场文化站	—	—	1	—	场内	—

四、争创群众文化先进区　加强基层文化建设

1992 年，省政府发出《关于在全省开展争创群众文化先进县市（区）和群众文化先进乡镇（街道）的活动》（以下简称“争创活动”）通知后，区委、区政府决定加强城乡群众文化硬件和软件建设，并纳入全区经

济和社会事业发展“八五”计划。1993 年，区政府确定四牌楼街道为争创省级群众文化活动先进街道，建立四牌楼街道辖区文化工作委员会，筹集资金、引进人才、扩建街道文化站活动场地，设置宣传橱窗，增加活动项目和图书，建立多种形式的业余文艺队伍，开展各种形式的文艺竞赛活动。经省、市“争创活动”领导小组验收合格。1994 年 11 月 8 日，市文化局代表省文化厅在江滨新村“江碟”文化娱乐城授牌。

1995 年，区政府与各乡镇、街道签订文化工作目标管理责任状。12 月，四牌楼街道、谏壁镇达到一级工作标准。象山乡、丹徒镇达到二级工作标准。其余各乡镇、街道达到三级工作标准。全区乡镇、街道文化站活动总面积 4000 多平方米，项目 29 个，藏书 10867 册，居（村）委会文化室 70 个，业余文体队伍 18 个。1996 年 12 月，谏壁镇被省文化厅评为先进文化乡镇，全区 25% 乡镇（街道）先后被授予省级先进文化乡镇（街道）。

1998 ~ 1999 年，为加强基层文化建设，区文化体制进行改革，文化投资由国家办文化事业为主改为多层次、多渠道鼓励民办、个体办多种所有制形式、多种经营方式。人事制度按照考核聘用、择优上岗、双向选择、优化组合的原则引入竞争机制。将社会文化、村镇文化、企业文化、校园文化紧密结合，进一步发展区域性特色文化。

2002 ~ 2007 年，全区投资 3500 万元，启动文化馆、文化市场、美术馆、社区图书馆等 10 个文化项目建设，2007 年，在学府路和谷阳路交汇处，兴建京口文化广场，占地 3.5 万平方米。在江滨新村兴建社区图书馆，建筑面积 887 平方米，藏书 4000 多册。

1992 ~ 2007 年京口区部分年份居（村）委会文化室情况表

表 22-2　　单位：个

街道（乡、镇）名称	居（村）委会	文化室	文化室名称			备注
			1992 年	2002 年	2007 年	
正东路街道	17	12	靳家巷、花巷、张家巷、贺家弄	庙巷、酒海街、南门大街、棒槌营	六普、林机、工学院、船院	—
健康路街道	24	12	山门口街、东门坡、永安路、桃花坞	桃花坞第二、桃花坞第三、中营、健康路、白莲巷	尚友新村、梳儿巷、草巷	—
大市口街道	23	12	千秋桥北、花山路北、花山路、鼓楼岗、解放路、双井路、环城路、大西路	青云门、大市口	大学山、剪子巷	—
四牌楼街道	20	12	高桥北、北水关、大埂街	仓巷、虹桥、北固山、九里街、拖板桥	江滨新村第一、二、三、四	—
象山（镇）乡	13	13	1992 年 10 月划入	红旗村等 8 个村居文化室	5	2005 年划入丹徒镇 5 个，计 13 个村居文化室
汝山乡	7	7	1992 年 10 月划入	孟家湾村等 7 个村居文化室	—	2002 年撤乡并入象山乡
丹徒镇	5	5	1992 年 10 月划入	上隍村等 5 个村居文化室	—	2005 年 12 月撤镇
谏壁镇	16	16	1992 年 10 月划入	焦湾村等 16 个村居文化室	—	1997 年划入谏壁乡 9 个村文化室
工业园区	1	1	2005 年由谏壁镇划入	李华村文化室	—	—
京露茶场	—	—	—	—	—	—
共青团农场	1	1	1992 年 10 月划入	红旗村文化室	—	—

第三节　文学艺术

一、文学创作

1983年以来，京口区域内各类文学著作颇丰，品类较多。1987年10月，建立“京口诗社”，30名会员被江苏省诗词协会吸收为团体会员，当年编印《京口诗词》一辑。

1988～1991年，区域内创作并出版小说、诗歌、散文、报告文学、电影文学、戏剧等文学作品达百种。有王川著《白发狂夫》、庐山著《东王杨秀清》等记述太平天国革命运动历史文学系列作品和蔡再生创作的电影文学剧本《喋血黑谷》等一批文学作品。1995年，郭韵散文《父亲的书》获全国《女性·情志》征文一等奖。

2003年，京口区成立作家协会（以下简称“区作协”）。2004～2005年，区作协组织文学讲座8次，350多名市、区级协会会员参加听讲。此后，柳筱苹的《一个人的海》，王娟瑢的小说《春风又绿江南岸》《神秘的龙虎洞》和《课堂上激情的诗句在流淌》散文集，区作办主席钟程发报告文学《高地上的灿烂》向全国发行。

2006年，区作协组织开展以日记、诗歌、散文、小说等少儿文学创作活动，收集少儿文学作品200多篇，参加镇江市少儿文学创作大赛，300多名小作者、小记者和400多篇作品获奖。

2003～2007年，区作协多次组织区域内国家及省、市、区级会员采风、培训等多种创作活动，先后创作并出版一批高质量优秀文学作品。王海燕《绿色回眸》散文集获全国女青年创作奖。

1991～2007年京口区部分文学作品书目情况表

表22-3

出版日期	类　别	书　名	作　者	字数（万字）	出版社名称
1991	报告文学	慷慨潇洒揽风沉	王娟瑢	16	江苏文艺出版社
1992	散文集	西北散记	许进	15	南海出版社
1995	史学	陈庆年文集	许进、徐苏	65	南海出版社
1999	散文集	春风又绿江南岸	王娟瑢	23	中国文联出版社
2001.1	散文集	风动我心	柳筱苹	5	中国文联出版社
2001.3	散文集	情絮无涯	郭韵	24	作家出版社
2002	小说	神秘的龙虎洞	王娟瑢	8	当代中国出版社
2003.7	报告文学	高地上的灿烂	钟程发主编	19	作家出版社
2003.9	长篇小说	一个人的海	柳筱苹	15	时代文艺出版社
2004.4	诗词	《郭飞诗词曲》	郭飞	60	中国戏剧出版社
2004.5	散文集	绿色回眸	王海燕	11	中国文联出版社
2005.1	报告文学	天道酬勤	姚敬源主编	19	人民日报出版社
2005.8	文学集	京口掌故	钟程发、熊兴邦、沈霄翱主编	17	人民日报出版社
2005.9	散文集	静坐斜阳读风景	郭韵	20	作家出版社
2005	报告文学	岁月留痕	王娟瑢	23	作家出版社
2006.12	文学集	京口古韵	钟程发、熊兴邦、沈霄翱、赵晓文主编	10	上海三联书店
2007.7	长篇小说	勐力板之梦	王娟瑢	15	江苏文艺出版社
2007.10	文学集	镇江山水古韵	熊兴邦、钟程发主编	12	华夏出版社
2007.12	文学集	京口与名人	钟程发、熊兴邦、沈霄翱、赵晓文主编	15	大众文艺出版社

二、音乐舞蹈

1983年以来，京口区组织幼儿、小学生和职工、居民群众开展音乐、舞蹈文艺会演20多次，演出（创作、改编）节目255个，1.4万人次观看。1984年9月，全区举办庆祝新中国成立35周年文艺调演，区属52个部门演出音乐、舞蹈节目30多个，180多人次参加演出。1985 ~ 1988年，全区组织计划生育、维护妇女儿童合法权益、"五好家庭（大院）"音乐、舞蹈文艺会演11场次。同时组织部分幼儿园、小学学生优秀音乐、舞蹈节目汇报演出和巡回演出7场，1.4万人次观看。会同市有关部门组织镇江市双人娱乐大赛、盲人乐队系列音乐讲座和校歌创作讲习会等。1989年9月，京口区组织庆祝新中国成立40周年文艺会演，各街道和辖区企事业单位169人参加，演出音乐、歌舞、小品、相声等43个节目。

图22-1　2007年，奥地利萨尔茨堡威风民族传统乐团"音乐之友"在京口区演出音乐会（区文体局供稿）

1993年7月21日，区纪检系统举办卡拉OK歌曲演唱比赛，全区各级纪委和党风廉政建设33名监督员参加比赛。9月，全区举办纪念建区10周年专题活动。各幼儿园、中小学、区级机关和各乡镇、街道教师、干部、职工、农民表演建区以来在群众文艺会演中选拔的舞蹈、合唱、独唱、器乐独奏等优秀文艺节目20多个。此外，还编演《京口春潮》《民歌联唱》等大型歌、舞节目。国庆前后，开展"爱我中华"歌咏比赛，区机关工会、区计经委、区经济开发总公司等部门分别举办国庆文艺晚会，100多人参加演出歌舞、戏剧、器乐等节目。12月，为纪念毛泽东主席100周年诞辰，区各部门、各乡镇、街道以及企事业单位分别开展各种文化艺术活动，用音乐、舞蹈多种文艺形式寄托京口区城乡人民群众对毛主席的思念之情。

1995年，区委、区政府为纪念抗日战争和世界反法西斯战争胜利50周年，举办系列文艺演出活动。谏壁镇、区文教局分别举行"抗战"革命歌曲演唱大赛，700多人组成16个合唱队，演出22个节目。

2003年，区文体局和区文联组织教师、职工和文艺工作者、音舞协会会员，创作、编演舞蹈、歌曲联唱《家和万事兴》等20多个节目，参加市"文明市民"之歌创作比赛活动。2004年，区音乐舞蹈家协会组织10多名会员参加"金铁林、马秋华"声乐研修培训班。2005年，区文联各协会举办舞蹈、合唱、小品、戏剧培训班，其中200多人参加合唱培训班。

2006年，区音乐舞蹈家协会组织时装表演和《红梅赞》独唱演出。组织区作家协会会员参加江苏省"五星工程奖"演出，女声组合唱《山歌好唱口难开》获金奖。2007年，区音乐舞蹈家协会承办区委、区政府"决胜全面小康"重大活动，组织200多人的文艺巡回演出队，分赴城乡70多个社区，演出100多场次，10多万名城乡居民观看。

三、戏曲

1983 ~ 1992年，区属各街道分别设立以退休职工为主体的业余"振兴"剧社，组织戏曲爱好者和票友演唱京剧、越剧、扬剧、黄梅戏和曲艺、小品等节目。1984年，成立京口区戏剧家协会（以下简称区戏协）。1993年，区戏协组织区域内中小学开办业余戏曲学习班，建立少儿"小杜鹃"京剧艺术团，与票友、戏曲爱好者分别参加省及市、区戏曲表演比赛和重大文化艺术活动。1994年9月，镇江市实验小学少儿京剧表演队的《铡美案》参加省首届儿童艺术节活动，获戏剧表演一等奖。

1997 ~ 2001年，区文体局和区戏剧家协会组织戏剧、歌曲等大型文艺活动20多场次，表演戏剧、舞蹈、歌咏、小品等节目。其中"京口区新人新作"15个戏剧、小品、舞蹈、歌曲体现全区群众文艺表演新水平。区城建局创作并表演的《廉政歌》获一等奖。区老龄委男声小合唱《邮电马车》，在省、市中、老年人文艺会演中获一等奖。

2003年，区戏协代表队参加全国“小梅花”京剧表演获推荐新人大赛奖。2005年，区戏协创作并改编扬剧《白蛇传》《上金山》《水漫金山》《美丽金山》等戏剧作品获省、市多项大奖。同年，由5位中青年京剧票友联袂演出《行云流水》节目参加中、日、韩三国城市文化交流演出，在京口文化广场、我家山水广场、镇江影剧院、大市口城市客厅、康盛折子戏剧场、京口文化馆以及常州、扬州、淮安、芜湖等地演出50余场次，观众数万人次。

2006年，京口区“小杜鹃”京剧艺术团为中央领导演出，话剧《浓浓的米酒》受到市领导和广大观众好评。同年，区戏协围绕构建和谐社会主题，先后创作戏剧小品《钱老爷卖印》《哎呀妈妈》《新村官的蓝图》，话剧小品《疏通官道》、扬剧小品《不要闯红灯》、相声《没大没小》等节目。康盛剧社举办《让外国人了解中国戏曲艺术》演唱会，并邀请马来西亚“华乐”艺术家到康盛剧社进行表演艺术交流。叶明代表区音乐舞蹈家协会创作的《南乡田歌》组合获江苏省2006年“五个一工程”金奖。

2007年3月，中央电视台国际频道专程到京口区康盛剧社，拍摄国家扬剧二级演员金桂芬和著名演员葛克英演出传统扬剧《白蛇传》选场《上金山》。康盛剧社社长吕国泰创作的话剧小品《车站轶事》，在《小戏、小品剧本创作园地》刊物上发表，另一话剧小品《疏通管道》在江苏省第五届小戏小品大赛中获优秀剧目奖。《南乡田歌》组合参加文化部组织的“群星奖”演出，获金奖。

附：古戏台

1983 ~ 2007年，京口区尚存古戏台2处。

1. 东岳庙古戏台

东岳庙古戏台位于谏壁镇回龙山上，属东岳庙建筑群组成部分，始建不详。清咸丰年间（1851 ~ 1861年）战火毁半。同治十一年（1872年）里人王竹溪叔侄及朱兆友、朱云端捐资重修正殿。光绪末（约1908年）谏壁东街王锡五再捐资修缮门楼、万年台（戏台）。民国26年（1937年）日军入侵谏壁东岳庙时被毁，仅存庙门、戏台。1956年，丹徒县在东岳庙新建谏壁中学。1988年，戏台被丹徒县列为文保单位。1989 ~ 2007年古戏台仍存。

2. 城隍庙古戏台

城隍庙古戏台位于五条街凤凰岭饭店院内，建于清代，1982年5月17日被镇江市政府公布为市级文物保护单位。

四、书画美术

1983年8月，京口区建立后未设区级书画、美术机构。1984年，京口区举办首届书画、摄影作品展，征集区属单位和街道82名书画爱好者193幅书画、41幅摄影作品，选展44位59幅书画、24幅摄影作品，展出50天，10多万人次参观。

Å 图 22-2　2007年，建成京口美术馆（区文体局供稿）

1985年7月，区属小学举办少儿书画展，并选送优秀作品参加省及全国少儿书画展。

1990 ~ 2002年，区域内的书法、美术活动除中小学配备专职教师教学活动外，城乡群众性书法、美术活动开展由市书画家协会通过区文化馆和乡镇文化站统一组织活动。2003年，区书画协会建立后，以“八坤”女画家为主体的书画活动在城乡广泛开展。先后在区文化馆、市、区青少年宫举办书法、美术讲座20多期，为城乡培养1000多名书画爱好者。阚爱萍书画作品获镇江市第四届“文化艺术提名奖”。同年，建立京口书画网站，与扬中市文联共同组织书画展活动。

2004年，区书画协会组织30多名书画家参加赛珍珠艺术研讨会，展出书画作品150多幅。同年，组织30多名书画家及少儿书画爱好者，举行创作“义卖”活动，将“义卖”所得全部捐赠给社会福利事业。此举在“文化搭台，经贸唱戏”活动中，为2004年镇江经贸洽谈会增添光彩。与此同时，区书画协会主席阚爱萍赴日友好交流。访问期间，其作品入选《中日女书法家代表作品展》，在参加江苏省第二届社区艺术节综艺展时获书法优秀奖。2005年2月，区书画协会被江苏省文联评为书画考级先进工作站。阚爱萍被江苏省文联书画考级委员会评为优秀指导教师。同年，京口区在香港招商引资活动中，区书画协会在香港举办京口“八坤”女书画家作品推介活动，香港媒体对此作专题报道。《镇江日报》《中国书法报》《美术报》等报多次报道。同年，区少儿书画基地建立。同年筹备兴建京口区美术馆。

2006年，区书画协会组织“八坤”女书画家参加京口区“中国当代名家精品邀请展”，阚爱萍作品入选《当代江苏书法篆刻精品展》，获江苏省“五星工程奖”银奖。阚爱萍、孙海莎作品入选《全国第四届妇女书法展》，并获优秀奖。“八坤”女画家与丹阳“八姑娘”女子民兵班结对学雷锋，增强两地文化与双拥工作交流合作，组织女书画家赴军营开展书画活动。

2007年10月28日，京口籍著名画家、南京古今书画研究院院长柳学健投资1000万元，在谷阳北路兴建区美术馆（建筑面积3400平方米）。该馆设有展览馆、可人轩画廊、月湖精品文化主题馆、收藏陈列馆、琴棋室等，为全市首家专业美术展馆。主要功能为收藏展览，传播美术、展示艺术，传承民族文化、促进艺术交流，常年免费开放。同年，区书法协会组织20多名会员为美国哈里斯堡管弦交响乐访华代表团演示中国书法和绘画，并帮助美国友人了解、学习中国书法、绘画、气功等。区文联主席阚爱萍作品入选《全国第九届书法篆刻展》。由北京荣宝斋出版社出版的《楷书千字文》参加“中国千名书法家精品走进奥运场馆”活动，被“水立方”作为珍品收藏。

五、摄影

1983 ~ 1986年，京口区少儿摄影由教育部门统一组织，按系统管理。区域内的摄影爱好者作品评比、参赛等工作由市摄影家协会统一组织管理。1987年5月，刘景的摄影作品《渔乐》获六城市少年宫摄影比赛一等奖。

2003年，区摄影家协会成立后，城乡广大业余摄影爱好者通过培训、实习和采风活动，创作许多优秀作品。《关注》《亲》《蹉跎岁月》等获省、市级优秀作品奖。2004年，区摄影家协会20多名摄影爱好者选送150多幅作品参加镇江市第四届社区艺术节和第三届农民艺术节，90多幅作品分别获奖。2005年，区摄影家协会举办京口区“主人翁风采”摄影图片展，50多名会员350多幅作品参展。

2006 ~ 2007年，区摄影家协会在每年的“五一”劳动节期间，为区属企业优秀员工免费拍照。“五四”青年节、“六一”国际儿童节、“七一”建党纪念日和“八一”建军节期间，分别举办“水木阳光——最美新人”“阳光宝贝”“社区优秀党员”及“拥军爱民”摄影展览。同时在区教育局举办优秀教职员工、“优秀园丁”摄影比赛。提供26幅优秀作品参加京口区小康成果摄影图片巡回展。两年举办2期摄影培训班，120多人次参训。

六、民间故事

1. 铁锚港的故事

清编《京口山水志》卷十：“涧壁港，在谏壁。一名铁锚港。”相传宋爱国名将韩世忠为阻击金兵南侵，在谏壁北滨江口（今谏壁镇北街江口村）至古运河越河口，开辟一条支河，名“通江河”。在涧（谏）壁港（铁锚港）置铁锚封江入通江河（流经谏壁越观音桥、阳桥、龙嘴至越河口），穿越河闸与京杭古运河交汇。自南宋800多年来，当年封江一硕大铁锚，遗存在江口至雪沟间长江边，铁锚中心圆孔可容人进出。传说凡能穿越锚孔者，可治腰痛背酸，祛疾消灾，被奉为神物，有人顶礼膜拜、焚香祈福。直至1958年“大炼钢铁”时被毁。后人根据志书记载，搜集整理成“铁锚港的故事”。

2. 越河“土剑”的故事

明洪武年间（1368 ~ 1398年），太祖朱元璋风闻润东有“两条龙”，公龙为雩山（又名侯山），母龙为白兔山（今横山），公龙与母龙一旦结合，必将产生“小龙’，此小龙乃未来“天子”。从此，朱元璋心情忧郁，不知如何对策。后经御史中丞兼太史令刘基（字伯温）谋划，在雩山与白兔山之间，从越河二草圩西，造“土剑”两头分别指向雩山与白兔山，旨在阻止公龙与母龙“结合”。土剑，以土堆垒，仿制剑形。500 多年未灭。1958 年，“大跃进”时平毁。后人根据这个传说整理成“越河土剑故事”。

3. 王佩南的故事

清末民国初，谏壁月湖王佩南（人称“王瘪嘴”），又名九皋、植三、建元先生，能使奄奄一息病人转危为安，“起死回生”。王氏三代祖传名医，擅长内科。王佩南为镇江道台“千金”小姐“搭脉”，致剖腹取胎的故事流传至今。

4.“商三帖”的故事

新中国成立前，镇江东乡谏壁地区交通不便，缺医少药，常有疾病流行，夺人性命。大严庄有位著名“郎中”，商庆雯，练就“三帖”对症下药，医疗伤寒的过硬本领。行医 40 多年，救人无数。“商三帖”名气不胫而走。蜚声东乡谏壁、大港、大路、姚桥、黄墟、丁岗及丹阳埤城、胡桥、建山和太平洲（今扬中市）。

七、“故事大王”创作、演讲

1993 年 6 月，京口区在市第五届少儿创作故事演讲比赛中，获演讲一等奖 1 个、创作二等奖 1 个。1994 年 5 月，在市第六届少儿创作故事演讲大赛中，中山路小学小故事手刘梅获演讲一等奖。少儿故事《小杏花》获创作二等奖。1995 年 5 月，京口区举行少儿创作故事选拔赛，城乡各小学（幼儿园）创作少儿生活故事、科幻故事和“抗战”故事 40 多篇。经过挑选和排练，由 14 名少儿、14 名幼儿参加选拔赛，遴选 13 个故事制成录像带，参加全市少儿故事录像比赛。同时，在市第七届少儿创作故事演讲比赛中，刘梅获演讲一等奖，连续三年被评为“故事大王”，成为全市首例。吴杨创作的“抗战”故事《小海平》获二等奖。

1996 年，京口区从创作和改编的 100 多篇故事中，遴选 5 篇参加市第八届少儿创作故事演讲大赛，八叉巷小学张鹏远获一等奖和“故事大王”称号。1998 年，京口区在市第十届少儿创作故事比赛中获 5 个奖项。其中《强强的官衔》获创作一等奖。2003 年，京口区选送的《一直在高楼上钓鱼的猫》《小蚂蚁找房子》参加市第十五届少儿创作故事演讲大赛，分别获创作一等奖、表演三等奖和创作二等奖、表演二等奖，区文化馆获优秀组织奖。

2004 年，镇江市第十六届少儿创作故事演讲大赛中，贾叙伦创作的《河滨奇遇》，霍力创作的《热腾腾的饺子》，汪敏元、蔡茜创作的《美丽的旅程》分别获三等奖。中山路小学徐云翼演讲《热腾腾的饺子》获演讲一等奖，并获“故事大王”称号。实验小学王萱演讲的《美丽的旅程》获二等奖。京口区文化馆获优秀组织奖。2005 年，京口区参加市第十七届“少儿”创作故事演讲大赛中，徐云翼代表京口区文化馆演讲的《下跪》获一等奖，叶明获辅导一等奖。王津和徐云翼演讲的《一笔特殊的医疗费》获二等奖。刘小乐创作的《小老虎和小公鸡》获创作优秀奖和演讲优秀奖。晾城创作的《下跪》获创作优秀奖。汪敏元创作的《一笔特殊的医疗费》获创作二等奖。吴静芯创作的《真正的美》获创作三等奖。戴枕获演讲优秀奖。李祥娣创作的《有一支歌在心中唱》获创作优秀奖，崔梦鑫获演讲优秀奖。

2006 年，市第十八届“丹阳杯”少儿故事演讲比赛中，京口区索普实验小学汤秀梅作品《小象的长鼻子》，获创作三等奖。2007 年，京口区文化馆获优秀组织奖。谏壁镇中心小学李祥娣作品《春姑娘轻盈地向我们走来》获创作优秀奖。谏壁镇中心小学赵昀珂获演讲优秀奖。

八、社区文化活动

1990 ~ 1992 年，京口区每年“七一”前夕，街道社区分别举办“党指引我向前”等主题诗歌朗诵、演讲比赛活动，以多种形式文化活动纪念党的生日。

1993 年，各乡镇、街道联合辖区大中型企事业单位，举办新春“家家乐”普法文艺竞赛社区文化活动。经过预赛，由 15 个代表队和 10 户家庭进入复赛。单位代表队和家庭除进行普法知识竞赛外，还排练舞蹈、小品、戏剧清唱、独唱、重唱、乐器独奏等文艺节目。谏壁镇、丹徒镇、汝山乡和四牌楼、健康路街道举行辖区文艺会演赛、舞蹈培训班，组织文艺宣传队巡回演出。各辖区驻军、武警部队代表和镇江船厂、大东造纸厂、色织总厂、镇江医学院、市钛白粉厂、镇江建筑公司、市粮油公司等单位歌手分别到各乡镇、街道进行演唱和联欢。1994 年 5 月，京口区举办第二届青年、职工文化艺术节，在企业家卡拉 OK 歌曲演唱大赛中，区直企业和区计经委、商业局及乡镇（村）办厂 36 位厂长、经理演唱歌颂党、歌颂祖国、歌颂人民军队歌曲 50 多首，经过预、决赛，华联商厦获团体一等奖和个人一等奖。叶明的女声独唱和镇江市冶金机械厂的大合唱，分别获一、二等奖。戴晓燕的女声独唱参加省“三民”（民歌、民舞、民乐）比赛，获民歌演唱一等奖。

1995 年，各乡镇、街道组织各种文艺活动。7 月，在市纪念抗战胜利 50 周年歌曲演唱比赛中，大合唱和戴晓燕女声独唱获一等奖、区政府获组织奖。参加全市“清风阵阵”专题会演，戴晓燕女声独唱《清风颂》，徐翔、席镇红的小品《夜市》获表演一等奖。王国祥的评话《两封无头信》获表演二等奖、创作三等奖，陈泉美创作的舞蹈《鱼钩》获二等奖，京口区获优秀组织奖。参加市纪检干部卡拉 OK 歌曲比赛活动中，获一、二、三等奖各 1 个。与镇江市大鹏公司举办迎新春联欢晚会，表演歌舞、戏剧和器乐节目 13 个。大市口、健康路、四牌楼街道和谏壁镇、丹徒镇分别举办社区文艺活动。把演出的节目制成录像带，参加镇江市元旦、春节社区文化活动录像比赛。大市口、健康路街道分别获二、三等奖。举办“红五月”革命歌曲演唱比赛、“乡长杯”卡拉 OK 比赛、“忘年交”书画展、军（警）民联欢活动等各种文艺活动 31 场次，1.3 万多人次参加，观众 10 万多人次。

1998 ~ 2002 年，京口区文化馆和大市口文化站、汝山乡文化站分别举办送文艺下乡活动。邀请市、区知名书法家到汝山乡为当地农民书写春联 200 多幅。2003 年，全区文化部门和文化工作者积极做好全区文化指导员进社区工作，加强社区文化活动骨干培训和业务指导。

2004 年，各社区文化站积极开展“创业行”歌曲活动，重点教唱两首歌，对基层骨干进行培训辅导。参加市第四届社区文化艺术节和第三届农民文化艺术节活动。2005 年，区委宣传部在象山乡团结村蹲点，开展社区文化“创业帮扶打造富民京口”活动。团区委组织策划团省委与共青团山西省委“手牵手，心连心”两省团干部文化联欢活动。2006 年，加强新农村社区文化中心建设，区各级涉文部门分别组织人员走进谏壁镇雩山、雩北社区和共青团农场开展形式多样的文艺演出活动，2 次参加市老年公寓慰问演出和“五五”普法文化活动。

图 22-3　2007 年，“活力京口广场文艺活动”——春满象山　（区文体局供稿）

2007 年，象山镇文化活动中心在孟诚村落成，并举行竣工典礼。至此，全区 4 个街道、2 个镇和 2 个园区、场圃的文体中心全部建成，并对外开放。

九、校园文化活动

1984 年，中山路幼儿园木偶表演《我知道》获全国幼儿木偶录像比赛三等奖。夏金、高苏苏、朱玲玲等参加江苏省“小百灵”歌手比赛，分别获一、二、三等奖。夏金的二重唱（与南京小朋友合作）、独唱分别获全国“小百灵”歌手比赛二、三等奖。1986 ~ 1990 年，该园舞蹈《大雁飞》获少儿个人舞录像比赛二等奖。兰萍参加省电子琴比赛获二等奖。在华东地区少儿民族乐器比赛中，杨春薇、杨秋悦的古琴独奏获优秀演出奖，丁森的扬琴独奏获表演奖。兰萍、马力、吴凡参加省首届“通美杯”儿童电子琴比赛，获“新蕾组”三等奖。陈非、黄莺参加省首届“少儿”钢琴、小提琴比赛分别获（小组）第三名。邬立志等 4 人的竹笛三重奏获江苏省“少儿”民族乐器比赛合奏三等奖。舞蹈《爱》《广玉兰》参加市首届幼儿教师文艺会演获二等奖和鼓励奖。舞蹈《山泉》参加市庆祝建国四十周年业余文艺演出获创作三等奖、演出二等奖。

1993 年，纪念中国排球运动 100 周年暨省少年女排夏令营在南门小学举行，区文教局组织纪念文艺演出。5 月，举办京口区第五届幼儿文艺会演，各公办、民办、企事业单位的幼儿园演出 21 个舞蹈节目。举办京口区首届教工文艺会演，各中小学、幼儿园教师编排 26 个文艺节目，经预演，挑选 16 个节目参加会演。1994 年，组建京口区园丁艺术团，由各校（园）艺术教师组成，并安排一部分舞蹈、声乐演员去南京前线歌舞团集训。1994 年“六一”前夕，举办京口区小学生文艺会演，全区 26 所小学，演出歌舞、小品、器乐独奏等 28 个节目。中山路、八叉巷、区实小、镇师附小、南门小学师生举办每年一度“爱祖国、爱家乡”歌咏比赛等。

1995 年，解放路小学在全区举行首届教工卡拉 OK 歌曲演唱比赛，区文教局、直属单位和各校教工 20 多人演唱革命歌曲。市实小举办建校 60 周年校庆和汝山中学建校 30 周年时，分别举办艺术节、校园“十佳”歌手和“让孩子唱孩子的歌”比赛活动。1996 年 9 月，京口区庆祝第 12 个教师节，由区文教局主办全区学校文艺调演，演出 30 多个以“歌颂教育事业”为主题的节目，1200 多名教职员工参加。区文体局举办“京口区校园‘新人新作’群众文艺会演”，涌现出一批弘扬爱国主义精神的好作品，参赛的 15 个节目反映全区校园文艺高水平。抗洪防汛期间，组织一批群众文艺精品在谏壁镇为 1000 多名抗洪官兵进行慰问演出。

2000 ~ 2004 年，京口区举办首届文化艺术节，设乡镇街道、校园等 7 个分会场，为期 4 个月。组织书画、京口风采摄影展，卡拉 OK 演唱比赛、文艺演出、象棋、乒乓球比赛等文体活动 20 多场次，参加演出的人员及群众达 1.5 万多人次。

2004 年，中山路小学舞蹈《兔兔小乐队》获江苏省“五星工程奖”金奖，实验小学《给妈妈放个假》获少儿节目银奖。2006 ~ 2007 年，京口区参加第六、第七届江苏省“五星工程奖”比赛中，选送的儿童新童谣、少儿合唱比赛获金奖。女声组合《山歌好唱口难开》获金奖。

第四节　文化产业

1990 ~ 2005 年，全区文化事业体制改革不断深入发展，区内各文化事业单位和团体拓展渠道，走产业化发展道路。京口区未设专业文化团体，文化产业发展缓慢。

2006 年，区文体局建立绿叶文化发展中心，协调和管理全区文化产业工作，并陆续引进文化市场机制，吸收社会文化团体和文艺爱好者参加，通过冠名、赞助等形式，开展文化产业活动。

2007 年，区委、区政府制定并颁布《关于加快文化事业和产业发展若干经济政策的意见》，对全区文化产业发展方向、目标、思路、措施等作出规定，并指导全区文化产业进入市场化、规范化运行轨道。同年，以市场化运作方式先后开展“鼎胜杯”火炬长跑、2007 年京口区经贸洽谈会、中国人民解放军战士杂技团演出晚会、奥地利萨尔次堡威风民族传统乐团“音乐之友”音乐会、社区艺术节等活动，以及承办市、区城乡各类庆典活动近 300 场次，获得文化产业经济收入 10 多万元。

第五节　文物保护　文物普查

一、文物保护

1983 年 9 月，京口区文教局建立后不久，组织专人对辖区内文物进行普查。1985 年 10 月，全区有文物保护线索 600 条，通过调查、筛选，有 238 处已被列为省、市级文保单位。至 2007 年，辖区内有 1982 年以来公布的国家级文物保护单位 3 处、省级 9 处、市级 31 处。

1993年，区文教局在市文物工作会议发表《拾遗补阙、站岗放哨，尽力保护区域内文物古迹》，详述全区业余文保工作队伍的做法和实绩。同年夏，在万古一人巷征集到关帝庙碑刻一方、许氏宗祠石刻对联等（由市文管会保存）。6月，市政府第四次公布京口区文保单位8处。至此，全区城乡有国家、省、市文保单位34处。1994年11月，调整业余文保员队伍为20人，成员为国家、省、市文物保护单位所在地居（村）委会主任或住户、各乡镇、街道文化站站长。

2007年京口区全国重点文物保护单位文物保护情况表

表22-4

编号	名　称	地　址	时代	历史事实	公布时间	保护范围	使用（保管）单位
1	焦山碑林	焦山东及西沿山崖	六朝至唐、宋、明、清、民国	六朝《瘗鹤铭》及唐、宋、明、清名人题名刻	1988年1月	焦山公园东及西沿山崖一带	焦山碑刻博物馆
2	虎踞桥	南门古运河上	明代	明万历年间建石拱桥	2006年5月25日	石桥头堡	市政工程处及南北两侧社区
3	新河街	—	清代	—	2006年	整条街	四牌楼街道

2007年京口区省级文物保护单位文物保护情况表

表22-5

编号	名　称	地　址	时代	历史事实	公布时间	保护范围	使用（保管）单位
1	焦山（暗）炮台遗址	焦山东部	建于同治十三年（1874年），光绪二年（1876年）竣工	水师新设炮台，焦山七座	1982年3月25日	基地周围100多平方米范围	焦山公园
2	甘露寺铁塔	北固山后峰	宋元丰元年（1078年）	唐李德裕任润州刺史时建石塔，后毁。宋元丰元年（1078年）建铁塔	1982年3月25日	北固山铁塔周围50平方米	北固公园
3	宗泽墓	京岘山	宋代	宗泽为抗金名将	1982年3月25日	墓地、墓道及周围10多亩山、树	象山乡红旗村委会
4	僧伽塔	鼎石山	明代	明代张凤翼建砖塔	1982年5月17日	塔的全部建筑物及周围50平方米	市园林局
5	五柳堂	市演军巷16号	明、清、民国	—	1995年4月	市演军巷16号	市文管会办公室
6	古城墙遗址（东晋花山湾古城遗址）	花山湾	东晋	为全国保护较完整古城遗址	2000年9月	南到京口花苑，西到铁道兵干休所，东到山西省军区干休所，北到东吴路江滨新村	大市口街道
7	铁瓮城遗址	北固山前峰	汉建安年间建	为全国保护完整古城遗址	2000年10月1日	北固山前峰（今烈士陵园）鼓楼岗一带	市烈士陵园

续表 22-5

编号	名　称	地　址	时代	历史事实	公布时间	保护范围	使用（保管）单位
8	张云鹏故居	仓巷 69 号	清光绪年间建	著名中医	2006 年 6 月	一进三间	张氏后人
9	省立镇江图书馆	解放路 17 号	民国 26 年（1937 年）建	当时收录《中国省市图书馆》典藏	2006 年 6 月	1000 平方米及两层办公阅览室	镇江图书馆

2007 年京口区市级文物保护单位文物保护情况表

表 22-6

编号	名　称	地　址	时代	历史事实	公布时间	保护范围	使用（保管）单位
1	荆王刘贾墓	鼓楼岗	西汉	西汉初高祖封刘贾为荆王	1982 年 3 月 25 日	在鼓岗二村 1 号院内	鼓楼岗社区
2	太史慈墓	北固山中峰	三国吴	东吴将军	1982 年 3 月 25 日	石刻 1 块	北固山公园
3	焦山顶快炮台	焦山顶	清代	光绪二十五年（1899 年）两江总督张之洞奏准添设快炮 2 尊	1982 年 5 月 17 日	快炮台周围 50 米内	焦山公园
4	城隍庙戏台	凤凰岭招待所内	明代建筑	明清城隍庙附属部分、墙体光绪年间建	1982 年 5 月 17 日	主建筑物及两侧厢房	凤凰岭饭店
5	清真寺石刻	剪子巷	清代	清真寺碑石	1982 年 5 月 17 日	石刻及围墙、古银杏门楼、水井及石刻	彩色印刷厂、大市口社区。2005 年拆迁至学府路
6	唐老一正斋旧址	中山东路五条街	清代	康熙初经营膏药	1982 年 5 月 17 日	门楼及碑刻	唐氏后人
7	瓦木公所旧址	拖板桥小学	近代	清末在此建立瓦木公会组织	1982 年 5 月 17 日	—	拖板桥小学
8	烈士陵园纪念塔	北固山前峰（鼓楼岗）	现代	1966 年 8 月将分散的烈士遗骸迁葬于此，称烈士墓，并建塔。1993 年，改称陵园	1982 年 5 月 17 日	园区约 3.5 公顷，三开间	烈士陵园管理处
9	“五卅”运动镇江外交后援会旧址	双井路及仙鹤巷	现代	原万寿宫。民国 14 年（1925 年）“五卅”运动改镇江外交后援会	1982 年 5 月 17 日	—	第十五中学
10	梦溪园遗址	梦溪园巷 21 号	宋代	沈括晚年定居时著《梦溪笔谈》	1985 年 11 月 21 日	四周 10 米内	1985 年公布
11	中山纪念林塔	北固山	民国	纪念孙中山先生植树造林	1986 年 11 月 7 日	北固山整个中峰	1986 年公布
12	“天下第一江山”石刻	北固山	南宋	南宋吴琚书	1987 年 7 月 3 日	周围 30 米及园区周围	北固山公园
13	气象台旧址	北固山中峰	民国	—	1987 年 7 月 3 日	四周 15 米内	北固山公园

续表 22-6

编号	名　称	地　址	时代	历史事实	公布时间	保护范围	使用（保管）单位
14	紫金泉	大市口	宋	—	1987 年 7 月 3 日	周围 50 米内	大市口街道
15	古泮泉	东门坡	北宋	—	1987 年 7 月 3 日	四周 50 米内	健康路街道
16	育婴堂旧址	梳儿巷 29 号	清乾隆年间	—	1987 年	街两边 60 米内	健康路街道
17	丁卯桥遗址	丁卯桥	晋代建，明清修	—	1987 年	桥残存拱圈	丁卯街道
18	戴家山遗址	江苏大学校内东北角	新石器时代	—	1987 年 7 月 3 日	—	江苏大学
19	王宗培烈士墓	北固山	民国	—	1987 年 7 月 3 日	—	北固公园
20	四角墩土墩墓群	丹徒镇西南磨盘山附近	西周	—	1992 年 4 月 27 日	—	丹徒镇
21	合山快炮台遗址	象山东南合山顶	近代	—	1992 年 4 月 27 日	—	市焦化厂
22	箴庐	健康路 4 号	民国 26 年（1937 年）建	镇江女子蚕桑职业学校创办人唐儒箴建	1993 年 6 月 30 日	原建筑及围墙	健康路街道
23	定波门瓮城遗址	老北门	明	—	1999 年 12 月 22 日	—	老北门居委会
24	省庐	京口饭店	近代	—	1999 年 12 月 22 日	—	京口饭店
25	私立京江中学旧址	中山东路东端大学山上	近代	—	1999 年 12 月 22 日	—	市外国语学校（该校成立于 2003 年 6 月）
26	王家花园	丹徒区谏壁镇月湖村	清末	—	1999 年 12 月 22 日	—	丹徒区房管所
27	磨盘墩遗址	京口区丹徒镇南罗湖村北 200 米处	春秋	—	2004 年 6 月 30 日	—	—
28	油库墩土墩墓	镇江东郊谏壁镇	西周、春秋	—	2004 年 6 月 30 日	—	京口区政府
29	江苏省镇江潮水位站	镇江北固山江边	近代	—	2004 年 6 月 30 日	—	—
30	陈庆年故居	磨刀巷 20 号	清末民初建	陈系两江总督端方幕僚、学者	—	东西并列三进、二层望月楼已拆毁，只有遗址碑。（在怡海家园）	大市口街道
31	陶氏楠木厅建筑群	演军巷和大西路东端	明末建（全市最古老民居）	绸布商	—	2000 平方米，倒座、楠木厅、道光前建第三进	宝塔山公园、正东路街道

焦山（暗）炮台遗址注：按实系八座。焦山东明暗炮台，暗炮台在焦山东麓，地本山东涨滩。同治十三年，由两江总督李宗羲饬司局勘定，奏请拨归官地，创建暗台，面东兼南，制如象山。暗台俱用三合土筑成，内设四十磅子勃休马后膛炮六尊，四十磅子克鹿卜后膛炮二尊。台后筑营墙、兵房、子药库。前营门临下马头，后营门对松寥山。明炮台（略）（续《丹徒县志》卷七）

二、住宅（故居）、宗祠

1. 清八旗武官住宅　位于西府街34号，呈南北对合二进，用料较小、房屋低矮、院落较大、青石板铺地。原大门前有照壁、拴马石、旗杆石（时存屋后天井内），另有马厩、后花园（今为市三中操场）。此处原为清右协领署（称“西府”，今为市三中）。附近有西关帝庙遗址，“西关帝庙”门额尚存。山墙嵌清“康熙元年”（1662年）石碑一方，勒沿海沿江副都统名单。紧邻（西府街30号）为潘氏住宅（京口钱业大户），20世纪30年代建筑中西式二层楼，有后花园，占地0.13公顷（今市三中操场），西侧三进中式平房为清末民初建筑。明代红木家具为京口区内罕见。

2. 省庐　位于中山东路京口饭店院内。民国18年（1929年）2月，国民党江苏省政府迁至镇江城区后，民国19～20年（1930～1931年）建成，该建筑系砖木石结构三层别墅。因专供省政府主席居住，称“省庐”。陈果夫、王懋功等人先后曾住此。

3. 鲍皋故居　位于第一楼街23号，清乾隆、嘉庆年间（1736～1820年）建，现存厅房一进及藏书楼，存“休石吟馆”石额一方。鲍皋，丹徒人，乾隆初，举博学鸿词，不就，以诗赋名。著《海门诗抄》等。另在第一楼街25号有鲍氏后裔住宅一进（七架梁），为道光、同治年间（1821～1874年）建。

4. 蒋氏住宅、花园　位于第一楼街47号，一进两厢七架梁房屋，清光绪二十一年（1895年）建。檐廊、正房立面、两厢为雕花隔扇，原貌完整；前花园植麦香、枸杞及多种花木，有百年历史。其江南地方传统民居兼花园，独具京口特色。

5. 袁氏住宅　位于磨刀巷26号江上里，民国20年（1931年）青砖叠砌二层组合型中式楼房，后有一层砖木结构平房。系京口名人袁树珊私邸。

6. 陈公馆住宅　位于新河街128号，俗称九十九间半。传为清末瓜洲兵备道陈氏弟弟的住宅。该公馆建筑体量大，从新河街至荷花塘巷。现存东西大门俱为磨砖墙面，西大门磨砖墙面较好。据新河街居民回忆：北伐时，孙传芳退兵，北伐军追击孙传芳途径镇江时，曾征用该宅作为难民收容所。

7. 茅氏宗祠　位于南门大街梳儿巷31号，建于清代。系著名桥梁专家茅以升先生童年住处，后为梳儿巷小学校舍。南侧系清代育婴堂，市级文保单位。

8. 凌氏宗祠、道署衙门围墙、券门碑刻　位于道署街22号。凌氏宗祠系京口著名颜料商凌焕曾，于民国18年（1929年）因德国战败，将应交而未交德贷款购买原清道署衙门房产，并在其东兴建祠堂。现存雕花砖门楼、大厅（火毁后部分重建）、石厅阁楼、花园（内设假山、鱼池）、“敏成别墅”石额等；道署衙门围墙系凌氏购买南京城墙砖砌筑。现为解放路小学、敏成幼儿园。券门碑刻仍存。

9. 单氏住宅　单栋宅位于第一楼街35号，大院内二层楼房1幢、平房1座，系20世纪30年代西式建筑、后花园（后改观），建筑保护完整。

10. 大康新村　位于健康路9号（共3幢），始建年代不详。系京口商界、教育界著名人士严惠宇、赵棣华、李轫哉私人公寓。

此外，还有蔡氏宗祠（万古一人巷24号），南门大街草巷、靳家巷、张家巷牌坊柱（6根）、千秋桥东端牌坊柱、梳儿巷吴氏贞节牌坊，中山东路14～15号新成里陶氏花园及建筑群等文物，在拆迁时，先后易地移建或保存（护）。

1990～2007年，全区旧城改造，拓建道路、商品房开发，房屋拆迁等，但对辖区内部分古银杏、古建筑、古桥梁、古城遗址、古井、古寺、名宅等文物，依法作出强制性保护措施。

三、文物普查

1985年，区文物普查办公室根据《中华人民共和国文物保护法》（以下简称《文物保护法》），负责对全区23.4平方公里范围的文物进行普查。10月，经普查统计，区内有各类文物567处，其中古建筑166处（包括署衙、官舍、庐、斋、公馆、公所、寺院、宗祠、桥梁等古建筑），内有衙署、宗祠27处，宗教建筑65处，近现代建筑74处。这类建筑占普查总数的29%。

1985 ～ 2007 年京口区文物普查古建筑情况表

表 22-7

	序号	建筑名称	地　址	结　构	备　注
衙署	1	清参府衙门	中山路 174 号	砖木结构，6 开间，班房多间	在明建筑基础改建。绿营兵参将府。辛亥革命后改鲍氏求己学校。民国 10 年（1921 年）改丹徒县立第二高小。日军侵占后曾沦为“维持会署”。新中国成立后为五条街小学。有古银杏树 1 株
衙署	2	清京口将军署	市政路 17 号	砖木结构，署衙厅房、班房等 100 多间	民国 18 年（1929 年）国民党江苏省政府迁镇江时为省政府，省民政厅。日军侵占后曾沦为伪丹徒（镇江）县公署。新中国成立后为镇江市军管会、市委、市政府和市公安局驻地。1983 年 8 月，部分辟为京口区政府，1990 年让给镇江华联商厦。内有防空洞、古银杏、雪松等
衙署	3	清京口都统署	市政路 4 号	砖木结构	道光二十二年（1842 年）京口副统海龄殉国处。民国 18 年（1929 年）为江苏省财政厅。1952 年江苏军区在镇江成立后，曾为通信营驻地。20 世纪 60 年代后期为镇江军分区招待所（优仕园饭店）
衙署	4	清丹徒县署	中山路 8 号	砖木结构	同为清府学和典史署。辛亥革命后为丹徒（镇江）县政府和县监狱。民国 18 年（1929 年）为江苏省教育厅。日军入侵前曾遭轰炸，原建筑被毁。1952 年为江苏军区兵工厂。1969 年 6 月，为驻军第 359 医院
衙署	5	清卫备公署	中山路 254 号	砖木结构	同为清京口八旗大营操场。民国 18 年（1929 年）为江苏省建设厅和省保安司令部。1952 年，为江苏军区后勤部。1976 年为 83106 部队后勤部。1985 年为南京军区房管局镇江分局。原建筑已无存。
衙署	6	清右协领署（俗称“西府”）	西府街 10 ～ 12 号	砖木结构	辛亥革命后，为镇江女子蚕桑职业学校，新中国成立后为镇江第三中学。原建筑无存
衙署	7	清道署衙门	道署街 24 号	砖木结构	辛亥革命后，为国民党丹徒县党部。20 世纪 60 年代初至 2005 年为丹徒县（区）政府。后房地产开发，原建筑无存
衙署	8	清城守营教场	解放南路与健康路交界处一带	砖木结构	辛亥革命后，原小礼堂、省立图书馆大屋顶建筑、原省体育场、田径场等尚存。民国 18 年（1929 年），为国民党江苏省党部。1952 年，为江苏军区招待所。原建筑基本完整，先后曾为镇江专署公安处、83106 部队招待所等单位。1983 年 3 月，为市人大、市政协办公楼，俗称镇江市“西大院”。90 年代后期归还，复建市图书馆及中级人民法院，原建筑陆续拆除
衙署	9	清代过地牢	马家巷 77 号	砖木结构	辛亥革命后至 20 世纪 90 年代，原建筑为民宅，尚存。90 年代以来，随着城市改造和开发商品房拆除
衙署	10	清守备署衙门	千秋桥街 6 号	砖木结构	民国时期原建筑已拆除。解放初期为荒地，20 世纪 60 年代为工厂用地。1985 年为千秋桥小学。1991 ～ 2007 年，为五条街小学。清代石刻埋于地下

续表 22-7

	序号	建筑名称	地　址	结　构	备　注
衙署	11	清镇江府衙门、镇江试院	鼓楼新村	砖木结构	1913 年 6 月　镇江府中学堂改建为江苏省立第六中学。1927 年 8 月　江苏省立第六中学、第九师范合并为省立镇江中学，1936 年改为省立镇江师范学校，1937 年被日军炸毁
	12	城隍庙明代古戏台	城隍庙凤凰岭饭店	砖木结构	民国期间戏台所有建筑完好。20 世纪 50 ~ 70 年代，城隍庙部分建筑年久失修，趁凤凰岭饭店扩建拆除，旧古戏台至今仍存

祠堂	1	严氏宗祠	东河边 21 号	砖木结构	明真州都督严泰壹，在宋沈括梦溪园旧址上重建。民国期间为民宅。新中国成立后，20 世纪 50 年代后期为镇江橡胶厂。60 年代遭火灾，仅存门楼、门额及两旁节孝坊石刻。1985 年，市委、市政府出资修缮，建立梦溪园。1986 ~ 2007 年，为沈括生平陈列馆，常年对外开放
	2	茅氏宗祠	梳儿巷 31 号	砖木结构	系中国著名桥梁专家茅以升祖祠，始建何代不详。茅宅在草巷。现已不存。1985 年，尚存前厅及两进五开间大厅，门窗做过改动。1983 ~ 2007 年，为梳儿巷小学
	3	许氏宗祠	万古一人巷 77 号	砖木结构	何代始建不详。1985 年，存三开间大厅 1 座、节孝坊石刻 2 块。20 世纪 90 年代已拆除，开发商住楼
	4	毛氏宗祠	梳儿巷 27 号	砖木结构	何代始建不详。1985 年，雕花砖门楼及门额基本保持完整，三进三大开间与卷棚式走廊相连，新中国成立初至 2007 年为民宅
	5	凌氏宗祠	道署街 22 号	砖木结构	镇江商人凌焕曾，于民国 8 年（1919 年）购买原镇常道署衙门东半部始建。1985 年，两进雕花砖门楼、三开间大厅和层楼后厅结构基本完整。同时存有阁楼、花园、假山、鱼池、石刻各 1 处。围墙系购买南京城砖砌筑，时有人告发为敌产，故其捐办敏成小学。1983 ~ 2007 年，为解放路小学
	6	柳氏宗祠	剪子巷 138 ~ 140 号	砖木结构	何代始建不详。1985 年存门楼 1 进、篆字门额及节孝坊石刻。时为东方红印刷厂。90 年代后拆建商住楼
	7	陶氏宗祠	南门大街 244 号	砖木结构	始建不详。民国 18 年（1929 年），为国民党特务机关。新中国成立后，为第四康复医院，后称第四人民医院。1985 年，存郑孝胥书石刻 1 块
	8	蔡氏宗祠	万古一人巷 24 号	砖木结构	清代中期始建。1985 年，存三开间大厅 1 座，梁、柱粗大。时为高桥北幼儿园。20 世纪 90 年代后拆除建商住楼
	9	丁卯堂许氏宗祠	谏壁西陶庄	砖木结构	明末清初建。三进 9 大间。近代建照壁。前进为灶台、管理处和甬道；一、二进隔天井，铺青石板。第二进为议事、宴会大厅，梁、柱粗大，雕花窗牖。上悬“丁卯堂”匾额。第三进供奉挂谱。书始祖玉公至第二十七世名录。1958 年，开拓苏南运河时拆除
	10	蔡氏宗祠	谏壁镇蔡家村	砖木结构	近代建筑，何年不详。二进、6 间砖木结构。门额存“蔡氏宗祠”勒石。1950 年至今尚残存。后年久失修，圮
	11	颜氏宗祠	谏壁镇颜家庙	砖木结构	近代建筑，二进、6 间砖木结构。门额勒石《颜氏宗祠》。民国期间至新中国成立初，为村塾和小学。1958 年以来，为生产队储粮和存放农具杂什。今犹残存

续表 22-7

	序号	建筑名称	地　址	结　构	备　注
祠堂	12	王氏宗祠	谏壁镇月湖村	砖木结构	建于清末民初，三进 9 大间。第一、二进间有宽敞天井，植古柏两株。民国期间为驻兵之所。新中国成立后，为丹徒县王祠小学，后改称月湖小学。2004 年，拓宽雩山路时，拆除
	13	朱氏宗祠	高皇庙南侧	砖木结构	何年建筑不详。三进 9 间。门额勒“朱氏宗祠”。1962 ~ 2007 年，为丹徒县农具厂
	14	陈氏宗祠	象山乡陈家门	砖木结构	筑年不详。三进9间。门额勒“陈氏宗祠”。民国期间为村塾。新中国成立后至 2006 年为陈家门中心小学。2007 年拆迁

2007 年，京口区成立第三次全国文物普查领导小组，由分管文体工作的副区长为组长。由区委、区政府办公室、区委宣传部、区文体局、财政局、教育局、城建局、国土分局、农经局和各街道、镇（园区、场圃）负责人为成员。下设办公室，由区文体局负责人兼主任。4 月，聘请并组织专兼职文物普查员，对辖区内 19 家省、市、区级文物进行全面普查、登记。组织考古队对京岘山南路六朝古墓群等地相关地下文物进行抢救性挖掘。聘请 50 多名业余文物保护员对全区城乡文物进行保护和管理。根据国家和省、市规定，京口区第三次全国文物普查工作，至 2011 年 12 月结束。

第六节　文化遗址概况

京口，是镇江的古称之一。西周时属宜侯封地，“宜”为京口最早名称。春秋战国时称“朱方”、“谷阳”。《春秋》鲁襄公二十八年（前 545 年），齐庆封奔吴，吴予之朱方。秦始皇三十七年（前 210 年），南巡会稽郡，“使赭衣徒三千”，凿断京岘山脉，“以败王气”（一说筑驰道），改谷阳为“丹徒”。“京口”，得名于汉代，因北固山附近有“京口里”，已有 2000 多年历史。建安九年（204 年），孙权部将孙韶在京口里“缮治京城”。“《尔雅》曰：‘绝高为京’，今京城因山为垒……缘江为境”（《南齐书 · 州郡志》）。古代把山上高平之地称为“京”，“口”指北固山下江口（一称京江之口）。宋《嘉定镇江志》：“京上郡城，城前浦口，即是京口。”建安十五年（210 年）刘备访问京口城，孙权、刘备在此共议拒曹大业。其后常以“京口”代称镇江。1983 年 8 月，建立镇江市市辖区时，京口始作为行政区划。

一、历史文化遗址

1981 年，考古工作者在镇江市南郊莲花洞内发掘一枚智人臼齿化石，把京口的智人发展历史，推进到距今约 2 万年旧石器时代晚期。在京口城乡发掘的先民遗址和出土的大量文物证明京口蕴藏着丰厚文化遗产。

1. 戴家山台形遗址　位于汝山乡江苏大学校园内，为古代台形遗址，属于新石器时代晚期先民居住遗址。长约 60 米，宽约 40 米。1985 年，在试掘的 18 平方米探方中，发现灰坑一座，出土石锛、石铲、石刀、石斧、石磨棒与石厉等及数量相当的鼎、甗、釜、盆、碗、缸等陶器残片。

2. 磨盘墩商周先民遗址　位于丹徒镇西南 500 米，古运河西岸，属于商周时代先民住宅遗迹，距今约 5000 年。遗址长约 80 米，宽 50 米，高 20 米。新中国成立后，考古工作者对磨盘墩先民村落遗址进行发掘，发现精制旧石器珍贵文物 5400 余件。器物装饰彩绘和刻画符号。主要有红砂陶、鬲、红陶绳纹罐，灰陶豆和回纹、方格纹硬陶片、长方形多孔石刀、带角状把手陶鼎等，系镇江地区年代最早先民住宅文化遗产。遗迹为南北向长椭圆形地面建筑，门朝南，双进间，有灶坑，木骨泥墙结构，显示史前宁镇地区居住地方文化特色。经考古学家认为，丹徒镇磨盘墩先民住宅文化，既是马家浜文化和青莲岗文化的接触地带，又是以上两大文化分野处，具有镇江古代文化发展特征。

3. 烟袋山良渚文化遗址　位于谏壁镇江边烟袋山，为新石器时代晚期文化堆积层。新中国成立后，发掘出土凿形及鱼鳍形足鼎、夹砂陶尖底器、泥质陶刻槽盆等器皿。考古学家认为，具有5000～4000年的“良渚文化”特征。

4. 马迹山湖熟文化遗址　位于丹徒镇西南马迹山，有先民聚落群遗址（距丁卯桥戴家巷60米）。20世纪50年代，考古工作者调查发现遗址四周为水田，南有小河，顶平坦，呈椭圆形。东西宽约60米，南北长约110米。80年代开始发掘，该遗址文化堆积时代跨度较大，包括夏、商、西周、春秋几个时期，几乎涵盖整个湖熟文化始终。发掘时，出土褐陶素面鬲、锥足鼎、兰月形双孔石刀等，属“湖熟文化”早期物群。

5. 宜侯夨簋青铜器　1954年6月，大港烟墩山出土西周时青铜器宜侯夨簋，高12.7厘米，四耳，高圈足，腹饰圆纹和菱纹，圆足饰鸟纹。腹内壁有126字，可识119字。经郭沫若、唐兰考释，认为是记载西周康王改封夨为虞侯的内容。从而证实京口最早为“宜”的封地，至2007年已有3000多年历史。

6. 丹徒右尉铜印　1980年1月，在丹徒镇医院附近金家山，出土西汉早期“丹徒右尉”铜印等珍贵文物，不仅证明丹徒早在西汉就是万户以上大县，同时为研究京口冶炼铸造、手工业发展历史提供珍贵实物资料。

7. 京口（神兽）铜镜　新中国成立后，京口城区至象山、汝山、丹徒、谏壁等乡镇发掘诸多汉代及东吴、两晋以来的古墓葬，在清理时出土许多随葬品，“京口铜镜”便是重要文物之一。

花山湾东北隅坡地上发掘的东汉古墓(称花山湾1号墓)，为砖砌长方形，长2.4米，宽1.5米，高1.56米。出土汉建安十年(205年)有铭文的神兽铜镜一面，直径12厘米，扁圆钮，内饰神兽纹，内铭“君宜官”:“吾作明镜，幽谏宫商，周罗容象，五帝天皇；白牙单琴，黄帝除凶，朱雀玄武，白虎青龙，君宜高官，子孙番昌，建安十年朱氏作”文字。

在象山乡鼎石山、丹徒镇长岗、谏壁镇砖瓦厂及镇江磷肥厂等地，发掘的东汉（吴）墓葬中，先后出土东吴时陶瓷器、神兽铜镜等文物。谏壁砖瓦厂东吴残墓出土的甘露元年(265年)制造神兽铜镜，铭文为:“甘露元年正月五日时□日中造作明镜百谏清铜服者寿老，宜公□□末英（央）。”铜镜直径14.4厘米。丹徒长岗2号东吴墓，出土陶、瓷、银、铜器文物31件随葬品，其中神兽铜镜与镇江磷肥厂出土的神兽铜镜酷似。据典籍记载和专家考证，东吴时期京口铸造业已很发达，“朱氏”“陈氏”等制镜家族较多，曾有匠师东渡日本。在日本出土的300多枚神兽铜镜中，有一枚铭文：“景初三年（239年），陈是（氏）作镜，自有经述，本是京师……”中国考古研究所王仲殊先生对该镜考证认为，这是东吴京口陈氏匠师在日本制造。“京师”，指汉建安十三年至十六年（208～211）孙权在京口建都，故名。

8. 三国东吴第一弩　汉代，京口制造业十分发达，京口铜弩机便是其中之一。新中国成立前，在谏壁镇南雩山支脉的小辛村（今属辛丰镇），发掘一座“东晋咸康元年（335年）匠陈太臂□生□，直一万，司驻隋平”的铭文。此前，在临近地区也曾多次出土铜弩机，但有铭文弩机出土还属首次，故称“三国东吴第一弩”。

京口是三国的“京城”，自汉建安九年（204年）“缮治京城，起楼橹御敌”，重视弩的威力。东晋蔡谟在北固山建北固楼“置军实”（储存军械、弩等）。南朝宋刘裕在唐颓山（今京口饭店）设“积弩唐（堂）”。直至唐宋一千多年来，京口铜弩闻名遐迩。明末京口制弩专家王云冈，所制弩机百发百中。

二、古墓葬、窖藏文化遗址

1. 西周磨盘山土墩墓葬　位于丹徒镇磨盘墩，西有4座大中型土墩墓，大的高约5～6米，直径30～50米，中的高约3～5米，直径20～30米，为一墩一墓。属于西周时吴国墓葬。葬俗，儿童多就地掩埋，成人有专门的氏族墓地。葬式以仰身直肢为主，系单身葬，头向东，大部分死者头部覆盖红陶钵。

2. 东周春秋北山顶吴王墓　1984年5月8日～8月3日，南京博物院、中山大学和镇江博物馆等单位联合组成考古发掘队，对位于谏壁与大港交界的北山顶吴王墓进行发掘。发掘3处土墩墓，出土古墓葬文物百余件。其中有铭文的青铜器15件，分属东周吴、徐两国。“尸祭缶”盖周围铭文30多字，记载吴国三代四王的姓名，与《史记》《吴越春秋》所载一致；鸠杖、杖镦和悬鼓上皆铸有周身花纹的跪坐人像。为区域内首次发现反映勾吴“断发纹身”的实物形象。

3. 东周、春秋王家山墓葬群　1985 年 4 月，在谏壁镇王家山出土东周土坑墓、春秋时期墓葬群，挖掘 131 件东周及春秋时珍贵文物。其中青铜器 100 件，有腰形人面纹青铜錞于、青铜虎子、刻人物纹青铜器、青铜匜、盉、几何印纹硬陶瓮等。

4. 谏壁粮山墩春秋墓葬　1979 年 3 月，在谏壁镇粮山发掘土墩墓时，出土青铜器鼎、甗、罍、匕印纹硬陶坛等 7 件珍贵文物，时代为春秋晚期到战国早期。

5. 西汉荆王刘贾墓　位于京口城区大市口街道鼓楼岗二村 1 号居民院内东侧。刘贾为刘邦堂兄，汉高祖六年（前 201 年）封荆王。墓坐东朝西，今存高冢直径 3 米，前竖白石墓碑，高 1.9 米，宽 0.66 米，阴刻楷书“汉荆王之墓”，下首刻“万历甲午（1594 年）夏吉日立”。今墓前尚可见宽 12 米、长 60 米墓道。墓前原建有荆王庙，唐先天二年（713 年）重修，历代屡有兴废，最后毁于清咸丰三年（1853 年）。

6. 东汉吴太史慈墓　位于北固山中峰西南隅。太史慈（165 ~ 206），字子义，山东黄县人，东吴名将，原墓已湮没。清光绪年间（1875 ~ 1908 年）修缮。1966 年毁坏，仅存半圆土挡墙，1985 年重新修复。坟包直径 3 米，外围水泥墙护墓，上覆封土堆，通高 1.7 米。墓前竖大理石碑，篆刻“东莱太史慈之墓”，高约 2 米。为市级文物保护单位。

7. 东汉吴鲁肃墓　鲁肃（172 ~ 217），字子敬，安徽定远县人，东吴名将。汉建安五年（200 年）孙策遇刺身亡后，力助孙权，深得赏识。建安二十二年（217 年）病死，孙权赐葬于京口。鲁肃墓京口有二：一位于东乡谏壁苦竹村小渎山，久湮没。《京口山水志》：吴横江将军鲁肃墓在苦竹里。《续搜神记》：王伯阳家在京口，东有大冢，传为鲁肃墓。伯阳妻卒，平坟以葬。数年后一日，伯阳在听事中见一人乘肩舆，从者数十，径伯阳前怒道：我鲁子敬也，冢在此二百多年，汝何敢相毁……。一在润浦东岸大学山（今镇江第一中学院内）建鲁肃墓（衣冠冢），21 世纪初移建于北固山中峰西南隅，邻近太史慈墓。

8. 南朝宋兴宁陵　亦称“京陵”，是刘宋王室初期重要的陵区。位于谏壁雩山西麓（高皇庙）的兴宁陵，系南朝宋开国皇帝刘裕父母的陵墓。地方文献记载：“宋兴宁陵，在县东南三十五里，武皇帝追赠曰孝皇帝，讳翘，初仕为郡功曹。”“孝穆赵皇后，本传高祖之母，葬丹徒县东乡谏壁里雩山，陵曰‘兴宁’。”刘裕继母“孝懿萧皇后亦葬丹徒兴宁。遗令曰：‘孝皇帝背世五十余年，古不祔葬，且汉世帝后陵皆异处，今可于营域之内，别为一圹’”。

9. 唐许浑墓　清光绪《丹徒县志》载：许浑墓在谏壁南雩山下。许浑（788 ~ 866 或稍后），字用晦，润州丹阳人。晚唐著名诗人，与杜牧、李商隐、李远等齐名。其“山雨欲来风满楼”成为千古绝唱。进士及第后曾仕历当涂、太平二令，两拜监察御史、虞部员外郎和睦、郢二州刺史，唐大和元年（827 年）定居京口城南丁卯桥村舍，致仕后归隐丁卯桥村舍，终老后葬雩山。《润州许氏宗谱》收录近代邑人王光征（字南村）《唐诗人许浑墓》诗：“曾于里乘晤君颜，又见孤坟枕碧山。诗格直追三体上，官才终老二州间。荒凉邱垄看牛卧，零落碑文半藓斑。尽日松楸樵采过，争如柳季墓门闲。”《过许用晦墓下作》诗：“昔贤今不作，荒坟尚沼晓；官迹前朝远，诗魂此地招。文章留著述，身世落渔樵。适便寻幽兴，经过慰寂寥。”

10. 宋宗泽墓　位于京岘山东北麓。宗泽（1051 ~ 1128），字汝霖，浙江义乌人，宋抗金名将。宣和元年（1119 年）主管南京鸿庆宫时，因遭诬陷，贬谪镇江府，在京口赋闲三年。夫人陈氏病逝后安葬京岘山。他结庐龙目湖畔，题《葬妻京岘山结庐龙目湖上》诗：“一对龙湖春眼开，乾坤倚剑独徘徊；白云深处堪埋骨，京岘山头梦未回。”“靖康之难”，宗泽受命赴抗金前线，在河南、河北与金兵大战 13 仗，连连皆捷，收复大批失地，在开封一带，组织 100 多万义军，用岳飞为将，先后 24 次上疏高宗，力请还都东京（开封），收复失地均遭拒，忧郁成疾，临终大呼三声“过河”。岳飞和其次子宗颍扶柩归葬京口京岘山。民国期间修葺墓时，竖石牌坊，两边石柱刻联：“大宋濒危撑一柱，英雄垂死尚三呼”。

11. 唐代银制“力士”酒文化器具　1982 年元旦，在丹徒镇丁卯桥挖掘唐代大型窖藏银器酒具 950 多件，重约55千克。内有鎏金蝶纹盒、鎏金人物小瓶、银托、银手镯、鎏金龟负酒筹筒，上有“论语玉烛”四字；另有酒令筹50枚，选录《论语》句文50例。银酒具、碟、勺等大多勒“力士”二字，可证此窖藏银器为晚唐著名诗人许浑丁卯桥村舍遗址所出。因其四世祖许力士袭其祖许绍唐初谯国公爵，授雒州长史，置器皿赐予子孙所致。

三、古建筑文化遗址

1. 丹徒宫遗址　位于寿邱山南麓（今江苏大学梦溪校区内）。晋代为刘裕少时宅。宋陆游《入蜀记》：“寿邱者，宋高祖宅，有古井尚存。”刘裕代晋称帝后，改称丹徒宫，以示不忘本，将少时使用过的农具陈列于此。陈代改寺，名慈和寺。唐许浑有《慈和寺移宴》诗：“高寺移清宴，渔舟系绿萝。潮平秋水阔，云敛暮山多……”清王士禛《丹徒行吊宋武帝》诗：“由阿之北京口东，寄奴王者真英雄；新洲伐荻杀龙子，大业遂建丹徒宫。”20世纪70年代，丹徒宫门楼、牌坊、旌表、多株千年银杏尚存。

2. 六朝古城遗址　位于城东花山湾。城墙依山加土以砖砌筑，总体平面略呈梯形，周长2300米。这是国内迄今发掘遗迹较大的古城之一，为省级文物保护单位。2007年，六朝古城遗址全域开发为古城公园旅游景点。

3. 丹阳宫遗址　南唐皇宫，位于北固山前峰（今鼓楼岗）。《南唐书》：升元二年（938年），让皇屡请徙居，显德元年（954年），让皇居丹阳宫。后周显德五年（958年），丹阳宫改为润州州治，何时圮不详。

4. 万岁楼遗址　位于北固山前峰、月华山西南麓（原镇江塑料二厂内）万岁岭上。原有西南楼，晋王恭为刺史时改建西南楼，名“万岁楼”。唐王昌龄、皇甫冉、孟浩然等皆有诗。其中孟浩然《万岁楼》诗：“万岁楼头望故乡，独含乡思更茫茫……”清王士禄有《万岁楼程昆仑别驾招饮》诗：“千寻江阁引诸峰，夕景登临策短筇；参佐风流如谢朓，楼台潇洒忆王恭……”可证清代尚存，何时圮不详。

5. 芙蓉楼遗址　位于月华山西北麓，与万岁楼对，早有西北楼，晋王恭更西北楼为芙蓉楼，亦名“千秋楼”，时楼最高。《舆地志》：飞向江外，以铁锁系之，故又名“月观楼”。王昌龄《芙蓉楼送辛渐二首》诗：“寒雨连江夜入吴，平明送客楚山孤。洛阳亲友如相问，一片冰心在玉壶……”宋江藻撰《月观楼记》（详见《京口山水志》），何时圮不详。20世纪90年代，市委、市政府拨专款在中泠泉兴建芙蓉楼。

6. 谯楼遗址　位于月华山东隅，府治前（今青云门路北端）。地方志载：在子城上。南宋端平三年（1236年）吴渊建，何时圮不详。

7. 网巾桥造船场遗址　位于中山东路与南门大街交叉处的网巾桥处。1994年7月，考古工作者在该处挖掘深约5米时，发现六朝时期造船场遗址。经对第一、第二号船进行发掘清理，第二号船位文化地层共12层：第1～6层为近现代至清、明、元、宋、唐各个时期文化堆积，厚达4米左右；第7～12层属隋、南北朝至东晋时期文化堆积。其中第7层深约4～4.5米，土质较松，灰褐色，出土文物有青瓷、灰陶及釉陶残片；第8层深约4.5～5.2米，土质较松，褐灰色，遗有文物颇丰，陶器为深腹饼形足碗、盘口壶、鸡首壶、三足砚、釉陶红、瓮等；第9层土质较紧，呈淤积状，灰褐色，文物遗迹少。第10～11层，含沙质，土质灰褐色，含较多木作加工后木屑、木片及大片树皮、板材等，两层中各出土一把铁锸、铁刀；第12层只暴露层面，出土文物少。

第二号船残体长约5米，宽约1.7米。船前端设有两根木桩，桩间置板，板上端设凹孤口，船前端搁于板口，并有木塞固定，说明此船正处于建造中。考古工作者认为，这是六朝时造船场。

8. 转般仓遗址　又名大军仓。位于京口港中闸东（归水澳西南），始建不详。南宋景定元年（1260年）重修，详见黄震撰《重修转般仓记》（《京口山水志》），何时圮不详。旧城改造时，在四牌楼街道粮米仓一带发掘宋代粮仓遗址。

9. 藏春坞遗址　藏春坞，宋刁约（字景纯）居宅，位于清风桥东（原东河边）。《京口耆旧传》：“约家世簪缨，所居颇有园池之胜。约更葺藏春坞，西临流为屋，巨‘逸老堂，又西有山阜，植松其上，曰万松岗’。南宋时，为前军寨所占。”

10. 米芾宅遗址　米芾（1051 ~ 1107）字元章，因爱京口山水，晚年在千秋桥西筑室定居（自书帖：弊居丹徒行衙之西），筑“休闲堂”“漾月亭”“佳丽亭”。后临关河，东有月台，西为宝晋斋、致爽轩，四周栽植桐、柳、椿、杉、药材等垂荫一亩。清代为道署。

11. 丹阳馆遗址　位于千秋桥西，南宋绍兴十四年（1144 年）守臣郑滋建。北为休闲堂，后改秦潭驿，南有皇（黄）华亭。何时圮不详。陆秀夫撰《丹阳馆记》甚详。

12. 喜雨楼遗址　亦名第一楼，位于千秋桥（今第一楼街北端）。南宋嘉定中（1208 ~ 1224）史弥坚建。《方舆胜览》载：“规模宏壮，占一郡胜处，颇有登览之快”。史固叔诗：有“京口画楼三百所，第一新楼名喜雨”。

13. 千秋桥遗址　千秋桥，位于大市口街道今千秋桥街与第一楼街交会处，跨关河，晋王恭（？ ~ 398）建。位桥东月华山上，王恭曾建万岁楼。20 世纪 60 年代尚存残桥遗迹。

14. 拖板桥遗址　拖板桥，又名镇西桥。位于京口驿后，跨漕渠（京杭大运河，下同），元代建。21 世纪初，因旧城改造，在今四牌楼街道拖板桥巷发现拖板桥古建筑遗址，考古人员在桥内侧挖掘 2.5 米 ×3 米夯土坑，发现拖板桥巷现有路面以下 80 厘米处，有一条断代分界线，土层中有许多明、元两代陶、瓷片；桥体外侧条石垒筑缝隙有石灰填抹痕迹，桥身两侧有明显修补痕迹，80 厘米以上部分土层中则没有。经省文化厅文物处、南京博物院、省考古研究所专家认定：拖板桥建筑于元代，明清两代多次修葺。据元《镇江至顺志》载：“拖板桥，旧名浮桥，在今大军仓前。天历二年（1329 年）浚京口港时废。”至顺二年（1331 年）重建。

15. 渌水桥遗址　渌水桥，俗称高桥，跨漕渠。位于今大市口街道千秋桥西，唐以前始建。杜牧有“渌水桥边多酒楼”诗句。南宋乾道六年（1170 年）重建。《舆地纪胜》：陈辅有“渌水桥边驻短篷”诗句，何时圮不详。

16. 太平桥遗址　太平桥，位于渌水桥西，始建不详。传说京口巨富周氏无子，请求夏太史子为嗣。夏太史对周氏说：“吾宅后临城河，对岸预备仓口小木桥常淹死人，你能造一石桥，当以幼子继君。”周氏即日备料开工造桥，不久桥成。夏太史将幼子太平继周氏，故名太平桥，久圮。今留“太平寺巷”地名。

17. 范公桥遗址　范公桥，一名范桥。位于今正东路街道正东路与酒海街交汇处。宋景祐年间（1034 ~ 1038 年）范仲淹任郡守时建。苏轼《哭刁景纯》诗：“伤心范桥水，漾漾舞寒藻。华堂不见人，瘦马空恋栅。”何时圮不详，今于正东路与酒海街交会口立“范公桥遗址”碑。

18. 通济桥遗址　通济桥，跨漕渠。位于正东路街道今南水桥附近，始建不详。元延祐三年（1316 年）在南水门旧址重建。元《至顺镇江志》载杨如山记。至顺二年重建，何时圮不详。

19. 登仙桥遗址　登仙桥，位于甘露港口（今平政桥东与镇江港务集团之间）。南宋嘉定年间（1208 ~ 1224）将甘露内闸改建而成，何时圮不详。

20. 丁卯桥遗址　丁卯桥，位于京口城南 5 里。晋元帝（317 ~ 321 年）子裒镇广陵时，运粮出京口，因水涸奏请立埭，丁卯日建成，后改埭为桥，故名丁卯桥。唐许浑于大和元年（827 年）在丁卯桥构筑村舍。唐会昌三年（843 年）秋，在监察御史任上因“刚直不阿”“不附权贵”而“犯鳞”，“坚乞东归”。时有《夜归丁卯桥村舍》诗：“月凉风静夜，归家泊岩前；桥响犬遥吠，庭空人散眠。紫蒲低水槛，红叶半江船；自有还家计，南湖二顷田。”唐大中元年（847 年）复拜监察御史，由于同样原因，“不任朝谒”。于大中三年秋“谢病东归”。大中四年（850 年）在丁卯桥村舍整理诗篇五百三十余首，汇辑《乌丝栏诗》。因在丁卯桥村集成，后改《丁卯集》，至今流行于世。1980 年，开拓丁长路（丁卯桥至长岗）拆除明代重建的石拱桥（保留东侧古石桥墩），改建混凝土公路桥，1998 年拓宽镇大公路时，拆除保留的东桥墩。1982 年元旦，在丁卯桥镇江市五金公司仓库工地“团山”，发掘唐代大型窖藏银器。据认为是许浑丁卯桥村舍遗址所出。

21. 永宁桥遗址　俗名湾子桥，麻石叠石拱桥。位于丹徒镇，跨漕河（京杭大运河，下同），始建不详。明代修葺。清至民国时期，长年失修，20 世纪 80 年代被洪水冲毁。

据地方志记载，元代，今京口区域内还有跨市（关）河29桥，名略。桥虽久圮，但至今仍有“斜桥（街）”“火炭（楼桥）”“梦溪（园桥）”“红（虹）门桥”等街巷名。在丹徒、谏壁有观音桥、涧壁桥、阳桥、徒儿（浦）桥等。

图22-4　1993年，四牌楼街道江滨新村第一社区图书馆（区文体局供稿）

22. 甘露寺铁塔地宫文物　1960年，市文管会对甘露寺宋代铁塔整修时，在塔地宫中发掘唐、宋文物2888件，有唐代金棺、银椁两副，内储从金陵长干寺移来阿育王舍利11粒、禅宗寺移来舍利836粒，润州刺史李德裕重瘗舍利和创甘露寺石刻题记、石函等；宋代润州知州王安礼铜函、墨书、题记等珍贵文物。现存镇江博物馆。

23. 僧伽塔地宫文物　1961年8月，市文管会对鼎石山上明僧伽塔底进行发掘，在离塔底80厘米处发现地宫。地宫中央有岩石，在岩石凿开15厘米 ×25厘米见方石函后，内置两座鎏金小银塔和珊瑚、玛瑙、玉、玳瑁、珍珠等8件珍贵文物。现存镇江博物馆。

24. 杨一清“石淙精舍”遗址　明著名诗人、正德朝首辅、吏部尚书兼英武殿大学士杨一清辞官回京口后，赋闲钱家山故居。并在丁卯桥构筑别墅，取名“石淙精舍”。李梦阳作《石淙精舍记》。杨一清在此作《石淙类稿》《明伦大典》等。

四、古河道、港闸、井泉遗址

1. 关河遗址　关河，何时凿不详。清光绪《丹徒县志》载：北自甘露港江口入（北）水关，穿城至南水关（今南水桥）入运河，全长一千二百丈（合4000米）。由北至南走向：江口—甘露闸—栲栳闸（俗称老人闸）—登仙桥—北水关—太平桥—渌水桥（俗称高桥）—千秋桥—镇芳桥（亦称网巾桥）—清风桥（亦称范公桥）—南水关，出便益桥入运河（《丹徒县志》碑记详载）。清代仍通航，顺治十六年（1659年）郑成功北伐时，关闭北、南两水关，河淤。后多次疏浚常年通航。民国18年（1929年）江苏省政府迁治镇江城区后，河床逐段淤塞填没。20世纪60年代后期，东河边（今丁家巷、梦溪园巷）、下河头一带河床被填平。

2. 通江河遗址　通江河，又名铁锚港、涧（谏）壁港，位于谏壁镇西。北起谏壁镇北街江口村入江口，向南穿西街，越观音桥、阳桥、龙嘴转西南，至越河闸口入运河，计长六里半有奇，约合3500米。宋代以来，为南北通航要渠。1958年，从癞鼋墩江口开凿苏南运河时，拆除越河闸，通江河成“断头河”。2000 ~ 2005年，先后填没河床。

3. 越河闸遗址　位于谏壁镇越河口，通漕河，建于宋代。1958年，新开辟苏南运河京口段时拆除。

4. 横闸遗址　位于丹徒镇，古运河通江河道口。建于宋代，后更名丹徒闸，通长江。

5. 京口港（闸）遗址　清道光二十四年（1844年）杨棨《京口山水志》：京口港在城西北江口，京口闸下。京口闸，俗名大闸，位于城西北距江口一里许（今中华路北）。唐徙漕路由京口埭渡江至伊娄河。南宋嘉定八年（1215年）史弥坚浚渠记：“沿渠而闸五：京口闸、腰闸及上、中、下闸，次第启闭，以出纳浮江之舟……明闸废。转漕者通新河出江。”唐孙逖有《京口埭夜行》诗：“孤帆度绿氛，寒浦落红曛。”

6. 甘露港遗址　甘露港始建不详。据《京口山水志》载：位于北固山西，通关河。南出便益桥入运河，旁通凤凰池，春、夏船泊石壁下，今渐淤。其侧有金线港、鲫鱼港、新港亦皆淤。为唐宋时期浙西漕运至京口转般仓主要港口。20世纪70年代，在今江滨医院内尚存一段河床，俗称“苏医河”，后填没。

7. 龙目湖遗址　位于京岘山下。《太平御览·郡国志》：“润州遏坡有湖，名龙目湖”。《京口记》：“龙目湖，秦始皇东游，观地势云：‘此有天子气，使赭衣徒凿湖中长岗使断，改为丹徒，令水北注江也’。”

久湮没。宗泽墓葬京岘山东麓龙目湖畔。

8. 寄奴井遗址　位于寿邱山下，南朝宋高祖刘裕宅故井，清道光年间（1821 ~ 1850 年）尚存。

9. 紫金泉遗址　位于京口区原大市口小学（即解放路236号）院内。1992年，拓宽解放路拆除原校舍，现于解放路大市口广场西沿井栏原貌保存。该泉原在城中紫金山下，因名，北宋时山已削平。今白石质井栏系元至正十年（1350年）重建，为等边六角形，高0.34米、口径0.36米，镌楷书铭文："至正十年岁次庚寅春良日里巷里正立"。泉栏置于覆泉穴口部凿有圆孔的长方形大石板上，口沿已风蚀变薄。泉内壁用青砖砌成喇叭状。井旁竖楷书大字"紫金泉"石碑一方，明万历十年（1582年）丹徒县庞时雍立。

10. 古泮泉　位于东门坡。一对泉栏均呈等边八角形，一为白石质，高0.34米，口径0.46米；一为青石质，高0.44米，口径0.55米，明万历间庞时雍立石碑一方，纵刻"古泮泉"三字，另刻小楷150余字，略记泉之始末，因风化字迹难辨。

清光绪《丹徒县志》载，是泉原在府学内西侧（今笪家山下），宋元祐（1086 ~ 1093年）间，润州知府林希兴工凿泉时，得"泮泉"石刻一方，教官杨迈于此建亭，以"泮泉"作横额。元元贞间（1295 ~ 1296年），教授徐硕改"育德"匾额。明景泰（1450 ~ 1457年）中，学府迁址另处，学基、泉井遗入民间。万历间（1573 ~ 1619年），在原址重建，立石名曰："古泮泉"。

11. 朗泉　位于南门大街古通巷口。泉栏呈等边六角形，置于泉穴圆口大石板盖上，以汉白玉石制成。泉栏高0.39米，口径0.27米，六面均刻铭文。"朗泉"二字为篆书。上款楷书"民国廿二年（1933年）六月谷旦"，下款楷书"朗白氏置"，并印记一方。其余四面分别纵隶"唯此朗泉清洌甘芳""朝曜晨曦夕浴月光""级以修绠玉波琼浆""饮之食之益寿而康"。落款："硕人书并铭"，阳刻印记一方。

五、古城、军事设施遗址

1. 汉丹徒故城遗址　位于丹徒镇。唐李泰《括地志》载；"丹徒故城在丹徒县（今镇江城）东南十八里，汉丹徒县是也。"后坍于江，始筑不详。其位置与今丹徒镇正合。

2. 汉京（口）城遗址　位于北固山前峰，即今鼓楼岗、镇江烈士陵园。汉兴平二年（195年），孙策派部将孙河屯京地（即今京口区沿江一带）。建安九年（204年），河被妫览杀，其侄孙韶"年方十七，收河余众，缮治京（口）城，起楼橹御敌"。建安十三年（208年），"孙权自吴理丹徒"，即从苏州迁治京口城。

3. 三国·吴铁瓮城（子城）遗址　位于北固山前峰，即今鼓楼岗一带。《方舆胜览》："铁瓮（子）城，吴孙权所筑"。元《至顺镇江志》引陈顾野王《舆地志》载，（子城）孙权迁治京口时筑，周六百三十步（5尺为步，即315丈，约合1050米），高三丈一尺（约合19.4米），开南、西二门。内外皆以砖砌，故又称铁瓮城（内城）。"古谓之铁瓮者，谓固若金城汤池之类""雉堞缘岗，弯环四合……员深之形，正如卓瓮"。晋王恭、南唐林仁肇曾先后修葺。南宋嘉定十六年（1223年）尚存。今烈士陵园东段山丘称"铁瓮山"。2003年，开拓北自东吴路，南至桃花坞路时，因临铁瓮城遗址，故称铁城路（今更名古城路）。1994年3月，考古工作者在鼓楼岗和青云门一带发现铁瓮城南城垣遗址。

4. 晋陵郡城（六朝古城）遗址　位于大市口街道花山湾一带。西晋末，战乱频仍，中原大批士族南迁。东晋政府特在京口设立郡县安置侨民，并将晋陵郡移治京口（后迁丹徒镇）。《舆地志》："晋咸和元年（326年），贼众（指苏竣、祖约叛乱）数千浮海抄东南诸县，郗鉴遂城京口"，因郡城名。晋陵郡城缘山为垒，利用起伏山丘岗峦，依势用土层夯实、加高筑成。1984年5月，因房地产开发，发现古城遗址。据考古工作者发掘，城周近5000米，现仅存一段遗迹，出土的城砖勒有窑、人、地、匠名及数字100多种铭文，尤以"十里牌""大仁孝（埋）""晋陵""罗城孟胜""花山""东郭门"等为多。考古专家认定，属晋陵郡城（又称六朝古城）遗址。

5. 唐夹（罗）城遗址　位于大市口街道鼓楼岗至正东路街道酒海街一带。唐大和八年（834年）八月，礼部尚书王璠任浙西观察使兼润州刺史时，在铁瓮城东西两方，各建一座长条形小城，宛如鸟之两翼，夹辅着州治中心，名为“夹”城，“高三丈一尺（约合10.3米）”。自子城出发，东经今东门坡到范公桥；西经今千秋桥、万古一人巷，到高桥北一带。东西夹城各有两门，城外各挖数尺深城壕。唐进士桑华撰《东西夹城名记》(已佚)。许浑于大和八年由长安归京口时，恰逢王璠建成夹城，有《陪王尚书泛舟莲池》诗：“莲塘移画舟，泛泛日华清。水暖鱼频跃，烟秋雁早鸣。舞疑回雪态，歌转过云声。客散山公醉，风高月满城。”此“城”，极具赞誉王璠兴建润州夹城之意。

唐乾符年间(874～879年)，周宝为镇海军节度使时，在夹城外廓又筑了一道土城，称“罗城”。南宋《嘉定镇江志》：“城周回二十六里十七步（合1325.5米），高九尺五寸（约合3.25米）。”共有10个城门，名略。

6. 南宋罗城遗址　位于润州城外廓。南宋时城内驻扎7个抗金军寨，各军寨为出入方便，在城墙上开门或打开缺口，影响城内安全。嘉定七年（1214年），郡守史弥坚对润州城进行整理，并修缮一道外城，称罗城，北城墙延伸至北固山后峰之巅。清光绪年间(1875～1908年)，在甘露寺东山巅出土印有“宋政和”（1111～1118年）铭文城砖。

7. 明府城遗址　位于宋润州城旧址。元至正十六年(1356年)，朱元璋部在宋元废城基础上，改筑砖城6.5千米，高2丈9尺(合8.7米)，城堞3700余垛。明洪武元年(1368年)，对城墙加砌砖石，辟4门均有城楼。明万历年间(1573～1620年)知府吴撝谦在府署城头加建虚台(瞭望台)1座，开13个门，与北固山相对，俗称“十三门”，成为进城要隘，明清以来，留有“欲破京口城，先攻十三门”之谚。十三门抗日战争中尚存，后圮。现在北固山前峰（镇江烈士陵园后山）原十三门遗址处立碑。

8. 清府城遗址　位于明府城旧址。清康熙、雍正年间（1662～1735年），对明代城池不断修缮，府城不断扩大，东含京岘山余支依山而建，北滨长江，西、南沿京杭古运河耸立。道光二十二年（1842年）英军溯江西侵，见京口城垣雉堞巍峨，大为惊叹。镇江守军以城池为依托，开展了一场震惊中外、抗击英军的保卫战。民国16年（1927年）始拆城，但东、西、北三面仍有城墙残存。新中国成立后，全部拆除。今尚存东西城根街巷名及虎踞桥东北堍棒槌营城基遗址。

9. 古炮台遗址　清雍正元年（1723年），京口将军李杕在象山东码头建造炮台。道光二十二年（1842年）六月，英军侵犯京口时毁。

同治十三年（1874年），建焦山炮台，光绪二年（1876年）竣工。光绪年间至2007年，10多次修葺，焦山炮台为省级文保单位。

10. 古教场遗址　亦称北固兵场(演武场)。遗址位于北固山西南侧。《方舆纪要》：“唐上元初(约674年)，刘展作乱，江淮都统李峘屯京口关，北固为兵场，插木以塞江口。”宋、元仍为兵场，明称北固寨。清顺治十二年(1655年)八旗大营屯北固山下演武场左右。清《京口八旗志》：“大教场在北固山下”，今存“大教场”巷名。

第七节　非物质文化遗产

一、概况

20世纪90年代以来，京口区根据国务院、省、市关于普查、保护非物质文化遗产有关规定，区文体局结合区域内非物质文化遗产（以下简称“非遗”）的实际情况，组织专业人员对全区115项“非遗”进行普查，整理成册，建档立卷，由区文化馆统一保管。

二、项目

2007年7月，区文体局“非遗”项目有《刘备甘露寺招亲》《白娘娘与许仙》《乾隆皇帝下江南》《七星巷的传说》《火坛楼巷的传说》《没胡子的城隍爷》《酒海街的传说》《尤唐巷的传说》《京口三怪》

《二月八，吃了馄饨病不发》《踏踏嘟，上丹徒，吃伙面，代背牵》《登仙桥的来历》《仙鹤巷的来历》《棒棰营的来历》《走马灯》《舞龙灯》《打麦号子》《打夯号子》《车水号子》《京岘山的故事》《焦山的故事》《禹山的故事》《象山的故事》《雩山的故事》《江南丝竹》《梅庵派古琴艺术》《莲湘舞》《木雕》《蛋雕》等民间传说、故事、歌谣、诗词、戏曲、剧目、劳动号子、打麦（连枷）号子及谏壁镇西陶庄的“马灯舞”等100多个。京口区康盛剧社扬剧《水漫金山寺》入选江苏省非物质文化遗产名录。

1. *西陶庄跳马灯艺术* 跳马灯舞蹈艺术在今谏壁镇蔡家村西陶庄（1958年开拓京杭大运河拆迁至西约500米处小墩塘。2005年因鼎胜铝业扩大厂区，再次拆迁至华诚新村）。相传明末清初，明代开国皇帝朱元璋发妻马秀英，跟随朱元璋骑马打仗，东征西讨，当上明朝开国皇后，仍不忘南征北战的战斗生活。一日，组织宫中10多名宫娥嫔妃、侍卫、马弁骑马出紫禁城，浩浩荡荡到紫金山麓狩猎，阵容壮观。根据马娘娘（马秀英）带领宫妃狩猎的阵容和气势，经西陶庄数代民间艺人季春生、许元发、陈祥瑞、许启仁等多次挖掘整理、编排练习跳马灯舞蹈艺术，每年正月十三至十八日表演，这一历史悠久的民间文化艺术，经京口区文化馆征集整理，已被市、区列入非物质文化遗产项目。

阵容组合：有领阵（开路先锋）、头马（马娘娘）、马弁（高级侍卫官）、二至九马（宫娥嫔妃）、猎手、丑角等组成。领阵者手持“帅”旗（长约两米竹竿，竿头挂长方形旗，旗两面各绣“帅”“阴阳八卦”，故又有“领八卦”者之说）。表演时，锣鼓声起，领阵者进场，头马随后，依次为马弁三人在舞场中心跳“铁索链”形舞蹈；接着二骑、猎手、三骑，鱼贯进场，二骑与马弁接跳铁索舞；随后猎物扮者、四、五、六、七、八、九骑手、丑角（俗呼“骚鞑子”），依次进场，从头门阵跳至七门（视场地大小、人物多寡，最多可跳至九门阵）。在跳各门阵舞蹈过程中，各骑手及所有表演者，不断做“点马头”“扬马鞭”“举猎枪射击”，猎物“展翅”“狂奔”状，“骚鞑子”打滚、翻跟头、竖蜻蜓、打劈叉等逗引观众。

扮演者及服饰：扮演者可由年轻女子领阵、马弁，“骚鞑子”由男性扮演，但“头马”骑手，须由新婚女子扮演，二至九骑手需能歌善舞。服饰旧时为古装，新中国成立后，须全队统一制式、统一颜色。领阵者长袍马褂，马弁短打装束，手提灯笼，紧随“头马”前后、左右护卫。猎手着猎装、持猎枪、背猎篓，猎物服饰不作规定，“骚鞑子”反穿皮马褂，头戴破毡帽、手执芭蕉扇反串丑角。

道具及表演：以竹片制作竹马九匹，前后马腹装置插蜡钉，夜间表演照明。马鞭九根、马头九只。马体以白布缝制衣罩，马头以白及彩纸，装点马眼、耳、鼻、口、鬃及鞭，栩栩如生。全套锣鼓及乐器，根据跳马灯者步伐配合节奏。

2. *龙灯舞* 京口城乡谏壁、丹徒、象山等龙灯舞历史悠久，舞艺精湛，男女皆舞，闻名遐迩，京口虽临江近海，属江南水乡，但处于宁镇丘陵，岗坡广袤。旧时，象山、丹徒、谏壁地区许多“望天收”田地，久旱无雨，唯求神灵护佑，祈盼甘霖。于是民间形成编扎竹龙，以黄、青、白、赤、黑五色布缝制龙衣，装扮成五色龙，在四季求雨或重大庆典时，春舞青龙；夏舞赤、黄龙；秋舞白龙、冬舞黑龙。辛弃疾任镇江知府时，观京口元宵节龙灯舞盛况，作《青玉案元夕》词：“东风夜放花千树，更吹落，星如雨。宝马雕车，香落路。凤箫声动，玉壶光转，一夜鱼龙舞。”明清直至辛亥革命后，京口城乡龙灯舞发展壮观。天旱无雨时，民间杀猪宰鸡，供奉龙王，敲锣打鼓，舞龙灯“请龙”；若连降三天雨，又举行“送龙”仪式——求晴。新中国成立后至2007年，京口区谏壁镇龙灯队、象山陈家门龙灯队每逢节日或重大活动，必有龙灯表演，保持千年古风。

表演阵式及技艺：阵式有“珠引龙舞”，又称龙戏珠。舞龙时，龙头须紧追龙珠，龙身、龙尾紧随其后，按照动作和路线要求，表演者须翻、滚、腾、转、游、盘、穿、绕、跃、罢、旋等姿态：舞龙表演者套路（花节）变化都听持珠者指挥。还有“龙云穿插”；以活泼轻快的小跳步和变化多端的阵式，衬托龙舞表演。龙舞队形有“天圆地方”“龙拜四方”“三环套月”“蜘蛛结网”“老龙朝阳”“双龙见喜”“双龙闹海”“金龙盘柱”“龙翻身”“龙打盘”“龙汲水”“龙摆尾”等。但所有阵图、动作，须保持“圆”“曲”及平衡。表演套路有举龙、端龙、左右抢珠、倒把、横“∞”形、游龙、龙翻浪、龙钻尾、龙翻身、跳龙、盘龙等“圆、曲”，突出体现京口龙舞的技艺特色。

2007年，京口区保持4支舞龙队，队员90多人，分布在象山、谏壁两镇，并配备锣鼓乐队。教练中年龄最大的80岁，队员平均年龄51岁。

3. 荡湖船艺术　京口荡湖船表演艺术至今有两千多年历史。2007年，在谏壁、象山两镇保存4只荡湖船（谏壁、象山各两只），演员20多人（含预备队员），年龄平均30～50岁。每年在重大节日和市、区文艺会演中表演。

表演形式与内容：荡湖船表演形式为2人一船，一男一女（也可男扮女装或女扮男装），多为夫妻或初恋情人，男摇橹或划桨，称“白跳”，女操船扭绷，称“船娘”，有一男子扮演丑角，称“骚鞑子”。男女双方边扭边唱。“骚鞑子”在船头与“船娘”打诨逗趣，倒退引路，演唱情歌。表演内容为“行船划桨”“迎风破浪”“退出浅滩”“回避旋涡”等舞蹈动作表演。

服饰道具：男角扎白头巾，身着粉白或杏绿中式对襟褂裤，系红绸腰带；女角身着桃红或翠绿斜襟褂裤，系荷叶百褶短裙、脚穿绣花鞋。道具为竹片编扎船形，体长约1.6～2.2米，女角表演者站船体空间，两手握船舷中，船体用彩布或彩纸装裱；男角于船体外旁，手持船桨，反复作划桨动作。船帮以下绘制波浪水纹，水纹中隐显鲤鱼，既拟船行水中，又谐吉庆有余。船首置桨，系红绸带结球；船尾有橹，系红绸绷带，由音乐伴奏边舞边行。

4. 河蚌（俗称“歪歪精”）舞　由民间故事《种田郎和歪歪精》演变而成的舞蹈。这个故事脱胎于《田螺姑娘》，流行地域很广，主要在谏壁、象山两镇流行。此舞与前述龙灯、湖船舞都多地流行。

京口河蚌舞早期为二人舞，女角扮“蚌精”，身背以竹片编扎、彩色绸缎包装蚌壳；男角持渔网、背鱼篓，拟“渔翁捉蚌”。后来增加小渔童为三人表演的舞蹈，蚌精灵活秀丽、渔翁沉稳老练、渔童求成心切，为舞蹈主要表演形式。道具随角色佩置：主要为蚌壳、网、篓、草帽、书等。蚌精美丽俊俏，身着白衣绣兜，脚穿绣花鞋，藏于可以张合的蚌壳内；渔翁头戴草帽、佩假须、系围裙、蹬长靴或草鞋，手持渔网，时张时收；渔童背篓，手握书卷急待收获，时以篓兜蚌，受蚌精戏弄倒地，收拾篓、书，拍打衣裤……表演动作为跌、打、滚、翻。有锣鼓及管弦、打击乐器伴奏。

5. 扬剧金派表演艺术　京口扬剧金派（调）创始人金运贵（1906～1970），原名刘秀卿，又名王继芬，曾用艺名新善贞，湖北黄陂县人，生长在上海。1924年入“新新社”女子扬剧班学戏，初学丑角，后专工小生，首登上海永安公司天韵楼。1951年，任上海勇敢扬剧团团长。1952年，参加镇江市金星扬剧团（镇江扬剧团前身）。金运贵扮相俊美，气质高雅，以唱功见长，《方卿羞姑》《宝玉哭灵》《梁祝》《二度梅》等剧目著名，尤其在唱腔上有独创，对传统曲调“梳妆台”等进行改革，以“堆字”为基调，缩小原曲调音域，根据人物喜怒哀乐和感情变化，在行腔中运用顿、逗、装饰音调，使唱腔吞吐含情，平白如话，形成自己的风格，被誉为“金派（调）”创始人。后有传人“小运贵”等。

打麦（连枷）号子（谏壁民歌）

1=b　2/4　3/4

（领：男或女）红日当空照九州哎！

（众）：呵呵来，呵呵来，哎。

（领）：呵一个来嗨来。

（众）：红日当空呵呵来，小连枷（读“该”），照九州呀，喂嗨喂，吆呵吆，（共同用力）咳——着！咳——着!!

（领）：大麦上场小麦黄哎。

（众）：呵呵来，呵呵来，哎。

（领）；呵一个来嗨来。

（众）：大麦上场呵呵来，小连枷，小麦黄呀喂嗨喂，吆呵吆，咳——着！咳——着!!

（领）: 三麦丰收多高产哎。

（众）: 呵呵来，呵呵来，哎。

（领）: 呵一个来嗨来。

（众）: 三麦丰收呵呵来，小连枷，多高产呀喂嗨喂，吆呵吆，咳——着！咳——着!!

（领）: 刈麦栽秧最辛苦哎。

（众）: 呵呵来，呵呵来，哎。

（领）: 呵一个来嗨来。

（众）: 刈麦栽秧呵呵来，小连枷，最辛苦呀喂嗨喂，吆呵吆，咳——着！咳——着!!

（以上歌词反复演唱，直至麦场打完。参加者 20 ~ 30 人，分两队面对面排列，各执连枷，从场头打至场尾，约 40 分钟）

车水号子（谏壁镇西陶庄民歌）

（领唱，男或女）: 喂喂吆呵！

（众唱）: 喔呵……

（领）: 吆呵一个正月，吆呵呵，喔呵来，哎得吆呵蛮。

（众）: 呀嗨，呀嗨，哼呀拉嗨。

（领）: 哼呀拉个嗨，梅花香……（二月杏花、三月桃花、四月梨花、五月石榴、六月荷花、七月菱花、八月桂花、九月菊花、十月海棠、冬月雪花、腊月梅花，每一花名讲述一个历史人物，每一轮唱完约 2 小时）。

第八节　考古发现

一、考古

1980 ~ 2007 年，京口区域内随着经济和社会事业发展、旧城改造、市政建设等重大工程，挖掘并出土大量地下文物，经考古确定的有汉末铁瓮城、晋陵郡城、六朝造船场遗址，汉至明清古墓，晋唐时军事甬道、青云门坊口、市墙、古井等 500 多处。1980 年在丹徒镇金家山（丹徒医院附近）西汉墓葬内发现一方“丹徒右尉”铜印，经考古工作者认定为墓主生前官印。汉制万户以上大县设左、右二尉（主捕盗贼、奸宄）。据学者研究，汉代会稽郡北部地区（含丹徒县），人口密度达 15.48 人 / 平方公里，高于当时全国平均人口密度。

1982 年元旦，丁卯桥市五金公司仓库工地，发现一大型唐代银器窖藏，出土一口银酒瓮，内装有银制盒、盆、碟、盘、碗、杯、执壶、瓶、锅、筷、匕、勺、托、龟负“玉烛”酒令筹等酒具及薰炉、镯、钗等，共 950 余件，重 55 千克。其中大多银器底部或圈足勒楷体“力士”二字。考古工作者认为“力士银酒具”为唐著名诗人许浑丁卯桥村舍遗址所出。许浑系唐初谯国公许绍六世孙。因其四世祖许力士袭爵谯国公，曾置大批银酒具赠给子孙收藏。许浑于唐大和元年（827 年）在京口城南丁卯桥村团山构筑别墅定居，于大中三年（849 年）再莅监察御史“不任朝谒”“坚乞东归”，大中四年隐居丁卯村舍，整理 500 余首诗篇，纂成《乌丝栏诗》（因在丁卯桥集成，后改称《丁卯集》），现行于世。大中十二年（858 年）在郢州刺史任致仕（唐制七十致仕）后，归隐丁卯村舍终老。

1984 年冬，大市口地段下水道工地深约 4 米处，出土一尊石雕人像，高约 70 厘米，带冠、着袍，胖脸、大耳，五官端庄，双手持剑直立，考古工作者认为系唐代文物。1992 年秋，大市口附近华联商厦工地唐代文化堆积层中，又发现一尊石人像，无冠，大耳，双手持剑，雕刻风格与 1984 年冬出土的石雕人像相似，均属嵌入墙体的“社神”。据考古工作者认为，京口“社日”祭祀“社神”习俗，始于汉以后，一般以立春后第五个戊日为春社，立秋后第五个戊日为秋社，恰当“春分”“秋分”节令前后。南朝梁宗懔《荆楚岁时记》:“社日，四邻并结综会社，牲醪于屋树下，先祭社，然后飨其胙。”“社日受胙者，男称社公，女称社婆。”唐杜甫有“旧入故园尝识主，如今社日远看人”诗句。唐代至民国期间，大市口附近有“石婆婆巷”名，后市政建设湮没。

20世纪70～90年代，在汝山（今江苏大学校园）、丹徒左湖村、谏壁镇东窑砖瓦厂、粮山、王家山，象山、东门鼎石山、丹徒长岗、花山湾等处，发掘汉至明代数百座古墓，出土大量墓志铭。其中汝山一号汉墓字砖，刻有“买地百万，富贵宜子孙”，以及陶器盘、盆、香薰、羽觞、水盂、瓢、灶、灯、狗、猪、禽、乐俑、青铜器、铜镜、兵器矛、镞、匕、戟、剑等。

二、重大发现

1.千秋桥街出土唐代古船　1984年9月，在千秋桥街与第一楼街交汇处，建筑工地4米深处唐代堆积层，发掘唐代木船一艘，身长约7米、宽0.6米，系独木制凿而成。京口区域内出土如此保存完整的独木古船，为苏南地区首例，也属国内少见。同时在此堆积层中，还出土大批唐代瓷器等珍贵文物。

2.五条街网巾桥东晋时代造船场遗址（详见前述）。

3.青云门坊口、市墙遗址　1993年冬，考古工作者在中山东路与青云门交叉口基建工地，发掘青云门坊口、市墙遗址。从而证实南朝时，京口城在东晋城基础上进行扩大、改造，其时“市”“井”设置颇具规模。从两个探方（井）79平方米发掘，文化堆积厚达6米，10层次，其中8～10层为南朝文化堆积，第9层是南朝夯土墙遗迹，呈东西走向，底部宽3.5米，上宽约3米，夯土墙长9.5米，东墙残高约0.9米、西墙高约1.4米，夯土中夹含青瓷片、碎砖、瓦片。从夯土墙规模认定，此为城垣，属“坊”和市墙建筑。

唐代以前，中国城市的“坊”“市”，为寺闭式建筑格局，“朝廷宫寺，市区居民不复相参”；以“井”字形街道相间，“畦分棋布，闾巷皆中绳墨”，结构严谨，区划整齐有序，京口城的“市”“井”布局与之相仿。青云门夯土墙，正位于京口子城（铁瓮城）南垣南侧，相距约200米，井与子城中轴线相垂直。青云门旧称小市口，与大市口东西相对。南朝夯土墙可能为京口小市口围墙，这一发现，填补对京口古城历史研究空白。

4.黄花（华）亭出土唐宋文物　1993年，对京杭古运河整治二期工程黄花亭段，古运河唐宁河岸遗迹堆积层，文物分布厚达8米，且层次清晰，为京口考古史之最。有唐代铜钱、宋代象牙发钗、铜耳扒、文房四宝等。其中一只石狮形象逼真，雕工精细，考古工作者认为系古代桥栏杆上的饰物。出土文物展示唐宋时期运河两岸商业繁荣和生活状况及多次对运河的疏浚、整治的历史见证。

5.解放路北出土唐宋文物　1993年9月，解放路北段拓宽工程中，发掘唐宋时期木构水道遗迹，以及诸多文物，其中有唐代飞天像“善业泥”（佛教艺术品。唐代僧人立愿死后火化，将灰土印成佛像，以此为舍生，称“善业泥”），椭圆饼形、红陶质地，精致印刻一浮雕飞天，栩栩如生，衣带飘曳，周边流云相衬。飞天形态、风格，与20世纪60年代北固山铁塔塔基出土的金棺、银椁上的飞天相似；有宋代龙泉窑青釉瓷器“诸葛碗”；有明代紫砂异型炊壶，这种紫砂异型炊具实属罕见。

6.铁瓮城南垣、唐代作坊遗址　1991年，经国家文物局批准，与南京大学历史系联合发掘铁瓮城，先后发现东、北、西三面墙遗迹，但南垣遗迹不明显。1994年4月，在鼓楼岗、青云门、大市口等处发掘铁瓮城南垣、南朝坊、市墙遗迹和唐代作坊遗迹，出土数百件文物。尤其是发现铁瓮城南垣遗迹后，京口铁瓮城成为三国时东吴名城中保存最好的一座。同年，考古工作者在大市口商业城工地3米下唐代地层发现砖砌炉灶、烧坑、石磨盘等唐代作坊遗迹。同时还出土东晋时褐斑青瓷钵、隋代青瓷宝相花瓶、唐代铜官窑彩瓷双系罐、越窑青瓷执壶、莲瓣纹器盖等南朝至唐一批名窑产文物。

1994年8月，在大市口广场东南基建工地，清理发掘一口宋代砖砌水井，直径0.8米，深约8米。井内清理出宋、元文物300多件，及各式釉陶汲水罐、壶、铁权（秤砣）一件，铸“龙凤二年造”字样。“龙凤二年”，即元至正十六年（1356年），元末“红巾军”农民起义首领韩林儿年号。系“红巾军”政权占领京口城后，平准市场的物证之一。

7. 中山东路发现古井群　1995 年 11 月，在中山东路镇江日报社工地，发掘出土 6 口唐宋古井，连同 20 世纪 70 年代在此处原楼房下发掘出土的 4 口古井，在占地不足 1 平方公里范围内，10 口唐至明代古井密布，实属京口考古历史罕见。10 口古井群结构分土井、砖砌井两种。土井距地表约 6 米，井壁光洁、垂直，未设护壁。砖井用弧形子母榫砖垒券砖成，砖、榫扣合，坚强牢固。新发掘出土 6 井中出土晚唐至明代文物 73 件及 327 件陶瓷片。

第九节　图书馆

清嘉庆十八年（1813 年）学者阮元、王豫及诗僧借焦山海西庵兴建焦山书藏，藏书 2 万余册。私人藏书逾万册者，不乏其人。其中老报人、学者徐舒私人藏书近 5 万册。

一、市级图书馆沿革

1. 镇江县立图书馆　20 世纪 20 年代，镇江县在磨刀巷设立图书馆。民国 28 年（1939 年），伪丹徒县公署在范公桥原省“民众教育馆”内设立镇江县图书馆，只订几份报纸，来馆人数寥寥无几。民国 34 年（1945 年），抗战胜利后，镇江县立图书馆借用私人房舍作临时性馆址。由于经费奇缺，民国 36 年（1947 年）4 月，并入县民众教育馆为图书部。

2. 省立图书馆　民国 21 年（1932 年）5 月，国民党江苏省政府决议，成立江苏省立图书馆筹委会，聘请王云五、柳诒征等 6 人为筹备委员，馆舍在太平桥原国民党江苏省党部办公楼，翌年 3 月开放。民国 24 年（1935 年）1 月，于中正路（今解放路）17 号建馆（今镇江图书馆），计工程费 4.5 万元。馆舍为钢筋水泥、耐火砖结构，书库 3 层、阅览室及办公室 2 层，防火、防潮、防震，时属国内质量较好、容量较大的公共图书馆之一。有职工 31 人，设征存、编纂、阅览、推广、总务 5 部。日军入侵后，馆舍被侵占；抗战胜利后，馆舍作日俘集中营，省立图书馆借尚友新村民房临时办公。民国 35 年（1946 年）2 月，日俘遣返后，归还景贤楼等部分房舍，同年 6 月迁入并对外开放。工作人员 10 名，设采编、阅览、总务 3 部。建馆初期，藏书 10 万余册，其中有《古今图书集成》《四部丛刊》《四部备要》《四部珍本》《万有文库》《碛砂藏经》等大部丛书和各省地方志。日军侵占期间，除部分善本运寄外，其余大部散失。抗战胜利后，经多方搜集，至民国 37 年（1948 年）10 月，有藏书 51216 册，其中线装书 33902 册。新中国成立后，省立图书馆由市人民政府接管。

3. 镇江市图书馆　1949 年 4 月 23 日镇江解放后，省立图书馆直属苏南行署，改名镇江图书馆。1952 年江苏省军区借用解放路 17 号馆舍。1954 年 1 月，隶属市政府领导，1957 年 6 月改名镇江市图书馆。1959 ~ 1985 年，迁址山门口街。1986 年，军队借用馆舍归还。1987 ~ 2007 年，市图书馆在解放路 17 号对外开放。镇江市图书馆馆藏在省内图书馆有显著特色，1985 年总藏书 35 万册，其中古籍 88971 册，经省鉴定国家甲级善本 99 种、104 部、1944 册，均为明、清版本的地方志、医书等。乙级善本书 322 种、1799 册，并编书目。另有大量金石拓片。至 2007 年，市图书馆设有古籍、科技、资料、参考、报刊和儿童阅览室，总阅览座位 2000 多个，年均接待读者和图书外借 50 多万人（册）次。

4. 少儿图书馆　1961 年 7 月，市图书馆少儿阅览室迁至河滨公园，与少年之家合作设立少儿图书馆。“文化大革命”中停办。1982 年 5 月，在中山路重新建立少儿图书馆，面积约 120 平方米，藏书 1 万余册，报刊 60 余种，领有阅览证儿童 2500 多人。1984 年中山路拓宽时撤销。现在的“镇江市少年儿童图书馆”是附属于镇江市图书馆的少年儿童图书馆，创建于 1999 年。先后被上级主管部门评定为“一级图书馆”、“全国文明图书馆”、“江苏省文明图书馆”、“省文明单位标兵”、“市文明单位”，五届省“红读”活动优秀组织奖等荣誉称号。

2006 年新馆建成启用，馆舍面积 1000 平方米，融办证、电子阅览室、声像服务、儿童图书阅览、外借、自修室和多功能厅等为一体。现有馆藏文献 5 万册（件）、视频资料 1500 多部，报刊 250 种，阅览座位

200 多个，持证读者 6000 多名，日接待读者 600 人次，各项业务工作均采用国家标准实行规范化管理，业务工作流程全部实行自动化管理。

二、基层图书馆

1. 区图书馆　1983 ~ 2006 年，京口区未设立图书馆。2007 年 12 月 21 日京口区图书馆成立，在禹山路西端与镇江第九中学图书馆联合挂牌，对外开放。

2. 学校图书馆　1983 ~ 1991 年，京口区所属小学设有图书报刊阅览室，没有图书馆。

1992 年，市区部分区划调整后，镇江第九、第十、丹徒、汝山等 8 所中学划归京口区，始有学校图书馆。1993 ~ 2006 年，区属中学随着区划变更，至 2007 年，全区有中学图书馆 3 个，即第九中学、丹徒中学、第十中学图书馆，藏书总量 10 万多册。

3. 社区（街道）图书馆　1983 ~ 1992 年，京口区所属街道在文化站内设图书阅览室。1993 年，四牌楼街道在江滨新村率先建立社区图书馆后，1994 ~ 2003 年，各乡镇、街道先后建立 50 多个社区图书馆。2004 年 3 月，市委、市政府捐赠京口区社区各类图书 500 多册，支持社区图书馆建设。

2007 年，京口区投资 3000 多万元，兴建“十大文化项目”，其中兴建和完善城乡 56 个社区图书馆。

4. 私立图书馆（藏书楼）

（1）传经楼　清末民初，学者陈庆年（字善馀）不仅兴教有方，而且有创建公共图书馆之功，为省内著名藏书家。民国 6 年（1917 年）在磨刀巷 18 号筑“传经楼”（又名横山草堂）120 平方米，分上下 6 间、两厢。藏有经史子集善本、名人著述、碑帖拓片、清末民初报刊、日文版史学资料、地图集等约 20 余万册（片）。另有《道藏》1 部、印度贝叶经 2 部，首批出土的甲骨文若干片；陈庆年著述的《横山草堂丛钞》《横山草堂丛刻》《横山乡人类稿》刻本，并刻印《至顺镇江志》《京口三山志》《京口掌故丛编》《云窗词》等。日军侵占时，贝叶经及甲骨文片遭日军抢劫。“文化大革命”中，藏书被洗劫。中共十一届三中全会后，落实政策，幸存图书经市图书馆整理退还 2000 册。

（2）游经楼　民国 12 年（1923 年），陶蓬仙（名绍莱，字庚庵）在演军巷 16 号设立，楼名取东晋陶潜“游好在六经”诗句，以保存中华固有文化为宗旨，藏书 2 万余卷，以集部为最，史、子部居次，经部再次。藏陶氏著述 3 种《润州唐人集》《游经楼初学稿》及《续稿》《游经楼闲关叠韵唱和集》，除第二种外，第一、三种均已出版。日军侵占时，藏书散失殆尽。抗战胜利后，陶氏将少量幸存图书赠送省立图书馆收藏。

（3）私立江苏流通图书馆　民国 20 年（1931 年）11 月，邑人陈涛、文昭夫妇在南门大街道崇观小学寓所设立，其特点为流通式，既可坐馆阅览，又可通信借书，深得读者欢迎。陈氏夫妇为自建馆舍，向社会筹募基金 5000 元，在水陆寺巷购地 0.18 公顷，于民国 23 年（1934 年）兴建 2 层楼，6 间房，次年开放，藏书达 1 万余册。日军侵占前夕，陈氏随国民党江苏省政府撤退而闭馆，图书全部散失。

第二章　民俗　方言

京口自古以来，“循礼乐业，而不好竞”。《图经》称：京口“本泰伯之化，有谦让之风”。京口民间风俗主要为汉俗。元至清代，始有回族、满族、蒙古族等少数民族习俗。清末民初，京口少数民族和汉族风俗大致相似，但仍保留民族特色习俗。如正月初五“财神日”，“骑驴上金山”之俗。每年正月十三上灯节之前，凡娶新妇之家，嫁女方须向新婿家送灯，一般以荷花莲子灯为主，名“吉庆”，为生子之兆。春节期间，城乡敲锣打鼓、鼓乐十八套和谏壁镇西陶庄“跳马灯”习俗，已有 500 多年历史，闻名遐迩，申报批准为市级非物质文化遗产。京口旧时婚丧习俗纷繁复杂，拜年、敬香更为器重，正月初一至十五几无虚日。庙会之风更盛，都天庙会场面庞大，花样众多。

京口城乡有“早上皮泡水（吃早茶）、晚上水泡皮”（洗澡）之习。洗澡有讲究，平民洗大池，富裕者享用“菖蒲澡”“送灶澡”“岁朝汤”。新中国成立后，兴利除弊，移风易俗。继承和发扬有益于生产生活、促进经济和社会事业进步风俗习惯，破除陈规陋习，取缔赌博、嫖娼、吸毒及反动道会组织。“走阴差”“关亡”“算命打卦”等宣传唯心论和迷信色彩销声匿迹。“婚姻法”规定男女平等，婚姻自由。1954 年，“宪法”颁布实施后，逐步走上法制化轨道。“文化大革命”后，一些被取缔、消亡的陋习在少数地方、个别人员中“借尸还魂”，死灰复燃。中共十一届三中全会以来，倡导社会主义精神文明，构建和谐社会等，京口城乡已成为“法制京口”“平安京口”“和谐京口”社会主义崭新风尚主城区之一。

3000 多年间，京口城乡方言主要以镇江话为主，谏壁镇东部地区保持吴语特色。

第一节　民　俗

一、生产习俗

1. 手工业　1992 年出版的《京口区志》已有记述。1990 ~ 2007 年，民俗无新内容，故不复述。

2. 农业　旧时，京口农村有“立春”前一日，迎太岁神（春牛）入城习俗，谓“打春”。当日行鞭春礼，牵泥制或纸制春牛至官署大堂，由地方官向芒神敬香，后绕牛而行，执鞭挞牛，农民抢泥牛碎片携回，以祈谷丰仓满。“鞭春礼”民俗创于何时不详，民国期间消亡。至今城乡仍称“立春”为“打春”，有“打过春，赤脚奔”民谚。

3. 祈雨、求晴　旧时，京口城乡每逢干旱，官民赴城区凤凰岭城隍庙、谏壁镇雩山龙兴寺、丹徒白兔山龙王庙等处设坛焚香，祈天降雨，以保丰收。各村庄扎草龙，敲锣打鼓，绕村游行，并禁宰牲畜，以示祈雨至诚。如干旱严重，纷纷扬扬至都天庙、二王（郎）庙上香祈雨。如久雨不晴，则行“扫晴娘”之俗。每户剪一手持扫帚纸人，贴于门窗，以求天晴。新中国成立后，此俗消亡。

4. 六月初六喝“了秧酒”　新中国成立前，京口农村有“请了秧酒”之俗。每年夏收夏种（刈麦、栽秧），一般在六月初六前后结束，大家小户都置办“了秧酒”（亦称“关秧门酒”）。意即繁重农事告一段落，吃洗泥了秧酒，以示庆贺。并对临时帮忙者表示感谢。新中国成立后，此习逐渐消亡。

5. 春社　旧时，立春后第五个戊日称“春社”。是日，民间根据居住或同姓自愿组合备祭品合中、夜餐以祈求膏雨，祭祀土地，盼望一年“五谷丰登”。其中、夜餐吃白粥，无菜，每人限吃 3 大碗，吃得颗粒不剩为诚心诚意，并预兆粮食富有。新中国成立后，此俗消亡。

6. 秋社　旧时，立秋后第五个戊日称“秋社”。此时，稻谷全面抽穗，其他作物亦成熟，宰杀肥猪，祭祀天地。祭毕，将煮熟的猪肉，切成小块分给众人。秋社期间，有的村落请戏班，搭台唱戏，祈祷丰收。新中国成立后，此俗消亡。

7. 捕鱼　旧时，城乡渔民习俗十分讲究，而且忌讳。如新船下江河“打鱼”（称“戈帮”），船头钉四绺红绿绸条，称“如意喜钉”，取“丁财两旺”之意。捕鲥鱼季节，规矩更多。如渔民间早晨互相问候、打招呼，忌“早”。因“早”与“糟”同音；下网捕鲥鱼时，要裹粽子、戴帽子，因粽子黏性大，可黏住鲥鱼；不戴帽子称“光头”，谓“落空”之意。称鱼时，空篮不能从渔网上过，否则谓“不吉利”。渔船忌讳“住”，以前吃饭用“箸”子，船民称“筷”子；吃完饭不可将筷子搁在碗上，忌讳船“搁浅”；吃鱼不翻身，讳“翻船”。讳“沉”字，渔民称“装饭”“添饭”。讳“十四”，谐“失事”音，称“大十三”。供奉“王爷”，即龙王。渔民谓“王爷”系二郎神或宋代杨业次子。新中国成立后，渔民供奉王爷之俗不存，但忌讳仍保留。

二、生活习俗

1. 衣着饰物　清末民国初，京口城乡男性穿对襟小褂、单裤，外罩长衫；秋冬则夹衣、棉袄、套裤。戴礼帽或瓜皮帽。工匠、搬运工人和农村劳动者，则以短打（衣衫）为主。1929 年，国民党江苏省政府迁治镇江城区后，居民行着中山装、西装及中西式装束。农村仍以长袍大褂、棉衣裤为主。女性以着对襟、大襟、琵琶襟短衫及长裙等。城区流行旗袍，农村仍以对襟、大襟为主。新中国成立后，京口城乡居民以中山装、列宁装、青年装为主。1983 ~ 2007 年，京口区城乡居民衣着首饰随着改革开放和经济快速发展，穿着讲究质地高档化、款式时尚化。女性 60% 以上饰黄、铂金首饰。

2. 饮食　旧时，京口城乡居民有“吃早茶”之俗。新中国成立前，城区以及象山九里街、陈家门、丹徒、谏壁镇，分别设有茶馆、浴室，居民清晨坐茶馆，富裕者喝“风箨茶”“滚烫水”，吃蟹黄汤包，品尝“京口三怪”之一冷肉（水晶肴蹄，谓“肴肉不当菜”），佐以香醋（谓“香醋摆不坏”）、姜丝。平民则以茶水就“草鞋底”（酥饼）或“伙面”（锅盖面，谓“面锅里煮锅盖”）。丹徒旧有“踏踏嘟（骑驴），上丹徒，吃伙面，代背纤”之谚。1950 ~ 2007 年，“吃早茶”习俗未减。尤其是进入 21 世纪以后，“吃早茶”形式和种类变化较大。有宴请亲朋贵宾型、全家福型、休闲娱乐型、聚会型等，消费范围突破传统型至十多倍。

3. 通信　中共十一届三中全会后，京口区城乡居民生活全面提升，最显著特点通信设施成为全民生活必不可缺少之物。2007 年 12 月，京口区 36 万居民有手持机近 20 万台（一人多台占 10%），75% 人口（含中小学生）均有手持机。

三、岁时习俗

1. 传统节日　春节，俗称“过年”农历正月初一为春节，亦称大年初一。新中国成立前，城区放假（休息）3 天，初四各行各业开市，乡间一般至正月二十。新中国成立后，1950 ~ 2002 年，春节法定假日为 3 天，但将前后星期日集中休息。2003 ~ 2007 年，国家实行双休日制度，改成“春节长假”。京口城乡历来有正月初一零时起，燃放爆竹烟花之俗，连续 1 ~ 2 小时，甚至凌晨，取除旧岁迎新春之意。早餐吃红枣、桂圆汤、糯米圆子，取“早发”“圆通”之意。初一至初二，一般不生火做饭，吃隔夜饭菜，谓“隔年陈”“年年有余”。以上习俗，2007 年仍存，并有一定的改革、提升。旧时，新年初一至初五，忌用刀剪、扫帚、打骂孩子，忌粗话、脏话，忌打破碗碟器皿，以求新年吉利。客厅、堂屋贴“童言妇语鸦鸣雀噪一概无忌”楹联。新中国成立后，带有陈规陋习之俗多不存。

“拜年”　京口城乡拜年之俗历史悠久。初一，子女向父母拜年；初二，出嫁姑娘回娘家拜年；初三以后走亲访友互相拜年。新中国成立后，政府机关、社会团体和企事业单位举行“团拜”。中共十一届三中全会以来，至 2007 年，除互相拜年相沿成袭外，以电话、短信拜年蔚然成风。拜年用语从旧时“升官发财”“官运亨通”俗套话，随时代进步有所改革。向长辈、老年人拜年谓：“健康长寿”“老身康健”“儿孙满堂”等，同辈之间互道：“新年愉快”“阖家平安”“事业有成”等。

正月初五“财神日”。是日清晨，城乡居民有开门放鞭炮迎财神之俗。商家晚上喝“财神酒”。旧时，居民结队至财神庙敬香和骑驴上金山，谓：“上金山，拾金子”，新中国成立后，此俗不存。

请春卮　京口城乡“请春卮”习俗历史一千多年。请春卮，亦作请春酒。据唐代诗人许浑于会昌四年至六年（844 ~ 846 年）由监察御史“坚乞东归”，责授润州司马，闲赋京口丁卯村舍时，有《赠郑处士》诗：“且卖湖田酿春酒。”旧时，请春酒一般发请帖，席间菜肴以酸为主。酒则以冬季始酿、春天成熟的糯米酒招待，故称“春酒”。意在利用闲时，互通往来。新中国成立后至 2007 年，城乡部分居民仍有此俗。新中国成立前，春节期间城乡有“跳马灯”、荡湖船、小放牛、打花鼓等娱乐活动。新中国成立后，除保持有益身心健康活动至今仍存，跳财神、麒麟送子等陋俗消亡。

元宵节　京口城乡正月十三上灯、十八落灯，有“上灯圆子落灯面”之俗。正月初五后，城乡忙于扎灯，形式有生肖型兔、马、龙、鸡灯，动植物型有鱼、狮子、西瓜、荷花、莲子、藕灯销往市场。正月十五为元宵节，亦称“小年”，早餐吃圆子，晚间，万人空巷“闹灯（元宵）”至深夜。新中国成立后至 2007 年，每年元宵节期间，举办大型灯展，全城市民观灯，时达“万人空巷”景象。

清明节　京口城乡历年清明节，早晨有泡京江侪、馓子、炒米之俗。并有“清明不吃侪儿、馓子，死后要挨板子”之谚。中午，农村备饭菜“祭祖”、上坟、修坟之俗；折柳丝插门旁，妇女儿童插柳丝于衣襟以辟邪、“踏青”、放风筝习俗。新中国成立后，京口区城乡沿袭上祖坟、修墓、瞻仰烈士墓、赴公墓祭扫、踏青、放风筝之习蔚然成风。2007 年，国务院决定清明节放假一天。

端午节，又称端阳节　农历五月初五端午节，为京口城乡传统节日。相传，为纪念楚国三闾大夫屈原投汨罗江。是日，户户裹粽子，煮咸鸡蛋。以菖蒲、蕲艾挂于门旁，堂屋悬钟馗画像，中午焚烧蕲艾薰屋，并以雄黄、蒜瓣、菖蒲浸酒，喷洒屋内，谓驱“五毒”（蛇虫百脚等）。儿童围老虎兜、穿老虎鞋，额前以雄黄写“王”字，系五彩百索绳以“辟邪”。中午肴馔“十二红”（苋菜、黄鱼、黄鳝、红油咸鸭蛋、红烧肉等）。午后，龙舟竞赛，城乡居民齐观。新中国成立后端午节食粽子、十二红，挂菖蒲、蕲艾等习俗仍存。2007 年，国务院决定端午节放假一天。节前，子女向长辈送节礼。

中秋节（八月半）　农历八月十五为中秋节，俗称“八月半”。京口城乡有合家团聚吃“团圆饭”、尝月饼、赏月之俗。唐许浑于会昌中闲赋京口丁卯村舍时，曾多次八月十五作中秋赏月诗。会昌四年八月十五日，陪浙西观察使兼润州刺史卢简辞《病中和大夫玩江月》诗：“江上悬光海上生，仙舟迢递绕军营。离歌一曲同筵醉，却是刘桢坐到明。”

旧时，城乡居民以月饼为礼物相互馈赠。夜晚，有焚香拜月习俗，将月饼，配以菱、藕、石榴等供品，置香案，点燃“斗香”（以香扎成宝塔状），对月膜拜，谓：“谢平安”。新中国成立后节前送礼、烂面饼、吃团圆饭之俗仍存，但月饼很少有人问津。2007 年，国务院决定中秋节放假一天。

重阳节　农历九月初九为重阳节。旧时，茶食、点心店门口挂各色小三角旗，拼成一大三角旗（名重阳旗），销售重阳馒头、重阳团、重阳糕，上插重阳旗。是日，居民攀登“京口三山”，谓之“登高”。晚间，饮黄（花）酒，称“重阳酒”。文人墨客及商界有持螯（螃蟹）、赏菊、聚社之举。新中国成立后，城乡居民重阳节吃重阳糕、登高之俗仍存。1988 年，国务院决定九月初九为“敬老节”。

十月朝　农历十月初一，俗称“十月朝”。旧时，有上坟、祭祖、送寒衣之俗。是日，居民煮红豆糯米饭，食前，先盛一碗置于桌，据说苍蝇食后便痴，谓“痴苍蝇”，来年苍蝇不再坑害人类，是为京口奇俗。中午必有菠菜豆腐汤。据说十月朝为菠菜生日。民间歌谣：“红豆饭，菠菜汤，老奶奶吃了上火箱。”新中国成立后至 2007 年，红豆糯米饭、菠菜豆腐汤及上新坟之俗仍存。

腊八粥　农历腊月初八，城乡居民吃腊八粥习俗由来已久，据说为纪念释迦牟尼成道日。焦山、金山等寺庙及居民有煮腊八粥之俗。但腊八粥有粗、细之分，粗者以菜、芋、薯、萝卜、慈姑、杂豆、花生、米等八样为之；细者则以枣、杏仁、栗、莲子等诸种干果，寺庙免费供善男信女食用。新中国成立后至 2007 年，居民吃腊八粥习俗仍存。

除夕，俗称大年三十。旧时农历腊月三十，城乡居民中午在宗祠或堂屋供奉家谱，以公鸡、鲤鱼、猪头三牲祭祖。一般三十晚上供，正月初五撤供。当天下午所有门窗贴对联、窗花。晚上，吃“年夜饭”，长辈向晚辈发“压岁钱”。新中国成立后至 2007 年，乡间祭祖、贴楹联、年夜饭、压岁钱之俗仍存。城区部分居民祭祖改用烧纸。2007 年不少市民年夜饭在饭店进行。

2. 时令习俗　二月二农历二月初二，古称“中和节”。俗谚“二月二，龙抬头”，谓雨水增多之意。京口城乡有“二月二，接女儿，接回女儿吹笛子，接不回来捏鼻子”（指流泪）民谣。此俗至今仍存。

惊蛰　京口城乡有以除夕守岁余烛，于惊蛰日绕室照之，据说百虫不生。同时有新春第一次打雷，以手拍床板，以示不生臭虫、蚤、虱。新中国成立后，此俗渐止。

二月八　城乡有“二月八，吃了馄饨（饺子）病不发”之俗。传说为纪念唐代鹤林寺始祖马玄素（广陵人）。他常往返京口、广陵间传经，过江时尝遇风雨，民谚谓：“马和尚过江，请客的风，送客的雨。”后马玄素过江时淹死。死后变成小白龙，仍旧风里去，雨里来。至今一千多年，此俗仍存。

花朝　京口城乡农历二月十二，相传为百花生日，故称“花朝”。是日，居民以红布条系花枝，并有“谢花神”之意。至今此俗在部分居民中仍存。

三月三　古称上已，传说是荠菜花生日。有“三月三，荠菜花儿赛牡丹”之谚。旧时，农历三月初三，采荠菜花一束挂于大门旁、妇女则插鬓边或置灶头，以驱毒虫。

立夏　京口城乡有立夏日尝“八鲜”（春笋、樱桃、春茶、新麦、蚕豆、枇杷、鲥鱼、黄鱼、咸蛋），之俗。午后男女老少用大杆称体重。还有立夏时，青蚕豆大小卜丰歉的说法，民间有（蚕豆）“立夏前三天没豆吃，后三天吃不及”之谚。新中国成立后至2007年，尝八鲜之俗仍存，大杆称体重不存。

夏至　旧时，京口城乡有煮豌豆、炒蚕豆之习。相传，夏至煮、炒豌、蚕豆吃，可不生苍蝇、蚊子、跳蚤和臭虫。在煮、（炒）豆时，念念有词：“（煮）炒苍蝇、（煮）炒蚊子、（煮）炒死跳蚤和臭虫。”新中国成立后，大力开展爱国卫生运动，除“四害”，讲究环境和个人卫生，此俗不存。由于夏至季节，正值梅雨期。民间传有“吃过夏至饭，听到跟头雨（指大雨滂沱）”之谚。

六月六　农历六月初六，古称天贶节。城乡历有“六月六，家家户户晒红绿（指衣服）”（方言“六、绿”通读“lo”音）。新中国成立后至2007年，梅期过后，盛夏来临，“晒红绿”之习相沿，但不限于“六月六”。

七月七　农历七月初七，俗称“七巧节”，亦称“七夕”。旧时，城乡有置瓜、果于庭院，祭祀牛郎织女“鹊桥相会”、看巧云、搭七巧板、穿乞巧针等俗。新中国成立后，此俗不存。

七月半　农历七月十五，古称中元节。城乡居民有“祭亡人”、超度孤魂野鬼之俗。旧时，城乡从是日起，至七月底（据传地藏王生日而停止），轮流举行“盂兰盆会”、放焰口、放荷花灯，以示超度。新中国成立后至2007年，城乡居民是日晚，在村头、路边烧纸祭祀、超度之俗仍存。并有“早烧清明晚烧冬（至），七月半亡人等不到中（午）”之谚。

冬至　俗称“冬节”或“大冬”。旧时，城乡学塾放假。有“冬至大似年，家家吃汤圆，先生不放假，学生不把钱”之谣，故又称“小年”。居民有祭祖之习。是日起为“数九寒天”，从“头九”数到“九九”，每九为九天。新中国成立后至2007年，城乡《九九歌》：“头九至二九，相逢不出手；三九中心腊，河里冻煞鸭；四九三十六，井上浇蜡烛（冰凌）；五九四十五，穷汉街前舞；六九五十四；蔷薇发嫩刺；七九六十三，行人把衣担；八九七十二，行人摇扇儿；九九八十一，行人汗滴滴”。此外还有多版本《九九歌》及点《九九消寒图》之俗。新中国成立后至今，城乡除学生放假之俗不存外，其余仍流传。

送灶、接灶　农历腊月二十四，城乡居民“送灶王爷”上天。腊月三十晚（除夕），“接灶王爷”下界之俗。旧时，城乡居民使用大灶炒菜煮饭。灶头置“灶王爷府”，供灶王爷像，设香炉烛台，供香膜拜。灶头两侧楹联：“上天言好事下界保平安”。“送灶”时，供奉灶糖（麦芽糖），剪纸马、扎竹轿，撒马草（将稻草剪碎，伴少许红豆）撒于屋内外。口中念念有词：送灶王爷上天言好事……。据说灶王爷吃灶糖后，可沾（封）住嘴，不说瞎话。送灶第二日起，户户“掸尘”（室内外打扫卫生）。除夕晚饭后，接灶王爷下界，供品如前，向空中抛撒马草，直至灶膛内，然后敬香膜拜，仪式完成。新中国成立后，城区居民此俗逐渐不存。乡村相沿至20世纪80年代，燃料为煤制品，此俗消亡。

四、婚丧礼仪习俗

1. 婚俗　婚龄　清末民初，京口城乡男女结婚无年龄限制，一般不待儿女成年、有独立谋生能力，便包办儿女婚嫁，谓：“父母之命，媒妁之言。”十五六岁男女结婚者较为普遍。20世纪30年代始，婚龄有所推迟。新中国成立后，“婚姻法”规定男20周岁、女18周岁方可结婚；70年代以后，提倡晚婚晚育。修改后的“婚姻法”规定男24周岁、女22周岁为婚龄。1990～2007年，城乡男女一般为25～30周岁之间结婚。

议婚　旧时，京口城乡有“议婚”之俗。一般男女双方父母通过“媒婆”缀合，讲究“门当户对”“郎才女貌”。民间有“高门配大户，茄子配葫芦”之谚。双方父母满意后，女方将“年庚八字帖（亦称庚帖）”由媒婆转交。男方接庚帖后置灶神前，3日内无碎碗破甑发生者，即请相卜者推算男女八字。如八字和谐，择日过“合书”。“五四运动”后，城市男女青年逐步提倡婚姻自主，反时包办婚姻，在社会交往中自择意中人，双方经恋爱了解，告知家长同意后，登报订婚。新中国成立后至今，城乡男女青年，或经介绍人或自择佳偶，自由恋爱。男女双方看中各自人品、文化、职业等诸因素，相处一定时间后，相互间有感情基础，由男女双方父母商定，并经婚姻机关结婚登记，择日举行婚礼。20 世纪 50 年代初至 70 年代末，一般选择元旦、春节、“五一”劳动节、国庆节等节假日结婚，婚宴也较为俭朴。

行聘　旧时，城乡男女双方合写红帖定亲，男方送礼，首饰、衣料、礼金等；女方回礼，红蛋、百合等。新中国成立后，无此繁俗。1983 ~ 2007 年，城乡行聘礼俗仍存。

迎奁　旧时，男女双方议定婚期后，双方置备结婚衣被、家具等品。婚前一日，男方组织人员，在媒婆带领下至女方“接嫁妆”。一般为衣橱、衣柜、澡盆、马桶、衣被等。新中国成立后至 2007 年，迎奁之俗仍存，但所接嫁妆除衣被等用品外，更有摩托车、轿车等豪华物品。迎亲旧时，迎亲礼正日，新郎披红戴花接新娘。聘人抬花轿，在“高照”（长竹竿顶端系筛子，两边披红绸结，内书“吉星高照”）、灯笼、火把及鼓乐队引导，一路鞭炮齐鸣、吹打于上午 11 时许，进入新娘门口。此时，大门紧闭，轿夫以轿杠敲门（3 下），大门开启，媒婆交“开门封（喜钱）、开脸封、梳头封”等，新娘家人收受后，轿升于堂。鼓乐吹打不息，谓之“催妆”。新娘由父或兄抱之升轿，新娘入轿必哭，谓生子不哑。起轿后，娘家人将水从轿后泼至门外，谓：“嫁出去的女儿，泼出门的水”。至晚，轿回男家，避原道。至男家后，新郎须“跨鞍”，步米袋入房，寓“传宗接代”。新中国成立后，此俗不存。此外，还有“暖房酒”“压床”“拜天地”“合卺酒（今称交杯酒）”“闹洞房”之俗。今新事新办，旧俗不存。

新中国成立后至 20 世纪 60 年代，婚礼简化，盛行旅行结婚、集体婚礼。80 年代以后，京口区城乡随着经济发展，人民生活水平提高。1992 ~ 1999 年，举办婚礼讲排场、摆阔气、攀比之风有所抬头，并有愈演愈烈之势。

2000 ~ 2007 年，区域内少数“富二代”“官二代”儿女婚事大操大办，迎亲车队多则 20 ~ 30 辆豪华轿车，婚宴从 60 桌飙升至百桌之多，礼金从 80 年代数十元，陡升至万元、10 多万元、甚至于数十万元不等。

回门　旧时，新婚后三日，有“回门”之俗。是日，新娘偕新郎各乘青布小轿，回娘家探亲，双方各备礼品。新中国成立后，此俗不存。

会亲　旧时，新婚后男家择日，宴请女家亲友，谓“会亲”。是日，女家亲友各备馒头、花糕（面制品）等物至男家赴宴。也有婚后一月，女家及近亲各备馒头等物至男家，称“满月”，亦称“认亲”。新中国成立后至 2007 年，城乡会亲之俗仍存。

2. 喜庆习俗　生育　新婚孕后，外婆家预制婴儿“毛衫”、尿布、水饺等物，称“催生衣”“催生饺”。婴儿出生后，主家向外婆及亲友送“（红）喜蛋”。旧时，男单女双。新中国成立后，男女平等，一般为单数，7 ~ 13 只红蛋，送 3 只者，谓“吃着玩的”，不送“月子”礼。亲友接到“报喜”，要“望产妇（月子）”。旧时，礼品为京江侪、馓子、肚肺、母鸡等。20 世纪 80 年代至 2007 年，随着经济发展，“望月子”礼品品种多样，除营养品外，封现金。婴儿满月，主家设宴请亲友。满月后，产妇回娘家住一月。婴儿出生百天，称“百露”。周岁，称“抓周”，均需备酒宴请、“出份子”，俗称“送人情”。旧时，城乡有“人情逼似债，头顶锅儿卖”和“逃避人情比赖债好”之谚。

贺寿　俗称“过生日”。城乡有逢十过生日的习俗，无论男女从十岁至百岁皆设宴请，亲友“出份子”。旧时，50 岁以上生日称“大寿”，富裕户设“寿堂”，悬寿幛、点寿烛、燃寿香，亲友赠寿礼（金），食寿面、寿桃（面制），中面晚酒招待。贫寒之家，晚辈为长辈赠送衣物等，合家吃寿面、聚餐，以示庆贺。新中国成立后，移风易俗，寿庆从简。1990 ~ 2007 年，城乡经济发展，生活水平提高，人民延年益寿，七十至百岁寿庆，层次也水涨船高，多在宾馆或豪华酒楼举办华筵宴，亲友贺寿者一般在 40 ~ 50 桌，多达百桌以上，贺礼也丰富多彩。

3. 丧葬习俗　破孝　旧时，城乡“老”（即死亡）人后，家人为其沐浴、更“寿衣”，一般“三腰五领”，尸榻（俗称“冷铺”）前置供桌，陈 7 块“打狗饼”、米饭（称“倒头饭”）、油灯（称“引路灯”）。家人到齐后“破孝”。白布制成孝帽、孝衣；长子以麻为帽，称“披麻戴孝”。新中国成立后至 2007 年，少数沿袭此习，多数佩黑纱，以示哀悼。

报丧 旧时，城乡“老”人后，多由长子披麻戴孝前往亲友处，跪报丧耗。新中国成立后至今，长子跪报丧耗不多见。多在报纸刊登“讣告”或电话报丧。

入殓 旧时，“老”人入殓前，棺内置一斧头、一绺头发、杏花一技，谓后人“大富”“陡发”“兴旺”之意，并铺席垫褥，取出斧头，然后入殓。女性入殓须有娘家男子在场，并以石灰包塞空处（石灰包与死者年龄相同），方能入殓挽钉盖棺，当夜，家人围棺坐夜。妇女逢更便哭，俗称“啼更”。新中国成立后至20世纪60年代，农村相沿此习、70年代后，移风易俗，提倡火化，此俗不存。

开吊 旧时入殓后，于客堂设灵几，焚香点烛，清道僧念经，超度亡灵。择日开吊。吊唁者以纸锞、锡箔为礼，至灵几焚香礼拜。新中国成立后至2007年，吊唁之俗仍存。但唁礼以花圈、花篮、幛（绸被面）、现金等。

出殓安葬 旧时，出殡安葬之前，请“风水先生”择墓地后出殡，由外甥、孙“扛幡”（招魂幡），子媳和女及婿持“哭丧棒”随后，送丧队伍随吹鼓手至墓地，“浇坑”焚纸。离开时不回头看、不走原道，须跨火入门，以示跨过阴阳界。丧家办酒宴招待送殡者及亲友，称“回杠饭”。新中国成立后，实行火化，出殡安葬习俗简化。1983 ~ 2007年，城乡出殡安葬“扛幡”等陋习有回潮势头。

祭七 旧时，城乡有给亡人“祭七”之习。从去世之日起，每七天祭祀谓“烧七”。有“头七馒头二七糕，三七才把饭来烧”之谚。五七由出阁姑娘带饭菜祭祀，六七两七合并，称断七，亦称终七。

五、少数民族习俗

1. 回族 城乡回民传统习俗如春节、端午、中秋等，从汉族，称风俗节。回民另有3大节日。一是开斋节。每年有一个月为“把斋”。除老、弱、幼、妇（产）外，白天均不食不饮，一月后开斋。二是古儿邦节，又称宰牲节、忠孝节，纪念圣人易卜拉欣。三是圣祭，纪念穆罕默德生日。

回民不食猪肉、动物血、自死动物、无鳍鱼等，食牛、羊、鸡、鸭等。宰杀时，须念真主名字。

新中国成立前，回民议婚须依父母之命，但父母须征得子女同意后，方可举行婚礼。婚礼一般在家里举行，新郎新娘沐浴盛装，由阿訇主持，谓“打单”，念可兰经礼祝贺，然后新郎新娘向参加婚礼者抛糖果。旧时，回汉不通婚，如通婚须汉方从回俗。新中国成立后此俗不存。

回民丧事从简且迅速，不超过72小时（3天）即行土葬。葬前要净身、清洗，缠裹白布装进长方形木匣内，抬至墓地，将尸体以布绳系下坑，下面有人接尸安葬。回民墓坑有窑坑、直坑两种。窑坑为8尺深槽沟，沟前为3尺高窑洞；直坑为长方形。下葬时，死者家人不得诉哭，只能饮泣。因死者为“顺命归真”。1983 ~ 2007年，城乡回族习俗无改。

2. 满族 城乡满族婚礼无迎奁之俗，议亲无八字庚帖、不合婚，谓“天婚”，又名“闯婚做亲”。聘礼简易，富裕者仅首饰4件。行聘日亲友皆至，男方中午备酒，女方晚间设宴。

新娘花轿入门时，男方主婚人冠带，具香烛焚火向花轿行一跪三叩礼，奠酒向火，谓“迎喜神”。礼后撤去，花轿入堂中绕三转，将轿门对新房门，由送亲太太扶新娘下轿，走上红毡送新娘上床与新郎对坐，进富贵面两碗，此谓做富贵合卺交杯礼。

花、胡、那三姓满族稍有区别。花轿进门后，新娘下轿进房，先跨马鞍，谓跨鞍拜天地。婚后三日天刚亮，即偕新郎回门，中午娘家设宴款待新人。宴毕，新郎先归，新娘后归。回婆家后卸妆入厨，执铲煎鲢子鱼、豆腐。取连生贵子、富贵有余之意。新婚第一年，端午、中秋两节，娘家使人至婆家赠礼；除夕另备杏花一对（以绒和纸制成康形扁花）、压岁钱2元（银圆）；岁末，婿家备酒席一桌送女家，以示拜年。

满族腊月二十三晚间送灶。用节节八宝塔糕。不烧利市。生子，门头悬弧矢（弓箭）、草辫，生女悬草辫。

清道光年间（1821 ~ 1850年），京口城乡满族丧葬从简。遇有丧事，皆以事益局所制卖柴草，当日死、当日殓、当日抬往北门焚烧。咸丰后，丧事皆从汉俗。但不尚开吊，尚明送。送殡时以仪仗执事导引，不请自来，来者不入室，站路（衙）旁侍立，与丧家人执手为礼，谓“陪送殡”。有丧事家百日不理发。满族春秋祭祀，祭品大祭用大猪，小祭用小猪。新中国成立后至今满俗多不存。

3. 蒙古族　城乡蒙古族习俗与满族习俗大致相同，唯蒙古族祭祖挂家谱于堂，过年时悬谱敬 5 日或至灯节止，敬祖必敬佛。每年冬至大祭一次，祭品以羊。

蒙古族婚俗做“富贵”后，少时即出洞房同拜“天地君亲师”，行三跪九拜礼，后由长者上坐受礼。长者作吉语 4 句，手持秤杆将搭头巾挑去，后拜大小亲戚。新中国成立后，城乡蒙古族渐从汉俗，旧俗不存。

六、庙（集）会习俗

1. 都天庙会　都天庙，为祭祀唐代名将张巡而建。清道光十九年（1839 年）六月初四，时年 48 岁龚自珍因受清政府顽固派打击迫害，离开北京，辞官南归，途经都天庙时，写《己亥杂诗》诗：“九州生气恃风雷，万马齐喑究可哀。我劝天公重抖擞，不拘一格降人才”不朽名篇。1937 年，日本侵略军飞机轰炸，毁坏都天庙殿宇，从此日渐衰败。

京口城乡都天会习俗，传说纪念唐睢阳守将张巡。据清道光二十九年（1849 年）赵彦偁《三愿堂日记》载：“起于康、雍年间（1662 ~ 1735 年）其盛也，盖在乾隆中纪（约 1765 年）。”都天会行会日期在农历四月十四至二十日之间，具体日期拈阄而定。都天会由各业会馆（亦称会堂）共同举办。会费来源“会厘”，大行业往往一掷五六千两之多。行会前，城乡进入筹备期，市民“上庙”敬香，祈求都天王爷保佑平安。鼎石山下古运河排列诸多高悬“朝山敬香”黄旗船只。传说都天王爷“岳父母”家在仪征，每年行会前仪征船帮结队赶来参会。行会前一天，城乡各寺庙都抬着神像到都天庙参见“王爷”。呈现出诸神参庙，由官职小辕门都土地开始，按官阶依次礼拜。

旧时，会堂为七十二家半，半家是仪仗较少的“锞儿会”。行会当天，各业抬着神像，总称“十三甩”。有都天大帝、南国公、雷国公、立报司、辕门都土地、花神、痧神、麻神、长寿星、财神、蒋神、杨泗将军、晏公，各色旗仗，有丝绒锦缎、金银丝绣龙袍、旗、牌、伞、扇；有玉、珠、琉璃装饰的茶担；有楠、檀、樟木雕镂的香亭、銮驾；有精制香炉、烛台；有名人字画、古玩及兵器等，浩浩荡荡，鱼贯过市。

都天会行会路线，起自鼎石山都天庙，过东门坡、鼓楼岗、中街、大市口、绕至道署衙，拐进西门大街（今大西路）、银山门，从南马路（今永安路）折西，由双井巷至大市口向南，经观音桥、南门大街回都天庙。出会队伍所到之处，人山人海，观会人众，万巷无人。白天看会，晚上观灯。城乡有“大姐儿，二妹儿，请到我家看会儿。会儿会儿没有来，搭开桌子打小牌；打红中，碰发财，二五八饼胡下来”民谣。

清代至民国，都天会几经兴衰。辛亥革命后，屡禁都天会。由于民间传统观念难以根治，加之行业利益驱动，屡复行会。北伐战争期间又遭禁止。1941 年农历四月恢复，新中国成立后消亡。

2. 城隍庙会　旧时，京口城区城隍庙有二，一府庙，一县庙。城隍庙会每年 3 次。出会时，由道士主持及衙役吏主办。出会时，抬出立报司、都土地、县、府城隍 4 神，配以鼓乐、旗、牌、伞、扇等仪仗，及扮红、皂班为神服务差役，许还愿“罪犯”等。每年第一次会期为清明节，相传为“小鬼”放封；第二次七月半，将一半“小鬼”收封；第三次为十月初一，将“小鬼”完全收封。新中国成立后，城隍会不再举行。

3. 龙兴（雩山庙）寺庙会　旧时，每年农历三月十六至十七日，为谏壁镇南雩山龙兴寺庙会期，俗称雩山庙会，三月十五日排演，十六日出会。是日，龙兴寺三茅真君乘轿出巡谏壁、辛丰交界处的 48 村。依次是第一天雩山纪、蒋村、大、小李村、赵家村、华村沟、小陶庄、东陶庄、金涵口、后湖、前湖、塔岗、潘家村、孙巷、唐家村、赵家村（属辛丰）、西彪社、至东彪社散会；第二天在东彪社排会，至纪巷、陆家村、宦家村、周岗村、赵家村、卜家村、上、下张官村，转西至黄丝湾、何家庄、小徐家村，回庙。十八日，在寺庙周围开展集市贸易。

三茅真君出巡时，由“灵官”并鸣锣开道，仪仗队旗伞簇拥行进，1000 多米长的各式文艺表演队伍随后，“刘备招亲”“八仙过海”“白蛇传”等传奇故事人物装扮及演出，还有小放牛、挑花担、荡湖船、舞龙灯、跳马灯、狮子舞、大补缸、莲花落、蚌舞（歪歪精）、双种麦、大头娃娃、踩高跷、耍马叉等节目，逢村必演，边走边唱，音乐伴奏，锣鼓喧天，吸引四乡八里人群围观。新中国成立后，庙会活动停止。但三月十八日集市贸易（俗称集场）至2007年相沿成袭。

4. 东狱（岳）庙会　宋代至民国期间，京口城乡庙会盛行，尤其是丹徒、谏壁地区庙会集中在春季三至四月。民间有“正月里拜年，二月里赌钱，三月里赶（庙）会，四月里种田”之谚。每年农历三月二十六至二十八日，为谏壁东狱庙会期。一般为二十五日排演，二十六日出会，任元圣帝出巡谏壁街坊及附近48个村庄。依次为：第一天谏壁东街、太平巷、大街、癞鼋墩、刘家湾、焦湾、宋家、孔家、张家、潘家，经越河闸南入越河街、一茅圩，东拐肖家、高家、张家荡、小葛村，回庙；第二天小刘村、大刘村、石墙头、陈家庄、后湾、上虞、下虞、粮山、解家庄、吴家、葛家、钟家、雪沟、北街，经太平巷、南街，回庙。二十七日晚任元圣帝即位，其时，气氛庄严、肃穆，彻夜灯火通明，香烟缭绕，善男信女烧香念佛。二十八日，庙内万年（戏）台演戏；寺庙周围集市贸易，丹阳、扬中、江都、邗江、仪征等地居民前往看会、看戏、赶集，购置生产、生活用品，人数达数十万之众。新中国成立后庙会停止，但具有千年历史的集市，相沿成袭至今。1993 ~ 2007年，每逢三月二十八集市，区、镇两级政府加强组织领导，区公安、工商和有关部门组织人员，进行管理，确保安全。

5. 高皇庙会　旧时，农历四月十四为谏壁月湖高皇庙会行期。至时，四乡八村居民前往“看会”赶集。新中国成立后至2007年，四月十四高皇庙集市贸易相沿成袭。

此外，丹徒龙王庙、象山二郎庙、汝山京岘山寺等均有庙会。以上所述庙会（赶集）期间，凡所经过的街坊、村落大家小户，必备酒饭，招待“看会”“赶集”的亲友。

第二节　方　言

一、方言

1. 城区方言　1983 ~ 1989年，京口区城区居民方言在1992年版《京口区志》已有记述。1990 ~ 1992年，京口区系纯城区，居民之间方言操老镇江话，属镇江语系。而镇江话属北方方言次江淮方言和吴语两大方言板块交汇处。即古代，京口方言属吴语。由于东晋时期，北方人口大批流入，长期混居，因而方言发生变化。虽大类属北方次江淮方言区，其中既有吴语遗痕，又有旗腔（类似京腔）影响。

1993 ~ 2007年，城区范围内随着市场经济快速发展，市政建设和房地产开发，每年有10多万外来人口，约占城区人口1/3，从事商业服务、交通运输、土木工程等，大多来自云、贵、川、鄂、赣、皖、鲁、豫、沪、浙及江苏淮安、盐城、徐州等省市，加之户籍政策改革，只要拥有京口区域内房产便可定居，从而构成城区方言多元性。如在社区、市场、工厂、工地混杂，“南腔北调”，操各地方言。但京口方言与普通话相比，没有浊声和舌尖后声母；鼻化元音介于前鼻音韵母之间，如in、ing，en、eng，n、l不分；有入声调，成为城区方言的重要特色，而且词汇中保留着丰富的吴语成分，是城区方言区别其他方言主要标志。

2. 乡镇方言　1992年10月区划调整后，划进6个乡镇场圃，但方言以京口区城区为基准，同时又属近郊话，主要为象山、汝山、丹徒、谏壁4个乡镇，其特点与京口区方言近似。但谏壁、丹徒两镇方言有其特点：以下声母不同，韵母相同的“权（quan）”与（chuan）“船”不同音，而谏壁、丹徒两镇方言却同音，读puan；“软（ruan）”与“远（yuan）”，读成同音yuan；“胡（hu）”与“符（fu）”，读成同音fu等。

选介汝山、谏壁两乡镇音系作比较。

汝山乡方言保留旧时镇江方言，但沿江一带多为苏北移民，有明显泰州方言成分，有6个声调。

汝山乡孟家湾村音系　声母（18个）：

p 不白剥布　p´ 坡怕平陪
m 马买门明　f 符风费方　t 到大夺当　t´ 他太团同　l 南兰女吕
ts 召主资真　ts´ 仓窗醋处　s 三山诗思　z 认绕日肉　tc 精经焦江
tc 秋枪徐恰　c 休消扇线　k 贵光关官　k´ 开葵坑刻　x 化话红黄
∮ 文硬印央

韵母(46个)：

I 资此思事　I 第地以西　u 故湖土五　y 虚雨举去　a 耳爬大拉
Ia 架亚下家　ua 夸瓜花哇　ε 盖开太来　iε 介解界也　uε 外怪帅快
ㄒ 倍陪妹蛇　iI 野夜　uI 靴水危跪　o 过河坡多　つ 宝桃烧告
tつ 条焦乔辽　a 哥戈斗欧　ia 尤牛九丘　ε 胆三竿曼　tε 间减衔颜
uε 弯关环万　iY 连检先天　yi 权元玄捐　ŏ 酸宛专官　an 恩真耕灯
in 紧心林灵　un 温魂寸困　yn 云群勋军　ou〕 党刚张郎　oi? 恶角落剥
oη 东中工翁　iu? 确脚学药　uo? 郭霍扩廓　ua? 勿骨窟扼　iu!〕江枪乡羊
?? 辣扎察杂　i?? 甲压侠押　u?? 挖刮滑袜　a? 色日尺勒　uo!〕汪光匡荒
ir? 叶业铁及　yr? 月决缺血　o? 夺脱泼说　io!〕琼凶永穷　つ? 白木秃足
iつ? 菊曲蓄育

声调

阴平J 21　天空
阳平フ 35　黎明
上声Ч 313　老虎
去声γ 64　大路
入声 I 4　学习

谏壁镇音系　声母(17个)：

P 不罢剥布　p' 婆怕平陪　m 马买门明　f 符费胡狐　T 到道夺当
t' 太同团他　l 南兰女吕　Ts 召增争僧　ts 仓昌初从　s 丝师散山
T? 精经祖主　t? 齐旗醋处　? 书虚线扇　K 贵桂滚瓜　k' 脆开葵环
x 化话会晦　∮ 认硬软远

韵母(17个)

ι 资支知史　I 第地义衣　u 故路布付　y 雨虚朱树
a 爬妈拿拉　ia 加家雅下　ua 瓜花夸挂　ya 抓爪
ε 盖太卖来　iε 介界解皆　uε 怪坏外快　yε 帅甩拽揣
I 蛇姐倍妹　uI 贵跪会威　yI 靴虽吹追
O 母过河罗
つ 儿耳包桃　iつ 条调标摇
A 斗丑受娄　ia 留牛优肉
ε 胆三反眼　iε 讲香良枪　uε 关环弯万　yε 赚栓闩
iI 检连严嫌
o 短官搬漫　yo 权船酸园
an 耕根冷蒸　in 林灵心星　uan 魂滚困文　yn 群勋云笋
u!〕 党刚航帮
o!〕 横红东翁　io!〕琼穷凶永

o1?　八剥辣洛　　io1?　甲脚侠削　　uo1?　刮郭滑挖　　yɐ1?　刷捉戳卓
o?　活泼夺脱　　yo?　绝局说月
i?　急力铁血
a?　不直割喝　　ua?　骨窟勿忽　　ya?　出入术述
つ?　白木毒国

声调

阴平 J　21　中央
阳平フ　35　摇篮
上声Ч　313　买米
去声γ　54　大地
入声 I　4　角力

新民洲方言新民洲系民国初期新生的沙洲，首先驻足沙洲的是苏北“三泰”（泰兴、泰县、泰州）地区破产农民，由苏北招募至洲，初名“难民洲”。难民洲方言为新民洲方言之始。新中国成立后，沙洲面积越发扩大，总面积达 10 多平方公里。1960 年春，镇江市委、市政府动员、组织全市城乡企事业单位 600 多名共青团员和青年奔赴新民洲，建立国营共青团农场。1965 ~ 2007 年，新民洲方言以镇江话为主体，辅以“三泰”、泗淮、海州、灌（云）沭（阳）方言。

3. 词汇

（1）称谓

老太爷——曾祖父
老太太——曾祖母
姥爷（姥姥）—— 祖父
奶奶——祖母
公公（姥爷）——外祖父
婆婆（姥姥）——外祖母
嗲嗲——爸爸　父亲
姆妈——妈妈
大大——伯父
爷儿（咬）——叔父
娘娘——叔母　婶娘
舅舅——舅父
舅母——舅妈
姑爹——（嗲）姑父
姑儿——（哎）姑母
姨爹——（嗲）姨父
姨娘——姨母姨娘
男人——当家的（妻子称丈夫）
女人——家里的（堂客、内人，丈夫称妻子）
小伙——佬小（父母对儿子昵称）
千金——丫头（父母对女儿昵称）

（2）日常用语

火柴——洋火

火油——洋油
肥皂——洋碱
布伞——阳（洋）伞
棉布——洋布
人力车——自行车　洋车
闲话——聊天
嚼白（嚼舌头、嚼本身）信口雌黄　无事生非
跌跟头——摔跟头　摔跤
翘辫子——断气　谓死亡
一歇歇——一会儿
该（报）——应自作自受，咎由自取
惬意——舒服　享乐
捣（叨）鬼——咬耳语或不守规则扰乱
吃醋——嫉妒
吃白大——吃喝不花钱或骗吃骗喝
饭桶——指能吃不能干的人
挑祸精——搬弄是非，爱讲闲话
挪乔——装模作样，故意刁难
三脚猫——凡事懂毛皮，但不精明
草率——指胸无大志，胡乱吹嘘的人
小气——与大方应对，即吝啬
小产——孕妇流产
半吊子——说话随便，无据可考；做事虎头蛇尾，不负责任
板板六十四——说话、办事一本正经，丁是丁，卯是卯
抽短跳——事情办一半，撒手不干

二、谚语

1. 人为操行

理直气壮，理屈词穷
有理走遍天下，无理寸步难行
真金不怕火炼，真理不怕诡辩
幸福从劳动中来，真理从实践中来
不经一事，不长一智
不经冬寒，不知春暖
三百六十行，行行出状元
先苦后甜，幸福万年
人往高处走，水向低处流
有志者事竟成，无志者万事空
有志不在年高，无志枉活百年
麻雀虽小五脏俱全，秤砣虽小能压千斤
花怕春归人怕老，有钱难买少年时
一寸光阴一寸金，寸金难买寸光阴

勤学加勤问，不愁没学问
耳听为虚，眼见为实
不懂装懂，永当“饭桶”
鸟靠翅膀兽靠腿，人靠智慧鱼靠尾
单丝不成线，独木不成林
请教不亏本，舌头打个滚
在家不理人，出门无人理
问路不施礼，多走二十里
人要面子树要皮，电灯泡子要玻璃
油多不坏菜，礼多人不怪
船靠舵正，人靠心正
君子成人之美，小人乘人之危
良言一句三春暖，恶语伤人六月寒
吃不穷，穿不穷，没有计算一世穷
一分钱逼死英雄汉
好事不出门，坏事传千里
人作有祸，天作有雨
善有善报，恶有恶报
作恶遗臭万年，行善流芳百世
为人不做亏心事，半夜不怕鬼敲门
荒年饿不死手艺人
不怕家里穷，只怕生懒虫
娶妻要看娘，买房要看梁
娘勤女不懒，爹懒儿好闲
儿不嫌母丑，狗不嫌家贫
家有贤妻丈夫不遭祸事
水有源树有根，不敬父母似畜生
不当家不知柴米贵，不养儿女不知父母恩
贪吃贪睡，添病减岁
两春夹一冬，麻布好遮风
宅前不种桑，屋后不植柳
吃了端午粽，才把棉衣送
邻居好赛金宝
亲戚饱换饱，邻居碗换碗
观棋不语真君子，落手无悔大丈夫

2. 气象

（1）风

一年三季东风雨，唯有夏季东风晴。
十次东风九次下，就怕东风吹不大。
一日东风三日雨，三日东风九日晴。
东南风，燥松松；东北风，雨祖宗。

雨下东风急，次日定晴明。
雨后东风至，夜来雨更巨。
二月初八风，刮到三月中。
旱刮东风不下雨，涝刮东风不晴天。
西风四季都不下，唯有夏至要当半月家。
久晴西风雨，久雨西风晴。
秋冬西北风，天空放笑容。（转晴）
秋冬东南风，雨下不相逢。（多雨）
西风夜来息，明日吹倒壁。
西风刹雨脚，明日太阳旺。
梅里西风莳里雨，莳里西风当时雨。（莳指夏至后半月）
六月西风即时雨。
莳里西北（风），鲤鱼上屋；莳里西南（风），鲤鱼落潭。
伏里北风雨倾盆，腊里南风雪纷纷。
南风吹到底，北风来还礼。
一日南风三日暴，三日南风狗钻灶。
秋后南风当日雨，秋后北风天主干。
冬天南风不过三，严冬南风不过夜，过三过夜雪连片。
逆风云，雨倾盆。
西南转西北，无雨也刮风。
早西夜东风，日日好天空。
南风转东风，三天不脱空（有雨）；南风转西风，大暴晒老翁（天晴）。
风吹乱，天气变。
未雨先风，有雨不凶。
（2）云
鱼鳞天，不雨也风颠。
天上钩钩云，地上雨淋淋。
朝有破絮云，午后雨淋淋。
天河打坝，必有雨下。
天上鳞斑（瓦片状排列整齐而透光），地上晒谷不用翻。
馒头云，（淡积云）天气晴。
城堡云，（堡状高积云）雷雨淋。
云跑东，雨落空；云跑南，雨成潭；云跑西，披蓑衣；云跑北，好晒麦。
乌云接日头，半夜雨稠稠。
老龙倒挂（指云），不阴就下（雨）。
六月出红云，劝君莫远行。
游丝（马丝云、毛卷云）天外飞，久晴便可期。
乱云天绞顶，风雨不少来。
天上铁砧砧（雷雨云），地下雨成滩。
乌头风，白头雨。
早上乌云盖，无雨也风来。

四周起乌云，大雨马上淋。

乌云边带红，伞要被打通（有大雨或冰雹）。

天上灰布悬（雨层云），地上雨绵绵。

满天飞乱云，雨雪下不停。

有雨山戴帽，无雨河起罩。

日落云连天，必有阴雨天。

乌云接日半夜雨，乌云接月一日晴。

早上浮云走，下午晒死狗。

早起西云涨，饭后太阳旺；饭后西云涨，来夜雨旺旺；日落西云涨，半夜听雨响。

早怕南云涨，夜怕北云堆（有雨）。

大瓦风，小瓦雨。（“瓦”指云彩形状）

云交云，雨淋淋。

逆风涨，落一丈（雷雨云顶风发展，雨势大）。

云走如跑马，大风即时来。

朝看天顶通，晚看四边空（预示未来天晴）。

（3）雨雪

但愿初一下，不愿初二阴，初三下雨月半晴。

东虹（俗读杠）日头西虹雨，南虹北虹下海雨。

雨雪年年有，不在三九在四九。

雨打五更，有雨不长。

开门雨，当日晴；关门雨、明天晴。

先下牛毛无大雨，后下牛毛不晴天。（“牛毛”指蒙蒙雨）。

雨打“上元”灯，云罩“中秋”月。

一天一个暴，高高山上好打稻。

太阳中午现，三天不见面（连阴两期间，中午太阳短时出现，预示将阴雨）。

久雨傍晚停，一定转天晴。

夏雨连夜倾，来日便晴明。

秋阴怕夜晴，十晴九不明。

春阴需见冰，落雪天就晴。

雪接雪，下不歇。

雪打灯，好年成。（“灯”指正月元宵灯节）

“小雪”雪满天，来年是丰年。（“小雪”指节令）

雨夹雪，不得歇。

闷梅凉莳有雨（梅季闷热，莳里寒凉皆有雨）。

（4）日、月、星、霞

日月生毛，雨水滔滔。

太阳颜色黄，明天大雨狂。

太阳现一现，三天不见面。

日头出得早，天气难得好；日头送下山，预备洗衣衫。

太阳返照，晒得鬼叫。

日出胭脂红，无雨便是风。日出猫儿眼，出门带雨伞。

日落火烧云，明天是天晴。
日落乌云障，半夜听雨响。
日落乌云接，明天落不歇。
日落乌云洞，明天晒背痛。
日落西北空，明朝晴天空。
日落胭脂红，半夜雨蒙蒙。
日落光朝下，收拾灶下（天晴）；日落光朝上，收拾场上（有雨）。
日落黄光返照，明天西风要到。
梅落乌云莳落清（梅天日落乌云有雨，莳天日落晴空万里，预示近期有雨）。
日晕三更雨，月晕午时风。
月亮毛茸茸，不下雨来便起风。
月亮打黄伞，三天晴不到晚。
月亮云肚攻，鱼虾吃绝种（天旱）。
明月照烂地，天明落不歇。
月亮生毛，大雨滔滔。
月色胭脂红，无雨即是风。
久雨现星光，来日雨更狂（适应梅季和秋季）。
日晕雨，月晕风。
太阳有耳（太阳周围出现彩色光环），北是雨，南是风，两边都挂一场空。
早霞不出门（有雨），晚霞行千里（晴天）。
早霞晚霞，没有水下；晚霞早霞，等水泡茶。
虹高日头低，还要穿蓑衣，虹低日头高，晒得乌炭焦。
东虹风，西虹雨。
虹见东，有雨一场空；虹见西，骑车带雨衣。
东闪日头西闪雨；南闪火门开，北闪有雨来。
今晚星星明又明，来日晒得汗淋淋。
（5）雷闪
雷声绕圈转，有雨不会远。
雷声如推磨。大雨是滂沱。
操天雷声响，下雨都不淌。
早上雷轰轰，有雨等不到中。
早雷不过午，午雷两头空，夜雷三日雨。
雷声当顶响，有雨下不长；雷响四边天，大雨要连天。
夏雷有雨，雨猛不长；秋雷有雨，雨猛又长。
西南来的阵（雷雨），经过落三寸（大雨）。
未雨先雷雨不大，已雨闷雷雨更大。
雷轰轰，雨不凶；雷哼哼，大雨生。
东霍霍，西霍霍（晚闪），明天还是干卜卜。
雷公先唱歌，有雨也不多。
雷打“惊蛰”前，高山也是田；雷打“惊蛰”后，低田好种豆。
久雨不晴，雷响雨停。

五更头里起北闪，有雨在眼前。

闪白有雨闪红空。（红白是指闪电颜色）

（6）雾、露、霜

春雾雨，夏雾热，秋雾凉风，冬雾雪。

早雾晴，晚雾阴。

早晨地罩雾，尽管晒稻谷。

三日雾漾漾，必定起狂风。

重雾三日必有雨。

大雾不过三，一过连续干。

梅里迷雾，雨在半路；莳里露雾，干裂大路。

朝雾消，晒谷不用翻；朝雾延，必定雨绵绵。

久晴大雾雨，久雨大雾晴。

露水起晴天。

无露作阴，有露作晴，露水过重要转阴。

霜重见晴天。

霜打正月节，二月雨不息；三月桃花水，四月塘开裂。

霜后南风连夜雨。

霜后东南一日晴，霜后西南遍地干。（东南、西南指风向）

一夜春霜三日雨，三夜春霜九日晴。

3. 物候

燕子低飞蛇过道，大雨不久要来到。

蛤蟆哇哇叫，大雨快来到。

蜻蜓千百绕天空，不过三日雨蒙蒙。

鸡子上窝早，明天天气好；鸡子上窝迟，天气要转阴。

蚂蚁拦路天转阴，蜜蜂出窠天放晴。

鱼向水面跳，大雨就要到。

河里鱼打花，天气不会佳。

狗卧灰堆，天阴雨催。

菜缸出汗蛤蟆叫，预报要有风雨到。

鸭吼风起天将雨，麻雀囤食要落雪。

泥鳅上下游，大雨在后头。

蚊子叫声如撞钟，不雨也起风。

雨里蚯蚓叫，雨水没多少。

泥鳅、蚂蟥静，天气一定晴。

老鹰绕天转，来日有风临。

乌鸦呱呱叫，将有大雨到。

喜鹊高窝风来小，喜鹊低窝风来大。

水缸穿裙，阴雨来临。

石壁淋淋，有雨落不停。

黄烟发潮，好天不牢。

石板出汗，雨水煮饭。

蜘蛛结网，久雨必晴。

烟上冲，无雨风；烟下栽，风雨来。

咸鱼咸肉空中挂，滴下卤水天要下。

4. 节令

两春夹一冬，无被暖烘烘。

春寒必有雨。

“惊蛰”不动风，冷到五月中。

“小暑”头上一声雷，半月黄梅倒转来（或“小暑”头上一滴漏，拔掉黄秧种绿豆）。

立秋响雷，百日来霜。

重阳无雨看十三，十三无雨一冬干。

云漫中秋月，风雪正、二月。

“冬至”多风，寒冷年丰。

“大寒”天气暖，寒到二月半。

“清明”断雪，“谷雨”断霜。

“立春”下雪，四十五天阴湿。

“惊蛰”头上一声雷，地白雨来催（预示多雨）。

“清明”要明，“谷雨”要雨。（天气正常）

“立夏”不下，无水洗耙。（立夏无雨，芒种也少雨）

“小满”不满（少雨），夏水不灌（干旱）。

“芒种”雨淋淋，“夏至”火烧天（高温少雨）。

“芒种”火烧天，“夏至”雨绵绵（连阴雨）。

八月十五云遮月，正月十五雪打灯。

“中秋”有雨“冬至”晴。

晴冬（“冬至”）烂年（春节有雨），烂冬晴年。

三、歇后语

船头上打鼓——震（镇）江

秃子跟着月亮走——沾光

辣子头上的虱子——明摆

鼻涕往嘴里淌——顺事

大腿上搓圆子——一手一脚

驼子跌跟头——两头不着实；或作前（钱）心重

周瑜打黄盖——一个愿打，一个愿挨

顶着石臼唱戏——吃力不讨好

脱裤子放屁——多此一举

偷鸡（投机）不着失把米——自作自受

韩世忠、梁红玉征粮抗金——堆成（粮）山

八仙过海——各显神通

骑驴看唱本——走着瞧

狗咬吕洞宾——不识好人心

外甥打灯笼——照旧（找舅）

只听楼板响，不见人下楼——虚张声势

做一天和尚撞一天钟——得过且过
算盘珠子——不拨不动
马尾巴穿豆腐——提不上手
瞎子点灯——白费（蜡）
旗杆上挂剪刀——高裁（才）
看戏淌眼泪——替古人担忧
狗撵鸭子——呱呱叫
狗拿耗子——多管闲事
丈二和尚——摸不着头脑
哑巴吃黄连——有苦说不出
瞎子吃馄饨——心里有数
老鼠过街——人人喊打
好马不吃回头草——义无反顾
过河拆桥——忘恩负义
无事不登三宝殿——有事特到贵府来
平时不烧香——临时抱佛脚
棺材里伸手——死要钱
泥菩萨过河——自身难保

第三章 体 育

1983 ~ 1987 年，京口区体育工作坚持以青少年为重点，兼顾办好职工体育、老年人体育、社区体育等群众性体育活动，办好各类传统学校，为市、省、国家培养、输送乒乓球、田径、游泳、排球、足球、棋类等运动优秀体育人才。体育工作坚持为改革开放服务、为发展经济服务、为广大群众服务的方针，开展多层次、有影响、有特色的，以乒乓球为重点的球类、棋类、田径、体操、游泳、钓鱼、登山、武术、拳剑、舞蹈、家庭趣味等项健身活动。

1988 年 3 月，国家体委批准镇江市为全国乒乓球重点城市。10 月，国家乒乓球队 4 名教练到八叉巷小学进行技术辅导。国家体委副主任、中国乒乓球协会主席徐寅生考察八叉巷小学，并题词“中国乒坛的希望”。区文体局、区预防和处理邪教事务办公室在区域内各晨练点共同开展宣传“易筋经”“五禽戏”“六字诀”“八段锦”4 种健身气功，反对邪教，提倡科学练习气功，从而达到全民健身目的。1995 年 6 月，《中华人民共和国体育法》《全民健身计划纲要》颁布。1996 年以来，京口区每年 6 月举行全民健身月宣传和全民健身周活动。

1997 ~ 2004 年，京口区的校园体育、城乡社区体育运动器械、场地、晨练、晚练活动点建设，按照教学、实用和享民、便民、利民要求，根据区情实际，采用市拨和社会赞助，先后安装运动器械 200 多件、设施 500 多套，各活动点分别配备管理人员，聘请指导员，有效地促进城乡体育活动蓬勃开展和人民群众身心健康。

2005 年，京口区被国家体育总局表彰为群众体育工作先进单位。2006 ~ 2007 年，全区加大体育设施、场地和器材的建设力度，推动群众体育、竞赛体育和老年人体育的有序开展，丰富人民群众的业余生活，有力促进全区物质文明、政治文明、精神文明建设。

20 多年来，京口区传统项目学校为国家和省、市乒乓球、田径、武术、排球、足球、棋类等项体育运动。

培养并输送一批优秀人才。经市、省和国家培养训练，涌现出如邬娜、秦志戬、陈晴等国家级运动员和世界乒乓球冠、亚军。

第一节　管理机构

1983年9月，成立京口区文教局，行使全区文化体育工作指导和管理职能。1984年，内设文体科。1987年，成立京口区体委。1992年10月，成立京口区业余体校，开展全区职工和中、小学业余体育训练。

1993年，汝山、象山、谏壁、丹徒4个乡镇分别成立体育运动委员会，正东路、健康路、大市口、四牌楼4个街道分别成立文体委员会，为组织协调各乡镇、街道辖区内体育活动的管理机构。团区委、区总工会、区妇联、区文体局和乡镇、街道分别配备专、兼职体育工作人员。

1997年，京口区体委改称文化体育局，内设综合科，管理和指导城乡群众体育、职工体育、学校体育活动的开展。并将区业余体校、区文化馆的隶属关系划归区文体局。

2000年，区级党政机构改革，撤销区文体局并入区教育局，保留区文化体育局牌子，内设文体科。2002 ~ 2007年，根据区政府规定，区文体局从区教育局划出，仍实行独立办公，行使管理、指导全区文化体育工作职能。

第二节　学校体育

一、体育教学与活动

1.体育教学和锻炼达标　1983年，京口区属小学分别设置体育教研组，配备专、兼职体育教师。根据《中小学体育教学大纲（草案）》（以下简称《体育教学大纲》）、《国家体育锻炼标准》（以下简称《锻炼标准》）、教育部1980年制定的《中、小学体育工作暂行规行》（以下简称《暂行规定》）设置体育课程。

1984 ~ 1987年，区属各小学按照《体育教学大纲》规定，每周按“两课、两操、两活动”规定，保证学生每天1小时课外业余体育锻炼。除每周体育课外，夏、冬两季还举办各种类型的体育夏令营和“冬锻三项”（跳绳、长跑、踢毽子）、广播操、体育达标和体育业余训练活动。八叉巷小学“少儿”乒乓球、中山路小学的田径、羽毛球、南门小学的排球、镇江第九中学和共青团农场学校、江滨实验小学的足球、市实验小学的游泳、区实验小学的武术和红旗小学的棋类，成为市、省及国家相关体育运动摇篮之一。

1985年，中山路小学在省体育卫生“六看”（看体育课、早操及课间操、代表队训练、课外活动、课间活动、眼保健操）、“两查（查体育教师备课笔记、抽查体育锻炼达标情况）”检查中，经验收为优秀标准；八叉巷小学坚持实行训练、竞赛、评优奖惩等制度，促进乒乓球、田径等项体育教学，根据《体育教学大纲》规定，各小学扩大体育达标试行面，提高达标率。1986 ~ 1987年，全区小学达标率为78%。1988年，全区各小学体育达标试行面为100%，达标率为96.7%，优秀率为16%，进入全市小学体育先进行列。

1990 ~ 1992年，全区36所小学有体育教师108名，其中每周授8节以上课程的兼职体育教师47名，专职体育教师61名，大专以上学历11名，中师学历48名；高级教师职称10名，一、二级职称各10名；年龄50岁以上6名，占9.8%，30 ~ 39岁的26名，占42.6%，29岁以下的29名，占47.5%。1992年10月，区划调整后，全区有55所中小学，其中中学8所，专职体育教师58名，大专学历18名，中师学历40名，专职乒乓球教练4名。

1994 ~ 1995年，区属各中小学体育达标试行面分别为100%；达标率分别为95.56%和97.96%；优秀达标率分别为13.67%和28.26%。2000年12月，南门小学体育老师张江安被教育部、体育总局授予全国青少年体育先进个人。

1996 ~ 2007 年，学校体育达标率分别为 96.79% 和 98.5%，优秀率分别为 20.65% 和 21.0%。

2. 课外活动与业余训练　20 世纪 60 年代，镇江市城区部分小学开展体育传统项目训练，一般安排在每周一至周六下午第 3 节课以后。八叉巷小学的乒乓球、中山路小学的田径、体操，镇师附小的游泳等项目多始于这个时期，30 多年来从未间断。尤其是解放路小学的足球，一至六年级，每班建立小足球队，经常进行比赛活动 . 中山路小学田径项目连续五届获市级小学田径比赛团体总分第 1 名。

1983 年 8 月，京口区各小学课外体育活动和业余训练，贯彻全国体育传统项目学校经验交流会议精神，根据条件和要求，因地制宜地开展业余体育活动。1985 年，八叉巷小学参加全省乒乓球传统项目学校比赛，获男子团体冠军、女子团体亚军。先后培养出靳小燕、郇娜、秦志戬等一批优秀乒乓球运动员，连续 3 年被评为省级先进集体。靳家巷小学先后向市青少年业余体校和南徐体育中学输送 10 多名游泳苗子。

1991 ~ 1994 年，八叉巷小学 12 岁的乒乓球队员陈晴，先后 4 次获江苏省少年体校“三好学生”称号。1995 年 6 月，获乒乓球二级运动员。11 月，获 1994 ~ 1995 年度全国和省“雏鹰起飞”乒乓球小能手称号。她在 1996 年国家体委、中国福利基金会在上海举行的第二届“宋庆龄奖学金”大会上，获得一等奖，这是体育类专项突出的唯一获奖者。

1996 年，八叉巷小学学生蒋旭，在 1995 ~ 1996 年度全国“雏鹰起飞”体育活动中，获乒乓球小能手称号。2007 年 2 月，八叉巷小学输送到国家乒乓球队的陈晴，在萨格勒布市举行的国际乒联职业巡回赛第一站克鲁地亚公开赛上，和队友李晓霞配对，在决赛中以 4 ： 3 战胜帕芙洛维奇（白俄罗斯）/ 法捷耶娃（俄罗斯）跨国组合，获得女双冠军。

二、体育竞赛

1984 年起，全区小学生田径运动会，每年举行一届。1984 ~ 2007 年，共历 24 届。其中 1990 年和 1992 年的第七、第九届运动会上，8 名运动员破市纪录，9 名运动员破区纪录。

1984 年，京口区首次组织小学生田径运动代表队，参加镇江市中小学运动会。是年，区小学生田径运动获全市团体总分第 1 名。1985 ~ 1988 年，区属小学参加全市小学生田径运动会时，连续 4 年获团体总分第 2 名。

1987 年 4 ~ 10 月，京口区参加市第八届运动会小学生田径、篮球、排球、足球、乒乓球、棋类等 6 个项目比赛，获团体总分第 1 名；分项团体田径第 2 名；足球甲组女子第 3 名，足球乙组男子第 3 名、女子第 2 名；乒乓球儿童男女分别获第 1 名；象棋少年组男子第 1 名，儿童组男子第 2 名；围棋少年组男子第 1 名，儿童组男子第 2 名。

1989 年 2 ~ 10 月，京口区参加市第九届运动会小学生田径、排球、棋类 3 个项目比赛，获团体总分第 2 名，男女排球双获第 1 名，棋类第 1 名。1990 年，南门小学参加江苏省“亚南杯”小学排球邀请赛，获男队冠军。1991 年，全区中小学生参加市级以上 15 个项目比赛，成绩显著。其中在市中小学田径运动会上，获小学组团体总分第 4 名；市小学生排球比赛获男子第 1 名，女子第 3 名；市小学生乒乓球赛、少儿棋类比赛均获团体第 1 名。8 月，南门小学参办江苏省“海狮杯”小学排球赛，获精神文明代表队和优秀苗子两只奖杯。1992 年，市实验小学学生参加市运动会乒乓球比赛获乒乓球男女团体冠军、市小学生棋类团体冠军、市小学生排球比赛男女冠军。7 月，南门小学参加江苏省“银杏杯”小学生男子排球比赛，获四项（身体素质、基本技术、优秀苗子、竞赛成绩）第 1 名。1993 年，区中小学生体育代表团参加市第十届运动会，131 名运动员参加中学部田径、足球、女子排球及小学部乒乓球、足球、男子排球、女子排球、武术、棋类等 9 个项目比赛，获团体金牌 5 枚、银牌 1 枚、铜牌 3 枚。

1993 ~ 1997 年，全区中小学生体育竞赛，注重在体育项目传统学校开展业余训练和竞赛活动。其中参加市、省级比赛 12 场次。中山路小学田径传统项目运动员，多次代表市田径队参加省级比赛。市实验小学棋类运动员吴文瑾获全国国际象棋赛冠军，李若凡获国际象棋儿童女子冠军、女子乙组冠军，张国凤晋升为全国象棋大师。

1995年，京口区6所学校参加镇江市第十届中学生田径运动会，汝山中学获高中组团体第2、初中组团体第6名，镇江第九中学获得初中组团体第1名、丹徒中学获初中组团体第4名。在参加江苏省县级中学田径比赛中保持甲级队称号。1996年10月，在市中学生田径运动会上，第九中学田径代表队获市区高中组团体总分第2名；丹徒中学田径代表队获市区初中组团体总分第2名。1997年，中山路小学承办江苏省苏南片第四届小学生田径夏令营活动，全省19个代表队、114名小学田径运动员参加9个项目比赛。中山路小学获团体总分第1名。八叉巷小学获全国群众体育工作先进单位称号。1998年，谏壁中心小学获江苏省第十四届运动会群众体育工作先进集体。

1998年，全区传统项目学校组织19个中小学生代表队，参加镇江市田径、球类、棋类等项目竞赛，分别获少儿组棋类赛团体总分第1名和第2名、小学生男排第1名、小学生足球第1、第2、第4名；中学生足球第3名，小学生乒乓球团体总分第2、第3名，中学生田径市区高中组团体第5名、初中组第6名，并进入市体育竞赛评比总分前3名。1999年，京口区代表队参加镇江市第十一届运动会，获中小学部棋类总分第1名，武术总分第1名，乒乓球小学生男女团体第1名，中学生男篮第1名，中学生男足第1名，小学生男足第2名和田径18 ~ 19岁组团体总分第1名。京口区举办第十六届中小学生田径运动会，200多名中小学生运动员分别参加8个项目竞赛。是年，京口区中小学分别组队参加江苏省在徐州和宿迁举办的“省长杯”中小学生足球赛。

1999 ~ 2002年，京口区向市、省业余体育学校、体育运动学校输送优秀运动员110名，获市体育“优秀苗子输送”奖。其间，全区在参加全国、省、市各类体育比赛中获得名次128项，其中冠军69个、亚军34个、季军5个。1999年区中小学体育代表队在市第十一届运动会上，分别获中小学部棋类、武术、小学乒乓球男女团体总分第1名、中学男篮、男足第1名、小学男足第2名和田径18 ~ 19岁组团体总分第1名。镇江第九中学、镇师附小被评为市体育先进集体；徐生贵等4人被评为市体育先进工作者。

2002年1月，谏壁中心小学参加全国第六届青少年“奥迪杯”四驱车模（型）总决赛，获小学团体总分第3名。是年，京口区参加市小学男子足球赛、市小学棋类比赛、市小学武术比赛、市小学男子排球比赛、市小学羽毛球赛均获团体第1名。八叉巷小学参加全国“创新杯”少儿乒乓球赛，获男子乙组团体总分第3名，省“乒协杯”获男子团体第1名。南门小学获省夏令营男排比赛总分第2名；红旗小学获省传统校“新蕊杯”国际象棋两个年龄组团体第2、第3名。镇江市第九中学参加市高中男子足球比赛，获男子乙组团体总分第1名。

2003年，京口区红旗小学在全国和省级各项比赛中获男女甲乙组团体前3名8个，区武术协会在江苏太仓省太极拳竞标赛上获个人第1、第3名各1人，第2名2人。2004年，京口区组队参加市第十二届运动会，获青少年部第1名、金牌总数第2名、团体总分第3名、职工部总分第2名和优秀组织奖。张国凤在全国象棋混双比赛中，获女大师级冠军。2005年3月1日，京口籍国家特级女象棋大师张国凤和泰州市徐天红组队，参加在江苏灌南举办的“汤沟杯”全国象棋特级大师混双赛夺得冠军。在天津市举办的国际青少年手球夏令营暨全国中学手球比赛中，第九中学获中学生组第5名，体校组第6名。同时，为市、省级手球队输送了一批优秀人才。京口籍乒乓球运动员在全国第十届运动会上，获得男子团体第1名。在省级以上体育比赛中，南门小学获省小学生排球赛女子第1名、男子第2名，红旗小学在省“红旗杯”中国象棋第二届少儿比赛中获团体第1名，中山路小学在省体育传统项目羽毛球比赛中获团体总分第3名，八叉巷小学在省少儿乒乓球比赛中，获男子团体第3名、女子团体第6名，在全国重点小学乒乓球比赛中，获男子团体第1名，第九中学在省青少年手球比赛中，获乙组团体第1名、甲组第2名。

2006年，参加省第十六届手球和艺术体操比赛，京口区代表队获5块金牌、1块银牌。在此期间，承办江苏省小学生乒乓球和排球项目比赛。全区20多个中小学代表队，参加市10个项目体育比赛。获市级团体总分第1名13个、第2名3个、第3名2个；省团体总分第1名2个、第2名4个；省级体育先进集体4个、先进个人4名；市、区级体育先进集体4个、先进个人3名。其中市实验小学、八叉巷小学通过省、市级游泳单项训练基地和少儿乒乓球体育俱乐部验收。2007年，京口区参加的省、市中小学生各项比赛中，获团体总分第1名12个；参加省第九届小学生乒乓球比赛，八叉巷小学获男乙团体第2名（俱乐部）、一队获第3名，女甲第4名。区小学乒乓球代表队在全国重点小学乒乓球比赛中，获女子单打第4、第6名。南门小学获省传统校小学生夏令营排球赛男子团体总分第2名，女子第4名。第九中学获江苏省少年手球比赛男、女组团体总分第2名。是年，八叉巷小学承办江苏省第九届小学生乒乓球比赛、靳家巷小学承办市“少儿”武术比赛。

1984～2007年京口区中小学生田径运动会情况表

表22-8　　单位：个

年份	届别	参赛队数	基层队（甲级队）	混合队（乙级队）
1984	一	14	八叉巷小学	伯先路中心区
1985	二	28	中山路小学（甲、乙队）	红旗中心区、伯先路中心区
1986	三	14	中山路小学	宝塔路中心区
1987	四	19	中山路小学	工学院附小
1988	五	20	宝塔路小学	小码头小学
1989	六	20	宝塔路小学	五条街小学
1993	十	18	镇江师范附属小学	五条街小学
1994	十一	19	镇江师范附属小学	中山路小学
1995	十二	20	市实验小学	桃花坞小学
1996	十三	20	八叉巷小学	红旗小学
1997	十四	19	中山路小学	南门小学
1998	十五	19	镇江师范附属小学	解放路小学
1999	十六	20	镇江师范附属小学	桃花坞小学
2000	十七	20	镇江师范附属小学	解放路小学
2001	十八	19	中山路小学	桃花坞小学
2002	十九	20	中山路小学	南门小学
2003	二十	19	中山路小学	红旗小学
2004	二十一	20	区实验小学	红旗小学
2005	二十二	20	市实验小学	香江花城小学
2006	二十三	19	八叉巷小学	索普学校
2007	二十四	20	区实验小学	解放路小学

说明：第七、八、九届无资料。

2000～2001年京口区中小学生参加市级以上比赛情况表

表22-9　　单位：名

时间	项目	参赛单位	比赛名称	地点	名次	备注
2000.5	武术	京口区队	镇江市少儿武术比赛	镇江市	1	团体
2000.5	排球	南门小学	镇江市小学生排球赛	镇江市	1	团体

续表 22-9

时间	项目	参赛单位	比赛名称	地点	名次	备注
2000.3	棋类	红旗小学	镇江市少儿棋类赛	镇江市	1	总分
2000.10	田径	丹徒中学	镇江市中学生田径赛	镇江市	1	初中组
2001.3	棋类	红旗小学	镇江市少儿棋类赛	镇江市	1	总分
2001.3	武术	京口区队	镇江市少儿武术赛	镇江市	1	总分
2001.4	排球	南门小学	镇江市小学排球赛	镇江市	1	团体
2001.4	足球	江滨小学	镇江市小学足球赛	镇江市	1	甲组团体
2001.10	足球	江滨小学	镇江市小学足球赛	镇江市	1	乙组团体
2001.5	羽毛球	中山路小学	镇江市小学羽毛球赛	镇江市	1	团体
2000.6	乒乓球	八叉巷小学	全国第三届少儿乒乓球赛	镇江市	1	女乙团体
2000.8	乒乓球	八叉巷小学	江苏省基层乒乓球赛	江苏靖江市	1	男甲（团体）
2000.10	乒乓球	八叉巷小学	全国“创新杯”少儿乒乓赛	山东淄博市	1	女乙总分
2000.10	乒乓球	八叉巷小学	全国“创新杯”少儿乒乓赛	镇江市	1	女乙总分
2001.8	游泳	市实验小学	江苏省小学生游泳比赛	盐城市	2	女乙团体

1996 ~ 2007 年京口区中小学生参加市级以上比赛成绩情况表

表 22-10

年　份	比赛名称	参赛单位（人员）	成　绩
1996	市小学生乒乓球赛	八叉巷小学	团体总分第一名
1996	市小学生排球赛	南门小学	男女两项第一名
1996	市小学生足球赛	镇师附小	男子第一名
1996	市小学生足球赛	市第九中学	男子第二名
1996	市小学生田径比赛	市第九中学	团体总分第二名
1996	市小学生棋类比赛	红旗小学	棋类总分第二名
1996	市武术比赛	京口区武术队	团体总分第三名
1997	市小学生排球比赛	南门小学	男排第一、女排第二
1997	市小学生乒乓球比赛	谏壁小学	团体第二名
1997	市小学生棋类比赛	红旗小学	棋类总分第一名
1997	市小学生棋类比赛	市实验小学	棋类总分第二名
1997	市中学生男足球比赛	市第九中学	第二名
1997	市小学生足球比赛	共青团农场学校	总分第四名
1997	市中学生田径比赛	市第九中学	总分第三名
1998	市田径、球、棋类比赛	区少儿棋类、排球	第一名、小学生男排第一名
1999	市第十一届运动会（中小学部棋类）	京口区代表队	总分第一名，武术第一名
2000	省“乒协杯”比赛	八叉巷小学	男团第一名
2001	全国“创新杯”少儿乒乓球赛	八叉巷小学	男团总分第三名
2003	省级武术比赛	区武术协会	个人第一名，团体第三名

续表 22-10

年　份	比赛名称	参赛单位（人员）	成　绩
2004	市第十二届运动会	青少年部	第一名
2005	省级象棋“汤沟杯”赛	张国风	冠军
2006	省第十六届艺术操比赛	区代表队	金牌 5 块
2007	省第九届乒乓球比赛	中小学代表队	团体总分第一名

1983 ~ 2007 年京口区学校体育达标情况表

表 22-11　　单位：%

年　份	达标试行面	达标率	优秀达标率
1983	66.67	76.43	—
1984	100	82.70	—
1985	100	90.60	—
1986	100	95	—
1987	100	96.70	15.20
1988	100	96.70	16
1989	100	97.10	18.10
1993	100	94.34	13.52
1994	100	95.56	13.67
1995	100	97.96	28.26
1996	100	97.79	20.65
1997	100	98.50	21
2001	100	97.79	17.22
2002	100	98.50	20.65
2003	100	96.90	22.80
2004	100	97.15	19.22
2005	100	98.23	21.15
2006	100	96.70	20.98
2007	100	98.25	22.36

三、体育传统项目学校

1983 年 9 月，京口区文教局建立后，根据学校体育体制改革精神，将体育特色项目学校，改制为体育传统项目学校。1984 年，经省、市、区三级体委审批，全区改制体育传统项目学校 13 所，其中省级 2 所、市级 3 所、区级 8 所。

1987 年，全区学校布局调整后，体育传统项目学校亦有变化。南门小学升格为省级排球体育传统项目学校，中华路小学调整为区级排球体育传统项目学校，伯先路小学调整为区级田径体育传统项目学校，靳家巷小学、实验小学、小码头小学、红旗小学、桃园小学均因场地和师资条件等原因停办。1988 年，全区体育传统项目学校再次调整为省级 2 所、市级 2 所、区级 4 所。分别是八叉巷小学为省级乒乓球体育传统项目学校，南门小学为省级排球体育传统项目学校；中山路小学、实验小学为市级田径、游泳体育传统项目学校；宝塔路小学、伯先路小学为区级田径体育传统学校，中华路小学、小码头小学分别为区级排球、篮球体育传统项目学校。

1990年，八叉巷小学在参加全国、全省和跨地区举办的各类乒乓球比赛中，先后获得31项冠军，并多次获得体育道德风尚奖。该校邬娜被国家乒乓球队吸收为女队队员。7月，江苏省排球协会在南门小学建立分会，校长周明人当选为分会常务副会长，主持分会工作。1991年4月18日，国家体委授予八叉巷小学为1990年度全国先进传统项目学校。是年，八叉巷、中山路、南门小学分别被江苏省命名为乒乓球、田径、排球传统项目学校。周明人、张学安等人撰写的《关于乒乓球传统项目建设》《排球训练》论文，在省级以上刊物发表，并被评为优秀论文。为加强全区体育传统项目学校建设，培养后备力量，向市、省和国家选送优秀体育运动的苗子，根据区属各小学体育设施与体育教育的技能，向市申报一批区级传统项目学校。1992年，全区传统项目学校省级3所、市级2所、区级6所。

2001年，有12所中小学传统项目学校，其中省级4所（中山路小学田径、八叉巷小学乒乓球、南门小学排球、江滨实验小学足球）；市级6所（镇江市第九中学田径、足球，红旗小学棋类，市实验小学棋类、游泳，共青团农场小学足球，中山路小学羽毛球，区实验小学武术）；区级2所（共青团农场学校足球、镇江市第十中学田径）。2002 ~ 2003年，镇江第九中学、江滨实验小学和五条街小学，分别获省"冬锻三项"体育活动先进学校和省级全民健身周活动先进单位。

2005年2月，八叉巷小学被国家体育总局乒羽管理中心确定为14家地方体校（乒校）和基层小学全国重点乒乓单位之一，并授予国家级乒乓球传统项目学校。2007年，八叉巷小学被命名为江苏省乒乓球奥林匹克体育后备人才训练基地。是年，全区有国家级传统项目学校1所、省级4所、市级6所、区级2所。

四、学校体育场地

1983 ~ 1991年，京口区95%以上的小学体育场地、器材设施基本齐全。中山路、中华路、解放路等中心小学，分别各有200米跑道田径场，其他小学分别有100 ~ 150米跑道。单杠、双杠、球架、乒乓球桌、攀登绳梯、沙坑等设施齐全。1992年12月，全区有150米跑道的田径场3个，设有跑道的田径场24个；足球小场地2个，篮球场22个，排球场10个；室内游泳馆1个；室内乒乓馆1个，室外乒乓水泥台50多个。是年，市实验小学兴建的室内儿童游泳馆对外开放，为全市首家室内游泳馆。池长25米，宽16米，深1.2 ~ 1.4米，分6泳道，设主、附馆2个层次。主馆有可容纳300名观众看台，附馆低层是淋浴和更衣室，第2层为训练场地。该馆占地面积2300平方米，其中建筑面积1384平方米，总造价120万元。1993年，京口区12所中学和乡镇中心小学（镇江市第九、第十中学、汝山中学和谏壁、丹徒等中心小学）体育场地、器械和设施齐备。

1994 ~ 2001年，全区中小学有150 ~ 400米以上跑道田径场11个，设有跑道的田径场8个、足球场6个，篮球场26个（其中水泥地面12个），排球场12个，室内游泳馆1个，室内乒乓球馆1个，室内排球馆2个，室内武术馆4个，羽毛球馆1个。2003年，全区加强体育活动场馆建设，八叉巷小学建成全市一流室内乒乓馆，总面积为3400平方米，具有承办国际乒乓球赛事功能，同时建设一批健身房、舞蹈房、游泳馆、室内球场等设施，被国家体育总局命为国家级体育传统项目学校。

2004 ~ 2007年，区属中小学校体育场馆和设施建设得到加强和完善，进一步提高全区中小学生体育项目训练成绩和技术水平。八叉巷小学乒乓球，中山路、市实验小学田径、体操，谏壁、丹徒等中心小学武术、游泳，市实小、红旗小学棋类，南门小学、第九、第十中球类等项目在市、省和全国都有各自的特色。

图22-5　2005年，中山路小学新建塑胶操场为全市首创　（区文体局供稿）

第三节　群众体育

一、职工体育

1. 推行广播操、工间操　1983 ~ 1989 年，区文体局根据镇江罐头厂、中百二店开展广播操和大市口地区 13 家商店开展“开门操”（即每天开门营业前做广播操）的经验，先后在区级机关、团体、学校和区属企事业单位干部、教职员工和工人中推广班前广播操和工间操制度。工间操一般在上午九时半进行，时间 10 分钟左右。1990 年，区体委开办 3 期第七套广播操领操员学习班，400 多人次参加，在全区推行广播操。华联商厦实行班前操，区级机关实行工间操，每日上下午各一次，每次 10 ~ 15 分钟。1991 年 1 月 5 ~ 10 日，举办区级机关小型运动会，设五子棋、跳绳、爬楼梯、拔河 4 项比赛活动，143 名干部职工参加，决出名次后由各单位发给奖励。

1993 ~ 2007 年，随着“双休日”和作息制度变更、调整，全区群众体育采用小型分散的形式，开展广播操、晨练、长跑、乒乓球、羽毛球、门球、田径、散步、棋类、扑克、游泳、钓鱼、登山、拳剑、气功、武术、健身舞蹈、自行车等健身体育活动。

2. 区各类体育协会　1984 ~ 1987 年，京口区先后建立球类、棋类、游泳、登山、钓鱼等 10 多个协会，组织棋类比赛 26 次、钓鱼比赛 12 次、武术比赛 24 次、登山 15 次、游泳 20 多次。1988 年，区棋类协会组织象棋、围棋比赛，8 个街道 24 个代表队 40 多名象、围棋爱好者参加，经过分组比赛，大市口街道获象、围棋团体总分第一名。1989 年，区棋类协会组织代表队参加全国第三届友好城市棋类邀请赛。1991 年，京口区棋类协会组织代表队参加第五届全国城区棋类邀请赛，围棋获团体第 3 名。6 月 29 日，京口区围棋代表队一行 10 人赴成都参加全国城区围棋锦标赛，获团体总分第 3 名。同年，区老年乒乓球协会组织代表队，参加省第七届老年乒乓球锦标赛，获离休组女团第 6 名，职工组男单第 1、第 7、第 8 名。区钓鱼协会组队参加江苏省首届区级钓鱼比赛，获单尾大单项第 1 名。区武术协会组队参加江苏省武术观摩交流赛，两人获二等奖。区棋类协会组队参加市“公路杯”象棋赛，获团体第 1 名。区乒乓球协会组队参加市“金花杯”乒乓球赛，获团体总分第 1 名。

1992 年 2 月，京口区武术协会成立，有会员 180 多人，下设 11 个辅导站，聘任业余辅导员 20 多人。协会成立不久，组队参加江苏省武术观摩交流比赛，获一等奖 1 名、三等奖 1 名。同年，区钓鱼协会组队参加省第二届区级钓鱼比赛，获团体第 3 名。6 月，成立区棋类协会，会员 50 多人。组队参加全国第六届城区象棋比赛，获团体第 6 名。成立区乒乓球协会，会员 60 多人。1993 年，先后调整区乒乓球、棋类、武术、老年人体育和钓鱼等 5 个协会。其中区老年人体育协会会员 150 多名。区钓鱼协会会员 80 多名。1994 年 5 月，京口区在丹徒镇举行武术交流比赛，全区城乡 10 多个武术辅导站，46 名男女业余选手和部分外籍武术爱好者，参加拳术、器械两个项目比赛。赛手年龄最大的 72 岁，最小的 12 岁，开全区业余体育活动史上“忘年交”先河。吕鹏勋、周明获一等奖；孙家林、顾正艳分别获二、三等奖。50 余人组成的丹徒镇中心小学武术队和江苏理工大学美籍英语老师艾兰皙女士分别获表演一等奖。1995 年 10 月，区武术协会举办演武大会，在河滨公园、市体育场、北固山等 10 多个武术辅导站的 38 名武术选手分老年组、青年组、少年组进行拳术、器械表演。其中年龄最大的 73 岁，最小的 7 岁。季利芝的木兰拳、剑，叶菊芳的 42 式太极拳、剑，金勇的南拳、枪术，叶丽、孙江的 42 式太极拳、剑，周洋的长拳、双匕首分别获一等奖。李家山、体育场、金山等辅导站组织的木兰单扇、木兰拳等集体表演项目获得表演奖。

1990 年京口区首届运动会奖杯情况表

表 22-12

名　称	杯　名	赞助单位
拔河比赛	镇线杯	镇江市线材厂
钓鱼比赛	中华杯	中华路街道办事处
火炬接力比赛	微轴杯	镇江市微型轴承厂
韵律操比赛	巾帼杯	区妇联
乒乓球赛	京市杯	大市口街道办事处
游泳比赛	正东杯	正东路街道办事处
中国象棋比赛	健康杯	健康路街道办事处
小学生乒乓球比赛	幼苗杯	八叉巷小学

2000 年，区武术协会派代表队参加在湖北省武当山经济特区举办的第二届中国武当拳国际交流大会，张志毅获二等奖；周生洪、黄勇获三等奖。

2001 年，区武术协会在江苏省首届太极拳锦标赛中获金牌，张志毅获男子成年组武术银牌，徐望珍获女子老年组“吴式”太极拳铜牌两枚，吴正祥获男子老年组“杨式”太极拳、陆根喜获男子老年组“吴式”太极拳表演奖。2002 年，区武术协会组织武术代表队参加江苏省在太仓举办的太极拳锦标赛，获个人第一名 1 人、第二名 2 人、第三名 1 人。在苏州举办的省武术邀请赛上，获二、三等奖各 1 人。2003 年 6 月，京口区武术协会和武术馆联合举办市“丹机杯”武术比赛，设 9 个项目，由京口、丹阳、丹徒、句容等市（区）武术协会和站点武术界组织 20 个代表队，100 多名运动员参加比赛。10 月，区钓鱼协会在象山乡组织“象山杯”老年钓鱼比赛，13 个代表队，39 名会员参加比赛。

2004 ~ 2007 年，区文体局先后组织各协会会员开展棋类、球类、武术、舞蹈、登山、钓鱼、扑克等小型、单项竞赛活动 100 多场次，1 万多人次参加。

3. 职工体育竞赛　1984 年 6 ~ 9 月，京口区组织由机关、团体、教师和企业职工组成的男子篮球、男女乒乓球、田径 3 个项目代表队，参加镇江市第二届职工运动会，获全市男子田径团体总分第 3 名。1985 ~ 1987 年，全区每年举办一届职工运动会。机关、街道、学校、社会团体和企事业单位分别组织田径、球类、棋类、武术、游泳、钓鱼等代表队参加各项比赛活动。

1988 年，京口区职工篮球代表队参加市“防水杯”篮球等级赛，获乙级代表队冠军，进入全市甲级队 8 强。1989 年，组织京口区职工田径、篮球、乒乓、排球、游泳等项目代表队，参加省、市举办的运动会或单项比赛。

1990 年 3 月 18 日至 10 月 30 日，京口区首届运动会在镇江船舶学院（今江苏科技大学）体育场举行开幕式。区委、区人大、区政府、区政协四套班子和市体委领导，以及裁判员、教练员、运动员 2000 多人参加开幕式。会上由武警镇江市支队、市武术队和部分小学代表队表演了团体操、军事体育项目和武术等。运动会设拔河、中国象棋、青年火炬接力、钓鱼、乒乓球、妇女韵律操、小学生田径、小学生乒乓球、儿童韵律操等 10 项目，由街道和区直属单位组成的职工组和由直属小学、中心小学、完全小学组成的小学生组，共 36 个代表队、2100 多名业余运动员参加各组各项目比赛。通过 7 个多月的竞赛，不仅创造 10 个区级体育运动纪录、还决出 10 个项目的名次，也检阅全区群众体育活动的成绩。区级机关、和平路街道、中山路和五条街小学分获团体总分第 1 名；健康路、四牌楼、大市口、正东路、京畿路、和平路街道和区计经委、区级机关等 20 个单位分获象棋、钓鱼、拔河、游泳、火炬接力等单项第 1 名；43 名运动员被评为先进个人；区总工会、团区委、区妇联、区文教局等 8 个单位分获组织奖。每项竞赛金牌得主，由赞助单位进行奖励。

1991 年 5 月，区钓鱼协会组队参加江苏省在无锡崇安区举行的第一届城区钓鱼比赛，全省 14 个城区、42 名运动员参赛。京口区朱健以 2.4 千克单尾成绩，获个人单尾重第 1 名。1992 年 5 月，区钓鱼协会代表队参加在南京举行的省第二届城区钓鱼比赛，京口区获团体第 3 名，欧阳俊昌以 2.9 千克单尾获个人第 1 名。1994 年 12 月，区文教局教育工会、桃花坞小学举办首届“园丁杯”趣味运动会。全区各中小学基层工会 23 个代表队、284 名教工代表参加踩气球、打地靶、2 人 3 足行和自行车慢骑等 8 个项目的比赛。

图 22-6　1999 年，四牌楼街道首届社区运动会开幕（区文体局供稿）

2003 ~ 2007 年，区文体局每年牵头举办全区“乒协杯”乒乓球、钓鱼、健身舞等比赛，区级机关部、委、办、局，乡镇、街道、农场、开发区等 20 个单位职工，组织 20 多个男子代表队，15 个女子代表队参加团体赛。区武术协会代表队参加省在太仓市举办的太极拳锦标赛中，获第 1、第 3 名各 1 人；第 2 名 2 人。在苏州邀请赛中，获二、三等奖各 1 人。

二、农村体育

新中国成立后，镇江市郊区开展农民体育活动，主要有篮球、田径、拔河、象棋等项目。1951 年 11 月，象山乡农民王惠英参加苏南人民体育大会，获田径农民组女子 60 米、100 米两项第一。1952 年，汝山乡前进行政村农民开始篮球、拔河、象棋等项体育活动。1957 年，成立汝山乡文化站，建立乡农民体育运动协会，成立男子农民篮球队。1958 ~ 1966 年，象山乡等乡镇文化站辅导农民开展文化体育活动。并推广田头操，开展球类、棋类、拔河等项体育活动及“劳卫制”锻炼。“文化大革命”期间，农民体育活动中断。中共十一届三中全会后，农民体育得以恢复，并迅速得到发展。镇江市部分乡镇在谏壁焦湾大队举办第三届农民运动会，出现父子同赛跑、夫妻齐跳高、兄妹比石锁的动人场景。1984 年，谏壁镇兴建溜冰场，象山乡羊毛衫厂承办全区中小学乒乓球赛等。1985 ~ 1990 年，各乡镇场圃每年都举办丰富多彩的体育活动。

1992 年 11 月，京口区始有农村体育。1994 年年初，为迎接第三届全国农民运动会，京口区举办“华联杯”春季长跑活动。谏壁、丹徒、汝山、象山 4 个乡镇各组织 100 多名干部和农民参加长跑活动，象山乡获最佳组织奖。

1995 年，区属各乡镇和大港镇人武部组织男女两个农村民兵代表队，参加市首届体育节举行的“圌山杯”登山比赛。

1996 ~ 1998 年，谏壁、丹徒、汝山、象山各乡镇广泛开展各项农村体育活动，先后举行乒乓球、3 人篮球、拔河、跳绳、武术、拳、剑、操等竞赛活动 15 场次，3 万多人次参加。1999 年，象山乡被评为市体育工作先进集体。

2002 ~ 2005 年，象山乡在陈家门中心小学举办第一至第四届“大捷杯”农民健身运动会，每届运动会有 16 个村及厂企代表队，300 多名运动员参加拔河、“步调一致”、3 人制篮球投篮、跳绳、棋类等 8 个项目比赛。2005 年 12 月，撤销丹徒镇行政建置，并入象山镇后，2006 年京口区不再单列农民体育，统称社区体育。

三、社区体育

1. 街道（社区）体育　1983 ~ 1994 年，京口区各乡镇、街道广泛开展群众性体育活动，组织辖区内职工、离退休人员和居（村）民参加跑步、跳绳、踢毽子、太极拳、太极剑、广播操、舞蹈等多种形式的活动，每天参加晨练、晚练的人数达 10 多万人次。1995 年 6 月，《中华人民共和国体育法》、《全民健身计划纲要》（以下简称《健身纲要》）颁布实施后，社区体育活动纳入法治化轨道。1996 年，四牌楼街道江滨新村管委会被省体委表彰为全民健身宣传活动先进单位。

1998 年，京口区为进一步发展社区体育，推进全民健身活动的开展，区文体局投资 16 万元，在古城公园兴建全民健身工程，由两片门球场、两套儿童健身器材、一条健身路径（包括单、双杠，肋木，梅花桩，滚筒等）及一间乒乓球房组成，免费对外开放。1999 ~ 2000 年，四牌楼街道获全国群众体育先进集体，1 人被评为市体育工作先进个人。

2002 年，健康路街道举办首届社区运动会，设街道社区组和企事业单位组，竞赛项目有象棋、乒乓球、拔河、扑克、秧歌、合家欢等 6 个项目，41 个单位 500 名各类体育爱好者参加。5 月 8 日，四牌楼街道在江苏大学北固校区举办第二届社区运动会，有 21 个单位 300 名运动员分社区组和企事业单位组，分别参加象棋、拔河、扑克、跳绳等 8 个项目的比赛。2003 年，该街道先后被评为省市级全民健身服务“八个一工程”（一套 VI 系统及应用、 一本企业文化手册、一套管理手册、一个培训中心、一支艺术团队、一首企业之歌、一个企业独特节日、 一组文化宣传媒介）先进单位。

2004 年 5 月，京口区举办第三届社区运动会，设乒乓球、羽毛球、三人篮球、棋类、拔河、家庭趣味活动等 8 项，26 个代表队，400 多名体育爱好者参加比赛。是年，健康路街道举办第二届社区运动会，41 个单位，600 多名体育活动爱好者参加 7 个项目比赛。大市口街道举办首届“移动杯”社区健身运动会，辖区 32 个代表队、500 多名运动员参加比赛。

图 22-7　2004 年，谏壁镇月湖社区全民健身广场建成　　（区文体局供稿）

2005 年 5 月，京口区举办首届“社区杯”乒乓球赛，全区各乡镇、街道 71 个社区代表队，300 多人参加比赛。2007 年 6 月 5 日至 11 月 18 日，京口区象山、谏壁 2 镇和大市口、正东路、健康路、四牌楼 4 个街道的 88 个社区，组织 200 多个代表队，2000 多人次参加市第二届社区运动会乒乓球、羽毛球、3 人制篮球、广播操、健身操、太极拳、第三套健身秧歌、象棋、健身路径、拔河、扑克牌、家庭趣味等 12 个项目比赛。11 月 18 日下午，在大市口广场举行闭幕式。大市口街道获 12 个项目团体总分第 2 名，并获一等奖。四牌楼街道获优秀组织奖。正东路街道获乒乓球比赛女子团体第 2 名、男子团体第 3 名；孙丹获女子单打冠军。大市口街道获羽毛球男子团体第 3 名；周春燕获女子单打亚军。四牌楼街道获羽毛球女子团体第 3 名。健康路街道获健身秧歌青年组规定套路一等奖。大市口街道、谏壁镇分别获中老年组规定套路一等奖。大市口、健康路街道和谏壁镇分别获中老年组自选套路一等奖。大市口街道获广播体操一等奖。正东路街道一队获 3 人制篮球比赛第 3 名、四牌楼街道一、二队和大市口街道一队分别获第 5、第 7、第 8 名。大市口街道获象棋团体第 3 名，获家庭趣味双龙戏珠、母子情深、父子接力、幸福家庭、趣味投篮 5 个项目冠军，朱定才、钱磊获扑克比赛冠军。谏壁镇获拔河比赛第 2 名。健康路、正东路街道分别获健美操比赛老年组一等奖。大市口、四牌楼街道分获健美操比赛青年组一等奖。

2. 实施《全民健身计划纲要》　1996 年，区政府制定《京口区 1996 ~ 2010 年全民健身发展规划》，将全民健身和群众体育、竞技体育、场地（馆）建设等纳入区社会事业发展计划、纳入区政府工作日程。

1996 年，根据省政府规定，每年 6 月 10 日为全民健身日。6 月 17 ~ 23 日为全区全民健身周，区体育局举办纪念《中华人民共和国体育法》《全民健身计划纲要》发表一周年宣传活动，先后 5 次开展社区体育活动，1.8 万多人次参加集健身、家庭趣味体育于一体的竞赛活动。其中举办体育活动骨干培训班 3 期，1500 多人次参加。1997 ~ 1999 年，每年 6 月，区文体局、区新闻媒体单位及各乡镇街道、学校，结合贯彻落实《中华人民共和国体育法》，广泛开展《全民健身计划纲要》宣传周活动，开办讲座、宣传栏、知识竞赛、问卷等多种形式，全区 20 多个单位，每年组织 3000 多人次直接参与宣传。全区全民健身周活动每年有2万～3万人次参加。2000年12月，江苏省体育局授予京口区全民健身宣传周活动先进单位。2002年，健康路街道获江苏省全民健身宣传周活动先进单位。

2003年6月10日，市政府在市体育场举行全民健身周暨全民健身日启动仪式，京口区组织1万多人参加。分别采用秧歌、健身操、拳、剑、舞蹈等形式进行健身表演。2005年6月，正东路街道在江苏科技大学体育馆，举办首届社区运动会暨京口区全民健身周启动仪式，辖区有关单位组织2.5万人次，参加35项体育活动。

2007年6月，京口区在北固山广场，举办“全民健身月”启动仪式暨团队展示活动，并对第二批社会体育指导员、委派教学点进行命名表彰。

3.健身工程（点）建设　1983～1990年，京口区没有专门的体育场地，城乡社区居民、职工群众一般在市体育场、河滨公园、古城公园、谏壁公园、北固山公园、宝塔山公园、梦溪广场、高校操场、机关大院及街心花园等处的晨（晚）练点，在区文体局聘请的专（兼）职辅导员指导下，进行太极拳、太极剑、健身舞等项活动。

1991～1997年，京口区体育活动场地建设，按照“亲民、便民、利民”原则，根据实际，因地制宜地兴建活动场地，安装运动器械。同时注重广场、公园、社区等场所健身工程、健身点建设同步进行，把娱乐、休闲、健身融于一体。1998年，为实施《京口区全民健身计划纲要》，开展群众性全民健身活动，申请第二期全民健身场地配套工程款21万元，新建游泳馆、门球场、篮球场、儿童娱乐场、锻炼场地等。区文体局同时对区级机关活动室设备进行更新，引进健身组合器械、空调和其他辅助器械。

2000年，京口区在谏壁公园增添全套体育健身器械，同时在象山乡九里街、四牌楼街道江滨新村及大市口街道古城公园3处新建健身点。2001～2004年，全区新建社区全民健身工程点12处。

2005～2006年，区文体局与社区及有关基层单位联合，向上级主管部门申请全民健身工程点8个，体育活动信息资源共享点1个，新建晨、晚练活动点26个。2007年，全区新建3个全民健身工程，晨、晚练点合计50多个，10个集文体活动于一体的大型广场，并完善了文体网络。

1998～2007年，全区社区体育活动随着场地和体育器械的发展，为加强管理，保障人身安全和器械正常运行。区文体局会同相关单位制定一系列管理和使用方面的制度，切实做到建设、使用、管理、安全。

4.社会体育指导员　1983～1994年，京口区在市体育场、河滨公园、北固山公园、梦溪广场、古城公园、谏壁等10多个晨练点聘请50多名拳、剑、舞、操、武术社会体育辅导员。1995年，随着城乡一体化深入发展，参加晨练的市民达10多万人次，晨练点也发展到20多个，对辅导员的数量要求越来越多，技术和素质要求也越来越高。

1996年，区文体局根据《中华人民共和国体育法》和省、市规定，始对城乡各晨练点实行社会体育指导员制度，先后举办太极拳、太极剑、健身舞、武术、气功等社会体育指导员训练班10多期，300多人次参加相关业务培训，对合格者发给等级证书。并采用先训后聘、业余自愿、就地就近、持证上岗，择优聘请100多人分别担任各晨练点的社会体育指导员。1998～1999年，全区城乡增加4个活动点，增聘6名指导员。

2007年，全区有等级社会体育指导员2060名，其中国家级10名、一级150名、二级600名、三级1300名。

四、长跑活动

1.春季长跑　1984～1989年，京口区每年组织机关干部、企事业单位职工、学校学生和街道社区群众4000多人参加市政府举办的元旦、春节迎春长跑活动。

1990～1991年，全区组织5000多名干部、职工参加市政府举办的元旦长跑活动。1992年，区直机关、街道、乡镇1500多名干部职工和居民群众，参加市迎奥运“中泠杯”春季长跑活动，区体委获市组织奖。

1995年区委、区政府根据《中华人民共和国体育法》和《全民健身计划纲要》规定，有组织、有计划地开展跑步、拳、剑、棋类、球类、健身舞蹈等20多项全民健身活动。6月，京口区组织方队参加全市首届体育节“赛士托杯”春季长跑活动。四牌楼、大市口、健康路、正东路街道，象山乡、丹徒镇、谏壁镇，华联商厦、区武术协会、老年人体育协会、健康老年人活动中心以及镇江市第九中学、中山路小学、市实验小学、八叉巷小学、南门小学、解放路小学、镇师附小、区实验小学等 18 个单位，6000 多名体育活动爱好者参加。

1996 ~ 1999 年，京口区 4 次组织工人、农民、学生、武警、民兵、干部、市民 1 万多人，100 多个方队，参加市“健力宝杯”“置业杯”春季长跑活动。区文体局、发改委、健康路街道、象山乡等 20 多个单位获市级组织奖。2000 年，京口区组织小学生参加镇江市“索普杯”健身长跑活动，中山路小学，红旗小学，市实验小学，镇师附小，解放路小学，八叉巷小学等 9 个单位获优秀组织奖。2003 年 3 月 22 日，全区组织 30 多个方队 5000 多人，参加市“供电杯”和“3 · 15”消费环境万人长跑活动。上午 10 时，万人长跑队伍从市体育场出发，经健康路、解放路、长江路至春江潮广场，全程 6000 多米。

2007 年元旦，市、区组织 2 万多人参加“迎春”环湖花苑长跑，起点自焦山滨江风光带，终点至市体育场，全市机关、学校、企事业单位职工 2 万余人跑完全程 6000 多米。

2. 持火炬长跑　1983 ~ 1987 年，京口区每年组织机关、团体、学校和企事业单位干部、职工、教师、学生、民兵和武警战士参加市持火炬长跑活动。1988 ~ 1997 年，这项传统性的火炬长跑活动中断。

1998 年 9 月 30 日，镇江市为庆祝新中国成立 49 周年暨祝贺正东路拓宽改造工程竣工通车，市、区政府决定举办“恒顺杯”火炬长跑活动。9 月 28 日下午，高三女学生郭洁丽在两名同学护拥下，攀至五峰山巅长江大跨度越江电缆塔基下，点燃喻义镇江未来希望之火。9 月 30 日晚 8 时，火种由镇江新区领导送至“恒顺杯”火炬长跑点火仪式地点——梦溪广场。市委书记方之焯宣布：“‘恒顺杯’火炬长跑开始！”1500 名火炬手点燃火炬，分为 37 个方阵，在 4 辆彩车引导下，高举火炬，犹如一条长长火龙，由正东路出发，蜿蜒地跳跃着向解放路、中山路“游”去……

2005 年 9 月 17 日上午 9 时，全国第十届运动会火炬传递活动在大市口广场举行。“十运会”镇江赛区组委会主任、市长许津荣从“十运会”火种盒中点燃火炬，世界乒乓球冠军、京口籍运动员秦志戬，从许津荣市长手中接过火炬，跑下主席台依次点燃两名副火炬手手中的火炬，在 3 名火炬手引领下，由中国石化和京口、润州、丹徒、镇江新区及机关、学校、团体、企事业、部队 300 多人组成的方队，从大市口城市客厅出发，沿解放路向东吴路广场传递。火炬手们一路上边跑边喊，“体育的盛会，人民的节日”“全省一致办十运，人人当好东道主”等口号响彻云霄。“十运会”火炬是从南京紫金山天文台、河南商丘采集的“科技进步之火”“华夏文明之火”和北京航天城采集的“中华复兴之火”，在北京天安门汇集而成。

2006 年 6 月，全区开展全民健身月活动，在大市口广场举行运动会开幕式和千人火炬长跑活动。《新华日报》《镇江日报》等省、市新闻媒体分别作专题报导。

五、伤残人体育

新中国成立初期，镇江市区始开展伤残人体育活动，主要是聋哑学校体育课和开展业余体育活动。20 世纪 70 年代中期，伤残人始有体育竞赛。1975 年，镇江聋哑学校首次组织代表队参加江苏省在无锡举办的苏南地区第一届聋哑学校乒乓球比赛。1976 ~ 1980 年，镇江聋哑学校先后组队参加第二、第三届苏南地区聋哑学校篮球、乒乓球比赛，分别获男、女团体第 4 名。1975 ~ 1982 年，聋哑学校每年组队参加市中、小学运动会，分别获得手榴弹、铅球、跳高等项目优秀成绩。

1983 年 8 月，镇江市聋哑学校划归京口区管辖。1984 年 6 月 30 日，谏壁发电厂电影放映员、伤残人赵斌参加在美国举行的第三届国际伤残人奥运会，以 30.05 米的成绩，打破男子截肢 A_3 级铁饼 27.42 米世界纪录，省政府为他记特等功 1 次，并当选为省伤残人体育协会委员。7 月 19 日，省首届伤残人体育运动会在镇江市城区举行，设田径、乒乓球、游泳 3 个比赛项目。10 月 12 日，在安徽合肥举行的全国首届伤残人运动会上，赵斌夺得男子截肢 A_3 级乒乓球单打、标枪、铅球、铁饼 4 个项目第 1 名。

1985 年 7 月，镇江市聋哑学校运动员于光勇、蒋琴参加省聋哑学校游泳比赛中，分别打破伤残人男、女 100 米自由泳省纪录。8 月，市聋哑学校代表队参加省聋哑学校乒乓球比赛中，获女子团体总分第 3 名。

赵斌在省聋哑学校田径运动会上，以 1.15 米成绩超过截肢 A_3 级跳高 1.05 米的世界纪录，并打破标枪、铅球全国纪录。

1998 ~ 2007 年，在昆明举行的全国残疾人暨远南残疾人体育运动锦标赛上，京口籍伤残人体育运动员赵斌、张志强分别获铅球金牌和 50 米自由泳银牌。

六、老年人体育

1. 活动情况　新中国成立初期，镇江市城区老年人各择所好，自选场地，开展练拳、做操、跑步、下棋等体育活动。1975 年后，尤其是中共十一届三中全会以来，城区 10 多个"晨练"点参加体育活动的中老年人常年达 3000 ~ 5000 人之多，其中老年人占 65% 以上。

1984 年 4 月，京口区老年人体育协会成立，有球类、棋类、跑步、登山、游泳、钓鱼等协会会员 74 人。以协会为中心，组织和带动 3 万 ~ 4 万老年人参加各项体育活动。1985 ~ 1987 年，区老年人体育协会分别在河滨公园、市体育场、北固山公园、古城公园、东门广场等地设立晨、晚练点 10 多处，聘请拳、剑、舞、球、棋、武术辅（指）导人员，开展舞蹈、体操、剑、拳、棋、武术、乒乓球、门球等项活动的辅导和管理。

1989 ~ 1994 年，区老年人体育协会分别举办中老年人健身操训练班、形神桩气功班 10 多期，600 多人次参加。1996 ~ 1998 年，全区城乡老年人晨练活动点 17 个，每天晨、晚练活动人数 1.2 万多人次，每个活动点有 2 ~ 3 名社会体育指导员，进行太极拳、太极剑，健身舞、健身操指导。

2000 ~ 2007 年，全区有 26 个城乡老年人体育活动点，每天参加晨、晚练活动的人数常年保持在 15 万人次左右。

2. 老年人体育竞赛　1983 ~ 1987 年，京口区老年人体育协会每年选拔 200 多人次参加市级以上登山、钓鱼、太极拳、太极剑，健身舞、象棋、扑克等项目比赛。1988 年，选拔 14 名男女老年人体育爱好者，参加市老年协会举办的乒乓球比赛，在全市 3 县 1 市 2 区比赛中，区离休老年人乒乓球代表队，囊括全市男女老年人混合组、男、女职工组 3 项团体冠军，同时获男子单打、女子单打 3 个第 1 名，3 个第 2 名，2 个第 3 名。是年，组队参加市首届老年人运动会长跑、游泳、乒乓球、棋类 4 个项目比赛，积 66 分，获团体总分第 1 名。

1991 年 11 月 22 ~ 28 日，京口区体委受省、市老年人体育协会委托，在京口区承办省第七届老年人乒乓球赛。全省 17 个省直单位和市代表队，216 名男女老年人乒乓球运动员参赛。分离休干部、老年职工男女团体、6 个单项组进行比赛。区体委主任瞿增德获男子 55 岁以上组别单打第 1 名。这次全省老年人乒乓球赛得到中国人民银行和市、区 26 家单位近 6 万元赞助费。

1995 年 9 月，京口区组队参加市第二届老年人体育运动会，分别获乒乓球、桥牌、象棋 3 个团体总分第 1 名。1996 年"重阳节"，区老年人体育协会组织 52 名离退休干部，参加市老年人体育协会登山联谊活动。1998 年 10 月 28 日（九月初九），市第二届老年人体育运动会在镇江二十一世纪乐园举行闭幕式。区老年人体育协会 100 多人，表演太极拳、太极剑、健身舞、武术等。1999 年，区体育局多次组织老年人体育代表队，700 多人次，分别参加市有关部门举办的"老年人体育展示会""奔向二十一世纪健步走""太极拳、太极剑"、门球等单项比赛活动，200 多人次获得名次和奖励。

2003 ~ 2007 年，区钓鱼协会多次组织"象山杯"老年人钓鱼比赛活动，每次 13 个代表队，39 名成员参加。2005 年 3 月，京口区举办首届社区老年人体育运动会开幕式。2006 ~ 2007 年，每年有 100 多名老年人体育爱好者，参加乒乓球、剑、拳、舞蹈、游泳、棋类、桥牌等 10 多个项目比赛活动。

3. 老年人体育骨干队伍　1985 年，京口区组织老年人长跑队，80 多人参加，每周训练 3 次，年龄最大的 79 岁。1987 ~ 2007 年，全区先后组织老年人乒乓球、门球、游泳、棋牌、健身舞蹈、太极拳（剑）、登山、钓鱼等 10 多个体育骨干活动，常年参加活动人数 1.5 万多名。

七、全民体质监测

1. 中小学生体质监测　1984 ~ 1995 年，京口区中小学生未行体质监测工作。

1996 ~ 2007 年，全区中小学生每年进行体质监测，体质总趋势逐年健康强壮。

2. 成年人体质监测　1996 年，京口区成立成年人体质监测点，1200 余人首次参加体质测试。1997 年，改称京口区成年人体质测定站后，派人参加市体委和市总工会举办的体质测定培训班，进行体质测试业务培训。区财政拨款 6 万元，购置体质测定器材和专用设备。

1998 年，全区先后建立两个成年人体质测定站，并全套配备测试器材，派专人参加市体委、总工会在丹阳举办的成年人体测专业培训班。

2000 ~ 2006 年，区各体质测定站为保证全区 30 多万人口的体测样本质量，每年 4 ~ 5 次深入城乡社区，对各类人群体质进行抽查，组织专人对样本逐一检查核实，确保完成省、市每年下达的体质测定人数和项目。

2007 年 9 ~ 11 月，区成年人体质测定站参加市体育局组织的国民体质监测，对区级机关、街道、镇、企事业单位成员，社区居民免费进行体质测试。经过对 20 ~ 78 岁年龄组测试，以 5 岁一个年龄组进行评价，总体达标率最高的是女性 25 ~ 29 岁年龄组，为 94.50%; 总体达标率最低的是女性 55 ~ 59 岁年龄组，为 79.30%。男性 55 ~ 59 岁年龄组的总体达标率为 80.90%。

八、业余体校

1992 年 6 月，京口区成立业余体育学校（以下简称区业余体校），办公在区体委内，牌子挂在市实验小学。配备 1 名专职老师，负责组织指导、协调辅导各中小学传统体育项目的训练。是年，区业余体校为弥补经费不足，设立京口区体育服务公司，后根据国务院和省、市有关整顿清理公司规定申请撤销。

1993 ~ 2000 年，区业余体校每年新学期开始，分别与区属中小学和传统体育学校协商制订中小学生业余体育活动计划，辅导传统学校相关项目的训练。

2001 年 3 月 20 日，共青团农场子弟学校成立京口区业余体校“少儿”分校。

1993 ~ 2007 年，区业余体校为全区 10 多个中小学校开展中小学生田径、体操、乒乓球、篮球、足球、排球、游泳、棋类等 10 多个项目的业余训练、指导和管理工作。

九、健康老人评选

1991 年，区老年人体育协会，根据全国老年人体育协会和《健康之友》杂志倡议，参照省、市公布的评选健康老人条件，全区 80 周岁以上、身体健康、经常参加体育活动、能为社会做贡献、家庭和睦的老人参与评选。正东路、健康路、大市口、四牌楼等 8 个街道在群众评议的基础上，按标准推荐 32 名健身老人。区体委通过多次协商，择优上报 16 名，其中市政协委员、著名书法家许图南被评为第三届全国健康老人。吴士亮、茅云峰、龚一苇、徐达福、鞠振庭、南登寿、韩连缓、荆位辰、周永祥 9 人被评为江苏省健康老人。1992 年 10 月 4 日，区体委召开全区健康老人座谈会，18 位全国和省、市健康老人参加。区委、区政府和市老年人体育协会负责人出席座谈会，并为获得全国和省、市三级健康老人颁发荣誉证书和纪念品。

第二十三篇　大众传媒

1992年11月，京口区始有乡镇有线电视广播网。1994年3月，根据区编委通知，筹建区人民广播电台。1996年12月5日正式成立，核定为全额财政拨款全民事业单位，隶属区委宣传部领导、管理。12月26日，区人民广播电台以无线调频94.0MHZ频率试播，主要负责全区宣传工作，覆盖整个区域。1998年，有线网开通，加强区域内有线电视网络传输力量，谏壁镇、丹徒镇、汝山乡、象山乡和旅游经济开发区从原来只能收看13套电视节目增加到26套。1999年12月23日，区人民广播电台更名为京口区广播电视台。

2003年6月22日，京口区建立新闻中心（正股级），全民事业单位，核定全额财政拨款编制2名，隶属区委宣传部领导、管理。负责全区对外宣传和《京口周刊》、京口电子日报网站日常工作。

2007年，京口区提前两年完成20户以上通电自然村有线电视覆盖率100%，实现“村村通”目标。7月13日，区政府与市广播电视局签订镇江市广电网络人员、资产交接协议。至此，市、区广播电视网络整合工作基本结束。

第一章　广播　电视

1994年，区筹建京口人民广播电台，设在京口区政府办公楼内。1996年12月试播，主要设置《京口新闻》《京广博闻》《京口广角镜》《江苏文艺台特别传送》《乐园民乐荟萃》《温馨今宵》等栏目。1998年，开通京口有线电视网，加强有线电视网络传输力量，大幅增加乡镇电视收看节目。1999年12月，区人民广播电台更名为区广播电视台。

第一节　广　播

一、机构

1994年3月23日，区编委《关于成立镇江市京口区人民广播电台的通知》，抽人员搭班子，购器材设备，筹建京口区人民广播电台（以下简称“区广播电台”），经过试播正式向全区乡镇开播。内设办公室、采编播音和事业科，核定事业编制8名。其中招聘4名采编播人员，调进1名工程技术人员。电台设在区政府10楼，建筑面积600平方米，其中技术用房300平方米、办公用房170平方米。建有35米高的发射铁塔和2层8片偶极子板调频广播发射天线。

1995年5月，按照无线广播、有线广播录音制作及播控要求，设置120平方米播控制作中心，由发射机房、录音制作室、播控室、有线电视播控机房4部分组成。投资20余万元，购置发射机和播控、UPS不间断电源等设备。12月26日，以无线调频94.0MHZ频率播出。党政机构改革时，确定区广播电台为6家人事制度综合配套改革试点单位之一，推行全员聘用合同制，实行双向选择，竞争上岗。记者、编辑、播音员为“三合一”招聘工作人员。19名工作人员中，大专以上学历100%，其中本科学历25%。并聘请特约记者、通讯员各10名，业余主持人6名。全天候播出15.5小时，广播覆盖京口区范围。1996年12月，增设《预告节目》《天气预报》《消费热线》等服务类节目。1997年，播出《京口新闻》240余档，各档专题400余期，采编稿件1800余篇，向市级新闻单位发稿400余篇，获市级优秀作品4篇。同时围绕“敬业、奉献、求实、鼓劲”精神，争创文明行业新风。

图23-1　1994年6月，区委副书记吴志优（左一）走进京口广播电台直播室部署党建工作（区委宣传部供稿）

1998 ~ 2007年，区广播电台根据区委、区政府提出“小京口、大发展、创特色、争一流”工作目标，坚持正确舆论导向，开辟《廉政潮》《党旗飘飘》《私营经济巡礼》《谈天说地话环保》《土地与生存》等专栏。1998年，获市级广播节目二等奖1个、三等奖5个，优秀作品5篇。1999年，为庆祝新中国成立50周年，开辟《沧桑50年话巨变》专栏，通过报道京口人民吃、穿、住、行变化，如实反映祖国50年来巨大发展。采编播音科被命名为市级青年文明号、播控机房被评为市广播电台文明机房。1999年，增设京口区电视台，与区广播电台合署办公。对外称京口区人民广播电视台，改采编播音科为新闻部，改事业科为技术部。10多年来，区广播电台自办《京口新闻》《一周新闻集锦》《京广博闻》《京口广角镜》《廉政潮》《党旗飘飘》《谈天说地话环保》《土地与生存》《档案之声》《华语歌台》等栏、节目外，同时转播中央人民广播电台《新闻和报纸摘要》和江苏人民广播电台《江苏文艺台特别传送》《乐园民乐荟萃》《温馨今宵》等节目。

二、栏目简介

《京口新闻》　1995 ~ 2007年，区广播电视台紧密结合区委、区政府各项中心任务，及时发布政令，以及反映全区改革开放、小康社会和新农村建设的新人、新事、新进展、新成果。采用消息、通讯、录音报道、系列报道、专栏，评论、编者话、社会新闻、简讯等形式每周一至周六播出，每次10分钟，用稿6 ~ 7篇。当日晚间首播，次日早晨和午间各重播1次。

《谈天说地话环保》　1997年，区人民广播电台与京口区环保局联合开办以环保为主体的专题类节目，为全市首创。1998 ~ 2007年，先后设《环保小知识》《热点话题》《环保动态》等栏目，向市民宣传环保知识。每周1次，每次15分钟。

《消费热线》　1998年4月1日，区人民广播电台与京口区消费者协会联合，开办以“3·15”为主题的服务类节目《消费热线》，为全市首创。至2007年，播出370多档，接收投诉41件，39件得到及时解决，消诉率为95%。

《金农之声》　2004年，区广播电视台与京口区农经局，联合开办以传播农业知识、服务农民为宗旨专题：《致富信息》《今日农村》《金农110》等栏目，推广农副业生产和多种经营实用科学技术，介绍致富门路和防治常见的粮食、油菜、蔬菜等农、林、果、蔬病虫害知识，宣传农村致富领头人的先进事迹。2005 ~ 2007年，每周1次，每次15分钟。

第二节　有线电视

1998年5月，区广播电台根据有线电视联网技术要求，对联网设备进行分类处理。与镇江市有线电视台签订《杆路建设和光缆传输协议》，开通乡镇农村有线电视网络。10月，全区乡镇有线电视光缆信号一次性开通成功。京口区各乡镇与市有线电视联网率100%。谏壁镇、丹徒镇、汝山乡、象山乡和经济旅游开发区等从原来13套电视节目增加到26套，提高100%。

图23-2　2004年8月，京口广播电台新闻记者深入第一线采访（区委宣传部供稿）

2000～2001年，区广播电视台紧扣区委、区政府稳定与发展中心工作，开辟专栏、强化外宣，先后开展《塑造新形象，再创新业绩》《千方百计保稳定、凝心聚力求发展》等10多个专题，540余期，采编稿件4000余篇。2002～2004年采取横向联合、上下联动、借力发展，突破资金"瓶颈"，在江南颐和家园、竹林山庄和京东公寓二期等小区，架设有线电视网。铺设乡镇70多千米光缆，其中2003年深入一线，报道预防"非典"动态和经验，激励社会各界战胜"非典"信心。组织"情满京口"大型文艺晚会实况转播，营造庆祝建区20周年浓厚氛围。对"秋的和谐"——镇江·京口街头文化节采用录音和电视报道相结合的方法，展示京口丰厚的文化底蕴。在坚持办好《政协统战之声》《谈天说地话环保》等专题栏目的同时，开办《学习党的十六大文件精神讲座》《新市民文化生活大讨论》《京口新理念大讨论》等专题节目。2004年，创办《金农之声》等专题节目同时，开设《国防时空》《镇江精神大家谈》《党旗飘飘》《整治三小车》等。克服资金不足，配合开发商做好新建小区有线电视规划、设计、施工配套工作，与香江花城、米山人家、颐和家园、恒顺翠谷、恒美家园、瑞景山庄、竹林山庄、京东公寓等新建小区开发商签订安装有线电视网络协议，区内新建小区有线电视覆盖6000多户。为适应广播电视光缆传输和数字化发展需要，新建学府路、京口路、小米山路等8000余米地下管线。对区广播电视台至乡镇光缆干线增容改造，铺设至谏壁广播电视站光缆15千米。

2005～2007年，区广播电视台在"人文博爱""共和之美"街头文化节期间，在做好活动新闻宣传同时，策划、配合市电视台实况录播，制作系列报道《我的社区我的家》，获市政府广播节目二等奖，消息《农村合作医疗让农民得到实惠》、评论《到农村创业大有作为》获三等奖。区广播电视台被评为市、区国防教育先进单位，新闻部被评为市广电系统先进集体。2007年，新增光缆干线34千米、光节点18个、有线电视1500多户。2007年7月13日，区政府与市广播电视局签订镇江市广电网络人员、资产交接协议，京口区47名网络工作人员（其中区直24名、象山镇14名、谏壁镇9名），网络资产717万元，有线电视有效收费用户16336户由镇江市广播电视局全权管理，市广电局每年以京口区网络总资产6%收益，于次年1月返付京口区。

第三节　乡镇有线广播网

1992年11月，京口区整建制接收象山、汝山、丹徒、谏壁4个乡镇广播电视站，职工10名，乡镇至村有线广播杆线39千米、线路80千米、喇叭6700多只。12月23日，区编委决定，将广播电视站体制、经费下放到各乡镇，核定10名在编工作人员为全民事业编制，区财政按每人每年4000元标准，将经费划入乡镇财政，不足部分由乡镇财政补足。

1993年6月17日，区委宣传部将乡镇广播站人员劳动保护用品发放标准统一印发到各乡镇，纳入正常列支渠道。区广播电台未建立前，临时在象山乡广播站设立中心站，区委宣传部副部长和宣传科干部具体负责中心站领导和管理。中心站先后添置设备，调进专业人员，负责中心站管理和节目编播。

1994 ~ 1996 年，广播站不自办节目，每天按时转播中央、省、市人民广播电台节目。1997 年，各乡镇有线电视网完成技术整网，进行联网，同时建成有线电视技术用房及电视屏幕墙，有线电视联网杆路更换水泥杆 100 余根。年底各乡镇有线电视入户 8228 户。

2000 年 9 月，京口广播电视台投资 1 万元在谏壁镇设立 15 个高品质防雨音柱，向居民提供 13 个小时的区广播电视台调频广播节目。2001 年 3 月，乡镇规划调整，汝山乡与丹徒镇合并，更名为丹徒镇广播电视站。同年 9 月，原汝山乡划归丹徒镇的村组，又从丹徒镇划出，归镇江市旅游经济开发区管辖，成立旅游经济开发区文化广电服务中心。2003 年 12 月，原镇江市旅游经济开发区文化广电服务中心整建制划归京口区广播电视台管理。2007 年 7 月 13 日，象山、谏壁 2 镇广播电视站整建制交由市广播电视局管理。

第二章　报纸　期刊

1983 ~ 2007 年，京口区域内有《镇江日报》《京江晚报》和《金山》杂志社 3 家，区级未办报纸、刊物。2003 年，区编委核定区新闻中心全额财政拨款编制 2 名，由区委宣传部组织筹建区新闻中心。6 月 22 日，区新闻中心正式成立。2004 ~ 2007 年，区新闻中心归区委宣传部领导、管理，负责全区对外宣传和《京口周刊》、京口电子日报网站日常工作。

第一节　报　纸

2001 年 7 月 1 日，区广播电视台与《镇江日报》联合出版发行《京口周刊》。8 开 4 版，每月 4 期，每周一发行。《京口周刊》围绕区委、区政府中心工作和“十大工程”“双轮驱动”“重点项目推进”等全区经济、社会事业发展进行宣传报道，开展《京口个私经济巡礼》等系列报道。9 月，出版 1 期彩版。2002 年下半年，因《镇江日报》改版而停刊，发行 54 期。

图 23-3　2001 年，区委创办《京口周刊》

（区委办公室供稿）

第二节　京口电子日报

2003 年 7 月 31 日，京口区委宣传部主办并正式开通京口电子日报网站。京口电子日报开创京口区网络新闻宣传新模式、新渠道，属全市首创。网址为 www.jkdzrb.cn（实名址：京口电子日报）。开设“京口要闻”“图片新闻”“经济巡视”“城建城管”“文明新风”“社区风采”“部门工作”“基层报道”“京口论坛”“读者投稿”“市民直通车”“京江潮”“书记信箱”“区长热线”等 14 个栏目。

2005 年 4 月，京口电子日报第一次改版，开设“京口要闻”“图片新闻”“经济巡礼”“新农村建设”“城市建管”“文明新风”“基层报道”“部门工作”“区长热线”“新民风论坛”“理论园地”“读者投稿”等 13 个栏目。京口电子日报增强稿件实效性、贴近性、指导性，及时报道京口要闻，迅速反映基层工作，至 2006 年，点击率达 10 万多人次。2007 年 1 月 1 日，京口电子日报第二次改版，设“京口要闻”“图说京口”“经济巡视”等 9 个栏目。改版后报道实效性更强，稿件质量更高。注重民生，及时反映更多符合民心、民愿和群众喜闻乐见信息。对京口区发生的重大事件，京口电子日报及时开设专题栏目，以最快最新专题报道形式，呈现在网站。至12月，京口电子日报网站点击率近23万人次，成为树立京口形象、展示京口风采重要窗口。

第三章　网　络

1998年5月，京口区人民广播电台与镇江市有线电视台签订光缆传输协议。10月，有线电视光缆信号开通一次成功。2001年，京口区创建投资网，服务全区招商投资工作。2003年12月，镇江市旅游经济开发区文化广电服务中心划归区广播电视台管理，更名为镇江市京口区广播电视网络技术中心。2007年7月，京口区人民政府与镇江市广播电视局签订协议，京口区网络人员及资产由镇江市广播电视局全权管理。

第一节　京口投资网

2001年，京口区创建投资网，宣传京口区引进项目和资金。2002年和2003年，京口投资网分别改版。通过改版，提升网站吸引力。调整布局，提高网站可读性。增加链接，扩大网站知名度。京口投资网设置3种字体供选择浏览：中文简体、中文繁体、英文版。主页面横向标题6个版块：站点首页、最新动态、招商项目、投资论坛、联系我们、留言本。纵向标题6大版块：最新动态、工业园区、热点透视、招商项目、服务承诺和友情链接。京口投资网力求多方位多角度展示京口新面貌。其中友情链接已与商务部、中国招商网、中国外资网、国际商报、江苏省对外贸易经济合作厅、镇江市政府、镇江招商网、京江热线、中国招商引资网、中华侨网、中国招商投资网、镇江市科技工业园、谏壁招商网、象山乡人民政府网、镇江市新民洲农业生态区等15家网站实现链接。

2003～2007年，京口区充分利用网络信息资源，扩大招商引资，加快普及网络经济知识，加强网上技能培训。在全区范围内开展“网上招商”大比武竞赛活动，有招商中心、工业总公司等17家单位报名参加。收发电子邮件6596封，联系客商92人，收回有关信息71条，洽谈项目14个。

第二节　京口农网

2002年9月，京口区为提高农业新技术信息利用率，扩大农业信息流通面，建立京口农业信息网络，并与市局网站相连。开设“农业新闻”“综合新闻”“农业标准”“农业招商”“农业新产品”“农业新技术”等栏目。内容有国家、省、市各级政府最新农业政策，关于农业新产品技术指导，农副产品市场供求信息，市场行情走势预测等。区农业局配备专人负责采集信息，并及时更新，确保网上信息及时、准确。2003～2007年，京口农网得到各级领导和各部门关心和重视，基层农户、种养大户从中获得很多有价值信息，有效地指导农副业生产。

第三节　京口区广播电视网络中心

2001年3月，京口区汝山乡与丹徒镇合并，新广播站更名为“丹徒镇广播电视站”。同年9月，丹徒镇广播电视站与市旅游经济开发区文化站合并，成立镇江市旅游经济开发区文化广电服务中心。

2003 年 12 月，京口区乡村区划调整，镇江市旅游经济开发区文化广电服务中心划归京口区广播电视台管理，更名为镇江市京口区广播电视网络技术中心，管辖 7 个行政村、1 个居委会，新添 13 个小区。服务中心有员工 12 名，其中主任 1 名（兼党支部书记）、后勤人员 2 名（其中主任助理 1 名）、线路人员 8 名（其中主任助理 1 名、驾驶员 1 名）、内退职工 1 名。通视率达 100%。农村农户入户率达 87% 以上，新添小区入户率 40% 以上。安装有线电视用户 4000 多户，月收视费收缴率 87% 以上。2006 年，京口区广播电视网络技术中心在镇江市广播电视网络整合进程中，坚持高标准、高质量地发展有线电视网络，对农村有线电视老网络进行改造，以 HFC 光电混合网络取代原纯电缆网络，提高网络传输质量。2007 年 7 月 13 日，市、区广播电视网络整合工作结束，京口区 47 名网络工作人员和网络资产 717 万元等由镇江市广播电视局全权管理。

第二十四篇　卫　生

1983年9月，区卫生局负责全区医疗卫生行政管理和开展爱国卫生运动。1984 ~ 1992年，随着电脑、激光、原子等现代化诊疗设备发展和装备，辖区内医疗诊断水平显著提高。市级医院可做人工心脏瓣膜置换、肝页切除、断指、断肢再植等手术。京口区人民医院在解放军第359医院指导下，开展小儿麻痹后遗症46种矫治手术，大西路、伯先路门诊部开展中风预测、痔科等特色专科医疗。其间，辖区内有市级综合性医院、专科医院9家，其中烧伤医院1家，各类医技人员2607名，病床2586张。区属医院3所，8个街道卫生所和卫生防疫站，有医技人员257名，其中具有副主任医师以上职称5名，病床246张。

1992年10月区划调整后，划出2个门诊部和4个街道卫生所给润州区，同时划进5个乡镇（场圃）卫生院（所）。1993 ~ 2004年，区卫生局下辖区人民医院、区卫生防疫站、区妇幼保健所3家和9个乡镇（场）街道卫生所。2005年9月，为贯彻市委、市政府“两率先、两步走”总目标，卫生局和区级医疗卫生机构签订《卫生工作综合目标管理责任书》，强化区域性医疗卫生职能。为适应医疗卫生改革，将区人民医院、区妇幼保健所和乡镇卫生院分别改制为社区卫生服务中心，承担社区居民疾病预防和治疗、卫生保健、健康教育、残疾人康复和计划生育咨询、指导服务等。

2007年12月，区域内有医疗卫生机构10余家，市、丹徒区和驻军医院、武警部队烧伤医院计6家，区属医疗机构6家。此外，还有妇幼保健、卫生监督、疾病控制中心各1家、爱婴医院2家、社区卫生服务中心6家。20多年来，各级医疗卫生机构坚持医疗卫生制度改革，进一步建立价格低廉、服务优质、群众方便的“分级诊疗，双向转诊一体化”新型医疗卫生体系。

第一章　机构及管理

1983年前，镇江市先后设置区、街道、乡镇（公社）文卫科（股），为城乡卫生管理机构，对区域内医疗卫生实施行政及药政管理。1984 ~ 1991年，区卫生局和区爱国卫生运动委员会（以下简称区爱卫会）为区属医疗卫生管理机构，并组织开展爱国卫生运动。

1992 ~ 2004年，全区医疗机构由城市延伸到乡村、由专科走向综合性、多科性，形成市、区、街道、乡镇、社区和村级医疗机构网络。有二级乙等医院1所，一级甲等医院2所，一级乙等医院2所。2005年9月，医疗机构体制改革中，区级和乡镇医院转制为社区卫生服务机构。2007年，全区有6家社区、1家场圃卫生机构、32个村级卫生室、15个机关企事业单位医务室、28个私营诊所，从业人员400多人。

第一节　卫生机构

一、管理机构

1. 行政管理　1983年9月至1996年12月，区卫生局内设办公室、人秘股、医政股。负责区属医疗机构、卫生防疫站和街道卫生所行政、医政和人事工资管理，组织和协调区域内卫生防疫、医疗保健和爱国卫生运动。

1985 ~ 1992 年，区卫生局辖有区人民医院（设大市口、大西路、伯先路 3 个门诊部）、卫生防疫站、妇幼保健所和 8 个街道卫生所。职工 321 名，其中区属医院 207 名、防疫站 27 名、街道卫生所 25 名。主治（管）以上职称医师 66 名。

1992 年 10 月区划调整后，区卫生局除原管院、站、所外，划进谏壁、丹徒 2 镇，汝山、象山 2 乡和共青团农场 5 个乡镇（场圃）卫生院。划出大西路、伯先路 2 个门诊部和宝塔路、中华路、京畿路、和平路 4 个街道卫生所。1997 年，国家行政机构改革，区卫生局设置办公室、医政科、社会卫生科（妇幼卫生科）、纪检监察组，定编 10 人（其中行政编制 9 人、行政附属编制 1 人）。2001 年机构改革区卫生局与计划生育局合署办公，称区计划生育与卫生局，行政编制 6 人。2003 年 3 月，撤销计划生育与卫生局机构名称，恢复京口区卫生局。内设办公室、医政科、疾病控制科（挂区爱卫会办公室和基层卫生和妇幼保健科牌子），增加 2 名行政编制。2005 年，增加行政编制 1 名。

2007 年，区卫生局设“两办两科”，即办公室、爱卫办、医政科、疾控科。辖 8 家医疗卫生机构，分别为健康路社区卫生服务中心（京口区人民医院，二级乙等医院）、谏壁镇社区卫生服务中心（谏壁镇医院，一级甲等医院）、象山镇社区卫生服务中心（汝山医院）、四牌楼社区卫生服务中心（象山医院，一级甲等医院）、大市口社区卫生服务中心（京口区妇幼保健所）、正东路社区卫生服务中心(由镇江市第四人民医院部分及人员组成)、京口区卫生监督所和区疾病预防控制中心。有职工 402 名，其中卫技人员 352 名，床位 199 张。

1987 ~ 2007 年，区红十字会、区医学会、区卫生局思想政治工作研究会等医卫自治机构和区血吸虫防治办公室（设在区卫生局内，日常工作由相关职能部门承担）。

2. 医政管理　1983 年 9 月，区卫生局内设医政管理股，负责全区医疗卫生单位业务工作、专业培训、医德医风建设和依法调查处理医患双方矛盾等。1998 ~ 2002 年，各医疗单位修改制度，增加设备，开展 24 小时诊疗，生活全程护理，为患者提供全方位优质医疗服务。开设专家门诊、家庭病房（床）。加强安全管理，严格执行检查、诊疗和护理规章制度，健全各类医护人员岗位责任制。

2003 ~ 2007 年，全区医政工作围绕总体目标强化管理年活动。将“一切以病人为中心”，把“以人为本”贯穿始终，树立为人民服务宗旨，制定医疗服务人员操作规范，细化医疗服务标准，开展服务竞赛，定期或不定期地检查考核。健全教育制度，开展专业技术人员继续教育，加大全科医生、社区护士培训力度，深化“三基”（基本理论、基本知识、基本技能）“三严”（严格要求、严格组织、严格作风）训练。加强对医疗废弃物分类收集管理，规范标识、标管，坚持“一人、一针、一筒”原则，按要求进行变形、消毒、处理。2006 ~ 2007 年，全区医疗卫生系统门（急）诊 88.01 万人次，20 多年无重大医疗差错和事故。

3. 药政管理　1984 年 9 月，区卫生局未设置药政管理机构，由办公室和医政股代行管理职权。

1985 ~ 1994 年，全区各医疗单位严格执行《药品管理法》规定，按正规渠道进药进设备，对巨额控制件规定开方给药。对药品收入控制指标及医药收入分别管理、核算。1995 年，《药品管理法》颁布 10 周年，区卫生局组织各医疗单位参加药品管理知识竞赛，评出一、二、三等奖 20 多名。

1996 ~ 1999 年，区属各医院、卫生所先后成立药事小组，严格执行上级制定的药品政策和收费标准，杜绝假药、伪药入院（所）药房，并开展“安全药房”活动，安全率 100%。

2000 ~ 2004 年，全区 66 个医疗机构，实行医、药分开核算，分别管理，麻醉药品实行专人管理。定期对药品进行检查，年抽查覆盖率为 55%。5 年查出过期失效药品 20 多个品种，价值逾千元，变质药品 9 个品种，出厂 5 年以上无有效期药品 70 个品种，价值逾 3 万元。查处游医、药贩案件 10 多起，涉案 10 多人次，罚没药品、医疗器材折价数千元。区人民医院、谏壁、象山等医院药房先后被市授予“安全药房”称号。

2005 ~ 2007 年，社区卫生服务中心药品实行“零差价”，采用集中采购，减少周转环节，降低药品成本，使患者得到实惠。

二、卫生防疫（疾控）机构

1. 区卫生防疫站　1984 ~ 1989 年情况详见 1992 年出版的《京口区志》。

1990 年 2 月，京口区编委会批准，区卫生防疫站为二级局机构建制，工作人员 33 名，其中医技人员 18 名。1991 ~ 2001 年，主要负责区域内公共卫生、学校卫生、食品卫生检查监督和传染病防治、血吸虫病防治及其他寄生虫病防治工作。2002 年 11 月，改为区疾控中心。

2. 区疾病预防控制中心　2002 年 11 月，区级卫生体制和机构改革。经省、市卫生行政机构批准，区卫生防疫站改为京口区疾病预防控制中心（以下简称区疾控中心），隶属区卫生局领导。

2003 年 4 月，区疾控中心在大西路 108 号对外办公。内设办公室、计划免疫科、急性传染病科、卫生监督和卫生检验科，工作人员 20 名。承担区域内卫生监督和疾病预防控制。2004 ~ 2007 年，区疾控中心设置“4 个中心”，即检验中心、体检中心、电子信息工生中心、突发公共卫生应急指挥中心。属自收自支全民事业单位，经费独立核算。

三、卫生监督机构

2002 年 11 月，京口区编委会核准，成立区卫生监督所，系全额拨款事业单位，核编 16 人，隶属区卫生局领导。受理全区卫生执业机构、执业人员证照审理、核准、发证和培养、检查监督。2002 ~ 2003 年，在大西路 108 号办公。2004 年，筹集资金购置办公楼。9 月，迁址学府路颐和家园办公。2006 ~ 2007 年，有卫生监督人员和职工 15 人，其中高级专业职称 2 人（正高 1 人）、中级 6 人。6 年受理办证、发证 1000 多件，检查、督办 300 多次。

第二节　医疗机构

一、区级医疗、保健机构

1. 京口区人民医院　1990 ~ 1995 年，区人民医院树立“以病人为中心，用优质的医技为患者服务”思想，走“科技兴医”发展之路。通过“筑巢引凤”，引进先进医疗设备和高级医技人才，建立肠胃专科，聘请著名消化系统专家，主持对肠胃细小病灶及早期癌变的诊断，进行肠胃镜检查 3000 多例，阳性率为 33.6%，为患者及早治疗提供依据。1996 年，通过评审，经中央卫生部批准为二级乙等医院和爱婴医院。

2000 ~ 2004 年，区人民医院多次被评为省级文明单位、市“十佳”医院、市级职工医疗保险定点医院，并获镇江市卫生系统先进集体、“医保”先进集体。2005 年 9 月，医疗机构和医疗制度改革，改为健康路社区卫生服务中心（详见第四目《社区卫生机构简介》，下同），保留区人民医院机构名称。

2. 京口区妇幼保健（站）所　1984 年，京口区建立妇幼保健站。1992 年 12 月，升格为区妇幼保健所，地址在大西路 108 号。承担辖区内妇女围产期保健、儿童保健、婚前保健、老年保健等。内设妇女保健科、儿童保健科和乳腺专科。系全民事业单位，编制 12 名。经费独立核算，自收自支。

图 24-1　2005 年，京口区人民医院组织医护人员开展专业研讨活动（区卫生局供稿）

1994 ~ 2004 年，区妇幼保健所根据事业发展和保健任务转化，陆续添置 B 超、全自动尿液分析仪、血铅分析仪、耳声发射听力测试仪等设备，先后开展计划生育、激光微波治疗、内科、儿科和妇科疾病诊断和治疗。

2005 年 9 月，区妇幼保健所改为大市口社区卫生服务中心（保留机构和名称）。2006 ~ 2007 年，妇幼保健所以创建等级所为载体，规范化管理，建立儿童保健卡 4002 份，3 岁以下儿童保健管理率 94.26%，7 岁以下 97.22%。门诊检出疾病 197 例，矫治率 98% 以上，体弱儿童 97 例，规范管理率 97%。新生儿听力筛查 1267 人次，血筛 1259 人次。婴儿死亡率 5.1‰。妇女病普查 12095 人次，婚前检查 107 人。2007 年 11 月，通过省等级妇保所专家组考核验收。

二、街道、乡镇卫生机构

1. 街道卫生所　1985 年 7 月，镇江市人民政府批准，建立街道卫生所，承担区域内卫生防疫、妇幼保健、卫生宣传等。1992 年 10 月，京口区划出 4 个街道卫生所给润州区。

1993 ~ 1995 年，街道卫生机构建立健康教育组织网络，配备兼、专职健康教育人员，制定教育计划，完善检查制度。并分别在华东船舶工业学院（今江苏科技大学）、健康路、大西路、江滨新村第二居委会，建立健康教育示范点，逐步将健康教育在全区村（居）委会推广。

1996 ~ 1999 年，全区创建全国卫生城活动，根据《京口区健康教育公约》，各街道卫生机构开展创建健康教育“一条街”活动，设立宣传橱框，绘制图画，受到全国卫生城检查组赞誉。

2005 年，全区医疗卫生机构体制改革，街道卫生机构归并或改为相关社区卫生服务中心（站）。

2. 乡镇（场）卫生院（所）

谏壁卫生（医）院　1952 年，谏壁卫生所建立，地址在谏壁镇西街观音桥下。1953 ~ 1980 年，随着行政体制变更，曾先后隶属丹徒县卫生局和镇江市卫生局。1981 年，镇江市谏壁区建立后，卫生院属区卫生科领导。1983 年 8 月，隶属润州区卫生局。1987 年，下辖 2 个村级卫生室。1992 年 10 月，谏壁镇卫生院属京口区卫生局管理，地址谏壁镇雩山街 19 号。1994 年谏壁镇卫生院被卫生部首批批准为乡镇一级甲等医院。1995 ~ 2003 年，谏壁镇医疗卫生事业和综合实力显著加强，实行院、科两级管理。形成内、外、妇、儿、骨、中医、口腔、五官等 9 个医技科室，设有放射、B 超、心电图、脑电图、脑血流图、胃镜 6 个辅助医疗科室和肠肛、疼痛、推拿 3 个专科特色门诊。有内、外、妇产 3 个病区，病床 90 张。具有全自动血球计数仪、尿检测仪、B 超、胃镜、500mAX 光机等先进医疗设备，医卫人员 100 多名，其中高级医师 5 名。2004 年 11 月，与江苏大学附属医院合作，组建江苏大学附属医院谏壁分院。2005 年 10 月，经市、区卫生行政机关批准，改为社区卫生服务中心（保留机构名称）。1983 ~ 2007 年，谏壁镇医院先后获“爱婴医院”、区文明单位和先进集体称号。医务人员在国内刊物发表论文 14 篇。

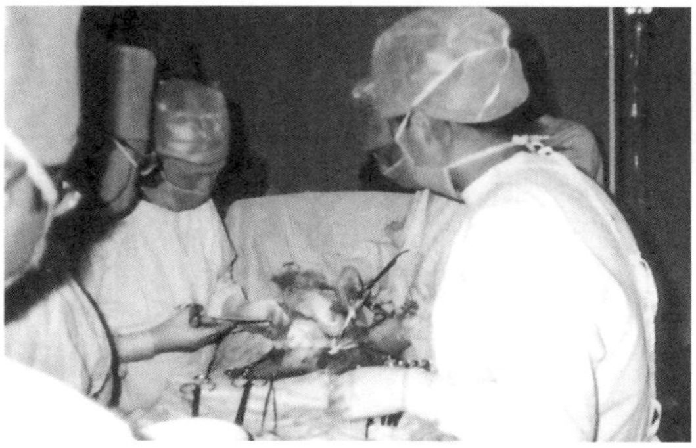
图 24-2　2005 年，谏壁镇医院医护人员在施行手术　（区卫生局供稿）

丹徒卫生（医）院　1952 年，丹徒乡卫生院建立，地址在老街 20 号。1953 ~ 1983 年，属丹徒县卫生局。1983 年 6 月，丹徒乡划归镇江市。9 月，归润州区卫生局管理。1987 年，乡卫生院下设 10 个村卫生室。1992 年 10 月，乡卫生院属京口区卫生局管辖，有工作人员 32 名，其中医技人员 24 名。1995 年，丹徒镇卫生院被镇江市批准为二级乙等医院，改名丹徒镇医院。内设内、外、儿、妇、中医 5 科，职工 37 名，其中医技人员 32 名。2005 年，丹徒镇撤销建置。2006 年 9 月，该院与汝山医院合并，改为象山镇社区卫生服务中心。2007 年，设丹徒社区卫生服务站，地址在原丹徒镇医院内。

汝山卫生（医）院　1962 年 3 月，镇江市与丹徒县分治时，设立汝山卫生院，地址前进大队孟家湾。1969 年 3 月，镇江市在汝山试点农村合作医疗制度，采取集体与个人出资办法，8 个大队创办合作医疗机构。9 月，市卫生局先后在谏壁、丹徒、象山和共青团农场推广汝山的经验，培养“赤脚医生”

和20多名不脱产卫生员。1980年，对“赤脚医生”进行培训和考核，对符合资格的发给乡村医生证书。1982年，镇江市中医院与汝山卫生院协作，增设膨胀科。1983年9月，属润州区卫生局管辖。1984年7月，镇江江滨医院在汝山卫生院设骨科，增强城乡医疗合作。20世纪60～80年代，汝山卫生院开创“蜂疗”特色，疗效受到患者称赞。1992年10月，汝山卫生院划归京口区，有工作人员25名，其中医技人员15名。1995年，卫生部批准定为一级乙等医院，设内、外、妇、儿和中医5科，有职工26名，其中医技人员21名。2006年9月，与丹徒医院合并后改为象山镇社区卫生服务中心，地址谷阳路。

象山卫生（医）院　1952年，象山成立联合诊所，系象山卫生院前身，地址在九里街，有医技人员13名。1962年，象山医院精简，体制下放，由全民卫生事业单位改为集体所有制。为方便患者，下设东门、北门两个医疗点。1965～1976年，象山医院发展为综合性乡镇级医疗单位，有内、外、妇产、放射、防保科和化验、挂号、财务室、药房等9个科室。1983年9月，属润州区卫生局。1984年，根据辖区内化工、搪瓷、铸造、焦化等企业集中的实际，引进专业医技人员，开展职业病防治，尤其是对铅中毒治疗收效显著，形成特色。1985年7月，被定为区级职业病防治医院。1992年10月，象山医院属京口区卫生局，有工作人员43名，其中医技人员29名。1993～1999年，兴建医技用房和添置B超、心电图、X光等设备，设病床40多张。其中1995年，经卫生部批准定为一级甲等医院。期间，在上海心脑血管专家刘广杰、陈道荣、陈俊宁指导下，开展心脑血管疾病治疗，在临床方面，郑广亮、夏丛微、林秋明等医技人员对有机磷中毒、胆肝病、心脑血管、类风湿疾病方面，具有临床经验。2005年9月，象山医院改为四牌楼社区卫生服务中心（保留机构和名称），有职工41名，其中医技人员36名，主治医生8名，全科医生6名，社区护士8名，为镇江市A类定点医疗机构。2007年10月，通过市级专家组社区卫生服务中心建设标准考核评估。

共青团农场卫生院　1960年4月，镇江市委、市政府批准建立共青团农场，不久，设立卫生院，地址在新民洲该农场场部。有工作人员6名，其中医技人员4名。主要承担辖区内公共卫生和干部职工的医疗保健。1961～1991年，农场卫生院先后隶属江苏省农垦局、谏壁镇、润州区。1992年10月，农场卫生院隶属京口区卫生局管理。1995年，改称共青团农场职工医院。2000～2007年，共青团农场职工医院设内科、外科、妇科、五官科4科和防保组，有医卫人员12名。

三、村级卫生（所）室　个体诊所

1. 村级卫生（所）室　1992年10月，京口区始有村级卫生室。1993～1996年，全区有29个村级卫生室，其中28个集体办医，占96.55%。1997～2002年，全区26个村级卫生室全部达到甲级标准。

2006年，全区乡镇居民“合医合药”6万余人，覆盖率100%，村级卫生室32个，覆盖率100%。有乡村医生40多人，其中80%以上为全科医生，集体办医率100%。2007年，全区所有镇（村）达到镇江市初级卫生保洁合格镇（村）标准。

2. 个体诊所　中华人民共和国成立后，1956年社会主义改造完成至“文化大革命”结束前，京口城乡私人一律不许行医。1978年，中共十一届三中全会后，随着卫生体制改革，深入发掘中医中药宝藏，充分发挥传统医学优秀成果和老医生技能，始恢复个体诊所。1979～1982年，先后批准牙、眼、痔、伤等科，开设10多个专科诊所。1984年，市卫生局转给京口区管理的个体行医人员17名。是年，按照《江苏省个体开业医生暂行管理办法》规定，对全区个体行医人员进行复查，对其中4名不符合行医条件的取消资格。1986年，对申请开业的14名个体行医人员，按《京口区个体开业医务人员管理办法》进行业务考试和执业资格考核，其中对5名符合规定的批准开业，发给准予执业证书。

1989～2003年，全区有个体开业诊所15户，执业医务人员17名，其中副主任医师2名、医师4名，其他11名为家传师授的合格人员。

2005～2007年，全区有各类个体开业诊所28户，医务人员42名，其中全科执业医师25名、助理执业医师 12 名。

四、社区卫生机构简介

1. 大市口社区卫生服务中心（京口区妇幼保健所） 2005 年 9 月建立，地址大西路 108 号。服务区域 5 平方公里，大市口街道所辖 17 个社区，常住人口 6.62 万人。其中 60 岁以上老人 1 万余人，0 ~ 7 岁人口为 2766 人。有工作人员 25 名，返聘医技人员 9 名，其中医卫技术人员 33 名，中高级职称 18 名，全科医生 14 名，中医 2 名。具有全科医疗诊断系统、半自动生化分析仪、全自动血球分析仪、200mAX 光机、B 超、心脑电图机等医疗设备。

图 24-3　2007 年，全国人大调研组赴京口进行社区卫生服务中心调研（区卫生局供稿）

2006 年以来，该中心围绕社区内各项疾病预防、儿童计划免疫、生长发育监测和育儿、计划生育指导、妇女保健、健康教育和传染病、慢性病防治等，结合门诊、出诊、家庭病床等多样化服务形式，进行中心、站点和家庭“三点”式服务，治疗常见病、多发病 2000 多人次。同时对不宜在社区卫生服务中心治疗的疾病及时转诊，先后获市红十字会先进集体、妇女儿童保健工作先进集体、“人人享有医疗保障”工程先进集体、区人口和计划生育工作先进集体。2007 年，被评定江苏省人民满意站所一级甲等妇幼保健所、市示范社区卫生工作服务中心。

2. 健康路社区卫生服务中心（京口区人民医院）　2005 年 9 月，健康路社区卫生服务中心建立，地址中山东路 239 号，辖有江滨新村、花山湾、贺家弄 3 个社区卫生服务站。服务范围为健康路街道所辖的 15 个社区 2.3 万多户，常住人口 7 万余人，其中 60 岁以上老人为 13391 人，0 ~ 7 岁人口为 4933 人。

2006 年以来，该服务中心坚持“融入亲情、精心医疗、诚信服务、尊重生命”服务观念，为社区提供安全、有效、便利、优质医疗服务，先后获省级文明单位、省（市）医保工作先进单位，市卫生系统“十佳”医院、市卫生系统先进集体等称号。

2007 年，中央电视台《新闻联播》节目专题报道该社区服务中心实行“药品零差价”让利于民的新闻，同时被省、市媒体报道 10 多次。卫生部部长陈竺亲临该中心视察和指导。

3. 四牌楼社区卫生服务中心（京口区象山医院）　2005 年 9 月，象山医院转型为四牌楼社区卫生服务中心，地址东吴路 153 号（九里街）。系镇江市医保局批准的 A 类定点医保机构，下辖桃花坞、阳光世纪花园两个社区卫生服务站和康乐老年公寓。有职工 35 名，其中医卫技术人员 31 名，副主任医师 1 名，主治医师 7 名，全科医生 7 名，社区护士 8 名。该中心服务承担辖区 12 个社区和原象山地区 5 个行政村（居）3 万多户，7.5 万多居民卫生服务和医疗保健工作。其中 60 岁以上老人 8000 多人，0 ~ 7 岁人口 3500 多人。

2006 ~ 2007 年，四牌楼社区卫生服务中心承担辖区内预防、保健、健康教育、计划生育技术指导、医疗和康复 6 项功能，开展 B 超、心电图、血糖、肝功能、血脂分析、围产期保健、无痛人流、体格检查等项目。其下辖江滨新村社区卫生服务站被评为省级先进社区卫生服务中心、市示范社区卫生服务中心。两年门（急）诊 1.5 万多人次，住院 2000 多人次，业务收入 1500 多万元。

4. 正东路社区卫生服务中心　2005 年 7 月，正东路社区卫生服务中心（镇江市第四人民医院部分院区和医卫人员组成）在南门大街挂牌，其功能和设置、设备，与其他社区卫生服务中心一致。主要承担正东路街道 15781 户居民、81275 人口的疾病防治、健康教育、医疗保健、计划生育指导服务，下设京口路卫生服务站。

5. 谏壁镇社区卫生服务中心（京口区谏壁镇医院）　2005 年 10 月，谏壁镇社区卫生服务中心建立，地址雩山街 19 号，有职工 95 名，医技人员占 90% 以上，其中具有中高级职称 20 名。具有医疗、预防、保健、康复、计划生育指导、健康教育为一体的服务功能。2006 ~ 2007 年，两年门（急）诊人数 18 万多人次，住院 2000 多人次，总收入 2000 多万元。由于强化内部管理，建立健全健康调查、家庭和个人健康档案，开展常见病、多发病随诊，危重病人院前急救，上门出诊，设立家庭病床，实行双向转诊等预防和医疗措施，方便患者。先后被评为江苏省医疗卫生文明单位、市卫生文明单位、市标准化计划免疫门诊、初级卫生保健合格镇、“巾帼示范岗”、优抚医疗保健站先进集体、爱国卫生先进单位和区文明单位等称号。

6. 象山镇社区卫生服务中心（京口区汝山医院）　2006 年 7 月，汝山医院和丹徒医院合并改为象山镇社区卫生服务中心。地址谷阳路，下辖 4 个社区卫生服务站。建筑面积 1903 平方米，医疗业务用房 1518 平方米。内设全科诊室（内、外）、妇女、儿童保健室、计划生育指导（手术）室、悄悄话室、视听室等 14 个科室，有工作人员 50 名，其中医技人员 45 名，中级以上职称 13 名，全科医生 12 名，公共卫生医生 4 名，中医 1 名，社区护士 9 名。卫生服务覆盖面积 29.8 平方公里，16 个社区和 4 个行政村，人口 4 万多人，其中 60 岁以上老人 6180 人，0 ~ 7 岁人口 1982 人。该中心按照镇江市社区卫生服务中心标准设置，设有大厅预检询问台、电子触摸屏、团队网络分布图，实行开放式窗口服务。2006 ~ 2007 年，该中心以“优质、方便、价廉”服务宗旨，加大“六位一体”卫生服务力度，先后被评为市人人享受医疗保障工程先进单位、市示范社区卫生服务中心、区人民满意基层服务中心等。

图 24-4　2006 年，象山社区卫生服务中心落成典礼（区卫生局供稿）

五、机关及企事业单位医务室

1. 区级机关医务室　1989 年，京口区设立区级机关医务室，地址在区政府办公楼内，工作人员 3 名，其中医技人员 2 名。主要承担区级机关的卫生防疫和工作人员疾病预防、治疗、保健、健康教育等。1992 ~ 2007 年，医务室门诊人数逾 3 万人次。

2. 区属企事业单位医务室　1984 年，镇江市饮食服务业分为两级管理，同时设立镇江市第二饮食服务公司医务室，编配医务人员 9 名。设有诊疗室、化验室，添置 30mAX 光机和医疗设备。1985 ~ 1995 年，医疗室承担 2300 多名职工的医疗保健和三大常规及肝功能检查。20 世纪 90 年代末，随着经济体制改革和市场化发展，原来的饮食服务行业逐步萎缩，业务和从业人员逐年减少。至 2007 年，业务虽减少，但每年仍按《食品卫生法》《公共场所管理条例》规定，对饮食行业的从业人员进行体格检查。

1983 年 8 月，京口区属工厂、学校等企事业 50 多家有医务室 21 个，医务工作人员 41 名，其中主治医师 5 名，医师 20 名。1986 ~ 1999 年，随着工厂企业转型改制，医务室大部撤并，但中学和中心小学医务室有所增加。至 2007 年，全区有企事业单位医务室 15 个，其中中学和中心小学医疗室 10 个；工作人员 50 多名，其中医卫人员 45 名。

第三节　医卫队伍建设

一、医疗网点队伍情况

1984 ~ 1991 年，区人民医院先后建立桃园新村、太古山、李家山、江滨新村、中山桥等 10 处门诊室和 8 个街道卫生所。1991 年全区有各级医卫人员 321 名，其中副主任医师 5 名、主（管）治医师 61 名、医（中、药、护）师 116 名、其他医技人员 139 名。1989 ~ 1992 年，区级机关、第二饮食服务公司和区属工厂、学校，先后建立医务室 21 个，医务人员 41 名。其中主治医师 5 名、医师 20 名，医技人员 16 名。

1992 年 10 月，区划调整后，划出 6 个区级医疗机构和街道卫生所，50 余名医卫人员。划进 5 个乡镇（场圃）卫生所，医卫人员 100 多名。

2005 年 9 月，区医疗机构改革，为适应城镇社区医疗形势变化，将区及乡镇、街道医疗卫生和医卫人员整体转制为社区卫生服务中心，重点转移到社区，承担保护 0 ~ 7 岁儿童健康成长、60 岁以上老年人慢性病、多发病医治及健康教育、社区卫生监督、整治等。

2007 年，全区有社区医疗卫生服务中心 7 家，其中共青团农场卫生院 1 家，医卫人员 402 名，其中主任医师 1 名，副主任医师 6 名，主治医师 45 名，主管医师 40 名，全科医生及卫技人员 220 名，社区护士及工作人员 90 名。

1983 ~ 2007 年京口区医卫高级职称人员名表

表 24-1

姓名	性别	出生年月	籍贯	职称	评定时间	专业名称
王德标	男	1966.12	兴华	副主任医师	2001.9	临床医学
朱卫明	男	1966.1	张家港	副主任医师	2002.1	临床医学
赵云秋	女	1956.9	镇江	副主任医师	2003.1	临床医学
仲　毅	男	1963.3	扬中	副主任医师	2003.9	公共卫生
李中东	男	1958.5	泰兴	副主任医师	2003.12	中医师
崔园春	女	1954.3	浙江海宁	副主任医师	2003.12	内科医师
邓丽娟	女	1952.4	广东肇庆	主任医师	2004.9	公共卫生
崔　萍	女	1968.2	齐齐哈尔	副主任医师	2004.9	公共卫生
杨建虎	男	1965.8	陕西	副主任医师	2005	内科医师
袁安宝	男	1955.1	镇江	副主任医师	2006	外科医师

说明：1992 年 10 月，区划调整时，划出 1 名副主任医师给润州区

二、卫生队伍情况

1983 年 9 月，京口区设置卫生防疫站。1984 年，建立京口区妇幼保健站 ,1993 年 5 月 7 日，升格为京口区妇幼保健所，全民事业单位，核编 12 人。2002 年 11 月 18 日，京口区编委批准，同意建立京口区卫生监督所，撤销区卫生防疫站，其职能由卫生监督所承担。2005 年 9 月，区妇幼保健所改为大市口社区卫生服务中心。2007 年，全区有 6 个社区卫生服务中心、1 个场圃卫生所、20 多个卫生服务站、32 个行政村卫生室，机关、企事业单位医务卫生室 57 个，各级卫生人员 100 多名，其中高级公共卫生主任 1 名、副主任 2 名。

1983 ~ 2007 年京口区部分年份卫生队伍素质情况表

表24－2　　单位：人

年份	学历					职　称				合计
	本科	大专	中专	高中	初中	高级	中级	初级	其他	
1983	2	15	59	25	77	—	27	118	33	178
1990	7	19	116	35	84	5	47	181	28	261
2003	29	60	162	21	35	5	68	207	27	307
2005	41	93	129	21	25	5	73	200	31	309
2007	62	123	170	21	26	7	85	220	90	402

第四节　精神文明和行风建设

一、精神文明建设

1983 ~ 1984 年，区卫生局创建党员干部示范岗、文明示范窗口活动，切实改善医疗服务质量，调动医卫人员积极性，开展文明称号创建活动。1985 ~ 1999 年，区各医疗卫生单位分别制定《京口区妇幼保健所职业道德规范》《京口区卫生防疫站医卫人员岗位职责规定》等，通过不同形式，引导医卫人员和职工，树立“以病人为中心”服务理念，正确理解“医患”之间的权利与义务。先后开展创建人民满意卫生院、妇保所系列活动，强化制度，规范服务，制定“职工守则”、施行奖惩“待岗”制度。推行药品价格和收费标准公示制、服务承诺制。规范服务行为，接受社会监督，设置意见箱、投诉电话、发放《满意程度问卷调查表》。聘请行风监督员，加大社会监督力度，广泛听取意见，改善服务态度和就诊环境，为患者提供优质高效服务。2002 ~ 2005 年，区疾控中心、卫生监督所实行“一监督（接受群众监督）二公开（办事公开，收费公开）”制度，聘请监督员，进行问卷调查，对卫生监督员服务满意率达 98%。2006 ~ 2007 年，区卫生监督所开展问卷调查，两年未发生违法乱纪行为，综合满意度 96% 以上。

二、行风建设

1983 ~ 1984 年，全区医疗机构和医卫人员坚持以病人为中心，开展医风医德职业教育，发扬救死扶伤的革命人道主义精神，得到患者普遍赞誉。1985 ~ 2000 年，区卫生局与各医疗单位为完善医疗服务承诺制，成立以“一把手”任组长的行风职业道德建设领导小组，各单位聘请 6 ~ 10 名院外行风建设监督员，每半年召开行风和医德建设专题会议，听取行风建设监督员的意见，对所提意见、建议分门别类，归纳梳理，交由各单位处理并负责答复。2004 ~ 2005 年，全区卫生医疗系统，深入开展保持共产党员先进性教育，进行反商业贿赂专项治理，创建人民满意的基层医院、所活动，在门诊、病房设立意见箱，建立电子触摸屏，向社会和患者动态性公布基本药价和收费项目、价格，接受社会监督。2006 ~ 2007 年，全区医疗卫生单位先后建立健全各项规章制度，制订“您好”“请”“对不起”“谢谢”“再见”等文明用语和《京口区文明行医暂行规定》《京口区医疗卫生单位关于待岗下岗问题的若干规定》等，每年为医务人员建立职业道德档案，记录医务人员廉洁行医、优质服务等情况，作为年终考核依据。

第五节　基础建设

一、区疾控中心医院社区卫服务中心基建

1. 区疾控中心　1984 年，京口区卫生防疫站建立时，在解放路有卫生用房 150 平方米，多系租赁用房。1985 ~ 2001 年，下设消杀服务队及药品、器械室等。2002 年 11 月，区疾控中心成立。2003 ~ 2004 年，在大西路 108 号以原防疫站用房开展业务。2005 年 12 月，投资 800 万元，在谷阳北路与象山镇社区卫生服务中心联合兴建 6 层综合性卫生监督中心，建筑面积 5160 平方米。2006 ~ 2007 年，区疾控中心有各类用房 520 平方米，其中医技用房 400 平方米、检疫检验用房 120 平方米。

2. 区医院（健康路社区卫生服务中心）　1985 年 5 月，区财政拨款和区医院自筹 110 万元，在中山东路原址兴建医技楼 1974 平方米。框架结构，主体 6 层，局部 7 层。1992 ~ 2005 年，区医院实施第二、第三期工程及辅助用房（食堂、洗衣房、制剂室）基建，建筑面积 4634 平方米（局部 10 层）。

2005 年 9 月，区人民医院门诊部及相关科室整体改制为健康路社区卫生服务中心，保留区医院名称及机构。

二、区妇幼保健所（大市口社区卫生服务中心）

1984 年，京口区妇幼保健站建立时，借用市妇幼保健所 150 平方米房屋开业。1989 ~ 2005 年，先后迁址大西路、梦溪园巷，基建医技用房 3300 平方米。2005 年 9 月，整体改为大市口社区卫生服务中心，区妇幼保健所保留机构和名称。

三、乡镇卫生所及社区卫生服务中心

1. 象山卫生（医）院（四牌楼社区卫生服务中心）　1965 ~ 2001 年，象山卫生院先后 36 年、7 次基建医技用房、病房、综合楼计 9046 平方米。此外，1997 年 12 月，象山医院设立康乐老年公寓，多功能楼房 200 平方米，设床位 50 张。2005 年 9 月，整体改为四牌楼社区卫生服务中心，保留象山医院机构和名称。2007 年，象山医院（四牌楼社区卫生服务中心）有医技用房 6036 平方米。

2. 谏壁医院（谏壁社区卫生服务中心）　1952 ~ 2004 年，谏壁卫生院分别在西街、红旗大队、雩山街等地先后基建医疗用房、门诊、住院楼 5841 平方米。2004 年 11 月 18 日，与江苏大学附属医院合作，成立江苏大学附属医院谏壁分院。调整并修建部分医疗用房，设骨科、心血管科、神经内科专家门诊。2005 年 9 月，整体改为谏壁社区卫生服务中心，保留谏壁医院机构和名称。2007 年，谏壁社区卫生服务中心有医技用房 8000 多平方米。

3. 汝山医院（象山社区卫生服务中心）　1976 ~ 2001 年，汝山卫生院先后 8 次基建医疗用房、病房、手术室、药库、门诊及辅助用房 1000 多平方米。2006 年 10 月，改为象山社区卫生服务中心。2007 年，迁址谷阳路原汝山医院，与区疾控中心联合基建卫生医技楼，开展社区医疗服务。

4. 丹徒卫生院（丹徒社区卫生服务站）　1983 ~ 2005 年，丹徒卫生院先后在丹徒老街、丁卯、上隍、东风社区基建门诊部、诊疗室等医技用房 1523 平方米。2005 年 6 月，撤销丹徒镇医院名称与汝山医院合并，转为象山社区卫生服务中心。2007 年，原丹徒医院改为丹徒社区卫生服务站。

5. 正东路社区卫生服务中心　2005 年 9 月，正东路社区卫生服务中心由市协调市第四人民医院让出部分医疗用房开设。

第六节　卫生经费

1952 年始，市地方财政将卫生事业费列入城乡预算。1982 年前，地方财政每年卫生事业费约占财政支出比例的 1.7% ~ 18.43% 之间。1983 年 9 月，区卫生局建立后，市财政按规定核拨区属医疗卫生事业经费。

1983 ~ 2007 年，全区卫生事业费投入及业务收入、支出情况见下表。

1983 ~ 2007 年京口区卫生经费情况表

表 24-3　　单位：万元

年份	区财政投入卫生事业费	业务收入	支出（含人员经费）
1983	—	154.61	—
1984	186	85	266
1985	185	128	315
1986	344	181	518
1987	383	103	480
1988	442	263	681

续表 24-3

年份	区财政投入卫生事业费	业务收入	支出（含人员经费）
1989	421	298	696
1990	630	418.64	1014
1991	792	402	1209
1992	477	462	953
1993	61	794	837
1994	56	932	1024
1995	62	1123	1198
1996	72	1572	1545
1997	71	1774	1676
1998	111	2118	2012
1999	91	2500	2391
2000	93	2691	2599
2001	74	2686	2558
2002	97	2921	2843
2003	236	3369	3354
2004	341	3427	3576
2005	794	3755	4293
2007	161.15	—	—

说明：2007 年区财政投入卫生经费系医保配套项目

第二章　卫生体制改革

1983 ~ 2007 年，区属医疗卫生体制改革，逐步实行多层次、多渠道办医，以发展专科、特色门诊、家庭病床，扩大医疗卫生服务，推行以院长、科室负责制为主要内容的科学管理体制，合理调整收费标准。医技人员实行技术职称考核、评聘等，在提高社会效益的同时，增强区及各乡镇、街道卫生院（所）自我发展能力，增添具有现代化水平的电脑、同位素、激光、纤维内窥镜类精密检测、诊疗仪器设备 100 多台（件）。有效提高医疗质量，方便门（急）诊，增加业务收入，改善和提高区及乡镇医疗技术水平，提高知名度。

第一节　公共卫生体制改革

一、卫生防疫

1984 年 7 月 10 日，区卫生防疫站建立，地址在解放路 305 号。由市防疫站临时解决 150 平方米（7 间房）业务用房，实行市、区两级公共卫生管理体制。主要负责辖区内传染病管理、计划免疫、食品卫生、学校卫生、劳动卫生、环境卫生和卫生宣传等，定编 22 人。

1988年4月21日，成立结核病防治所（对内为结防科），增编工作人员6名，添置X光机和化验仪器、器材、药品等，建立化验室。是年，全站设4科3室，定编28人。

1992年10月，区划调整后，区卫生防疫站承担城乡传染病防治等各项职能，管辖范围扩大，全站设5科2室，人员增加，定编23人，迁址至大西路108号。

2002年11月20日，京口区卫生防疫体制改革，卫生防疫站被撤销。建立区疾控中心，代替卫生防疫站职能。

图24-5　2001年，京口区卫生防疫站依法检查餐饮业金聚楼食品卫生　　（区卫生局供稿）

二、妇幼保健

1984年，京口区建立区妇幼保健站。1992年12月12日，为适应妇幼保健体制改革，区妇幼保健站升格为区妇幼保健所，定编12人，有卫生保健人员7名，返聘4名医技人员。主要承担辖区乡镇、街道、市级医院和区级医院妇幼系统管理。市、区卫生行政机构筹措资金13万元，社会赞助1.5万元添置医疗设备，开设妇保科、计划生育手术室、儿保科、老干部门诊、化验室、X光室及B超、冷光、激光、心电等医技科室。办理“儿童出生证”。签订婚姻、儿童、母子系列保健保偿合同。为入托、入园和散居儿童体检。妇女病普查、普治。开展婚前和产前检查。施行计划生育手术。1994年，增添婚姻保健、妇女保健和散居、集居儿童保健管理、乳腺病专家门诊、常见病治疗、出生医学证明规范管理。1995 ~ 2004年，区妇幼保健所增添对市、区、镇级爱婴医院业务指导。

2005年9月，省、市卫生体制改革，整体转为大市口街道社区卫生服务中心。2006 ~ 2007年，区妇幼保健所主体业务除担任社区医疗保健任务，同时承担区域内妇幼保健、妇女病普查普治等业务工作。

第二节　医疗制度改革

一、目标管理

1983年9月以来，区卫生局加强对全区医疗卫生单位目标管理。1984 ~ 2003年，每年底或年初，结合年终总结，分别和区级医院（站、所）、乡镇医院、街道卫生所签订目标管理责任状，把工作实绩、经济效益和年终奖励挂钩，作为单位、领导和医技人员“三结合”考核、评比。各基层单位分别与科室、职工签订二级目标责任状，制订考核指标，全方位实行目标管理。

2004 ~ 2005年，全区医疗卫生工作围绕“两率先、两步走”总体目标，区卫生局与市卫生局签订《卫生工作综合目标管理责任书》，全面落实省、市关于城镇医药卫生体制改革指导意见，深化医疗卫生体制改革，提高医疗质量。医院管理开展“百日安全优质服务竞赛”“病历书写质量竞赛”“护理技术操作比赛”等活动，甲级病历书写规范率为91%。

2006 ~ 2007年，全区医疗卫生工作以解决群众“看病难、看病贵”为目标，与各社区卫生服务中心、区卫生监督所、区疾病预防控制中心签订目标管理责任状，各基层单位与科室（站、点）签订责任状30多份，形成区、中心（站、点）、科室（所）三级目标管理网络。围绕总体目标强化医政管理，开展“管理年”活动，开展专业医技人员教育和考核活动，加大全科医生、社区护士业务培训，深化“三基”（理论、知识、技能），加强对一次性注射器、皮条用后管理，严格执行“一人、一针、一筒”规定，按要求进行消毒、毁形、处置。

二、人事管理改革

1990～1994年，全区医疗卫生人员按传统制度进行管理。1995年下半年始，区卫生医疗系统按照《中华人民共和国劳动法》《中华人民共和国合同法》规定，进行全员人事制度改革，分别与职工、医卫技术人员签订用工合同。对干部、高级职称和专业医技人员实行评聘制。

1996～2003年，全区医疗卫生单位与职工签订全员聘用合同500多份次，长期用工合同、聘任制占85%以上。其中对2000年以后引进到医院（站、所）执业医技人员，人事关系由京口区人才服务中心代理，实行由单位人员向社会人员制度转变。

2004～2005年，全区医疗卫生人员用工制度是全员聘用合同，专业技术人员职称“评聘分开”，中层干部“竞争上岗”，大中专毕业生“双向选择”，经考试择优录用，人事关系代理等形式。两年录用大中专毕业生23名，形成医技人员“能进能出”、干部“能上能下”、工资“能高能低”，上岗靠竞争，分配看贡献的新的人事、分配制度。

2006～2007年，全区医疗卫生单位人事与工资分配制度，贯彻以创新、目标管理为龙头，联系实际，明确范围，对中层干部“以事定人”，实行竞争上岗。科室工作人员和职工实行双向选择，择优录用，落聘待岗。

三、分配制度改革

1990～1994年，全区医卫单位按传统制度进行分配。1995～2005年，京口区医疗卫生单位根据《专业技术职称评聘分开实施细则》，医技人员和职工按照所聘职称、职务、技术等级、工作实绩所适应的工资、福利待遇进行分配。

2006～2007年，全区医疗卫生单位分配制度与服务数量、质量、群众满意度等挂钩。同时，要求45岁以上高级医护人员两年内完成全科医生和社区护士专业培训，使全科医生和社区护士经培训考核均获得省级考核执业证书。

四、健全财务审计

1985年以来，京口区医疗卫生单位分别建立部门审计制度，每半年对部门的财务情况进行初审，年终总审。1986～1998年，先后建立健全财务科工作制度、财务审批制度和审计制度。2000年7月，根据《镇江市市直医疗卫生单位会计机构负责人委派制暂行规定的通知》，京口区医疗卫生系统，实行会计负责人委派制度。按照《京口区卫生局委派会计人员岗位考核细则》，委派的财会负责人对医院收支情况进行全程跟踪监督。2001～2005年，全区各医疗卫生单位的财务收入、支出、基本建设、设备、药品购置等，进一步完善财务审计和财务监督机制。2006～2007年，区卫生局成立卫生财务核算中心，出台《京口区卫生财务核算实施方案》，实行会计集中管理、统一核算。

五、实施惠民政策

1984～1988年，区医卫机构根据国务院和省、市卫生行政机关解决群众“看病贵”问题的通知精神，先后采取减免、降价和先治病后结账等一系列措施。1989～2007年，先后制订解决“看病贵”“看病难”等惠民政策和五项措施：免收社会医疗保险参保人员门诊诊疗费，免收慢性病门诊挂号费。社区救助人员实行“五免五减半”（即：免门诊挂号费、门诊诊疗费、注射费、住院护理费、住院诊疗费；减半收床位费、检查费、治疗费、放射检查费、手术费），降低基本医疗保险参保人员在社区医疗机构门（急）诊费用个人自付比例，超过标准以上部分个人自付15%，《医保药品目录》中204种注★号药品费用改由保险基本支付。社区医疗机构药品集中招标采购，实行药品零差率销售。合作医疗参保人员，在定点社区医疗机构发生的门诊费用直接给予20%补偿，住院费用按比例给予报销。

六、推行药品招标采购

1984～2000年，京口区医疗卫生机构的药品采购由各单位根据实际需要自行组织。2001年，京口区监察局、卫生局联合发出《关于做好药品、医疗器械集中招标工作的通知》后，6月，区人民医院参与区卫生局组织的药品集中招标采购工作，以区人民医院为主体，先期招标品种以差价较大的、临床常用的28个品种、39种规格药品，一次性注射器、输液器等60个品种，经资质审核170家药品生产经营企业参与竞标。至年底，仅区人民医院20多种招标药品，采购价下降13.6%，节省资金4万余元。对京口区人民医院集中招标采购做法，市政府发出《关于转发市卫生局等部门〈关于镇江市医疗机构联合进行药品集中招标采购工作实施意见〉的通知》，批转全市各级医疗卫生单位参照执行。

2002 ~ 2003年，镇江市二级以上医院药品按市药品招标办公室公布的集中招标采购中标品种、价格进行采购。集中招标的临床治疗需求新增药品购进，由临床科主任申请，医院药事委员会集体讨论决定，控制同类品种数量，首选疗效显著、价格低廉的药品进入临床。2003年1 ~ 11月，集中招标采购药品、卫生材料总额456.75万元，集中招标采购率为69.92%，签订鉴证购销合同118份。

2004年，全区卫生单位按照市、区卫生局、纪委要求，基本医疗保险目录药品100%集中招标采购，临床普遍应用、采购量大的药品70%。是年，集中招（竞）标采购331.42万元，询价采购126.37万元，集中招（竞）标采购率为72.4%。签订采购合同123份，询价采购合同59份，药品、卫生材料全部进场交易，合同签证率为100%，全程接受主管局、纪检部门监督。

2005 ~ 2007年，全区医疗单位年度药品集中招标采购率由70%提高至80%。完善医院药品采购数据库，标识集中招标采购、询价采购、自行采购品种、数量、金额以及入库时间，进行微机统计归类。3年采购西药、中成药431个品种，其中招标采购411个品种，金额1000多万元。京口区人民医院被镇江市药品集中招标采购管理委员会评为药品集中招标采购先进集体。

第三章　爱国卫生运动

1983年9月，京口区爱卫会成立后，承担并协调区域内的爱国卫生活动。1984 ~ 2007年，开展城乡健康教育、除害灭病、改水改厕及创建国家级卫生城活动。1998年首创国家卫生城后，至2007年连续荣获“六连冠”殊荣。全区有省、市、区级爱国卫生先进单位148家，省级卫生村1个，市级卫生镇1个、卫生村9个。

第一节　机构沿革

1984年2月，镇江市城区建立爱卫会，下设办公室（以下简称区爱卫办），设在区卫生局内，专司区爱卫会日常工作。12月，改称京口区爱卫会。1991年7月，京口区城管办与区爱卫办合署办公，同时成立京口区消毒杀虫服务站，隶属区爱卫办，为集体事业单位，核定编制5名，实行独立核算，自负盈亏,1995年，更名为镇江市京口区爱国卫生技术服务站。1992年10月，京口区辖乡镇、场圃后，各乡镇场圃分别设有爱卫办，组织协调辖区内爱国卫生运动和行政村卫生工作。1997 ~ 2000年，为创建国家卫生城市，各街道、乡镇分别设立城市管理科，承担街道、乡镇基层卫生工作。2001年，区爱卫办由城管办划归为区卫生局内设机构。2005 ~ 2007年，各乡镇、街道爱卫会与城管科合署。

1990年后，区爱卫会负责人由区分管领导兼任。

第二节　健康教育

1983 ~ 1985年，区爱卫会把对市民的健康教育作为社会主义精神文明建设的重要内容，同时作为创建国家卫生城市长效管理的治本措施。1986 ~ 2001 年，区政府成立由副区长为组长的健康教育领导小组，为区健康教育常设机构。各街道乡镇分别建立机构，加强健康教育网络建设。

2002 年，区疾控中心内设健康教育科，作为指导全区健康教育业务培训、宣传材料制作、督导考核的职能机构。2003 ~ 2005 年，全区发放健康教育“处方”5000 多册，制作宣传展板 200 多块，发放各类宣传材料 10 万余份，邀请市健康教育讲师团、资深专家，进入学校、社区、厂矿开设讲座，同时以各类活动日为载体，结合“艾滋病日”“碘缺乏病日”“爱牙日”“高血压病日”等，开展大型宣传咨询健康教育活动 50 多场次，15 万多人次参加听讲。此举受到中国健康教育网、《镇江日报》、《京江晚报》、镇江电视台、镇江人民广播电台和京口区广播电视台等媒体专访和报道 20 多篇（次）。2004 年，区爱卫会协调市教育局、卫生局启动创建“镇江市健康促进学校”活动，驻区大、中、小学对照标准，开展系列健康促进学校创建活动。2005 年，开展“亿万农民健康教育促进行动”，注重农村健康教育阵地建设，大力普及科学卫生知识，举办乡村干部健康教育培训班，乡村骨干参加。同时向村民发放 1.5 万本《健康知识读本》，健康教育入户率达 100%，象山镇被市政府授予“亿万农民健康教育促进行动”先进乡镇。

2006 ~ 2007 年，市实验小学、索普学校、第九中学、南门小学被命名为“健康促进学校”，市实验小学为金奖学校。中山路、红旗、桃花坞、八叉巷小学为健康教育先进学校。丹徒中学被市爱卫办命名为无烟学校。谏壁、象山两镇、22 个社区被市政府授予健康教育示范镇和示范社区，区爱卫办、疾控中心获市健康教育先进集体。

第三节　病媒生物（含除“四害”）防治

1983 ~ 1985 年，全区在病媒生物（含除“四害”）防治工作中，坚持标本兼治，用科学方法除“四害”。开展以灭鼠、灭蟑为重点的春、秋季、重点夏季除“四害”和灭蝇活动。同时结合爱国卫生月活动，开展环境综合整治，集中清除“四害”滋生地 50 多块，2600 多平方米，有效控制蚊蝇滋生繁殖率。1986 ~ 1994 年，区爱卫会在辖区内培训灭鼠员 1868 人，开展化学灭鼠，配制“敌鼠钠盐”毒饵 3200 多千克，遍布鼠夹，实行专人“三定”（定时、定点、定质）灭鼠责任制。1989 年，贯彻全国流行性出血热防治工作会议精神，制定《京口区 1990 ~ 1994 年灭鼠达标方案》，成立专业队伍，开展鼠情监测和灭鼠毒饵试制筛选。1990 年获省爱卫会灭鼠先进区称号。1991 夏季，全区受洪涝灾害，区爱卫会组织 30 多名医技人员，深入灾区义诊和对垃圾箱、厕所、沟头消毒，面积达 51 万平方米，使用杀虫剂 100 多千克，60% 漂白粉精 200 多千克，实现“大灾之年无大疫”目标。1992 年 6 月，省爱卫会命名镇江市暨京口区为灭鼠先进市、区。1995 ~ 1998 年，京口区在创建卫生城活动中，每年春、秋两次开展除“四害”专项活动。1995 年灭蟑达标。1997 年，灭蝇达标，获省级灭蝇先进区称号，并制定措施加强长效管理，顺利通过 5 年 1 次的单项达标复查。1998 年 9 月，通过省级灭鼠先进城市复查验收。2005 年 10 月，通过省级“灭蟑”先进城区复查。2006 ~ 2007 年，京口区在开展“爱国卫生月”期间，根据省、市政府关于“改善农村环境面貌，提高农民生活质量为目标”精神，结合“双清双美”活动，在农村环境百日综合整治活动中，出动 1500 多人次，垃圾车 20 多辆，清理疏通河道 6 处，清运积存垃圾 450 多吨。区爱卫办组织街道、乡镇（园区）消杀员专业培训 800 多人次，形成城乡一体化消杀网络。

2000 ~ 2007 年京口区除“四害”药械情况表

表 24-4　　单位：千克

年　份	药品名	数量	药品名	数量	药品名	数量	药品名	数量
2000	灭鼠药	1086	蟑螂净	14	灭蝇药	526	灭孑孓药	340
2001	灭鼠药	270	蟑螂净	10	灭蝇药	485	灭孑孓药	1000
2002	灭鼠药	380	蟑螂净	10	灭蝇药	960	灭孑孓药	1000
2003	灭鼠药	370	蟑螂净	78	灭蝇药	2120	灭孑孓药	鼠笼 288
2004	灭鼠药	522	蟑螂净	—	灭蝇药	385	蟑螂光	2260 盒
2005	灭鼠药	1410	蟑螂净	82	灭蝇药	399	蟑螂光	4860 盒
2006	灭鼠药	610	蟑螂净	—	灭蝇药	484	灭孑孓药	1000
2007	灭鼠药	—	蟑螂净	—	灭蝇药	—	灭孑孓药	—

第四节　创建卫生城（镇、村）

一、创建国家卫生城

1985 年，京口区开展以创建卫生先进城市（区）为重点的卫生突击活动。5 月，区爱卫会第二次会议讨论通过创建文明卫生单位 9 项标准和流动红旗竞赛活动意见，开展以“创三优”“建文明”为重点的卫生突击活动。1986 ~ 1991 年，各街道首创全市自行聘任“民办”清扫员制度，8 个街道由 158 名清扫员承担城区主干道人行道和 100 多条街巷清扫保洁任务。

1998 ~ 2002 年，京口区参加市委、市政府创建国家卫生城市工作，层层分解创建任务，明确责任单位，落实长效管理措施。各乡镇、场圃、行政村建立村级卫生组织，各村民小组配有保洁员，划定保洁区，把名单和责任区张榜公布，对村容村貌进行规范管理，每日早、中、晚 3 次打扫卫生，加强保洁工作，使城乡环境卫生质量和村容村貌逐年改观。

2003 年，全区投入人力、物力、财力，承担全市“创卫”9 大任务，投入 40 万元，成立 9 个专业达标组，全力以赴做好创建工作，通过创建国家卫生城市省级考核验收和全国爱卫会复核验收。2004 年，通过国家卫生城市省级复查，获得四连冠。

1992 ~ 2007 年，全区涌现省、市、区级爱国卫生先进单位 148 家，其中省级 18 家、市级 61 家、区级 69 家。创建 39 家无烟先进单位，其中省级 1 家、市级 3 家、区级 35 家。创建省级卫生村 1 个，市级卫生村 9 个，市级卫生镇 1 个。

二、农村改水改厕

1992 年 10 月区划调整后，京口区始管乡镇场圃和农村卫生工作。1993 ~ 2001 年，区卫生防疫机构进行农村人口饮用水改造和农厕改建（以下简称“双改”），制订规划，落实资金，分年度、分步骤逐步实施。2003 年，京口区按照省、市政府要求，把对农村“双改”工作作为政府确定为农村所办的 5 件实事之一。9 月，成立区“双改”工作领导小组，由区政府副区长任组长。各乡镇和行政村分别成立“双改”工作领导小组，制定措施，形成区、镇、村三级“双改”工作网络。2004 ~ 2005 年，区财政投入改水资金 338 万元，新增农村改水受益人口 10943 人。达到村村通自来水，普及率达 99.56%，完成全区农村改水任务。在改水的同时，区爱卫会以开展农村“双清双美”活动为契机，积极推进农村改厕工作。区政府专题研究，坚持按省、市总体目标要求进行落实，按时按质地完成省、市下达的改厕任务。2005 年，新增无害化户厕 7909 户，丹徒镇东风村、谏壁镇雩北村成为新增改厕普及村。2006 ~ 2007 年，全区新建和改建无害化户厕 6360 户，改造和新建公厕 55 座。象山镇丹徒社区、陈家门社区，谏壁镇粮山社区、月湖社区、蔡家村进入改厕普及村。

第四章　传染病预防与控制

1984 ~ 1988 年，区域内传染病防治工作由市卫生防疫站统一管理，市传染病医院集中收治。1996 ~ 2004 年，区爱卫会根根省、市规定，加强对沿江乡镇开展血吸虫病调查、控治和灭螺工作。

第一节　传染病防治

一、计划免疫预防传染病

1983 年 9 月，京口区根据 1978 年重新颁布的《传染病管理条例》规定，全面实施区域性计划免疫，疫苗品种多、更新快，预防性强。尤其对流行性脑膜炎、麻疹、百日咳等传染病防治，效果显著提高。1988 年，白喉、脊髓灰质炎等无病例报告，传染病种大量减少，发病率大幅下降。与新中国成立后最高发病年份相比，流行性脑膜炎比 1967 年下降 98.76%，乙型脑炎下降 84.35%，麻疹比 1957 年下降 99.35%，百日咳比 1963 年下降 96.3%，法定传染病总发病率比新中国成立后最高年份（1960 年）发病率下降 86.1%，传染病总病死率为 0.02%，比新中国成立后最高年份的发病率下降 82.7%。麻风病人降至 12 人，为 1978 年麻风病人数的 8%。但肝炎发病率从 20 世纪 60 年代起逐渐增高，由于传染源难以全面控制，1985 年发病率仍在 118/10 万。

1989 年，《传染病防治法》修改颁布后，按属地管理原则，1990 年始，京口区卫生防疫站负责街道传染病防治管理工作。1991 ~ 2003 年，京口区城乡主要是乙类传染病疫情——菌痢、病毒性肝炎、伤寒、出血热、麻疹等，以肠道传染病发病率为最高。经过预防和有效控制，疫情从 1990 年的发病率 990.69/10 万，下降到 2003 年的 273.66/10 万，下降了 72.37%。

2004 年始，国家实行传染病信息管理系统网络直报。同年，颁布新修订的《传染病防治法》，增加丙类传染病报告。2005 ~ 2007 年，京口区城乡传染病种有肝炎、痢疾、淋病、肺结核等，发病率从 2004 年的 692.18/10 万，降至 2007 年的 683.16/10 万。

1990 ~ 2007 年京口区传染性发病情况表

表 24-5　　单位：例、1 / 10 万

年份	发病数	发病率
1990	3205	990.69
1991	3116	956.98
1992	3086	943.77
1993	1982	777.75
1994	1950	762.95
1995	1196	465.19
1996	1091	392.81

续表 24-5

年份	发病数	发病率
1997	1057	376.50
1998	931	312.03
1999	701	218.88
2000	698	210.93
2001	647	189.34
2002	558	173.34
2003	900	237.66
2004	2945	692.18
2005	1793	803.21
2006	2489	715.79
2007	2709	683.16

说明：2003 年始，由网络直报。“非典”时卫生部要求报“疑似”“临床”及实验室诊断病例，发病增幅加大

二、新发重大传染病防治

1. 结核病

1951 ~ 1982 年，区域性结核病患者急剧下降。1983 ~ 1984 年，京口区坚持“预防为主，防治结合”方针，以结核病病例发现为重点，做到“三加强，二提高”（发现、诊断、治疗，管理、防治）。1985 ~ 2002 年，全区加强结核病归口管理，完成省、市下达的发现、诊断、治疗、管理、防治工作目标。2003 年，区域性肺结核病转诊率为 70%。2004 ~ 2007 年，转诊率为 100%。转诊到位率从 2003 年的 72.8%上升到 2007 年的 98.6%。

1985 ~ 2007 年，全区医卫人员提高对结核病发现、诊断、管理和防治水平，每年举办 1 ~ 2 次结核病防治专业培训班、痰检验培训班等，每期培训 60 ~ 80 人次，考试合格率 95% 以上。通过对现行结核病疫情、现代最新结核病控制策略、归口管理及各级、各类人员职责等，在全区范围内开展结核病普查工作，调查 11525 户，发放免费透视单 525 份，痰检 55 人，阳性病例 8 人，约占痰检人数 7%。期间，每年 3 月 24 日“世界防治结核病日”期间，区各卫生单位分别举行结核病知识和防治办法宣传。通过讲座、宣传点，利用板报、墙报和新闻媒体，加大对结核病控制、防治及传播途径、控制、防治措施宣传力度。各乡镇在“3・24”期间，23 年共发放宣传单 50 多万份。

2. 艾滋病

20 世纪 90 年代以来，京口区为贯彻《艾滋病防治条例》（以下简称《防治条例》），各医疗卫生单位设置专科门诊，组织专人对艾滋病的预防和治疗。

2002 年 8 月，全区发现首例艾滋病病毒感染者报告。遵照《防治条例》规定，加强领导，强化疫情监测，开展个案流行病学调查（以下简称“流调”），严格网络直报，实行免费治疗，推进目标管理，落实行为干预，强化健康教育，提高区域性艾滋病综合防治能力。

2005 年，《中国遏制与防治艾滋病行动计划（2006 ~ 2010 年）》颁布后，根据辖区实际情况，强化对艾滋病监控，落实治疗措施，迅速进行疫情报告。主要措施：规范初筛实验室管理，加强对孕妇、术前病人检测。2007 年，艾滋病抗体初筛 25374 人次，报告 HIV 感染者 6 例。认真对 HIV 感染者“流调”，“流调”率为 100%。为防止失访，强化关口前移，初筛阳性时，迅速完成“流调”，分别建立档案，个案调查、随访、CD4 细胞检测、干预、关怀管理。加强健康教育，促进健康，防控艾滋病发生和流行。2006 年 6 月 6 日，镇江第十中学学生进行艾滋病知识健康教育和知晓率调查 372 人，现场抽取 100 名学生，进行即时效果评估显示，知晓率为 78.65%，中国健康教育网对此项活动专题报道。7 月，对驻

区3家市属综合性医院和6家区属社区卫生服务中心100名医务人员，进行艾滋病防治知识问卷调查，知晓率为80.38%。

2007年，全区累计报告27例艾滋病病毒感染者，其中外地报京口区患者1例，外籍人员1例，外省籍人员13例，省内其他县市人员驻区6例，市内其他县区驻京口4例，属辖区人员3例。通过对27例艾滋病菌传播者感染途经调查，除11例传播途径不详外，10例为性接触传播（其中1例死亡），6例为血液传播（其中1例死亡）。从2002年8月，京口区发现首例艾滋病患者外，5年内增加26例，属于低流行区。但从发展趋势分析，有增长势头，感染地区集中在城区，尤以青壮年为主。外省籍在区域的流动人员，特别是性服务人员、同性恋人群、静脉注射吸毒和无业人群中HIV感染率较高，这些人群为主要传播源。

3. 非典型肺炎

2003年4月，京口区卫生管理机构根据国务院、卫生部规定，将非典型肺炎（以下简称“非典”）列入法定传染病进行管理。4月11日，区卫生局和各医疗卫生单位分别成立“非典”防治工作领导小组，下设防治技术指导组，承担诊断治疗、消毒隔离、“流调”、疫情处理等项业务。负责全区“非典”防治工作组织协调、业务指导，接受投诉，处置外来和返乡人员隔离、医学观察，防护用品、消毒用品供应。组织人员到街道、乡镇、开发区及4个留观点调研。制定《京口区预防控制非典型肺炎工作预案》《京口区控制非典型肺炎应急预案》。对医疗卫生单位从事卫生管理、呼吸、感染、耳科、门急诊医护人员、防疫、消杀等人员进行“非典”业务知识培训，培训率98%。建立疫情报告制度，发现疑似病例和诊断病例，疫情报告率100%。各医院设立发热门诊、隔离观察室、抢救病房。全区设立4个返乡人员集中留观点，收75名隔离人员，未发现“非典”病例和疑似病例，全区“非典”防治工作至2004年年底结束。

4. 霍乱

1983～1993年，区卫生防疫机构，根据省、市霍乱预防控制工作指示，结合实际，制定《京口区霍乱防治工作方案》，控制工作实现“三不”（不发生霍乱死亡病例，不出现疫情扩散导致的二代病例，不发生中、高强度的流行）目标。辖区内霍乱年发病率控制在1/10万以下。1994年，区域内发现首例霍乱患者，由于措施落实，及时报告，得到控制和治疗。1995年、1998年、1999年，区域内又分别各发生1例霍乱患者。2000～2007年，全区城乡的霍乱病例为0。

5. 禽流感

1983～2002年，京口区域内没有禽流感病例。2003年，根据省、市关于《防治人感染高致病性禽流感（以下简称“禽流感”）通知》精神，成立由副区长担任组长、卫生局、城管局、街道、乡镇等10多个职能部门为成员的区防治“禽流感”领导小组，设置疫情处理小组，指挥、协调全区“禽流感”防治工作。鉴于新的流行病种出现，疫情处理小组成员经过专业培训，承担疫情监测、预防控制、消杀隔离及现场采样流行病学调查等应急处理。制定《京口区人感染高致病性禽流感防治应急预案》，采取综合防治措施，着重对家禽、水禽食品生产加工经销单位卫生监督，严把禽类食品卫生关。开展群众性爱国卫生运动，清理环境卫生，开展消毒、灭蝇工作。推行农村改水、改厕，对人、畜粪便作无害化处理。加强消毒，严格控制传染源。在城乡设置9处人禽流感监测点，印发禽流感防治知识宣传品1万多份，向新闻媒体和各乡镇、街道、企事业单位提供宣传资料。

2004～2007年，全区未发生“禽流感”或新型流行病而死亡病例。

6. 猪链球菌感染

1983～2002年，区域内没有发现猪链球菌感染病例。2003～2007年，根据省、市关于防治猪链球菌感染的通知精神，制定《京口区猪链球菌感染防治应急预案》，成立疫情领导小组及疫情处理小组。组织医卫技术人员，开展防治、控制猪链球菌传染专业知识培训，加强对此类病例监测。辖区各级医疗卫生机构，一旦发现有类似接触史病例，立即报告。采取控制传染源（病、死猪、死家畜），切断人与病（死）猪接触为主的综合性防治措施。区域内未发生猪链球菌感染病例和疑似病例。

第二节　预防接种

1984 ~ 2007 年，京口区预防接种工作是控制以至最终消灭儿童传染病根本措施。1984 ~ 1992 年，根据国家普及儿童计划免疫工作要求，开展卡介苗、脊髓灰质炎疫苗、百白破疫苗、麻疹疫苗、流脑疫苗、乙脑疫苗“六苗防八病”预防接种。1993 ~ 2005 年，全区从 1993 年起，实行儿童计划免疫保偿形式下的预防接种，对 0 ~ 7 周岁儿童实行计划免疫保偿，每年收取 10 元保偿费，用于卡介苗、脊髓灰质炎疫苗、百白破疫苗、麻疹疫苗、流脑疫苗、乙脑疫苗 6 种疫苗接种，预防八种急性传染病发生。在保偿期内，按合同规定，对发生相应传染病者，可适当给予一次性经济补偿。每年 7 月 1 日以后，乙肝疫苗纳入儿童计划免疫程序，将六苗防八病扩大到七苗防九病，实现计划免疫工作 85% 规划指标。预防接种任务从原来的主城区调整到街道、乡镇。承担主城区预防接种任务的 4 个卫生所、2 家医院调整为 3 家综合性医院、4 家乡镇卫生所。1997 年各类传染病发病率分别比 1995 年、1996 年下降 15.7% 和 6.1%。其中肝炎发病率下降幅度最大。1996 ~ 1997 年分别下降 10.2% 和 33.7%。2005 ~ 2007 年，《疫苗流通和预防接种管理条例》出台后，结合实际，从 2006 年 1 月 1 日起，实行一类疫苗免费接种。根据江苏省计划免疫指导意见和群众需求，开展除七苗防九病以外的预防接种，逐步将风疹疫苗、水痘疫苗、B 型嗜血杆菌疫苗等纳入儿童预防接种范围，有效控制全区风疹、水痘等疫情发展。

2000 ~ 2006 年京口区计划免疫预防接种情况表

表24－6　　单位：人、%

年　份	2000	2001	2002	2003	2004	2005	2006
总人口数	300760	293571	319752	349669	347727	348300	346800
接种总针次	46140	43627	43769	44748	44475	41620	40915
卡介苗	2210	2026	1995	1988	2124	1876	1822
乙肝	6346	5446	5186	5981	6492	5888	5842
糖丸	10360	9353	9888	9657	10827	8929	9160
百白破	8710	7798	7781	7822	9304	7501	7269
麻苗	3763	3946	4052	4211	4078	3604	6046
流脑	6160	6938	6135	6221	5726	5905	5428
乙脑	8591	8120	8732	8868	8124	7926	5348
五苗覆盖率	88.75	89.55	90.43	90.20	92.36	94.03	95.21

说明:2006年麻苗接种人数增加,免疫程序改变,4周岁以下儿童补种;乙脑人次因减毒疫苗代灭活疫苗针次减少

2000 ~ 2007 年京口区非法定传染病预防接种情况表

表 24-7　　单位：支

年份	2000	2001	2002	2003	2004	2005	2006	2007
风疹疫苗	2676	1722	3600	2100	677	—	—	—
水痘疫苗	—	—	3250	2900	2100	2100	2700	—
B 杆疫苗	—	—	1300	2560	2000	1200	2100	—

第三节 血吸虫病防治

1985 ~ 1989 年，区域范围内未发现新的血吸虫病人。20 世纪 90 年代初期，江滩和部分河网地区钉螺和血吸虫病有回潮现象。1993 年，京口区成立血防工作领导小组，各乡镇相应成立血防工作机构。区卫生防疫站增设血吸虫病防治科，各乡镇医院建立防保组，开展城乡血吸虫病防治和其他地方病防治工作。各乡镇分别建立 40 ~ 60 人查螺灭螺专业队伍。是年，全区有螺面积 194 万平方米，查出感染血吸虫患者 4420 人、患慢性病的 44 人，收治 1000 多人。1996 年，京口区血防工作在省、市政府支持下，实行二级“血地防”工作目标管理，无病例发生。

1997 ~ 2005 年，京口区血防工作开展综合治理，采取科学防治措施，螺情、病情得到有效控制。全区有螺点 18 个，其中阳性螺点 5 个，面积 55.8 平方米。2004 年 3 月和 2005 年 3 月，连续实施“春风Ⅰ、Ⅱ号”灭螺行动，完成查螺面积 26.50 万平方米。2007 年，开展血防“春风Ⅲ、Ⅳ号”灭螺行动，灭螺效果显著。但全区仍有存螺面积 190 万平方米，居全市第二位，查出染病者 22640 人、慢性病人 138 人，治疗 138 人。

第四节 其他寄生虫病防治

一、疟疾病防治

新中国成立后，结合血吸虫病防治，一并开展疟疾及其他寄生虫病的调查和防治工作。20 世纪 50 年代初，区域内疟疾病患者占总人口的 15% 左右。城乡开展大规模群众性爱国卫生运动，大力消灭“四害”，疟疾患者显著减少，不少年份发病率为 0。在中共中央提出“除四害，讲卫生”号召下，查灭“四病”（血吸虫、疟疾、丝虫、钩虫）活动。3 个市辖区近 10 万人参加查病灭病工作。“文化大革命”时期，疟疾病有回潮现象。

1984 年以来，区域内有关资料分析，疟疾、丝虫病有回潮现象，平均感染率分别为 1.5% 和 3.0%，传播媒介主要是淡色库蚊，其次为中华按蚊和致倦库蚊。防治措施主要是消灭蚊虫。1985 年，京口区域内的疟疾发病率下降到 0.017%，丝虫发病率下降到 0.15%。1993 ~ 2002 年，京口区疟疾发病分月统计资料显示：区域内一年四季均有疟疾病例发生。一般从 4 月、5 月始陆续发生疟疾病例，7 月、8 月、9 月达到高峰，10 月以后逐渐下降。10 年中，全区各乡镇门诊镜检站累计血检 21528 人，检出阳性 12 人，阳性率 5.57/ 万，对查出的阳性病人进行抗疟治疗。

2003 ~ 2007 年，全区疟疾发病率一直控制在 1/ 万以下，基本达到消灭疟疾病标准。

二、丝虫病防治

1958 ~ 1960 年，区域内历史上有不同程度的丝虫病流行，病区主要以乡（镇）为单位划分。分布特点是点状不均衡分布，属斑氏丝虫低度流行区。

1990 ~ 1992 年，区域内对流动人口进行病原学监测、血检 422 人，未发现微丝蚴阳性者。1996 年，京口区的丝虫防治工作通过省卫生厅考核达标，丝虫病患者基本绝迹。

三、钩虫病防治

1984 年以来，京口区在结合血吸虫病查治工作的同时，开展对钩虫病及其他寄生虫病普查，对查出阳性患者进行治疗。至 1993 年，全区城乡无钩虫病患者病例。1994 ~ 2007 年，全区城乡未发现钩虫病例。

第五章　公共卫生

1992 年 10 月区划调整后，区域公共卫生管理范围扩大到乡镇场圃。2005 ~ 2007 年，全区城乡卫生面貌等方面工作取得长足进展，农村人口 100% 饮用自来水，98% 以上农厕得到改造，城乡“双清双美”面貌焕然一新。

第一节　慢性非传染病防治

一、慢性病基线调查管理

1983 ~ 1999 年，京口区对慢性病基线调查没有开展。进入 21 世纪后，中共中央、国务院重视患慢性病群体，卫生部先后提出对慢性病人的防治措施。2004 年 9 月，京口区确定四牌街道江滨新村社区为慢病综合防治示范点，开展并完成基线调查。对 4100 多名居民调查，其中高血压病 1629 人，管理 1600 人，管理率为 98.2%; 糖尿病 420 人，管理 410 人，管理率为 97.6%，计算机管理率达 100%。2005 年，全区医疗改革，设立社区卫生服务中心后，2006 ~ 2007 年，全区 10 多万慢性病患者统一在所在社区卫生服务中心建卡管理。

二、精神疾病监管治疗

1983 ~ 2002 年，区域内重性精神病患者以家属、公安、民政部门配合精神病防治院进行监管治疗。

2004 年，京口区被卫生部确定全国“重性精神疾病防治队伍建设项目”示范区。2005 年，由区卫生局和健康路街道社区卫生服务中心组织实施，共对全区 1000 例重性精神疾病患者建档立卡，将患者信息录入全国精神疾病管理系统，并指导、配合社区卫生服务中心，对经专家诊断复核的 400 例中有肇事、肇祸倾向的患者实行跟踪随访，其中对贫困患者给予免费治疗、发放药品。

2006 年，全区对重性精神病患者每半年进行疗效评价。2007 年，开展重性精神病监管治疗项目。12 月，全区已筛选、登记、网络录入重性精神病患者 1525 例，免费对 126 名贫困患者药物治疗。

三、肿瘤病报告

1983 ~ 2004 年，区域内未开展肿瘤病报告工作。

2005 年 7 月，省、市卫生行政机构规定，京口区开展对居民肿瘤监测、报告、登记工作。2006 年 12 月 31 日，区疾控中心收集到辖区医疗机构上报的肿瘤报告卡 520 份，将资料录入肿瘤登记报告系统。2007 年，在 520 名肿瘤病患者病例中，按性别统计，男性 295 人，女性 225 人。按发病部位统计，排列前 3 位的分别是恶性胃肿瘤、恶性食管肿瘤、恶性支气管和肺肿瘤。从年龄段统计，病人最多的为 50 ~ 75 岁年龄段。

第二节　食品卫生

1990 ~ 1993 年，区卫生防疫站开设体检门诊，对全区从事食品业 1530 人次进行体检，查出肝炎、化脓性皮肤病等 156 人，建议调出食品行业，另做安置。抽查食品生产经营单位 8986 户次，抽检食品 832 份，合格 706 份，合格率 84.86%。命名 6 户为食品卫生信得过单位，40 户食品卫生先进单位。处罚违章经营 628 户，销毁变质食品 1354 千克，罚款 146 户，吊销卫生许可证 1 户。2000 年，随着市场经济进一步发展，个体食品摊点扩大。区卫生行政机构每年对露天食品摊点、“大排档”“火锅店”

为主的食品检查和抽样检验，发现此类食品业卫生设施较差，食品普遍不合卫生标准，尤其是卤菜业卫生达标率只有10%左右，对此情况分别采取措施，加强监管。

2001～2004年，区卫生防疫部门每年对食品经营的3044人进行业务培训、体检，“两率”在99%，发新证263份。2003年4月，区卫生监督所对1168户食品生产经营单位，其中加工95户、批发零售617户、饮食服务369户、集体食堂39户、食品摊贩47户，3361名食品从业人员进行体检。对食品和餐具分别进行检测，其中食品138份，合格118份，合格率为85.51%。餐具样品109件，合格92件，合格率为84.40%。

2006～2007年，全区有食品生产经营单位1798户，对生产加工单位、批发零售户、饮食服务单位、集体食堂、食品摊贩的4746名从业人员体检，并检测各类食品742份，合格649份，合格率87.47%，餐具592份，合格530份，合格率89.53%。

1992～2007年，京口区卫生行政机构积极参加镇江市创建国家卫生城活动，为迎接国家卫生城市验收考核，每年对全区食品“五小店”专项整治，市、区两级政府下拨40万元改造“五小店”专项资金，政府承担3/4，个体户承担1/4。2003～2007年，城乡改造“五小店”600多户，核证1177户，新证建档率100%，食品卫生监督覆盖率100%，监督频次达500%。评定香逸渔港等6家酒楼为A级、21家为B级、38家为C级餐饮单位。评定4家学校食堂为A级、19家为B级、19家为C级单位，并在《镇江日报》等媒体向社会公布，接受社会监督。

第三节　学校卫生

1990～2005年，区卫生防疫和疾病控制中心依法对区域内学校卫生，按规定和范围进行检查、监管，16年保障学校卫生安全无事故。

2006年，省卫生厅、教育厅确定京口区为江苏省中小学校学生因病缺课监测工作试点区之一。区卫生局、教育局制定计划，落实措施，指导各校开设健康教育课，做到“五有”（有教师、有教材、有教案、有课时、有考核），结合卫生日，开展健康教育活动。主要内容：定期开展眼保健操检查；学校每日检查读写姿势；每班张贴眼保健操图；监测学生视力动态，发现视力不良及时通知家长；普及健康教育爱眼护眼知识。市实验小学获市级金奖学校，索普实验学校获市级银奖学校，第九中学、南门小学创建成市级健康促进学校，红旗小学、中山路小学、八叉巷小学、桃花坞小学先后创建成市级健康促进学校。

2007年，京口区在全省6个实验区中成绩显著，受到省疾控中心表彰。

1998～2007年京口区中小学生部分年份视力变化情况表

表24－8　　单位：%

年　份	1998	2002	2006	2007
近视患病率	26.34	37.27	39.34	—

第四节　公共场所卫生

1992～1994年，全区根据《中华人民共和国公共场所卫生管理条例》（以下简称《卫生管理条例》）规定，组织从业人员学习《卫生管理条例》，分批对1800多人次体检，对220个符合标准单位发给卫生许可证，917名从业人员领取健康合格证。

1995～2001年，区域内公共场所舞厅、棋牌室、茶楼、游戏机网络室等大幅度增加，对所有公共场所发证进行监管管理。2003年，核证389户，办理新证212户，新证建档率100%，印发各种公共场所卫生知识宣传材料 9000 多份。

2004 ~ 2007 年，区卫生监督站对公共场所经营单位卫生监督覆盖率 100%，监督频次达 500% 以上。主要措施：加强对化妆品市场管理，严格索证制度，杜绝“三无”、伪劣假冒或不符合卫生要求化妆品进入市场，没收不合格化妆品折价 1 万余元。加强医疗市场监管，监督范围扩大到社区行医、个体行医机构和人员，将其纳入正常卫生监督工作范畴，取缔 18 家非法行医。对区属医疗单位、社会行医、个体行医贯彻执行《中华人民共和国传染病防治法》情况进行检查，对存在的问题出具监督意见书，限时改正。

第五节　妇女儿童保健

1984 年，京口区建立妇女儿童保健站（以下简称区妇幼保健站）。1985 ~ 1992 年，该站负责区域内妇女病防治、围产期保健、儿童出生缺陷防治、创建爱婴医院、孕产妇系统管理、婴幼儿系统管理、儿童入园、入学体检和婚检等。

1993 年，妇幼保健范围扩大到乡镇场圃，增加医技人员 1 名。1995 年，区妇幼保健站撤站建所。负责对街道、乡镇场圃和区属工厂、幼儿园定期指导，进行妇女病普查和儿童保健工作。

1996 ~ 2005 年，全区每年出生婴儿建卡率 94% 以上，0 ~ 1 岁儿童建卡率 92.2%，早孕建卡率 92.5%，三次访视率 94%。

1993 ~ 2005 年京口区妇儿保健有关指标情况表

表 24-9

项目 \ 年份	1993	1994	1995	1996	1997	1998	1999	2000	2001	2002	2003	2004	2005
孕产妇系统管理率（%）	71	90	95.80	96	95.50	96	95	91.60	95.40	98.50	95.70	95.30	96.10
0 ~ 3 岁儿童系统管理率（%）	91.30	93.50	96.20	95.70	95.60	95.60	91.60	95.30	97.10	97.10	97.20	97.20	95.20
保健保偿率（%）	66	90	97	98	96.50	95	97.50	96.70	99.60	99.50	99.80	99.80	98.20
妇女病普查（人）	1618	2600	3500	3000	3200	2800	2071	1949	1614	1692	1731	1542	1003
儿童体检（人）	3476	—	—	—	—	—	—	3240	3119	3618	4159	5384	5790
护齿（人）	2668	—	—	—	—	—	—	7602	6820	12344	11717	19038	23160
新生儿保健（人）	115	—	—	—	—	—	—	858	1412	1431	1097	1103	1613
母乳喂养率（%）	57	60	85	90	87	86	96	68.80	72.90	71.40	73	71.90	77.70
婚检（例）	1200	1210	1182	1216	1186	1280	1106	1010	974	1051	750	33.50	30
计划生育手术（例）	150	266	280	300	139	158	210	286	268	258	226	283	280
B 超（例）	—	1139	—	—	—	—	—	540	639	551	785	1356	1921
激光治疗（例）	168	187	—	—	—	—	—	—	—	49	76	—	—
产前检查（例）	800	876	1100	1200	1400	1410	1560	1306	1191	868	704	500	587
孕教胎教（人）	820	980	970	980	1100	1000	1100	645	1242	884	715	400	300
乳腺检查（例）	—	2840	3800	3200	—	—	—	—	—	—	—	—	—
乳房门诊（人）	—	96	162	150	—	—	—	—	—	—	—	—	—
孕产妇住院分娩率（%）	—	—	—	—	100	100	100	100	100	100	100	100	100
孕产妇死亡率（%）	—	—	—	—	0	0	0	0	0	0	332/10	0	0
婴儿死亡率（%）	—	—	—	—	18	5.30	18	4.90	6.68	4.32	3.98	5.33	8

第六章　医疗　护理

1990 ~ 1992 年，京口区有区级医疗、护理机构 4 家，医护人员 200 多名，其中具有高级职称中、西医和护理人员 10 名。1992 年 10 月始有乡镇场级医疗、护理机构 5 家，400 多名人员，担负城乡 30 多万人的中、西医内、外、伤、妇科等医疗和护理。2005 年，根据医疗卫生机构改革方案，将区人民医院、区妇幼保健所和乡镇卫生院改制为社区医疗卫生中心。2006 ~ 2007 年，各医疗机构担负全区各社区居民的公共卫生和医疗护理工作。

第一节　医　疗

一、公费医疗

新中国成立后，国家实行公费医疗制度。对国家机关、事业单位、企业单位干部、职工实行公费医疗，同时对干部、职工子女实行儿童统筹医疗。

1984 年前，区域内公费医疗由镇江市实行统一管理。1985 年，国家推行公费医疗管理体制改革，京口区成立公费医疗管理委员会，下设办公室，对区级机关、街道、事业单位的公费医疗实行“统一领导，分级管理，各负其责，定额包干，结余留用，超支由单位自理”的办法，对儿童实行统一筹资、定点医疗管理。

1987 年 9 月，建立区级门诊所，对全区行政及事业人员和统筹儿童统一门诊，对区属其他事业单位实行特约门诊，经费由各单位自行掌握。同年，按中共中央《关于劳动制度四个暂行规定》文件精神，对区属工厂、企业部分职工开始医疗保险，1988 年，在区内全面推行。

1995 年，全区有定点医院 5 所，其中区级医院 1 所、乡镇医院 4 所。各定点医院严格执行《镇江市职工医疗保险医疗费用报销范围和自费范围暂行规定》《镇江市职工医疗保险药品报销范围》规定。1996 ~ 2007 年，公费医疗制度曾多次改革，公费医疗工作进入规范化轨道运行。

二、建章立制

1984 年，区属医疗机构沿袭建区前的医疗制度。1985 年，实行医疗制度改革。1986 ~ 1991 年，区属医院实行综合目标管理责任制，医院内部实行二级负责制，即实行院长和科主任负责制，严格执行 3 级查房制度。

1992 年始，京口区创建等级医院试点。1995 ~ 1999 年，全区 5 家医院、卫生院通过等级医院评审，促进医院科学化、制度化、规范化管理。坚持“因病施治、合理检查、合理用药、合理收费”原则，纠正行业不正之风和收取药品“回扣”等不规范行为。

2003 ~ 2007 年，区医疗卫生系统全面开展“以病人为中心，以提高医疗服务质量”为主题的医院管理年活动，体现救死扶伤、全心全意为病人服务，开展“百日安全优质服务竞赛”“医院病历书写质量竞赛”以及护理技术操作比赛等，强化医疗质量与医疗安全意识，不断提高医疗质量和诊疗水平。

三、中医西医（中西医结合）

1. 中医　1990 ~ 1992 年，区人民医院中医科李中东副主任医师经过多年临床实践，对中医治疗男性不育、老年病康复治疗有显著特色。中医骨伤科李林主治医师继承和发扬骨伤科医术，擅长推拿、针灸及拔火罐，对颈椎病、椎间盘突出及跌打损伤等治疗及祖传中药膏剂治外伤疗效显著。

1992 年 10 月，乡镇场圃卫生所属京口区管理后，分别开设中医科，有 20 多名中医坐堂门诊。谏壁镇东京村卫生室全科医生商华富在祖传中医中药基础上，积极探索中医理论和临床实践，40 多年来，采用针灸、艾薰、拔火罐等中医中药治疗三叉神经、面部神经、坐骨神经方面疗效显著。

1994 ~ 2007 年，区级医院和 4 家乡镇卫生所有中医师 30 多人，其中副主任医师李中东通过多年探索和临床实践，中药调理深得患者欢迎。另有主治中医师 5 名、中医师 7 名，具有高级职称的 5 名。14 年来，收治中医门诊 15 万多人次，住院 3600 多人次。

2. 西医　1990 ~ 1992 年，区人民医院下设 3 个门诊所。同时设置京口康复医院，计病床 50 张。区属医院（包括卫生防疫站、妇幼保健所），计有西医 148 名。街道卫生所，配备西医 16 名。区级各医院有医技人员 245 名，其中高级职称 5 名，85% 以上医护人员具有中级职称，医卫队伍、医疗质量较高。1992 年 10 月，区划调整，两家区级医院和 4 个街道卫生所划给润州区，划出 50 多名西医。同时划进 5 家乡镇场圃卫生院，西医人员 254 名。

1993 ~ 2002 年，全区各级医疗机构重视社会医疗事业，为缓解老年人及临终病人、慢性病患者住院难问题，抽调内科主治医师，组成家庭病床管理科，分别设立家庭病床（以下简称“家床”）40 多张，制定“家床”住院、治疗等管理办法。“家床”收治病种为冠心病、高血压、脑血管意外恢复期、肺心病、糖尿病、中晚期癌症等慢性病人。规定对“家床”病人每周查床 2 次，确定和调整诊疗方案，书写“家床”病历，建立医患联系卡，指导家属实施家庭护理等。10 年累计为 3 万多名 70 ~ 80 岁以上患者服务。

2003 ~ 2007 年，全区各医院开展“以病人为中心，以提高医疗质量”为主题管理年活动及“百日安全优质服务竞赛”“医院病历书写质量竞赛”。3 年收治门（急）诊病人 162 万多人次，住院 2 万多人次。床位利用率平均 55.8%。诊断符合率 99%，术前术后诊断率为 100%。

内、儿科　1990 ~ 1992 年，区人民医院增设儿科病区、鼓楼岗内科门诊部，年门诊人数 1 万多人次，业务收入 3 万多元。1993 年，各乡镇卫生院分别设置内科，谏壁卫生院设置儿科。1993 ~ 2004 年，区人民医院及乡镇卫生院每年门（急）诊和住院治疗 65% 以上为内、儿科病人。

2005 年 6 ~ 9 月，6 家社区卫生服务中心相继建立后，至 2007 年，各中心内科门（急）诊率为 55% ~ 75%。

外科　1993 年，全区各级医疗卫生单位分别设立外科，收治门（急）诊外科患者。1994 ~ 2004 年，每年分别收治各类外科患者 2600 ~ 3500 名。2005 年，区及乡镇医院改制后，分别设置外科。开展外伤包扎、急救治疗和一般性外科手术、阑尾、胆结石切除等。2006 ~ 2007 年，6 家卫生服务中心共门（急）诊和收治外科病人 5000 多人次。

四、等级医院、专科医院建设

1. 创建等级医院　1992 年，京口区成立创建等级医院领导小组，按照卫生厅《关于一级医院评审细则》，各级医院加强硬件建设，建立健全各项规章制度，强化医院管理，提高医疗、护理质量。1993 年，谏壁镇医院进行等级医院创建试点。通过评审，被评为一级甲等卫生院。1995 年，全区有 4 所医院、卫生院通过等级医院评审，其中区人民医院被评为二级乙等，谏壁医院、象山卫生院被评为一级甲等，汝山、丹徒卫生院被评为一级乙等医院。通过等级医院创建，促进医院科学化、制度化、规范化管理，提高医疗护理质量。京口区妇幼保健所成立后，承担乡镇、街道妇幼保健专科业务。1996 年，区妇幼保健所以《爱婴医院评审标准》和市规范化妇产科评审标准，加强对爱婴医院长期管理。2005 年，开展规范化儿科和妇幼机构卫生保健合格评审 24 家，完成新生儿血筛 951 人，占 96.70%，听力筛查 1111 人，占 95.10%，微量元素检测 3725 人、斜弱视诊治 4689 人、智力测试 272 人，孕妇建卡 1212 人、孕妇建卡率 95.20%、住院分娩率 100%。2006 ~ 2007 年，区妇幼保健机构两年为儿童建卡 4002 份，3 岁以下儿童保健管理率 94.26%，7 岁以下保健率 97.22%，门诊检出疾病 197 例，矫治率 98% 以上。新生儿听力筛查 1276 人次，产后访视率 100%，妇女病普查 12095 人。

2. 专科医院（科室）建设　1990 ~ 1991 年，区级医疗机构开展中风预测特色专科，中风预测诊断符合率 88%。外科与第 359 医院联合开展“儿麻”矫治手术后，形成国内“儿麻”矫治特色医院。1991 年 4 月，全国残疾人康复中心主席邓朴方亲临京口区小儿麻痹矫形医院视察，并对矫治专科特色和成绩深表赞誉。1993 ~ 1997 年，谏壁镇卫生院开设消化、心血管、呼吸、肛肠、疼痛特色专科门诊。

1998 年 3 月，区人民医院成立镇江市京口消化病股份合作中心，股本总额 89.5 万元，每股 1000 元。折成 895 股，设置法人股和个人股，其中法人股占 58.32%。中心成立后，引进并培养人才，聘请镇江市消化方面专家杨兆生主任为专业中心骨干，引进先进医疗设备，开展胃、肠、胆道检查 7000 多例，其中阳性占 27.5%，确诊胃、肠癌患者 600 多例，医疗收入 59.2 万元。1999 年 6 月，与农工民主党上海市委员会签订“专家服务会诊”协议，同时举行中国农工民主党上海市委员会专家镇江市京口服务基地揭牌仪式。2002 年 5 月，区人民医院建立白内障专科复明中心。

2005 ~ 2007 年，全区各级医疗机构设立 20 多个专科特色医疗中心。其中区人民医院有消化病、腹腔镜、眼复明和手外科等 10 个专科诊疗中心。谏壁、象山等医院（社区卫生服务中心）开设肛肠、疼痛等诊疗专科。

第二节　护　理

一、护理队伍

1990 年，全区护理人员 67 名，其中主管护师 11 名、护师 29 名。是年，各级医疗机构先后实行护士长负责制，进行晨、晚间护理，两级查房。1992 年，乡镇卫生院划归京口区后，护理人员增加，各医院护理工作、护理制度日臻完善。2005 ~ 2007 年，全区各医疗单位有护理人员 141 名，其中主管护师 20 名、护师 23 名、护士 62 名。

1990 ~ 2005 年京口区部分年份护理人员情况表

表24－10　　单位：人

年份	人员数	大专	中专	其他	主任护师	副主任护师	主管护师	护师	护士	注册数
1990	55	1	39	15	—	—	3	27	26	—
2003	96	10	77	9	—	—	21	41	34	94
2005	106	28	68	10	—	—	28	38	40	104

二、护理技术

1990 ~ 1999 年，各级医疗机构护理人员，具有对先天性心脏病、法乐氏四联症术后技术监视、护理，术后肺不张病人，行环甲膜穿刺，配合医生行支气管镜吸痰、膀胱穿刺置管等。2000 ~ 2007 年，全区各级医院（社区中心）护士技术人员在各科护理中都有专业熟练的医疗技术、知识，尤其对妇产科，从一般常规性护理，提高到胎吸助产，对新生儿硬肿症及高胆红素症蓝光治疗，外科手术中施行麻醉等应急技术。

第七章　基层卫生

1990 ~ 1992 年，区卫生局内设卫生股，专司卫生防疫、妇幼保健、健康教育和卫生宣传（以下简称基层卫生）等工作。其间各街道先后设立卫生所，承担城市街道基层卫生工作。1993 ~ 2007 年，区域性基层卫生组织形成区、乡镇（街道、社区卫生服务院）、村级卫生保健、疾病预防、妇幼保健、健康教育、卫生宣传网络。

第一节　农村卫生（合作医疗）

1990 ~ 1991 年，京口区基层卫生工作由街道和社区卫生机构管理。区划调整后，区域性基层卫生始有乡镇、场圃、村级卫生保健、疾病预防、健康教育等。1993 ~ 2007 年，全区有乡镇、场圃及街道、社区等基层卫生组织 40 多个，其中乡镇、街道、场圃卫生院所 10 个，社区卫生服务中心 6 个，村级卫生室 28 个，城乡居民全医合药覆盖率 85% 以上，农村集体办医 100%，居民合作医疗 100%。街道、镇场 100% 达到市级基层卫生保健合格街道（镇）。

1993 ~ 2003 年，全区以乡镇（场）卫生院为主，开展农村医疗卫生工作。2004 年，根据省政府《关于在全省建立新型农村合作医疗制度的实施意见》和省编委《关于建立县级农村合作医疗经办机构的通知》精神，6 月，区政府组建工作班子，12 月 21 日，京口区新型农村合作医疗办公室建立后，负责全区合作医疗管理工作。

2005 ~ 2007 年，全区农村按《镇江市合作医疗保险暂行办法》规定，实行政府组织引导，农村和城镇居民缴费、集体扶持和政府资助相结合，以大病（住院）统筹为主的医疗互助共济制度。

凡农村居民参加合作医疗保险费用 32.5 元，其中个人缴费 22.5 元，市、区、乡财政补贴 10 元。城镇居民个人缴纳 32.5 元，市财政补贴 2.5 元、区财政补贴 5 元，门（急）诊治疗发生符合规定的医疗费用，由定点医疗机构直接减收 15%，在定点医疗机构住院治疗的直接减收 10%。参保人员患病住院所发生的符合规定的医疗费用，分次结算，分段补偿。2005 年，全区共参保 18714 人，参保率 81.3%，个人缴费及市、区、乡三级政府配套资金共 608205 元。门诊 3898 人，优惠金额 40719.56 元。住院优惠金额 17134.18 元，住院补偿 135 人次，住院补偿金额 70943.46 元，个人最高补偿额 4200 元。2006 年，合作医疗费用补贴作适度调整：个人每年交费 65 元，其中农村居民每人每年缴费 45 元，市财政每人补贴 5 元、区财政补贴 10 元、乡财政补贴 5 元；城镇居民的补偿标准作相应调整。

2007 年，全区共参保 18698 人，参保率为 92.4%，个人缴费及市、区、乡三级政府配套资金 1215370 元，其中城市救助个人缴纳部分由市救助基金支付 18395 元，全年门诊就诊人次 11208 人，门诊优惠金额 128642.19 元，住院优惠金额 116314.86 元，住院补偿人次 880 人，住院补偿金额 595825.91 元，个人得到最高补偿额 24958.78 元。

第二节　街道、社区卫生服务

1995 ~ 1997 年，京口区推进医药卫生体制改革，以公共卫生建设为重点，积极深化医疗改革，开展社区卫生服务建设。

1998 年，区人民医院首先在江滨新村设立社区健康服务中心，开展社区居民多发病、常见病诊治，提供健康体检、家庭病床、电话预约就诊和健康知识咨询服务等，至 1999 年 12 月，该社区门（急）诊人数达 7.13 万人次，签订健康服务合同书 38 份，建立个人健康档案 658 份，业务收入 180.6 万元。2000 ~ 2004 年，相继成立桃花坞、花山湾、贺家弄等社区卫生服务站。

2005 年，京口区根据省、市《关于加快发展社区卫生服务的意见》《镇江市社区卫生服务设置规划（2005 ~ 2007）》要求，制定《镇江市京口区社区卫生服务发展规划（2005 ~ 2007）》，利用区域卫生存量资源合理布局，对医疗机构进行调整，推进一、二级医院医疗卫生资源功能发挥。按照省、市社区卫生服务中心设置标准，对区属和乡镇6家医疗机构进行改制，将基本功能、设施、科室设置、人员配备和管理制度等双重改造。投资900余万元，建成6家规范化、标准化社区卫生服务中心（详见前述）。在改制社区卫生服务中心的同时，建立社区卫生服务站，形成一、二级卫生服务机构。先后建立贺家弄、桃花坞、花山湾、江滨新村、鼓楼岗、京岘山和阳光世纪花园7家社区卫生服务站。通过调整基层卫生机构布局，实行社区卫生服务管理一体化。

2006～2007年，全区社区卫生服务机构年门（急）诊人数46.56万人次，分别同比上升6.06%，出诊3789人次，巡诊5256人次，家庭病床85人次，建立家庭健康档案9.61万份，个人健康档案26.52万份，其中60岁以上老人建档4.39万份，建档率达91.36%。向市级医院转诊1050人次，接受市级医院转诊361人次。同时加强社区健康教育，接受健康咨询1.94万人次。对35周岁以上首诊病人测血压≥90%，慢病管理人数达15376人，对85.57%的60周岁以上老人高血压病、糖尿病规范化管理，满意率90%以上。

1999～2007年京口区社区卫生服务情况表

表24-11　　单位：个、人、%

年份	社区卫生服务中心	社区卫生服务站数	服务总人数	服务覆盖率	社区卫生门诊总数	60岁以上老人建档率	主要慢性病规范管理率
1999	—	2	51000	100	30371	51.20	53.20
2000	—	2	51000	100	43055	56.80	63.70
2001	—	2	54000	100	46335	59.80	72.10
2002	—	3	74000	100	49622	62.70	73.50
2003	—	3	74100	100	60301	70.10	75.20
2004	—	3	74100	100	59891	80.30	83.20
2005	5	11	309859	100	339280	90.10	85
2006	5	15	309998	100	397401	94.60	86
2007	5	15	—	—	—	—	—

第八章　医学组织　学术团体

1987年，京口区医疗卫生系统，先后建立群众性医学组织——区红十字会和学术团体——京口区医学会，并经区民政局核准登记。1988～2007年，以上两个群众性自治组织多次分别进行救灾和巡回义诊、募捐、无偿献血、献骨髓及学术交流活动等，并按规定进行“年检”。

第一节　京口区红十字会

一、沿革

1987年10月12日，京口区成立红十字会。经过民主协商，选举产生区红十字会第一届理事会，区政府常务副区长吕祖义为会长，卫生局局长周希祥为副会长，理事5名。下设办公室，设正、副秘书长各1名。1989年，有9个街道及区属医疗机构团体会员，15个基层组织。1993年，召开京口区红十字会第二次会员代表大会，选举产生第二届理事会，副区长郑清为会长，卫生局局长王志亚为副会长，理事 7 名。秘书长 1 名，负责处理日常工作。有 23 个基层红十字会组织，会员 138 名。

2003 年，京口区召开红十字会第三次会员代表大会，选举产生第三届理事会，副区长曹丽虹被选为会长，卫生局局长赵慧为副会长，理事 7 名。秘书长 1 名，负责处理日常工作。有 38 个基层红十字会组织，会员 298 名。至 2007 年，区红十字会共历 3 届。

二、救灾、社会募捐、救助

1984 ~ 1987 年，京口区红十字会、基层“红会”组织、全体红十字会员在救灾、社会募捐、救助工作中充分发挥“献爱心”精神。1988 年 9 月 11 日，举办“1988 年国际体育援助计划”，区红十字会设立 3 个义诊点，派“红会”人员参加，就诊 250 多人次。

1988 年、1989 年、2005 年，区红十字会 3 次组织募捐，募集到捐款 14559.15 元。其中 1988 年 9 月 11 日，举办“1988 年国际体育援助计划”，募捐 3564 元。1989 年，募捐 2900 元。2005 年，太平洋海啸募捐 8095.45 元，区红十字会将所有募捐款项，按照红十字会组织程序，分别捐献给灾区。1989 年，结合宣传红十字会运动史，为儿童福利事业募捐 13.05 万元。1989 ~ 2003 年，区红十字会用于救灾、社会救助物资有棉被 602 条、棉衣 170 件（套）、大米 3700 千克、食油 1980 斤及其他救灾物资，折合人民币 20 多万元。

2002 年以来，区红十字会在城乡开展“博爱”送万家活动，区红会负责人深入街道、乡镇社区及孤寡、困难老人家中，赠送礼品进行慰问。2004 ~ 2007 年，慰问 800 多户，1500 多人。

2003 年，区域性防“非典”期间，区红十字会向社会各界人士和城乡居民发放预防口罩 5200 只及其他物资，价值 1.8 万多元。

2007 年，区红十字会为纪念中国人民解放军建军 80 周年，筹集 6000 多元资金，购买礼品，慰问 30 名抗日战争和解放战争时期的老干部、老战士。

三、救护培训

1988 ~ 2003 年，区红十字会先后举办 10 期止血、包扎、固定、搬运卫生救护和心肺复苏培训班，389 人次参加培训。

2004 ~ 2007 年，区红十字会在 6 个社区举办 20 期救护技术、心肺复苏、水上救护、电击、中毒救护培训班，2000 多人次参加。

四、无偿献血　献骨髓

1989 ~ 2007 年，京口区红十字会 8 次组织区级机关干部、企事业单位工作人员无偿献血活动，献血人数 3682 人次，献血量 803500 毫升。

2003 年，京口区红十字会组织会员参加市红十字会骨髓干细胞捐献宣传活动，150 多人次参加。

五、宣传协作交流

1. 宣传活动　1987 ~ 2007 年，区红十字会在每年“5 · 8”国际红十字宣传日和“12 · 1”防艾滋病宣传日，组织红十字会员走上街头、深入农村宣传红会发展史和艾滋病预防知识。21 年累计发放各种资料 2 万多份，接受各类人员咨询 3.8 万多人次。

2. 对外交流　1987 年，区红十字会建立以来，多次协助对台事务办公室传递红十字会通信 35 封。1999 ~ 2007 年，办理台胞寻人申请 157 宗（其中 116 宗查到结果），处理台胞死亡事件 1 宗，处理其他事件 32 宗。

第二节　京口区医学会

1985 年 5 月，京口区科普协会批准成立区医学会。下设 8 个专业组，分别为中医学组、西医学组、药剂学组、外科学组、护理学组、管理学组、预防学组和老年学组，会员 135 人。6 月，召开京口区第一届医学会理事会，选举周希祥等 9 人为理事和常务理事。

1987 年 4 月 1 日，区医学会首次召开年会。1990 年 6 月，召开第二次学术年会。10 多位医学专家发表交流论文 10 多篇。其中潘瑞年撰写的论文《综合治疗脑卒中后遗症八十一例效果观察》在 1987 年 5 月《上海康复医学工程杂志》发表。

1997 ~ 2007 年，区医学会作过 4 次换届选举，召开年会 11 次，举办各科学术讲座 20 多场次。每次年会发表论文，进行学术交流，同时利用报刊、宣传栏、广播电视等宣传工具及印发宣传资料等，广泛进行医药卫生科普宣传，邀请知名医学专家和资深医务人员讲学、教授和临床指导。20 多年来，举办培训班、选送优秀医务人员进修、利用网络媒体等多渠道进行远程教育，医学继续再教育，给全区卫技人员“充电”，进行知识更新。中医妇科陈菊珍研制的“定痛汤”治疗痛经，通过市科委组织专家教授鉴定确认，获得科研成果奖。2003 年 12 月，区卫生监督中心检验室通过江苏省质量技术监督局计量认证，获得计量认证证书，被定为江苏省首批卫生监督中心重点检验室之一。

第二十五篇　人事劳动和社会保障

1983 年 11 月，区劳动人事局成立，负责全区人事编制管理、工资福利、劳动力调配、劳动保护、安全生产监察、社会劳动保险福利和劳动仲裁等职能。随着区级党政机关机构改革，对区属事业单位改制，进行登记管理和网络登记业务知识培训。进行行政事业单位工资制度改革和工资福利管理。建立推行国家公务员制度，进行干部考核管理。推行机关和街道中层干部聘用制。组织区党政群机关及乡镇街道公务员考核录取工作。制定《科技人员管理暂行办法》等政策，引进各类专业人才。开展专业技术人员培训和职称管理工作，加强对企业人才引进的指导和服务，开展人事代理服务项目。

进行职工调动、劳动合同签证、安置就业。逐步建立企业自主用工制度。实行职工工资指导线和工资集体协商制度。实施职业介绍、失业保险、职业技能培训考核。实施农村劳动力转移和就业帮扶工程。设立监察队伍，对劳动争议进行仲裁。建立完善养老、失业、工伤、生育等社会保险体系。实行城乡居民最低生活保障制度。实施灾害救济和社会救济。发行福利彩票，进行福利生产，募集慈善基金，发展社会福利事业和慈善事业。

第一章　机构　编制

1983 年 8 月，京口区委、区政府建立后，首要任务是党政机构建设和人员编制管理。1985 年 2 月，市委、市政府批准设立京口区编制委员会（以下简称区编委），掌管全区党政机关和所属单位机构设置和人员编制。1992 年 10 月，市区部分区划调整，划出 4 个街道和部分企事业单位；划进 6 个乡镇场圃和部分企事业单位。

第一节　机　构

一、区级领导及所属机构

1983 年 8 月，区委有常设机构 5 个，双重领导机构 1 个。区政府工作部门为 1 办、2 委、10 局、2 个双重管理部、局，8 个街道办事处（区政府派出机构）。区政协建立后，设办公室和 2 委 7 个工作组。党政干部由原北固、金山两区转来行政干部 133 名、技术干部 5 名。1984 年 5 月，区人大常委会成立，设 1 办 3 委常设机构。市编委办公室（以下简称市编办）核定京口区行政干部 230 名，实有 218 名。1985 年，市编办核定京口区行政干部 239 名，事业编制干部 37 人，实有 261 人。1988 年，全区有行政编制 256 名，实有 230 名，另核区司法局、区法院、区检察院、区人武部干部编制 174 名，实有 158 名。

1990 年，全区常设机构 37 个，即 5 办、6 委、16 局、2 个双重管理的部、局，8 个街道办事处（派出机构）。1992 年 10 月，市区部分行政区划调整，4 个街道及辖地内小学、幼儿园、医疗卫生单位划归润州区；同时划入谏壁镇、丹徒镇、汝山乡、象山乡 4 个乡镇、象山茶场、共青团农场（代管）及上述范围内中小学、幼儿园和医疗卫生单位等。同年，全区有 36 个工作机构、4 个双重管理机构、

6个乡镇场圃、4个街道办事处。

1993年5月，镇江市京口区成立经济技术开发区（乡镇级）。1995年6月，市政府决定，经济技术开发区改名为镇江市旅游经济开发区。

1996年7月，市委、市政府批准京口区党政机构改革方案，区级党政、人大、政协设28个机构，减少12个，精简幅度为30%。其中区委机构6个（含区纪委），区政府机构23个，区人大机构1个、区政协机构1个。1997年11月，区人事劳动局设办公室、人事科、考核奖惩福利科、专业技术人员管理科、劳动力管理与劳动争议仲裁科、培训科、工资福利科、劳动监察科和劳动安全监察科9个办事机构。

2001年，京口区再次机构改革，区级党政机构23个，比原来减少8个，精简幅度为26%，其中区党委部门工作机构5个，部门管理机构3个，直属事业机构2个，区纪律检查委员会机构1个。区政府工作部门18个，区人大、政协机构2个、街道办事处4个，乡镇3个。市委核定区级党政机关行政编制323名，精简57名，占15%。乡镇机关行政编制184名，精简61名，占25%。

2002～2007年，全区乡镇机构多次变化。其中，2002年5月，京口科技工业园区成立，2003年镇江市旅游经济开发区被撤销。同年，汝山乡被撤销，所辖行政村分别划归象山乡和丹徒镇。2005年，丹徒镇全境并入象山乡。2006～2007年乡镇管理机构无改。

二、事业单位管理机构

1983年8月，市编委对京口区行政、企事业单位分别核编，对事业单位编制管理。1985年，区编委成立。1996年，区级党政机关机构改革，先后对区属事业单位进行改制。2004年，京口区成立区事业单位转企改制领导小组，下设办公室，制定出台《关于京口区区属事业单位转企改制工作的试行意见》。

2007年，京口区确定江苏置业集团为改制单位，下属京口房屋建设开发总公司、江苏置业信达财务（咨询）服务公司两家事业单位同时进行改制。

第二节　编　制

一、编制机构

1983年8月至1984年12月，京口区机构、编制工作由市编委统一管理。1985年2月，京口区成立编制委员会，管理全区机关、事业单位机构设置、调整，人员编制和人员数核定等。后更名为区编委，内设编委办。

1997年11月，区级机关机构改革时，明确区编委为区委、区政府议事协调机构，负责全区行政编制管理、党政机构改革和事业单位机构编制管理工作。区编委是常设办事机构（正局级），与区人事劳动局合署办公。

2001年，区级机关机构再行改革时，明确区编委办列区委工作机构序列，核定行政编制2名。区编委主任由区政府主要领导兼任，办公室主任由区人事劳动和社会保障局主要领导兼任。2002～2007年，其制无改。

二、编制管理

1985～1992年，京口区根据《事业单位登记管理暂行条例》《事业单位登记管理暂行条例实施细则》规定和网上登记管理要求，对登记、变更、年检、注销单位，网上提交材料，表格填写内容等进行审查，按照受理、审核、核准、复核程序，核准一个，办理一个。

1993年，全区认定登记事业单位128个，法人事业单位71个，非法人事业单位51个。1994年，认定登记事业单位20个，非法人事业单位63个。1995年，全区完成211个事业单位法人登记年审工作，其中办理变更手续45个，新登记法人手续83个。1996年，对全区117个非法人事业单位和84个法人单位进行年检。1998年，完成事业单位年检223个，法人84个，非法人139个，新登记20个。

2006 ~ 2007 年，全区组织 51 家事业单位开展网络登记业务知识培训，网络年检登记率达 100%。

第二章　人事工作

20 世纪 80 年代以来，人事管理工作遵循中共中央提出干部队伍“革命化、年轻化、专业化、知识化”要求，根据社会事业发展，通过接收大中专毕业生、安置军队转业干部、吸收录用、聘用或招聘等多渠道，有计划进行干部调配工作，严格控制超编进人现象。1983 ~ 1985 年，京口区逐步建立并完善干部委任制、选任制，试行聘用制。同时加强干部离、退休工作，实行新老干部交替，废除领导干部职务终身制。1986 年，全区人事工作在机构编制宏观控制前提下，实行管理权限下放，成立人才交流公司，运用多种形式为人才交流服务。

1993 ~ 2007 年，京口区人事管理以国家公务员管理和事业单位管理为核心，涵盖编制管理、干部来源、干部管理、工资福利等方面，落实人事人才方针政策，制定总体规划。建立推行国家公务员制度，进行干部考核管理，不断推进事业单位人事制度改革。组织实施行政事业单位工资制度改革、落实工资福利政策。大力实施人才强区发展战略，推进大中专毕业生就业工作，有效提升国家行政机关和全区企业经营管理队伍素质。

第一节　干部管理

一、人事计划管理

1983 ~ 1989 年，京口区人事计划由市统一管理。1990 年，区人事计划管理工作在上年通过考核、考试招考机关工作人员时，进行区情教育，组织上岗培训。年底组织实施第二次机关工作人员招考，参加面试 13 人（其中行政类 7 人、财会类 2 人、政法类 4 人）。

1991 年，京口区为 1989 年招聘 14 名机关工作人员办理“转干”手续，为 6 名 1990 届“职大”毕业生办理“转干”手续，同时招收 4 名工作人员。并对“以工代干”人员进行德、能、勤、绩考核基础上，根据实际情况吸收、录用一批人员进入编制。

1992 年，京口区制定《科技人员管理暂行办法》，提出引进人才 14 条优惠政策和奖励办法。5 月，在全市县区级单位中首先举办人才市场，引进各类专业人员 50 名。1993 年 1 月 12 日，京口区组织首批公开招聘副局级干部工作，25 名应聘者中，有 12 名分别被聘为区体改委、建委、财政局、工商局、卫生局、信用社副局长（主任）。同时，提拔聘用 8 名，破格聘用工人 2 名。12 名副局长（主任）中，平均年龄 42 岁，大专文化 5 名，占 41.7%。10 月，在全省首创向社会公开招聘居委会干部，有 375 名各行各业干部职工和科技人员报名应聘，经过口试、笔试、政审、体检等程序，录用 40 名，其中大中专文化 17 名，高中文化 23 名。

1994 年 1 月，区级机关在部分单位和街道推行中层干部聘用制。正东路街道 10 名中层干部全部上岗。全年调配各类干部 145 名，招聘和录用干部 26 名，其中具备中级以上职称 20 名，为乡镇计划生育干部农转非 3 名。1995 年，吸收“职大”毕业生 7 名，乡镇招收聘用制干部 43 名。

1996 ~ 1997 年，全区办理进编干部 268 名，区内干部调配 132 名，区法院、检察院招干 2 名。乡镇财政所录用干部 6 名，乡镇优秀企业领导录用干部 2 名。1998 年，全区先后办理干部调配 95 人，其中国家干部 88 人，聘用干部 7 人。1999 年，京口区开始实行事业单位人员调入预审制度。先后办理干部调配 79 人，其中国家干部 78 人，聘用干部 7 人。2001 年，京口区机构改革时，对“以工代干”人员采取提前退休、辞职、分流等措施，实现区级机关岗位全部为公务员编制干部身份。

2002 ~ 2007 年，全区人事管理体制无改。

二、公务员管理

1993年8月，区人事局按照《国家公务员暂行条例》规定，“统一部署、精心组织、分步实施”指导思想，有计划、有重点、有步骤推行国家公务员制度，并按照公开、平等、竞争、择优原则，组织区党政群机关及乡镇、街道公务员考核录取工作。

1995～1996年，全区进行公务员年度考核工作。参加考核人员7597名，其中行政机关2058名，事业单位5539名。评出优秀公务员923名，其中区级干部3名，副乡局级干部36名，股级以下干部406名，占考核人数的12%。评出不称职公务员5名，告诫期3名，有242名未参加考核。1997年起，区机关党、政、群工作人员依据政策完成过渡。1998～1999年，全区参加年度考核人员8495名（其中机关1740名、事业6755名），有称职的7496名，占参加考试总人数78.95%，优秀983名（其中机关205名、事业778名），不称职8名（其中机关3名、事业5名），占参评人数的0.05%，考验期2名（事业），占总参评人数0.12%。2000年参加年度考核人员3975名，432名工作人员被评为优秀等次，其中50名为突出贡献优秀人员被区委、区政府记三等功1次。6名工作人员被定为不称职（不合格）等次。2001年，京口区参加省、市统一组织的公务员公开招考工作。

2002～2003年，全区在机关工作人员中，开展英语听说能力和普通话培训考核，279名通过英语培训考核，267名参加普通话培训考核。2003年，全区组织16家单位、17个岗位向社会公开招录公务员17名。2004～2005年，区人事局组织15家单位、15个职位向社会公开招录14名公务员。全区7368名工作人员参加考核，898名工作人员被评为优秀等次，120名记三等功1次，2名工作人员被定为不称职（不合格）。组织593名机关工作人员开展《信息化及电子政务知识》培训考核，组织312名股级以下公务员开展《中华人民共和国公务员法》培训。

2006～2007年，区委办、政府办等14家单位、15个职位面向社会公开招录18名公务员。选聘10名优秀大学生到村、镇任职，建立“126工程”（组织选拔100名应届优秀大学毕业生到村任职，组织选派200名年轻公务员进村挂职，组织培训全市607名村级党组织书记）、人才信息库和联席会议制度。实施公共管理核心内容培训考核。组织全区1000名公务员和事业单位管理人员开展《公共政策》和《公共经济》培训考核，提高公共管理水平，并将测试结果与年度考核挂钩。2007年，面向社会招考公务员50人。

三、军队转业干部安置

1983～1998年，京口区军队转业干部安置工作由市人事局军转办统一进行。15年中每年有20多名营及副团职干部转业安置到区级党政机关、街道、乡镇担任相应职务。1999年始，京口区军转干部安置在市协调、指导下自行安置。

1999～2007年，先后安置军转干部33人。

1999～2007年京口区军转干部安置情况表

表25-1　　单位：人

年份	合计	团职	营职	连职	技术人员
1999	4	—	3	—	1
2000	3	—	3	—	—
2001	1	—	1	—	—
2002	1	—	1	—	—
2003	2	—	2	—	—
2004	6	1	4	1	—
2005	4	—	3	—	1
2006	7	—	2	2	3
2007	6	—	4	1	1
合　计	34	1	23	4	6

第二节　人才流动

一、专业技术人才队伍

1983 ~ 1992 年，京口区为加强专业技术人才队伍建设，先后建立“蓝领”建筑工人职称申报绿色通道，加强非公经济组织专业技术资格评价。1993 年，京口区成立农村中级专业技术职称评审委员会，组建 5 支考评员队伍。组织教育系统 1719 人，开展教育新理念培训考核，提高教育水平。深入个私企业元鼎饰材、顺裕饰品等单位，组织 249 名外省务工人员，开展技能再提升培训和考核，并对鉴定合格者颁发相应职业资格证书。

1994 ~ 2007 年，全区专业技术人员流动逾万人。组织专业技术人员开展各类培训（普通话、职称计算机、职称外语等）5524 人次 .

二、职称管理

1993 ~ 1997 年，京口区始对区级机关进行职称改革。区委、区政府成立京口区专业技术人员职称工作领导小组，加强对专业技术人员的组织和领导，专业技术人员职称管理工作完成平稳过渡，全区 80% 以上专业技术人员完成年度考核，继续教育工作得到加强。80 多家企事业单位，领取 2000 余本继续教育证书，选拔市级有突出贡献的中青年专家 1 名。1999 年，京口区实行专业技术人员评聘分开，评出初级职称 120 名、高级职称 10 名、上报有突出贡献中青年专家 2 名。

2006 ~ 2007 年，全区有 231 人取得初级职称，121 人申报中级职称，21 人申报高级职称，发放职业资格证书 1300 本，技师、高级技师送评 144 人。至 2007 年年底，全区有专业技术职称在职人员，初级职称 1501 人，中级职称 471 人，高级职称 101 人，涉及工程、卫生、经济等多个系列。

三、优秀人才榜

1995 年，薛翠娣获“镇江市有突出贡献中青年专家”称号。

1997 年，朱忠贵获“镇江市有突出贡献中青年专家”称号。

1999 年，杨蓉蓉获“镇江市有突出贡献中青年专家”称号。

四、人才引进

1985 年 8 月，京口区成立人才交流服务公司，负责全区人才分配引进工作。1990 年年初，对全区 13 个局（公司）所辖 65 个单位人才需求进行预测。1991 年 5 月，京口区人才交流公司更名为人才服务中心，全民事业单位，核定编制 2 名，隶属区人事劳动和社会保障局。

1993 年，区人才服务中心举办 2 期人才劳务市场，800 多人次参加人才劳务交流，招聘洽谈 257 名，招聘达成意向协议 120 名。全区引进人才 71 名，调出 39 名。引进人员中，企业基层单位 58 名，其中获得专业技术职称的为 53 名。1994 年，全区招聘、引进各类急需人才 379 名，其中技术工人 165 名，经营、生产管理人员 52 名。1996 ~ 1997 年，区人才服务中心在实施企业聘用干部工作中，新聘用制干部 210 多人。1996 年，为知识分子办理“农转非”手续 33 人，解决部分知识分子后顾之忧。2001 年 6 月 14 日，京口区组建京口人才市场。区人才服务中心租用 400 平方米场地作为办公和市场，结束京口区 10 多年来“有市无场”局面。

2002 ~ 2003 年，区人才服务中心开展企业各类人才现状和企业人才需求情况调查，加强对企业人才引进的指导和服务。两年引进各类人才 187 名，其中研究生学历 9 名，具有本科学历或中级职称 79 名。2004 ~ 2005 年，引进各类人才 430 名（大专学历 209 名，本科学历 208 名，研究生学历 13 名）。2005 年，教育系统引进外籍教师 6 名担任英语教学，率先实行“国外智力”（以下简称“外智”）引进零突破。

2006 ~ 2007 年，全区引进本科学历或中级职称以上各类人才 188 人，其中研究生 10 人。瑞京农科园的“温室白粉虱防治”项目获国家外专局批准立项。荷兰籍农业专家专程到京口区进行项目指导，帮助解决白粉虱防治技术难题。20 多年来，全区引进各类人才 2.31 万人。

五、毕业生分配就业

1985 年始，京口区毕业生分配本着“使毕业生学以致用和充分发挥他们专业特长”原则，“优先考虑重点单位，急需要企业，对口使用”办法，有计划地引进紧缺人才。1990 年，全区接收各类大中专毕业生 102 人。其中国家统一分配毕业生 90 人（含文教系统统配中师毕业生 69 人），不包分配大中专毕业生 12 人。10 月，召开大中专毕业生代表座谈会。1991 年，全区接收各类大中专毕业生 98 人。其中国家统一分配毕业生 87 人（含中师毕业生），不包分配大中专毕业生 11 人。两次组织企事业单位参加人才集市，为 100 多名科技人员进行登记注册。1992 年，调查了解企事业用人单位人才需求情况，主动走进高校，与校方有志到京口工作的高才生建立感情。南下杭州、北上济南，详细介绍企业发展前景，千方百计吸引人才。11 ~ 12 月，多次到省、市举办的人才市场摆摊设点，招聘人才，并组织 10 多家企业厂长、经理到会参加洽谈，同 25 名大中专毕业生签订 1993 年分配工作协议。全年为企事业单位引进各类专业技术人才、大中专毕业生 200 多名，比上年增长 10%。

1993 ~ 1995 年，全区接收应届高校毕业生、在职专业技术人员逾 658 人次（含 110 名师范毕业生），登记填表 136 人，在职专业技术人员流动登记 33 名，签订正式协议 8 份。1996 ~ 1999 年，全区接收安置大、中专毕业生 287 名，其中大专以上毕业生 112 名，中专 55 名。1999 年引进本科以上高层次学历人才 28 名，为历年之最。

2002 ~ 2006 年，全区引进各类人才 600 余人。至 2007 年，区人才中心（市场）按照“供需见面、双向选择”原则，开辟各种渠道，引进大中专毕业生 1102 人次。

六、现代人才服务

1985 年 8 月至 1995 年 8 月，区人才服务中心发挥人才交流、服务和市场作用，开展人事代理服务项目，人才服务体系逐步完善。1996 ~ 2007 年，区人才市场在流动人员档案代管工作中，对符合条件者实行代管档案，11 年对 215 人次进行保管档案、对 180 人次实行人事代理、办理人事代理手续 2498 人，为人才有序流动提供服务平台。

第三节　工资福利管理

一、工资管理

1985 年，全区机关及事业单位工作人员推行结构工资制，通过“套改”或进入职务工资最低档，工资水平较以前大幅度提高。1987 年 10 月 1 日始，区属小学和幼儿园教师各个级别工资标准（基础工资、职务工资之和）提高 10%，同时适当提高部分专业技术人员二资。1989 年 10 月，全区机关及事业单位工作人员晋升一级工资，专业技术人员分职务工资标准和最高工资，分别提高两个档次。1990 年 8 月，为 1031 名（离休 72 人、退休 959 人）机关、事业单位人员增加离退休费，月增资 1.21 万元。为 1957 年以来未升过级退休人员 93 人增加两级工资标准退休生活费。为 333 名教龄满 30 年退休教师增加退休费，享受待遇原工资 100%。

1993 年 10 月 1 日起，全区国家机关工作人员（除工勤人员外）实行职务级别工资制（以下简称职级工资制），事业单位专业技术人员实行专业技术职务等级工资制，管理人员实行职员等级工资制，技术工人实行岗位技术等级工资制，普通工人实行岗位工资制。事业单位根据经费来源，在工资构成中，全额拨款单位职务工资（以下简称固定部分）70%，津贴（以下简称活动部分）30%。差额拨款单位固定部分 60%，活动部分 40%。自收自支单位固定部分为 50%，活动部分 50%。1994 年 10 月，全区事业单位年度考核优秀等次人员提前晋升职务工资。全区 4507 人参加工资改革，其中：机关 953 人，事业 2637 人，离退休 917 人。1995 年 10 月，区级机关、事业单位工作人员正常晋升职务工资档次。此后，两年一次 3% 提前晋级和正常晋升职务工资作为常规工作。1995 年 11 月、1996 年 10 月和 1998 年 10 月，机关、事业单位在职人员 3 次调整职务（岗位）津贴标准，离退休人员相应增加生活补助费标准。

1997 年 7 月，区级机关、事业单位工作人员相应调整工资标准。其中机关工作人员基础工资由原每人每月 90 元提高到 110 元；机关事业单位工作人员综合补贴由原来每人每月 102 元统一调整为 165 元。1998 年 6 月，京口区部分机关工作人员向上浮动一级级别工资，级别不变。1999 年 7 月，区级机关工作人员基础工资由 110 元调整为 180 元，级别工资标准十五级至一级每人每月 55 元至 470 元提高到 85 元至 720 元。2000 年 10 月 1 日起，区级机关、事业单位工作人员职务（岗位）津贴标准进行第四次调整，人均增资 80 元。

2004 ~ 2005 年，京口区办理机关、事业单位工作人员职岗津贴增长 286 人，调整定级 395 人，机关工作人员晋升职务、职称 36 人，事业单位晋升职务、职称 136 人，新进人员“套改”86 人。

2006 年 7 月，全区公务员基本工资由职务、级别、基础和工龄工资构成，调整为职务和级别工资两项，取消基础工资和工龄工资。公务员级别由 15 个调整为 27 个，每一职务层次对应若干个级别，每一级别设若干个工资档次。公务员晋升职务后，执行新职务工资标准，并按规定晋升级别和增加级别工资。公务员年度考核称职，一般每 5 年可在所任职务对应级别内晋升一个级别，一般每两年可在所任级别对应工资标准内，晋升一个工资档次。事业单位开展收入分配制度改革，实行岗位绩效工资制度。绩效工资由岗位工资、薪级工资、绩效工资和津贴补贴 4 部分组成，其中岗位工资和薪级工资为基本工资，取消现行年终一次性奖金，将 1 个月基本工资额度以及地区附加津贴纳入绩效工资。事业单位工作人员当年考核合格以上，可在下一年度晋升一级薪级工资。

2007 年，京口区完成工资制度改革，机关工作人员人均月增资 234 元，事业单位人均月增资 291 元。

二、福利管理

1. 假期　1983 年，全区凡属晚育产后领取独生子女证者给产假 75 天；属晚婚晚育产后领取独生子女证者给产假 90 天；难产增加 14 天。1986 年，根据《江苏省国家机关工作人员休假制度的规定》凡工龄满 10 年，每年休假 10 天，满 20 年，每年休假 15 天；满 30 年以上，每年休假 30 天。根据《江苏省计划生育管理规定》，凡符合晚育年龄的夫妇，女方可享受产假 120 天，男方可享受护理假 7 天。婚假一般为 3 天，符合晚婚年龄的初婚夫妻，可享受 15 天婚假。根据中共中央《关于职工休假问题的通知》和省委办公厅 94 号文件规定，年休假根据工龄长短分为 7 ~ 14 天。1995 年，根据国务院《关于职工工作时间的规定》，每周休假 2 天（俗称“双休日”）。1999 年 9 月 1 起，根据国务院《全国年节及纪念日放假办法》规定，全区干部职工每人每年法定节假日由 7 天增加到 10 天。

2000 ~ 2007 年，其制无改。

2. 病假　1983 ~ 2007 年，京口区执行国务院发布的《国家机关工作人员病假期间生活待遇的规定》，即工作人员病假 2 个月以内，基本工资及省地方性补偿工资全额发放；病假超过 2 个月不满 6 个月，从第 3 个月起，工作年限不满 10 年，发给本人工资的 90%，工作年限满 10 年及其以上，基本工资及省地方性补偿工资全额发放；病假超过 6 个月，从第 7 个月起，按照工作年限长短按比例计发工资。工作人员亲属死亡时，由本人申请，单位批准，可享受丧假，一般为 3 天。事假一般不超过 7 天，超过 7 天，应抵算年休假天数，机关事业单位工作人员请事假必须经单位同意，否则将作旷工处理。

3. 遗属补助　1983 年 9 月，全区遗属补助标准，城镇户口每人每月 5 ~ 8 元，农村户口每人每月 3 ~ 5 元。1984 ~ 1998 年，遗属补助标准经过多次调整。1999 年 10 月区级机关、事业单位工作人员死亡后，遗属补助标准调整为城镇户口每人每月 160 元，农村户口每人每月 140 元，死亡遗属为孤寡者，可在上述标准基础上再增发 20 元。

2004 年 1 月至 2007 年 12 月，区级机关、事业单位工作人员死亡后，遗属补助标准调整为每人每月 420 元，死亡遗属为孤寡者，可在上述标准基础上增发 30 元。

第三章　劳动就业

1983 年以前，城区劳动人事工作由市统一管理，各城市人民公社和街道办事处设劳动力调配站，由市劳动部门统一安置劳动就业。1983 年 11 月，区劳动人事局建立后，劳动就业管理和服务职能、工作范围逐步明确。20 多年来，区劳动人事部门与市职能机构相对应，分别建立劳动就业服务、社会保障、工资福利、职业培训、劳动保护、劳动监察与劳动争议仲裁 7 大工作体系。劳动就业等贯彻执行国家和省、市相关方针政策、法律法规，组织实施劳动事业发展规划、年度计划，综合管理辖区内城乡劳动力就业、流动就业以及辖区内职业技能培训、职业技能考核鉴定，积极维护劳动者合法权益，有效促进经济和社会事业稳定发展。各乡镇（街道）同时设立相应机构，配备人员，做好全区劳动就业服务工作。

第一节　机构沿革

1983 年前，城区劳动力调配由市统一管理。9 月，原北固、金山两区劳动服务公司合并，成立城区劳动服务公司，隶属区劳动人事局领导，属“自收自支”全民事业单位，下设就业科、培训科和办公室 3 个常设机构。1991 年 1 月，京口区劳动服务公司更名区就业管理处，下设失业科、就业科、培训科、办公室 4 个常设机构，编制 12 人。

2002 年 11 月，区就业管理处更名区劳动就业管理中心，下设就业管理科、失业科和办公室 3 个常设机构。经费渠道由“自收自支”调整为差额拨款，编制 12 人，由区财政按每人每年进行差额拨款。2003 ~ 2007 年其制无改。

第二节　就业管理

一、职工调动合同鉴证安置就业

1. 职工调动　1983 ~ 1989 年，全区由市外（内）调进职工 1317 名，调出 856 名，区内调动 237 名。1990 ~ 1994 年，全区调进职工 897 名（其中全民 270 名、集体 627 名；固定工 135 名，合同制工人 25 名）。调出 511 名（其中全民 179 名、集体 332 名）。

1995 年 4 月，《中华人民共和国劳动法》（以下简称《劳动法》）颁布。5 月 1 日始，京口区实行全民劳动用工合同制，劳动力调配工作停止。

2. 劳动合同鉴证　1984 年 5 月始，京口区试行劳动用工合同制，由招工单位与被吸收合同制工人签订合同，明确双方责任、权利和义务，由区劳动服务公司进行合同鉴证。在招工方法上，市、区实行统一文化考试、统一体检、公开招收、择优录取原则。招收历届高、初中毕业生（含职业班）15313 人（包括子女顶替招工 645 名）就业，其中合同制工人 881 名。另为辖区内省、市属以及区属企业、事业单位安排临时工和季节工 9060 人次。同时组织区域内待业人员自谋职业。1989 年 12 月，全区个体工商业户中有从业人员 4190 名。

1990 ~ 1993 年，京口区组织 13 个单位向社会公开招聘全民、集体劳动合同制工人 126 人，办理零星录用 67 人。为拓宽就业渠道，首次将街道集体企业列入向社会招聘新工人渠道。先后为驻区部队安置随军家属及夫妻分居人员30名。办理老工人退养子女顶替12名。其中1991年6月，市劳动局增加京口区100名全民职工指标，对区属60个企业单位进行调查，下发镇京劳人31号文件，保证全民职工有计划增长。对华联商厦追加150名全民职工指标，解决区属重点经济项目用工。组织20个单位向社会公开招聘全民、集体劳动合同制工人279人，办理零星录用48人。8月，为华联商厦招聘、选调柜组长22名。全年招收劳动合同制工人403名。1994年，全区有14家企业实行全员劳动合同制，职工1350人。1995年，全区52家企业实行全员劳动合同制，为3321名职工鉴证。

2007年，全区各类企业31500名职工实行全员劳动合同制，劳动合同鉴证100%。

3.城镇安置就业　1983年始，京口区集中登记应届毕业生，调查待业人员情况，建立表、卡、册，实行动态管理。

1984 ~ 2005年，区劳动部门采取介绍就业，自愿组织起来就业和自谋职业相结合（以下简称“三结合”）方针。各厂矿、企事业单位，根据实际情况，采取自愿报名、集中考试、公开录用安排待业人员就业。2006年，市政府下发《关于进一步加强就业再就业工作的实施意见》后，市劳动社会保障局、市财政局联合出台《关于进一步加强就业再就业资金管理有关问题的通知》，全区贯彻落实就业政策，增加就业岗位，扩大就业规模。2007年，区财政配套再就业资金25万元，安置5042名社区待业人员就业。

图25-1　2006年，京口区举办“就业创业你我同行”事迹报告会（区人事劳动和社会保障局供稿）

二、就业制度改革

1991年，京口区为深化就业制度改革，逐步建立企业自主用工，并以新建的华联商厦全员劳动合同制试点。企业自主招收员工，区劳动部门跟踪服务，审批计划，给足企业招工自主权，京口区制定《关于进一步搞活企业用工人事制度改革的意见》，给试点单位可操作程序。1992 ~ 2007年，京口区为加快用工人事制度改革，企业招工不再明确个人性质，统称合同制工人。改变由劳动行政部门一揽到底做法。让企业面向社会、公开招收、择优录用、自主决定招工指标、条件、时间和方式。区劳动部门负责审核《招工简章》，确定招工范围、男女比例等。根据上级劳动部门文件精神，制定《关于深化企业改革妥善安置富余职工的试行意见》（以下简称《意见》），规定企业富余人员适用范围、对象、安置原则和安置渠道，对富余人员安置办法、工资福利标准、手续及管理作出规定。按照《意见》办理厂内退养、内部调剂、创办实体安置待业职工，清退计划外用工600余名。

2003 ~ 2007年京口区劳动就业指标情况表

表25-2　　位：人

指标名称	2003年	2004年	2005年	2006年	2007年
新增就业数	1250	3945	4475	3706	3464
提供劳动岗位数	10895	6804	7864	10384	8502
劳动力培训数	1509	1777	1964	1990	2015
再就业培训数	—	—	—	2593	2916

三、劳动力市场

2001年，区人事劳动和社会保障局投入30余万元建立劳动力市场，添置设施，实施职业介绍、失业保险、职业培训等项服务，并与市劳动力市场联网，通过网络实现资源共享，使求职者到一点登记、多点查询被待业人员称之为“就业基地”。

2002 ~ 2007年，区劳动就业基地为3万多名待业人员提供服务。

四、就业援助工程

1. *农村劳动力转移* 1990年年初，京口区为落实市“清退”计划外用工指标，完成市下达清退30名计划外用工任务。实行农民工“务工许可证”制度，严格审批用人计划和工资基金，使农民工管理纳入正常轨道。1990～1992年，全区101个单位给3707名农民工办理并发放进城“务工许可证”。1994年4月，核发“劳务许可证”，强化对农村劳动力管理，理顺劳动力关系。

图25-2 2004年，“绿扬春”酒家建成京口区下岗职工“再就业”工程基地（区人事劳动和社会保障局供稿）

2003年始，京口区制定并实施《无村区发展战略》，启动农村劳动力转移计划。举办“春风行动”，在全市首创“联动农村劳动力转移”大型招聘会。

2004～2007年，区人事劳动和社会保障局联合区工会、团委、妇联在梦溪广场举办农村劳动力转移及“就业共帮创业共促和谐共建”就业招聘会。同时结合区政协委员进社区活动，在江滨新村广场，举办就业困难群体专场招聘会。在花山湾广场举办京口区大中专技校毕业生专场招聘会等10多场次。

2003～2007年京口区农村劳动力转移情况表

表25-3 单位：人

名 称	2003年	2004年	2005年	2006年	2007年
招聘场次	—	13	12	16	15
达成就业意向	—	2146	2537	3518	2637
农村劳动力转移	650	5119	3180	3069	1592

2003～2007年京口区举办各类招聘会情况表

表25-4 单位：人

名 称	2003年	2004年	2005年	2006年	2007年
招聘场次	23	26	19	34	31
提供就业岗位	8091	9851	10032	11613	12143
达成就业意向	2563	3147	3213	3251	4049

2. *就业帮扶工程* 2006年始，全区启动就业帮扶工程，广泛实施技能培训，坚持向失地农民和滨水区失水渔民延伸，向经济薄弱村农村劳动力延伸，向社区下岗失业女职工延伸，着力提高劳动者就业能力。2006～2007年，实施免费技能培训9514人次。同时进一步落实优惠政策，加大对困难群体援助力度，实现城镇就业6995人，帮扶困难人员就业1432人。

第三节 工资管理

一、工资改革

1990年，京口区工资改革工作在对企业调查、摸底、核实基础上，测算挂钩形式和比例，使“工效挂钩”工资改革形式积极稳妥地进行。至年底，挂钩企业21家，职工3675人，占职工总数56%。根据有关文件精神，对区属3家挂钩企业、280名职工进行浮动转为固定工资升级，并对任务完成好的企业下达3%工资升级指标。

1991年8月，全区工效挂钩企业35家，职工4396人，分别占应挂钩企业数的51.4%和66%。商业局所属企业全部挂钩（包干）。对长期亏损企业实行减亏（扭亏）包干试点。制定京口区《关于加强职工工资收入管理和区属企业工资分配的若干意见》。1992年，为提高企业活力，制定《关于企业工效挂钩基数核定的通知》和《关于改革企业工资分配工作的意见》。同时，完善工效挂钩办法。商业、物资系统企业工效挂钩达100%。年内，企业工效挂钩已达60个单位，职工5275人，占职工总数74.7%，同比增长9个百分点。1993年，76家企业、6600名职工实行工效挂钩，占区属企业90%，同比增长16.1%。

2000 ~ 2007年，全区始实行工资集体协商制度，由“劳资”双方就工资问题进行集体协商。8年来，企业职工年工资增幅10% ~ 15%。

二、工资调整

1983年，京口区对1978年底以前参加工作的职工普遍晋升一级工资。对中年知识分子和工资偏低的技术骨干较多地晋升工资。全区全民企业73531人升级、集体企业59149人升级，1582人增资较多。1990年，根据国发82号文件精神，全区为机关、事业单位职工（包括离退休职工）调整工资。全民职工调资1825人，月增资1.41万元，人均增资7.75元。集体职工541人，月增资0.38万元，人均增资7元。为解决职工工资突出问题，为2049人调资，占总人数98.1%，月增资1.67万元。为区属离退休3641人提高待遇和增发退休补助费，月增资4.58万元。

1991年，全年调整“套改”工资344人次，为大中专毕业生定级94人（其中工人6人）。为机关、事业单位职工提高工资标准59人，为专业技术人员兑现职称工资88人（中级30人、初级58人）。为企业调进机关、事业单位人员“套改”工资79人，按规定正常升级24人。1995年，全区始执行最低工资标准制度，企业职工工资调整始终坚持企业依靠提高自身经济效益、增加工资的原则，坚持“按劳分配”和“效率优先、兼顾公平”原则，坚持企业内部分配自主，将提高企业职工工资水平与深化企业内部分配制度改革相结合原则。

1996 ~ 2007年，京口区根据国务院历次调整工资文件精神，先后10多次为干部职工调整工资，使干部职工工资有大幅增长。

1995 ~ 2007年京口区最低工资标准执行情况表

表25-5　　单位：元

实施和调整时间	最低工资标准					
	月最低工资标准			小时最低工资标准		
	一类	二类	三类	一类	二类	三类
1995年5月24日	210	175	—	—	—	—
1996年7月1日	240	200	—	—	—	—
1997年7月1日	—	250	210	—	—	—
1998年7月1日	—	250	210	—	—	—
1999年7月1日	—	290	250	—	—	—
2000年7月1日	—	340	290	—	—	—
2001年7月1日	—	360	300	—	3.10	2.60
2002年7月1日	—	370	320	—	3.10	2.70
2003年7月1日	—	450	390	—	3.80	3.30
2004年7月1日	—	500	440	—	4.20	3.70
2005年11月1日	—	550	480	—	4.60	4.10
2006年10月1日	—	620	520	—	5.20	4.40
2007年10月1日	—	700	590	—	5.90	5

三、奖励制度

1983年9月，全区奖励金总额为企业职工2个月标准工资。各项经济指标完成特别好的先进企业，报区劳动人事局批准，可增加到3个月。企业结余的奖励基金，允许用于兴建职工宿舍、兴办集体福利事业或转下年使用。1984年，国家开始向企业实行奖金征税制度，起征点为2个月职工标准工资，同时扩大企业在奖金发放方面自主权。1985年始，京口区根据国家要求，采取措施，扭转乱发奖金、实物歪风。同时把奖金税起征点调整为4个月职工标准工资。

20世纪90年代后期，国家实施市场经济体制后，企业加强内部分配制度改革，职工工资、奖励及福利待遇由企业自主统筹。1998～2007年，区人事劳动部门对奖励金不再列入管理范围。

四、劳动工资监督

1. 工资指导线　2007年始，区人事劳动部门规定在岗职工工资增长基准线为14%，上线为20%，下线为5%。凡生产经营正常、有盈利企业上年工资水平达到全区企业在岗职工平均工资水平的，要参照基准线确定职工工资增长目标。对上年工资水平达不到全市企业在岗职工平均工资水平的，或低于年度行业工资指导标准的，在基准线以上比例确定职工工资增长目标；对上年工资水平达不到全区企业在岗职工平均工资水平60%的，参照上线确定职工工资增长目标。对于工资水平较高的行业和企业，工资增长水平应控制在上线以内。对于生产不正常、职工工资偏低的企业，也应参照下线确定工资增长目标。凡因各种原因，企业当年不能增加职工工资的必须向工会组织和职工代表说明情况。

2. 工资集体协商　2000年，全区企业开始实行工资集体协商制度。2002年，区总工会、区发展改革与经济贸易委员会、区人事劳动和社会保障局成立协调劳动关系三方机制，强化对全区企业开展工资集体协商工作指导，符合条件25人以上企业都应单独协商、单独签约。区和乡镇（街道）层层签订推动工资协商责任状，召开各种类型行业、企业工资集体合同及村、社区和市场等区域工资集体合同签约现场推进会，推动工资集体协商工作全面开展。

2004～2006年，区劳动人事和社会保障局审查企业工资集体协商文本456份。每年创建工资集体协商示范企业10家。2007年，全区工资集体协商示范企业30家。

3. 工资分配秩序监督与规范　1990～1999年，区各级政府探索市场经济条件下，宏观管理企业工资分配办法，形成符合市场经济体制要求，在工资分配中发挥市场机制和政府引导工作体系，建立以工资指导线、劳动力市场工资指导价位、最低工资标准为主的工资指导和调控制度。

2001～2007年，全区企业职工工资逐年稳中有升，大多数企业实行按劳动、资本、技术、管理等生产要素，参与分配模式和以岗位工资、一岗一薪、岗变薪变的工资制度，以"市场机制调节、企业自主分配、职工民主参与、政府监控指导"工资分配调控体系，劳动力市场指导价位对企业调整工资水平发挥主导作用。调查显示，54.8%的企业因效益增长提高工资，61.7%的企业在招聘职工确定工资或调整职工工资时，参照劳动力市场指导价位。31.1%的企业表示"经营方应当在听取工会或职工代表意见后决定"，59.7%的企业表示"应当由企业经营方与工会或职工代表协商决定"，两项之和达90.8%。57.2%的企业涨工资优先考虑技术工人和技术干部。

第四节　技能培训与鉴定（考核）

一、职业技能培训

1983～2007年，京口区职业技工学校隶属区教育局管理，并负责全区在职职工和在校生技能培训。25年来，区技工学校为省内外企业培训技术工人50多万人次。

二、职业技能考核

2000年始，京口区成立职业技能鉴定中心，在区属企业按照国家职业技能标准，结合生产实际实施职业技能鉴定（考核），由理论知识（应知）考试和操作技能（应会）考核两部分。2001 ~ 2007 年，全区 5212 人参加各类技能考核，发证 3162 人，其中初级、中级 2819 人，高级 225 人，技师 118 人。

三、技师培训

1983 ~ 1991 年，全区技师培训工作由镇江技工学校（今技师学院）承担。1993 ~ 2007 年，先后在汝山中学（今丹徒中学）、第十中学开办技工（师）班，除为区属企业培训技工、技师外，同时为苏、锡、常及苏北地区定向培训技师、技工。

第五节　劳动监察

一、监察队伍建设

1987 年 3 月 12 日，区劳动争议仲裁委员会成立，下设办公室处理日常事务。其主要职责，负责处理区属企业因履行劳动合同和因开除、除名、辞退违纪职工发生的争议，维护企业和职工的正当权益。此后，各基层单位相继建立基层劳动争议调解小组。同年底，全区有劳动争议调解小组 60 个，专（兼）职调解人员 196 名，处理劳动争议 9 件。1995 年，区劳动监察大队成立，编制 3 人。

1996 ~ 2007 年，全区街道（乡镇）建立 6 个一级网络，社区（村）建立 74 个二级网络，设定网格编码、绘制网格化管理图，分别由当地劳动保障服务所、服务站承担网格内劳动保障基础管理工作。街道（乡镇）劳动保障所成立 6 个劳动保障监察中队，聘任 82 名社区专（兼）职劳动保障监察协理员。

二、劳动争议仲裁

1987 年，区劳动争议仲裁委员会成立，由区劳动局、区计经委、区总工会 3 单位负责人组成，办公室设在劳动局，劳动争议案件处理实行 3 单位联合办案机制。是年，52 个驻区、区属企业成立劳动争议调解委员会。1988 年，组建区劳动调解仲裁网络、全区 50 个基层调解仲裁委员会，通过市劳动争议仲裁委员会验收。

1993 年，全区终止、解除劳动合同 215 份，开除、除名、辞退职工 87 名，发生劳动争议 7 起，鉴证各类劳动合同 1095 份。1994 年始，劳动争议案件增多，区劳动争议仲裁委员会实行仲裁员、仲裁庭制度，完善、规范仲裁办案程序。根据劳动部和省、市劳动局文件精神，对全区 20 多家企业进行劳动用工大检查，受检查职工 2646 人，劳动合同鉴证总数 816 人，解除劳动合同 182 人，仲裁劳动纠纷案 7 起。1995 年，区劳动监察大队成立，编制 3 人。经省劳动局培训、考核，7 名干部和兼职仲裁员获劳动部颁发资格证书。

1996 ~ 1999 年，全区受理各类劳动争议案件 43 起，审结 38 起，结案率为 88.37%。接待群众上访、申诉 65 批 40 人次，鉴证劳动合同 3718 份。对辖区企业单位开展劳动执法大检查 90 家，重点抽查 30 家。1998 年，检查用工单位 285 个，清退外来人员 118 人，补办流动就业证、卡 215 人，补交社会保险制度改革金 9 万元。处理突发案件 5 起，受理职工举报 32 件，立案 15 件，结案率 100%。补办外来就业证、卡 586 人，补签劳动合同 1620 份，终止合同 26 份。限期补缴社会保险制度改革金 67 万元，责任金退还押金 3.66 万元。查出少报工资总额 156 万元，多提工资总额 1.75 万元，先后对 4 家违法违规企业处罚金 0.32 万元。

2000 ~ 2004 年，区属企业开展修改后的劳动合同签订情况检查。2005 年，成立乡镇仲裁办事处。开展“企业劳动保障信用等级评定”，授予中盛粮油等 18 家企业“劳动保障信用等级单位”称号。2006 ~ 2007 年，京口区实施《劳动保障诚信示范制度》后，先后授予镇江金宝粘合剂有限公司等 22 家企业“劳动保障诚信示范企业”称号。

图 25-3　2006 年，京口区劳动争议仲裁进社区
（区人事劳动和社会保障局供稿）

1997～2007年京口区劳动监察情况表

表25-6　　单位：次、人

年份	专项检查	巡视检查	处理举报	年检	书面审查
1997	1	20	15	150	—
1998	1	30	17	180	—
1999	1	30	24	200	—
2000	1	32	25	210	—
2001	2	44	29	255	—
2002	2	100	29	255	—
2003	2	180	43	—	280
2004	3	199	59	—	300
2005	3	250	78	—	330
2006	3	250	93	—	340
2007	3	265	130	—	350

第四章　社会保险

1983～1989年，全区随着国企深化改革，从计划经济逐步过渡到社会主义市场经济体制，京口区除医疗保险由市统筹外，先后建立完善养老、失业、工伤、生育等社会保险体系，构架利国利民社会保险机制。1990～2007年，京口区在全面实现小康、构建和谐社会进程中，社会保险事业越发彰显出“保障富民”地位和作用。

第一节　养老保险

一、企事业单位养老保险

1. 企业养老保险　1987年1月1日，京口区成立社会劳动保险管理处，区属企业实行社会统筹，对象为全民、集体和股份制企业的固定工、合同制人员和退休人员，按照“以支定收，略有结余”原则，按区养老保险政策，实施养老保险。区属全民企业和集体企业120家、6168名固定职工和合同制人员参加区级统筹。1989年7月1日起，区属企业实行离退休（退职）职工养老保险统筹，统筹金按工资总额和离退休职工各项费用之和的30%提取。是年，全区102个单位投保，人数782人，投保率99.9%，养老金收缴额65万元。

1990～1995年，全区240家企业、1342名职工、157名临时工缴纳养老保险基金1867.9万元，收缴率94.8%，统筹金（以下简称“两金”）581.3万元，新招收合同制工人投保率100%，收缴职工待业保险金4.1万元。其中1992年实行“两金”合并发放，年底从“两金”中拨付53万元，59家企业为已退休职工增发退休费。为全区207家企事业单位，1342名合同制工人、157名临时工办理社会养老保险，为全区83个企业3769名工人和2795名退休人员办理社会统筹。1993年，全区240家单位推进社会保险制度改革，在深化社会养老保险基础上，职工待业基金托收157.48万元，同比增长250%，创历史新高。1994年，市财政在企业统筹基金中对京口区养老保险基金支付缺口给予弥补，确保全区企业职工养老保险统筹稳步开展，弥补京口区社会保险险种空白。1996年，全区194家单位、4089名工作人员参加社会保险，1028 名离退休人员享受养老保险待遇。全年收缴基金 548.34 万元，收缴率 95%，支付离退休费用 440.52 万元。

1997 ~ 1998 年，全区 179 家参保单位，职工 5325 人，离退休职工 3198 人，占职工总数 59.7%。收缴养老保险基金 1408 万元、工伤保险基金 110 万元，收缴率 95% 以上。支付企业养老保险金 1090 万元，丧葬费 47.50 万元，遗属生活救济费 3 万元，拨付工伤保险伤残补助费 2 万元。2001 年 1 月，对企业退休人员养老金实施按时足额和 100% 社会化发放。2002 年 1 月，共青团农场由省农垦划归京口区管理，市政府召开专题协调会，形成会议纪要，同时省农垦实行 5 年定补。7 月，经区编委批准，将原京口区社会劳动保险管理处和京口区机关事业社会保险管理处撤销，合并组建京口区社会保险管理中心，副科级建制。2003 年，试行大龄人员前补后延政策。

2004 年始，京口区对中断缴费人员续保，实行财政补贴。同年市政府对企业养老保险实行市区统筹，业务操作市区联网。区政府首次以目标责任状形式将养老保险目标任务下达到各乡镇街道，当年征缴企业养老保险费 2669 万元，在没有市级补贴的情况下，首次实现收支平衡。根据国务院和省、市要求，全区推进企业退休人员社会化管理，将当年办理退休人员纳入社会化管理。2006 年，全面提高企业离退休人员养老金，全年两次普遍提高企业离退休人员养老金水平，3970 名离退休人员养老待遇得到提高。

2007 年，全区新增扩面参保 22924 人，征缴企业养老保险基金（含扩面拉动基金）达 8458 万元，同比增收 126%。基金积累实现历史新突破，基金结存 2793 万元，累计结存 4000 万元。基金支付企业离退休人员养老金 4385 万多元，当年基金支出首次突破 4000 多万元，企业离退休人员养老金人均月收入 892 元，同比人均增加养老金 112 元 / 月。全年 615 名符合政策人员办理前补手续，补缴养老保险基金 1700 万元，为 163 名环卫工人办理社会养老保险，解决一线环卫工人养老。6 月，全区收缴养老保险基金 1543 万元。2007 年 12 月，参保人数 27147 人，结余基金 3800 万元，基金备付能力 9.04 个月。

2. 事业社会保险　1994 年 4 月 23 日，京口区成立机关事业社会保险管理处。10 月，全区事业单位率先进入社会保险。1995 年 1 月，所有机关单位参加养老保险，基金收支统一实行差额拨付，全额拨款事业单位和机关实行空运转。1997 年 10 月始，“自收自支”和差额拨款事业单位职工按 1% 缴纳失业保险。

1998 年，全区 194 个单位 4112 名工作人员参加社会养老保险，1101 名离退休人员享受养老保险待遇。全年收缴保险基金 618.45 万元，收缴失业保险基金 6.62 万元，“两金”收缴率 96%。1999 年，全区有 199 个单位 4092 名工作人员参加社会保险，181 名离退休人员享受养老保险待遇。全年收缴养老保险基金 1070 万元，收缴失业保险基金 11.6 万元。支付离退休费 1140 万元（其中支付丧葬费、抚恤费 2.5 万元，支付遗属补助费 1 万元），“两金”收缴率 95% 以上。清欠上年度两项基金 25% 以上，离退休费用拨付率 100%。

2001 年始，机关工作人员暂停缴纳养老保险费。2002 年 7 月，经区编委批准组建京口区社会保险管理中心，撤销京口区机关事业社会保险管理处。2004 年，改革事业单位养老保险结算办法，变双基数为单基数，同时提高个人缴费比例，对大龄进编人员开始征收养老保险补偿金。

2006 年，对事业单位社会保险资料进行整理，按照档案管理的要求，按单位、分年度、归类别对 1994 年 10 月至 2005 年社会保险资料及相关会计资料进行归档，并将数十万条信息录入数据库，做到查阅快捷、管理有序、整齐归档，并于当年获得省劳动保障厅颁发的“档案达标”单位。

2007 年，全区事业单位建立工伤保险制度，所有事业单位和工作人员足额缴纳工伤保险费。全区 101 家事业单位、2956 名工作人员参加社会保险，1120 名退休人员通过区财政和单位按时足额领取养老金。比例是自收自支单位为 24%，全额和自收自支事业单位个人缴费比例为 6%。失业保险比例是自收自支单位为 2%，全额和自收自支事业单位个人缴费比例为 1%。年末基金结存为 482 万元，基金备付能力为当年月支付水平的 7.83 个月。事业单位养老保险处于阶段性调整，在编制紧缩的情况下，新增人员很难有较大幅度的增长，而退休人员每年均达到6%以上增长，基金收不抵支苗头开始出现。

二、农村社会养老保险

1996年7月，全区开办农村养老保险业务，当年征收养老金54.6万元，866名农民参保。1997～1999年，全区农村基本养老保险不断上升，1999年12月，参保人数达到3008人。2000～2002年，农村居民征缴工作处于停滞状态，退出农保转城镇企业养老保险人员上升。

2003年7月，区民政部门管理的农村养老保险移交给区人事劳动和社会保障局，由区社会保险管理中心全面办理。移交前参保人数达1280人，个人账户资金余额262万元。2004年7月，京口区被征地农民个人账户资金由80%农业地土地补偿费和全部安置补助费组成，被征地农民可选择参加基本生活保障和参加城镇企业基本养老保险，个人账户资金逐步调整。2007年12月，参保人数为717人，个人账户资金余额为211万元，享受养老金待遇人数42人，不足部分由财政予以补足。2006年，京口区首次调整被征地农民基本生活保障待遇，男16岁至40岁、女16岁至35岁基本生活保障待遇由140元/人提升到160元/人，男40岁至50岁、女35岁至45岁的基本生活保障待遇由70元/人提升到90元/人，男50岁至60岁、女45岁至55岁的基本生活保障待遇由120元/人提升到150元/人，男60岁以上、女55岁以上的基本生活保障待遇由170元/人提升到210元/人。2007年，全区再次调整被征地农民基本生活保障待遇，160元/人的增加到175元/人，90元/人的增加到100元/人，150元/人的增加到165元/人，210元/人的增加到230元/人。12月，全区计有39个征地项目进入运行，安置"失地"农民4804人，参加被征地农民基本生活保障人员1088人，参加企业职工养老保险270人。发放被征地农民基本生活保障和征地补偿金1.16亿元，被征地农民基本生活保障统筹基金和被征地农民基本生活保障个人账户资金余额2799万元。

三、社会养老保险制度改革

1.国家基本养老保险　20世纪80年代中期，职工养老保险实行"企业保险"，全区仅交通、轻工、煤炭等行业中老企业退休费用相当于工资总额50%以上，而一些新兴行业和新建企业中退休费用不到5%。1986年始，全区贯彻国务院发布改革劳动制度4项规定，对国有企业新招工人一律实行劳动合同制。1987年4月，市政府《关于市属集体企业实行离退休（退职）职工养老保险统筹的通知》，从当月起实行离退休（退职）职工养老保险全市统筹。不久，下发《关于缴纳劳动合同制工人退休养老金的通知》，办理固定职工、劳动合同工人退休金统筹。组建市社会保险经办机构，承担集体企业固定工和全民、集体、"三资"企业合同制职工养老保险，并将原中国人民保险公司经办筹集的劳动合同制工人养老金，全部转给市级养老保险统筹。6月，区组建社会保险机构。

1993年，京口区按照国务院《关于城镇企业职工养老保险制度改革的决定》文件，建立国家、企业、个人三方共同负担社保基金筹措工作机制，实行个人缴费，推行《职工养老保险手册》制度，并进行基本养老金计发办法改革。按照《全员劳动合同制试点企业职工社会养老保险暂行办法》规定的基金筹集标准和办法，改固定职工离退休费用社会统筹，及合同制职工养老保险为职工社会养老保险，将两项基金统一管理，企业暂按全部职工工资总额（不含离退休费）统一比例缴纳，全民企业为17%，集体企业为20%，凡参加基本养老保险的全员劳动合同制职工，按本人标准工资的3%缴纳，即每人每月2元。逐步建立国家基本养老保险、企业补充养老保险和职工个人储蓄性养老保险"三位一体"、多层次社会养老保险制度。年底，市政府出台《市企业职工大病医疗社会保险暂行办法》和《市企业职工工伤社会保险暂行办法》，从1994年1月起全面启动。

1994年，《中华人民共和国劳动法》颁布后，从法律上确定企业和职工必须依法参加社会保险，才能依法享受社会保险待遇。11月25日，省政府办公厅转发《国务院关于江苏省镇江市、江西省九江市职工医疗保障制度改革试点方案的批复的通知》，大病医疗保险停止执行，改按国务院职工医疗保障制度改革试点方案执行。同时，机关事业单位养老保险制度改革也作为全国试点城市全面启动，单位按工资总额和离退休费用之和的 16% ~ 26%（双基数、浮动比例）、个人按本人 2% 缴纳养老保险费，离退休人员个人不缴费，实行机关事业单位离退休费社会统筹和差额结算。

1996 年 6 月 10 日，市下发《关于贯彻实施〈江苏省城镇企业职工养老保险规定〉的意见》，实行基本养老保险社会统筹和个人账户制度，为每一参保人员建立职工个人账户，使企业和职工缴费与个人账户直接挂钩，形成职工随职流动，个人账户终身不变格局，逐步使服务对象由“企业人”向“社会人”转变，由企业保险向社会保险过渡。7 月 1 日起，市区企业基本养老保险费缴费比例统一为 30%，企业缴纳为 22%，职工个人为 8%。区开始使用镇江市社保中心自行设计和开发“统账”结合计算机应用软件，按照“效率优先，兼顾公平”的原则，创造出“填土法”，即凡参保单位应缴基金到账后，才能生成个人账户，欠费企业个人账户记账由当期缴费向前滚动填充，填补个人账户软件开发“空白”，在全省乃至全国处于领先地位，区社会保险信息管理系统基础设施建设进入“快车道”。

1997 年 7 月 16 日，国务院发布《国务院关于建立统一的企业职工基本养老保险制度的决定》，养老保险制度改革制度模式统一。2003 年，京口区组建社会保险管理中心，制定劳动合同制工人退休养老保险办法：企业按劳动合同制工人工资总额 15% 左右，劳动合同制工人按不超过个人标准工资 3% 缴纳退休养老费用。

2004 年，区政府决定事业单位养老保险取消“双基数”和“浮动比例”，将缴费比例统一为单位 24%、个人 6%，基金收缴率一直保持在 96% 以上。同年，市政府出台《市被征地农民基本生活保障试行办法》，全区有 4000 多人纳入基本生活保障。

2006 ~ 2007 年，全区征缴企业养老保险基金 13619 万元，企业养老保险新增扩面 24439 人，清欠养老保险基金 1015 万元，补发 3800 多名离退休人员养老金 274 万元，累计基金积余近 4000 万元。连续两年事业单位养老保险征缴率达 100%。在全区自收自支事业单位开征工伤保险，区政府出台《京口区城镇企业职工生育保险实施办法》，实现全区社会保险四险合一，全区社会保障体系更趋健全。全区建立 2.5 万名农村集体经济组织成员人口数据库，发放基本生活保障金 7611 万元，被征地农民生活补助费、养老金均实现 100% 发放。积极推进“退管”工作，使老年人“老有所养、老有所乐”。

2. 企业补充养老保险　1999 年，京口区在有条件的企业开展企业补充保险业务，当年征收补充保险基金 1.75 万元，以后逐步扩大征收范围。至 2007 年年末，有 9 家单位 76 人参加企业补充保险，存量基金 22.07 万元，根据劳动和社会保障部 12 号文件规定，企业补充保险更名为企业年金。

3. 个人储蓄性养老保险　1999 年，京口物资集团 1 人自愿参加个人储蓄性养老保险并缴费 240 元。2004 年 8 月，退休时共支付本金及利息 335 元。此后区社会保险经办机构此项业务停办。

4. 退休人员社会化管理服务　2003 年始，京口区根据《省委办公厅、省政府办公厅转发劳动和社会保障厅等部门关于积极推进企业退休人员社会化管理服务工作意见的通知》和市委办公室、市政府办公室转发《市劳动和社会保障局等部门关于积极推进企业退休人员社会化管理服务工作意见的通知》精神，11 月 1 日，开展企业退休人员社会化管理服务工作。2004 ~ 2007 年，区属企业职工办理退休手续后，其管理服务工作与原企业分离，养老金实行社会化发放，人员移交街道（乡镇）和社区实行属地管理，由社区服务组织提供相应的管理服务。街道（乡镇）和社区的社会化管理服务工作主要是配合社会保险经办机构做好养老金按时足额发放工作，保障企业退休人员的基本生活，为企业退休人员提供社会保险政策咨询和各项查询服务，向纳入社区管理服务的企业退休人员发社会化管理服务联系卡，跟踪了解企业退休人员生存状况，协助社会保险经办机构进行领取养老金资格认证，帮助企业死亡退休人员家属申请丧葬补助金和遗属津贴，建立企业退休人员信息库，定期组织企业退休人员中的党员开展组织活动，充分发挥党员先锋模范作用，加强企业退休人员政治思想工作，指导和帮助他们参加各种形式的社会公益活动，组织开展自我管理和互助服务。建立企业退休人员健康档案，有计划地开展健康教育、疾病预防控制和保健工作，提供方便的医疗、护理和康复服务，组织企业退休人员开展文化体育健身活动，丰富文化生活，倡导文明健康的生活方式。

2004 ~ 2007 年，全区有 4200 余人实行社会化管理，区社会保险经办机构为 700 多名破产企业退休职工提供档案代管服务，先后投入经费 30 万余元建设企业退休人员服务设施，拨付 2 万余元组织社区不定期慰问患病、困难退休职工，在重阳节或天气适宜的季节组织企业退休人员开展与之相适应的文体、健身活动。

第二节　失业保险

1997 年，区劳动部门设立区职工解困基金，实施区属企业特困下岗职工生活补助。1998 年始，京口区根据《国营企业职工待业保险暂行规定》和市政府有关文件精神，规定区属企业全部参加待业保险，基金按企业工资总额 1% 标准征缴。是年，下岗职工开始纳入失业保险保障。1999 年，区属企业建立再就业服务中心，2000 多名下岗职工进入中心，签订基本生活保障和再就业协议书。

2000 年始，全区根据《失业保险条例》规定，所有城镇企业事业单位及职工参加失业保险。2001 ~ 2007 年，全区各企业按照工资总额 2%，缴纳失业保险费，职工按照个人工资 1% 缴纳失业保险费。

1998 ~ 2007 年京口区失业保险金发放情况表

表25-7　　单位：万元

年 份	发放失业保险金	年 份	发放失业保险金
1998	13.55	2003	172.54
1999	26.82	2004	212.35
2000	52.56	2005	151.67
2001	80.27	2006	81.28
2002	125.32	2007	78.85

第三节　工伤保险

一、工伤认定

2003 年 9 月 23 日，劳动部《工伤认定办法》颁布后，区人事劳动和社会保障局根据法律规定，规范工伤认定程序，实施职工工伤鉴定。2005 年 1 月 24 日，江苏省出台《〈工伤保险条例〉实施办法》，工伤保险立法日臻完善。2006 ~ 2007 年，区工伤行政部门确认：工伤、视同工伤、非工伤或不视同工伤鉴定 78 件次。

1996 ~ 2007 年京口区工伤认定情况表

表25-8　　单位：件

年份	申请数	认定数	年份	申请数	认定数
1996	2	2	2002	21	21
1997	5	5	2003	25	25
1998	4	4	2004	18	18
1999	5	5	2005	35	35
2000	11	11	2006	25	25
2001	15	15	2007	55	53

二、工伤待遇

1994年8月23日，区政府出台《企业职工工伤社会保险暂行办法实施细则》(以下称《实施细则》)，并决定是年10月起施行。《实施细则》规定:区属各类企业在职职工必须依照“细则”规定参加工伤保险，费用由用人单位按照养老保险缴费基数和规定比例缴纳。缴费比例为：工、交及建筑安装企业1.4%，其他企业为1.1%。2004年起，工伤保险费用分别调整为1%和0.6%。职工个人不缴纳工伤保险费。保险费由区负责筹集并按照规定支付，不实行市级统筹。

2007年12月，全区工伤基金累计结存245万元。根据国务院规定，凡参加工伤保险职工经劳动保障行政部门认定为工伤的，按照规定由“社保”经办机构支付相关待遇。

第四节　生育保险

一、生育保险改革

2006年6月12日，区政府下发《城镇企业职工生育保险实施办法》，2006 ~ 2007年，各驻辖区内企业并与之形成劳动关系的劳动者，从当年7月1日参加生育保险，并由用人单位按养老保险缴费基数0.9%为职工缴纳生育保险费，参保女职工或男职工符合规定均可享受相应生育保险待遇，实现“社保”四险合一。

二、待遇标准

2006年7月1日起，全区执行生育保险费率为0.9%。女职工在生育和流产期间，工资由单位发放。单位可从生育保险基金中获得生育津贴，标准为上一年职工月平均工资的50%，期限为规定的产假。对90天以及90天以上产假的女职工发给一次性营养补助费，标准为当地上一年职工平均工资的1%。其配偶未列入生育保险范围的，按当地规定的生育医疗费标准的50%进行补偿。女职工因生育或流产所需符合规定标准的检查费、接生费、手术费、医药费、普通病房住院费及女职工在产假期间，因生育引起子癫、产后出血、产后感染、尿潴留医疗等生育医疗费，按照劳动保障行政部门确定的定额标准支付。2006年7月至2007年12月，按规定享受生育保险待遇123人，基金结存70万元。

第五章　城乡居民最低生活保障制度

第一节　城乡低保

1990 ~ 1996年，京口区对贫困城市居民，沿用社会救济方式，分为定期、临时和其他救济方式进行。其中1990 ~ 1993年，全区对236户定期救济困难户发放冬夏两令救济物资和救济金30多万元，临时救济金14万多元。1997年，国务院和省、市政府出台城市居民最低生活保障制度后，按照“低标准起步、小范围保障、逐步推广完善”规定，开展城乡居民低保试点。1998 ~ 1999年，为实现低保工作科学化、规范化，逐步建立城乡居民低保标准与居民收入水平直接挂钩增长机制，分别调整保障标准，城市居民最低生活标准由建区初期每人每月120元提高到每人每月330元；农村居民最低生活标准由初期每人每月100元提高到每人每月220元。2000 ~ 2003年，全区享受最低生活保障城市居民为434户，计1054人，乡村14户、18人，发放最低生活保障金200多万元。2005年，京口区建立乡村最低生活保障制度，按照“横向到边，纵向到底”全覆盖，以及“应保尽保”，全区享受城市低保对象1109户、2581人；享受乡村低保对象74户、129人，累计发放最低生活保障金318.87万元。2006 ~ 2007年，全区城市最低生活保障1428户、3074人，发放金额866.03万元；农村为117户、242人，发放最低生活保障金 37.57 万元。两年新增 415 户、692 人，有 108 户、226 人因生活改善退出低保，节约资金 18.4 万元。2007 年 6 月，区民政局和区财政局出台《关于进一步完善低保管理制度的规定》，在全区范围内建立低保工作目标考核制度，实行低保有奖举报制度。京口区纳入城市低保的有 1428 户、3074 人，纳入农村低保的有 117 户、242 人，城乡合计保障人数 3316 人。11 年全区累计发放最低生活保障金 241.7 万元。

第二节　农村“五保”敬老院建设

1992 年 11 月，京口区始有农村“五保”（保吃、保穿、保住、保医、保葬）和敬老院机构。1993 年，全区 3 所敬老院集中供养“五保”和敬老院人数 27 名，每月生活标准为 124 元。1999 ~ 2004 年，京口区贯彻“五保”和敬老供养政策，做到“应保尽保”，集中供养 36 名对象中，“五保”老人占 80%，生活标准提高到每人每月 200 元。2005 ~ 2007 年，象山、丹徒、谏壁 3 所敬老院分别配备电视、棋牌等文化设施和“关爱工程”建设，使用市、区、镇配套资金 35 万余元，改、扩建敬老院，提升硬件建设。全区 3 所敬老院，先后被评为市级文明敬老院，其中谏壁镇被评为省级文明敬老院。

图 25-4　2006 年，市级文明单位——谏壁镇敬老院　（区民政局供稿）

第六章　救灾救济

第一节　灾害救济

1990 年 4 月，中华路地区一居民楼被火烧毁，殃及 8 户受到灾害。区级财政、机关工作人员及企事业单位，发动募捐赈灾 1.6 万余元。1991 年夏，全区遭受百年未遇洪涝灾害，境内 21 处山体滑坡，江水外溢，阴井倒灌，严重威胁居民生命财产安全。市、区党政机关及各部门一手组织抗洪救灾，一手抓募捐，收到海外及省内外各类捐款 28 万多元。1994 年，全区城乡久旱无雨，大面积旱灾，区民政局积极倡导救灾募捐，7 天收到各方面捐款 15 万多元。发放省、市、区救灾款 291.8 万元，救助灾民 1.85 万人次，紧急转移安置灾民 446 人次，重建、改建因灾倒房、危房 280 余间。1996 ~ 1999 年，长江连续 4 年洪涝灾害给城乡居民造成重大灾害，区委、区政府多次募捐赈灾救济。2001 年，区民政局发放农村救济救灾款 650 万元，发放赈灾救济粮 3.1 万千克。2006 ~ 2007 年，区政府制定《京口区自然灾害救助应急预案》，两年累计为受灾群众发放救济款 21 万元、大米 0.5 万千克，帮助 9 户灾民重建房屋 21 间。

第二节　社会救济

2001 年，区民政局对各乡镇危房和 60 岁以上特困户进行调查。根据市民政局“百千助才工程”精神，12 名大学生、43 名高中生享受“百千助才工程”资助。2003 年年底，筹措、使用专项基金 24.98 万元，完成 26 户草危房改造，其中新建 5 户、翻建 11 户、维修 5 户、置换 2 户、集中供养 3 户，实现全区草危房改造工作两年任务一年完成工作目标。2004 年 10 月 18 日，京口区慈善总会成立，先后组织 3 批针对特困家庭助医、助学等慈善救助活动，救助 121 人，累计发放救助金 35.65 万元。2006 ~ 2007 年，京口区率先在全市出台《关于完善社会救助体系的实施意见》，建立社会救助联席会议制度。

第三节 救援外地灾害

1990 年夏，苏北里下河地区发生水灾，全区党政机关及厂矿企事业单位捐款捐物计 20 多万元救援灾民。1997 年夏，全区支援陕西省救灾活动，城乡捐集棉衣棉被 6.1 万余件，折合人民币 50 多万元。1999 ~ 2007 年，京口区支援陕西商洛、安康，湖北秭归等地区及连云港贫困地区，9 年 30 多次组织救灾款、物募集活动，累计募集救灾款 1000 多万元，寒衣棉被 6.8 万余件，折合人民币 800 多万元。其中 2000 年 9 月，根据全市部署，组织寒衣棉被支援陕西商洛地区，发往该地棉衣 4.5 万件，超额 3 倍完成外地救灾任务。

第七章 社会福利

第一节 福利事业

1983 ~ 1991 年，京口区社会福利事业由区民政机构及各街道社会保障委员会设立社会福利组织，实施社会救济、残疾人安置、孤寡老人供养、弃婴收容等社会工作。1992 年，区社会事业扩大到城镇街道和乡村社区。1993 ~ 2007 年，乡镇场圃设立民政、敬老院等相应机构管理社会事业、残疾就业和“五保”老人供养等。

2005 年 9 月，省残疾人康复领导小组一行 10 人到京口区检查。分别抽查正东路街道贺家弄社区、大市口街道鼓楼岗社区、象山、谏壁镇社会事业及有关社区残疾人康复工作，听汇报、看资料、查台账、走访等进行综合评价，全区残疾人康复工作通过验收。2006 ~ 2007 年，各乡镇街道对贫、病、残、独居弱势群体进行调查，首次显示全区有特困待援高龄老人 134 名，空巢老人 69 名，残疾或与残疾子女共同生活 56 名。城乡各社区建立“特困老人帮扶联系卡”，采取“邻里相帮”“社区帮扶”“志愿者相帮”等，确保特困弱势群体所需得到社会帮扶人救助。同时开办老年公寓，象山镇先后建立“幸运、甜甜、象山”3 所老年公寓，设床位 204 张，入住老年人 119 名，入住率 58%。

第二节 福利生产

1990 年，全区福利企业 9 厂 1 组，其中新办福利工厂 1 家。产品有服装、印刷、塑料制品、丝绒工艺、纸制品、鞋帽等 100 多种，全年生产总值 355.5 万元，创利 27.4 万元。1991 年，新办福利工厂 1 家，全年完成福利生产总值 484.3 万元。

1992 年区划调整后，划出福利工厂 5 家，年产值 387.5 万元。同时划入象山、谏壁等乡镇福利工厂 12 家。全区有福利工厂 17 家，工业产值 2592 万元，利税 276 万元。1993 ~ 1995 年，全区福利企业发展至 30 家，比 1991 年增加 2 倍，实现利税 700 余万元，比 1992 年增长 1.54 倍。同时有 1000 万元以上产值企业 6 家，年产值首次超亿元。

1996 ~ 1999 年，全区福利企业总值 5 亿多元，销售 4.8 亿多元。1999 年，全区福利企业利税首创 1000 万元，超过邻近地区。2001 年，福利企业 25 家完成产值 1.35 亿元，销售收入 1.15 亿元。2003 年，有福利企业 19 家，职工 432 人。其中残疾人 198 人，实现销售 7200 万元，税收 362 万元。2007 年，全区有福利企业 33 家，实现销售 3.3 亿元，年均 8000 多万元，税利 1500 多万元。

第三节　福利彩票

1992 ～ 1996 年，京口城乡福利彩票销售工作由市统一组织销售，区域内“彩民”参加全市福彩。1997 年 5 月初，区民政局在谏壁镇首次举办 200 万元福利彩票大奖组销售，4 天全部销售，筹集社会福利基金 42 万元，其中 36 万元用于谏壁镇社会福利事业，6 万元用于全区文明社会建设。一次性在一个乡镇销售百万元以上福利彩票，在镇江市属首创。

图 25-5　1997 年，京口区谏壁镇首次福利彩票销售活动现场（区民政局供稿）

1998 年 3 月，区民政局在谏壁镇举办 400 万元福利彩票销售活动，4 天售完。此次活动筹集社会福利基金 84 万元，其中 70 万元用于谏壁镇敬老院工程建设，使镇敬老院达到省级标准。其余 14 万元用于全区社区公益设施建设。1999 ～ 2007 年，全区城乡没有销售福利彩票任务。

第四节　慈善基金募集

一、助学（残、困）活动

2005 年，京口区慈善总会在区域内整合社会资源，救助帮扶弱势群体，全年 10 多次组织募捐慈善基金，256 个单位（部门）和 2539 人捐助“慈善一日捐”善款 256.48 万元，为 399 名贫困学生发放助学金 39.7 万元，为 153 名重病患者发放助医金 49.1 万元，为残疾群众发放助困救助金 1 万元。

图 25-6　2007 年 4 月，京口区组织“慈善一日捐”活动　（区民政局供稿）

2006 年，京口区率先在全市启动“慈善超市”救助模式。2007 年，全区城乡先后设立社区“及时雨慈善连锁超市”9 家，接受社会捐赠物资 2.16 万件，受助人员 908 人次。开展 20 多次募捐慈善活动，募集善款 200 多万元；发放“三助”（助困、助残、助学）慈善救助 3591 人次，发放助学金、助医金、助困金、助残金 250 多万元。

二、慈善助老

2005 年，市慈善京口分会多次组织募集助老活动，为 259 名特困老人发放慈善助老金 25.9 万元。2007 年，京口区参加全市开展的慈善助老活动，为城乡 253 名特困受助对象优选“老来乐”“天颐睦园居家”、象山敬老院和 5 家委托服务机构，为受助对象开展“六助”（餐、洁、浴、急、居、行）服务 1.2 万人次，由政府支付，专业服务年龄高、健康差、独居、生活困难的老人。

第二十六篇　精神文明建设

1983 年 8 月，京口区委、区政府建立后，认真贯彻中共十二大精神，强化全区精神文明建设，建立健全组织机构，广泛开展各类精神文明创建活动。1985 ~ 1991 年，在开展“文明礼貌”活动中，以“五讲四美三热爱”（以下简称“五四三”）为主要内容，全面提升各机关、企事业单位、学校、街道和干部、职工、群众社会主义精神文明建设热情。先后涌现出和平路派出所、中山路小学、缸瓦厂居委会及张岫云、孔宪华、蒋侣云等一批全国和省级先进集体和先进个人。同时开展“文明街巷”“文明行业”“文明单位”“文明社区”评选活动。1992 年，开展“京口精神”大讨论活动。1993 年，开展“塑造名城形象，争做文明市民”主题教育和纪念“毛泽东主席 100 周年诞辰”群众性活动。1999 年 12 月，镇江市国防园举行开园仪式，在干部、职工、学生和居民中广泛开展国防教育活动。2002 年，京口区成立创建文明城市工作领导小组后，始终把创建文明城市作为重点工作，制定《关于进一步深化文明城市创建工作的实施意见》和《关于全区创建全国文明城市目标任务》，广泛深入地开展创建国家卫生城（区）、全国双拥模范城（区）活动。2003 年，大力提倡科学、反对迷信，揭批邪教，破除陋习。2004 年，加强未成年人思想道德建设，制定《京口区 2004 ~ 2006 年度加强和改进未成年人思想道德建设的若干意见》：建立 10 个青少年思想道德建设实践基地；打造“七彩的夏日”青少年暑假活动。2007 年，全区分层次、多形式地组织干部群众开展以“我为小康做贡献”为主题的小康京口建设活动。20 多年来，全区开展各类主题教育、爱国主义教育活动，参加人数逾百万人次，市民素质大为提高，三个文明建设均取得丰硕成果。

第一章　组织机构

1983 年以来，京口区历届党政领导重视创建精神文明工作，先后建立健全多种创建组织，形成由领导牵头，部门负责人参加的各种组织机构。1984 年，成立“五四三”活动委员会，由宣传部牵头，全区开展文明活动。1997 年 2 月，根据省、市有关指示精神，京口区建立精神文明建设指导委员会（以下简称“文明委”），下设办公室（在宣传部），配备 2 名专职人员，协调全区开展常年性创建精神文明活动。1998 ~ 2007 年，开展社会主义精神文明建设活动 100 多次。

第一节　“五讲四美三热爱”活动委员会

1983 年 2 月，金山区、北固区设立“五讲四美三热爱”活动领导小组，下设办公室，并制订《开展“五讲四美三热爱”活动意见》。同年 8 月，京口区建立后，该领导小组自行撤销。

1984 年 2 月 14 日，京口区成立“五讲四美三热爱”活动委员会，领导全区开展“五四三”活动。

1990 ~ 1996 年，开展形式多样的“五四三”活动。1997 年，根据国务院和省、市有关指示，改由精神文明建设活动取代。

第二节　精神文明建设指导委员会

1997年3月17日，京口区成立精神文明建设指导委员会（以下简称为“文明委”）。由区委、区政府、宣传部、人武部等单位12人组成。下设办公室（区文明办），由区委宣传部副部长高义连任办公室主任。

1998年3月至2007年7月，“文明委”进行7次调整。历任主任、副主任见下表。

1997 ~ 2007年京口区精神文明建设指导委员会负责人名单表

表26-1

职　务	姓　名	任职时间	备注
主　任	秦光华	1997.3 ~ 1998.2	区委副书记（1997.5任书记）
	戴锦美	1998.3 ~ 2002.3	区委副书记
	吕振亚	2002.4 ~ 2003.2	区委副书记、区纪委书记
	高庆国	2003.3 ~ 2007.6	区委副书记、区纪委书记
	何光荣	2007.7 ~	区委常委、宣传部部长
副主任	梁正逢	1997.3 ~ 1999.4	区委常委、宣传部部长
	贾国祥	1997.3 ~ 1998.2	区委常委、副区长
	符永华	1997.3 ~ 1998.2	区委常委、人武部部长
	陈　浩	1998.3 ~ 2002.3	副区长
	潘文瑜	1999.4 ~ 2001.3	区委常委、宣传部部长
	胡云霞	2001.3 ~ 2002.3	区委常委、宣传部部长
	姚敬源	2002.3 ~ 2007.6	区委常委、宣传部部长
	秦荣凯	2002.4 ~ 2003.2	区人大常委会副主任
	孙　辉	2002.4 ~	区人大常委会副主任、副区长
	陆彩云	2002.4 ~ 2003.2	区政协副主席
	曹丽虹	2003.3 ~	副区长
	沈成钧	2003.3 ~	区政协副主席

第二章　思想道德建设

1995年，京口区狠抓思想道德建设，开展“精神文明新人新事”“百佳文明市民”等评选活动，并在主题教育、爱国主义教育大讨论等方面取得丰硕成果。1999 ~ 2007年，加强对未成年人思想道德建设，制定《京口区加强和改进未成年人思想道德建设的若干意见》，推进学校、家庭、社区‘三位一体”教育格局，建立实践基地，打造活动品牌，在精神文明建设、未成年人思想道德建设等方面取得显著成效。

第一节　学楷模树典型活动

一、“精神文明新人新事”评选

1995年，京口区参加市首届“精神文明新人新事”评比表彰活动，区委宣传部、区文明办积极组织推荐、投票活动。2003 年 3 月，镇江市 2002 年度精神文明建设新人新事评选结果揭晓，共 15 件，京口区有两件当选。2000 ~ 2007 年，在历次市精神文明建设新人新事评比表彰活动中，京口区加快社区建设被民政部首批命名“全国社区建设示范区”、京口分局健康路派出所民警张志坚被公安部授予全国优秀警官称号、推进“无村区”建设、培育京口新民风活动、无私奉献社区事业志愿者龚增宝、广泛开展“活力京口”系列文化活动、十年如一日义务擦洗垃圾桶的清洁工人朱秀兰和 10 年来资助贫困学生读书的机关干部姜春虎等被评为镇江市精神文明建设新人新事。

二、“百佳文明市民”评选

2001 年起，京口区参加镇江市首届“百佳文明市民”评选活动。2002 ~ 2003 年，参加第二、第三届“百佳文明市民”评选活动，全区 12 名市民入选，入选人数为市辖市区之最。2006 ~ 2007 年，第四、第五届“百佳文明市民”评选活动，两届当选人数仍列辖市（区）前列。

第二节　主题教育

1988 ~ 1989 年，京口区开展《我与改革》演讲活动，4359 人次参加。组织“爱我中华、颂我镇江、兴我京口”百题知识竞赛，编印内部刊物，进行时事政策主题教育。

1993 年，在建区十周年庆典活动中，编写《建区十周年宣传提纲》，编导拍摄电视片《满眼风光北固楼——京口区十年发展回顾与展望》，举办“京口新姿”图片展，自编自演 30 多台文艺节目，进行区情教育。开展以市民为主体的“塑造名城形象、争做文明市民”主题教育，征订《文明市民读本》1.5 万多册，开展群众性学《读本》活动。1994 年 9 月，区委宣传部和区人民广播电台联合组织党员参加“塑造名城形象，争做文明市民”知识竞赛，2000 多人参与，《镇江日报》、电台、电视台连续报道。1996 年开展“双学”（学邓小平理论、学党章）活动。6 月，京口代表队在市“双学”团体知识竞赛中获总分第二。区委宣传部被省委宣传部、组织部、省纪委评为“双学”活动先进单位。1997 年 4 ~ 6 月，举办“庆七一、迎回归”系列活动。1999 年国庆前夕，举行“三庆一迎”（庆中华人民共和国成立 50 周年，政协成立 50 周年，澳门回归祖国，迎接新世纪）活动，举办“三庆一迎”文艺会演，职工开展“颂辉煌、展风采、创未来”主题教育，宣传解放 50 年来特别是改革开放 20 年巨大变化和成就，举办祖国颂、改革开放颂、社会主义颂和“喜迎澳门回归”家庭读书大赛等。

2001 年，纪念建党 80 周年，开展“七个一”（举行一次“党旗下的誓言”青年演讲比赛，举办一次“党的知识”智力竞赛，举办一次“党的光辉历程”大合唱比赛，组织一次“新形象、新业绩”摄影图片展，进行一次“献给母亲的歌”有奖征文，举行一次“党旗颂”广场文艺会演，组织一次“优秀影片进乡村、进社区”巡回放映）系列活动，为期两个月。同时组织参加市的纪念活动。参加“党的知识”竞赛，获全市第二名，6 名个人分获一、二、三等奖。

2002 ~ 2005 年，开展“培育京口新民风，塑造时代新公民”主题教育，突出“淳朴厚道、创业创新”新民风内涵，以“京口群贤”评选为主线，讴歌“创业楷模”“太平卫士”“慈善公民”等先进人物、优秀典型，在弘扬“镇江精神”中彰显京口特色，塑造京口形象，提升京口文明建设水平。2006 年，开展社会主义荣辱观学习、宣传和教育、实践，将“八荣八耻”融于家庭美德、职业道德、社会公德和个人品德实践中，形成“知荣辱、树新风、促和谐”风尚。开展“弘扬文明礼仪，建设和

图 26-1　2003 年，区委组织党员干部轮训，学习十六大报告　　（区文明办供稿）

谐京口”主题活动，各单位及基层村、居举办各类文明礼仪知识讲座200余场次，2万余人次受教育，涌现一批先进典型。2007年，以中共十七大精神为指导，以和谐、文明、健康、欢乐为基调，广泛开展“百组照片话发展”活动：以经济实力提升为主题，组织摄影爱好者围绕京口经济发展、生活水平、社会发展、生态环境等成就，拍摄一批具有代表性的作品，选择优秀作品，制作展牌，在第一楼街步行街集中展示。“百位市民看京口”活动：同时组织100名城乡群众，以“居民看农村、农民看城市”，互换空间，参观京口新农村建设示范点——东风新家园、方家湾新社区和服务业发展新亮点——红豆广场、第一楼街步行街；以居民生活富裕安康为主题，组织100户城乡家庭代表，围绕近百年家庭生活发生的变化，通过看照片、账本等可感实物，畅所欲言，谈变化、说发展、话富裕、乐小康；组织100名60岁以上老人，赴医院免费体检、组织100名中小学生在大市口广场集中创作反映京口社会风尚日新月异的绘画作品；组织100名人大代表、政协委员、群众代表等各界人士，围绕“什么是小康？落实十七大精神，推动京口更快更好发展”开展大讨论，为京口决胜全面小康提供舆论支持和思想基础。与《京江晚报》合作，连续5天推出5个整版，报道“六百”（百组照片话发展、百位市民看京口、百户家庭说变化、百位寿星享安康、百名儿童绘家园、百位人士议小康）活动。

第三节　爱国主义教育

1993年8月，区委宣传部牵头，与区总工会、文教局联合下发《关于举行“毛泽东同志100周年诞辰”群众性纪念活动的通知》，在全区广泛开展报告会、演讲会、卡拉OK比赛等形式多样的活动达30多场次，展出图片200多幅，进行革命传统教育。1994年，为各单位和中小学提供爱国主义教育影片58部，全区有287732人次观看这批爱国主义影片。组织干部、职工1000多人参加“三看”（看镇江、看建设、看市政）活动，组队参加镇江市“爱我中华、知我名城、建设家乡”电视知识竞赛，获三等奖。1995年，开展纪念抗日战争和世界反法西斯战争胜利50周年系列活动。下发《关于抗日战争和世界反法西斯战争胜利50周年纪念活动的意见》，16个基层党委代表队演出合唱节目32个。宣传部和教育局60名合唱队员和40名民乐队员组成合唱代表队，参加市纪念抗日战争胜利50周年歌咏比赛，成绩全市第一。分批组织100多人次到镇江烈士陵园参观“侵华日军南京大屠杀暴行史料巡回展”。1998年，邀请天安门国旗护卫队到中山路小学讲国旗知识。对《京口区爱国主义教育实施细则》进行调研。组织党员为茅山新四军纪念馆陈列室捐资，2380名党员捐资9.3万多元。牵头组织《群英谱》（京口分卷）征编工作。组织图片参加“镇江——江苏辉煌的二十年”图片展。3730名干部职工参加“看成绩、话改革、争贡献”为主题职工政治轮训和知识竞赛。区电台举办《文明村书记话改革》专栏，6位文明村书记走进直播室，畅谈改革开放的辉煌成就。1998年，和文体局共同组织“纪念党的十一届三中全会20周年辉煌之歌”文艺会演。1999年4月23日，在二十一世纪乐园举行镇江市国防教育园开园仪式，展出图片600余幅。2004年8月，参加市委宣传部“缅怀伟人邓小平”演讲大赛，两名选手分获一、二等奖。2005～2007年，区委宣传部会同教育局、团区委，在全区青少年中广泛开展“五个一”爱国主义教育活动：参观一次国防园，观看一部爱国影片，过一次军事生活，举办一次征文比赛，开展一次知识竞赛。

第四节　专题大讨论

1992年7～12月，全区开展“京口精神”大讨论活动，1500多名各界人士参加研讨会、座谈会，收到32个部门的论文112篇，并将有关学者和各界人士的见解、建议和意见在《京口宣传》刊登，编发专辑16期，《镇江日报》专版选登。1993年4月，区委宣传部《关于开展“确立市场经济观念”大讨论的意见》后，召开各类专题讨论会14场，征文25篇，《镇江日报》刊登10篇，《京口宣传》编印大讨论专辑3期。大讨论活动促进干部群众确立市场经济观念。1995年5月，区委下发《关于在全区开展向孔繁森同志学习活动的通知》，组织党员、干部收看孔繁森事迹报告会实况录像。组织党员、干部1300多人在镇江影剧院观看扬剧《高原血魂——孔繁森》。2000年，通过征文、演讲、报告会、座谈会等形式，区委宣传部在全区开展“新世纪镇江风采”大讨论活动，《镇江日报》京口专版组稿，并选送两人参加市委宣传部、市有线电视台举办的“新世纪镇江风采”大讨论演讲，获大赛优秀奖，宣传部获组织奖。

2001 ~ 2003年，开展《致加西亚的信》读书教育活动，召开读书活动座谈会，探讨“罗文精神”，收集党政领导读后感，制成展牌在乡镇巡回展览。将40多个部门、54位乡局级干部、6万多字读书心得汇编成《百感集》进行发送。敬业、忠诚、勤奋的理念在京口深入人心，“罗文精神”成为京口发展的新动力。上下开展“京口新理念”大讨论，全区人民立志“两率先”、奋力“两步走”，提高京口美誉度、凝聚力和竞争力。举办“环保杯”京口新理念征文比赛活动，组织基层干部座谈“新时期镇江精神”。2004年，组织开展《哈佛医生这样做手术》读书活动，历练严谨、细致、认真的工作作风，收集乡局级领导干部60多篇学习体会文章，编发12期《京口宣传》读书专辑。精选读后感，汇编成《尚谨录》一书，放大学习效应，推进机关作风建设。结合新时期“镇江精神”讨论活动，汇编《京口区“镇江精神”大讨论笔谈》。2007年，分层次多形式地组织全区广大干部群众开展以“我为小康做贡献”为主题的大讨论。组织学习会、报告会、座谈会、知识测试、下基层调研等形式多样的活动58场，撰写讨论文章120余篇。

第五节　未成年人思想道德建设

1993年，区文教局把3月5日定为全区学雷锋活动日，中小学开展“学雷锋、爱祖国、作奉献、创三好”主题教育活动。人人会讲一个雷锋故事，人人会唱一首学雷锋歌曲，人人改正一个缺点，人人做一件好事，班班校校有一个服务点，中学进行“像雷锋那样……”演讲比赛。至年底，全区4个乡镇、4个街道、1个国营场圃、区文教局和22个村委会、90个居委会、39所中小学全部建立关心下一代组织。1994年，成立由15名离退休干部组成的报告团。各级关工委组织老干部利用清明、“五四”、“七一”、“十一”等，对青少年进行革命传统和爱党、爱国、爱社会主义教育。离休干部李希元和全国劳模夏阿毛到市九中作“纪念解放镇江45周年”革命传统报告。在爱国主义教育活动中，京口区为中小学和有关单位提供爱国主义影片58部，有287732人次观看。1996年，以红军长征胜利60周年为契机，在青少年中开展爱国主义教育。区关工委编写宣传材料，组织老红军、老干部、老教师为青少年作报告70场，受教育者4万多人次。健康路街道筹办“京口区青少年图书阅览室”对外开放，有中小学生阅读的图书2500多册，报纸、杂志50多份，185人办理借书证，借阅图书达4600册。

图26-2　2007年，京口区召开未成年人思想道德建设总结表彰大会（区文明办供稿）

1997年香港回归前后，组织中小学生参观大型图片展《香港的历史与发展》，请老干部作报告52场，购买13盘《百年风云》录像带，发放给中小学校观看。靳家巷小学组织学生参观南京静海寺，撞警示钟，凭吊雨花台烈士。市九中组织学生骨干70多名参加“香港回归祖国”演讲比赛。

1998 年 9 月 30 日，天安门国旗护卫队的谢耀兵、朱真勇、段海波、王兴强应邀到中山路小学向 1500 多名中、小学生讲国旗知识，介绍天安门广场升旗情况，激发中小学生“好好学习、天天向上”，立志做合格的跨世纪接班人。

1999 ~ 2005 年，区委宣传部会同教育局、团区委，在全区青少年中广泛开展“五个一”爱国主义教育活动。2004 年，召开未成年人思想道德建设大会，制定《京口区 2004 ~ 2006 年度加强和改进未成年人思想道德建设的若干意见》。2005 年，区法院加强对青少年道德法制教育，先后推出证据展示、圆桌审判、专家陪审、回访制度、社区矫正等多项举措，预防和减少青少年犯罪，被省高院和团省委联合命名为“省级青年文明号”和市法院系统首家“全国优秀青少年维权岗”。

2007 年 5 月 25 日，京口区召开 2004 ~ 2006 年度未成年人思想道德建设工作总结表彰大会。建立京口区十大青少年思想道德教育实践基地。打造“七彩的假日”青少年暑期活动品牌。在省文明办组织的江苏省首届未成年人思想道德建设优秀案例选中，京口区推荐上报的“区法院开通犯罪预防网”“江科大社区建立青少年法制学校”“大学山社区设立心理咨询室”3 个案例被评为三等奖。

第三章　创建活动

1997 年，京口区开展争创全国文明城市活动。1999 ~ 2002 年，成立创建文明城市工作领导小组，后经过两次调整，始终把文明城市创建工作作为重要任务，制定实施《关于进一步深化文明城市创建工作的实施意见》和《关于下达全区创建全国文明城市目标的通知》等。2004 年，京口区连续 4 次被命名为创建全国双拥模范城（区）。2005 年，镇江市（含京口区）取得全国卫生城市“五连冠”。2005 ~ 2007 年，开展第五次创建全国双拥模范城（区）活动。

第一节　创建机构

2002 年 6 月，成立京口区创建文明城市工作领导小组。组长宦祥保，常务副组长刘国荣，副组长吕振亚、孙国平、王华、姚敬源、徐建锋、孙辉，成员有周新华等 37 人。领导小组下设办公室，由余国根任主任。2005 年 3 月至 2007 年 5 月，创建全国文明城市工作领导小组进行 2 次调整。

2002 ~ 2007 年京口区创建文明城市工作领导小组组长、副组长名单表

表 26-2

职　务	姓　名
组　长	宦祥保、冯士超、胡宗元、郭建
常务副组长	刘国荣、孙国平
副组长	吕振亚、孙国平、王　华、姚敬源、徐建锋、孙　辉、童国祥、高庆国、余国根、曹丽虹（女）、沈成钧、胡云霞（女）、何光荣

第二节　全面创建

一、创建文明城市

1997 年，京口区开展“三创”（创文明城市、文明行业、文明村镇）活动，组织文明标兵户和文明市民标兵评比活动。1999 年，京口区积极争创省级文明城市，收集、整理、建立创建文明城市台账 63 盒 133 卷。2002 年 6 月，区委下发《关于成立京口区创建文明城市工作领导小组的通知》，由区委主要领导任组长，强化共促文明力度。8 月，地方财政拨创建文明城市专项经费，保障创建文明城市工作全面开展。

2005 年，区委办下发《关于调整京口区创建全国文明城市工作领导小组的通知》。5 月，区委办下发《关于印发〈京口区迎接"全国创建文明城市工作先进城市"复查考核工作方案〉的通知》，高标准、高质量地完成相关工作任务。5 月 16 日，区委宣传部下发《关于做好迎接全国创建文明城市工作先进城市复查考核社会宣传的通知》，努力营造创建文明城市的浓厚氛围。2007 年，认真落实全国文明城市创建工作任务，召开创建工作推进会，制定下发《关于进一步深化文明城市创建工作的实施意见》和《关于下达全区创建全国文明城市目标任务的通知》。扎实推进"五大工程"（公民素质提升工程、城市建设精品工程、城市管理优化工程、文明创建系列工程、科教文卫实事工程），加快文明城市创建步伐。

二、群众性创建活动

1."五讲四美三热爱"活动

1983 年 9 月，区委、区政府根据《关于进一步深入持久开展"五讲四美三热爱"活动的意见》，要求各级组织和各单位抓好群众思想教育工作，治理"脏、乱、差"，搞好优质服务、优良秩序、优美环境，学雷锋先进人物活动，树五讲四美新风，表彰在"五四三（五讲：讲文明、讲礼貌、讲卫生、讲秩序、讲道德；四美：心灵美、语言美、行为美、环境美；三热爱：热爱祖国、热爱社会主义、热爱中国共产党）"活动中涌现出来的先进集体和人物，形成学先进、赶先进的比、学、赶、帮，奋发向上的氛围。在企业和社区发动职工、居民，进一步讨论修订文明公约、职工守则和各种规章制度，使文明活动在基层扎根、开花、结果。同时结合整党、整团、企业整顿等，开展"四合格"（党员、干部、团员、职工）教育活动，同时进一步开展学雷锋、树新风活动。

1984 年，区委下发《关于创建"文明居委会""文明居民小组"标准的通知》。1985 ~ 1989 年，京口区"五四三"活动委员会以创建"文明单位"为基本内容，通过"五四三"活动，5 年评出卫生先进居委会 48 个，占总数的 36.64%。同时，涌现出和平路派出所、中山路小学、缸瓦厂居委会及教师张岫云、居委会主任孔宪华和全国模范烈属蒋侣云等一批全国和省级先进集体和个人。

2. 文明礼貌月活动

1983 年，全区在开展"文明礼貌月"活动中，先后组织干部群众进行三次大卫生突击行动，区级机关全体工作人员到桃花坞绿化植树。全区干部、党团员和青年为群众做好事，大力宣传城市管理 4 项规定细则，整顿市容卫生和交通秩序。深入治脏、治乱、治差。开展群众性评优评好活动。组织机关干部、团员青年为烈军属、老弱病残打扫卫生、买米买煤等服务。

1984 年 3 月，在全国开展第三个"文明礼貌月"活动中，京口区有 2.28 万人次参加治理"脏、乱、差"和绿化活动，植树 13 万株，造林 4.07 公顷。

3. 文明行业、单位、社区、村镇创建评选

1986 ~ 1989 年，京口区开展创建"文明单位"、争当"文明市民"教育和"文明新风户"活动，制定《京口区"七五"期间社会主义精神文明建设的实施规划》。1987 年，区委宣传部出台《区级文明单位考核验收细则》，并对所有申报单位进行评选。1992 年，制定《京口区文明单位基本标准》。1994 年，对《区级文明单位考核验收细则》进行修改。1993 ~ 1995 年，全区认真贯彻"两手抓，两手都要硬"的方针，继续开展"文明单位""文明杯""文明新风""五好家庭"评比活动。1995 年，中山路小学等 4 家单位被评为 1993 ~ 1994 年度省级文明单位。1996 年，印发《京口区文明单位建设和管理暂行办法考核验收细则及文明示范小区管理细则》。1997 年，组织"文明行业""文明村镇""文明小区”评选活动，评出4个区级文明行业、6个区级文明村、1个区级文明镇、2个区级文明小区。同时参加市级文明系列评选。22家单位被评为市级文明单位，2个村被评为市级文明村，2个小区被评为市级文明小区。在开展“三创”（创文明城市、文明行业、文明村镇）活动中，江滨新村、大市口派出所等单位被确定为“三创”示范点，制定规划，成立班子，扎扎实实开展创建活动。江滨新村的创建经验在省文明小区现场工作会议上交流，受到与会代表和省委领导的好评。同年8月，成立市区首家文明市民学校。

1999年3月5日，江滨新村管委会与江苏理工大学（今江苏大学）、华东船舶学院（今江苏科技大学）、镇江医学院、镇江师范专科学校（与江大合并）、镇江市高等专科学校，在江滨新村广场举行“让知识之树长青社区，让文明之花开遍校园”为主题的“双让”共建活动签字仪式。“双让”活动推进实践工程、知识工程、爱心工程、尊师工程，在共建共创活动中提高小区文明水平。2001年，组织省、市级文明系列的申报评比工作。全区共创建成市级文明单位24家、文明行业1家、文明村镇4家、文明小区7家。12家单位获得省级文明荣誉称号。

2002年，出台新的《京口区文明行业（单位）、文明小区（社区）和文明村镇创建管理办法》。文明创建评比实行动态管理，每两年进行一次。区委宣传部、区文明办积极做好市、省级文明创建申报推荐工作。2007年12月，全区创建省级文明单位15家、标兵社区1家、文明社区3家。市级文明单位66家、文明行业8家、文明镇3家、文明村6家、文明小区42家。区级文明单位74家、文明行业11家、文明社区57家、文明镇2家、文明村7家。

三、破除陋习

2001年，全区在广泛开展五星级文明家庭、文明楼幢、文明楼院创建活动的基础上，积极开展“科普楼”“温馨楼”“和睦楼”等特色楼幢创建活动，进一步开拓社区教育的新途径，促进文明新风的形成。创建特色楼幢活动受到市有关领导的高度评价，镇江电视台《金山聚焦》栏目对此作连续报道。5月，区委下发《关于调整禁毒工作领导小组成员的通知》，由副区长姚敬源任组长。2002年4月，区委宣传部下发《关于开展“机关作风转变年”活动的实施意见》，进一步破除坏俗陋习，培养良好的机关作风。

2003年，京口区开展“破除坏俗陋习、大办文化项目、引导时代新风”主题活动。区委办、宣传部等部门组成若干调研组，对全区群众精神文化生活进行详细调查摸底，邀请专家对群众精神文化生活量化分析，组织开展“新市民文化生活大讨论”，浓厚活动的氛围。同时，重点破除赌博陋习活动。2004年10～12月，全区开展棋牌室专项整治活动，101家以各种名义举办的社区活动室全部取消麻将活动，杜绝社区活动室麻将赌博现象。

2005年1月，区委宣传部下发《关于核拨区棋牌室整治工作表彰经费的请示》，对在整治工作中成绩突出的先进集体和先进个人进行表彰，提高工作积极性。1月20日，区棋牌室整治工作领导小组下发《关于表彰京口区棋牌室集中整治工作先进集体和先进个人的决定》，表彰10个先进单位、22名先进个人。公安机关启动集中打击赌博违法犯罪活动专项行动，破获包括网络赌球案在内涉赌刑事案件78起，查处涉赌治安案件243起，查处涉赌人员902人，缴获赌资300余万元。2007年，破除陋习、培养优良风气工作仍在深入进行。

第二十七篇　民政与社会生活

京口区各项社会工作主要由民政局负责，主要是乡镇（街道）基层政权建设、优待抚恤、烈士褒扬、民族宗教、社区服务、对社会团体登记、勘界地名管理、婚姻登记、殡葬管理及氏族、民间风俗、方言及老龄工作等。1992 ~ 2007 年，全区基层政权合并、调整 13 次，其中街道、乡镇（园区、场圃）6 次。村（居）社区自治组织调整 7 次。救灾 30 多次，救助物资、赈灾款物折合人民币 1500 多万元。社会团体登记 300 多个（次），婚姻登记 30 多万人次。

1983 ~ 1992 年，京口区社会工作服务城区 8 个街道，56 个居委会，区域面积 23.4 平方公里。1992 年 10 月区划调整后，服务内容增多、范围扩大。区民政局充分发挥乡镇、街道民政机构作用，调节社会矛盾、促进社会公平、维护社会稳定，为京口区改革开放和经济发展、社会稳定做出积极贡献，多次被民政部、省民政厅、市委、市政府授予民政工作先进单位、民政行风建设先进单位、“双拥‘五创’”嘉奖单位、信访工作先进集体、“五保”工作先进集体等称号。

第一章　抚恤安置

第一节　烈士褒扬

一、烈士资料征集

1966 年始，镇江民政部门征集 20 世纪 30 年代红军将士、无产阶级革命者、中共地方党政军负责人被国民党杀害在桃花坞、北固山等处的史料。通过报刊、敌特档案和口碑资料，征集到 1931 ~ 1933 年 300 多名烈士照片、衣物等史料。1967 ~ 1968 年，京口籍郭嘉宏、万明顺牺牲后，《人民日报》《红镇江报》先后刊登两位烈士事迹。1974 年，镇江烈士陵园修建烈士事迹陈列室，各级民政部门再次为陈列室征集相关资料。

1983 年 8 ~ 10 月，烈士陵园组织两个征集调查组分赴江苏省 9 个市、县，通过党史办、民政局、档案馆、烈士陵园和烈士家属及知情人，征集、核实、考证，并查阅 20 世纪 30 年代《申报》《新江苏报》《新闻报》《民国日报》《锡报》等报刊，征集到 38 名烈士资料，编印专刊《北固英烈》。1984 年烈士陵园再次组成资料征集调查组，分赴 10 个市、县，遍访相关烈士家乡、墓地、烈士生前领导、战友、部下和烈士亲友 100 多人次，征集到烈士资料、遗物、照片 100 余件。《北固英烈》从 38 名增加到 80 余名。

1990 年 4 月 2 日，烈士陵园召开烈士家属座谈会，烈士杨瑞年胞弟杨万年提供其姐弟杨瑞年、杨青年、杨华年京口“一门三烈”革命英雄业绩史料，并献出珍贵遗物、照片、资料 10 余件；烈士倪介斌养子梁尚钰和胞姐倪云轩，提供倪介斌鲜为人知的生平事迹，并献出烈士遗像、遗物。烈士陵园又通过调查，找到王龙等烈士墓茔。征集到杨瑞年、杨青年等烈士珍贵文字资料 6 万余字，照片、遗物 20 余件。

2000年3月2日，市、区两级党委、政府决定重建镇江烈士事迹陈列馆。筹建领导小组召开烈士资料征集工作会议，烈士陵园6名工作人员组建工作组参加烈士资料征集。其中烈士照片561幅、实物271件、烈士档案资料673份，250多万字。2001～2007年，烈士陈列馆计接待瞻仰、凭吊的中外人士400多万人次。

二、烈士传记编撰

1981～1983年，镇江市城区派员参加市《革命烈士英名录》和省民政厅《江苏革命烈士英名录》编撰工作，入编镇江市区及所辖4县烈士2900余名。1984年3月，区政府派许进、吕凤林赴省民政厅整理中华路街道双烈士家属、全国模范烈属蒋侣云事迹，上报民政部和总政治部联名表彰。1986年3月，《北固英烈》期刊创刊，京口区党史办、民政局陆续投稿，报道、宣传京口籍烈士。

1987～1993年，京口区先后参加省党史工作委员会和省、市民政部门编写《江苏革命烈士选编》（第一、第二次国内革命战争时期）《江苏革命烈士选编》（抗日战争时期）《江苏革命烈士选编》（解放战争时期）《北固英烈颂》《忠魂谱》等书籍编撰出版，计收录159位烈士传记、简历、生平事迹，并附32位烈士遗像（照片）。

1993年10月，民政部编写《中华英烈大辞典》等，京口区提供杨瑞年、杨华年、倪介斌等5位烈士传记。

2000年，区史志办参加市党史办和市民政局编撰出版《丹心碧血》（镇江解放后革命烈士选编），汇集市区及辖县136名烈士传记、传略（简历），并附91幅烈士照片。2004年，开通“镇江烈士褒扬教育网”，属全省首家。

2005～2007年，区民政局、区史志办及各乡镇、街道向《镇江年鉴》、《京口年鉴》、《镇江市军事志》、《京口区军事志》、镇江烈士褒扬教育网等书籍、刊物、网站撰稿20多篇、30多万字，弘扬烈士革命英雄主义、爱国主义和国际主义精神。

三、烈士陵园

镇江烈士陵园　1966年8月，市委、市政府为彰昭土地革命、抗日战争、解放战争和社会主义革命时期革命烈士的丰功伟绩，决定拨专款在北固山前峰修建镇江市烈士陵园，将分散埋葬在南郊九华山、北固山、桃花坞、宝盖山等处138位烈士忠骨，集中迁葬于烈士陵园内。烈士陵园主体建筑为革命烈士纪念碑，碑体坐北朝南，位于烈士陵园中轴线北端。1966年9月12日兴建，年底竣工。1993年4月5日重建。重建后的烈士纪念碑高30米，用花岗岩砌筑，碑体由3片组成，似3把利剑直刺苍穹，象征着革命烈士坚强不屈的革命精神。碑前广场用彩色地砖铺就，占地面积3180平方米。

北固山有镇江“雨花台”之称。1930年11月，国民党在镇江东门外设立临时军法会审处，国民党军、警、宪、特机关将在江苏省内非法抓捕的中共党政军领导人和革命志士押至镇江进行残酷杀害。至1949年初，有300多名革命者被杀害在桃花坞、北固山等处。其中有中共江苏省委巡视员、原红军第十四军军长兼政治委员李超时、中共江苏省委巡视员卢世芳、共青团江苏省巡视员周报国、中共南通中心县委书记顾臣贤、曾任中共镇江县委书记的上海枫泾暴动总司令袁世钊、时任中共武进县委书记、曾任中共镇江县委书记王玉如、中共丹阳县委书记张我华、中共无锡县委委员兼城区区委书记冯金妹（女）和中共常熟、松江、涟水、如皋、泰县、泗阳等县的县委书记。

1997年3月28日，市、区两级党委、政府再次拨专款，在烈士纪念碑前东西两侧重建烈士陵墓，占地418平方米，将烈士忠魂安享在月牙形的绿草红花丛中，象征着烈士革命精神与日月同辉、与大地共存。2001年，市委、市政府决定，为1998年5月中国驻南斯拉夫大使馆遭美国导弹袭击牺牲的中国驻外记者许杏虎、朱颖夫妇，在烈士陵园建立烈士墓碑。

1977～2007年，镇江市烈士陵园管理机构几经更名，现称“镇江市烈士陵园管理处”，为省级重点烈士纪念建设物保护单位，被民政部命名为“百家爱国主义教育基地之一”“全国烈士纪念建筑物管理先进单位”，是“市文明单位”和“江苏省优抚事业先进单位”，被省政府命名为“省爱国主义教育基地”和“江苏省学校德育基地”，连续被江苏省精神文明建设委员会评为“江苏省文明单位”，被国务院及民政部授予“全国重点烈士纪念建筑物保护单位”称号。

1975 年 3 月 20 日，陵园内革命烈士事迹陈列馆建成，并对外展出。1983 ~ 2007 年，烈士陈列馆接待凭吊、瞻仰和征集烈士资料中外人士 2300 多万人次，平均每年近 100 万人次。

1993 年 4 月 5 日，陵园内革命烈士纪念碑重建落成后，市、区党委、政府加大对烈士陵园基地建设投资，先后建成“红领巾广场”“烈士陵墓移址工程”“大型浮雕墙”“警世碑”“北固英烈群雕”“忠烈祠碑”等。

2002 年，市、区两级政府把重建烈士纪念馆作为为民办 16 件实事之一。2003 ~ 2007 年，烈士纪念馆建筑面积 3180 平方米，重点陈列自鸦片战争以后，直至社会主义建设时期 231 名烈士事迹，采用声光电控多媒体等高科技陈展手段，全方位对群众进行直观形象教育。

四、其他烈士纪念建筑物

1. 王龙村（桥、亭） 1945 年 9 月 7 日，中共党员、镇江市市长王龙在丹徒镇西遭伪军杀害。新中国成立后，命名王龙牺牲地汝山乡滨江一带为“王龙村”，镇澄公路丹徒段跨越玉带河桥为“王龙桥”。1986 年，在王龙桥附近江苏大学内小山头上建亭，命名“王龙亭”并立碑。桥、亭相望，成为一组以牺牲烈士姓氏命名的纪念建筑物。

2. 烈士路 1980 年，区域内通往鼓楼三村无名巷道拓展长 624 米、宽 4.5 米道路，西起解放路，向东可折向北至北固山烈士陵园，命名为烈士路。

第二节 优抚安置

一、抚恤

1. 烈士抚恤 1990 ~ 1997 年，全区有优抚对象 2536 人，其中现役军人家属 1925 人，“三属”（烈属、因公牺牲军人家属、病故军人家属）116 人，革命伤残人员 481 人，在乡复员军人 13 人，在乡复员老红军 1 人。按政策累计优抚 2028 人次，实现“优抚对象一户不漏、优待标准一分不少、优抚资金一天不拖”目标。

1998 年，全区根据《镇江市优抚对象抚恤补助优待标准自然增长机制暂行办法》规定，对“三属”、革命伤残军人（包括特一等护理费）抚恤；在乡老复员军人、带病回乡退伍军人定期补助；义务兵家属优待金等均按比例自然增长。1998 ~ 1999 年，发放革命伤残人员抚恤金 30 万元，发放定期抚恤补助金 24.90 万元，发放义务兵家属优待金 92.35 万元。

1999 年，全区深入开展“爱心献功臣”活动，制定《京口区“爱心献功臣行动”实施方案》，相继出台《关于在全区建立优抚医疗保健网络的意见》《京口区优抚对象医疗保健实施细则》等。党政军、区乡村相继与“三老”（老模范、老党员、老战士）结成帮扶对子，建立区、乡、村三级优抚医疗保健网点 30 个，筹集区、乡两级优抚对象大病补助金 17 万元。通过提高“两个标准”（即抚恤补助标准和群众优待标准）等，全区 39 名困难“三老”实现“生活超人均、住房无危破、医疗有保障”。区双拥办与区工商联组织非公有制经济人士与优抚对象开展“一助一”活动。第 359 医院、市第四人民医院、江滨医院、京口区医院定期为辖区“三老”对象巡诊、义诊，建立优抚健康档案。

2001 年，京口区结合重点优抚安置对象普查审核，确定享受抚恤补助优抚对象合计 448 人，其中：烈士家属 4 人，因公牺牲军人家属 5 人，病故军人家属 10 人；抗日时期老复员军人 3 人，解放战争时期老复员军人 11 人，新中国成立时期老复员军人 17 人，带病回乡退伍军人 2 人，在乡革命伤残军人

28人，在职革命伤残军人368人。2003年，全区优抚对象8096户，发放革命伤残人员抚恤金20.7万元、定期抚恤金12.8万元、义务兵家属优待金56.13万元。

2004年10月1日，《军人抚恤优待条例》修改颁布后，残疾军人伤残等级由原来四等六级改为一至十级，并取消残疾军人在职、在乡分类，提高一次性抚恤金标准。烈士一次性抚恤金由原来的40个月工资，调整到80个月工资. 因公牺牲的由原来20个月调整到40个月，病故由原来10个月调整到20个月。

2006年，京口区根据规定对在职特等残疾军人，在1999年1000元基础上，提高到1456元；一等在职的在1999年800元基础上，提高到1165元；城镇烈属和农村因公牺牲军人家属在1999年基础上，分别提高到每月415元和245元。2007年，“三属”优待抚恤金标准无变。

2. 义务兵家属优待　1983～1985年，京口区城镇义务兵家属优待按镇江市统一标准执行。

1986～1994年，全区城镇义务兵家属优待享受标准，根据《江苏省义务兵家属享受优待金的暂行办法》规定：第一年300元，第二年按50元标准递增，第五年起每户每年500元标准执行。1995年，按照《镇江市区城镇义务兵家属优待金征收办法》，将城镇义务兵家属优待金标准，第一年提高到500元，每年增加50元，第四年650元。此标准延续到1997年。

1998年，市政府《关于镇江市优抚对象抚恤补助优待标准自然增长机制暂行办法》规定，义务兵家属优待金标准：城镇户口待业的，按不低于上年度当地城镇居民人均收入的25%计发，农村户口入伍的，按不低于上年度当地农村人均收入的70%计发。1999～2006年，随着经济发展和城乡人民生活水平提高，义务兵家属优待金有较大幅度提高。2007年，全区有义务兵家属239户，发放大学生义务兵奖励金、立功优秀士兵奖励金、义务兵优待金78万元。

3. 优抚致富工程　1990～2003年，京口区根据国务院、省、市有关指示，各级政府（街道、单位）积极开展重点优抚对象致富工程。2004年，京口区启动资金扶持、技术扶持、项目扶持，创建象山乡焦鼎（一称教顶）山和谏壁镇雩山村重点优抚对象致富工程基地。

2006年，京口区成立拓展和推进重点优抚对象致富工作领导小组，下发《关于进一步拓展和推进重点优抚对象致富工程的实施意见》，并对全区重点优抚对象困难情况、致富现状进行调查，各镇因地制宜提出具体意见和建议。同年，建成4个致富工程基地，2个致富工程示范点，带动优抚对象12人走上富裕之路。

2007年，京口区20名需帮扶的优抚对象通过资金、技术、项目等方面帮扶摆脱贫困，收入超过当地人均生活水平。

4. 落实优抚政策　1990～2007年，京口区根据区情特点，及时调整并落实优抚政策，连续18年100%按时发放优抚金，每年发放优待金和优秀士兵奖励金80万元～150万元。其中2005年全区发放各类重点优抚对象抚恤金219.05万元。18年中定期组织优抚对象体检，帮助重点优抚对象解决“三难”（生活难、看病难、住房难）问题200多人次。

二、退役安置

1983～1998年，城镇退役士兵安置由市退役军人安置办公室（以下简称“退安办”）负责。京口区坚持计划指标安置政策，根据每年退伍士兵数量，由区下达给各企事业单位指令性计划指标安置。1999年，京口区始接收安置退伍士兵后，区委组织部、区人事劳动和社会保障局、民政局协调，加大宣传力度，以指令性形式落实28名城镇退役士兵安置，得到首次优先就业。其中安置机关事业单位6人，安置企业20人，安置外（合）资单位2人，安置率100%。1999～2001年，全区接收退役士兵76人，其中48名农村退伍兵由乡镇党委、政府接受，安置生产、生活。党团员、“两用人才”得到培养和使用。2003年始，京口区退役士兵与市安置同步实行货币安置。至2007年，其制无改。

第二章　婚姻登记与殡葬管理

第一节　婚姻登记

1983 年以前，京口城乡婚姻登记分别由乡人民政府（公社）和街道办事处承办。1984 ~ 1989 年，全区婚姻登记工作由区民政局婚姻登记站统一办理。从 1990 年 7 月 1 日起，实行“婚前体检”制度，指定区人民医院、市妇幼保健站为承办单位。同年，全区办理结婚登记 3940 对、离婚登记 82 对。1991 年 3 月 15 日起，婚姻登记实行集中办理，同年各街道结婚登记 2542 对、离婚登记 108 对。

1992 年 10 月区划调整后，划入 4 个乡镇和 2 个国营场圃婚姻登记，12 月，城乡办理结婚登记 760 对、离婚登记 25 对。1993 ~ 1999 年，7 年办理婚姻登记 12796 对，其中结婚登记 1 万多对，年均 1828 对、离婚 785 对，年均 60 多对。进入 21 世纪后，城乡离婚登记率有逐年增加趋势。

2000 ~ 2005 年，区民政局实行婚姻登记工作程序、等级制度、收费标准“三公开”。6 年办理结婚登记 12044 对，离婚登记 2252 对，婚姻登记合格率 100%。2003 年，婚姻登记在全市率先实行办公自动化。2005 年 4 月，京口区始接受收养登记，办理 9 例。

2006 ~ 2007 年，全区办理结婚登记 7453 对，离婚登记 1432 对，补办登记 600 对，收养登记 8 例，其中收养福利院弃婴 5 例、收养非福利院弃婴 2 例、收养三代以内旁系血亲 1 例。

第二节　殡葬管理

一、推行火化

1985 年 4 月 29 日，京口区人民政府印发《关于转发市人民政府“批转市民政局关于贯彻执行〈国务院关于殡葬改革管理的暂行规定〉意见的通知”的通知》后，全区推行殡葬改革，加强对火化工作管理。1986 ~ 1989 年，全区火化率保持在 95% 以上。1990 ~ 1991 年，除京畿路街道各发生 1 起土葬外，2 年死亡 2670 人，火化率为 99.9%。

1992 年 10 月，区划调整后全年城乡死亡 1667 人，火化率为 100%。1993 ~ 1997 年，全区 5 年累计死亡 6000 多人，火化率 100%。1999 年 3 月，区政府批复汝山乡筹建公益性公墓。年末，全区公益性公墓 3 处，骨灰存放室 3 个。2000 年 3 月 22 日，区政府成立殡葬服务市场清理整顿工作领导小组，强化区域性殡葬服务和管理。

2006 ~ 2007 年，区民政局出台《京口区殡葬设施总体规划》，推进谏壁镇集中掩埋点生态建设，并对辖区公益性公墓专项整治，对全区 40 家殡葬服务网点开展调查，提高殡葬服务业整体管理水平。

二、水葬

1998 年 2 月 17 日，京口区象山村 82 岁张继生老人生前表示“水葬”。其家庭子女根据张继生老人遗愿，在焦山长江江面举行水葬仪式，为全市首例。区民政局、象山乡政府等部门负责人参加。

第三章　地名、勘界及社团管理

1983年8月至1992年10月，京口区地名区划及社会团体由市民政机构统一管理。市地名办公室依照有关条例和地名状况进行命名、更名及设置地名标志，健全地名档案等。1992年10月京口区及乡镇、街道分别设立地名工作领导小组，由民政、公安、城建、交通、文化、教育等部门负责人组成，开展地名调查、命名和管理工作。1992～2007年，区民政局负责全区社会团体登记。

第一节　地名管理

1983～1992年，京口区域内有街巷、道路377条。1992年11月城区范围有街巷、道路175条。乡镇场圃农村道路300多条，大多无路名、路牌。

1985年在沈括逝世890周年时，市、区政府为纪念北宋大科学家沈括晚年定居京口梦溪园，完成“十一世纪科学坐标”巨著《梦溪笔谈》，将梦溪园所在地东河边更名为“梦溪园巷”。2005年，浙江瓯龙开发商将在京口路开发的住宅区命名为“梦溪嘉苑”、东门广场更名“梦溪广场”、环城路更名“梦溪路”。

1993～2007年，区域范围逐年扩大，实施“无村区”发展战略，拆村转居，建成区面积比1992年前扩大60%以上，随着商住楼和住宅小区迅速发展，10年来，产生禹山路、谷阳路、经十二路、纬七路、京口路、小米山路、滨水路、象山路、学府路、谏辛路、粮山路、梦溪路、塔山路、花山路、江滨路及乡村道路150多条，根据《镇江市地名管理工作实施细则》规定，分别呈报命（更）名，并制作标准路牌。同时对拆除自然村名及城乡街巷道路地名或重新更名，或作注销，完善地名档案资料，达到“一路一档”。2006年3月，区民政局根据《中共中央、国务院关于推进社会主义新农村建设的若干意见》和《民政部关于实施地名公共服务工程的通知》精神，贯彻执行城乡地名国家标准，开展地名服务工作。区政府成立区镇村道路设置标准地名标志领导小组，政府办下发《关于开展镇村道路设置标准地名标志的意见》，规范全区农村地名标志设置和管理工作，推动地名标准化、规范化建设。11月投入8.5万余元，在8条镇级道路、40条村级道路，设置标准路牌89块，其中谏壁镇设置路牌32块、象山镇48块、工业园区4块、镇江新民洲产业园区5块。同年，第二次开展全区地名普查工作采集1084条地名信息，并完成普查、登记及数据库录入工作。全区镇村道路地名设标工作结束。

解放路、解放桥　1929年前，由南（今解放桥）向北至北固山西南麓（今东吴路）段，分别称小教场、观音楼、大市口、营门口、四牌楼、高桥、鼎新街、大教场等地名。1930年拓宽成马路，取名“中正路”。1937年12月，日军入侵镇江城区后，日伪统治期间，曾一度称“和平路”。1945年8月，抗日战争胜利。9月，国民党江苏省政府从安徽迁回镇江城区复称“中正路”。1949年4月，镇江城区解放后，更名为“解放路”，宗泽路同时将跨越古运河的“中正桥”，更名为解放桥。

宗泽路（墓）　南宋建炎元年（1127年），康王赵构即位于南京（今河南商丘），抗金名将宗泽至南京慷慨流涕，面陈复兴大计，并在开封一带集合100多万义军，屡败金兵。在保卫开封一年中，先后24次上书高宗，力请迁都东京（河南开封）、收复失地均遭阻，遂忧愤成疾。建炎二年（1128年），临终前连呼三声“过河”而死。岳飞和他儿子扶柩归葬京口京岘山东麓。为彰昭其战功和爱国精神，新中国成立后，于20世纪60年代，市委、市政府决定，将南接镇澄（今学府）路、北至松村（今小米山）路的农村沙石道路命名为“宗泽路”。1993～2005年，京口区先后投资1000多万元，将宗泽路拓宽改造成城市二级主干道。宗泽墓位于主干道西侧京岘山下，南宋至民国时期，历经多次修葺。20 世纪 60 年代修复后的墓道、墓圹已坍塌。1989 年用水泥混凝土修成的墓区被省政府确定为省级文物保护单位。

附：京口区具有历史文化特色地名

京口一名始见于汉代，区属丹徒镇是有两千多年历史的文化名镇。辖区内的街巷、村名反映京口历史特色。如大市（口）、小市（口）、五条街、石婆婆巷（已湮没）、磨刀巷、九里街、果子巷等地名东晋至唐、宋、元、明，一直使用至今；反映京口为水陆交通要津的地名有铁锚港（在谏壁，20 世纪 90 年代填没）石公渡（湮没）、东码头（在象山，2007 年拆迁）、下河头、仓巷及商业鼎盛的草巷、菜市街（久湮没）、酒海街、梳儿巷、剪子巷、醋巷；反映京口为军事要地的地名大教场、小教场、演军巷、将军巷、西府街、南府巷、红旗口、山门口、宋官营、中营、棒棰营、粮山等。

第二节　勘界工作

1983 ~ 1999 年，京口区区划工作由市统一管理。2000 年，京口区与丹徒县本着"实事求是，顾全大局，互谅互让"原则，经过协商，解决长山林场地域所属问题，实现县际全线贯通。2002 年 1 月，省勘界工作领导小组《关于开展勘定省内区标行政区域界线工作的紧急通知》及镇江市勘界工作领导小组《关于开展勘定我市区际行政区域界线工作的实施意见》，京口区政府与润州区政府于 1 月 20 日在市昆仑饭店签署《镇江市京口区人民政府与润州区人民政府联合勘定行政区域界线协议书》，并上报省政府批复。京口区与润州区的城区以运河为界，北起平政桥，南至周家河桥。边界线的总体走向为由西北至东南，全长 5.699 千米。

第三节　社团管理

1984 ~ 1989 年，京口区卫生局、财政局、商业局、文教局和体委等部门分别设立医卫、珠算、商贸、钓鱼、武术等协会 30 多个，区民政局依法进行登记和管理。1990 年，区成立以副区长为组长的社团清理整顿领导小组。经过整顿，保留 23 个区级社团，上级审核批准 22 个。对 16 个街道社团进行复查、登记和发证。1992 年，区武术、乒乓球、棋类分别建立协会。同年年底，全区有 41 个社会团体。1995 年，全区各类社团 46 个，其中法人社团 2 个，区级社团 28 个，乡镇街道社团 18 个。在全市社团表彰大会上，区人大理论研究会、私营企业协会被授予先进社团；2 人获社团工作先进个人。1997 年 7 月，区民政局根据省、市统一部署，开展社会团体清理整顿后，有各类社团 46 个，其中法人社团 2 个，非法人社团 44 个；区级社团 28 个，乡镇（街道）18 个。1998 ~ 2007 年，全区乡镇（街道）8 个劳动者协会，变更为区个协分支机构，34 个社团予以重新登记发证，4 个社团注销。

2000 年，京口区根据《社团管理登记条例》，将非法人社团变更为法人社团。2002 ~ 2003 年，区民政局根据《民办非企业单位登记管理暂行条例》，登记民办非企业单位 13 个。2005 年年底，全区有民间组织 56 个。其中社会团体 39 个，民办非企业单位 17 个。2007 年，在 1993 年完成社团代码工作基础上，健全和完善社团代码，有社团 56 个，其中分支机构 6 个。依法进行年检，参检率 99%、合格率 100%，建立健全社团档案，做到一户一档，档案台账规范化。

1997 年京口区社团清理整顿情况表

表 27-1

社团名称	主管部门	性质	备注	社团名称	主管部门	性质	备注
区计划生育协会	区计生局	法人	准予发证	健康路街道个体劳动协会	区工商分局	—	变更为区个协分支机构
区个私企业协会	区工商分局	法人	准予发证	大市口街道个体劳动协会	区工商分局	—	变更为区个协分支机构
区商业经济学会	区商业局	非法人	准予发证	四牌楼街道个体劳动协会	区工商分局	—	变更为区个协分支机构
区医学会	区卫生局	非法人	准予发证	象山乡个体劳动协会	区工商分局	—	变更为区个协分支机构
区农经协会	京口农行	非法人	准予发证	汝山个体劳动者协会	区工商分局	—	变更为区个协分支机构
丹徒镇老年协会	镇政府	非法人	撤销	丹徒镇个体劳动者协会	区工商分局	—	变更为区个协分支机构
区优秀青年厂长（经理）协会	团区委	非法人	准予发证	谏壁镇个体劳动者协会	区工商分局	非法人	变更为区个协分支机构
区职工思想政治研究会	区委宣传部	非法人	准予发证	正东路街道计划生育协会	正东路街道	非法人	准予发证
区财政会计学会	区财政局	非法人	准予发证	健康路街道计划生育协会	健康路街道	非法人	准予发证
区工商管理学会	区工商分局	非法人	准予发证	大市口街道计划生育协会	大市口街道	非法人	准予发证
区教育学会	区教育局	非法人	准予发证	四牌楼街道计划生育协会	四牌楼街道	非法人	准予发证
区青少年科技指导员协会	区教育局	非法人	准予发证	象山乡计划生育协会	乡政府	非法人	准予发证
区红十字会	区卫生局	非法人	准予发证	汝山乡计生协会	乡政府	非法人	准予发证
区卫生系统思想政治工作研究会	区卫生局	非法人	准予发证	丹徒镇计划生育协会	镇政府	非法人	准予发证
区珠算协会	区财政局	非法人	准予发证	谏壁镇计划生育协会	镇政府	非法人	准予发证
区家庭教育研究会	区妇联	非法人	撤销	区武术协会	区体委	非法人	准予发证
区钓鱼协会	区体委	非法人	准予发证	区棋牌协会	区体委	非法人	准予发证
区集邮协会	区总工会	非法人	准予发证	区乒乓球协会	区体委	非法人	准予发证
区歌词歌曲创作研究会	区教育局	非法人	撤销	区人大工作理论研究会	区人大常委会	非法人	准予发证
区台属联谊会	区委统战部	非法人	准予发证	区老年人体育协会	区体委	非法人	准予发证
区消费者委员会	区工商分局	非法人	准予发证	区退休教育工作者协会	区教育局	非法人	准予发证
正东路街道个体劳动者协会	区工商分局	非法人	变更为区个协分支协会	区政协联谊会	区政协	非法人	准予发证
汝山乡老年协会	乡政府	非法人	准予发证	区青少年思想政治工作研究会	团区委	非法人	撤销

2007 年京口区社团清理整顿情况表

表 27-2

社团名称	主管部门	性质	备注
镇江市京口区少儿武术协会	京口区文体局	法人	准予发证
镇江市京口区廉政文化研究会	京口区纪委	法人	准予发证
镇江市京口区睦园居家养老服务中心	正东路街道	法人	准予发证
镇江市京口区绿叶文化发展中心	京口区文体局	法人	准予发证
镇江市京口区绿叶文化健身俱乐部	京口区文体局	法人	准予发证
镇江市京口区三之三幼儿园	京口区教育局	法人	准予发证

第四章　基层自治组织建设

第一节　村民委员会建设

一、村民委员会设置与调整

1992 ~ 1998 年，市政府决定划出丹徒镇丁卯、马家山等 8 个村委会，建立镇江丁卯经济技术开发区（即今镇江新区丁卯街道）。1993 年 2 月 9 日，区委、区政府决定，划出汝山乡和象山乡部分村组，建立京口区经济技术开发区。不久改称镇江市旅游经济开发区（乡镇级）。1997 年，丹徒县谏壁乡撤销后，京东、雩北等 9 村划归谏壁镇，孩溪等 3 村划归大港镇。2001 年，撤销汝山乡建置，辖境并入丹徒镇。同年 5 月，区委、区政府决定划出谏壁镇李华村及蔡家村部分村组建立京口科技工业园区（乡镇级）。2003 年 12 月，市政府决定调整乡镇行政区划，撤销镇江市旅游经济开发区（保留牌子），原属村组分别并归象山乡、丹徒镇和京口科技工业园区。2005 年 12 月，市政府决定，调整并加强乡镇基层政权建设，撤销丹徒镇建置并入象山乡。同时将丹徒区丁岗、姚桥、大路 3 镇划归京口区行政区划，由镇江新区管理。2006 年，象山撤乡建镇。2007 年，全区辖谏壁、象山 2 个镇级基层政权和京口科技工业园区、京露茶场、共青团农场 3 个乡镇级单位。

1992 年 10 月，市区部分行政区划调整，划入润州区 4 个乡镇和共青团农场代管的红旗村，计 34 个村民委员会，其中象山乡 8 个，即星星、京岘山、红旗、象山、团结、花山湾、民主、江滨村。汝山乡 7 个，即新生、新民、新华、东风、长江、袁家湾、孟家湾村。丹徒镇 12 个，即左湖、丹徒、张许、长岗、上隍、横山、润南、凤凰山、渣泽、潘宗、马家山、丁卯村。谏壁镇 6 个，即谏东、焦湾、江湾、月湖、雪沟、粮山村。共青团农场红旗村。1992 ~ 1998 年，丹徒镇先后被划出丁卯、马家山、潘宗、张许、润南、渣泽、横山、凤凰山 8 个村委会，建立镇江丁卯科技开发区。1993 年 2 月，区政府决定划出汝山乡新生、新民、孟家湾及象山乡部分村组建立京口区科技工业园区（不久改称镇江市旅游经济开发区）。2001 ~ 2005 年，全区乡镇区划多次调整，村委会随之调整、变更。2007 年，全区有 75 个村、居（社区）委会，其中 10 个村委会（村居合一）。

二、村委会换届选举

1993 年，京口区根据《村民委员会组织法》规定，首次开展村委会换届选举工作，由村民依法选举产生村委会主任、副主任和委员。每 3 年进行一次换届选举。1998 年 11 月 ~ 1999 年 1 月，全区开展第五届村委会换届选举，33 个村委会选举产生正、副主任 51 名，委员 81 名，平均年龄 43 岁，大专以上学历 10 名，党员 92 名，女干部 46 名。2007 年 10 月，全区举行第八届村委会换届选举，选举成功率 100%，平均参选率达 97.5%。象山镇和谏壁镇选择 6 个村实施无候选人“一次性直选”，成功率达 60%。

1993 ~ 2007 年，全区村级自治组织历 8 次换届选举。历次换届选举坚持公开、公平、公正原则，严格按照程序规定，采取由村民以无记名投票方式，实行差额选举。

三、农村社区建设

2006 年，全区按照镇江市农村社区建设要求，开展农村社区服务体系示范建设。规范统一社区办公用房（500 平方米以上）；规范统一启用社区标识、标牌；规范统一社区办公用房功能，实现“一门式”服务，集中受理农村党员、农业、渔业等 8 项服务，为方便村民，建成农村社区服务中心。同年象山镇长江村、象山村社区建设通过市级验收，并受到市政府表彰。

2007 年，谏壁镇雩山、蔡家、雩北、东京，象山镇左湖、上隍、象山、长江，京口科技工业园区李华和共青团农场红旗 10 个农村社区建设全部达市级标准。

1992 ~ 2007 年京口区村民委员会情况表

表 27-3　　　　单位：个

年份	谏壁镇		丹徒镇		汝山乡		象山乡		京露茶场	共青团农场	京口工业科技园区
	行政村	自然村	行政村	自然村	行政村	自然村	行政村	自然村			
1992	4	25	7	74	8	36	8	72	—	1	—
1995	4	—	7	43	5	21	8	72	—	1	5
1997	12	—	7	55	5	21	8	68	—	1	5
1999	12	—	6	49	5	21	8	72	—	1	5
2001	9	—	4	49	5	21	5	—	—	1	5
2003	8	—	6	49	—	—	10	—	—	1	—
2005	4	—	2	—	—	—	2	—	—	1	1
2007	4	—	-	—	—	—	4	—	—	1	1

说明：《京口年鉴》（1993 年版）1992 年，大港开发区有 21 个行政村、103 个自然村；2000 年后拆村转居，数据不准

第二节　社区居民委员会建设

一、居民委员会

1983 ~ 1992 年，京口区各街道所属 156 个居民委员会，根据《居民委员会组织法》规定，由居民依法选举正、副主任 283 名（其中纯居民担任主任 41 名）。

1992 年 10 月，区划调整划出宝塔路等 4 个街道所属居委会及正东路街道南门外大街、天桥路、矿机路、六普、运河新村、周家桥和健康路街道南站、林隐路居委会给润州区。1993 年，全区有 102 个居委会，其中 4 个街道 89 个、4 个乡镇 13 个。1997 年，全区城乡有 144 个居委会。

1983 ~ 2000 年，全区城镇居民自治组织先后八届选举产生居民委员会正、副主任和委员。1998 ~ 2000 年后，随着城乡一体化发展，建成区逐步向北、东方向推进，街道建设工作范围逐年增大，区划调整和撤村并居，政区多次调整。2000 年，全区有 110 个居委会。

二、社区建设

2001 年，区委、区政府根据省、市关于全面推进社区居民自治组织体制改革精神，推进全区社区建设，将 4 个街道的 110 个居委会，调整、改制为 55 个社区。社区体制改革后，按照“四统一”（统

一设置社区党支部、社区成员代表大会和社区居委会、社区协商议事会；统一各社区组织和社区干部工作职责；统一社区居委会办公及活动用房标准；统一社区党支部、社区居委会干部待遇）。"六不同"（由单纯面向居民扩大到面向驻区单位的全社区；管理范围由数百户扩大到1000 ~ 3000户；管理内容由邻里琐事扩大到社区服务、就业、文化、卫生、计划生育、环境、治安等）。建立社区党组织，首届54名社区党支部书记平均年龄39岁，大专以上学历25人，占46%，高中学历137名。社区居委会主任、副主任平均年龄40岁，大专以上学历127人，占93%。构建新的社区组织体制，基层组织建设得到加强。

2002年，京口区在全市率先推行"楼长制"，55个社区选举5028名楼长。同时选派30名社区干部，参加社区管理电脑培训班。

2005年6月，全区76个社区换届，选举产生75名主任，20名副主任。中专、高中学历48人，占51%；大专以上学历37人，占39%。50岁以下81人，占85%。中共党员76人，占80%。女干部50人，占53%。

2007年，京口区为整合资源，解决社区交叉重叠、点状分布及"城中村"等问题，将83个社区调整为65个，减少21.69%。

三、创建示范社区

1990 ~ 1995年，京口区推进以民政对象为主体，以居委会和福利企业为依托的街道社会保障委员会。

1996 ~ 2001年，京口区制定《创建文明示范片区管理细则》，开展服务连片创建活动，有各类服务设施1100多个，便民利民网络265个，有5.4万人的社区服务志愿者，50%以上社区达文明示范区标准。2002年9月被民政部授予"全国社区建设示范区"称号。

2003年，建立区、街道、社区三级服务网络，实施老年"星光计划"，建立总面积1.2万平方米活动场所。开展便民、利民服务，有"天禾早餐""大嫂就业可口餐点"及"盛汇家政服务有限公司"等。在全市率先开通"8981890"（谐音"拨就拨一拨就灵"）市民求助热线，24小时互动服务体系。

2004 ~ 2005年，社区功能达到"二站三室"（即社区服务站、社区警务站、社区办公室、档案微机室和多功能室）要求。在完成"一次达标"任务后推进"二次达标"建设，18个社区完成"二次达标"任务。

2006 ~ 2007年，全区实现3个硬件建设"规范统一"（社区用房、标识标牌、用房功能）。按照和谐示范社区建设标准，开展社区"一门式"服务，4个社区获"省级和谐示范社区"、6个社区被评为"市级和谐示范社区"、26个社区被命名为"区级和谐示范社区"。

四、社区干部

1992年，京口区根据省、市有关规定，给予年满60岁74名纯居民居委会干部办理退养，每月发给退养金。

1999年，市政府颁发《关于加强镇江市区居委会建设的若干意见》，提高居委会工作经费和居民干部生活待遇，并规定居委会"创收"经费，"放水养鱼"，不平调、不上交。2003年7月，京口区对原由街道代发社区干部工资，改由银行凭卡发放。

2004 ~ 2006年，全区建立社区居委会主任工资自然增长机制，先后两次调整。即在原有基础上（正主任每人每月600元，副主任及其他人员每人每月550元）上调100元；已退养的在原工资基础上，每人每月增加50元，即工作15年以下的每人每月430元；15 ~ 20年每人每月465元；20年以上每人每月480元。

2007年11月，区政府常务会议"纪要"规定，社区居委会主任退养金从2007年10月起，在原有基础上每人每月提高70元。以后如社区在职干部增资，按增资额70%执行。大病住院和门诊费用在600元基础上，为每名退养主任再办理一份城市居民合作医疗保险。

第五章　老龄事业

1985 年 12 月，京口区老龄问题委员会（以下简称“区老龄委”）成立。1986 年，京口区进入全国老龄化社会行列。1987 ~ 2004 年，随着区域内老年人口增长迅速，区老龄委对区域性老龄问题调查研究、综合规划、组织协调、督促检查，逐步实现全社会老年人“老有所养，老有所为，老有所医，老有所学，老有所乐”目标。2005 年，区老龄委被评为省级老龄工作先进单位。2007 年 12 月，全区户籍人口中 60 岁以上老年人 48000 多人，占总人口 14%。其中 70 岁以上 20000 多人，占总人口 6%；80 岁以上 1028 人，占老年人口 3%；90 岁以上 949 人，占老年人口 2%，95 岁以上 265 人，占老年人口 0.6%，100 岁以上 5 人，占老年人口 0.01%。据此，区域性老年人口增长迅速，成为区域性人口老龄化的一个显著特点。

第一节　机构沿革

1985 年 12 月，区老龄委设主任 1 名，副主任 4 名，委员 17 名，下设办公室。1986 年 5 月，首次召开区老龄工作会议。8 月，区编制委员会批准老龄委员会办公室增加集体事业编制 1 名。1986 年 5 ~ 7 月，全区 8 个街道办事处和 140 个居委会相继成立街道老龄委和老龄问题领导小组，形成区、街道、居委会三级老龄工作网络。1993 年，区老龄问题委员会更名老龄委员会。2001 年 10 月，区老龄委办公室改隶区民政局内设机构。因区划调整，全区有 6 个乡镇（场圃）、4 个街道办事处老龄工作机构。2003 年，由区委、区政府主要领导和 22 个部门负责人组成区老龄委。同时健全区、乡镇（街道）、社区（村）三级老龄工作组织网络。80 多个社区（村）陆续成立老年协会。2004 年 4 月，区委、区政府规定，区老龄委由区委常委、区政府常务副区长担任主任，分管副区长任常务副主任，制定并下发《京口区老龄工作意见》，结合社区换届选举，调整充实各级老龄工作机构成员。

第二节　老龄“星光计划”

1988 年，京口区 8 个街道建立老年活动室（站），90 个居委会设老年活动室，为老龄工作“星光计划”之始。1989 ~ 2004 年，京口区“康乐”老年公寓、谏壁镇老年公寓先后建立，设床位 90 张，属全市首创。1998 年 10 月，先后建成幸运、康乐、夕阳红等 20 多个为老年人服务的福利“星光计划”市级示范点项目，床位 250 张。内部按照一个老年室外活动场所、一所老年学校、一个宣传栏，以及图书阅览室、医疗康复室、文体娱乐室、老人求助室、老人谈心室功能要求设置，并悬挂统一标识及相关制度。

2005 年，大市口街道成立全市首家“天颐”居家养老服务中心，为孤、困、高龄老人提供上门服务；江滨新村第一社区被省民政厅授予江苏省“星光计划”项目建设先进单位称号。2006 年，京口区“老来乐”社康服务中心、“睦园”居家养老服务中心先后建立，为辖区 253 名孤、困、高龄老人提供上门服务。2007 年，健康路街道桃花坞“日托所”建成并投入使用，为辖区老年人提供简餐、日常照顾、文化娱乐、体育健康等多项服务。该街道“金色晚年”老年公寓挂牌并投入使用，一期设床位 70 张，总体设计床位 300 张。

第三节　老年人权益保障

1990 ~ 1995 年，全区重现维护老年人合法权益。6 年里，区老龄委、劳动人事、民政、老干部管理科（局）及退休干部（职工）管理委员会、各村（居）社区等涉老单位根据法律规定，先后创办老年活动室（站）、“老年之家”，开展老年人文娱、体育活动。每年（或两年）组织老年人体检，为老年人做实事、办好事。组织老年人参观城乡重大工程建设成就、登山及其他体育活动。

1996 ~ 1997 年，《中华人民共和国老年人权益保障法》（以下简称“老年人保障法”）实施后，全区城乡敬老、爱老、养老意识不断增强。但在部分社区和少数人涉老纠纷和侵权行为时有发生。受理侵老来信来访 52 人次，2 年里，区老龄委热情接待、认真调处，大多矛盾得到解决。南门大街北区 57 幢 102 室朱崇举老人，其子孙对老人再婚不满，经常打骂，并占其住房。经调解无果，诉诸法律，区法院依法维护朱崇举老人的合法权益。另 2 起侵犯老年人权益案件，区法院按《中华人民共和国老年人权益保障法》作出公正判决。1998 年，按照“重视老龄工作，发展老龄事业”精神，编印“老年人保障法”（知识问答），发放“老年人保障法”5000 册。

2005 ~ 2007 年，市人大开展评议政府民政工作，特别将京口区老年人权益保障工作列入市人大评议议题之一。区老龄委坚持“党政主导、社会参与、全民关怀”方针，实现“老有所享、老有所乐、老有所为、老有所居”，确保老年人合法权益。健康路街道田家门社区、区人民法院分别被国务院授予“敬老模范先进社区”和“老年维权示范岗”称号。

第四节　敬老活动

一、敬老节

1987 年 1 月，区老龄委与区委宣传部、组织部等 14 单位联合下发《关于开展尊老敬老活动的意见》。10 月，召开全区老龄工作会议，传达全国、省、市老龄工作会议精神，部署全区老龄工作。区老年运动队获市首届老年人运动会团体总分第一名。1988 年 2 月，市、区领导慰问 3 名百岁老人；4 月，印发《关于“所为精英奖”“好儿女金榜奖”评选活动的通知》；10 月，区民政局给百岁老人每人每月 20 元敬老费；12 月，对 22 名“老有所为”和先进“敬老”个人予以表彰。同年，全国人大、国务院决定农历九月初九“重阳”为全国“敬老节”。1989 年 9 月，召开老龄工作会议，布置开展《江苏省保护老年人合法权益条例》宣传教育和第二个“敬老节”活动；10 月，与区劳动人事局、民政局、工会共同组织赴大港参观。与区委组织部、宣传部等 9 部门组成检查组分别对区计经委、街道等单位《江苏省保护老年人合法权益条例》实施一年情况进行检查；11 月，与区妇联召开“金婚佳侣”座谈会，11 对老年夫妇被评为全国“金婚佳侣”。有 15 人分获国家、省、市“老有所为精英奖”“敬老好儿女金榜奖”。1994 年 10 月 1 日，百岁以上老人的敬老费提高到每人每月 40 元。1995 年，京口区 16 个单位和个人获江苏省和镇江市老龄工作表彰。1996 年，区老龄委协同区体委、老干部局、人事劳动局组织 50 名离退休老干部参加市“九九”重阳登宝塔山活动。1997 年，全区老年人口为 38679 人，占总人口的 13%。为庆祝第 10 个敬老节，趁四川省自贡金秋大型艺术灯会在二十一世纪乐园举办之机，组织千余名老人观灯、游园。将百岁老人健康营养补贴由原来每人每月 40 元提高到 100 元。四牌楼街道、丹徒镇分别获市先进敬老乡镇（街道）称号，健康路街道获先进敬老社区称号。

1999 ~ 2001 年，全区评出老龄工作先进集体 11 个，老龄工作先进个人 22 名，老有所为先进个人 13 名，敬老好儿女 11 名，老龄工作优秀领导 13 名，省、市老龄工作先进个人各 1 名。组织千名老人"游镇江看城建四大工程"活动。2001 年，全区 570 名特困老人纳入最低生活保障。2002 ~ 2005 年，京口区选送节目参加江苏省老年文艺会演，京剧《三岔口》获省文艺调演戏曲类银奖和市老年文艺会演铜奖、优秀节目奖。区老龄办获组织奖。组织百余名老年人参观"引资"大道、长江路、润扬大桥等。在京口广场举办 400 余名老人参加"情满京口夕阳风采展示会"。组织 4 个街道 55 个社区、106 名干部和老年协会参加老龄工作培训。象山镇评选 33 名"象山寿星"、33 名"象山福星"，为 90 周岁以上老人发放 150 元生活补贴。京口区获省老龄委颁发"江苏省老龄工作先进区"称号。

2006 年，城区 56 个社区成立社区老年协会。其中大市口街道鼓楼岗老年协会组建的"夕阳红"老年志愿者义务巡逻队，常年巡防在街头巷尾，被省老龄委评为全省优秀基层老年协会。天颐居家养老服务中心组织 80 余名老人游览金山美景。鼓楼岗社区邢宝红被国家老龄办评为"孝亲敬老之星"、社区老年协会被省老龄委评为"优秀基层老年协会"。

2007 年，区委、区政府下发《加快老龄事业发展意见》。开展特困老人帮扶调查活动，区有特困高龄老人 259 人，其中独居 134 人，"空巢"69 人，残疾或与残疾子女共同生活的 56 人。全区 80 岁以上特困老人 393 人，90 岁以上老人 369 人。为独居受助母亲举办"母亲节关爱互动联欢会"。11 月，分别组织 70 余名老年人参加"相约夕阳红"，庆祝香港回归 10 周年，赴港澳异地养老观光团。谏壁、象山、丹徒 3 敬老院被评为"市级文明敬老院"，其中谏壁、丹徒为省级文明敬老院。

二、敬老费及优待证（卡）

1988 年始，全区对 90 周岁以上老人，每年可享受一次免费健康检查。80 周岁以上老年人，每月供应粳米 10 千克，区地方财政对百岁老人，每月发敬老费 20 元（2003 年每月敬老费 100 元）。1991 年 10 月始，京口区 65 岁以上老年人进公园实行月票半价优待。1992 年 5 月，市区各大公园，对 70 岁以上老人游园门票实行半价优惠，国家法定节日实行免费入园。1996 年，70 岁以上老年人入公园免费、看病实行"四优先"（优先挂号、优先检查、优先化验、优先取药）、老年人免费看电影等。1997 年 1 月，市区 70 岁以上老年人生活保障标准提高 15%。1999 年 1 月，区老龄委按照区政府文件精神，为全区老年人办理"镇江市老年人优待证"，60 岁以上老年人凭"镇江市老年人优待证"可享受 12 项社会优待。2001 年 2 月 1 日，60 周岁以上老年人在市区范围内，凭"镇江市老年人优待证"进入公园免购门票；进入收取门费文化宫（馆）、俱乐部、图书馆、博物馆、美术馆、纪念（展览）馆、体育馆和旅游景点等公共场所，半价优待。70 周岁以上老人实行免费。2004 年 10 月，市区 70 周岁以上老人低保标准上浮 20%。2005 年 5 月，市政府办公室转发市民政局等 17 部门联合颁发的《关于对发展社会福利事业实行政策扶持的意见》，鼓励社会力量兴办老年福利服务机构，对民办老年公寓，市财政按每张床位 1000 元给予一次性补助。

2006 年，全区城乡 70 周岁老年人可享受公共汽车 IC 老年卡，免费乘坐市区 1.5 元以下公交车。2007 年 12 月，镇政办文件精神，对民办老年公寓，按每张床位 2000 元给予一次性补助，补助经费按市、区两级财政各 50% 的比例分摊。镇江市千人慈善助老启动仪式，为首批受助老人及委托服务机构颁发助浴卡，确定 253 名受助对象，享受"六助卡"（助餐、助洁、助浴、助急、助居、助行）服务，政府买单，专业机构提供专人服务。

三、慰问百岁老人

1990 年以后至 2007 年，京口区城乡有百岁老人 13 名，市、区领导 20 多次分别赴街道、乡镇百岁老人家庭登门祝贺百岁生日。1990 ~ 1992 年，区域内有百岁老人 4 名（2 男 2 女），即张张氏、周炳华、蔡春林、凌春莲。1990 年 10 月 24 日，市长钱永波及区委、区政府领导登门慰问张张氏等 3 名百岁老人。1991 年 2 月 5 日，市老龄委主任史儒培及区委、区政府领导慰问百岁老人周炳华、蔡春林。1992 年 9 月 28 日，副市长姜启才及区政府领导慰问大市口街道第一楼街 20 号百岁老人凌春莲。

1997 年 1 月，市、区老龄委领导到大市口街道慰问吴顾西（女）、沈明清两名百岁老人，并送去慰问金及慰问品。1999 ~ 2002 年，区域内有唐芝兰（女）和徐老二两名百岁老人。区领导和市人寿保险公司赠送《世纪老人》匾额和慰问金、慰问品。2005 ~ 2007 年，健康路街道有百岁老人 5 名，每当百岁老人生日，市、区及街道、乡镇领导分别上门向百岁老人祝寿。

第六章　民族　宗教

1983 ~ 1994 年，区内民族宗教事务工作由区委统战部代管。1995 年 5 月，区委统战部内设民族宗教事务办公室。1997 年更名为民族宗教科，专司民族宗教工作。2002 年，成立区民族宗教事务管理局（以下简称“区民宗局”）。2003 年列入政府序列。2003 ~ 2006 年，区民族宗教事务管理局工作先后获市民族宗教系统工作二等奖、民族宗教系统信息工作先进单位称号和省民族宗教系统工作创新奖。

第一节　民　族

一、少数民族人口及分布

京口历为多民族居住地区之一，历史可追溯到东晋及南北朝时期。1990 年，京口区根据第四次全国人口普查资料统计，城乡有汉族、回族等 26 个民族，少数民族人口 0.5 万人。1997 年年末，京口区有回族、蒙古族、满族、朝鲜族、壮族、土家族等 20 多个少数民族。其中回族 4549 人，占总人口的 1.5%；蒙古族 868 人，占总人口的 0.29%；满族 180 人、朝鲜族 44 人、壮族 37 人、土家族 37 人，所占总人口比例较小。分布在 6 个乡镇场圃和 4 个街道。2000 年 11 月，第五次全国人口普查资料统计，全区有汉族、回族、蒙古族等 29 个族别。其中少数民族 27 个，未识民族 1 个。人口 6143 人，占总人口 1.69%。主要散居在 7 个乡镇（场、区）和 4 个街道。2001 ~ 2007 年，全区有少数民族 28 个，6200 多人，占总人口 1.69%。

2000 年京口区少数民族人口分布情况表

表 27-4　　　　单位：人

民族	合计	街道				乡镇			
		正东路	健康路	大市口	四牌楼	丹徒	谏壁	象山	汝山
合　计	6143	597	1255	2085	1274	85	252	264	331
蒙古族	971	87	232	366	184	7	14	30	51
回族	4320	365	908	1610	1027	19	57	202	132
藏族	3	—	1	1	—	—	—	—	1
维吾尔族	43	7	7	4	3	—	17	3	2
苗族	86	3	9	5	11	15	26	6	11
彝族	32	11	4	6	—	2	4	—	5
壮族	42	20	4	5	2	1	—	1	9
布依族	32	1	6	4	3	11	3	—	4
朝鲜族	45	2	5	12	—	—	3	3	20
满族	295	74	55	55	25	—	4	11	71
侗族	28	1	—	2	1	—	18	1	5
瑶族	10	3	—	—	2	—	—	—	5
白族	14	3	8	3	—	—	—	—	—
土家族	83	11	4	2	13	9	29	5	10

续表 27-4　　单位：人

民族	合计	街道				乡镇			
		正东路	健康路	大市口	四牌楼	丹徒	谏壁	象山	汝山
哈尼族	2	1	1	—	—	—	—	—	—
傣族	2	—	—	—	2	—	—	—	—
黎族	7	4	—	1	—	1	—	—	1
傈僳族	2	—	2	—	—	—	—	—	—
畲族	13	4	8	1	—	—	—	—	—
水族	89	—	1	—	—	20	68	—	—
土族	1	—	—	—	—	—	—	—	1
达斡尔族	3	—	—	3	—	—	—	—	—
仫佬族	1	—	—	—	—	—	—	—	1
仡佬族	11	—	—	—	—	—	9	2	—
锡伯族	1	—	—	—	1	—	—	—	—
京族	5	—	—	5	—	—	—	—	—
鄂伦春族	1	—	—	—	—	—	—	—	1
未知民族	1	—	—	—	—	—	—	—	1

说明：此表根据 2000 年第五次全国人口普查统计资料

二、落实民族政策

1983 ~ 2000 年，坚持贯彻落实党对少数民族制定的方针、政策，先后为 30 多户、100 多人归还“文化大革命”中被抄没的财产、物资，价值数百万元；为被错误地受到处罚、处理的 100 多名少数民族干部、群众平反，恢复名誉，落实政治生活待遇。

2002 ~ 2007 年，为少数民族考生出具身份证明 800 余份，提供各类家政服务 300 多人次，优先安排下岗、失业人员再就业 30 多人，为特困学生筹集助学金和特困补助金 3 万多元。开展民族政策宣传教育、交友联谊活动 10 多场次。向市民族宗教事务局（以下简称“市民宗局”）、市民族团结进步促进会争取资助项目 10 多个，赵静等 5 名少数民族贫困生每人得到 1500 元助学金，怀民等 4 户困难户争取到生活补助金。6 月，为残疾回民童玉梅送医、送药、送营养品，组织捐款。为全区 78 户、115 人少数民族困难家庭落实低保政策，做到应保尽保、应优尽优，并享受上浮 20% 低保优惠。

三、尊重少数民族风俗习惯

1983 ~ 2003 年，区委、区政府贯彻落实民族工作政策、法规和《江苏省少数民族权益保障条例》，始终尊重少数民族风俗习惯。组织专人对乡镇、街道民族政策落实情况进行检查。每年“开斋节”给少数民族干部、职工放假。协调处理少数民族饭店易地重建，确保少数民族饭店特色。尊重伊斯兰教殡葬习俗，配合市民宗局，协调、化解回民公墓建设管理。1995 年 9 月，市、区两级政府为落实回族殡葬墓地，决定在象山乡王家湾、凌家湾原回民墓区新建公墓，并划定东、南、西、北四至范围。区规划部门在上述范围内停办新建项目定点、报建，区土管部门不得办理上述土地划拨、征用、出（转）让等。1996 年，民族饭店被评为先进集体、副区长郑清被评为先进个人。1998 年 12 月，市民族团结进步表彰大会上，区委统战部被市政府表彰为民族团结进步模范单位，授予铜牌。刘松、傅捷、张学龙、麦文斌被评为先进个人。2000 年 9 月，区长孙纪英、常务副区长贾国祥出席民族饭店开工典礼。2001 年 1 月，京口区成立社区民族工作服务中心。

2004 ~ 2005 年，宣传贯彻实施《江苏省清真食品条例》，规范清真标志牌申领工作，监管清真饮食网点，会同工商局对辖区内清真网点进行整顿。2005 年 11 月，引进全国最大规模清真连锁企业——北京东来顺集团，在主城区梦溪路上与“海龙火锅”合办“镇江东来顺（清真）饭庄”。2006 ~ 2007 年，协调投（集）资 12 万多元，修建王家湾、小凌家湾回民公墓道路及墓区环境。

四、创办民族学校

1983 ~ 1992 年，区内穆源小学和由回民资助的邹家巷小学创办成少数民族学校。1992 年 10 月穆源小学和邹家巷小学划归润州区。1993 ~ 2000 年，京口区未设少数民族学校。2001 年 1 月 7 日，区政府决定，区域内少数民族学生较为集中的五条街小学增挂镇江市民族实验学校牌子，以促进全区民族教育文化事业发展，省民委副主任王波揭牌。2002 年，镇江市民族实验学校与新疆生产建设兵团农 14 师第 47 团学校结成“共建”对子，两校互派教师，送教送谊，学生互通书信，交流感情和学习心得，增进两地少数民族师生友谊。2005 年 10 月 13 日，国家民委副主任周明甫考察镇江市民族实验学校。

2006 年 11 月 8 日，镇江市民族实验学校举办 100 周年校庆，国家一级演员、京口籍校友陶玉玲专程从北京赶回母校（五条街小学）参加庆典活动，国家和省、市民委有关领导到会祝贺。

2007 年，因市政建设需要五条街小学拆迁，镇江市民族实验学校与千秋桥小学合并，增挂镇江市民族实验学校牌子。不久，千秋桥小学因第一楼街步行街工程拆迁并入镇江市实验小学。至 2007 年 12 月，具有 100 多年历史的五条街小学校址无着，百年名校及民族特色学校未能传承。

五、少数民族扶贫开发

1992 ~ 2005 年，京口区开展乡镇场圃少数民族“扶贫”工作，优先安排少数民族贫困户子弟招工、入学、入伍。指定专人帮扶贫困户使用优良品种和改进种植技术，使其早日脱贫致富。2006 ~ 2007 年，全区城乡学习贯彻中央民族工作会议精神，开展“民族工作提升年”活动。开展少数民族扶贫帮困，整合资源，推进城镇少数民族失业人员再就业，同时对 40 多户少数民族困难家庭进行慰问、帮扶和资助。加强对外来少数民族服务人员管理，帮助解决实际困难。加大辖区内回族清真、朝鲜族卤菜等网点卫生、质量监管，帮助解决经营中的困难和矛盾，培植、扶持东来顺等特色民族饭店。

六、民族文化联谊活动

1990 ~ 1998 年，京口区率先在大市口街道试行建立社区民族工作联谊会，开展政策、法律法规宣传和生产、生活、文化系列活动，加强服务，推进民族工作。2000 年，全区召开首届民族联谊会，市民族工作机构和各乡镇、街道社区 200 多人参加。2002 年 9 月 30 日，京口区第二届民族联谊会在市民族实验学校举行，副区长孙辉参加会议。2004 年 7 月，全区开展民族政策、民族知识宣传文化系列活动，组织“走进民族大家庭”民族政策咨询，制作 17 块展牌，在大市口城市客厅、长江路、梦溪广场、河滨公园、江滨新村和丹徒、谏壁镇等地社区巡回展览。同时举办社区民族知识竞赛、大市口街道民族风情展等，并发放相关资料，有 2 万多名群众参与活动。

2005 年 9 月下旬至 11 月中旬，全区举办民族文化月系列活动，正东路街道举办“手拉手、心连心、民族大团结”文艺演出暨贺家弄社区开展“民族团结楼”创建命名活动授牌仪式。市民族实验学校举办“庆国庆、民族大团结”诗歌朗诵会，四牌楼、健康路街道和象山乡、丹徒、谏壁镇分别举办社区少数民族文化节和社区民族文化活动图片展。10 月 13 日，国家民委副主任周明甫到京口调研社区民族工作，特邀参加四牌楼街道社区举办的民族文化节开幕式，观看“民族团结广场文艺会演”，考察市民族实验学校，参观田家门社区民族风情饰物展。

2006 年 4 月，京口区推行少数民族民情数字化管理。以社区为单位，对辖区内少数民族居民姓名、年龄、性别、族别、文化程度、就业状况、家庭结构、急需协调解决困难和问题、对民族工作意见和建议等方面进行拉网式调查摸底，掌握第一手资料。按照《少数民族人员动态管理表》《少数民族家庭统计表》分类登记，录入电脑，社区实行少数民族民情数字化管理为省、市首创。在《江苏省少数民族权益保障条例》实施 10 周年之际，组织为期 50 天民族政策知识宣传月和民族文化系列活动。正东路街道“民族团结楼”举行“国庆·中秋”茶话会，大市口社区民族学校揭牌仪式暨民族文化知识讲座，健康路街道民族文化知识竞赛，四牌楼街道“民族大团结”文艺演出、城市客厅民族政策及民族文化咨询服务等。

2007 年 9 月中旬至 10 月底，京口区开展城乡民族工作宣传月系列文化“江苏省民族工作示范社区”创建活动，四牌楼街道举办“民俗民风专题讲座”，江一社区民族联谊会和江滨中学联合举办“民族文化知识竞赛”、大市口街道举办“民族风味小吃品尝”，千秋桥社区开展“少数民族同胞话小康座谈会”“爱心慈善超市帮扶”等系列民族特色的活动。正东路街道举办“少数民族家庭中秋茶话会”，巩固和发展“平等、团结、互助、和谐”民族关系。千秋桥社区、江滨新村第一社区被省民委命名为“江苏省民族工作示范社区”。

七、培养少数民族干部

1983 ~ 2007 年，区委、区政府重视少数民族干部培养和配备工作。区人大、区政府、区政协领导机构先后配备少数民族领导干部 200 多人次。各职能部门和冬乡镇场圃、各街道，分别配备少数民族领导干部千人次，充分调动少数民族干部积极性，发挥少数民族干部的聪明才智、技术专业特长。

第二节　宗　教

一、概况

京口宗教活动历史悠久，除焦山定慧寺、北固山甘露寺等汉代名寺外，其他庙宇、尼庵大多规模较小。1984 ~ 1992 年，全区有 7 处宗教场所，占地面积不大，庙舍设施破旧，不少殿宇为危房，佛教中僧尼 20 多人。5 处佛教场所有 3 处为尼庵，占佛教场所的 60%。20 多名常住人员中有尼众 15 名，占常住人员的 75%，历来尼众成为京口佛教特色之一。1992 年 11 月乡镇、场圃有宗教场所多处。据 1995 年 6 月调查统计，全区有各类宗教活动场所 19 处，经批准开放 2 处。其中佛教活动点 4 处，信徒 2000 多人。谏壁镇崇庆禅院（经批准开放），香期信教群众 300 多人。未经批准的汝山乡復生律院、谏壁镇长生禅寺和太平庵，香期也有徒众参与活动。基督教活动场所 14 处，信徒 1000 余人。除丹徒镇活动点批准开放外，谏壁镇焦湾村、象山乡星星村等活动点未准开放。道教活动点 1 处，即象山乡星星村都天庙，香期信徒达 400 多人。此外，汝山乡长江村、丹徒镇左湖村和上隍村、象山乡象山村 6 组等地，尚有未准开放宗教活动点。2007 年，全区有登记的宗教场所 10 处，宗教活动除雩山脚庵外，其他非正式宗教活动点，常年无人。

2007 年京口区宗教活动场所情况表

表 27-5　　单位：平方米

序号	场所登记证号	场所名称	类别	地址	负责人	面积
1	（苏）Y111010001	镇江古润礼拜寺	寺观教堂	镇江市学府路 22 号	杨学军	3300
2	（苏）F111010001	焦山定慧寺	寺观教堂	镇江东吴路底 1 号	释心澄	40000
3	—	北固山甘露寺	寺观教堂	镇江北固山后峰	—	—
4	（苏）F111010002	谏壁镇崇庆禅院	寺观教堂	京口区谏壁镇西街 10 号	释妙法	1600
5	（苏）F111010003	京口区积善寺都天庙	其他固定宗教活动处所	京口区正东路街道京口路社区宝塔山公园南侧	释心山	394
6	（苏）F111010004	京口区復生律院	其他固定宗教活动处所	京口区象山镇长江社区	释了达	2624

续表 27-5

序号	场所登记证号	场所名称	类别	地址	负责人	面积
7	（苏）F111010005	京口区谏壁龙兴禅寺	其他固定宗教活动处所	京口工业园区李华村雩山	释宗顺	3160
8	（苏）F111010006	谏壁镇太平庵	其他固定宗教活动处所	京口区谏壁镇月湖社区	夏志清	2131
9	（苏）J111010001	丹徒镇基督教堂	其他固定宗教活动处所	京口区象山镇丹徒路东头井	陆素琴	457
10	（苏）J111010002	京口区新民洲基督教堂	其他固定宗教活动处所	共青团农场林木大队	陈同庆	140

说明：镇江古润礼拜寺、焦山定慧寺、北固山甘露寺为市直宗教场所

二、登记管理

1. 登记　1995 年 4 月，区政府宗教活动场所登记工作领导小组下发《关于宗教活动场所登记工作的实施意见》，并成立登记工作办公室，具体负责宗教登记工作。5 ~ 11 月，全区宗教活动点登记结束，经批准给予登记 3 处，即谏壁崇庆禅院、丹徒镇基督教堂和新民洲基督教堂，其余活动点暂缓登记。1996 年 12 月，区宗教活动登记场所登记工作领导小组进行登记工作复查，对条件成熟的给予登记，对不予登记的做好教育疏导工作，动员信徒到已批准登记的宗教场所活动。1997 年 12 月，全区已批准登记宗教活动场所共有 7 处，即崇庆禅院、龙兴寺（1997 年 9 月从丹徒县划进）、太平庵、復生律院、积善禅寺都天庙、丹徒镇基督教堂、新民洲基督教堂。

2005 年 3 月 1 日，国务院《宗教事务条例》（以下简称“条例”）正式颁布实施，按照属地管理要求，区民族宗教事务管理局对宗教活动场所进行新一轮登记工作。2007 年年底，全区重新正式登记宗教活动场所 9 处，其中区管 7 处，市直 2 处（即焦山定慧寺、古润礼拜寺）。

2. 管理　1983 ~ 1998 年，京口区城乡宗教管理工作由区委统战部兼管。1998 ~ 1999 年，加强对辖区内宗教管理和治理，全面掌握全区宗教活动场所情况，组织农村基层党政干部学习宗教政策，加强对宗教界人士爱国宗旨教育，落实各项制度，抓长效管理。同时，对 7 处活动点开展评先进活动，促进宗教事务管理工作。谏壁镇崇庆禅院、丹徒镇基督教堂连续两年被评为“全区先进宗教活动场所”，并被评为“1999 年度市先进宗教活动场所”。

2001 年 5 月，全区召开宗教界爱国主义教育动员会议。2003 年始，区政府每年与各镇、街道、开发区等签订宗教管理目标责任书，把宗教工作纳入年终考核内容。同时，要求各镇、街道、园区结合实际，对辖区内村（社区）下达宗教工作任务书，建立宗教事务区、镇（街道）、村（居）三级网络、两级责任制。区民宗教局被评为全市民族宗教管理工作二等奖。2004 年 12 月 23 日，区政府和市伊斯兰教协会就古润礼拜寺迁建签订协议。古润礼拜寺由剪子巷原址迁至学府路（丹徒区医院对面）。2005 年 3 月 1 日，国务院“条例”修改实施后，区民宗局举办学习“条例”培训班，对各乡镇、街道民族宗教事务助理，有关乡镇司法、综合治理、信访等部门负责人，村、居委会支部书记，各宗教场所教职人员进行培训。翻印“条例”400 多册，分发到民族宗教工作领导小组成员单位及基层村、社区居委会，让群众了解“条例”精神。各社区举办少数民族“条例”知识竞赛，大市口街道举办《少数民族风情展》等。7 月 18 日，古润礼拜寺举行迁址开工。

2006 ~ 2007 年，协调太平庵危房改造矛盾，化解龙兴寺斋堂兴建瓶颈，推进积善禅寺都天庙新殿建设进程，服务古润礼拜寺交接、迁建落成庆典活动，有效帮助解决宗教教职人员医疗合作问题等。在全区宗教领域组织开展“星级模范宗教活动场所”评比活动。2007 年年底，评出 9 星模范宗教场所 4 个、8 星模范宗教场所 2 个、7 星模范宗教场所 1 个。

3. 治理非法活动　1984 ~ 1996 年，依法加强辖区内宗教活动管理，协助区公安分局开展治理天主教、基督教非法活动点专项整治。1997 年年初，全区全面开展治理乱建庙观活动，经调查全区乡镇

有基督教私设活动点11处。通过依法治理辖区内非法宗教活动，有11处基督教私设点停止活动。5月，区委、区政府领导参加对全区乱建庙观和非法宗教活动检查，12处土地庙被拆除，2处乱建庙观改作他用，成为全市首家完成治理任务的单位。9月，对新划入的原丹徒县谏壁乡境内乱建庙观进行治理。2002～2003年，全区集中开展农村宗教“三项治理”（治理乱建庙观、私设活动点、非法宗教活动），先后发现宗教非法活动点20处，治理18处。

2004年4月2日，市民宗局到区检查宗教治理情况。2006～2007年，开展治理非法宗教活动，重点对谏壁镇原雩山脚庵、雩北龙王庙、焦湾长生禅寺，象山镇长岗东岳庙、孟诚普霖庵等5处非法宗教活动点进行治理。

三、佛教

佛教传入京口距今已有1800多年历史，有佛教活动点5处，其中定慧寺为全国重点佛寺，信徒2000多人。5处佛教场所3处为尼庵，历来尼众成为京口佛教特色之一。

1. 定慧寺　始建于东汉兴平年间（194～195年），是中国最早佛教寺院之一。原名普济寺，宋代改称普济禅院，元代称焦山寺，清康熙四十八年（1709年）南游焦山时，赐寺庙名“定慧寺”，迄今沿用300年，并敕建定慧寺山门。

定慧寺位处京口区东北长江中焦山南麓，规模宏大。唐代，玄奘法师弟子法宝在寺内创建大雄宝殿。后鉴真法师弟子神邕曾到焦山主持佛事，故焦山有“十方丛林”之称。唐代后期，枯木禅师重修寺庙，振兴丛林。元代寺毁于火。明宣德年间（1426～1435年），在宏衍禅师主持下，重建各殿堂，与金山寺并称模范丛林。万历年间（1573～1620年），雪浪禅师到寺主讲《楞严经》等。明代焦山寺庙为全盛时期，有殿宇98间、僧侣3000多人，参禅僧侣达数万人，加上寺庙两旁有18个庵寺，称“十八房”，故在佛教禅寺庙中有显赫地位，是中国古代著名古刹，曾有“历代祖庭”之称。新中国成立后，焦山定慧寺被国务院确定为全国汉族地区佛教重点寺院之一。

清《丹徒县志》载：定慧寺旧有大雄宝殿、天王殿、明应殿、真武殿、祖师殿、三官殿、关神勇殿、洞庭君殿、水晶庵、海门庵、海若庵、香林庵、云深庵、石壁庵、玉峰庵、万佛塔等建筑。现存别峰庵、自然庵、朝阳洞（庵）等，余久圮。

抗日战争中，焦山定慧寺曾为中共长江工委秘密活动中心，许多爱国僧侣为中国革命的胜利做出杰出贡献。1934年，智光法师在定慧寺创办焦山佛学院，开办10多年，培养一批佛教人才。1946年，太虚法师在焦山重创中国佛教会会务人员训练班。1951年，茗山法师到焦山定慧寺任住持。1980年4月，日本森本孝顺长老率各界人士护送唐高僧鉴真法师宝像到扬州巡展时，专程前往定慧寺参观，受到茗山法师热情款待。

原焦山定慧寺山门，临江凭过渡码头。因水路变迁，江水长期侵蚀，败损残缺，重建定慧寺山门，完善寺庙建筑、美化焦山景点、优化旅游环境、提高“京口三山”之一——焦山防洪能力，势在必行。当代高僧茗山大法师，不顾耄耋之年、体质羸弱，在万佛塔竣工时，即于1999年12月向市政府申请重建山门，并提出“以寺为主，寺园结合，水为主题，树木荫蔽”建设构思。市委、市政府于2001年2月批复，5月动工建筑。翌年9月，焦山定慧寺山门竣工。

2. 甘露寺　位于京口区城北北固山后峰，滨江兀立山顶。相传建于三国吴甘露元年（265年）。多次毁坏、修建。清杨棨《京口山水志》记载：甘露寺“唐宝历中（826年）李德裕（修）建”。唐著名诗人许浑曾于会昌四年至六年（844～846年）闲赋京口丁卯村舍时作《岁首怀甘露寺自省上人》诗：“心悟觉身劳，云中弃宝刀（自注‘上人尝有战功’）；久闲生赘肉，多寿长眉豪。客棹春潮急，禅斋暮雪高；南棂一回首，山碧水滔滔。”主要建筑有大殿、观音洞、江声阁等。清《丹徒县志》载：甘露寺旧有大雄殿、天王殿、长廊、观音殿、伽蓝殿、关圣殿、五圣殿、真武殿、接引大殿、塔等建筑。还有笠庵、大士庵、生生庵、荫竹庵、垂青庵，久圮。

1937 年，日军入侵时，甘露寺主要建筑被毁。20 世纪 90 年代始，根据三国时流传甘露寺刘备招亲的故事，以硅胶雕塑刘备、孙尚香、吴国太、乔国老等人物，1999 ~ 2007 年，展示在殿堂庙宇间，供游人礼拜、观赏。

3. 崇庆禅院　又称崇庆禅林，明天启元年（1621 年）始建，位于谏壁镇西街，紧邻京杭大运河，占地面积 0.3 公顷，原名古观音庵。明崇祯十二年（1639 年），改名崇庆禅院，距今已有 300 多年历史，是远近闻名尼众清修道场。崇庆禅院创建以后，几经缘起缘灭，饱经沧桑，几度兴毁。崇祯十二年（1639 年）仲冬，崇庆禅院举行万年灯油法会，时住寺比丘尼超成、超光等主持，遗有石碑为记，碑文因年久和人为毁坏，字迹模糊，不能详解当年盛况。后因战火等，致使寺院破败不堪。清光绪二十六年（1900 年），共有庙舍 15 间。1934 年，智林老师太重建寺庙，现存有大雄宝殿和念佛堂，昔时有佛像，“文化大革命”期间尽毁，现有佛像都是中共十一届三中全会后重塑。

1967 年，改作谏壁镇政府办公室，其后被谏壁白云石矿占用，“文化大革命”期间，先后被谏壁镇布鞋厂、服装厂及周围居民占用。“文化大革命”后，经妙法老师太多方奔走，以及金山寺慈舟老和尚关心、帮助，终于收回寺庙管理权。1988 年，妙法师太搬回寺院居住。1991 年，市民宗局批准开放。1995 年，正式颁发宗教活动场所登记证，妙法师太任法人代表。寺院修学、生活管理日臻正规完善。

4. 积善寺　宋政和元年（1111 年），润州升格为镇江府，为纪念此盛事，镇江府、县官及知名士绅联手，在城内寿邱山建积善寺。明万历二十三年（1595 年），由泗州迁建于积善寺左近僧伽塔，再次搬迁至鼎石山（即宝塔山）。崇祯年间（1628 ~ 1645 年），由高僧若昧和尚发起，善男信女募集资金，也迁积善寺至鼎石山僧伽塔南麓。其时建筑宏伟，有主裙房数十间，供奉有释迦佛和观音、伽蓝等圣像。原占地面积 1.8 万多平方米，建筑面积 3000 多平方米。几经战乱，终毁于日军入侵。

1997 年，都天庙被市民族宗教部门批准为正式宗教活动场所。其时，仅剩 5 间 2 厢年久失修房屋，由于受百年都天庙会（见第二十二篇第二章第一节《庙（集）会习俗》目）影响，香火一直较旺，香客常时逾千人。2002 年 5 月 29 日，区政府批复，象山乡境都天庙迁址于鼎石山重建。2003 ~ 2007 年，都天庙重建工程正在进行中。

5. 龙兴禅寺　清光绪五年（1879 年）《丹徒县志》记载：宋嘉定五年（1212 年）夏旱，谏壁农人上山求雨，遂其愿也。继而宋绍定四年（1231 年），郡人韩大伦鼎新祈雨辄应，建庙名“昭惠庙”，俗称乌龙王庙，后易名龙兴禅寺，坐落在雩山第二峰，人称雩山庙，清咸丰年间（1851 ~ 1861 年）毁。后在原址复建，呈四合院。1937 年，遭日本侵略军焚，百多间殿堂房宇毁于一旦。不久复建，但规模不如前。

1989 年，主持僧心禅法师率诸善男信女及各界人士同心同力，捐资捐物，历 8 年建成殿宇 28 间。2000 年，其徒宗顺法师继承先师遗志，坚持农、禅并重，兴建房屋 35 间（含三层斋房楼 21 间）。2001 ~ 2007 年，无多变化。

6. 其他寺庙　据《丹徒县志》载，京口区城乡旧有许多寺庙，或年久失修，或毁于战火、天灾水患，或因城市发展拆迁。为保存历史资料，摘记于后。

云台寺　在花山湾，近宗泽墓。宋绍兴年间（1131 ~ 1162 年）岳飞建宋宗简公功德院。久圮。

罗汉寺　在唐颓山下，五代十国天复中（约 907 年）建。历宋代至明代，屡修屡毁，久圮。

青苔寺　在白马坊绿水桥东（近今千秋桥街），清代尚有“古青苔寺”石刻嵌于壁。唐杜牧有“青苔寺里无马迹，绿水桥边多酒楼”诗。

普照寺　在寿邱山顶，南朝宋武帝刘裕故宅。至陈时，名慈和寺。宋改普照寺。唐许浑于会昌四年至六年（844 ~ 846 年），责授润州司马时，有《趋慈和寺移宴》诗：“高寺移清宴，渔舟系绿萝；潮平秋水急，云剑暮山多。广槛停晓鼓，繁弦散绮罗；西楼半床月，莫问夜如何？”

龙华寺　在寿邱山麓，宋绍兴十一年（1141 年）建。主要有大圣殿、正宗、慈云、华严 3 阁、处士堂等建筑。元、明间部分建筑毁于火。明正德五年（1510 年）重建后，废寺，改建县学。2007 年为江苏大学梦溪校区。

惠安寺　在绿水桥北。系北固山甘露寺下院，唐代建，久圮。

水陆寺　在文昌巷（今水陆寺巷）罗汉寺南。宋淳祐元年（1241年）建。明洪武年间（1368～1398年）毁。永乐年初（约1403年）及清康熙中（约1691年）重修，后圮。

弥陀寺　在怀德坊车家巷（今弥陀寺巷）。元至元年间（1264～1294年）永嘉张氏舍宅建寺。清道光年间（1821～1850年）寺荒，存巷名，沿用至今。

地藏寺　旧志称团山寺，在谏壁镇团山龚家村，始建未详。清咸丰间毁，同治初（约1862年）复建。1958年开拓苏南大运河、兴建节制闸时拆除（遗址即今镇江纸浆厂滨河）。

万寿寺　在城东汝（禹）山下。宋代赵氏赐宅为寺。元大德中（约1301年）僧志和徙此。后毁，明代重建。清咸丰年间（1851～1861年）毁。今象山镇存“万寿寺”村名，位宗泽路北段。

紫竹寺　在城东郭家坡下，上方寺（遗址在今镇江监狱）前。旧为观音庵。清道光间改建寺，久圮。

普济禅林　在汝（禹）山下二郎庙（遗址在今象山镇禹山公墓，尚存古银杏树）旁。清同治初建，久圮。

海会寺　在丹徒镇（今属象山镇），宋建炎三年（1129年）建。旧名尊圣寺，后改名，曾勒石额。今存丹徒桥南古运河西岸寺院，系明正德三年（1508年）重建。

会音寺　在丹徒镇河边，旧名海潮禅院。清乾隆四十二年（1777年）敕赐“会音寺”，今存。

长乐寺　在谏壁镇。宋绍兴中（约1146年）建。有塔，宋元祐元年（1086年）建。寺、塔于清咸丰间毁。京岘寺，在京岘山。僧心恒募建，何时圮不详。

四、道教

唐、宋两代，京口道教活动为鼎盛时期。元至顺年间（1330～1333年），京口道教观、宫、院庵32所。清代，道教不为所重，活动逐渐衰微。1928年，国民政府颁布《神祠存废标准》，道教被认定为“应废除”的“不善宗教”。京口城内无道教活动，但乡镇农村仍有活动群众。新中国成立后，尤其是中共十一届三中全会以来，区域性道教活动发展较快，京口城乡之间在“茅山菩萨照远不照近”影响下，每当春秋，上茅山“朝山敬香”的人络绎不绝。

唐乾元万寿宫，系京口区域内具有1000多年历史道教活动场所。唐肃宗乾元年间（758～760年），始建于唐颓山（今京口饭店至体育场一带）。元大德五年（1301年），迁建于南自仙鹤巷，北至磨刀巷，前后五进。1923年前，主持道士供奉香火，后为国民党镇江（县）党部占用。1925年，为“五卅运动镇江后援会”办公处。1958年，该处建立跃进中学（后改镇江市第十五中学）。1959～1999年，为第十五中学校园。2000～2005年，双井路片区旧城改造，兴建商住楼时，保留千年古屋。2006～2007年，京口区域内无道教活动场所。

五、伊斯兰教

元代，蒙古远征军中信奉伊斯兰教士兵到达京口后，与侨居京口的波斯人、大食人统称“回回”（后称伊斯兰教为回教）。至顺年间（1330～1333年），京口信奉伊斯兰教的回回人口达575人。清代，伊斯兰教“以儒诠经”使京口伊斯兰教得到较快发展，组织形式从单一教坊制，发展为回民聚族而居，自成街巷。大市口街道“爸爸巷”“大爸爸巷”“小爸爸巷”即由此得名。

1. 古润礼拜寺（清真教堂）　唐代，伊斯兰教传入京口。贞观二年（628年）在仁安坊阜民街建礼拜寺（即今梦溪园、中山东路、解放路和正东路之间）。元末（约1367年），毁于战火。明洪武间（1368～1398年），在原址重建。明万历三十年（1602年）迁建剪子巷，万历四十八年（1620年）再行修葺。清道光三十年（1850年）、光绪三十年（1904年）、宣统三年（1911年）先后三次重修。

1958年，“大跃进”期间被针织厂占用。1963年改建镇江印刷制品厂，不久改彩色印刷厂，古润礼拜寺被占用。20世纪70年代拆寺建车间。2004年12月30日，因大市口地区旧城改造拆迁。2005年7月18日，古润礼拜寺迁鼎石山东北麓学府路南侧新址动工兴建。2006年12月，新古润礼拜寺建成。

2007 年 7 月，寄存于清真寺街清真寺内唐制式古井栏，以三种阿拉伯文书写宋、元时期《朝向碑》、明《古润礼拜寺碑记》，以及清代三块修缮碑，移至新寺安装就位。10 月 28 日，新寺举行落成典礼。

2. 新河街回教堂　1930 年，伊赫瓦尼教派（伊斯兰教派别之一）传入京口后，在新河街建回教堂。新中国成立后，1958 年与城外清真寺街教堂合并。

3. 剪子巷女寺（又称女学）　民国期间建城内（剪子巷）、城外（支水巷，后迁山巷，称城西）两处，系女穆斯林宗教活动与文化学习场所。1958 年，城内女寺活动并入城西女寺。“文化大革命”中被占用。20 世纪 80 年代初落实政策后，伊斯兰教收回开办民族招待所（后改大市口招待所）。2000 年，旧城改造，兴建大市口广场拆除。2001 ~ 2007 年，城内女穆斯林活动在城西女寺进行。

六、基督教（新教）

清同治四年（1865 年），基督教（新教）始传入镇江城区。光绪十五年（1889 年）至 1947 年，今京口区域内已有哥老会在大西路设西门教堂、浸信会在五条街设润中浸信会教堂、基督教聚会处在西府街设聚会处教堂。1951 年镇江市成立基督教协会。“文化大革命”期间，教堂受到破坏。中共十一届三中全会后，宗教活动得以恢复。

1. 丹徒基督教堂　1988 年 4 月 2 日，区政府批准建立丹徒镇基督教堂。6 月 2 日，丹徒基督教堂成立民主管理小组，陆素琴任组长。1996 年，购买丹徒镇环卫站转让的房屋，1997 年建成教堂。1998 ~ 2005 年，丹徒教堂陆续增添排椅、凳子、音响、风琴及钢琴等设备。2006 年，续建附属房屋，开办老年识字班、儿童主日学、诗班、服装室等。同年 10 月，京口区民族宗教局批准陆素琴为丹徒基督教堂法人代表，至 2007 年其制无改。

2. 新民洲基督教　1987 年，新民洲红旗村几名老年人自发组织学习耶稣圣经，信仰基督教。第三村民小组一信徒舍宅 2 间（40 平方米，1999 年，农场安排 77.1 平方米）作为活动场所。1988 ~ 1994 年，信徒先后达 70 多人。1995 年，京口区宗教管理处根据宗教政策规定审核，给予登记，组成以陈同庆为法人代表的 7 人管理小组，成为新民洲有史以来第一个自治、自养、自传（以下简称“三自”）爱国宗教组织。

该组织遵守中国共产党的宗教政策，严守法律、法规，服从区民宗局领导，教育信徒以“三自”爱国为指导思想，为 10 多户、20 多名孤寡老人、残疾人、特困户及灾区、贫困学生捐钱捐物等善举 100 多件（次），被区政府评为先进单位、模范宗教活动场所，颁发荣誉证书、铜质奖牌和九星奖牌。

第七章　人民生活

1990 ~ 2007 年，京口区经济快速发展，城乡人民生活水平逐年提高，生活环境和居住条件得到改善，国家多次为干部、职工调整工资，多次提高农副产品收购价格，城乡居民收入大幅提高。城乡居民衣、食、住、行，由 20 世纪 90 年代初温饱型逐步过渡到 21 世纪初“小康”水平。城乡贫困居民享受“低保”和廉租房、医保等优惠。大多数城乡居民衣着、首饰讲究时尚、高档。饮食结构由粗放型逐步向低糖、低粮、低脂肪和高蛋白、蔬菜、水果类型转化。绝大多数城乡居民住房条件，从简易、拥挤、平房向豪华、宽敞、楼宇发展。出行由电瓶车、摩托车代替自行车，公用交通汽车普及城乡。70 岁以上老年人可享受免费乘车，80 岁以上老人享受尊老补助等。

第一节　收　入

一、城市居民收入

1990 年，城镇职工全年工资总额比 1989 年增长 14.31%，职工年均工资收入 2116 元，同比增长

12.91%。据区统计局对部分城市居民收入抽样调查，居民家庭人均生活费收入1588.56元，比1989年增加112.45元，增长7.62元。1991～1993年，城乡居民储蓄存款年结余30多亿元，谏壁镇人均储蓄2500元。

1993年，区统计局对城市居民收入抽样调查，人均生活费收入3082元，同比增长41.0%，扣除价格因素，实际增长16.5%，平均每一就业者负担人数下降到1.6人以下。1995年，城市居民人均生活费4764.68元，同比增长20.86%，平均每一职工负担系数1.68人。国有企业职工年工资收入6500元，集体企业职工5020元，在省内处于中等水平。1995年，京口区城乡居民人均储蓄3000元。1997年京口区城市职工年平均工资收入6304元、比上年增加534元，增长9.25%。2004～2005年，京口区在岗职工年平均工资分别为15318元、17708元。2006～2007年，全区在岗职工年平均工资分别为22226元、26662元，城镇居民人均可支配收入分别为14719元和17278元。

二、农村居民收入

1992年12月，京口区根据5个乡镇场圃农村经济收益分配资料表明，全区农村居民年人均收入1125元。谏壁镇农村居民年人均收入1383元，列全区之首。1993～1994年，全区农村居民年人均纯收入分别为1682元、2102元，同比分别增长27.0%、24.97%（不含价格因素）。1996～1997年，乡镇农村居民年人均纯收入分别为3318元、3700元。1999年，京口区农村居民年人均纯收入3953元，比上年增长17%。2004～2005年，农村居民年人均纯收入分别为5705元、6372元。2007年，全区农民人均年纯收入8213元，同比增长13.36%。

第二节 消 费

一、城市居民消费

1990年，京口区城市居民人均生活消费支出1519元，同比增加87.78元，增长6.13%。收支差额由1989年的顺差44.89元上升为69.56元。1993～1995年，城市居民居住条件有很大改善，人均居住面积由1992年的7.6平方米，提高到8.39平方米，另有辅助面积4.43平方米，两项合计达12.82平方米。在人均生活费增加的同时，消费水平也发生变化，在2625元消费总量中，衣着首饰类和食品类分别为1289元和421元，各占49.19%和16%。1996～1997年，京口区城乡社会消费品零售总额分别为22.46亿元、24.26亿元。

2004～2005年，根据《京口年鉴》记载，城区4个街道社会消费品零售总额，2004年为4.49亿元，2005年为6.18亿元。2007年社会消费品零售总额79.63亿元。

二、农村居民消费

1993年，区统计局对5个乡镇场圃100户农村居民抽样调查资料表明，消费结构和消费水平较20世纪80年代后期有较大改变。用于建房、衣着、添置家电等支出约占全年总消费的60%以上。如1993年年初，人均手头有现金433.12元。年内人均新建住房面积1.2平方米，人均使用面积达29.2平方米。衣着支出由1992年的86元提高到107.35元，添置家电、购买食品消费支出比例分别为32.9%、8.4%。教育、文化娱乐等其他支出上升6%。

1994～1996年，区统计局对农村居民消费支出抽样调查表明，人均住房使用面积32.6平方米。人均手头现金1187元。但随着物质不断丰富，生活质量和生活条件也有较大改变，衣着首饰、食品类消费所占比重逐年加大。储蓄存款结余人均2000多元。

2006～2007年，全区农村人均纯收入7245元和8213元。

第三节　家庭财产

1990 年，京口区城乡居民家庭财产情况，随着收入增加而不断发展。区统计局 1993 年对城乡 100 户居民抽样调查，城市 85%、农村 60% 居民拥有电冰箱、洗衣机、摩托车、彩色电视机、空调等家用电器。1993 年始，国家实施住房制度改革，取消福利房分配制度，实行住房私有或廉租房制度。1998 年，全区职工年平均工资 6493 元，农民年平均纯收入 3886 元。而 1999 年，职工年工资 6832 元；农民平均纯收入 3953 元，职工工资增长 5.2%，农民纯收入增长 1.7%。2000 年，第三次全国人口普查资料显示，全区城乡居民住房条件有较大改善。城区人均建筑面积 26.47 平方米，镇区人均建筑面积 35.36 平方米；农村人均住房面积 35.68 平方米。

2001 ~ 2007 年，区域内房地产开发和市政建设、旧城改造，80% 以上城乡居民因购房和拆迁安置，住进商品房和安置房，家庭财产结构发生根本性变化，95% 以上家庭有彩电、冰箱、空调、洗衣机、电脑、摩托（电瓶）车。

1993 ~ 2007 年京口区城乡人均收入情况表

表 27-6　　单位：元

年　份	城镇居民人均可支配收入	农村居民人均纯收入
1993	3383	1682
1994	4348	2102
1995	5232	2647
1996	5665	3318
1997	6105	3700
1998	6200	3886
1999	6797	3953
2000	7385	4032
2001	7929	4234
2002	8448	4470
2003	9735	5080
2004	11184	5705
2005	12766	6372
2006	14719	7245
2007	17278	8213

第八章　姓氏　族谱

第一节　姓　氏

京口姓氏，源远流长。秦汉时期，京口就有名于籍。《通志·氏族略序》:“三代之前，姓氏分为而二……三代之后，姓氏合而为一，皆所以别婚姻……”2000多年来，京口姓氏大的发展变化主要有3次。第一次是周泰伯、仲雍“奔荆蛮”首先到达丹徒（京口）后，带来北方移民和先进文化、生产技术，促进京口姓氏发展；第二次是东晋“五胡十六国”纷争，北方大批士庶东渡京口、江宁，从而使京口姓氏又一次发生大变化；第三次是中共十一届三中全会以来，改革开放不仅给京口带来无限商机，同时也给京口姓氏带来新的发展。根据市公安局京口分局统计，1983年8月，全区有1100多个姓氏。其中，单姓1000多个，复姓10多个。1992年10月区划调整，划进6个乡镇（场圃），全区姓氏有所变化。2007年，京口区有姓氏1236个，其中单姓1225个、复姓11个。

1. 姓氏（部分）溯源

京口区部分姓氏源疏及迁徙演变情况，根据族谱记载简要如下：

赵姓：宋建炎元年（1127年），太祖赵匡胤七世孙赵子褫南渡居京口。建炎三年（1129年）迁居大港。其后子孙散于丹徒区（县）、扬中、京口区丹徒镇等城乡。

王姓：宋高宗时，王氏自九江德安迁居金坛西塔山，其后子孙分迁于京口城乡及谏壁月湖、苦竹、上元、象山乡上、下王家湾等处。另支始祖太原，元代迁居泰州，复迁谏壁朱湾岗南，因不忘金坛上元乡，遂定名为上元村。2007年，全区城乡有王姓24729人（其中谏壁1000人），占总人口7.2%。

许姓：本高阳郡。唐初，许绍封安陆县公，后进谯国公，史称“安陆许氏”。许绍三世孙自明政仕后，由河南平舆携家东渡，在润州丹阳县北陵仁里（今江苏丹阳河阳北陵村）定居、繁衍，为“晋陵许氏”始祖。自明四世孙、晚唐著名诗人许浑，于大和元年（827年），由岳州东陵归京口，在城南丁卯桥构筑村舍定居。自编《丁卯集》汇诗500余首，今传世。传九世至许传正、许传中。许传正于金兵南侵时，由京口丁卯桥迁金坛儒村（今儒林镇）。许传中因避兵乱，由丁卯桥携家迁润东谏壁开沙。南宋至明代，开沙坍塌不定，许氏子孙先后迁居于大江南北，其中开沙之藤料沙于明成化、弘治年间（1465 ~ 1505年）大面积坍塌，直接威胁小沙。小沙支许玉，于明成化、弘治间携家迁徙谏壁越河西陶庄定居，为“润南西陶庄丁卯堂许氏”始祖。镇江城乡许姓及谏壁月湖、焦湾许家村、大路许家弄、丁卯张许村、许家村、西麓皇都寺及宝堰、扬中、句容、溧阳、宜兴、丹阳等地许姓，均为“晋陵许氏”后裔。2007年，京口城乡许姓为3780人，占总人口1.1%。

殷姓：东汉谏议大夫殷封（字建之），河南陈州人。于东汉桓、灵二帝间（约167年），为避“党锢之祸”携家南渡，至润州曲阿（今丹阳），为迁润初祖。其后裔殷秩（字秉常）为南宋右武大夫。于宋隆兴二年（1164年）“因病乞休”，定居润东大港镇西街，为南渡殷氏始祖。其子又迁居丁岗华墅村，至第四世后，又逐步分迁至黄墟、留村、谏壁、丹徒、高桥、大路、西麓及丹阳埤城、麒麟等地。苏南殷氏多出自殷秉常后裔。如镇江润城殷氏、谏壁殷巷、丹徒殷家等村均为殷氏同出一宗。21世纪以来，因经济和社会事业发展，拆村转居，迁徙他处。2007年全区城乡殷姓2418人，占总人口0.79%。

商姓：祖籍山东济阴，宋朝南渡时，商氏由济阴迁丹阳五戌，传五世商聪游“京口三山”，见润东纪庄溪清峰秀，遂从丹阳五戌迁纪庄。又二世商辅政分支京口今谏壁镇京东村大严庄。该支又二世商端，赘河西白兔山西北麓商家（湾）村。

颜姓：明洪武中（约1382年），泗州水患，颜慎三房屋田园尽毁，遂迁于润南白兔山（俗名横山凹）东麓定居，即今谏壁镇颜家庙村。400多年来，京口城乡及临近颜氏皆出于此。

陈姓：润州陈氏系“义门陈氏”支派。始祖陈叔明（字子昭）南朝陈高宗（宣帝）第六子，封宜都王。太建十三年（581 年）为南徐州（治京口）刺史。传二十世至壤（字永坚），生三子。其三子之子延通分居徽州婺源（今属江西），延通孙真（义门陈氏第二十四世孙）生三子，长庆四为福建建阳卫军，次庆五、庆六，宋末金兵南侵避战乱迁居润南西石城村隐居。真公为西石城村支始祖。又云：“庆五公，宋处士也”（《横山乡人日记》）。其裔孙陈庆年（字善余）在双井路磨刀巷 20 号筑室定居。一说陈氏一支于明代迁京口。今城区及谏壁、象山陈氏多源此系。

张姓：祖籍四川绵竹。宋张浚之孙张义随叔父出知建康。因金兵南侵，难归绵竹而定居京口西门。义孙张椿迁至润东张家（湾）巷，其后有分迁至丹徒上隍、谏壁邓家缺、烂泥泓、朱家岸、大港等地。

宗姓：祖籍浙江义乌。宋代名将宗泽归葬京口京岘山后，南宋镇江知府岳珂令其孙迁京口祭祀其祖。今丁卯开发区潘宗村及京口城乡宗姓，皆源此系。

茅姓：京口城内五条街草巷有茅以升先生故居。五条街梳儿巷有茅氏宗祠，今丹徒区世业镇大桥公园新建茅以升纪念馆内，展有《茅氏宗谱》。

柳姓：宋景祐（1034 ～ 1038 年）进士柳耆卿，仕为屯田员外郎。宋室南渡时，自河东（今山西黄河以东地区）迁徙京口，为润之始祖，称“京江柳氏”。后屡遭兵燹，族人星散，谱牒荡然，世系无考。至明代中叶，耆卿公裔孙化鹏因年高有德，乡里尊之为大宾，皆尊化鹏公为一世祖。近代国学大师柳诒徵为京江柳氏第十二世孙，后子孙繁衍，至 2007 年已传至第十八世。是年续修《京江柳氏宗谱》。

苏姓：宋丞相苏颂，祖籍福建泉州。自幼随父苏绅在外读书生活，父绅殁后葬丹阳，颂遂徙居京口，并在城东丁家巷一带筑宅定居。明成化间（1465 ～ 1487 年），苏绅第十九世孙苏永芳自京口东迁大路镇，迄今已传至第二十三世。

鲍姓：京口鲍氏清代自新安迁润支派，迄今已传十四世。二世祖彝公始，以诗、书、画知名乡里。从乾隆至民国 200 多年间，鲍氏代有传人，留有《海门诗抄》《论山诗选》《蚕丝集》《鲍鼎先生遗诗拾零》等数十集。2007 年，第一楼街存有鲍氏宗祠。

朱姓：祖籍徽州婺源（今属江西省），系朱熹后裔。熹公七世孙柏公因避战乱由云阳（今丹阳）隐居谏壁粮山。第二十世孙璨公于明嘉靖年间（1522 ～ 1566 年）由粮山迁居谏壁南老鼠山下小李村（今李华村）。

徐姓：据《徐氏家谱》（徐小明保存）记载：“谏壁徐氏系出商末偃王，迄东晋吏部侍郎宁公始郯城（今属山东）为始祖。至南宋第二十六世祖正宪公自河南新郑出任丹徒宰，因官居京口忠祐坊。其孙伯世公慕润东俗淳风厚，而迁居谏壁观音桥东。子孙繁衍，有‘徐半街、刁一角’之称。”另一支祖籍山东，宋朝南渡时由京口卜居谏壁开沙。开沙坍没子孙散居顺江洲和圌山附近，今京口城乡徐氏多源此系。

刘姓：唐代，刘汉宗十世孙刘细八由句容塔山迁此。明代以后子孙散迁于谏壁、九里街、梳儿巷、下会、沙洲等处。

李姓：祖籍皖。南宋因避战乱迁居京口雩山大、小李家村。

项姓：宋末，金人侵犹中原。汴京（今河南开封）项乔年携二子居京口，不久，迁润南薛村定居。

解姓：南宋初，山东滋阳县葛村解寿辉避战乱，迁润东蓝野，为不忘故土取名葛村。

基姓：元初，无锡基其亮因慕润南辛丰俗厚人醇，由无锡西门外迁居于此。其第三子移居河西，另二子迁渔干、后巷。今京口城乡基氏均源此系。

蒋姓：祖籍皖，宋末因避战乱一迁居无锡。明代由无锡迁润东雩山西麓蒋家村；一由皖迁谏壁泄（雪）沟村，复迁石墙头、黄丝湾。

吕姓：祖籍豫，宋末因战乱迁居宋陵（俗称松林）山。今谏壁东京村北吕、南吕（属辛丰龙山村）吕氏皆源此系。

2. 区域姓氏、人数

2007 年京口区姓氏、人数表

表 27-7　　单位：人

姓氏	人数	姓氏	人数	姓氏	人数	姓氏	人数	姓氏	人数
王	24729	丁	3258	吕	1986	陶	1400	孔	1051
张	21219	高	3197	姚	1959	史	1320	方	1041
陈	16551	戴	3131	郑	1879	纪	1287	梁	1037
李	13170	潘	2862	严	1798	倪	1282	孟	1024
刘	11878	沈	2853	田	1793	邵	1257	华	1024
朱	11746	陆	2806	魏	1783	施	1246	颜	1019
徐	10130	袁	2606	薛	1718	林	1239	仇	981
吴	8534	顾	2512	金	1648	任	1236	卢	955
杨	8244	夏	2503	董	1625	冯	1187	余	955
周	7564	郭	2501	汤	1566	汪	1166	韦	354
孙	6717	殷	2418	宋	1566	贾	1159	季	944
赵	6681	何	2364	韩	1481	葛	1158	叶	931
蒋	4680	蔡	2309	庄	1475	罗	1127	仲	909
黄	3810	曹	2299	江	1461	尹	1115	章	908
许	3780	唐	2280	凌	1445	范	1105	杜	876
马	3590	谢	2137	于	1431	程	1102	童	873
胡	3552	钱	2018	姜	1426	秦	1077	翟	862
毛	841	常	372	庞	210	雍	111	宁	72
龚	813	景	358	时	210	米	110	郜	72
石	806	成	350	於	209	齐	110	茆	71
肖	805	居	331	商	207	符	109	柴	68
崔	786	祝	329	宦	204	车	108	法	67
彭	784	宗	324	项	203	匡	108	游	67
解	775	鲍	319	郁	198	艾	105	支	67
邱	773	祁	319	杭	191	温	104	巢	66
卞	749	花	317	苗	190	司	102	宫	66
苏	742	戚	313	裴	190	荆	100	涂	66
耿	694	单	310	丰	188	狄	97	封	65
俞	689	熊	307	白	185	衡	97	蒯	65
邓	682	佘	307	闫	182	安	95	蓝	64
包	678	郝	305	鞠	176	兰	95	党	63
万	676	眭	305	栾	176	部	95	诸	63
左	661	武	302	瞿	173	全	94	练	62
谈	640	费	298	詹	170	应	94	相	62
谭	596	骆	296	莫	166	路	92	娄	59

续表 27-7

姓氏	人数	姓氏	人数	姓氏	人数	姓氏	人数	姓氏	人数
邹	592	聂	295	奚	164	尚	91	牟	57
侯	590	茅	283	郦	160	关	89	宣	57
钟	588	段	272	谷	158	龙	89	池	55
管	547	贡	270	刁	156	濮	89	候	55
冷	541	柏	267	闵	152	屠	87	经	55
洪	525	黎	262	步	151	强	86	桓	54
樊	511	柳	262	阮	151	晏	85	穆	54
窦	506	笪	261	雷	150	卫	84	戈	53
焦	501	沙	260	向	143	席	83	鄂	52
盛	476	滕	257	糜	142	喻	83	真	50
曾	462	康	254	戎	142	胥	82	饶	48
尤	437	霍	248	完	135	藏	81	祖	48
傅	433	岳	248	翁	135	牛	81	道	46
巫	423	褚	243	柯	133	舒	81	盖	46
虞	423	廖	240	桑	132	浦	80	侍	46
卜	417	印	231	芮	130	屈	80	羊	46
贺	415	鲁	225	储	127	郎	79	神	45
束	407	芦	219	申	126	厉	79	基	44
梅	395	房	217	查	123	阎	78	明	43
臧	391	毕	216	甘	122	怀	77	冉	43
吉	384	邢	215	乐	121	伍	77	荣	43
乔	379	稽	215	易	120	曲	76	连	40
付	378	文	213	裔	118	闻	76	迟	38
欧	378	邬	213	阚	117	桂	75	丛	38
缪	375	辛	211	伏	116	靳	75	干	37
惠	37	贲	24	楚	13	锁	8	偶	5
生	37	栗	23	漆	13	宇	8	山	5
边	36	平	23	沃	13	招	8	赏	5
承	36	伊	23	忻	13	郗	8	水	5
钮	36	南	22	寻	13	蔺	8	屯	5
隋	36	竺	22	占	13	睢	8	衣	5
代	35	闪	21	崇	12	苟	7	盈	5
冒	35	冼	21	火	12	和	7	元	5
帅	35	阙	21	蒙	11	赫	7	云	5
智	35	凡	20	权	11	开	7	掌	5
卓	35	皇	20	树	11	况	7	种	5

续表 27-7

姓氏	人数	姓氏	人数	姓氏	人数	姓氏	人数	姓氏	人数
咸	34	展	20	随	11	年	7	亓	5
宜	34	佟	20	习	11	释	7	仉	5
端	33	征	19	鲜	11	宿	7	邝	5
冀	33	鄢	19	修	11	铁	7	邴	5
禹	32	恽	19	言	11	阳	7	呙	5
古	31	沐	19	纵	11	乜	7	琚	5
姬	31	扈	19	公	10	仝	7	拜	4
晋	31	巩	18	海	10	杲	7	保	4
裘	31	楼	18	井	10	昝	7	甫	4
圣	30	宰	18	来	10	袱	6	皋	4
达	28	壮	18	麻	10	苍	6	国	4
问	28	佴	18	麦	10	操	6	滑	4
仓	27	敖	17	上	10	东	6	梁	4
廉	27	都	16	夷	10	堵	6	洛	4
苑	27	哈	16	勇	10	化	6	慕	4
昌	26	计	16	鱼	10	伦	6	撒	4
赖	26	励	16	镇	10	皮	6	顺	4
燕	26	谌	16	慈	9	朴	6	粟	4
原	26	羌	15	呼	9	茹	6	英	4
晁	26	师	15	简	9	索	6	战	4
巴	25	萧	15	利	9	信	6	主	4
班	25	须	15	腾	9	扬	6	邸	4
靖	25	阴	15	鸦	9	仰	6	闫	4
鹿	25	甄	15	有	9	淤	6	宓	4
荀	25	凤	14	谯	9	湛	6	蹇	4
睢	25	环	14	官	9	郏	6	逯	4
覃	25	渠	14	归	8	岑	6	綦	4
贝	24	是	14	接	8	薄	5	阿	3
过	24	尉	14	克	8	采	5	潮	3
寇	24	绪	14	隆	8	从	5	狚	3
满	24	逄	14	蒲	8	及	5	弗	3
门	24	初	13	寿	8	酒	5	富	3
富	3	睦	2	才	1	区	1	站	1
革	3	牧	2	朝	1	壬	1	只	1
辜	3	那	2	寸	1	仁	1	珠	1
还	3	农	2	答	1	汝	1	准	1

续表 27-7

姓氏	人数	姓氏	人数	姓氏	人数	姓氏	人数	姓氏	人数
敬	3	迁	2	贷	1	慎	1	子	1
亢	3	疏	2	喧	1	胜	1	负	1
里	3	檀	2	朵	1	曙	1	隗	1
密	3	提	2	俄	1	速	1	郅	1
盘	3	团	2	逄	1	台	1	芷	1
普	3	乌	2	奉	1	太	1	菀	1
丘	3	晓	2	扶	1	潭	1	蒿	1
仕	3	轩	2	弓	1	帖	1	淦	1
双	3	玄	2	光	1	同	1	宥	1
宛	3	雅	2	淮	1	徒	1	妲	1
位	3	尧	2	稽	1	吐	1	嫣	1
欣	3	依	2	激	1	脱	1	锜	1
营	3	由	2	荚	1	望	1	戢	1
夭	3	踪	2	鉴	1	慰	1	殳	1
郇	3	佐	2	娇	1	毋	1	禚	1
庾	3	俸	2	教	1	西	1	—	—
颉	3	赢	2	揭	1	熙	1	—	—
隽	3	莘	2	介	1	溪	1	—	—
抄	2	萧	2	锦	1	喜	1	—	—
但	2	薛	2	静	1	刑	1	—	—
第	2	庹	2	觉	1	幸	1	—	—
顿	2	骈	2	凯	1	延	1	—	—
多	2	訾	2	劳	1	要	1	—	—
风	2	雒	2	历	1	冶	1	—	—
勾	2	偰	1	立	1	业	1	—	—
广	2	涂	1	吝	1	仪	1	—	—
果	2	宸	1	漏	1	乙	1	—	—
浩	2	昂	1	庐	1	益	1	—	—
户	2	苞	1	禄	1	银	1	—	—
槐	2	暴	1	靡	1	羽	1	—	—
回	2	别	1	妙	1	湘	1	—	—
巨	2	宾	1	墨	1	员	1	—	—
可	2	布	1	芶	1	运	1	—	—
荔	2	部	1	秋	1	扎	1	—	—

此外，区域内还有：欧阳、皇甫、端木等复姓11个。

第二节　族　谱

京口历史悠久，编纂谱牒历史可上溯到宋代，鼎盛于明、清，直至民国时期。据调查，区域内较大氏族，一般都编纂宗谱、族谱、家乘等。据地方志记载和镇江图书馆收藏及私人珍藏谱牒、家乘有千余种，10万余卷。新中国成立后，编纂族谱、家乘一度停顿，尤其“文化大革命”期间，族谱被视为“封、资、修”的“四旧”（旧思想、旧文化、旧风俗、旧习惯），大多被焚毁。

1983年，京口区区域内有《陶氏宗谱》《润东许氏宗谱》《符氏族谱》《严氏族谱》《陆氏宗谱》《王氏宗谱》《张氏族谱》《夏氏宗谱》等千户以上大族所编纂的谱牒数百种，保存完整者为数寥寥。1992年10月，区划调整后，区域范围扩大，城区及乡镇氏族谱牒种类和卷数分别增加。如谏壁《润南西陶庄丁卯堂许氏宗谱》《润东商氏族谱》《徐氏家谱》《陈氏宗谱》《颜氏宗谱》，象山《张氏族谱》《凌氏家谱》《陈氏族谱》《尹氏族谱》，汝山《仇氏宗谱》《孟氏家谱》，丹徒《张氏族谱》《黎氏族谱》《秦氏族谱》等。各族谱大多记述姓氏源流、氏族迁徙、人物事迹、祠规族约、世系排列等类目，不少谱牒还记述名人诗词、风景名胜、墓葬碑刻、名人作序、修谱述记初修及重修时间等珍贵历史资料，为研究一方人文地理、自然环境、山川水文和工农业经济发展情况，提供真实可靠有价值的史料。

1983～2007年京口区族谱（部分）表

表27-8

名　称	纂修时间	纂修人	版本	卷数	保存人
谏壁《润东商氏族谱》	清乾隆元年（1736年）	—	木刻	5（残）	商华富
谏壁《徐氏家谱》	清同治十二年（1873年）	丁茂荣	木刻	6	徐小明
谏壁《润东王氏家谱》	清光绪十八年（1892年）	束文鸿	木刻	10	王志祥
谏壁《润东商氏族谱》	清光绪二十二年（1896年）	严整沐	木刻	8	商月琴
谏壁《润东许氏宗谱》	清宣统元年（1909年）	许其郁	木刻		许宏觃
谏壁《润东马湾戴氏家乘》	民国2年（1913年）	谢庭树	木刻	6	朱才荣
谏壁《润东张巷张氏家乘》	民国18年（1929年）	张敦五	木刻	5	张诚
润成《孰裕堂殷氏宗谱》	民国19年（1930年）	殷松年	木刻	1至全卷	殷耀祖等
谏壁《润南西陶庄丁卯堂许氏宗谱》	民国35年（1946年）（首修明万历年间）	丁锦章 许启文	木刻	6(缺3、4卷)	许进
谏壁《颜氏宗谱》	民国35年（1946年）	丁锦章	木刻	6	颜玉玺
谏壁《陈氏宗谱》	民国35年（1946年）	丁锦章	木刻	6	陈锦顺
谏壁《润东朱氏宗谱》	民国37年（1948年）	吴廷桂	木刻	12	朱春子
谏壁《茅氏宗谱》	—	—	—	—	—
谏壁《苏氏宗谱》	—	—	—	—	—
谏壁《润南西陶庄丁卯堂许氏宗谱》	2001年正月	许进	铅印	8	本支及镇江图书馆

附一：《润州许氏宗谱》宗规

据清宣统元年（1909年）六修《润东许氏宗谱》记载“许氏宗规”计6章50节。其中有的内容与现行法规不符，为供研究历史学者们参考，故原文摘要附后。

第一章　继承

第一节　族人有乏嗣，应继承近支之子为子。不得因平日相处不睦或私见不合，而舍近以求远派。其继承手续以书面为之。

第二节　非有以下之情事，不得按世系递降继承。有残疾者；不能生育者；性情暴劣者；不受教训者；浪漫成性者；有嗜好者。

第三节　近支之不敷分继得以兼祧。

第四节　无近支者按世系递降。

第五节　近支应继设遇双方意见不合，而违反第一节时，得由房长或辈分长而公正者证明，按世系递降继承，唯不得于已继承后而应继承者发生争论。房份多者，应分先后，先后之中，以经济平等为宜。

第六节　在本支无五世亲可按者，即于族中择一子立之，为之爱立其立。程序如下：辈分相等者；家计相同者；年龄适当者；双方同意者。

第七节　继承之财产权，由继承人执受。除有遗嘱外，近房远支均不得分割。

第八节　继承之债务亦由继承人担负。

第二章　收养

第九节　养子继承已经法定然，与一姓之宗谱内不能混列，否则是本姓宗支紊乱矣。明列者尚不能触于法篇。

第十节　养子入谱只于收养者名下，注明收养一子名某，唯年表世系均不得附列，亦不得领谱。

第十一节　养子知其姓者，须注明某本姓，以便其将来有归宗之余地。

第十二节　养子之子不得再行继承本族之他房无子者，亦不得以本族他房之子继承其后。

第十三节　养子虽收，但统系仍须由本支继承，或递降支派继承。

第十四节　至第十七节略。

第十八节　赘婿及私生子均与养子同例。

第十九节　所收养女于统系无关，本谱不载。

第二十节　养女在法篇有继承财产权，本谱例考似无。由收养者酌量给之，但不得超过婚生女半数。

第三章　乱宗　第二十一节至第二十六节略。

第四章　惩罚　第二十二节至第三十七节略。

第五章　削名　第三十八节至第四十八节略。

第六章　附则及第四十九、第五十节略。

附二：清康熙《润东商氏宗谱》祠规八条

一、五刑之属三千而罪，莫大于不孝父母。即待子不慈，子不可以不孝。凡子孙有不尊父母之训，以言语抵触，即奉养有缺者，初则劝谕，继则惩以家法。

二、能为孝子者，又必能为悌弟，道之不可不讲也。故老论本生叔伯兄长，在所宜敬，即服有远近，礼无二致。凡遇尊长，必礼让相先，不得草野倨侮，以致犯上凌尊。

三、内完钱粮，以省敲朴，盖早完国税，即为臣子之忠。况今十排验票，尤为良法，吾族中各输将恐后，幸勿拖欠遗累他人。

四、赌博本属下流之事，况今劝令森严，尤宜恪守。向来各处虽有禁约，日后恐有不肖渐其中者，父兄各自痛惩，不得姑息隐忍，听其入匪类，以致亏体辱亲也。

五、家庙之设，所以妥先灵也。除作书房外，不得将农器家伙堆入其中，以致践踏。违者，各分长晓谕议罚。

六、凡一切大祭，与祭者各宜整肃，贸易在外者，务必远归，不得藉口有事，他出违者，族分长议罚。

七、子孙有志读书者，父兄必极意鼓舞，或力有不足，族中有余者，必须资以膏火，令读者务期有成；为贤父兄者，尚其勉之。

八、以强欺弱，以众暴寡，以富欺贫，此恶俗之为，尤不可施于宗族。务体水源木本之思，而为和宗睦族之人，如有犯者，须极力劝解，不从，则鸣鼓共攻。

以上祠规、祠条，具有糟粕（封建色彩），仅提供专家、学者研究时参考。

第三节　宗　祠

京口宗祠兴起可追溯至唐、宋时期，鼎盛于明、清，直至民国期间，已有一千多年历史。京口城乡有茅氏宗祠、许氏宗祠、严氏宗祠、鲍氏宗祠、陆氏宗祠、尹氏宗祠、王氏宗祠、朱氏宗祠、蔡氏宗祠、陈氏宗祠、孟氏宗祠等逾千家，数十万间。清咸丰年间（1851 ~ 1861 年），部分城乡祠宇被毁。新中国成立前，宗祠原为同族子孙供奉并祭祀祖先处所，同时兼作学塾，但国民党统治期间，多被强占作驻兵之所，故破败、残坏严重。新中国成立后，1954 ~ 1956 年，对私改造时，城乡各派宗祠多收归公产，由房地产管理部门或生产大队安排为民宅、工业企业或仓库、农具用房等。中共十一届三中全会以来，积极落实房屋政策，被“改造”的宗祠产权陆续返还。

1983 ~ 2007 年，京口区城乡发展和区域内市政建设、房地产开发，宗祠多被拆除。

1950 ~ 2007 年京口区城乡部分宗祠表

表 27-9　　单位：间

名　称	地址	始建年	进间	备注	名　称	地址	始建年	进间	备注
茅氏宗祠	梳儿巷	清代	4	尚存	许氏宗祠	西陶庄	明清年间	3	1958 年拓宽京杭运河时拆
凌家祠堂	道署街	清代	—	尚存	王氏宗祠	柜台王	不详	2	70 年代坍塌
许氏宗祠	千秋桥街	明清年间	5	残存	丁氏宗祠	丁家圩	不详	3	尚存
尹氏宗祠	尹家村	不详	—	残存	朱氏宗祠	高皇庙	清代	3	残存
陈氏宗祠	陈家门	不详	4	尚存	王氏宗祠	月湖	清代	4	尚存，前王祠小学
张氏宗祠	上隍村	不详	3	残存	颜氏宗祠	颜家庙	不详	2	70 年代坍塌
鲍氏宗祠	第一楼街	不详	2	尚存	孟氏宗祠	孟家湾	不详	3	90 年代拆
严氏宗祠	梦溪园巷	不详	2	尚存	潘氏宗祠	潘家湾	不详	2	90 年代拆
蔡氏宗祠	蔡家村	不详	2	尚存	蒋氏宗祠	蒋家湾	不详	2	90 年代存

第二十八篇　乡镇街道　园区　场圃

1983 年 8 月镇江市城区（1984 年 10 月改称京口区）建置后，至 1992 年 10 月为纯城区。下辖正东路、和平路等 8 个街道。1992 年 10 月，市区部分区划调整，划进象山、汝山 2 乡。丹徒、谏壁 2 镇和京露茶场，并代管国营江苏省共青团农场（2001 年 11 月，省政府办公厅发文划归京口区管辖，从 2002 年 1 月实行），京口始有乡镇和“三农”（农业、农村、农民）工作。1993 年，划出汝山和象山部分村组，在离市中心 5 千米处京岘山下，建立京口区经济技术开发区（后改称镇江市旅游经济开发区，为乡镇级建置。2003 年 12 月撤销）。2002 年 5 月，区委、区政府决定划出谏壁镇李华村及蔡家部分村组，在距离市中心 15 千米处，雩山至白兔山（俗称横山凹）之间，建立京口科技工业园区（乡镇级建置）。

1997 ~ 2007 年，京口区乡镇、街道区划作过多次调整。其中 1997 年 7 月丹徒县谏壁乡被撤销后，所属行政村分别划归谏壁镇和大港经济开发区（镇）。2001 年，撤销汝山乡，所属行政村分别划归象山乡和丹徒镇。2005 年 12 月，撤销丹徒镇，全境并入象山乡。2006 年 2 月，象山撤乡建镇。2007 年，原属象山乡的江滨、京岘山等村划归四牌楼、正东路街道。1992 年，丁卯及镇江大港经济开发区（1998 年合并，统称镇江新区）属京口区行政区划。2005 年 12 月，丹徒区丁岗、大路、姚桥 3 镇划归京口区行政区划，由镇江新区管理。此篇所述乡镇、街道，不包括镇江新区管理的乡镇、街道。

第一章　象山乡（镇）

第一节　概　况

象山乡（镇）地处京口区东北部，距镇江市中心大市口 4 千米。东含京岘山、禹山，与汝山乡毗邻，南含鼎石山、焦顶山，依京杭古运河与丁卯开发区（1998 年后为镇江新区）隔河相望，西与正东路、健康路、大市口、四牌楼 4 街道交错相连，北含焦山、象山，濒临长江，与扬州市邗江区隔江相望。隶属关系和行政区划多次变更。清代属丹徒县大一都。宣统二年（1910 年），丹徒县划分 18 乡市，属焦东乡。1929 年，国民党江苏省政府迁治镇江城区后，改丹徒县为镇江县，将第一区焦东乡析置象山、千柳、京岘、釜鼎 4 乡。1952 年设置象山乡。

1958 年 10 月，象山乡与市财贸农场合并，建象山园艺场。1983 年 8 月，改称象山乡，属润州区。1992 年 10 月，区划调整后属京口区。全乡面积 13.5 平方公里。下辖象山、团结、民主、红旗、江滨、花山湾、京岘山、星星 8 个村委会，58 个村民小组，72 个自然村，2925 户，农业人口 7543 人。1993 年，京口区建立京口区经济技术开发区，划出部分村组归开发区。2001 年，汝山乡撤销建置，所辖新华、新生二村划归丹徒镇，孟家湾、东风、长江 3 个村划归象山乡。2003 年，镇江市旅游经济开发区被撤销，所属行政村分别划归象山乡和丹徒镇。2005 年 12 月，丹徒镇撤销建置，全境并入象山乡。

1993 ~ 2005 年，京口区域随着城乡一体化发展战略推进，原与 4 个街道相依的村组分别划归有关街道。东界延至京杭古运河长岗、左湖、上隍等地，与谏壁镇紧连，南界依白兔山脉绵延，与丹徒区西石城村、丁卯开发区（1998 年后为镇江新区）毗邻，北与新民洲隔水相望。

2006 年 2 月，象山乡撤乡建镇。驻地先后在镇焦路杨家塘、东吴路、宗泽路。建镇后迁址距市中心 6 千米处的孟家湾（学府路）。2007 年，区政府决定对象山镇及相关街道部分社区进行调整。12 月，全镇总面积 40 多平方公里，其中耕地 218.4 公顷，灌溉面积 100%，粮田 110 公顷。管辖 4 个村（象山、长江、左湖、上隍）、12 个社区［焦山（原民主）、陈家门（原团结）、丹徒、长岗、东风、孟诚（原孟家湾）、东城（原新华）、汝山、学府路（原新生）、景阡山（原新民）、宗泽路、红旗］及七一园艺场。先后获省、市级“文明乡（镇）”“充分转移就业镇’等称号。

区域内历史文化和名胜古迹众多。其中焦山碑林（瘗鹤铭）为国家级文物保护单位，有焦山抗英古炮台、合山炮台、京岘山宗泽墓等 10 多处国家、省、市级文物保护单位。此外有古庙宇、古寺院、古墓葬、古建筑、古树名木、古遗址等 100 多处。“京口三山”之一的焦山为国家 AAAA 级风景区。

第二节　经　济

一、农业

1983 年，象山乡有耕地面积 228.9 公顷。1984 ~ 1986 年，以“服务城市，富裕农村”为目标，发展多种经营，建好“四个基地”（苗木花卉基地、用材林基地、水产品基地、家禽基地），做到“三坚持”（坚持计划经济为主，市场调节为辅的原则；坚持多层次、多渠道、少环节的流通形式；坚持国家、集体、个人一齐上方针，积极发展支持开发性的承包），进一步解放农村生产力，农业重点户、专业户 336 户。1987 ~ 1989 年，全乡推广蔬菜生产地膜栽培技术，地膜覆盖面积占叶菜面积 45% 以上。副业生产重点抓鲜鱼、家禽、生猪、葡萄生产。同时，为保障农业生产命脉，注重农田水利建设，完成水利基本建设工程 9.36 万立方米。1990 ~ 1992 年，全乡坚持“一个中心，两个基本点”和“服务城市，富裕农村”方针，着重抓基地建设，巩固提高现有蔬菜及副食品基地；抓农田改造，突出清淤护坡，开展对老菜田、鱼池改造；抓服务，进一步健全服务体系，全心全意为农服务；抓流通，保证蔬菜及副食品正常上市。1991 年 6 月，针对严重洪涝灾害，组织化肥、农药、遮阳网等抗灾物资，抢种小青菜面积 31 公顷，同时抢种豇豆、伏萝卜、花菜、莴苣等，日均上市量 5000 公斤。1993 年，农、副经济协调发展，出栏生猪 10832 头，水产品 885 吨，果品 496 吨，家禽 16.3 万羽，上市蔬菜 29850000 公斤。1996 ~ 1998 年，全乡农、副业生产坚持规模种植和特色经营。改造老菜地，新建蔬菜丰产方，加快“科技兴农”步伐，在全市率先进行喷灌与防虫网配套应用。在巩固原有农产品基础上，引进开发苏保 1 号、金鹏 1 号番茄、泰国空心菜、宁豇 1 号、板栗南瓜等 7 个新品种。象山星星果树研究所引进甜蜜桃、美国杏，取得市场青睐。1999 ~ 2001 年，全乡农业基础不断巩固，建成高标准菜地 81 公顷，连续多次被评为市“菜篮子”工程先进集体。2002 ~ 2007 年，全乡（镇）6 年农林牧副渔业全面增收，开始启动新农村建设。

图 28-1　2006 年，象山镇高标准菜地一角（象山镇政府供稿）

二、工业

1983 ~ 1986 年，象山乡镇企业全面推广无锡堰桥乡“一包三改”（对社队工业企业实行经营承包责任制，改干部任命为选聘制，改固定工制为合同工制，改固定工资为浮动工资制）经验，逐步完善各种经济责任制，改革用工制度。在乡村经济发展中做到破除僵硬计划经济观念，破除平均主义观念，破除因循守旧观念，树立开拓创新观念。工业经济 4 年持续增长，工业产品有钢铁轧辊、五金、冶炼、锻造、化工、羊毛衫等 100 多个品种。其中象山颜料厂、冶炼厂、镇江市冶金机械厂成为全乡龙头企业。颜料厂的酞青绿、酞菁蓝生产和销售量占全国有机颜料行业生产销售总量 40%，并打进国际市场。

1987 ~ 1989 年，全乡经济建设围绕以改革为动力，坚持“服务城市，富裕农村”方针。树立实现亿元乡目标，按照“上质量、技术、管理、规模；创优、创汇；提高经济效益”要求进行管理。1987 年，在工业企业中推行厂长负责制、任期目标责任制、任期终结审计制，完成工业总产值 1.2 亿元，占全乡三产经济 95%，成为全区第二个亿元乡。1988 ~ 1989 年，工业经济受宏观调控影响，乡村企业仍保持生产适度增长。在完善企业承包责任制、抓新品开发进程中，镇江市冶金机械厂对二七〇轧机进行改造。按照省乡镇工业局提出“1990 年是管理年”要求，有 10 个企业完成“七项”基础工作（标准化、计量、定额、信息、规章制度、基础教育和班组建设）验收。在开展“质量、品种、效益年”活动中，拍卖连续亏损的象山铜材厂，由冶金机械厂收买进行技术改造和重组。冶金机械厂、颜料厂、碳素厂、羊毛衫厂、钉丝网厂 5 家企业，技改总投资 1378 万元。同时，压缩“三项资金”，开展自筹资金、引进外资和万人“集资”活动。

1993 ~ 1995 年，象山乡（1993 年）获“苏中地区综合实力五十优乡镇”称号，开展将象山乡置身“全市 91 个乡镇看发展，与苏、锡、常等先进地区比差距”活动。组建江苏金象集团，创办京口纸业、光耀金属制品、京侨五金制品等股份制企业，吸纳股金 1000 万元。进一步推进公有民营，全乡 7 个小、微、亏企业实行包、租、卖。

1996 ~ 1998 年，象山乡以提高经济运行质量为目的，对江苏金象集团、羊毛衫厂、江滨胶木、红星服装厂进行清产核资，盘清债权债务。对亏损企业实行分类指导。对 8 个行政村经济，采取抓大放小，争创特色，强化对私营企业服务，重点扶持宝华金属结构件厂。乡镇企业分别采取出售、租赁、股份合作，计 42 家。外商合资、独资企业有元鼎饰材、金丰板材、大捷光耀公司等，一度以工业大乡而著称于市。

2000 ~ 2001 年，全乡实现国内生产总值 13.48 亿元。2005 ~ 2007 年，全乡有 23 个总投资 4.4 亿元项目竣工投产，成为全乡经济新的增长点。象山乡（镇）工业经济宝华半挂、京口纸业、震东电子等 10 家企业进入全区工业 20 强，占全区经济和税收的半壁江山。

三、服务业

1983 年 4 月，象山乡建立全市首家农民“自办、自产、自销”菜场。1992 ~ 1999 年，全乡围绕“三产兴区”战略，确立“三、二、一”产业梯次发展格局、“创新、创优、创特色”工作思路，把发展三产与市场建设和再就业工程相结合，加快近郊住宅区、集镇市场建设和房地产开发，先后建成小米山路建材装饰一条街、京（口）岘山路一条街和京岘山农贸市场，建成塔山路（星星）汽配城，形成“大三产”格局。1999 年，随着城市化步伐加快，实施房地产开发，乡政府机关由东吴路搬迁至宗泽路。利用地租级差拓展第三产业空间，小米山茶场范围由市属开发公司兴建松盛花苑和桃花山庄。2000 ~ 2007 年，全乡各村充分发挥地域优势，积极兴办三产实体。江滨村新办聚春源火锅城，星星村新办 5 个私营企业。民主、团结、红旗、丹徒等（镇）村根据自身优势，兴办浴室、饭店、餐饮、娱乐、服装、红豆购物广场、东风步行街等第三产业企业 200 多家。

图 28-2　1993 年以后，象山企业获得的部分国家和省、市级奖杯　（象山镇政府供稿）

第三节　社会事业

一、民政

1. 敬老院　1983年4月，象山乡始建敬老院，收养7名“五保”老人。1993 ~ 1998年，被市连续授予“双拥模范乡”称号。2006年，象山镇在全市率先开展“寿星”“福星”推选活动。12月，全镇各推选“寿星”“福星”33名。2007年，市、区政府为辖区内“寿星”“福星”及90岁以上老年发放生活补助，提高老年人幸福指数。

2. 人口、民族　1980年后，外来“打工”、婚迁、毕业生分配（招聘）及户口改革，迁移入住人口逐年增多。1983年年初，象山乡总户数6154户（其中家庭户6109户，集体户45户），总人口22236人。象山乡、汝山乡分治后的1985年，象山乡总户数为4067户，总人口为11079人。1986 ~ 2006年，象山乡（镇）人口逐年增加，其中1995年，象山乡出生145人，死亡96人，迁入53人，迁出31人。2007年，总户数13793户、总人口31026人。其中，男15131人，女15895人。象山镇有汉族、回族、蒙古族、满族、壮族、彝族、土家族等8个民族，156个姓氏。

1995年京口区象山乡人口分布情况表

表28-1　　　　单位：户、人

村名	总户数	总人口			非农业人口
		合计	男	女	
民主	775	1730	790	940	293
花山湾	431	966	462	504	956
江滨	643	1517	701	816	1258
京岘山	506	1210	551	659	340
星星	400	1014	437	577	53
红旗	514	1324	583	741	335
团结	461	1249	564	685	67
象山	645	1667	745	922	190
蓝印	21	26	17	9	26
合计	4396	10703	4850	5853	3518

说明：20世纪90年代，一度缴纳一定数额城市增容费，办理的“农转非”户口称“蓝印”

1986 ~ 2007年京口区部分年份象山乡（镇）户口情况表

表28-2　　　　单位：人

年份	户数	总人口			非农业人口
		合计	男	女	
1986	4138	11308	5089	6219	—
1987	4028	11104	4850	6113	—
1995	4396	10703	4850	5853	3518
1996	4384	10502	4791	5711	3472
1997	3488	10440	4780	5660	3370

续表 28-2

年　份	户　数	总　人　口			非农业人口
		合　计	男	女	
1998	4402	10356	4730	5626	3431
1999	4185	9482	4468	5014	3609
2000	4434	10058	4785	5273	4376
2001	4087	9239	4370	4869	3607
2002	4793	10668	5191	5477	3739
2003	5656	13039	6013	7026	—
2004	7833	17177	8163	9014	—
2005	8035	17700	8414	9286	—
2006	13822	32003	15612	16391	—
2007	13793	31026	15131	15895	—

1983 ~ 2007 年，象山乡（镇）人口变动，自然增长在长时期内较为稳定。机械变动，人口迁入大于迁出，区划调整使人口总量变动。1990 年，第四次全国人口普查，全境有人口 36814 人，因城郊接合部住宅小区，原属城市居民户 4 个片区人口划归象山普查区。

二、来信来访

1983 ~ 1992 年，乡党委、政府设立信访办公室，配备专职人员负责人民来访工作。10 年中，接访 150 多人次、来信 100 多封。无群访、集访和越访案件发生。1993 ~ 1996 年，化解各类社会矛盾 1000 多起，维护社会稳定。2000 ~ 2003 年，象山辖区随着城市发展，征地拆迁成社会最敏感问题。这个时间段内涉及拆迁、回迁矛盾较为突出。时常有拆迁户找政府反映情况。加之下岗职工或因历史遗留问题，乡信访办公室接访压力大。4 年中，受理人民来信 200 余件，来电 1000 多次，接待处理群众来访 8000 多人次。2004 年 7 月，建立乡、村（居）两级社会矛盾纠纷调处中心、调处站，设有接待室、谈心室、议事室、听证室、办公室、调解庭和法制学校 5 室 1 庭 1 校一站式服务，实行微机管理等。2005 ~ 2007 年，全乡因历史遗留矛盾，加之征地拆迁、下岗再就业等社会问题，群访、集访和越级上访时有发生。乡（镇）政府社会矛盾纠纷调处中心及各村（居）专人接访，认真听取并记录当事人意见、要求等，耐心细致地做好当事人工作，努力钝化矛盾，减少群访、集访和越级访，促进全乡社会和谐、稳定。

三、新农村建设

1983 ~ 1988 年，象山乡重视农村“三难一差”（水、电、路难，环境差）问题，采取乡村结合、逐步解决办法，使城郊接合部和临近厂区村组，基本解决“三难”问题。1989 ~ 1992 年，16 个村民小组、3611 人用上自来水；新增供电设施，解决全乡照明用电；筹集 59.25 万元，翻建陈家门路、宗泽路、京岘山路、八角亭路、党校路，全长 8312 米，除 430 米为砂石路面外，其余为水泥路面。1993 ~ 1995 年，全乡集中清理露天粪坑 3731 处，兴建改造化粪池 1005 处，清理迁移粪缸、粪坑 2726 处。各村组增设公厕，从根本上改变农村使用露天粪坑陋习。

1999 ~ 2001 年，象山乡在完善农村第二轮土地承包同时，完成村组合并，将原来 49 个村民小组，调整为 33 个。进一步减轻农民负担，从人均年 121 元减至 48.45 元。大力整治臭水沟，增设垃圾箱等卫生设施。改造村组道路，完成江堤达标、友谊港河道疏浚、掘宽民主渠道等一批民心工程。

2002 ~ 2005 年，象山乡境内随着京岘山庄、瑞景山庄、梦溪嘉苑、恒美嘉苑、颐和家园、恒顺翠谷、米山人家、方家湾新村、香江花城等一大批房地产项目开发，将红旗、京岘山、新民、袁村、民主等

10个行政村整建制转为社区居委会。开展清洁家（田）园、清洁水源活动，优化社区居住环境。打造何家门、潘家湾、民主一组、八角亭示范点，提升全乡（镇）环境卫生。投入100万元，修建道路、清理河塘、补植绿化，新建、维修垃圾箱，实施垃圾收集、清运、道路清扫“三位一体”保洁模式，全乡环卫基础设施进一步完善。

2006年，全镇投入30万元，完成丹徒集镇的路灯改造，无害化户厕改造达3131户。2007年，全面启动长江滩涂生态建设和禹山、京岘山山体绿化工程。在规划建设高效农业示范区133.33公顷初显成效的同时，全面启动“1128”工程，即着手湖西路绿化1条路，北起长江南岸至横山的1条生态绿化带滩涂片、西山水库2个绿化片，罗湖、侯姚等8个绿化示范点，区域生态环境得到优化。

四、创建国家卫生城

1986～1998年，全乡创建、创优，净化社会环境。1993～1995年，开展创建国家卫生城活动，强化日常管理，落实“门前三包”（包卫生、包秩序、包绿化），划段包干，集中整治东吴路、丹徒路占道经营380起，拆除违章搭建2105平方米，清理垃圾1945吨。在创建活动中被区政府评为第一名。1997年，开展灭蝇、创卫工作。先后组织千人大会战，清理脏、乱、差，使“两河两沟”（虹桥港河、古运河、小米山沟、京岘山沟）面貌一新。

五、文教 卫体 科技

1987～1995年，全乡教育连续9年“四个率”（入学率、巩固率、毕业率、普及率）达100%，“双基”（基础知识、基本技能）通过省级验收。2003～2006年，建立健全农村新型合作医疗保险制度，1.37万人参保。2007年，开展江滩灭螺“春风Ⅱ号”行动。1995年，全乡科技创建通过省级验收，被授予省级“科技先进乡”称号。同时被评为江苏省“苏中农村综合实力百强乡镇”。1996年，象山乡在全区率先建成“电话小康乡（镇）”。1995～1997年，《象山乡志》历经3年编纂，由黄山书社出版发行。2006年，陈家门小学与香江花城小学合并。举办“象山放歌”“象山新风”等文艺演出。2007年，建成东风、长江等4个健身点，并对外开放。

六、计划生育

1983～1992年，全乡独生子女领证率100%。1993～2007年，象山乡人口出生率平均为2‰，计划生育工作连续多年被评为市级先进集体。

七、征地拆迁

20世纪80年代以后，象山乡随着改革开放和城乡一体化发展，机关及厂矿企事业单位外迁。1984年，市政府决定，征用江滨村33公顷土地建设住宅小区（今称江滨社区），为全市大宗征地之始。1986～1993年，镇江技工学校、江苏省劳动经济管理学校、银泉、京口等20家企事业单位先后征用红旗、民主、花山湾、星星等村组土地150多公顷。经江苏省政府批准，先后撤销江滨、花山湾、星星、民主4村20多个村民小组，1000多人口“农转非”。1994～2001年，象山乡住宅建设进入投资热潮，先后有花山湾、江滨二、三期、桃花坞、桃花山庄等20多个居民小区先后建成。各类征地80多公顷（不含焦顶山市场化运作50公顷），涉及4个行政村、18个村民小组和小米山茶场，1685人“农转非”（农业户口转非农业户口），9个村民小组撤组转户。2002～2005年，香江花城、京润国际花园、瓯龙、国强、小蒸等房地产开发商相继在民主、京岘山、红旗、星星等村组开盘；红豆正大广场项目落户九里街，征用土地320多公顷，涉及6个村、24个村民小组，农业人口2500人。学府路、京口路、禹山路、江滨大道、东吴路、古城路等6项市、区道路拓宽改造用地。同时受镇江市规划制约，象山乡可用土地越来越少。为拓展象山乡发展空间，区政府调整部分区划。2003年12月，旅游经济开发区撤销，将东风、新华2村划给丹徒镇；将新民、新生、袁村、孟村、长江村和汝山居委会、宗泽路第一居委会、宗泽路第二居委会划归象山乡。2005年，全乡征地拆迁17个地块，涉及10个村（居）、34个村（居）民小组。2006年，象山镇优化区域环境，组织北部滨水区俞家村等地渔民拆迁安置，拆迁安置渔民257人，推进18宗、714公顷土地征地拆迁。2007年，推进谷阳路、索普化工集团、姚家湾等6宗地块拆迁，开展庄家湾、东风村严贾组等13宗地块拆迁征地工作。

八、政法

1983年，象山乡户籍属九里街派出所管理。1984 ~ 2006年，随着城市化进程加快，土地不断被征用，村（民）改居（民）增多，户籍和社会治安逐步形成城郊相杂，分属学府路、正东路、四牌楼、九里街、江滨新村、桃花坞、健康路7个派出所管辖。1986年，国务院颁布《居民身份证条例》后，按照全省统一部署，开展居民身份证颁发、管理工作。1989年，开展打击拐卖妇女儿童专项斗争。

1990年，全国第四次人口普查时，各派出所分别为漏登户口人员（主要是超生婴儿），按规定办理入户手续。1993 ~ 1994年，全乡开展对4028名流动人口进行调查登记，发放暂住证3937份。1996年，全乡建立"110"报警服务系统30多处。1997年，开展"扫黄打非"（扫除淫秽色情等文化垃圾，打击非法出版物）专项斗争，加强对娱乐场所整顿治理，尤其对寻衅滋事、打架斗殴、卖淫嫖娼等治安案件，做到发生一起查处一起。1999 ~ 2004年，集中收缴散落在民间的枪支、弹药。加强社会治安整顿，开展创建"平安京口""平安象山"活动。2005 ~ 2007年，公安部门按照统一部署，为全乡居民换发第二代"居民身份证"。象山成立司法办公室，配司法助理1名，为乡政府、村委会、村民当好法律服务参谋，提供代书各类法律文书、法律咨询、代理民事经济纠纷案件、协助办理公证等司法服务。根据新颁布法律、法规，组织全乡普及法律知识教育。同时做好安置帮教工作，配合派出所摸清刑释解教人员情况，实行回访制度，促进非监禁刑罚人员顺利回归社会。2005年6月，实行社区矫正，接受矫正对象20多人，使其按期融入社会。

九、"集资"兑付

1996 ~ 1998年，江苏金象集团违规进行"集资"。发生集资风潮后，2001 ~ 2002两年完成150万元"集资"兑付任务。2005年，乡政府兑付"集资"本金2.6亿元基础上，进行"集资"利息兑付，共付"集资"利息2300万元。同年12月，镇江二十一世纪乐园"巨蛋"项目破产工作结束。

第四节　村（居）委会

一、概况

1993 ~ 2007年，象山乡（镇）区域内建成区扩大，红豆集团、中南世纪城等数十家房地产开发及政法机关、部队、大中型企业落户，大部分村及自然村被征地拆迁。2001 ~ 2005年，区内乡镇区划调整，汝山乡、旅游经济开发区、丹徒镇建置撤销后，村、居（社区）变化较大。2007年，象山镇辖有上隍、左湖2村及长岗、丹徒、东风、东城、孟诚、学府路、汝山、宗泽路、景阳山、焦山、红旗、陈家门、象山、长江、江苏大学、林机、九里街17个社区居委会。其中有原属象山镇的京口路、江东、古城，分别划给正东路、四牌楼、大市口3个街道。原属四牌楼街道的九里街社区、正东路街道的江苏大学、林机厂社区划归象山镇。

二、自然村、集镇选介

1. 陈家门村　位于象山南麓。据《续丹徒县志》记载：清嘉庆年末至道光年初（约1819 ~ 1820年），陈姓居此，遂名陈家门村。因临江滨，紧依象山余脉，坡丘岗峦，处于江防要地。清廷为防务外敌入侵，于道光、同治年间在东码头至陈家门一线修建炮台。由于兵民杂居，人口渐多，成为乡村集市。新中国成立后，陈家门有学校、诊所及土产什杂、日用五金、农具、药材、饮食、粮油、生活用品等事业单位及商店数十家。2006年，陈家门仍存一条100多米长、5米宽，由东至西条石路面古街道，农贸市场设置古街两旁。同年9月因征地拆迁。

2. 东码头村　古名石公渡（象山渡），清《京口山水志》记载：象山，又名石公山，"在城东北滨江"。系南来北往人员、货物渡口及码头，为城东物资集散、转运地故称。形成村落并发展为集镇后，以码头命名。位于象山南麓，滨江，并依象山。清雍正元年（1723年），京口将军李杕在象山东码头建造炮台，置炮12门，筑垣建栅。新中国成立后至2005年，仍存长200多米、宽5～6米长条石街道。2006～2007年，镇江焦化厂迁址后，东码头村拆迁兴建商住楼（今中南世纪城）。

3. 九里街　位于镇江市区东部。据《续丹徒县志》记载，因街距城九里，故名。老街原与镇江东大街相连，清咸丰时期毁。1949年，九里街有1家小吃店，和破残三郎庙（后拆除）。1958年，设供销合作社和农村信用社，逐步形成街道。1966年，象山农机厂落户九里街，后更名为镇江市冶金机械厂（1994年，改称江苏金象集团）。1999年，九里街周围有市、县、区属单位80多家，成为象山乡政治、经济、文化中心及服务城市东部商业基地。九里街成为全长4000米，宽32米商业区和城市交通枢纽。2002年，红豆香江花城46万平方米商品房落户后，成为滨江的一处风景。2003～2007年，东吴路西起解放路，东至焦山公园老大门，路面改造拓宽。新建禹山路、小米山路，宗泽路拓宽，使九里街交通贯通，九里街周边住有10多万人口。百年老字号宴春酒楼在九里街开办分店，形成京口区东北部商业中心。

4. 孟家湾集镇　位于京口区东部，距大市口6千米。东临江苏大学，西依京岘山脉，为象山镇机关所在地。明洪武年间（1368～1398年）孟姓由山东迁京口京岘山东麓定居，故称孟家湾。1958年，成立汝山乡（后改园艺场），机关设孟家湾。1959～1982年，逐步形成集镇。1983年，象山公社分设象山、汝山两乡。1983～2001年，孟家湾成为汝山乡政治、经济、文化中心。1987年，孟家湾逐步形成650米长的街市，集镇面积0.36平方公里。有中心小学、邮电所、医院、粮站、供销社、信用社、农科站、兽医站、文化站、农具厂、毛织厂等企事业单位数十家。1993年2月，京口区经济技术开发区成立后，曾一度带动孟家湾集市。2001年3月，汝山乡并入丹徒镇，孟家湾隶属丹徒镇，改称孟村。同年10月，由丹徒镇划归镇江市旅游经济开发区。2003年12月，孟村划归象山乡。2004～2007年，学府路、宗泽路等纵贯孟家湾，谷阳路北延至宗泽路，与禹山路连接，构成四通八达交通网。城市发展加快，兴建恒顺翠谷、颐和家园、江苏大学、东城绿州社区。丹徒中学、镇江机电高职、孟家湾中心小学驻社区内。

1983～2007年京口区象山乡村辖自然村情况表

表28-3

行政村	自然村名	建村时间	村名来源	姓氏	备　注
象山村	荡田村	近代	四周为水荡，因名	袁	位于象山西南
	聂家村	清同治年间	因聂姓迁此，故名	聂	位于象山东
	唐家村	清咸丰年间	因唐姓迁此，故名	唐	位于象山东
	小张家村	清乾隆年间	由张家村迁此	张	位于象山东
	船　村	近代	地似船形	—	位于象山西
	前吴家村	清光绪末	水沟分隔村南	吴	曾名吴家湾
	后吴家湾	清光绪末	水沟分隔村北	吴	位于汝（禹）山北
	徐家村	清嘉庆年间	苏北迁此	徐	位于汝（禹）山南
	茅家村	清光绪末	茅氏迁此，因名	茅	位于汝（禹）山北

续表 28-3

行政村	自然村名	建村时间	村名来源	姓氏	备 注
	楼 村	清咸丰年间	盐商建楼于此，故名	陈	位于汝（禹）山北
	胡家村	清乾隆年间	以姓为村名	胡	位于汝（禹）山北
	叶家门	清道光年间	叶姓居此定为村名	叶	位于汝（禹）山北
	尹家村	清同治年间	瓜洲尹姓迁此村	尹	位于汝（禹）山北
	朱家门	清同治年间	朱姓居此村	朱	位于汝（禹）山东北
	桥 头	清咸丰年间	因村位于石桥头，故名	冯尹、纪	位于汝（禹）山北
团结村	陈家门	清同治年间	陈姓居此村	陈	位于汝（禹）山西北
	夏家门	清同治年间	夏姓居此村	夏	位于汝（禹）山西北
	李家门	清乾隆年间	李姓居此村	李	位于汝（禹）山北
	张家门	清乾隆年间	张姓居此村	张	位于汝（禹）山北
红旗村	于家门	清雍正年间	于姓由河南迁此	于	位于花山南麓
	万寿寺	元大德间建万寿寺，后毁，清乾隆间形成村落	以寺村名	—	位于汝（禹）山南
	陈家湾（陈湾）	清乾隆年间	陈姓居此	陈	位于京岘山东麓
	汤家湾（汤湾）	清乾隆年间	汤姓居此	汤	位于汝（禹）山西南
	大凌家湾	清道光年间	凌姓居此	凌	位于京岘山北麓
	上王家湾	清代	王姓居此	王	位于京岘山北麓
	下王家湾	清代	王姓居此	王	位于京岘山北麓
	向家门	清乾隆年间	河南迁此	向	位于汝（禹）山西南
	松棵村	清嘉庆年间	因松林得名	袁	位于九里街南
	周家庄	清乾隆年间	周姓居此	周	位于汝（禹）山西南
	汝山湾	清康熙年间	翟姓居山下	翟	位于汝（禹）山西南
民主村	九里街	清代	距城九里	—	位于象山西南
	九里后街（俗称刘家园）	近代	刘姓设猪牛行九里街北	刘	1954 年改现名
	前袁家门	明末	袁姓居此	袁	位于汝（禹）山西北
	后袁家门	明末	袁姓居此	袁	位于汝（禹）山西、前袁家门北
	东码头（渡口）	清初		—	位于象山南麓

续表 28-3

行政村	自然村名	建村时间	村名来源	姓氏	备　注
	戴家村	清同治年间	戴姓居此	戴	位于象山南麓
	山西村	清光绪年间	王姓居营盘山西，故名	王	位于象山东南
	王家村	清道光年间	王姓居此	王	位于象山东
	大　湾	清光绪年间	村落于山湾处	—	位于九里街东
	六家圩	近代村落	6 户住一土墩，四面圩田	徐	位于九里街西北
江滨村（1986 年撤销村委会改称）	牟家门	清光绪年间	牟姓居此	牟	位于北固山东南
	小圩子	新中国成立初	邗江坍江移民，曹、杨等姓迁居于此	曹、杨	位于九里街西北
	公司大塘	民国初	恒顺香醋厂于此挖水塘，形成村落后，俗称现名。	—	位于北固山东
	太平街	—	形成村落名，旧有太平庵，故旧称	—	位于东吴路，梦溪路口
	杨家桥	清光绪年间	杨姓建石桥于此	杨	位于北固山东南
花山湾村	周家门	清光绪年间	周姓居此故名	周	位于北固山东南
	许家花园	清咸丰年间	许姓建花园于此	许	位于梦溪路北端东
	花山湾	宋称花山，有云台寺，宋宗简公功德院	岳飞为宗泽建功德院于云台寺（久圮）	—	位于京岘山北麓，嘉定十四年（1221 年）岳珂于此重修功德院。
	山坡村	明万历年间，始有难民迁此	因村建晋陵古城山坡故名	—	位于京岘山西北麓
	上桃花坞	宋代称此名	村落形成南、北二村故称。国民党政府曾	—	位于京岘山南，称上桃花坞
	下桃花坞	宋代称此名	多次在此杀害共产党员和革命志士	—	位于京岘山北，称下桃花坞
	臧田二门	晋代、清代	晋臧绪荣于此办学，臧姓居此。清代始，田姓居此。旧称臧、田家门村。后合称现名	臧、田	位于汝（禹）山西
	花山（一名东山）寺	宋代	建寺于花山，故名形成村落后用现名	—	宋苏舜钦、沈括均题诗于寺壁。
京岘山村	小路口	清乾隆年间	袁、邬氏居此	袁、邬	位于京岘山岔路口
	小周家门	清咸丰年间	周姓居此	周	位于京岘山西北
	缪家门	清道光年间	缪姓居此	缪、莫	位于京岘山北
	石马湾	—	旧有石人、石马，故称	—	位于京岘山西北
	八角亭	旧有亭八角，故名	陈姓居此	陈	位于京岘山西北
	颜家门	清乾隆年间	颜姓由济南迁此	颜	位于京岘山西
	李家湾	清康熙年间	李姓由山东迁此	李	位于京岘山北麓

续表 28-3

行政村	自然村名	建村时间	村名来源	姓氏	备 注
	金家湾	清雍正年间	金姓居此故名	金	位于京岘山北麓
	小凌家湾	清道光年间	凌姓居此故名	凌	位于京岘山北麓
	吴家门	清光绪年间	吴姓居此故名	吴	位于京岘山西北
	小东庄(一称东庄)	原称青阳街	清咸丰间毁	—	民国24年(1935年)改现名
	徐家门	清道光年间	徐姓由铜山县迁此定居	徐	位于京岘山西北
星星村	包家湾	清光绪年间	包姓居此故名	包	位于鼎石山北麓
	张家湾	清道光年间	张、万姓居此故名	张、万	位于鼎石山北麓
	戴家湾	清同治年间	戴姓由安徽迁此定居	戴	位于京岘山西南
	苗家湾	清嘉庆年间	苗姓居此	苗	位于鼎石山东
	徐家湾	清乾隆年间	徐姓由湖南迁此定居	徐	位于焦顶山西南麓
	都天庙	明崇祯年间	因南宋建都天庙祭祀唐将张巡	刘	位于鼎石山南麓。鼎石山有僧伽塔，明代由寿邱山移此
	魏家园	清乾隆年间	魏姓由丹阳迁此定居	魏	位于鼎石山南麓

第二章 汝山乡

第一节 概 况

汝山乡位于京口区中部，距镇江市中心大市口 6 千米。东含江苏大学，以玉带河为界与丹徒镇相邻，南沿京杭古运河与丁卯片区隔河相望，西含京岘山脉与象山乡相连，北滨长江，与新民洲及扬州邗江区隔江相望。1992 年，全乡总面积 12 平方公里，乡政府驻孟家湾。下辖团结、袁家湾、孟家湾（曾名前进）、长江、东风、新华、新生、新民 8 个行政村，50 个自然村，51 个村民小组。1992 年，总户数为 2936 户，其中居民 255 户；总人口 8016 人（男 3564 人、女 4452 人），其中农业人口 7553 人。

清代，属丹徒县大一都。宣统二年（1910 年），属焦东乡。民国 18 年（1929 年），国民党江苏省政府迁治镇江城区后，将第一自治区焦东乡划为千柳、象山、釜鼎、京岘 4 乡。1950 ~ 1955 年，沿称千柳乡。1956 年 9 月，与象山乡合并。1958 年 10 月，从象山乡划出改称汝山园艺场。1981 年 1 月，镇江市恢复市辖区建置，象山与汝山园艺场合并改称象山人民公社。1983 年 3 月，实行市管县体制。12 月，恢复乡级建置，汝山、象山分治。1993 年 4 月，划出袁家湾、新民 2 个行政村及孟家湾村仇家湾、吴家湾 2 个村民小组归镇江市旅游经济开发区（原名京口区经济技术开发区）。2000 年，全乡下辖东风、新华、新生、孟家湾、长江 5 个村委会及汝山居委会，38 个村（居）民小组。全乡总面积 8.5 平方公里，耕地 140.94 公顷，鱼池 54.33 公顷，总户数 3495 户，人口 9318 人，其中居民户 1216 户，非农业人口 3538 人。2001 年 3 月，撤销汝山乡建置，原辖 6 个村（居）并入丹徒镇。

第二节　经　济

一、农业

1983 ~ 1992 年，汝山乡有 5 千米长江岸线，江河相通，水网密布。具有农、副、林、牧、水产业发展先天条件。在“服务城市，富裕农村”和“城乡一体，优势互补”方针指导下，走城乡共同发展、共同富裕道路。1990 ~ 1992 年，全乡先后投入 60 多万元，改造老菜田 29.8 公顷，建设高标准菜田 3.6 公顷，首创“蔬菜医院”。年上市蔬菜 18 吨。引进落葵、生菜、西洋芹等 20 多个新品种。1989 ~ 1992 年，4 年创农业产值 861.42 万元，前两年平均 90 万元，后两年平均 330 万元。1991 年，汝山乡利用滨江水源优势，7 个村开挖 8.2 公顷水面，推广鱼蚌、鱼蟹、鱼鳖、鱼猪、鱼禽综合养殖和特色养殖，取得显著经济效益，得到省农水部门肯定。4 年，上市鲜活鱼、鳖、蟹水产品 1200 多吨，年平均 300 吨，生猪出栏 1 万多头、家禽 15 万羽、禽蛋 22 吨，全乡副业产值收入 2223.6 万元。

1993 ~ 1996 年，全乡农、林、水产和多种经营以蔬菜为重点，发展特色副业。引进绿花菜、黄秋葵、红菜头、佛手瓜等数十个新品种。坚持“科技兴农”，推广新技术 80 多项，增加农业投入。新（翻）建排灌站 3 座。全乡蔬菜保护地栽培面积达 50% 以上、30% 为高产、稳产蔬菜面积。每年为城市提供各类蔬菜 10 吨。全乡有养猪大户 8 户，每年出栏生猪 4500 头。新建精养鱼塘 6.5 公顷，7 公顷特种水产养殖场，每年上市各类水产品 350 吨。1995 年，为支持茅山老区农副业生产发展，汝山乡与句容白兔乡结为友好乡。汝山将农业科技和蔬菜优良品种传授给白兔乡，同时引进草莓、葡萄等优质品种入户汝山乡。1995 年，全乡农副业总产值 1754 万元。1996 年，投资 34 万元，改造东风村藕节沟、新华村丰产方和兴建 1.3 公顷钢管塑料中棚，栽培 2 公顷银杏基地。同年，长江村与中国农学会联合，以土地入股，并投资 50 多万元，建设珍禽繁殖基地，饲养七彩鸡、贵妃鸡、鹌鹑等稀有禽种。孟村、新华等村先后投资 100 多万元，建设螺旋藻、美国白羽王鸽、10 万羽家禽、千头猪场等，实现“一村一品”发展战略。乡农副公司被省政府授予先进单位，养鸡大户朱梅华被评为“江苏省劳动模范”、养猪专业户庄大楼被评为市“十佳标兵”。

图 28-3　1996 年，汝山乡新华村创建农业科技基地（象山镇政府供稿）

1997 ~ 2001 年，全乡实施“五个一”（万头猪场、百亩鳖场、10 万羽鸡场、10 万羽鹌鹑、百亩特色蔬菜）工程，循环供应市场，成为全乡农副业生产重要支柱。每年为城市供应蔬菜 10 吨，水产品 757 吨，生猪 19390 头，家禽 29 万羽。1997 年，全乡农民人均收入 3880 元，被市政府授予“‘菜篮子’工程先进乡（镇）”称号。

1983 ~ 2001 年，汝山乡利用滨江和河汊密布优势开展植树造林工程，有长江林网 600 公顷。全乡造林 1.8 公顷，村庄绿化率 25.1%; 沟渠绿化率 96%，森林覆盖率 32.8%。可见林网面积占宜林地 80% 以上，达到省级绿化乡（镇）标准。1991 年，通过省级验收。1992 ~ 2001 年，汝山乡被市政府授予绿化先进单位。

二、工业

1983 ~ 1992 年，汝山乡以江苏工学院（今江苏大学）和驻乡大、中型企业为依托，建立长期、紧密型合作，抓住汝山喷灌机厂等 7 家骨干企业，带动和促进全乡工业发展。1992 年，全乡工业企业

23家，固定资产1000万元，职工1800多名，各类专业技术人员100多名。有机械、轻工、电子、纺织、建材、鞋帽服装等10多个行业，有农用喷灌机、搪瓷、电器开关、针织等100多个品种。其中1个品种打进国际市场。1993 ~ 1996年，进一步完善承包合同制，推行全员风险抵押承包，调动全乡工业企业干部职工积极性，使大部分企业走出低谷，产品在市场上站稳脚跟。镇宝开关厂真空断路器通过省级鉴定，高压开关工作状态监测仪通过部级鉴定。1995年，全乡工农业总产值1.72亿元（1990年不变价），固定资产2110.7万元。1997 ~ 2001年，全乡工业企业设计、研制出一批新产品。并铁厂的新基合金、喷灌机厂的渣浆泵、新型防水涂料等产品畅销国内各大市场，纺织机械新产品打进国际市场。4年中全乡投入技改项目23个，技改资金306万元。全乡有农用喷灌机、针织机械、高压电器、彩钢、五金、汽车蓬垫、特种磨具等600多个产品。喷灌机获农业部优质产品奖，彩钢、镇流器获部、省、市新产品奖。喷灌机厂获部明星企业、市文明单位称号。灯具厂获市明星企业称号。1998 ~ 1999年，全乡实现国内生产总值1.47亿元，工农业总产值8.32亿元。

图28-4　2001年，汝山乡长毛绒玩具厂生产出口产品
（象山镇政府供稿）

三、服务业

1990 ~ 1995年，汝山乡第三产业为起步阶段。1996年，江苏省纪委投资4150万元，在谷阳路东侧兴建省纪检监察干部培训中心（对外称“东郊宾馆”），占地10.8公顷。1997年10月，对外营业。

1998 ~ 2001年，汝山乡以农民增收为目标，实施“三产拉动、外向带动、科技推动”三大战略，1998 ~ 1999年，全乡三产营收5.45亿元。

2000 ~ 2001年，全乡三产迈出新步伐，取得突破性进展。随着建成区扩大，房地产业兴起，城市化道路延伸，孟村、新生、长江、新华等村投资60多万元，兴建孟家湾、江苏大学、新生、新华等室（内）外农贸市场10多处，占地面积3000多平方米。孟村饭店扩大沐浴、休闲、文化娱乐项目。东风村投资100多万元，建成和改造门面房30多间，发展餐饮、照相、洗染、文化娱乐等服务行业。同时抓住江苏大学后勤服务社会化契机，高校周边村组与学校合作，开展学校教工宿舍、学生公寓等设施建设，在“以校建镇、依校兴镇”小城镇规划建设中迈出新路子。同时抓住谷阳路、学府路、经十二路和禹山路拓宽、修建机遇，发展乡房地产业。

第三节　社会事业

1983 ~ 2001年，汝山乡经济发展带动和促进全乡各项社会事业发展，村镇建设和村民精神文明素质有明显提高，镇区和村容村貌有新改观。至2001年，全乡投资用于修桥铺路、改善供电线路、清淤护坡、开塘挖渠、加固江堤、围滩灭螺、改善农村用水，安装自来水管道、改造农村厕所、改造危房、兴建农村卫生设施、中小学和幼儿教育、镇村文化站（室）、兴建敬老院、安息堂，修建禹山公墓等各项社会事业和社会福利2600多万元。2001年，全乡5个村全部达“文明村”标准，“文明新风户”2280户，占总户数的91.5%，“文明标兵户”511户，“五好家庭”1170户。

1983 ~ 2001年，全乡文化教育、体育和医疗卫生机构健全。境内驻有江苏大学和镇江高级机电职业学校，成为高校学生社会实践基地。另有喷灌机械研究所1所，中小学校6所、幼儿园3所。全乡教职员工和科技人员115名（不含驻地高校，下同），其中高中级职称32名。在校学生1372名。

有乡文化站1所、村文化室10个。汝山中学和全乡5所小学，全部达到合格初中和九年义务教育标准，进入全区中小学行列前四名。初中毕业率98%。小学入学率100%、毕业率99.3%、巩固率99%。幼儿入托率88%。1994年，汝山中学开办职业高中，首创京口区技术培训学校。1996～1997年，汝山中学中考成绩列全区第一名。投资120万元，兴建汝山中学实验楼。与外校联办化工工艺、电气机电、市场营销、园林等10个职业专业班。1983～1996年，汝山乡建有敬老院，收养全乡五保老人20多人。1997年，乡财政投资40多万元，兴建并搬迁敬老院，实现“三通”（水、电话、有线电视）。1997～2001年，不仅收养各村五保老人，同时还吸引一批社会寄养老人前来安居。1997年，汝山乡全线开通有线电视网，实现村村通有线电视。经省级验收，乡广播电视站被评为市级先进集体。邮政电信事业发展迅速，已实现电话小康乡。同时，投资150万元，兴建汝山乡用电大楼。汝山乡群众性体育、学校体育健康发展，少年武术在全市名列前茅，多次代表区、市小学生武术代表队，参加市、省级小学生武术比赛。汝山乡女子象棋和女子自行车代表队参加区首届运动会时分别取得第三名。1999年，汝山乡女子拔河队参加市第十一届农民运动会，取得第一名。汝山乡医院有医卫人员34名。汝山医院与江滨医院、第359医院联合开展骨科、“儿麻”后遗症矫治，提高医疗质量、改善服务、创建专科特色，在全市行业检查时，被评为全市乡镇医院前三名。有村卫生室7个，医务人员7名，达到甲级卫生室标准，医务人员全部持证上岗。全乡通过长江外滩普查，有螺面积5.8公顷，投放灭螺工具810个进行灭杀，围滩灭螺12.6万平方米；内滩灭螺350平方米。19年计划生育率100%、人工流产率1.53%、节育率99.15%、晚婚晚育率87.93%、人口出生率13.4‰、措施落实率99.66%、计划外怀孕率2.92%。计生工作先后多次被评为区级先进单位，乡计生办杨秀美记三等功1次。汝山乡坚持两个文明建设一起抓，开展“学理论、讲奉献、争先进、讲文明”活动，不断提高干部和村民的精神文明程度。1997年，开展评比“十佳文明标兵”活动，左连娣、张圣果、何兔琳、周玉玲、顾兰英、秦润厚、顾锦建、龚文华、龚加善、蒋明才为汝山乡首届十佳文明户。至2001年，全乡82%为文明户，92%为五好家庭。徐洪兴被评为市勤政廉洁标兵、优秀党员，朱梅华被省委宣传部、省科委、团省委评为青年农民科技带头人，养猪状元庄大楼被评为市“十佳农民”。东风村在全区开创“十星级文明户”活动，评选出137户“十星级文明户”。认真开展普及法律知识教育和法律服务，为全乡经济和各项社会事业发展、创建平安镇江、平安京口提供和谐稳定社会环境。1999年，汝山乡获市级文明先进乡（镇）称号。

1992～2001年，汝山乡村镇和道路变化较大，村容村貌、环境卫生明显改观。1996年，谷阳路建设征地，新生村5组“拆组转户”，65人“农转非”。1997年10月，谷阳路建成后从潘家湾自然村穿越，结合谷阳路建设拆迁安置，兴建新民居民小区，为京口区新农村建设之始。一期工程用地1.2公顷，共31户（幢），每户二层单独复式楼。实行统一规划、统一施工、统一管理。1999～2001年，改造露天粪坑160多个，新建公共厕所20多个、垃圾箱16座，配备30多名村及道路保洁员，有效改变各村环境卫生面貌。东风村成为京口区唯一省级生态农业村。

第四节　村（居）委会

一、概况

1993～2001年，汝山乡境内禹山路、宗泽路、谷阳路、经十二路、纬七路和江苏大学扩建、镇江机电高职、镇江第一中学兴建、搬迁，以及数十家房地产开发商征地拆迁，大多村组“撤村转居（社区）”“农转非”。2001年，汝山乡撤销建置前，辖新华、新生、孟家湾、东风及长江5个村和汝山（社区）居委会，计28个村民小组。

二、自然村选介

1. 新华村　位于汝山乡南侧，东至镇江林机厂，南至京杭古运河丹徒段，与丁卯开发区隔河相望，西至谷阳路，北至学府路汝山段。2001 年，全村总面积 1.7 平方千米。下辖孙家湾、丁家湾、庄家湾、蒋家湾 4 个自然村，10 个村民小组。总户数 458 户，总人口 1371 人。村办及个私企业 8 家，主要产品有五金、工业泵、彩瓦、园林设施等。村级经济以村办企业为主，农业以特色蔬菜为主。全村实现“五通”（水、电、路、电话、有线电视）。

2. 新生村　位于汝山乡西侧，京岘山南麓。东至东郊宾馆，南至古运河与丁卯开发区隔河相望，西至镇江建材厂（原丁卯砖瓦厂），北至学府路。谷阳路、学府路穿越村境。2001 年，全村总面积 1.5 平方千米。下辖秦家湾、蔡家湾、潘家湾、夏家湾 4 个自然村。总户数 432 户，总人口 1359 人。首批建成京口区新农村示范点——新生社区。有私营企业 7 家。主要产品电控设备、汽车篷布、油麻丝及床上用品。农业以特色蔬菜为主。

3. 孟村　位于孟家湾村（汝山乡驻地）。东至江苏大学大门，南至学府路汝山段，西含谷阳北路，至京岘山东麓，与镇江二十一世纪乐园紧邻，北与经济开发区交错。2001 年，全村总面积 1.7 平方千米。下辖 5 个村民小组、2 个居民小组。境内有镇江机电高职、汝山中学、汝山医院等。总户数 546 户，总人口 1730 人。村级经济以第三产业为主。京口洗涤剂厂、金山喷灌机厂、孟村大酒店等私企为村级经济支柱。

4. 东风村　位于汝山乡东部。东连丹徒镇，南依古运河，西接新华村，北含学府路与江苏大学紧邻。2001 年，全村总面积 1.5 平方千米。下辖前、后观庄、夏、严 4 个自然村，5 个村民小组，1 个居民小组。总户数 416 户，总人口 1180 人。村办企业 2 家，商业门市 60 多户，村级经济以第三产业为主。

5. 长江村　位于汝山乡北部，沿长江京口段南岸 2.7 千米。东与丹徒镇、江苏大学紧邻，南含汝（禹）山支脉，与孟村相接，西至象山乡团结村，北滨长江。2001 年，全村总面积 1.8 平方千米。下辖卢家圩、何家门、金家村、张家村、王家湾、吕家圩、东、西八岸 8 个自然村（村民小组）。总户数 432 户，总人口 1183 人。有精养鱼池 26.67 公顷，高标准蔬菜丰产方 11.2 公顷。村级经济以农副业为主。

6. 汝山　居委会位于汝山乡驻地孟家湾村。东至江苏大学，南临学府路，西接孟村，北依长江村。2001 年，总面积 0.4 平方千米。下辖 3 个居民小组。总户数 69 户，总人口 142 人。

图 28-5　2001 年，汝山乡东风村建设蔬菜生产大棚　（象山镇政府供稿）

1983 ~ 1992 年汝山乡自然村情况表

表 28-4

行政村	自然村名	建村时间	村名来源	姓氏	备 注
长江村	吕家圩	明清	吕氏定居于此，故名。清咸丰云南通海知县、直隶知州吕之朴先祖居此	吕	滨江、汝(禹)山东北
	东八岸、西八岸	清代至新中国成立后，由北固山沿江堤逶迤至象山东	1958 年，于东八岸间开河疏流，该村分为二，故称东、西二八岸	—	滨江，位汝(禹)山东北、象山西

续表 28-4

行政村	自然村名	建村时间	村名来源	姓氏	备 注
	卢家圩	清道光年间	宿迁卢姓迁此，故名	卢	位于汝（禹）山东
	何家门	清道光年间	何姓迁此，以何姓定名	何	位于汝（禹）山东南
	金家村	明清时	金姓居此，以金姓定名	金	位于汝（禹）山东
	左家村	清光绪年间	左姓迁此，以左姓定名	左	位于汝（禹）山东
	王家湾	明清时	王姓居此，以王姓定名	王	位于汝（禹）山北
孟家湾村	孟家湾	明万历年间	孟姓由山东迁此定居，以孟姓定名	孟	位于京岘山东麓
	大朱家湾	明崇祯年间	朱姓由安徽迁此定居，以朱姓定名	朱	位于汝（禹）山东南
	小朱家湾	清光绪年间	朱姓由大朱家湾迁此，为分别于“大朱”，故称“小朱”	朱	位于汝（禹）山南
	上仇家村	明成化年间	仇姓由苏州迁此，以仇姓定名	仇	位于戴家山（今江苏大学内）东南
	下仇家湾	清顺治年间	仇姓由山东迁此，为别于上仇家湾，故名下仇家湾	仇	位于戴家山（今江苏大学内）西北
	刘家湾	明武德将军刁百川墓葬京口朝阳门外刘家湾，故名	刘姓居此	刘	位于京岘山东北
袁家湾村	袁家湾	清乾隆年间	袁姓由丹徒迁此，袁姓居此	袁	位于京岘山东北
	小袁家湾	清乾隆年间	袁姓由丹徒迁此，为别于袁家湾，故名	袁	位于京岘山东北
	姚家湾	清道光年间	姚姓居此	姚	位于汝（禹）山东南
	吴家湾	清同治年间	吴姓居此	吴	位于戴家山北
	杨家湾	清光绪年间	杨姓由山东迁此，杨姓居此	杨	位于戴家山西北
	罗家堂（塘）	清光绪年间	罗姓迁此，罗姓居此	罗	位于汝（禹）山东南
	方家湾	明万历年间	方姓迁此，方姓居此	方	位于京岘山东北麓

续表 28-4

行政村	自然村名	建村时间	村名来源	姓氏	备 注
东风村	前、后官庄	明清	皇家直辖田庄置此，原称皇庄。清道光间，郑、左二姓由埤城迁此，改称前、后二官庄。郑、左二姓居此	郑、左	清代部、寺属官居此称“官庄”。民国 25 年(1936 年)，修建镇澄路，将村分二，故称
	贾家庄	近代	贾姓居此，以姓为村名	贾	位于戴家山南
	严(湾)家村	清咸丰年间	严姓迁此，严姓居此	严	位于戴家山南
新民村	薛家湾	清康熙年间	薛姓由山东大黄庄迁此，薛姓居此	薛	位于京岘山东南
	小夏家湾	清乾隆年期间	夏姓由夏家湾分居于此，夏姓居此	夏	位于京岘山东南
	贾家湾	清道光年间	贾姓迁此，贾姓居此	贾	位于京岘山东南
新华村	孙家湾	清咸丰年间	孙姓由丹阳埤城迁此，孙姓居此	孙	位于京岘山东南
	丁家湾	清同治年间	丁姓由茅山迁此定居，丁姓居此	丁	位于京岘山东南
	蒋家湾	清咸丰年间	蒋姓由丹徒迁此定居，蒋姓居此	蒋	位于京岘山东南
	庄家湾	明洪武年间	庄姓由山东济南迁此，庄姓居此，亦称庄湾	庄	位于戴家山西南、京岘山东南
新生村	秦家湾亦称秦湾	清顺治年间	秦姓由山东莱芜居此，以姓定村名	秦	位京岘山东南，滨古运河北岸
	蔡家湾	明清时	蔡姓居此，以姓定村名	蔡	滨古运河北岸
	潘家湾	清乾隆年间	潘姓由徽州迁此，以姓定名	潘	京岘山东南，滨古运河北岸
	夏家湾	清乾隆年间	夏姓由安徽桐城迁此，以姓定名	夏	京岘山东南，滨古运河北岸

说明：2002 ~ 2007 年，原汝山境内征地拆迁及撤村转居资料，参见丹徒镇、象山乡（镇）有关记载

第三章 谏壁镇

第一节 概 况

谏壁镇位于京口区东部，距镇江市中心大市口 15 千米。地处苏南运河与长江“黄金十字水道”交汇口。东依青龙山，与大港镇紧邻，南含雩山，与丹徒区辛丰镇接壤，西沿白兔山，与象山镇毗连，北滨长江，与丹徒区江心洲隔江相望。

谏壁（又名涧壁），古属宜侯封地。历史悠久，名称多变。《史记》称练辟聚。故谏壁，又称练壁。镇南雩山似古练湖之壁，古为练壁里。《中国古今地名大辞典》记载：“南朝宋元嘉中（438 年前后），于谏壁置军”，“谏壁”一名始见于典籍。另据《乡土》刊载，南宋爱国名将韩世忠，屯兵谏壁阻止金兵南下，曾于此江口置铁锚封江，又有铁锚港（清编《京口山水志》：铁锚港，即涧壁港）之称。清《丹

徒县志》载：嘉庆年间（1796 ~ 1820 年）始设谏壁镇。

谏壁镇隶属关系多变。辛亥革命后至 1980 年 12 月，镇区分别属丹徒县、镇江市（镇郊属丹徒县）。1981 年，镇江市恢复市辖区建置，以镇区域建谏壁区。1983 年 3 月，实行市管县新体制，撤销谏壁区，恢复镇建制。8 月，隶属润州区。1992 年 10 月，市区部分区划调整，划归京口区。1997 年，撤销丹徒县谏壁乡建置，镇澄公路以北孩溪、新竹、甸上等行政村划归大港镇；路南上元、马湾、北吕、雩北、雩山、黄丝湾、李华、蔡家、东陶等村划归谏壁镇。

谏壁境内铁、公、水路交通便捷、发达。镇（江）大（港）铁路穿越全境，设有南门（上隍）、谏壁货场。镇澄、318（沿江）和镇（江）大（港）、谏（壁）辛（丰）、雩（北）龙（山）等 6 条省、市（县）级公路贯穿全镇。苏南运河和长江京口段在谏壁镇癞鼋墩交汇。谏壁一、二号船闸可通过 1500 ~ 4000 吨级船舶江河水上运输，历有“九省通衢”之称。

谏壁是镇江市卫星镇。以国电谏壁发电厂、中储粮公司、中盛食用油公司、江苏电力建设三公司、6904 油库、江苏索普集团、鸿泰钢铁、中船镇江辅机厂、金河纸业为主体的部、省、市、区级大、中、小型企业 116 家，形成电力、化工、纸业、油脂、金属压延、建材、仓储为主，塑料、电子、鞋帽、服装为辅的产业体系。有电、气、水和餐饮、浴室、文化娱乐、邮政、银行、医院、学校、公园各类大型服务商企数十家。

2007 年，谏壁镇全镇面积为 31.89 平方公里，有耕地 595 公顷。辖 12 个社区（其中居委会 8 个、村委会 4 个），14598 户，34643 人。国内生产总值 11.1 亿元，全口径财政收入 3.77 亿元，农民人均纯收入 8170 元。

第二节　经　济

一、农业

1983 年，谏壁镇实行联产承包责任制和经济大包干，全年粮食种植面积 210 公顷，总产 81.97 万千克，棉花 2.05 万公斤，油料种植面积 11.5 公顷，总产 1222.6 千克，蔬菜上市量 255.5 万公斤，饲养生猪 1504 头，放养鱼苗 6.9 万尾，饲养家禽 1.74 万羽。1987 ~ 1989 年，“菜篮子”工程 3 年完成农副业总产值 816.45 万元。1990 年，在粮山村建成小麦百亩丰产样板方。投入 6.43 万元，加强“菜篮子”工程建设。1992 ~ 1993 年，月湖村改造菜地 10 公顷、鱼池 8.5 公顷，植树 5000 株，拓植果园 1.3 公顷，上市果品 19 吨。1995 ~ 1998 年，坚持“无农不稳”，先后建立高标准蔬菜基地 53.4 公顷，建设“1555”（即：建成粮山村吨粮田 100 亩，建成 500 头生猪、5000 斤鲜鱼、5000 羽家禽）基地，建成蔬菜大棚 13.5 公顷。创办特种水产养殖公司，修建月湖村排涝站和抗旱站各 1 座，完成粮山站机泵更新和机房维修，修建分水池、闸。建成吨粮田 85 公顷，荒山植树 10 公顷，建成三麦丰产方 170 公顷。农民人均收入年增长 15% ~ 20%。

1999 ~ 2001 年，谏壁镇实施“富民强村”工程，以蔡家村“省名优水果研究所”为中心，发挥农业产业结构调整亮点效益。3 年实现农业总产值 3420 万元。2002 ~ 2003 年，实行村账镇管，村级债务化解率 83.19%，债权回收率 86.29%。实施雩山“千亩生态林”首期 4.5 公顷工程，加快实施“无粮镇”“无粮村”步伐，实施“一村一品、一村一技”工程，调整种植面积 40 公顷，建成上元村 15 公顷苗木种植基地，扩大丘陵缺水村灌溉面积 100 公顷。完善黄丝湾人、畜饮水工程，铺设雩北村小刘组自来水管道。2004 ~ 2005 年，加快农村改革和农业结构调整，先后完成雩北村邓家缺、蔡家村各 10.3 公顷粮改菜、雩山村 10.3 公顷甜糯玉米、2 公顷向日葵种植，10.3 公顷砂梨园工程。在东京村、蔡家村推广温氏养鸡 10 万羽。完成雩山山脉 200 公顷森林植被恢复工程，种植蜀桧 1.7 万株，建成马湾村千头猪场良种繁育基地，建设向日葵、玉米种植示范工程 20.6 公顷，2 年实现农副业总产值 1.2 亿元，农民人均纯收入 6400 元，增长 1500 多元。

2006年，谏壁镇落实“三免一补”惠民政策，粮食直补500公顷，积极培育农业经纪人，完成零北二期10公顷粮改菜任务，新建钢管大棚3.5公顷，粮山肉牛、零北波尔山羊养殖大户15个。实现农副业总产值3360万元，农民人均纯收入7360元。2007年，全镇实施12公顷“粮改菜”工程，年温氏养殖鸡出栏60万羽，建成粮山“千头猪场”。开挖零北中心沟，粮山河等10处沟、塘清淤，完成30.5公顷植树造林，实现农业总产值3150万元，农民人均纯收入8070元。

二、工业

1983年，谏壁镇、村办工业积极推行承包责任制，全年完成工业总产值681.72万元。1984 ~ 1987年，全面实行经济承包责任制，扩大企业自主权。1988 ~ 1989年，宏观控制，微观搞活。深化企业内部改革，实行厂长负责制试点。抓销售与求效益并重。抓技改项目进度和投产作为发展经济主要潜力。把横向联营作为经济发展主要方向。经济发展保持良好的态势。

1990年，全镇以工业为主导，加快发展镇、村办企业，工业总产值首次突破亿元大关，总值10015.61万元，工业销售3915.09万元，利润100.74万元。财政收入190万元。1992年，加快重点技改项目投产进度，着力解决发展资金不足，加强引进和培养人才，工业生产走“两上一外”（上规模、上水平，发展外向型经济）新路子，完成工业总产值1.25亿元。1994 ~ 1999年，加大企业改制力度，先后完成耐磨材料等7家厂企股份合作试点，有效促进生产力发展，连年实现国民生产总值和工业销售量超亿元，利润、税收大幅度上升，加大生产性和技改投入1628.59万元。

1998年，全镇采用“一厂一策，一厂多策”，改制48家企业，达94%。1999 ~ 2001年，国内生产总值1.535亿元，财政收入1745.5万元。固定资产投资累计1.98亿元。2002年，实行集体资产公退民进，镇劳务公司、印刷厂、耐磨材料厂完成改制。同时推进工业园区建设，占地14.5公顷镇江鸿泰金属制品有限公司落户谏壁，总投资1亿美元中盛科技产业园完成规划。中盛、金盛化工、正恺电子、谏壁针织等企业规模不断壮大，实现国内生产总值2.04亿元，工业销售44.3亿元，利润2504万元，固定资产投入1.13亿元。全口径财政收入2528.40万元。实现工业增加值1.2亿元，销售5.8亿元。2003 ~ 2005年，中盛粮油、鸿泰钢铁实现销售16.8亿元和10.5亿元，进入全市工业企业50强，谏壁镇跨入全市工业10强镇行列。固定资产投资111492万元、技改投入3.12亿元，实现利润5000万元。

2006 ~ 2007年，全镇实现国内生产总值18.7亿元，全口径财政收入6.40亿元。地方财政一般预算收入1.25亿元，工业销售63.1亿元，全社会固定资产投入3.8亿元，实现工业增加值6.5亿元，同时新增定报企业5家，销售超亿元企业5家。

1993 ~ 2007年京口区谏壁镇工业生产情况表

表28-5　　单位：万元

年　份	生产总值	销售	固定资产投资	财政收入	利　润	税　收
1993	22500	12400	—	—	152	250
1994	36200	20200	2600	2470	—	—
1995	42000	21000	3800	5041	1600	507.41
1996	40400	26200	1628	—	387	0
1997	10400	37000	1519	—	510	736
1998	11708	39000	—	—	571.10	215
1999	13900	20002	6000	971.31	706.99	—
2000	15350	20004	6500	1429.72	—	392
2001	16800	20003	6300	1745.50	1745.50	453.90

续表 28-5

年　份	生产总值	销售	固定资产	财政收入	利　润	税　收
2002	20400	86000	11300	—	—	2500
2003	30200	134000	13288	4563	4565	3904
2004	58000	310000	38700	11473	11523	—
2005	66500	357000	44800	12726	12726	11886
2006	76000	317000	38000	—	—	—
2007	122500	314000	—	37700	—	—

三、服务业

1984 年，谏壁镇着力梳理商贸服务流通渠道，推行多渠道、少环节、开放型第三产业经营方式。大力发展镇、村办商业及个体经营户。全年实现营收 73.4 万元，利润 65763 元，新批个体企业 27 户，建立农副业公司供销经理部及蔬菜门市部。1985 年，完成交通运输额 195 万元。1987 ~ 1989 年，镇办商业、运输业完成营业额 621.58 万元，开发商品房竣工面积 1100 平方米。开发劳务市场，安置 700 余人就业。全镇商业网点 20 多家，形成商业一条街，营业摊点 400 多个。3 年完成三产营收 1530 万元。

图 28-6　1996 年，谏壁镇在镇澄路与谏壁路交汇处建成木材市场一角　　（谏壁镇镇政府供稿）

1992 年，谏壁镇成立土地开发公司开发商品房，投入 120 万元改造谏壁饭店。1993 ~ 1997 年，5 年实现三产营收 83217 万元，利税 810 万元。1996 年，投资 140 万元，建成谏壁农贸市场。个体工商户注册资本 29.77 万元，私营企业注册资金 79.13 万元。建成 6400 平方米木材市场和 23 间零山街水果市场，与江苏置业集团共同投资 800 万元，建设谏壁小商品市场，房屋开发面积 1.14 万平方米。1998 年，建成谏壁小商品市场，扩建建材市场。开发商品房 2 万平方米，加快镇南、白云石矿、石墙头新村规划建设。兴建月湖、焦湾码头，扩建东陶和东海油脂码头。全年三产营收 4.01 亿元。

1999 ~ 2001 年，谏壁镇填平铁锚港观音桥至龙嘴段河床，投入 1000 多万元，新建农贸市场、滨河路市场。在册个体工商户 773 家，私营企业 53 家。

2003 ~ 2007 年，全镇 5 年投资 5000 多万元，引进利用民资 9.12 亿元，新建零北农贸市场、东大超市、丹凤农工商超市，扩建改造新、老农贸市场，新增落户企业 75 家，注册资本 13.83 亿元。发展个体工商户 677 家，私营企业 145 家。其中 2005 年，实施现代“紫气计划”，商品房开发竣工面积 7.1 万平方米，完成全镇第一个物业管理住宅小区——河风丽景开发建设，亚星船舶、荣达鞋业、京润化工等项目投产。5 年全镇三产营收 47.75 亿元，完成社会消费品零售总额 37.55 亿元，利税 0.45 亿元。

第三节　社会事业

一、教育

1983 ~ 1984 年，谏壁镇辖区有中学（含技校）4 所，其中谏壁中学、谏壁农业中学（属丹徒县）、谏壁电厂技校（属企办），镇江市第十中学。有谏壁中心小学和村办小学 7 所，在校生 3135 人，6 所幼儿园，入托儿童380人;2家托儿所，少儿入学率100%。1985年，谏壁镇开展教育体制改革。1987年，镇政府开办家长学校，投资25万元，建成谏壁中心小学教学楼。开办成人教育学校，举办农业技术、科技普及等培训班。1988年，贯彻落实“重视幼儿教育，普及小学教育，提高初中入学率，办好成人教育，开展文体活动”规划。1989年，为全省首家实施初等义务教育镇，投入8.3万元改善和解决中小学教育设施。1989 ~ 2007年，全镇适龄儿童年均入学率100%，毕业率97.7%，巩固率为100%。

1990 ~ 1993年，全镇基本扫除青壮年“文盲”，举办成人培训班32期，1874人次参加。1990 ~ 1998年，先后投入105万多元，整修王祠、粮山、焦湾等3所小学校舍、翻建1044平方米谏壁中心幼儿园和324平方米雩山小学教学楼，谏壁中心小学被评为区级模范学校。2000 ~ 2007年，全镇校舍实现无危房。

1994 ~ 1996年，谏壁镇教育工作分别通过市、省级“双基”核查验收。1996年，镇江第十中学和谏壁中心小学，投入35万元购置46台微机。1997年，全镇完成九年义务教育。镇江第十中学投入100余万元，建成1781平方米教室、宿舍楼一期工程，至2003年，陆续从焦湾搬迁至雩山路月湖新校址。1998年，与江苏理工大学人文学院联合开办经济管理大专班。

1999 ~ 2001年，全镇推进乡村小学布局调整，撤销村级初小合并至谏壁中心小学。2002年，加快教育布局调整，撤并马湾、蔡家小学高年级班。2004年，雩山、马湾小学撤并。谏壁中心小学新址建设完成规划、设计、工程招标。2005年，全面建设谏壁中心小学新校区，完成征地、拆迁和回迁工作。第十中学和谏壁镇分别通过省级示范初中和省级“双高普九”检查验收，被评为“市教育工作先进乡镇”。2006年，谏壁中心小学举办百年校庆活动。2007年，雩北小学完成危房改造。

二、文化

1983 ~ 1987年，谏壁镇成立文化中心管理站，每逢节日和三月十八、二十八、四月十四谏壁庙会期间，分别组织文化娱乐、读书演讲和歌曲比赛活动。1988年，谏壁镇举办第二届家庭睦邻演唱会，20多个居（村）委会和30多名代表参加歌曲、戏剧及乐器表演。1989 ~ 2007年，每年春节期间，组织镇、村和企事业单位文娱活动爱好者，演出越剧、锡剧、扬剧、黄梅戏及跳马灯、荡湖船等活动，吸引四乡八镇村民前来观看。1989 ~ 1996年，镇文化站举办谏壁地区第一至十届文娱演唱会及文娱会演，每届30多个村（居）委会和企事业单位200多人次参加。1994年，谏壁新建广播有线电视站。1996年，完成有线电视联网杆路建设，实现农村电话小康镇。1997年，镇广播电视站利用《谏壁信息》自办节目34期。1998年，举办第十一届群众文艺会演。镇广播有线电视与市电视台联网。1998年，投入120万元建设谏壁公园二期工程。1999 ~ 2001年，全区首家“万册图书室”、有线电视通达工程、越河文化一条街和谏壁公园文化广场投入使用，成立书法、摄影、京剧协会，连续3年保持省级文化工作先进乡镇称号。2002年，镇敬老院通过省级文明敬老院核查验收。2003年，参加区“秋的和谐”街头文化节。有线电视与谏壁电厂签订并网协议。参与“创业帮扶”广场演出，第三届镇江市农民艺术节及区“人文博爱”第二届街头文化节。2005年，谏壁镇参加市、区农村文艺调演、区第三届“共和之美”街头文化节，举办廉政文化进农村广场文娱会演、青年中心才艺大展。2006年，蔡家村、越河街社区被评为市级文化特色街（社区）。2007年，镇新农村艺术团深入村组向群众宣传小康成果，激发群众参与小康建设热情。加快文体设施建设，改造出新镇文化活动中心并对外开放，村（社区）文化室全面达标。建成月湖、小葛等3个全民健身广场，创办谏壁镇《全面达小康信息报》（内部刊物）。

三、计划生育

1983年，计划生育独生子女领证率98.97%，一胎率97.5%。1987年，成立计划生育协会，下设办公室（以下简称镇计生办）。1988年，全镇育龄妇女结扎166人，人口出生率为3.2‰，计划生育率为93.3%。1989 ~ 1994年，镇计生办实行对村级计划生育规范化管理，把流动人口计划生育作为重点管理。1996年，镇计生办被市政府授予先进集体称号。1998年，被市计生委授予先进乡镇人口学校铜牌。2001 年，被省计生委确定为全面开展生育缺陷干预工程试点单位。2006 年，启动“热情服务惠万家”活动，西街社区建成“计划生育文化大院”示范点。2007 年，全镇计划生育合格村（居）创建率为 100%。

四、医疗卫生

1984 年，全镇开展爱国卫生自查自防，抓好查蝇、灭蝇、灭孑孓滋生场所 100 多处，填埋污水坑等蚊蝇滋生地 200 多处，烟熏面积 95% 以上。1985 ~ 1989 年，开展群众性爱国卫生运动，进行 6 次卫生大扫除，建立卫生保洁区。组织查蝇队伍 32 名，查杀面积达 4482 平方米。月湖、粮山两村卫生达甲等标准。谏壁镇被评为区“创三优”先进镇。1990 年，开展“迎亚运、迎国庆、创建卫生城市”活动，清运粮山垃圾场。1996 年，谏壁镇医院经卫生部批准为镇江市一级甲等医院，并先后通过省、市“爱婴医院”验收。投入 10 余万元，建成 270 平方米计划生育服务站，通过市计生委 2.6% 人口抽样调查。1998 年成立农村合作医疗管理办公室，全镇实行合作医疗。1999 ~ 2001 年，镇政府出台《村级卫生管理制度》，加强对村级卫生室进行指导和服务管理。谏壁医院医技楼开工建设，2004 年建成并投入使用。2005 年，全镇推行新型农村合作医疗保险，2006 年，加大新型合作医疗经济力度，全镇参保人数 10425 人，参保率 99%，被评为镇江市“人人享有医疗保障工程先进单位”。全镇构建社区卫生服务体系，居民个人和家庭健康状况建档率达 93%。2007 年，全镇启动社区卫生药品零差价供应，社区卫生服务网络覆盖面达 100%。由于太湖水质被绿藻污染，国务院和省委、省政府决定，对太湖流域从源头清查污染源，镇政府积极参与金河纸业（原镇江纸浆厂）停浆减排工作，关闭净水剂、恒强化工 2 家小化工企业及江海建材厂，辖区环境大为改善。

五、体育

1983 ~ 1987 年，镇属学校和机关、企事业单位干部职工按《教学大纲》和《体育锻炼标准》开展各项体育活动。1988 年，全镇举办小学生运动会。1989 年，参加区首届运动会，获团体总分第二名。1990 年，投入 5 万余元，添置体育设备和运动器材。同年，谏壁镇举办首届运动会，项目和参加人员多，竞赛成绩好，被江苏省授予体育工作先进（乡）镇称号。1992 年，在区第二届运动会上，获团体亚军。1993 ~ 2001 年，全镇投资 200 多万元，加强全民健身工程建设，兴建越河街、谏壁船闸、谏壁公园等 10 多处市民广场和晨（晚）练活动点。1998 年，分别被省政府授予青少年科技特色学校和群众体育先进集体。2002 年，第十中学在全市中学生运动会上获总分第三名，在组队参加区乒乓球协会杯团体比赛中，获女子团体亚军。2005 年，谏壁镇被市评为“全民健身体育先进单位”。2006 年，举办首届“新农村杯”全民运动会，被评为省群众体育工作先进集体。2007 年率先在全区举办“小康”运动会。

六、科技

1989 ~ 1993 年，谏壁镇确立“科技兴镇”发展战略。1994 年，强化科技是“第一生产力”，长江自动化仪厂研制的复铜导线科技产品被列为省级“星火计划”。1990 ~ 1995 年，全镇举办科普咨询活动 30 多次，接待各界人士 1.3 万多人次。1996 ~ 1997 年，连续被省科委评为科技工作先进乡镇。1999 ~ 2001 年，全镇开发科技项目 50 个，新增经济效益逾亿元。2002 ~ 2003 年，全镇科技投入 135 万元，狠抓高新科技开发工作。正恺电子被市政府命名为高新技术企业。镇劳务公司与市粉煤灰开发研究所，投入技改资金 1.33 亿元，开发研制粉煤灰再生利用项目。2007 年，谏壁镇为加快社会主义新农村建设，投资 100 多万元，以科技手段实施农村环境整治，改善农村环境卫生面貌。

七、民政

1983 年，全镇为 42 户困难户、“五保户”、烈属补助布 300 尺、棉衣 116 件、棉絮 3 公斤、棉胎 16 床。并确定对 1 名退伍军人每月定期补助 12 元。安排 21 名城镇待业青年就业，调配临时工 2177 人。安排商业网点待业青年 20 人。1984 年上半年，谏壁镇积极推行殡葬改革，广泛开展“移风易俗”，提倡火化。1985 ~ 2000 年，谏壁镇对城镇待业青年、退伍军人、残疾人员妥善安置就业，15 年来先后安置就业人员3700多人。其中待业青年2600多人，残疾人员300多人次，退伍军人600多人。1987年，谏壁镇建立敬老院。1989年，镇政府筹备资金，改善敬老院设施和生活条件。给5名特困户发放救济款5200元。1990年，谏壁镇开展全国第四次人口普查和户口整顿工作，分别被评为市、区先进集体。1994年，11个居委会开展换届选举。1998年，发放临时社会救济金3.2万元，投入“社保”金17万元，在镇敬老院建设700平方米老年公寓。2000年，镇敬老院被评为市级文明单位，2002年，被评为省级文明单位。投资50多万元对敬老院改造，通过市级验收。1992 ~ 2002年，谏壁镇先后6次被评为“全国双拥模范镇”，并被市政府授予有功单位。1996 ~ 1998年，谏壁镇协助市社会福利有奖募捐委员会，举办两次有奖募捐活动，获福利彩票有奖募捐600万元。1996年，退伍军人安置、义务兵优待兑现和老复员军人定补面均为100%。1997年，全镇首创农村养老保险，700余人参加。1999 ~ 2001年，谏壁镇被评为“全国婚育新风进万家活动先进乡镇”和“江苏省关心下一代工作委员会先进集体”，并在全区建成首家“双拥文化活动基地”“双拥电脑培训基地”。2003年，开展优抚、救灾救济，为14户居民进行草房改造。2004 ~ 2005年，社区改革，将东京，月湖、粮山、焦湾5个村委会改为社区居委会。2006年，开展第七届村委会、第二届社区居委会换届。2007年，全镇养老保险扩大到4300人，全面落实被征地农民基本生活保障政策，获镇江市农村劳动人口“充分转移就业镇”称号。

八、人民武装

1983年全镇征兵11名。1984 ~ 1986年，开展创建“五好”军人家庭活动。谏壁镇人武部联合宣传部门，建立民兵、青年职工综合业余学校4所，属全市首创。对30名基干民兵专业军事培训，组织175个青年民兵学雷锋小组，8个为民服务队，做好事5120多件（人）次。1987年，组织100多名民兵突击队，参加月湖抗洪抢险。1992年，谏壁镇组建民兵通信分队训练和战备，被市政府、镇江军分区授予“先进民兵通讯分队”称号。1998年，谏壁镇获市政府、军分区授予“征兵工作先进单位”。1999 ~ 2007年，完成历年民兵训练、整组和兵员征集工作。

九、集镇建设

1983年，谏壁镇推进整治“脏、乱、差”和绿化、美化、净化工程。1984 ~ 2007年，全镇新砌排水沟372米，埋设下水道11641.2米。拓宽越河街、谏辛路、越河街、雩山路等，总长4800多米。新建、改建水冲式公厕和景点式垃圾箱，兴建垃圾中转站。建成翻水闸、谏壁船闸、节制闸等绿化带，植树10238棵。1984年颁发《村、镇建房用地规定》，对民房建筑规范化管理，严格控制违法建筑。1989年，与130多商户签订“门前三包”责任制。1992年，谏壁公园始建设景点。1994 ~ 1996年制定集镇建设计划，绿化工程达市级标准，完成谏壁自来水厂建设。改造镇区124供电线路，新增122线路。对越河街35个绿岛更换树种，铺设水泥路面2000多平方米，编制邮电、储电、绿化、用电等7个专项规划及《谏壁镇总体规划说明书》，达到“十图一书”标准。1997 ~ 1998年，谏壁镇通过省级灭蝇先进城市考核和国家卫生城市调研，完成对老越河综合治理及河南段500米填埋工程。城管工作与单位定点挂钩，建立路段长责任制。1999 ~ 2001年，谏壁加快小城镇建设，编制50年发展总体规划。投资200余万元，完成雩山公路修复、谏辛公路拓宽改造、投资100余万元，改造村级道路、桥梁2万多米。加强交通秩序管理，遏制“三迪”车无序发展。2002 ~ 2005年先后投资1550万元，拓宽改造谏辛公路月湖段、越河街、雩山街出新工程。新装路灯1000多盏，整理供电、邮电线路。引进1000余万元，建成滨河路市场，修建江口村与北街消防通路、建成水果综合市场、搬迁异地重建垃圾中转站，启动门面房建设和回迁安置房，整治燕舞桥周边环境，添置洒水车。

2004年，谏壁镇首创“清洁城市、清洁家园”（以下简称“双清双洁”）活动，实施城管环卫体制改革，实行收集、清运、道路清扫“三位一体”12小时保洁制，通过创建国家卫生城市核查组验收，获市健康教育示范镇和市食品卫生先进镇。2005年，市、区推行谏壁镇“双清双洁”示范点活动，（各村组聘用2名保洁员，对道路及周围环境全天候保洁）。2005 ~ 2007年，镇财政每月拨付专项费用，巩固“双清双洁”成果。

十、综合治理

1984 ~ 1985 年，谏壁镇集中开展“严打”第一战役第二、三仗，拘捕嫌疑犯 68 名，同时健全民事调解组织，创立 112 个三级调解网络。1985 年，开展查禁赌博活动，打击 3 个赌博团伙，处罚 44 人。在开展反盗窃犯罪活动中组建 95 名治安积极分子队伍，参加 15 个护村、护街组。1987 年，全镇加强治安和普法教育，强化对暂住人口、私房出租户管理。成立治安管理网及管理小组，帮助企业追回呆滞货款。1988 年，谏壁法庭办理各类法律事务 368 件，追回货款 52.05 万元，避免经济损失 465.55 万元。1989 年开展打击盗窃、赌博和“扫黄”，扫“六害”（卖淫嫖娼、制作贩卖传播淫秽物品、拐卖妇女儿童、私种吸食贩运毒品、聚众赌博和利用封建迷信骗财害人等社会丑恶现象）统一行动。1990 ~ 1996 年，镇机关及政法部门学习《中华人民共和国行政诉讼法》，办理各类法律事务 180 件。连续 7 年民事调处率 100%。建设群防群治网络，遏制社会丑陋现象。1997 ~ 2002 年，全镇开展第二个全民普法和第三个全民普法教育，实施“依法治镇”，建设“平安谏壁”。刑事案件发生率连年下降。司法所 6 年调处纠纷 240 多起，成功率达 98% 以上。担任企业单位顾问 25 家，代理各类案件 330 多起，涉及经济标的 1300 余万元。2003 ~ 2004 年，“平安谏壁”创建活动通过市、区两级检查验收。查封雩北龙王庙，取缔基督教私设点。通过市级“平安乡镇”建设复查。开展对棋牌室、网吧专项整治，净化社会风气。2005 ~ 2006 年，构建治安整体防御网络，农村契约化联防保险覆盖 100%，通过省级复检。开展第五个全民普法教育活动，安置帮教和社区矫正，解决重点信访问题。开展“法治镇江合格镇”创建，设置百米法治宣传长廊、大型法治宣传公益广告，聘请法律顾问、庭审进农村，形成创建特色。以矿山、危化、消防等专项整治，落实安全生产保障措施，确保无重大事故发生。2007 年，以调解机制、大防控体系和基层基础“三大建设”推进新一轮平安谏壁、法治谏壁创建活动，完成技防村建设，化解各类矛盾，完成“平安京口”维稳工作。

第四节　村（居）委会

一、概况

1981 ~ 1996 年，谏壁镇有谏东、江口、雪沟、焦湾、砖瓦厂、东街、西街、月湖 8 个村，38 个自然村。1997 年，丹徒县谏壁乡撤销建置，镇澄公路南 9 个村划谏壁镇。2002 年，谏壁镇划出部分村设立京口工业园区。20 世纪 90 年代以来，由于经济和社会事业快速发展，1993 ~ 2006 年，谏壁镇所属村、居土地征用和拆村转居（社区），大多自然村先后拆除、土地被征用。

2007 年，全镇有雩山、蔡家、雩北、京东 4 个村及粮山、焦湾、月湖、东街、西街、越河、电厂、索普 8 个社区。有关撤并情况，详见有关章节。

二、自然村选介

1983 ~ 2007 年京口区谏壁镇（乡）自然村情况表

表 28-6

行政村	自然村名	建村（街）时间	村（街）名来源	姓氏	备注
谏东（红卫）村	卢家圩	清道光年间	卢姓定居铁锚港河东圩埂下，故名	卢	位于谏壁镇南街、雩山西北
	新村	清道光年间	曾姓在铁锚港河边东岸建新居，故名	曾	位于谏壁南街、雩山西北
	谏壁古镇	清嘉庆年间	有东、南、西、北四街，为别于新街	—	位于滨江、河
江口村（红星）	江口村	宋建炎年间	老运河由越河通长江的铁锚港（河）入口处，故名	刘、解	位于长江边

续表 28-6

行政村	自然村名	建村（街）时间	村（街）名来源	姓氏	备注
	小村(蛤蟆墩)	清道光年间	杜、石两姓居此，比癞鼋墩小，故称	杜、石	位于谏壁船闸，东滨江
雪沟村	雪沟村	明成化十六年(1480年)	田姓从大港迁雪沟(泄水于江排水沟)定居，故名	田、冯	位于紧谏电。20世纪60年代兴建谏壁电厂时，土地被征用，滨江
	吴家村	清光绪年间	吴姓定居于此	吴	电厂征用村地，迁拆
	小葛村	新中国成立后	葛姓从丁岗葛村迁此，为区别葛村，名小葛村	葛	1977年建翻水站，拆迁至高皇庙附近雩山北麓，仍称“小葛村”
焦湾村	焦湾村	南宋避金兵南侵，焦姓从河南迁此	境内团山龚村有向善寺。南朝宋刘将军舍宅为之。后废。唐咸通中复建，称僧伽禅院。宋改向善寺。明洪武间毁，永乐间僧智荣重建，后圮	焦	1958年兴建镇江纸浆厂，团山龚村拆迁。位谏壁镇运河西
	刘家湾	清乾嘉年间	刘姓从山东迁此，故名	刘	位于滨长江、运河人口处西岸
	癞鼋墩(传说江鼋晒阳处)	原孙家湾，后改此名	孙姓定居于此。1958年，开拓苏南运河人口时，发掘新石器时代文物	孙	位于运河人江口西，有一土墩，形似龟，故名癞鼋墩
	潘家村	清乾嘉年间	潘姓由安徽小河迁此定居	潘	位于白兔山北麓，滨古运河北岸
	张家村	明嘉靖年间	宋嘉议大夫张叔千由京口迁此十四世孙张成栋，随高宗南渡。世居京口。中国乒乓球女队教练张燮林出生地	张	位于白兔山东北、苏南运河畔
	宋家村	元代	宋姓由安徽迁宋家村定居	宋	位于白兔山北麓，滨古运河
砖瓦厂（村）	江湾村	近代有人居此	沿山近湾、临江，故名	–	砖瓦厂东窑，滨江
	低家洼	1958年始陆续有人移居	地势低洼故称	–	位于江湾村南，镇澄公路北
	东窑、西窑	清光绪至民国年间	在此置砖瓦窑，村东为东窑、村西为西窑，故名	–	1949年4月，英舰“紫石英”号在长江京口段阻碍渡江作战，被解放军击伤，停泊在东窑江面，数月后逃逸
谏壁镇	越河街	穿越镇澄路街区	越苏南运河故名	–	1981年命名
	雩山街	穿越谏辛路街区	沿雩山西麓故名	–	1981年更名
	新街	原名新马路	因与市区新马路重名，改现名	–	1981年更名
	大街	新辟商业街故名	为别原旧街故名	–	长152米、宽3米
	东街	处谏壁镇东故名	旧有圈门进出	–	长350米、宽4米
	南街	南宋古街	位谏壁镇南部，旧有圈门进出	–	长311米、宽4．5米
	北街	旧街名位镇北	旧有圈门进出	–	长350米、宽4米
	西街	旧名位谏壁镇西部	旧有圈门并越观音桥	–	长212米，宽4米
	双胞塘巷	原名谏壁一村	位谏壁镇东南隅，南北走向	–	—

续表 28-6

行政村	自然村名	建村（街）时间	村（街）名来源	姓氏	备注
谏壁镇	王家山巷	原名谏壁二村，1970 年形成住宅区	地处王家山，故名	—	1985 年 4 月 14 日，在王家山发现春秋时墓葬群（东周土坑墓），出土文物 131 件。有人面纹青铜镦、虎子刻花纹青铜盘、硬陶器，1981 年命名
	刘家塘	清光绪年间	因村旁有一水塘，刘姓定居因名	刘	位东街北侧
	场驳上	旧为谷场	位刘家塘东，旧时为“东岳庙集场”	—	位东街北侧
	马家塘	清咸丰年间	马姓开挖水塘故名	马	—
	河东、河西	位通江河东、西岸	以区域命名	—	各长 500 米、宽 3 米。
	徐家园	明崇祯年间	徐姓从安徽迁此，形成村落后命名	徐	位于北街两侧，南北走向。
	小（土）山	原名近家山	20 世纪 60 年代形成巷道后，定名	—	位于北街东侧
	南头巷		西街南巷道，故名。原杨家弄并入	杨	长 686 米，宽 1.5 米
	霍家弄	清咸丰年间	霍姓定居于此，故名。	霍	东至南街，西至河东，长 100 米，宽 2.8 米
	观音弄	明天启年间	建观音庵故名	—	沿用至 2007 年
	工人村	1958 年	镇江纸浆厂兴建后，建工人宿舍于此故名	—	位于谏壁影剧院北
蔡家村	蔡家村	宋末，金兵南侵	蔡姓由河南避此，取名蔡家岗，后改现名	蔡、王	位于白兔山东，村南岗下有诸葛墩，据说为三国吴诸葛瑾墓。20 世纪末，市文物部门曾挖掘
	江柬纪	明清时	以 3 村姓氏为名	江、柬、纪	位于古运河西岸，滨河
	丁家村	明清时	以丁姓为村名	丁	位于白兔山东麓，镇大公路北侧
	郭家村	明清时	郭姓迁居白兔山东，名“山里郭家”	郭	位于白兔山东麓，镇大公路南侧
	柜台王村	清咸丰年间	附近村民交纳众粮饷，因设粮柜，全村姓王，故名	王	位于白兔山东麓
	西陶庄	隋代形成村落	明弘治间开沙小沙坍塌，一支许氏迁此。1958 年，开拓苏南运河时拆迁，在距河西岸 500 米处新建村落，2005 年鼎胜铝业征地再次拆迁，移居华诚新村	许、陈、季、张、丰、郭、蒋、杨、左等	隋大业六年（610 年）开大运河，将“陶庄”分为东、西。河东称东陶庄、河西称西陶庄

续表 28-6

行政村	自然村名	建村（街）时间	村（街）名来源	姓氏	备注
月湖村	丁家圩	清代	丁姓居此	丁	位于月湖，雩山西麓
	一草圩	清代	由苏北移民于此定居，因结草庐圩堤下，故名	许、陈	位于雩山西麓
	二草圩	清代	以序为二草圩	王	位于雩山西麓
	三草圩	清代	以序为三草圩	王	位于雩山西麓
	四草圩	清代	以序为四草圩	许	位于雩山西麓
	五草圩	清代	以序为五草圩	张	位于雩山西麓
	马家村	清代	马姓居此	马	位于雩山西麓
	夏家村	清代	夏姓居此	夏	位于雩山西麓
	张家荡	南朝宋期间	张姓由海州王门到高皇庙看守刘裕祖茔。因邻水荡，故名。天监七年(508 年)兴宁、熙二陵复修，至今仍存	张、李、朱	《京口山水志》：宋兴宁陵(武帝追赠其父刘翘为孝皇帝、生母孝穆赵皇后及继母萧皇后陵)、熙陵(文帝母胡太后陵)于此
	小葛村	明代	从丁岗葛村迁雪沟村附近。60 年代初建电厂拆迁，为别于丁岗葛村，故名	葛	1977 年兴建谏壁翻水站，再次拆迁，定居于雩山北麓
	龙嘴村	南宋	霍姓居此据传雩山为“龙”地，宋建炎间开挖铁锚港河，建闸排泄雩山来水，闸形似“龙嘴”故名	霍	铁锚港河东岸
	霍家村	清代	霍姓居此	霍	雩山麓
	李家圩	清代	李姓居此	李	位于雩山西麓
	尤家桥	清代	过龙嘴闸尤氏造石桥，故名	尤	位于雩山西麓
李华村	小李家村	宋末金兵南侵	安徽李姓 3 兄弟居此。明初，李氏后人分居，为别大李村故名	李	位于老鼠山南。1978 年，于李华村附近出土楚国(春秋时期)金币
	华村沟	明清	华姓居村沟边，故名	华、郑	位于雩山西南
东陶村	东陶庄	隋代	为与运河西岸陶庄相对应	张	位于大运河东，滨河
	小陶庄	元末明初	原系湖滩芦苇丛生地，朱元璋曾于此打击元军，称“杀鞑子”。明代许氏居此，因比东陶庄小，故称	许	位于大运河东
雩山	雩山纪家	元末	纪姓由句容白兔定居于此，故名	纪	位于雩山南。据《自悦莹草诗钞》卷六过纪家村有感·序：村在头雩山麓之南，聚族而居，乃汉纪信之后，户口无多，且皆贫乏
	大李村	明初	李姓原居雩山南麓，后人分居，故名	李	雩山西南
	雩山蒋家村	明代	蒋姓由无锡居此	蒋	雩山西南
	赵家村	明代陶姓居此	后大港赵氏赘人陶姓，改赵村	赵	二雩山西南

续表 28-6

行政村	自然村名	建村（街）时间	村（街）名来源	姓氏	备注
黄丝湾村	黄丝（墅）湾	旧为润东十三湾之一	黄、蒋姓居此	黄、蒋	位于雩山南麓S338道北侧
	禾家庄	明清时	何姓居此，后何姓绝户，改现名	—	位于雩山南麓
雩北村	小徐家	旧称“徐胡子家”	徐姓居此，因住户少，故名	徐	位于雩山南麓
	陈家庄	明清时	陈姓居此后湾，位陈家庄后，地形湾且凹，故名	陈	位于镇大公路北侧
	上虞村	明清时	虞姓居此	虞	位于雩山东麓
	下虞村	明清时	在上虞村西故名	虞	位于雩山东麓
	石墙头	明清时	石姓饰风火墙似马头，故名	刘、杨、徐	位于雩山东麓
	大刘村、小刘村	明清时	刘姓兄弟二人，后分居居此，故名	刘	位于雩山北麓
	杨家湾	清代	杨姓居此，村于雩山湾处，故名	杨	位于雩山北麓
马湾村	戴家村	南宋	金兵南侵时，迁大港戴公桥，戴姓居此	戴	位于雩山北麓
	马湾	南宋金兵南侵时	彪公赘人马姓，《戴氏家乘》载：“虽侨寓而嗣续藩昌”，谓马湾	马	雩山东北麓
	又陌澈（缺口）	南宋金侵时	邓姓由安徽迁居于此，故名	邓	位于雩山东麓
东京村	北吕村	南宋金兵南侵	吕姓由河南洛阳居此	吕	位于雩山东麓，与黄爱南吕同宗
	上张官村	明清	张姓辞官后隐居于此	张	位于雩山东麓
	下张官村	明清	别上张官村，故名	张	位于雩山东麓
	上元（原名桑园），后讹称	唐代	利用雩山支脉植桑养蚕，为“江绸”基地之一	—	位于雩山东北麓
	南谢	祖籍山西木材山	谢姓由常州迁此	谢	位于雩山东北麓
	北谢		与南谢同宗，清代称“朱湾”，有朱湾庙遗址，原称“龙灯谢家”，1966年改现名	谢	位于镇澄路北
	大严庄	商氏元代由山东迁此	严姓居此	严、商	位于S338道北、镇澄路南
粮山村	粮山村	宋末金兵南侵时	韩世忠、梁红玉抗金兵南侵，屯粮于山，故名。	—	位于滨长江
	仲家村	宋末金兵南侵时，仲氏迁此	—	仲	位于滨长江
	尹家村	南宋金兵南侵时	尹姓迁此定居	尹	位于雩山东北麓
	张家村	明清时	张姓居此	张	位于北山西南麓
	解家村	明清时	解姓由葛村居此	解	位于北山南麓

第四章　丹徒镇

第一节　概　况

丹徒镇位于京口区东部，距镇江市中心大市口 9 千米，有 2000 多年历史。东含京杭古运河，与谏壁镇焦湾、蔡家村紧依，南沿白兔山（横山凹）山脉，与丹徒区辛丰镇毗邻。西与丁卯开发区相连，北滨长江，与新民洲和扬州市邗江区隔江相望。镇区三面岗坡起伏、丘陵绵延、田园阡陌；一面临江，水网密布、圩区连片。

丹徒历史悠久，文化底蕴丰厚，土地肥沃、物产丰富，民风淳厚朴实、人民勤劳勇敢。据典籍记载和古墓葬出土文物证实：丹徒，西周时属“宜”地。春秋为朱方，后称谷阳。秦始皇三十七年（公元前 210 年），东巡会稽，途经谷阳京岘山。“望气者言，（京岘山）有天子气。”秦始皇命遣三千赭衣徒，凿断龙脉，即京岘山南坑（一说筑驰道），遂改谷阳为丹徒，县治今丹徒镇，“丹徒”一名，至今已有 2200 多年历史。西晋初（约 270 年），设毗陵郡，郡治丹徒。后迁毗陵（今常州）。怀帝（307 ~ 313 年）时，改毗陵为晋陵郡，郡治由毗陵复迁丹徒。隋开皇十五年（595 年），丹徒县治移京口。

春秋时，曾建朱方城。《汉书・地理志》颜师古注：“会稽丹徒，即春秋朱方。”据此，朱方古城应在今丹徒镇附近。但至今未发现古城遗址。秦于丹徒置县。1980 年 1 月 15 日，在丹徒镇金家山挖掘西汉早期墓葬中，出土“丹徒右尉”铜印。证明西汉初时丹徒即为万户以上大县，对《汉书》等填补空白。汉代建丹徒县城。唐李泰《括地志》载：“丹徒故城在丹徒县（治京口）东南十八里，汉丹徒县也”，后坍于江。始筑年代及范围不详，其位置与今丹徒镇正合。

丹徒，又称“徒儿浦”，清编《京口山水志》：“徒儿浦，在城东（指京口城）二十里。”《艺文类聚・京口记》“县城（指丹徒故城）东南五里，得屠儿浦者，昔诸屠儿居此小浦，因以为名也。”又据叶廷珪《海录》“徒儿浦，在丹徒。秦始皇将徒人过此，因名”（二说并存，供史学家参考）。汉代至民国 18 年（1929 年）一直沿用丹徒县名。国民党江苏省政府迁治镇江城区后，改丹徒县为镇江县，直至民国 38 年（1949 年）4 月 23 日镇江解放。

新中国成立后，丹徒县未治丹徒。其隶属关系和区划历次多有变更、调整，初为丹徒县丹徒乡。1958 ~ 1980 年，属丹徒县谏壁人民公社。1981 年 10 月，谏壁公社一分为二，建立丹徒人民公社。

1983 年 8 月，丹徒人民公社划归镇江市郊区（润州区）。12 月。撤销公社建立丹徒乡，总面积 26.2 平方公里，乡政府驻丹徒镇。辖丁卯（曾名跃进）、马家山（曾名和平）、潘宗（曾名团结）、渣泽（曾名胜利）、润南、横山、凤凰山（曾名朝阳）、上隍（曾名东风）、左湖（曾名东方红）、张许（曾名友谊）、长岗、丹徒 12 个村民委员会、1 个居民委员会，112 个村民小组，83 个自然村。耕地面积 1200 公顷。1989 年 10 月 17 日撤乡建镇。1992 年 5 月，镇江市从丹徒镇划出丁卯、马家山、潘宗、润南、张许 5 个村委会，面积 9.6 平方公里，建立镇江市丁卯经济开发区。1992 年 10 月，市区部分区划调整，丹徒镇属京口区。下辖丹徒、长岗、左湖、上隍、凤凰山、横山、渣泽 7 个村民委员会和丹徒镇居民委员会，计 73 个村民小组，56 个自然村，总面积 16.6 平方公里。1999 年，市政府决定划出渣泽行政村归丁卯开发区。2001 年 5 月，市政府决定将丹徒镇横山、凤凰山两个行政村划归镇江新区丁卯街道办事处。2001 年 3 月，汝山乡并入丹徒镇。9 月，由原汝山乡划给丹徒镇的长江、东风、新华、新生、孟村 5 个行政村，又由丹徒镇划归镇江市旅游经济开发区。2003 年 12 月，撤销镇江市旅游经济开发区，东风、新华 2 行政村划归丹徒镇。辖丹徒、长岗、左湖、上隍、东风、新华 6 个行政村及丹徒、丹南 2 个居委会。2005 年，因村改居，辖上隍、左湖 2 个行政村及丹徒、长岗、东风、东城（原名新华）4个社区居委会，总面积14.6平方公里，总人口14303人。12月，区划再次调整，撤销丹徒镇建置，全境划归象山乡。

第二节　经　济

一、农业

1983年，丹徒乡有耕地总面积1270公顷，其中水田840公顷，旱地430公顷。1987年，丹徒镇粮食总产量1263.54万千克，蔬菜上市总量1.69万担，生猪存栏4850头、家禽6.07万羽、禽蛋234919.5千克、水产67445千克。

1990～1992年，丹徒镇为全区粮食生产基地之一，在"科技兴农"指导下，大力开展农田水利工程基本建设，推广"抛秧法""免耕法"等先进农业生产技术，减轻农民劳动强度，提高单位面积产量。3年全镇粮食总产1.23万吨，农业总产值2653万元，年平均800多万元。先后修建（新中国成立初期开挖）凤凰山水库、西山水库，拓宽和加深团结河，修建节制闸和桥头、润南、渣泽、上隍、左湖电灌站和凤凰山二级电力提灌站，促进丘陵地区旱涝保收。同时，利用土地资源，因地制宜地开展副业生产，种植药材、杉木、毛竹，开挖鱼塘，饲养特种禽类、瘦肉型生猪，丰富市民菜篮子。

1993～1995年，镇农经公司（农科站）对全镇实行种子、化肥、农药采购、出售、咨询、管理一条龙服务。推广"抛秧法"14公顷、旱地育秧20公顷。各村以丰产方为龙头，开展种植示范点，普及科学种田。1995年8月25日，京口区政府在凤凰山村召开水稻轻型栽培现场会，向全区乡镇场圃推广"五省两增三抗"（省种、田、工、肥、水，增产、效，抗病、旱、倒伏）水稻轻型栽培技术。改变千年以来水稻栽培传统模式，做到"插秧不弯腰"，"抛秧"水稻亩产达546千克。其中万亩丰产方亩产达609千克，比传统培植方式平均亩产增加129千克，增幅26.9%。经市农科所专家验收，获全市抛秧丰产竞赛二等奖。为丰富市场供应，在左湖村进行"粮改菜"20公顷，平整土地，建设永久性渠道，长短划一、畦条对等标准化菜田，达到耕作精细化、品种特色化、灌溉自动化，农经公司蒋金芳受市政府表彰奖励。

1997～1999年，丹徒镇划出3个行政村，土地锐减，有可耕面积491.56公顷，其中水田占42%。推广粮油"扬麦87-158""秦油2号""水稻95-16"等新品种。3年全镇农业总产值6000多万元，粮食总产量9万多吨。积极推广大棚、"两网"等，抓无公害蔬菜工程和"冬伏"两缺，推广荠菜、黄花菜、三丫菜、菊花脑等野味特色品种，蔬菜总产1.6万多吨，茶叶3000多吨，出栏生猪1.5万多头，山羊2200多只，家禽35万多羽，禽蛋840吨，水产品650吨，水果80多吨。1999年，新建万羽蛋鸡场、百亩花卉基地各1个，恢复西山水库肉鸭养殖，并对丹徒茶场和花卉基地进行"包装"。全镇农民人均年收入3868元。

图28-7　2005年春，丹徒茶场采茶现场

（象山镇镇政府供稿）

2004年，丹徒镇生产粮食512吨、油料作物1458吨、蔬菜2098吨、水产品250吨、出栏生猪3000头，农业增加值448万元。农田基本建设投入2.863亿元。农民年人均纯收入5940元。2005年，全镇农民人均收入7012元，同比增长18.8%，并有蔬菜研究所1家。

二、工业

1987年，全镇有乡镇企业80多家，从业人员6247人，乡镇企业工业总产值4795.89万元。1990年、1992年两年完成社会总产值1.47亿元。其中工业总产值9411万元。镇属骨干企业镇江市第二蓄电池厂、镇江市灯头厂、丹徒服装制鞋及京口制帽厂等，年产值均逾1000万元以上，蓄电池、系列化灯头、服装、皮鞋、太阳帽等产品不仅在国内市场走俏，还分别打进国际市场。1993 ~ 2003年，累计创造利税1亿多元。

图28-8　1995年以来，镇江灯头厂多次被评为省级3A级资信企业（象山镇镇政府供稿）

1996 ~ 2002年，全镇以产权制度改革为核心，全面推进体制改革。丹徒灯头厂、京口帽厂、京口化工总厂等28家企业实施公退民进后，进一步拓展发展空间。工艺箱包厂、丹徒运输公司等企业重新注入活力，再现发展生机。

2004年，丹徒镇工业经济坚持以项目建设为龙头，实现工业经济快速发展。震东铜业、腾达刷业、震鹏印刷等一批项目投产，全特福工程机械、荣昌电子、强灵照明等一批新企业开工建设，震东电光源年销售1.42亿元，丽晶电光源等增资扩产。2005年，开展“丁香花工程”竞赛等，完成工业销售5.3亿元，完成税收1300万元，其中规模企业11家。完成销售2.72亿元。全年实现利税1076万元。

1983 ~ 1986年京口区丹徒乡村办工业情况表

表28-7　　单位：个、人、万元

村　名	企业	职工	总产值	工业	农业	村　名	企业	职工	总产值	工业	农业
丹　徒	4	542	790.30	751.30	39	润　南	2	26	89.60	23.40	66.20
左　湖	4	62	113.90	52	56.90	凤凰山	2	90	106.90	23.10	83.80
张　许	5	20	89.40	33.40	56	渣　泽	4	134	143.10	46.90	86.20
长　岗	3	179	356	304.10	45.90	潘　宗	3	29	93.40	16.80	76.60
上　隍	4	82	128.40	69.40	59	马家山	3	102	309.10	251.20	97.90
横　山	4	48	117.30	42.70	64.60	丁　卯	5	465	265.90	251.20	14.70

1993 ~ 2005年京口区丹徒镇工业经济情况表

表28-8　　单位：万元

年份	工业总产值	销售收入	利税
1993	9794.20	5232.12	30.18
1994	15012.01	5539.61	30.18
1995	16191.30	7588.25	62
1996	15600	8056.12	163.67
1997	22200	11300	347
1998	26531	13099	408

续表 28-8

年份	工业总产值	销售收入	利税
1999	29818	14598	436
2000	24020	19875	598
2001	25600	21510	623
2002	8268	26928	966
2003	5000	14300	975
2004	15200	40000	1280
2005	17600	53000	1300

三、服务业

1997 ~ 1999 年，丹徒镇注重市场建设，大力发展第三产业。但限于财力，发展速度不适应形势。2000 ~ 2002 年，加大投资力度促进全镇第三产业健康协调发展。3 年投入 7487 万元。其中 2001 年，固定资产投入 3200 多万元。比前 3 年增长 50%。镇江陶瓷城一、二期工程竣工开业，成为全镇第三产业发展新的经济增长点。

2002 ~ 2004 年，丹徒镇通过企业产权制度改革，私营企业规模不断扩大，非公有制经济在 GDP 中的比重不断加大，对促进镇级经济、减轻农民负担起了推动作用。全镇各项事业发展。2005 年，全镇有个私工商户 300 多家，工商、农业、建设、江苏银行营业所、邮政电信所各 1 处，农业观光园 1 所。

第三节　社会事业

一、交通及市政建设

隋代，开凿京杭古运河时，商船流经丹徒闸经长江南来北往。千年以来，丹徒镇沿江、河遍设码头，给古镇带来商业繁荣和交通运输便利。有“踏踏嘟，上丹徒，吃伙面，带背纤”古谚。

丹徒闸，秦代称“徒儿浦”。隋开丹徒水道时曾立埭。新编《丹徒县水利志》：宋“废堰复闸”。南宋庆元二年（1196 年）建丹徒、谏壁二石。清杨棨《京口山水志》称：丹徒闸为“横闸”，雍正二年（1724 年）在圮闸旧址复建。民国 25 年（1936 年）又重建，60 多年运行，功能尽失，成为“病闸”。为减轻湖西地段防洪压力、改善京杭古运河水质，2000 ~ 2003 年，对丹徒闸进行翻新重建。包括翻建原丹徒闸、新建丹徒南闸各 1 座（孔宽为 8 米）及共用建筑、管理房、附属工程、绿化场地，新建人行便桥 1 座。

丹徒有 300 多米长一条老街，数十家店铺，被一条 5 ~ 6 米宽条石路分隔左右。由于长年失修，条石断裂，路面坑洼。1983 年，丹徒乡政府投资维修老街，改碎石街道为水泥路面，并铺设地下 500 米长排水设施，使老街旧貌换新颜。并将商业店面逐步向镇常公路丹徒段两侧迁移发展。1985 年，丹徒乡政府从长岗迁至丹徒镇，镇容镇貌逐步改观。镇区成为全乡政治、经济、文化中心。

1994 ~ 2005 年，丹徒镇新街，东起丹徒闸，西至王龙桥总长 1000 多米。街道两旁工厂、商店、酒家、超市、文化娱乐、洗理沐浴、农贸市场、邮电、金融机构 60 多家。

二、文教卫体科技

1983 ~ 2005 年，丹徒镇强化教育基础设施建设，改善办学条件，彻底解决校舍危房。历年教育经费占全镇财政支出的 85% 以上。1992 年以来，丹徒镇强化“科学技术是第一生产力”，推动科技创新，工业、农业科技进步贡献率不断提高。2000 年，被区政府评为科技工作先进镇。2000 年，丹徒中学获市德育先进学校，并接待新西兰惠灵顿中学师生代表团访问。汝山中学并入后，优化配置教学资源。有中心小学 1 所，对 10 多所村办小学布局调整，在校中小学生 1980 人，教师 185 人。10 个幼儿园由二类上升为一类园。

1983 ~ 2005 年，丹徒镇有文化站和影剧院各 1 个，长期开展群众性文化活动，新建全民健身广场，成立腰鼓队、象棋队、老年剑操队。2001 年，镇政府投资 70 多万元，兴建文化活动中心，实现村村通有线电视，覆盖率为 100%。

1983 ~ 2005 年，丹徒镇卫生院设病床 25 张，医卫人员 20 多名，有脑血流、脑红分析仪和 b 超等设备多台。有村级卫生室 4 个，乡村医卫人员 4 名。20 多年来村计划生育各项指标均控制在上级要求的范围内。

三、双拥、敬老和新农村建设

1983 ~ 2005 年，丹徒镇 22 年向部队输送优质兵员 100 多名。1998 ~ 2001 年，连续 4 年获市双拥模范镇称号。

1983 ~ 2000 年，丹徒镇敬老院常年收养五保老人 10 多名。2001 ~ 2002 年，连续 2 年获省级“文明敬老院”称号。

1983 ~ 2005 年，丹徒镇加强镇村建设。20 多年来，投资 2000 多万元，兴（修）建左湖、上隍、西山水库、双拥路等村级公路 10 多条，总长 8000 多米。同时协调和推进镇大公路、丹徒闸、索普集团扩建工程征地、拆迁等重点项目。为农村用水、用电问题和改造露天粪坑、改造危、草房等先后投入 1500 多万元，改善农村面貌，解决农村“三难”问题。

图 28-9　2004 年，丹徒镇领导端午节慰问驻军
（象山镇镇政府供稿）

第四节　村（居）委会

一、概况

1983 年，丹徒乡有 12 个村委会。其中丹徒村有永丰、永宁、李巷、枣家、上河边、下河边、王龙 7 个自然村；左湖村有左湖、罗湖、毛家湾、石家、贾家、周家、贺家、苏家、朱家、纪家、赵家、徐家 12 个自然村；张许村有汤家湾、孙家湾、武将、小许家、刘家、野鸡山、张许 7 个自然村；长岗村有复兴、兴隆、侯家、姚家、长岗、东湾、西湾、许家、孔家 6 个自然村；上隍村有大、小上隍、东、西山头 4 个自然村；横山村有商家、裔家、龙王庙、黎家、上欧、邵家、解家、魏家 8 个自然村；润南村有仇家、侯家、高家、尹家、桥头、下欧 6 个自然村；凤凰山村有王怡村、山头村、谢家、丁家、左家、秦家、刘家、聂家、大冢岗、枣园 10 个自然村；渣泽村有渣泽、张家、戴家、包家、袁家、吕家、蒋家、华家 8 个自然村；潘宗村有潘家、宗家、廖家、戴家、耿家、小魏家、大、小刘湾 8 个自然村；马家山村有马家山、殷家、前、后山头、杜湖、许家 6 个自然村；丁卯村有丁卯桥、王魏、王家湾、韦家湾、戴家巷、江家湾、大、小窑湾、宋家、景家 10 个自然村，后经多次变更，自然村名也随之更名。

二、自然村选介

1983 ~ 2005 年京口区丹徒镇村辖自然村情况表

表 28-9

行政村	自然村名	建村时间	村名来源	姓氏	备注
丹徒村	桥南（原寺巷，因海会、会音二寺命名）村境有三宫殿遗址及基督教活动点和驻军船艇大队	明代	建永宁桥，跨漕河（俗称湾子桥，20 世纪 80 年代被洪水冲毁），位于桥南故名。曾称永宁村。桥北称王龙村	—	漕河西有海会、会音二寺。宋建炎中（约 1128 年）建。明景泰二年（1451 年）重修。清乾隆十六年（1751 年）赐额
	桥北（永丰）	明代	建永宁桥，位于桥北，故名	—	位于漕河北
	李巷村	明清期间	李姓居此，故名	李	位于丹徒镇南
	枣家村	明清期间	因有枣树，故名	—	位于丹徒镇南
	上河边	明清期间	桥西滨河	—	古运河西北岸
	下河边	明清期间	桥东滨河	—	古运河东北岸
	王龙村	清末民初	滨江渔村。解放初，为纪念中共地下镇江市长王龙牺牲地，命名	—	镇澄公路北侧。有海会寺，南宋建炎三年（1129 年）建，后毁。明正统三年（1438 年）后重建。今丹徒县电机厂
丁卯村	丁卯桥	隋唐	唐著名诗人许浑于大和元年（827 年）筑丁卯村舍（今五金公司仓库）。大中四年（850 年）在丁卯村舍自编《丁卯集》二卷行于世	许	位于古漕渠南岸，今丁卯街道“丁卯桥路”中段
	王魏村	明清期间	王姓居此	王、魏	位丁卯桥附近
	韦家湾	明清期间	韦姓居此	韦	位丁卯桥附近
	王家湾	明清期间	王姓居此	王	位丁卯桥附近
	江家湾	明清期间	江姓居此	江	位丁卯桥附近
	宋家村	明清期间	宋姓居此	宋	位丁卯桥附近
	景家村	明清期间	景姓居此	景	位丁卯桥附近
	大窑湾	明清期间	有砖瓦厂故名	—	位古运河南岸
	小窑湾	明清期间	砖瓦厂较小故名	—	位古运河南侧
	戴家巷	明清期间	戴姓居此	戴	位丁卯桥东南

续表 28-9

行政村	自然村名	建村时间	村名来源	姓氏	备注
潘宗村	廖家村	明清期间	廖姓居此	廖	位于古运河南岸
	黄泥戴家	明清期间	戴姓居此	戴	位于古运河南岸
	大刘湾	明清期间	刘姓居此	刘	位于古运河南岸
	小刘湾	明清期间	刘姓人大刘湾迁此，后耿姓居此	耿	位于古运河南岸
	潘家村	明清期间	潘姓居此	潘	位于古运河南岸
	小魏家村	明清期间	魏氏从白兔山南迁此，为别于魏家故称。魏姓居此	魏	位于古运河南岸
	宗家村	南宋期间	岳珂知镇江时，嘉定十四年（1221 年）重修宗（泽）简公功德院，派员至义乌迎宗泽第四代孙至京口供奉并在此守院，宗泽后裔居此。南宋至今，宗氏迁居，今市区宗姓均属宗裔	宗	位于古运河南岸
	耿家村	明清期间	耿姓居此	耿	位于丁卯桥东南
马家山村	马家山	唐宋期间	马姓居此	马	位于丁卯桥东
	殷家村	明清期间	殷姓居此	殷	位于丁卯桥东
	杜墅湖	明清期间	杜姓构墅于此	杜	位于丁卯桥东北
	许家村	唐代许氏后裔	许姓居此	许	位于丁卯桥东北
	前、后山头	民国期间	苏北移民至马家山前后山头，故名	—	位于丁卯桥东南
渣泽村	渣　泽	清光绪间堆铁路道砟，故名	蒋、邵居此	蒋、邵	位于渣泽车站
	吕　家	明清期间	由谏壁东北迁此，吕姓居此	吕	位于横山凹西南
	包　家	明清期间	包姓居此	包	位于横山凹西南
	袁家（周家街）	明清期间	袁、周姓居此	袁、周	位于横山凹西南
	张　家	明清期间	张姓居此	张	位于横山凹西南
	戴　家	明清期间	戴姓居此	戴	位于横山凹西南
	蒋家门	明清期间	蒋姓居此	蒋、周	位于横山凹西南
	华家村	明清期间	华姓居此	华	位于横山凹西南

续表 28-9

行政村	自然村名	建村时间	村名来源	姓氏	备注
润南村	仇家村	明清期间由汝山仇家村迁此	仇姓居此	仇	位于横山凹西
	下欧村	明清期间	欧姓居此	欧	位于白兔山西南
	侯家村	明清期间	侯姓居比	侯	位于白兔山西南
	高家村	明清期间	高姓居比	高	位于白兔山西南
	桥头吴	清代	吴姓居此	吴	位于横山溪桥头
	尹家村	清代	尹姓居此	尹	位于白兔山西
横山村	黎家村	明清期间	黎姓居此	黎	位于白兔山西
	上欧村	明清期间	欧姓居此	欧	位于横山凹西
	商（湾）家	元代	由谏壁大亚庄迁此。据清乾隆《商氏宗谱》："润东严庄第三世景镂公主（商）端公，赘河西白兔山（俗称横山凹）北商湾，兹又润东聪公分支之所出也"。商姓居此	商	位于白兔山西北
	解家村	明清斯间	解姓居此	解	位于白兔山北
	魏家村	明清斯间	魏姓居此	魏	位于白兔山北
	裔家村	明清期间	由白兔上南魏家迁此，裔姓居此	裔	位于白兔山西
	邵家村	明清期间	邵姓居此	邵	位于白兔山西北
	龙王庙	清代	村民建龙王庙祈雨，故名	—	位于白兔山西北
凤凰山村	左家村	明清期间	左姓居此	左	位于白兔山西
	枣园村	明清期间	村民院落种枣，因枣树故名	—	位于白兔山西
	王怡村	明清期间	王姓居此	王	位于白兔山西
	谢家村	明清期间	谢姓居此	谢	位于白兔山西
	丁村家	明清期间	丁姓居此	丁	位于白兔山西
	秦家村	明清期间	秦姓居此	秦	位于白兔山西
	小刘家村	明清期间	刘氏从大村迁此，刘姓居此	刘	位于白兔山西北

续表 28-9

行政村	自然村名	建村时间	村名来源	姓氏	备注
	大冢岗	清代	义冢岗地，故名。江姓居此	江	位于白兔山西南
	山头村	近代	淮河泛滥因水灾移民居此	—	位于白兔山西南
	聂家村	明清期间	聂姓居此	聂	位于白兔山西南
上隍村	上（皇）隍	宋元期间	宋元期间称上皇村。据传乾隆下江南经此，避“皇”字，随巡张姓官员改“皇”为“埠”。此字冷僻，后人改“隍”。但距此不远有“下坊”（属辛丰）村，疑此村古名当为“上坊”，俗呼“上埠”。张姓居此	张	位于白兔山东北
	东、西山头。曾名冷山头。分居野鸡山东、西因名	清至民国期间	陶姓由徐淮移民居此	陶	“黄泛区”灾民陆续移民于白兔山东北野鸡山定居。俗呼“侉帮”
左湖村	左家湖（村境留有“湖熟文化”遗址）	秦至六朝期间	《京口记》：京岘山下有“龙目湖”。秦始皇东巡使赭衣徒凿湖中长岗，令水北注江也。左姓居此	左	《梁典》：武帝（萧衍）望京岘山盘纡似龙，掘其右为龙目二湖。左湖名称与此典有关
张许村	汤家湾	明清期间	汤姓居此	汤	位于白兔山西北
	孙家湾	明清期间	孙姓居此	孙	位于白兔山西北
	张许村（村境“四角墩”为西周古墓遗址）	西周至明清期间	为古墓葬地，后张、许 2 姓居此，故名	张、许	位于白兔山西北
	小许家村	明清期间	许姓居此	许	位于白兔山西北
	武将村	明清期间	临明武将墓葬，故名	—	位于白兔山西北
	刘家村	明清期间	刘姓居此	刘	位于白兔山西北
	野鸡山	原荒山雉鸡出没故名	近代，黄淮水灾移民	—	位于白兔山西北

第五章　正东路街道

第一节　概　况

正东路街道位于京口区东南部，东接象山镇，南沿古运河与丁卯街道隔河相望，西至解放路，北临正东路和梦溪广场，隔街与健康路街道相邻。1983 年 8 月属城区（今京口区）。1990 年，辖区面积 3 平方公里，有 17 个居民委员会（以下简称居委会）、239 个居民小组，1.43 万户，4.48 万人。后居委会多次调整、重组。2007 年，辖区面积 4 平方公里，辖 8 个社区居委会，有 1.71 万户，7.64 万人。

正东路街道为镇江市主城区繁华地段之一。1983 年，中国旅游品展销馆建成后，成为城区东部最大商场。1988 年起，贺家弄、酒海街、棒棰营等处在旧城改造中，成片拆迁，建成新的公寓楼群。20 世纪 90 年代，南门大街拓宽改造，形成餐饮时尚特色一条街，大型购物超市“万方”“苏果”进驻，南门内外大街及天桥路设两个农贸市场，辖区内商贸繁荣。2001 ~ 2006 年，“镇江华达物资有限公司”等一批规模企业落户，辖区商业网点密布。2007 年，辖区内有金融、保险、商贸等企业 30 多家，个体和民营企业 2800 多家。

辖区为镇江市政治、经济、交通、军事、文化中心。中共镇江市委、市政府、镇江军分区、镇江市交通局、建设局等单位在正东路南侧，中共京口区委、区人大、区政府、区政协和区人武部在京口路与学府路交叉口。江苏科技大学、镇江高等专科学校坐落在学府路西段。位于解放路南段的镇江影剧院（文心影院），集演出、放映、会议等功能为一体，自 1983 年建成以来，市内重大活动多在此举行。位于梦溪路上的工人文化宫（东宫），1989 年建成，是全市规模最大的职工娱乐休闲中心。以北宋大科学家沈括《梦溪笔谈》命名的梦溪广场，是居民休闲活动场所之一，具有浓厚的人文气息和文化氛围。

京杭古运河穿越境内，系与润州区城区部分界河，跨有解放桥、虎踞桥（南门桥）、南水桥、砻山桥贯通南北西东，有 20 多条公交车线路起（终）点或通过辖区，境内鼎石山（宝塔山）僧伽塔和虎踞桥均建于明代，为省级文物保护单位。

第二节　经　济

1983 年，全街道有网点 26 个，职工 237 人，完成产值、营业额 57.55 万元，利润 6.85 万元。1986 年对旅馆业和服务业整顿，利润和税收成倍增加。1989 年，街道企业有通用机械厂、塑料五金厂、蓄电池厂、电热电器厂、天桥钣焊厂、纸盒厂等 6 家及商业服务网点 22 个。完成产值、营业额 878.25 万元，利润和税收 28.55 万元。1992 年，商业服务网点总数增到 116 家，酒海街居委会收入超万元。1996 年完成工业产值 427 万元，营业收入 2.4 亿元。1997 年，房地产开发 1 万多平方米，竣工 6000 平方米，销售 500 万元。1999 年，开发商品房 1790 平方米，实现销售 33.5 万元，上缴税收 20 万元。

2000 ~ 2002 年，全街道通过外引内联，投资参股，引进民间资本 1860 万元，新办企业 106 家，培植重点税源企业 29 家。街道财政收入 148.5 万元。2004 年，引进韩国景福宫餐饮有限公司投资项目及资金 25 万美元，实现街道利用外资零突破。2005 年，景福宫又追加投入 6 万美元。利用民资 1.4 亿元，新增私营企业 82 家，培植年销售额超 1000 万元工业企业 2 家，总体经济实力明显提升，同年国内生产总值首超亿元，达 1.03 亿元。

2006 ~ 2007 年，全街道引进并完成总投资 1000 万元以上项目 19 个、国家级高新技术产业化示范工程攻关项目 8 个、专利项目 99 个，镇江金钛软件有限公司被确定为省级高新技术企业。2007 年，实现地区生产总值 2.1 亿元。完成工业总产值 3.87 亿元，产品销售收入 3.03 亿元，社会消费品零售总额达 6.97 亿元，城镇居民人均可支配收入 1.65 万元。

1990 ~ 2007 年京口区正东路街道经济情况表

表 28-10　　　　单位：个、万元

年份	工业产值	销售收入	利润	税收	固定资产投入
1990	66.07	—	11.45	（1990 ~ 1993 年，利税未分）	—
1991	86.10	—	11.35	—	—
1992	141.54	—	16.06	—	—
1993	600	500	60	—	—
1994	1203	725	100	45	—
1995	1380	1400	200	70	—
1996	4255	2646.73	—	38	522
1997	4314	3100	利税未分	56.14	378
1998	4750	3780	370	—	—
1999	5494	4200	410	110	—
2000	3642	3364	—	191	—
2001	3860	3392	利税未分	239.60	—
2002	4088	4320	338	278	—
2003	5649	4551	411	951	8171
2004	4625	4625	553	—	6782
2005	3742	3724	722	—	900
2006	24318	23557	利税合计	111	43228
2007	38689	35164	350	652	68487

说明：历年统计项目有差别，部分数据无资料，1983 ~ 1989 年资料缺

第三节　社会事业

一、社区服务

1983 ~ 1985 年，街道营造良好投资环境和宜居条件，做好服务工作，重点整治小区环境卫生，清理垃圾。1986 ~ 1991 年，加强对贺家弄、南门农贸市场和辖区建筑工地管理，拆除违章建筑。各社区开展创建“五好”家庭活动，树立文明风尚，街道卫生所为 19 名烈属、“五保”户建立健康档案，上门医疗服务。南门外大街居委会评为“市级卫生先进单位”，花巷居委会评为“市级文明单位”。

1993 ~ 1995 年，街道增加绿地 2400 平方米，修缮小区道路 2100 平方米。1996 年为解决居民存车难问题，搭建车棚 1500 平方米，被市委、市政府评为“金山市美容杯”优胜单位。1997 ~ 1999 年，成立社区服务中心，进行政策、健康、法律、文化、教育、就业、中介、宗教等服务。各居委会先后设立老年活动室、阅览室，组织志愿者服务队，为困难居民服务。1998 年，京河路社区率先建立物业管理有限公司，制定《小区管理与服务工作标准》《小区进出车辆管理规定》《居民精神文明公约》，

为居民办实事81件，统筹协调社区服务、社会治安、就业管理、经济发展等。镇江船舶学院（今“江科大”）居委会投入10万余元，建成健身场地和健身房。京河物业公司投入21.1万元，建立信报箱、宣传栏、宽带网传递中心站、健身活动中心和门卫值班室等。2001年，船院居委会被省委、省政府命名为“文明小区”。2002～2005年，京岘山、船院、酒海街、新华电等居委会硬件设施通过区规范化达标验收。各社区先后建立社区服务站，各类注册志愿者达4000余人，安置278名下岗职工再就业。酒海街等4个小区被评为“市级文明小区”。酒海街、贺家弄社区助残工作通过省级验收。2006年，街道残疾人康复工作被省残疾人联合会评为“先进集体”，在全市率先完成小锅炉整治。2007年，全街道投入200多万元，采取新建、资源共享、新小区配套等多种方式全面完成社区办公用房“二次达标建设”，完善“一站式”服务，为推进社区规范化建设创造条件。

图28-10　2007年，正东路街道及社区干部慰问武警官兵　（正东路街道办事处供稿）

二、城市管理

1990～1991年，街道制定《城管卫生二十二条》和《爱国卫生公约》《居民卫生守则》，落实“门前三包”（包卫生、包绿化、包秩序）责任制，与315家单位签订责任状，先后发动3100多人突击清运垃圾、清扫街巷、疏通下水道、清理卫生死角、设置垃圾箱等。在街巷植树3300余棵，改善卫生面貌。1992年，被市政府评为“创卫先进单位”。1996年，13个居委会配备清扫员39名，每天清扫、清运垃圾，全年清除“牛皮癣”（指墙上乱贴、乱涂广告等）800多处，阴沟消毒杀虫230多处，新增绿地3800余平方米。

1998～2001年，街道干部下挂居委会包片整治管理，全面落实市政府“清洁城市、清洁家园”，砌花台18个，植草坪1300余平方米，植树1240株，清理化粪池管道74米，疏通下水道7个，堵砌鼠洞26处，消杀阴沟头233只、蚊蝇滋生场所3处，被区委、区政府评为“城市管理先进单位”。2002～2004年以“创建国家园林城市”为契机，加大清扫保洁力度，使社区清扫保洁率达99%，楼道净化、美化率达90%。南门大街实现“一通两化”（道路畅通、环境美化、净化），新增绿地1000平方米，为创建绿色社区创造条件。

2005～2007年，贯彻《江苏省城市市容和环境管理条例》，重点整治“三小车”（营业性机动板车、残疾人车、人力三轮车）和“小锅炉”。同年，配合市区有关部门完成京岘山38号小区东侧的山体滑坡整治。至2007年，江科大（原船院）社区被评为全国绿化社区、恒美嘉园、贺家弄、宝塔山、京河路社区被评为省级绿化社区，完成环保绿化社区创建。

三、文体活动

1990年，街道文化站与妇联、共青团等共同举办茶话会、舞会、文艺晚会、登山、射击、游泳等活动40多次，2000多人次参加。1992年，在“金山之光”艺术节活动中，被京口区政府评为“先进集体”。1995年，举办象棋、扑克、乒乓球、卡拉OK比赛等活动。居民张才道书法作品参加全国“金鹅奖”书画大赛，获“当代书画艺术名人”称号。2000～2003年，船院、京河路、棒槌营等社区举办广场文化活动20余场次，3000多人次参加。社区象棋队、钓鱼队和健身秧歌队在各类比赛中多次获奖。2004年，歌舞“我爱你·中国”参加镇江市第四届社区文化节获一等奖。在梦溪广场举办6场“创业颂”文艺演出，5000名群众观看。2005年，开展露天电影、电子阅览室、大众广播操进社区等系列活动，并和“江苏卫视”联合举办“情暖五月，情牵你我”卫星主持人环省社区行活动。同年，举办首届社区运动会，有26个代表队450多名运动员参加，获镇江市全民健身体系“八个一工程”先进单位称号。

2006 ~ 2007 年，全街道举办 13 场“激情正东”广场文化系列活动，30 多支群众文艺团队参演。

四、治安管理

1990 ~ 1991 年，全街道调解各类民事纠纷 893 起，成功率 93.4%。1992 ~ 1996 年，各居委会针对流动人口，强化管理力度，与辖区内 102 家单位、沿街商店签订治安安全责任状，建立治安联防队，开展“群防群治”。1997 ~ 2001 年，街道“综治办”建立联防、巡逻、治保、帮教和调解“五位一体”群防组织，做到任务、责任、管理“三落实”，对辖区内 2174 名流动人口、177 户房屋出租户、13 处建筑工地、8 处临时窝棚实行暂住人口登记、注销。清理“三无”（无身份证、无暂住证明、无用工证明）人员 153 人，查获黄、赌、毒案件 159 起，摧毁团伙 1 个。派出所抓源头遏制境外毒源流入，首创全市“无毒社区”。2001 年为 5000 多名在校大学生上法制课，增强法制意识。街道综合治理办公室先后被省委、省政府，市委、市政府授予“社会综合治理先进单位”“禁毒先进单位”“创安五十强”“优秀青少年维权岗”等称号。2003 ~ 2004 年，街道开展“无毒社区”“无盗社区”“在职党员义务巡逻”“法律进社区”等活动，创建“平安正东”。发放各种宣传资料，出墙报，文艺小队演出等。党员义务巡逻 5000 余人次，盗窃案同比下降 11%，处理调解民事纠纷 86 起，江科大社区青少年法律学校获“全国示范社区青少年法律学校”称号。2005 年，投入 30 余万元，完成 9 个老居民区改造，安装监控系统、楼宇电子防盗门、防爬设施、楼顶加盖设锁等，提升老小区防范能力和“创安”水平。同年，京岘山社区被评为“江苏省法治合格社区”。2004 ~ 2007 年，连续 4 年被评为市“社会治安安全街道”“法治镇江合格街道”，依法对 51 名社区矫正人员教育管理。

五、社会服务

1. 人口与计划生育　1983 ~ 1991 年，全街道育龄妇女 4107 人，节育率为 99.9%，晚婚率为 95%，独生子女领证率 99.9%。1992 年，计划生育率达 98%，节育率、一胎率和独生子女领证率均达 98.5%。按时完成人口普查任务。1993 ~ 1995 年，街道与辖区 36 家单位签订计划生育目标管理责任状，对居委会实行计划生育责任编码，完成计划生育工作网络，无计划外怀孕。1999 年，张家巷居委会被市计生部门推荐为计划生育工作合格试点单位。2003 年，街道通过市、区两级考核，计划生育责任落实率、流动人口服务率、普及率、创建率、满意率全部达标。获镇江市人口与计生工作组织奖，被评为镇江市人口与计生工作示范社区。2006 ~ 2007 年，人口出生率均控制在 2‰以下。

2. 卫生　1990 年，街道卫生所在辖区开展卫生宣传教育 13 次，发放健康教育读本 147 册，随时进行健康咨询服务。1995 ~ 1997 年，在做好“儿保”“妇保”工作同时，为烈军属、孤寡老人免费咨询诊疗。2002 年，与京口区医院合资共建贺家弄社区卫生服务站。2005 年，与镇江市第四人民医院联合设立正东路街道卫生服务中心，与区人民医院联合设立贺家弄社区卫生服务所。2006 ~ 2007 年，每月开展一次健康教育活动，居民健康知识知晓率和行为形成率分别达到 75% 和 65% 以上。2007 年，进行城市居民享有医疗保障服务，为 1.3 万户 3.9 万人建立健康档案，为 1500 多名居民申请医疗保险。

3. 民政　1983 ~ 1989 年，街道对 35 户生活不能自理的困难家庭，组织 54 人进行“包户”上门服务。对 727 人次困难户发放救济补助 2.39 万元，对 193 户抚恤对象发放抚恤金 1.87 万元。1989 年成立军人家庭服务中心，17 个居委会建立军人家庭服务小组，帮助军人家庭解决困难，派专人打扫卫生、料理家务。1994 ~ 1995 年，帮助军人家属联系工作单位、安置 14 人次。发放义务兵优待金 1.3 万元，烈军属抚恤金 3.2 万元。1995 年，被市委、市政府命名为“双拥模范一条街。”（“双拥”为“拥军拥政”）1996 ~ 1997 年，发放困难户救济金、抚恤金、义务兵优待金 3 万余元，与 53330 部队开展居民共建活动。1998 ~ 1999 年，举办青少年暑期警校，对中小学生进行国防教育，同时开展警民、军民共建活动，筹集 5 万元基金，为烈、军属、优抚对象和贫困户补助。2003 年为 20 户居民发放最低生活保障 2.85 万元。2006 年，街道被市委、市政府命名为“双拥模范街道”。京口路社区被省委、省政府授予“军民共建先进单位”。2007 年，在全市第五次创建“双拥模范城”活动中，被市委、市政府荣记三等功 1 次。

4. 劳动就业　1983 ~ 1989 年，街道利用商业网点解决待业青年就业，其中 1987 年安排 63 人。2001 ~ 2003 年，街道成立再就业服务中心后，花巷社区开展“双无”（无下岗、无待业）工作试点，安置 346 名下岗职工再就业。2005 年，棒棰营社区创办“大嫂早餐”和养鸡场，解决 86 人就业问题。2006 ~ 2007 年，酒海街社区成立工会“职工之家”，与市总工会合办“困难职工、困难群众帮扶超市”，同时为弱势群体提供援助，街道残疾人康复工作被江苏省残疾人联合会评为先进集体。

第四节　居委会

一、沿革

1990 年，辖区有 17 个居委会。1992 年 10 月，因行政区划调整，划出运河、六普、南门外、周家河、矿机、天桥等 6 个居委会归润州区宝塔路街道，时有 11 个居委会。1994 ~ 2000 年，随着京河路、南马路等建成区面积扩大，先后增设京河路、石头巷、南马路、船院二村、小东庄等 5 个居委会。1997 年，由于人口密度增加，增设东门第二、“江工”第二、新华电居委会。2001 年，社区调整，将 19 个居委会合并为 11 个。2007 年 11 月，京口区机构改革，社区再次调整，正东路街道划出“江大”（原“江工”）、林机厂社区归象山镇管辖，象山镇的京口路社区划属正东路街道，增设恒美嘉园社区。原包家湾社区改称宝塔山社区，原贺家弄、京河路合并为贺家弄社区，将花巷社区一分为二分别并给棒棰营、酒海街两社区，11 个居委会再次整合调整为 8 个社区（居委会）。

1990 ~ 2007 年京口区正东路街道居委会（社区）情况表

表 28-11　　单位：户、人

年份	个数	户数	人口	居委会（社区）名称
1990	17	13224	44230	贺家弄、靳家巷、张家巷、庙巷、棒棰营、酒海街、花巷、南门外大街、天桥路、六普、矿机路、周家桥、运河新村、船院（今江科大）、东门、林机、江苏工学院（今江大）
1992	11	10234	32618	贺家弄、靳家巷、张家巷、庙巷、棒棰营、酒海街、花巷、船院、林机、东门、江大
1994	16	10652	37101	京河路、石头巷、南马路、船院二村、小东庄、东门、林机、江工、船院一村、酒海街、花巷、棒棰营、庙巷、靳家巷、贺家弄、张家巷
1997	13	11911	43486	京河路、贺家弄、靳家巷、张家巷、棒棰营、庙巷、花巷、酒海街、船院、林机、东门一、东门二、江工
2000	19	13602	58416	京河路、张家巷、贺家弄、靳家巷、花巷、石头巷、棒棰营、庙巷、南马路、酒海街、船院一、船院二、小东庄、东门一、东门二、新华电、林机、江工一、江工二
2001	11	14127	65209	京河路、贺家弄、靳家巷、棒棰营、酒海街、江科大、京岘山、包家湾、新华电、林机、江大
2007	8	17113	76378	京口路、京岘山、恒美嘉园、宝塔山、江科大、酒海街、棒棰营、贺家弄

二、社区简介

1. 京口路社区　原称象山乡京岘山村，东邻“恒顺翠谷”小区（京岘山南麓原镇江军分区靶场），西沿学府路，北与桃花坞相连，南依京杭古运河，为京口区级机关驻地。境内道路纵横交错，交通发达，有学府路、京口路、石马路、塔山路、老山路、京岘山南路及镇焦铁路，分别连接梦溪路、米山路、桃花坞路、古城路、宗泽路等主干道。有12个居民小组和4个开发小区，共3000户，1万多人口。辖区有江苏科技大学、镇江高等专科学校、镇江船艇学院；有外资企业3家，民营企业多家。第三产业有2000平方米商业网点和商业楼。社区设在京口路88号。2005 ~ 2007年，社区先后获“省级文明单位”“省级和谐社区”“全省军民共建社会主义精神文明先进单位”“市党建示范点”“市计划生育先进集体”等。

图 28-11　2007年，正东路街道京口路社区建成“一站式”服务大厅（正东路街道办事处供稿）

2. 京岘山社区　位于京口路与学府路交界处，辖有商居楼86幢，2006户，6268人。京口区委、区人大、区政府、区政协和区人武部、市建筑科学研究设计院、丹徒区医院等驻辖区内。办公在京岘山38号-3幢南，面积360平方米。一楼设图书阅览室、物业管理服务中心和便民服务站。社区服务站设党员、残疾人、卫生、计生、劳动保障、矛盾调处、志愿者服务等窗口；二楼为多功能活动中心。2005 ~ 2007年，社区被评为“省级民主法治示范社区”“省级绿色社区”，获“市文明社区”“市社区社会劳动保障先进集体”“市社区计划生育示范社区”“市关心下一代先进集体”称号。

3. 酒海街社区　位于梦溪路西，正东路南，南门大街东。以古通巷、石头巷和棒棰营社区相邻。有2172户，6116人，其中常住人口5586人，流动人口530人。通过整合资源和达标建设，社区办公用房面积580平方米。2005 ~ 2007年，社区先后被评为“省级绿色社区”，被市和市有关部门评为“市党建示范社区”“市先进基层党组织”“市和谐示范社区”“市文明社区”“市科普示范社区”“市绿色社区”“市城管创优先进社区”“市民主法治社区”“市预防未成年人违法犯罪工作先进集体”等。

4. 宝塔山社区　位于学府路西端，西至宝塔山公园，东至教顶山，南至古运河，北至京口路社区戴家湾。辖有枫林湾小区、新华电小区、原发动机厂、印机厂、水利工程处、建材厂、华龙管道、东郊粮库、兽医站等宿舍区，居民2000户，人口5780人。社区服务站设在学府路36号枫林湾物业管理办公室二楼。2007年，社区被评为“省级绿色社区”，“市民主法治社区”。

5. 贺家弄社区　位于贺家弄与镇江市政府围墙毗邻，南依古运河，西靠解放路，东邻南门大街，北接正东路，属城区繁华社区之一。2007年7月，贺家弄与京河路合并，名称仍旧。有2978户，9532人。2005 ~ 2007年，先后被市委、市政府评为“市综合治理达标社区”“市民主法治社区”“市城管示范社区”。

6. 江科大社区　原称“船院”社区，位于梦溪路东侧和学府路西端两侧，有江科大一村、二村、新村三个生活小区，有居民楼56幢、1200户、4000多人口。社区绿化面积达3.7万平方米，绿化覆盖率41%，辖区居民95%以上是江苏科技大学教职员工，是单位型园林式老小区。以“立足社区、服务发展、面向社会、服务居民”为宗旨，开展便民服务。树立东门中介品牌，争创文体亮点，巩固“全国绿色社区”成果，打造“全国百所法律学校”，营造平安、和谐、文明、祥和社区。2005 ~ 2007年，评为“全国绿色社区”“江苏省科普文明社区”“市平安创建合格社区”“市就业先进集体”等。

7. 恒美嘉园社区　位于学府路中段，东临象山镇学府路社区秦家湾村，南接江科大附属中学，西依古运河，北连学府路，为镇江恒顺房地产有限公司利用原镇江砖瓦厂土地进行投资开发。由恒美嘉园A区、B区组成，建筑面积14万平方米，是全封闭现代化小区。有920户2700人。2007年成立恒美嘉园社区工作站，办公用房400多平方米，工作人员4名，社区志愿者62名。辖区内设有多功能活动室、乒乓室、图书阅览室、羽毛球场、室外健身场、室内停车场等，生活设施配套齐全。社区技防、人防、消防等设施齐全，是一处环境优美、安全和谐的文明社区。

8. 棒棰营社区　位于虎踞桥北堍及京杭古运河畔，东接下河头，南沿古运河北岸，西至南门大街，北至石头巷，有2126户、7175人。辖区有明代建筑的“虎踞桥”。社区因清代驻“棒棰营”（系后勤部队），专事在古运河畔以“棒棰”捣洗军服而得名。东自南水桥、西至虎踞桥沿古运河畔残存京口古城墙脚遗迹，即今京口区机关及市邮电职工宿舍一带。

第六章　健康路街道

第一节　概　况

健康路街道位于京口区西南部，东至桃花山庄，南临正东路、京口路，西依古运河，北沿中山东路、花山湾路，总面积4.5平方公里。1990年辖24个居委会，历经调整重组，至2007年有12个社区居委会，共2.95万户、8.23万人。辖区内有回族、蒙古族、满族、苗族、壮族、畲族、朝鲜族、土家族、藏族、布依族等10个少数民族，765人。

健康路街道是镇江市主城区繁华地段之一，境内有机关团体、军事院校、军队干休所等20余家，法人单位1220家，个体工商户和私营企业3411家。2005～2007年，健康路街道被评为“市社会治安安全街道”“市安全生产星级单位（5星级街道）”“市‘双拥’模范街道”“市创建无毒社区达标单位”“市城管创优先进单位”等荣誉称号。

北宋大科学家沈括晚年定居京口城东梦溪园，今梦溪园巷24号为沈括故居，在此完成世界科学名著《梦溪笔谈》。现代著名桥梁专家茅以升故居在南门大街草巷东端（今寿邱街附近）。辖区甘露商城、小商品市场、南门大街夜市、大祥时尚街等享誉省内外。

第二节　经　济

1983年，街道有工商企业网点34个，流动资金25.4万元，固定资产8.07万元，工业产值完成4.2万元，营业额51.94万元，实现利润6.8万元。1992年，街道企业网点有117个，完成产值105万元，销售收入91万元，营业额1500万元，实现利润17.6万元，上缴税收36万元。超万元利润居委会有市政路、永安路、观音桥巷、正东路、草巷、丁家巷、中营、桃花坞二居等14个。1995年，有企业网点133个，完成工业产值2800万元，销售收入2000万元，营业额1.8亿元，外贸收购额800万元。1997年，全街道完成工业产值5530万元，销售收入5050万元，营业额3.91亿元，上缴税收130.08万元，居全市街道之首，外贸收购额2013万元。1999年，上缴税收400.49万元，比上年增长39.6%，居全市街道之首。2002年，通过整合辖区资源，鼓励参股引进民间资本，先后有43家新企业到街道投资兴业。2003年，街道把招商引资、培植税源增长点作为经济发展重中之重，先后有龙发宾馆、“八佰碗餐屋”、龙腾房屋开发有限公司、闽南水乡餐饮有限公司、蓝色多瑙河音乐天地等一批规模企业落户街道。2004年，吸纳民资1.54亿元，新增注册资本6890万元。2005年，引进私营企业100户，新增个体工商户580户，实际吸纳民资38970万元。2006～2007年，引进外资企业2家，实际到位外资23.7万美元，吸纳民资6.37亿元，新增注册资本2.1亿元、个体工商户1236户、私营企业210户。引进100万元以上民资项目200个，其中1000万元以上项目14个。两年实现工业总产值13.4亿元，销售收入11.6亿元，上缴税收2.84亿元，社会消费品零售总额56亿元，利润1659万元。2007年，全街道实现工业总产值62477万元，销售收入58702万元，社会消费品零售总额320021万元，财政总收入1459.7万元。

1990 ~ 2007 年京口区健康路街道经济情况表

表 28-12　　　　单位：万元

年份	工业产值	销售收入	利润总额	上缴税金	投入资金
1990	56.67	56	20.60	17.50	40.40
1991	76.50	70.50	15.50	30	—
1992	105	91	17.60	36	—
1993	401.90	365.60	—	—	205
1994	1328	1086	—	—	—
1995	2800	2000	—	—	342
1996	4234	—	—	105.37	—
1997	3922	5050	—	130.08	480
1998	6900	6285	530.50	286.73	774
1999	6772	6742	609	400.49	805
2000	3915	3845	675	464.91	1190
2001	4150	4076	884	547.72	1300
2002	5450	5360	1130	669.96	1980
2003	7585	7500	1050	815	815
2004	18365	16854	1420	—	6890
2005	20755	19463	1979	—	13000
2006	71760	63839	1200	1810	—
2007	62476.80	58702	1459.70	1965	21000

说明：由于各街道经济情况表项目不统一，有的项目疏于收集，除文字说明外，以“—”表示

第三节　社会事业

一、城市管理

1. 环境卫生整治　1990 ~ 1993 年，全街道进一步落实“门前三包”，与 371 家单位签订责任书。主干道卫生进行分片包干、定人定岗、专人清扫、考核评比，制定《街巷保洁、垃圾箱、公厕管护暂行办法》，对 76 只垃圾箱实行封闭化、景点式管理。25 所公厕配备保洁员、管护员 50 人。植树 1.5 万株，新铺草坪 1700 平方米，被授予“省级绿化先进单位”。1994 年开展“噪声达标”，经考核噪声控制达标，获“市金山杯奖”。

1996 ~ 1997 年，辖区 37 个单位先后通过全国卫生城市复查和国家级卫生城市升级调研，获“市争创国家卫生城市优胜单位”和“市城管工作优胜单位”。1998 年，永安路等 6 个居委会街巷保洁市场化运作试点，专人承包街巷清扫保洁、垃圾箱（房）管护消杀、无主垃圾清运、乱贴乱画清理等。制定《街巷清扫保洁、垃圾箱管护考核办法》，实行城管办和居委会两级考核，根据得分情况核发承包人报酬。1999 年 4 月，区政府召开“街巷保洁机制改革现场会”。2000 ~ 2005 年，专项整治银泉小区环境卫生。2006 ~ 2007 年，全街道投入 1 万多元完善辖区卫生设施，增添消杀工具和药物，安装垃圾门窗 94 处，清理积存垃圾 2030 吨，清除乱涂乱贴乱挂 2 万多平方米。桃花坞片区开展“绿化社区”创建，新增绿化面积 2800 余平方米，拆除小锅炉 8 台。2007 年，上、下桃花坞分别获“镇江

市绿色社区”和“江苏省绿色社区”称号。

2. 整治老社区　2000 ~ 2001 年，街道筹资 110 万元，对桃花坞八区全面整治，翻新道路维修路面 2050 米、修建排水沟 3500 米，疏通化粪池 120 余处，改建社区活动房 364 平方米，改造管线等。2004 年，银泉小区铺设下水管道、路面改造、路牙出新，建设配套车库和办公用房；解放路 19 号大院实行物业化管理。2004 年，桃花坞七区实施封闭式管理。2005 年，整治桃花坞七区，对 30 多幢房屋粉刷、铺设管道。

3. 查处违章建筑　1983 ~ 1989 年，全街道查处拆除违章建筑 329 处。1995 年，拆除违章 2300 平方米。2000 ~ 2001 年，拆除桃八区违建 168 处、4500 平方米。2004 年，全市统一部署，开展“百日拆违”活动，拆除违建 1430 处（户）、1.2 万平方米，做到“五个一”（“拆一片、清一片、管一片、配套一片、美化一片”）。2006 ~ 2007 年，在老社区整治中，拆除违章建筑 3200 多平方米。

二、社会治安综合治理

1. 治安管理　1983 ~ 1989 年，各居委会成立治安保卫委员会，在派出所指导下管理社会治安。1989 年 3 月，成立治安联防中队，有 34 人组成。治安巡逻队 22 个，队员 115 人，另有护楼队员 248 人。1992 年，辖区 62 个单位负责人为街道治安领导小组成员，与 146 个单位签订共建治安责任区责任状。1993 ~ 1994 年，辖区 34% 楼房实行封闭式管理。1999 年，29 个居委会分别被评为“京口区安全文明单位”，街道被评为“镇江市安全文明街道”。2001 年，被江苏省司法厅授予“1996 ~ 2000 年度全省法制教育先进单位”。2002 ~ 2004 年，强化社区治安基础建设，投入 30 多万元，在 7 个小区安装电视监控系统，在 3 个小区安装周界报警系统，在 33 个小区安装防盗、防爬设施。华星新村建成全天候红外线电子监控系统。聘请 119 名专职辅警进行 24 小时值班巡逻监控，组织党员治安志愿者服务队、清扫员和送奶工等 4100 余人参加治安巡逻。

图 28-12　2009 年，健康路街道组织志愿服务普法团活动　（蒋艳梅摄）

2006 ~ 2007 年，司法部门开展法律进社区活动，举办法律咨询讲座。各社区按照居民自治组织建设、民主选举、民主决策、民主管理、民主监督、法制宣传教育、人民调解及法律服务、治安防控 8 个方面，创建民主法治社区。2007 年，12 个社区分别被省、市、区命名“民主法治社区”“民主法治示范社区”。

2. 民事调解　1990 ~ 1999 年，10 年各居委会民事纠纷调解率达 95%。2000 年，对基层调委会成员进行业务培训，提高调解成功率。2002 ~ 2003 年，设立民事纠纷调处中心，两年调处民间矛盾 135 件，成功率 98%。2004 ~ 2005 年，规范司法调解工作程序，建立台账，调处民事纠纷 99 件，成功率 97%。2006 ~ 2007 年，受理民事纠纷 64 起，调处 63 起，成功率为 98%。

图 28-13　2006 年，健康路街道举行社区法制宣传指导员聘任仪式　（蒋艳梅摄）

3. 平安社区和社区矫正　2002 ~ 2003 年，开展“建设平安街道，创建最安全社区”活动，做到“三到位”（目标任务、工作措施、创建责任），发挥群防群治组织、结对共建单位作用，加强创建平安社区建设。2004 年，15 个社区被区委、区政府授予“区社会治安安全社区”，街道获市委、市政府“市社会治安安全乡镇（街道）”称号。2005 年 7 月，健康路街道实行社区矫正工作，各社区分别成立矫正工作站，街道、社区、家庭、矫正工作志愿者组成的矫正小组对矫正对象采取矫治措施，将“监狱人”转化为“社会人”，使其重新融入社会，化消极因素为积极因素。运用有限资源为矫正对象排忧解难，解决生活保障，帮助再就业，运用法律援助和法律服务，帮助矫正对象认罪服罪，安心接受社区矫正。2007 年，依法接受社区矫正对象 51 人，通过教育管理解除矫正 25 人，维护社会稳定。2006 ~ 2007 年，开展创建“法治镇江合格街道活动”。2006 年 9 月，街道获省委、省政府授予“2003 ~ 2006 年度平安江苏创建先进集体”。2007 年，获市社会治安综合治理委员会授予“市安全文明街道”称号。

4. 创建无毒社区　1990 ~ 2003 年，街道开展“禁毒宣传进社区”“六个一”（即举办一次禁毒宣传展牌巡回展，办一期禁毒宣传橱窗，发一封禁毒公开信，上一堂禁毒课或主题班会，举办一场禁毒法制讲座，帮教一名吸毒人员）活动。2004 ~ 2005 年，连续两年获市委、市政府授予“市创建无毒社区先进单位”称号。2007 年 5 月，被市政府评为“2006 年全市创建‘无毒社区’达标单位”称号，同时获市禁毒委员会授予“市 2006 ~ 2007 年度创建无毒社区达标单位”称号。

三、计划生育

1990 年，街道与辖区内 38 个单位签订计生目标管理责任状，全年出生 480 名婴儿，出生率为 9.6‰，计划生育率 100%，晚婚率 92%，人流率 0.77%。1991 年，成立街道计划生育协会，并在市计生工作会上作专题介绍。1992 年 5 月，全国计划生育协会常务副会长常崇煊先后到市政路、山门口街等居委会检查指导时表示肯定，并接待浙江、内蒙古、河北等省（区）508 名计生工作者前来调研。

1993 ~ 1995 年，街道成立计生办公室，发放和办理独生子女证、计划生育系列保险等，3 年出生婴儿 1368 人。市政路居委会计生协会被评为江苏省先进集体。1997 年 3 月，健康路街道被评为“镇江市城区计划生育管理先进单位”。2002 ~ 2003 年开展“婚育新风进社区”活动。盛达社区每月举办孕妇学校活动，获“镇江市婚育新风进万家先进集体”。下桃花坞、石马湾、盛达社区分别被授予“镇江市人口与计划生育工作示范社区居委会”。健康路、山门口、尚友等 9 个社区分别被授予“争创镇江市人口与计划生育工作优秀社区居委会”，街道获“组织奖”。2007 年，辖区“三率”（晚婚晚育率、计划生育率、节育措施率）达到市、区政府下达指标。

四、民政及双拥工作

1990 ~ 1995 年，全街道除按规定发放救济金外，为残疾人做好生活帮助和就业工作，募捐 1000 余元补助，残疾人就业率 96.6%，1994 年被江苏省民政厅评为“省民政工作全优街道”。2000 年 5 月，街道被评为“镇江市志愿者助残先进集体”。2001 ~ 2003 年，组织辖区单位对优抚、特困、孤老对象进行走访，送慰问金逾万元，帮助 3 名特困生享受“百千助才工程”。2004 ~ 2007 年，对孤寡特困对象进行免费体检、慰问。积极宣传殡葬改革，移风易俗，1983 ~ 2007 年，25 年辖区火化率为 100%。

1990 ~ 1992 年，街道军人家庭服务中心帮助烈军属子女入托入学 34 人次，走访慰问 916 人次，帮助部队家属安排工作 13 人次。1992 年 11 月，街道被市委、市政府命名为“市双拥模范街道”。1993 ~ 1995 年，辖区有 7 个驻军单位和 3 个军人干休所，优抚对象 1268 户，结成共建对子 5 个，组织党委人员体验“军营一日”生活。再次被市委、市政府、镇江军分区授予“市双拥模范街道”称号，山门口居委会被评为“全国‘双拥’工作先进集体”。

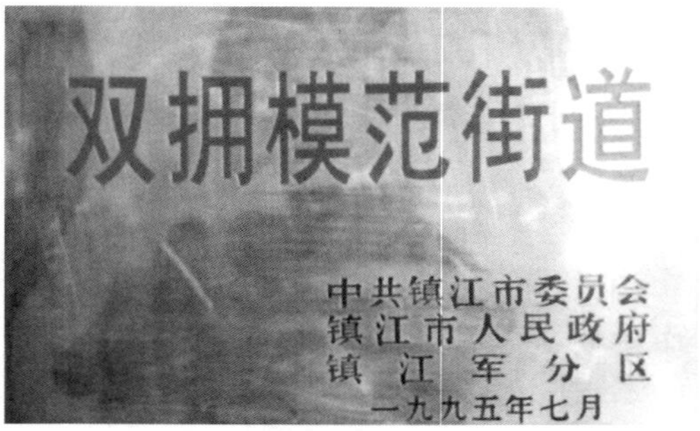

图 28-14　1995 年，健康路街道被市授予“双拥”模范街道　　（高义连摄）

1996 ~ 1997 年，华东船舶学院（今江苏科技大学）为部队开展智力拥军，成立双拥片区，街道被市委、市政府、镇江军分区评为“争创全国双拥模范城‘两连冠’有功单位”，记三等功 1 次。1998 ~ 1999 年帮助“三老”（老伤残军人、老复员军人、老革命烈士家属）解决生活难、住房难、治病难问题，实现“生活超人均，住房无危破，医疗有保障”目标。2000 ~ 2001 年，驻军文艺演出队为社区居民演出，街道组织市文艺表演队为战士演出，开展“拥军好公民”评选，组织民兵训练、国防知识演讲活动。2002 ~ 2003 年，下桃、华星、石马湾、观音桥社区分别与驻军开展“我为故乡做贡献”共建活动。2004 ~ 2007 年，街道在“八一”前夕，对优抚对象、“三老”人员免费体检，在大市口广场举办“双拥”放歌慰问部队指战员。

五、劳动就业及社会保障

1997 年 3 月，街道根据《镇江市城市居民最低生活保障实施细则》规定，逐户核实、填表申请、审查复核确定 27 户、40 人享受城市居民最低生活保障金（以下简称“低保”）。6 月，市、区两级政府和街道举行“镇江市城市居民最低生活保障金首发式”。2002 年，全街道安置待业人员 107 人，为 184 户特困户办理最低生活保障。2003 年，通过多种措施，安置 408 人就业，为 1062 人办理再就业优惠证，审核领取失业救济金 8000 多人，为 224 户特困户办理最低生活保障。2004 ~ 2005 年，办理失业人员登记 2144 人，发放再就业优惠证 992 本，有 1278 人实现再就业，重新发放低保证书 209 份。2006 ~ 2007 年，街道举办各类招聘会 7 场次，再就业培训 385 人，提供就业岗位 4004 个，新增就业 1896 人。加大对创业人员扶持，发放小额贷款 150 余万元，为 1410 人实施社会保险补贴减免，重新核定“低保”262 户，发放金额 162 万元。2007 年，辖区 6500 名居民办理合作医疗保险，社会保险扩大 2605 人。

六、文化　体育

1990 ~ 1992 年，街道老年人开展文化娱乐活动，先后举办中老年迪斯科培训和比赛。1995 年，在京口区歌咏比赛中获二等奖和组织奖，老年人退管会宣传队获“江苏省六城市友谊赛优胜奖”。2002 年 5 月，举办首届社区运动会，辖区 37 个单位代表队，600 多名运动员参加，进行 8 个项目比赛，被省体育局授予“江苏省群众体育先进单位”。2004 ~ 2005 年，街道与市有关部门和康盛置业有限公司联合在市老干部活动中心，建立京口康盛折子戏剧场，采取专业与业余相结合，定期演出京剧、扬剧、粤剧、昆剧、黄梅戏等传统剧目折子戏。两年，在省、市举办各种戏剧曲艺比赛中获省、市级奖项 15 个。2004 年，举办第二届街道社区运动会，41 支代表队、800 多名运动员参加 7 个项目比赛。2005 年，各社区分别建有 1 ~ 2 支特色文体队伍，在京口区社区运动会上表演“秧歌”获第一名、健身球获第二名。街道体育工作被评为“全省‘八个一’工程先进集体”和“省全民健身周先进集体”。2006 ~ 2007 年，街道投资 2 万多元购置图书，充实、更新社区图书室，举办“邻里节广场文艺”演出，构建和谐邻里。举办“百场文明礼仪讲座进社区”活动。

图 28-15　2003 年，健康路街道“健身秧歌”参加全市第三届社区艺术节表演（蒋艳梅摄）

第四节　居委会

一、沿革

1990 年，全街道有 24 个居委会、17514 户、54221 人。1992 年 10 月，区划调整后，南站、林隐路两居委会划归润州区宝塔路街道，管辖 22 个居委会。1996 年 1 月，草巷居委会更名为南门大街居委会，丁家巷、中营居委会分别改称中营街第一、第二居委会。随着城区扩展，桃花坞片区新增 7 个居委会。1997 年，街道辖 29 个居委会。1999 年 8 月，盛达新村、花园新村、桃花山庄等新住宅楼群建成，增设 3 个居委会，辖 32 个居委会。2001 年 11 月，将 32 个居委会调整为 15 个居委会。2007 年，京口区对街道、乡镇管辖范围调整，街道原 15 个居委会调整为 9 个社区（居委会），同时，划入大市口街道田家门、花山南和大学山 3 个社区，同年全街道有 12 个社区（居委会）、29518 户、82322 人。

1990 ~ 2007 年京口区部分年份健康路街道社区（居委会）情况表

表 28-13

年份	个数	户数	人口	居委会（社区）名称
1990	24	17514	54221	健康路第一、健康路第二、白莲巷、山门口、市政路、水陆寺巷、钱家山、观音桥巷、永安路、火坛楼巷、尚友新村、梦溪园巷、东门坡、中营、丁家巷、梳儿巷、草巷、正东路、南站、林隐路、气象里、桃花坞路第一、桃花坞路第三
1992	22	16455	51550	山门口街、白莲巷、水陆寺巷、市政路、健康路第一、健康路第二、尚友新村、永安路、正东路、钱家山、火坛楼巷、观音桥巷、中街、丁家巷、东门坡、梳儿巷、草巷、梦溪园巷、桃花坞第一、桃花坞第二、桃花坞第三、气象里
1997	29	21862	66327	健康路第一、健康路第二、山门口、水陆寺巷、白莲巷、市政路、尚友、永安路、火坛楼巷、观音桥巷、钱家山、正东路、中营街第一、中营街第二、东门坡、梳儿巷、南门大街、梦溪园巷、桃一、桃二、桃三、桃四、桃五、桃六、桃七、桃八、桃九、桃十、气象里
1999	32	22023	74878	1998 年全街道辖 29 个居委会，名称见上。至 1999 年度增设桃花山庄、花园新村、盛达新村 3 个居委会。
2001	15	23946	73942	健康路、山门口、水陆寺巷、尚友、观音桥、寿邱街、梦溪、中营街、华星、上桃、八角亭、下桃、石马湾、盛达、桃花山庄
2007	12	29518	82322	健康、山门口街、尚友、寿邱街、梦溪、气象里、桃花坞、石马湾、东桃、大学山、田家门、花山南

二、社区简介

1. 气象里社区　位于梦溪路东，桃花坞路南，桃花坞三区西，镇江监狱、馨逸家园北，社区办公地点设华星新村警务站。2004 年举办首届邻里节，主题“以德相邻，以爱相居”，共建和谐大家庭，内容有书画、烹调、时装等才艺表演，通过活动融洽邻里亲情，共建和谐社区美好家园。同年获市委、市政府授予的“市社区建设示范社区”荣誉。2007 年，有居民小组 70 个、2046 户、8296 人。该社区“英语一角”和“社区邻里节”为特色。社区党支部、居委会组织社区志愿者和江苏大学学生参加社区每周一次的“英语沙龙”，请外国朋友参加。

2. 尚友社区　位于京口区中心繁华地段，东至南门大街，南毗正东路，西至解放南路，北为中山东路。社区办公地点在古更楼巷 35 号。辖区有 300 多家党政机关部门、企事业单位。有居民楼 115 幢、3589 户、9448 人、居民小组 94 个。社区工作以对弱势群体扶持、帮助再就业和关心下一代为特色，致力于关心青少年成长，系“江苏省关心下一代工作基地”。2004 ~ 2007 年，获“市人口与计划生育优秀社区”“市劳动就业先进集体”“市关心下一代工作先进单位”等称号。

3. 梦溪社区　位于梦溪路西，东邻中营街，南至正东路，北临中山东路，西接梦溪园巷和东门坡，有居民楼 89 幢、2756 户、7362 人，社区办公地点在中营街 73–2 号。该社区是 2007 年由梦溪园巷和中营两个社区合并重组，称现名。社区有江苏大学梦溪校区（南朝宋刘裕故宅遗址）、沈括故居（今沈括纪念馆）等古遗址。

4. 寿邱街社区　位于南门大街，办公在寿邱街 9 号。北至中山东路 31 ~ 35 号，南至正东路 12 号，东至东门坡和梦溪园巷（东门坡 16 ~ 32 号，梦溪园巷 26 ~ 30 号），西至南门大街（192 ~ 378 号）。2001 年 11 月，由原网巾桥、东门坡、梳儿巷和部分南门大街居委会合并组建。该社区为京口区主要商业和南门大街“夜市”。社区有 48 个居民小组、2126 户、5427 人。有市级文物保护单位育婴堂、茅氏宗祠 2 处。

5. 东桃社区　位于京口区城区东部，原为城郊接合部小米山茶场及周围地区。1993 ~ 2000 年，经开发建成桃花山庄、盛达新村、花园新村、松盛花苑 4 个住宅片区。因处桃花坞东，故名“东桃”。南起正东路街道竹林山庄、北毗花山路，西邻小米山路，东至象山镇焦山社区。有居民 3276 户、10035 人，由 4 个封闭式片区组成，均有物业公司管理。片区楼房林立，道路宽畅，环境优美，融“绿、静、美、安、雅”和谐人居环境住宅区。自 2001 年成立以来至 2007 年先后获“江苏省文明社区”“省物业管理优秀住宅区”和“市社区建设示范社区”“市科普示范社区”等称号。

6. 桃花坞社区　位于桃花坞东北部，东至古城路，南临桃花坞路，西至花山支路，北与花山湾为邻。有居民楼 106 幢、1790 户、5120 人。自 2001 年成立以来至 2007 年先后获“市社区建设示范社区”“市党建示范社区”“市文明社区”“市科普示范社区”“市十佳社区团支部”“市社区团建开拓奖”“市社区就业工作先进集体”“市人口与计划生育示范社区”等。

7. 大学山社区　位于花山湾新村西部，东至花山湾支路，南至桃花坞二区，西至梦溪路，北至花山湾路。有居民小组 24 个、1930 户、4750 人。社区办公地点在花山湾一区 39 幢 -1。2007 年，被区委、区政府命名为“区民主法治社区”“区和谐社区”等。

8. 田家门社区　位于镇江市城东花山湾路南侧，古城路东西两侧。全社区有住宅楼 66 幢、12 个居民小组、2160 户、6048 人。根据辖区内少数民族和老年人较多特点，每年在“开斋节”期间举办民族文化风情展，展示少数民族历史和文化。2005 年，国家民族委员会副主任周明甫到社区考察。同时开展“老少结对，共建和谐”活动。至 2007 年，田家门社区先后被评为“全国敬老模范社区”“江苏省科普示范社区”“镇江市民主法治示范社区”“镇江市文明社区”“镇江市企业离退休人员社会化管理先进集体”等。

9. 石马湾社区　东至小米山路，西至桃花坞小学，北邻桃花坞路，南至京口路。2001 年，社区办公地点在石马湾路东端。至 2007 年，辖区与驻军开展“双拥”工作为特色活动，先后获市、区两级表彰 20 多次。2007 年，社区内有桃三、桃五、桃七、瑞景山庄、驻军船艇学院及桃香源 6 个小区，有梦溪嘉苑、竹林山庄等居民住宅楼 137 幢、3397 户、11191 人。

10. 山门口街社区　东至解放南路，南至水陆寺巷，西至山门口街，北至中山东路。有居民楼 66 幢、平房 6 处、2275 户、7239 人、居民小组 46 个，办公地点在解放路 31 号。自 1983 年的 20 多年来，与驻军结成军民共建对子，开展“双拥”活动，受到民政部、总政治部和省、市表彰 20 多次。

11. 花山南社区　位于花山湾新村中部，东至润州船厂宿舍，南邻桃花坞社区，西至花山湾支路，北接花山湾路。有住宅楼 110 幢、居民小组 52 个、2380 户、6656 人，办公地点在花山湾三区 10 号。2006 ~ 2007 年，花山南社区被评为“江苏省充分就业社区”，“镇江市劳动就业先进集体”。

12. 健康路社区　位于中山东路西端，东至山门口街，南与山门口社区为邻，北至中山东路，西依古运河，办公地点在腰刀巷 6 号，有居民住宅楼 100 幢、3496 户、9682 人。2004 ~ 2007 年，社区获“镇江市计划生育示范社区”“京口区城乡创业帮扶工作先进集体”“京口区社区建设先进集体”“京口区‘双拥’好单位”称号。

第七章　大市口街道

第一节　概　况

大市口街道位于镇江市主城区繁华地段和城区中心。东沿小米山路至花山路东端，与象山镇接壤，南沿中山东路至花山湾路与健康路街道相邻，西以古运河与宝塔路街道分界，北沿大西路及东吴路，与四牌楼街道毗邻，总面积4平方公里。1990年，辖23个居委会、340个居民小组，16787户、51467人。1991 ~ 2006年，社区居委会历经多次调整、重组，区划有所变化。2007年，全街道有12个社区居委会、22693户、61471人，街道办事处设青云门社区府学新村1号。

辖区内交通便捷，市内各路公交汽车分别在大市口交错行驶，工商银行、交通银行、农业银行等金融网点集中，文化教育娱乐场所众多。商业贸易繁华，辖区有镇江商业城、镇江商业大厦、第一楼街步行街、新华书店、大市口广场（城市客厅）、河滨公园、镇江日报社、京江晚报社、江苏大学附属医院、驻军第359医院、镇江烈士陵园、“晋陵郡城”、京口古城遗址等。2006 ~ 2007年被市委、市政府授予“社会治安安全街道”“安全生产星级单位”“充分就业单位”等称号。

第二节　经　济

1990 ~ 1992年，街道有企业网点151个，完成产值、营业额1643.2万元，实现利润80.5万元。1993 ~ 1995年抓好工贸结合，实现居委会办企业、工业、第三产业、外向型经济。鑫隆商场分别在大西路、花山湾、李家山建立分部，形成针织品批发、零售、连锁经营。

1997年，街道居委会企业总收入超35万元1家，创收30万元有2家。同年，第三产业营业额完成4.96亿元，实现利润589.8万元。1998 ~ 1999年，居委会总收入突破40万元2个，收入20万元 ~ 35万元5个，实现利润677万元，同比增长10.6%。2000 ~ 2001年，经济工作发挥区位优势，拓展第三产业，壮大税源经济，形成餐饮、家政服务、美容美发为主体经济特色。2001年上缴税金245.3万元，同比增长42.7%。2002 ~ 2003年加大招商引资力度，先后有夏威夷康体俱乐部、金碧辉煌娱乐有限公司、天语雅阁西餐厅等规模第三产业企业落户，总投资近700万元。2003年，引进50万元以上项目16个，实际利用外资177万元，新增私营企业69家，个体工商户380户，上缴税金500万元，固定资产投入3008万元。2004 ~ 2005年，区域经济保持提升态势，太平羽绒城、法莱尔大卖场、旅游超市等大项目注册。2005年，完成投资100万元以上项目64个，引进、实施总投资1000万元以上项目7个，吸纳民资1.84亿元，新增私营企业85家、个体工商户960户，全年实现利润1383万元。

2006 ~ 2007年，大市口街道先后引进总投资1亿美元香港华帝百货项目、总投资1.5亿美元“长江一品·双井天地”、总投资1亿美元第一楼街步行街和总投资600万美元法国宜必思经济型酒店等外资项目。2007年，注册合同外资3678.6万美元，实际到位外资3397万美元，全年新增私营企业115户、个体工商户500户。同年，完成工业总产值1.05亿元，工业产品销售收入1.05亿元，社会消费品零售总额25.2亿元，上缴税金837万元。

199⁻ ~ 2007 年京口区大市口街道经济情况表

表 28-14　　单位：个、万元

年份	工业产值	流动资金	利润总额	上缴税金	固定资产
1991	165.80	29.14	29.14	—	—
1992	237.80	80.54	80.64	—	—
1993	403.50	140.20	140.20	—	—
1994	1520	230	230	—	—
1995	3400	—	—	—	—
1996	5496	—	450	—	—
1997	6036	—	589.79	—	—
1998	7051	611	610.99	1306.80	—
1999	7678	676.90	676.57	1980	—
2000	4024	—	676.40	166	—
2001	4266.30	—	684.69	245.30	—
2002	5409	—	573.30	336.20	—
2003	5473	—	700	500	—
2004	5395	—	901	—	—
2005	4987	—	13830	—	1560
2006	9899	—	—	236	41974
2007	10544	—	—	837	18573

第三节　社会事业

一、社区服务

1992 年 4 月，街道以贷款、“集资”、授股形式筹资 30 万元，兴办大市口快餐公司，5 月 1 日营业，12 月创收 49.6 万元，利润 14 万元。1995 年，先后创办客车服务公司、管道疏通队、高层清洗公司、万事达服务公司等企业。1996 ~ 1997 年筹措资金 20 余万元建成封闭垃圾箱 497 处、垃圾房 85 座。建成环球新村、弥陀寺巷、东吴新村等 5 个示范小区，辖区住户有 75% 卫生清洁户。1999 年 6 月，与区医院联办花山湾社区健康服务中心，实行医保卡和中心联网，完善服务功能。2002 年 7 月，街道筹措资金，建成社区事务受理中心，设置信访司法、治安警务、城市市容、工商税务、计生服务、民政事务、市民求助、劳动保障等 8 个社区服务平台，并配备 LED 多媒体电子显示屏，面向社区发布劳动就业、家政、中介服务等信息，以便捷、公开“一站式”开展八类 40 个服务项目。

2002 ~ 2003 年，街道首选蔡家山建成全市第一家硬件达标社区，办公用房面积达 250 平方米。2003 年年底，通过租、借、建等多种方式，12 家社区居委会完成达标。2004 年，在全市首创天颐居家养老中心，采取规范化管理、服务，入住 100 余名养老人员享受人性化服务，被省民政厅定为省级养老服务社会化示范活动试点单位。

2005 ~ 2007 年，全街道推动社区办公用房“二次达标”，投入 50 万元新建茶山社区办公用房

350 平方米。充分利用慈善超市、居家养老等，组织辖区单位和个人，慰问社区弱势群体 210 人，发放慰问金 5.3 万元。

二、城市管理

1990 ~ 2007 年，街道注重市容市貌，与沿街单位和个体工商户共同签订“门前三包”“门内达标”责任书 742 份。各居委会分别建立民办清扫员队伍，开展春秋季卫生大扫除和灭鼠除害。1990 年，23 个居委会中 20 个被评为区卫生先进单位，“文明大院”2 个，“文明家庭”655 户。大西路、解放路、中山路被命名为“文明路”，双井路被命名为“卫生路”。签订“门前三包”责任书 301 份，45 名清扫员负责辖区内 6 条主要干道和 69 条街巷清扫。1999 年，重点解决弥陀寺巷化粪池外溢、绿竹巷泄洪整治、茶山片区环境整治和仙鹤巷建筑垃圾清运等。2000 ~ 2003 年，街道推行社区清扫保洁改革。按照清扫、保洁、清运“三位一体”运作模式，打破地域界线，确定 200 户划一责任区，配备 1 名保洁员，制定管理制度和操作程序，按照《保洁员工作责任制》，对保洁工作进行抽查考核，与工资挂钩。配合大市口广场建设，在弥陀寺巷片区进行绿化补植，新增绿地 2000 余平方米，对宋官营、青云门、老北门、千秋桥街、铁瓮城等片区修建路面 1 万多平方米。组成街道、社区、保洁队伍三级管理网络，签订“门前三包”责任状，组织 2 次万人“创卫”大行动。2004 ~ 2007 年，街道开展“百日拆违”行动，拆除影响交通、绿化、安全和群众生活环境违章建设，拆建并举，长效管理。

三、综合治理

1990 ~ 1992 年，街道按照“属地管理”“谁主管、谁负责”原则，围绕“打击、防范、教育、管理”方针，齐抓共管，确保治安稳定。1990 年被评为市“社会治安先进单位”。1992 年被评为省级“社会治安先进单位”。1993 ~ 1995 年，全街道有联防、巡逻、自护 3 支治安队伍，与辖区内 105 家单位和居委会签订治安目标责任状。1996 ~ 1999 年，辖区单位和居委会分别成立综合治理领导小组，单位主要负责人为第一责任人。1997 年，街道被省委、省政府授予“1993 ~ 1996 年度社会治安综合治理先进集体”称号。12 个居委会获区司法局颁发“标准化人民调整委员会”称号。1997 年，辖区 18 家单位、8 个居委会被区政府评为安全文明单位，对 53 名释放和解教人员通过帮教，安置率为 91%，重新犯罪率 1%。民事纠纷调解率 98.8%，成功率 100%。1999 年，被评为“镇江市安全文明街道”。2001 ~ 2003 年，为加强社区民警与居民联系，17 个居委会建立社区警务站，共建“平安社区”。建立信息预警和信息报告制度，设立社区报警点 30 个、信息员 40 人。开展“四五”普法教育，3000 余人次参加，民事纠纷调解成功率 98%。2003 年，全街道“平安创建”工作通过省、市、区三级验收。2004 ~ 2007 年，街道投入 60 万元对老小区技防设施进行改造，建成 9 个电视监控社区和“技防一条街（斜桥街）”。2007 年，被市委、市政府授予社会治安安全街道、创建“无毒社区”达标单位、安全生产星级单位等称号。

四、计划生育

1983 ~ 2007 年，街道计划生育工作实行“条包块管”，分工负责，网络健全，长效措施落实。1989 年，已婚育龄妇女无计划外二胎。1990 ~ 1992 年，全街道建立计划生育协会 64 个，计划生育率平均 99.85%。双井路居委会被列为市计划生育工作开放单位。1995 年，有已婚育龄妇女 1.07 万人，计划生育率 100%，节育措施落实率 99.96%，计划生育目标管理责任状签订率 100%。1996 ~ 1999 年，街道计生工作落实目标管理责任状签订率、计划生育率、节育措施落实率均为 100%。全面实现“四无”（无政策外生育、无溺婴弃婴、无非医学鉴定胎儿性别和选择性终止妊娠案件、无隐瞒出生），通过市、区计生委验收。2005 ~ 2007 年，街道深入贯彻落实《人口与计划生育法》《江苏省人口与计划生育条例》《流动人口计划生育管理规定》等，联合区工商、公安部门，齐抓共管，形成信息网络综合治理。

五、民政及双拥工作

1990 ~ 1999 年，街道为 87 户困难户办理最低生活保障，为 17 户定期救济户赠送 5000 元药品，发放救济金 6 万余元。超额完成征兵任务，被评为“镇江市双拥模范街道”。2001 年为 150 户困难户办理最低生活保障，发放救济金 23 万元。为 59 户定救户赠送价值 6000 元救济品。2005 ~ 2007 年，街道成立居家养老中心，为老年人提供“托老”服务。开办“慈善超市”，筹集资金及物资（折合人民币 5 万余元）捐助 70 户困难家庭。2007 年慰问困难家庭 210 人，慰问金 5.24 万元。

六、劳动就业社会保障

1999 年，街道成立再就业服务中心，安置下岗待业人员 120 余人，待业登记 200 余人。2001 年，安置 148 名。2002 ~ 2003 年通过市场化运作，创办镇江天禾早餐有限责任公司，推出“放心早餐”，2003 年底设立销售网点 110 个，吸纳下岗失业人员 150 多人，并开辟配套食品加工岗位 70 余个。2005 年举办 2 场劳动力专场招聘会，提供岗位 1400 个，办理优惠证 647 本，264 人重新创业（就业）。街道获“镇江市劳动就业先进单位”和“镇江市社区就业先进单位”。2006 年安置就业人员 859 人。2007 年，大市口街道率先在全市打造“即时就业绿色通道”，为下岗失业人员提供就业岗位 1556 个，安置“4050”（40 岁、50 岁）人员 155 人，实现充分就业街道社区。

图 28-16　2003 年，大市口街道下岗职工再就业工程“天禾早餐”摊点（大市口街道办事处供稿）

七、文化体育

1990 ~ 1993 年，辖区内群众性文体活动活跃，开展唱歌、跳舞联谊比赛等。1994 年，辖区有游戏机室 22 个、卡拉 OK 厅 3 家、录像出租点 8 个、录像放映点 3 家、台球室 5 家、舞厅 12 家、图书出租 10 处。街道文化站联合共青团镇江市委、镇江市关工委、镇江经济广播电台举办镇江市“华都杯”暑期中小学生故事表演大赛，市区领导观看决赛表演。

1995 ~ 2001 年，街道利用“五一”“七一”“八一”“十一”等重大节日，在花山湾社区、23 军干休所、商业城与驻区部队、学校，共同举办社区文艺活动。2002 ~ 2004 年，各社区居委会因地制宜地开展丰富多彩戏曲、健身、棋牌、书画等文体活动。2005 年年初，街道建立邮票博物馆，千名集邮爱好者参观。举办“移动杯”首届运动会和“苏源·朗香园”杯首届社区艺术节，市各大媒体分别进行报道。2006 ~ 2007 年，街道举办小品展演、民俗风情展示、“读书知荣辱”演讲比赛和“活力京口”广场文艺演出系列活动，提高群众对建设小康知晓率和认可度。

图 28-17　2002 年，成立大市口社区民族学校（大市口街道办事处供稿）

第四节　居委会

一、沿革

1990 年，大市口街道辖 23 个居委会、340 个居民小组、16787 户、51467 人。为加强基层管理，花山路、花山路北、花山寺、大学山、田家门、蔡家山、环城路等 7 个居委会分别成立管理委员会，受街道委托行使管理职能。1997 年，经区政府同意，将原 23 个居委会调整为 28 个。10 ~ 12 月，依据《居民委员会组织法》，对居委会进行换届选举。1999 年，增设绿竹巷居委会，辖 29 个社区居委会。2001 年，居委会再次调整合并，将 29 个居委会调整为 17 个社区。2007 年 8 月，京口区对街道、乡镇管辖范围调整，大市口街道辖 12 个社区居委会、22693 户、61471 人。

1990 ~ 2007 年京口区大市口街道社区（居委会）情况表

表 28-15　　单位：户、人

年份	个数	户数	人口数	名称
1990	23	16787	51467	双井路、宋官营、中山路、斜桥街、八叉巷、大西路、弥陀寺巷、解放路、大市口、剪子巷、中街、第一楼街、千秋桥北、鼓楼岗、青云门、老北门、花山路、大学山、田家门、环城路、花山湾北、花山寺、蔡家山
1997	28	20927	56662	双井路、宋官营、斜桥街、中山路、大西路、弥陀寺巷、八叉巷、解放路、大市口、剪子巷、中街、第一楼街、鼓楼岗、千秋桥北、环一、环二、花山湾北、蔡家山、花山寺、花山路、大学山、茶山、华润、东吴、田一、田二、青云门、老北门
1999	29	19945	59863	在 1998 年 28 个居委会基础上，1999 年增设绿竹巷居委会
2001	17	22628	64040	仙鹤巷、宋官营、弥陀寺巷、大市口、第一楼街、鼓楼岗、青云门、老北门、花山南、花山中、花山北、大学山、蔡家山、田家门、茶山、华润新村、东吴新村
2007	12	22693	61471	双井路、弥陀寺巷、千秋桥、高桥北、鼓楼岗、老北门、东吴新村、蔡家山、茶山、华润新村、米山、古城

二、社区简介

1. 双井路社区　位于双井路，2007 年 8 月由宋官营和仙鹤巷社区合并。东为斜桥街、西依古运河、南沿中山东路，北至大西路。为镇江市老城区、商业区之一。2007 年，辖 2233 户、6090 人。辖区驻市国土局、区规划局、区工商分局、市第三中学等机关、学校。办公地点在斜桥街 131-7 号。2007 年，获镇江市劳动和社会保障局授予“市 2006 年度企业退休人员社会化管理服务工作先进集体”和“市劳动就业先进集体”称号。

2. 弥陀寺巷社区　位于主城区解放路与斜桥街之间。东至解放路，西沿斜桥街，南接中山东路，北依大西路。辖居民住宅楼 75 幢、2020 户、5594 人，主要驻区单位镇江商业城、镇江市工商银行、新华书店、商业大厦、市交通银行、润州区农行及商业网点 200 多个。办公地点在弥陀寺巷 40 幢 102 室。

3. 千秋桥社区　位于主城区大市口东北隅。2007 年 8 月，由第一楼街社区五条街菜场片区、第一楼街片区和青云门社区凤凰岭饭店片区、高桥北社区万古一人路南侧片区与大市口社区合并而成。东接城隍庙街，南至中山东路，西沿解放北路，北接万古一人路。2007 年有住宅楼 80 幢、2201 户、6521 人。办公地点在中山东路 94-1 号。该社区获“江苏省优秀人民调解委员会”“镇江十大矛盾调处站”等称号。

4. 高桥北社区　位于鼓楼岗烈士陵园西侧，2007 年 8 月，由四牌楼街道划入，辖区由医学院社区、高桥北社区与万古一人路北片区合并组成。东沿第一楼街，南含万古一人路，西至解放北路，北至东吴路。2007 年，辖区有 2042 户，5722 人。办公地址在医政路 5 号院内。辖区有江滨医院（江苏大学附属医院）、镇江烟草专卖局、北京华联超市等单位。自 2003 年成立社区劳动保障服务站以来，与社区单位结对帮扶，每年安置待业人员 60 多名。2007 年获“镇江市绿化示范社区”称号。

5. 鼓楼岗社区　位于鼓楼岗，2007 年 8 月由青云门社区青云门片区、府学新村片区和老北门社区鼓楼一村、鼓楼岗社区合并组建。东邻老北门社区，南至中山东路，西含凤凰岭，北至东吴路。辖 2247 户、6398 人，办公地址在鼓楼二村 13 号，为大市口街道社区建设首批达标单位。内部管理规范，服务设施配套，活动特色鲜明。2006 年获“镇江市人口和计划生育工作示范社区”，2007 年获“江苏省民主法治示范社区”称号。社区内有汉荆王刘贾墓及汉京口城遗址等。

6. 老北门社区　位于鼓楼岗东隅，东至梦溪路，南沿中山东路，西邻鼓楼岗社区，北至东吴路。2007年辖2474户、6521人。办公地址在老北门17号。2007年，该社区获“2006年度市人口和计划生育工作示范社区”“市城市管理创优先进社区”和“市劳动就业先进集体”等称号。

7. 东吴社区　位于梦溪路和东吴路交汇处。2007年8月，由东吴新村社区和花山湾社区二、六片区与花山北社区合并组建。东与茶山社区为邻，南接蔡家山社区，西为梦溪路，北至东吴路，有居民住宅楼90幢。2007年辖1974户、3447人，办公地址在花山湾6区18号楼前。2007年获“市文明社区”和“市安全文明小区”称号。

8. 蔡家山社区　位于花山湾东部(旧称蔡家山)，2007年8月，由花山湾四区与蔡家山社区合并组建。东与古城社区为邻，南至花山路，西与东吴路社区接壤，北含古城公园，有居民住宅楼78幢。2007年，辖区有1952户、5292人，办公地址在花山湾8区15号。该社区与部队干休所共建“双拥”特色社区，设“双拥”服务活动室，为军烈属提供交流活动场所。2007年获“2006年度市城市管理优秀社区”“市劳动就业先进集体”“市级和谐社区建设示范社区”等。

9. 茶山社区　位于古城公园南侧，东至古城路，西至古城公园，南与古城社区为邻，北至东吴路，辖区有1747户、4984人，办公地址在东吴路76号12幢西侧。2007年8月社区调整时，由原花山湾社区东吴路片区、山西省军区镇江干休所与茶山社区合并组建。社区弘扬革命精神，提升党建水平，绿化率为35%。先后获“省级绿色社区”“市级文明社区”“市党建特色社区”“市城市管理先进社区”等称号。

10. 华润新村社区　位于古城路与米山路之间，办公地址在华润新村14–1号。西界古城路，沿米山路，北依东吴路，南接花山湾路。以兴隆小区和东吴路86号以西片区、镇江技师学院片区及华润新村组建，居民住宅楼67幢，为京口区中心新兴商贸、教育、文化社区。2007年，辖区有1974户、5599人。2005～2007年，以民主议事方法研究解决社区发展、共建共享、人民调解、环境整治、物业管理民生自治问题等。先后获“江苏省绿色社区”“市人口和计划生育工作示范区”“市科普示范社区”等称号。

图28–18　2007年，华润新村小区创成省级绿色社区(大市口街道办事处供稿)

11. 米山社区　位于小米山北端，办公地址在米山人家34幢内。东依宗泽路，南沿花山路，西至米山路，北接禹山北路。2007年8月，京口区镇、街道区划调整时，从象山镇划归大市口街道。中共市委党校在该社区，镇焦铁路(2006年5月，因焦化厂迁址后拆除)贯穿辖区，有1747户，4739人。

12. 古城社区　位于古城公园周围，办公地址在花山湾路中段红星汽车修理厂旁。东至古城路，西与蔡家山社区为邻，南依花山湾路，北接茶山社区。2007年，辖区有3个居民小组、182户、559人。社区内有“晋陵郡域”遗址，2007年已建成古城公园健身和普法场所。

第八章　四牌楼街道

第一节　概　况

四牌楼街道位于京口区东北部，东接象山镇，南邻大市口街道，西与润州区中华路街道隔河相望，北滨长江，面积3.5平方公里，为镇江市主城区繁华地段和风景名胜区之一。1990年，辖20个居民委员会。

1991 ~ 2006年，历经多次调整、重组。2007年，辖10个社区居委会、20041户、55018人。辖区有回族、蒙古族、满族、苗族、壮族、朝鲜族、锡伯族、土家族、布依族、维吾尔族10个少数民族，965人。户籍属四牌楼、九里街派出所，街道办事处在大西路钓鱼巷19号。辖区内有闻名中外的“京口三山”——北固山和焦山，并有金山—焦山滨江旅游线及享誉历史文化名城的镇江“外滩”沿江大道。驻有江苏省交通工程总公司等省、市机关、企事业单位20余家。

1983 ~ 2006年，街道经济和社会事业得到全面发展。2007年，完成工业总产值9.06亿元，销售收入8.56亿元，社会消费品零售总额12.3亿元，一般预算收入8736万元，固定资产投入8.07亿元，培植1000万元以上定报企业2家。

2004 ~ 2007年，民政部、国家民委和省委、省政府领导相继视察街道、社区，给予高度评价。获“全国城市体育先进社区”。20世纪90年代，江滨新村社区首创文体活动平台，文化体育活动丰富活跃。江滨新村第一社区被授予“全国文化先进社区”称号。

第二节　经　济

1990 ~ 1993年，四牌楼街道建立经贸实业总公司，下属经营服务公司、江滨服务公司、江蝶实业、房屋开发、社区服务公司及物资供应站7个经济实体，有企业网点110个。1994年，引进高科技包装新产品，获得第四届国际包装技术展览会（CID）优秀奖。1995年，有各类网点202个，其中居委会网点55个，年收入万元以上居委会19个，完成产值、营业收入1.85亿元，总收入300万元，实现利税127.5万元。1996 ~ 1998年确立“优先发展三产，适度发展二产，狠抓短期效益，着力培养新的生长点”发展思路。1999年8月建成矿灯厂，生产国家专利产品KSSM（A）型免维护矿灯，同年12月经国家采煤质量中心矿灯检测所检验合格，并发证批量生产。1997年总收入同比增长42%，外贸收购额实现零的突破。

1999 ~ 2001年，街道经济工作以税源经济为主线，2001年完成工业产品销售收入3632.3万元，三产营业收入5.1亿元，上缴税金240万元。2002 ~ 2005年，香逸渔港、和盛食府等一批三产企业落户，营业收入超1000万元以上三产企业5个。2005年，完成工业产品销售收入7000万元，三产营入7.8亿元，实现利润总额750万元，社会消费品零售总额1.38亿元。

2006 ~ 2007年，街道推进1000万元以上项目4个，竣工2个、超亿元三产项目3个。全市首家五星级强凌大酒店总投资8200万美元，合同利用外资3198万美元，实际到位外资1490万美元。2007年，完成工业销售总收入8.56亿元，三产营业收入12.3亿元，社会消费品零售总额6.15亿元，吸纳民间资金4.6亿元，规模工业企业实现利税5577万元。

1990 ~ 2007年京口区四牌楼街道经济情况表

表28-16　　单位：个、万元

年份	工业产值	销售收入	利润额	上缴税金	固定资产
1990	53.10	27.81	—	21.33	—
1991	75.10	69.58	—	24.17	—
1992	103.10	87.21	—	80.20	—
1993	503.60	493.80	115	61.70	—
1994	949.20	770	144.90	62	—

续表 28-16

年份	工业产值	销售收入	利润额	上缴税金	固定资产
1995	2501	1621.50	300	127.50	—
1996	3366	2511	234.13	—	366
1997	4035	3986	285	—	548
1998	—	5374	345.30	—	265
1999	5914	5900	357	—	380
2000	3500	3430	410	166	—
2001	3707	3632	416	240	—
2002	4942	4894	258	278.40	—
2003	5103	4950	400	305	—
2004	9963	8802	551	—	9800
2005	7000	7000	750	—	8000
2006	157814	155235	—	9403	40803
2007	94602	85586	—	—	80700

第三节　社会事业

一、社区服务

1990 ~ 1997 年，街道“集资”1.5 万余元，对钓鱼巷进行整修，与有关部门联合全面改建得胜路，改造垃圾箱 39 个，对江滨新村住宅区常年污水外溢进行整治。1994 年年初，江滨新村社区服务完善基础设施，形成老人、少儿、优抚对象、残疾人、便民帮教、文化教育、综合治理规范化、系列化服务网络。1994 年 5 月，民政部部长多吉才让视察片区服务工作给予好评。1996 年，江滨新村小区被评为“镇江市文明小区”。1997 年，四牌楼街道被评为“江苏省社区服务示范街道”。1999 年 4 月，街道成立社区服务中心，以“人人为社区、社区为人人”宗旨开展健康、再就业、房屋中介、信息咨询服务，投入 107 万元建成健身、医疗、培训场所。

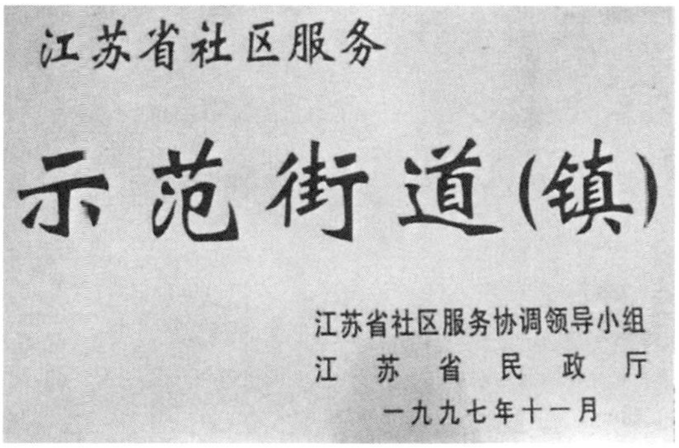

图 28-19　1997 年，四牌楼街道获“江苏省社区服务示范街道（镇）”称号（四牌楼街道办事处供稿）

2000 年再次被命名为“江苏省社区服务示范街道”。2003 年 8 月建成 200 平方米社区事务受理服务中心，实行“一站式”服务，可供 9 类 45 项“零距离”服务，市媒体作专题采访报道。江一社区每季度邀请市第三干休所医务人员为居民义诊，利用市民学校为双职工及“特困生”课外辅导。仓巷、江二社区建立老人公寓，北固山、四牌楼社区开展助产、少儿服务。2005 ~ 2007 年，街道推行社区综合服务平台管理系统，整合街道社区事务服务中心，合力打造社区建设新品牌。阳光世纪花园社区开通全区首家社区网站，江一社区在全区首建“一站式”社区服务中心，多媒体党员教育中心和慈善超市，服务人员统一着装、挂牌上岗，履行“首问责任制”，简化服务手续，为群众提供方便快捷的“绿色通道”。

二、城市管理

1990 ~ 1994 年，街道先后纠正交通违章 2354 起，乱堆乱放 1200 起，处理占道和无证经营 152 起，与工商户等签订“门前三包”503 份，在全市创建省级卫生城中被评为市级优秀街道。1995 年 5 月，由街道牵头，与 45 家单位组成四牌楼辖区共创全国卫生城市理事会，制定方案，分区包干，群策群力，条包块管，措施落实，“门前三包”“门内达标”、食品卫生、违章建筑专项整治，被评为市创建活动优胜单位。1996 ~ 1997 年，城管以创建国家卫生城市为目标，创建文明小区为重点，加强长效管理，投入资金 100 万元，新建、改造垃圾房 56 座，扩展绿化面积 5000 平方米，“门前三包”签订率达 100%。江滨新村小区全面推行垃圾袋装化。2000 ~ 2005 年，深入开展“清洁城市、清洁家园”活动，不断完善清扫员检查考核制度，抓好居委会“达标”巩固提高，把居委会清扫保洁纳入规范管理。成立城管市容监察执法中队，取缔违章占道，设置固定经营棚亭。发挥辖区单位作用，签订“门前三包”责任书。2005 年 9 月，阳光世纪花园社区开展环保知识宣传和“十提倡”（多播绿、少抽烟、省用水、节电源、脚踏车、惜纸张、自备袋、拒野生、禁车鸣、勤监督）活动，组织环保志愿者队伍绿化保洁，专人清扫管理，环保卫生取得成效。民政部部长李学举、省长梁保华先后视察该社区，获“江苏省绿色社区”称号。2006 ~ 2007 年，街道聘请 120 名城管卫生义务督查员，提高城市品位，城管工作再上新台阶。

三、综合治理

1992 年，按照属地管理原则，加强综合治理，成立 39 人组成的综合治理领导小组，专职联防队员 17 名，义务巡逻队员 85 名，护厂、护校队 13 个，队员 124 名。辖区内 46 个单位分别建立综合治理领导小组，形成治理工作网络。调解民事纠纷 676 起，发案率同比下降 19.6%，被市委、市政府授予综合治理先进集体。1996 年，街道被评为市社会治安综合治理先进单位。2000 ~ 2003 年，与辖区 107 家单位和居委会签订社会治安综合治理目标责任书，辖区 10 所大、中、小学校分别配备法制副校长，把法制教育和预防青少年犯罪纳入学校课程计划。各社区居委会加强对流动人口、重点人口、劳释解教人口动态管理。2003 年，推进社区楼（片）长制度，全街道 12 个社区居委会，有 1344 名居民受聘担任楼（片）长。2004 ~ 2007 年，街道设立军警兵民“四位一体”群防群治组织，推进治安环境净化工程，创建平安校园。举办第二届社区文化节和“和谐京口”“民族团结”等广场文艺演出。2007 年被评为“镇江市社会治安安全街道”。

图 28–20　2000 年，四牌楼街道开展青少年“维权岗反邪教”集中行动（四牌楼街道办事处供稿）

四、文体活动

1. 文化活动　1990 ~ 1992 年，各社区先后建立文化室，街道投入 18 万余元，建成江滨新村文体活动中心，媒体以《江苏文化大观园》为题，刊载四牌楼街道文体站和江滨新村文体中心群众文化活动报告文学，江苏电视台转播。扬州著名评话家王筱堂等 10 多名演员到此献艺。1999 ~ 2001 年，江滨新村小区成立业余文工团，设立阅览室，添置卡拉 OK 等设施。2000 年，举办庆“七一”老年书画展，市新华书店进社区开展“读好书、学知识”系列活动，建设万册图书馆，举办“建党八十周年首届艺术节”“金秋之夜”等 4 场广场演出。2002 ~ 2005 年，举办首届江滨新村社区文化节、碑拓收藏书画展和“廉政之声”广场文艺晚会，自编自演节目参加“京口区街头文化节”。2005 年，被评为“全国文化先进社区”，并举办“促进民族团结，构建和谐社区”为主题第二届社区文化节、“和谐京口”“民族团结”“我的家园”广场文艺演出。2006 ~ 2007 年，社区图书馆建筑面积 400 余平方米，藏书 3 万余册，接受市、区领导和单位捐赠图书2000余册，国务院副总理李岚清专门委托家人赠书，使社区图书馆成为社区居民汲取文化知识宝库。整合资源，组建“夕阳红”艺术团、京剧队、舞蹈队、门球队、书画组等文艺队伍。2007年，四牌楼街道被授予“全国万家社区图书室援建和万家社区读书活动先进街道”。

2. *体育活动*　1990年，街道普及群众体育活动，与中房镇江公司联合举办“江滨新村住宅杯”中国象棋大赛。1994年获“江苏省群众体育工作先进街道”称号。1999年5月，四牌楼街道举办首届社区运动会，江苏省镇江船厂、省交通工程总公司、江滨医院等7家辖区单位、24个居委会、300多名运动员参加，开展象棋、拔河、短跑等8个项目比赛，开创全市社区体育运动先河。1999年7月，省、市体委拨款15万元及地方投资，建成江滨新村全民健身工程。2001年，被国家体育总局评为“1996～2000年度全国群众体育先进单位”。2002～2003年，街道社区及辖区体育活动场所面向社会开放，其中镇江医学院开办全民健身场所。2003年举办第二届社区运动会，参加全市首届社区运动会，获团体总分第4名。2005年荣获“全国城市体育先进社区”称号。2006～2007年，街道以体育健身场所为载体，普及全民健身运动，组建门球队，参加市级门球比赛。

五、计划生育

1990～2007年，街道设立计划生育委员会（后称计生办），每年与30多家辖区单位和21个居委会签订计划生育目标管理责任状，坚持例会评比、考核、统计报表制度。根据计生工作“条包块管、条块结合、以块为主、齐抓共管”原则，加强基础管理，准确健全台账，及时掌握动态，宣传计生政策和避孕节育知识，服务上门，计划生育率100%。1997年，人口自然增长率为4.5‰，连续两年被京口区政府评为“计划生育工作先进集体”。2006～2007年，创新计生工作形式，建设社区新型生育文化，创造良好人口环境。阳光世纪花园社区建成全市首家生育文化苑，建立大型宣传橱窗、景观宣传牌等，受到江苏省计生部门赞扬。

六、民政及双拥工作

1990～1995年，全街道有军烈属270户。坚持为军烈属进行“十代”（代收送信件、报纸杂志；代购买煤、粮、油；代传呼电话；代订牛奶；代购车船票；代到医院联系就诊；代接送小孩入托入学；代看护、存放物品；代为战士缝洗衣服及其他）服务。6年为军烈属办实事402件，解决困难住房19户、510平方米，1995年被市委、市政府、镇江军分区授予“市‘双拥’模范街道”称号。2000年12月，根据民政部有关社区建设精神，在江滨新村和新河街两个片区，率先开展社区基层组织体制改革试点，2001年10月对居委会调整重组，并成立社区议事会。2006～2007年，全市第五次争创全国“双拥”模范城市，开展“双拥”评比、‘军营一日”活动，落实优抚政策，调整优抚标准，按时发放。

七、就业及社会保障

1990～1998年，全街道安排95名残疾人员就业。1999年，被评为市劳动就业先进集体。2000年8月，在江滨新村片区开展“创无失业、无下岗职工”试点，登记、建立台账，对登记的60名下岗职工按年龄、性别、特长、家庭情况、求职意向等进行细化，经过就业培训，55名由市、区劳动部门安排再就业。2006～2007年，街道组织2场招聘会，与永安鱼庄、世纪联华、我家宾馆等15家单位，签订优先推荐用工协议书，举办“月嫂”培训班，帮助1960名下岗人员再就业，实现“无双下岗、无双失业”目标。同时为570人次办理社会保险补贴、为81人办理347万元小额创业贷款、为下岗失业人员提供生活保障和创业服务。

第四节　居委会

一、沿革

1990年，全街道有20个居委会、336个居民小组，13463户、37851人。1992年为便于管理，划分北固、新河、虹桥和江滨新村 4 个片区，辖 20 个居委会、365 个居民小组，13902 户、28646 人。1997 年，辖区总户数增至 17038 户、52045 人，增设仓巷片区。1998 年 3 月，江滨新村新增第 6、第 7、第 8 居委会。1999 年 9 月，增设烈士路、医学院、民主新村 3 个居委会，有 27 个居委会。2001 年 10 月社区体制改革，将 27 个居委会调整合并为 12 个社区居委会。2007 年 8 月，区政府对街道、乡镇管辖范围进行调整，原 12 个社区调整重组为 9 个。同年成立江山名洲社区，街道计有 10 个社区居委会、20041 户、55018 人。

1990 ~ 2007 年部分年份京口区四牌楼街道社区（居委会）情况表

表 28-17　　　　单位：户、人

年份	个数	户数	人口	居委会（社区）名称
1990	20	13463	37851	大埂街、新河街、上河边、荷花塘、盛家巷、得胜街、虹桥、北水关、仓巷、太平寺、拖板桥、四牌楼、高桥北、北固山、象山桥、九里街、江滨新村第一、第二、第三、第四
1995	21	15610	43440	1995 年新增江滨新村第五居委会，总数为 21 个居委会
1999	27	18112	57101	高桥北、北固山、太平寺、四牌楼、北水关、仓巷、得胜街、虹桥、拖板桥、盛家巷、荷花塘、上河边、新河街、大埂街、江滨新村第一、第二、第三、第四、第五、第六、第七、第八、九里街、象山桥、烈士路、医学院、民主新村
2001	12	19125	59119	江滨新村第一、第二、医学院、荷花塘、新河街、高桥北、仓巷、四牌楼、虹桥、北固山、九里街、民主新村
2007	10	20041	55018	江滨新村第一、第二、阳光世纪花园、江东、民主新村、香江花城、道署街、虹桥、荷花塘、江山名洲

二、社区简介

1. 荷花塘社区　位于四牌楼街道西北古运河畔，北滨长江（含长江路），西至京口闸，南依古运河，东至德胜街。办公地点设新河街 10 号。辖区有楼房 13 幢，平房 1672 栋，属老城区，旧有东荷花塘，故名。驻区单位有镇江供电公司、香逸渔港大酒店、丹徒区种子站和镇江市广电大楼、皇冠假日酒店等。2007 年，辖 48 个居民小组、2254 户、5370 人。

2. 虹桥社区　位于街道西北部，在得胜街与虹桥街交汇处，北邻长江路，南至大西路，西接荷花塘社区，东至解放北路，为老城区，旧有“高桥”似虹，故名，辖区内平房较多。办公地址在虹桥街 10 号。2007 年辖 2600 户、5500 人。因属服务型社区，先后获“市级劳动就业先进集体”“区先进基层党组织”“区级文明社区”等称号。

3. 道署街社区　位于大西路东端北侧，西至胜利路，南接会莲庵街，东沿解放路，北接大教场。办公地址在道署街 2 号，地处清代道署衙门，故名。2007 年，辖居民 3867 户、9222 人。获“镇江市 2007 年度城管创优先进社区”称号。

4. 江东社区　位于京口区城郊接合部。东至象山医院，南接东吴路，西沿江滨路，北依滨江大道。辖 5 个居民小组、935 户、2335 人。办公地址在东吴路 85 号。辖区东吴路中段以餐饮业为特色网点，成为社区内规模较大、相对集中的三产服务行业，为社区特色。2000 年以来，加强对外来人员管理，在医疗保险、计划生育、劳动就业、子女入学等方面实行一体化管理。2007 年，建成综合服务大楼，培育楼宇经济。逐步形成餐饮、中介、商住、网络、健身、办公为一体服务中心社区。

5. 阳光世纪花园社区　位于京口区北部滨水区（原称“大东滩”），北依滨江风光旅游专线，南临江滨大道，东起虹桥港，西至滨江路。办公地址在梧桐苑会馆。2004 年 12 月成立社区。辖区范围由“阳光世纪花园”和“我家山水”两大板块组成。2007 年，新建 11 个单立园林式别墅，辖 1544 户、5404 人。

社区以人为本，服务社区，心系群众，共建和谐，探索新型社区，打造社区服务特色，成立“侨台亲属协会”。2006年，被国务院侨务办公室评为“全国侨务工作先进单位”。开展廉政文化进社区活动，2007年，被省纪委授予“江苏省廉政文化示范点”。

6. 江滨新村第一社区　位于东吴路北侧，建于1985年3月，东起象山大道，西接梦溪路，南至东吴路，北沿滨江大道。有住宅楼150幢、5000多户、2万多人。服务功能齐全、生活设施完备、群众生活方便新型社区。1986～2007年按照“服务群众、管理规范、全面发展、文明祥和”思路开展服务工作，构建和谐社区。先后获“全国文明楼幢”“全国文化先进社区”“江苏省文明小区”“江苏省先进基层党组织”“江苏省和谐示范社区”“江苏省文明社区标兵”等称号。

7. 江滨新村第二社区　位于东吴路北侧，因江滨新村为全区兴建较早，发展较快，范围较大。为便于管理，1999年，始建江滨新村第二居委会（社区）。东与香江花城为邻，西接江一社区，南至东吴路，北至滨江大道。2007年有住宅楼72幢、3150户、1万多人。小区绿化率32%，辖区公共设施齐全，成立社区议事会，发挥自治功能。

8. 民主新村社区　位于九里街周围，2003年因政区调整，撤销九里街居委会并入，辖润江家园、东吴新苑、象山桥3村、虹桥小区、纺织厂和焦化厂宿舍区等。有20个居民小组、2288户、5200人。社区以党建工作、文明和谐创建为重点。2005～2007年，先后被市、区评为社区建设、计划生育、双拥工作先进社区、平安稳定社区、充分就业社区、和谐社区、绿色社区等。辖区内有清合山炮台遗址。

9. 香江花城社区　位于象山西南麓，东起东吴路，南邻虹桥港，西、北接滨江大道。办公地点在马尔兰街111号，绿化率达36.5%。2007年，有居民580户、1788人，辖区有无锡红豆置业有限公司、红豆物业有限公司、市中山路小学和实验幼儿园分校（园）。2007年，成立由256名党员组成的志愿义工队伍，有7类36个服务项目，参与社区服务。

图28-21　2007年，四牌楼街道香江花城社区办公楼启用（四牌楼街道办事处供稿）

10. 江山名洲社区　位于江滨大道北侧，2007年建立。北滨长江，西邻虹桥港，南接香江花城，东隔长江与焦山遥对，建筑面积66万多平方米。办公地点在望江园20号。同年入住120余户、400余人。社区着力打造“活力社区、健康生活”品牌，依托ATF健身俱乐部，开展各项文体活动，开展综合治理、平安创建工作。

第九章　镇江市旅游经济开发区

第一节　概　况

1993年2月，区委、区政府决定，在京岘山东南麓建设经济技术开发区（乡镇级），划出象山乡红旗村陈家湾、汤家湾（即第四村民小组）和汝山乡新生、新民2个村、孟家湾村仇家湾、吴家湾2个村民小组，成立京口区经济技术开发区。1995年6月，改称镇江市旅游经济开发区（以下简称“开发区”）。东与丹徒镇紧邻，南以京杭古运河为界，与丁卯开发区（1998年后为镇江新区）隔河相望，西与象山乡星星村相连，北含汝（禹）山，与象山乡团结村接壤。占地总面积5.58平方公里。

1998～2000年，开发区由于引进部分旅游项目，对市场需求量调查、评估失误，致投入巨资兴建的“过山车”“巨蛋”等大型旅游娱乐项目长期不能正常营业。

1997年7月，区委、区政府对开发区采取补救措施，充分利用土地、建筑物、场地等，由市、区投资 500 万元，兴建镇江市国防教育园。同时，扩大开发区范围，增强实力，将原汝山乡划归丹徒镇的长江、东风、新华、新生、孟村 5 个村及汝山 1 个居委会划入，使其时辖 7 个行政村、3 个居委会（其中 2 个居委会，由于袁村、新民部分村民小组土地被征，撤组转户后成立宗泽路第一、第二居委会）。面积扩大到 12 平方公里，耕地 210 公顷。总户数 3610 户，总人口 8951 人，其中男 4085 人、女 4866 人。2003 年 12 月，非农业人口 3442 人。

第二节　经　济

一、农业

1996 年 8 月 30 日，开发区引进以色列高科技农业园，成立镇江农业科技园（后改称镇江世纪农业科技发展有限公司，以下简称“世农公司”），采用无土栽培、气温控制、电脑调控灌溉、施肥等国际最新 AZROM 中生产 ARA · VA 型温室农业技术，种植无公害西红柿、甜椒、玫瑰等引进高品质、高产量、高附加值农副业生产品种，总投资 2900 万元人民币，占地面积 151 公顷。建立高档花卉和引进蔬菜新品种种苗试验、培育基地。1997 年 4 月，世农公司生产的红玫瑰参展中国第二届花卉博览会暨首届花卉节（上海举办），其优良品质受到美、欧、澳洲和香港客商青睐。在博览会期间，世农公司先后与中国香港、上海、广东、云南、辽宁、山东等省区客商签订红玫瑰等花卉购销协议。6 月，世农公司被南京农业大学、江苏理工大学确定为教学基地。1998 年，省财政厅列其为“科技兴农”基地。被省经委列为优质鲜花基地。1999 年，世农公司生产的红玫瑰在昆明举办世博会上获铜奖，被列为国家计委列为国家级“星火项目”、江苏省农业重点项目。世农公司试验、培植各类优质花卉种苗年 756 万株、应时鲜果 300 吨、牧草种子 60 吨，年创收 1858 万元。同年 12 月，世农公司承办由省计经委、农林厅和镇江市政府主办的江苏设施农业专家研讨会。主题《展望探讨二十一世纪设施农业方向及思路》，农业部、中国科学院、中国农科院及北京农业大学、浙江大学、南京农业大学、上海农科院等有关高校、科研机构专家、学者及国内农业设施生产企业负责人 400 多人参加。组委会组织论文评委会，邀请原中国农科院院长卢良恕院士为评委会主任兼首席科学家。

图 28-22　1996 年，镇江旅游经济开发区引进的以色列甜椒种植　（象山镇镇政府供稿）

1999 ~ 2003 年，世农公司加大投资，组织科技攻关，先后研制 SNCB-7.5、SNCB-78.0、SNCB-6.5 等系列智能温室品种，投放国内市场。2000 年，世农公司研制生产的系列“SN”智能温室获经贸部颁发的“国家级新产品”证书。同时获省、市颁发的“高新技术产品”证书。世农公司被评为“市级高新技术企业”，先后与芜湖、溧阳、扬州等地签订购销合同。2001 年，世农公司实现销售 310 万元，税收 16.7 万元。“智能温室攻关及产业化项目”通过国家级鉴定，获 150 万元重点项目建设资金。

2000 ~ 2001 年，开发区以农业增效、农民增收为目标，先后为市场供应各类蔬菜 7795 吨、水产品 40 吨、生猪 2900 头、家禽 13.4 万羽。加强农业基础投入，先后投资 210 万元，建成袁村水生蔬菜基地 2 公顷。改造长江村圩田，新建蔬菜丰产方 29.8 公顷。新建蓄水池 1 座，确保新民村 3.1 公顷农业灌溉，加快农业结构调整，动员农户改变传统种植方式，缩减普通蔬菜种植面积，增加和引进名、特、优蔬菜品种种植面积、加大绿化造林力度，成片造林 3.3 公顷，四旁植树 2.56 万株。

2003 年，开发区生态农业园规划建设高标准无公害蔬菜、名贵花卉观赏、水产养殖等 6 个区域。

完成太平沟整治、道路绿化、丰产方改造工程，生态龙虾、花卉栽培等 4 个内资企业落户投产。生态农业园利用设施（种苗工厂、智能温室大棚等），结合长江滩涂开发，生产高科技农业、观光农业、滩涂农业、产业化农业等，形成特色旅游农业。

1996 ~ 2003 年镇江市旅游经济开发区农业经济情况表

表 28-18　　单位：万元

年份	固定资产投入	工业产值	营业收入	销售额	农业产值	农民收入	利润	税收
1996	2900	—	—	—	—	—	—	—
1997	4038.27	1861	458.30	4038.27	—	3895	77.06	—
1998	8643	15377	26873	10333	218	4050	243.89	—
1999	7131	14177	29557	—	420	4282	252.41	51.83
2000	—	8253	100	11520	1203	—	—	57.41
2001	—	8255	110	35700	1381	4434	145.38	145.83
2002	—	—	—	43100	—	4663	1062	1104
2003	—	—	—	34800	—	5000	1104	270

二、工业

1993 ~ 1997 年，开发区有企业 22 家，下辖 46 个子公司。1997 年，实现工业增加值 1861 万元，利润 166 万元。同年年底，经区财政局审核，开发区资产总额 2.252 亿元，净资产 7562 万元，可调控资产 3.6 亿元。涉及旅游、商贸、工业交通、电子、食品、金融等 10 多个行业。初步形成“一区二路三园”［旅游度假区，镇澄（今学府）路，宗泽路，二十一世纪乐园、高科技农业园、科技工业园］格局。

1998 ~ 2000 年，开发区进区企业年年增加。2001 年，开发区有销售 500 万元企业 7 家。2003 年年底，开发区又有 30 多家企业落户。

三、服务业

1994 ~ 2003 年，开发区随着城市化建设进程和区位优势，第三产业成为开发区主导经济。1999 ~ 2001 年，结合园区实际，根据季节，分别开展春季“滩坊风筝节”、雷锋事迹展览会。夏季进行水上活动，开展“沙滩啤酒节”；秋冬季节开展“金桂欣赏”“盆菊展览”；冬季冬泳、滑冰等活动，为游客和中小学生游园、观赏。各村组抓紧宗泽路、学府路、谷阳北路、禹山路兴建、拓宽和江苏大学扩建契机，开办农贸市场、洗染、理发、餐饮、娱乐、浴室等服务性行业 100 多家。新华村多方筹资，在江苏大学教工区附近建设汝山农贸市场，设置 300 多个摊位。新生村投资数万元改造、翻建京岘山农贸市场。袁村集资建造 3 幢农民公寓，400 多户迁进新居，并新辟门面房 25 间，为江苏大学教职员工配套服务。2001 年 11 月，“江南 · 颐和家园”项目开工，市委、市人大、市政协及区委、区政府主要领导、中房集团总裁、中房鸿都投资集团董事长、中房上海、深圳、南京等单位领导参加。2002 ~ 2003 年，先后有恒美家园、恒顺翠谷等 10 多家房地产开发商投资 20 多亿元，在孟家湾、新民、新生、东风村等，兴建商居楼 300 多万平方米，10 万多户入住。

第三节　社会事业

1994 年 11 月，京口区经济技术开发区管委会兴建综合性大楼——世纪大厦，次年 12 月竣工，由开发区与香港恩威发展有限公司合作兴建，总投资 860 万元人民币，主体 7 层和裙楼（2 层）两部分组成，建筑总面积 7000 平方米。该工程系集工商、税务、金融、保险、邮政电讯、行政管理和商贸于一体的综合性大厦。

1993 ~ 2003 年，开发区积极筹措资金，开展园区及周边地区宗泽路、镇澄路（今学府路）、谷阳路、禹山路、经十二路及村级公路等市政道路建设。投资 1230 万元，其中拓宽宗泽路一、二期工程，计 1876 米，沟通开发区与象山、汝山及各村组交通。拓宽镇澄路 A 段，东至汝山医院，西至镇江冷藏汽车厂，全长 800 米，宽 40 米，中间 15 米为快车道，两侧绿化带各 2 米，投资 100 多万元。

1994 ~ 2003 年，开发区教育卫生、文化体育活动发展良好。汝山中学重视素质教育，历年中考成绩名列全区前茅。改造丹徒中学操场、新建孟家湾中心小学操场、翻建危房，扩建并撤并庄家湾小学，各学校教育条件得到改善。幼儿园注重以生养园，多次被评为市级“巾帼示范岗”。制定《品学兼优学生奖励办法》，对参加中、高考取得优异成绩者给予奖励。汝山医院有病床 20 张，医护人员 26 名，初级卫生保健达到合格标准。各村先后建立“计生”协会。“四率”（晚婚晚育、计划生育、节育措施、独生子女领证）为 100%，人口自然增长率 4.6‰，连年被评为区级先进单位。

1997 年 7 月，市、区两级政府投资 500 万元，在开发区兴建镇江市国防教育园，占地总面积 3 万平方米。设国防知识教育、武器装备、军事训练娱乐 3 个区，主体工程展示厅于 1998 年 3 月正式动工，“八一”建军节前竣工并正式对外开放。1998 年 3 月 17 日，开发区接待日本“中国古都游”访问团 200 多名华侨、华人及日本友人，与 500 多名镇江市各界人士，举行游园联欢活动。

1999 年 12 月 31 日 21:30，国家和省旅游局、省电视台及市、区两级政府在镇江二十一世纪乐园联合主办“龙腾，2000 展宏图”大型庆典晚会。南京军区副政委雷鸣球、省委副书记顾浩、国家旅游局局长魏小委及市委、市政府负责人出席。晚会由“情系江苏、春满华夏、梨园飘香、青春放歌、世纪风情”5 个篇章组成，系江苏卫视策划，全程直播，并经卫星传送全球 60 多个国家和地区。

2001 年，成立监察大队，大力整治改造露天粪坑，通过省、市检查验收。开展“双清双洁”，有效改观村容村貌和环境卫生，在学府路、宗泽路、谷阳路、禹山路开展军民“创卫”、干群“创卫”、责任单位“创卫”，美化、亮化环境。集中整治高校周边环境，禁止占道经营、违法建设，改变治安和交通秩序。有线电视实现与市区联网，综合覆盖率 100%，先后两次被评为市级先进集体。“双拥”工作年年上新台阶，出台退伍士兵安置办法，对在部队获三等功以上荣誉奖、担任班长及相关职务的士兵，退伍后安排其工作，发放义务兵家属优待金 1.3 万元。慰问特困党员、帮扶对象 20 多户、20 多人次，为 3 户特困户修建危房，发放救济款 1.7 万多元。

2003 年，开发区新建占地面积 2 公顷京口广场，举办京口区建区 20 周年大型文艺会演活动，先后与区老干部局等单位合作，举办“旅游开发杯”“夕阳红”老年风采展示会等系列活动。

第四节　村（居）委会

1993 年 5 月，开发区建立初，下辖 2 个村委会、4 个村民小组。即原汝山乡袁家湾村、新生两村，及孟家湾村仇家湾、吴家湾 2 个村民小组，原象山乡红旗村陈家湾、汤家湾两个村民小组。1994 ~ 2002 年招商引资，兴建各类旅游经济项目，征用土地和撤村转居，又多次区划调整。2003 年 3 月，将谏壁镇李华村划入。12 月，区委、区政府加强京口科技工业园区建设，拓展象山乡、丹徒镇经济发展空间，对部分区划进行调整。开发区将原李华村划出，单独设立京口科技工业园区。东风村、新华村划归丹徒镇。新民村、新生村、袁村、孟村、长江村和汝山居委会、宗泽路第一、第二居委会划归象山乡，保留开发区牌子，机构被撤销。

第十章　京口工业园区

第一节　概　况

2002 年 5 月，京口区委、区政决定设立镇江京口工业园区（原称京口科技工业园），并经市政府批准实施。原规划面积 7 平方公里，首期启动控制 3 平方公里，由谏壁镇负责实施开发管理。同年 12 月，区委、区政府决定由开发区管理。2003 年 2 月，开发区抽调人员，组建京口科技工业园开发建设有限公司。2 月 20 日，举行开工典礼。12 月，区委、区政府为加强京口科技工业园区建设，开发区撤销时，将东风、新华、新生、新民、袁村、孟村、长江和汝山居委会、宗泽路第一、第二居委会划归京口工业园区。其时园区总面积 20 平方公里，有 3918 户、9772 人。不久，将东风、新华村划归象山乡。新生、新民、袁村、孟村、长江和汝山居委会、宗泽路第一、第二居委会划归丹徒镇。园区有土地面积 105.43 公顷，405 户、1493 人。有钢铁、铝业、电器、光电源、通信、机械、塑料等 10 多家合资、独资企业。

图 28-23　2003 年 2 月，举行京口科技工业园区启动仪式（京口工业园区供稿）

2005 年 12 月，园区通过国家开发（园区）整顿领导小组审核、验收。2006 年 4 月，经省政府批准，命名为江苏镇江京口工业园区（以下简称京口工业园区），确定为省级开发园区。

京口工业园区位于谏壁镇雩山南麓，至白兔山东麓，距市中心 15 千米。南至沿江公路（338 省道），与丹徒区辛丰镇交界，北至镇大公路，与象山镇毗邻，东至雩龙公路，与谏壁镇东京村接壤，西至横山公路，苏南运河纵贯园区。所辖原属谏壁镇李华村、蔡家村西陶庄组及丹徒区辛丰镇东石城村沿江路北小部分土地。东西长 5.5 千米，南北宽 2.3 千米，总面积 1330.06 公顷，建筑用地 1092.24 公顷。

2003 ~ 2007 年，京口工业园区经过 5 年发展，投入 2.3 亿元完成基础设施，引进项目 18 个、资金 30 多亿元，实现工业增加值 11.9 亿元，税收 7062.24 万元，成为华东地区最大铝板、铝箔生产基地，初步形成以金属压延、电器设备制造、机械制造主导产业、特色产业，功能配置齐全省级工业园区。

2007 年，园区下辖李华 1 个行政村、11 个村民小组，人口 1402 人，耕地 134.8 公顷，人均收入 8198 元，村级收入 34.22 万元。村民主要从事种植、小五金加工、商业、个体运输等。村东有一寺院，名龙兴禅寺，有专职僧人 3 名。

第二节　经　济

一、基础设施建设

1. 编制规划　2003 年 2 月，京口工业园区成立后，即着手规划编制工作。2005 年 8 月，4 平方公里控制性规划通过市规划局批复。2006 年 9 月，完成 4 平方公里控规沙盘。按照“高起点规划、高标准设计、高效率运行”原则，依据《环境保护法》《环境影响评价法》及国家和省、市对工业园区环境管理要求，2006 年 9 月，委托江苏省环科院编制《京口工业园区环评报告书》，通过现场勘察、资料收集分析、公众参与及专家指导论证，完善编制 10 平方公里总体规划，在专家指导、论证下多次修正、调整，2007 年 10 月报市外经局组织专家论证。12 月，京口工业园区区域环评通过省环保厅审核，通过 ISO 14000 环境管理体系认证。

2. 道路建设　金阳大道　2003 年 3 月开工，2005 年 1 月竣工，位于苏南运河东侧，南起沿江公路（338 省道），北接镇大公路（后改为金港大道），全长 2015 米、宽 24 米，为城市二级道路。一期工程路长 380 米，投资 450 万元；二期工程 1120 米，投资 3000 万元，2005 年 7 月开工，2006 年 8 月竣工。

华丰路　2005 年 7 月开工，2006 年 8 月竣工。东起谏辛公路，西接金阳大道，长 580 米、宽 12 米，投资 380 万元。

京鼎大道　位于大运河西侧，南起沿江公路，北接镇大公路（后改为金港大道），全长 2102 米、宽 30 米，总投资 4000 万元。一期长 1000 米，投资 1400 万元。2006 年 10 月开工，2007 年 6 月竣工。二期长 1102 米，投资 1800 万元，2007 年 8 月开工，次年 9 月竣工。

李华路　2007 年 5 月开工，同年 8 月竣工。全长 683 米、宽 12 米，系改造原农村道路后连接运河码头园区道路，投资 60 万元。

3. 变电所　110 千伏东陶变电所　位于园区中片区，占地 0.33 公顷，镇江供电公司投资 3000 万元，2005 年 2 月开工，8 月竣工并投入运营。

220 千伏雩横变电所　位于园区西片区，占地 3.02 公顷，由镇江供电公司投资 1.9 亿元。2007 年 5 月开工，次年 6 月投入运营。

4. 市政配套设施　2003 年 7 月，京口工业园区实现内通自来水，供水管径 200 毫米。2005 年，兴建排涝站 1 座，12 月 16 日，开工建设，次年 3 月竣工。设计流量 0.4 立方米 / 秒，建筑面积 16.56 平方米，总投资 10 万元。

5. 公用码头建设　2007 年，京口工业园区公用码头项目建设，前期工作通过省水利厅、省海事局、国家交通部门批准，并委托环保部门进行环境保护评定。位于苏南运河段 4K+662 ~ 4K+782 左岸，选址在李华村华村沟与大运河交汇处，建设 1000 吨泊位码头 2 个，多用途泊位（兼顾 1000 吨）1 个、500 吨泊位 5 个、岸线 470 米、占用土地 1.02 公顷、堆场面积 3.28 万平方米、港池及道路 2.45 万平方米、疏浚 4 万立方米、附属设施 2650 平方米，总投资 8890 万元。

二、招商引资

1. 招商　2003 ~ 2007 年，京口工业园区先后赴日本、韩国等 30 多个国家及中国台湾、香港地区和深圳、广东、浙江、上海、北京、山东、新疆等 30 多个省市招商。先后接待加拿大铝业、美国超能、亚洲环保控股、日本丰田通商、澳大利亚联合投资及香港惠记建筑、香港大陶精密科技、同济科技、深业集团、洋浦南华糖业 100 多批客商，2000 多人次前来投资兴业。

2. 引资　2003 ~ 2007 年，京口工业园区先后引进外资 5028.95 万美元。其中 2004 年 2050 万美元，2005 年 338.95 万美元，2006 年 650 万美元，2007 年 1990 万美元。

2004 ~ 2007 年京口工业园区投产企业经济情况表

表 28-19　　单位：万元

企业名称	2004 年			2005 年			2006 年			2007 年		
	工业增加值	税收	预算收入	工业增加值	税收	预算收入	工业增加值	税收	预算收入	工业增加值	税收	预算收入
鼎胜铝业有限公司	9600	617	215.59	36559	1824.81	638.68	38526	1205.43	421.90	67970	3415	1183
亨通电器有限公司	—	—	—	297	—	—	167	—	—	300	—	—
镇江立新电子	—	—	—	—	—	—	—	—	—	—	—	—
通讯技术有限公司	—	—	—	—	—	—	—	—	—	79	—	—
镇江永丰电光源有限公司	—	—	—	—	—	—	—	—	—	435	—	—
镇江鑫泰塑料工贸有限公司	—	—	—	683	—	—	197	—	—	255	—	—
金江机械有限公司	—	—	—	—	—	—	287	—	—	250	—	—
正十岂电子有限公司	—	—	—	307	—	—	705	—	—	666	—	—
震东铜业有限公司	—	—	—	306	—	—	770	—	—	1229	—	—
镇江金叶螺旋桨有限公司	—	—	—	—	—	—	—	—	—	—	—	—
盛迪铸造有限公司	—	—	—	—	—	—	—	—	—	—	—	—
总　计	9600	—	—	38152	—	—	40652	—	—	71184	—	—

说明：2003 年京口工业园区未建立独立的统计报表。

2003 ~ 2007 年京口工业园区高新技术产品情况表

表 28-20

年份	企业名称	高新技术产品	何级认定	获何奖励	备注
2003	鼎胜铝业	特铝质量控制改造项目	市科技局立项	—	
2003	鼎胜铝业	高精度铝箔研制开发	市新产品立项	通过省级鉴定	
2004	鼎胜铝业	铝板材为电容器外壳试验与生产项目	市新产品立项	通过省级鉴定	
2005	鼎胜铝业	省认定为高新技术企业	—	—	
2005	鼎胜铝业	空调器高精度铝箔	省级高新产品	市科技进步奖	
2005	鼎胜铝业	1100 电容器外壳铝带	市级科技攻关	市科技攻关项目	
2005	鼎胜铝业	ERP 资源信息化系统	—	市信息化示范项目	
2006	鼎胜铝业	新型电容器外壳铝带	国家认定知识产权专利	—	
2006	鼎胜铝业	空调高精度铝箔	国家认定知识产权专利	省“火炬”计划立项	
2006	香港细胞生物公司	复合人工肝细胞及支持系统	—	—	
2007	鼎胜铝业	为省级百强企业	—	—	

第十一章 京露茶场

第一节 概 况

1958年年初，镇江市财贸部在城区东北部象山境内建财贸农场（为象山茶场前身），下辖3个工地，称第一、第二、第三工地。职工系全市财贸系统下放锻炼干部及部分商贩。10月，建立象山园艺场（全民带集体性质）。市财贸农场下辖第三工地（全民所有制）带原象山乡红旗、星星、团结、民主、象山、跃进、红星、江滨8个大队（集体所有制）。1959年，划出第一工地组建镇江市药材培植场（即今江苏省中药学校、药科大学镇江校区）。第二工地更名为国营镇江市象山园艺场京岘山分场。1967 ~ 1980年多次变化。1981年恢复象山茶场名称，属镇江市郊区管辖。1984年划归润州区，不久改名润州茶叶试验场。1992年10月，区划调整后润州茶叶试验场划归京口区，原名象山茶场，后改京露茶场。位于京岘山余脉（含晋陵郡城遗址）和京岘山西麓一部分（2005年市政府规划给镇江高等专科学校）。东邻市煤气公司，与象山乡红旗村接壤，南接象山乡花山湾村，西含晋陵郡城遗址至古铁瓮城边，北依东吴路南侧与江滨新村住宅小区相望。全场占地面积11.7公顷，其中茶园面积7.83公顷，属全市一小型国营场圃。全场172户，人口399人（男176人、女223人），职工206名，其中干部12名。年产干茶26500公斤，产值175万元，年创利税24万元，固定资产原值206.2万元，人均年收入2460元。2002年1月，京露茶场由全民事业改制为全民企业单位后，对内部机构设置、劳动人事、工资社保等改革，并根据实际由一产逐步向二、三产转化。2007年，场区面积缩小，仅有不足0.2公顷茶园被古城公园征用后，全场二、三产业营业收入逐年提高。场址东吴路杨家桥76号。

第二节 经 济

一、茶业

1958年10月，象山茶场在京岘山西麓兴建时，有土地66.7公顷。1978 ~ 1996年，市、区属企事业单位发展需要，先后征用土地57.5公顷。1981 ~ 1986年试种新品种茶树，试验龙井43、宜兴农家、诸叶、福鼎大白毫等品种，对茶叶无性繁殖、茶苗扦插和龙井45号、乌龙茶、保健茶、枸菊茶等试验，受到专家赞赏。生产的"一级炒青""二级炒青"曾先后获市优和省优称号，并发给优质产品证书。"一级烘青"经市标准计量局产品质量检验，认定合格，砷、铅、铜、滴滴涕杀虫剂含量均低于规定标准。1987年，生产干茶26150公斤，产值26.85万元。

1990年，始研制生产"润露春"绿茶，被海内外侨胞推崇为高档茶叶。1991年经国家批准为注册商标。获1995年国际环保技术与环保消费品博览会金奖。1994年，报送广州博览会参展获金奖。1995年，由于土地锐减，资金短缺，金奖优质品种未能批量生产而夭折。1997年，研制生产的"润露峰"绿茶通过区科技项目立项，获区委、区政府颁发"农业创特色"奖。

图28-24 2002年，京露茶场茶园（京露茶场供稿）

1997年12月，全场实有土地9.2公顷，其中茶田7.2公顷，年生产鲜茶叶33000公斤，烘制干茶9000公斤。2002年1月，茶场改制时有土地2.6公顷。2005年，镇江高等专科学校扩大校区，京岘山西麓2公顷多土地被征用，仅花山湾“六朝古城”遗址不足 0.2 公顷茶田。2007 年，该场这片茶田规划古城公园扩建范围，仅存少量茶田维系部分职工生计。

二、场办工业

20 世纪 50 年代后期，茶场先后在小米山等处创办农具厂、翻砂厂、砖瓦厂、服装厂等工业企业。三年自然灾害和“文化大革命”期间，大部关、并、停、转。1982 年，创办纸箱厂，生产纸盒、瓦楞纸等产品，专供市制药厂及浙江、新疆等省区制药生产厂家。1984 ~ 1999 年，利用临城近郊、城郊结合区位优势，坚持“宜农则农、宜工则工、多业并举、综合发展”方针，先后创办 10 多家工业企业。1987 年，全场 11 家企业，年工业总产值 213.55 万先。1992 年投入 70 万元，创办京口针织厂，年产羊毛衫、羊毛制品 46 万件，年新增产值 250 万元。1996 年，彩色印刷厂投资 200 万元，对危房改造，当年投产，获市政府安全生产单位称号。1996 ~ 1997 年两年完成工业生产总值 1403 万元，年均 600 万元以上，同比增长 44.5%，上缴税收 35.6 万元。固定资产投入 442 万元，为全市国营农林场圃经济效益之首。

1998 ~ 2001 年，全场有医药包装、彩色印刷、针织服装等 10 家企业。2002 年 1 月，区政府批复，京口茶叶试验场由事业单位调整建制改为国有企业，改名镇江市京露茶场。2002 ~ 2007 年，全场工业按企业体制运行。2002 年 1 月，茶场整体实施“事改企”后，与 74 名职工终止劳动关系，改制前已退休的 132 名职工，原退休标准不变，由劳动保险机构实行社会化管理。改制后职工的劳动工资、社会保险等关系由人事部门转至劳动部门管理。8 月，继续推行企业改革，分别对茶叶经营部、彩色印刷厂、京露物业管理中心等单位出售、改制为私企、零资产出售，加一次性补贴等，对“中心”员工采取退养、买断工龄等一步到位，分流安置，对原茶场固定工劳动关系依法进行转移、续接程序。

三、服务业

1980 ~ 1983 年，茶场投资 16 万元，兴建旱地溜冰场（即甘露溜冰场），为事业单位办“三产”之始。场地 2000 平方米，时沪宁线最大旱冰场。1985 ~ 2000 年，溜冰人数高峰达 3000 多人次，最高日收入 1200 余元。

1996 ~ 2001 年，茶场率先为全市“打开城市商业窗口”，先后在解放路、正东路等主城区租房开办象茶农工商综合商店、润露综合商店，茶叶自产自销、代购代销、议购议销、零售批发等，随着市场经济发展，扩大到糖烟酒、百货、五金、特产、服装、建材等，为缓解富余劳力，上岗就业开辟新路。

2002 ~ 2003 年，全场两年完成营业收入 2800 万元，实现利润 40 万元，上缴税收 82 万元，新增 1 户地税重点单位，固定资产投资 552 万元。

第三节　体制改革

1990 ~ 2001 年，茶场原来靠国家财政包干和补贴逐渐取消，由于体制先天不足、机制僵化等矛盾凸现，土地资源锐减，人员结构老化，一、二、三产发展缺乏市场竞争能力，严重亏损，主要依靠城市扩张变卖土地资源作为员工生存之道。1990 ~ 2007 年，茶场 60 多公顷土地（包括茶田）先后被党政机关、学校等企事业单位征用。技术、资金匮乏，在市场激烈竞争中被淘汰。1999 年始，茶场创办的京露歌舞厅、京露综合商店等三产企业分别租赁给私人经营。

2002 年，体制改革后，转变传统的经营模式，换位思考，调查市场信息。2003 ~ 2007 年，对房屋经营、租赁市场进行调研，从现价和区域单位面积两方面测算，先后推进房屋资产经营、房屋租赁经营。从房屋招租、规范合同文本、收取租金，实施跟踪服务。2006 ~ 2007 年，仅房屋租赁费收入 140 多万元，实现经营效益和国有资产保值增值双丰收。

第十二章　共青团农场

第一节　概　况

共青团农场（今镇江新民洲港口产业园）是一处半岛型沙洲，原称新民洲（旧称“难民洲”）。南临长江京口段，北与扬州市邗江区新坝、六圩、头桥毗邻，东与焦山、象山隔江相望。其坐标为北纬 32° 15'、东经 119° 38'，距镇江市中心大市口 37 千米，距扬州市中心 21 千米。全场总面积 22.5 平方公里，其中耕地面积 561 公顷，下辖 10 个生产中队及红旗行政村。

清光绪年间（1875 ~ 1908 年），傍北岸江中陆续有沙洲浮出水面，时称枣核钉洲、六壕、七壕、八壕套洲、功全洲等几经分合，1928 年形成大洲。1936 年前后，镇江富商王寿禄（音）等从苏北“三泰”地区招募 100 多户无地农民驻州开荒，始称“难民洲”，属丹徒县地域。20 世纪 30 ~ 50 年代，洲域范围扩大。1958 年丹徒县与镇江市合并属镇江市。时新民洲地程高 2.7 ~ 4.2 米。

1962 年，镇江市部分厂矿停产，1000 多名全民职工“精减”下放至新民洲农场。其间又吸收丹徒、江都、邗江等县部分农村男女青年至新民洲务农，人数达 2000 多名。20 世纪 80 年代以后，新民洲东、北、西三面陆续淤涨，先后与邗江县部分乡镇陆地连体。1997 年，洲境陆地东西长约 4.5 千米，南北宽约 5 千米，总面积为 22.5 平方公里，有长江岸线 11 千米。其中有南接长江主航道 5.38 千米深水岸线。北临苏北一级公路及宁（南京）通（南通）高速公路，西距润扬长江大桥 15 千米，向东水路入海 100 多千米。

1961 ~ 2001 年，隶属关系 7 次变更。先后属镇江、邗江、谏壁镇（代管）、省农垦局、南通、连云港、润州区（代管）、京口区（代管）。2001 年 11 月，省政府决定将共青团农场划归京口区管辖（2002 年 1 月始运行）。为呼应江苏省沿江开发，加快经济发展战略，2003 年 12 月，区委、区政府批准成立镇江新民洲生态工业园，为区政府派出机构，保留共青团农场机构，实行一套班子两块牌子。为发挥新民洲沿江深水岸线优势，2005 年 7 月 18 日，区委、区政府决定，设镇江新民洲生态工业园、镇江新民洲港口产业园管委会（以下简称产业园、乡镇级建置）。同年 6 月 1 日，区委、区政府成立新民洲港口产业园指挥部，相应成立新民洲开发建设有限公司，制定农场发展总体规划，形成“一中心五产区”园区建设新格局，规划 5.38 千米深水岸线，为工业、公用港口和支持系统岸线三部分。

1997 年，镇江市国土局批准，扬州二电厂征用农场滩地 324 公顷建设粉煤灰场，1998 年开工建设，8 月投入使用。2002 年 1 月，共青团农场划为京口区管辖，对运行 40 多年的农场体制进行改革。改称镇江新民洲生态工业园区（保留农场名称。下文，再次改称镇江新民洲港口产业园区。）2007 年，全园区长江水域有平均 2.5 米以上深水岸线 5.38 千米，耕地 526.7 公顷，林果地 87 公顷，水产养殖面积 55.6 公顷，住宅和企事业单位用地 3.75 公顷，集镇面积 1.5 平方公里。全园区有 427 户、人口 1334 人。2007 年，实现国内生产总值 3204.9 万元，其中农业增加值 427 万元，工业增加值 1258 万元，第三产业增加值 1019.9 万元，粮食总产 5852.52 吨，油料 27.3 吨，蔬菜 582 吨，水产品 312.8 吨，出栏生猪 500 头，职工年均收入 40000 多元，农民人均年收入 37000 元。

第二节　经　济

一、农业

20 世纪 60 年代初至 80 年代，农场气候宜人，雨水充沛，日照充足，无霜期长，年平均气温

15.4℃，适宜种植水稻、小麦、油菜、大豆、瓜果、蔬菜和放养鱼、虾、蚌等水产。除粮食和水产品外，先后建立兔、绿壳蛋鸡、大棚蔬菜、食用菌、葡萄、甜油桃等10多个养（种）殖（植）基地。1983～1999年，农场以农副业生产为主，发展缓慢。2000年，转变农业经济发展战略，开拓发展思路，以一、三产为主，利用区位、水域、土地资源等优势，积极引进项目、技术、资金，做好“新、特、优”三篇农副业发展文章，提高单位面积产量，增强经济效益。同时开展农村（红旗村）“双培双带”结对帮扶活动，大力实施一、三产经济。2002年，场党委收回林业、土地承包权，清理个人占据大量闲置厂房等阻碍发展合同。协调各方面关系，依法保护集体和个人利益，有效盘活土地资源。2003～2005年围绕重点、优势产业，加大引进扶持力度，培植规模经济、增加劳动就业。4年完成地区生产总值3229万元，其中农副业生产总值809万元，年均200多万元，第三产业总值1055万元。完成税收793万元，固定资产投入6198万元，合同利用外资3900万美元，实际到位外资603.6万美元，外向型经济取得零的突破。个体工商户93户，民营企业13家。引进中兴运输、润恩旅游用品、万吨醋扩产等，总投资1000万元以上项目6个。2005年农副业和多种经营总产值1291万元，其中多种经营占农业产值比重78.1%。2006～2007年，江苏扬子江生态产业有限公司53.4公顷有机稻米项目通过国家有机认证，年产有机稻米320吨。由江苏扬子江林业科技有限公司与南京林业大学合作共建40公顷优质苗木基地，繁殖培育39个优良品种，作为南京林业大学博士、硕士生研究基地。同时承担省农业工程：常绿白蜡、青钱柳培育等科研项目，利用夹江水面和滩涂资源，投资3000万元，启动长江特种水产品养殖。

二、水利建设和土地复垦

1. 水利建设　20世纪60～90年代，农场每年投入巨资，围堤、开渠，兴修水利。1998年冬至1999年春，大搞农田水利建设，疏浚河沟81条，平整土地11.33公顷，开垦荒地1.2公顷，完成土方37.8万立方米。1999年5月投资1200多万元，完成长3056米，高10.85米，顶宽6米江堤达标主体工程。2000～2005年，全场有电灌站7座，灌溉总动力435千瓦，开挖大中型排水沟8条，总长6000米，清淤河道22.05千米。2003年，筹资330万元，加强水利基础设施建设，建立防渗渠，清淤河道，兴建排涝站。实施江堤消险800余米，实施“三清一改造”（清塘、清渠、清沟、泵站改造）工程。2005年，先后投入450万元，疏浚河道14.17千米，筹建防汛物资仓库，兴建排灌站，对东排涝泵站、涵闸进行改造，对出水涵翻建，确保防旱防汛水系畅通，增强排涝抗洪能力。2006～2007年，园区加强水利基础设施建设，修建新生排涝站，增强排涝抗洪能力，朝阳河和红旗河清淤，化解内涝险情。

2. 土地复垦　20世纪60～90年代，农场每年结合兴（修）筑江堤，开挖鱼塘，清理河渠，兴修水利，拓展道路，进行土地复垦工程。2002年，复垦面积43.2公顷。2003年新增良田51.2公顷。2004～2007年多方整合土地资源，解决建设发展用地矛盾，完成土地复垦、整治35公顷，新增耕地面积11公顷，获“镇江市国土资源管理工作先进集体”称号。

1998～2007年京口区共青团农场经济情况表

表28-21　　单位：万、吨、头、万羽、元

年份	总值	农业增加值	粮食总产	油料总产	蔬菜产量	水产品产量	果产品产量	出栏生猪	家禽出栏	职工收入
1998	—	—	430.60	—	—	—	—	—	—	—
1999	—	—	—	—	—	—	—	—	—	—
2000	438.40	248.40	3660	36	420	95	10	620	1.20	5000
2001	650	250	4294	42	569	91	10	423	2.50	—

续表 28-21

年份	总值	农业增加值	粮食总产	油料总产	蔬菜产量	水产品产量	果产品产量	出栏生猪	家禽出栏	职工收入
2002	400	236	4445	38	300	95	15 吨	508	1.70	—
2003	630	198	3260	27	458	107	—	630	—	7300
2004	750	—	3635	37	442	125.58	—	275	—	—
2005	11450	614	2516.88	43.08	589.80	131.80	—	399	—	—
2006	2743	—	4190	30	6000	2573	—	800	—	—
2007	3204.90	927	5852.52	27.30	572	3128	—	500	—	—

三、工业

20 世纪 60 ~ 80 年代初，农场以发展轻工产业为主，先后兴办针织厂、服装厂、印刷厂、粮食加工厂等 20 多家企业。1983 ~ 2001 年根据实际情况，因地制宜，就地取材，重点发展无污染、低碳、绿色农产品加工、木材加工等行业。由计划经济转轨到市场经济，国家对粮食政策有所调整，农场经济暂时陷入困境。2000 年 5 月 3 日，江南拍卖公司依法对新民洲印刷厂、一泉醋厂、加工厂 3 家单位进行公开拍卖，把部分机器设备、原材料、产（成）品转让给个人经营，把不动产和大型设备租赁经营。场办工业进行体制改革，将印刷厂、醋厂、粮食加工厂等企业由集体企业改制为民营企业。2002 年，全场工业生产总值 1365 万元。2003 年，引进江苏扬子江生态产业有限公司板材加工生产线，2004 年底，投入试生产。2005 ~ 2007 年，年均生产复合板 1.5 万立方米。2004 年，全场工业销售收入 700 万元，实现利税 16.6 万元。2007 年，全场完成国内生产总值 3204.9 万元，销售收入 0.31 亿元，实现利税 120 万元，工业增加值 1258 万元。

四、服务业

1983 ~ 2001 年，农场第三产业随着市场经济体制建立，逐渐完善发展。2003 ~ 2004 年，镇江市中兴运输有限公司专项从事危险品水、陆运输经营。镇江扬子江物贸有限公司从事煤炭、机械新产品经营。两年全场新增私营企业 11 家，个体工商户 50 户，从业人员 130 多人。2005 ~ 2007 年，镇江市祥华工程开发配套有限公司等三产企业投入运营，增加园区（农场）三产营收和财政收入。

第三节　社会事业

一、道路交通

共青团农场东接宁通高速公路，西靠扬州开发区，距润扬大桥 15 千米，离扬州市中心 21 千米，距镇江 37 千米，北临苏北沿江一级高等公路。1999 年 6 月，农场总投资为 250 万元建设水泥道路。2004 年，投资 500 余万元建设场内道路 13.8 千米。2006 年根据发展需要，聘请专家研究制订“一纵三横一环”农场道路总体规划，当年完成 2.5 千米 5 中队道路和堤顶道路工程。2007 年，全园区基本解决“行路难”问题，方便了生产、生活，为招商引资奠定基础。

二、邮政电信

20 世纪 60 ~ 80 年代，共青团农场未设邮政所，来往函件、书报由镇江八号码头每天开往新民洲班船传递。1983 年以来，镇江邮电局始设代办所。1992 年，新建 900 多平方米邮政大楼。2004 ~ 2007 年，全场每天进出邮件、报刊等 700 多件。

三、供电用电

2002 ~ 2003 年，共青团农场投入 140 万元新增 10 千伏供电线路总长度 18.218 千米，配电变压器 17 台，总容量 1950 千伏安。0.4 千伏供电线路总长度 19.126 千米。全场用电户 680 户，其中居民用户 580 户，全场供电线路及配电设备运行机制良好，满足全场工农业生产和居民用电需求。2002 年年底，完成电网改造。2004 年，全场用电量达 80 万千瓦时。2004 年，农场水电站被镇江市京口区评为文明单位。2005 年 11 万伏变电所得到江苏省电力公司规划立项，2007 年竣工并投入运行。

四、自来水

2003 年，共青团农场投资 10 多万元进行水厂设备改造，给部分中队安装自来水，解决职工饮用水困难。2007 年有自来水厂 1 座，日供水量 500 吨，全场供水管道长 16 千米，受益户达 444 户，受益人员 1330 人，全场自来水普及率 75%，园区（农场）将投入资金，对尚未饮用自来水居民点安装自来水。

五、文化 、教育

2004 年，共青团农场投资 21 多万元安装有线电视，2004 年，有线电视用户 188 户，线路总长 4000 多米，有线电视每天 24 小时对用户播放，可接收 22 个频道节目。2005 年，农场成立广电文化服务中心。2007 年，加大文化建设力度，购置 500 册图书、成立图书阅览室和棋牌活动室，丰富职工业余文化生活。1963 年 7 月，共青团农场建立职工子弟学校。2002 年 8 月，教育事业由江苏农垦归京口区教育局管理。2003 年 3 月，更名为京口区京江学校。从 1963 ~ 2003 年，投入教育经费达 100 多万元。为单轨九年一贯制学校，现有教职员工 14 人、中学生 46 人、小学生 111 人。2003 年筹资 60 多万元，对学校危房进行改造，年底交付使用。2005 年，京江学校初中部拆除，其生源并入镇江九中。

六、医疗卫生

20 世纪 60 年代，共青团农场成立职工医院，是集医疗、急救、预防、保健综合性职工医院。占地 0.5 公顷。1983 ~ 2001 年，18 年为农场干部职工、红旗村村民及妇女儿童门诊医疗、预防保健 20 多万人次。2002 年，农场属地管理后，加大对医疗卫生事业投入，先后添置 100 毫安 X 光机 1 台，心电图 1 台，进口双目生物显微镜 CH20-131M 型 1 台，病床 15 张。设有内科、外科、妇产科（含计划生育指导）、保健科、药房等，有医护人员及职工 7 名，其中全科执业医师 2 名、医士 1 名、医药师 1 名、护士 1 名，管理人员 2 名，并设有村卫生室。2003 ~ 2007 年，园区医院对干部职工及红旗村村民发生的常见病、多发病、血吸虫病、农药中毒等病例诊治，有独特的治疗经验，达到小病不出场。1983 ~ 2007 年，农场每年筹集数十万元资金，先后开展"春风Ⅰ号""春风Ⅱ号"灭螺行动，对全境有阳性钉螺滩涂、河渠进行药物和翻土灭杀。24 年完成药物灭螺面积 110 万平方米，种植意杨灭螺 33.5 公顷，有效控制钉螺繁殖，降低感染率，保护职工群众身体健康。

七、抗洪救灾

20 世纪 60 ~ 80 年代，农场数十次受长江上游洪峰和海潮顶托，造成洪涝灾害。1992 年 10 月，农场划归京口区代管后，历年抗洪救灾工作由京口区统一组织实施。1996 年 8 月，农场 2500 米江堤漫水，区委、区政府、区人武部紧急协调组织驻区 500 多名官兵赶赴新民洲抢修、加固江堤 3000 多米。1998 年 6 月 24 日至 9 月 14 日，农场遭受长江洪水，连续 83 天超警戒水位威胁，干部职工严防死守，连续奋战 96 个日日夜夜，出动人力 5.1 万多人次，取得抗洪抢险的胜利，被省农垦集团授予"抗洪抢险先进集体"称号。

八、新农村建设

1983 ~ 2007 年，农场 20 多年来投资 100 多万元，为红旗村新建村级公路 6 千米。组织人力、调动机械为红旗村清淤河道，解决 40 公顷土地长期以来"涝"不能排，"旱"不能灌困难。投入一定资金，为村委会装修办公室，改善办公条件。先后投入帮扶资金 13 万多元，为贫困户、特困户购买苗猪、苗鸡，帮助他们早日脱贫致富。同时为特困户发放救济米、油等食物，折价 2 万多元。全力实施农民增收工程，解决 60 户居民及企业固定电话安装，场部安装局域网。帮 50 多名职工就业，慰问困难职工 50 人次，发放帮扶资金 2 万多元。2005 年，多方筹集 5 万元资金，建成“夕阳红”托福院，“五保”老人进托福院供养。2005 ～ 2007 年，园区投资 10 万元，新建干部职工和村民健身娱乐活动广场，配备全套运动器械。转移农村劳动力 100 多人，并落实粮食直补、良种补贴等惠民政策，发放各项补贴费 30 万元，减轻粮农负担。投资 1 万多元实施“双清双美”工程，绿化、净化、美化园区环境。

九、综合治理与人民武装

1983 年 8 月，共青团农场成立派出所，结束 20 多年无公安派出所历史。1992 年，派出所干警撤离农场，保留机构和牌子，工作由江滨新村派出所代管。2007 年，京口区公安分局在共青团农场设立警务站。

1983 ～ 2005 年，农场未设置人武部，未建立民兵组织。2006 年，京口区人武部批准成立共青团农场人武部，冷斌任部长。2007 年，园区有民兵 30 名。

第四节　行政村

共青团农场下辖红旗行政村。

一、位置和隶属

红旗村位于新民洲东北部人民滩（新中国成立初命名）。东接港口产业园，南邻磨盘滩，西滨长江京口段，并与扬州邗江区沙头镇毗邻，北接产业园与邗江区新坝镇分界。新民洲历史上属镇江（丹徒县）。1928 年形成沙滩（洲）后，属镇江（丹徒）县，直至镇江解放。新中国成立后，市县分治。1950 ～ 1957 年，由丹徒县高桥区连益乡、御隆乡代管。1958 年，丹徒县与镇江市合并，9 月成立江心人民公社时，对其北面隔江新民洲人民滩成立大队并行代管。1983 ～ 1992 年由镇江市润州区代管。1992 年 10 月区划调整后，为京口区唯一直属行政村，区委、区政府委托共青团农场代管。2005 年改称镇江新民洲港口产业园（系京口区派出机构）。2006 ～ 2007 年，红旗村由镇江新民州港口产业园管理，从此结束半个多世纪“代管”历史。

二、村名由来和面积人口

新中国成立后，新民洲沙滩起名“人民滩”。1958 年，将“人民滩”改名“红旗滩”，更名“红旗大队”。辖 4 个生产队（后改村民小组），各有队长、会计。1980 年撤销公社和大队，恢复乡镇、村建置，仍称“红旗村”，沿用至今。2007 年，红旗村占地面积 86.7 公顷，有 131 户、463 人（不含小城镇建设 30 人），均为汉族。系京口区面积最小，户、人最少的行政村。耕地面积 46.7 公顷（不含复耕面积），系产业园唯一涉农单位。

三、经济情况

20 世纪 30 年代初至 50 年代初，由于新民洲地势低洼，四面环江，常遭洪水侵袭，内涝时成灾，水退后干旱，生产力及粮食产量不高，人民生活极为困难。民间流传“宁上（葬）小茅山（扬州城北火葬场及墓地），不嫁人民滩”歌谣，是 30 多年村民生活的写照。1950 ～ 1957 年，御隆乡派干部来人民滩推选人民代表，参加民主活动，进行土地改革，组织互助合作、初级、高级农业生产合作社。1961 年前，非涝即旱，四周围水，无以排灌，95% 以上面积种三麦、玉米、豆及薯类旱谷，农业经济落后。1960 年秋，共青团农场在新民洲建立，市委、市政府花 5 年多时间，集中人、财、物围堤筑堰、开挖河渠、兴修排灌闸、站，购置农机和水利设备，改善职工生产、生活环境。减轻或避免旱涝灾害。在农场大力支持下，红旗村农业逐年发展，提高集体经济和社员生活水平。1966 年始，在以旱谷为主的基础上试种水稻，2007 年，水稻面积为 4.7 公顷，占耕地面积 10%。亩产保持 300 千克左右，同年总产21万吨。1972年试种棉花、油菜、水果、蔬菜等经济植物，提高经济效益，增加社员收入。1993 ~ 2007年，为提高农业经济效益，在农场（产业园）领导和农技人员支持下，改进耕作方法，改良品种，调整结构，减少低产作物面积，增加高产、效益好经济作物。同时发展农林牧副渔，逐年提高村级经济收入和村民生活水平。20世纪80 ~ 90年代，村办工业崛起，曾创办红旗服装厂、玻璃厂和织带厂等。由于受到技术、质量、市场、资金、交通等因素制约，2000年，村办工业先后关闭，富裕劳力至宁、镇、常、扬等周边城市“打工”，形成30多人的“打工族”。

四、住房和教育卫生

1931年洲滩有移民定居后，自发地挑土筑堰，堆土墩（3 ~ 5米高、长和宽各10米左右）、搭芦棚（窝篷）安置，共堆土墩100多个，相距不等，为红旗村住宅建设雏形。长期无村名，村民交流、交往，以“墩子”序号或姓氏问答，被戏称“窝篷世界”。1949 ~ 1969年，随着经济收入和生活水平提高，红旗村居住条件和环境不断改善。新中国成立后，村民走下墩子、拆掉窝子建（草）房、撤除芦铺置板床、搬走“缸锅”换大灶。草房（泥墙）或砖斗墙、芦柴旺、瓦房为第二代住房建设。1972 ~ 2002年，村民兴建红砖、水泥桁条、青瓦平房，40%住楼房。楼房属红旗村第三代住房建设。2003年，江苏省实施沿江经济开发规划。2005年，产业园结合新农村建设，规划并组织实施新民洲小城镇建设，统一设计并规划建成50多幢新红旗社区。2007年，红旗村100多户、400多人口迁居新社区“幸福苑”。

1992 ~ 2007年，村民医疗卫生由农场（产业园）医院负责，子女教育享受“农民工”子女待遇，就近入学。

第二十九篇　人　物

京口历史悠久，人文荟萃。1983年，实行市管县新体制，镇江升格为省辖市，始设市辖区一级建置，初称镇江市城区，翌年改京口区。第二轮《京口区志编纂方案·人物篇》，根据现行区划范围，为传承人文历史，彰昭英模人物和杰出人士的功绩和精神。

二轮区志人物收录1990 ~ 2007年在京口历史发展过程中，做出杰出贡献、产生重要正面影响或有较大负面影响的京口籍或外籍人士，以及全国有影响在外地的京口籍人士。此篇设“人物小传”“人物简介”“人物表”三章，分别予以记载。

第一章　人物传略

以卒年为序。

唐　棣

唐　棣（1856 ~ 1928）字萼楼，镇江人。是唐老一正斋膏药铺第八世业主。清同治十三年（1874年）其父唐沐去世，即接办膏药铺。以“修合虽凭我意，存心自有天知”自勉。常斋戒告诫子孙，不得偷工减料，并规定出售的膏药“包退包换”，外地需求者，无论趸批或零购，均予以邮寄。膏药行销山东、河南，远及东北各省，还受到东南亚地区华侨的欢迎。享有“一正斋膏药，过了黄河就放香”的美誉。民国4年（1915年），他派子唐元兰前往蚌埠开设分店。民国11年（1922年）向农商部申报“万应灵膏”商号注册执照。唐萼楼主管店业53年，是一正斋膏药铺鼎盛时期。民国20年（1931年），经实业部商标局核准“以唐萼楼肖像为秘制万应灵膏注册商标”。

袁世钊

袁世钊（1901 ~ 1931）松江人，执教小学。民国13年（1924年）参加中国共产党。北伐战争时，发动松江、青浦农民撬铁路、扒公路，阻挠北洋军援军南下。国民党清党后，袁世钊又组织农民协会、红军纠察队，发动松江农民搞秋收起义。民国17年（1928年）1月1日，袁世钊领导“枫泾暴动”，张榜公布恶霸地主罪状，焚毁田契和借据，镇压7个恶霸地主。暴动遭到国民党政府镇压，袁被通缉，乃转移至上海及沪宁线从事革命活动。民国17年9 ~ 12月，曾任中共镇江县委书记。次年4月4日在上海被捕，关押于苏州监狱。袁世钊在狱中领导狱中共产党员和革命志士进行各种形式斗争，并计划越狱，由于叛徒告密，袁世钊与30多位在狱中斗争难友被解至设于镇江的江苏省临时军法会审处。民国20年（1931年）3月11日，牺牲于镇江北固山下。袁世钊牺牲后，其大哥、三哥为之收殓，建墓于桃花坞。1966年，镇江市建立烈士陵园时，移其忠骨于烈士陵园。

李雁湖

李雁湖（1882 ~ 1934）字翰翔，又名汉强，别号紫金山房主人，镇江人。弱冠进学，科举废除，勤奋自励，后就读于丹徒县立师范讲习所，成绩优异，并以书法、诗词闻名乡里。每日清晨以藤笔、青石锻炼腕力，长年不懈。尤擅于隶书，苍劲古朴、丰润典雅。清光绪末年和其女弟子颜轶（铁）莲等发起创办镇江天足会，提倡妇女解放，呼吁妇女放足，并在杨家门、邹家巷两地分别办了两所女子学堂。

民国9年（1920年）应镇江商会之邀请，筹建镇江润商学校，白手起家。为校歌作词，亲题“诚”“朴”“公”“勇”四字为校训，全心全意投注校务。“五卅惨案”发生后，他亲率学生上街宣传募款，游行示威，并号召全校师生罢课声援。“九一八事变”发生后，他向学生提出“常把日本仇，牢记在心头”的口号，将日本侵华事实用“刻骨难忘”4字为标题，一一叙述，张贴校内。他先后担任丹徒县立国民小学校长，丹徒县视学、私立镇江中学校董、镇江佛教慈幼院院长及镇江润商学校校长等职。曾参与建立五三图书馆和复建太史慈墓。

何复生

何复生（1902～1934）镇江人。幼年随父在汉口读书、学医。民国15年（1926年）加入中国共产党，投入第一次国内革命斗争。民国16年（1927年）7月15日，汪精卫在武汉与中国共产党正式决裂后，何逃出汉口。次年春，进入大冶县英国人办的普爱医院工作，继续宣传革命，并团结进步青年组织“德、智、体、群四育促进会”，出版“四育”月刊，揭露大冶县国民党及地主豪绅对人民群众欺压剥削的黑暗统治，驳斥敌人对红军的污蔑。利用普爱医院的“普爱”口号动员医护人员悉心治疗工农红军伤病员。民国19年（1930年）6月，彭德怀率红三军团攻占大冶县城后，何复生等5人进入红三军团，受命组织红三军团总医院。后总医院改为红三军团卫生部，何复生先后担任总医院院长、卫生部部长。何复生积极组办看护训练班、医务训练班，亲自讲课，指导实习，培养了百余名军医，数百名看护和卫生员。红军发动每次战役，他安排好全面救护工作后，总是深入前沿阵地观察并指挥救护工作，不分昼夜地亲自为伤员动手术。为克服药品器材困难，他一方面教育医护人员爱护器材，节省药物；另一方面积极搜集民间药方，采集中草药，从而挽救了许多干部战士的生命。1933年8月1日获中共中央军委颁发的三等红星奖章。民国23年（1934年）8月，在中央苏区第五次反围剿战斗中，何复生带病亲临前线军团指挥所，遭敌机轰炸牺牲。

马　良

马　良（1840～1939）字相伯，原名建常，又有求在我者、华封老人等别号。祖籍丹阳，生于镇江。家庭殷实，信仰天主教，幼年即受洗礼，教名“若瑟斯藏”。12岁到上海进徐汇公学读书，成绩优异，尤以数学、拉丁文等突出。毕业后，先后在山东布政使余紫垣、驻日公使黎庶昌、北洋大臣李鸿章、两广总督张之洞、台湾巡抚刘铭传幕府办理洋务。光绪十八年（1892年），任驻日本长崎领事、驻日本使馆参赞。光绪二十六年（1900年）把良田3000亩捐献办学，教会拖延未办。光绪二十八年（1902年）在上海创办震旦学院。光绪三十一年（1905年），法国教会攫夺震旦领导权，“尽改旧章”，引起众怒，学生全体退学。马良筹办复旦公学，自任校长。光绪三十四年（1908年），震旦学院拟在法租界设新校舍，马又捐助10余万元。此外，曾任大同大学董事长，赞助辅仁大学和启明女中。辛亥革命时，曾代表镇军都督林述庆去上海参加各省军政府筹组联合机构会议。江浙联军总司令部在镇江成立，他担任外交部部长。民国元年（1912年）任袁世凯总统府高等顾问，民国2年（1913年）任北京政府政治会议议员，一度代理北京大学校长。民国20年（1931年）“九一八事变”时，他92岁高龄，仍不顾年迈力衰，作演说，写文章，号召团结抗日，并与章太炎联名通电，要求“立息内争，共御外侮”，发起组织中国民治促成会、江苏国难会、不忍人会、中国国难救济会等，主张抗日与民主。民国21年（1932年）参加宋庆龄等组成的中国民权保障同盟。民国22年（1933年）任监察院监察委员。民国24年（1935年）上海文化界人士组织救国会，后发展为全国各界救国会，一切通电、文件都由马相伯领衔。“七君子”被捕，他亲到南京，竭力营救，愿“拿我的头颅来担保”，人民尊之为“爱国老人”。民国26年（1937年）被任命为国民政府委员。南京沦陷，撤退到大后方。民国27年（1938年）末，他在从广西转移昆明途中得病，留居越南谅山。民国28年（1939年）4月6日他100岁诞辰，国民政府颁发褒奖令，中共中央贺电称他为“国家之光，人类之瑞”。同年11月在谅山逝世，举国哀悼。著作有《马相伯文集》《马相伯先生国难言论集》《一日一谈》《马相伯备忘录》等，重要数学著作《度数大全》（已佚）。曾助其弟马建忠删定《马氏文通》。

管有为

管有为（1900～1940）字清麟，丹阳人。青年时代曾任塾师，后学易经，又学算命相面之术。民

国22年至26年（1933 ~ 1937年）在上海城隍庙挂牌算命，人称“管半仙”。抗日战争爆发后，回乡参加抗日救亡活动，在江南抗日义勇军挺进纵队担任外事副官，曾数度随陈毅、管文蔚去泰州与国民党苏鲁皖边区总指挥李明扬、副总指挥李长江等商讨合作抗日之事。民国28年（1939年）春，为搜集日伪情报，纵队司令管文蔚派管有为进入镇江城里开展活动。管化名张大同，携带200元（银圆）活动经费进入镇丰轮船运输公司，任副经理。在镇江立足后，以“奇门演算”之术活动于各界名流士绅中，逐步与驻镇日伪军有了来往。侵驻日军荣联队长欣赏其演算之术，下乡扫荡常问卜于管。管有为来往于镇江城区与谏壁、丹徒之间，探得敌人动向后，及时告知抗日部队，使下乡扫荡日伪军不是扑空，就是遭到抗日部队伏击，因而引起怀疑。管被逮捕入狱，虽经严刑拷打，始终不吐只字。后因叛徒出卖，于民国29年（1940年）3月28日壮烈牺牲。日本侵略者将其头颅挂在镇江南城门3天，人民群众无不为之落泪。

凌焕曾

凌焕曾（? ~ 1940）字敏成，镇江人。自幼家境贫寒，早年在上海某颜料店学徒。出师后经人资助，在镇江老西门大街（今大西路）开设增泰来颜料店。第一次世界大战前，他与德国颜料商人素有往来。大战爆发后，德商奉召回国，将存货全部卖给凌焕曾。大战后，颜料价格暴涨，凌焕曾顿成巨富，后又增开布店、药房，并在江浦、金坛、丹徒等县购置、经营房地产业，成为江南一带有名的巨商。民国11年（1922年）秋，凌焕曾出资3万余元，在太平桥东道署衙门旧址创办敏成学校。先开办初中1班，附属小学班1班。民国12年（1923年）后停办初中，改为两等小学，初高级共设4班，有学生百余名。贫寒子弟入学，一度不仅免收学杂费用，还免费供应学生一顿午膳。该校重视教学，教养兼施，设备较全，管理井然有序。其后改为六年制完全小学，办学成绩显著，得到江苏省教育厅的赞许和省主席的明令嘉奖，颁给“矜式南邦”匾。民国29年（1940年）病逝于上海。其子凌少曾曾任敏成小学校长，执掌教育期间成立董事会，加强学校管理。

柳肇珍

柳肇珍（1920 ~ 1941）女，又名柳石华，祖籍镇江，生于上海。初中毕业后，考入苏州浒墅关蚕桑专科学校。抗日战争爆发后走出校园，到无锡参加由中共地下组织领导的抗敌后援会宣传队。不久，参加中共江苏省委外县工作委员会无锡抗日青年“流亡”服务团，到达南昌后经新四军办事处参加江西青年服务团，辗转江西上饶、玉山、弋阳等县城乡，深入工农大众，开展抗日救亡运动。民国27年（1938年）7月，在弋阳加入中国共产党。11月，奉调赴皖南云岭中共中央东南局训练班学习。民国28年（1939年）初，奉命到苏南投入创建茅山抗日根据地，先后在新四军挺进纵队教导队及“挺纵”战地服务团工作。同年11月，调任中共扬中县工委宣传部长。民国29年（1940年）6月，柳肇珍乔装到镇江活动，同隐藏在敌人内部新四军情报人员接头，探明敌人巡江部署和规律。同年10月，与新四军第2支队司令罗忠毅结婚，并从扬中县委调至支队政治部组织科工作。她安于干事岗位，不要特殊照顾，并主动捐献自己节余的100元零用钱，给驻地附近育才小学。屡屡处险不惊，掩护战友脱险。皖南事变发生后，新四军第2支队转移到太湖地区，驻宜兴县和桥西施荡。22日，日军三路包围西施荡。柳肇珍奉命撤退，当船行至三岔河口时，遭敌人炮火射击，战斗中负重伤，因流血过多壮烈牺牲，年仅22岁。临终交给战友一个血染小包，是党证、机关党员登记册和零钱。

罗　洛

罗　洛（1918 ~ 1980），湖北黄陂人。民国27年（1938年）8月参加革命，民国31年（1942年）2月，加入中国共产党。抗日战争初期，在武昌抗敌演剧第8队工作，继在桂林小学以小学教师为掩护，先后任中共镇江市委宣传部副部长、镇江市市长、市委书记等。1954年10月，镇江市兵役局成立时，兼兵役局首任政治委员。1980年病逝于南通，葬于镇江南郊。

董必成

董必成（1904 ~ 1986），原名朱迎春，扬中人。民国28年（1939年），在扬中县抗敌委员会当班长，后任排长、第3区区长、县政府军事科科长。民国30年（1941年）12月，任中共路北特委铁道工作委员会副书记兼练湖区区长，活动于丹徒辛丰、黄墟一带，曾处决3名伪乡长、伪军副官，震动辛丰镇一带。利用帮会形式，开山收徒，争取伪军、自卫团上层人物投诚。黄墟镇驻有伪军第8团1个连，董必成与连长罗云高联系，做争取工作，使其部保护抗日活动。争取辛丰镇伪自卫团总团团长赵秉伯，使抗大第9分校近千人、新四军王必成部约2000人安全通过。抗日战争胜利后，董必成随军北撤，任沙沟县公安局局长。解放战争中任华中第2军分区行动大队队长、高邮独立团团长，在高邮、宝应、兴化地区开展武装斗争。新中国建立初期任镇江市公安局局长兼检察长。1962年，任镇江市市长。

杨惠敏

杨惠敏（1915 ~ 1992.6）女，镇江人。小学毕业后就读南京中央艺技专科学校和中央大学体育系。民国20年（1931年）"九一八事变"发生后，奔赴东北参加抗日义勇军宣传队。东北沦陷后辗转北平、汉口等地宣传抗日救亡运动。民国26年（1937年）"八一三"事变前回到上海，参加上海童子军战地服务团。日军侵袭宝山、罗店、江湾、大场、虹口、闸北一带时，国民党军队抵挡不住，第72军第88师撤退到上海市区，命该师中校团副谢晋元带1营兵力，固守苏州河北岸四行仓库，掩护全军撤退。上海市区除"租界"外，均被日军侵占，建筑物上多插上日本"膏药旗"，唯四行仓库仍在国民党军手中。同年10月26日，日军对四行仓库包围越来越紧，并于27日动用各种轻重武器、坦克向四行仓库进攻，均被守军击败。为鼓舞守军斗志，27日夜间，17岁的镇江少女杨惠敏冒着敌人炮火，不顾生命危险，身背国旗趁黑爬进四行仓库，交给谢晋元，并要求留下打击日本侵略军。谢晋元多次相劝，趁天黑泅过苏州河进入租界。次日晨，中国战旗在四行仓库楼顶飘扬，极大鼓舞中国人民抗击日本侵略军的斗志。冒险向孤军献旗的杨惠敏成为名噪一时的传奇式人物，被外国媒体誉为"圣女贞德"，受到第二届世界青年和平大会赞扬。太平洋战争爆发后，杨惠敏随港澳文化界人士回到内地，参与护送难民，后任教于台湾师专和文化大学，在台北病逝。

余庆腾

余庆腾（1918 ~ 1996），湖南炎陵人。民国21年（1932年）8月，参加中国工农红军，11月加入青年团。民国25年（1936年）10月转为中共党员。土地革命战争时期，任班长、湖南游击队副队长，坚持南方3年游击战争。抗日战争时期，任新四军第1支队第2团第3营第9连副政治指导员、苏南游击队队长、新四军教导总队队长、江北游击纵队政治指导员、县大队队长、第7师高干队学员、师部特务连连长、芜东大队大队长、临江团第3营营长、皖南支队第3团副团长。在皖南事变中，英勇突围，返回部队。解放战争时期，任第7师第20旅参谋处作战股长、参谋处处长，第6纵队留守处副处长，第17师第50团团长。新中国成立后，任第71师副参谋长、军事学院学员、中央军委军校部特校处副处长、步校处副处长、训练总监部院校部步兵预备学校处长、大衢守备区副司令员、司令员、江苏省淮阴军分区司令员、镇江军分区司令员、扬州军分区司令员、江苏省军区顾问。1955年9月被授予上校军衔，1960年6月晋升为大校。1982年在镇江离职休养。曾荣获三级八一勋章、二级独立自由勋章、二级解放勋章，1988年获二级红星功勋荣誉章。

严良初

严良初（1943.8 ~ 1998.8），江苏武进人，汉族，大学文化。1975年加入中国共产党。1963年9月任武进县人委办公室打字员。1965年7月任镇江地委办公室打字员。1969年2月下放原籍劳动。1975年6月任外贸镇江冷库文书。1978年1月任镇江地区办公室秘书。1983年9月任中共镇江市城区区委办公室副主任。1985年11月任京口区人民政府办公室主任、党组副书记。1988年10月任中共京口区委统战部部长、政协党组成员。1993年任政协京口区委员会副主席、党组副书记。

厉建林

厉建林（1960.5 ~ 1999.4），江苏丹阳人，汉族，大学文化。1984 年 8 月加入中国共产党。1977 年 11 月任丹阳县橡胶厂团支部书记、班长、车间主任、副厂长。1986年任丹阳县橡胶厂厂长。1987年7月任丹阳市化工医药工业公司副经理。1992 年 7 月任丹阳市化工医药工业公司经理、党委副书记（主持工作）。1993 年 5 月任丹阳市化工医药公司经理、党委书记。1995 年 3 月任丹阳市计经委主任、党组书记。1997 年 11 月任京口区人民政府副区长。

袁　雯

袁　雯（1918 ~ 2002），女，镇江人。1981 年退休后，被居民群众选举为山门口居委会主任。1983 年始，她组织山门口居委会与驻军 2 个连队首创军民“共建”精神文明活动。1985 年，该居委会被民政部、总政治部授予“全国拥军优属先进单位”，并多次受省、市表彰。袁雯受到南京军区、江苏省政府和省军区领导亲切接见和勉励。1984 ~ 2000 年，每当新兵入伍、老兵退役、干部转业期间，她主动分别到部队营房对不同对象进行革命传统教育和保持、发扬人民军队优良作风教育。视官兵如亲人，关心官兵家庭情况，关注他们的生活，为大龄官兵牵线搭桥，解决婚姻问题，同时为军属排忧解难。多次为部队联系举办烹饪、摄影、电气修理技术培训班，解决军地两用人才，使 100 多名官兵取得各类专业证书。她 20 多年为驻军官兵奉献余热，被驻军领导机关誉为“编外指导员”，被战士称为“兵妈妈”。她的先进事迹多次被中央、省、市媒体报道。

孙延祥

孙延祥（1930.8 ~ 2005.11），江苏江都人。1952 年参加革命工作，1954 年加入中国共产党，历任镇江市总工会组织干事、镇江市委五人小组办公室专案组负责人、镇江市委监委监察员、镇江市城区革委会办事组秘书、组长。1974 年 5 月任镇江市迎江公社党委副书记，1981 年 1 月任镇江市北固区大市口街办党委书记，1982 年 6 月任镇江市金山区委副书记，1983 年 9 月任镇江市城区一届人大常委会副主任，1991 年 4 月退休。孙延祥，对京口区民主法治建设和区人大的建立、发展做出积极贡献，多次受到表彰和嘉奖。退休后，曾受组织委托，组建京口区计生协会，担任会长，为推进乡镇、街道基层计生协会组织建设，开展有益工作，做出积极贡献。1992 年 3 月，组建京口区关工委并担任常务副主任，1993 年评为“省关工委先进个人”，2001 年被评为“省关工委优秀工作者”。

张骏祥

张骏祥（1910.12 ~ 1996），镇江人。1931 年毕业于清华大学外国语文系，留校任助教。1936 年公费留学美国，在耶鲁大学戏剧研究院学导演。1939 年获硕士学位。1940 年回国，在西安国立戏剧专科学校任教，后到成都、重庆等地办剧团。先后导演《蜕变》《北京人》等话剧，同时编写话剧《小城》《山城》《边城》等。抗战胜利后，先后在上海、香港、南洋等地从事戏剧编导工作。1949 年以来，先后在中央电影局、上海电影制片厂、上海电影局工作，创作、改编并导演电影《胜利重逢》《鸡毛信》《翠岗红旗》等逾百部。理论著作有《关于电影的特殊表现手法》《导演艺术基础》等。1978 年任文化部电影局副局长。

第二章　人物简介

本章收录老红军和中华人民共和国成立前在京口区域担任副县级以上职务的领导干部及市以上劳动模范、“五一劳动奖章”获得者、有突出贡献的中青青专家，京口籍或在京口区域内工作的科学（工程）院院士（含知名专家、学者），京口籍获国际、全国比赛前三名（含团体主力）的体育界人物，经济、军事、教科文卫各界具有副高级以上职称、1983 ~ 2007 年健在人物（以生年为序）。

左明生

左明生（1916 ~ ），镇江人。九三学社社员，河南省政协副主席，教授。1941 年毕业西北工学院土木系。

新中国成立后，历任天津大学、郑州大学副教授、郑州工学院副主任、教授。河南省政协第五、第六届副主席、九三学社河南省委员会主任委员、河南省建筑工程学会副理事长。

王 墨

王 墨（禄均）（1921.2 ~ ），镇江谏壁人。1940 年 1 月，参加新四军，历任战士、报务员、电台队长、区队长、华东局电台副台长、邮电部副司长、局长等职。1986 年 2 月离休。

严忠勤

严忠勤（1928 ~ 2007），镇江人。1951 年毕业于大夏大学经济系，1961 年入党。1962 ~ 1988 年，先后任劳动部副科长、秘书、办公室主任，中共无锡市委副书记、劳动部副部长。

王 元

王 元（1930.4.30 ~ ），出生于浙江兰溪，祖籍镇江。1952 年，毕业于浙江大学数学系，分配至中国科学院数学研究所，在华罗庚教授指导下研究数论。1956 年，首次证明第一充分大的偶数都是一个不超过 3 个素数之积与一个不超过 4 个素数积之和，简记为（3，4）。在此基础上，潘承洞与陈景润分别在 1962 年与 1966 年证明（1，4）与（1，2）。3 人共同获中国自然科学一等奖。1958 年起王元与华罗庚共同开拓数论在近似分析中应用的研究，提出新的多重积分求积公式，被称为“华—王方式”。1957 年，专著《数论在近似分析中的应用》。1980 年与 1981 年分别被译成日文、英文版。1980 年 11 月，当选为中国科学院学部委员。1984 ~ 1987 年任数学研究所所长。1986 年起为全国政协委员、中国科协常委。

王扶林

王扶林（1931.2 ~ ），镇江人。1952 年，毕业于上海戏剧专科学校话剧表演系，中央广播剧团导演。1962 年中央电视局导演。先后导演《笑的晚会》《焦裕禄》《真假医生》等。1979 年出访英国。编导电视剧《何日彩云归》。导演《敌营十八年》《汤显祖与牡丹亭》《澳门轶事》等。1982 年导演电视剧《红楼梦》获第五届金鹰奖。1987 年 5 月，被评选为“电视剧十佳导演之一”。1990 年 2 月，《庄妃轶事》获优秀导演奖。

刘 馥

刘 馥（1932 ~ ），镇江人，中共党员。1951 年，毕业于镇江市女子职业中学艺术师范科，同年任苏南镇江地区干部子弟学校（现中山路小学）教师。1956 ~ 1989 年任中山路小学附属幼儿园园长，直至退休。先后兼任市幼儿教研组长、市幼教中心组长、市幼儿教育学会副会长、省幼儿教育协会理事。1980 年以来，开展幼儿文艺创作，编写幼儿歌舞《美丽的理想》《丑小鸭》《大雁舞》等，均获市级文娱创作优秀奖。该园被评为省示范幼儿园，并确定为市级对外开放单位之一，先后接待日本、美国、德国、加拿大等 10 个国家和地区的访问团。1984 年，创作的木偶剧《我知道》获全国儿童木偶剧比赛三等奖、省一等奖。多次被评为镇江市先进工作者，3 次被评为市劳模，1986 年，被评为全国教育系统劳模，获人民教师奖章。事迹收入《华夏妇女名人辞典》。兼任市教师进修学校幼师班教师，发表《独生子女教育问题》《幼儿智力发展》等论文，其中《大班幼儿攻击性行为的调查报告》获 1988 年中小学德育论文比赛省级三等奖、市一等奖。

吴永乐

吴永乐（1932.7 ~ ），镇江人，中共党员。1953 年毕业南京大学地质系。1954 ~ 1986 年，先后在冶金部江西地质分局、科研所任总工程师、副所长、所长。1987 年任江西省政协副主席。从事地质矿产普查勘探和科学研究 30 多年，阐明“多次成岩、多次成矿”的科学论断。对江西与燕山期中酸性斑岩有关铜矿床，提出“多位一体”成矿模式。主编《中国南部脉状黑钨矿床地质与勘探》《江西省 1986 ~ 2000 年地质科学发展预测》等专著。其中在国际学术讨论和国外专刊上发表两篇论文。

王厚德

王厚德（1933.10 ~ ），镇江人。1950 年在镇江团工委、市委宣传部工作。1951 年 2 月入党。

1952 ~ 1954 年，在中国人民大学、北京俄文专修学校留苏预备班、莫斯科国际贸易学院学习。回国后，1958 ~ 1982 年，先后在商业部、全国供销合作总社任科员、副处长、商管局负责人、办公厅副主任、主任、总社副主任、理事会主任。1983 年，始任全国人大常委会副秘书长、党组副书记，第六、第七届全国人大代表、第七届人大常委会委员。1986 年，任中华全国总工会副主席、书记处书记。

陶玉玲

陶玉玲（1934.10 ~ ），镇江人。1949 年 6 月参军，入华东军政大学文艺戏剧队。1952 年，南京军区前线话剧团演员，演出《东海最前线》《霓虹灯下的哨兵》等话剧，获第四届全军文艺会演优秀演员奖。1956 年，在电影《柳堡的故事》扮演“二妹子”。1972 年，任南通市文工团团长，1978 年，任八一电影制片厂演员，先后参加《二泉映月》《归宿》影片拍摄。在电影《任长霞》中扮演任长霞母亲，获 28 届大众电影百花奖最佳女配角。在电视剧《张培英》中获全军第五届电视剧最佳女演员奖，并于中国电影诞生 90 周年获表演艺术成就奖杯。2005 年，获中国电影表演学会授予“百位优秀演员”称号，国家一级演员。

徐伟辉

徐伟辉（1935 ~ ），镇江人。1956 年参加工作，1959 年入党，曾在谏壁小学、镇焦路小学、京口区实验小学任教师、校长兼党支部书记。他试行“以农扶校、以工富校、以教兴校”办校之路，取得效果。多渠道筹集资金 300 万元，建造教学楼、综合楼。长期探索“讲中有练、练中有讲、讲练结合，边讲边练”启发式教学。他创建少儿京剧班、腰鼓队、鼓号队。开展小学生书法、绘画、乐器兴趣活动。小京剧班在全省中小学戏剧调演中获一等奖。实施“愉快教育”教改实验，教学质量稳步提高。先后被评为“区优秀党员”“优秀党务工作者”、市关心下一代“十佳热心人”及省、市劳模。1993 年，被评为“全国优秀教育工作者”，获“五一劳动奖章”。

袁达高

袁达高（1937.7 ~ ），镇江象山人。1964 年，毕业于镇江医专，分配至新疆巴楚县医院。1965 ~ 1997 年，先后任医师、副主任医师、主任医师、院长、县卫生局局长、县人大常委会副主任、县政协副主席等。30 多年在民族地区从事医务，为少数民族服务，不辞辛劳，翻山涉水，曾 6 次率医疗队上昆仑山，下叶尔羌河两岸巡诊，与维吾尔等少数民族结下深厚情谊，治愈千万病员。1997 年 7 月退休回乡。2001 年，为缓解居民“看病难、看病贵”，在九里街开设“达高”诊所，以平价药和精湛医技为民诊治，遇孤寡老人送医上门。先后出版《沙魂》《天涯》等诗集，与“恰同学少年”谈日金（珍玩收藏家）、金恒真（书法家）编著出版《三翁牒》书法诗词集（珍藏本）。

戴来生

戴来生（1940.9 ~ ），镇江人。1965 年从教，1988 年入党。任马湾小学校长，直至 2001 年退休。长期以来，马湾小学办学条件简陋，由 3 间祠堂改建的教室，课桌凳由学生自带。每月的办公经费 7 元。他带领学生开荒，1 年收入 100 元。改革开放后，学校办小工厂，逐步积累资金。1986 年，自筹资金一年建成占地 5700 平方米新校舍，为学生代缴学杂、簿本费。从 1983 ~ 1995 年，该校教学质量和学校管理水平名列镇江市前茅，1993 年、1996 年连续被评为“江苏省模范学校”。戴来生亦先后被评为省、市有突出贡献的优秀教育工作者和“全国教育系统劳动模范”，获得人民教师奖章。1994 年 9 月，应邀赴京参加第 10 个教师节活动，受到党和国家领导人接见。

张爕林

张爕林（1940 ~ ），镇江谏壁人。中国奥委会委员、中国乒乓球协会副主席、国家体委乒乓球运动管理中心副主任、全国政协第八届委员、国务院政府特殊津贴获得者。1958 年入选上海乒乓球队，1960 年进国家队。1961 年，第 26 届世界乒乓球锦标赛男单第三名。1963 年，第 27 届世乒赛男团（主力队员）冠军、男双（与王志良合作）冠军。1965 年，第 28 届世乒赛男团（主力队员）冠军，男双第二名（与王志良合作），混双（与林慧卿合作）第二名。1971 年，第 31 届世乒赛任乒乓球队主、总教练。先后获第 33 ~ 43 届（10 届）世乒赛女团冠军；第 24 届奥运会包揽乒乓球项目女单金、银、铜牌，并获女双银牌；第 25 届奥运会包揽乒乓球项目女单、女双金、银牌；第 1、2、4 届乒乓球世界杯女团冠军。获国家体委颁发的荣誉奖章 10 枚。

林　彬

林　彬（1941.1 ~ ），镇江人。1960 年 7 月，镇江师范学校毕业，分配至镇江市中山路小学任教，直至 2001 年退休，中学高级教师。1978 年 11 月至 1996 年 8 月，任中山路小学副校长。执教 40 余年，一直在教学第一线。教书育人，耐心做学生思想教育工作，经常家访。1985 年，承担省、市《马蕊兰教材教法》实验（国家重点科研项目"小学生能力发展与培养"）。期间结合教学，《对一年级学生进行线段图教学初探》《两步应用题的准备教学和结构训练》《心中有教材，目中有学生，手中有方法》《对学生学习情况的调查》等实践总结经验编写实验报告。在全国和华东地区交流，获区、市优秀论文一、二等奖，《面向全体学生，重视平时考查》论文在江苏教研《考试研究》刊物发表，《三年级除法教学的建议》在《江苏教育》发表。第一轮实验获京口区教改成果一等奖，并获省教委颁发证书。先后被评为省、市劳模、"全国优秀教师"。1990 年，被评为江苏省特级教师。1991 年，获"镇江市有突出贡献的中青年专家"，同年享受国务院特殊津贴奖励。江苏省第七届、镇江市第十届人大代表。

陈丽娟

陈丽娟（1943 ~ ），中共党员。1963 年镇江师范学校毕业，任红旗小学教师。从教以来，始终为人师表，注重言传身教，把心血贡献给教育事业。任班主任时，对学生晓之以理，动之以情，用慈母般的赤诚之心关爱孩子。擅长创造性地寓育于教，设计并组织少先队系列活动，获全国"创造杯"奖，勇于探索、改革低年级语文教学，开展《运用拼音的功能，提前进行读写训练的实验》，以阅读为主线、注重识字的教学模式，提前进行作文起步教学实验。先后 20 多次在市、区执教观摩课和示范课，有多篇经验和论文在《江苏教育》《小学教改和实验》等报刊发表。1995 年 9 月被评为"全国优秀教师"，11 月被评为中学高级教师，1996 年 9 月被评为江苏省小学语文特级教师。

薛翠娣

薛翠娣（1954.2 ~ ），本科学历，中学高级教师。曾任中山路小学校长、党支部书记。在中山路小学的 30 多年，潜心研究小学语文教学，力行"人文教育"，坚守道德课堂，公开教学 100 多节，被评为"全国优秀教师"、全市第一位"省小学语文特级教师""镇江市有突出贡献的中青年专家"，获茅以升家乡教育科技奖。担任行政领导后，力行"人文管理"，走"内涵发展道路"，继承传统并开拓创新，获镇江市首批名校长、镇江市"169"学术技术带头人、镇江市人民奖章、省劳模，市人大代表、省党代表。经批准延迟退休，任京口区教师培训中心主任，曾应邀到浙江、河北、青海、南京、苏州、连云港、溧阳等地区讲学，她指导的语文教师多人获国家、省、市级赛课一等奖，培养一批青年教师成为市、区学科带头人和骨干教师。

朱忠贵

朱忠贵（1957.7 ~ ），江苏扬中人。1978 年 6 月参加工作，1984 年 9 月入党。2000 年 6 月，南京大学研究生结业，现任中国食用菌协会理事、镇江市食用菌研究所所长、镇江市（京口）瑞京农业科技示范园高级农艺师。1982 年始进行食用菌研究生产。1983 年创建新坝食用菌研究所。1986 ~ 1987 年发明"菇、瓜、豆立体栽培技术"，1988 年 10 月通过市科委科技成果鉴定，20 多年来在全国 26 个省市推广。1989 年应邀参加国际食用菌学术交流会。1990 年，国家科委拨专款 20 万元，将该成果拍摄成《绿色荫棚》科教电影，在国内外公开发行。同年 3 月，作为江苏省唯一的先进个人代表，应邀去北京中南海参加"全国学雷锋先进代表座谈会"，受到中央领导接见，被誉为"农民雷锋"。市委、市政府开展"向朱忠贵学习"活动。1991 年，获省政府颁给江苏省科教进步奖，再次被国家科委和团中央联合授予"全国农村青年星火带头人标兵"。1992 年，编撰专著《菇瓜豆立体栽培新技术》由江苏科技出版社出版发行。1993 年应聘到京口区发展食用菌。1995 年，任区蔬菜研究所副所长。同年，利用镇江纸浆厂芦苇末进行育菇试验取得成功，被评为农艺师。1997 年 6 月，"苇末育菇"通过由著名微生物学家、南京农业大学校长樊庆笙教授主持的市级科技成果鉴定。其本人被市政府授予“镇江市有突出贡献中青年专家”，1998 年，任镇江市食用菌研究所所长。其生产基地为“南京国际食用菌科学大会”参观现场，接待来自 23 个国家和地区 250 多名世界食用菌专家。1999 年，被市政府授予“市劳动模范”称号。1999 ~ 2000 年，“苇末育菇”成果分别获镇江市科技进步二等奖、江苏省农业科技进步二等奖。朱忠贵被中国食用菌协会评为“全国优秀科技人才”。2001 年，当选为中国食用菌协会理事。2002 年 9 月，被江苏省人事厅破格晋升高级农艺师。2003 年、2006 年，作为市拔尖人才两次被市委、市政府授予“镇江市学科带头人”。2007 年，先后主持省、市农业科技 17 个项目，编制镇江市食用菌地方标准 5 项，申请专利 26 项，培养食用菌学科研究人员 4 名，在国内外报刊和学术会议上发表科技论文多篇。

张　林

张　林（1959 ~ ），本科学历。1977 年参加工作，2000 年被评为高级教师。先后任中山路小学、镇江师范学校附属小学、市中小学教师（校长）培训中心、京口区教研室、五条街小学教师等。在中山路小学任教期间，担任江苏省首轮“注音识字，提前读写”实验，学生四年毕业，95% 考试择优录取一中。任职镇江师范学校附属小学语文教研组长期间，获省教育厅功勋教育科研奖，连续两届全国语文教学法联会论文一等奖，被选为全国语文教学法理事会理事，3 次获江苏省师范学校赛课一等奖。为学员开讲座，上公开课，有 117 名学员被评市骨干教师，21 人评为市学科带头人。京口区教育局教研室主任任职期间，以有效教育为抓手，为教师搭建平台，开展“三我”（我的教育故事、我的教学故事、我的教育理想）活动，提升特色教育。五条街小学校长任职期间，致力公平教育，实施规范化午间管理，让贫困学生同享优质资源，不输在起跑线上，开展“求己民族文化节”获“全国民族团结进步奖”。30 年来，先后被评为市骨干教师、市学科带头人、“全国教育科研先进个人”等。2005 年被评为江苏省小学语文特级教师。

郭桂荣

郭桂荣（1959.6 ~ ），镇江人。中共党员。1979 年，高中毕业后为市二饮服公司大光明理发店学徒，不久，拜“东方理发博士”上海特级理发师张学明为师，曾为英国女王儿媳戴安娜美发美容。1985 年，参加江苏省首届美发美容大赛，获“鸟羽式”单项冠军，成为全市唯一特级理发师。1986 年，公派日本津市美容专科学校深造，以优异成绩结业后，谢绝日本高薪聘用，回国任区商业局理发培训班教师。连续 4 年被评为省劳动模范和“五一劳动奖章”。1989 年，获“全国‘三八’红旗手”。先后任新雅美发厅主任、省七届人大代表，市工会九届候补委员。

赵　斌

赵　斌（1963.10 ~ ），镇江人。中共党员。镇江市残疾人联合会副理事长。国家优秀残疾人运动员，在全国各类残疾人比赛中获金牌 28 块，在洲际比赛中获 11 金 2 银 1 铜，在“残奥会”和世界锦标赛获 3 金 3 银 1 铜。任市残联副理事长期间，全心全意为残疾人服务，就业、扶贫、基金发展、康复、信访等工作受省、市表扬。1984 年省政府记特等功 1 次。1985 年，被团中央评为“全国新长征突击手”。1991 年，人事部、民政部、总政及中国残疾人联合会评为“全国自强模范”。1992 年被评为“全国残疾人十佳运动员”“镇江市青年标兵”。1995 年，被评为“江苏省十大杰出青年”“新长征突击手标兵”。1999 年，省政府记一等功 1 次，团省委授予“新长征突击手标兵”。曾担任政协江苏省第九届、第十届委员。

李　烽

李　烽（1965.9 ~ ）。1984 年，毕业于丹阳师范，同年 7 月至中山路小学任教，先后担任教导处副主任、副校长、副书记。10 多年来，潜心研究小学语文教学，在“注音识字、提前读写”实验中成绩突出。1996 年 5 月，获茅以升家乡教育科技奖。1997 年 9 月，被评为“江苏省中小学优秀班主任”。2000 年 8 月被评为“江苏省师德标兵”。2001 年 9 月被评为“全国优秀教师”。2005 年，获得“江苏省小学语文特级教师”称号。先后多次被评为“镇江市‘169’学术技术带头人”“镇江市学科带头人”“镇江市新长征突击手”“优秀教育工作者”。2006 年 9 月，任京口区教研室主任、党支部书记。

第三章　人物表

人物表收录在京口区社会主义建设和改革开放中有突出贡献的部、省、市级劳动模范、先进工作者、优秀党员、勤政廉政好干部、优秀企业家、有突出贡献的中青年专家、获体育比赛国家级前3名或省级第1名的运动员。1983 ~ 2007年健在的京口籍或在京口区域内工作具有副高级以上职称的专业技术人员（资料未全）。此外，还有部分京口籍革命烈士。

1986 ~ 2007年京口区受国家表彰先进人物名表

表29−1

姓　名	性别	工作单位	荣誉称号	授予时间
田文静	女	谏壁镇政府	全国计生先进工作者	1986
周俊生	男	中山路小学	全国优秀教育工作者	1991
王金生	男	市第九中学	全国优秀教师	1991
蒋征明	男	区计经委	全国“三产”普查先进工作者	1994
王洪元	女	健康路街道	全国1%人口抽样调查先进工作者	1995
靳红霞	女	区文教局	全国巾帼英雄	1995
孙纪英	女	区政府	全国科教兴县（市）先进个人	1996
马复荣	女	京口农行	中国农业银行“女职工先进个人”、金融系统先进女职工	1996
贾东霞	女	四牌楼街道	全国1%人口普查先进个人	1996
刘　军	女	区统计局	第三次全国工业普查先进工作者	1996
王玉萍	女	区统计局	第三次全国工业普查先进工作者	1996
符永华	男	区人武部	全国征兵工作先进个人	1997
张和松	男	区统计局	第一次全国基本单位普查全国先进个人	1997
刘　军	女	区统计局	第一次全国基本单位普查全国先进个人	1997
周明人	女	南门小学	全国群众体育先进个人	1997
胡雪林	男	京口公安分局	全国优秀人民警察	1999
顾传先	男	四牌楼派出所	全国优秀人民警察	1999
陈　萍	女	地税京口分局	中国十大杰出税务工作者	2000.12
陈玉琴	女	区法院	全国优秀通讯员	2001.5、2002.7
王洪元	女	健康路街道	全国社区侨务工作先进个人	2002
郝丽娟	女	正东路街道京岘山社区居委会	全国模范人民调解员	2002.9

续表 29-1

姓　名	性别	工作单位	荣誉称号	授予时间
李　烽	女	中山路小学	全国优秀教育工作者	2002.9
朱　庆	男	史志档案办公室	中国年鉴研究会《京口年鉴（2004）》优秀主编	2004.12
徐　翔	男	区纪委	《权利》全国首届反腐倡廉、公益广告平面类作品铜奖	2005.5
王振轩	男	区纪委	全国首届反腐倡廉、公益广告平面类作品铜奖	2005.5
孔铁生	男	区总工会	全国工会系统“四五”普法先进个人	2005.12
徐甫大	男	区人口计生委	国家计生委“婚育新风进万家”先进个人	2005.12
许顺华	女	区计划生育指导站	国家计生委人口和计划生育科技工作先进个人	2006.6
张宝华	男	学府路派出所	全国优秀人民警察	2007.5
周赵妹	女	正东路街道	第二届全国绿色家庭	2007.6

1993 ~ 2007 年京口区受省级表彰先进人物名表

表 29-2

姓　名	性别	工作单位	荣誉称号	授予时间
蒋惠明	男	京口农行	省农业银行系统先进工作者	1993
汪进年	女	区纪委	省优秀纪检监察干部	1993
朱义顺	男	区司法局	省优秀律师	1993
沈　延	男	区人武部	省级先进工作者	1993
祝杏娣	女	区文教局	省“三八红旗手”	1993
盛　杰	男	区外经委	省新长征突击手	1993
徐生贵	男	区体委	省老年体育先进工作者	1993
蒋月华	女	区教研室	省研究系统先进工作者	1993
张瑞先	女	市实验小学	省优秀教育工作者	1993
凌延芳	女	象山乡	省乡镇企业职工教育先进工作者	1993
蒋惠明	男	京口农行	省农业银行先进工作者	1994
解志忠	男	京口农行	省农村金融学会工作者	1994
葛天峰	男	区志办	省地方志先进工作者	1994
许　进	男	区志办	省地方志先进工作者	1994
陈发宏	男	谏壁镇	省优秀人民调解员	1994
童茂祥	男	汝山乡	省防止民间纠纷激化先进工作者	1994
陈如红	女	区文教局	省教育统计先进工作者	1994
葛友生	男	大港法律事务所	省防止民间纠纷激化先进工作者	1994

续表 29-2

姓　名	性别	工作单位	荣誉称号	授予时间
李业考	男	大市口街道	省级“二五”普法先进二作者	1994
何永琳	男	区计生委	省级“二五”普法先进工作者	1994
陈美枝	女	区物价局	省物价系统先进工作者	1994
甘美琴	女	华联商厦	省“巾帼建功英雄”	1994
李　正	男	区个协	省个协先进工作者	1994
陈　鑫	男	区个协	省个协先进工作者	1994
沈兰英	女	区计经委	省审计先进工作者	1994
颜康喜	男	象山乡	省民政先进工作者	1994
刘昌兰	女	汝山乡	省“双学双比”能手	1994
朱文辉	男	区委党校	省级优秀学员	1995
虞向平	男	四牌楼街道	省防止民间纠纷激化先进工作者	1995
蒋　峰	男	丹徒镇渣泽村	省防止民间纠纷激化先进工作者	1995
梁正逢	男	区委宣传部	省精神文明活动先进工作者	1995
朱建禾	男	区外经委	省精神文明活动先进工作者	1995
季　冰	男	区委宣传部	省优秀宣传工作者	1995
许玉芬	女	谏壁镇政府	省优秀法律工作者	1995
钱焕寿	男	区人武部	省军区优秀教员	1995
印金泉	男	谏壁镇政府	省工会组织建设先进工作者	1995
陈　菊	女	金象集团	省模范档案工作者	1995
周宝玉	女	拖板桥小学	省优秀儿童少年工作者	1995
胡慧芳	女	丹徒镇政府	省首届巾帼扫盲工作者	1995
邱　萍	女	健康路街道办事处	省级全国1%人口抽样调查工作先进工作者	1995
王　瑛	女	健康路街道办事处	省级全国1%人口抽样调查工作先进工作者	1995
林丰敏	女	华联商厦股份有限公司	省统计法制先进工作者	1995
戴红照	男	区农委	省统计法制先进工作者	1995
景如生	男	区科协	省第八届科普宣传周先进个人	1996
苏平生	男	京口公安分局	省社会治安综合治理先进个人	1996
班同霞	女	京口公安分局	省优秀共产党员	1996
张国平	男	区农经局	省《家畜家禽防疫条例》先进个人	1996
王兆庆	男	象山乡政府	省农村科普工作先进个人	1996
顾海莉	女	区法院	省经济审判工作先进个人	1996

续表 29-2

姓　名	性别	工作单位	荣誉称号	授予时间
宜建美	女	四牌楼街道办事处	省 1%人口普查先进个人	1996
花小芹	女	四牌楼街道办事处	省 1%人口普查先进个人	1996
薛和英	女	汝山乡政府	省优秀妇女干部	1996
赵全华	女	区妇联	省维权先进个人	1996
张云仙	女	谏壁镇政府	省“双学双比”生产女能手 省“三八红旗手”	1996
祝杏娣	女	区教育局	省优秀幼教工作者	1996
石之瑛	女	贺家弄幼儿园	省优秀幼教工作者	1996
贾国祥	男	区政府	省先进工作者	1996
杨小根	女	市二饮服公司	省文明新风家庭	1997
陈履军	男	大市口派出所	省公安厅记二等功	1997
赵庆南	男	汝山乡政府	省关心下一代工作先进个人	1997
蒋君辉	女	健康路街道办事处	省关心下一代工作先进个人	1997
马复荣	女	京口农行	省先进女职工工作者	1996、1997
蒋惠明	男	京口农行	省先进工作者	1997
嵇　敏	女	区工业发展总公司	省清产核资先进个人	1997
刘　军	女	区统计局	省统计登记先进个人	1997
杨兆生	男	区民政局	省民政宣传先进个人	1996
王网保	男	区教育局	省优秀督学	1997
祝杏娣	女	区教育局	省优秀幼儿教育工作者	1997
殷小明	女	中山路幼儿园	省优秀幼儿教育工作者	1997
张小龙	男	第九中学	省教育先进个人	1997
毛海龙	男	市实验小学	省体育先进个人	1997
李　烽	女	中山路小学	省优秀班主任	1997
曹　飞	男	第九中学	省优秀班主任	1997
姚文华	女	市实验小学	省优秀班主任	1997
陆梅芳	女	老龄委办公室	省老龄工作先进个人	1998
卢宪琦	女	区贸易局	省基层党校优秀教员	1998
李业考	男	大市口街办	全省安置帮教工作先进个人	1999
马荣虎	男	区农经局	省“防五”工作先进个人	1999
秦永贵	男	区农经局	省“防五”工作先进个人	1999

续表 29-2

姓　名	性别	工作单位	荣誉称号	授予时间
许　品	男	区旅游经济开发区	省侨务工作先进个人	1999
张志坚	男	健康路派出所	省人民满意警察	1999
顾传先	男	四牌楼派出所	省人民满意警察	1999
陈修明	男	正东路派出所	省人民满意警察	1999
胡雪林	男	京口公安分局	省个人一等功	1999
李干荣	男	区人武部	省军区新闻报道先进个人	1999
李业考	男	大市口街道办事处	省“十佳”律师	1999
许华耕	男	区科技局	省先进工作者	1999
庄福寿	男	区纪委	省优秀纪检监察干部	1999
陈宝和	男	区政协（离休）	省离休干部先进个人	1999
张春林	男	区司法局	江苏省人民满意司法行政干警	2000.1
范晓昂	男	区人武部	省级“一对好主官”	2000
袁玉林	男	区人武部	省级“一对好主官”	2000
许建国	男	开发区东风村	省优秀人民调解员	2000.12
鄂秀萍	女	金聚德酒楼	江苏省先进民营企业家	2001.2
傅万程	男	区史志办	省党史先进工作者	2001.2
钟程发	男	区委统战部	江苏省优秀统战干部	2001.4
叶连根	男	区纪委	档案工作目标管理省级有突出贡献人员	2001.4
蔡盛明	男	区法院	省个人一等功	2001.5
袁爱红	女	区司法局	省法制宣传教育先进个人	2001.7
吕振亚	男	区委	省优秀预伍军官	2001.8
徐剑云	男	区卫生防疫站	省血地防工作先进个人	2001.9
倪晓普	男	区科技局	省宗教系统“三五”普法先进个人	2001.1
王卫星	女	区纪委	江苏省改造义务教育阶段薄弱学校工作先进个人	2001.12
郭　韵	女	区档案馆	省优秀论文奖	2001.12
戴林森	男	区档案馆	省论文三等奖	2001.12
王卫星	女	区纪委	江苏省德育工作先进个人	2001.12
张亚南	女	区委宣传部	省《群英谱》征编先进个人	2001.12
金学琴	女	市二糖公司	省先进个人	2001
郑海庆	男	国税三分局	江苏省人民满意税务员	2001
周祥华	男	丹徒镇政府	省人口普查先进个人	2001

续表 29-2

姓　名	性别	工作单位	荣誉称号	授予时间
方萍莹	女	丹徒镇政府	省人口普查先进个人	2001
袁玉林	男	区人武部	省级“优秀党务工作者”	2001
朱家巍	女	健康路街道办事处	省人口普查先进个人	2001.12
吴明宝	男	区督导室	省教育督导工作先进个人	2001.12
陈祖华	男	区审计局	省先进个人	2001
蔡盛明	男	区法院	省人民满意法官	2002.3
郝丽娟	女	正东路街道京岘山社区居委会	省优秀人民调解员	2002.5
欧阳莉	女	正东路街道办事处	江苏省优秀工会积极分子	2002.12
卢爱国	男	区法院	省宣传工作先进个人	2002.12
刘素兰	女	区法院	江苏省优秀工会积极分子	2002.12
叶　晶	女	区委办	江苏省 2002 年度信息工作先进个人	2003.2
殷建兵	男	区检察院	省《清风苑》发行先进个人	2003.7
戴有举	男	区检察院	省《清风苑》发行先进个人	2003.7
杨　琴	女	正东路街道办事处	省“三八红旗”手	2003.11
吴红云	女	区法院	江苏省档案系统优秀档案工作者	2004.2
仲亚励	女	区法院	省 2002 ~ 2003 年度民事审判工作先进个人	2004.3
刘红斌	女	区法院	省 2003 年度人民满意法官	2004.4
马云才	男	区法院	省 2003 年度创安先进个人	2004.4
陈跃生	男	谏壁镇政府	省农村劳务输出工作先进个人	2004.3
柳郁峰	男	公安刑警大队	省刑侦工作先进个人	2004.8
胡慧芳	女	丹徒镇计生办	省人口和计生系统先进个人	2004.11
陈　斌	男	谏壁中心小学（学生）	省首届“百星”小公民	2004.12
杨晓萍	女	区委统战部	省社区侨务工作先进个人	2005.4
赵志华	男	谏壁镇司法所	省防止民间纠纷激化工作先进个人二等奖	2005.5
满子琴	女	大市口街道办事处	江苏省社区民族工作先进个人	2005.6
赵海洋	男	健康路派出所	禁赌专项行动省先进个人	2005.8
黄克彬	男	公安京口分局	省信访系统先进工作者	2005.8
吴伟良	男	区就业中心	省社区保障平台建设先进个人	2005.11
丁浩北	男	公安京口分局	省“十运会”安全保卫工作嘉奖	2005.11
陈廷桥	男	治安大队	省“十运会”安全保卫工作嘉奖	2005.11
石卫成	男	健康路派出所	省“十运会”安全保卫工作嘉奖	2005.11

续表 29-2

姓　名	性别	工作单位	荣誉称号	授予时间
李　军	男	公安分局法制科	省二等功	2005.11
贾永平	男	区检察院	省优秀公诉人	2005.11
范小平	女	区委老干部局	省老干部工作先进个人	2005.12
张永生	男	区委统战部	省 2004 ~ 2005 年度先进工作者	2005.12
郑苏真	女	区审计局	省 2001 ~ 2004 年度先进个人	2006.1
王　军	男	区检察院	省个人二等功	2006.1
陈月云	女	正东路街道江科大社区	省预防青少年违法犯罪工作先进个人	2006.2
仲亚励	女	区法院	荣立省二等功	2006.4
蒋　松	男	区检察院	省检察机关先进工作者	2006.5
张艳春	女	区检察院	江苏检查业务专门人才	2006.5
陈　蓉	女	四牌楼街道江一社区	省第五届“十佳春蕾女童”	2006.5
夏　玮	女	大市口街道社区办公室	省优秀社会体育指导员	2006.6
徐　明	女	区法院	省法院行政审判工作先进个人	2006.6
邱金春	男	四牌楼街道阳光世纪社区	省绿色家庭	2006.8
陈廷桥	男	京口公安分局	省平安创建一等功	2006.9
严　锋	男	京口公安分局	省平安创建先进个人	2006.9
蒋锡宇	男	健康路派出所	省平安创建先进个人	2006.9
万小云	女	区计生办	省计生先进工作者	2006.9
方雅琴	女	区法院	省法院司法警察工作先进个人	2006.10
袁　越	女	区法院	江苏检查业务专业能手	2006.10
贾永平	男	区检察院	江苏检查业务专业能手	2006.10
焦小芸	女	区检察院	江苏检查业务专业能手	2006.10
蒋　松	男	区检察院	江苏检查业务专业能手	2006.10
许　辉	男	区检察院	江苏检查业务专业能手	2006.10
周文龙	男	区检察院	江苏检查业务专业能手	2006.10
靳　明	男	区检察院	江苏检查业务专业能手	2006.10
顾　强	男	区检察院	江苏检查业务专业能手	2006.10
张　羿	男	区检察院	江苏检查业务专业能手	2006.10
王晓宝	男	区法院	省集中清理执行积案先进个人	2006.11
柳建华	男	区检察院	省档案工作特二级突出贡献奖	2006.12
王胡兰	女	区检察院	省档案工作特二级突出贡献奖	2006.12
华　军	男	区法院	省法院系统刑事审判工作先进个人	2006.12
丁永忠	男	区民族宗教事务局	省优秀统战干部	2007.2
董　露	女	区检察院	省检察机关“严格规范执法、确保司法公正”先进个人	2007.2
杨　震	男	京口公安分局	省公安情报信息工作先进个人	2007.2
朱　键	男	京口公安分局治安大队	省公安机关大练兵活动三等功	2007.2

续表 29-2

姓名	性别	工作单位	荣誉称号	授予时间
张　波	男	区检察院	省优秀司法警察	2007.3
季云峰	男	区人事局	省优秀劳动保障监察员	2007.3
房林虹	女	区妇联	省先进工作者	2007.3
周　勇	男	京口公安分局经侦大队	省公安机关经侦工作先进个人	2007.4
吴爱华	女	健康路派出所	省追逃工作先进个人	2007.6
薛仲德	男	九里街派出所	省防范处理邪教工作先进工作者	2007.6
高　云	女	国土局京口分局	浙江国际传统武术比赛少林扇第二名	2007.8
李定松	男	正东路街道办	省城乡最低生活保障先进个人	2007.11
邵晓清	男	区委党校	省先进工作者	2007.11
仲智华	男	区委党校	省优秀教学三等奖	2007.11
杨晓萍	女	区侨办	省侨务工作先进个人	2007.12
金桂珍	女	谏壁小学	省劳模	1956.12
张慧芳	女	八叉巷小学	省劳模	1960.5
施金秀	女	八叉巷小学	省劳模	1960.5
陶家和	女	中山路小学	省劳模	1960.5
傅洪刚	男	丹徒鞋服厂	省劳模	1977.5
于翠华	女	镇江市建材厂	省劳模	1977.5
孙国忠	男	四牌楼街道办	省劳模	1977.5
刘同生	男	京口区广播电台	省劳模	1977.5
郭桂荣	女	镇江市第二饮食服务有限公司	省劳模	1988.4
孙茂芝	男	京口区象山镇政府	省劳模	1991.12
林　彬	女	中山路小学	省劳模	1991.12
徐伟辉	男	京口区实验小学	省劳模	1991.12
戴来生	男	镇江市谏壁小学	省劳模	1993.9
柯尊仁	男	象山乡果树研究所	省劳模	1996
朱梅华	女	京口区象山镇新生养鸡场	省劳模	1996.11
陈建鸣	女	上针工业（镇江）	省劳模	1996.11
蒋海林	男	国税三分局	省劳模	2001.4
陈　萍	女	地税京口分局	省劳模	2001.4
薛翠娣	女	中山路小学	省劳模	2001.5
蒋玉坤	男	谏壁镇	省劳模	2006.4

1983～2007年获省见义勇为奖人物名表

表29-3

姓　名	性　别	工作单位	荣誉称号	授予时间
李仁俊	男	丹徒县化肥厂	1995年省严打斗争有功群众	1995.8
练　国	男	江苏省船厂	1998年省见义勇为先进分子	1998.6
郭永祥	男	市煤炭石油公司	1998年“百日会战”省见义勇为先进个人	1998.12
陈阿申	男	华东机械责任公司	2000年省见义勇为先进分子	2000.5
徐家平	男	南京铁路局客运站	2002年省见义勇为先进分子	2002.5
刘连平	男	港务局龙门分公司	2004年省见义勇为先进分子	2004.9

2000～2004年京口区工业企业副高级以上职称人员名表

表29-4

姓　名	性　别	工作单位	专业职称	授予时间
王致国	男	镇江鼎胜铝业股份有限公司	高级工程师	—
邹立河	男	镇江鼎胜铝业股份有限公司	高级工程师	—
宋阳春	男	镇江鼎胜铝业股份有限公司	高级会计师	—
刘正东	男	江苏惠通集团有限责任公司	高级经济师	2000.11
宗永进	男	镇江鼎胜铝业股份有限公司	高级经济师、高级职业指导师	—
王新南	女	镇江中福马机械有限公司	教授	2000.8
何建伟	男	镇江鼎胜铝业股份有限公司	高级工程师	—
龙　涛	男	江苏惠通集团有限责任公司	高级工程师	2004.6
姜庭勇	男	江苏惠通集团有限责任公司	高级工程师	2004.8

1984～2007年京口区教育系统副高职称人员名表

表29-5

姓　名	性　别	工作单位	职称	授予时间
周立华	女	解放路小学	中学高级	1984
许伯衡	男	京口区教研室	中学高级	1987
张广模	男	丹徒中学	中学高级	1988

续表 29-5

姓　名	性别	工作单位	职称	授予时间
尤国华	女	京口区教研室	中学高级	1987
胡启良	男	第九中学	中学高级	1998
唐太根	男	区教育局	中学高级	2002
陈克武	男	红旗小学	中学高级	1989.4
田先智	男	丹徒中学	中学高级	1993
颜仁人	男	第九中学	中学高级	1993
李永祥	男	第九中学	中学高级	1988
张荣法	男	香江花城小学	中学高级	2000.1
赵静安	男	京口区实验小学	中学高级	1996
倪建荣	男	第九中学	中学高级	1992.12
王福生	男	汝山中学	中学高级	2000
卞菊华	女	汝山中学	中学高级	2000
薛家德	男	第九中学	中学高级	1988
屠润媛	女	第九中学	中学高级	1988
章华卿	女	汝山中学	中学高级	1998
刘监月	女	汝山中学	中学高级	2000
蒋本珠	女	镇江市实验小学	中学高级	1992.12
钱国宝	男	镇江市实验小学	中学高级	1993.12
沈庚星	男	第九中学	中学高级	1994
窦广道	男	如山中学	中学高级	1999
仲跻焕	男	第九中学	中学高级	1992.12
王珍淼	女	第九中学	中学高级	1992.12
柴企华	男	第九中学	中学高级	1994
周俊生	男	中山路小学	中学高级	1993.8
陶国荣	男	第十中学	中学高级	1991.9
吴家贵	男	丹徒中学	中学高级	1994
林　彬	女	中山路小学	中学高级	1991.8
顾　玲	女	第九中学	中学高级	1993
张　志	女	第九中学	中学高级	1994
季劲铮	女	第九中学	中学高级	1993
范　萌	女	第九中学	中学高级	1992
刘永年	女	镇江市实验小学	中学高级	1994.12
颜景颐	男	第九中学	中学高级	1998
尤秀云	女	第九中学	中学高级	1993
杨礼京	男	市汝山中学	中学高级	1997

续表 29-5

姓名	性别	工作单位	职称	授予时间
贾雪琴	女	第九中学	中学高级	1993
林万全	男	京口区教研室	中学高级	1990
陈丽娟	女	红旗小学	中学高级	1995.11
魏春荣	男	渣泽中学	中学高级	2001
王良霖	男	丹徒中学	中学高级	1994
丰成功	男	中山路小学	中学高级	1995.8
姚闻华	女	镇江市实验小学	中学高级	1998.9
张希霞	女	汝山中学	中学高级	1999
张瑞仙	女	镇江市实验小学	中学高级	1995.11
宦学义	男	中山路小学	中学高级	1996.8
王网保	男	汝山中学	中学高级	1998
刘宝康	男	汝山中学	中学高级	1994
陈兴林	男	汝山中学	中学高级	1992
何胜利	男	镇江市实验小学	中学高级	1997.7
刘佩锦	女	区教育局	中学高级	1987
田瑶璋	女	江滨实验小学	中学高级	2000.9
陈兴农	男	第九中学	中学高级	1993
徐宝荣	男	第十中学	中学高级	1997.7
李　梅	女	第九中学	中学高级	1994
魏熙原	男	京口区教研室	中学高级	1993
潘家菲	女	第九中学	中学高级	1999
黄毅兰	女	京口区教研室	中学高级	1997
姜际广	男	汝山中学	中学高级	1998
陈学然	男	第九中学	中学高级	2001
丁国梁	男	第十中学	中学高级	2000.1
凌贻勇	男	第九中学	中学高级	1995
许　萌	女	京口区教研室	中学高级	1992
杨蓉蓉	女	镇江市五条街小学	中学高级	1997.8
王　敏	女	第九中学	中学高级	1997
李先成	男	第九中学	中学高级	1996
高丽珠	女	京口区实验小学	二级演员	1989
朱其兰	女	第九中学	中学高级	1998
冯兆天	女	京口区教研室	中学高级	1996
薛翠娣	女	京口区教师培训中心	中学高级	1993.11
石永华	女	红旗小学	中学高级	2006.8
吴　芸	女	第九中学	中学高级	2000

续表 29-5

姓名	性别	工作单位	职称	授予时间
姜启罗	男	第十中学	中学高级	1998.9
王卓娅	女	中山路小学	中学高级	2007.8
黄　华	女	第九中学	中学高级	2001
殷小明	女	中山路中心幼儿园	中学高级	2001.9
陈锡频	男	镇江市实验小学	中学高级	2001.8
笪正明	男	京口区实验小学	中学高级	2005
张　林	女	镇江市实验小学	中学高级	2001.8
王晓祯	男	丹徒中学	中学高级	2005
赵金山	男	第十中学	中学高级	1999.7
戴正保	男	第九中学	中学高级	1999
韩圣瑞	男	第九中学	中学高级	1999
姜琴芳	女	第九中学	中学高级	2006
张兴龙	男	丹徒中学	中学高级	1998
陈文娟	女	汝山中学	中学高级	2001
吴国忠	男	丹徒中学	中学高级	2005
唐惠琴	女	汝山中学	中学高级	2000
阴定蕾	女	第九中学	中学高级	2001
陈秋香	女	第十中学	中学高级	2000.1
张白梅	女	八叉巷小学	中学高级	2007.9
朱中其	男	京口区教师培训中心	中学高级	1999.11
汪　梅	女	第九中学	中学高级	1999
刘爱华	女	江滨实验小学	中学高级	2006.9
蒋庆生	男	第九中学	中学高级	1995
姚洪明	男	第九中学	中学高级	2002
吴长顺	男	镇江索普实验学校	中学高级	2002.9
朱俊林	男	第九中学	中学高级	1999
杜　龙	男	第九中学	中学高级	2003
周建全	男	第九中学	中学高级	2006
王书琳	女	第九中学	中学高级	2002
毛海龙	男	恒顺实验小学	中学高级	2004.2
张　琦	女	解放路幼儿园	中学高级	2005.7
张正清	女	第九中学	中学高级	2007
李　烽	女	中山路小学	中学高级	2002.9
汤良敏	女	恒顺实验小学	中学高级	2006.2
杨　萍	女	丹徒中学	中学高级	2003
戴振梅	女	第九中学	中学高级	2004

续表 29-5

姓　名	性别	工作单位	职称	授予时间
施　勤	女	镇江市实验小学	中学高级	2006.8
谢杏娥	女	京口区教师培训中心	中学高级	2006.11
焦　敏	男	镇江索普实验学校	中学高级	2007.8
李正霞	女	京口区教研室	中学高级	2005
张雪芬	女	京口区教研室	中学高级	2003
倪小兵	男	第九中学	中学高级	2002
樊友燕	女	江滨幼儿园	中学高级	2005.7
朱秋东	女	丹徒中学	中学高级	2003
张林峰	男	第九中学	中学高级	2006
邬一文	男	镇江索普实验学校	中学高级	2004.8
仲建新	男	第十中学	中学高级	2003.9
管志文	女	第九中学	中学高级	2003
李素琴	女	镇江市实验小学	中学高级	2007
张晨辉	女	中山路小学	中学高级	2004.8
江春华	女	八叉巷小学	中学高级	2005.9
潘新华	女	八叉巷小学	中学高级	2007.9
徐正权	男	第九中学	中学高级	2004
吴洪玉	女	京口区实验小学	中学高级	2006
范雪晴	女	第九中学	中学高级	2005
华国红	女	第九中学	中学高级	2005
严志红	女	丹徒中学	中学高级	2004
赵红梅	女	镇江索普实验学校	中学高级	2005.7
刘正才	男	中山路小学	中学高级	2003.8
张中香	女	中山路小学	中学高级	2005.7
孙晓庆	男	江滨实验小学	中学高级	2007.9
陈进功	男	丹徒中学	中学高级	2005
徐兴国	男	第九中学	中学高级	2006
谢群花	女	第九中学	中学高级	2006
基素华	女	丹徒中学	中学高级	2007
江亚萍	女	八叉巷小学	中学高级	2005.9
徐建军	女	第九中学	中学高级	2005
谢曙春	男	镇江索普实验学校	中学高级	2006.8
罗春浣	女	第九中学	中学高级	2007
谢易明	男	第九中学	中学高级	2006

三、1983 ~ 2006 年卫生系统副高级以上职称人员名表

表 29-6

姓　名	性别	单位	职称	评定时间
王德标	男	京口区人民医院	副主任医师（临床医学）	2001.9
朱卫明	男	京口区人民医院	副主任医师（临床医学）	2002.1
赵云秋	女	四牌楼社区卫生服务中心	副主任医师（临床医学）	2003.1
仲　毅	男	京口区卫生监督所	副主任医师（公共卫生）	2003.9
李中东	男	京口区人民医院	副主任医师（中医师　）	2003.12
崔园春	女	京口区人民医院	副主任医师（内科医师）	2003.12
邓丽娟	女	京口区卫生监督所	主任医师　（公共卫生）	2004.9
崔　萍	女	京口区卫生监督所	副主任医师（公共卫生）	2004.9
杨建虎	男	谏壁镇医院	副主任医师（内科医师）	2005
袁安宝	男	谏壁镇医院	副主任医师（外科医师）	2006

京口籍著名体育运动员获全国（国际）比赛前三名、省级第一名人物名表

表 29-7

姓　名	性别	单位	奖项名称	获奖时间
范　瑛	女	国家乒乓球队	国家乒乓球俱乐部锦标赛女团冠军	2001 年
			亚洲杯锦标赛女单冠军	2003 年
			世界青年乒乓球锦标赛女团冠军、女双亚军、女单季军	2004 年
朱　峰	男	中国青少年羽毛球队	第 3 届全国城市运动会羽毛球赛男团冠军	1995 年 10 月
			世界青年羽毛球锦标赛男单冠军	1996 年
			全国第 8 届运动会羽毛球赛男团亚军	1997 年 10 月
			全国第 9 届运动会羽毛球赛男团冠军	2001 年 11 月
			全国第 10 届运动会羽毛球赛男团冠军	2005 年 10 月
张国凤	女	国家象棋队	亚洲象棋锦标赛女子组冠军	1995 年 5 月
			第 12 届亚洲象棋锦标赛冠军	2002 年 12 月
邬　娜	女	国家青少年乒乓球队	第 40 届东京乒乓球公开赛双打冠军	1992 年
			第 43 届世界乒乓球锦标赛女双第三名	1995 年
			亚洲青少年乒乓球锦标赛女子团体、单打冠军、双打亚军	1996 年
			第 44 届世界乒乓球锦标赛混合双打冠军、单打第三名	1997 年 4 月

续表 29-7

姓　名	性别	单位	奖项名称	获奖时间
秦志戬	男	国家乒乓球队	第三届世界杯乒乓球比赛男团冠军	1994 年
			第 45 届世乒赛混双第三名	1999 年 3 月
			第 46 届世乒赛混双冠军	2001 年 5 月

1980 ~ 2002 年驻区部队二等功以上英模名表

表 29-8

姓　名	单位	事迹	奖项	获奖时间
王　贵	镇江市武警支队	太华山区“白求恩”	二等功	1968 年
张树生	第 359 医院内二科	学雷锋积极分子	二等功	1980 年
温全仁	京口区人武部	舍己救人	二等功	1984 年
邵志才	步兵某边防部队	中越边境自卫反击战“孤胆英雄”	一等功	1985 年
仲瑞生	步兵某边防部队	中越边境自卫反击战英勇牺牲	一等功	1985 年
季福鼎	镇江军分区第 3 干休所	工作成绩突出	一等功 2 次	—
邬华彬	第 359 医院主任医师	科研工作成绩突出	二等功	1986 年
楼建忠	镇江市消防支队	扑灭火灾成绩突出	二等功	1986 年
王庆喜	83423 部队修理所	革新训练器材成绩显著	二等功	1987 年
林正书	65301 部队镇江干休所	军中“孔繁森”	一等功	1989 年
刘树林	镇江军分区第 3 干休所	工作成绩突出	二等功 2 次	1989 年
张继忠	镇江军分区第 3 干休所	工作成绩突出	二等功 2 次	1989 年
何德军	83423 部队 2 营 5 连	扎根连队尽义务	二等功	1989 年
杜　保	镇江军分区第 3 干休所	工作成绩突出	二等功	1989 年
张　明	83423 部队 2 营 5 连	基层干部先进个人	二等功	1989 年
汪　涛	83423 部队 2 营 6 连	抢救窒息在深井下的 5 名群众	二等功	1990 年
洪正东	83423 部队桥头农场	创造较高经济效益	二等功	1990 年
万志安	83423 部队 2 营	完成抗洪抢险任务出色	二等功	1991 年
肖元庭	83423 部队桥头农场	学雷锋标兵	二等功	1991 年
俞宝卫	83423 部队 2 营 5 连	抢救落入石灰池中的妇女	二等功	1994 年
庄信宽	镇江船艇学院 X1002 艇	基层建设优秀干部标兵	二等功	1995 年
王彦波	镇江船艇学校	见义勇为	二等功	1995 年

续表 29-9

姓　名	单位	事迹	奖项	获奖时间
戴　勇	镇江市武警支队 4 中队	参与破获特大诈骗案	二等功	1995 年
李胜典	镇江军分区第 3 干休所	工作成绩突出	二等功	1995 年
郑勇武	83423 部队 1 营 3 连	郭兴福式教练员	二等功	1996 年
陈国忠	镇江军分区第 1 干休所	全军先进老干部工作者	二等功	1996 年
王永惠	镇江市消防支队 1 中队	全省十佳基层建设优秀士官	二等功	1996 年
陈如平	镇江市消防支队 1 中队	连续 3 年被评为优秀士兵	二等功	1996 年
周新建	镇江市消防支队	连续 3 年被评为优秀士兵	二等功	1996 年
陈　二	镇江市消防支队	连续 3 年被评为优秀士兵	二等功	1996 年
綦化乐	船艇学院船机教研室	排除故障避免事故	二等功	1997 年
王　军	镇江市消防支队 3 中队	全省十佳优秀基层干部	二等功	1997 年
刘晓平	镇江军分区副科级职员	新闻报道成绩突出	二等功	1998 年
严海峰	83423 部队 1 营 3 连	光缆施工成绩突出	二等功	1998 年
余孟君	83423 部队 1 营	抗洪抢险成绩突出	二等功	1998 年
张为人	83423 部队	率领官兵抗洪抢险	二等功	1998 年
高圣明	83423 部队	抗洪抢险成绩突出	二等功	1998 年
滕仁健	83423 部队 2 营 4 连	光缆施工成绩突出	二等功	1998 年
魏红国	83423 部队 2 营 6 连	带病坚持抗洪抢险	二等功	1998 年
周克群	镇江船艇学校 X1016 艇	优秀基层主官	二等功	1998 年
李成志	镇江市武警支队	解救人质	二等功	1998 年
陈武斌	镇江市消防支队 3 中队	连续 3 年被评为先进中队	二等功	1998 年
胡　军	镇江船艇学院学员 6 队	优秀基层干部	二等功	2001 年
张　军	消防支队特勤中队	全国消防岗位练兵“十佳”标兵	二等功	2002 年

京口籍烈士部分补录名表

表 29-9

姓　名	性别	出生年月	籍贯	所在部队职务	牺牲时间、地点
胡森大	男	1892	谏壁镇	江阴通讯站	1942 年，常州北镇牺牲
朱肇坤	男	1899	谏壁朱家圩	新四军税管处管理员	1939 年 6 月，在扬中战斗牺牲
王恩福	男	1902	谏壁月湖	新四军	—

续表 29-9

姓名	性别	出生年月	籍贯	所在部队职务	牺牲时间、地点
蒋百寿	男	1903	谏壁黄丝湾	新四军战士	—
庄群保	男	1911	谏壁东街	华野16师战士	1946年，小河战斗中牺牲
刘宗德	男	1914	谏壁石墙头	山北县交通员	1945年7月，被捕牺牲
仲巧林	男	1916	谏壁仲家村	新四军副班长	1943年，在大港战斗牺牲
蒋传桢	男	1917	谏壁黄丝湾	新四军老二团二排排长	1940年，因战牺牲
瞿庭福	男	1917	谏壁孩溪	新四军战士	1945年，因战牺牲
蔡其林	男	1921	谏壁东街	华野62团战士	1948年11月，淮海战役牺牲
张孝义	男	1921	谏壁镇南街	新四军班长	1939年9月，黄桥战斗牺牲
张果子	男	1922	谏壁镇张家村	杨靖宇支队教导员	1946年，在四保临江战役中牺牲
王正兴	男	1922	丹徒上隍村	67军603团3连班长	1953年，朝鲜牺牲
陈生和	男	1923	谏壁雩北	新四军交通员	1945年，在石墙头被捕牺牲
李隆国	男	1923	谏壁雩山村	新四军副排长	1946年，泰兴战斗牺牲
徐祥顺	男	1925	谏壁东街	新四军五分区战士	1944年，常州小河牺牲
商松元	男	1926	丹徒兴隆村	志愿军37连战士	1953年6月，朝鲜牺牲
冷　天	男	1927.10	谏壁镇东街	志愿军605团实习员	1952年8月，朝鲜战斗牺牲
许成仁	男	1927	谏壁严家桥村	29军86师工兵连战士	1953年，在镇江康复医院病故
朱福金	男	1927	谏壁马湾村	新四军	1946年，邵伯战斗牺牲
陈立本	男	1927.2	丹徒镇潘宗村	铁道兵1师3团炊事员	1957年5月，在昆明因公牺牲
刘仕高	男	1930	谏壁镇东街	志愿军216团战士	1953年6月，朝鲜牺牲
仲家顺	男	1930.2	京口象山乡	志愿军214团班长	1953年6月，朝鲜战斗牺牲
杨永发	男	1934.12	京岘山乡	南京炮兵学校166部队工人	1976年，南京炮校牺牲
王连根	男	1935	丹徒孙家村	志愿军605团战士	1951年11月，朝鲜牺牲
仲林儿	男	1936	谏壁粮山村	炮兵372团指挥连战士	1958年6月，金门战斗牺牲
王恩伯	男	–	谏壁花园村	特种高射机枪管理员	1950年失踪，1981年追认烈士
戴富华	男	1959	谏壁马湾村	1978年入伍	1979年，中越边境自卫反击战牺牲
戴振平	男	1965	谏壁马湾村	1984年入伍	1985年，中越边境自卫反击战牺牲

附　录

一、重要文件选辑

1. 镇江市人民政府

关于对部分道路、新村命名、更名的通知

镇政发〔1991〕182 号

各县（市）、区人民政府，市各委办局，各直属单位、驻镇单位：

按照《江苏省地名管理规定》，根据城乡建设的发展和社会交往的需要，现决定对新产生以及变动延伸的部分道路、居民新村命名、更名（地名命名、更名表附后）。地名命名、更名后，公安户籍、新闻报道、邮电通讯、交通运输、城市规划、地图标注、广告标牌、以地名命名的工商企业名称以及有关书写、称呼等都一律使用经批准的地名名称。公安、城建部门要及时做好地名标志牌、门牌的设置更新工作。

特此通知，希遵照执行。

1991 年 9 月 3 日

地名命名、更名表（京口政区内）

序号	标准名称	概　况
1	滨河路	位于城区南部，沿古运河，北起中山东路中山桥口，南至解放路解放桥口，南北走向，长约1300米，宽 6 ~ 10 米，水泥路面
2	石马湾路	位于城区东部，桃花坞路东段南侧，北起桃花坞路，南至京口路，南北走向，长约 2000 米，宽 4 米，砂石路面。
3	小米山路	位于城区东部，桃花坞路东段，北起禹山路，南至京口路，南北走向，长约 2500 米，宽 10 米，砂石路面。
4	江滨新村	位于镇焦路中段北侧，因地处长江边，一直习称“江滨新村”，现正式命名江滨新村。
5	花山湾新村	位于城区东部，是七十年代以来陆续开发的居民区，现已建有居民住宅楼和配套设施近 400 幢。因地处花山湾，命名花山湾新村。并以花山路为界，南北划分 10 个小区，由公安部门按统一顺序编排楼幢号和门牌号。
6	桃花坞新村	位于城区东部，是七十年代以来陆续开发的居民区，现已建成居民住宅楼 200 多幢，因地处桃花坞，命名桃花坞新村。并以桃花坞路为界，南北划分 9 个小区，由公安部门按统一顺序编排楼幢号和门牌号。

关于京口、润州两行政区划调整的通知

镇政发〔1992〕226 号

京口、润州区人民政府：

根据省人民政府苏政复〔1992〕25 号“关于调整镇江市区及丹徒县行政区划”的批复，经研究决定，镇江市城区以运河为界，北起平政桥，南至周家河桥止进行区域调整。调整后的京口区辖正东路、健康路、大市口、四牌楼四个街道办事处和象山、汝山、丹徒、谏壁四个乡镇。润州区辖中华路、京畿路、和平路、宝塔路四个街道办事处和蒋乔、七里甸、官塘桥、渔业、韦岗五个乡镇。

原京口区正东路街道办事处的南门外大街、天桥路、矿机路、六普、运河新村、周家桥六个居委会和健康路街道办事处的南站、林隐路两个居委会调整给润州区，归宝塔路街道办事处管理。

有关长江江滩、场圃等的划分问题以有关会议纪要为准。

特此通知。

1992 年 10 月 28 日

镇江市人民政府关于部分调整京口区、润州区与丹徒县行政区划及有关具体问题的通知

镇政发〔1997〕205 号

京口区、润州区、丹徒县人民政府，大港经济开发区管委会，市有关部门：

根据省政府苏政复〔1997〕54 号《关于同意部分调整镇江市京口区、润州区与丹徒县行政区划的批复》，经市委、市政府研究，现就县区区划调整中的有关问题，通知如下：

1. 关于区划调整。润州区官塘桥乡的驸马庄、缪家甸村和蒋乔镇的诈输村以及马山村的大地巷村民小组划归丹徒县西麓乡，可作为今后丹徒新区建设发展规划用地。撤销丹徒县谏壁乡，与京口区谏壁镇合并，原谏壁乡的孩溪村、新竹村、甸上村划入大港开发区大港镇，由大港镇管辖。市化工开发区的规划控制范围仍然按镇江市人民政府“关于镇江经济开发区沿江化工区总体发展规划的批复”（镇政复〔1996〕14 号）执行。丹徒县丁岗镇的魏家墩、段家、巷岗、唐巷、厚角、部家等 6 个村和大路镇的勤廉、勤余 2 个村划归大港镇管辖。丹徒县三山乡的平山、秀山、大山等 3 个村划归润州区官塘乡管辖，丹徒县茶场划归润州区管辖。区划调整过程中的土地权属和地界确定问题，由国土、民政部门依法界定，完善相关手续。

2. 关于丹徒县谏壁乡地税分局及国税分局问题。谏壁乡划归京口区后原谏壁乡地税分局和国税分局仍由丹徒县地税局和国税局领导，继续负责丹徒县江心乡和原范围内县属企业的税收工作。

3. 关于区划调整后几个跨区域的乡（镇）办企业权属关系问题。区划调整后，丁岗镇和官塘桥乡的乡（镇）办企业，按照乡镇企业法的规定，其隶属关系不变，按原渠道上交规费、利润和税收。具体方案由市乡镇企业管理局协调解决。

4. 关于丹徒县谏壁中学和职业高中问题。这两个学校仍归丹徒县管理，1997 年度招生维持现状，1998 年招生由市教委负责牵头，对今后谏壁中学和市第 10 中学的招生与建设等有关问题一并协调解决。原谏壁中学九年制义务教育学区生源不变。

5. 关于丹徒县在谏壁乡的正大商场问题。1996 年 11 月谏壁供销社与正大实业公司分设后，正大实业公司由县供销社直接管理。该商场隶属正大实业公司，为丹徒县属企业，划归丹徒县，由丹徒县供销社负责管理，税收由原谏壁乡国税分所和地税分局征收，划归过程中正大实业公司与谏壁供销社的财产债权债务等问题由市供销社牵头，会同丹徒县和京口区供销社共同协商解决。

6. 关于水利方面的问题。原谏壁乡孩溪村、新竹村作为江心乡防汛取土的地点，大港镇要保证无偿提供防汛用土，并提供道路方便。其他因区划调整后，抗旱灌溉方面发生的变化，涉及县区之间的问题，由市水利局负责协调解决。乡镇内部的水系问题，由乡镇自行解决。今年年底前，先维持现状，按原协议或惯例执行。

7. 关于 6904 油库至江心乡码头长江南岸一段道路问题。在江心乡使用该道路和修建时，京口区谏壁镇应积极配合、给予方便。

8. 关于乡镇财政所、工商所、农技站等所（站）人员分流有关问题。谏壁乡划归谏壁镇，实行镇管村体制后，各种所（站）只设一个，原乡镇所（站）要进行合并和调整。谏壁乡各所（站）事业编制一并划给谏壁镇。谏壁乡机关行政编制以 1996 年底上报编制、人事部门的花名册为基数，四分之三划给

谏壁镇，四分之一划给大港镇。多余人员由京口区政府安排分流，具体工作由市人事局牵头，会同丹徒县、京口区和大港开发区组织人事部门协商解决。在区划调整结束之前，干部的调动和人事任免一律冻结。有关在职和离退休干部、职工的养老保险、退休金发放等具体问题，由市人事局、劳动局协调解决。

9. 关于粮食定购任务随区划转移问题。这次区划调整中，所有涉及乡、村的粮食定购任务随区划调整按原定购任务数转移。

10. 关于区划调整实施时间问题。这次区划调整统一自一九九七年九月一日正式实施。各地、各部门要根据市政府的原则意见，认真制定实施方案、搞好区划调整工作。以上通知，请认真贯彻执行。

1997 年 7 月 29 日

镇江市京口区人民政府关于扶持京口区经济发展的优惠政策

（1991 年 4 月 11 日）

根据市委、市政府扶持京口区发展经济的要求，为促进区外和区内企业间的横向经济联系，特制定本优惠政策：

一、区外企业凡以产品布点形式扶持我区区属企业或街道企业的，在利润分配上给予优惠，具体分成比例视具体项目和效益而定。分利支付形式可以灵活多样，包括以商品房和其他实物的形式支付。

二、区外单位凡为我区提供新产品信息的，在产品投产后一年内形成的利润中，给予一次性 2000 ~ 5000 元的奖励。转让成熟产品的，除按规定给予技术转让费外，再给予投产后新增效益的 5% ~ 10% 的一次性奖励。

三、欢迎区外单位的能人来我区承包企业。如原有人事隶属关系不变，我方可以双倍的工资收入数汇给承包人所在企业。区外单位工程技术人员在不影响本职工作的前提下，利用业余时间来我区企业帮助指导生产的，视产生效益的情况付给 200 元以下的月报酬，成绩突出者不受此限。

四、凡来我区企业工作，并能为企业（含商业流通）三年累计创利润 50 万元以上者，给予一套商品房的奖励。

五、区外单位扶持我区企业年产值 100 万元，利润 10 万元以上者，给予扶持单位有较大贡献者或扶持集团 5000 ~ 10000 元的奖励。

六、区外单位到我区投资新办集体企业的，除按第一条办法分成外，还可再获得第一年 8%，第二、三年 5% 的利润分成。

镇江市京口区人民政府关于简政放权，支持企业发展经济的意见

（1992 年 6 月 27 日）

根据区委工作会议精神，为进一步深化改革，加快发展经济，支持企业搞活生产经营，提高经济效益，现将有关简政放权，支持企业发展经济的具体意见通知如下：

1. 凡 5 万元以下（含 5 万元）的基本建设项目，由企业向各自主管部门提出申请，经主管部门审查批准，报计经委备案。

2. 添置、更新生产用车辆，由企业向各主管部门提出书面申请，经主管部门审查批准，报计经委备案。

3. 企业要求变更名称、地址、隶属关系、经营范围、经营方式，由企业向主管部门申请，主管部门审查合格，直接交工商部门办理变更手续，报计经委备案。

4. 街道直属企业下设分支机构或居委会新办小集体企业（网点），由直属企业或居委会提出申请，主管部门和街道审批后，可直接行文到工商部门办理登记开办手续，报计经委备案。

5. 凡投资 50 万元以下（含 50 万元）、资金由企业自筹的技改项目，直接由其主管部门批准立项。凡投资在 50 万元以下（含 50 万元），需向银行或其他金融、财税部门贷款的技改项目，由企业主管

部门召开项目论证会，计经委发放技改项目申请表，经主管部门批准和有关银行、财税部门盖章后，将主管部门审批的技改项目立项文件、可行性方案、技改进度月报表、竣工验收报告及时报计经委备案。

区委关于印发《镇江市京口区党政机关改革实施意见》的通知（节录）

镇京发〔2001〕86号

一、党委部门

1. 调整序列的机构

区机构编制委员会办公室列入区委工作机构序列，区人事劳动和社会保障局与其合署办公，不计机构个数。

区信访局改为党委部门管理机构，由区委办公室、区政府办公室共同管理。

2. 撤并和重新组建的机构

区委办公室机要室改为区委办公室的内设机构，机构规格副科级。

区精神文明建设指导委员会办公室并入区委宣传部，对外保留牌子。

区社会治安综合治理委员会办公室改为区委政法委员会合署办公。

区关心下一代工作委员会办公室并入区委老干部局，对外保留牌子。

不再保留“区国家保密局”牌子。

不再保留区委党史工作办公室、区地方志编纂委员会办公室、区档案局。重新组建区史志办公室（挂“区档案馆”牌子），由区委办公室、区政府办公室共同管理，以区委办公室管理为主。

3. 更名的机构

区级机关工作委员会更名为区委区级机关工作委员会，仍由区委组织部管理。

区委政策研究室更名为区委研究室。

4. 保留的机构

保留区委办公室（挂“区委保密委员会办公室”牌子）、区委组织部、区委宣传部、区委统一战线工作部（挂“区委台湾工作办公室”和“区政府侨务办公室”牌子）、区委政法委员会。

保留区委老干部局，仍由区委组织部管理。

保留区委党校（挂“区行政学校”牌子）

经过上述调整，党委部门设：

1. 区纪律检查委员会机关（区监察局与其合署办公）

2. 工作机构5个，即：区委办公室（挂“区委研究室”和“区委保密委员会办公室”牌子）、区委组织部、区委宣传部（挂“区精神文明建设指导委员会办公室”牌子）、区委统一战线工作部（挂“区委台湾工作办公室”和“区政府侨务办公室”牌子）、区委政法委员会（区社会治安综合治理委员会办公室与其合署办公）、区机构编制委员会办公室（列区委工作机构序列，区人事劳动和社会保障局与其合署办公，不计机构数）。

3. 部门管理机构3个，即：区委区级机关工作委员会、区委老干部局（挂“区关心下一代工作委员会办公室”牌子）、区信访局。

4. 参照国家公务员制度管理的直属事业机构2个，即：区委党校（挂“区行政学校”牌子）、区史志办公室（挂“区档案馆”牌子）。

上述机构中，区委工作机构、部门管理机构、直属事业机构均为正科级建制。

二、政府部门

1. 更名机构

区人事劳动局更名为区人事劳动和社会保障局（区机构编制委员会办公室列为区委工作机构序列，既是区委工作机构，又是政府工作机构，与其合署办公），列入政府工作部门。

区国土管理局更名为区国土资源局，列入政府工作部门。

区对外经济贸易局更名为区对外贸易经济合作局，列入政府工作部门。

2. 撤并和重新组建的机构

不再保留区计划与经济局、区经济体制改革委员会办公室、区经济协作办公室、区第三产业办公室。重新组建区发展计划与经济贸易局，挂“区个体私营经济发展局”牌子，列入政府工作部门。将区统计局并入，对外保留牌子。划入区贸易局的行政职能。划入劳动部门承担的安全生产管理、职业安全监督、矿山安全监察职能，组建区安全生产监督管理局，为区发展计划与经济贸易局直属行政机构，副科级建制。

区文化体育局并入区教育局，对外保留牌子。

区教育督导室更名为区政府教育督导室后，并入区教育局，对外保留牌子。

区政府法制局更名为区政府法制办公室后，并入区政府办公室，对外保留牌子。

3. 调整序列的机构

区贸易局更名为区商业贸易总公司，改为区政府直属事业单位，正科级建制。

4. 保留的机构

保留区财政局，列入政府工作部门。区国有资产管理局的牌子更名为区国有资产管理办公室，改为区财政局的直属机构，机构规格副科级。

保留区民政局，列入政府工作部门。区拥军优属、拥政爱民工作领导小组办公室和区老龄委员会办公室改为区民政局的内设机构或在局其他相关内设机构上挂牌。

保留区农业经济局（挂“区水利局”牌子），列入政府工作部门。不再保留“区委农村工作部”和“区农村集体资产管理办公室”牌子，职能予以保留。区防汛防旱指挥部办公室和区绿化委员会办公室改为区农业经济局的内设机构或在局其他相关内设机构上挂牌。

保留区计划生育局，列入政府工作部门。区卫生局与其合署办公。区爱国卫生运动委员会办公室改为其内设机构或在局其他相关内设机构上挂牌。

保留区政府办公室、区科学技术局、区建设局、区监察局（与区纪律检查委员会机关合署，不计机构个数）、区司法局、区审计局、区物价局、区交通局、区环境保护局、区教育局、区城市管理局，均列入政府工作部门。

经过上述调整，政府设工作部门 18 个，即：区政府办公室（挂“区政府法制办公室”牌子）、区发展计划与经济贸易局（挂“区统计局”和“区个体私营经济发展局”牌子）、区教育局（挂“区文化体育局”和“区政府教育督导室”牌子）、区科学技术局、区监察局（与区纪律检查委员会机关合署，不计机构个数）、区民政局、区司法局、区财政局、区人事劳动和社会保障局（区机构编制委员会办公室与其合署办公）、区国土资源局、区建设局、区城市管理局、区交通局、区农业经济局（挂“区水利局”牌子）、区对外贸易经济合作局、区计划生育局（区卫生局与其合署办公）、区审计局、区环境保护局、区物价局。

上述政府工作部门，均为正科级建制。

三、街道机关内部机构设置

街道机关内部设置 4 个综合办公室，即：党政办公室、经济管理办公室（挂“财政所”牌子）、城市管理办公室、社区管理办公室（挂“社会治安综合治理办公室”“计划生育办公室”牌子）。

四、乡镇机关内部机构设置

乡镇机关内部机构设置采取内部机构与工作职位相结合的方法，其中：

1. 必设内部机构：党政办公室、财政所、司法所。

2. 必设工作职位 15 个：组织委员、宣传委员、人武部长、经济助理、农业助理、司法助理、计划生育卫生助理、民政助理、科技文教助理、村镇建设助理、秘书、文书机要、财政总预决算、农税、出纳。

另外，各乡镇可以根据有关规定和实际工作需要，增设其他相应工作职位。

关于职位人员的配备，提倡一人多岗和满负荷工作，工作量不大的职位实行兼职。

（下略）

区委区政府关于加快提高城乡居民收入的意见（节录）

（镇京发〔2004〕1 号）

一、工作目标

1. 农民人均纯收入的增长目标

年度增长预期目标是：今年全区农民人均纯收入增幅 16% 以上，达到 5890 元左右；2005 年增幅 18%，达到 6950 元左右；2006 年增幅 18%，达到 8200 元左右。结构收入预期目标是：今后 3 年内人均净增收总量应达到 3190 元，年均达到 1063 元。其中，家庭经营性收入增加 900 元，占增量的 28.2%，年人均增加 300 元；工资性收入增加 1800 元，占增量 56.5%，年人均增加 600 元；资产性、转移性收入增加 330 元，占增量的 10.3%，年人均增加 110 元；政策性收入增加 160 元，占增量的 5.0%，年人均增加 53 元。

2. 城镇居民人均可支配收入的增长目标

年度增长预期目标是：今后 4 年全区城镇居民人均可支配收入年均增长 14% 左右，2004 年达到 11000 元左右，2005 年达到 12500 元左右，2006 年达到 14300 元左右，2007 年达到 16200 元。

结构收入预期目标是：今后 4 年内人均收入净增加总量应达到 6600 元，年均达到 1650 元左右。其中，人均工薪收入增加 4130 元，占增量的 62.6%，年人均增加 1032 元；人均经营性净收入增加 200 元，占增量的 3%，年人均增加 31 元；人均财产性收入增加 125 元，占增量的 1.9%，年人均增加 31 元；人均转移性收入增加 2145 元，占增量的 32.5%，年人均增加 536 元。

二、主要措施

1. 积极经营创业氛围。切实把发展民营经济作为富民的重要工作，鼓励全民创业。

2. 打造创业平台。健全和完善创业指导中介服务体系，为创业提供服务。积极落实各项扶持创业优惠政策，进一步减免税赋负担，降低办证费用。

3. 深入开展就业再就业工作。实行积极的就业政策，广辟就业门路。

4. 加快农村劳动力转移。建立城乡统一劳动力市场，形成城乡劳动者平等就业制度，拓宽就业渠道。

5. 加快农业结构调整，促进农民增收。推进农业产业化经营，提高农产品市场竞争力，全面实施农产品质量标准，做优农业品牌。

6. 切实减轻农民负担。减轻农民税费负担，减轻农民生产负担，加快精简村组机构，降低基层组织运转成本。

7. 加快农业基础设施建设，提高农业保障能力。排出农田水利设施建设计划，增加水利投入，提高农业抗涝防旱能力。

8. 加快发展工业，增加就业岗位。推进农村工业化进程，大力发展产业集群，吸纳农民就业。

9. 大力拓展三产领域，创造就业机会。加快发展商贸业、发展现代物流业，发展便民惠民服务业，为群众提供更多的就业岗位。

10. 建立企业和机关事业单位职工工资增长机制。严格执行最低工资保障制度，稳步提高机关事业单位职工收入。

11. 提高城乡居民社会保障水平。把社会保障制度扩展到所有城镇从业人员，健全农村社会保障机制。

12. 完善农村新型合作医疗保险制度。发展农村社会医疗保险，逐步与城镇职工医疗保险接轨，提高农村居民医疗保障水平。

13. 大力提高城乡居民低保水平。健全城市居民最低生活保障制度，巩固和完善农村最低生活保制度，逐步做到应保尽保。

14. 大力帮扶城乡弱势群体。改善农村生产生活环境，建立结对帮扶机制，加大对残疾人事业的投入。

15. 加强组织领导，形成工作合力。区、乡镇、街道成立由党政主要领导挂帅的城乡居民增收工作领导小组，统揽富民工作开展，将增收指标纳入各单位年度目标责任状考核体系。

2004 年 2 月 4 日

区委、区政府关于部分社区行政隶属关系调整的意见（节录）

镇京发〔2007〕38 号

为进一步理顺我区社区行政隶属关系，根据建设和谐社区的总体要求，结合我区实际，现就我区部分社区行政隶属关系调整工作提出如下意见：

一、工作原则

总的原则是“注重地域、考虑规模、便于管理、整合资源、促进发展”，具体原则为：

1. 按照以路为界、以块为主的原则，有效整合辖区资源，适度平衡街道规模，有利于社区建设和服务。

2. 按照责、权、利统一的原则，对照城市管理工作要求，适度调整区域管理范围，最大限度消除交叉重叠、点状分布及城中村现象，有利于增强城市管理功能。

3. 按照整合各类资源、促进区域发展的原则，尊重历史，兼顾实际，克服困难，有利于提高各街道的综合竞争力。

二、方案内容

1. 关于跨街镇社区的调整

四牌楼街道：高桥北社区、医学院社区（东吴路以南片区）划入大市口街道。

大市口街道：大学山社区、花山南社区、田家门社区、划入健康路街道。

正东路街道：江苏大学社区、林机社区委托象山镇代管。

象山镇：香江花城社区、江东社区委托四牌楼街道代管；米山人家社区、古城社区委托大市口街道代管；京口路社区委托正东路街道代管。

四牌楼街道九里社区东吴路东侧部分片区委托给象山镇代管。

此次社区行政隶属关系调整，涉农社区为整建制调整。即象山镇委托给相关街道代管的江东社区、古城社区、京口路社区为包括管辖区域、社区干部、居民及资产等在内的整建制代管。

2. 关于区域管理范围的明确

四牌楼街道：辖区范围为北临长江，古运河以东，大西路、东吴路以北地区。

大市口街道：辖区范围为大西路、东吴路以南，古运河以东，中山东路、花山路以北，原焦化集团铁路线以西地区。

健康路街道：辖区范围为中山东路、花山路以南，古运河以东，正东路、京口路以北，原焦化集团铁路线以西地区。

正东路街道：辖区范围为解放路以东，正东路、京口路以南，古运河以北，戴家湾、教顶山以西地区。

3. 关于街道内部社区的整合

按照社区管理程序，街道内社区整合，由街道办事处提出具体整合方案，报区政府批准决定。

（下略）

2007 年 7 月 6 日

二、近代英、日侵略军在京口暴行录节选

1. 清道光二十二年（1842 年）英国侵略军在镇暴行录

（1）京口偾城录（节录）〔（清）法芝瑞〕

……

城已破，予进退无策。忽见旗人数百，多老弱妇女，蓬头垢面号叫而来。予骇甚，知城破必矣。急从旗人行，时汉民亦来数百集城口。城门为黄土堵塞，猝不得启。旗弁开城旁栅栏，属其党奔避。汉民随入，旗弁遽命以火器利刃向之曰："汝民安得由此？"予急与众奔回。予自早至此未食，不能成步，忽遇旧木工芮某，见予喑曰："夷已入，东门开，公速从某去。"因掖予行，由古通巷出至河下，则败兵溃将蜂拥蹴蹈，或以刀斫居民门思入避，犹狂呼曰："不开当孥戮！"俄见火箭蔽空。予急与芮渡河，适过舆夫鲍某门，见予喑曰："此何时，公犹在街乎！"延予与芮入，以茶饮之，不啻玉液琼浆也。予顾芮曰："在此非计，须去。"芮曰："某无归矣。"予曰："送我至家，我舍，汝遂行。"火箭如飞星，或落地作花爆响，予以蕉扇蒙首，复过范公桥。见夷人列队至，急趋过。夷初入城，见人辄击，桥口无一人。予与芮皆得免，幸也。酿跄至家，闻火枪环击，声飚骇雹掣，以为破营也。后乃知青州兵在小校场犹与对放数十枪，互有伤损，兵无以继，始逃散。初奉调青州兵四百助防京口，青兵素强悍，易为骚扰，民畏甚，住数月渐习转安和，性直可以情理服。其始骄张，其后与旗营主客不和，皆治兵者无律故也。使以守北固，夷必不敢骤临城，即破城后，以之设伏巷中，或可救败于万一。不然亦不徒死，乃听其自奋，帅不与知，尚可自谓能守与。枪声定，城上夷掌号奏乐，时约未刻。自放炮攻城，败城外兵，破城，破旗营，至此仅二时耳。予视芮曰："若之何？"芮曰："今日城破，门必开，适闻北门无兵，不如走。"予念昔人攻城既破，常于次日屠杀，惧惶既切，不暇再思。予居在僻巷，先从大门外窥见逃兵衣帽戈刃参错满地，不敢启，乃从后园门出。未十步将转，忽闻邻某从门隙低呼曰："夷鬼杀人，不可前。"予茫然直视，则二十步外一人从马上倒下，溅血飞空俯首，则十步内赫然数死人卧血泊。骇极窜回，复入后园门，方掩，枪声随踵而至，危甚矣！芮某亦逾短垣入邻家，不能相顾。予喘息未定，忽忆园门掩而未塞，急趋塞之，甫讫，即有以刀斫门者，数斫而止。门外唯闻鬼语嗝哳，间杂马嘶声。少顷，又闻群喊救命声，又闻妇人啼声。予意此必戕贼良民，奸淫妇女，非节制之师，事不可知。迨晚声寂，而是晚月色皎洁，照园中如烂银。城上夷乐大作，其声哀怨繁促，听之凄感。予虽未受一命荣，然祖宗沐浴膏泽已二百年，此桑梓地先世坟墓所在，一旦忽沦于夷，予岂能为夷民乎！悠悠苍天，此何人哉！不觉泣下沾襟，愤恻终夜。……

十五日寅刻至门外探听，见邻人三五相聚低语，或曰昨夷至陈宅以火枪毙某某，或曰至某所大淫掠，或曰至某家索贿，扶之以刃背，倒不能起。闻南门开，曷去乎！有先走者，予从之。方至大街，值逃犯十百，皆发长数寸，奇形怪状，镣纽未脱者十五六。予强杂其中，将至城，有惊者曰："城上放箭。"众亟还。未数步，又有人惊曰："城上招呼。"回视垛口皆红白夷以手作招徕状。天色朦胧，垛上如夜叉舔睒。同行者如怪狼嗥搏，为之寒噤不已。邻不敢顾，仍入巷，予亦从之，抵家方黎明。忽仆妇之兄至，曰："五更夷开北门放难民，曷速去！"时婢病唁，不能起，含泪付寓我室者。因语某某曰："此刻出城生死未卜，然终以行为是，愿者同走。"予前往宁，曾邀从兄景华俱去，兄必不可，斯时忽奋然曰："吾与汝俱。"即披短衣出。遂从兄携仆复至大街，见民居华整者率破坏，门或倾，或半启，人影阒如。高明之家鬼瞰其室，凄凄欲哭矣！东过范公桥，桥上下三尸僵卧。下桥左行，尸愈多，河中浮尸亦累累。一门石上遗书十数册，旁有鲜血涴石，淋漓几遍，然无尸。渐近北门，始遇男女数百人从各巷出。将近府学，遥见夷人数十自学中来，众惊，急右入七星街。未数步两旁卧尸连接，皆以败席复之，上微露首，披发散乱；下露足，弓鞋宛然。或低语曰："此奸死与奸不遂死者。"予不忍视，促行至城。又讹言城上放箭，从兄欲少伫。予曰："至此不能已，死生听命耳。"先趋入月城，则城上下夷鬼林立，红黑参错，夹道亦然，皆横刃努目，全似地狱矣。当路有三白夷，面死白色如坏墙，然长过予三之一，作娇嬉态。一妇过其前，夷突捉向城旁屋掷去，屋内有夷接入。屋扉半闭，必掠屯妇女处也。一妇年四十余，从旁行，夷俯视，遽挟提胁下，妇首及其肩足及其腰犹强作挣挫，然羊为虎获，岂能幸脱？其形宛如人执鸡欲割时。嗟嗟！杀生之戒，岂无谓哉！人丛中忽有号呼阿母者，哀怆之音，肝摧肠裂，则此妇之女也。……予时郁气填涌，恨不能手刃夷贼，畏心转泯，从容由两夷间出。门开仅尺余，拥不得前……至此不能已，死生听命耳。久之始出。……时月城某典夷已掠其银尽，又呼市中亡命恣取其余。近城不良之徒亦闻风蚁至。此吾地复抢之始也。

……

八月初，和议定。予在外思家，买舟归。十一日至镇，满目苍凉，行人稀少。……西城本极繁富，忽荒若原野，唯矮红墙数百堵矗立，瓦砾满地不可行。月城内尤甚，东北稍完，南则城楼犹在。然人家未焚屋内，悉堆破纸尺余，门阑窗槅十九无存。

……

扬州盐旗包张邹等，倡开收尸赈饥局于地西南，以善念化冤毒之气，可谓仁矣！予一日偶坐南局，见来报二女尸在庙巷荒地丛草间，一无右股，一头面俱损。察其衣川周致，必少年妇女。然无从考其姓氏、居址矣。所收尸有唯剩髑髅不辨男女者，或以三、四具合为一棺。……凡避本地乡间者，中秋后即相续入城，皆枯槁无人状，且无家不病痁，一家中十不啻九，年高者多死，南城每日出数十棺。设局至十月收尸两千余，其能自收与不知所在者，计必及万。哀哉，民乎！

（2）出围城记（节录）清·杨羡门

十四日巳刻，群夷登岸，鸟枪一发，参赞提督兵即退。知群夷攻北城放炮，陆（坠）府学署后，雉堞轰塌。适城隅有绳梯一，是驻防旗兵縋人出城，借索重赀者，竟忘撤去。驻防兵闻炮即逃，弃刀枪、戎衣盈路。夷鬼乘虚攀援而上。开北门，群夷拥入，上四城楼，青州兵与之力战，夷鬼被杀伤数百人。青州兵亦死二百多，实皆敢死士。惜乎城失势弱，后援无人，犹惜不令守炮台，无由放炮击夷船，听其深入。……夷鬼沓来，不移时，妇女尸满道上，无不散发赤体。未死者多被拥抱而去，生死离散，目不忍睹。……民间寇至捐躯者：何氏一门三人。已故生员旌孝子谨铭妻节妇鲁氏、生员西铭妻张氏、谨铭子源豫妻鲁氏，同时樋户投环而死。童生何恩沐妻钱氏投井死。生员张曾得妻万氏、子元叔妻万氏，并一子一女共投井死。生员许光达妻茅氏，路遇夷鬼，避入市廛中缢死。故生员笪渊妻郭氏，与其戚李栋妻笪氏、栋三人，又冯锡铭妻董氏、锡恭妻张氏，同坠楼不死，复同缢死。监生袁信立妻节妇李氏，吞针不死，刺心死。举人徐元佐妻马氏，年七十多，缢死。李祥甲妻邹氏、子勋奎妻吴氏、联润妻吴氏，先溺死幼男女四人，后同缢死。刘静先妻李氏并子女又式之女、善之女、刘克瑞女、盛岐山女，俱投井死。郭圭妻乔氏，圭死未葬，夷鬼入室裂棺见尸，子亦被掳，氏投河死。柳应增妻戴氏、应元妻张氏、袁量妻张氏同一子，与李苓生妻钱氏、戴熙和妻袁氏、虞凤岐妻何氏、朱霭如妻赵氏、李春亭妻黄氏、张增妻华氏、法意妻柳氏、童鉴铨妻陈氏、邹士全妻谢氏同二女、张树之妻节妇黄氏、程如川妻李氏，并投井死。张金銮妻茅氏同女、李映奎妻张氏、马步洲妻花氏、张翰魁妻高氏、胡厚斋妻张氏、杨鉴妻张氏并投河死。茅清泉妻张氏、史彭龄妻沈氏并携女投江死。胡鎔妻李氏，投二女于井，与胡銈妻袁氏同缢死。耿拱辰妻陈氏、包立德妻王氏、吴墉妻张氏、何钟妻童氏、何廷干妻节妇梅氏、程廷矩三女、徐允元女并缢死。又有卜卦巷程氏童子，夷鬼至其家，其母匿之床后，夷鬼将犯其母，呼号而出，中火枪死。……群夷入旗营烧官署、马房数十处。伪陆路提督郭居府署，分遣黑白夷鬼守四门。府学亦住夷鬼，栗主多遭弃毁。……夷鬼劫掠，无市不空，无家不破。……

二十二日，伪提督往江宁。所留夷众，日捉数千人拉甘露寺铁塔，疑其中有宝也，历久不动乃止。……

富商倡义殓遗尸，设局城南大觉寺。通计井内及空宅中约二千多骸骨，混淆且多，零落不全。沉池泮者巨鱼攒食，状尤惨。

2. 民国26年（1937年）日本侵略军在镇暴行录

焦山沦陷记〔德峻和尚〕

民国廿六年农历十一月初六日，丹阳失守，日本侵略军先锋部队，攻入镇江南门。是晚，我守军拒敌于象山村，焦山守军亦同时发炮助威，隆隆炮声，彻夜未绝，卒以敌众我寡，不得已退守焦山。

其时，焦山要塞司令林显扬，见势危急，于事前召集全山僧侣，协助守军，担任运弹工作；一面则严命部下加紧防范，准备抗拒，比敌薄焦山，遂展开壮烈之抵抗战。无如焦山地处江心，坚守为难，盖以后方联络，易遭切断故也。是以守军经一度激烈抵抗后，复向江北都天庙退却。未几，接得省府主席顾祝同死守焦山令，乃复运弹至山顶，并加派重兵，以资固守，此七日夜间事也。

八日早，我军对江南敌阵连发百余炮，时象山炮台已为敌占领，与我军隔江互轰，各有死伤。午刻，敌突然开始猛攻，自午至晚，连续向我发二百余炮，并加派飞机轰炸，本山海西庵首中燃烧弹起火。因敌方炮火猛烈，无法抢救，故鹤寿堂、枕江阁、三层楼、伊楼、米仓等，相继毁于炮火。寺内僧俗数十人，被迫避入旧炮洞内，而山上少数流氓则乘机至各庵掳掠，一时秩序紊乱。

九日早二时，我后方派敢死队四十名来山，拟继续死守三日。是日午前，敌猛攻如昨，我军自得后援，士气大旺，亦立予还击。午后，突有满装敌军之汽艇十数艘，疾驶来山，将欲登岸。我军以机枪向之扫射，敌不支而溃。

十日早八时起，敌重施故技，以钢炮、飞机向我夹攻。我军以后援不继，死伤过半，火力渐陷薄弱，至午后一时，敌卒于山前登陆，焦山乃沦入敌手矣。

敌既登山，初分两路进兵，一路往山顶，一路至华严阁。时僧俗人等均避于阁房之防空洞内，由寮元师呼之出，咸跪于洞口。敌军官见而厉声叱令散去，初不知其系何用意。移时，彼忽又传令，命本山所有僧俗人等，齐集于延寿堂之丹墀下，使僧俗分跪两边，而以机枪对准俗人之背，一若死囚之待决然，情势危急，间不容发。此时敌军官则凝视各人面目，颇疑其中有我残兵伪装，似急欲有所区分。群众惊惧间，而山上敌军适于此时高声唤呼，山下一部分敌军遂应之去，令玉峰庵夥友宝慈为之引路。宝慈至山后图遁，敌军即枪杀之。此为敌军登山后首遭屠杀者。

顾斯时山寺负责人唯余与退居、智光二人守山。余自度亦无生理，恐惧之心反不若初时之强烈。俟僧俗人等跪一时余，余即命知客师真然向敌军官笔谈，告以此等僧俗，均为良民，今已三日未食，且多染病，不胜久跪。彼似会意，即令起，惟不准散去。紧张之空气，至此稍解。

尔后，敌军向山中搜索我守军，得七八人，立被捆缚，带至天王殿前，或遭枪杀，或遭火焚，惨无人道，令人发指！据当日目击者言：其被火焚者，先遍身浇以油质，既着火，立成火团，不见人影，惟号叫之声，则遥远可闻。在旁敌军，意态自若，引以为笑乐。片刻惨声频绝，敌即以刺刀挑之投入江中。天乎！其残暴有如此也！此外，山顶敌军，从后山下，经营房路，于炮洞内又获我守军三人，及本山夥友四人，亦一并被擒杀。另有本山老圃花二，则被刺受重伤。以上为焦山沦陷之际，惨遭敌军毒手，牺牲之有数可稽者，至被射死于江中者，尚未能统计。

是晚，敌留三十余人于山，分住于碧山庵、救生局等处。山上各庵所藏字画被取一空，并强迫供应棉被等日用物品，而山中所有住家女人，则多遭强奸，几无幸免，其稍具姿色者，且轮流奸之，不避耳目，似不知天地间何谓羞耻也。其后，敌军竟任意搜索，翻箱倒箧，予取予求。搜至方丈室石肯堂楼上，检得林显扬司令寄存之衣箱中，有蒋介石像片及林本人夫妇合影，并军官佩带之镀金六角铜花两合，大怒，责问何来此物。真然告以本山炮台官长住此，此物乃彼个人私藏，我等实不知情。敌军官闻言，始稍稍息怒。嗣因发现此物，敌即在法堂放火，由是方丈楼、石肯堂、库房等处均付之一炬。而碧山庵敌军，夜间以天寒烤火，至天明竟纵火而焚之，由是松寥阁、水晶庵等处亦遭焚如。迨乱事稍定，焦山敌军守备司令金井德重，出布告不准危害良民，秩序始渐趋安定。

方敌军登山之前也，我守军本尚余二十余名，其中十七名见大势已去，即于事先隐匿于定慧寺中，由本寺给以僧侣或工人衣服，改装得免。数日后，乘敌不备，先后以庙门、浴盆等浮江离山。当时有周副官者，浙江黄岩人，亦以乔装为学佛居士，得免于难。彼后与我同住，至翌年春始离去。

嗟呼！敌之残暴，罄竹难书。余年届古稀，丁此浩劫，虎口余生，悲不自胜！回忆当日情景，历历在目，偶一涉思，犹有余悸！因走笔书之，以留劫痕之前因后果也。（于1946年写）

三、古今碑文选

奉宪勒石永禁碑

编按：位于京口中山东路160号的镇江“一正斋”唐家膏药店旧址创立于清康熙初年（1662），秘制“一正膏”，治病救人，疗效卓著。其时有人图利假冒，有损“一正斋”信誉。自康熙至同治二百年间，历唐氏七代传人艰难诉讼，维权均获胜诉。但由于纸质禁令告示，日久风雨损坏，加之兵燹动乱，假膏药趁机重现，且屡禁不止。为永久禁假，于同治八年（1869年），奉督、抚、臬、道、府、县六级官衔领批，特勒石永禁。此碑仍存旧店堂东侧，高2米，宽0.8米，花岗岩石质，为“中华禁假第一碑”，已获江苏省非物质文化遗产名录和镇江市首批文物保护单位。碑文如下：

钦加同知衔署江苏镇江府丹徒县正堂加七级纪录十次汪为查勒石永禁事，查接管卷内，据举人唐沐禀称，切举家一正斋老膏药店，系七世祖唐守义于康熙初年创立，利人济世，宇内驰名。蒙河宪陈赐题“橘井流香”匾额，二百年来，并无分铺，因有利徒假冒诳客误病，节奉督、抚、臬、道、府、县各宪，先后批示永禁在案。兹蒙道宪蔡详明，抚宪丁准于一正斋老店门首，建立旗杆匾额，藉壮观瞻给，示勒石永禁，札饬宪辕立案等因。举查乾隆二十四年，茅兆昇、张秉仪、林度千一止、一征混淆，伯高祖副榜唐云龙呈，蒙前宪马改名太和给示晓谕。乾隆二十八年，殷隆先、唐务滋、李永盛私制假膏，曾祖监生唐炳蔚等呈，蒙前宪贵给示谕禁。道光三年，堂伯另开一正斋，抚、臬二宪暨府宪窦断令收歇，改名知退。道光二十七年，文生杨临泰、武举许承晋均冒一正，生父监生唐宝峰等呈，蒙府宪沈吊牌取遵，改名亦振、一源详明。督、道二宪，给示永禁，历历在案，何又吁求。惟各前宪印示，均因年久风雨损坏，恐有藐法之徒，矙经兵燹，从此玩生仍前，冒混藉端诈扰，缘奉道宪札饬立案永禁，陈求照案给示，勒石永禁假冒，而杜滋扰，以垂久远等情。据经前县照案批准，未及给示，卸事兹本县莅任。查镇城五条街一正斋膏药老店，由康熙年间唐守义创业起首，迄今二百余年，历奉各大宪示，禁假冒复。据该举人以前情赴道具禀，又奉道宪蔡查案详明。抚宪准于老店门首建立旗匾，由道给示勒石永禁，并行县遵照在案，据禀前情合并，给示勒石永禁。为此示仰远近客商、军民人等知悉，尔等当知一正斋老店秘方利济，久经驰名，只此唐家，并无分铺，毋许私制假膏，冒混牌戳，图利病民，倘有故违，以及藉端诈扰，一经访闻，或被告发，定即提究详辨，决不姑宽，其各凛遵毋违。特示。

同治捌年玖月二十七日示

发　镇江五条街起首一正斋唐家膏药老店门首

共建中日友谊梅樱园碑记

际中日邦交正常化二十周年之机，镇江市人民对外友好协会倡议，经日本友好城市津市及其他城市之政府团体、个人响应，与我市人民一同出资共建中日友谊梅樱园。镇江市人民政府决定将此园建于宝塔山公园内。

宝塔山地处京杭运河畔，原为古润城水门待渡之宝塔湾。唐之阿部，明之雪舟东来，鉴真之东去，都曾经此而过，梅樱园建于斯地，更见中日交往源远流长也。

梅樱园于一九九三年四月举行开园式，一九九四年四月挂牌，日方植人民喜爱艳丽多姿之樱花，中方植人民素爱幽香高洁之梅花，两国人民以花之同春，树之同庚，象征人民友谊永葆青春，可谓友好之创举也，是为之记。

镇江市人民对外友好协会

1995年4月立

宝塔山公园学子亭记

吾邑镇江，襟江带阜，毓秀钟灵，史载二千三百余年。艺文巨擘，科技名贤，英才辈出。建国以还，科教昌盛，薪火踵传，莘莘学子，卓荦冠群。真乃江山俊杰，群贤耀神州。

值今改革开放，欣欣向荣，江城旧貌，焕然一新。古运河畔。灿缀名珠，鼎石山前，艳铺霞锦。春则樱花绽蕊，夏则风荷滴翠，秋则丹桂飘香，冬则腊梅傲雪，四时情景无穷。仰瞻山岭，僧伽祈天，丹阁凌云，平眺山腹，梅花喜雨，涧水落潭；俯瞰山麓，都天赐福，匝地呈才，一览烟光凝紫。斯乃宝塔山公园（亦名中日友谊梅樱园）风物之大观也。

乙亥（1995）岁秋，公园初创，规模略具。市人大领导创议，赓邀驻镇六高校领导议定，携手建亭于园之东南。既与左近之龚诗碑呼应其景，映照其情，蕴涵其意，亦以激励当年学子，慕效前贤伟绩，黾勉来兹诸生，献身"四化"大业。进而修德勤业，开拓创新，弘扬艺文，精研科技，振兴乡邦，报效祖国。庶使园中自然景观，如行山阴道上，目不暇接；人文景观，如入学术殿堂，熠熠生辉矣。

丙子（1996）孟春，斯亭落成，亭形六角，亭阶为书形六册。亭基两侧呈书状，镌刻邑中历代文化巨子一十二人传略于其上。亭顶分塑六龙，挟卫星以遨游，跨世纪而入苍穹。寓意江城学子，无愧龙之传人，定能乘风破浪，一往无前。创意既佳，营够亦巧，登临纵目，揽胜思贤，猗欤盛哉，咏赏何极。其鸠工备料，耗资五万，悉由六校襄助，此亦尊知、励学、期才之珍闻佳话也。

同岁1996年仲春京口祝诚、笪远毅合撰

阳湖 宋潜深 书

江 苏 理 工 大 学

华东船舶工业学院

镇江师范专科学校

镇 江 医 学 院

江苏省财经高专

镇江高等专科学校

1996年3月

镇江烈士陵园内警世碑碑文

中国人民自一八四〇年至一九四九年百余年间，屡受帝国主义侵略欺凌。古城镇江曾经两度蒙难。一八四二年七月二十一日，英国侵略军攻陷镇江，对奋力御侮之镇江军民疯狂报复，烧杀淫掠，无所不至。七万余两库银及民间金银首饰，劫掠一空；西门大街无日不火，重垣竣宇，尽成瓦砾场，横遭凌辱杀害之妇女，散发赤体，积尸满道，罹难群众不下万人。1937年12月8日，侵华日军入据镇江后，肆意焚烧、奸淫、屠戮，灭绝人性。焚毁房屋一万六千余间，杀害我同胞万余之众，奸污妇女数以千计。前事不忘，后事之师。为教育人民毋忘国耻，居安思危，激发爱国热忱，振奋民族精神，特在当年抗击英国侵略军之北固前峰十三门旧址立碑警世。

镇江市人民政府

1998年12月8日 立

桓王亭记

孙策（175～200），字伯符，吴郡富春（今浙江富阳）人。东汉兴平二年（195年），计离袁术，率军渡江，削平当地割据势力，迅即据有会稽、吴、

丹阳、豫章、庐陵五郡，复夺取庐江郡，依靠南北士族，于江东建立孙氏政权。曹操任为讨逆将军，

封吴侯。建安五年（200 年）四月间，于丹徒东郊（今京口所辖）狩猎时，为故吴郡太守许贡家客暗箭所创，不治身亡，年仅二十六岁。后其弟孙权称帝，追尊为长沙桓王。

《三国志·吴书》云："策为人，美资颜，好笑语"。因京口（今镇江）系江东咽喉要地，曲阿（今丹阳）乃其祖父孙钟隐逸、归葬之所，故其父孙坚战死后，孙策即将其"还葬曲阿"。为图江东大业，复将其母"徙曲阿"；孙策开辟江东之初，即派大将孙河"屯京城"（今镇江）。孙策与太史慈首次交战之神亭岭，亦于今镇江辖区内。后太史慈为孙策所感召，终成东吴一员大将，其后两人又先后归葬于这片热土。如今人们纪念孙策，不只是由于上述地缘，更因其"举江东之众"，"兴天下争衡"之宏图大志；"猛锐冠世，览奇取异"之英武睿智；"军令整肃，百姓怀之"之严格纪律；"阔达听受"，"善于用人"之宽广胸怀，"以吴越之众，三江之固，足以观成败"之坚定信念。诚如《吴书》注所评"创业之基，策之由也，且临终之日，顾命委权"，"策为首事之君，有吴开国之主"。

镇江乃三国东吴创业之基地。孙策为东吴之奠基者。值此孙策率军渡江、开辟江东、屯兵"京城"一千八百一十周年之际，建亭记事，实为京口之盛举也。

中共镇江市京口区委员会
镇江市京口区人民政府
2005 年 9 月 6 日
武进宋潜深书

古润礼拜寺迁建记

奉普慈特慈真主尊名

我国之清真寺，千年以上者甚罕见，而古润居其一。唐贞观中，始建于润州仁安坊，明初重建于剪子巷。公元二〇〇六年迁建于学府路，宏伟辉煌，今胜于昔，助成其功者，镇江及京口政府也。伊斯兰教之传入，源于唐以来中外交流与各族交融，实有益于中华民族之凝聚发展，千余年来，镇江穆斯林，弘扬教义，热心公益，培育人才，发展经济，努力奉献，古润即见其证。今逢盛世，

古寺新迁，庄严肃穆，我穆斯林莫不鼓舞，共写新篇，礼赞真主，是为记。

镇江市伊斯兰教协会立
公元 2007 年 9 月

重建古润礼拜寺记

以普慈特慈真主之名

古润镇江之谓也，一水横陈，襟吴带楚，江左历史名城。唐初伊斯兰教入华，丝绸之路自西而东遇运河而南进，丁香海道沿东南会江河而北上。古润控南通北，乃长江、运河交汇之要冲，中西往来胡商蕃客多寓于此，诡服殊音，五方杂处，百舸争流，人稠物穰，与泉扬两州齐名。大润礼拜寺始建唐初，为中华有清真寺之滥觞者也。惜毁于明初，万历复建移址剪子巷矣。明季吾教深进，有金陵学派出，倡经汉兼通，回而及儒，以儒诠经，儒表经实，有本土色，古润乃汉克塔卜经著出版枢纽，经版千百，译述流布全国，与金陵诸经师互为奥援，吾教中坚地也。五十年代，拆寺建厂，今政府然诺移址新建并扩大之。新寺成，高台厚榭，峻宇雕墙，华伊合璧，巍巍乎新景观也，穆民喜悦奔告，咸谓真主造化，教门复兴，政府为民，穆汉一心，并嘱予为文记盛世盛事。古曰：如地如天，何私何亲；如月如日，唯君之德。诚是之谓也。

金陵　伍贻业　哈吉撰文
公元 2007 年国庆节
伊历一四二八年贵斋月

四、古代京口专志序选和明清时期编纂的专业志

1.《京口三山志》序

山之有志，《本禹贡》《山海经》《周礼》《职方氏》而广之。宋范至能之桂山，近代之石钟皆是也。北固、金、焦为京口三名山，其形势之雄，风物之美，文人墨客之品题，皆足以胜于天下。而未有为之志，如桂与石钟者，山之僧以是为阙典也。稍裒集其事，各为一编，志于此滥觞矣。然统纪未一篇帙，舛讹间或失之，蕃芜溺于神怪，而遗其大者亦有之。平阳史宗道，以名进士来为其郡，推官听断之暇，览而病焉，乃谋诸郡人张君廷心汇而辑之，合为一书，曰《京口三山志》。既成，不远数百里走书云间，嘱为是序，而后乃付之，梓人廷心举于乡，与余为同年，史君博雅好古，又余所习知也。意不可以虚辱而三山者，近在吾乡邑间，舟航南北。今老矣，追惟平生，非局于程期，则累于忧患，虽褰篷引领，神爽飞越，而岩萝磴薜之侧，犹未有一迹焉。每披图按牒，未尝不怅然，兴怀意奇观胜赏，亦必造物者有以予之。而昔人所谓意行，所谓卧游者，特巧于自遣而终，非其本情也。乃今因是编而得，以尽穷其胜，龙宫塔厢之外，至于林谷之杳，邃泉石之幽奇，厓镌水刻瑰玮谲怪之迹，莫不罗列，并进举集于目前，而无一隐遁异时，肩舆迳过，不问主人，而所至皆为熟境。头陀元老诸公，亦不以余为生客也，则二君之惠不既多矣。乎乃为略诠次，其后先考订其疑阙，定为若干卷，而述其大意以归之。史君名鲁，张君名莱，宗道、廷心其字，余所从考实者，北固山僧存景、焦山僧智铉始来，致史君意者。余同年友王君国仪，终志事者，新守罗君遵善也。

明正德七年（1512年）壬申夏四月庚子，赐进士出身翰林侍读学士兼经筵讲官同修国史，华亭顾清序。

2.《京口山水志》序

京口江山称天下第一，向无专志。《南徐州记》《京口记》其书并佚，历代图经屡修屡变，小姑彭郎臆说浸多，此山水志之所以作也。首序郡邑山水，以邑为次，一切建置以及艺文，分列各山水下。无可列者，附录于卷末。四邑之中，徒邑独详，予生其间。见闻较悉之故，识阛偏隅犹复未能周知，殊愧孤陋，匡予不逮，以俟博雅。清道光甲辰（1844年）小至日，杨棨。

3.《京口八旗志》序

京口襟江带海，上承淮泗，下控吴会，西接汉沔，东南锁钥实在于兹。当孙吴时，已为重镇，由晋迄明，屯戍营卫，各殊其制，诚审乎地势而因时以制宜也。我朝顺治十二年（1655年）海氛未靖，世祖章皇帝特命镇海大将军石廷柱，统率八旗官兵驻镇江。十六年（1659年）海寇陷南北诸郡，复命镇海大将军刘之源驻镇江，而规营地于城内西南隅，为八旗屯兵之所。圣祖仁皇帝龙飞之十有三年（1674年），定以汉军三千，驻防京口，统以勋戚大臣，其所以惠保黎元，而奠海疆于苞桑之固者至矣。乾隆二十八年（1763年），裁汰汉军，始拨江宁掌印副都统及蒙古六七甲兵以为京口驻防。自是以来，无或损益，兵民相安，不异土著，武备既饬，文教聿兴。百余年间，科第名流，联翩而起。道光、咸丰两朝，频罹兵革其间，忠臣义士、节妇烈女，尤难以更仆，数于戏此孰非。朝廷豢养之恩，启迪之教之所致欤。元大惧八旗，事实久而无征，不足以传信，于将来而播。皇仁于远迩，适京口有重修丹徒县志之举，本营协领钟公瑞、善公连等命元秉笔，元不揣固陋，旁搜博采，编为《京口八旗志》两卷，附诸县志，以备参稽。后之君子修而辑之，则斯志之传，与我国家于万斯年之盛，且相引于勿替云。清光绪五年（1879年）岁次己卯八月，诰封中宪大夫蓝翎候选直隶州知州光禄寺署丞举人春元撰。

4.《京口三山志》10卷，明张莱撰，顾清订正。现存明正德七年（1512年）刻本，清宣统三年（1911年）横山草堂刻本。张莱，字廷心，号心庵，本姓雷，镇江京口人。明正德九年进士，授户部主事，管理国储诸仓，后任留都宣谕，办理粮政有政绩，应镇江推官史鲁之请撰《京口三山志》。先后考三山名迹、沿革及历代诗文汇集成编，并请松江顾清裁订，为国内著名山志之一。全志：卷一为总叙、诸寺、堂宇、田土、祠庙；卷二为名贤、注释；卷三为集诗一（北固山）；卷四为集诗二（金山）；卷五为集诗三（金

山）；卷六为集诗四（焦山）；卷七为集文（上）；卷八为集文（下）；卷九为诗话、碑刻；卷十为杂记、纪异。顾清作《京口三山志·序》，史鲁作《京口三山志后序》。《四库全书总目提要》考证典核，颇为订伪正谬。然未能博征群籍，故每有漏略。隆庆年间（1567 ~ 1572 年）有徐邦佐、陈朝用、朱文山同撰的《京口三山续志》4 卷，专取时人游览诗赋荟萃成书，于三山考订无关。

5.《京口三山全志》　10 卷，明许国诚修，高一福撰。现存明万历二十八年（1600 年）刊本，1983 年 3 月台湾成文出版有限公司《中国方志丛书》影印本。许国诚，字孟葵，福建晋江人，万历二十二年任镇江知府，为官廉俭，重士恤民，社会安定。高一福，字时顺，福建福清人，曾任镇江府训导，受许国诚之托编撰《京口三山全志》。该志以《京口三山志》为基础，增绘“润州三山图”，增补有关金、焦、北固三山诗文。全志卷一为总叙、诸寺、堂宇、田土、祠庙；卷二为名贤、注释；卷三为集诗一（北固山）；卷又三为《续集》五言；卷又三为《甘露五言续诗、七言律诗类》；卷四为集诗二（金山）；卷五为集诗三（金山——五言律诗类《续集》）诗；卷又五为金山五言续诗；卷又五为金山七言律诗、七言绝句类、七言续诗；卷六为集诗四（焦山——五言古诗类《续集》）诗、七言绝句类《续集》诗、七言续诗；卷七为集文（上）；卷八为集文（下）；卷九为诗话；卷十为杂记。其中凡正卷之内容多沿用《京口三山志》，而又卷之中有《续集》者，多为《京口三山续志》内容，其余则为《全志》重新辑补。

6.《京口山水志》18 卷，清杨棨撰。现存道光二十四年（1844 年）刻本、光绪二十一年（1895 年）刻本、宣统三年（1911 年）排印本。

杨棨，字羡门。《京口山水志》以记述镇江府治京口（丹徒）山水为主，兼及丹阳、金坛、溧阳县山水，建置及文艺内容系列各山水之下，不能归类的附录于卷末。卷首郡邑；卷一为丹徒诸山（北固山）；卷二为丹徒诸山（金山）；卷三为丹徒诸山（焦山）；卷四至卷八为丹徒诸山；卷九至卷十二为丹徒诸水；卷十三为丹阳诸山；卷十四为丹阳诸水；卷十五为金坛诸山；卷十六为金坛诸水；卷十七为溧阳诸山；卷十八为溧阳诸水。卷末为附录、补遗。此书资料丰富，引例确实。

7.《焦山志》26 卷，清吴云撰。现存同治十三年（1874 年）刊本。

吴云，字少甫，号平斋，又号退楼、愉庭。浙江归安人。历任镇江、苏州知府。擅长书画，尤精金石考据。是志为同治二年（1863 年）应常镇道许道身之约来焦山编撰。逾年因病携稿回苏州与吴大澂进行商酌，至同治七年脱稿，十三年付梓刊行。卷首为宸翰；卷一为山水、建置；卷二、卷三为周鼎；卷四为定陶鼎（杂器附）；卷五、卷六为瘗鹤铭；卷七、卷八为碑刻；卷九高隐；卷十为方外；卷十一为杂识；卷十二至卷二十六为艺文。卷首前为凡例及山图。作者为金石名家，志中尤注重彝器、碑刻，以七卷篇幅介绍无专鼎、瘗鹤铭及其他金石文字，彰显特色。归安沈秉成称其“断制谨严，体例精善”。

8.《焦山续志》8 卷，清陈任旸撰。现存光绪二十七年（1901 年）刊本。陈任旸，宜兴人，秀才。博学躬行，不乐科举。隐居焦山，办救生红船 40 年；并常受官府委托，办理南北各地灾荒救济，以工代赈，兴修水利，著有《孙子十三篇直讲》等。续志卷首为《凡例》，卷一为山水；卷二为建置；卷三为碑刻；卷四为方外；卷五为杂识；卷六至卷八为艺文。全书资料丰富，论证谨严，颇与前志相同，唯陈氏讲求经世实用，且着重于水利、武备等，与前志可互为补充。

9.《金山志》10 卷，清卢见曾撰。现存乾隆二十七年（1762 年）雅雨堂刻本，光绪二十七年（1901 年）重刊本。卢见曾，字抱孙，号雅雨山人，山东德州人。康熙六十年（1721 年）进士。雍正三年（1725 年）任四川洪雅知县，至两淮盐运使告退。喜校勘古书，著《喜雨堂诗文集》等。明庐陵胡经始辑《金山志》。至清有释行海辑《金山志》，内容详佛门事，余述及不多。后闽人刘名芳撰《金山志》，增广资料，惜讹误较多。卢氏所撰卷首为凡例、宸翰、图；卷一为山水、建置；卷二为碑刻；卷三为方外；卷四为杂识；卷五为艺文一（赋）；卷六为艺文二（诗一）；卷七为艺文三（诗二）；卷八为艺文四（诗三、诗余）；卷九为艺文五（文一）；卷十为艺文六（文二）。是志卷首为集辑圣祖（康熙）、高宗（乾隆）巡狩江南驻跸金山诗文联额。记述古迹兴废、碑刻源流及历代艺文详备。

10.《续金山志》2卷，清释秋崖撰。现存光绪二十六年（1900年）刊本。秋崖，号隐儒，光绪间金山寺住持。是志分上、下2卷。卷上为形胜、建置（殿、阁、堂、楼、塔、台、轩、室、亭、门、径、桥、祠、寺）、碑刻、联、额、藏宝；卷下为禅宗、考异。卷上详于考订建置，卷下重点记载金山禅宗法脉源流，弥补前志不足。

11.《开沙志》2卷，现存三种：一为明崇祯三年（1630年）传抄本（在台湾，已收入《中国方志丛书》），明李尉撰；二为清康熙五十一年（1712年）刻本，王锡极撰，丁时霈增撰；三为宣统三年（1911年）铅印本，王锡极撰，丁时霈增撰，王之瑚删订。经考证这三种版本实为前承后继一种。如康熙本与宣统本全同，均为王之瑚删订本，其中明代部分又和崇祯传抄本全合，连“序”文全同。

李尉，字豹悬，号秋中，明万历三十二年（1604年）进士，官终福府长史，著《天雄杂咏》。王锡极，字建之，游学不仕，50岁后归里从事著述；其弟锡命，明天启贡生。丁时霈，字澍臣，号卧沧，明末秀才，博学能文，年逾80，亲见“迁海”（清廷为防台湾反清势力进入沿海得到民众支持，强令沿海居民内迁，制造沿海“无人区”，当时称此为“迁海”）流亡洲民迁回开沙事。王之瑚，字仲玉，号铁崖，康熙二十一年（1682年）进士，官终福建道监察御史。以上均为开沙人。

开沙，位处西至焦山，东至圌山，长达40千米，为长江京口段古沙洲，包括开沙、藤科沙等部分，除北面一小部分属江都县外，均属丹徒（今京口区）。

是志卷上为《总叙·开沙、藤科沙形势考》《总叙顺江洲、新洲形势考》《开沙道里考》《诸洲》《丘域、津梁、寺观、坊表、祠宇、坟墓》《举辟、选举、贡生、学校、国学、武科、恩封、受荫、贤达、乡贤、耆英、散佚、烈女》《物产》。卷下为《总叙开沙沧桑变迁始末》《历代沿革》《赋役、芦政、徭役》《名迹》《开沙八景诗及序》及诗文等。

12.《京口八旗志》2卷，清钟瑞、善连、文禄修，春元撰。现存光绪五年（1879年）版。

钟瑞，京口驻防八旗左翼协领；善连，右翼协领；文禄，道光二十三年（1843年）举人，镶蓝旗佐领；春元，道光二十三年举人，候选直隶州知州，光禄寺署丞。

清顺治十六年（1659年）圈京口城区西南文昌、儒林、黄祐、怀德4坊为旗营，不久这块地成为地方官吏无权管辖的特区。《京口八旗志》与《丹徒县志》同时编纂，八旗志为清京口军事专志，故县志从略未予述及。

是志分6大目。卷上为营制志（建置沿革、额官、额兵、户口、俸饷、米石、马政、营地、官署、公所、兵房、教场、炮台、军队、祠庙）；职官志（副都统、名宦）；学校志（学额、附义学）；选举志（科目、武科）；人物志（荫袭、忠节、宦绩、孝义、文苑附书画、方技附武勇）。卷下为烈女志（贞节、孝烈、坊表）。

13.附：已佚方志

《南徐州记》2卷，南朝宋山谦之撰，久佚。山谦之为刘宋（420～479年）时史学学士，曾任秣阳县令。此书最早著录于《隋书·经籍志》：“《南徐州志》二卷，山谦之撰。”惜原书久佚，断简残篇多散见于《太平寰宇记》《舆地纪胜》、［嘉定］《镇江志》、［景定］《建康志》、［咸淳］《毗陵志》、［至正］《金陵新志》以及《艺文类聚》《太平御览》《世说新语刘注》《史记正文》《草堂诗笺》等书籍。

《京口记》2卷，南朝宋刘损撰，久佚，今有全溪王氏《汉唐地理书钞》辑本，可见部分条目。刘损，或作刘埙之、刘桢，字子骞，沛郡萧人，定居京口。宋文帝元嘉中（约438年）历官义兴、吴郡太守。此书最早著录于《隋书·经籍志》：“《京口记》二卷，宋太常卿刘损撰。”《唐书·经籍志》则著录《京口记》二卷，刘损撰。《北堂书钞》《太平御览》及宋、元二志所引：“刘桢《京口记》。”

说 明

1. 本索引采用主题内容分析和外部特征相结合的方法编制，分为要目、表格、图照 3 类。索引按拼音顺序排列。

2. 索引标目采用分行式排版，当同一个标目有数个出处时，页码之间用逗号隔开。

3. 本索引共列条目 2046 条，其中要目 1598 条，表格 274 条，图照 174 条。

要目索引

A

B

C

D

E

F

H

J

K

L

M

N

T

Y

Z

表格索引

B

C

D

H

J

K

L

Q

R

S

T

W

X

Y

Z

图照索引

K

L

M

Q

R

S

T

W

X

Z

后　记

《镇江市京口区志（1983 ~ 2007）》编纂工作在区委、区人大、区政府、区政协领导下，由区史志档案办公室组织实施。2007 年 5 月，《镇江市京口区志（1983 ~ 2007）》编纂正式启动。2009 年 11 月重新招聘人员，组织 8 人编纂班子。2010 年 3 月全面展开，至 2012 年 12 月总纂告成，2016 年 12 月正式出版。

《镇江市京口区志（1983 ~ 2007）》编纂历经组织培训、资料征集、志稿编写、复审终审完善和验收付印五个阶段。2005 年 5 ~ 12 月，召开《镇江市京口区志（1983 ~ 2007）》编纂动员部署大会。在乡镇（街道）部门班子、人员、经费、办公室、方案和篇目落实情况下，由区史志办举办业务培训。

2006 年 1 月至 2009 年 10 月，各乡镇（街道）、各部门修志小组根据区政府办公室批转区志编委会《京口区志·篇目》、第二轮《京口区地方志编纂工作规划》和《行文通则》《凡例》等，开展文字、数据、图照等方面资料广征博采。在充分占有资料基础上，分门别类考辨、复核、梳理、汇编成各自《资料长编》。以《长编》为基础，以篇目为纲，编撰分（专业）志，打印成稿，连同电子版报送区志编委会。根据区情实际，经区委、区政府同意，并报镇江市地方志办公室批准，将本轮《京口区志》下限延至 2007 年。2008 年 7 月，区政府召开全区修志工作推进会，动员和部署各分（专业）志下限延伸。2009 年 10 月，50 多部分（专业）志基本纂成。

2009 年 11 月，区史志办公室抽调和聘请修志人员集中后，首先学习科学发展观创新理论和“中指组”《关于“二轮志书编纂”的若干意见》、江苏省《实施〈地方志工作条例〉办法》、《地方志书质量规定》和《京口区志·行文通则》《凡例》等法规和专业知识，按《京口区志》三十篇部类分工进行志稿总纂。为把握志稿成书质量，在总纂过程中从实际出发，根据主体业务、体例结构和内容适时调整、充实、完善，进一步核定资料和数据，确保入志资料真实性、准确性。2010 年 12 月纂成 140 余万字的“《镇江市京口区志（1983 ~ 2007）（征求意见稿）》，反馈给各部门自审。在规定时间内由领导签名、单位盖章，连同电子版送区史志办公室。

2011 年 2 月，区史志办公室成立由区志分管领导为组长，主编及全体责任编辑参加的区志稿复审小组，人手一册志稿通读统审，提出书面意见。2012 年 4 ~ 8 月先后召开 12 次研讨会，分别对政治、经济、农业、工业、社会等 10 多个部类，主体业务性、综合性、专业性强的 25 篇（占全书 80.64%）集中研讨。重点复审体例是否完备、结构是否合理、归类是否得当、重复交叉是否处理、记述是否详略精炼厚今薄古、行文及标点是否规范、特色有无彰显等。其他共性篇章由执行主篇依照《凡例》和《行文通则》等规范。

2013 年 3 月至 2015 年 10 月，复审稿修订后，打印成稿呈送区四套班子、区志编委会、方志专家学者和市史志办审查。2016 年 2 ~ 11 月，汇集各方面意见再行修订，形成《镇江市京口区志（1983 ~ 2007）》送审稿，送省地方志编纂委员会办公室审查验收后，由方志出版社出版发行。

在本志出版付印之际，谨向所有为《镇江市京口区志（1983 ~ 2007）》做出贡献的各级领导、专家、社会各界人士和所有编纂人员表示衷心感谢。由于编纂人员专业知识浅薄，部分篇目资料缺乏，漏误之处在所难免，敬请读者批评指正，此便在续修区志时纠谬补遗。

京口区地方志编纂委员会

二〇一六年十二月